"十二五"普通高等教育本科国家级规划教材
国家级精品课程配套教材
国家自然科学基金项目
（70573086、70873099、71373220、72073111）

税收学

THE TAXATION OF CHINA: THEORY AND PRACTICE

（第三版）

杨 斌 主编

科学出版社
北京

内 容 简 介

本书系统阐述税收基本知识、基本理论，论述税收制度设计原理，分析中国税收法律制度，概述税收征管制度和模式改革的经验。第三版继承了第二版突出基本理论、基本知识和基本技能，阐述具体深入、系统全面的特点，注重归纳整理最新理论进展和实践经验，基于中国国情为中国理财治税提供思路和解决方案，并详尽更新了相关经济和财政税收统计数据、第二版以来特别是"营改增"以后的税收法律条文。

本书可作为经济、管理、法学等专业的教科书，还可作为纳税人纳税指南和财政、税务、海关、审计、司法等系统干部和企业人员的业务手册。

图书在版编目(CIP)数据

税收学/杨斌主编. —3版. —北京：科学出版社，2024.8
"十二五"普通高等教育本科国家级规划教材　国家级精品课程配套教材
ISBN 978-7-03-078549-7

Ⅰ. ①税… Ⅱ. ①杨… Ⅲ.①税收理论－高等学校－教材 Ⅳ. ①F810.42

中国国家版本馆 CIP 数据核字（2024）第 101565 号

责任编辑：王丹妮　方小丽/责任校对：姜丽策
责任印制：张　伟/封面设计：楠竹文化

科 学 出 版 社 出版
北京东黄城根北街 16 号
邮政编码：100717
http://www.sciencep.com

中煤（北京）印务有限公司印刷
科学出版社发行　各地新华书店经销

*

2003 年 1 月第　一　版　开本：889×1194　1/16
2011 年 2 月第　二　版　印张：48
2024 年 8 月第　三　版　字数：1 554 000
2024 年 8 月第十次印刷

定价：118.00 元
（如有印装质量问题，我社负责调换）

第三版前言

本书第二版持续得到广大同行和师生的欢迎，持续发挥国家级精品课程教材和国家级规划教材的作用，被不少院校选用，多次重印。

第三版主要对数据和法律条文进行了更新，也适当反映了理论创新。第一篇（税收理论），根据党的二十大报告和第二十届中央委员会第三次全体会议通过的《中共中央关于进一步全面深化改革 推进中国式现代化的决定》的精神改写了税收治理原则有关条目和其他有关章节，还适当吸收了近几年财税理论新思路新成果，特别是本书主编杨斌教授十几年来探索领悟的新观点。有关经济和财政税收的统计数据尽可能地更新到了最近年份。第二篇（税收制度设计原理），除了更新数据外，尽可能地反映了制度设计方面国内国际最新研究成果，特别是在第十二章增加了税基侵蚀和利润转移行动计划相关内容，反映了国际税收方面的最新成果。第三篇（中国税收法律制度），对税收制度进行了全面更新，法律条文一律更新到 2023 年 6 月底，如下章节进行了重写或重大修改：重写了第十三章（增值税），全面反映了营业税改征增值税的法律条文变化，全面梳理了增值税税率制度和优惠政策，相应取消原第十六章（营业税）；重写了第十五章［出口退（免）税制度］，着重阐明"免、抵、退"制度的原理；重写了第十六章（原第十七章，关税与船舶吨税）第四节、第五节、第六节和第七节，更新了该章其他各节；第十七章（原第十八章，企业所得税）增加了第四节资产损失税前扣除的所得税处理内容，重写了第五节，对企业所得税的优惠政策进行大幅度补充更新，重写了第八节；重写了第十八章（原第十九章，个人所得税）；重写了第二十章（原第二十一章，其他税收制度），增加了第六节环境保护税。第三篇其余各章节也根据最新的法律条文进行了更新。第四篇（税收管理）即第二十一章（原第二十二章，税收征管制度）更新了第一节和第二节，主要反映修改后的《中华人民共和国税收征收管理法》和近年因大数据采用、新的信息手段推行而发生的税收征收管理理念和实践的变化。

主编杨斌教授负责修改第一章到第十一章，重写或修改第十三章、第十五章、第十六章（第四节至第七节），更新第十六章其他章节，增加第二十一章第二节的四、五小节。黎涵博士帮助更新第一篇各章、第二篇第八章至第十一章有关数据。王佳博士负责增加第十二章税基侵蚀和利润转移行动计划内容，并更新该章其他各节；增加第十七章第四节，重写了第五节，更新了本章其他各节；增加第二十章第六节环境保护税；更新了第二十一章第一节、第二节其余内容；协助主编进行文件编辑。陈子玮硕士负责重写第十八章。熊巍博士负责更新第十九章。李成教授负责更新第二十章。最后由杨斌教授负责修改定稿。第三版充分吸收了主编杨斌教授新近主持的两个国家自然科学基金项目（项目批准号：71373220、72073111）的研究成果，再次感谢国家自然科学基金的资助。

编写者

2024 年 8 月 8 日

第二版前言

本书初版出版于 2002 年，因其理论的系统性、概念的准确性、方法的可靠性、观点的新颖性以及规章全面详细、案例准确实用，受到广大同行和师生的欢迎，被不少院校和实务工作部门选为教科书、培训教材和业务手册，多次重印。但由于在 8 年多的时间里，作者在充分吸收国际国内学术界研究成果和中国税制改革管理经验教训的基础上，对税收理论进行了更加深入的研究和思考，在形成中国自己的理财治税理念、方法上获得了新突破，取得了新进展，本书需要再版来反映理论发展和创新。8 年来中国的税收法律制度的改革继续推进，主要税种如增值税、企业所得税、消费税、关税、个人所得税相继出台新的规章条例，中国税制更加规范、政策更加合理、法条更加明确；中国的税收管理也取得不少新的进展，本书也需要通过再版对税收法律法规和管理制度加以更新。此外本书初版还存在一些不足，需要通过再版更正。

本书第二版除了法条、资料更新，错漏的订正外，篇章结构和内容也做了重大调整，将全书分为四篇，第一篇为税收理论，阐述税收基本知识、基本理论；第二篇为税制设计原理；第三篇为中国税收法律制度；第四篇为税收管理。本书第二版增加了税收概念和中国税收概况作为第一章；改写了第二章第二至四节，分正税和杂项负担重新梳理了中国税收历史，将新中国税收历史单独成节，着重从税收治理如何实现现代化角度重新梳理了西方税收历史；全面更改了第四章，补充了新的理论进展，系统阐述了中国社会文化条件下治理税收的原则；增加了第五章最优税收理论；增加了第六章第三节，阐述了税负转嫁与归宿的一般均衡分析原理；增加了第九、十、十一章，详细阐述了主要税收类别和税种的设计原理；重写第二篇各章，对税收法律制度做了全面更新；税收管理部分只保留税收征收管理一章，其余均删除，附录也删除。

第二版更加充分地反映了各位编者特别是主编杨斌教授 30 多年来从事财政经济理论和税法学习、研究和教学的成果，本书不少内容是主编在多项国家自然科学基金和国家社会科学基金项目成果积累的基础上写成的。本书也是两项国家自然科学基金项目（项目批准号：70573086、70873099）的基础性成果之一。在编写过程中继承了第一版的风格和特色，尽可能吸收古今中外理财治税优秀思想和典范性实践经验，特别注意归纳整理经济理论界、法学界的最新研究成果，关注中国财税管理实践中遇到的问题，注重澄清某些流行观点，按照经济学、管理学、法学各专业学生和干部学习税收学和税法的需要，突出基本理论、基本知识和基本技能，注重知识点的成熟性、凝练性、时代性，强调教材内容的逻辑性、系统性、开放性。在此基础上，还试图突出如下特点。

（1）全面性和真实性。中国政府向人民课征的税收表现方式多样，既有以税收名称出现的，也有以其他名称出现的；既有依据全国人民代表大会通过的税法征收的，也有依据中央政府制定的税收条例征收的，还有依据部门规章或红头文件征收的；既有由专门税务机关负责征收管理的（大部分正税），也有直接由收入使用部门负责征收管理的（主要是杂项负担）；既有正税，也存在杂项负担。不少的教科书和文章只将具有税收名称的财政征收当作税收，实际上这样获取的信息不真实、不全面。本书从税收的本质特征出发，不仅将以税收名义出现的税收纳入研究考察范围，而且对不以税收名义出现而具有税收实质的所有财政征课加以研究，这主要包括以费、政府性基金等名义出现的财政收入项目，如各种政府性基金、社会保险费、排污费等，它们没有以税收名义出现，有的也不归专门的税务机关负责征管，但具有税收所有性质。只有这样从实质而不是从名称出发，才能反映税收的全面、真实情况，才能了解人民的税收负担全貌，才能正确地并且有可比性地计算税收占国内生产总值和政府收入的比重。

（2）论辩性和智慧性。税收学作为经济学的分支，在经济学基本原理没有新突破的时候，也难以完全更新，本书作为本科阶段的教科书，还仍然需要将已经成熟的、公认的税收学基本知识和原理作为基础内容，但本书尽可能注意到理论原则的假定前提、制度政策的社会文化背景，通过对重要的理论和制度政策模式的辨析，告诉读者谨慎地对待所有的基本原理，不仅让读者掌握税收学的基本原理和知识，而且着力提高他们对理论原则和制度政策模型的判别能力，避免在应用于中国实际时出现差错。古人说"知有所合谓之智"，一种理论、一门知识只有在与实际吻合时，才能上升到智慧层面，从历史中得出的经验、从实践中得到的技巧，回到实践中又能够启迪思维、判别是非曲直、更新观念，而只有用包含智慧的理论和知识编写教材，才能让学习者掌握及时发现问题、正确分析问题和妥当处理问题的思路和方法，从而达到增强能力、提高素质的教学目的。基于这样的考虑，本书自始至终关注分析方法，不厌其烦地告诉读者，政府征税有成本。税收制度设计和政策的选择，不能只是考虑财政利益、形式（如国际接轨、法规健全）和对经济增长的效应，还要考虑对人民群众幸福程度的影响。任何税收制度和政策的改变都有成本，即产生降低社会福利的负面影响，希望我们的读者通过学习掌握"两害相权取其轻"的思维方法，当遇到制度变革和政策改变时善于找到代价较低的方案，以此达到实际增进社会福利的目的。

（3）创新性和本土性。作为应用经济学分支的税收学，不可避免地要高度关注当前财政经济实践，从实际中发现问题，为解决问题而检验理论、创新理论。本书将分析和解决当前遇到的重大财政税收问题作为贯穿教材的一个主线，尽可能给出各种理论模式和已经或正在实践的各种方案，通过比较评论，以启迪正确思维和可行方案的产生，提高学习者的理论应用能力。在分析当前中国财税问题时，他山之石可以攻玉，他国经验教训应当借鉴，本书着力吸收西方财税文献特别是已出版的教科书中蕴含智慧之光的思想和实践成果，力求在内容上体现先进性和前沿性。但科学的财政税收理论的任何结论都是基于严格假定前提的，前提变了，结论就不正确。前提所反映的往往是那个时代、那个国家、那个民族的人的活动行为中最普遍的特征。因此，经济学作为社会科学是民族的、时代的，不存在能够解释、处理经济财政税收问题的放之四海而皆准的经济学说和财政原理。财政税收实践也是具体的、差异的、民族的、时代的，每一个时代、每一个国家都有其特殊的财政税收行为、财政税收现象，财政税收制度和政策的产生都有其经济社会背景，都只能在特定的文化环境中有效运行。英语国家（尤其是美国）的财政税收制度，基于英美等国经济社会文化条件，往往不是很适合中国。在这个背景下产生的财政税收理论，要么因为不能解释中国现实问题或者不能为解决问题提供有用的思路和方略，而变得无用；要么因为读者囫囵吞枣、食洋不化、生搬硬套、误导误用，而对财政税收实践产生弊害。中国的税收学需要研究中国特殊的税收现象、特有的税收行为。

本书注意到中国仍属于不发达市场经济国家，而且存在着与西方国家很不相同的独特的文化体系和人际关系机制。受经济、社会、文化的影响，中国存在许多特殊的税收现象，如促使财富从农村地区和相对不发达地区向大中城市流动的非对称财政税收机制、税收制度的字面规定与实行结果存在较大差异等。税收学只有在能对一个国家实际存在的特殊税收现象加以充分的阐述时，才具有智慧之学、经世之学的功能，有用性才能提高。分析研究中国国情下的特殊税收现象，发现其特征、揭示其规律是中国税收学的重要任务。因此，本书致力于构建一套能解释中国不发达市场经济条件下税收的特殊现象的概念和逻辑体系，从而培养学生掌握中国现实条件下税收学理论范式、税收制度设计的原则和方法、处理税收问题的思维方式。

（4）通俗性和透彻性。经济学的数学化使经济学更加严密和富有逻辑，在一些场合会使复杂问题变得简洁、确定，但在不少场合也会使简单问题复杂化，三言两语就能说清楚的事情，可能用了十分复杂的数学公式。在应用场合，往往更多地需要文字表达。因为大多数人习惯于文字思维方式，而不习惯于符号表达方式，没有学过数学或数学知识有限的人更是如此。本书作为一门入门式教科书，在阐述原理时，将尽可能少用或不用数学和曲线。对来源于用高深数学表达的理论原则，也通过理解辨析，抽取其中思想精华，用文字表述展现。在本书写作过程中，作者尽可能站在读者立场，使本书读起来轻松、易懂、富有启发性，因此，本书努力做到概念准确、逻辑清晰、文字简练、阐述通俗，在通俗中体现透彻、深邃的认知。

（5）时效性和准确性。中国税收法律规章，除了包括全国人民代表大会通过的税法、国务院发布的税收条例和税法实施细则外，还包括财政部、国家税务总局、海关总署等部门发布的实施细则、通知、规定、办法、命令、公告等（通称文件），这些文件往往采用新文件优于旧文件、旧文件与新文件不冲突时旧文件仍然有效的制定规则，文件一般会写上"以前的文件如果与本文件有冲突，以本文件为准"的话。因此，就出现了发布新文件时，以往的文件有的文件全文失效、有的文件部分失效的情况，为了使本书税法规章部分保持时效性和权威性，本书作者尽可能按税制要素对法律规章和文件进行全面的比对梳理、归纳整理，并一一注明法律法规条号和文件文号，以便于查阅和更新。所引用的法律文件截至 2010 年 7 月底。本书的法律解释仅供参考，执行应以官方的正式文件为准。

  本书第二版的修订和编写分工是：杨斌修订或重写了第一至十二章、第十七章；宋小宁负责修订第十三、十四、十五、十六章；张芳芳负责修订第十八章；邱强负责修订第十九章，第二十一章第二、三节；汪维维负责修订第二十章第一节、第三节到第七节，第二十一章第四、五节；李虹艳负责修订第二十章第二节、第二十一章第一节；邱慈孙负责修订第二十二章。本书副主编熊巍博士对第三篇修订稿进行修改，最终由主编杨斌教授修改定稿。

  总而言之，本书编者想提供一本好的税收学读物给广大同学和学界同人。这个愿望能否实现，只有等待读者来评判。感谢科学出版社王伟娟付出的辛勤劳动。

编 者
2010 年 9 月 21 日

第一版前言

本书是为综合性大学、高等财经院校财政学、金融学、会计学、工商管理、法学等专业编写的教材，可供国家税收、税收学或税收概论、中国税制、税法等课程作教学用书。内容包括中国税收基础理论、中国税收制度和税收管理三大部分。

本书注意借鉴吸收古今中外正确的治税思想与方法，并对其进行创新和发展。本书注重论述系统性、概念准确性、方法可靠性、观点新颖性，注意吸收我国税收理论研究成果中的科学成分。本书密切联系我国的国情和经济社会体制的特色，以解决改革实践中出现的现实问题为出发点，努力澄清有关税收的模糊认识，提供正确的分析研究税收问题的思想方法。为了帮助读者了解西方税收理论的核心内容，并保持本书基础理论的统一性，我们将最优税收理论概述作为附录。

在税制和管理实务阐述上，力求资料权威、正式、最新，论述系统、全面、清晰，内容详细、准确、实用，主要以1994年税制改革后正式公布以及过去正式公布仍有法律效力的税法、条例、实施细则、征税办法等规范性文件为依据就现行各个税种详细解释其制度、政策规定，并涉及税收管理的基本方面。所引用的法律文件截至2002年9月底。本书对法律的解释仅供参考，执行应以官方的正式文件为准。

本书还可作为纳税人纳税指南和财政、税务、海关、审计、司法等系统干部和企业人员的业务手册。

本书由厦门大学经济学院财政系部分教师及博士生、闽江学院公共经济学与金融学系部分教师集体编写，由杨斌教授担任主编，雷根强教授和胡学勤博士担任副主编。本书是编写者承担的国家自然科学基金项目（70173010）、教育部人文社会科学研究项目（01JB790040）的成果之一。编写分工是：杨斌编写导论、第一至六章（其中第五章第三节由万慧勇参与编写，胡学勤参与编写第四章第二节和第五章第二节）、第十四章、第十五章、第十七章第五、六节；胡学勤编写第一至六章的提要、总结、思考题、计算题；陈松青编写第十四章和第十五章的提要、总结、思考题、计算题；杨斌、林汉隽编写第七章；杨斌、赵春红编写第十二章；雷根强编写第八章、第九章；雷根强、熊巍编写第十章、第十八章；熊巍编写第十一章；漆亮亮编写第十六章和第十七章的前四节；赵春红、胡学勤编写第十三章；胡学勤编写第十九章、第二十一章；邱慈孙编写第二十章、第二十二章；附录由刘玉龙编写。全书由主编杨斌教授、副主编雷根强教授和胡学勤博士修改定稿。

编写者

2002年10月30日

目 录

第一篇 税收理论

第一章 税收概述和中国税收概况 … 3
- 第一节 税收概述 … 3
- 第二节 中国税收概况 … 10

第二章 税收大历史：中西治税实践的经验和教训 … 18
- 第一节 国家（政府）、财政和税收的起源 … 18
- 第二节 中国税收的起源与发展 … 20
- 第三节 中华人民共和国成立以后的税收发展 … 28
- 第四节 西方税收的起源与发展 … 33

第三章 税收存在的依据及其质的规定性 … 40
- 第一节 国家（政府）的公共权力与税收 … 40
- 第二节 西方国家的税收与剩余产品价值 … 43
- 第三节 国家（政府）公共权力主体与社会财富拥有者的关系 … 46

第四章 税收治理的五项原则 … 50
- 第一节 公平原则 … 50
- 第二节 效率原则 … 59
- 第三节 适度原则 … 66
- 第四节 法定原则 … 69
- 第五节 合情原则 … 73

第五章 最优税收理论 … 81
- 第一节 最优商品税理论 … 81
- 第二节 最优所得税理论 … 85

第六章 税收负担的转嫁与归宿 … 92
- 第一节 税负转嫁与归宿的基本概念 … 92
- 第二节 税负转嫁与归宿的局部均衡分析 … 94
- 第三节 一般均衡框架下的税负归宿分析 … 102

第七章 宏观税收负担的衡量 … 109
- 第一节 宏观税收负担水平的测算和轻重判断方法 … 109
- 第二节 宏观税负与微观税负的差异及其原因 … 114
- 第三节 税收增长和GDP增长的相关性分析 … 117

第二篇 税收制度设计原理

第八章 税制结构比较与分析 … 125
- 第一节 税制结构类型 … 125
- 第二节 发达国家与发展中国家税制结构比较 … 133

第九章 流转税设计原理 … 139
- 第一节 流转税主要类型的比较分析 … 139

第二节　增值税原理···145
　　第三节　中国现行增值税的制度设计···167
　　第四节　中国消费税的制度设计··179
　　第五节　燃油税和资源税改革的讨论···182
　　第六节　关税原理···188
第十章　所得税和社会保险税设计原理··202
　　第一节　个人所得税原理···202
　　第二节　企业所得税原理···219
　　第三节　社会保险税原理···235
第十一章　财产税设计原理··245
　　第一节　财产税概论··245
　　第二节　房地产税原理和制度设计··249
　　第三节　遗产税和赠与税原理··253
第十二章　所得税和财产税的国际问题···261
　　第一节　税收管辖权及其运用实施规则···261
　　第二节　避免双重征税的办法和外国税收抵免制度·································280
　　第三节　国际逃税和避税的防止措施···289

第三篇　中国税收法律制度

第十三章　增值税··323
　　第一节　增值税的征税范围···323
　　第二节　增值税的纳税人和税率···336
　　第三节　增值税的应纳税额计算···350
　　第四节　增值税的优惠政策···368
　　第五节　增值税的纳税时间和地点··390
第十四章　消费税··395
　　第一节　消费税纳税人、税目及税率···395
　　第二节　消费税的计税依据和应纳税额计算···402
　　第三节　消费税的征收管理···411
第十五章　出口退（免）税制度··415
　　第一节　出口退（免）税范围··415
　　第二节　退（免）税办法、退税率和退（免）税额的计算·······················422
　　第三节　出口退（免）税管理··436
第十六章　关税与船舶吨税··444
　　第一节　关税的纳税人、征税对象和税率··444
　　第二节　货物原产地的确定···451
　　第三节　海关估价制度··453
　　第四节　关税的减税免税规定··460
　　第五节　关税的征收管理和应纳税额计算··468
　　第六节　进境物品进口税征收制度··472
　　第七节　船舶吨税···476
第十七章　企业所得税···481
　　第一节　企业所得税的纳税人、征税范围和税率····································481

第二节　企业所得税应纳税所得额的确定 ··· 484
　　第三节　企业所得税的资产处理 ··· 503
　　第四节　资产损失税前扣除的所得税处理 ··· 509
　　第五节　企业所得税的优惠政策 ··· 516
　　第六节　企业所得税应纳税额的计算 ··· 526
　　第七节　特别纳税调整 ··· 536
　　第八节　企业重组的所得税处理 ··· 560
　　第九节　房地产开发经营业务的所得税处理 ··· 564
　　第十节　征收管理 ··· 570

第十八章　个人所得税 ··· 591
　　第一节　个人所得税的纳税人及其纳税义务 ··· 591
　　第二节　个人所得税的征税范围和税率 ··· 593
　　第三节　个人所得税应纳税所得额的确定和减免税规定 ····························· 599
　　第四节　个人所得税应纳税额的计算和外国税收抵免 ································· 612
　　第五节　个人所得税的征收管理 ··· 622

第十九章　土地、房产、车船税收制度 ··· 630
　　第一节　房产税 ··· 630
　　第二节　土地增值税 ··· 637
　　第三节　城镇土地使用税 ··· 646
　　第四节　耕地占用税 ··· 654
　　第五节　契税 ··· 658
　　第六节　车船税 ··· 664
　　第七节　车辆购置税 ··· 669

第二十章　其他税收制度 ··· 675
　　第一节　资源税 ··· 675
　　第二节　城市维护建设税 ··· 681
　　第三节　教育费附加 ··· 683
　　第四节　印花税 ··· 685
　　第五节　烟叶税 ··· 692
　　第六节　环境保护税 ··· 693

第四篇　税 收 管 理

第二十一章　税收征管制度 ··· 709
　　第一节　税收征管制度的主要内容 ··· 709
　　第二节　税收征管模式改革 ··· 732

参考文献 ··· 746

第一篇 税收理论

第一部分　史迹考述

第一章 税收概述和中国税收概况

【本章提要】
1. 税收概念、特征、基本要素和类别。
2. 中国税收结构、规模及征收管理。

本章为读者提供入门性的主要概念。首先，阐述税收的内涵和外延，纳税人、税基、税率等税收要素，税收类别；其次，概述中国当前主要的税收事实，从广义角度弄清政府征收了哪些税收，政府获得的狭义的、广义的税收，正税、杂项负担、变相负担总量占GDP的比重和占政府收入的比重，知晓政府对新增国民财富的再分配情况，简要叙述税收管理和税制改革的情况。

第一节 税 收 概 述

一、税收概念和税收特征

（一）税收概念

从汉字的解析角度看，税，从禾兑声，"禾"即庄稼谷物，"兑"即以物易物交换。税的本义是田赋，就是政府征收的农产品。最初是税、租同义，《说文》说"税，租也"，两者都是表示抽取农产品的一定比例或数额。后来赋、税、租稍有差别，"敛财曰赋，敛谷曰税，田税曰租"（张传官，2017），赋主要用于军队给养，而税和租满足政府一般开支，所谓"有赋有税。税谓公田什一及工、商、衡虞之入也。赋共车马、兵甲、士徒之役，充实府库赐予之用。税给郊社、宗庙、百神之祀，天子奉养、百官禄食庶事之费"（班固和赵一生，2000）。再后来对租税赋就不加严格区分，习惯上将税、税收、租税、赋税当成一回事，与西方关于税收（tax[①]）的概念一致，税收是国家为满足社会公共需要，凭借公共权力，按照法律所规定的标准和程序，参与国民收入分配，强制地、无偿地取得财政收入的一种方式。"赋税是政府机器的经济基础，而不是其他任何东西"（马克思和恩格斯，1963）、"国家存在的经济体现就是捐税"（马克思和恩格斯，1958）"为了维持这种公共权力，就需要公民缴纳费用——捐税"（马克思和恩格斯，2018）这些都说明了税收对于国家经济生活和社会文明的重要作用。税收因其征收的对象、税款用途、征收方式、立法层次的不同存在很多具体的表现方式和名称，如人头税，所得税，工薪税，田赋，财产税，营业税、增值税、关税、消费税，社会保险税或社会保险捐，比例税、累进税，基金、正税等。

税收天然地与政府相联系。对社区（如居住小区）缴纳的货币（如物业费）尽管也有明确的计收对象和比例，也用于社区公共需要，但不属于税收；某些经济行为如稿酬、特许权使用费按销售额一定比例抽取，虽被称为版税，但作为类比说法，不属于税收范畴；通货膨胀意味着政府过量发行货币，进而使货币贬值，这实际上是间接向人民收取金钱，经济学家称之为通货膨胀税，这也是一种类比说法。因此，Thuronyi等（2016）认为税收就是按法定要求向政府支付的金钱。政府的某些征收有时并不以税的名称出现，但由于是政府按要求对特定对象的无偿占有，实际上也是税收，如目前中央或地方政府为特定目的而向企业、个人征收的各种"基金""费"，名称不为税，但本质上是税收。我们将在后文中具体阐述税收区别于其他政府收入形式的特征，用于判断税与非税。

[①] Tax is a contribution for the support of a government required of persons, groups, or businesses within the domain of that government（The American Heritage Dictionary of the English Language, https://www.ahdictionary.com/word/search.html?q=tax）。

在法治社会中，非经人民同意不得课税，政府无论以税收名义还是以其他名义的任何课征均需要正式立法才能推行。但在法制不健全的社会中，经常出现一部分财政收入形式（往往以税为名）通过议会或其他形式的人民代表机构立法，而一部分财政收入形式（往往以费或基金等名称）由政府或其下属部门甚至地方各级政府或部门通过文件通知形式决定课征，其中有的属于临时性质、有的永久开征，往往形式多样、税负沉重，甚至在数量上超过法定的税收。在这种情况下，我们一般称通过正式立法的税收为正税（regular tax），而未通过正式立法的各种具有税收性质的课征为杂项负担（miscellaneous tax）。历史上力役是一项长期存在的人民负担形式，力役又称劳役、徭役，就是政府直接征用劳动力进行道路、水利、楼堂馆所或其他公共工程建设或服务，具有税收的部分特征，是非典型的税收形式。

为了厘清各种错综复杂的政府课征现象，从现象看本质，有必要进一步明确税收的基本特征，以便区分税收与其他财政收入形式，从实质上明确税收的规定性，从而发现其数量特征，避免仅在名称上做文章。

（二）税收特征

税收是最主要的财政收入形式，与其他财政收入形式相比具有强制性（compulsoriness）、无偿性（non-repayment）、确定性（unambiguous）、均一性（uniformity）四个基本特征。

1. 强制性

税收的强制性特征体现为依法征税。税与法有不可分割的联系。政府要征税必须颁布税收法律、法令，并通过专门机构执行，因为税收只存在于政府公共利益与个体（集团）利益有差别的场合，公共利益与个体（集团）利益的矛盾使缴纳主体不可能在没有法律威慑情况下自愿地将其拥有的财富无偿贡献给政府，必须通过税法协调课征主体和缴纳主体的利益冲突。税法是政府法律体系的重要组成部分，是规范征税主体和纳税主体的行为准则，税法一经颁布就体现政府意志。政府征税机关、司法审判机关必须依法办事，不能以个人或单位意志代替政府意志、以个人或小集团利益侵害整体利益，也就是说政府公共权力主体以法治税而非以权治税；缴纳主体必须依法纳税，偷抗骗税要受到制裁。征纳双方均须依法办事，不能讨价还价、以情代法、以权代法，违反税法要受处罚，这就是税收的强制性，这一特征使税收有别于公债、国有资产出让、股息红利、租金、上缴利润等财政收入形式。

有人认为，不适当地渲染税收以公共权力为依据的强制性会使纳税人产生被迫感和重负感，最终导致征纳双方关系紧张，因而否定税收具有强制性特征的说法，主张观念"更新"，提倡税收具有自愿贡纳特征。持这种观点者主观愿望是好的，人人自愿纳税求之不得，但税收的强制性是几千年税收历史的客观事实。在法治社会中，强调税收的法律强制性不会导致征纳关系紧张，反而有利于征纳关系的协调和民众纳税意识的培养，因为征税方按税法规定的行为准则行事，纳税方就有安全感，产生被迫感、重负感的只是不按税法办事的偷抗骗税者。在当前的生产力水平和社会状况下，否定税收的强制性、过分宣传自愿纳税只会使偷抗骗税更加严重。为了使征税成本降低，我们希望越来越多的人能够自愿报税、纳税，但税务管理实践证明，自愿报税的前提是将偷逃税视为偷盗公共利益的犯罪和严重的不诚信行为，将被严厉处罚，这是法律威慑和强制的结果。要做到纳税人自愿上门报税，还必须建立公平明确的税法体系，形成严格执行税法的执法、司法及中介代理组织，构建疏而不漏的税收信息系统，推行普遍的源泉控制办法，使纳税人的一切经营、收入情况都处于征收机关的控制之下，同时征收机关的一切行为、政府的税款使用行为也在人民代表机构及法律、行政监督机关监督之下。这就是说自愿报税的税收文化环境的形成仍然有赖于强制性。强制性是税收的固有特征。

我们认为税收具有强制性特征，并不意味着强制性是好东西，只是说明其客观存在且是事实。税收是历史的产物，人类的理想社会是无税社会，尽管世界上存在不相同的世界观，有许多的思想体系，但对无税社会的向往相同。马克思主义认为税收是国家的经济基础，而人类的理想社会是没有剥削、压迫，没有国家，也自然没有税收的共产主义社会。富兰克林说过，世界上只有两件事是不可避免的，那就是税收和死亡。在中国，轻徭薄赋成为历代志士仁人的共同理想追求。因此，我们强调强制性的目的还在于提醒目前和将来的税收决策者、立法者和执法者注意税收的弊害，任何税收都会产生福利损失，要尽可能选择社会福利损失最小的税收制度和政策。

2. 无偿性

税收的无偿性或称不直接返还性，体现于政府征税时不向纳税人支付等价物或报酬。政府取得的税款转化为财政支出，用于提供各种公共产品、满足社会公共需要，单个纳税人或多或少从中获得利益，但其所获利益与所纳税款在价值上不一定相等，纳税多的人获得的不一定较多，纳税少甚至不纳税的人却可能获得较多的公共产品利益。税收的不直接返还性由公共产品的非竞争性和非排他性等特点决定。

中国有的学者认为税收不具有无偿性特征，认为税收是经济活动主体因享受和消费政府提供的公共产品而分担的社会共同费用，因此税收是公共产品的价格，与购买商品和劳务支付货币一样体现等价交换原则，是有偿的。这实质上是西方的"利益交换说"。利益交换说由古希腊先哲伊壁鸠鲁提出，17、18世纪在西方盛行，霍布斯、孟德斯鸠、亚当·斯密等曾系统阐述，核心思想是公众应按各自从政府提供的公共产品中享受利益的多寡缴纳税金，其主要缺陷在于混淆公共需要和个人需要的差别。由于公共产品的非竞争性和非排他性特征，公共产品无法定价，政府以税款建立行政机关、兴建公共工程、提供公共需要到底给每一个纳税人提供了多少利益无从计量，等价交换因而无从谈起。如果每个人从政府公共产品的提供中获得的利益可以计量，那么就完全可按商品市场通行的做法那样一手交钱一手交货，没有必要建立这么复杂的财政税收制度。正是因为在公共产品领域无法进行等价交换才需要税收这一财政收入形式。否定无偿性，强调利益等价交换，也会给征税实践带来危害。如果贯彻等价交换原则，那么征税的前提条件是政府要给纳税人与税款等价的利益，否则纳税人可以拒绝纳税。实际上政府不可能给纳税人与其所付税款等价的利益，如果贯彻等价交换原则，税收则无法征收。

有的学者认为税收具有"整体有偿性"特征。这种观点从整个财政体系的应有性质即取之于民、用之于民角度，是可取的，也是有意义的，但仅指税收特征就不够妥帖。财政包括收入、支出两个方面，且有多种收入形式，税收毕竟只是财政收入形式之一，从"收"这一角度谈不上有偿，纳税人纳税时并未得到任何报酬或代价，纳税的最直接表现是对政府的无偿贡献，将来从政府使用税款即提供公共产品中能获得多少利益，纳税时是不确定的。整体有偿性作为治税思想有积极意义，因为其希望人民缴纳的税收不被政府随意使用，税款要用在使人民得益的场合，征税的总体数量应该不能超过人民所得到的利益，但整体有偿性不是税收的基本特征。无偿性或不直接返还性使得税收与公债、规费等财政收入形式区别开来，是税收的基本特征。

3. 确定性

税收是政府公共权力主体对缴纳主体的财富所有权或占有权的一种"侵犯"，是利益的分配，征税过程始终贯穿着公共利益和个体（集团）利益的矛盾。为了使这种矛盾降至最低限度，税款的征收不能是随意的、可多可少的，而应是确定或固定的，对什么人征、对什么客体征、征多少、征税办法、征税的时间和地点、征税机关的权利义务，都要通过税法明确规定。纳税人只要发生应税的业务、收入或行为就必须按税法规定按时如数纳税，不得不纳、少纳或迟纳。征税机关必须按税法规定行使征税权，不能随意改变征税标准，不得多征、随意减免或改变纳税时间、地点。

有的人把固定性误解成永远固定不变，认为税收制度和政策都不是固定不变的，因而认为税收不具有固定性特征。这种观点持有者只从字面意义上理解。固定性实际上指税法的确定性，讲确定性更准确、更容易理解。税收制度和政策随社会生产力和社会生产关系的变化而改革、发展，不可能一成不变，但改革和发展的结果要体现在税法中，一定时期内保持稳定，不能朝令夕改，因此，确定性是税收的固有特征之一。

4. 均一性

既然税收是公共利益和个体（集团）利益矛盾的产物，缴纳主体向政府纳税是无偿缴纳，那么税收存在并被人们认可的一个前提条件就是均一，均一性因而成为税收的基本特征。征税不均一，不能做到一视同仁，税负畸轻畸重，公共利益和个体利益的矛盾就不可调和，税收的存在就成问题。税收的均一性要求同种产品、同种行为、同种或同类征税对象（taxation object）、同等纳税能力的纳税人纳一样或同量的税。规范的税收制度要体现这一特征。例如，增值税、货物税法一般规定以货物销售为征税对象，同种应税货物销售适用同一税率；自产货物用于投资、生产者集体福利、生产者个人消费以及无偿赠送他人等不属对外销售，但实际上等于将自己生产的货物销售给自己，视同对外销售纳入征税范围。所得税法规定统一的征税范围、费用扣除标准、税率和计税办法，使实质相同的同量所得、有相同纳税能力的人缴纳同样同量的税。不体现均一性特征的财政收入不属于税收范围。例如，1994年税制改革中废止的《国营企业调节税征收办法》规定："调节税以纳税人年度应纳税所得额为计税依据"，税率"由财税部门商企业主管部门核定"，"核定调节税税率时，先核定企业的基期利润。企业一九八三年实现利润，调整由于变动产品税、增值税、营业税税率以及开征资源税而增减的利润后，为核定的基期利润。核定的基期利润扣除按55%计算的所得税和一九八三年合理留利后的余额，占核定基期利润的比例，为调节税税率。没有余额的，不核定调节税税率"。国营企业调节税以国营大中型企业所得税后利润超过企业合理留利水平的部分为征收对象，合理留利一般以1982年企业实际留利为基数核定，而这一基数一个企业一个样，因此调节税只能以一户一率形式出现，做不到同类对象同样征税，实质上是利润上缴而不是税。均一性特征不仅使税收与一户一率分配形式区别开来，而且使之与规费、摊派等财政收入形式区别开来。明确认识税收的均一性特征对建立规范化的税收制度具有重要意义。

总之，一种财政收入形式是否是税收决定于其是否同时具备上述四个基本特征。同时具备上述四个特征，即使没有税的名称也是税；否则，即使冠以税的名称，也不是税。

二、税收基本要素

按照税收概念，税收制度涉及征收主体、纳税主体、征收客体、征收程度等内容，相应地，其基本要素包括税收管辖权、纳税人、税基、税率、纳税环节、纳税期限、纳税地点、减税免税和罚则等。

（一）税收管辖权

税收的征收主体是政府，政府独立自主地制定法律、设立机构对特定的经济活动主体（包括个人、企业、团体）征收税收的权力就是税收管辖权。政府行使税收管辖权，可以基于两个基本因素。一是它所管辖的人的范围，一个国家的政府可以对受本国管理的所有人包括个人居民或公民、企业、团体等行使税收管辖权。就是说，只要是本国居民或公民，不论其所获取的收入或财产是否来源于本国，都要对本国承担纳税义务。一个纳税人是否成为一国的税收管辖对象，在自然人方面，就看其是否为本国居民或公民，其主要判断标准是纳税人在征税国存在住所、居所或具有征税国国籍。在法人方面，就看其是否在征税国注册或在征税国设有总机构或设有管理控制中心等。这种按照属人主义原则，以国家主权所能达到的人员范围为依据，以居民或公民为标准，行使的税收管辖权就称为居民或公民税收管辖权。在行使这种税收管辖权的情况下，一个国家的政府可以要求纳税人就其来源于境内和境外即世界范围内的所得或财产承担纳税义务。二是它所管辖的地域范围（包括领土、领海、领空），就是说一国政府可以对与本国存在经济上的源泉关系的所得或财产行使税收管辖权，只要所得或财产来源于本国境内，本国政府就有权对其征税，而不论所得的获得者或财产的拥有者是否为本国居民或公民。对非居民纳税人而言，只有在所得来源国或财产所在国履行了纳税义务，才能将有关所得或财产转移出境。这种按照属地主义原则，以国家主权所能达到的地域范围为依据，基于所得来源地或财产所在地而行使的税收管辖权，就称为收入来源地税收管辖权。在行使这种税收管辖权的情况下，对来源国而言，纳税人只承担部分纳税义务，即只就其在来源国境内获取的所得或拥有的财产承担纳税义务，该纳税人在这个来源国境外获得的所得或财产，则不在该国税收管辖权管辖范围之内。

目前绝大多数国家都是两种管辖权同时并用。一方面作为居住国要求本国的居民纳税人就其从世界范围获得的所得或拥有的财产承担纳税义务；另一方面作为收入来源国要求从境内获得各种所得或在境内拥有财产的非居民纳税人承担纳税责任。仍有少数国家和地区只实行收入来源地税收管辖权。

（二）纳税人

从税收概念中可以看到，税收是由政府管辖下的个人、企业或团体支付的，但并不是所有的个人、企业或团体都是纳税人。纳税人（taxpayer）又称纳税义务人，是税法规定的直接负有纳税义务的个人、企业或团体，是缴纳税款的主体，包括自然人和法人两类。每一种税都有关于纳税人义务的规定，如果不履行纳税义务，则该行为的直接责任人应承担法律责任。但是纳税人不一定就是负税人（tax bearer）。在存在税负转嫁的情况下，纳税人不是负税人或只是部分负税人；在不存在税负转嫁的情况下，纳税人与负税人一致。因此，纳税人是法定的税收缴纳者，而负税人是指最终实际负担税收的人，是经济意义上的税收缴纳者。本书将在第六章分析纳税人与负税人分离的情况和规律。不过本书在多数场合，特别是在将税收缴纳主体作为整体进行理论分析时，所采用的纳税人概念往往等同于负税人即经济意义上的税收缴纳者。

（三）税基

纳税人向政府缴纳税金不是任意、随便的，而是按税法规定从征税对象中抽取一定比例或一定数额上缴政府。征税对象又称课税对象、征税客体，是指对什么征税，即征税的标的物，包括应税的项目、事件、交易、行为等，不同的税种有不同的征税对象。例如，消费税的征税对象是应税商品或劳务项目，流转税的征税对象是商品和劳务交易额，所得税的征税对象是一定时期内纳税人的净收入，财产税的征税对象是纳税人的财产权。征税对象在质上通过税目（tax item）加以具体化，在量上通过计税依据加以具体化。税目是税法规定的征税对象的具体项目，反映具体的征税范围，代表征税的广度。计税依据又称税基（tax base）[①]，是计算应纳税额的依据，反映具体征税范围内征税对象的应计税金额或数量，如财产税的税基是应税财产权的货币价值。

（四）税率

税率（tax rate）也是税收领域最常见的名词之一。税率一般情况下是应纳税额与计税依据的比率，但增值税税率是至纳税阶段止，应税货物或劳务全部已纳税额与该阶段计税依据的比率。税率的高低，体现着征税的深度，反映着国家在一定时期内税收政策的趋势，关系着国家财政收入与纳税人负担水平。同一性质的计税依据，不论数量大小，都按同一比例征税的制度为比例税率（proportional rate）；按征税对象的一定计量单位规定固定税额的为定额税率（specific rate）。税基或计税依据数额由小到大划分若干级距或档次（bracket），对不同级距的税基适用不同税率的制度为累进税率（progressive rate）。在实行累进税率时，税基越小，税率越低，税基越大，税率也逐级递增。累进税率通常用于所得税和财产税。

累进税率又可再分为全额累进税率和超额累进税率。全额累进税率是以税基的全额作为累进依据，当税基超过某个级距，就以全额适用相应级距的税率征税；超额累进税率是以税基超额的部分作为累进依据，

[①] 税基可分为广义、中义、狭义三种。广义上的税基又被称为税源或税本，中义上的税基指的是征税对象，狭义上的税基即计税依据。这里我们指的是狭义上的税基。

税基每超过一个级距时，分别以超额的部分适用相应级距的税率征税。两者税率形式一样，但征税结果不同。例如，某纳税期适用于所得税的累进税率表如下（表 1-1-1）。

表 1-1-1 累进税率表

应纳税所得额/元	税率
0～600	5%
>600～1000	10%
>1000	15%

假定某纳税期应纳税所得额为 2000 元。若采用全额累进税率方式，则其应纳税额为 300 元，即 2000×15% = 300 元；若采用超额累进税率方式，则其应纳税额为 220 元，即 600×5% + 400×10% + 1000×15% = 220 元。

（五）纳税环节、期限和地点

纳税环节是指征税对象在从生产到消费的流转过程中应当缴纳税款的环节，如流转税在生产和流通环节纳税、所得税在分配环节纳税等。纳税环节是决定税种性质的关键因素。

纳税期限指纳税人按税法规定核算应纳税款并缴纳税款的期限，不同税种和不同税款规模，有不同的纳税期限，如中国增值税的纳税期限为 1 日、3 日、5 日、10 日、15 日、1 个月和 1 个季度，以 1 日、3 日、5 日、10 日和 15 日为一个纳税期限的，自期满之日起 5 日内预交税款，于次月 1 日起 15 日内申报纳税并结清上月应纳税款；以 1 个月或 1 个季度为纳税期限的，自期满之日起 15 日内申报纳税。所得税以财务年度或自然年度为纳税期限，企业所得税按月或按季预缴，年度终了 5 个月内汇算清缴，多还少补；个人所得税，在个人取得综合所得的，发生收入时预扣预缴，预计存在退税的，可于次年 3 月 1 日至 6 月 30 日内办理汇算清缴。

纳税地点指根据各个税种征税对象的纳税环节和有利于税源控制原则而规定的纳税人的具体纳税地点，按照不同税种，纳税地点一般为纳税人的住所地或经营场所所在地、营业行为发生地、财产所在地或特定行为发生地。纳税地点关系到税收管辖权和是否便利纳税等问题，在税法中明确规定纳税地点有助于防止漏征或重复征税。例如，增值税的纳税地点，一般原则是纳税人在其经营场所所在地就地申报纳税，但存在总分支机构在不同地点的，应当分别向各自所在地的主管税务机关申报纳税；经国务院财政、税务主管部门或者其授权的财政、税务机关批准，可以由总机构汇总向总机构所在地的主管税务机关申报纳税。

（六）减税免税和罚则

减税免税是指对某些纳税人和征税对象减少征税和免于征税的规定。与此相关的概念是起征点和免征额。起征点是税法规定开始征税时征税对象应达到的数额，低于起征点不征税，达到起征点和超过起征点，就开始全额征税。免征额，就是对征税对象的全部数额中免予征税的数额。罚则主要是指对纳税人违反税法的行为的惩罚措施，纳税人的违法行为包括偷税、欠税、抗税、骗税等。偷税是指纳税人有意采取非法手段不缴或者少缴税款的行为；欠税是指纳税人不按规定期限缴纳税款的行为；抗税是指纳税人对抗税法拒绝纳税的严重违法行为；骗税是指纳税人采取假报出口或者其他欺骗手段骗取出口退税的行为。

三、税收类别

为便利研究和统计，往往从不同角度对税收进行归类，主要类别如下所述。

（一）流转税、所得税和财产税

征税对象是进行税收分类的主要依据。按照征税对象的不同，税收可分为三大类，一是流转税（turnover tax），又称货物与劳务税，是以商品劳务流转额（销售毛收入或增值额、销售数量、收购金额）为征税对象的一类税收，如销售税、周转税、增值税、消费税等，中国目前的资源税的税基是应税资源性产品的销售数量，虽然采用从量税，但也属于流转税；二是所得税（income tax），是以本国居民或非居民获得的毛收入扣除成本费用或个人宽免额的余额即纯收入为征税对象的一类税收，如企业所得税、个人所得税等；三是财产税（property tax），是以不动产或动产的存量（价值或数量）为征税对象的一类税收，如房地产税、遗产税等。习惯上把政府出于特定目的，对特定行为，就其收入或财产存量征收的税归为特定目的行为税（behaviour tax），从严格意义上讲，特定目的行为税可按其实际征税对象性质归入上述三大类税收。划出特定目的行为税是为了研究方便。

（二）从量税和从价税

根据税基是按货币价值还是按实物单位计量，税收可分为从量税（specific tax）和从价税（ad valorem tax）。从量税是以税基的数量如重量、件数、容量、长度、面积等为计量标准，按法定的税额计征的税。例如，进口完税价格大于或等于0.3745美元/升的麦芽酿造啤酒的消费税率为0.235元/升；黄酒的消费税按每吨240元计征；大城市的城镇土地使用税按每平方米1.5元至30元计征（具体标准由各省、自治区、直辖市确定）；按3.3分/吨公里征收铁路建设基金等。从价税是以税基货币价值为计量标准，按法定税率计征的税。目前大部分税种都是从价税，如增值税、企业所得税、个人所得税等。

某些税种对某些税目还采用了从价和从量相结合的方法，如对白酒的消费税既要按20%的税率征收从价税，还要按每500克（1市斤）0.5元的定额税率征收从量税。这种征收方式被称为复合税。

以税收与价格关系为标准，从价税还可区分为价内税（tax included in price）和价外税（tax not included in price），税金包含在价格之中的税为价内税，税金作为价格附加的税为价外税。

（三）直接税和间接税

以税收负担是否转嫁为标准，可把税收分为直接税（direct tax）与间接税（indirect tax），直接以个人收入、企业财产、自有财产为征税对象，税负不能转嫁给他人的税为直接税；以商品劳务流转额为征税对象，税负可以转嫁给他人的税为间接税。

（四）正税和杂项负担

从税收立法的层次角度看，税收可分为正税和杂项负担。一切经过议会或人民代表大会及其常务委员会通过，或由其授权中央政府、地方议会立法的税收均属于正税，目前中国全部以税收名称出现的税收以及社会保险费等均属于正税。正税有一些显著特点，如存在系统规范的法律，包括人大制定的税法或国务院授权制定的条例、实施条例或细则、解释性部门规章（红头文件）；存在专门的征收管理机构（包括各级税务局、各级海关），非专门征收管理机关无权征税；正税存在的时间比较长，法律规则和基本政策长期保持稳定。对正税的税额按一定比例加征的税收为附加税。正税之外所有具有税收性质的征课方式均属于杂项负担，它们的名称没有冠以税收，往往以政府性基金、费、资金等形式出现，决定开征的权力主体不是人民代表机构，而是中央政府或地方各级政府，更多的是中央有关部委，征收的法律依据往往是红头文件，杂项负担一般以满足某种建设项目或某一方面发展需要为名目，有一定存在期限，且款项由使用单位负责征收。从这个意义上讲，这类杂项负担也可称为专用税。

（五）中央税和地方税

以税收管辖权的层次来划分可将税收划分为中央税（central tax）和地方税（local tax）。由中央政府立法并获得收入使用权的税种为中央税［在联邦制国家叫作联邦税（federal tax）］；由地方政府立法并获得收入使用权的税种为地方税。目前在中国，从正税角度而言，税收立法权归中央，省级政府只有对某些小税种（如城镇土地使用税、房产税等）税率和政策进行微调的权力，不存在严格意义上的地方税。目前的中央税和地方税，主要从税款归属哪一级政府来区分，归属中央政府列入其本级预算的为中央税，归属地方政府列入其预算的为地方税，一部分归属中央政府、一部分归属地方政府的税为共享税。

（六）一般税和专用税

以是否在征收时规定税款的用途来区分，税收可分为一般税（non-earmarked tax）和专用税（earmarked tax）。大多数列入一般预算不指定用途的税种为一般税，这些税多属于正税范畴。指定用途专款专用的税种为专用税，如船舶吨税征收后交给交通运输部专款专用，用于港口建设维护及海上干线公用航标的建设维护。在中国，很多以基金或费的名义征收的财政收入多属于专用税，也可归入杂项负担范畴。例如，农网还贷资金是对农网改造贷款"一省多贷"的省、自治区、直辖市（指该地区的农网改造工程贷款由多个电力企业承贷）电力用户征收的专用税（官方归类属于政府性基金），专项用于农村电网改造贷款还本付息。再如，民航发展基金（原机场建设费）是政府征收的专项用于机场建设的专用税。

（七）事件税和累计税

按税基发生的周期性可将税收分为事件税（event based tax）和累计税（accumulation based tax）两类。事件税指每一次应税事件或交易发生都要课征的一类税，如各种流转税，有应税交易事件发生即征收，遗产税和赠与税在出现财产所有人死亡或生前赠与时发生纳税义务。累计税指对一个周期内进行中的各种活动累计征收的税收，如所得税需要在一个周期（纳税期）汇总收入和费用以其累计的净收入为税基，税基具有过程性和周期性特征。

第二节 中国税收概况

在了解了税收基本概念之后，知晓中国当前税收的概况，对进一步学习研究税收其他问题是必要的。因此本节用图表形式概述中国税收情况，包括税收结构、税收总额及其占政府收入和GDP的比重、税收征收管理情况。

一、税收结构

为全面反映中国当前的征税情况，以下首先阐述正税结构，然后说明专用税（政府性基金）的具体项目。

（一）正税结构

以下我们将人大立法和国务院发布条例征收的财政收入项目归入正税，除了以税名称征收的税收（18种）以外，还包括社会保险费。以征税对象为依据，可将它们分类列举如下。

（1）流转税（货物与劳务税）：增值税、消费税、关税、资源税、城市维护建设税、烟叶税、车辆购置税。

（2）所得税：个人所得税、企业所得税、社会保险费。

（3）财产和特定目的行为税：房产税、契税、印花税、土地增值税、城镇土地使用税、耕地占用税、船舶吨税、车船税、环境保护税（2017年以前为排污费）。

2021年各类正税（包括社会保险费）扣除出口退税以后的实际征收数额为241 836.52亿元，占2021年全部政府收入380 019.71①亿元的63.64%，占GDP总额1 143 669.70亿元的比重为21.15%。如果不包括社会保险费，正税总额为172 735.67亿元，占政府收入（不含社保）的比重为56.50%，占一般公共预算收入的85.28%，占GDP比重为15.10%。这说明一般公共预算的主要收入来源是正税。社会保险费在正税中的权重已经相当大了，但社会保险费不在一般公共预算收入中体现。

以下我们均按包含社会保险费的数据，对税收结构进行分析。就三大类税收的结构看，在241 836.52亿元的正税总额中，流转税（货物与劳务税）占37.43%、所得税（含社会保险费）占51.74%、财产税和特定目的行为税只占10.83%，反映出中国的税制结构为典型的流转税和所得税双主体特征。从主要税种的构成看，社会保险费收入为69 100.85亿元，占28.57%，居第一位；增值税收入达到了61 981.72亿元，占25.63%，居第二位；企业所得税收入42 042.38元，占17.38%，排行第三；第四位为消费税，收入14 580.38亿元，占6.03%；第五位为个人所得税，收入13 992.68亿元，占5.79%；其余小税种合计40 138.51亿元，占16.60%。具体见表1-2-1和图1-2-1、图1-2-2。

表1-2-1　2021年正税结构表

类别	税种	金额/亿元	占比
流转税 （货物与劳务税）	增值税	61 981.72	25.63%
	消费税	14 580.38	6.03%
	关税	2 806.14	1.16%
	城市维护建设税	5 216.95	2.16%
	资源税	2 288.16	0.95%
	烟叶税	119.38	0.05%
	车辆购置税	3 519.88	1.46%
	流转税小计	90 512.61	37.43%
所得税	企业所得税	42 042.38	17.38%
	个人所得税	13 992.68	5.79%
	社会保险费	69 100.85	28.57%
	所得税小计	125 135.91	51.74%
财产税和特定目的行为税	房产税	3 277.64	1.36%
	契税	7 427.49	3.07%
	耕地占用税	1 065.36	0.44%
	城镇土地使用税	2 126.28	0.88%
	土地增值税	6 896.02	2.85%
	船舶吨税	55.73	0.02%
	车船税	1 020.62	0.42%
	印花税	4 076.10	1.69%
	环境保护税	203.27	0.08%
	其他税收	39.49	0.02%
	财产税和特定目的行为税小计	26 188.00	10.83%
正税合计		241 836.52	100%

资料来源：2021年全国一般公共预算收入决算表和2021年全国社会保险基金收入决算表

---

① 2021年中国政府收入总额为380 019.71亿元（不包括国内外债收入、调入资金和结转结余）。其中，一般公共预算收入202 554.64亿元，占53.30%；政府性基金收入98 024.17亿元，占25.79%；国有资本经营收入5170.43亿元，占1.36%；社会保险基金预算收入74 270.47亿元（扣除财政补贴22 606.32亿元），占19.55%。

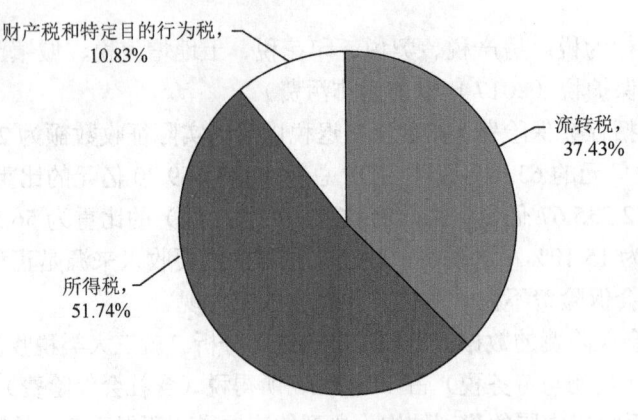

图 1-2-1　2021 年正税类别结构图

- 财产税和特定目的行为税，10.83%
- 流转税，37.43%
- 所得税，51.74%

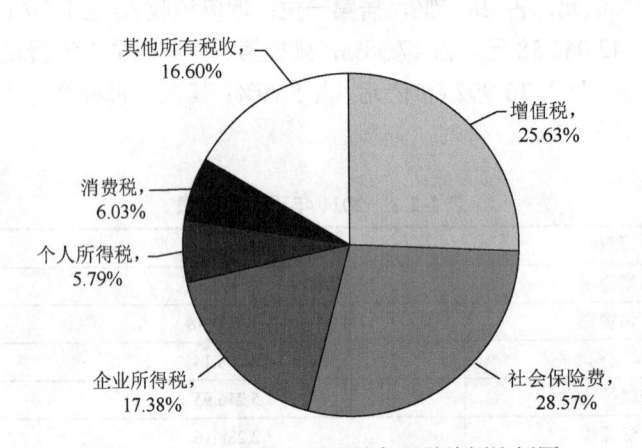

图 1-2-2　2021 年主要正税占正税总额比例图

- 其他所有税收，16.60%
- 增值税，25.63%
- 消费税，6.03%
- 个人所得税，5.79%
- 企业所得税，17.38%
- 社会保险费，28.57%

（二）专用税情况

专用税的主要组成部分是政府性基金。专用税还包括一部分行政事业性收费项目。在相当长的时间里，中央部委和各省、自治区、直辖市甚至更低层次的政府以基金、费、资金的名义征收大量的税收。《国务院关于加强预算外资金管理的决定》提出"有的地方违反《中华人民共和国预算法》和国务院的有关规定，擅自将财政预算资金通过各种非法手段转为预算外资金，有些部门和单位擅自设立基金或收费项目，导致国家财政收入流失，预算外资金不断膨胀。同时，由于管理制度不健全，预算外资金的使用脱离财政管理和各级人大监督，乱支滥用现象十分严重。这些问题不仅造成了国家财政资金分散和政府公共分配秩序混乱，而且加剧了固定资产投资和消费基金膨胀，助长了不正之风和腐败现象的发生"。为此中央政府和财政部门开始进行治理整顿，取消大量不合理、不合法的收费、基金征集，并逐步将允许存在的政府性基金、收费纳入预算管理。

这些收入目前在官方的文件中，被当成非税收入，这从管理角度未尝不可，但从学术角度要从现象看本质，它们如果在性质上属于税收就应当被当作专用税看待。

列入政府性基金预算项目的政府性基金，除了国有土地使用权出让金收入、国有土地收益基金收入、中央特别国债经营基金财务收入、彩票公益金收入以外都具有税收性质。因为这些项目本质上不属于费、不属于资本投资报酬、不属于产品或服务购买，符合税收的四个基本特征。缴纳基金或费的人（以下简称缴费人）不能免费使用由其投资形成的设施，因此缴费人的贡纳具有无偿性；缴费人在纳多少、什么时候纳受制于征收文件，不能自主选择，只要缴费行为发生就必须缴纳，否则面临处罚，强制性明显；缴费人缴纳的比例或数额是预先在文件中规定好的了，确定性清楚；只要缴费人发生了同样的行为，其缴纳的项目同样、数额不二，具有均一性特征。近几年，随着中央政府的治理整顿，税收性质的政府性基金项目逐年有所减少,到 2021 年全国税收性政府性基金有 20 项(表 1-2-2),收入总额达到 13 046.32 亿元。

表 1-2-2 2021 年全国政府性基金目录清单

序号	项目名称	征收依据	资金管理方式
1	铁路建设基金	国发〔1992〕37 号,财工字〔1996〕371 号,财工〔1997〕543 号,财综〔2007〕3 号	缴入中央国库
2	民航发展基金	国发〔2012〕24 号,财综〔2012〕17 号,财税〔2015〕135 号,财税〔2019〕46 号,财税〔2020〕72 号,财政部公告 2021 年第 8 号	缴入中央国库
3	高等级公路车辆通行附加费	财综〔2008〕84 号,《海南经济特区机动车辆通行附加费征收管理条例》(海南省人民代表大会常务委员会公告第 54 号),琼价费管〔2013〕153 号,琼交财〔2021〕267 号	缴入地方国库
4	国家重大水利工程建设基金	财综〔2009〕90 号,财综〔2010〕97 号,财税〔2010〕44 号,财综〔2013〕103 号,财税〔2015〕80 号,财办税〔2015〕4 号,财税〔2017〕51 号,财办税〔2017〕60 号,财税〔2018〕39 号,财税〔2018〕147 号,财税〔2019〕46 号,财税〔2020〕9 号	缴入中央和地方国库
5	水利建设基金	《中华人民共和国防洪法》,财综字〔1998〕125 号,财综〔2011〕2 号,财综函〔2011〕33 号,财办综〔2011〕111 号,财税函〔2016〕291 号,财税〔2016〕12 号,财税〔2017〕18 号,财税〔2020〕9 号,财税〔2020〕72 号	缴入中央和地方国库
6	城市基础设施配套费	国发〔1998〕34 号,财综函〔2002〕3 号,财综〔2007〕53 号,财税〔2019〕53 号,财政部、税务总局、发展改革委、民政部、商务部、卫生健康委公告 2019 年第 76 号	缴入地方国库
7	农网还贷资金	财企〔2001〕820 号,财企〔2002〕446 号,财企〔2006〕347 号,财综〔2007〕3 号,财综〔2012〕7 号,财综〔2013〕103 号,财综〔2015〕59 号,财税〔2018〕147 号,财税〔2020〕67 号	缴入中央和地方国库
8	教育费附加	《中华人民共和国教育法》,国发〔1986〕50 号(国务院令第 60 号修改发布),国发明电〔1994〕2 号、23 号,财综〔2007〕53 号,国发〔2010〕35 号,财税〔2010〕103 号,财税〔2016〕12 号,财税〔2019〕13 号,财税〔2019〕21 号,财税〔2019〕22 号,财税〔2019〕46 号	缴入中央和地方国库
9	地方教育附加	《中华人民共和国教育法》,财综〔2001〕58 号,财综函〔2003〕2 号、9 号、10 号、12 号、13 号、14 号、15 号、16 号、18 号,财综〔2004〕73 号,财综函〔2005〕33 号,财综〔2006〕2 号、61 号,财综函〔2006〕9 号,财综函〔2007〕45 号,财综〔2007〕53 号,财综〔2008〕7 号,财综函〔2010〕2 号、3 号、7 号、8 号、11 号、71 号、72 号、73 号、75 号、76 号、78 号、79 号、80 号,财综〔2010〕98 号,财综函〔2011〕1 号、2 号、3 号、4 号、5 号、6 号、7 号、8 号、9 号、10 号、11 号、12 号、13 号、15 号、16 号、17 号、57 号,财税〔2016〕12 号,财税〔2018〕70 号,财税〔2019〕13 号,财税〔2019〕21 号,财税〔2019〕22 号,财税〔2019〕46 号	缴入地方国库
10	文化事业建设费	国发〔1996〕37 号,国办发〔2006〕43 号,财综〔2007〕3 号,财综〔2013〕102 号,财文字〔1997〕243 号,财预字〔1996〕469 号,财税〔2016〕25 号,财税〔2016〕60 号,财税〔2019〕46 号,财政部 2020 年公告第 25 号,财政部、税务总局公告 2021 年第 7 号	缴入中央和地方国库
11	国家电影事业发展专项资金	《电影管理条例》,国办发〔2006〕43 号,财税〔2015〕91 号,财税〔2018〕67 号	缴入中央和地方国库
12	旅游发展基金	旅办发〔1991〕124 号,财综〔2007〕3 号,财综〔2010〕123 号,财综〔2012〕17 号,财税〔2015〕135 号	缴入中央国库
13	中央水库移民扶持基金	《大中型水利水电工程建设征地补偿和移民安置条例》,《长江三峡工程建设移民条例》,国发〔2006〕17 号,财综〔2006〕29 号,财监〔2006〕95 号,监察部、人事部、财政部令第 13 号,财综〔2007〕26 号,财综函〔2007〕69 号,财综〔2008〕17 号,财综〔2008〕29 号、30 号、31 号、32 号、33 号、34 号、35 号、64 号、65 号、66 号、67 号、68 号、85 号、86 号、87 号、88 号、89 号、90 号,财综〔2009〕51 号、59 号,财综〔2010〕15 号、16 号、43 号、113 号,财综函〔2010〕10 号、39 号,财综〔2013〕103 号,财税〔2015〕80 号,财税〔2016〕11 号,财税〔2016〕13 号,财税〔2017〕51 号,财办税〔2017〕60 号,财农〔2017〕128 号,财税〔2018〕147 号	缴入中央国库

续表

序号	项目名称	征收依据	资金管理方式
14	地方水库移民扶持基金	《大中型水利水电工程建设征地补偿和移民安置条例》，国发〔2006〕17号，财综〔2007〕26号，财综〔2008〕17号，财综〔2008〕29号、30号、31号、32号、33号、34号、35号、64号、65号、66号、67号、68号、85号、86号、87号、88号、89号、90号，财综〔2009〕51号、59号，财综〔2010〕15号、16号、43号、113号，财综函〔2010〕10号、39号，财税〔2016〕11号，财税〔2016〕13号，财税〔2017〕18号，财政部、发展改革委公告2022年第5号，财税〔2020〕58号，财政部、国家发展改革委公告2023年第45号	缴入地方国库
15	残疾人就业保障金	《残疾人就业条例》，财综〔2015〕72号，财综〔2001〕16号，财税〔2017〕18号，财税〔2018〕39号，2019年公告第98号，财政部公告2023年第8号	缴入地方国库
16	森林植被恢复费	《中华人民共和国森林法》，《中华人民共和国森林法实施条例》，财综〔2002〕73号，财税〔2015〕122号，财税〔2022〕50号，财税〔2023〕9号	缴入中央和地方国库
17	可再生能源发展基金	《中华人民共和国可再生能源法》，财综〔2011〕115号，财建〔2012〕102号，财综〔2013〕89号，财综〔2013〕103号，财综〔2016〕4号，财办税〔2015〕4号，财税〔2018〕147号，财建〔2020〕4号，财建〔2020〕5号	缴入中央国库
18	船舶油污损害赔偿基金	《中华人民共和国海洋环境保护法》，《防治船舶污染海洋环境管理条例》，财综〔2012〕33号，交财审发〔2014〕96号，财政部公告2020年第14号，财政部公告2020年第30号	缴入中央国库
19	核电站乏燃料处理处置基金	《中华人民共和国核安全法》，财综〔2010〕58号，财税〔2018〕147号	缴入中央国库
20	废弃电器电子产品处理基金	《废弃电器电子产品回收处理管理条例》，财综〔2012〕34号，财综〔2012〕48号，财综〔2012〕80号，财综〔2013〕32号，财综〔2013〕109号，财综〔2013〕110号，财综〔2014〕45号，财税〔2015〕81号，财政部公告2014年第29号，财政部公告2015年第91号，国家税务总局公告2012年第41号，海关总署公告2012年第33号，财税〔2021〕10号	缴入中央国库

资料来源：《全国政府性基金目录清单》，http://szs.mof.gov.cn/zt/mlqd_8464/mlqd/zyzfxjjmlqd/201706/t20170620_2626929.htm

二、税收总额及其占政府收入和GDP的比重

根据上文，我们得知2021年税收总额为254 882.84亿元。其中，正税241 836.52亿元，占94.88%，专用税13 046.32亿元，占5.12%，见图1-2-3。税收总额占政府总收入的比重为67.07%，占GDP的比重为22.29%，见表1-2-3。

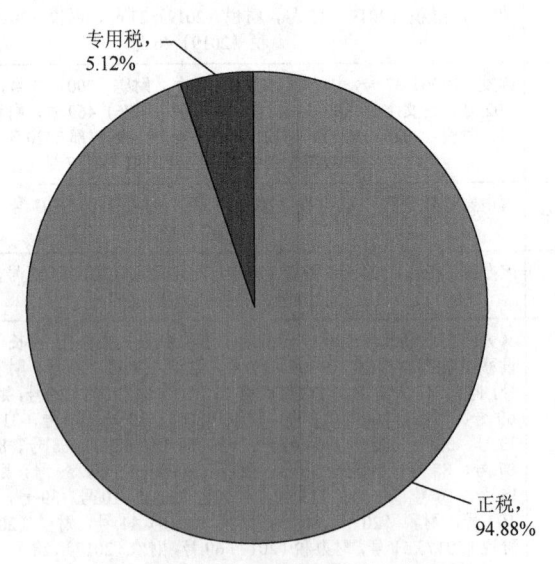

图1-2-3　2021年正税和专用税比重

表 1-2-3　2021 年税收总额占政府总收入和 GDP 比重表

项目	金额/亿元	占政府总收入的比重	占 GDP 的比重
正税收入	241 836.52	63.64%	21.15%
专用税收入	13 046.32	3.43%	1.14%
税收总额	254 882.84	67.07%	22.29%
政府总收入	380 019.71	100%	33.23%
GDP	1 143 669.70	—	100%

三、税收征收管理情况

《中华人民共和国税收征收管理法》第三条规定："税收的开征、停征以及减税、免税、退税、补税，依照法律的规定执行；法律授权国务院规定的，依照国务院制定的行政法规的规定执行。任何机关、单位和个人不得违反法律、行政法规的规定，擅自作出税收开征、停征以及减税、免税、退税、补税和其他同税收法律、行政法规相抵触的决定。"

（一）正税的管理征收特点

以税收名义征收的税收即正税，按《中华人民共和国税收征收管理法》和其他法律规定办理。原则上讲全国人民代表大会及其常务委员会是税收立法机关，各级法院是税法司法机关，国务院、各级政府及其财税主管部门是税法执行机关。正税的管理征收特点如下。

1. 立法和授权立法并存

中国税收立法权分为立法机关立法和授权立法两种。就是说税收法律可以由全国人民代表大会或它的常务委员会制定，也可以由前述立法机关授权中央政府即国务院制定。习惯上称由立法机关制定的税收法律为某某税法，而由国务院制定的税收法律为某某税条例。目前，已有税收征管法及个人所得税、企业所得税等 12 个税种由立法机关制定，其余均为国务院发布的条例。在税法或条例正式颁布前，有一个酝酿的过程。一般先由财税主管部门根据调研意见，提出草案，经过司法部审查，交由国务院会议研究通过，需上报人大制定的就报请人大有关机构审查，审查通过后提交人大会议或常委会审议通过，最后由国家主席公布。其间如果涉及税法原则、体制或重大政策变动的，一般还要提交中共中央政治局或其常委会讨论决定，其决定的原则是立法的基本依据，这体现了党的领导和人民当家作主、依法治国的统一。

2. 税法渊源呈多层次性

人大制定发布的税法一般比较概括，国务院还要相应制定实施条例加以解释，实施条例还不够具体的事项，由财政部和国家税务总局、海关总署分别通过文件形式加以明确。国务院制定的税收条例同样也比较原则化，由财政部制定配套的实施细则加以解释，某些税种如房产税、耕地占用税、城镇土地使用税、契税、社会保险费等由省级地方政府制定实施办法。实施细则未尽事项，由财政部和国家税务总局、海关总署分别通过文件形式（包括规章）加以明确。这些法律、条例、实施条例、实施细则和部门文件（或部门规章）均属于税法范畴，都是征税人和纳税人遵从的依据，也是司法机关审判的依据。

3. 税法解释、政策厘定和征收管理分离

财政部设有专门的税收政策部门（即税政司和关税司）负责税法的解释和各种税收政策的制定，一般以财政部、财政部和国家税务总局、财政部与海关总署的名义发布，社会保险费由人力资源和社会保障部行文公布,当政策涉及特定行业和部门时,也会以财政部与其他部委联合行文方式发布。地方政府有权决定具体征税标准、税率和进行政策调整的税种,其具体政策由地方财政部门厘定。税收的征收管理分别由各级税务局、海关负责。其中海关负责关税、船舶吨税、进出口增值税和消费税的征收管理;各级税务局负责其余所有具有税收名称的税种和社会保险费的征收管理。

(二) 杂项负担的管理征收特点

20世纪90年代中期,中央政府开始治理整顿城乡"乱收费、乱罚款、乱摊派"("三乱"),对农村实行税费改革,加强预算外资金管理。大多数杂项负担已经纳入专门预算管理,得到一定程度的控制和监督。但中国杂项负担的出台、征收、使用仍呈现如下特点。

1. 税种的开征没有经过人民代表机构立法或授权立法

法治国家的一个重要标志是非经人民同意不得课税。人民同意,即至少经过人民代表大会立法程序或授权立法程序。但绝大多数的杂项负担,都是由中央政府及其部门或地方政府及其部门为了完成某项任务或发展某个项目而利用其权力强制对纳税人征收的。有些杂项负担是根据单项法律征收,如教育费附加根据《中华人民共和国教育法》征收。很多杂项负担是因为项目或任务的资金无法通过一般预算安排,而被给予临时征课收钱的"政策",结果在一段历史时期里,这种杂项负担征课越来越多。中央政府为了控制,不得不进行治理整顿,取消一些项目、同意保留一些项目。目前,杂项负担除了少数依据单项法律课征外,大多采用了经过国务院批准的方式。

2. 征收所依据的法律不具备系统性

杂项负担征收的法律依据往往是政府部门文件,即一纸公文,虽然它符合税收的强制性、无偿性、确定性的要求,但规定没有正税那样系统、完整、明确。杂项负担的征收比例、数量时有变化,这种变化也不需要经过一定法令程序酝酿确定。

3. 征收的税款不列入一般预算

在国务院开始治理整顿、推行收支两条线之前,杂项负担一般为征收部门自收自支。目前杂项负担也不列入一般预算,财政部专门设置了"政府性基金预算"来对这一部分税收进行管理。

4. 征收机构和税款使用机构相同

多数杂项负担由使用该项税款的政府部门或被指定的单位负责课征,不通过专门的税务机构进行征收管理。例如,铁路建设基金由铁路行政管理部门指定铁路运输企业在核收铁路货物运费时一并核收,用于国家计划内的大中型铁路建设项目以及与建设有关的支出[1];民航基础设施建设基金,由民航管理部门对在中国境内注册设立的使用国家航线资源,从事商业性航空客货运输业务的航空运输企业课征,专项用于民航安全、空管、机场、科教、信息等基础设施建设[2]。

【本章小结】

1. 税收是国家为满足社会公共需要,凭借公共权力,按照法律所规定的标准和程序,参与国民收入分配,强制地、无偿地取得财政收入的一种方式,税收对于国家经济生活和社会文明的重要作用。税收作为政府筹集财政收入的一种规范形式,具有区别于其他财政收入形式的特点。税收特征可以概括为强制性、无偿性、确定性和均一性。

---

[1] 财政部,《铁路建设基金管理办法》(财工字〔1996〕371号),第三条、第九条。
[2] 财政部,《民航基础设施建设基金征收使用管理暂行办法》财综〔2004〕38号。

2. 一般称通过正式立法的税收为正税，而未通过正式立法的各种具有税收性质的课征为杂项负担。目前中央或地方政府为特定目的而向企业、个人征收的各种基金、费，名称不为税，但本质上是税收。

3. 中国目前的正税税制结构为典型的流转税和所得税双主体特征。从主要税种的构成看，社会保险费最多，增值税居第二位，企业所得税排行第三，第四位是消费税，个人所得税居第五位。

专用税的主要组成部分是政府性基金，到2021年全国税收性政府性基金有20项。专用税项目不少，涉及面很广，征收数额占全部税收的比重不到10%。

4. 正税的管理征收特点是：立法和授权立法并存，税法渊源呈多层次性，税法解释、政策厘定和征收管理分离。杂项负担的管理征收特点：税种的开征没有经过人民代表机构立法或授权立法，征收所依据的法律不具备系统性，征收的税款不列入一般预算，征收机构和税款使用机构相同。

【概念与术语】

税收（tax）　纳税人（taxpayer）　负税人（tax bearer）　征税对象（taxation object）　税目（tax item）　税基（tax base）　流转税（turnover tax）　所得税（income tax）　财产税（property tax）　行为税（behaviour tax）　从价税（ad valorem tax）　从量税（specific tax）　价内税（tax included in price）　价外税（tax not included in price）　直接税（direct tax）　间接税（indirect tax）　税率（tax rate）　比例税率（proportional rate）　定额税率（specific rate）　累进税率（progressive rate）　正税（regular tax）　杂项负担（miscellaneous tax）　一般税（non-earmarked tax）　专用税（earmarked tax）　事件税（event based tax）　累计税（accumulation based tax）　中央税（central tax）　地方税（local tax）　强制性（imperative）　无偿性（without repayment）　确定性（unambiguous）　均一性（uniform）

【思考题】

1. 税收有哪些主要特征？
2. 税收包括哪些基本要素？
3. 税收有哪些主要类别？
4. 为什么说"在法治社会中，强调税收的法律强制性不会导致征纳关系的紧张，反而有利于征纳关系的协调和民众纳税意识的培养"？
5. "税收是公共产品的价格"这个说法正确吗？为什么？
6. "征税的总体数量上应该不能超过人民所得到的利益"这个说法与税收无偿性特征有矛盾吗？为什么？
7. 为什么说均一性是税收的一个基本特征？
8. 中国目前的税收状况如何？
9. 中国目前的税收征收管理现状如何？
10. 为什么说目前中央或地方政府为特定目的而向企业、个人征收的各种基金、费，名称不为税，但本质上是杂项负担？
11. 你认为杂项负担应当存在还是应当取消？为什么？

第二章 税收大历史：中西治税实践的经验和教训

【本章提要】
1. 国家（政府）、财政和税收的起源。
2. 中国税收的起源与发展。
3. 中华人民共和国成立以后的税收发展。
4. 西方税收的起源与发展。

通过第一章我们掌握了税收的一些基本术语并了解了中国当前税收基本状况，对税收有了一定的感性认识。那么税收是从哪里来的？人类社会为什么要创造税收这个制度？税收发展变化的基本规律有哪些？从中我们应当汲取怎样的经验和教训？这些是需要回答的问题。为此，从本章开始我们探索税收内在的质的规定性和必然联系即一般规律，说明税收存在的原因及其产生各种影响的根据，也为提出税收制度设计原则和税收影响理论等提供基础。本章从税收起源和发展角度即从宏观历史分析角度，探讨税收的基本规定及内在联系。特别强调税收能提高社会福利，也能降低社会福利，税收过度征收从来都是社会动荡的重要原因之一，其所造成的社会福利损失巨大。税收作为财政收入的形式之一，从来是与国家相联系的，因此，研究税收起源，不可避免地要先研究国家和财政的起源。

第一节 国家（政府）、财政和税收的起源

作为财政收入的主要形式，税收是人类社会发展到一定历史阶段的产物，即社会生产力发展到一定程度，有了剩余产品，产生了生产资料私有制，出现了阶级，建立了国家（政府），并且其不直接拥有主要生产资料这一历史阶段的产物。税收又伴随着生产力的进步、剩余产品的丰富、生产资料所有制的更替和政府职能的变化而发展演变。作为社会生产力发展到一定水平的标志的剩余产品的出现，为税收的产生提供了物质基础即可能性。国家（政府）的出现是税收产生的直接原因。当国家（政府）不直接拥有统配生产资料，不生产物质财富，而与生产资料私有制和法人占有制之间形成利益差别甚至尖锐矛盾时，税收的产生就成为必然。税收正是国家公共权力主体按法律规定的统一、规范的标准从具有独立经济利益的个人、法人及非法人经济组织中取得劳动者创造的一部分剩余产品价值以满足公共需要而形成的分配关系。

一、国家（政府）的形成和财政的产生

国家（政府）是人类社会自然发展的产物，人类发展到一定阶段，"产生了这样的一种需要：把每天重复着的生产、分配和交换产品的行为用一个共同规则概括起来，设法使个人服从生产和交换的一般条件。这个规则首先表现为习惯，后来便成了法律。随着法律的产生，就必然产生出以维护法律为职责的机关——公共权力，即国家"（马克思和恩格斯，1964）。国家（政府）就是拥有广泛的权威和垄断的权力，通过制定并实施法律或规则，对一定地理范围内的公民、企业、社团和其他组织进行管理监督，提供公共服务和维护社会秩序的团体。国家（政府）不仅包括行政机关，而且包括立法机关、司法机关，包括军队、警察，包括在一个领土内起核心领导作用的执政党。国家具有权威的社会性、成员的当然性、暴力的垄断性、权力的合法性、服务的非营利性、统治的阶级性等特性。

同其他任何事物一样，国家（政府）的形成经历了漫长的过程。作为氏族公社的公共组织逐渐脱离社会并自居于社会的产物，国家（政府）的本质特征是和人民大众分离的公共权力，是统治阶级压迫被统治

阶级的暴力机构。由国家（政府）的本质所决定，国家（政府）的首要职能是镇压被统治阶级的反抗，建立一种"秩序"，使得阶级冲突保持在"秩序"范围之内，以维护、巩固统治阶级在经济、政治上的统治地位。国家（政府）还有保护其权益不受别国侵袭的职能。剥削阶级国家（政府）的这一职能还包含征服、掠夺别的国家和氏族的因素。此外，国家（政府）还有干预经济以求得经济稳定、均衡发展的职能，这种干预是为统治阶级服务的，干预的程度、形式不同，所起的作用也不同。

国家（政府）为了实现其对内、对外职能，为了有效地干预经济，简而言之，为了实现其公共权力，必须直接、间接地占有一部分社会财富，参与一部分社会产品的分配和再分配。国家（政府）的这种分配社会产品（主要是剩余产品）的活动及其所形成的经济关系称为"财政"。财政和其他一切经济范畴一样有其产生、发展、灭亡的历史。与国家（政府）相联系，财政也萌芽于原始社会末期，由原始氏族公社的公共需要分配演变而来，是国家（政府）取代氏族组织而成为公共需要分配主体的产物。原始社会末期，确实存在过以氏族公社组织为主体的满足公共需要的分配，这种分配有几个方面的特点：①直接由氏族公社集中公社成员的一部分剩余劳动产品，即公社成员在公田上的劳动成果；②集中的产品一部分用于社会保障，另一部分用于战争、宗教事务等公共需要；③剩余产品分配过程是非强制的、自愿的，是以血缘关系为基础的氏族大家庭内部的分配。这种分配虽然在形式上有点像后来的财政收支，但与以国家（政府）为主体的强制性的分配在本质上是不同的。氏族公社内部这种为满足公共需要而进行的公平分配，经历了相当长时间。随着私有制的出现和氏族内部特权阶级的形成，原先以公共需要名义筹集起来的财产越来越多地被特权阶级占为己有，氏族内部的阶级对立和对抗从而产生，特权阶级必然要建立强制性暴力机器以维护其既得利益；对外则发动战争，兼并其他部落或通过协议建立起部落联盟，按地区组织国民，设立公共权力。在国家（政府）形成过程中，"公共需要"的分配由公平变成掠夺，由自愿变为强制，从而产生了以国家（政府）为主体的对一部分社会产品的强制、无偿地占有和使用的经济形态——财政，其典型的或者说完备的形态，包括赋税、公债、预算等具体形式。今天所说的财政，总是包含税收因素，但初始形态的财政发展到完备形态的财政，经历了一定的时间。也就是说税收的产生并不是与财政的产生、国家（政府）的产生同时进行的。

二、税收的产生

财政产生并不意味着税收也同时产生，最早期的财政中没有税收因素。税收是凭借公共权力而不是凭借财产权进行分配的，这种分配只有在国家（政府）不直接通过财产所有权支配社会产品，或国家（政府）通过财产所有权获得的社会产品不足以满足实现其职能需要的场合才有必要。不能把税收等同于任何形式的按比例或定额抽取，税收只存在于作为抽取者的政府与作为被抽取者的财产所有者（包括团体和个人）之间存在分明的利益上的"你""我"界限的场合，只有在这种场合下税收才有实际意义。换言之，只有社会上存在私有制，国家（政府）这个共同体利益与其居民的个体利益存在不一致，必须将一部分属私人或代表个体利益的集团所有或占有的剩余产品征集起来，为国家（政府）所用时才有必要运用税收，比较典型意义上的税收具有强制性、无偿性、均一性、确定性等特征，这些特征与法律有不可分割的联系，总是通过法律加以表现。因此，当国家（政府）具有制定比较稳定的法律并且具有进行按比例或按定额征税的管理能力时，税收才有可能产生。

奴隶制国家（政府）刚形成时，国家（政府）财政收入主要有靠拥有土地所有权而获得的"地租"性质的收入、直接支配的奴隶的劳动成果、战败国献贡品和掠夺性收入。当时的财政形式是非常古老和不典型的，作为典型财政收入形式的税收是在国家（政府）公共权力日益增强、奴隶主或自由民土地私有制形成后产生的。马克思说："直接税，作为一种最简单的征税形式，同时也是一种最原始最古老的形式，是以土地私有制为基础的那个社会制度的时代产物。"（马克思和恩格斯，1961）总之，土地所有制产生越早越典型的地方，税收的产生也越早越典型；国家（政府）公共权力与分离、独立于国家（政府）之外、体现个体经济利益的生产资料私人或法人占有制是税收产生和存在的两大必要前提。需要进一步说明的是力役之征。力役之征早于直接税，建立在劳动力私有制基础上。作为原始财政形式的力役之征与奴隶主对奴隶劳动的直接占有使用不能等同，力役与作为典型财政收入形式的税收也有差别。国家（政府）采用力役形式的财政过程，是收支同时完成的过程，力役的结果即公共工程或公共服务的产生也就是财政支出的完成。中国历史上力役是一种极其重要的财政形式，直接征集劳动力进行无偿的公共工程建设在现代社会仍然存在，因此往往赋役并称，把力役当成税收。本书在研究税制发展时，也采用这一约定俗成的说法，但理论分析上并不把力役当成典型的税收形式，因此将其包括在杂项负担范畴之内。

流行的理论认为国家（政府）、财政的存在与市场失灵和公共产品的特性有关。他们认为在社会存在分工的情况下，人们通过市场交换可以满足基本的物质需要，但公共产品由于其非竞争性和排他的不可能性，无法通过市场交换来解决，只能由政府提供。政府就是提供公共产品的机构，而财政就是为公共产品融资的制度安排。但同时满足非竞争性和非排他性条件的公共产品（被称为纯公共产品），只是在完全自由竞争市场经济条件下的一个理论抽象，在现实生活中不多见。现实生活中多见的是只满足一个条件的非纯公共产品，它们是由政府提供还是由市场提供，并没有确定的界限。理论上的公共产品范围与各国财政实践上的政府职能范围很不一致。因此，用公共产品和市场失灵不能完全说明政府和财政存在的必要性。

因此，我们主张税收的产生和存在与生产资料私人所有制、纳税主体利益的独立性和国家（政府）的存在有关，税收的具体方式还与特定社会的文化状态有关。这也可以从中国和西方税收的起源和发展中得到验证。

第二节 中国税收的起源与发展

一、中国税收的起源

税收同其他财政范畴和经济范畴一样，存在从萌芽到定型的发展过程，税收的起源是一个过程的概念而不是时点的概念。中国税收在西周至春秋的井田制（well-field system）时期处于萌芽状态，在鲁宣公"初税亩"时期随土地私有制的确定成为成熟的、定型的财政分配形式。

中国税收从萌芽到成熟与当时作为主要生产资料的土地的所有制的发展有密切关系。奴隶制是人类历史上第一个剥削形式。中国同样经历过奴隶占有制社会而且时间相当长，但是奴隶制度发展得极不充分，直至殷商末年奴隶制度濒临崩溃，始终没有形成古希腊、古罗马那样高度发展的奴隶制度，其土地占有制度也极其特殊。殷商时代的农业还停留在农业发展的初级阶段即"游农"阶段。由于农业生产方法非常原始，必须经常改换耕地，因而不能定居生活，土地占有方式只能是氏族公有，并且只是在一地居留期间由氏族临时占用，不是固定分配，更不能由个人占有（傅筑夫，1980）。由土地所有制决定，殷商的上层建筑以家长氏族制度为特点，也就是说国家（政府）形态是不典型的，没有发展成古希腊、古罗马那样的完备的奴隶制国家（政府）。这一时期主要通过使用奴隶的无偿劳役、直接占有奴隶劳动满足财政需要，不存在税收征纳关系；各个部落向帝王的贡纳只是帝王与部落间分割由奴隶创造的社会财富的关系，并不是税收关系，殷商以前的夏代更没有这种关系。

随着人们的生活从游牧走向定居，形成井田制。井田制实际上是封建领主经济制度下农奴的份地制度。根据史料记载，井田制是西周时期典型的土地制度，这一时期游牧生活已经结束，但生产力水平仍然很低，必须采取农奴集体劳动方式，在井田上劳动的农奴保存了农村公社的组织形式和习俗。井田"一井"九百亩，八家农户各分一百亩私田；剩余的一百亩公田由八家共耕，公田的农产品归奴隶主国家（政府）所有，这就是"助法"。这种财政收入以征取劳役地租形式实现，仍然不是典型意义上的税收，但可以说已经包含税收的萌芽，为后世力役之征的雏形。春秋时期井田制开始从全盛走向瓦解，封建土地私有制相应发展，鲁宣公十五年（公元前594年），鲁国实行"初税亩"制度，即不论公田、私田一律按亩征税，这是从传统的"助法"过渡到封建实物征税的开始，标志着典型意义上的税收的诞生。不过这时的租税既含有凭借土地所有权征取的"租",又含有凭借公共权力征取的"税","租""税"不分。鲁哀公十二年(公元前483年),鲁国实施"用田赋"将军赋和田税合并。战国时期井田制全面崩溃,被封建土地所有制取代,地租和赋税随土地所有制的发展而分离,土地所有者向农民收取地租并向国家(政府)缴纳赋税。例如,赵国的赋税由田部吏统一征收,只以公共权力为依据(马洪和孙尚清,1988)。但在相当长的历史时期里,"租"仍然被当作税的同义词,如汉代田租乃田赋之意。

以下我们根据生产方式和国家(政府)性质以及重大历史变迁事件,分三个历史阶段分析中国税收的发展变化特点,即中国古代皇权专制的小农经济社会的税收、中国近代社会的税收和中华人民共和国成立以后的税收发展[①]。

二、中国古代皇权专制的小农经济社会的税收

鸦片战争以前中国社会是建立在小农经济生产方式上的皇权专制社会。在这样的社会中,税收历史就是一部人民(主要是农民)被过度榨取的历史。其存在三个规律性的特征,即正税制度大致沿着人头税、力役之征为主体——人头税和土地税并重——土地税为主体的轨迹发展,这是从正税发展轨迹说的;正税负担不轻,杂税杂派繁多,这是从负担情况说的;轻徭薄赋迎来治世,苛捐重负导致乱世,这是从税收的后果或效应说的。

(一) 正税发展轨迹

中国古代社会的经济基础是农业,主要税源是农业和农民。盐、铁、酒和山泽之征以及工商杂税各朝代都有,但由于工商业发展缓慢,相对于人头税(包括力役)和土地税而言,工商税一直处于次要地位,盐、铁、酒之征则往往以专卖收入形式出现。从主体税的发展看,商鞅变法时期就查编户籍,五家为伍、十家为什,据以征兵和分派劳役,开始按人口抽人头税。秦代以人头税(包括力役之征)为主。汉代逐步形成以田有租、人有赋、力有役为特征的赋税制度,土地税和人头税共存,但长期实行轻"田租"[②]的税收政策,人头税占重要地位。以成年人为征税对象的人头税称算赋,以未成年人为征税对象的人头税称口钱,力役之征称更赋。

经三国、两晋、南北朝、隋的发展,唐代前期在均田制基础上建立租庸调制度,实行田有租、身有庸、户有调。武德七年(公元624年)规定,田租每丁年纳粟两石;户调根据乡土所产,每丁年纳绢、绫、绝各两丈,丝绵三两,或纳麻布两丈四尺、麻三斤;庸是代替徭役的赋税,每丁年服役20天,不服役的1天纳绢三尺代役。建立在均田制和户籍登记基础上的租庸调以人丁为本、以力役之征为主,是一种财产税(土地税)与人头税混合,但以人头税为主的税制。这一时期除了租庸调外主体税中还应该包含地税和户税,这两个税实际上都是按户纳税,不过户有等级,属于财产税。这种税制与当时的生产力发展水平基本上是适应的,在严格管理的前提下,是那个时代较好的税收制度,在效率上与经济发展存在相宜的方面;公平程度也是相对较高的。

在唐朝租庸调制度经历了一个多世纪。由于各种原因,管理松弛,户籍不再重新登记,豪富官吏兼并土地,均田制被破坏,唐朝中后期,财政税收制度逐渐紊乱起来。特别是在安史之乱以后,藩镇截留税收、法外任意征敛日益严重,财政全面混乱。不少农民已无或只有很少的土地,但仍须按原户籍缴纳租庸调。豪富地主兼并土地,霸占官田,却无户籍,不输租庸调,再加上法外苛捐杂税,农民不堪重负,农户流亡日盛,造成财政减收,为了应付日益增加的财政开支,只能进一步加重在籍农民负担,横征暴敛,这促使更多的农民逃亡,财政陷入全面的恶性循环。此时的租庸调制度已是极端的不公平,不仅阻碍而且破坏了经济发展,从而也难以继续成为财政收入的主渠道。

---

① 该阶段内容较多,故单独一节,具体内容见本章第三节。
② 汉代的田赋仍称作田租,就是按亩计征的土地税。

唐德宗建中元年（公元780年），杨炎改革税制，废止租庸调制度，实行两税法，其主要内容是不论主户和客户，不分定居和行商，也不分劳动力年龄大小，一律按贫富，也就是按拥有土地和财产的多少征税；废除以前的租庸调和杂税；变"旬输月送"为夏秋两次征收，称夏税和秋税，故称"两税法"。纳税物为按户等纳钱或按田亩纳米粟，货币税和实物税并重。合并原先不太重要的地税和户税使之升为主体税种并取代以人头税为主的租庸调，从而实现以人头税为主的税制向财产税和人头税并重税制的转变。杨炎创议两税法，目的并不是减轻人民的负担，也不是从真正推行新税法着眼。他只是将当时的一切杂敛，统一总括到两税中，禁止一切两税外的苛征，所以，实行两税法，人民的负担并没有减轻很多。同时，由于户口流亡，田地荒芜，各地摊额畸轻畸重的现象仍然存在。所以，两税法实行不久，由于唐朝政治的腐败，官吏地主的多方榨取，法外苛征又纷至沓来，人民的负担，又逐渐趋于苛重（中央财政金融学院财政教研室，1980）。唐以后的五代、宋、元直至明中叶都沿用两税法，当然具体内容有所变化。

明嘉靖年间（公元1522～1566年）实行一条鞭法（one whip method），这是中国古代税收发展的又一重要事件。其主要内容：一是把明初以来分别课征的田赋和力役合一并入夏秋两税一起征收；二是州县每年需要的力役从所收两税中出钱雇募，不再强征人民应役；三是把从前的土贡方物和上缴京库备作军需及留在地方备作供应的费用，并入一条鞭内征收；四是统以田亩为课征对象，以银折纳即计亩征银（中央财政金融学院财政教研室，1980）。一条鞭法所要解决的问题和改革思路与两税法基本相同。就是将杂税、杂派并入正税，试图规范税收制度，遏制泛滥的杂税杂派。从历史的事实看，这种改革短期内起了一定作用，但很快又出现了在已经提高了负担水平并入很多杂税杂派的正税之外又长出名目繁多的杂税杂派。一条鞭法开始了赋役合一的改革，劳役虽然不再直接征派但实际上仍然存在，只不过变为比较间接的形式，先征丁银然后政府雇募。并入田亩中征收的人丁税不像田赋和其他杂征那样可固定，丁银不能固定，征收总额也无法固定，这便很容易出现执行过程中官吏任意增派问题（胡寄窗和谈敏，1989）。特别重要的是并没有形成遏制正税之外杂税杂派滋生泛滥的机制。

清朝经过固定丁银不变，最后把丁银完全摊入地赋征收，即摊丁入亩，实现人丁税、土地税并重为主体的税制向以土地税为主体的税制的彻底转变。至此中国古代社会税制发展到所能达到的最高水平。因为，在以土地为主要财产形式的社会中，以拥有土地多少为标准征收田赋，对比单纯以人丁为标准征收人头税，显然更能体现按能力负担的税收公平原则。但是中国古代社会税收的一个重要特点是除了正税之外，历代杂税名目繁多负担苛重，只看正税制度变化还不能完全了解税收的全貌，还要研究正税和杂税即全部税收的负担规律。

（二）正税负担不轻，杂税杂派繁多

正税负担不轻，杂税杂派繁多是中国古代社会税收负担的总特点。

要研究摊丁入亩之前的正税，不仅要看田赋，还要看人头税。根据《中国农民负担史》的研究，列举几个主要朝代在比较稳定时期的主体税（主要是田赋和人头税）负担水平。

汉代初期实行轻徭薄赋，田赋按十五税一即大约6.7%的税率征收田赋，实际负担要比此更低一些，特别是文帝时期（公元前179～公元前157年）有十一年全免天下田赋，两年减半即实行三十税一。人头税（包括徭役，下同）人均120钱，赋役合计对农业生产量的负担率为7.16%。文帝时期不仅减轻田赋而且减轻人头税，总负担率更低，估计为3.86%。

唐代贞观年间（公元627～649年）的租庸调和地税负担经过折算相当于农业实产量的8%。开元（公元713～741年）、天宝（公元742～756年）年间的负担率比贞观年间略高，大约为9%。

宋代田赋（两税）负担占农业实产量的4.8%～5.4%。但这是就平均而言的，宋代的田赋负担不均衡，存在地区间、阶级间畸重畸轻问题，弱小农民负担比较重。宋代的徭役更重，一部分原因是宋代赋役沿袭唐代两税法，而杨炎推行的两税法中已经包含了徭役代金（庸），但后来力役又复活，力役之征已是双重，再后来又开征身丁钱以代替力役，代替以后新的徭役又长出来，于是力役之征变成了三重。

明朝前期洪武朝以及以后的永乐、洪熙、宣德三朝直到正统初年，正税以及杂派负担均算正常，据估计洪武时期赋役负担率为5.94%，其中田赋负担率为3.45%。

清朝黄金时期（康乾盛世），实行摊丁入亩以后田赋负担率约为5%，有的学者详细计算了乾隆三十一年（1766年）田赋负担率为4.93%。但此后清朝开始走下坡路，农民负担特别是杂派负担比较重。鸦片战争爆发以及此后多次对外战争的失败导致的赔款、割地、税收主权丧失等，使中国的生产者（主要是农民）不仅要承受王朝、贪官的盘剥，而且还要承受列强的掠夺。

综上所述，中国历史上正常年代（一般是王朝前期）赋役负担不过10%，看上去属于轻税。历史学家黄仁宇（2001）在一本研究明朝的财政与税收的著作中指出"事实上，一个主要依靠土地收入的庞大帝国，整个税收水平仅为农业产量10%，看起来是很低的"。在不少朝代如明朝洪武朝（即朱元璋统治时期）军队主要靠屯田自给自足的办法解决经费，乡村靠自治。10%的农业税，看上去低，实际不低。按西方观念什一税（即10%）算是轻税，但税负轻重除了看税率、负担率外，还要看生产率高低、财政支出方向以及负担归属。生产率高低的衡量标准是剩余产品率，即总产量扣除人力、物力投入成本后的纯产量占总产量的比率。投入成本包括劳动力及其所赡养家庭成员的口粮、耕牛和其他劳动工具的折旧等。中国古代赋役的税基是农业实际产量，这属于毛产量而不是纯产量。在中国古代小农经济社会中，生产力水平低，剩余产品率往往比较低。我们虽然无法计算各个朝代的剩余产品率，但可以用中国一般地区当代农业的剩余产品率作为判断的参照。虽然当代农业生产力已经大大提高（单产已是古代数倍），但其剩余产品率仍然不高，据估计不超过30%。如果按30%的剩余产品率计算，10%的农业税，相当于农业纯产量的33.33%；如果按10%的剩余产品率计算，9%的农业税相当于农业纯产量的90%。如果出现后者的情况（在古代比较接近现实）意味着农民扣除正税后只能维持简单再生产，在这种情况下，如果还要加征杂派（哪怕实际负担的量不大）对农民来说也是沉重负担，因为农民已经无法留足使生命得以维持、简单再生产得以进行的口粮。

正常年代以后，王朝进入中后期，往往在负担不轻的正税之外课征名目繁多的杂税、杂派。其原因有三：一是王朝中期以后，随着最高统治者好大喜功、大兴土木、穷兵黩武、荒淫无度，正税不足，国库空虚、入不敷出，不得不进行法外征敛；二是吏治腐败，官吏借机通过火耗、运输损耗等附加增加人民负担，其结果矛盾激化、生产破坏；三是负担不均衡，富者（包括有权有势者）因能够逃避而负担不重，贫者逃避不易只好忍受重负，实在不堪负担只能背井离乡，这又使土地进一步被兼并，负担加重到还没有背井离乡的家庭上，迫使这些人民也要背井离乡或被迫起义反抗，其结果是户籍、田籍更加混乱，最终丧失税收的经济基础，也丧失进行规范化税收管理的信息基础，出现不可挽回的财政危机、经济危机和政治危机。最终结果是王朝灭亡。此后又开始新一轮的循环。

每一个存续时间比较久的朝代（如唐朝、明朝、清朝等），在其中后期均进行了税制改革以挽救开始出现的危局，上述列举的中国皇权专制社会的几次重大的税制变革（两税法、一条鞭法、摊丁入亩）均是如此。每一次改革解决的问题类似、思路方法基本相同，采取的都是并税式的改革办法，类似于现代的税费改革，就是重新规范正税，提高正税负担水平，同时革除苛捐杂税，将其并入正税。正如前面已经分析的那样，这些改革在短期内取得一定效果，但不久已经提高了负担水平的正税之外的杂税又会不断长出来。新王朝成立以后往往沿袭前代税制，在杂税泛滥之时进行并税式的改革，而这时的改革是在前代已经提高了税负的基础上进行的，中国皇权专制社会正税（农业和农民税收）负担就这样呈现出螺旋式上升的规律。早在清初，著名思想家黄宗羲已经发现并概括了这样的规律。

秦晖（2002）指出："唐初的租庸调就是'有田则有租，有户则有调，有身则有庸'，租即土地税，征收谷物；庸即人头税，征收绢；调即户税，征收麻布，杨炎改革为两税法，全都以贫富即占有土地的多少为标准来征收，虽然没有了户税和人头税的名目，其实这两项征收已经并入了土地税中。相沿至宋朝，一直没有从中减去户税和人头税，然而却在此之外重又开征新的人头税目（'丁身钱米'）。后人习以为常，认为'两税'只是土地税，'丁身'才是户税和人头税，其实那是重复征收的。如果当初不把庸、调之名目取消，何至于此。所以杨炎的税制改革一时有小利，却给后世留下大害。到明代，在两税、丁口税之外，又征劳役（力差）和代役租（银差），本来是十年轮一次的。嘉靖末年改革为一条鞭法，把两税、丁口、差役和各项杂派全都归并到一起征收，原来每十年中轮值一年的差役负担，如今分摊到十年里征收了。这实际上是把银、力二差又归并到了两税中。但不久每到轮值之年，各种杂役又纷纷派了下来，后人习以为常，认为'条鞭'只是两税，而杂役则是该着轮流当差，谁知道那也是重复征收的。如果当初不取消银差、力差的名目，何至于此。所以一条鞭法也是一时有小利，却给后世留下大害。到明末，朝廷又先后加派旧饷（辽饷）500万两，新饷（剿饷）900万两和练饷730万两。户部尚书倪元璐要改革，又把三饷归并为一，实际上是把这些杂派又并入了正税（'两税'）。如今（黄宗羲写作时的清初——编者注）人们以两税之征为理所当然，岂知其中包含的三饷加派正是导致明朝灭亡的原因之一！设若三饷之名目不改，人们或许还会顾其名思其义，知道这是税外的加派，以后再加不得了。天哪！这样每改革一次，负担就加重一层，老百姓还有生路吗？"这就是著名的"黄宗羲定律"（Huang Zongxi's law）。现代有史学家把"黄宗羲定律"用公式表示，即

两税法 = 租庸调 + 杂派

王安石税法 = 两税法 + 杂派

= 租庸调 + 杂派 + 杂派

一条鞭法 = 王安石税法 + 杂派

= 两税法 + 杂派 + 杂派

= 租庸调 + 杂派 + 杂派 + 杂派

倪元璐并税法 = 一条鞭法 + 杂派

= 王安石税法 + 杂派 + 杂派

= 两税法 + 杂派 + 杂派 + 杂派

= 租庸调 + 杂派 + 杂派 + 杂派 + 杂派

地丁合一 = 租庸调 + 杂派 + 杂派 + 杂派 + 杂派 + 杂派

通式为

$$b_n = a + nx$$

式中，b_n 为经过 n 次改制之后的新税额；a 为原始税额；x 为杂派；n 为改制次数。"黄宗羲定律"实际上是专制王朝时代的又一个怪圈。

（三）轻徭薄赋迎来治世，苛捐重负导致乱世

从中国古代的理财治税中我们很容易发现税收负担轻重与王朝的兴亡存在密切关系。本书以中国皇权专制史上两个短命王朝即秦朝和隋朝的兴亡、"三大治世"的形成为例，说明税收负担的轻重与社会发展状态的关系，从中我们能发现能启迪当代理财治税的经验和教训。

1. 秦隋两个短命王朝兴亡与税收负担的关系

秦隋两代有些共同特点，它们都是在长期大分裂、大动乱之后统一中国的，而且在典章体制上都有划时代的突破，它们是中国历史上两个很重要的朝代，同时它们从兴到亡的时间间隔比较短，是两个短命王朝。这两个短命王朝的兴亡有极其深刻的经济、政治原因。

秦的兴起，还包含很多天时、地利的优越因素，如秦处于关中，沃野千里，水利资源丰富，加上兼并六国在中原地区进行，军事支出不大，战利品却相当丰富。商鞅变法是秦朝兴起的重要原因，商鞅变法有很多内容，财政方面是"为田开阡陌封疆而赋税平"（《史记》卷六十八，《商君列传第八》）。就是废除以井田为主干的土地国有制（即奴隶主或领主所有制），承认土地私有和准许土地自由买卖，确立封建地主土地私有制，给农民以较多的自由，刺激农民进行更多的生产（因为多产归己），使生产力得到一次解放，得到了广大小农群众的支持，建立了秦朝赖以存在和强盛的经济基础。同时，通过统一全

国财政使全国范围内的赋税负担趋于平均，使地方割据的财政变为中央集权的财政，出现有利于强国的健康的财政状况。

隋朝是中国另一个短命王朝。隋朝前期（即隋文帝杨坚在位时期，公元 581~604 年）经济空前繁荣，其原因也在于隋文帝采取了一系列有利于生产发展、以轻赋薄敛为核心的、与民休养生息的财政经济政策。其中包括完善北周时期的做法，推行均田制，即授予成年男子和女子不同数量的耕田，其中永业田不归还，露田要归还；在均田制的基础上推行新税制（即租庸调制度）。同时减轻赋役，实行府兵制。这是一种寓兵于农的制度，可养兵省费、减轻人民的赋役负担。此外，隋文帝还通过三长制来"大索貌阅"和推行"输籍定样"的办法①，极力检括户口，整顿户籍。人口的落实在单位税负减轻的情况下，使税基扩大，增加了税收。隋文帝时期经济达到空前盛况，如马端临（1986）说："古今称国计之富者莫如隋。"库藏之多，亘古未有，直到隋炀帝初年，洛阳的布帛，已堆积如山，太原的粮储可支十年，而全国所有的粮食储备可供应五六十年之久。隋朝灭亡二十年，他们所储备的粮食、布帛还没被用完。

我们从财政角度分析了秦、隋兴时所采取的各项财政措施，尽管两代措施各异，效果不同，但是，从共同点来看，他们都高度重视了这两个方面。其一，聚财上，税收和徭役负担适度，制度明确，有章可循，征收便利；用财上，崇尚节俭，力戒奢侈，财政税收充分发挥其黏合剂与调节器的作用，促使生产资料与劳动力的结合，保证小农经济的简单再生产，有可能实现扩大再生产，从而实现国泰民安。用今天的话说就是遵循了治税理财的效率原则。其二，在赋役负担方面，扩大征收面，减少或消除赋役免征特权。随着经济发展和财富方式的变化，通过赋役制度改革，实现赋役适当均平，这不仅能避免赋役负担的畸轻畸重，减轻老百姓对赋役征收的反抗程度，还能在单位负担水平不变甚至减轻的条件下使国库充实、国家财力强盛，或者在国家获得的赋役总规模不变甚至有所增加的条件下，有可能实行轻徭薄赋、与民休养生息的政策，促进生产发展，使社会经济实现良性循环。

秦隋灭亡也与税收负担有关，是因为两朝后期采用了与前期相反的财政税收政策。它们的最终灭亡有其共同原因。

第一，皇权专制国家频繁用兵，大兴土木，征发劳役，超过国力可能，也就是超过当时农民所能提供的农业剩余劳动的可能。恩格斯指出："劳动产品超出维持劳动的费用而形成的剩余，以及社会生产基金和后备基金从这种剩余中的形成和积累，过去和现在都是一切社会的、政治的和智力的继续发展的基础。"（马克思和恩格斯，1971）超过剩余劳动的征敛必然破坏简单再生产，动摇小农经济这一基础，激化社会矛盾。

根据学术界对秦代农业劳动生产率、农民的必要劳动和剩余劳动的分析，秦朝每年征发劳役总数决不能超过 200 万人口。范文澜（1996）估计，秦统一中国后，全国人口总数有 2000 万人左右，就是说劳役征发数不能超过当时总人口的十分之一。但秦始皇在用武力统一中国后，滥用民力，征发徭役往往超过 200 万人。《通典》卷第七·食货七记载："秦兼诸侯，所杀三分居二，犹以余力北筑长城四十余万，南戍五岭五十余万，阿房、骊山七十余万。十余年间，百姓死没，相踵于路。"秦代的徭役远不止这几项，为官府输送粮草，即"转输"，也是一项征发大批劳动力的徭役，这一项徭役所需人数要超过任何其他一项徭役。据此，粗略估计，秦时每年所征发的徭役起码 300 万人，服徭役的人数竟占全国总人口的 15%以上。征发这么多的劳力，远远超过了当时可提供的剩余劳动，农业生产被严重破坏，国力衰竭，经济发展停滞。隋朝后期的情况与此极其相似，隋炀帝在征发力役、大兴土木方面，基本上重蹈了秦始皇的覆辙，而且有过之而无不及。他对外多次用兵，东伐高丽，西征西域，规模甚大。他还大兴土木，修造东都，建造二宫，造龙舟，开运河，三次游幸江都，两次修筑长城。开运河仅以修通济渠、永济渠为例，就先后征发河南、淮北及河北民夫多达 100 余万人，以致"丁男不供，始以妇人从役"（马端临，1986）。不顾国力可能，好大喜功，为所欲为，肆意挥霍，摧残民力，必然导致大动乱、大破坏。

---

① "三长"即保长、里正、党长。"大索貌阅"即按照户籍簿上登记的年龄，和本人的体貌核对，检验是否诳报年龄，讹老讹小；查出户口不实，保长、里正、党长都要发配远方。"输籍定样"就是由中央确定划分户等的标准，颁布到各州县，每年一月五日，由县令派人到乡村去，以三百家到五百家为一团，依定样确定户等，写成定簿。

第二，支出浩繁，特别是皇家费用浩大，收入上横征暴敛，超过法定常制，过度剥削。秦承战国长期战乱之后，没有采取恢复生产以安定民生的任何积极措施，相反，由于支出浩繁，奉行横征暴敛，正如《汉书》中所言，秦"一岁力役，三十倍于古；田租口赋、盐铁之利，二十倍于古"。到了秦二世，田赋已不是"什一"、"什二"或"什五"为税率的标准，而是以人民的所有为税率的标准，造成"男子力耕不足粮饷，女子纺绩不足衣服。竭天下之资财以奉其政，犹未足以澹其欲也"。其结果可想而知，人民只有起义一条道路可走。

隋朝后期的情况与此相似。隋炀帝同样因为挥霍无度，用财无止，一反隋初的轻赋薄敛，在租赋之外还任意征敛，使得人民倾家破产，毫无生路。隋炀帝在位十四年，"东西游幸，靡有定居，每以供费不给，逆收数年之赋"（《隋书》卷四·帝纪第四·炀帝下）。因游幸需要而预征赋税，可见荒唐之至。于是各地农民纷纷起义，连年战乱，人口或死或逃，土地荒芜，人烟稀少，大有"率土百姓，零落殆尽，州里萧条，十不存一"（《旧唐书》列传第一百三十五·良吏上）之概。隋朝终于崩溃。

2. 中国古代史上"三大治世"的形成与税收负担的关系

在漫长的中国古代史上，被后人称为治世的时期包括汉代的"文景之治"、唐代的"贞观之治"和清代的"康乾盛世"，无不与实行适度的税收负担政策有关。

文景时期，提倡节约，特别是文帝，在位二十三年，"宫室苑囿车骑服御无所增益"（《汉书》卷四·文帝纪第四），修建霸陵，不另外堆筑坟丘，陪葬品都用瓦器，开支不多。他还"偃武行文"，采取和亲政策，赢得了六十多年的和平，军事费用也相应减少。继高祖之策，实行"名田制"，即以名占田，凡登记户籍内的编户均地占用，奖励人口与开垦，反对土地兼并；采用晁错的募民屯垦的主张即推行屯兵制，使徭役和国家运兵输将费用减少。景帝时期又减少地方卫卒、停止郡国岁贡，开放山泽禁苑给贫民耕种，并颁布了振贷鳏寡孤独的法令。在这种情况下，有条件推行轻徭薄赋政策，文帝即位后第二年即提出"务省繇费以便民"（《史记》卷十·孝文本纪第十），先后两次颁诏减当年田租之半，即由高祖时"十五税一"减为"三十税一"。文帝十三年（公元前167年），还颁诏全免田租，一直到景帝元年（公元前156年）才恢复三十税一，并成为汉朝定制。至于徭役，文帝时"减外徭"，景帝时继续执行"省徭役"的政策，政策效果明显。秦并天下，所杀三分居二；汉高祖定天下，人口死亡，亦数百万，汉初人口锐减，劳动力严重缺乏，而经"文景之治"，与民休养生息六十余年，人口大增，农民归田，农业生产迅速恢复和发展，社会也渐渐富庶，出现"太仓有不食之粟，都内有朽贯之钱"（《后汉书》志第十九·郡国一）的欣荣局面。

贞观时期，在财政支出方面以精简官吏、设官定员和较少的工程支出为特征。在控制支出方面，主要措施是对官员定编、定员、定开支；减少工程支出，太宗对突厥采取以攻为守的政策，且未筑长城；实行府卫相结合的兵制，寓兵于农，即兵不离土，兵农合一，平时不脱离生产，农闲训练，政府有事征发，军费得以节省。推行均田制，受田对象除了青壮年外，六十岁以上的老男、残疾人、寡妻妾也均可受田。在推行均田制过程中，又对由狭乡（田地少受田不足的乡）迁往宽乡（田地多受田足的乡）的农民给予奖励，用官银赎回农民卖掉的子女，授之以田。在此基础上，要求正课之外不得另加租赋；少数民族降附后迁居内地，可给予一定减免；按虫霜水旱灾害的轻重分别减免赋役；为防止官吏随意加派勒索、繁征苛敛，规定凡赋役的征敛，必须公布数额"与众知之"；同时尽量止徭役，息征战。总之贞观时期，推行"赏赐给用，皆有节制，征敛赋役，务在宽简"的财政税收政策，促进了生产发展和社会繁荣。唐武德晚期，人口急剧减少，不满三百万户，约当隋朝鼎盛时户数的三分之一弱。但经过"贞观之治"后，户数增加了一百多万户，改变了唐初因隋朝滥用民力和战争留下的"崔莽巨泽，茫茫千里，人烟断绝，鸡犬不闻"（《贞观政要·纳谏第五》）的社会经济凋敝局面。到武则天退位的神龙元年（705年），户数增加到六百一十五万户，至开元时唐朝进入全盛时期，政治稳定、生产发展。正如杜甫在《忆昔》一诗中所描绘的"忆昔开元全盛日，小邑犹藏万家室。稻米流脂粟米白，公私仓廪俱丰实。九州道路无豺虎，远行不劳吉日出。齐纨鲁缟车班班，男耕女桑不相失。"

康乾时期的较长期繁荣局面的出现也与适当的财政政策有关。康熙帝是一位相对节俭的皇帝。他在位期间，宫室费用比明朝有大幅度的减少，很多项目的消费仅是明朝时期的零头，而且在财政管理上严格区分国家（政府）财务和皇家财务，皇家开支基本上出自皇家财政收入。康熙年间实行屯田垦荒，除镇压"三藩"外，大规模战事较少，土木工程建设也受到节制，从而大大节省了军事、运输、工程等费用。这都为实行适当的财政税收政策创造了条件。在康熙统治的六十多年中，全国一次性普免、各省轮流蠲免以及区域性蠲免，重要的即达三十多次。乾隆时期也于乾隆十年（1745年）将各省钱粮全行蠲免，其后普免钱粮、漕粮各三次（中央财政金融学院政教研室，1980）。赋税方面，实行摊丁入亩，即将丁银摊入地亩来征收，地丁合一；并规定以康熙五十年（1711年）全国的丁银额为准，以后滋生人丁，永不加赋。这种财政税收政策的效果也很明显。清初顺治十八年（1661年），人口不到两千万人，经康熙、雍正，到乾隆六十年（1796年）逐步增加到近三亿人。垦田的增加也极为显著，康乾时期，全国荒地基本上得到了开垦，所谓"天下田土，开垦无遗"，顺治十八年耕地为近五百四十九万顷，康熙二十四年（1685年）增至六百多万顷，乾隆三十一年（1766年）达到七百四十一万余顷（翦伯赞，1995）。农业的恢复和发展，使工商业蓬勃兴起，社会又一次走向繁荣，皇权专制社会再一次进入鼎盛时期。但自乾隆以后，因承平日久，库款常丰，渐习奢靡，再加上土木又兴、战事又起，已开始孕育从鼎盛到衰败的危机。同一时期西方主要国家完成了文化复兴、从海洋贸易和对全球的掠夺中积累了巨大财富，建立起了现代市场经济制度，正在进入工业革命的时代，生产力空前发展，国力迅速攀升，社会不断变革。

总之，三大治世的理财治税之道有其顺应历史发展的合理内核，成效显著，是中华民族光辉的政治经济思想的重要组成部分，不少内容仍值得我们深思和借鉴。但终因其囿于小农经济和皇权政治专制的历史局限性，实施均难以持续，当西方国家迅速崛起的时候，中国还在重复着战乱、统一、盛世、衰落、崩溃、再战乱的循环，没有能发生生产方式和社会制度的质变。当强大起来的西方国家用武力打开中国国门后，中华民族不得不接受一种畸形的极其黑暗的社会制度——半殖民地的专制社会。

三、中国近代社会的税收

1840年鸦片战争后，中国社会沦为半殖民地的专制社会，税收制度也深深打上半殖民地的烙印，其主要特点之一是田赋、工商杂税等旧税与受帝国主义列强控制的关税、为解决财政困难而设的厘金、对鸦片征收的土药税等新税并存，形成一套苛重扰民的半殖民地专制社会的税收制度。鸦片战争前清代关税主要是内陆关卡税，即在陆路、水路要津设关征收的货物通行税和船税，少数对外开放地方也设有海关但征收甚少。鸦片战争失败后，清朝被迫开放门户，先后在全国设立近五十处海关。但海关的监督管理大权实际上操纵在外籍税务司手中，关税税则的制订和修改由国家自主沦为听命于帝国主义列强，关税收入抵拨赔款后余额才交由清政府使用，关税成为一种具有强烈殖民地性质的税收。厘金最初是为了筹集镇压太平天国起义的军饷而设置的，后来成为经常税，对各种货物在产、运、销各环节道道课征，初办时值征1%即一厘金，故名厘金（lijin）。就制度层面而言，厘金类似于现在的流转税（道道课征的全值消费税、营业税或周转税、货物税），初定税率也不高，但因其税基广，税额不少。在19世纪60年代，厘金收入最多时是当时政府其他财政收入总和的4~5倍，统治者从厘金中尝到了甜头，这预示着中国财政收入形式已经从以依靠田赋农业税对农民直接课征为主转变为以间接税为主。但由于厘金没有统一的制度，而由各地自行确定项目和税率及征管办法，各地酌量抽厘、各自为政，厘厂局卡遍地林立，政出多门名目繁多，厘局差役侵蚀胺削、勒索榨取、中饱私囊，有"署一年州县缺，不及当一年厘局差"之语，结果商民无所适从、怨声载道，厘金成为阻碍流通、破坏生产、贻害百姓最深的一种恶税。1931年，中华民国国民政府取消厘金，但实际上只是去其名而用其实。

1911年辛亥革命推翻清王朝，结束了2000多年的世袭式君主专制制度，建立中华民国。民国时期（1912年至1949年9月）的税收仍然是半殖民地专制社会的税收，且有帝国主义、封建主义和官僚资本主义三重剥削，对广大人民的压榨更加残酷。从税收制度上看，北洋政府期间（1912~1928年）基本上沿用清后期的税制，虽也着手整顿税制，但因军阀割据无甚成效。南京国民政府期间（1927年4月至1949年9月）

经过整旧建新，一部分中国传统税收得以改革保留，西方近代税制体系得以全面引入。逐步建立以关税、盐税、直接税、货物税四大类税为中央税，以田赋、营业牌照税、使用牌照税、筵席及娱乐税、屠宰税、房捐、契税等为地方税的两大税收体系。作为中央收入的关、盐、直、货是当时财政收入的四大支柱。1927年南京国民政府成立后，即宣布关税自主，实行国定税则。但因列强反对未能自主施行，只得采取协商办法求得逐步解决。后与美国、日本、英国等12国协商，1931年起中国自定的关税税则才得以实施，厘金、常关税等同时废止。但关税自主是通过协商重订协议而取得的，仍未完全摆脱半殖民地性质。盐税从量定额课征，税负不轻，是国民政府一项大宗收入。属于直接税的有所得税（采用分类所得分等征收）、特种过分利得税、遗产税、印花税、营业税、特种营业税、证券交易税等。属于货物税类的税种有统税、货物税、烟酒税、矿税等。国民党统治时期的税收制度与官僚买办性质的政府以及极其腐坏的政治相联系，税收负担特别是正税之外的苛捐杂税负担极其沉重，导致生产凋敝、民不聊生，最终随国民党政治统治的失败而退出历史舞台。

第三节　中华人民共和国成立以后的税收发展

自中华人民共和国成立至今，中国税收制度的发展变化，与国家社会经济制度和国家战略转变相联系，存在明显的规律性特征。首先，出现并长期存在的城乡有别的二元税收制度（dual tax system）；其次，正税以外的杂项负担名目繁多，时有整顿，却总是存在；最后，正税从农业税和工商税并重，发展到以工商税为主，从以工商税中流转税为主转变为流转税和所得税并重。

一、城乡有别的二元税收制度

新中国成立时税收制度沿袭旧中国，在农村地区以征收田赋即农业税为主，在城市以征收货物税、商品流通税、工商业税、盐税、关税为主。1953年开始推行粮食统购统销以及农业生产资料计划供应体制，1958年起将人口区分为农业人口和城市人口。随着农业集体化和工商业社会主义改造完成，在城市实行以国有为主的所有制，在农村实行集体所有制，城乡二元的社会经济制度形成，城市人口和农村人口在就业、社会保险、教育、住房、水电等公用事业等方面享受不一样的待遇。相应的税收制度和财政制度也长期延续二元格局。

2002年扩大农村税费改革（rural tax-fee reform）试点，到2006年废除农业税，至此取消了专门对农民课征的农业税和一切税外收费，中国城乡二元税收制度已经转变为城乡统一的一元税制，但城乡二元的财政格局仍然延续。

取消对农民课征的农业税和一切税外收费，应该说面上的农民负担过重问题已经得到根本解决，彻底切断了基层政权向农民收钱的渠道，可以比较彻底地走出"黄宗羲定律"的怪圈，具有深远的意义，是一个巨大的历史性进步。但是，取消农业税的措施还没有从根本上解决农村地区财政问题，因为农民所承受的财政负担不仅包括农业税、"三提五统"、乱收费和乱摊派等直接税费外，还包括：①农民作为消费者与城市居民一样在购买商品和进行其他消费时所实际承担的增值税、消费税、关税等；②农民因不是增值税纳税人而负担的农业投入品进项税额；③农民进城务工就其收入缴纳的所得税和费、就其消费而承担的流转税，进城务工农民缴纳社会保险费而不能实际拥有造成的损失等[①]。本书计算了1998~2007年农民实际承担的各类税收（包括增值税、消费税、关税等主要流转税，得不到抵扣的增值税进项税额，各种直接税），计算表明从1998~2007年农民负担的主要流转税（间接）总额达到39 379.92亿元，年平均近4000亿元；农民实际负担的农业投入品增值税进项税额总额为5173.43亿元，年平均约517亿元，农民负担的直接税总额达到14 062亿元。一般预算中的农民全部负担合计为59 177.35亿元，年平均约5900亿元。

当然税收负担重与不重还和财政支出有关，如果纳税人缴纳的税收，不管是间接税还是直接税，无论

---

① 据陈锡文（2004）测算，农民每年损失的社会保障有2000~3000亿元。

是正税、杂项负担还是变相负担，都能够用于纳税人或负税人，为他们提供所需要的公共产品，税负沉重的感觉就会减轻。如果仅仅将农民负担的年平均约 4500 亿元的间接税（包括农民实际负担的增值税进项税额）以提供能让农民受益的公共产品的方式整体返还给农民，他们不仅不需要缴纳各种直接税费，还能从各级政府提供的公共产品中获得等量或等价的利益，这些利益会使他们的生产条件不断改善、生活环境持续优化。只要负担适度、支出考虑多数人利益，农民整体负担沉重问题就不会出现。

总之，取消农业税和税外杂项负担，标志着明税和正税方面城乡统一税制的形成，标志着农民与城里人一样缴纳和实际负担各种直接和间接税费，标志着农民承担同样纳税责任，不需要承担正税和"明税"的额外负担，其意义深远。但是农民在承担了义务的同时，并没有被给予与享有公共服务的纳税人或实际负担者同样的权利，仍然没有绕出"农民要获得必要的公共产品就必须增加其直接税费负担，而免除了直接税费对农民提供的公共产品的数量就要减少、质量就要降低"这一"圈圈"。因此，要解决农民负担问题，建立城乡统一的财政体制，构建城乡统筹发展的和谐社会，实施乡村振兴战略，建设社会主义新农村，应当将农民负担的广义税收以向农村地区和进城务工的"农民"提供他们所需的公共产品方式，"返还"给他们（杨斌，2004），让承担同样负税责任的人享有同等的权利，从而打破针对农民的逆向财政机制。这不仅是减少农民福利损失而且更是增进整体社会福利的未来走向（杨斌，2007a）。

二、正税制度的演变

新中国成立以来，正税制度随生产资料所有制和社会经济结构的变革而演变。

新中国成立初期特别是社会主义改造以前，私有经济成分占较大比重，正税制度主要依据"保证税收，简化税制""公私区别对待"的原则建立，政府重视利用税收杠杆发展国营经济、扶植合作经济、改造私营经济，主要税种有货物税、商品流通税、工商业税、农牧业税、盐税、关税等，其中货物税（含后来的商品流通税）、工商业税为主体税种，农牧业税为第二主体税种。

社会主义改造完成特别是 1958 年简化税制以后，税制结构趋向简单，在流转环节征收的各种税合并为工商统一税，工商所得税从原来的工商业税中独立出来成为单独税种。1973 年税制进一步简化，工商统一税及其附加、城市房地产税、车船使用牌照税、屠宰税、盐税等合并为工商税，国有企业只纳工商税一个税，集体企业只纳工商税和工商所得税。正税政策上体现公有制与非公有制有别，对个体经营用高税率进行限制；公有制内部高级形式（全民所有制）与低级形式（集体所有制）有别，全民所有制企业税负轻于集体所有制企业。这一时期经济成分单一，全民为主，集体为辅。全民所有制通过国家（政府）所有制体现，国家（政府）层次上政治权和财产所有权合二为一，由一个权力主体行使，国家（政府）对国有企业统收统支，与企业之间不存在"你""我"界限，因此对国有企业不征所得税，征收的工商税只起保证财政收入的作用。

20 世纪 80 年代随着改革开放的进行，税制作了重大改革。20 世纪 80 年代初开征个人所得税、中外合资经营企业所得税、外国企业所得税，外商投资企业适用 1958 年颁布的工商统一税。1983 年 1 月在对国有企业先后实行企业基金、利润留成和各种形式包干基础上推行"以税代利"即"利改税"（profit to tax）第一步改革，主要是对有盈利的国有企业征收所得税，即把企业过去上缴的利润大部分改为用所得税的形式上缴国家。小型国有企业在缴纳所得税后，由企业自负盈亏，少数税后利润较多的，再上缴一部分承包费。大中型国有企业缴纳所得税后的利润，除了企业的合理留利外，采取递增包干、定额包干、固定比例和调节税等多种形式上缴国家。

1984 年 10 月开始推行"利改税"第二步改革，将国有企业原来上缴国家的财政收入改为分别按 11 个税种向国家交税，也就是由税利并存逐步过渡到完全的以税代利。[1]工商税按性质划分为产品税、营业税、增值税、盐税四个税种，开征资源税、国有企业所得税和调节税、集体企业所得税等，恢复和开征房产税、

---

[1] 王丙乾，《关于国营企业实行利改税和改革工商税制的说明》；《国务院批转财政部关于在国营企业推行利改税第二步改革的报告的通知》，国发〔1984〕124 号。

土地使用税、车船使用税、城市维护建设税等地方税；其最核心的内容是开征国有企业所得税、调节税，使税利并存过渡到完全的以税代利，税后利润完全归企业支配，从而使国有企业向国家（政府）上缴利润的分配方式改变为税收分配方式，使国家（政府）与国有企业之间的分配关系以税收形式固定下来。

为了适应建立社会主义市场经济体制的要求，1994年又进行了一次全面税制改革，其基本要点如下。①按照有利于实现政府社会管理和国有资产管理双重职能的科学划分、保证公平竞争、促进企业转换经营机制、建立现代企业制度的原则，内资企业统一实行33%的企业所得税，取消国营企业调节税、国家能源交通重点建设基金和国家预算调节基金，逐步建立国有资产投资收益按股分红、投资分利或税后利润上缴制度，形成税收利润分渠分流，达到规范化的税收分配与非规范化的利润分配之间的协调，进一步完善国家（政府）与国有企业的分配关系。②对涉外企业设置外商投资企业和外国企业所得税。③扩大增值税征收范围，使之涉及所有货物交易和加工、修理修配劳务；有选择地对某些消费品征收消费税；在劳务和不动产、无形资产转让等产业继续征收营业税；扩大资源税征税范围。建立以增值税为核心，以消费税、营业税、资源税为辅的流转税体系，取消工商统一税实现流转税的内外统一。④合并个人收入调节税、城乡个体工商业户所得税，以及适用于外籍人员的个人所得税，建立统一的个人所得税制度。⑤取消与形势发展不适应的税种如集市交易税、牲畜交易税、奖金税、工资调节税。

1994年后又有一些重大的税制改革。例如，2000年起停征固定资产投资方向调节税，2001年开征车辆购置税。2002年全国各地全部停征筵席税。2006年废除农业税（包括除烟叶外的农林特产税）、屠宰税，将农林特产税中烟叶税目独立出来开征烟叶税。2007年起将原外商投资企业和外国企业所得税、企业所得税合并设立内外统一的企业所得税，将车船使用税和车船使用牌照税合并设立车船税。2016年全国全面推行"营改增"，营业税退出历史舞台。2018年全国统一停征排污费，依法征收环境保护税。

经过1994年的税制改革和随后的调整，目前中国开征的正税有20种，即增值税、消费税、资源税、城市维护建设税、关税、船舶吨税、个人所得税、企业所得税、社会保险费、烟叶税、土地增值税、房产税、城镇土地使用税、耕地占用税、契税、车船税、印花税、车辆购置税、环境保护税、教育费附加。

三、杂项负担和变相负担的演变

新中国成立以后，杂项负担仍然存在。由于实际上存在城市二元经济社会结构，以下分别从农村杂项负担和变相负担的演变、城市工商业杂项负担的演变加以描述。

（一）农村杂项负担和变相负担的演变

从农村地区农民的杂项负担和变相负担看，不同的历史时期呈现不同特点。

第一个时期（1949~1952年），这一时期由于战争、制度沿袭前代、其他税源较少等原因，正税（农业税）负担比较重。农业税实征总额占当年实际产量的比例，1949年为13.5%、1950年为12.3%、1951年为14.5%、1952年为12.2%，仍然存在杂项负担，即农业税以外的各种摊派、收费、捐赠、劳役等，主要项目包括乡教育粮、代耕（无偿代耕军队官兵在家乡分得的土地）、为兴修水利出工、乡村干部补贴和公务费等。总体上这一时期杂项负担不是很重，据估计最高年份的杂项负担约为农业税正税的5.6%（中华人民共和国财政部《中国农民负担史》编辑委员会，1994）。

第二个时期（1953~1984年），农业税政策从分散到全国统一，并且实行增产不增收的政策，但政府从农民或农业获得物质财富主要通过变相负担的办法。剪刀差（price scissors）的财政功能伴随着全国实行粮食统购统销而成为现实，也随着统购统销的结束而消失。比较保守的估计，政府通过剪刀差变相负担抽取的财富为6000亿元左右，相当于同期农业税总额的6倍多。中国广大农民不仅要承担剪刀差变相负担，还需要承担杂项负担，不过这一时期的不同阶段负担轻重不一。1953~1957年这一段时间因为合作化、集体化，杂项负担最轻。1966~1976年，杂项负担开始增加，主要形式包括动用劳动力搞建设（如修路、修堤、建水库、搞水利、盖公房、整灌区、养公路），具体方式是农民出工、生产队补贴，此外推行民办教师、赤脚医生、农技员等做法而增加的摊派,以及合作医疗摊派、民兵训练费用、公社和生产队干部补贴、生产队公款消费的费用等。根据《中国农民负担史》(第 4 卷),按比较保守的数字即平均每年每人负担 3 元估计,这十年间每年农村杂项负担要超过 20 亿元,相当于农业税负担的 60%~80%。据《中国农民负担史》(第 4 卷)记载,山东省 1984 年对 99 个乡调查列出农民杂项负担 11 类 96 项。就数额看,1983 年全国农民其他负担约 210 亿元,相当于当年农业税 47.4 亿元的 4.4 倍,平均每人 25 元左右。由于这一时期农民收入获得了超常规增长,超过农民负担总水平的增长,因此农民负担问题仍显得并不十分突出,但造成了不容乐观的趋势。

第三个时期(1985~2001 年),这一时期经济迅速发展,但城乡差别拉大。这一时期仍然存在剪刀差问题,但是随着粮食统购统销体制的结束、农业生产资料计划配给等制度的退出,剪刀差产生的财富流出渠道发生了变化,从流入政府口袋变为流入企业。因此我们在讨论农民财政性负担时就不再论述剪刀差,而把它作为一个不平等的市场交换现象。这一时期由于经济建设和工业化进程加快,基层政权事权扩大、达标升级活动增加,乡镇机构日益庞大,税收制度改革和财政体制变化使财力向中央和上级政府集中、向城市和发达地区流动等多方面原因,农民承受的农业税以外的负担日益增加。据估计这一时期农民杂项负担总额为 1774.21 亿元,是农业税的 10.24 倍(杨斌,2007a)。为了解决 1984 年以来日益严重的农民负担问题,政府试图采用"三提五统"①与农民人均纯收入挂钩的办法来遏制杂项征课的蔓延,但效果不佳,导致农村税费改革的启动。

第四个时期(2002~2006 年),这一时期进行的农村税费改革经历了两个阶段。第一阶段的农村税费改革本质是摊丁入亩,将"三提五统"和其他杂项负担并入农业税,安徽试点中按农民纯收入的 7%确定农业税负担水平,另有 20%的附加,合并实行税率 8.4%。之后,农村税费改革进入了第二阶段,即从 2004 年开始实施废除农业税的措施,2006 年完全彻底废除农业税。至此,专门针对农民征收的农业税和杂项负担已经成为历史,但中国农民作为主要消费者群体和土地经营者仍然负担流转税,进一步的改革应当让农民成为实际的税收负担者(履行义务),并成为用他们实际承担的税收所提供的公共产品的受益者(享有权利)。

(二)城市工商业杂项负担的演变

就城市工商业的情况看,新中国成立到 20 世纪 80 年代初期,由于财政实行统收统支办法,所有收入都上缴财政,所有支出均由财政拨付,企业上缴的利润也纳入预算管理,尽管存在少量收费如 1950 年开始的养路费,但杂项负担项目少、负担不重。杂项负担项目迅速增多的情况始于 20 世纪 80 年代。杂项负担首先以乱罚款形式出现。1984 年国家进行了以"分灶吃饭"为特点的财政改革,明确罚没收入为地方收入,不少地方出现以罚代刑、以罚代管、乱罚款问题,从本质上看,利用乱罚款这一渠道向工商业经营者和居民、农民收取的额外财政收入也属于杂项负担。1993 年开始中央政府经过多次治理整顿,逐步推行比较完善的收支两条线管理,杜绝有权乱罚款部门的利益,2000 年国务院颁布《违反行政事业性收费和罚没收入收支两条线管理规定行政处分暂行规定》(国务院令第 281 号)以后,乱罚款问题得到有效治理。

除乱罚款以外,杂项负担还以政府性基金和行政事业性收费名称出现,这一类杂项负担可称为专用税,也始于 20 世纪 80 年代初期。专用税的目的是为某个发展相对滞后的基础性行业提供专项资金。例如,1980 年征收市话初装费(后改为市话初装基金),所收取资金专项用于电话事业的发展;1981 年开征

---

① "三提五统"是三项村提留和五项乡统筹的简称。三项村提留是指村级组织向农民收取的公积金、公益金和管理费。其中,公积金用于农田水利基本建设、植树造林、购置生产性固定资产和兴办集体企业;公益金用于五保户的供养和特别困难户的补助、合作医疗保健以及其他集体福利事业,管理费用用于干部报酬和管理开支。五项乡统筹则是指乡政府向农民征收的农村二级办学、计划生育、优抚、民兵训练、修建乡村道路等民办公助事业的费用。《农民承担费用和劳务管理条例》明确规定"三提五统"的征收标准是"以乡为单位,以国家统计局批准、农业部制定的农村经济收益分配统计表和计算方法统计的数字为依据,不得超过上一年农民人均纯收入的 5%"。"三提五统"在制度设计上体现以规费的名义征收、由基层政府或集体经济组织(实质上是村委会)自收自支的比例税。最常见的做法是各乡镇将总的收入目标"分解"到各村,各村再把该村应征额的一半摊到土地上、一半摊到人头上,之后根据每户劳动力数与承包土地数,计算出每户应缴纳的"三提五统"量,并以户为单位征收,这个制度没有考虑到农民贫富差距,实际上变为按户征收的摊派式人头税。既然是摊派式人头税,只能由整个基层政权(党、政)直接面对农户催粮要款。这样不仅征收成本太大,而且极易激化基层政权与农户之间矛盾。概言之,20 世纪 90 年代,中国实际上在农村推行了摊派式人头税征收方式,所收数量有限,但政治成本和经济成本十分巨大,难以为继。

库区维护基金,顾名思义用于水利工程的维护。1982年鉴于能源交通基础设施成为国民经济中的薄弱环节,中央政府决定从地方财政和企业事业单位预算外资金中征集国家能源交通重点建设基金,专项用于能源交通基础设施的建设。

1989年为了加强宏观调控、集中财力,中央政府又开征国家预算调节基金,征收对象与国家能源交通重点建设基金基本相同,因此被合称"两金"。"两金"征集一直延续到1994年税制改革。"两金"的性质比较复杂,对地方财政部门和有权征收专用税(以各种费和基金名义)的部门而言,属于税收在政府间的再分配;对企事业单位而言,实际上属于所得税,因为对企事业单位而言当时的预算外资金主要是税后利润或收入留成,因此"两金"对企事业单位而言属于专用税,属于预先确定用途的税收。

征收专项资金开创了正税之外为特定目的而获取财政收入的渠道,逐渐为中央行业管理部门和地方政府所推崇。20世纪80年代中期以后各地先后开征名称各异的公路建设基金、公路客货运附加费、邮电附加费、车辆购置附加费、农村教育事业附加费、城市教育附加、地方教育附加、新菜地开发基金、港口建设费、电力建设基金。

进入20世纪90年代以后陆续开征铁路建设基金(1991年)、旅游发展基金(1991年)、在地方征收的各种机场附加收费项目的基础上开征全国统一的机场管理建设费(1992年)、三峡工程建设基金(1993年)、水运客货运附加费(1993年)、民航基础设施建设基金(1994年)、残疾人就业保障金(1995年)、文化建设事业费(1996年)、铁路建设附加费(福建)(1991年)、国家蚕丝绸发展风险基金(1996年)、中央对外贸易发展基金(1996年)、散装水泥专项资金(1997年)、水利建设基金(1997年)、能源基地建设基金(山西)(1979年)。

进入21世纪后,继续出台新项目,如水资源补偿费(山西)(2001年)、南水北调工程基金(2002年)、三峡库区移民后期扶持基金(2003年)、大中型水库移民后期扶持基金(2006年),将山西能源基地建设基金调整为煤炭可持续发展基金(2006年)。

20世纪80年代一直到21世纪初几乎每年都增设基金项目,有的年份还增设多项。上述列举项目只是得到中央财政部门认可的保留下来的项目,实际的项目数要多得多。2002年中央政府决定取消的各级各类政府性基金就达277项[①],取消的项目数大约占总项目数的85%,一年可减轻企事业单位和居民负担约170亿元。中央政府不时对这些专用税进行治理整顿,1996年国务院决定将13项数额较大的政府性基金(收费)纳入财政预算管理。[②]2002年进行比较系统的治理整顿,保留31类49项[③],随后每隔两年公布保留的项目,并告知公民不在公布名单之内的项目可拒付。2004年财政部重新公布的政府性基金项目目录,共有31类51项[④]。2006年公布的政府性基金项目共有34类48项,2009公布的有30类34项,2014年公布的清单中包含25项,2022年公布的全国政府性基金目录清单中有20项。

此外尚有大量行政事业性收费项目,它们是政府有关部门或具有准政府部门性质的事业单位向居民收取的钱财,共存在四种情况。第一种情况是向居民提供特定服务而按服务成本向服务受益者收费,这种收费属于价格性质,为合理性收费。第二种情况是向居民提供特定服务而按超过服务成本的部分向服务受益者收费,其超过服务成本的部分应当属于税收性质。第三种情况是政府有关部门或委托事业单位以发放许可、登记注册、检测评估等名义强制居民缴纳各种费用,也属于税收性质,一方面因为这些单位的运行费用已经由财政提供,另一方面与这些收费有关的活动不是基于服务,而是出于政府行政管制目的,不是居民自身所需要。第四种情况完全属于巧立名目为有权单位谋取小集团利益的收费。除了第一种情况外,其余均可列入杂项负担范畴,其项目不胜枚举,仅交通和车辆一个领域,2000年国务院有关部门决定取消的项目就达238项,每年减轻社会负担达145亿元[⑤]。

---

① 财政部,《关于公布取消部分政府性基金项目的通知》,财综〔2002〕24号。
② 国务院,《关于加强预算外资金管理的决定》,国发〔1996〕29号。
③ 财政部,《关于公布保留的政府性基金项目的通知》,财综〔2002〕33号。
④ 财政部,《关于发布全国政府性基金项目目录的通知》,财综〔2004〕6号。
⑤ 《有关人士就交通税费改革和公路养路费征收等答问》,https://www.gov.cn/zwhd/2006-11/23/content_451958.htm。

第四节 西方税收的起源与发展

一、西方税收的起源

西方文明发源于古希腊、古罗马。西方国家税收的最初形态可以上溯至古希腊、古罗马时期。早期的古希腊政府财政没有严格的收支划分,而是表现为一个简单过程的两个方面。公共收入的征集者有权把所获得的钱财用于某个特定的用途。最早的财政收入形式是 liturgy(礼拜仪式),由富裕个人自愿贡纳,以使其受人尊敬的地位得以保证。后来这种贡纳逐渐失去自愿特点而变为强制的充公和没收。其他财政来源有国家(政府)所有土地的产物、奴隶的劳动成果以及被征服国的贡纳等。总之,土地收入是最主要的方式。

公元前 5 世纪和前 4 世纪时期,繁荣的古希腊开始衰退,其原因是战争不断。战争的结果使财政需要增加,靠自愿者贡纳、地产地租收入无法做到收支平衡,需要其他措施补充。"渐渐地,像这种正常的、进一步增加国家收入的方法就被一系列轻率的、只顾眼前利益的措施所代替。其中最重要的一项措施是对生产和交换二者采取国有制","这种制度,初行虽有利于国家,但逐渐造成官吏进行欺诈和不法行为,同时又使国民方面在个人能力上的自由活动和竞争几乎完全趋于消灭。在趋向于国家控制的潮流同时,一套十分严密的课税制度被精心规划出来了"(罗斯托夫采夫,1985),其中包括徭役、关市之征、特别税、财产税等。在古希腊,社会成员有贵族、僧侣、自由民、奴隶之别。随着希腊化世界的扩大,又有移民和土著居民之别。税收的征收与社会成员的等级有关。徭役主要是直接征用奴隶。在关市之征中,关税主要是在城门口就进出城门的商品征收,市场税是对市场上买卖的物品征收。特别税是对私人财产如土地、奴隶的出售征收。财产税只有社会地位低下的自由民才需要根据财产多少缴纳,但其缴纳税率低、税额小。为了战争而设立的税收越来越重,且不公平,大多数被转嫁到土著居民身上去,沉重的税收负担,激起了人民特别是土著居民的反抗甚至起义,其结果是为了镇压起义要筹措更多的经费,使税收负担更加沉重,进入恶性循环,希腊化世界的覆灭也就不远了。

罗马共和国时期即公元前 4 世纪,开始征收叫 tributum(财产税)的直接税,包括土地税(tributum soli)和人头税(tributum capitis)(波斯坦,2002)。每年元老院确定一个征收总额,根据纳税人的财产价值在纳税人中分配,税率一般不到课税财产价值的 1%;无财产的人缴纳人头税;税收主要由商人和下层社会成员负担,贵族享有免税特权。罗马帝国时期(公元前 27 年开始),最重要的税收是土地税,税率高达收获量的 1/3,最初只有各行省的农民缴纳,罗马农民豁免,1 世纪后期因公共支出膨胀,开始加诸罗马农民,而且不论收成好坏,都得缴纳固定的土地税,此外还征有关税和人头税;征收上实行包税制,包税者将税收"头走",然后分摊给纳税人(Webber and Wildavsky,1986)。虽无法找到权威和系统的文献描述这一时期具体的税收征收情况,但文献对西罗马帝国的崩溃与税收的关系有所记载。总的情况是:西罗马帝国后期国力已经衰微,而税收却加重,"随着公众灾祸的增多,赋税日益加重;愈是到了必须勤俭度日的时候,勤俭的风气愈被人所忽视,心术不正的富人把不平等的负担从自己身上转移到人民身上"(吉本,1997),严酷的征敛使人民逃亡,纷纷放弃曾经引以为豪的罗马公民称号,民心丧失,最终社会动乱、帝国四分五裂。东罗马帝国(拜占庭)时期的税收主要有对城市和农村征收的家庭税[在城市称卡普尼康(kapnikon),在农村称伊辟波勒(epibole)],对非基督徒和外国人课征的人头税凯发里兴(kephaletion),还征收地产税(aerikon)、通行税、进出口税、集市税、港口税、注册费、印花税等。总的税负较重,到了帝国后期也实行包税的征收办法,流弊更加严重。在危难时期还加征附加杂项负担以及强制性贷款等(波斯坦等,2002),加剧了帝国的灭亡。

二、前资本主义时期的西方税收

罗马帝国崩溃以后,欧洲进入中世纪时期。中世纪初期,由于封建割据、战争不断、经济崩溃,饥荒蔓延、民不聊生，统一有力的公共权力中心不复存在。与封建领主制度相联系，中世纪初期的国家（政府）以领主政府的形式出现，统治者是一块领地的领主，同时是领地中某些地产的正式地主，财政收入的主要来源是地产收入而不是税收。"在欧洲，随着罗马帝国的崩溃，租税也随之消失；在民族国家开始形成之际，租税权又逐渐复活"（林钟雄，1987）。11 世纪到 14 世纪初，由于西欧内部的经济以及与外部的商业联系都得到了扩展，剩余劳动的数量增大，政府有了新的资源可资利用，集权化政治重组成为趋势，税收制度随之恢复，但是税收制度的恢复不成体系而且不同地区发展极端不平衡，税种主要是一些临时税，如 12 世纪教皇为十字军东征征收的税，这一税负落于整个西方教会（奇波拉，1988）。13 世纪初，在法国地区，出现人头税（taille）以及牧师、领地上的城镇、教堂和犹太高利贷者缴纳的特别税等。13 世纪末、14 世纪初，法国开始建立全面的直接税体系，包括对财产和动产征税，还征收烟囱税和销售税。在英格兰地区，存在郡县和各个自治市缴纳的承包税，以及兵役免除税（scutage）、代服兵役费、对庄园和犹太人的摊派税（tallage）等，并且出现贸易关税、地产税。到 14 世纪初，不动产税已经成为英国的经常税，全国性的关税体系也建立起来。14 世纪中期，税收收入已经在财政收入中占据最大的比重，如 1374～1375 年的英国财政部总收入 112 000 英镑中，直接税和间接税达到 82 000 英镑，占 73%，而传统财政收入即国王世袭领地的收入只有 22 000 英镑，只占 20%，其余为借款收入（波斯坦等，2002）。葡萄牙在 14 世纪也出现统一的税收制度（里奇和威尔逊，2003）。这一时期税收负担较为沉重，影响并减缓了经济增长。

中世纪末期即 15 世纪前后，封建领主制度随生产力发展和城市复活逐渐崩溃，专制政体的民族国家普遍出现，其主要原因是商业复活以及地理大发现带来市场经济扩大和对外扩张，产生扩大政府行政单位的需求。市场经济使独立的庄园和城市的交易成本负担日益沉重，而相互并合或结合形成较大规模，可获得降低交易成本的利益，庄园合并成民族国家因而成为一种潮流；此外，生产力的发展使欧洲社会的生产关系发生重大变化，商人的力量得到逐步确认，教会干涉程度减弱，君王的力量成长成为可能，经济发展不平衡也使经济力量强大的国王兼并其他国王或领主成为可能。随之，战争频繁，规模扩大，装备水平提高，军事开支膨胀，国家（政府）支出增加。在这一过程中，除扩大国王领地及更有效地开发领地资源以增加国家（政府）收入、应付日益增加的财政支出外，西欧及南欧诸民族国家开始为开拓新财源而努力，其中最重要的是通过海外殖民并对主要贸易货物实行垄断、借款和税收，但贸易垄断经常被走私活动所规避，借款方面除非不认账，否则还需要依靠收税来作为偿债基金。

财政需要使税收逐渐恢复，税收的恢复反过来促进民族国家壮大成长，许多国家生产力的发展为税收的恢复提供了税源保证。税制模式因经济发展模式不同出现几种类型：①对外贸易在经济活动中占重大比重的国家，因为港口毕竟不多，进出口额易于掌握，且稽征成本较低，倾向于以贸易商品为主要课税对象，也就是以关税为主体税种，如中世纪末期，关税成为英国政府财政收入最基本的部分（波斯坦等，2002）；②自足经济国家，商业活动限于城镇或附近地区，商品交易额测量成本与稽征成本都较高，往往以财产税等直接税为主，如路易十一时期的 1483 年法国平民税（即对非贵族平民征收的财产税）税额占财政总收入的 85%（North and Thomas，1973）；③处于贸易中心地位的城市国家，国内消费税占有主要地位，如意大利城市财政中，在城市里征收的消费税特别是对酒类征收的消费税常常处于首要地位（奇波拉，1988）。总的说来，中世纪欧洲各国的税收负担很重且不公平，税收主要落到平民特别是农民身上，沉重的税收负担成为这一时期许多农民起义和社会动乱的主要原因，如 1358 年法国扎克雷起义[①]，1381 年的英国农民起义，1382 年巴黎"铅锤党"起义、鲁昂平民起义等。

三、资本主义时期西方税收的发展

西方国家进入资本主义社会以后，在税收上发生了两个方面的重大变化，其一是制约税负过重的机制的形成；其二是逐步产生使纳税人和负税人较为一致的所得税。

---

① 1358 年在法国发生的一次农民起义。扎克雷，源自 Jacques Bonhomme，意即温顺缴纳税款的乡下佬，是法国贵族对农民的蔑称，起义由此得名。

(一）制约税负过重的机制："非经代表同意不得课税"原则的确立和实施

15 世纪末开始的地理大发现，促进了欧洲的经济发展，先孕育了葡萄牙、西班牙两大世界强国，随后英国逐渐强大起来，在国际上于 1588 年击败西班牙无敌舰队，开始树立海上霸权。17 世纪初，英国开始向印度和北美殖民。英国通过海外贸易、殖民掠夺、黑奴交易和国内的圈地运动，完成原始资本积累，逐渐形成新兴的资产阶级。同时，在国内随着手工工场的建立和扩展，制造业迅速发展；宗教改革使基督教新教成为国教，脱离了罗马教皇，为打击天主教会、削弱和限制旧的封建势力和确立资产阶级的统治地位创造了思想基础和社会基础。在这样的大背景下，1640 年起，资产阶级联合新贵族，带领广大人民，通过议会斗争，经过内战、共和国建立、克伦威尔军事独裁、斯图亚特王朝复辟、1688~1689 年的光荣革命，最终推翻封建君主专制，建立资本主义政治经济制度。1689 年光荣革命胜利后通过的《权利法案》（全称《国民权利与自由和王位继承宣言》，An Act Declaring the Rights and Liberties of the Subject and Settling the Succession of the Crown），不仅标志着资本主义政治经济制度的确立，是西方社会发展的里程碑，而且是西方税收历史的分水岭。《权利法案》内容并不多，只有短短的 13 条，其第四条规定"凡未经国会准许，借口国王特权，为国王而征收，或供国王使用而征收金钱，超出国会准许之时限或方式者，皆为非法"。《权利法案》使 1215 年《大宪章》确立、1628 年的《权利请愿书》再次重申的"非经同意不得课税"（no taxation without consent，有的地方翻译成"无承诺不课税"）的原则得到永久的贯彻，并演变为"非经代表同意不得课税"（no taxation without representation），从而建立了防治税收负担过重这一中、西税收历史顽症的机制，成为西方民主的基石之一，其意义深远。因为在此之前西方总是不时地出现征税过度问题，而解决这一问题靠统治者的自觉（靠明君圣主），税负合理适度的情况也会发生，但很偶然，因为明君圣主的出现很偶然。因此解决税负过重问题不能靠征税人或用税人的自觉，而应当靠纳税人或负税人的参与和有效制约，只有在征税权真实地而不是名义地归纳税人或负税人（通过其代表）行使的情况下才能形成对征税的有效制约机制，税负过重问题才能得到根本解决。

"非经代表同意不得课税"的原则成为英国人民的基本共识和观念并在全世界传播，特别是通过美国独立战争对这一原则的捍卫，使人类在很多地方避免了税负总是过重的灾难。为此有必要提及美国独立战争发生的原因和结果。1756~1763 年发生英法战争，导致英国财政困难，在国内提高税负已经没有潜力，公债的发行数额也达到很高的程度，英国政府把解决财政困难的希望寄托在对北美殖民地征税上。英国采取了两项措施对殖民地征税，一是对北美殖民地经英国港口转口的货物征收关税，二是在北美殖民地征收归属于英国的印花税。这样的做法引起了观念上的巨大冲突，一方面英国政府认为英国议会有权对其殖民地征税；另一方面主要是有英国血统的殖民地居民认为没有殖民地代表参加的英国议会没有权力对殖民地征税，这种已经深深根植于英国人民的意识来源于《权利法案》确定的"非经代表同意不得课税"的原则。由于殖民地人民的反对，印花税和关税先后取消，到 1770 年只保留茶叶的关税，英国政府想通过这个每磅只征收 3 便士的茶叶关税以体现英国议会有权对殖民地课税，但导致殖民地与宗主国的公开断交。1773 年殖民地人民冲上停泊在波士顿港口的英国货船，将茶叶倒入海中，英美战争爆发，1776 年北美殖民地通过了《独立宣言》，宣告美利坚合众国成立。美国独立宣言列举英国国王罪行之一就是"未经我们同意便向我们强行征税"。这一历史事件启示意义在于在西方国家只有通过纳税人的自觉捍卫，"非经代表同意不得课税"原则才能得到贯彻，人民才能避免被过重课税。

(二）西方国家税制发展的两个阶段

英国光荣革命以后现代市场经济制度逐渐占据主流，但经济发展不平衡导致各国完成资产阶级革命和形成系统的市场经济制度的时间有先有后。相应地，税收也出现多样化情况，但从总的趋势看，西方国家的税收制度发展经历了两个重要的发展阶段。

第一个阶段，大约在17世纪至18世纪，在原有税制基础上逐步建立以消费税和关税为主体的间接税制度。当时西方各国的财政收入有5条渠道：①古代和中世纪保留下来的领地收入和印花税收入；②来源于政府与私人联合投资的合股公司的投资收益；③有价值的矿产资源的垄断开采权收入；④公债收入；⑤关税和消费税为主的间接税。其中，间接税逐渐占主体地位，在财政收入中占主要部分。在英国，15世纪到19世纪，王室领地收入呈现日益减少的趋势，到19世纪末王室领地收入占财政总支出的比例已经低于0.5%。1624年左右最早在荷兰出现印花税，1671年前后被引入英国，1694年正式开征印花税，整个18世纪英国印花税收入约占全部财政收入的2%~4%，19世纪上升到4%~5%。随着私人经济的发展和政府直接经营企业情况的减少，政府投资收入和资源垄断经营收入不断减少。但国债收入居高不下，1689~1820年，英国财政开支中大约30%靠公债收入，而且公债与战争相联系，主要作为战争的融资手段，富人乐于投资公债而获得利息，但公债的还本付息依靠间接税，间接税主要由穷人负担，实际上建立了一种看不见的收入转移机制，由穷人转向中产阶级和富裕人群（马赛厄斯和波拉德，2004）。这一时期间接税在财政收入中占主要部分。间接税的主要形式是消费税。在英国消费税的开征始于1643年，最初的征收对象为生活消费品（如饮料、食物），进入18世纪后，征收范围逐渐扩大，最终包含了原材料、中间产品和最终产品，实际上成为周转税。这一时期关税也很重要，关税渐渐成为进口环节的消费税，因此这两种税合在一起经常被视为间接税，18世纪它们占税收总收入的份额为75%~80%。其余的税收有土地税、门窗税等。

法国这一时期也是实行以间接税为主体的税制，消费税和关税占税收收入一半以上，此外还有印花税、人头税、1/20税等。人头税实际落到土地财产上，由于存在许多特权免税，最终变成主要由农民负担的一种税。1/20税于1710年创立，起初要求所有收入和薪金都要申报，然后对总收入按比例课征，是所得税的雏形，从1749年开始1/20成为标准税率，故名1/20税。由于申报不普遍也不真实，缺乏管理基础，加上存在许多特权免税，这个税种很不公平。这一时期，法国税收负担比较重，间接税实行包税制，苛重扰民，激起人民反抗，成为1789年法国大革命的导火索（马赛厄斯和波拉德，2004）。斯密（1974）曾经通过对比分析了这一时期法国和英国的税制并指出，法国人口是英国的三倍，土地和气候优于英国，但税收收入却只有英国的1.5倍，在英国由于税收负担比较公平，"绝未闻有什么阶级压迫"，"然而法国人民所受捐税的压迫，远甚于英国人民，那是世所公认的"，因此"法国的课税制度，在一切方面，似乎都比英国为劣"，而其他欧洲国家又比法国差。

上述情况说明以间接税为主体的税制已经不适应资本主义的发展，正如马克思所说的"由于现代分工，由于大工业生产，由于国内贸易直接依赖于对外贸易和世界市场，间接税制度就同社会消费发生了双重的冲突。在国境上，这种制度体现为保护关税政策，它破坏或阻碍同其他国家进行自由交换。在国内，这种制度就像国库干涉生产一样，破坏各种商品价值的对比关系，损害自由竞争和交换"（马克思和恩格斯，1961）。在资本主义相当发达的条件下，间接税的课征扩大到许多生活必需品，扩大到资本主义企业的大部分产品，对自给的生产品则课征不到，因此起不到鼓励资本主义生产、限制自给自足经济的作用；间接税税率愈高，课征面愈广，资本主义大生产较自给自足生产的优越性愈不易体现，资本主义工商业占领国内市场的彻底性愈受影响。在这个意义上，间接税反而成为自给自足经济的保护物。对不同消费品以不同税率课税，税负有的可以转嫁，有的不能转嫁，导致价格不反映价值，商品比价受到破坏，等价交换难以展开。多环节、多次征的间接税还导致对专业化分工协作企业的税收歧视，加重其税收负担而相对有利于全能企业，阻碍社会化大生产的发展。消费数量不能完全反映纳税人的纳税能力，消费税、关税等间接税不能做到纳税能力强的多纳税，纳税能力弱的少纳税，不符合税收公平原则。因此寻找一种税收形式取代间接税的主体地位成为必然趋势。于是西方资本主义国家进入了其税制发展的第二个历史阶段，即所得税逐步成为主体税种的阶段。

前面已经指出在1710年法国就已出现具有所得税性质的税收。在中国出现所得税的时间更早，在王莽时期就有所得概念并在短期内推行了名称叫"贡"的所得税，这种税对有收入的各行从业者"除其费，计所得受息"，即对扣除成本费用后所得的利润征收（何必如，1998），但由于不具备征收管理的道德、技术基础，很快失败。成功地实施所得税并将其推广到世界各国的应该是英国人的功劳。英国人皮特于 1799 年设计并推行了一种收入申报表，其中包括可征税的 19 种详细收入来源和可获得收入的财产来源。其设计思想包含了现代综合性所得税的基本原则和课税基于个人收入能力的公平观念。但这种税要基于对个人收入的调查，而进行这样的调查与个人隐私之间造成冲突，纳税人难以接受，因此只执行到 1802 年。1803 年爱丁顿设计出沿用至今的分类所得税制度，用从 A 到 E 五个类别的收入表，取代收入的整体计算，解决了征税与隐私权冲突问题，又经过配第于 1806 年在细节上的进一步完善，奠定了英国分类模式所得税的制度框架，到 1815 年所得税收入占到英国财政收入的 21%。但这一时期所得税为临时税，主要为战争筹款，因此随着战争结束在 1816 年就被废除。1842 年重新开征，从此在英国所得税变为经常税，成为越来越重要的税种，同时间接税逐渐缩小其征收范围并降低其占财政收入的比重（马赛厄斯和波拉德，2004）。

英国所得税的成功为世界范围的理财治税提供了两条重要经验。其一，要想使个人所得税成功推行需要一套与国情充分融合的有效实用的收入评估和征收方法。英国在分类的基础上，采用了在收入源头扣税的征收方法（即代扣代缴或源泉扣缴方法），一直沿用至今并推广到全世界，这一方法避免了收入汇总的困难和收入评估。此外，英国通过在税制中设置宽免额，将许多低收入者排除在所得税之外，这对提高税制的公平性和减少征收成本也起了重要作用，从而成为所得税设计的基本原则之一。其二，要尽量采用具有较高收入弹性的税种，有效推行并普遍课征的个人所得税正符合这样的特点，它容易随着国民收入和财政需要的变化而变化。个人所得税运行成功以后，英国获得长期稳定的、丰富的财政收入，一方面经济增长促进了税收收入的增长，另一方面福利损失较小的优良税制的推行也促进了社会稳定和经济发展。当然英国模式个人所得税的推行有其特别的文化基础，法治所带来的诚信程度的提高使收入隐瞒的动机减少了。社会公正情感的普及，预算决定过程的公开、透明所形成的对财政支出必须"用之于民"有效制约机制，促进了公民纳税自觉性的提高。在不存在这样文化基础的国度中，就难以有效实施这样的所得税制度和征收方法。同样作为西方国家的法国和德国就因为文化和发展时期的差异，税制面貌迥异。

法国在整个 19 世纪还主要依靠间接税。虽然设计了理论完全追求公平的收益税体系（包括对土地净收入课征的土地税，按公司企业的营业类型、规模、方位、可出租价值等外部标示课征的交易和营业税，按每一人工作日价值课征的个人税及作为其补充的动产税，以房屋开孔数量为计税依据的门窗税，对国内外股票、债券等资产收入课征的证券税），收益税建立在通过调查或普查而得到的客观指标基础上。但随着经济发展和纳税人情况的变化，"客观"指标日益与实际不一致，税收管理失去基本的信息基础，总的趋势是可征到的税越来越少，而且越来越不公平。此外这种税收的收入弹性比较低，不能随着经济发展而自动增加，税收收入中占最大比重的还是间接税，1885 年收益税占国税总额的比重仅为 16.6%，关税和消费税占 57.1%，这两项指标在 1900 年分别为 15.1% 和 60.1%，在 1913 年分别为 14.2% 和 59.3%。所得税直到 1914 年才被引入法国，法国 1917 年起实行综合所得税，同时废除了门窗税、个人税和动产税、交易和营业税等收益税，所得税逐渐成为主体税种（马赛厄斯和波拉德，2004）。在现代德国的范围内，萨克森最早推行所得税，1874 年颁布临时所得税法，1878 年形成最终版本；1884 年，巴登采用了萨克森的所得税制度；普鲁士曾经在 1808 年至 1811 年第一次借鉴英国做法，尝试推行分类所得税（分土地所得、资本所得和劳动所得）；1812 年改为类似人头税的累进的临时所得税，由于遭到纳税人反对并且征税措施不完备，于 1814 年暂停，1820 年被废除。1851 年受英国所得税改革成功的影响，推行了一种累进税（对穷人征收的人头税）和累进所得税（主要针对富裕人口）混合体系。1891 年普鲁士开始推行现代意义的所得税，其税法规章为当时欧洲最系统完整。到 1908 年，在德意志主要邦国中，所得税占税收总额的比重很高，普鲁士达到 70.22%，萨克森为 73.31%，黑森为 54.37%，符腾堡为 43.56%，巴登为 35.90%（马赛厄斯和波拉德，2004）。

第二个阶段，在 19 世纪末和 20 世纪初，特别是第一次世界大战前后，欧洲各国均实现了所得税从临时税向经常税、从辅助税向主体税的转变。这一时期，西方资本主义经济继续发展，但社会矛盾空前激烈，阶级矛盾激化要求国家（政府）发挥调节社会分配不公的职能；第一次世界大战对财政支出产生巨大压力；间接税对经济的负效应日益突出；生产力进步，人均收入水平上升，生产的社会化、商品化、货币化程度提高；信息时代的到来，征收管理手段日益先进，全面征收所得税特别是个人所得税不仅必要而且可能。在各方面因素综合作用下，所得税收入逐渐增加。同时，关贸总协定多边贸易谈判达成的关税减让使各国普遍降低关税税率，关税收入额降至很低水平；国内流转税仍占据重要地位，但比重不那么高。所得税逐渐成为主体税，曾经存在所得税与流转税势均力敌的时代，但时间很短，西方各国逐渐形成以所得税特别是以个人所得税为主体的税收结构。第二次世界大战以后，西方国家的税收制度，除了继续保持以所得税特别是个人所得税为主体税外，还呈现出两大特点：一是各国面对两极分化、阶级矛盾对社会经济发展的不利影响，为维护资本主义的长治久安，纷纷推行"福利国家"政策，将税收制度作为调节收入分配关系的重要机制，通过累进所得税等措施提高富人的税收负担，减轻穷人的负担，并建立系统完善的社会保险制度，社会保险税成为最重要的税种之一；二是西欧各国从法国开始建立增值税制度以此取代传统的多环节课征的国内间接税即全值型流转税，以减少税收对企业组织结构选择的扭曲性影响，降低税收所造成的福利损失，适应高度发达的市场经济发展要求。

综观中外税收历史，找到符合当时社会经济文化状态的治税办法并尽可能降低征税的福利损失是促进国家兴旺的必要条件。要尽可能地降低征税所造成的福利损失，税收在量上要保持适度规模，既不过重，也不过轻。要弄清税收的适度规模即量的界限，应当考察税收的质的规定性即税收本质（杨斌，2010）。

【本章小结】

1. 剩余产品是税收产生的物质基础；国家（政府）的出现是税收产生的前提条件；当国家（政府）不直接占有生产资料，不生产物质财富而与生产资料私有制和法人占有制之间形成利益差别甚至尖锐矛盾时，税收的产生就成为必然的历史现象。当国家（政府）具有制定法律并进行管理能力时，税收产生就有了现实可能性。

2. 一般认为，中国最早的税收形式为春秋时期鲁国在鲁宣公十五年（公元前594年）实行的"初税亩"制度，即不论公田、私田一律按亩征税。之前各国实行的井田制以征取劳役地租形式出现，是税收的萌芽，为后世力役之征的雏形。

3. 在中国漫长的皇权专制社会中，正税制度大致沿着以人头税、力役之征为主体——人头税和土地税并重——以土地税为主体的轨迹发展，其分水岭为唐德宗建中元年（公元780年）杨炎推行的两税法和明嘉靖年间实行一条鞭法及清康熙时期实行的摊丁入亩、地丁合一制度。

4. 中国古代正税负担不轻，正税之外还课征名目繁多的杂税、杂派。少数时期君主英明、自我约束、顺应社会发展，实行适度负担政策，导致盛世出现，但多数时期税收负担过重，最终导致社会崩溃，王朝灭亡。

5. 中国半殖民地专制社会税收制度的主要特点是各种新旧苛捐杂税并存，包括田赋、工商杂税、关税、厘金、土药税等，形成一套苛重扰民的税收制度。

6. 新中国成立后中国的税收制度变动频繁，经过由繁到简再由简到繁的多次改革和调整。

7. 西方国家的税收起源于古希腊、古罗马时期，在中世纪得到一定的发展，并形成了多种税制模式，但总的来说税收制度还不完善。

8. 英国光荣革命后形成的《权利法案》使"非经代表同意不得课税"的原则得到永久的贯彻，从而建立了防治税收负担过重这一西方税收历史顽症的机制，其意义深远。

9. 西方国家的税收制度发展经历了两个重要的阶段。第一阶段，大约在17世纪至18世纪，在原有税制基础上逐步建立以消费税和关税为主体的间接税制度。第二个阶段在19世纪末和20世纪初，特别是第一次世界大战前后，欧洲各国均实现了所得税从临时税向经常税、从辅助税向主体税的转变。第二次世界大战后，除了继续保持以个人所得税为主体税外，还大力推行和征收社会保险税和增值税。

【概念与术语】

初税亩（the first land tax）　井田制（well-field system）　均田制（equal-field system）　租庸调制度（zuyongdiao system）　两税法（two-tax system）　一条鞭法（single whip system）　黄宗羲定律（Huang Zongxi'slaw）　二元税收制度（dual tax system）　剪刀差（price scissors）　利改税（substitution of tax payment for profit delivery）　农村税费改革（rural tax-fee reform）　三提五统（"three deductions" and the "five charges"）　非经代表同意不得课税（no taxation without representation）

【思考题】

1. 从必要性和可能性角度阐述税收产生的各项前提。
2. 中国春秋时期的"助法"是否属于税收形式或者说是否属于典型意义上的税收形式？
3. 讨论中国古代社会土地制度和税收制度的紧密联系。
4. 从中国历史上的盛世和乱世交替中我们应当汲取怎样的理财治税方面的经验教训？
5. 为什么说"非经代表同意不得课税"原则的产生和贯彻意义深远？
6. 英国推行所得税为什么会成功？其为世界各国理财治税提供了怎样的经验？
7. 用中外税收历史事实证明"找到符合当时社会经济文化状态的治税办法并尽可能降低征税的福利损失是促进国家兴旺的必要条件"。

第三章　税收存在的依据及其质的规定性

【本章提要】
1. 国家（政府）的公共权力与税收。
2. 税收与剩余产品价值。
3. 国家（政府）公共权力主体与社会财富拥有者的关系。

理财治税的历史证明，税收负担要适度，否则不仅会极大地损失社会福利，还会导致乱世亡国，那么这个"度"是由哪些因素决定的呢？这是本章要解答的核心问题。第二章的历史分析表明，税收是在国家（政府）公共权力及其职能范围、物质财富（特别是生产资料）私人（或集团）所有制或占有制、生产力水平所决定的剩余产品价值生产总量三个主要因素作用下形成和发展的经济范畴。因此，要弄清楚税收负担的"度"，即量的规定性，还要从这三个因素出发，从逻辑分析角度研究它们对税收的作用过程，进而探讨税收存在和发展的依据及其最一般的质的规定性，以及公有制占主导地位的历史条件下税收存在的依据。

第一节　国家（政府）的公共权力与税收

税收的历史发展表明，税收是国家（政府）引起并充当主体的一种经济范畴。国家（政府）之所以成为这一经济范畴的主体，可以从社会再生产和社会生活中的国家（政府）性质与职能角度加以说明。

一、国家（政府）的两种权力和两种职能

国家（政府）是掌握在统治集团手中，对社会实施统治，把各种社会冲突、社会矛盾保持在秩序范围以内的暴力组织，也就是说国家（政府）要行使公共权力，执行社会管理职能（social management function）。社会管理职能一般包括下列内容：建立法律规范社会行为，并通过军队、警察、监狱、司法机关、行政机关等国家机关施行法律、防范不法行为、抗拒外来侵略、抵御自然灾害、维护社会秩序、保护环境；现代国家还通过宏观经济政策手段和法律行政手段干预经济活动，实现宏观经济均衡，维护作为社会秩序基础的经济秩序，从而使生产和社会生活在稳定的社会经济环境中进行；实施收入分配调节，关照弱势群体，化解社会矛盾，促进社会和谐和可持续发展；举办公共工程、提供公共产品（public goods），兴办私人、企业不能也不愿意投资或更适宜由国家（政府）兴办的公共基础设施和科学、教育、文化事业。所有这些都是社会再生产和社会生活不可或缺的，它们构成社会的公共需要；社会公共需要得不到满足，社会就会处于无政府状况，处于不和谐和不安定的无秩序之中，生产和生活就难以进行。国家（政府）只有充分行使社会管理职能、尽量满足社会公共需要才会被民众认可，无视社会公共需要、只考虑统治集团自身利益的国家（政府）终究不会长久。

国家（政府）具有国有资产所有权，执行国有资产管理职能。早期的国家（政府）以拥有大量地产和奴隶的领主或地主的形式体现。随着私有制和商品经济的发展，国家（政府）在整个社会总资产中直接拥有的财产的份额日益下降，国有经济在经济中的比重相应降低。私有制社会特别是资本主义社会中国家（政府）主要执行社会管理职能。但在社会主义制度下，国有资产的所有权、国有资产的管理职能对社会经济发展起主导作用；国家（政府）国有资产管理职能的实现体现为国家（政府）及其专门机构代表全民所有制的所有者即全体人民以国有资产所有者代表身份，投资举办企业或参与企业投资，决定国有企业的经营方式（现阶段如股份制、合作制、承包、租赁或直接经营），决定企业重大经营方针，选择经营管理者，监督国有资产的经营状况，参与企业利润分配。在社会主义条件下，国家（政府）的国有资产管理职能只能

不断增强而不能削弱，否则就不能实现国有资产保值增值，社会主义经济基础就会动摇。

国家（政府）的这两种权力和两种职能可以合二为一，由一个主体行使，也可以分别由不同主体行使，这取决于社会、经济、文化状况。一般说来，在市场经济比较发达的社会中，分别由不同主体行使较为合适。虽然公共权力包含某些财产所有权的因素，如军事工程、设施、行政机关的办公房屋、设备等，离开一定的物质基础，公共权力就是空洞之物，但是两种权力和两种职能的区别是客观存在的。公共权力与国有资产所有权的区别在于是否创造剩余产品价值。国有资产所有权（ownership of state-owned assets，即国家代表人民行使全民所有制的所有权）指的是能创造剩余产品价值或实现财产价值增值的经营性财产的所有权，而内含于公共权力中的财产是非生产性的，只是经营性财产价值增值的扣除。此外，二者性质、目标、运行方式不同。公共权力指国家（政府）管理社会、维护社会秩序包括对经济实施宏观控制和调节干预的权力，其主要目标是防止社会经济震荡，促进社会经济有序发展，在市场经济条件下还要克服市场机制的缺陷，维护公平竞争环境，增进社会效益；其运行方式是以法律和行政命令形式强制执行，在社会结构中形成纵向分层联系，基本机制是下级服从上级。国有资产所有权的主要目标是保证国有资产的完整、保值并增值，遵循等价交换这一市场经济的一般法则，以追求尽可能大的盈利为直接目标；运行方式上主要通过契约和合同，在社会经济结构中形成横向联系。因此，国家（政府）的公共权力（public power of the state or government）和国有资产所有权分别由不同的主体行使成为一种必然趋势。这样国家（政府）的公共权力就需要税收为其提供物质基础，并作为对市场的调控手段。

二、税收是政府公共权力主体克服市场缺陷、提供公共产品和实施收入再分配的经常性成本补偿方式和调控手段

经济学认为一般情况下个人和企业出于追求自身利益最大化的动机，能够通过市场实现有效率的资源配置。福利经济学第一基本定理（first fundamental theorem of welfare）表明，在完全市场化（即所有商品均有市场）和完全自由竞争的假设下，不需要任何外在引导，经济运行会自动地实现有效的资源配置，达到帕累托最优（Pareto optimality），即出现一种要增加一方的福利就必须减少另一方福利的状态。在没有使任何人境况变坏的前提下，使得至少一个人变得更好，叫作帕累托改进（Pareto improvement），因此，帕累托最优也就是指没有进行帕累托改进的余地的状态。

但是福利经济学第一基本定理没有说明帕累托最优的分配结果，即还没有说明帕累托最优的状态是否公平、公正，因为将所有的东西都给予一个人会是帕累托最优的，而将所有的东西都给予另一个人也一样，所以福利经济学第一基本定理旨在说明市场的蛋糕会越做越大，但却没有说明蛋糕分配是否合理公平，是否会导致价格不稳定和市场失衡。因此，就有了福利经济学第二基本定理（second fundamental theorem of welfare），指出只要通过适当的方法（如一次性转移支付和总付税）对初始资源占有状态进行再分配，任何帕累托最优的资源配置都会使市场均衡。

我们看到不论是福利经济学第一基本定理还是福利经济学第二基本定理都是在非常严格的假定下才成立的，说明只要不具有假定条件，市场的资源配置仍然可能无效率，社会福利仍然不能最大化。不能满足假定的情况在现实社会中是随处可见的。这就需要借助政府即借助公共权力主体介入经济过程，创造使社会福利最大化的条件。公共权力与资产所有权不同。资产所有权内在于生产过程，是生产活动的条件；所有权内含着对他人侵犯的排斥，意味着他人使用所有者的所有物要付出一定经济利益作为代价。农民使用、耕种地主的土地要向地主交租，地租就成为土地所有权的经济利益表现。同样，国有资产的经营者使用、经营国有资产，也要向其所有者以一定形式支付一部分纯收入作为报酬，也就是说，国家（政府）凭借财产权参与社会纯收入分配，这种分配关系是所有者与经营者之间建立在等价交换基础上的契约关系，经营者支付的纯收入往往以上缴利润、租金、承包费、股息红利等形式出现，而不是税收。与所有权不同，国家（政府）的公共权力外在于生产过程，本身不创造物质财富，需要特殊的成本补偿方式。公共权力主体介入经济过程履行社会管理职能的性质决定了无法通过等价交换方式进行成本补偿。

福利经济学两大定理也揭示了政府介入经济过程的主要使命，福利经济学第一基本定理说明政府的职责就是克服不存在市场、不完全的市场和非自由竞争所造成的福利损失问题；福利经济学第二基本定理表明政府需要介入收入再分配（income redistribution）。概言之，政府要履行的社会管理职能主要包括克服市场缺陷（market failure）、提供公共产品、实施收入再分配。

克服市场缺陷，就是对市场不能有效发挥作用或对不存在市场的领域实行政府治理，使资源配置达到最优状态。具体包括如下内容。

（1）建立公平竞争环境，特别是防止垄断。现实生活中存在不完全自由竞争的情况。只要一个或一些企业具有对市场价格的影响力，即它们有能力通过产量、购买量的增减或其他途径左右市场定价，那么帕累托最优的必要条件就不存在，其中极端的情况是垄断。这不仅存在于市场经济发达国家，而且在不发达的市场经济社会中更加普遍。例如，个体农户出售产品给公司时往往被压低价格，而在向公司购买产品时被抬高价格，这就需要通过推动合作化让个体农户具有竞争力。

（2）治理外部效应。在负外部效应场合，私人边际成本小于社会边际成本，会鼓励多生产从而导致无效率；在正外部效应场合，私人边际成本大于社会边际成本，会减少生产同样导致无效率。这就需要政府通过适当方式让外部成本内在化，使私人边际成本等于社会边际成本。

（3）对有些必需品和有益品（merit goods）市场无法提供或提供不充分。有些必要的产品如养老保险、失业保险、疾病保险等，由于信息不对称（如保险公司无法从投保人处获得全面的关于其健康、寿命等信息），私人保险公司要么不愿意提供，要么提供不充分。有些产品社会成员不想要，市场也不会提供，但对文明和进步有益，如基础科学研究、高雅艺术等，无法通过收取费用或足够的门票等方式获得成本补偿，应当由政府支持，经济学家称这一类产品为功德品。

提供公共产品，就是由政府提供无法通过市场解决的但又是使人类命运共同体得以维持的消费项目。之所以无法通过市场提供，是因为这些消费项目存在特殊性。

第一，某些消费项目具有消费的非排他性（nonexclusivity）和非竞争性（nonrivalry）的特点。私人产品（private goods）的消费具有排他性和竞争性。排他性即不愿按价付款就得不到消费物品或劳务，竞争性就是在数量有限的情况下物品归出价高的一方占有和消费。例如，在市场上出售的一块饼，A要获得它必须付钱，一旦A得到它，B就得不到；如果B要想得到它，就必须付出比A更高的价钱。但某些消费领域或消费项目，一个人消费了并不减少或影响另一个人对同一项目的消费，而另一个人要消费也不需要通过竞争。例如，一个城市建立烟雾控制系统，A得到呼吸新鲜空气的好处，并不影响也无法阻止该城市其他居民享受同样的好处，因此没有理由要求A为这一控制系统的建造付全部费用，该付多少也难以确定。在国防等公共需要领域也是如此，无法阻止社会中任何人从中获得安全保障或其他利益。我们把具有消费的非排他性和非竞争性特点的产品（或劳务）称为纯公共产品。通过市场采用等价交换办法为这一类公共产品筹措资金必定失败，因为消费者不用付款也能继续享受服务，因此只能采取非等价交换方式。

第二，某些领域的消费项目具有排他的无效率性特点。在教育、公路、警务、消防、废水处理、公共卫生服务等领域，按等价交换原则进行定价收费即谁获益谁付款存在技术上的可能性，但是如果实行收费，管理成本过高，出于效率考虑，通常会放弃收费而由国家（政府）以非等价交换方式筹集经费。例如，对某一座桥梁、某一段公路过往车辆收费容易施行，但扩大到整个公路网则要付出高昂代价，与其设立大量关卡、雇用众多管理人员不如由国家（政府）对社会公众或汽车、汽油征税作为公路建设、管理费用。

第三，某些消费项目具有外溢性特点。一些消费品具有公共性和私人性的两重性，或者说某些私人产品存在外溢性，其生产或消费利益不仅由生产者或消费者本人享有，而且外溢于他人。例如，高等教育，一个人受过高等教育，就可能获得较好职位和较高收入，在这一意义上他应当支付全部学费；个人知识水平和能力的提高对社会也有好处，高等教育消费者给社会带来的利益就是高等教育私人消费的外溢，因而高等教育具有公共性因素，其经费应由受教育者本人与社会共同承担，由社会共同承担的部分就采取了非等价交换的方式。

由政府提供的消费项目范围到底有多大，除了受上述消费项目性质的影响外，还往往与一国的自然条件以及由此形成的治理习惯有关。例如，水利设施的建设和维护，可以通过排他性的制度安排，由私人或企业承办。但水利设施的建设与维护一直是中国历代政府的重要职责，究其原因是中国广大领土的水资源分布极不均衡，旱灾、水灾不断，且交替出现；水资源分布与人口分布很不对称，北方人口多但水资源相对匮乏，而南方情况相反，区域农业生产与需求也不平衡，这样，统一地跨区域调度水源、粮食、组织救灾就成为政府以外的社会组织无法承担的事情。

政府提供消费项目的范围即政府职能范围的大小还与一国主流文化习惯有关。在非政府组织（包括宗教团体、宗族组织、慈善组织、合作组织、行业公会组织、工会等职业团体）发达的地方、人与人之间信任程度高的社会中，往往出现"小政府、大社会"的状态，很多公共事务和准公共事务由中间组织承担，相应政府规模小、职能少；在相反状态的社会中，很多事务甚至包括某些私人产品必须由政府提供，在这样的社会中，往往出现"大政府"状态，由政府承担的公共事务范围比较宽。这类由治理习惯和主流文化习惯所决定的应当由政府承担的事务，也通过非等价交换的方式获得成本补偿。

收入再分配，就是通过适当方式（如课税）从富有者获得一部分收入再以适当方式（如扶贫计划、补贴穷人社会保险基金）补贴给其他社会成员，其理论依据是收入的边际效用是递减的，从富有者获得一定数量的收入，只要适当，不会降低他们的福利，而转移给穷人会增进穷人的福利，这样会促进全社会福利的提高。尽管对政府收入再分配的作用、效果存在争论，但收入再分配成为当今多数国家政府的重要职能。

上述讨论说明，无论是克服市场缺陷还是提供公共产品、实施收入再分配，公共权力主体获得收入或实施调控的手段都只能是非等价交换，如果能够进行等价交换，就不需要公共权力主体介入其中。非等价交换的收入获取形式有多种，如历史上曾有过的索贡、摊派、掠夺、收费、力役等，时至今日这些形式已被淘汰或退居补充地位，因为这些收入形式在征收上有较大的随意性和不规范性，收入源泉十分有限且容易枯竭，也不能做到按能力负担，从而不能做到公平合理和依法办事，因此都不能成为财政收入的正常形式。政府为满足财政需要也采用不具有强制性、无偿性特征的公债形式，但公债是有借有还的，最终还得用强制性、无偿性的收入归还本息，因而也不能成为财政收入的正常形式。因此，以消费额、销售额、所得额、财产额等稳定、循环、持续的财富流量和存量为征收对象，具有强制性、确定性、无偿性、均一性等特征的税收就成为政府履行公共权力并提供公共产品的经常性成本补偿方式。税收是由国家（政府）公共权力引起的、与之有本质联系的经济范畴，国家（政府）公共权力是税收的主体和依据，为国家（政府）履行社会管理职能、满足社会公共需要提供物质基础是税收的目的。因此，一定时期政府履行公共权力而克服市场缺陷、提供公共产品、实施收入再分配的经费需要量就成为税收必要量，但是政府职能范围要宽到什么程度，要征集多大规模的税收，不仅取决于必要，更要看可能。

第二节 西方国家的税收与剩余产品价值

税收的可能规模取决于一定时期全社会的剩余产品价值创造能力。我们知道社会物质财富即社会总产品是社会再生产的结果，在价值形态上可以分为三个组成部分，即物化劳动转移价值（transfer value of materialized labor，即 C）、必要劳动创造的必要产品价值（necessary product value，即 V）、剩余劳动创造的剩余产品价值（remaining product value，即 M）。社会总产品各组成部分的功能作用是不同的。

一、税收不能课及物化劳动转移价值和必要产品价值

（一）税收不能课及物化劳动转移价值

物化劳动转移价值是简单再生产的物质起点，属简单再生产补偿范畴。一个生产主体创造出产品、实现其价值后，必须补偿产品生产中消耗掉并转移到产品价值中的物化劳动耗费，包括一次性全部转移到产

品价值中的流动资产和有效使用期内逐渐转移到产品价值中的固定资产的耗费。物化劳动的补偿基金只能在再生产过程中不断循环周转,把它抽出再生产过程用于非生产的社会公共需要,简单再生产就会遭受破坏,社会物质财富总量就会减少,社会就会陷入困境,国家(政府)公共权力最终也会失去得以正常运转的物质基础。同时,随着科学技术的进步,固定资产的损耗不仅表现为生产过程中磨损引起的有形损耗,还有无形损耗问题。无形损耗的存在说明,物化劳动消耗的补偿要在超过原有价值量的基础上进行。这更进一步证明,作为国家(政府)公共权力物质利益体现形式、用于满足公共需要的税收,不能以物化劳动或其价值体现物为源泉,也就是说税收不能课及物化劳动转移价值。

(二)税收不能课及必要产品价值

必要产品价值是维持人的简单再生产的必要条件,也属于简单再生产补偿范畴。人是社会生产的首要因素,没有人的再生产也就无所谓物质财富的再生产。马克思说:"劳动力只有表现出来才能实现,只有在劳动中才能发挥出来。而劳动力的发挥即劳动,耗费人的一定量的肌肉、神经、脑等等,这些消耗必须重新得到补偿。支出增多,收入也得增多。劳动力所有者今天进行了劳动,他应当明天也能够在同样的精力和健康条件下重复同样的过程。因此,生活资料的总和应当足以使劳动者个体能够在正常生活状况下维持自己。"(马克思和恩格斯,1972)必要产品构成劳动者的基本生活资料,这种生活资料在一切社会制度下都必须由劳动者本身生产和再生产;必要劳动耗费得不到补偿,劳动者的基本需要得不到满足,社会再生产就失去目的和动力,社会再生产也就不可能进行。因此,必要产品价值只能用于补偿或劳动耗费,不能作为税收源泉;一个国家(政府)经常从必要产品价值中征集用于满足社会公共需要的物质财富,无异于自取灭亡。

至于以个人所得为课征对象的个人所得税和社会保险税是否课及必要劳动价值,就整体、长期、本质而言回答是否定的。个人所得税的应税所得不是纳税人的毛收入,而是毛收入扣除生活必需费用后的余额,所得未达到生活必需费用扣除额亦即个人宽免额不用纳税,生活必需费用扣除额一般不低于劳动力价值平均补偿费用,而随生产力发展个人收入总额高于必要产品价值的部分日益增加,马克思曾经指出:"在工人自己所生产的日益增加的并且越来越多地转化为追加资本的剩余产品中,会有较大的份额以支付手段的形式流回到工人手中,使他们能够扩大自己的享受范围,有较多的衣服、家具等消费基金,并且积蓄一小笔货币准备金。"(马克思和恩格斯,1972)劳动者获得或多或少的一部分剩余产品价值是征收个人所得税的必备条件。社会保险税产生于个人所得税之后,同样基于个人工薪所得高于必要产品价值。征收社会保险税,建立社会保险制度,从横的方面看,是国家(政府)从有劳动能力、收入正常的人手中筹集一部分经费,支持因伤残、退休、失业等丧失工作能力、中断收入来源而生活无着的人;从纵的方面看,是国家(政府)在劳动者有劳动能力、收入正常时对其征筹一部分经费储蓄起来,在其将来丧失劳动能力或暂时中断收入来源时提供救济。这里国家(政府)起的是大保险公司的作用,在全社会范围分散风险;社会保险税因而具有高度返还性,以这一形式征集的价值仍然用于活劳动耗费补偿。

二、税收是西方国家(政府)公共权力占有剩余产品价值的一种形式

(一)税收的本质是公共权力主体对剩余产品价值的占有

既然物化劳动价值和必要产品价值都不能成为税收的价值来源,那么税收只能来源于剩余产品价值。税收总量不能多于一定时期社会的总剩余产品价值量。马克思指出:利润会以各种不同形式——利润、利息、地租、年金、赋税等等,在不同名称和不同阶级的居民之间进行分配(甚至一部分工资也是这样)。他们这之间所分配的决不能多于总剩余价值或总剩余产品(马克思和恩格斯,1980)。马克思还指出:"无论在不同社会阶段上分配如何不同,总是可以像在生产中那样提出一些共同的规定来,可以把一切历史差别混合和融化在一般人类规律之中。例如,奴隶、农奴、雇佣工人都得到一定量的食物,使他们能够作为奴隶、农奴和雇佣工人来生存。靠贡赋生活的征服者、靠租税生活的官吏、靠地租生活的土地占有者、靠施舍生活的僧侣,或者靠什一

税生活的教士,都得到一份社会产品,而决定这一份产品的规律不同于决定奴隶等等那一份产品的规律。"(马克思和恩格斯,1962)就是说,奴隶等劳动者得到的是必要产品,征服者、官吏、土地所有者、僧侣、教士等占有的是劳动者创造的剩余产品。恩格斯指出:"正是资本家与工人间的这种交易创造出随后以地租、商业利润、资本利息、捐税等等形式在各类资本家及其奴仆之间进行分配的全部剩余价值。"(马克思和恩格斯,1964)资本家与工人的交易指劳动力出卖给资本家,资本家的奴仆指国家(政府)。

为了使税收与其他财政方式和分配范畴相区别,可以简单地把税收定义为以国家(政府)公共权力为主体的对剩余产品价值的占有。虽然存在税收的缴纳主体,但课征主体是征纳矛盾的主要方面,以国家(政府)公共权力为主体的课征反映税收的独有特性,税收因而区别于利润(财产所有者为主体)、利息(资本或资金所有者为主体)、地租(土地所有者为主体)、工资(劳动者为主体)等分配范畴。

(二)一定时期剩余产品价值总量是税收的最大限量

剩余产品价值分配形式多种,税收只是其中之一,国家(政府)能占有的只能是剩余产品价值的一部分而不是全部。剩余产品除满足国家(政府)公共权力及其社会管理职能的物质需要外,还是人类社会发展进步的物质基础。人类要发展进步,要提高生活质量和生活水平,必须进行扩大再生产,把一部分剩余产品投入生产过程,即进行积累,在国家(政府)的公共权力与资产所有权分离的情况下,公共权力不具有积累的职能,税收也不具有积累的因素。税收外在于生产过程,尽管国家(政府)公共权力主体要利用税款举办公共工程,但这些公共工程是非营利性的,只是为社会财富、为剩余产品价值的创造提供一般、共同条件,本身并不创造剩余产品价值。国家(政府)公共权力是非生产性的,是社会再生产的外在因素,行使国家(政府)社会管理职能花费的劳动同样是非生产性的,这种"劳动可能是必要的,但不是生产的。因此,一切一般的,共同的生产条件——只要它们还不能由资本本身在资本的条件下创造出来——必须由国家收入的一部分来支付,由国库来支付,而[创造共同生产条件的]工人不是生产工人,尽管他们提高了资本的生产力"(马克思和恩格斯,1980)。税收是非生产费用,是剩余产品价值的扣除,国家(政府)利用税收形式参与剩余价值分割后,这一部分以税收形式体现的物质财富就离开生产过程。从总体上看,国家(政府)公共权力范围、社会管理职能规模和税收规模扩大,意味着非生产领域的劳动投入增加,对再生产规模的扩大具有限制作用;换言之,剩余产品价值总量一定的情况下,税收总量与可用于扩大再生产的剩余价值总量此消彼长。

因此,税收收入保持在合理限度内才不至于影响扩大再生产,才会随再生产规模扩大、剩余产品价值总量增加而增加。收税过度会损害投资者、生产者的积极性,税负或税率高到投资者、生产者得不到任何盈利时,投资和生产就会停止,税收就失去物质基础,税收源泉就枯竭。反过来,税率定得很低、税收收入规模安排得很小,虽然可以促进投资和生产,但国家(政府)公共权力及其社会管理职能的运行得不到足够资金加以支持,此时国家(政府)只能通过发行纸币或借债或二者并用以获得所需经费,而财政性货币发行往往造成通货膨胀、货币贬值,这意味着经济利益主体(企业、个人)以间接、隐蔽的形式向国家(政府)转移财富,借款最终还是以税收收入归还。也就是说,税率低实际上并不会降低税负,而可能以间接、隐蔽的形式出现,即以各种名目向人民课征,其后果难以预测,并且征收比较随意,会干扰社会经济、社会生活的正常秩序,比正式税收所造成的社会福利损失可能要大。因此,国家(政府)公共权力主体以税收形式征集的剩余产品份额必须适度,税收规模不能过大也不能过小,要取之有度,这也是税收内在的普遍规律。

(三)从最终归宿和总体趋势看税收应当来源于剩余产品价值

我们说税收只能来源于剩余产品,税收在量上不能突破一定时期剩余产品价值总量,这是从一般规律、总体趋势和最终归属上说的。现实情况总是围绕着这样的本质上下跳跃,因此,现实所表现出来的情况经常与此不一致。现实中的税收并没有仅对剩余产品价值表现方式——利润课税,而是采用了对业主销售收入或营业收入、财产额、企业和个人所得额、特定目的行为等课征的方式。但从最终归属和总体趋势看,仍然可以说税收应当来源于剩余产品价值。企业所得税是对利润课税自然属于对剩余产品价值的分割。个人所得税虽然表现为对个人工资薪金课税，好像触及必要劳动，但实际情况不是如此。正如前面阐述的那样，必要劳动是从平均角度而言的，在市场竞争环境中，总是一部分人获得的工薪高于平均水平、一部分人低于平均水平、一部分人刚好处于平均水平。这样只要在税制设计时使宽免额、扣除额标准高于必要劳动价值，就不存在对必要劳动的课税问题，必要劳动价值也因此成为设计个人所得税宽免扣除标准的基本依据。此外个人所得税征税范围还包括经营所得、投资所得、偶然所得等，它们均属于剩余产品价值范畴。对财产课税，虽然征税对象是财产额，但纳税人只能用扣除必要劳动和物化劳动后剩余的价值支付，因此财产税也必须规定起征点和免税政策，防止对无力纳税的纳税人征税。无力纳税的人实际上就是没有剩余产品价值积累的人。

对企业或个人经营者的营业额、销售额课税，表面上由企业或业主缴纳、由消费者支付，但其转嫁归宿的情况比较复杂，取决于产品或服务的市场供求情况，有的时候表现为税收由企业或业主承担，有时由消费者承担，有时共同承担，我们将在以后章节具体阐述其中的规律。但从一般趋势看，这些流转税仍然应当来源于剩余产品价值。由企业或业主承担，自然就是出自剩余产品价值，而由消费者承担，则存在以下几种情况。第一种是消费者承担的税收从其剩余产品价值的积累中支付。第二种情况是如果没有特殊的政策安排可能导致消费者承担流转税后必要劳动难以补偿，这就需要救济或者对生活必需品免税。第三种情况是比较普遍的情况，如果消费者用工资薪金无法购买到足够的生活必需品，就意味着承担流转税后其工资薪金无法补偿必要劳动，其原因有三个，一是流转税税率过高，二是消费品价格太高，三是工资薪金太低。工资薪金太低说明在确定工资薪金标准时没有考虑流转税的因素和价格上涨因素。如果经常出现这种情况，社会简单再生产就难以维持，说明税收超过了剩余产品价值总量，导致社会和经济问题。这就是政府要关心消费品价格变化，要制定最低工资标准，要对生活必需品免税或低税，要限制流转税税率的原因所在。这样看来，税收制度设计必须遵循的许多基本原则，都可以从税收总量不能突破剩余产品价值总量这一本质、一般规律中找到依据。在设计税收制度时，要通过系统的办法保证税收不仅没有触及物化劳动和必要劳动，而且要尽可能降低其占剩余产品价值总量的比重，保证扩大再生产，我们视这种情况为符合规律的、合理的常态。当然在某些特定的历史时期，由于正义的战争、克服政治经济困难等原因，可以经人民同意暂时增加税负，让人民缩衣节食，减少必要劳动和物化劳动的补偿份额。不过一旦形势改变，就应当立即停止这种局面，恢复到常态。

第三节 国家（政府）公共权力主体与社会财富拥有者的关系

虽然从本质与最终归属看，西方国家的税收是国家公共权力主体与剩余产品价值各类占有者分割劳动者创造的剩余产品价值而形成的经济关系，税收的常态是要最终归宿到剩余产品价值，但现实中税收却是直接征收于社会财富拥有者——企业和个人。要弄清楚税收的一般规律，还要考察政府公共权力主体与社会物质财富的所有者或占有者的关系。如果说国家（政府）公共权力是税收的征收主体（collection subject），那么作为征税对象的社会财富的所有者或占有者就成为缴纳主体（payment subject）[①]。这种关系的特征与社会的基本经济制度有关。

一、缴纳主体利益的独立性是税收存在的充要条件

本章第一节的分析实际上包含了一个重要前提，那就是税收存在于政府公共权力主体独立于资产所有权的场合。在那些公共权力和国有资产所有权以及企业经营权均由一个主体承担的场合，征收主体与缴纳主体是同一的、不分彼此的，在这种情况下不需要税收，税收即使存在也徒具其名而很难有实际意义。因此，构成税收缴纳主体必须具备的一个非常重要的条件是其与征收主体之间存在利益差别。这种利益差别

[①] 不是所有的社会财富所有者都能成为税收缴纳主体。从税收的最终源泉看，只有能创造或拥有剩余产品价值的社会财富的所有者或占有者才成为税收的缴纳主体。

导源于所有权的不同，或导源于所有权权能形态（所有、占有、支配、使用）的不同。不同的所有权主体之间当然存在利益差别，各种所有权权能分别由不同主体行使，也存在利益差别。只有在利益差别导致征收主体与社会财富所有者或占有者之间存在"你""我"界限时，国家（政府）收入才需要采用税收这一形式，社会财富所有者或占有者才会以缴纳主体的身份与国家（政府）公共权力主体相对应。总之，社会财富所有者或占有者要成为税收缴纳主体，它们与国家（政府）公共权力之间必须存在利益的差别和矛盾，差别越明显、矛盾越深刻，税收也就越典型、越具有实际意义。

二、中国现实社会中的税收征收主体和缴纳主体的关系

（一）不同时期税收征收主体与缴纳主体关系的不同特征

在私有制占主体的社会中，国家（政府）与大多数社会财富所有者、占有者（不论是企业还是个人）之间利益上的"你""我"界限十分明显。在公有制特别是国有制占主体的社会中，个人私有财产制度仍然存在，由于允许多种经济成分共同发展，国家（政府）与个人及非国有企业（如集体企业、私营企业、外资企业）之间利益上的"你""我"界限也是明确的，但与国有企业的关系在不同时期表现方式不同。不同时期，这一关系表现方式不同。

1. 经济体制改革以前的传统社会主义时期

这一时期，国家（政府）层次上的两种权力、两种职能不分，归由一个主体行使，并且国家（政府）直接经营管理归其所有的生产资料，对企业实行统收统支，企业没有任何独立的经济利益。这种情况下国家（政府）与企业之间收入分配是采用税收形式还是利润直接上缴形式并无本质区别，而只有管理上的意义。即使采用税收形式，税收的征收主体与缴纳主体之间也没有利益上的"你""我"差别，税收流于形式，不可能具备法律的刚性及强制性。

2. 传统经济体制向社会主义市场经济体制过渡时期

这一时期，国家（政府）层次上两种权力、两种职能仍归一个主体行使，但已逐步实行政企分开，扩大企业经营自主权，引入承包、租赁、股份制等多种经营方式，企业有了一定的相对独立的经济利益，国家（政府）与企业之间出现一定程度的"你""我"界限，税收的多少影响企业留利，从而影响企业、职工的利益，税收不再是补充而是具有一定的实质性内容。但由于国家（政府）仍然要对企业负完全的债务清偿责任，企业遇到困难，国家（政府）要通过减免税避免亏损。出现亏损，国家（政府）必须给予补贴。在这种体制下，税收的刚性很难体现。对企业而言，由于税收的缴纳主体和所有权主体是同一个，上缴利润和上缴税款的区别仅在于交给这个"口袋"还是交给另一个"口袋"，并无实质性差别。在这一时期，税收征收主体与非国有企业、个人之间存在完全的税收关系，而与国有企业之间的分配关系是一种不完全的税收关系。

3. 社会主义市场经济时期

这一时期，国家（政府）的社会管理职能和国有资产管理职能分开，公共权力和资产所有权分别由不同主体行使；国有资产所有权同企业法人财产所有权（ownership of corporate property）分离；企业拥有包括国家（政府）在内的出资者投资形成的全部法人财产权，成为享有民事权利、承担民事责任的法人实体，以其全部法人财产依法自主经营、自负盈亏、照章纳税，对出资者承担资产保值增值的责任。国家（政府）只以投入企业的资本额对企业债务负有限责任，政府不直接干预企业的生产经营活动，企业在市场竞争中优胜劣汰，长期亏损、资不抵债就依法破产。在这种体制下，企业具有独立的经济利益。国家（政府）层次上两种权力、两种职能的分离，将使真正意义上的复式预算的建立，政府公共预算和国有资本预算由不同的主体分别编制、执行。税收是公共预算的经费来源，主要用于满足公共需要，建立一般的公共生产条

件。国家（政府）按投入企业的资本额享有的股息红利是国有资本预算的收入来源，国有资产收益，一部分通过再投资，不断扩大国有经济规模，一部分通过建立国有资产收益全民分享的机制，让全民所有制得到体现。国家（政府）公共权力主体（税收征收主体）、国家（政府）国有资产所有权主体（必要时也可成为税收缴纳主体）、企业（税收缴纳主体）各自之间的利益界限是明确的。

（二）构建征收主体（政府）和缴纳主体（纳税人或负税人）之间和谐关系

上述分析表明，在社会主义市场经济条件下，国家（政府）公共权力主体与个人及所有企业（不论公、私）均存在利益上的"你""我"界限，存在利益差别与利益矛盾。虽然从总体上国家（政府）要将税款用于造福社会，即以提供基于大众利益的公共产品的方式多多少少（这取决于政府的性质和立场）将税款返还给广大纳税人或负税人，但每一个纳税人或负税人从政府提供的公共产品中获得的利益难以计算，就个别纳税人或负税人而言，所缴纳或负担税额与从国家（政府）所提供的公共产品的利益不可能一一等价，从国家（政府）所提供的公共产品中获得的利益往往是间接的甚至是感受不到的。因此，国家（政府）不可能通过等价交换方式获得公共产品补偿成本，而只能通过无偿、强制、确定、均一的税收方式获得公共产品的经费。这从本质上要求构建征收主体（政府）和缴纳主体（纳税人或负税人）之间的和谐关系，否则税收这个经济范畴就难以持续。

首先，由纳税人或负税人选举代表，以人民的根本利益为出发点，以获得必要的公共产品为依据，决定税收规模，防止税负过重，保证其不超过剩余产品价值总量；制定税法，将税收合理地分配到社会；安排预算，保证税款取之于民、用之于民。同时享有作为纳税人或负税人的一系列其他权利，如了解税法政策、接受法律服务的权利，要求税制公平、征收合理的权利，对征税决定不服提请复议以至上诉的权利，监督税款使用的权利，要求靠税款支付薪水的政府公务人员忠于职守、政务公正、处事迅速、态度良好的权利等。

其次，所有缴纳主体在平等地享有国家（政府）保护、秩序及各种一般公共生产条件的利益和权利的同时，履行向国家（政府）贡献一部分社会财富以满足社会公共需要的义务即履行纳税义务。国家（政府）公共权力主体对缴纳主体的经济分配关系就转化为法律的权利义务关系。国家（政府）一方具有强制执法权，可以对不履行纳税义务的缴纳主体实行法律制裁；同时履行向缴纳主体提供各种法律服务、公开税法政策、公开税款使用情况、防止贪污营私、满足社会公共需要的义务。缴纳主体一方要履行遵守税法，依法办理税务登记，如实申报、正确及时足额缴纳税款的义务。只有建立在上述和谐关系基础上的税收才能是可持续存在和财政收入形式，才能将税收的福利损失降低到最低限度，才是"善"的税收常态。

总之，本章我们除了强调税收在量上不可突破剩余产品价值总量的规律，还强调税收与国家（政府）公共权力存在本质联系。这是强调一种历史和现实的实际状态。既然国家（政府）政府的公共权力是税收的主体之一，那么显然公共权力的性质及其运行方式就对税收的性质产生决定性影响。从执政后果看，正是国家公共权力的不当使用让税收本身存在降低社会福利的可能，正是国家公共权力的"恶"的可能性使税收本身存在降低社会福利甚至摧毁社会秩序的"坏"的可能性或本质、基因，才需要人民探索和实践民主的办法，通过人民及其代表独享征税的权力并建立预算制度，来防止税收负担过重和税收被用于不当场合。如果税收本质上就是合意的、理想的，基于社会契约的，是一种人民的得益与付出的等价交换，是公共产品的对价，那么就不需要去探索和实践制约机制，就不需要研究税收过度负担的原因和方式，以及税收的福利损失。税收学任务就是要把税收的实际情况即基于公共权力的本质关系剖析了并公之于众，以此激发公众对税收合理性和高效使用的意识。该学科致力于为人民代表和决策当局提供理论和方法，以便通过制度设计、政策安排使税收福利损失最小，并在一定条件下能促进社会福利的提高。要设计出不仅使社会福利损失最小并尽可能在一定条件下能够促进社会福利进步的税收制度和政策，就要进一步弄清楚设立、调整、完善税收制度和政策所必须遵循的基本原则。

【本章小结】

1. 国家（政府）具有公共权力和国有资产所有权两种权力以及执行社会管理职能和国有资产管理职能两种职能。

2. 福利经济学第一基本定理和第二基本定理都是在非常严格假定条件下才成立的，在不具有假定条件时，市场的资源配置仍然可能无效率，社会福利仍然不能最大化。不能满足假定的情况在现实社会中是随处可见的。这就需要借助政府即借助公共权力主体介入经济过程，实施社会管理职能，创造使社会福利最大化的条件。政府要履行的社会管理职能主要包括克服市场缺陷、提供公共产品、实施收入再分配。克服市场缺陷，就是对市场不能有效发挥作用或不存在市场的领域实行政府治理，使资源配置达到最优状态。提供公共产品，就是由政府提供无法通过市场解决的但又是使人类命运共同体得以维持的消费项目。实施收入再分配，就是通过适当方式（如课税）从富有者获得一部分收入再以适当方式（如扶贫计划、补贴穷人社会保险基金）补贴给其他社会成员。

3. 与所有权不同，国家（政府）的公共权力外在于生产过程，本身不创造物质财富，需要特殊的成本补偿方式。公共权力主体介入经济过程履行社会管理职能的性质决定了无法通过等价交换方式进行成本补偿，而只能通过无偿、强制、确定、均一的税收方式获得公共产品的经费。

4. 税收是由国家（政府）公共权力引起的、与之有本质联系的经济范畴，国家（政府）公共权力是税收的主体和依据。国家（政府）公共权力是税收的征收主体，社会财富的所有者或占有者是缴纳主体。税收存在的前提是两者之间存在利益差别。要构建征收主体（政府）和缴纳主体（纳税人或负税人）之间的和谐关系，否则税收这个经济范畴就难以持续。

5. 从总的趋势和一般规律而言，税收不能课及物化劳动转移价值和必要产品价值，这两者是简单再生产的必要条件，属于简单再生产补偿范畴。

【概念与术语】

国家（政府）的公共权力（public power of the state or government） 社会管理职能（social management function） 国有资产所有权（ownership of state-owned assets） 福利经济学第一基本定理（first fundamental theorem of welfare） 福利经济学第二基本定理（second fundamental theorem of welfare） 帕累托最优（Pareto optimality） 帕累托改进（Pareto improvement） 市场缺陷（market failure） 公共产品（public goods） 私人产品（private goods） 有益品（merit goods） 非竞争性（nonrivalry） 非排他性（nonexclusivity） 收入再分配（income redistribution） 征收主体（collection subject） 缴纳主体（payment subject） 法人财产所有权（ownership of corporate property） 物化劳动转移价值（transfer value of materialized labor） 必要产品价值（necessary product value） 剩余产品价值（remaining product value）

【思考题】

1. 国家（政府）的公共权力与国有资产所有权有何差别？
2. 政府公共权力介入经济过程的原因是什么？
3. 为什么政府公共权力主体获取收入的正常方式是税收？
4. 社会主义市场经济条件下为什么还存在税收范畴？
5. 如何构建征收主体（政府）和缴纳主体（纳税人或负税人）之间的和谐关系？

第四章 税收治理的五项原则

【本章提要】
1. 公平原则。
2. 效率原则。
3. 适度原则。
4. 法定原则。
5. 合情原则。

税收治理的原则是制定、评价税收制度和税收政策的标准，是支配税收制度废立和影响税收制度运行的深层观念体系。它研究一定历史条件下设立、废除、调整、完善税收制度和税收政策必须考虑的基本问题及它们之间的关系。税收原则（principles of taxation）理论是税收理论的中心内容之一。目前，对税收征纳过程中客观存在的效率、公平、征收规模、应该由谁来决定税收制度和政策、税制改革的主要依据是国际惯例还是国情等基本问题存在许多模糊认识。澄清税收原则上的模糊认识，揭示税收原则的科学内涵，实现治税观念的转变，对于完善税制、减少税收的福利损失具有极为重要的现实意义。

第一节 公平原则

公平对于税收十分重要，它是税收本质的客观要求。税收是西方国家公共权力主体对剩余产品价值占有所形成的经济关系，征税过程是经济利益由个人、单位转向国家的过程。如果把税款的使用考虑进去，那么税收是一种再分配的机制。既然牵涉到利益关系，就有多与少的问题，有各社会群体向政府纳税是否平衡问题，有纳税人从政府分享到的利益是否平衡问题。解决这些问题，就需要有一个公平原则（equitable principle）。不考虑公平的税制必定是难以实行的税制。如何消除税收不公平，仍是需要进一步探讨的重大问题。税收公平是与税收相伴随的世界性的普遍问题，也是税收理论研究的传统课题。古今中外许多思想家进行了不断的探索，留下许多论述，其中的合理内核对我们设计税制和财政体系仍有启发和借鉴意义。

一、中国古代税收公平思想

中国古代税收公平思想经历了三个发展阶段。

（一）相地而衰征

中国古代税收公平思想发展第一阶段是按土地等级或其所处地理条件课不同数额的税。这一思想最早出现在《禹贡》中。《禹贡》记载的古代土地税制度，其主要特点是根据土壤肥度以及距离帝都的远近、水陆交通、产品种类等因素，将土地分为若干等级，在此基础上确定税负水平。土质优良、所处地理条件优越的土地多纳税；反之少纳税，使税收负担公平合理。例如，"淮海惟扬州。……厥田惟下下，厥赋下上上错""荆河惟豫州。……厥田惟中上，厥赋错上中。"意思是说，扬州的田是第九等，赋税是第七等；豫州的田是第四等，赋税是第二等。管仲提出"相地而衰征"，即按土地肥沃程度定赋税轻重的主张，与《禹贡》体现的税收公平思想类似。

（二）按纳税人劳动能力的强弱制定不同的征税等级

西晋占田制已鲜明地体现出以劳动能力作为课税标准的思想。在占田制下，劳动力有正丁和次丁之别，正、次丁还有男女之别，其实质性内涵是按劳动能力强弱规定接受土地和负担田税的数量。这一思想在北朝及隋唐的均田制里得到进一步体现，规定上也更为具体，接受土地和负担税收的数量不仅考虑劳动生产能力的高低，而且考虑使用牛耕的多与少、役使奴婢的多与少等因素。均田制将税收与劳动生产能力条件更紧密地联系在一起。这一公平思想较只考虑土地等级、地理位置的"计田而税"是历史性的巨大进步。但按劳动力强弱确定税收负担的轻重，没有考虑贫富差别，如建立在均田制基础上的租庸调制度在思想上是不承认贫富差别的，不论贫富按人丁统一征收定额税，税收负担仍然是不合理、不公平的。

（三）以占有财产的数量为标准课税

中国古代税收公平思想发展第三阶段是杨炎两税法体现的以占有财产的数量为标准课税的思想。两税法明确规定"人无丁中，以贫富为差"（《旧唐书》卷一百一十八·列传第六十八·杨炎），即不分丁男、中男，按贫富也就是拥有土地和财产的多少纳税，鳏寡孤独不济者免税。以每户的财产多寡为纳税标准，远比以年龄、性别为标准"计丁而税"更符合按能力负担原则。小农经济时代，财产的主要形态是土地和房屋，中国古代则以拥有土地为主。按拥有财产多寡纳不同的税，在封建社会其税收公平达到最高程度。两税法提出者杨炎所处时代的欧洲正值中世纪，罗马帝国时代建立的较为完善的税收制度因中世纪的动乱而瓦解，欧洲的税收制度支离破碎，没有税收公平思想可言。中国古代关于税收公平的理论与实践，相较于西方而言更早。然而，受限于封建社会的影响，税收公平的思想未能获得更深入的发展。在皇权专制的时期，税收公平往往建立在重农抑商的政策之上，公平主要体现在土地税方面，而在商业税收上则鲜少考虑。此外，在皇权专制下的税收公平，是建立在地主土地所有制和对人民的压迫剥削之上的，这在当时的社会经济环境中，本身就是一种不公正的条件下的产物。因此，当时的税收公平更多是一种理想化的状态。

二、西方税收公平思想

西方税收公平思想集中体现在受益原则（benefit principle）、支付能力原则和社会公平原则三个方面。

（一）受益原则

受益原则理论认为，国家（政府）必须合理使用人民缴纳的税款，应当在某个时候以某种方式使纳税人获得好处，以补偿纳税人缴纳税款造成的损失和牺牲，而人民应按个人从国家（政府）公务活动中所享利益多寡缴纳税金，以资交换，这就是"交换说"。这一理论的价值观基础是社会契约论（social contract theory）。社会契约论发端于古希腊时期的先哲伊壁鸠鲁。他把商品契约交换规则引入政治领域，认定人们转让自己的权利如同售出商品，应当获得相应的等价补偿——国家（政府）对人民生命财产安全的保障。

英国近代思想家霍布斯把社会契约论引入税收领域，霍布斯（1986）认为人民为公共事业缴纳税款，无非是为换取和平而付出代价。税收公平表现为各纳税人承担的税收负担与其享受的政府提供的利益成比例。霍布斯还主张用人们的消费水平来表示他们从政府保护获得的利益，即消费水平越高的人其从政府获得的保护利益也越高，从而应当缴纳更多的税。洛克发展了霍布斯的思想，认为税收是政府为人民提供利益而获得的报偿；人民纳税是从政府提供的服务中得到利益的一种代价。孟德斯鸠（1962）以自然法观念为基础，提出建立在封建土地所有制基础上的专制国家（政府），其国王的收入源泉是把人民束缚于土地的封建贡赋，与此相反，在消灭了农奴关系的共和民主制度中，每个人都是市民，拥有各自的私有财产。国家（政府）税收是公民付出的自己财产的一部分，以确保其所余财产的安全并使其快乐地享用这些财产。孟德斯鸠深入分析了纳税与拥有财产及经营自由的关系，认为纳税人缴纳赋税的数额通常与其享得的自由的程度成正比。在孟德斯鸠看来税收相当于财产所有者享有国家保护而必须缴纳的"保险费"。

亚当·斯密的税收公平思想也倾向于受益原则，但倾向于按收入而不是财产来确定税收，主张人民应按各自在国家（政府）保护下享得的收入的比例缴纳税金，维持政府。受益原则包含税收应当取之于民用之于民的进步思想，从总体趋势上揭示了政府不能随意课税，人民所付出的税收应当总体上与其所获得利益相一致。但将这个原则应用于微观领域，试图通过确定个别人获得的政府利益来确定其应当缴纳的税收，则存在可实行的技术难题，即国家（政府）使用税款到底给每一个纳税人提供多少利益难以准确计量。此外，人与人之间的比较也比较困难，正如穆勒在1848年出版的《政治经济学原理——及其在社会哲学上的若干应用》中所阐述的那样，一个人拥有财产数量十倍于另一个人，但不能证明其享有的保护利益也是另一个人的十倍。现代经济学已经说明了国家服务具有非竞争性和非排他性，一个警察保护一个人同时也保护了其他人，其保护利益很难分割；收入多的人并不意味着需要更多的保护，那些收入低并且体力和脑力的弱者更需要国家保护。按照上述保护多、纳税多的受益原则，岂不是弱势群体要缴纳更多的税？这显然违反社会公正。因此在税收思想史上曾经一度出现用支付能力原则代替受益原则的倾向。但支付能力原则也存在难以克服的问题，以维克塞尔为代表的经济学家着力复兴受益原则，建立自愿交换模型，试图解决受益原则的缺陷。

意大利经济学家乌戈·马佐拉（Ugo Mazzola）对维克塞尔产生了很大的影响。马佐拉提出公共产品的支付价格（纳税）与公共产品的边际效用相等，以实现在个人消费公共产品时，所有的人都同样得到欲望满足的目标。但马佐拉企图像私人物品的买卖一样，让公共产品的提供者（国家）与消费者（纳税人）之间进行等价交换（Mazzola，1958）。由于公共产品的非竞争性和非排他性特点，这种从单个人出发进行评价的直接方法是行不通的。

维克塞尔提出一个间接方法，总的思路是利用议会民主这个中介，通过投票手段达到各个利益集团的利益均衡，让赞成票说明每个人能肯定他或者他所代表的利益集团不会负担超过可以接受的份额，进而大致地表明政府提供的公共产品的边际效用与纳税人因此失去的边际效用之间的均等。也就是通过议会协商达到一致自愿同意结果，让所有参与税收决策的"代表"都感觉其得益与所费是一致的，从而使税收达到公平（Musgrave and Peacock，1958）。如果在协商过程中"代表"感到所费高于受益，就会有负担过重之感，就出现不公平，那么"代表"就会投票否决，使该征税方案通不过，直到所有群体的"代表"均感到可能支付的税收与其将获得的公共产品利益一致为止。但在现实生活中，很难找到一个全体均赞同的方案，能设计出多数人满意的方案就不错了，但多数人赞同的方案如果牺牲了少数人的利益，公平就不可能实现。后来布坎南（Buchanan）和塔洛克（Tullock）沿着维克塞尔思路深入研究了"赞同的计算"问题，认为只要符合一定条件即待决策方案的决策成本和外部成本[①]小于该决策所可能带来的收益，原来不赞同的少数"代表"也将接受这种来自多数人的"强制"，从而一致自愿同意仍然会发生。否则少数人就会投否决票，必须更改方案，进行新一轮的磋商，讨价还价直到满足上述条件，达成一致同意为止。这就像市场上的商品交换一样最终达到帕累托均衡。显然，维克塞尔等的逻辑前提与完全自由竞争达到帕累托最优假设相类似，他们始终假定议会成员的决策信息是充分的，可以完全、自主地代表其所在群体的利益，并且对利益的表达是完全自愿的。

但是现实生活中"代表"同样具有"经济人"性质，有可能会选择能为自己带来更大满足（物质上的或纯粹心理上的如权力、威望、职业成就等）的决策，而牺牲其所代表的公众利益。即使"代表"能够真实地代表公众利益，但他们能否掌握足够多的信息来自主地作出判断和选择也成问题。我们还要注意到，

[①] 决策成本指作出决策的花费，包括可用货币衡量的信息费、资料费、调研费、人工费等，还包括时间、精力等消耗。外部成本指待定决策可能给反对这一决策的人带来的损害。这两项成本的人均分担水平会随着参与决策的人数增加降低。

维克塞尔的税收公平实现过程是以社会的收入、财产的初始分配的公平为前提。这一前提显然在现实社会中难以得到。这样维克塞尔的税收公平的实现方法，难以有效地应用于实际决策过程。

林达尔（Lindahl）1919～1958年研究了两个人加公共部门的世界，假定消费对象只有公共产品和私人产品两个、组合效用对每一个人均相等（即无差异）、每一个人的收入已定、公共产品和私人产品的价格不变、决策过程无成本没有时间限制、每一个人的投票均建立在诚实基础上，投票决定对象是公共产品的提供数量，竞争价格是甲乙两人对公共产品成本的分担比例（纳税份额），那么通过一个类似拍卖的过程，即不断提出价格（纳税份额）让甲乙两人投票决定，最终会出现一组纳税份额即均衡价格，在这个均衡价格下，出现两人均赞同的公共产品提供数量，表明一致自愿原则得以实现。这就是林达尔模型（Lindahl model）或林达尔均衡。出现这种均衡意味着甲乙认为其所费（纳税）与所得（公共产品利益）也均等，既出现了帕累托最优状态，也实现了税收分担的公平。但林达尔模型的假定条件很严格，如果出现投票不诚实，有人采取策略将税负加于他人，那么林达尔均衡会出现囚徒困境；如果推广到现实中的多人世界、多个公共产品和私人产品的情况，由于决策成本高，决策过程存在时间限制，在限定的决策时间里，如果找不到大家都同意的均衡价格（纳税份额），决策就流产，一致性同意就实现不了。这说明林达尔模型还难以应用于实践。尽管此后还有不少学者对通过民主决策实现利益原则做了大量研究，提出不少思路，构成当代公共选择理论，在财政学基本原理中占一席之地，但仍无法解决利益原则的实现问题。

尽管如此，从维克塞尔开始的复兴利益原则的研究仍值得重视。维克塞尔关于税收公平必须建立在有效的个人价值评价基础上的思想有指导意义。税收公平不只是征税者主观判断的结果。优良的税制，总是使纳税人在相当大的程度上认为他们付出的税款总是能在某个时候以某种使自己的利益增加的方式返还。遵循维克塞尔的思路从政策形成的规则方面通过有中国特色的民主政治民主建设，真实地提高人民参政议政程度，建立人民及其代表关于税收公平的合理有效的表达制度，通过人民代表对税收政策形成的表决，至少可以增加税收公平的程度，使纳税人感觉到社会主义税收是真正"取之于民、用之于民"的。

（二）支付能力原则

西方税收思想史上，支付能力有两种衡量办法，一种是主观的，一种是客观的。主观的按能力负担（burden based on capacity）学说就是牺牲说（sacrifice theory）。穆勒提出均等牺牲说，穆勒（1991）认为："作为一项政治原则，课税平等就意味着所作出的牺牲平等。这意味着，在分配每个人应为政府支出作出的贡献时，应使每个人因支付自己的份额而感到的不便，既不比别人多也不比别人少。"后来的经济学家将牺牲归结为效用损失，认为人们向国家（政府）纳税造成的牺牲也是一种效用损失，只要这种效用损失在主观评价上所有纳税人都是一样的，即牺牲均等，税收公平就实现了。穆勒的均等牺牲说在边际效用价值论兴起后，逐渐由萨克斯、科恩·斯图亚特、埃斯沃杰等发展成为绝对均等牺牲（equal absolute sacrifice，纳税人因纳税而失去的总效用相等）、比例均等牺牲（equal proportional sacrifice，纳税人因纳税而失去的总效用量与纳税前全部收入的总效用量之比人人相等）、边际均等牺牲（equal marginal sacrifice，纳税人因纳税而造成的最后一个单位效用损失人人相等，或者说纳税人因缴纳最后一个单位税收而失去的效用量人人相等，也可以理解为增加最后一个单位税收而对纳税人造成的效用减少人人均等）。由于直到目前为止还没有找到准确地计算或衡量收入的效用以及损失（牺牲）的办法，效用和牺牲等概念仍属于心理感觉范畴，因此均等牺牲的税收公平思想具有理论意义，却没有实践意义。

其他经济学家从两个方面对牺牲说提出挑战。一方面是维克塞尔等以复兴利益原则为目标，在民主政治过程中寻找税收公平的实现机制。另一方面是塞利格曼（1933）提出的以所得为标准衡量纳税能力的学说，即支付能力原则的客观说。塞利格曼比较研究了历史上出现过的人丁、财产、消费或产品、所得四个征税标准，认为按所得征税相对地最能做到按能力支付税收。所得多的多纳税，所得少的少纳税，税收负担公平合理。

当代西方经济学家进一步指出，税收公平从按能力负担角度看，有横向公平（horizontal equity）和纵向公平（vertical equity）两方面。横向公平，就是境况相同的人应当缴纳相同的税收，或者说条件相同的人应当得到同等对待，也可以说具有相同纳税能力的人应当一视同仁。但是如何衡量"境况相同""条件相同""纳税能力相同"却是悬而未决的问题。经济学家曾经用收入或所得来衡量纳税能力，那么横向公平就是有同量收入的人缴纳同量税收，但是，经常的情况是，获得相同收入的人其付出的代价不同，或者获得不同收入的人其付出的代价可能相同。例如，同样月收入1600元的甲乙两人，甲要花费32小时，而乙只要使用16小时，此外他们的工作条件也存在很大的不同，甲工作于深山老林，乙工作于都市大厦。这样对甲乙同样1600元收入按同等税率课税就不能做到横向公平。因此就有经济学家提出按小时工资率而不是按收入总额来确定纳税能力。但仍然存在问题，首先对工作环境差异同样没有加以考虑；其次人力资本投资多寡也没有区分，一个学历高与一个没有学历的人获得相同的小时工资率，但学历高的人预先进行了教育投资，承担了教育成本，对他们同等对待也难以实现横向公平；最后，从管理角度，工资率的计算需要总收入和工时数两个指标，对可能出现的雇主和雇员合谋虚报工时数以降低工资率，从而少交税的情况难以有效控制。

有鉴于此，费尔德斯坦于1976年提出用序数效用作为衡量境况变化或纳税能力标准（Feldstein, 1976），认为征税前后纳税人效用相同，或者效用排序没有变化的税收才是达到了横向公平。按照费尔德斯坦的观点，只要纳税人的偏好不同，同样所得纳同样税收就不会实现横向公平。获得同样所得的甲乙两人，如果甲对某种消费品偏好高，而乙没有偏好（即选择闲暇），那么让他们按相同税率纳税不公平，因为甲要失去更多的效用，征税后两人的效用排序发生了变化。假定，征税前两人都处于帕累托最优状态，即他们各得其所，生活美好，但征税后，甲觉得亏了，因为需要交税，乙觉得合算了，因为不需要交税，效用即幸福状态的排序改变了，变得不公平。相反，只要纳税人的偏好相同，同样所得的人或消费相同商品的人，缴纳同样税收就可以达到横向公平。还可以进一步推论，只要竞争充分、拥有的信息和能力相同、每一个人都可以自由选择其职业（职业市场不存在准入限制），那么只要原先的税收制度不变，竞争的结果会导致税后净收益相等，最终总是会出现横向公平，税制的变化反而可能造成横向不公平。这表明建立在效用基础上的横向公平包含了十分保守的含义，即任何税制改革从横向公平角度看，都应当是谨慎的，其有用的启示在于，要实现税制的公平，应当选择具有普遍性的征税对象，减少不必要的区别对待，并且税制要保持相对稳定，要避免课征变化无常的杂项负担。但这种观点在一定程度上回到了穆勒的均等牺牲上，同样存在效用无法准确计量或进行排序的问题，其严格的假定前提如充分竞争、信息和能力完全显示、偏好一样等与现实存在距离。此外所有这些理论的论述都建立在社会已经公平的基础上，而实际上西方国家的收入、财产分配存在不公平，在不公平的大环境中，税收本身的局部公平很难实现。因此，就有学者着眼于社会公平的探索。

(三) 社会公平原则

19世纪中下叶，西方世界出现分配不公、贫富两极分化过于严重的问题，阻碍了西方社会的稳定协调发展。瓦格纳从维护资产阶级的根本利益出发，首次把税收分为财政意义上的税收和社会政策意义上的税收。在他所阐述的著名的四大项、九小项税收原则[①]中，具有创造性和发展意义的正在于主张利用税收手段实施社会政策，调节分配关系，实现社会公平，缓和社会矛盾。具体措施是采用累进税制、对最低生活费免税等。

西方学者在如何通过收入再分配来实现社会公平方面存在不同的学术观点。一派主张过程公平，认为只要在获得收入过程中具有相等机会，那么可以不在乎结果公平与否。过程公平是指人们在市场交易过程中机会的均等，具体包括市场准入条件，获得资金、土地、信息、人力资源等生产要素，就业机会

[①] 瓦格纳提出的税收原则为：财政收入原则，包括收入充分与弹性原则；国民经济原则，包括慎选税源与税种原则；社会正义原则，包括普遍与平等原则；税务行政原则，包括确实、便利与节省原则。

和工资待遇、竞争、司法诉讼、公共服务等方面的机会均等。但是如何实现过程公平？一种看法认为完全的市场化、扩大竞争范围是实现过程公平的最佳办法。另一种看法认为即使通过完全的市场化也难以保证过程公平，如果出现垄断，那么市场就不能实现公平，就需要反垄断。还有的观点认为仅仅反垄断还不够，如果存在起点不公平，即在初始地位不同的情况下，就做不到过程公平，因此就需要反对财产世袭、解决教育机会不公平问题，所以他们认为要先解决起点公平问题。起点公平是人们在进入市场交易前的机会均等，包括天赋、健康、心理等先天素质，出身和拥有的初始财富禀赋，教育机会等方面的均等。此外还有人认为只有通过劳动获得收入才具有过程公平的特征，通过拥有资本获得收入不能列入过程公平的范畴。

另一派主张结果平等，认为包括起点和过程公平在内的机会公平的理念很难在实践中加以实现，比较可行的办法还是对收入进行再分配，以效用最大化为目标，让人们均等地获得收入，这就是结果公平。但怎样的均等才是公平的并且可增加总效用的？一种观点基于功利主义，认为社会的总效用（总福利）是每一个人效用的加总，而收入的边际效用递减，均等分配就是让每一个人的边际效用相等，那么就要从富人那里获得更多的税收，补贴给穷人。如果具备下列三项假设条件，那么增加总效用的办法就是实行对收入的平均分配。这三项假设是每一个人具有相同的效用函数、收入的边际效用递减、收入的再分配不会影响总效用。然而这些前提在现实生活中不是普遍存在的或不是确定无疑的。人们不一定具有相同的效用函数，也就是说同样的一项消费对人所产生的满足程度可能因人而异；任何物品的效用都会随着消费的增加而减少即边际效用递减，但收入的情况是否也是如此不确定；收入的再分配对收入总量的生产会产生影响，旨在实现收入再分配的税收和补贴政策往往会改变人们的工作决策，如果出现减少工作、增加闲暇（即工作积极性被打击）的情况，总收入会减少，"蛋糕"会缩小，平等分配的结果可能是可分配的收入总量减少，不仅不会提高穷人的福利反而降低了他们的福利。因此，如果放宽假设，如人们的效用函数不相同，那么从功利主义的逻辑中就无法得出应当平均分配收入的结论，而是应当将更多的收入分配给那些收入的边际效用高的人，社会公平是收入的边际效用相等。但由于效用的实际计量不可行，采取序数办法进行偏好排序也不可能（即阿罗不可能定理），目前还没有办法通过实际制度设计实现边际效用相等。另一种观点基于罗尔斯主义，认为社会总福利取决于社会中境况最差的人的福利状况，只要增加境况最差的人的福利，社会福利就会增进，此即"极大极小"原则。其政策含义在于要对最低收入群体给予补贴（或采取负所得税办法），但从总效用变化角度来看，批评者认为推行这样的办法，一旦出现总效用减少就不可取，而为了保证总效用不减少，甚至还会得出在稍微改善穷人状况的同时极大地改善富人状况的政策主张。这似乎与公认的公平观念背道而驰。

尽管理论上有上述许多说法，但是否需要通过政府财政收入的途径实施收入再分配，往往依据公众的普遍意识和公平观念。公众的公平观念是：富人应当多纳税，穷人应当获得补助和优惠，唯有如此才能构建稳定和谐的社会。因此，在现实生活中，西方国家在进入 20 世纪的时候，就纷纷仿效瓦格纳社会政策主张，并逐渐将其扩充为福利国家政策。福利国家政策在各国实施的情况各异，但共同特点是实施比较全面的社会保险，使人们病有所医、老有所养；职工普遍持股使劳动者参与了财产增值分享，最低工资制度防止了雇主对劳工的过度剥削，最低贫困线以下的社会救济措施保障了低收入家庭的基本生活；反垄断法的实施限制了垄断，支持了竞争，不仅利于效率也益于公平。福利国家政策的推行尽管未能解决西方世界出现的所有社会问题，但多少缓和了生产与消费的矛盾、低收入群体和高收入群体的矛盾，使西方国家的收入分配出现完全不同于资本主义早期的格局，资本主义早期的两极分化主要表现为资本与劳动的两极分化，而现在尽管收入差距还很大，但劳动者内部复杂劳动者和简单劳动者的收入差异成为主流。例如，在美国 2020 年 20%收入最高的家庭仍然占有全部货币收入的 52.2%，20%最低收入家庭只占有全部货币收入的 3.0%。而且 20 世纪 60 年代以来不公平程度呈微小加剧趋势，但"在美国以及西方国家，家庭收入不公平的最主要原因是户主的工资差异。财产收入（利息、股息等）的差异，只是造成收入不公平的微小因素"（罗森，2006）。这种情况的出现说明起点和过程的机会均等程度提高了，有利于激发社会发展。

三、中国社会经济文化条件下的税收公平原则

从前面的叙述中我们看到,即使在市场经济高度发达并且存在代议制民主的西方国家,即使经过无数经济学家的创新,税收公平问题还是没有得到完美解决。在中国,市场经济还很不完善,多元化的社会结构、收入分配的不公平、非代议制民主体制、不同于西方国家的税制结构,以及不同于西方的特殊社会文化的存在,使税收公平问题既有其共性的一面,也有其特殊的一面,中国的税收学要研究并说明这种特殊性,阐明达到可能的而不是应该的税收公平的现实思路和途径,即中国社会经济文化条件下的税收公平原则。

(一)无差别待遇原则

主观的支付能力原则给人们启发,但由于效用还无法计量或排序,无法在制度设计中加以体现,而按能力负担客观说从公平角度对税基的优劣排序是所得、消费或支出、财产,从理论上讲所得标准比消费或支出更能体现纳税能力,而消费或支出对比财产更能体现纳税能力(其中的道理将在研究税制结构时进一步阐述)。但是在中国当前国情下,所得税特别是个人所得税和社会保险税还难以普遍开征,目前无法成为主体税(其中的理由将分别在本章研究合情原则和研究税制结构时加以阐述),这是我们研究实现税收公平的现实条件。那么从这样的现实条件出发,我们的主要着眼点只能放在消费或支出。由于经济发展不平衡,多数人仍从事家庭经营,加上社会诚信程度不高,家庭消费和支出与家庭收入一样存在信息披露不完全或根本就没有家庭经济信息披露的途径,家庭消费和支出直接信息难以获得,因而直接的家庭支出税或消费税都不可行,那么可行的途径只能是对间接消费支出征收,即避开家庭消费或支出总算程序,对无数个消费环节间接征税。这样问题就变成如何让无数个消费环节的税基和税率设计与纳税人的支付能力相联系,以及通过所得税和财产税加以补充,通过税制整体设计来体现按能力负担。那么可行的又符合社会普遍价值观念的公平原则是同样条件纳同样税原则,或者普遍课税原则,或者税制的无差别待遇原则,通俗地讲就是一视同仁。但是一视同仁,往往忽视不同纳税人的纳税能力,在一般规则之外还要有一些例外和税种间的协调。

1. 同样条件纳同样税原则

在消费税(流转税)制度设计上,要保证对生产经营同样项目或实质相同的企业和个人一视同仁,做到国籍无差别、资本来源无差别、区域无差别、所有制无差别。同样纳税条件的人纳同样的税,这是对征税合理性的一种制约,它限制政府不顾纳税人或负税人具体情况而采取摊派式的征税办法。

但是如果纳税人为残疾人,或处于灾难时期,纳税人的纳税能力低,就应通过减免给予扶持。在市场存在失灵和存在国家间利益差异的情况下,无法完全通过国内市场和国际市场实现资源的最优配置,那么就会出现行业发展不均衡,甚至出现中心和外围的差距,即一些国家通过对技术的垄断处于利润中心,而其他国家则主要承担制造职能而处于盈利边缘。国家为了协调人与自然的关系而实行主体功能区规划(将区域划分为优化开发、重点开发、限制开发和禁止开发不同的功能区)、为了施行某些新的经济政治社会管理体制而设立实验区等。在上述这些情况下,对某些高新技术产业、需要优先发展或优先保护的区域给予优惠待遇,在界定和管理严格的情况下,可视为对一般原则的例外。

2. 普遍课税原则

税法规定了的政策应当尽可能遍及应纳税的所有单位和个人及消费品。除了对生活必需品和根据国家产业政策对某些行业实行免税低税、对出现困难的纳税人实行减免外,不因特权、关系、所有者性质而免税或给予低税待遇。

但对生活必需品和出现困难的纳税人实行免税或低税原则。从按能力支付角度看,一般食品、普通服装、普通住宅、必需的交通费用、义务教育费用、基本医疗费用等作为普通人满足其简单再生产

的消费支出，是社会存在和发展的基础，不被视为具有纳税能力，一般情况下应当免税，非征收不可只能按很低的税率课征。除这些以外的消费，在征收管理成本有限并且尽可能不造成额外负担的情况下，可根据距离生活必需的程度，采用高低不同的税率。但从管理角度，区分生活必需品和奢侈品不是容易的事情，往往会为了节约征税成本、减少对经济活动干扰，以及减少逃税避税诱惑，而缩小免税范围。

单位和个人通过健康地经营或劳动获得收入具有纳税能力时，有纳税的义务。在出现生产经营困难、丧失劳动能力或生病、受灾、失业时有获得减免税和享受社会保险的权利。公平要讲这种权利与义务的对等。因此，作为对普遍课税原则的例外，税收制度往往规定困难减免、亏损结转等条款。

3. 对企业组织方式无差异原则

不因属于全能厂而降低纳税水平，不因属于专业化企业而承受税收歧视，在管理可行、征税成本低的情况下，流转税尽可能采用对增值课税的办法。

4. 税种相互配合原则

流转税和财产税实际上也是要用所得加以完纳的，如果流转税税率较高、普遍征收，那么所得税、财产税税率就不能太高；在所得税作为辅助税种的情况下，重点应当针对流转税还不能反映纳税能力的领域，如流转税为了征收便利、节约征税成本而采用单一税率或接近单一税率时，所得税可对超过一定免税额的所得额征税，对积累的财产征收财产税起补充作用。

（二）税款缴纳与财政利益整体对称原则

就社会整体而言，纳税人或负税人因付出税款而减少的价值应当尽可能地与其获得的因税款使用而增加的价值相一致，这是对征税规模和税款使用合理性的一种制约。国家（政府）不能随意对纳税人征税，税款的开征和使用须经他们同意并受其监督，保证其用在有利于社会经济发展、造福全体社会成员的方面。因此税收公平不能仅仅看税制本身是否做到按能力负担，还要观察被征收的税款使用是否合理，是否用于让税收实际缴纳者得益的场合。这是从社会整体而言的。但对个别纳税人（负税人）、某个社会群体而言，按能力纳税的情况下，所纳的税收与其获得的财政利益（指用税款提供的公共产品利益）就必然不一致，就要通过局部的、个体的不一致达到全局的一致。因此，以下规则不仅没有违背公平原则而且符合公平原则。

1. 低收入群体和较不发达的区域所缴纳的税收与获得的财政利益至少应当对称

高收入群体和较发达区域所缴纳的税收应低于其所享有的财政利益，而低收入群体和较不发达的区域其所缴纳的税收与获得的财政利益至少应当对称。纳税能力强的高收入的人，他们应当缴纳较多的税收，获得相同的财政利益；或者他们应当缴纳同样税收，而获得较少的财政利益。纳税能力较低的人士，他们应当先获得其缴纳税款的财政利益，然后还能从由较高收入的人缴纳的较多的税收所提供的财政利益中获益，即从财政再分配机制中获益。同样，发达地区缴纳较多的税收，获得低于其纳税数额的财政利益；不发达地区缴纳较少的税收，而应该获得高于其纳税额的财政利益。也就是说低收入群体和较不发达的区域所缴纳的税收与获得的财政利益至少应当对称。但在目前中国，由于城乡二元经济结构、户籍制度、区域发展不平衡、各级政府间按税种划分财政收入、人口流动的单向性（即往往流向发达地区）等财政和非财政原因，存在与这种公平理念不一致的情况。

首先，城市新居民在城市务工创造财富、消费时与其他市民一样缴纳税金，但不能享有同等的公共产品利益，如不能享有或不能完全享有义务教育、社会保险、社会保障住房。

其次，农民所承担的正税、杂项负担和变相负担远远大于其获得的公共产品利益。

最后，由于中国推行以增值税为主体的税制体系、企业所得税实行法人为纳税单位，法律上的纳税人多是位于发达的工商业中心的工商企业，而实际的税款支付人为分布各地的消费者或没有法人资格的工厂、分公司等，后者才是税收的实际创造地（或称税源地），从而产生纳税地和税源地的不一致，这表明税收制度本身就存在将财富从不发达地区抽取到发达地区的机制，如果这些问题不能解决，那么税制本身就会导致严重不公平。这需要加强人民当家作主制度建设，坚持好、完善好、运行好人民代表大会制度，健全人大对包括财政税务在内的行政机关监督制度，完善监督法及其实施机制，强化人大预算决算审查监督，建立纳税人对财政利益的表达、制约、决定机制，以达到纳税与财政利益的均衡。要真正推行这些改革，达到纳税与财政利益的均衡，还需要建立纳税人对财政利益的表达、制约、决定机制。

为此，在目前还没有条件推行以个人所得税为主体的税制结构的情况下，一方面应当设法改革流转税（包括增值税、消费税和关税），探索从生产地课税转变为消费地课税的可行途径，从而从税制本身解决税源地与用税地不一致所造成的税制严重不公平问题；另一方面，应当改革分税制，将流转税作为中央税，由中央按各地人口和消费水平等因素实行转移支付，先将较不发达地区居民实际负担的流转税返还给居住地，然后再根据公共服务适度均等化原则进行另一层面的转移支付。

2. 更多地实施税款专用的原则

建立以中国特色的全过程人民民主为基础的纳税人权利保障和税收的人民决定机制是一个复杂过程，需要长期探索和实践。在目前还不存在这种机制的情况下，需要一些过渡性的简便易行的办法让纳税人获得实在的财政利益，坚持理财治税、坚持以人民为中心，税收转化的公共产品由人民共享。扩大税款专用范围是一条途径。采取类似于社会保险基金那样，个别缴纳、专款专用、统筹使用，如可以将个人所得税收入专门用于解决部分地区基础教育落后、看病难等民生问题；将一部分土地收入专门用于新农村建设、城市新居民也有权利分享的社会保障住房建设。各级政府财政收入增量重点用于教育开支，扩大特殊的财政转移支付机制实施范围，如结对子帮扶、党政机关下派干部进村等，这样也有利于将农民实际负担的流转税返还给农民。

（三）有效的收入和财产再分配原则

在中国现行的社会经济环境和税制结构条件下，税收手段能否对收入分配起调节作用，其发生的代价如何？在能够发生调节作用并且代价可承受的情况下调节的对象是什么？这需要税收学加以回答。要回答这样的问题，需要一套价值判断规则，其具体内容如下所述。

1. 机会平等下的中性原则

机会平等标准是不承认天赋能力差别、劳动数量和质量差别以外的其他差别，天赋能力差别、劳动数量质量差别导致的经济利益差别是合理的。只有因为地位、权力、贿赂、关系、倒卖、行业自然垄断等不正常、非正义手段而产生的收入差别才是不公平的。因此，在市场竞争过程中，如果出发点相同，处于同一起跑线上，并且过程平等，那么人们按要素素质，通过自身努力即增加劳动数量、提高劳动质量而形成的收入差别，有的人收入高、有的人收入低、有的人没有收入甚至亏损，都应当被认为是合理正常的。即使出于互助友爱和社会和谐考虑，对不能维持生活的能力低下者予以补助，也不能因此损害天赋较高的人的创造积极性，以及其他人通过劳动努力而增加经济收入、提高社会地位的积极性。因此，在竞争充分的领域，税收制度和政策应当保持中性，如果要对收入征税，应当采取比例税，并且在政策上一视同仁。

2. 机会不平等下的有效干预原则

要分析除了天赋能力、劳动质量和数量以外产生机会不公平的原因，并判别税收对哪些原因能起调节作用，哪些不能，在能起调节作用的领域其代价如何。由于纳税人与负税人经常不一致，流转税、企业所得税对收入分配的调节没有确定的结果，一般不把流转税和企业所得税作为调节收入分配的手段。例如，烟叶税，如果低收入群体用于买烟的花费大，那么烟叶税从其获得的收入要大于高收入群体，但考虑烟叶税会减少烟的消费量，从而影响生产量，也会使高收入群体收入减少，最终结果如何不确定。

在实行收入再分配政策时，所使用的手段一般是个人所得税和财产税。起点不公平一般是通过对巨额财富拥有者在死后征收遗产税、在生前征收赠与税来调节，但遗产和赠与税的征税成本很高，财产登记管理的基础尚不具备，查核、评估财产不容易。因此目前解决起点不公平问题主要应着眼于城乡居民权利的差别平等、社会保险的普及，以及加强反垄断、反不当竞争和反腐败。

对过程不平等，在市场竞争不公平的场合，要通过完善市场来解决，特别是要完善产权配置和合作制度，让有组织（但没有组织腐败）的农民能够公平地参与市场竞争，参与社会经济发展成果的分配。在市场失灵场合，着眼反垄断。在政府失灵场合，要着眼反腐败消除政治权力对市场竞争的影响，改革社会经济管理办法，消除行政许可、审批、审判、信息披露与关系和财富挂钩；改革差别的社会保险制度，消除对城市新居民的差别待遇，同时建立共同养老金，实施国有资产收益全民分享机制（杨斌和黎涵，2024）；消除政策决策过程因权力过于集中、政商勾连破坏政治生态和经济发展环境造成的不平等。实证研究表明，税收制度对过程不公平的调节很难奏效。

税收可能发生作用的领域还只能是结果的调节。但是，即使在个人所得税得以普遍征收的发达国家，个人所得税对收入分配的调节力度也是有限的。资料表明，在美国，2020年经过个人所得税调节，最高20%收入组占有收入份额从50.0%下降到45.6%，下降了4.4个百分点，最低20%收入组占有收入份额从5.5%上升到6.4%，上升了0.9个百分点，基尼系数由0.424下降至0.376。美国取得这么微小且代价很大的调节结果主要也不是靠高税率多档次的累进税率结构而是依靠一项特别的税收政策即"劳动所得抵免"。

目前在中国，尽管个人所得税增长速度快，管理进步显著，但由于货币化、市场化程度不够高、经济多元化，工资性收入并不能完全地反映个人或家庭的实际纳税能力，也缺乏自愿准确申报收入的社会文化基础，今后一段时间还难以实行以家庭为申报单位的综合课税模式，因此目前的个人所得税制度本身对收入分配调节作用很有限，甚至局部产生相反的效应。例如，对具有不少工资外实际收入即"待遇"的人和普通劳动者的工资收入按相同税率征收，就很不公平；对具有多个收入来源的人难以归并全部所得据以课税。还有人认为，可通过对房屋拥有者课征房地产税（即物业税）的办法对结果的不平等进行调节。财政学已经证明，由于在当今社会财富形式多样，金融资产、知识产权、艺术品、贵金属等往往是大额财产的表现方式，富有者拥有的房地产价值不能反映其纳税能力，通过贷款购买房地产的人往往没有纳税能力；对非租赁的房地产课征的税收实际上也是用拥有者工资缴纳的，退休者也没有纳税能力；房地产的税基需要通过评估确定，但这很难确定，容易产生舞弊行为等。房地产税不是一个优良税种，只有在非常严格的条件下，才是可取的。

但是，如果结合财政支出，将个人所得税和房地产税作为专项资金，专门用于解决低收入群体的民生问题（如义务教育、社区医疗改善、社区治安改善、社区环境改善），那么将对收入分配起到更大的调节作用。

不过税收以及对收入分配的调节都会产生负向作用，即产生福利损失，我们在阐述税收公平时已经考虑了效率影响，尽可能选择效率影响小的办法。但仍然有必要系统地阐述税收效率原则（efficiency principle），在公平和效率结合上寻求产生较小的福利损失的征税办法。

第二节 效率原则

国家（政府）通过税收形式获得一部分剩余产品价值的过程，既是一个可以使国家（政府）、社会得到利益（税收收益）的过程，又是一个需要付出一定代价（即税收成本）的过程。在进行有关税收的工作时，要进行利益和代价的权衡，即进行税收效率的判断，看所进行的税收工作是否"合算"。

税收效率指的是以尽量小的税收成本取得尽量大的税收收益。税收收益不仅包括取得的财政收入，还包括因税收的调节，优化了产业结构，提高了资源配置效率，促进了社会经济稳定发展和生态平衡而产生的正效应即"间接收益"。税收成本（tax costs）不仅包括税收的征收和管理费用，还包括因税收对社会经济进行调节而产生的负效应（不良影响）即"间接成本"。税收效率一般通过税收成本与税收收益的比率衡量。比值越小意味着税收效率越高。税收效率归根结底是税收与经济的相互关系问题。税收效率的提高，表现为征收管理费用的节省、好的税收效应的产生，表现为征税过程对社会经济阻碍小、促进大，其结果是纳税人可以投入更多的精力、时间、资金发展生产、创造财富或改善生活。人们对税收效率的认识不是一蹴而就的，而是经历了一个逐渐深化和全面的认识过程。

一、中国古代税收效率思想

中国古代思想家关于税收效率的思想可以概括为两点。

（一）税收与经济的关系

中国古代思想家很早就对经济决定税收、税收影响经济这一辩证关系有相当深刻的理解。他们强调的治税模式大多是以财政职能为主、经济职能为辅的财政型治税模式，其特点是主张在发展经济的基础上增加财政收入。周公提出"勤政裕民"，即统治者不能只顾自己的安逸和享受，应当体察民情，考虑如何发展生产，安定人民生活。管仲则进一步阐明"治国必先富民"的思想。刘晏有"理财当以养民为先"的主张。丘浚提出"理财之道，以生财之道为本"的看法。魏源也极力主张理财首先要考虑培养税源。其核心思想是不能就财政论财政、就税收论税收，而应当先鼓励人民发展生产。只有生产发展了、收入增加了，人民生活水平才能提高，国家（政府）收入才有可靠保证。在发展经济的基础上增加财政收入，这是正确的，今天我们仍要遵循，这是一方面。另一方面也应看到，中国传统治税观的出发点和归宿点都是财政收入，表现为一种财政—经济—财政或税收—经济—税收的思维模式，发展经济仅仅被看作增加财政收入的手段，以取得尽可能多的财政收入为中心考虑经济发展问题。在中国古代，治税观是建立在小农经济基础之上的。发展经济仅仅局限在发展农业，农业是本，其他各行各业都是末，税收政策"重农抑商"，遏制了商品经济的发展，成为皇权专制社会长期停滞不前的一个因素。

（二）税收的确实和便利

税收对经济的关系不仅涉及怎样在发展经济的基础上增加财政收入，而且要考虑怎样尽量减少征税对经济发展的消极影响。要做到这一点就要提高征税本身的效率，减少人民在征税以外的其他负担，强调"赋有艺而敛有时，故财不匮而人不怨"（《册府元龟》，卷五百一十，邦计部（二十八）·重敛）。中国古代理财家注意到税收制度必须确实和便利，通过税收的确实和便利减轻征税对经济的消极影响。西晋傅玄提出"至平""积俭而趣公""有常"三条税收原则（这样完整地提出税收原则早于西方千余年）。其中"有常"论及税收制度要确实，有一个可以遵照执行的定制，使百姓在纳税时心中有数，也会减少增税减税的任意性，减少征税官吏在征税过程中滥用职权坑害百姓的行为。这对发展经济有利。杨炎的两税法也内含便利征收的思想。两税法把租庸调、地税、户税和青苗钱等合并建立统一税制，分夏秋两次征收，减少了纳税项目，简化了纳税手续，对纳税时间和纳税办法都作了明确的规定，改变了过去那种"旬输月送无休息"的状况，省去了许多缴纳催索的纷扰，方便了农民缴纳税款，也为政府提高税收的征管水平提供了制度上的有利条件。提高征税效率还有一个重要问题，即尽量减少直接的征税费用，这一点在中国古代税收思想中是一个空白。这一空白直到《国富论》被介绍到中国才得以填补。但直到今天，节省直接征税费用的观念在实际税收工作中仍十分淡薄。学习西方税收效率思想，形成对税收效率的共识，还要付出努力。

二、西方税收效率思想的发展

斯密以来，西方税收效率思想大致经历了以下发展阶段。

(一) 斯密本人的税收效率思想

斯密税收效率思想体现在他的中性税收政策主张以及确实、便利、最少征收费用三个原则[①]中。斯密治税观的基本出发点是促进国民财富的增长。他把激励个人主动性的经济自由，把国家（政府）采取不干预立场、实行保护或有利于自由竞争的经济税收政策当作实现国民财富增长的重要条件。他在限制国家（政府）职能的同时，限制税收的职能作用。他把企图通过税收的作用左右产业发展看作破坏经济增长自然秩序的行为。他主张中性的税收政策，其目标是为自由竞争创造环境。在斯密的治税观中，对税收效率的考虑占据重要地位。他不仅主张税收决策者在政策意向上保持中性，并且主张在税收政策的执行过程中只为国家（政府）提供充足的收入，要尽量避免征税对纳税人造成除了税收以外的其他损失（额外负担）。在斯密所处的时代，实行中性的税收政策具有一定的必要性和合理性，在市场机制的作用能导致资源合理配置、促进财富增长时，政府的任何政策包括税收政策最好保持中性。但市场机制不是万能的，而是有缺陷的。如果市场机制的缺陷足以导致国民经济发展受阻、严重损害社会效益和生态效益，并且事实证明国家（政府）干预的代价确实小于市场解决办法时，就要选择国家（政府）干预。当然国家（政府）干预不是代替市场，而是在市场作用基础上进行调节。

为了减少纳税人的额外负担，斯密极力主张税收的管理费用和执行费用要尽量节省。为取得同样的财政收入，人民除税款外的费用支付越少，税务机构为征税而支付的费用越少，意味着税收效率越高。斯密提出的课税四原则中的后三个讲的就是这个问题。无论是确实、便利或最少征收费用，实质性的内容都是尽量避免纳税人除正税外的额外负担。确实原则要求建立统一、简明、确实、清晰的税收制度，尽量避免征税人员斟酌使用权力的可能性，也尽量避免纳税人钻税法空子避税逃脱纳税义务的可能性。提高税收效率不仅要有完备、确实的税收制度，且各种税收完纳的日期及完纳的办法须予纳税者以最大便利，不使纳税人感到繁难，还要求税务机关通过采取科学的管理办法降低费用，通过精简机构、减少冗员建立精干有力的税务机构，提高税收工作效能。斯密（1974）的税收效率思想可以用他自己的一句话加以概括，即"一切赋税的征收，须设法使人民所付出的，尽可能等于国家所收入的"，今天看来这仍然十分正确。

(二) 额外负担理论

西方税收效率思想的第二个阶段是额外负担（excess burden，也译为超额负担）理论。政府征税不仅导致纳税人（负税人）付出税款的损失，而且由于征税过程影响了纳税人的决策和行为，如果结果使其境况或福利不如税前，那么就产生了超过已缴纳税金的福利损失，我们把这种福利损失称为额外负担。额外负担大说明税收效率低。在斯密的思想中就已经包含如何减少税收额外负担的内容，而杜普伊（Dupuit）已经明确提出消费税造成的福利损失与消费量及税率高低有关。马歇尔运用消费者剩余、供求弹性等工具，详尽地分析了间接税可能引起的福利损失，提供了对税收额外负担问题进行分析的系统工具。此后，不少经济学家参与了这一理论的发展，重点是如何估计额外负担并设计税收制度使额外负担减轻。比较著名的有拉姆齐（Ramsey，1927）提出的逆弹性规则，证明在严格假定下对需求弹性低的商品课税可减少额外负担；哈伯格（Harberger，1962）在《公司所得税的归宿》中提出了"三角形"额外负担理论，并进行数理推导，得出了在线性需求曲线条件下测定额外负担的计算公式。该公式表明，税收的额外负担与税率的平方和需求弹性成正比。即

$$EB = \frac{1}{2} t^2 \times \eta \times P \times Q$$

式中，t 为税率；η 为需求弹性绝对值；P 为价格；Q 为数量；$P \times Q$ 为对某一商品的税前消费支出总额。

[①] 斯密提出的税收四原则是平等、确实、便利和最少征收费用。

上述是在不考虑供给曲线情况下的计算流转税额外负担的公式，后来的学者也进一步推导出加入供给曲线以后的流转税额外负担计算公式以及所得税的额外负担计算公式。

成本递增的供给曲线下的额外负担计算公式：

$$EB = \frac{1}{2}t^2 \times \left(\frac{\eta_d \times \eta_s}{\eta_s - \eta_d}\right) \times P \times Q$$

式中，η_d 为需求弹性绝对值；η_s 为供给弹性绝对值。

以劳动力供给曲线为基础的个人所得税的额外负担计算公式：

$$EB = \frac{1}{2}t^2 \times \eta_L \times W \times L$$

式中，η_L 为劳动力供给弹性；W 为税前工资率；L 为劳动供给量。

虽然上述公式都是在非常严格的假定下成立的。例如，假定不存在收入效应，只考虑替代效应；税前和税后消费总额或收入不变；相对价格变化不会产生福利影响；一项消费或供给不会波及影响其他人的行为和自己以后的行为（即局部均衡）等。显然这样的假定一方面使问题简单化，另一方面也使计算结果与实际情况有距离，此外应用时数据来源和弹性估计也比较困难。但是，上述公式以及西方学者其他方面的论述还是给人以重要启发。

第一，只有收入效应而没有替代效应的税收。例如，一次总付税（lump sum tax，典型形态如人头税）不会影响人们的选择而没有额外负担，但从公平方面考虑一次总付税极端不公平，因此不可行。这样一来，可行的税收总是有替代效应的，我们的目标不是消除额外负担，而是如何使额外负担尽可能小。

第二，要从影响额外负担的主要因素入手，设计好的税制使税收的效率损失减小。首先是税率，额外负担与税率平方成正比，无论什么税种，税率越高其额外负担就越大，税率提高所造成的效率损失可能几倍于税率提高速率，因此税率定得适度不仅仅是税负问题，也是效率问题。其次是商品消费或供给的价格弹性和劳动力供给弹性等商品和要素的市场反应灵敏度，反应越敏感，改变行为的可能性越大，额外负担会随之多倍增加，在符合公平原则和能够保证财政收入的情况下，尽可能选择弹性低的商品或要素收入课税，有利于增进效率。

在西方国家，许多学者进行的实证研究也是值得一提的，如布朗宁、芬德雷和琼斯、贝勒德、斯卡利等利用哈伯格公式或一般均衡模型，计算和分析了美国、澳大利亚不同税种的税收额外负担（汪昊，2007）。实际上，最优税收理论整体上就是研究如何设计税收制度让税收的额外负担最小。

（三）建立在福利经济学基础上的税收效率思想

福利经济学主张最适度地配置生产资源，使生产出来的国民收入达到最大值，也就是使经济福利达到最大值。福利经济学的创始人——庇古，把资源的配置能使国民收入极大化的情况，称为资源配置的最优状态。为了说明这一问题，他提出"边际私人纯产品"和"边际社会纯产品"两个概念。边际私人纯产品指企业每增加一个单位生产要素所增加的纯产品，边际社会纯产品指社会每增加一个单位生产要素所增加的纯产品。他认为，由于自由竞争和利己心的作用，边际私人纯产品与边际社会纯产品在大多数场合是一致的，会使资源实现最适度配置，使国民收入总量或社会经济福利总量达到最大值。但也会有许多不一致的情况。例如，科学技术的发明创造给社会带来的利益超过科学家个人得到的利益，意味着边际社会纯产品大于边际私人纯产品；反之，酿酒对酒商有利，但酗酒对饮者有害，而且会给社会带来其他损失，这就意味着边际社会纯产品小于边际私人纯产品。庇古主张，如果一个经济单位边际私人纯产品超过边际社会纯产品政府课以较高税收，使该部门缩小；反之则给予补助，以刺激其扩张，那么社会经济福利会增加。庇古还提出可用税收的办法来防止污染，就是征收一种税使其税额等于污染造成的外部成本，这样就能实现外部成本内在化，污染制造者为了获得利润就必须像控制其他成本开支一样控制污染。

新制度经济学家科斯提出不同的看法,认为在市场充分竞争、信息完全、产权明确、交易无成本的假定下,市场主体之间可通过谈判自动地解决外部不经济问题,从而达到经济的最优状态和实现经济福利的最大化,无须政府介入。此外,即使不考虑这些问题,获得污染造成的实际损失的数据很困难,从而确定税率或税额也是很困难的(科斯,2003)。但科斯的结论并不能完全否定政府在处理诸如污染等外部效应问题上的作用,如产权界定就需要政府介入,另外在市场不能充分竞争、交易双方信息获取能力的不对称、产权界定不明确或产权界定了但无法实施、存在交易成本(交易各方为达成补偿协议而耗费的时间和财富)过高等各种情况下,也需要政府介入。

(四)以实现宏观经济均衡为目标的税收效率思想

凯恩斯主义认为,资本主义经济通过市场机制并不会达到充分就业的均衡状态。总供给与总需求之间会经常发生不一致,这种宏观经济失衡局面是无法通过市场机制消除的,必须引入国家(政府)力量,通过运用包括税收在内的经济杠杆,调节投资和消费,才能实现宏观经济均衡,从而保证经济有效率地稳定发展。因而,他们把税收制度和政策是否能对宏观经济均衡起调节作用,作为判断税收是否有效率的标准。凯恩斯主义治税思想正是这样一种以实现宏观经济均衡为目标的治税思想。其基本特点是系统阐述税收的经济职能,把税收政策的制定、运用放在宏观经济均衡的高度;强调税收的需求效应,力图运用税收手段在其他经济杠杆的配合下,通过对总需求的刺激熨平经济波动,实现宏观经济均衡和经济增长。凯恩斯主义者提出一个需求管理型的治税模式,其要点是发挥所得税的自动稳定器作用。在所得税普遍征收条件下,税收的需求效应可以通过税收制度本身自动地波及经济过程。经济衰退时,个人和企业的收入都减少,于是税收自动减少,消费和投资相应增加,总需求曲线向上移动,经济波动得到缓和;反之,繁荣到来时,个人和企业的收入都增加,于是税收自动增加,自动产生一种延缓消费支出和投资支出的拉力,一定程度上抑制消费和投资的扩大,使总需求曲线向下移动,从而缩小总供给和总需求的缺口。税收的自动需求效应在比例税率下就会产生,但不如累进税率那样强烈。在自动稳定器不足以消除宏观经济失衡时,就需要选择相机抉择的需求管理型治税模式。税收管理主体要根据不同时期的经济活动情况制订相应的税收措施,并使之与其他财政政策工具和货币政策工具相配合,控制总需求水平,保持经济稳定。当需求不足即出现投资不足、消费不足时,采用减免税、亏损结转、加速折旧等减免手段增加投资需求和消费需求;反之,需求过旺、产生通货膨胀时则通过增税压缩需求规模。判断税收是否有效率必须着眼于宏观经济是否均衡,不能就税收论税收。这种经济—税收—经济的思维模式是可以借鉴的。凯恩斯主义为实现宏观经济均衡而提出的具体的税收政策,是建立在市场经济发达、生产力进步和一定社会制度、税收制度基础之上的,借鉴时务必考虑中国的生产力发展水平、社会经济发展状况、税制特点,不能照搬照抄。

三、中国社会经济条件下税收效率原则

在中国,经济社会发展状态、人们对税收政策和制度的反应敏感度、现存的税制格局均不同于西方发达国家,因此中国税收效率问题既存在与西方国家有共性的一面,也有其特殊性,而后者更需要我们加以认真阐述。目前在税收效率领域出现的问题,首先是直接征税成本、奉行成本高,且没有有效的控制机制;其次,在税制设计层面税收的额外负担往往被忽视,在制定税收政策时往往只注意税收的调节职能作用,而较少对这种调节的福利损失和福利增进进行比较;再次,在纳税人层面对额外负担的规避方法比较特殊;最后,近几年对长期宏观经济均衡和生态可持续性的关注日益增加,但具体措施和落实的机制还不完善。因此,有必要系统阐述中国社会经济条件下税收效率原则的含义及实施路径。

税收效率通过税收成本和税收收益的比率衡量,这种对比关系不是单一的,而是多层次的。首先是小范围内即税务机关本身进行税务行政或税收管理而产生的成本和收益的比较;其次从税收与经济的相互关系,特别是从税收对经济的影响方面进行成本和收益的比较;最后从社会经济发展长期和生态经济这个更

大的范围考察税收的作用并进行成本和收益的对比分析。因此中国社会经济条件下的税收效率原则可从以下三个层次加以阐述。

（一）节约直接征税成本，提高税收行政效率原则

税收效率的第一层次内涵是税收的行政效率。税收的行政效率通过对比一定时期内的直接征税成本与入库的税收收入来衡量。这里入库的税收收入是税收的直接收益。直接征税成本，主要是税务机关为获得一定数量税收收入的耗费，包括用于建造税务机关办公大楼、宿舍楼的费用，相应占用土地资源的机会成本，购买必要设备的费用，印刷各种文件、票据的费用，税务人员的工资津贴、培训教育费用以及其他日常管理所必需的各种经费开支。直接征税成本是一种非生产性费用，是社会劳动的虚耗，总体上属于社会总福利扣减。因为它既减少私人部门的利益，也减少了公共产品提供量。一般地说，直接的征税成本与入库的国家（政府）财政收入之间的比率越小，税收行政效率就越高。更严格地说，一个预算年度内，直接征税成本的增量与入库的税收收入的增量之间比率越小，税收行政效率就越高，即税收造成的社会福利损失就越小。西方国家征税成本均不高于 2%，2000 年美国征税成本仅 0.39%，从 1976～2000 年最高的年份（1993 年）征税成本也只有 0.6%（Yesin，2004）。

当前直接征税成本高是由多方因素造成的。征税成本与生产力水平有关，纳税人的规模越大、税源越集中，直接征税成本就越低。小生产者、小规模企业越多，税源分散，就需要雇佣大量人力从事征收管理，单位税额又不高，这样征税成本率就高。因此，发达国家的征税成本率总是低于发展中国家。我们在进行比较时这一点也应引起注意。直接征税成本与税制复杂程度有关，在其他条件不变的情况下，税制越复杂，征税成本越高。直接征税成本与一个国家的文化状态有关，一个国家如果社会信用程度高、民众普遍守法、与税收和预算的民主决定体制相联系的自觉纳税程度高、税制适应国情，那么由于不需要较多的稽查人员和监督行动，直接征税成本也会相对较低。例如，在经济发展很不平衡、经济结构多元化、社会资本[①]缺乏的发展中大国推行像增值税、所得税这样的税种，由于自觉纳税程度较低，征收管理和稽查成本就很高。此外，直接征税成本与是否存在有效的政府治理成本控制机制有关，这个控制机制核心是纳税人对征税人的有效制约。

（二）控制纳税人的奉行费用

纳税人为遵守税法、完纳税收还必须付出奉行费用（compliance costs）。奉行费用包括办理税务登记的费用和时间耗费、填写申报表的劳动耗费、聘请税务顾问和律师的酬金以及税务人员稽查给纳税人带来的心理影响。奉行费用除心理损失（是客观存在的）不可计量外，其他方面都可表现在纳税人的成本账户上。在其他条件不变的情况下，税收的奉行费用越大，纳税人的生产经营成本越大，经济效益值就越小。

奉行费用会受到许多因素的影响。首先一个因素就是税制的复杂和精细程度，税制越复杂、法律条文越多、管理越精细，越需要专业人员理税或专用设备控税（如税控机的普及），就要增加专业人员的人工费（自己雇请的话）或者增加咨询费用或者增加专用设备的支出。其次，税务机关服务面越窄、功能越少，奉行费用就越高，从这个角度看，直接征税成本与奉行费用此消彼长。有时为了节约直接征税成本而压缩税务机构和人员，减少服务功能，推行商业性的税务代理，实际上是将由纳税人全体负担的直接征税成本转嫁给个别纳税人，这种转嫁是否合理还有待进一步研究。科学的思维方式和改革方案，应当是综合考虑直接征税成本和奉行费用，找到二者综合最小的方案。

---

① 社会资本是除货币物质资本、人力资本以外的第三种资本形态，是由公民的信任、合作、信仰相对一致、社会组织和社会关系稳定等一系列社会状态产生的能节约行动成本、增加物质资本和人力资本收益的无形价值。在一个人与人之间信任度高的社会中，人们达成交易、实现合作的成本就低，欺诈就少，社会监督成本和法律遵行成本就小，从而社会效率就高，社会资本就丰富。

因此，控制纳税人奉行费用的途径在于尽可能简化税制，能够实行单一税制的地方，就不实行复合税制，能实行源泉扣缴的地方，就不实行综合申报；专用设备成本要低廉、税务代理制度要简便易行，设备采购和推行、管理制度改革要公开、透明，没有纳税人及其代表参与，不得随意指定税务专用设备、随意推行税务代理或其他一切需要纳税人负担费用的税务管理措施；税法和管理规章制度要明确、稳定，推行政府一条龙服务和成本节约情况下的电子服务，规定办理的时限等。

（三）降低税收额外负担，追求额外收益

如果征税过程干扰了经济主体的经济决策，并且使有效率的选择发生变形，或由于对信息的把握不全面、不准确，制定的宏观税收政策不反映客观实际，不是起有效的调节作用而是起负向作用，造成经济运行的紊乱和低效，就会产生额外负担。额外负担不通过个别纳税人的账户表现出来，其衡量标准和计量方法有待进一步研究，但毕竟是客观存在的。忽视了它，税收成本就不能得到全面、准确的说明。额外负担主要从宏观角度衡量，它说明把纳税人当作一个整体时，纳税人除税款和奉行费用外，还为税收政策的执行付出一笔代价。在其他条件不变情况下，额外负担意味着，征税活动使全社会生产同样数量和质量的产品以及获得同等的消费满足多支付了一笔费用。额外负担除了受应税商品或服务的供给和需求价格弹性、税率高低的影响外，与税制模式是价内税还是价外税、税率是单一还是多档、优惠政策的多与少也有关，还与民众对税收政策引起的价格变化的信息获得途径以及敏感性等因素有关。在应税商品供给和需求弹性不变的情况下，税率越高、档次越多、税收优惠政策越复杂，额外负担越大；在税率和弹性不变的情况下，价外税模式更容易导致民众对价格变化中税收因素的敏感性。

税收征收过程不一定只导致额外负担或经济成本增加，也可能对经济过程产生积极影响，这就是产生了额外收益，即政府除了获得税收收入外，还因为征税过程特别是税收政策的运用提高了资源配置效率和宏观经济效益，税收产生了使经济收益增加的效应。例如，在市场机制不健全的国家，通过课税机制，积极地引导产业结构的优化，对提高宏观经济效益有利；运用鼓励投资的税收政策，对投资不足的国家更快地发展经济有积极作用；保护关税政策运用得当对本国产业自主发展意义重大。总之，如果征税过程可以变人们无效率的选择为有效率的选择，从宏观看，税收就产生取得财政收入以外的经济收益。对额外收益的考察还需要进一步研究，需要建立一种特别的绩效评估办法来估计税收政策的正面效应。一般地说，一项税收政策或一定时期内全部税收活动产生的额外负担（经济成本）和额外收益（经济收益）之间的比率越小，税收的经济效率就越高。

具体地说，要提高税收的经济效率，要着眼于如下两点。

第一，尽可能降低额外负担。任何税制都存在额外负担，由于中国采用以间接税为主的税制结构，且推行价内税模式和单一税率（或几乎单一税率），民众对税收政策和负担差异引起的价格变化相对不敏感，人们不主要根据税收负担的高低选择商品和服务，总体上额外负担有限。但某些领域额外负担比较重。例如，小规模纳税人与一般纳税人待遇不同，小规模纳税人名义上税率低，但由于进项税额不能抵扣，其销售商品的价格中含有增值税，在同样条件下，处于竞争的不利地位。此外小规模纳税人不能使用增值税专用发票，这影响了其与一般纳税人的交易。这迫使小规模纳税人想方设法变为一般纳税人，造成了额外负担。出口退税、关税实行多档差别税率，对消费者和生产者决策产生选择性影响，也会造成额外负担。企业所得税优惠政策多、差别大，额外负担也大。降低额外负担的基本办法是在认真调查研究基础上完善税制，保持税收制度和政策尽可能简明、单一和确定。完善过程要透明、公开，让民众参与，但不炒作，在完善之后保持稳定，尽可能实行低税率。具体内容将在研究税制完善的有关章节进一步展开阐述。

第二，通过外部收益和外部成本内在化尽可能提高额外收益。减少污染物排放、充分回收利用废气、废渣、废水，推行循环经济，不仅能生产社会需要的产品，而且能净化环境，净化了的环境给人带来的愉悦是一种正外部效应。造纸厂随意排放污水，污染江河；林场滥砍森林，引起气候变化、水土流失、土地沙化等,这些都是生产过程产生的负外部效应。抽烟者抽烟给不抽烟者带来不愉快,这是消费上产生负外部效应的典型例子。外部效应独立于市场机制之外。一种活动使别人得到附带的收益,而受益者不必支付相应的报酬,这就是正外部效应即外部收益;一种活动使别人受到附带的损害,而没有给被害者以相应的补偿,这就是负外部效应即外部成本。在保护生态环境、促进人与自然和谐方面,税收工具的作用不能低估,也不能任意扩大。在市场机制健全、产权明确、交易无成本情况下,市场主体可通过谈判找到使他们福利最大化的办法,无须政府干预和税收介入。在市场机制不健全、产权不明确、市场主体之间交易成本高(如使交易达成的信息无法获取或获取的成本很高)等各种情况下,可利用税收手段,形成系统的生态税收或绿色税收政策体系,给予产生外部收益的经济行为优惠,使其利润体现外部效益,从而鼓励发展;对产生外部成本的经济行为或产品征税,使其经营成本体现对生态环境和社会损害的代价。在进行了外部成本核算的情况下,如果没有利润或利润达不到其他投资的水平,他们或退出或减产或采用新技术,从而缩小污染物排放和资源滥用。但在利用税收工具时同样存在信息获取困难的问题,即如何计量一项经济活动的外部收益和成本还很不容易。因此,如何设计税基、确定税率,使其等于外部成本,或给予多大优惠才能反映外部收益都是需要进一步探索的问题。

第三节 适度原则

税收的效率和公平目标是在税款征收过程中实现的。组织财政收入是税收的基本属性和主要职能。在如何聚集财政收入问题上,中国古代思想家的一些主张仍有现实意义,西方学者的一些看法也可借鉴。

一、中国古代思想家的"聚财之道"

中国皇权专制时代采取财政型治税模式,如何适度可靠地取得财政收入是历代理财家、思想家考虑的重要问题之一。在如何筹集财政收入方面,以下思想仍具有影响。

(一)取之有度,反对横征暴敛、竭泽而渔

这差不多是历代思想家、理财家的共同主张。《管子》一书中对取之有度的阐述是十分深刻的,它写道:"地之生财有时,民之用力有倦,而人君之欲无穷。……取于民无度,用之不止,国虽大必危。"其核心思想是一定时期土地生产力是有限的,更一般地说,生产力水平是有限的,国家取得财政收入应当有合理界限,突破这个合理界限,横征暴敛,经济会遭受极大破坏,国家也会灭亡。儒家从仁政出发,也强烈主张征税不要过重、过度。明代思想家丘浚对取之有度问题也提出了独到见解,认为国家征集收入不能过多,也不能过少,有一个"度"的问题。他在《大学衍义补》中指出,统治者"不能不取之于民,亦不可过取于民。不取于民,则难乎其为国,过取于民,则难乎其为民","上取下,固不可大多,亦不可不及",都是论述财政收入应当有一个数量界限。

(二)轻税思想

古代理论家中,轻税思想占主流。管子主张可征可不征的税收尽量不征,必须开征的税收从轻征收,是一种轻税论。轻税也是儒家的一贯思想。孔子主张实施仁政,为达到仁政,主张不能搞横征暴敛,税收负担要轻。荀子认为在征收土地税时,要"薄其税敛",让人民富裕起来,赋敛重则国贫,因而主张轻赋敛,免力役,以达到富国的目的。

儒家轻税主张的着眼点在于缓和统治阶级和劳动人民之间的社会矛盾,维护皇权专制社会秩序。在中国税收思想史中,唐代李翱的轻税思想则纯粹着眼于财政收入。他认为轻税比重税更能增加财政收入。重税使人民贫困，人民不堪忍受重税负担，必然发生流离转徙、土地荒芜等现象，这样征税就没有物质基础，财政收入就会减少。轻税会招来人口，使人民安居乐业，释放劳动热情，努力耕种，尽快富裕起来。人民富裕了，课税的物质基础更为丰厚了，财政收入也会增加。这一观点，明代丘浚作了转述，它十分类似现代西方供应学派的轻税观点。

二、西方学者的聚财思想

在聚集国家（政府）财政收入的政策技巧上，西方学者也作了一定的探索。

（一）充足和弹性

瓦格纳主张在筹集财政资金时，应注意充足和弹性两个方面。充足就是税收收入应能完全满足国家（政府）财政需要，以避免发生赤字；弹性指的是一旦国家（政府）财政需要量增大，税收应能自动增加。

（二）轻税反而多收

斯密（1974）指出："一种重税，有时会减少所税物品的消费，有时会奖励走私，其结果，重税给政府所提供的收入，往往不及较轻的税收所提供的收入。"萨伊（1963）下过"税率增加了而税收并不按比例增加"的论断。杜普伊指出，随着税率的提高，财政收入会上升，当达到最高点时，继续增加税率，会导致收入降低，当税率最高时，收入降低到零。因此获得同样的财政收入，可以有两个税率，一个较低税率，另一个是较高税率，两种税率带来相同财政收入，但所造成的效用损失差别非常大（奥尔巴克和费尔德斯坦，2005）。供应学派用拉弗曲线表达同样的思想。当税率为100%时，由于所有劳动成果都被政府征收，人们将停止工作或劳动，生产中断，没有什么可供征税，因此政府的收益等于零。如果税率为零，人们得到自己全部的工作或劳动所得，政府对生产没有阻碍作用，产量只受人们选择闲暇愿望的限制。税率为零，政府收益也为零，政府就不能存在，经济处于无政府状况，这显然是不可取的。因此，税率只能在0~100%选择。在拉弗看来，总是存在产生同样收益的两种税率。一种税率点代表很高的税率和很低的产量，另一种税率点代表很低的税率和很高的产量，两者为政府提供同等的收益。税率高不一定就能取得较多的收益。

因此在收益水平既定条件下要选择低税率而非高税率。当税率过高以致妨碍生产，使政府收益反而减少时，降低税率则可减轻对生产的妨碍，促进经济增长，使政府收入增加。最佳税率点（不一定是50%）是使政府收入与社会财富生产量同时达到最大的点。在这一点以上提高税率，只会使社会财富产量和政府收益同时下降，因而在这一点以上是提高税率的禁区。在禁区以内，只能降低税率而不能提高税率。但供应学派并不认为税率越低越好。如果税率过低，个人和企业可能得到一些好处，但政府却因此入不敷出，其结果是增加货币发行、引起通货膨胀或借债，这必然对生产过程产生不利影响。政治家的任务就是找到最佳税率点，税率不算高又能取得最多收益。

（三）着眼宏观经济均衡

凯恩斯主义则把组织财政收入放在宏观经济均衡的高度加以考虑，不主张单纯的重税或轻税，认为经济衰退、不景气时要减税，经济过热时要增税。

三、中国社会经济条件下的税收适度原则

最近几年，中国经济增长进入新常态，不再出现经济总量快速增长，同时税收收入年年高速增长的

情况。在这种情况下,更要讲究聚财之道,遵循弄清税收适度原则(moderate principle)。税收的适度原则的内涵包括如下两个层次。

(一)足额稳定

税收从来就与国家(政府)的公共权力有本质联系,是用来满足一般的社会公共需要的。提供良好的社会秩序,创造一般生产条件是国家(政府)的基本职能。国家进入社会主义新时代,日益接近中华民族伟大复兴的目标,面临更加繁重艰巨的任务,这些任务是国家(政府)职能在社会主义新时代的具体化。历史经验告诉我们,进行政治经济改革,搞活经济,对外开放,一定要加强而不是削弱国家(政府)宏观调控能力。要实现国家(政府)各项职能,增强国家(政府)宏观调控能力,就要求税收提供足够的财力保证。国家(政府)职能实现得好坏,国家(政府)宏观调控能力的强弱,很大程度上取决于税收提供多少经费。如果税收提供的经费不足,国家(政府)的各项职能就不可能得到完全实现。国家(政府)宏观调控能力就会比较软弱,社会经济就可能出现紊乱,生产和生活就难以进行,也谈不上效率和公平。因此,在研究制定总体税负水平时,要保证国家(政府)财政收入的稳定增长,要使税收同国民生产总值和国民收入保持相对稳定的比例关系;进行税制改革时,要选择收入弹性大的税种,这是一方面。另一方面,在税收工作中,各级税务部门要在遵守税法、贯彻政策、促进效率、保证公平的前提下,努力把该收的税都收上来。讲足额稳定并不是横征暴敛,乱收一气,而是该收的一分不漏,不该收的一分不要,要以适度合理为前提。

(二)适度合理

首先,取得收入要适度,就是要防止取之过度而影响企业和劳动者个人的积极性,损害公平和效率。要做到这一点,就不能把税率定得太高。

就取得税收收入的最高限度而言,税收是用于满足一般社会公共需要的,因此剩余产品价值是税收收入的最高限度。就是说,在社会总产品价值 $C+V+M$ 中,税收只能是 M 的一部分,不能触及 C 和 V。因为 C 作为生产资料的转移价值,作为过去创造的价值在社会再生产过程中的再现,是人类社会不断进行积累的结果,是社会再生产的历史前提,不能用来满足一般的社会需要,对 C 课税只能导致简单再生产的停止。V 用于补偿直接生产过程的活劳动消耗,形成物质生产领域职工的个人收入,构成劳动者的生活资料基金。这种基金在一切社会制度下,都始终必须由劳动者本身来生产和再生产。税收不能课及必要产品价值,这就要求个人所得税的立法中必须包含科学的起征点规定和对生活费用进行合理扣除的规定。

其次,取得收入要合理,就是要科学区分国家(政府)财政收入中的税收形式和非税收形式,不应当把与财产所有权相联系的收入也用税收形式加以筹集。前文已述及,在社会主义制度下,国家(政府)代表全体人民履行全民所有制生产资料所有者职能、掌握国有资产的实际所有权时,是以公共权力行使者和国有资产所有者两种身份参与社会产品或国民收入分配的。税收只与国家(政府)的公共权力有本质联系,国家(政府)作为公共权力行使者行使社会管理职能,只能利用税收形式取得物质利益,通过对全体社会成员和所有企业(不分所有制)征税,以维持国家(政府)公共权力的行使,建立个体利益得以获得的社会秩序和各项生产经营得以进行的一般生产条件。国家(政府)作为国有资产所有者代表行使国有资产所有权,可以通过利润上缴、股份分红、收取占用费、租金、承包费等形式取得物质利益。这种以所有权为依托取得的经济利益以等价交换为前提,只有发生实际的财产委托行为和投资行为才有权取得利益,具有非规范、有偿、直接利益交换的特点。以统治权力为依托取得的经济利益,具有强制、无偿、确定、均一的特征。因此,一般不可以用利润形式代替税收形式,也不可以用税收形式代替利润形式。税利依据各自权力执行各自功能,这是深化税利改革的一项重要原则。

第四节 法定原则

治税的效率和公平原则的运用寓于税法的制定和实施过程中，即寓于税收治理之中。要防止税负过重，实施税收适度原则，制度、政策、负担水平等税收事宜必须通过立法程序，由人民或其选出的代表决定，非经代表同意，政府不得对人民课税。这就是税收法定原则（legal principle）或税收民决（即人民决定）原则，这是现代税收的治理模式，是税收现代化的根本标志。中外税收历史证明，只有实际而不是名义地落实了这一原则，税收负担过重的顽疾才能得到比较彻底的克服。

一、中国古代税收治理的主要特点

就整体而论，中国古代皇权政治社会崇尚人治而轻视法治。在夏、商、周奴隶制形成和发展时期，政治思想上占统治地位的是刑不上大夫、礼不下庶人的等级"礼治"思想。春秋战国时期，儒家仍然维护礼治并加以发展，从中引申出"德治""仁政""人治"的主张。其他各家几乎都反对礼治。道家崇尚自然法，倡导"无为而治"，顺其自然、不刻意。墨家主张"兼爱""尚贤"，推崇互利互爱。法家则主张"不别亲疏，不殊贵贱，一断于法"（《史记》，卷一百三十，太史公自序第七十）。汉朝初期有过短暂的崇尚无为而治的时代，后来汉武帝"罢黜百家、独尊儒术"，确立了儒家在思想意识领域的统治地位。"德主刑辅"的德治与"为政在人"的人治，几千年一直被奉为统治人民的基本方法。中国税收治理与总体法律意识及治理格局相联系，呈现出以下几个基本特点。

（一）征税人单方确定税收制度规则和负担水平的历史持续不断

历朝历代，税收负担水平和政策均是由皇帝或政府决定，并没有纳税人参与的可能。这种情况与大一统的政治统治有关，在皇权政治或其实质还存在的治理模式下，纳税人参与立法的可能性就不存在。在皇权专制社会中，遇到开明皇帝的统治，征税多少、如何征税会顾及民众能力，并遵守民富才能国强的规律，考虑皇朝长期稳定和经济发展，即会采取细水长流、取之有度的理财治税的态度。只有结束这种由征税人单方面确定税收制度规则和负担水平的历史，实际地而不是名义地由人民或其代表决定税法的治理模式，负担总是过重的情况才能根本杜绝。

（二）依据税法，处罚严厉

中国历朝历代也都有税法，而且对偷逃税及其官吏截留偷盗国家税款处罚极其严厉。例如，《唐律疏议》规定：违期不交课税者处以笞刑；里正和州、县官妄自脱漏增减，以出入课役者，以枉法论，处徒、流刑或加役流；为逃避课税而脱口及虚报年龄，家长处徒刑。乾隆时期编制的《钦定户部则例》，其中"关税"5卷，"税则"20卷，约占整个法典的1/5。它规定：对偷越关卡与漏税等行为，不仅要惩罚客商，地方官吏一并议处；还规定"关税短缺令现任官赔缴"。皇权专制社会实行重农抑商政策，对商税的偷逃处罚特别严厉，如明朝规定，"凡客商匿税，及卖酒醋之家不纳课程者，笞五十，物货酒醋一半入官"（《明会要》卷五十七）。历代对抗税的处罚更加酷烈，多处极刑。

（三）有法不依，法外征课普遍

从历代字面上的法定税率看，名义税收负担并未超过人民承受能力即一定时期剩余产品价值总量，历代学者也大多主张轻税，但历代王朝军事开支以及大兴土木、挥霍浪费方面的开支不断扩张，靠正税无法满足财政需要，总是入不敷出，施行苛征暴敛和巧立名目法外加征、预征就成为普遍现象，尤其是在王朝的中晚期。法外征收的发展往往使税法流于形式，征税随意性很大，官吏斟酌使用权力的机会多，在正税之外虚估增收，上行下效，往往不可收拾，导致聚敛过度，超过人民承受能力，破坏了简单再生产，成为中国皇权专制社会停滞不前的一大原因。

二、西方税收治理的主要特点

资本主义制度建立以前，西方在税收制度和征收管理方面，除罗马帝国时代可以与中国相媲美以外，其他时代均落后于中国，同样存在税收负担总是过重的历史事实。资本主义制度建立以后，随着社会生产力的迅速发展和市场经济的日益发达，法治意识和实践得以逐步强化。这除了与市场经济发展有必然联系以外，与政治上法治意识占主导地位也有密切联系。在古希腊时期，也有过法治和人治的争论，但与中国古代不同，在西方，法治思想意识占了上风，并且通过典籍流传影响后世。古代西方最伟大的思想家亚里士多德（公元前384～公元前322年）就认为，通过法律进行的统治是最好的统治，法律是"没有感情"的智慧，它具有一种为人治所做不到的公正特点。亚里士多德（1981）认为，人治中的"人"，即使是聪明睿智的，也会因其有感情而产生不公道，致使政治败坏，通过法律进行治理可避免上述缺点。除中世纪时期，欧洲出现了法律思想与神学世界观密切结合的神权政治外，亚里士多德的法治思想在西方是起普遍作用并占据统治地位的，这种法治思想经后世思想家的发展，对资产阶级统治地位的确立和资本主义社会经济制度包括税收制度的形成起了重大作用。

西方各国的税收法制因经济发展水平、历史、民族、文化、区域、政治体制等方面的不同而有很大的差别，但与西方整体的法治格局和思想意识相联系，仍能对典型的近现代西方税收治理的主要特点作如下概括。

（一）税收法定

资产阶级革命的一个重要成果就是确定并实践了"非经代表同意不得课税"原则。在这一原则深入人心的背景下，税收立法权归代议机构（国会）独享，政府及其部门均没有以任何名义收取具有强制性、无偿性、确定性和均一性特征的财政收入的权力，政府要获得税收以外的收入，只能基于服务的提供，而服务要基于受益者自愿。这就从根本上杜绝了法外巧立名目向人民征收杂项负担的可能性。任何税收法案都是在国会经过反复激烈辩论，进行集团或阶级间的利益均衡和妥协后作出决议的。尽管公共选择理论表明，议会成员并不能完全代表选民的利益，所提出的或所赞成的法案也不能完全反映其所代表群体的福利偏好。但是，在存在通过人民选举的代表决定税收机制的情况下，税法至少能反映统治阶级的整体意志和整体利益，在民众呼声和表达能力足够强的时候，议会不能对其选民的诉求和反应置之不理，这就能防止税收过重负担。

（二）规则具体、征收普遍

无论是大陆法系还是普通法系，西方国家的税法均具体、明确、细致。税务部门虽享有独立依法进行税收征管的权力，但受来自国会弹劾、舆论监督、纳税人诉讼以及司法部门审判活动的约束。征收部门必须不折不扣地执行税法，而没有制定实体规则的权力，斟酌滥用权力得到有效制止。税收司法权归法院（或专门税务法院），由法院对违法案件和征纳双方纠纷案件进行审理，往往通过各种判例使法律规定更加具体化、形象化，使税法更加确实、可行。法院的审判活动公开进行，受公众舆论和行政系统的法律监督部门的约束。通过这种建立在民主体制下的权力制衡，就防止了征税过程因人而异和偏向特权，保证了税法实施过程的人人平等和一视同仁，也有效防止遏制偷逃税和法外征课。

（三）守法纳税程度高

在西方国家，虽然偷逃税也是屡禁不止的，但因为预算由人民代表决定、税款使用的透明度高，税收执法严格，对偷逃税处罚严厉，以及社会对信用的看重、舆论监督的作用，纳税人纳税义务意识、普遍守法观念和偷逃税耻辱观念树立起来了。守法纳税与信用关联，偷逃税不仅是违法行为而且也是不守信用的败德行为，一经查处并公之于众，不仅要受法律制裁，而且会成为舆论界的众矢之的，甚至因此断送职业生涯。无论名声多大、职位多高的人都要主动申报纳税，接受税务部门的监督检查。这种税法由人民决定，而人民普遍遵守税法习惯的形成是税收法治的重要标志之一。

三、中国社会经济条件下税收法定原则

新中国成立以后，废除了苛索人民、为官僚资本家和买办阶级服务的旧税法，着手进行社会主义税收法制建设，确立了"依法办事、依率计征"的原则。其后又在宪法和刑法等法律中分别规定了公民的纳税义务和偷逃、抗税处罚的条款，取得了一定的成效。但是，还有一些问题仍未解决。有必要深入探索税收法定原则的内涵，为推进依法治税提供理论依据和行为准则。

（一）逐步提高人民或其代表参与决定税法的程度

课税过程表现为财富从纳税人（负税人）手中转移到政府手中，总是会产生被迫感，无论什么样的国家，自觉纳税都不是自然产生的，人们总是希望不纳税或少纳税。人民参与税法制定的程度越低，被迫感就越强，对税法的抵触就越明显，自觉纳税的意识和行动就越缺乏。提高人民或其代表参与决定税法的程度是减少这种被迫感，降低征税福利损失的基础条件之一。征税被迫感程度与税制结构有关，流转税采用税含价模式，纳税人不一定是实际负税人被迫感较低；所得税和财产税，直接对个人或单位收入课征，财富直接扣除流入国库，被迫感强。如果实行所得税特别是个人所得税和财产税（如房地产税和遗产和赠与税）并以它们为主体，更需要有人民或其代表参与决定税收的机制，以降低被迫感的程度，使税制易行。

我们要重点讨论的问题是，在中国目前的政治架构下如何提高人民或其代表参与决定税法的程度。总的原则应当是通过实际的运行机制在税收治理上实现党的领导、人民当家作主和依法治国的有机统一，坚持好、完善好、运行好人民代表大会制度，健全吸纳民意、汇集民智工作机制。当前要解决并且能够解决的问题有两个。第一，建立人民代表或人大常委会组成人员对选民负责的约束和激励机制。要真正提高人民及其代表参与税法决定的程度，进一步明确代表对象范围；就需要注入代表（包括人大常委会组成人员）的制约机制和激励机制，让他们有责任替选民负责，不替选民负责的人会被淘汰，积极替选民负责维护选民利益的人会得到更高的待遇和地位。要做到这一点就需要人民代表或人大常委会组成人员一定程度职业化，明确代表对象，由选民决定他们的地位存续和待遇。第二，建立党委集中人民智慧和要求的机制。为了保证党总揽全局、协调各方的领导核心作用，必须推进决策科学化、民主化，完善决策信息和智力支持系统，增强决策透明度和公众参与度，制定与群众利益密切相关的包括税法在内的法律法规和公共政策要公开听取意见，直接接受人民的咨询，充分收集人民的意愿和要求，形成使党代表绝大多数人民根本利益的现实机制。

（二）制定良好的税法

良好的税法必须符合公平和效率的要求并具备合宪性。宪法是国家的总章程和根本大法，是一切法律的母法和依据。任何违宪的法律都是无效的。因此，税收也要遵从宪法，具备合宪性。在社会主义条件下，税法只有反映最广大人民的根本利益，有利于社会主义事业的发展壮大，符合公平和效率的要求才是公正的税法。

良好的税法，必须是具有可行性的税法。中国还处在社会主义初级阶段，税法制定过程中既要学习借

鉴其他国家的经验，又要充分考虑中国还处在社会主义初级阶段、中国存在特殊的文化环境，税法制定不要盲目进行国际接轨，而要坚持从实际出发，深入调查研究，进行反复论证，使税法切合实际，有利于执行和遵守。当然税法也不能迁就落后，应当把经济的发展、民众文化水平的提高和观念意识的变化等因素考虑进去，使税法具备一定的预见性和超前性，以保证税法的稳定性。

良好的税法具有规范性。马克思说过："法律是肯定的、明确的、普遍的规范。"（马克思和恩格斯，1956）中国古代管子也认为："法律政令者，吏民规矩绳墨也。"（《管子》卷第十七，七臣七主第五十二）税法是对征纳双方以及一切单位和个人具有普遍约束力的"规矩绳墨"，是权利义务分明、赏罚必信的行为规则。

良好的税法是具有统一性的税法。税法的统一意味着税法在制定者的管辖权范围内是管束税收领域内一切事件的普遍一致的规范。税法统一是保证全国税收法制统一的基本前提，统一税法、统一税种、统一税目税率、统一计税标准和征收办法，可以保证同等条件负担同样税收，使税收负担符合公平原则的要求。税法的统一性还意味着税法体系内部要和谐一致。在实体上不搞一税多法，一税多法会损害公平竞争，也会使税制变得复杂，增加税收成本。统一税法还意味着与其他法律部门如刑法、会计法和企业法等和谐一致。说税法要统一，并不是要求一刀切地样样一致。中国是多民族的国家，幅员辽阔，经济发展不平衡，经济结构多元化，制定税法时，基本方面要坚持统一，又要讲适当的灵活性和区别对待，除一般性条款外还应规定适当的特殊条款，以保证统一税法具有更大的适应性和可行性。

良好的税法具有明确性又不失概括性。作为指导税收征纳的一般行为规则，税法的规定要明确、清晰，不能含混不清、模棱两可，立法意图要充分表达。征税主体、征税客体、纳税义务发生的条件、纳税数量或计算方法、纳税的时间地点方式等都要规定得确实明了。税法规定越明确，执法人员斟酌使用权力、专断妄为的可能性就越小，纳税人钻税法空子进行避税的可能性也就越小。一般说来，税法规定得越具体、详细，就越明确，对实践的引导也就越可靠。但也不能过于具体和详细，以免导致税法冗长、内容复杂、不易掌握。因此，税法在制定时还得讲概括性，即税法规定要概括一定类型的情况，它是在同样情况下可以反复运用的，而不是仅运用一次的行为规则。

良好的税法具有相对稳定性。税法作为征纳双方的一般行为规范和准则，一经制定公布，就必须在一定时期内保持稳定。许多生产经营活动是周期性的，从投资建厂到产品出厂、收回投资有一段时间间隔，如果税法朝令夕改、变动频繁，纳税人就无法准确估计税收负担、进行损益计算，人们无所适从。说税法要稳定，并不是要求税法一成不变。税法要适应生产力和生产关系发展变化的需要而进行变革。但对税法的变革要以极其慎重的态度对待。

充分考虑上述各项要求，才能制定出良好的税法。但是，如果仅有良好的税法而解释任意、执行不严，仍然不能实现税收法制。

（三）不溯及既往和祖父规则

不溯及既往（nonretroactivity）表明税法变动后，在新法生效前的纳税事项依然照旧法办事。不溯及既往有利于减少税法变动对纳税人决策的影响，纳税人从事生产、经营或劳务活动，总是要在考虑税收政策影响的基础上作出决策，如果对已经完成的交易或正在进行的交易适用新的税法规则，就会使纳税人无所适从，即使是良好的税法也会导致福利损失。因此，一般情况下，税法不溯及既往。但税法生效时间一定，公平原则又要求对纳税人一视同仁，生产经营活动往往具有连续性，实际上不能完全做到不溯及既往，因此，如果遇到税负提高的税制变化，往往给予已经存在的交易活动或资产一个过渡期，允许现存交易活动和资产的未来税收待遇在这一过渡期内与改革前的税收待遇一致，以减少税负突增对其经营和生活的影响。这一规则又称祖父规则（grandfather rules）(Zodrow，1992）。不过享受过渡期待遇的条件要细致、明确、合理，尽可能避免造成对新旧纳税人的不公平。此外，为了防止税法变化引起纳税人（负税人）行为的剧烈变动、防止避税、减少新税法实施阻力等，在某些特殊情况下，也允许溯及既往。例如，提高酒的消费税税率，该税率既适用于新法生效以后生产的酒，也适用于之前生产的酒，否则会迫使销售者大量抛售、消费者大量购买囤积，造成福利损失。再如，在原税法中发现错误，如果不纠正可能导致财政收入大量损失。在允许税法溯及既往时，要详细、明确规定溯及的范围和条件。

（四）普遍遵守税法规章

制定和颁布税法只是事情的开始，关键是使税法在实际生活中得以实施。如果不能将已经制定的税法认真贯彻、严格执行，那么税法便会成为一纸空文，那种主张法律万能、认为只要有了法一切问题都可迎刃而解的观点是错误的。税法得以有效实施的关键是征税人和纳税人共同遵守税法规范。

征收机关和司法机关严格执行或正确运用税法，同时纳税人履行纳税义务也应当成为人民当家作主的自觉行为。国家机关及公职人员在遵守税法方面负有特别的责任。实践证明，国家干部模范地遵守税法是人民群众遵守税法的前提。恩格斯指出："即使是在英国人这个最尊重法律的民族那里，人民遵守法律的首要条件也是其他权力机关不越出法律的范围。"（马克思和恩格斯，1965）无论是税务机关的活动还是司法机关的活动，要做到严格执行税法，都必须做到以税法为准则，税法面前人人平等。在确定征与不征、征多征少时以税法规定为准则。

在对具体纳税人适用税法或进行税法解释时，应保持公共信任，税务主管部门应当对他们错误适用税法和不正确解释而导致的财政收入损失承担责任，当然法院有权纠正这种错误解释，但当善意纳税人遵守税务主管部门的错误解释而违法时，不承担罚款责任（图若尼，2004）。

在进行案件处理，确定胜诉与败诉、采用什么方法进行惩罚、轻重如何时，也以税法或其他相关法律为准则，绝不专横武断、徇情枉法、营私舞弊。不容许任何人有超越税法、凌驾于税法之上的特权。这一方面需要进一步强化民主监督，另一方面要建立反面子、人情、关系的制度，在技术层面保证规则不被左右，改变依人不依法、依言不依法、依权不依法现象。其具体办法是消除含糊不清的规则，不设计幅度税率和有上限下限的滞纳金、罚款条款，从而杜绝执法人员斟酌使用权力的可能；实行公开办税，做到税法公开、政策公开、征管制度公开、征税人员纪律公开、税务案件查处公开，增加税收工作的透明度；建立纳税人权利规章，明确规定没有税法和其他法律授权，税务机关不得对纳税人进行调查、搜查、扣押、要求披露信息，当出现税务机关违法行动时，纳税人有申诉、救济的渠道；对依法立案处理的案件，税务机关内部应形成严密的查处程序，处置权力应相互制约，同时建立干部责任追究制度，加大违法处理的预期成本，使滥用权力和只顾面子、人情、关系的人却步，使执法公正；建立专业的税法审判机构（如税务法院），重视判例作用，使判例成为税法主要解释方式，使税法规则在执行中更加明确、具体、连续、一致。

纳税人守法程度（或称奉行程度）与很多因素有关，概括起来有管理因素，包括发现的概率和被处罚的成本；财政因素，包括税率高低、税制是否公平和符合国情、纳税人对税法和税款使用决策的参与程度；文化道德因素，包括逃税的道德代价、撒谎的内疚程度和面子、人情、关系的作用力度等。西方经济学家对此作了大量实证研究，也提出提高奉行程度的措施，但还没有唯一确定的结论。从管理角度说，提高审计检查的范围，从而提高逃税被发现的概率，自然会减少逃税，从而提高奉行程度。但审计检查的范围越广，征税成本越高，因此，审计检查的面只能是有限的，只能针对重点大宗税源；处罚是遏制逃税的重要手段，但如果力度过高、量刑过重，也会鼓励铤而走险。从财政因素而言，税制越公平、越符合一国国民的行为习惯，税款使用越透明、越是用之于民，纳税人参与财政税收决策的程度越高，征税的被迫感就越低，守法的程度就会越高。从文化道德角度，一个社会诚信程度高，撒谎的代价大，面子、人情、关系作用小，那么违法被处罚的预期成本就高，自觉纳税程度也就比较高。

第五节 合 情 原 则

公平、效率、适度和法定构成税制设计的普遍原则，但每一个国家（政府）国情不同，政府在不同的历史阶段所面临的任务各异，因此一国的税制设计还要考虑本国国情。同样在当代中国，设计税收制度不仅要贯彻公平和效率等原则，而且还要顾及当代中国国情，遵循合情原则（reasonable principle）。

合情原则不仅要求以中国还处在社会主义初级阶段，要推进中国式现代化和构建高水平社会主义市场经济体制的国情为基本依据，从国情现实中把握税收方面面临的主要矛盾和要解决的主要问题，还要求关注中国现实文化（realistic culture）和西方文化的差异，制度设计和管理办法的选择都要与现实文化兼容。

一、推进中国式现代化和构建高水平社会主义市场经济体制的国情是税制设计的基本依据

在进行税制设计并推行税制改革时，学习借鉴西方发达国家和其他发展中国家的经验是必要的。但中国有其特殊的国情，不同历史时期国家战略着眼点也不同，因此税制设计和改革不能脱离国情和当代国家战略。

（一）推进中国式现代化

中国进入新时代的基本国情和发展战略是税制设计的基本出发点。决定经济制度包括税收制度的最终因素当然是生产力的发展水平。经过近几十年的发展，中国打赢了人类历史上规模最大的脱贫攻坚战，全国 832 个贫困县全部摘帽，近 1 亿农村贫困人口实现脱贫，960 多万贫困人口实现易地搬迁，历史性地解决了绝对贫困问题。中国经济实力实现历史性跃升。GDP 和经济总量占世界经济的比重，稳居世界第二位；人均 GDP 不断增加，谷物总产量稳居世界首位。制造业规模、外汇储备稳居世界第一。建成世界最大的高速铁路网、高速公路网，机场港口、水利、能源、信息等基础设施建设取得重大成就。科技自立自强，全社会研发经费支出居世界第二位，研发人员总量居世界首位。基础研究和原始创新不断加强，一些关键核心技术实现突破，战略性新兴产业发展壮大，载人航天、探月探火、深海深地探测、超级计算机、卫星导航、量子信息、核电技术、新能源技术、大飞机制造、生物医药等取得重大成果，进入创新型国家行列。人民生活全方位改善，建成世界上规模最大的教育体系、社会保障体系、医疗卫生体系，教育普及水平实现历史性跨越。

国家建设和发展取得举世瞩目成就的同时，还面临不少困难和问题。发展不平衡不充分问题仍然突出，推进高质量发展还有许多卡点瓶颈，科技创新能力还不强；确保粮食、能源、产业链供应链可靠安全和防范金融风险还须解决许多重大问题；重点领域改革还有不少硬骨头要啃；意识形态领域存在不少挑战；城乡区域发展和收入分配差距仍然较大；群众在就业、教育、医疗、托育、养老、住房等方面面临不少难题；生态环境保护任务依然艰巨。[①]

现在和今后一段时间，我们要以中国式现代化全面推进中华民族伟大复兴，全面建成社会主义现代化强国。中国式现代化，是中国共产党领导的社会主义现代化，既有各国现代化的共同特征，更有基于自己国情的中国特色。

中国式现代化是人口规模巨大的现代化。中国式现代化是全体人民共同富裕的现代化。中国式现代化是物质文明和精神文明相协调的现代化。中国式现代化是人与自然和谐共生的现代化。中国式现代化是走和平发展道路的现代化。

推进中国式现代化，包括建立中国式现代化税收制度，在方法和理念上，必须坚定道路自信、理论自信、制度自信、文化自信。在进行税制设计、推进税制进一步改革、优化税收政策时，既不能刻舟求剑、封闭僵化，也不能照抄照搬、食洋不化。要始终从国情出发想问题、作决策、办事情，既不好高骛远，也不因循守旧，保持历史耐心，坚持稳中求进、循序渐进、持续推进。坚持把实现人民对美好生活的向往作为现代化建设的出发点和落脚点，着力维护和促进社会公平正义，着力促进全体人民共同富裕，坚决防止两极分化。不断厚植现代化的物质基础，不断夯实人民幸福生活的物质条件，同时大力发展社会主义先进文化，促进物的全面丰富和人的全面发展。坚持可持续发展，保护自然和生态环境，坚定不移走生产发展、

[①] 《高举中国特色社会主义伟大旗帜为全面建设社会主义现代化国家而团结奋斗——在中国共产党第二十次全国代表大会上的报告》，http://www.gov.cn/xinwen/2022-10/25/content_5721685.htm。

生活富裕、生态良好的文明发展道路，实现中华民族永续发展。在国际税收领域，一方面发挥发展中大国的作用，积极参与国际税收规则制定，保证国际税收规则发展既有利于国际经济活动，也有利于发展中国家和新兴国家；另一方面摒弃殖民、掠夺等方式实现现代化的思维方式，绝不损人利己，绝不损害广大发展中国家利益，站在促进人类文明进步的高度，高举和平、发展、合作、共赢旗帜，在坚定维护世界和平与发展中谋求自身发展，又以自身发展更好维护世界和平与发展。

（二）按照习近平新时代中国特色社会主义思想的要求把握税收方面要处理的主要矛盾和主要问题

党的二十大报告提出："我国是一个发展中大国，仍处于社会主义初级阶段，正在经历广泛而深刻的社会变革，推进改革发展、调整利益关系往往牵一发而动全身。我们要善于通过历史看现实、透过现象看本质，把握好全局和局部、当前和长远、宏观和微观、主要矛盾和次要矛盾、特殊和一般的关系，不断提高战略思维、历史思维、辩证思维、系统思维、创新思维、法治思维、底线思维能力，为前瞻性思考、全局性谋划、整体性推进党和国家各项事业提供科学思想方法。"[①]

税收除了为政府机器运行和必要的公共产品供给提供财力外，作为重要的政策工具，还承担调控社会经济的职责。合情原则的内涵自然包含税收政策安排要与现阶段国家战略和政策体系相一致，并作为其中的一个重要部分，参与社会经济发展中突出矛盾和问题的化解。因此，当前治税策略应当是按照习近平新时代中国特色社会主义思想的要求，坚持以推动高质量发展为主题，把实施扩大内需战略同深化供给侧结构性改革有机结合起来，增强国内大循环内生动力和可靠性，提升国际循环质量和水平，加快建设现代化经济体系，着力提高全要素生产率，着力提升产业链供应链韧性和安全水平，着力推进城乡融合和区域协调发展，推动经济实现质的有效提升和量的合理增长。促进经济发展方式的转变，体现以人为本，统筹城乡发展、区域发展、经济社会发展、人与自然和谐发展、国内发展和对外开放，统筹中央和地方关系，统筹个人利益和集体利益、局部利益和整体利益、当前利益和长远利益，充分调动各方面积极性。

1. 整体谋划财政收入体系，突出国有资产收益分配

新时代是指中国特色社会主义进入了新时代，全面深化改革总目标是完善和发展中国特色社会主义制度，不单是市场经济制度。财政收入体系建构和税制改革不仅要依据建立完善市场经济的要求，还需要从社会主义特有制度属性来进行整体谋划。中国经济制度的最大特色以及最大的优越性在于实行中国特色社会主义市场经济。这个制度不仅有世界通行的市场经济机制，还要有社会主义机制，是二者有机统一体。其中社会主义机制突出体现为全民所有制。全民所有制实行国家所有制，由政府代表人民来管理经营全民所有的资产，但政府也只是代理人，全民才是所有者。全民所有制的所有权仍然要具备所有权的一般特征，即无论所有制具有何种名义、采取何种形式，所有权权利最终还是要落实于所有者。如果缺少这样的机制，就只能是名义上的全民所有制而不是真正的全民所有制。

因此未来财政收入体制改革，要把国有资产（包括企业、自然资源、行政事业单位、军事单位等）收益和增值权益作为财政收入系统最重要的内容列入改革完善的议题。在税收支撑的一般公共产品供给体系以外，新建一个由国有资产收益来支撑的新型社会主义公共产品供给体系，体现以人民为中心的发展思想，实现发展为了人民、发展依靠人民、发展成果由人民共享的发展观、现代化观。

2. 摒弃美国西方思维方式，选择更加符合中国国情的先进税制模式

我们现在流行的理财治税思维方式在相当大的程度上受西方影响，特别是受美国影响。例如，实行以直接税（主要是所得税，特别是个人所得税）为主体的税制结构，就是典型的依据西方特别是美国思维方式进行思考得出的结论。实际上，认为所得税特别是个人所得税是理想的税种、是对社会福利损害最小

---

① 《高举中国特色社会主义伟大旗帜为全面建设社会主义现代化国家而团结奋斗——在中国共产党第二十次全国代表大会上的报告》，http://www.gov.cn/xinwen/2022-10/25/content_5721685.htm。

的税种、是最公平的税种等观念是19世纪后期到20世纪早期的西方流行观点，20世纪60年代最优所得税理论出现以后，上述观点就已经被认为不正确的了。在美国，也有很多有识之士早就认为所得税弊害多多，用单一税代替所得税早已成为世界性浪潮。

再如，主张开征住户房产税（或房地产税、财产税、物业税等）建立地方税系也明显是源自美国的理论和经验。美国等国家之所以选择财产税作为地方财政的主体税种，是与其特有的历史、政治体制相联系的，美国属于联邦制国家，实行多样化的、地方自治、高度分权的体制，各类政府自治，不存在隶属关系。美国地方政府因满足不同的利益团体的特定需要而形成。美国各州不仅设置市、县、乡镇一类的一般目的政府，还存在许多为特定目的行使特定功能的地方政府，如负责基础教育的学区，负责医疗服务的医院区，承担排水、防洪、灌溉、水土保持的自然资源管理区，消防局，住房与社区发展局等，这些都独立于一般市县政府之外。理论界一再通过实证研究表明，财产税绝非良税，其负面效应明确无疑，但因为难以找到更合适的财政方案。因此美国地方政府依赖财产税和税外收费既是历史形成的也是别无选择的安排。

我们不反对充分地学习借鉴西方包括美国的经验，洋为中用，更不反对汲取西方经济发展的教训，洋为中戒。需要考虑经济体性质差异、政府性质差异、文化差异（cultural difference），不能简单地采用西方特别是美国的思维方式，尤其不能采用可能过时了的、落后的思维方式，试图解决当下中国财政问题，避免出现种种的误解、误判、误导。我们要像坚持中国特色社会主义道路、制度和理论那样，主要根植于中国国情，不仅依据市场经济，更要依据社会主义的实际，敢于独创中国自己的财政收入体系。

3. 契合经济发展变化格局，促进社会经济更加协调发展

中国进入新时代，经济发展进入新常态，其特征是经济增长不再持续高速增长；由规模型的粗放增长转向效率型的集约式增长；产业结构由中低端转向中高端；由要素驱动转向创新驱动。近期国际经贸摩擦加剧，国内经济下行压力加大，国内消费、投资、出口下滑，就业压力显著加大，企业特别是民营企业、中小微企业困难凸显，金融等领域风险有所积聚，基层财政收支矛盾加剧[①]。未来财政收入体系和税制改革与以往财力相对充裕的状况不同，要面临常态化的矛盾，即一方面要减税让利以促进经济发展，另一方面要增加收入以维持政府运行和社会秩序，应对重大挑战、抵御重大风险、克服重大阻力、解决重大矛盾。近些年，我国一般公共预算赤字额和显性债务率均处于高位。

在这种发展变化的新格局下，一方面税制改革要改变单纯保财力的导向，适度减税降费，加强税源培植，激发经济活力特别是经济发展新动能应当成为主要着眼点，税负不仅不能提升，还应当有所减轻。主要税种改革坚持实质转变，而不是形式整合，坚持进一步简化而不是使税制复杂化。在确保税制简化的情况下，针对居民因身份差异而发生的名义收入与实际收入的差异，分类处置，而不是按美国思维提倡综合，这样才能增进实质公平。另一方面，要大力增加政府财力。财政收入的增加必须依靠系统地推进税收、非税、国有资产收益、土地收益、政府性基金等整体联动，从整体和长远角度谋划财政事宜，避免非税收入规模扩张，通过减税政策降低的税收负担通过非税收入重新施加在居民与企业身上（谷成和潘小雨，2020）。

此外，财政收入体系和税制改革要着眼于消除地区差异、收入（待遇）差异，而不是加剧区域发展不均衡和不同群体公共服务不均等。这需要进一步改革流转税（包括增值税、消费税和关税），探索从生产地课税转变为消费地课税的可行途径，从而从税制本身解决税源地与用税地不一致所造成的税制不公平问题，克服发达地区对不发达地区的虹吸效应，促进区域协调发展。同时还需要进一步完善社会保险体系，逐步实现社会保险从身份差异、区域差异转变为国民待遇无差别。

4. 坚持税收制度确实稳定，增强财政政策预期提高政策效果

税收制度不能朝令夕改，如果经常变动，会使纳税人无法预期，从而无法长期谋划产业发展和开展正

---

① 《2020年政府工作报告》，https://www.gov.cn/guowuyuan/2020zfgzbg.htm?ddtab=true。

常经济活动，对经济活动特别是长期性活动形成干扰。早有研究表明，只要竞争充分，拥有的信息和能力相同，且市场不存在准入限制，那么只要原先的税制不变，竞争的结果会导致税后净收益相等，最终会出现横向公平。税制经常变化不仅破坏税制公平，而且会因为经济活动难以预期导致效率损失。税制运行存在成本，包括征税成本和奉行成本。税制越复杂、越含糊，税收成本就越大。税法和管理规章制度要明确、简明、稳定。要尽可能简化税制，能够实行单一税制的，就不实行复合税制，能实行源泉扣缴的地方，就不实行综合申报；专用设备成本要低廉，税务代理制度要简便易行，设备的采购和推行、管理制度的改革要公开、透明，非有纳税人及其代表参与不得随意指定税务专用设备、随意推行税务代理或其他一切需要纳税人负担费用的税务管理措施（杨斌，2021）。

总之，税收制度和政策安排，要在尽可能减少额外负担的前提下，促进国家战略的落实，这也是符合国情要求的应有之义。

二、设计与现实文化相容的税收制度

（一）文化的界定

国情包括生产力水平、经济政治制度，还包括文化特点和由其决定的人与人关系处理规则、政治家的行为、基层征收人员的行为、纳税人的行为。除了生产力发展水平以及由其决定的生产关系是决定税收制度模式的重要因素之外，文化也是制度选择必须考虑的基本要素。文化这个概念从广义上讲包括人类活动所形成的一切物质和精神的成果。但本书采用狭义的文化概念，将文化定义为由一个社会实际存在的主流的价值观念和行为、处事规则所组成的道德传统。西方不同民族和不同国家存在很不相同的文化。本书所称的西方文化是指主要发源于英国、德国并继承和发展起来的道德传统包括主流价值观念以及行为、处事规则，特别是处理人与人关系基本准则和机制。

中国是一个由多民族组成的国家，且地域辽阔，不同的民族、在不同的地域生活的同一个民族，其文化也存在差异，本书所称的中国文化指汉族具有共同特征的文化。

文化差异是一种人类本性绝大部分相同（如人类均有利己心和利他心，均有七情六欲等）情况下人与人关系处理规则在程度上的差别，并不表明民族的优劣。不论中西，一旦一种文化被确定为社会生活的主流机制，成为生活在其中的人们必须遵守的道德传统，不管这种文化是好还是不好，不管人们是否意识到它的存在，它就像一个看不见摸不着的网一样罩着每一个人的社会生活。正如韦伯（1987）所说的，它是一种必须生活于其中的不可更改的秩序。例如，在西方社会中，只要涉足于那一系列的市场关系，资本主义经济就会追使他服从于资本主义的活动准则。假如一个制造商长期违犯这些准则，他就必然要从经济舞台上被赶下去；假如一个工人不能或不愿适应这些准则就必然被抛到街头成为失业者。谁要是不使自己的生活方式适应资本主义成功的状况，就必然破产，或者至少不会发家。

（二）中西文化的差异及其对税制模式选择的影响

按照上述关于文化的界定，我们发现在一定条件下文化对制度（包括税制）的选择也起决定作用。任何一项制度均有其存在并进化的文化基础，当制度与其文化基础相适应时，制度就能生存和进化；当制度与文化不相适应时，制度就会被文化所肢解，文化就会创造出与其相适应的制度（我们称之为实际运行的制度）。

在英国、美国、德国等西方国家，文化上存在如下显著特点。

第一，宗教信仰普遍性、深入性、统一性较高，即使在现代科技高度发达的时期，社会的宗教性也没有降低（斯达克和芬克，2004）。宗教性程度高演绎出不同的道德风格。例如，追求经济利益是多数人的普遍动机，而且在一般人看来赚钱只是手段而不是目的，赚钱是为了消费和享受。但按照韦伯（1987）的分析，在典型的西方文化中，追求经济利益成为目的而不是手段，"把获利作为人生的最终目标。在经济上获利不再从属于人满足自己物质需要的手段了","在现代经济制度下能挣钱,只要挣得合法,就是长于、精于某种天职(calling)的结果和表现",视赚钱为神授的义务。一个人是为了他的事业才生存,而不是为了他的生存才经营事业。韦伯认为这种看来违反常理的精神气质正是资本主义精神的核心。这就造成了一种不断创造财富和追求利益增加的动力。

第二,价值从内在途径获得,而不是从别人的评价中来检验。虽然也有人情和关系,也存在攀比、摆阔、形式主义。但人情和关系远没有成为高于法律之上的社会规则,攀比、摆阔、过分注重形式主义等也没有成为主流文化因素。

第三,追求经济成功的手段以严格的核算为基础而理性化,在生活和行为方式中具有注重精确的特征。这导致普遍重视效率即注重时间的节约、投入产出的对比。理性核算的普遍化,使西方人对价格信号敏感,往往斤斤计较,形成注重质量的经济运行机制。

第四,超越血缘关系的社会机制。西方社会存在比较发达的社会中间组织如教会、专业团体、工会、俱乐部、福利机构、私立学校以及其他志愿团体,特别是建立在非血缘关系基础上的现代企业组织。在这些社会团体中西方人非常善于与人合作也非常合群(福山,2001)。除了存在追求经济利益的竞争关系外,还广泛存在共利的合作关系,西方文化既是自私自利的文化又是以社团为纽带的合作文化。如果市场经济只有竞争,没有合作,这种市场经济是不可能发挥其对资源配置的基础作用的。

上述文化带来了一些重要的社会治理特征,如以经济利益为中心,每一个人都勇于捍卫自身利益,不讲情面;在资本家的管理下,为谋利要求工作人员做事细致、追求质量;在利益博弈的氛围里,制定法律时,能考虑细节,做到周到具体,法律的可实行性较强;为避免他人侵犯自身利益,经过相当长时间的改变,使法律成为准绳,法律成为规范人与人之间关系的最基本原则,立法者、司法者、执法者得以有效监督,干部的违法行为得到有效遏制。在这种社会治理特征下,治税和纳税都注重法律的规定,而不是人情关系,税法的执行和税务违法的处罚是严格的,一般不受人情关系影响,他们并没有在法律问题上讲情拉关系的习惯。尽管也存在偷逃税动机,但被视为不守信用的败德行为。这就形成了违法被处罚(包括法律处罚和道德处罚)的预期成本很高的普遍社会心理,一旦偷逃税被发现可能被罚得倾家荡产且无人情可讲,还会成为舆论界的众矢之的。在这种文化背景下,西方税制模式,如凭发票(不需要统一印刷和添加防伪标志)抵扣进项税额的增值税、建立在个人自觉申报基础上的个人所得税、建立在受益原则基础上的地方房地产税,才能以较低的成本和可控的福利损失有效运行。

(三)设计与文化相容的税收制度

在违法被处罚的预期成本很低的情况下,应当采取低税率、低负担、宽税基、严管理、易征收的办法,尽量减少对偷逃税的利益诱惑,使偷逃税意义不大,缴税也不心疼。在违法被处罚的预期成本很低的情况下,高税率必然诱惑偷税;越自动的机制(如凭发票就得到税额抵扣或退税)必然导致越严重的骗税、欺诈;越细致的差别政策、越严格的审批制度必然产生越多的寻租行为和越严重的腐败,从而使政策越偏离初衷。相当多的人认为,税率低了,就达不到调节的目的。这种说法看起来有道理,但结合中国的具体情况,就不一定正确。调节作用不能只停留在制度设计上,最关键的是要能执行,税率定得高,且不说影响效率,偷逃税的诱惑就很大,在税收违法被处罚的预期成本不高的社会心理作用下,结果不仅不能按高税率征税,就连基本的税收也收不到,何谈调节作用。这里有征管上的问题,但也有制度设计上的问题。

在选择或设计税收制度或具体规则、办法时,要设计出使面子、人情和关系无法起作用的制度,即反面子、人情和关系的制度,这种制度能够避开面子人情和关系的影响而确实运行,从而使制度中体现的效率和公平的理想得到实现。实际上就是要求税法规定要明确具体,规则要详细,避免含糊不清,让执法者没有权力灵活变通,从而抵制面子、人情、关系的影响。

总而言之,西方文化下行之有效的制度在中国文化环境下可能无法产生同样的作用。如果引进的制度与中国特有的文化系统不相容，即使制度规定得很理想，实际实行中必然会在很大程度上走样，统一的制度就会被肢解，字面上的规定与实际运行结果就会日益不同，从西方引进的制度就只剩下形式而无实质了。文化会创造出与其相适应的制度（我们称之为实际运行的制度），其与法律规定的制度存在很大的不一致。引入一项现代的制度只是一个开端，而要培育起使该现代制度有效运作的社会文化，是一项远为艰难的任务（曹锦清，2000）。在还不存在西方模式税制有效运行的社会文化的前提下，完善税制的方向不是和国际接轨，而是着眼于税法规定与实际执行相一致，在最低征收成本条件下完整实行。要做到这一点，在制度设计时，就不能简单地学习西方做法，不能动辄国外如何。外国没有做过的事我们也可以做，外国热衷的事情可能不适应中国国情。即使是公认科学合理的管理办法，也要根据中国国情进行改造。结合国情特别是中国独特的现实文化的创新是解决问题的根本途径。当然，随着国家日益发展进步，中国进入最接近中华民族伟大复兴的新时代，人民群众空前具有道路自信、理论自信、制度自信和文化自信，加上当代信息技术的广泛应用，反腐倡廉力度的不断强化，税制存在的社会文化环境也在发生深刻变化，社会主义市场经济税收制度必将展现独创的中国方案，单纯引进的思维范式将成为过去，致力于为世界税收制度的完善创造中国经验必将成为新范式（杨斌，2014；杨斌，2020）。

【本章小结】

1. 税收原则是制定、评价税收制度和税收政策的标准。税收原则理论阐述一定历史条件下设立、废除、调整、完善税收制度和税收政策必须考虑的基本问题及它们之间的关系。税收制度设计要遵循公平、效率、适度、法定和合情五项原则。

2. 中国古代税收公平思想经历了三个阶段，即相地而衰征、按纳税人劳动能力的强弱制定不同的征税等级、以占有财产的数量为标准课税。西方税收公平思想集中体现在受益原则、支付能力原则和社会公平原则三个方面。受益原则说明人民应按个人从国家（政府）公务活动中所享有利益多寡缴纳税金，以资交换。但政府给每个人的利益多少很难测量，因此就有维克塞尔的公共选择和林达尔模型试图解决这一问题。支付能力原则，根据能力衡量标准是主观还是客观的，分为牺牲说和所得等客观标准说。社会公平原则就是主张通过收入再分配来实现社会公平，存在不同的学术观点。一派主张过程公平，另一派主张结果公平。

3. 即使经过许多杰出经济学家的创新，税收公平问题还是没有得到完美解决。中国的税收学要研究阐明可能达到的而不是应该达到的税收公平的思路和途径，即阐明中国社会经济文化条件下的税收公平原则。这一原则包含如下若干具体原则：首先是税制的无差别待遇原则，具体内容是同样条件纳同样税、普遍课税原则、对企业组织方式无差异原则、税种相互配合原则；其次是税款缴纳与财政利益整体对称原则，具体内容是低收入群体和不发达的区域所缴纳的税收与获得的财政利益至少应当对称、更多地实施税款专用的原则；最后是有效的收入和财产再分配原则，具体内容包括机会平等下的中性原则、机会不平等下的有效干预原则。税收制度对过程不公平的调节很难奏效，对结果平等的调节作用也不大。

4. 税收效率指的是以尽量小的税收成本取得尽量大的税收收益。税收收益不仅包括直接收益，还包括间接收益。税收成本不仅包括税收的征收和管理费用，还包括间接成本。税收效率一般通过税收成本与税收收益的比率衡量，比值越小意味着税收效率越高。在税收收入既定的情况下，要提高税收效率，就要减少直接征税成本、奉行费用、额外负担等。

5. 政府征税不仅导致纳税人（负税人）付出税款的损失，而且由于征税过程影响了纳税人的决策和行为，如果结果使其境况或福利不如税前，那么就产生了超过已缴纳税金的福利损失，我们把这种福利损失称为额外负担。额外负担大说明税收效率低。要从影响额外负担的主要因素入手，设计好的税制使税收的效率损失减少。

6. 税收适度原则的内涵包括两个层次：第一层次是足额稳定；第二层次是适度合理。具体地说，就是要使税收同国民生产总值和国民收入保持相对稳定的比例关系；进行税制改革时，要选择收入弹性大的税种，要防止取之过度而影响纳税人积极性；税收总量不能超过同期剩余产品价值总量；要科学区分国家财政收入中的税收形式和非税收形式。

7. 制度、政策、负担水平等税收事宜必须通过立法程序，由人民或其选出的代表决定，非经代表同意，政府不得对人民课税。这就是税收法定原则或税收民决（即人民决定）原则，这是现代税收的治理模式，是税收现代化的根本标志。

8. 公平、效率、适度和法定构成税制设计的普遍原则，但每一个国家国情不同，政府在不同的历史阶段所面临的任务各异，因此一国的税制设计还要遵循合情原则。合情原则不仅要求以中国还处在社会主义初级阶段，要推进中国式现代化和构建高水平社会主义市场经济体制的国情为基本依据，从国情现实中把握税收方面面临的主要矛盾和要解决的主要问题，而且还要关注中国现实文化和西方文化的差异，制度设计和管理办法的选择都要与现实文化兼容。

【概念与术语】

税收原则（principles of taxation） 公平原则（equitable principle） 效率原则（efficiency principle） 适度原则（moderate principle） 法定原则（legal principle） 合情原则（reasonable principle） 受益原则（benefit principle） 社会契约论（social contract theory） 按能力负担（burden based on capacity） 牺牲说（sacrifice theory） 绝对均等牺牲（equal absolute sacrifice） 比例均等牺牲（equal proportional sacrifice） 边际均等牺牲（equal marginal sacrifice） 横向公平（horizontal equity） 纵向公平（vertical equity） 林达尔模型（Lindahl model） 税收成本（tax costs） 奉行费用（compliance costs） 额外负担（excess burden） 不溯及既往（nonretroactivity） 祖父规则（grandfather rules） 现实文化（realistic culture） 文化差异（cultural difference）

【思考题】

1. 你认为应当如何设计税制才能在实现税收公平的同时保证税收效率？
2. 税收在收入分配中发挥什么样的作用？如何发挥作用？
3. 如何设计好的税制使额外负担尽可能小？
4. 可以采取哪些措施降低直接征税成本？
5. 税收管理越精细对纳税人越有利吗？为什么？
6. 在实践中实现税收收入的足额稳定和适度合理应注意什么问题？
7. 为什么在税制设计时不仅要贯彻公平、效率、适度和法定原则，还要遵循合情原则？
8. 中国税收制度是否需要与国际接轨？为什么？

第五章 最优税收理论

【本章提要】
1. 最优商品税理论的含义和发展。
2. 最优所得税理论的含义和发展。

前面章节的分析表明公平和效率是税制设计应遵循的基本原则,但通常情况下,公平和效率经常不可兼得,为了使税制或税制所要达成的全社会收入的分配更加公平,往往需要降低效率;而符合效率要求的税收,却很不公平或者难以成为正常的财政收入筹集手段。于是在理论上就需要综合考虑这两者,试图综合效率和公平对福利损失影响的利与弊,找出利大于弊的最优组合,这是最优税收理论的目的所在。不过学术界到目前为止所发展起来的最优税收(optimal taxation)理论,还主要着眼于假定既定的公平状态不受影响的情况下,如何使税制的设计实现效率损失最小化。因此,可以说最优税收理论是对效率原则的进一步阐述。本章重点介绍最优商品税(optimal commodity tax)理论和最优所得税(optimal income tax)理论(杨斌,2005)。

需要首先说明的是西方最优税收理论就是在寻求权衡公平和效率的思路和方法,提供让税收扭曲性效应即福利损失最小化的途径,这是一个前提假设严格、逻辑推理严密的理论体系,并不是任何以提高治税的效率和公平为目标的理论研究成果(包括如何实现征收费用最低、税收征管效率最高的研究)都属于最优税收理论范畴,并不是任何为实现社会福利最大化而设计的税收制度和政策的主张(如降低税率的主张、简化税制的主张、优化税制结构的主张等)都属于最优税收理论体系,而只有在一定假定下(约束条件下),可以减少税收抑制性效应和福利损失的分析体系(包括最优商品税、最优所得税)才属于最优税收理论体系。所谓最优商品税、最优所得税也并不是意味着人们已经设计出了此类税收,而是仅仅提供了在非常严格的假定下描述最优税制特征的理论和方法。因此,不能说现在研究了最优商品税、最优所得税,将来还要搞出个最优财产税等。从方法论角度讲,最优税收理论是数学中最优化方法应用于经济问题的结果,是在一定假定下求极值而得出的规则。从这个意义上讲,最优税收理论不能翻译成"优化税制理论"或"最适税收理论","优化""最适"都无法与数学中的"最优"相对应,也就无法反映这一理论是寻求方程最优解的数学特征。此外也容易造成误解,如有的学者将"optimal taxation"说成"优化税制",那么"best taxation"才是最优税制,显然偏离了原创理论的含义,造成概念混乱。

第一节 最优商品税理论

一、最优商品税理论的含义

1927年拉姆齐在其论文《对税收理论的贡献》中提出最优商品税。拉姆齐的目标是设置商品税税率以使"效用减少最小"即额外负担最小。他假定货币的边际效用是常数(忽略分配问题),经济体系为没有对外贸易时的完全竞争状态并且生产总是等于消费,私人和社会纯产品总是相等(即不存在外部性问题,不考虑国家干预),税收只是取得一定的财政收入而不考虑用税收进行财政支出产生的影响。在这些假定前提下,拉姆齐经过数学推导,得出被后来的学者称为拉姆齐规则(Ramsey rule),包括等比例减少规则(proportional reduction rule)和逆弹性规则(inverse elasticity rule)的重要结论。

(一)等比例减少规则和逆弹性规则

Ramsey(1927)写道:"整个税制应当使应税商品的生产按照相同的比例减少。要通过对既定的商品征收比例税来获得无穷小的税收收入,那么,税收应当使每一种应税商品的生产等比例地减少。筹措税收收入最合理的办法是对某些商品予以补贴,而对另一些商品则予以征税,糖和诸如西洋李子[①]之类的酸果之间有类似这种情况,如果征税使西洋李子之类的酸果减少的比例超过糖减少的比例,那么就要求对西洋李子之类的酸果予以补贴。如果应税商品在需求方面有替代性,如葡萄酒、啤酒和烈酒,或者具有互补性,如茶叶和糖,那么,应当遵循的原则是征税应当使它们的消费比例保持不变。在汽车税的情形中,我们必须将用于补偿汽车对公路所造成的损害的那部分税收分离出来。这部分税收的限度应当尽可能等于对公路的损害。剩余部分是真正的税,是可以按照我们的理论进行分配的。即应当将一部分税收归属于汽油,而将另一部分税收归属于汽车,以保持两种消费之间比例不变,而且应当在福特车和莫瑞斯车之间进行分配,以使它们的产出以相同的比例下降。"

后来的学者将上述结论概述为等比例减少规则,指出要使税收的额外负担最小,税率的设置应当使各种商品的生产数量以相等的百分比减少。直观的意义是征税前人们的消费已经达到帕累托最优,已经有一个最优的消费组合,在偏好相同和不存在收入差距的假设下,只要征税造成的消费数量等比例下降,征税后消费者损失的仅仅是因课税而损失的消费额,而没有改变消费者的选择,就不会造成额外负担。在同样情况和消费等于生产的进一步假定下,只要消费量等比例变化,那么供应方的生产量也仅仅是等比例变化,就不会出现选择决策改变的问题,也不会出现额外负担的增加。要达到这样的局面,就必须将税收课于预期需求和供应不受价格变动影响的商品,因此拉姆齐认为:"在有两种商品的情况下,应当对需求弹性小的商品征税;如果劳动供给绝对无弹性,那么就应对所有商品平等征税。如果某一商品是采用几种不同的方法生产的,或者是在几个不同的地方生产的,而这些地方的资源不具有流动性,这说明对它们予以差别对待是有益的。税收应当主要来源于供给弹性小的商品。如果我们要使商品间的生产比例保持不变,那么这种做法是必要的。如果某几种商品是相互独立的,对于需求,要求它们的生产是同一来源的。税收应当课征于需求弹性最小的商品。"(Ramsey,1927)。

后来的学者将上述结论命名为逆弹性规则。Baumol和Bradford(1970)在拉姆齐成果的基础上对逆弹性规则作了更加明确的研究,说明在最优商品税体系中,对各种商品征税的税率应与应税商品的需求弹性成反比,即应对需求弹性大的商品征低税,而对需求弹性小的商品征高税。可以进一步推论,完全需求无弹性的商品应当承担无穷大的税收。这一规则的直观意义一目了然,扭曲性影响小的税收,其对经济主体的有效率决策干扰小,因而福利损失小、效率高。商品需求弹性低,意味着被税收干扰的可能性小,税收所造成的扭曲性影响就小,从而效率就高,极端情况下是对没有弹性的商品课税,就不会造成效率损失。

(二)拉姆齐规则的贡献和缺陷

等比例减少规则和逆弹性规则的发现具有重要的学术意义,它们为寻找使税收额外负担最小化的路径提供了开创性的启示。但这两个规则的结论是建立在非常严格的假定前提下的。这些假定包括:一个没有对外贸易的完全竞争的封闭型经济体系,不存在外部性问题,仅考虑单一消费者或者把所有消费者看成同一的情况,即单人经济情况;货币的边际效用对所有消费者都是相同的,也就是说,不考虑分配状况和收入状况,从而可以仅仅关注效率问题;只有两种商品,课税商品之间并不存在交叉价格效应,因而每种商品的需求只取决于自身的价格和消费者工资率。显然这样的假定条件过于理想化了,与现实的经济生活相距甚远。

首先,社会中的消费者并不具有同一性,个人的消费偏好很不相同。正是由于个人的消费偏好多种多样,无法进行一一测定,因此也就无法找出一个征税成本合适的可行办法,在征收商品税后,原来已经达到帕累托最优状态的生产者或消费者的选择不会改变。

其次,原有的经济由于存在外部性、垄断等市场失灵现象经常无法达到最优状态。拉姆齐着眼于税收不改变原来的经济状态,认为不改变原来经济状态的税收就是额外负担最小的税收,这显然不现实。既然

---

① 欧洲李的别名。

原来的经济状态不是最优的，通过税收的作用或许能够优化，因此商品税不一定要着眼于生产数量或消费数量的等比例减少。

再次，即使等比例减少规则是正确的，实际上也难以安排一套税率制度实现生产或消费数量的等比例减少。拉姆齐的逻辑是经济状况已经最优（税收作为"楔子"在取得收入的同时不改变这种状态），要达到此目的税收只能使需求等比例减少（等比例减少规则）或需求不因税收而发生变化（逆弹性规则）——要做到需求等比例减少或仅对弹性无穷大的商品课税，只能以获得无穷小的税收为前提，就是说最优税收要接近无税的状况才能实现。正如拉姆齐自己所说的"对少量的税收收入来说，我们的理论大致上是正确的，而且当税收收入趋于 0 时，这种近似的方法是很完美的"。税收几乎没有了，研究最优税收也就失去了意义。要获得足够数量的税收收入，就无法做到生产或消费等比例减少，因此也就达不到最优税收状态。因为总有人要保持生产或消费水平不变，让生产或消费等比例减少的制度设计无法实现。单一比例税率不一定导致消费的等比例减少，而要做到等比例减少需要测定消费者每时每刻的消费心理和生产者的意愿，这存在信息获取的困难，如果回到无数多的消费者和生产者的现实社会，获取足够的信息就更不可能。同样在必须获得足够多的税收收入的前提下，只对无弹性或弹性低的少数商品课税就是不可能实现的。如果进一步考虑更现实的情况即生产总是不等于消费（生产等于消费只是偶然的），那么即使能让生产等比例减少，却未能同时让消费也同比例减少，经济总是会因税收而产生额外负担。等比例减少规则出现两难局面，要么几乎不要税收，其结论成立，但没有意义；要么需要足够多的税收，其结论就不可行。尽管他在论文中试图证明"税收应当使所有商品的生产等比例地减少，这一结论不仅适合税收收入无穷小的情况，对于任何要筹措的税收收入而言都具有可行性"，但没有多少说服力。

最后，拉姆齐在研究最优商品税时还有一个重要假定，即货币的边际效用对所有个人都是一样的，就是不考虑现实社会中由于存在收入差别，货币的边际效用对不同收入水平的人是不同的这样一种情况，也就是不考虑公平问题。如果不考虑公平问题，那么使用人头税反而更有效率，因为它不产生任何扭曲性效应。如果考虑到公平问题，那么按照等比例减少规则来设计的税制将是非常不公平的税制。因为，需求弹性小的商品通常都是生活必需品，而对穷人来说，生活必需品方面的开支占收入的比重远远高于富人，如果对生活必需品以高税率课税，穷人负担的税收也就远远高于富人，这样的税制是一种极端不公平的税制。

二、最优商品税理论的发展

后来的学者对拉姆齐的假定进行了放宽，放弃了单一消费者经济和商品间不存在交叉效应的假定。但一旦放宽条件，结论就难以成立甚至自相矛盾。

（一）科利特-黑格规则[①]

Corlett 和 Hague（1953）沿着拉姆齐的思路研究了包括闲暇在内的三种商品的情况，指出在不能对闲暇直接征税的情况下，可以对另外两种商品中与闲暇存在替代关系的那种商品（如工作服等劳动的互补品）征收较低税率的税收，对与闲暇存在互补关系的那种商品（如游艇）征收较高税率的税收，同样能让额外负担最小化。这样的结论并不能严格遵守逆弹性规则，变成了要对消费弹性高的奢侈品征高税，而对弹性低的必需品征低税。

（二）考虑公平后的情况

针对拉姆齐最优商品税不考虑公平的问题，Diamond 和 Mirrlees（1971a，1971b）、Feldstein（1972）、

---

① 科利特-黑格规则的英文为 Corlett-Hague rule。

Atkinson 和 Stiglitz（1976）、Mirrlees（1976）相继将收入分配问题纳入考察视野，表明商品税的效率性目标和公平性目标难以兼得，在具体税制设计时需要进行权衡。Stern（1987）考虑公平问题时，指出即使对需求弹性大的商品课税会产生较大的额外负担，但为达到社会公平，也应当对需求弹性低的商品征收较低的税收，而对需求弹性高的商品征收较高的税收。一些学者通过某一国家的数值计算，对最优商品税的税率作了估计，结果表明要使商品税具有再分配功能以实现公平目标，税率必须是差别税率，并且税率的设计常常要违反等比例减少规则和逆弹性规则（迈尔斯，2001）。Diamond 和 Mirrlees（1971a，1971b）也通过对不平等的经济分析，证明收入分配问题的引进实际上改变了等比例减少原则。这表明经典最优商品税理论的现实意义较差，推导的税收规则表明了最优税收结构的一般情形，但它们并没有准确的指导意义。

（三）最优商品税理论的前沿问题

由于上述原因，一些学者放弃了通过商品税体系本身来解决公平问题的思路，希望商品税只解决效率问题，公平问题通过其他途径来解决，其主要设想是在征收统一税率商品税的同时，通过转移支付和适当的总额补助而达到公平目标。Deaton 和 Stern（1986）认为实现公平目标可以采用总额补助形式，而实现效率目标则可以采用征收商品税的方法，两种方法相结合就可以有效实现具有不同偏好的家庭之间的再分配目标。Ebrahimi 和 Heady（1988）进一步发展了这一结论。但是，总额补助形式不可行，从现实生活中来看，由于政治和管理上的原因，很难实行这种转移，因为要实行总额补助，就需要根据每一个人收入边际效用的具体情况来实行，而要获得这样的统计数据还难以做到。

公共选择学派的学者 Tollison（1987），引入税制运行过程的寻租问题，认为由于寻租现象的存在，差别税率越多的税制（等比例减少规则和逆弹性规则均要求根据不同商品的生产及消费弹性决定不同的税率），越容易通过寻租获得对纳税人最有利的结果（如模糊弹性低和弹性高的商品的界限，使低弹性的商品不一定要缴纳较高的税收）。当寻租保护成为全社会偏好时，其造成的福利损失可能要大大超过最优商品税引起的额外负担的减少水平。Alm（1996）考虑了公平、效率、奉行成本、管理成本、非奉行成本和实施成本等因素后，认为由拉姆齐发展起来的最优商品税没有可行性。商品税应当广泛地实行单一比例税率。这样的比例税率减少了区分商品种类的必要，会大大地减少奉行成本和管理成本，也会降低政府施行成本。

Golosov 等（2003）考虑了当个人技能不可观察并随时间随机演变时的最佳税收问题，即在一个动态经济体背景下重新审视了零资本税和统一商品税定理。Golosov 等（2003）做了两个假设：一是允许不可观察的技能随时间随机进化，这不仅扩大了经济体的类别，还扩大了税务机关的选择范围；二是不限制对线性税收方案（代表人物如拉姆齐）或分段可微分方案（代表人物如米尔利斯）的关注，允许税务机关使用任意的非线性税收方案。研究证明了，正资本所得税的最优性，即个人投资资本的边际收益超过其边际成本通常是帕累托最优的；任何两种消费品之间的边际替代率等于边际转换率都是帕累托最优的，意味着所有消费品都应该统一征税，这是 Atkinson 和 Stiglitz（1976）的直接延伸，但他们将注意力限制在静态设置上。

在大多数国家，企业将大部分税收收入交给政府，即使企业不被要求纳税，他们也经常被要求提交信息报告，以方便监督其纳税义务。但现实中，企业却没有出现在现代最优税收理论中，缺乏以企业为特征的理论框架使得福利分析存在障碍。对此，Kopczuk 和 Slemrod（2006）提出了一个简单的框架，将企业引入最优税收理论，并发现生产效率低下可能是最优解决方案的一部分，这与 Diamond 和 Mirrlees（1971a，1971b）的结果相反，主要原因在于在戴蒙德和米尔利斯框架中，如果所有的商品税都可用，一个扰乱生产效率的税种的资金的边际效率成本（marginal efficiency cost of funds，MECF）将总是高于每个最优设定的商品税的共同 MECF。但在一个存在行政成本的框架里，在增值税制度下，对大型零售企业征收生产效率低下的税可能有较低的 MECF，因为它相对于其他税种行政成本低。因此，以后的研究应充分认识基于企业的税收汇款、可监控的公平交易和规模经济的行政效率优势（Kopczuk and Slemrod，2006）。

随着对最优税收理论的不断扩展，尽管现有研究有助于弥合学术研究和实际政策建议之间的差距，但 Sørensen（2007）认为最优税收理论仍然有明显的局限性，应重视反对声音。首先，统一商品税方面。越来越容易确定哪些类型的商品可以采用特别税收待遇，将不再实行统一商品税。例如，对于家庭部门内"自己动手"活动的替代品，应免税或提供优惠税率；对于需要特别多家庭时间消费的商品或服务应征收较高的税率。其次，在统一资本所得税方面，由于近几十年来资本的国际流动性日益增加，对所有国内生产部门统一征收资本所得税，将无法最大限度地减少资本税造成的扭曲，最优差异化资本所得税率原则上可以从可观察变量中估算出来，资本需求弹性决定了最优的相对资本所得税率（Sørensen，2007）。

Dharmapala 等（2011）进一步拓展了 Diamond 和 Mirrlees（1971a，1971b）的最优税收模型，在其中增加了行政成本因素。研究发现，最优商品税应对同行业所有企业一视同仁，并遵循被征税行业的逆弹性规则，但对行政成本足够高的企业应免税，并且应对同一行业中产量低于临界值的公司免税以节约行政成本。这一研究解释了当前发展中国家出现"中间缺失"现象（存在小型和大型公司，但不存在中等规模的公司）是最优税收政策的结果（Dharmapala et al.，2011）。

Hamada 等（2022）采用平均成本函数和聚合博弈的理论方法研究了在自由进入的库尔诺寡头垄断下，同时征收从量税和从价税的最佳税收组合。已有研究假设了一种理想的情况，即税务机关可以完全控制从量税和从价税。然而，事实上税务机关在实施税收政策时面临着各种制度限制。在这种情况下，研究发现：①无论是从量税还是从价税，自由进入均衡中的商业窃取（business-stealing）效应或商业扩张（business-augmenting）效应使得最优税率为正或负；②最优从价税下的社会福利高于最优从量税下的社会福利，这与 Anderson 等（2001）[①]的研究结果一致；③同时征收两种税时，当一种税收被设定为最优的情况时，边际增加另一种税收可以改善社会福利（Hamada et al.，2022）。

Dávila（2023）对最佳金融交易税（financial transaction tax，FTT）展开讨论。Dávila（2023）通过设定金融市场交易同时受基本动机和非基本动机驱动的均衡模型[②]，研究了对金融交易征税的福利含义。其中，社会总福利用可计算的风险溢价、交易量对税收变化的半弹性以及非基本面交易量的份额来衡量。尽管，交易税会扭曲基本面交易和非基本面交易，但减少每种交易的福利含义是不同的。研究表明，最优交易税税率的近似值可由交易量对税收变化的半弹性和非基本面交易量的份额来决定，如半弹性为-100、非基本面交易份额为 30%时，最优交易税税率为 0.37%。此外，由不完善的税收征管导致的逃税行为会降低最优交易税税率（Dávila，2023）。

总之，最优商品税理论虽然经过近百年的发展，在国家政策制定方面作出巨大贡献，但仍有较大的发展空间。

第二节　最优所得税理论

西方最优税收理论的另一个经典是埃奇沃思（Edgeworth）、斯特恩、米尔利斯等发展起来的最优所得税理论。

一、埃奇沃思和斯特恩的最优所得税理论

（一）埃奇沃思超额累进所得税理论[③]

19 世纪末，埃奇沃思以边沁主义社会福利学说为基础，认为最优税收的目标就是使社会福利即个人效用之和达到最大（Edgeworth，1897）。他假定个人的效用函数完全相同；效用的大小仅仅取决于人们的收入水平，收入的边际效用是递减的，效用递减的比例超过收入增加的比例；可获得的收入总额是固定的，即使税

[①] Anderson 等（2001）认为在价格设定寡头垄断和产品差异化下，特定类型的消费税也可能对经济发生率产生不同的影响。通过比较发现，从价税对生产者的影响大于从量税，征收从价税的社会福利更高。

[②] 这里假设，金融市场一方面允许投资者进行基本面交易（fundamental trading），即允许将风险转移给那些更愿意承担风险的投资者；另一方面还允许投资者进行博弈（对赌）交易，称之为非基础面交易（nonfundamental trading）。

[③] 埃奇沃思超额累进所得税理论的英文为 Edgeworth's theory of excessive progressive income tax。

率达到100%对产出也没有影响。在这些假定前提下，要使社会福利最大，则应使每个人的收入的边际效用相同。由于个人的效用函数完全相同，所以，只有当收入水平也完全相同时，收入的边际效用才会相同。这就要求所设计的税制能够使税后收入完全平等。这样就应当对富人的所得课以高税，因为富人损失的边际效用比穷人的小；如果收入分配已达到完全平等，那么，政府如果要增加税收收入，增加的税款应该平均分配到每个人。埃奇沃思的研究表明所得税要实行多级次高税率的累进税率，高所得者的边际税率应为100%。

埃奇沃思的结论是建立在所得税不会影响产出的假定前提下的，而实际上由于闲暇的存在，所得税会对劳动和闲暇之间的选择造成影响，高税率的所得税会对劳动供给产生抑制性效应，从而造成额外负担。个人的效用函数完全相同的假定也不符合实际，此外设计一种所得税能够让税后个人收入的边际效用完全相等也没有现实性，因为个人的收入边际效用无法用数据表示。

（二）斯特恩线性所得税模型[①]

斯特恩将所得税对劳动供给的影响加以考虑，并结合负所得税设想，提出了一种线性所得税模型（Stern, 1976）。这是一种具有固定的边际税率和固定的截距的线性税收模型。即

$$T = -G + tY \qquad (5\text{-}2\text{-}1)$$

式中，G为政府对个人的总额补助；T为税收收入；t为税率；Y为个人的全部所得。式（5-2-1）表示，当$Y=0$时，税收为负值，即可以从政府那里得到G元的补助；当$\frac{G}{t} \geq Y > 0$时，纳税人每获得1元所得，必须向政府缴纳税率为t的税收。因此，t为税率，即最后1元所得中应纳税额的比例，它是一个固定不变的常数。斯特恩经过研究认为，劳动的供给弹性越大，税率t的值应当越小。他还在一些假定前提下，计算出要实现社会福利最大化的目标，税率t值应为19%。斯特恩的研究否定了累进税率应当随收入递增最后达到100%的结论。但是斯特恩提出的税率为19%的主张，是否具有可行性？回答是不确定的，因为斯特恩这一结论具有严格的假定前提，即所得（劳动）与闲暇间的替代弹性为0.6，社会福利函数选择以罗尔斯主义为标准，即着眼于社会中境况最差者福利水平的增进。由于现实生活中，出现劳动与闲暇替代弹性为0.6的情况是特殊的，如果这一数值发生了变化，最优所得税税率为19%就是不成立的。人们判断社会福利的标准不相同，在采用其他福利函数为基础时，这一结论也不成立。此外线性所得税还基于一次性总额补助，而进行这样的总额补助难有可行性。

针对斯特恩研究的局限性（只有一档边际税率19%），Gruber和Saez（2002）研究了有四档边际税率的更一般的模式，他们认为处于较高收入水平的人，其面临的边际税率应当比处于较低收入水平的人低，这意味着对高收入水平的人应当采用更低的税率以鼓励其提供更多的劳动，通过增加的劳动所取得的税收收入可以用于降低低收入水平的人的税收负担，这样不但可以调整不公平的状态，并且可以提高全社会的效率，就税率而言，平均税率又具有累进的性质。

二、米尔利斯的最优所得税理论

有学者着眼于非线性所得税的研究。与线性所得税不同，它有多个边际税率，对不同的收入水平，适用不同的税率，也就是说税率是累进的（或者累退的）。最优非线性所得税的核心问题是，应该如何确定所得税的累进（累退）程度。换句话说，应该如何设定所得税的边际税率？

（一）米尔利斯最优所得税理论的含义

米尔利斯在研究最优非线性所得税方面作出了重要贡献。他假定不考虑跨时问题，即假定经济是静态

[①] 斯特恩线性所得税模型的英文为Stern's linear income tax model。

的，税收对储蓄没有影响，税收仅对劳动供给产生影响；只考虑劳动收入，不考虑财产收入；个人偏好没有差异，个人通过理性来决定所提供的劳动的数量和类型，每个人的效用函数都相同，适当地选择了个人效用函数后，福利可表示为个人效用之和；个人提供的劳动量不会对其价格产生影响，个人仅在他们的税前工资或生产率（就业技能水平）上有区别，只存在一种劳动，因此劳动的类别没有差异，一个人的劳动完全可以替代其他人的劳动，劳动的供给是连续的；移民不可能发生；政府对经济中的个人的效用及其行动具有完美信息，实施最优税收方案的成本可忽略不计（米尔利斯，1998）。

在上述假定条件下，米尔利斯经过研究，得出如下结论。

第一，一个具有行政管理方面优点的近似线性所得税方案是合理的。所谓近似线性所得税，其性质是边际税率近似不变，所得低于免税水平的人应当获得政府补助。

第二，所得税并不像我们通常所想象的那样，是一项缩小不平等程度的有效工具。因为税率低不一定会鼓励工作，在消费水平和技能水平处于最优的情况下，即在这一技能水平上，整日劳动会使人得到与消费水平相等的工资，低于这一技能水平的人不会选择工作。因此找不出证据证明，对低收入者应当征收较低税收。同样，由于技能的差异，为了效率起见，我们应该让劳动技能最差的人少工作，而让劳动技能较高的人多工作。具有较高技能的人的劳动供给可能是相当稀缺的（假设中排除了移民的可能性），为了低收入群体的利益，对具有较高劳动技能并且具有较高收入的人征收高的边际税率，可能牺牲更多的产出。

第三，我们要设计与所得税互补的税收，从而避免所得税所面临的困难。例如，引入一种既依赖于工作时间又依赖于劳动所得的税收方案，还要考虑如何抵消我们中的某些人从基因和家庭背景中得到的先天优势（米尔利斯，1998）。

斯特恩将米尔利斯以及后来的相关研究取得成果概括为以下三个观点并通称为米尔利斯模型的结论。第一，边际税率处在 0 和 1 之间。第二，对最高收入的个人的边际税率应为零。第三，如果具有最低工资率的人正在最优状态下工作，那么对他们的边际税率也应为零（斯特恩，1992）。

从米尔利斯的文献中只能找到第一个观点，这一观点显然没有多少实际意义，因为它概述了全部可能，一般情况下税率不会低于零（除非采用负所得税），如果边际税率为零，政府就没有增加的收入来源。边际税率也不会高于100%，如果边际税率为100%，那么，额外劳动的所得全部用于缴纳税款，对理性的个人而言，将减少劳动供给，而增加对闲暇的消费，从而使全社会的福利降低。而且这一结论与他所主张应采用近似线性所得税的说法存在不一致。米尔利斯自己也认为，这一结论不是很强有力的（米尔利斯，1998）。后两个结论是斯特恩对米尔利斯以及后来其他学者研究成果的总结。

第二个观点表明，在天赋或劳动技能高的人收入也高的假定下，由于具有较高技能的人的劳动供给具有较大的弹性，按照拉姆齐的逆弹性规则，为了提高效率应当对他们征收较低的所得税，但达到最高收入时边际税率应当为零，即具有最高天赋或技能的人获得的边际收入其边际税率应当为零，从而鼓励他们作出更大的贡献，同时不影响财政收入和他人的效率（这里显然需要假定这种类型的劳动供给没有生理极限，即所谓劳动供给是连续的）。假定一个具有最高技能的人挣有最高的税前收入 Y，在给定的税率表中边际税率是正的。现在对税率表进行修改，对达到 Y 美元以前的收入，边际税率为正数；对超过 Y 美元的收入，边际税率为零。再假定其供给的劳动没有生理极限，那么，由于边际劳动小时的报酬提高了，这个人会选择多工作。这样，对政府而言，税收收入没有减少，因为对 Y 美元收入的征税数量没有改变，对其他人而言，其效用没有降低，但对这个获得最高收入的人而言，其效用却提高了。从帕累托效率的角度来看，整个社会的福利提高了，而没有任何人的福利降低，从而是一种帕累托改进。由此可见，原来的税率表不是最优的，最高收入的边际税率应当改为零（斯特恩，1992）。

第三个观点说明对天赋或能力比较低的人而言，由于其已经尽力了（即已经处于最优状态），即使降低税率，他们也不能作出更大贡献，其边际税率也要为零。因此收入越高、税率越高的累进税率从效率角度看不具有合理性。

（二）米尔利斯理论的贡献和缺陷

米尔利斯在学术上的重要贡献，在于他沿着拉姆齐的思路，试图找出一个办法让个人所得税只对个人的天赋（技能）课税，而不对个人的努力程度课税。由于天赋（技能）不会随着税收的变化而变化（类似于无弹性的商品），因此只对天赋（技能）课税不会影响产出，从而使税收的额外负担降到最低，最终达到最优税收的目的。但由于实际生活中，很难对每一个人的能力或天赋作出准确计量，能够观察到的事实只能是所得（就是信息不对称问题），而所得是个人努力程度和技能共同作用的结果（罗森，2000）。此外，收入与能力和天赋之间是否一定完全正相关也不确定，很多情况下具有很高天赋的人只能获得比较低的收入（就是说社会存在收入分配的不平等），而不具有很高天赋的人甚至技能低下的人也能依靠财产或通过其他途径获得很高的收入，因此即使假定可以仅仅对技能课税，也会产生不公平。这样在取得一定的财政收入的条件约束下，所得税效率和公平问题仍然无法得到兼顾。采用拉姆齐的思路，面临的难题也与拉姆齐类似。尽管米尔利斯在研究上述信息不对称问题过程中给人们带来了巨大启发，而且这种启发还远远超越了税收领域（如他的思路被广泛用于激励相容、机制设计等分析中），但难题仍在，无法对实际税制设计产生作用。

米尔利斯（包括斯特恩）的研究有意义的地方还在于否定了一个传统观点的普遍性，这一传统观点是：为了实现公平目的，应当设计边际税率表，边际税率随收入的上升而上升。他们指出在他们所分析的特殊情况下，边际税率随收入的上升而上升这一观点不成立，所得税不是在任何情况下都是一项缩小不平等程度的有效工具。但是，我们同样不能将米尔利斯（或斯特恩）的结论视为具有普遍意义的原则，不能简单地按照他们提出的观点进行税制改革。科学的思维方式应当是全面考察结论的假定前提。如果现实社会中，这些假定前提不存在或极其特殊，那么结论的实际意义就不是很大了。显然不论是最优商品税还是最优所得税，其假定前提在现实生活只是特殊现象，不是普遍现象，因此所得出的结论也仅仅具有特殊性而非普遍性。此外即使结论有意义，还要看实行的可能性。实行的可能性，取决于一国政府的税收政策的政治目标、社会的福利函数取向、税收成本、经济发展水平和文化特征所决定的制度运行效率等[①]。

三、最优所得税理论的前沿

近几年，学者对最优所得税理论进行扩展研究，使其不断适应现实发展，提高其在政策改革过程中的借鉴意义。

Piketty 和 Saez（2013）分别构建了最优线性所得税和最优非线性所得税模型，利用统计数据推导和表达最优税收公式，这些统计数据包括反映社会再分配价值的社会边际福利权重、反映税收效率成本的行为弹性以及收入分配的参数，这种方法便于读者更好地理解公式背后的关键经济机制。此外，还对标准模型进行扩展，包括避税和收入转移、国际移民、寻租模型、相对收入问题、夫妻和子女待遇以及非现金转移等情况。

Weinzierl（2014）认为 Diamond 和 Mirrlees（1971a，1971b）的最优税收模型中税收政策的目标是功利主义，但对这一核心假定的引入几乎没有解释。因此，其通过问卷调查发现美国的受访者更喜欢均等牺牲与功利主义相结合的混合目标，为这一具有争议的核心假定存在广泛的分歧提供现实证据。于是 Weinzierl（2014）在传统最优税收模型基础上，将多个政策目标以加权形式统一到社会目标函数中，同时保留了帕累托效率和传统最优税收理论的剩余形式，探讨了一系列可行且与激励相容的税收政策方案。通过使用现实数据对这一理论模型进行模拟，研究结果表明：均等牺牲在理论上是最优所得税的理

[①] 进一步阐述参见杨斌的《中国税改论辩：文化差异对财税制度设计及其运行效果的影响》（2007 年中国财政经济出版社出版，第 1~20 页）。

想状态，但在现实中，人们往往既重视功利主义也重视均等牺牲，即往往能接受个体较小的损失来换取整体的巨大收益。

Lehmann等（2014）拓展了一个开放经济下的最优所得税模型，以此来考虑税收对人口迁移的影响。Lehmann等（2014）认为传统最优税收模型是基于封闭经济的，政府无法观察个体具体特征，只能根据劳动收入这一显性指标来无差别地对待本地和移民工人（Diamond and Mirrlees，1971a，1971b），但在开放经济下的最优所得税模型中政府可以根据个人技能水平、移民成本和国籍来区别征税。研究表明，移民会严重影响本国再分配过程，因此，政府对本国收入较高者的边际税率更低甚至为负，而对移民要征收离境税。是否实施超国家税收（类似于欧盟）或国家间税务机关信息交流是否充分以及双边税收协定是否具有强约束是影响开放经济下的最优所得税税率确定的重要因素。

Piketty等（2014）提出了一个最优最高劳动所得税的理论模型，该模型通过设定三种不同弹性的函数来代表最高收入者会通过改变劳动力供给、避税以及薪酬谈判三个途径对税收调整作出反应。结果表明，改变劳动力供给是限制最优最高税率提高的唯一因素。较高的最优税率虽然会导致避税行为，但可以通过完善税收征管体系来加以遏制，而最优最高税率会随着薪酬谈判增加而增加。此外，最高税率的降低是导致美国近年来高收入者群体收入份额激增的主要原因，并且没有数据表明最高税率的降低与经济增长之间具有相关性。

Saez和Stantcheva（2016）提出了一种使用广义社会边际福利权重（generalized social marginal welfare weights）的最优税收理论的新方法，仅用这些广义权重代替标准边际社会福利权重，最优税收公式形式不发生变化。该方法中，不存在政府最大化的社会福利目标，广义社会边际福利权重代表了社会为任何特定个人提供额外一美元消费的价值。这些权重直接反映了社会对公平的关注，还可以通过使用权重简单地汇总个人的货币计量效用收益和损失来评估税收改革，如果净收益为正，则改革是可取的，反之亦然。广义社会边际福利权重的优势在于，突出了社会认为哪些差异是不公平的，哪些是公平的，且适当的权重还可以帮助调和福利主义方法和实际税收实践之间的差异。

Heathcote等（2017）的研究认为所得税的累进税率不宜过高。首先，较高的累进税率会阻碍劳动者技能投资，从而减少税前工资和劳动力供应。并且，税收累进性并不是减少税前工资不平等的有效方法。其次，为公共消费提供资金必须是征收的净收入越多，税收制度的累进税率就越小。逻辑是个别家庭往往对技能投资不足，因为他们无法将额外纳税资助的公共产品的价值内化。因此，较低的边际税率（通过较低的累进性实现）有助于缩小私人和社会回报之间的差距。但研究也表明如果贫困是技能投资的障碍，所得税累进性应该更高，因为其会通过再分配来减轻贫困来缓解家庭对技能投资的限制。最后这一研究是出于功利主义目标，如果是为了解决不平等问题，应该需要设置更高的累进税率。

Gahvari和Micheletto（2020）研究了在米尔利斯最佳税收框架内逃税对最佳边际所得税率的影响。它描述了熟练和非熟练工人的最佳边际所得税率，以及政府用于阻止逃税的最佳支出，再将这一模型推广到一个多技能的群体模型中。研究表明逃税削弱了政府操纵边际税率的动机，会降低最优最高税率。但研究还表明，当政府试图阻止逃税时，边际所得税率可能会更高。

Jacquet和Lehmann（2023）将Mirrlees（1976）的机制设计方法扩展到个体特征存在多维异质性的情况，但这些异质性不能影响税收。例如，收入水平相同的纳税人在工作偏好、性别、子女数量和年龄、文化背景、居住的地理区域、种族或年龄等方面可能存在差异。他们主要利用"分配扰动"（allocation perturbation）方法来解决多维异质性问题，推导出具有多维个体特征的最佳非线性所得税计划，并证明在功利主义或最大化的社会偏好下，最优边际税率是正的，将Mirrlees（1976）的正最优税率结果扩展到多维情况。

Arvaniti和Sjögren（2023）对Stern（1982）和Stiglitz（1982）提出的两类最优所得税模型的扩展，将诱惑偏好整合到具有异质性主体和信息不对称的最优税收理论中。当消费者被引诱过度消费一种商品时，可能导致劳动力供过于求，而抵制这种诱惑意味着效应降低，即产生成本，任何降低这种成本的政策都是对福利的改善。他们从政府干预角度提出优化方案，即分析在具有线性商品税和非线性劳动所得税的混合税收框架下，上述成本的出现如何改变最优税收结构。研究发现：①可以通过对诱惑商品征税来改善福利，且使用所得税可以进一步改善福利,其主要途径为降低自我控制成本;②在异质主体的背景下,如果低能力类型接受诱惑,并试图复制高能力类型的收入,那么针对高能力类型的劳动所得税也会影响低能力类型的福利,该结论为高能力类型(最高收入者)实施非零边际所得税率提供了动机。这与传统的最优税收模型规定的最高收入者应该面临零边际所得税率的结论不同(Arvaniti and Sjögren,2023)。

Sepulveda(2023)基于最优税收制度的标准理论,预测了经济发展对税收收入最优水平和构成的可能影响。最优的税收构成取决于效率和公平的考虑,这些考虑随着发展水平的不同而变化。研究发现,尽管增值税具有累退效应,但欠发达国家会更多地依赖它,可能的原因是它提供了税收潜力,且不依赖于发展水平。相比之下,高收入国家更多地依赖于个人所得税和企业所得税,可能的原因是它更具生产力,并允许更大的税收累进性。研究证实了最优税收制度理论在描述和预测处于不同发展水平的国家的税收水平和构成方面是有效的。

【本章小结】

等比例减少规则说明要使税收的额外负担最小,税率的设置应当使各种商品的生产数量以相等的百分比减少。这样征税后消费者损失的仅仅是因课税而损失的消费额,而没有改变消费者的选择,就不会造成额外负担。

逆弹性规则说明对各种商品征税的税率应与应税商品的需求弹性成反比,即应对需求弹性大的商品征低税,而对需求弹性小的商品征高税。商品需求弹性越低,意味着税收所造成的扭曲性影响越小,从而效率越高,极端情况下是对没有弹性的商品课税,就不会造成效率损失。

科利特-黑格规则指出在不能对闲暇直接征税的情况下,可以对与闲暇存在替代关系的那种商品(如工作服等劳动的互补品)征收较低税率的税收,对与闲暇存在互补关系的那种商品(如游艇)征收较高税率的税收,实现额外负担最小化。

所得税并不像我们通常所想象的那样,是一项缩小不平等程度的有效工具。在天赋或劳动技能高的人收入也高的假定下,由于具有较高技能的人的劳动供给具有较大的弹性,按照拉姆齐的逆弹性规则,为了提高效率应当对他们征收较低的所得税。在劳动供给没有生理极限假设下,具有最高天赋或技能的人获得的边际收入其边际税率应当为零,可以鼓励他们作出更大的贡献,而不影响财政收入和他人的效率。

米尔利斯在学术上的重要贡献在于他沿着拉姆齐的思路,试图找出一个办法让个人所得税只对个人的天赋(技能)课税,而不对个人的努力程度课税。由于天赋(技能)不会随着税收的变化而变化(类似于无弹性的商品),因此只对天赋(技能)课税不会影响产出,从而使税收的额外负担降到最低,最终达到最优税收的目的。但由于实际生活中,很难对每一个人的能力或天赋作出准确计量,因此对其课税还难以成为现实。

不论是最优商品税还是最优所得税,其假定前提在现实生活中只是特殊现象,不是普遍现象,因此所得出的结论也仅仅具有特殊性而非普遍性。但随着学术界对最优税收理论的不断探索和拓展,其在指导一国的实际税制改革方面将发挥越来越重要的作用。

【概念与术语】

等比例减少规则(proportional reduction rule)　逆弹性规则(inverse elasticity rule)　科利特-黑格规则(Corlett-Hague rule)　埃奇沃思超额累进所得税理论(Edgeworth's theory of excessive progressive income tax)　斯特恩线性所得税模型(Stern's linear income tax model)　最优商品税(optimal commodity tax)　最优所得税(optimal income tax)

【思考题】

1. 在最优商品税理论体系中,为什么税率要与需求弹性成反比?

2. "所谓的等比例规则就是采取全面的、相等税率的从价税，使应税商品价格上升的百分率相等"，这个说法与拉姆齐的思想一致吗？

3. 拉姆齐的最优商品税理论具有实践价值吗？为什么？

4. 科利特-黑格规则与等比例减少规则有何不同？

5. 最优所得税理论是如何说明所得税并不是一项缩小不公平程度的有效工具的？

6. 在米尔利斯最优所得税理论体系中，对最高收入的个人的边际税率为什么应设置为零？

7. 米尔利斯最优税收理论在学术上的重要贡献是什么？

8. 能够用最优税收理论指导中国的税制改革吗？

第六章 税收负担的转嫁与归宿

【本章提要】
　　1. 税负转嫁与归宿的概念和转嫁方式。
　　2. 税负转嫁与归宿的局部均衡分析。
　　3. 一般均衡框架下的税负归宿分析。

　　要使税制公平和富有效率，就要进一步弄清税收负担的归宿。因为在出现纳税人与实际负税人不一致的情况下，只有从实际负税人着眼才能判断税制是否公平和有效率，从而才能搞清楚税收对收入分配、资源配置、经济增长，乃至社会福利变动的影响。要弄清税收负担归宿，就要搞明白税负转嫁（tax shifting）过程。本章阐述税负转嫁与归宿的基本概念、方式，阐述税负转嫁与归宿局部均衡分析（partial equilibrium analysis）和一般均衡分析原理。

第一节 税负转嫁与归宿的基本概念

一、税负转嫁与归宿的概念

　　所谓税负转嫁就是纳税人通过种种方式将法律规定由其承担的纳税义务变为他人负担的过程。所谓税负归宿（tax incidence），指税负转嫁的最后结果或税负的最终落脚点。税负转嫁并不是无休止的，总存在一个不可能再将税收转嫁出去的经济主体，此时就形成了税负归宿。这个说法与本书第三章"从最终归宿和总体趋势看税收应当来源于剩余产品价值"的说法不矛盾，第三章是从本质、总趋势、平均和宏观上说的，表明税收最终来源于剩余产品价值，因此劳动者是税收的最终归宿者。但个别时期、个别经济主体的情况与平均和宏观的情况不一定相同。个别经济主体在个别时期因竞争处于劣势，所以采用必要产品价值和转移价值来承受别人转嫁来的税负，而这个别人却获得利益，也有可能该经济主体在其他时期当竞争处于优势时又能将税负转嫁出去，补偿以前的损失，但从长期宏观和平均看，税收仍然来源于剩余产品价值。正像宏观上本期平均物价下跌，但并不是所有的商品价格均下跌，或在另一时期商品价格又上升；从宏观和长期看，价格要等于价值，但从个别角度看，价格总是围绕价值波动，价格经常与价值不一致。

　　由于存在税负的转嫁与归宿，纳税人与负税人就出现不一致，纳税人仅仅是依照税法规定必须缴纳税款的经济主体。但他们不一定就是实际承担税负的主体，而最终实际承担税负的经济主体才是负税人。

二、税负转嫁的方式

　　按照经济交易过程中税负转嫁的不同途径，大致可以把税负转嫁归纳为如下五种形式，这五种形式可分为一般方式与特殊方式。

（一）一般方式

　　税负转嫁的一般方式有前转和后转以及这二者的混合。

　　1. 前转

　　前转（forward shifting），也被称为"顺转"，即纳税人通过提高其所提供商品的价格，将其所应缴纳税款，向前转移给商品的购买者。一般认为，前转是税负转嫁最典型和最普遍的形式，多发生在商品和劳务税收场合。例如，对原材料生产者征税，原材料生产者可以通过提高原材料售价把税款转嫁给成品制造商，成品制造商再把税负转嫁给批发商，批发商又可以把税负转嫁给零售商，最后零售商向消费者出售商品时，又可将税负转嫁给消费者。当劳动力成为商品，而工资作为其价格的时候，劳动力同样可以通过要求税后工资的办法将其应缴纳的所得税转嫁给劳动力的购买者，其过程见图6-1-1。

A ──→ B ──→ C ──→ D ──→ E
原材料生产者　成品制造商　批发商　零售商　消费者

图6-1-1　前转过程

2. 后转

后转（backward shifting），也被称为"逆转"，即纳税人通过压低购入商品价格的方式，将其应缴纳的税收转给商品或生产要素供给者。例如，在供给大于需求的汽车消费市场上，汽车销售商很难把税负转嫁给消费者，为了保证一定数量的销售额，只好通过压低汽车制造商的供给价格转嫁部分税负，其转嫁程度的大小要依据销售商和供给商之间的供求关系或通过协商的方式来决定，其过程见图6-1-2。

A ←── B
汽车制造商　汽车销售商

图6-1-2　后转过程

3. 混转

混转（mixed shifting），就是纳税人既可以把税负转嫁给供给商，又可以同时把税负转嫁给购买者，在日常经济活动中这种转嫁方式比较常见，其过程见图6-1-3。

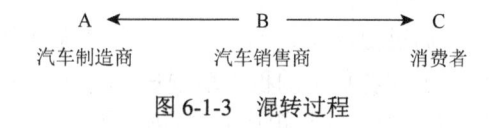

A ←── B ──→ C
汽车制造商　汽车销售商　消费者

图6-1-3　混转过程

（二）特殊方式

1. 消转

消转（diffused shifting），也被称为税收转化，指纳税人用降低课税品成本的办法将应纳税收的全部或部分消化掉。这既不是提高销售价格的前转，也不是压低购价的后转，而是通过改善经营管理、提高劳动生产率等措施降低成本、增加利润来抵消税负，所以被称为消转。但消转要具备一定的条件，如生产成本有减少的空间、生产技术和方法能改善、税负不重等。消转实质上是用生产者应得的超额利润抵补税负，实际上不转嫁，由纳税人自己负担。

2. 税收资本化

税收资本化（capitalization of taxation）是税负转嫁的一种特殊形式，即应税物品（主要是土地和其收益来源较具永久性的政府债券等资本品）交易时，买主将物品可预见的未来应纳税款从所购物品价格中作一次性扣除，此后虽由买主按期交税，实际上税款由卖主负担。例如，张三向李四购买房屋，房屋价值100万元，预计使用20年，根据税法规定每年应纳房产税1.2万元。张三在购买之际将该房屋今后20年应纳房产税24万元从房屋购价中一次性扣除，实际支付76万元。张三得了24万元李四所做的税款预付。实际上张三在第一年只需缴纳1.2万元的房产税，其余的预付款可作创业资本，这就是税收资本化。

第二节 税负转嫁与归宿的局部均衡分析

局部均衡分析就是以单个市场、单个消费者和供给者为分析对象，假设市场主体之间不存在关联影响的一种分析方法。近几十年来，这种分析方法由于不能反映和描绘实际生活中纷繁复杂的相互关联影响而备受指责，但复杂问题从简单开始仍然不失为研究问题的路径，税负转嫁与归宿的局部均衡分析及其若干结论仍然为我们了解税收效应提供指导。从最简单的情况开始分析，逐步弄清税负转嫁的决定因素和税负归宿的规律，重点阐明税负转嫁和商品或要素供给与需求价格弹性的关系。

一、局部均衡框架下的流转税税负转嫁与归宿分析

（一）对单位商品征收从量税的税负转嫁与归宿分析

1. 对生产者征收从量税的税负转嫁与归宿分析

图 6-2-1，横轴表示产量，纵轴表示单位价格，D 为需求曲线，反映某一产品在自由竞争市场中需求量与价格的关系；S 为供给曲线，反映某一产品在自由竞争市场中产量与价格的关系。假定一国政府对某商品的生产者从量计征商品税，市场为完全竞争的市场，该商品的价格供给弹性和需求弹性相同，税前的均衡点是 E，均衡价格是 P_0，产量为 Q_0。现在对生产者征收从量税，税额为 t。继续假定，对生产者征税时，需求曲线不变，即消费者关于价格与数量的对应关系的规律不变，当价格上升时购买量减少，相反当价格下跌时购买量增加，其上升或下降的变化轨迹或瞬时变化率不变。在这种情况下，对生产者征税时，生产者将价格提高 t 后出售产品，供给曲线平移至变为 S'，税后的均衡点相应变为 E'，这样价格从 P_0 上升到 P'，由于价格上升，消费者的购买量减少，减少到 Q'。在购买量为 Q' 的情况下，由于单位商品税额不变仍然是 t，图中就是 $(P'-P'')$。这样生产者每出售一个单位商品只能得到 P'' 的收入。在未征税时，生产者每出售一单位商品得到的收入是 P_0，征税后只能得到 P''，这表明生产者承担了 (P_0-P'') 的单位税收，而消费者承担了其余即 $(P'-P_0)$。因此，生产者通过提高价格的方式并没有将税负全部转嫁到消费者身上，事实是二者共同分担了税收。在本次交易中，生产者负担的税收总额是 (P_0-P'') 乘以 OQ'，消费者负担的税收总额是 $(P'-P_0)$ 乘以 OQ'，二者之和在图形中恰好是矩形 $P'P''CE'$ 的面积。

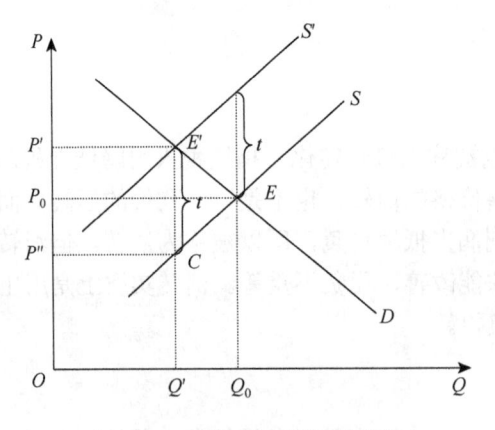

图 6-2-1 对生产者征收从量税

2. 无关性定律

前面分析了对生产者征收从量税的税负转嫁与归宿情况，现在考察对消费者征收从量税的情况。假设一国政府对某商品的消费者从量计征商品税，市场为完全竞争的市场，税前的均衡点是 E，均衡价格是 P_1，征收的从量税税额为 t。其他假设同图 6-2-1，即征税并不改变价格的消费弹性，也不改变价格

的供给弹性。在这种情况下，对商品的消费者征收从量税时，由于实际支付的价格上升，消费量缩减，即需求曲线向下平移，生产者要面对新的需求曲线 D'，新的均衡价格是 E'，此时生产者收到的价格为 P_1''，在这个价格下生产者缩减产量从 Q_0 到 Q'。由于单位税额不变仍然为 t，消费者必须支付 P_1' 的价格，其中（$P_1' - P_1''$）为单位从量税 t，这个差额也就是消费者支付的价格和生产者收到的价格之间的差额。将图 6-2-1 中移动后的供给曲线 S' 放在图 6-2-2 中后可以发现，税后的价格存在 $P' = P_1'$、$P'' = P_1''$，也就是说无论对生产者征税还是对消费者征税，消费者和生产者的共同分担税负的情况是一样的，这种情况被称为无关性定律（irrelevance theorem）。

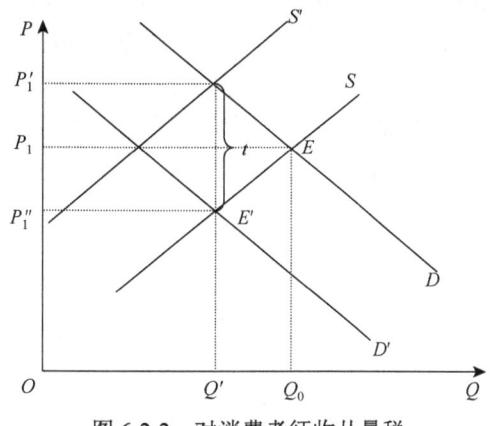

图 6-2-2 对消费者征收从量税

但是至此还没有说明究竟生产者和消费者谁要负担更多的税收。这需要通过对商品供求价格弹性的分析来给出答案。前面的分析均假定商品的价格供给弹性和需求弹性不会影响税负的转嫁，而现实生活中，税负能否转嫁、转嫁的程度与价格的需求弹性和供给弹性密切相关。以下先以对生产者课征流转税（商品税）为背景对此作出全面分析。

（二）税负转嫁与商品的需求弹性

1. 需求弹性的概念

需求弹性（elasticity of demand）即需求对价格的弹性，也就是需求量对价格变动的反映程度。需求弹性通过需求弹性系数 E_{dp} 衡量：

$$E_{dp} = \frac{\Delta Q}{Q} \div \frac{\Delta P}{P} = \frac{\Delta Q}{\Delta P} \times \frac{P}{Q}$$

式中，Q 为需求量；ΔQ 为需求变动量；P 为价格；ΔP 为价格变动量；$\frac{\Delta Q}{Q}$ 为需求量变动系数；$\frac{\Delta P}{P}$ 为价格变动系数。$E_{dp} > 1$ 表示需求弹性充足（弹性高），表明需求量变化大于价格变化，或者说消费者对价格变化敏感，降价会引起更大幅度的消费量上升，相反提价会引起更大幅度的消费量减少。$E_{dp} < 1$ 表示需求弹性缺乏（弹性低），意味着消费者对价格变化不敏感。$E_{dp} = 1$ 表示出现单位弹性，即价格变化引起消费量同幅度升降。$E_{dp} = \infty$ 表明完全有弹性，说明一种理论上的极端情况，即价格任何微小改变都会引起消费量的极大变动，微小降价会导致无限需求，微小提价会导致没有任何需要。$E_{dp} = 0$ 表示完全无弹性，说明无论价格如何变化，消费量均不会改变。

假定供给的价格弹性和其他条件不变，那么需求量对价格变动越敏感，即 E_{dp} 值越大，纳税人通过提高卖价把税负向前转嫁给购买者或消费者越困难；反之，需求量对价格变动越不敏感或越无弹性，即 E_{dp} 值越小，税负越容易向前转嫁。以上假定征税对供给的价格弹性、需求曲线和其他条件不产生作用，分析需求价格弹性的不同情况对流转税转嫁与归宿的影响。

2. 需求弹性高商品的税负转嫁

图 6-2-3 中，需求曲线较为平坦，即 $E_{dp}>1$，需求弹性充足。在流转税变动对需求曲线不产生影响的情况下，商品消费量随价格变动而变动，价格上升需求量减少，价格下降需求量增加，需求量变动幅度大于价格变动幅度。征收流转税后，商品价格因厂商成本增加而上升，上升额等于征税额，在流转税变动对供给曲线的斜率即供给的价格弹性不产生影响的情况下，供给曲线 S 平行上移至 S'。供给曲线的改变说明在同样价格下由于征税成本上升，厂商愿意提供的商品量减少。这是分析需求弹性与税负转嫁关系的基本假定。征税后，在需求曲线不变的情况下，供求均衡点由 E 变为 E'，价格由 P_0 上升到 P'；同时需求量由 Q_0 下降至 Q'。厂商总收入也发生变化，税前厂商总收入为 OP_0EQ_0，税后总收入为 $OP'E'Q'$，显然由于商品需求弹性充足，税负不容易向前转嫁给消费者；而增加的税收大部分由厂商负担，其负担额为 $OP_0EQ_0-OP'E'Q'$。其经济含义是，由于商品需求对价格的弹性高，消费者易于改变消费选择，不购买税高价高的商品，而购买税低价低的替代品，从而在遇到加税而价格上升时，可通过少消费或不消费的办法少负担或不负担增加的税收。

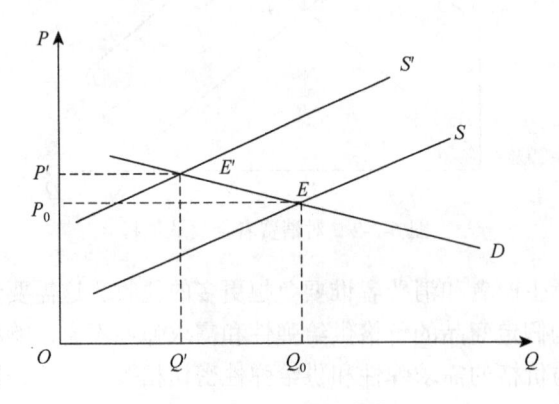

图 6-2-3 需求弹性高商品

3. 需求弹性低商品的税负转嫁

图 6-2-4 表示在其他条件不变的情况下，需求曲线变陡，需求对价格的弹性变低，即需求价格弹性系数小于1。这种情况说明商品的消费量随价格的变动而变动，不过价格上升速度大于需求量减少速度，价格下降速度大于需求量增加速度。征税前，供给曲线为 S。征税后，商品价格因厂商成本增加而增加，增加额 ΔP 等于征税额。在供给曲线斜率不变的情况下，供给曲线 S 向上平行移动变为新供给曲线 S'，均衡点由 E 变为 E'。卖价由 P_0 上升为 P'，同时需求量由 Q_0 下降为 Q'。厂商总收入也发生变化，税前厂商总收入表现为 OP_0EQ_0 的面积，税后总收入为 $OP'E'Q'$，增大了。显然，在上述商品需求弹性低的情况下，税负容易向前转嫁给消费者。增加的税收中只有小部分由厂商负担，大部分由消费者负担。需求对价格的弹性低，说明商品为必需品，且少有替代品。

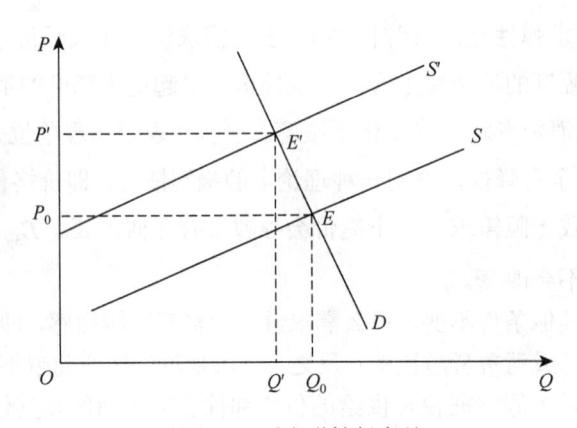

图 6-2-4 需求弹性低商品

4. 需求完全无弹性商品的税负转嫁

图 6-2-5 中，需求曲线垂直于横轴，说明无论价格发生什么样的变化，需求量都是一定的，不发生变化，即需求价格弹性为零。它反映征税的商品是必需品且没有替代品的情况，如棺材不会因为价格下降而增买一口，再如招标或拍卖，数量一定，价格却有高低。在这种情况下，对商品征税，生产边际成本上升，厂商愿意的供应量减少，供给曲线由 S 变为 S'，厂商以新的提高后的价格 P' 出卖商品，价格增加额 P_0P' 等于征税额，厂商收入征税后和征税前一样，增加的税收 $P_0P'E'E$ 全部由消费者负担，说明厂商把流转税全部转嫁给消费者。

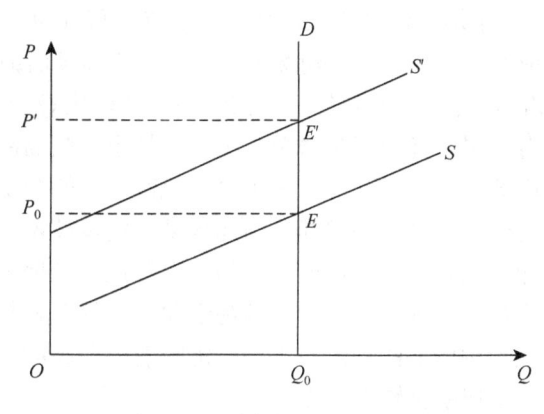

图 6-2-5　需求完全无弹性商品

5. 需求完全有弹性商品的税负转嫁

图 6-2-6 表示商品消费完全有弹性，又称弹性无穷大情况，说明价格稍有上升，消费者完全采用代用品或停止购买该商品。该商品只能采用固定标价，不论需求量多大，价格都不变。反映在坐标系上，需求曲线是一条水平线，称为无穷弹性曲线。S 为征税前供给曲线，价格为 P_0，与供给曲线 D 相交于 E，产量为 Q_0。征税后，种种原因（如产品已经积压或属于鲜活产品，不及时处理就会腐烂等），厂商仍然愿意以原有的价格提供商品，但征税导致生产边际成本上升，供应量减少，S 曲线向左上方移动，变为 S'，新的均衡点为 E'，产量减少为 Q'。征税后，由于价格不变，税负一点都不能转嫁给消费者。实际生活中，要出现这种极端情况，还有一个前提就是商品供给无弹性，产品已经积压或属于鲜活产品等的假定都是说明商品的供给价格无弹性。

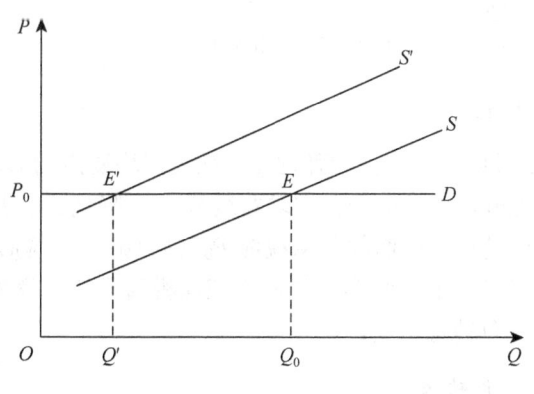

图 6-2-6　需求完全有弹性商品

（三）税负转嫁与商品的供给弹性

1. 供给弹性的概念

供给弹性（elasticity of supply）即供给的价格弹性，反映产量对价格变动的反应程度，通过供给弹性系

数 E_{sp} 衡量。供给弹性系数是产量 Q 变动系数对价格 P 变动系数的比率：

$$E_{sp} = \frac{\Delta Q}{Q} \div \frac{\Delta P}{P}$$

供给弹性系数绝对值大于 1，为弹性高，小于 1 为缺乏弹性，等于 1 为有单位弹性，等于 0 为完全无弹性，等于无穷大为完全有弹性。用图形表示时，弹性高的供给曲线平坦，缺乏弹性的供给曲线陡峭，完全无弹性的供给曲线是垂直线，完全有弹性的供给曲线是水平线。

2. 供给弹性高商品的税负转嫁

图 6-2-7 中，供给曲线 S 较为平坦即供给弹性较高。征税前均衡点为 E，价格水平为 P_0，产量为 Q_0。征税后消费者可支配收入减少或购买欲望减弱，消费者购买随价格提高而减少，需求下降即需求曲线从 D 下降到 D'，均衡点从 E 变为 E'，这时价格下降到 P'，其结果是产量从 Q_0 下降到 Q'，产量下降的速度高于价格下降的速度。供给弹性高有三层含义或三种情况。①厂商易于调整商品结构，能在征税的情况下及时迅速地不生产征税商品，而生产低税或无税商品，在国家征税额一定的情况下，增加的税负就由其他厂商或消费者负担。一般说来，劳动密集型产业调整商品结构容易，资本技术密集型产业则不容易。②商品质量好，即使提价也有人购买，即需求弹性低，厂商因而易于把对该商品增加的税收通过提价的方式转嫁出去。③征税商品的原材料需求弹性高，征税商品的厂商易于通过压低原材料购价的方式把增加的税负转嫁给原材料生产者。总而言之，某一种商品的供给弹性高，意味着该商品的生产者在与原材料厂商及消费者关系上处于比较主动的地位，易于把税负转嫁出去。

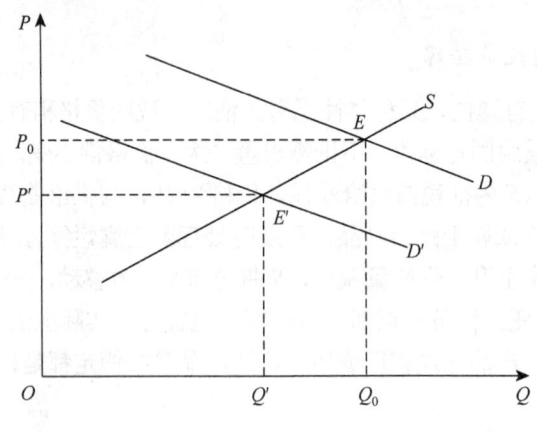

图 6-2-7 供给弹性高商品

3. 供给弹性低商品的税负转嫁

在图 6-2-8 中，供给曲线 S 较陡，说明供给弹性低，征税前均衡点为 E，价格水平为 P_0，供给量为 Q_0。征税后，因为消费者购买价格上升，需求减少，需求曲线从 D 下降到 D'，厂商的供应量也减少，但供应量减少的速度低于厂商收入减少的速度。厂商收入从税前 P_0EQ_0O 减少到税后 $P'E'Q'O$，单位税额不变，那么厂商实际承担的税收要比消费者承担的税收多。说明供应课税商品的厂商处于比较被动的地位，生产条件较不能适应课税变化，不易把税负转嫁出去。

4. 供给完全无弹性商品的税负转嫁

图 6-2-9 说明商品供给完全无弹性的情况，反映在坐标系上就是供给曲线为一条垂直线，不管价格变化和需求增加或减少，产量都不变。征税前的供求平衡点为 E，价格为 P_0，产量为 Q_0。征税后，需求曲线由 D 下降为 D'，价格下降至 P'，但因为供给完全无弹性，产量不变，厂商收入减少，从 P_0EQ_0O 减少到 $P'E'Q_0O$，减少额等于税额。因此，税负完全由厂商负担而不能转嫁出去。它说明厂商的生产条件完全不能适应税收和市场的变化，处于绝对被动的不利地位。

图 6-2-8　供给弹性低商品

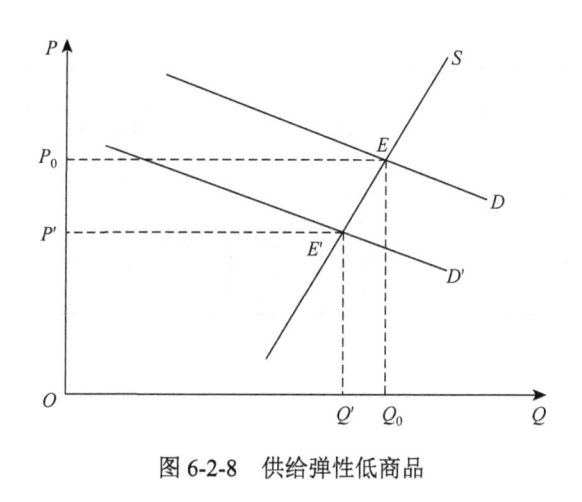

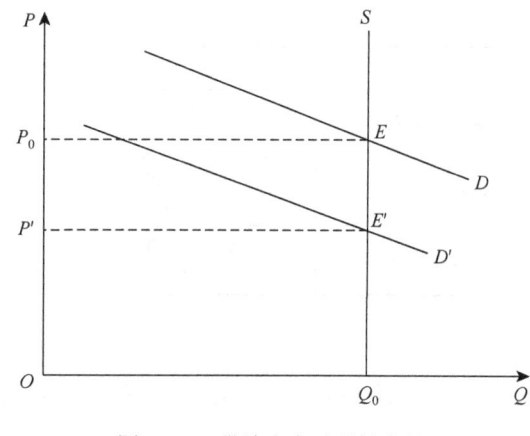

图 6-2-9　供给完全无弹性商品

5. 供给完全有弹性商品的税负转嫁

图 6-2-10 反映供给的价格弹性为无穷的情况，表现在坐标系上就是供给曲线为水平线，价格一有变化则供给随之而变。假定消费曲线不变，征税后厂商能够迅速提高价格，使供给曲线 S 向上移动到 S′，均衡点从 E 到 E′，均衡价格从 P_0 到 P′，不受供应量减少的影响，厂商获得与税前一样的收入，这表明厂商在征税后，税负通过涨价形式全部转嫁给购买者或消费者。

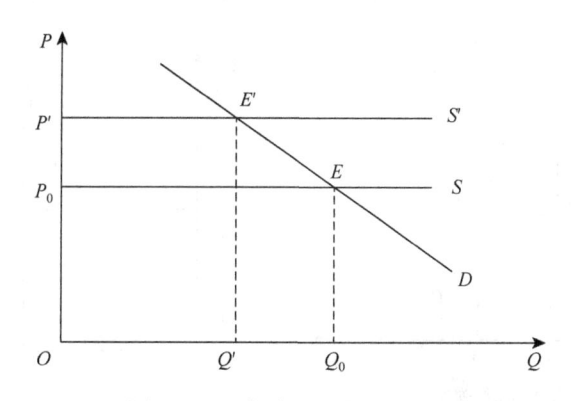

图 6-2-10　供给完全有弹性商品

总之，税负转嫁的主要途径是价格的变动，转嫁的幅度取决于供求弹性。需求弹性大于供给弹性，则转嫁给消费者或买者的部分较小，不转嫁或向后转嫁部分大；需求弹性小于供给弹性，则转嫁给消费者或购买者的部分大，不转嫁或后转部分小；在极特殊的情况下，供给弹性等于需求弹性，则往往由供给和需求两方共同负担税款，即厂商可转嫁一半于买者。分析这一问题时，不能忽视供给弹性和需求弹性对税负转嫁的影响在时间上的差别。需求弹性可以马上影响税负转嫁，因为消费者可以马上作出购买、不购买、少购买、选择替代品的决定。供给弹性则影响下一期商品供给及其税负转嫁，厂商在征税当期已经形成的商品除非毁掉或必须出卖，其价格是升还是降、税负是转嫁出去还是不转嫁，受需求弹性制约。但在下一期，厂商可根据本期的市场销售、价格情况以及税收政策调整商品结构，借以转嫁税负。

总的来看，完全竞争条件下，商品的供求弹性和税负归宿的基本关系如表 6-2-1 所示。

表 6-2-1　商品的供求弹性和税负归宿的基本关系

供求弹性	价格变动		税负归宿	
	厂商净价格	消费者价格	厂商税	消费者税
供给弹性高	下降小	上升大	负小	负大

续表

供求弹性	价格变动		税负归宿	
供给弹性低	厂商净价格下降大	消费者价格上升小	厂商税负大	消费者税负小
需求弹性高	消费者价格上升小	厂商净价格下降大	消费者税负小	厂商税负大
需求弹性低	消费者价格上升大	厂商净价格下降小	消费者税负大	厂商税负小

（四）影响商品税税负转嫁与归宿的其他因素

1. 从量税和从价税

上述分析均是以从量税为基础来进行的，之所以这样设定是为了研究方便。现实生活中以商品价格为标准征收的从价税更为常见。在从价税情况下，尽管税额的确定方式和从量税不同，但是税负归宿的分析原理却是一样的。所不同的是，从价税将使税后供给曲线和需求曲线按照税率对应的价格比例发生移动，而不是像从量税那样使它们发生平行移动。具体情况，我们将结合工薪税的情况加以说明，见图 6-2-11。图 6-2-11 中，A 为税前均衡时的工作时间；A'为税收均衡时的工作时间。从价税转嫁归宿的规律和决定因素与从量税相同，供应商和消费者实际承受税负的大小同样取决于供求弹性的大小。

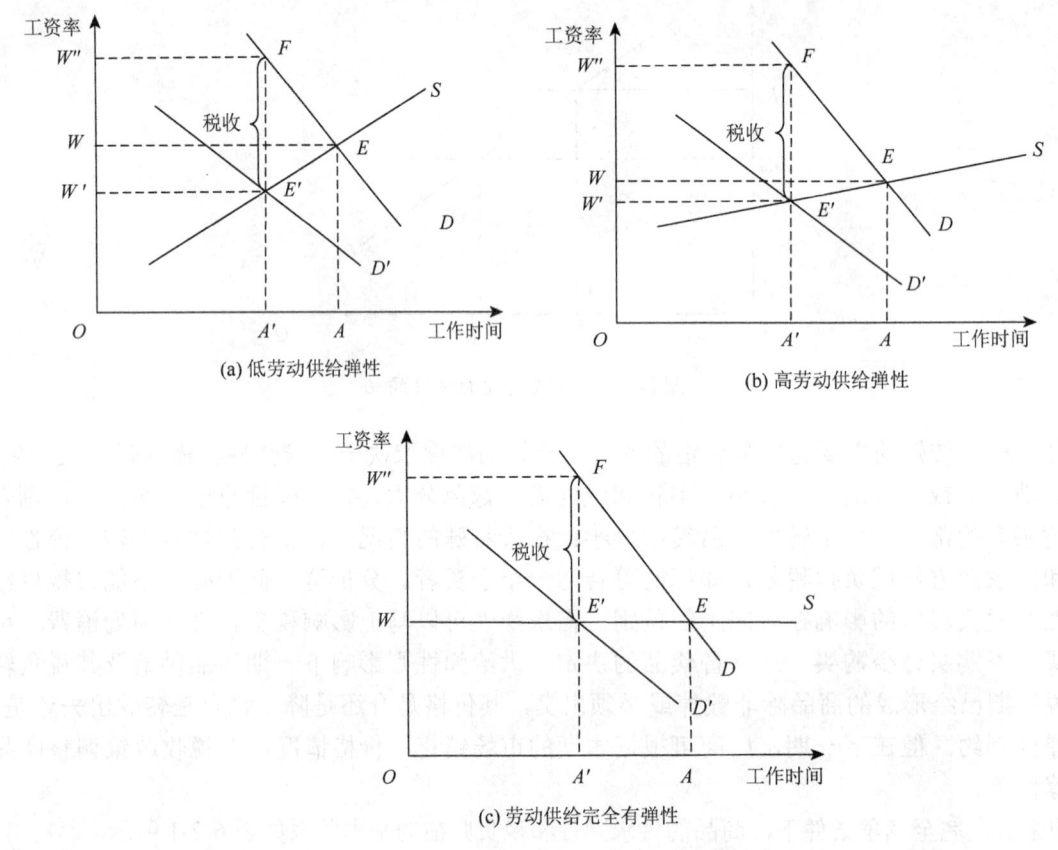

图 6-2-11　不同劳动供给弹性下的工薪税税负转嫁与归宿

2. 税负转嫁与课税范围

商品税课税范围越窄，越不易于税负转嫁。课税范围越是狭窄，越对商品或生产要素的购买者有替代效应，从而需求也就越具有弹性。假设政府只对香皂征税，而不对洗洁精、沐浴露等清洁用品征税，消费者完全可以选择未征税的清洁用品替代香皂，从而避免香皂生产者把税负转嫁给消费者。

同样的道理，课税范围越是宽广，越不易对商品或生产要素的购买者发生替代效应，从而需求也就越缺乏弹性，有利于税负转嫁。上例中，如果政府对所有清洁用品都征税，消费者没有了未征税的清洁品作为替代品，承担从生产者转嫁过来的税负的可能性就会变大。

3. 税负转嫁与市场状态

完全竞争、垄断竞争、寡头竞争和垄断是现代市场经济条件下常见的四种市场状态。在这四种不同的市场状态下，税负转嫁的难易程度是不同的。一般来看，完全竞争下，任何生产者都无法在征税后的短期内单独把商品价格提高而转嫁税负。但长期来看，在商品生产成本不变的条件下，生产者形成的行业力量会最终把税负转嫁给消费者。在垄断竞争下，单个生产者可利用自己产品的差异对价格进行适当调整，但由于没有形成完全的垄断市场，仍有竞争，所以只是部分地转嫁给消费者。寡头竞争指的是在一个行业中少数几个生产者所生产和销售的某种产品占据了大部分的市场份额，他们之间的竞争就是寡头竞争，能够对市场价格和产量产生重大影响。因此，征税之后，各寡头生产者会达成一致的协议，在原有价格的基础上，自动根据某一公式，各自提高价格转嫁税负。转嫁的程度取决于应税商品的需求弹性。在完全垄断的市场状态下，一家厂商彻底地控制了整个行业产品的数量、规模以及价格，实际上是该生产者独家定价。这时，税负能转嫁多少主要看商品的需求弹性情况。如果是对生活必需品征税，需求弹性小，生产者容易把税负转嫁给消费者；如果是对非生活必需品征税，生产者就不能随意提价，税负的转嫁程度也要视具体情况而定。

二、局部均衡框架下所得税的归宿分析

（一）工薪税的税负转嫁与归宿

对个人所得税征税相当于对劳动要素征收的一种税。在局部均衡的框架下，实际上是分析劳动力要素市场的工人和雇主之间的税负归宿。随着中国人口增速放缓和老龄化程度不断加深，中国多地出现用工荒的情形，高层次人才更是供不应求，不少地区纷纷展开"抢人大战"。因此本书假定当前中国市场普通劳动供给弹性大于零，而高层次劳动力供给弹性接近于完全供给弹性，那么在完全竞争的条件下，如图6-2-11（a）所示，劳动供给曲线为S，劳动需求曲线为D，均衡点为E，均衡的工资率为W，对工薪课征税率为t的所得税（这相当于征收一种从价税）。现在，在征收了工薪税后，雇主面对的需求曲线为D'。由于需求曲线按比例移动，因此在工资率较高的情况下移动大，工资率较低的情况下移动小，新的需求曲线和原有的需求曲线不是平行的，而它们之间的距离就是税收楔子。新的均衡点为E'，此时W为未收税时均衡价格，W'为工人工资，W''为企业招募工人的工人支出，税收（$F-E$）由企业和工人共同承担，其中工人承担（$W-W'$）部分，企业承担（$W''-W$）部分。

对于高层次人才，其供给弹性更大，供给曲线更加平坦。由图6-2-11（b）可知，此时税收（$F-E$）由企业和工人共同承担，但企业承担较大份额。对于高层次人才中的拔尖人才，由图6-2-11（c）可知，其供给完全弹性，供给曲线平行于水平轴，此时所得税完全由企业承担，符合当前高端人才在应聘时要求税后净工资的现状。

（二）企业所得税的转嫁与归宿

企业所得税的课税对象是一定时期的应税利润。在自由和充分竞争的条件下，资本一般只能获得基本收益率决定的正常利润，而个别企业却获得较高利润，其主要原因是个别企业先行采用新技术，提高了劳动生产率，在以同样价格出售产品时，会获得超额利润或超常利润。从这个意义上讲，企业所得税包含了

两个部分，一部分对正常利润课税，相当于对资本要素的课税，等价于对资本要素课征流转税，上述商品税的归宿原理同样适用。另一部分就是对超额利润课税，超额利润也称为经济利润，是指企业所有者获得的超过生产中使用资本要素的机会成本的收益。资本要素的机会成本是指所有者或股东如果不将资金投资于该企业而可能得到的其他投资收益。在自由竞争的条件下，存在一个基本的收益率，机会成本是由这个收益率决定的，因此超过这个基本收益而获得的利润就是超额利润。

假定能够设置一种只对超额利润课税的税种，称为超额利润税（excess profits taxation），我们来分析一下这个税的转嫁与归宿。在短期均衡的条件下，企业追求超额利润最大化，由于超额利润税并没有改变企业的边际成本和边际收益，因此企业不会改变其产量，而由于产量不变，消费者的支付价格也不会改变，所以消费者的情况不变，最终企业将完全承担税收。在长期均衡的条件下竞争的结果是企业的超额利润为零，因此不会产生税收收入。在垄断的情况下，企业可以获得超额利润，但同样由于这种税不会对产量产生影响，消费者的境况不会因为征税而变差，因而企业要承担该税收，也就是说这个税不会转嫁。显然从利润上看，这样的超额利润税不会对企业的经济决策产生影响，具有额外负担为零的特征，有效率高的优点，但现实中由于超额利润无法准确核算，一方面基本收益率很难确定，另一方面资本存量价值的确定也存在多种标准，采用原始成本与采用重置成本结果不同，此外在考虑风险因素时，更找不到一个简单的可操作的方法来确定超额利润。因此，超额利润税缺乏管理和实施的可能性（Gillis and Mclure，1979）。

第三节 一般均衡框架下的税负归宿分析

前面的局部均衡分析是针对单一的商品市场或者要素市场的，在分析时假定影响该市场的其他因素不变，而且假定税收的征收对其他市场和其他商品或要素市场没有连带影响。但是税收归宿并不仅仅局限在单一市场中，因此局部均衡分析是不全面的。

一、局部均衡分析的局限性

局部均衡分析忽略了有可能在其他市场发生的一系列相对价格变化，如分析对啤酒征税的税收转嫁与归宿，在局部均衡框架下，是假定其不会对工资水平产生显著影响，但是在啤酒行业足够大时，对啤酒征收商品税不仅影响了啤酒市场的供求关系，从而决定该商品税的归属，而且啤酒需求下降会减少该行业对劳动力的需求，使一部分人失业，失业导致工资水平受到影响，进而也影响其他消费市场，总之任何影响都可能是连锁的。

局部均衡分析只能分析特定市场的个别商品征收的特定商品税或单一要素税，而不能分析一般所得税或一般流转税，如一般所得税是对所有生产要素课税，既对劳动课税，也对资本课税，同时影响几个市场，局部均衡分析对此无能为力。

局部均衡分析还忽略了政府对税收的使用即政府支出以及税制结构调整的影响，只考虑征税的影响，而不考虑支出和税制结构调整的影响，显然不全面，也不能真正说明税负归宿问题（鲍德威和威迪逊，2000）。有时政府增加税收仅仅是一种税制结构的改变，增加某一税收的税率，同时就会降低其他税收的税率。增税或者是为了减少债务；或者是为了增加支出，这就涉及新税收收入来源的开辟；或者在总支出不变的情况下，增加某一项开支，就必须减少另一个项目的开支。总之，支出安排用途对个人福利影响很大，如果一个人最终承担了税收即成为税收归宿点，但如果同时也是支出的受益者，那么征税对这个人的福利影响就是对等的，否则负税人得不到应得的支出利益，就成为纯粹的财政牺牲者。因此，应该将公共支出或转移支付直接考虑在税负转嫁与归宿的研究中，这种研究税收增加以及政府对税收收入支出的综合影响的理论叫平衡预算税收转嫁与归宿分析（balanced budget tax shifting and incidence analysis），而对税制结构调整即用一种产生相同收入的税收去替换另一种税收的情况进行分析的方法叫作差异税收转嫁与归宿分析（differential tax shifting and incidence analysis）（斯蒂格利茨，2013）。

二、一般均衡分析的假定前提和结果

尽管局部均衡分析是基础和有价值的,但只有分析税收对整个经济的均衡所产生的效应才能最终确定税负的归宿。这种将税收对多个市场的影响联系起来加以分析,从而考察整个经济运行中的税收归宿状况的分析方法就是一般均衡分析(general equilibrium analysis)(斯蒂格利茨,2013)。

一般均衡分析框架是由 Harberger(1962)首先设计的。由于一般均衡要将所有的市场联系起来考察税收的效应,每时每刻均有无数多的商品和要素在交易,纳税人在不断地缴纳着各种税收,要弄清问题,需要对产品市场和要素市场进行简化,先假定经济中只有两种商品(x、y)和两种生产要素(劳动 L 和资本 K),并且不存在储蓄。在此框架下,首先要明确各种名称的税收之间的同质性,让要分析的税种减少,这就是税种的等价性;其次要严格假定前提,从而把问题放在可观察的层面上;最后对主要税种的转嫁与归宿作出说明。

(一)税种归类

在上述只有两种商品(x、y)和两种生产要素(劳动 L 和资本 K),并且不存在储蓄的模型中,可能存在九种从价税。

(1)对 x 商品在销售环节课征的选择性流转税(消费税)t_x。
(2)对 x 商品生产中所使用的资本课税 t_{Kx}。
(3)对 x 商品生产中所使用的劳动课税 t_{Lx}。
(4)对 y 商品在销售环节课征的选择性流转税(消费税)t_y。
(5)对 y 商品生产中所使用的资本课税 t_{Ky}。
(6)对 y 商品生产中所使用的劳动课税 t_{Ly}。
(7)同时对 x 和 y 所使用的资本课税 t_K。
(8)同时对 x 和 y 所使用的劳动课税 t_L。
(9)一般所得税 t。

要一一分析上述各种税的转嫁与归宿在文字上会有重复。因此要找出其中的等价性或同质性,所谓等价性指转嫁与归宿的规律具有相同性。对等价或同质的税种,只要分析其中一种,就能说明其余。这样可将这些税收归为四类来分析。

第一类为选择性流转税(消费税)。上述九种可能的税收中,选择性流转税(消费税)只能有一种,要么对 x 商品课征,要么对 y 商品课征,它们的归宿原理是一样的,只要分析其中一种就可以了,本节以对 x 商品在销售环节课征的选择性流转税(消费税)t_x 为例。

第二类为部分要素税,即对某个生产部门所使用的某种要素课征的税。可有四种选择,即对 y 商品生产中所使用的资本课税 t_{Ky}、对 x 商品生产中所使用的资本课税 t_{Kx}、对 y 商品生产中所使用的劳动课税 t_{Ly} 和对 x 商品生产中所使用的劳动课税 t_{Lx}。以下以 t_{Ky} 为例进行分析。

第三类为一般要素税,即对两个生产部门所使用的某种要素课征的税。可有两种选择即对劳动课征一般税 t_L 和对资本课征一般税 t_K。对这一组税收,只要分析 t_L 就可以了。

第四类是一般所得税 t,即对全部要素课征的税,在税率相同的情况下这与对全部商品征收一般流转税(消费税)是等价的。因此只要弄清楚一般所得税的归宿规律,同理也能说明一般消费税的归宿问题。

通过这样的归类,我们只要以上述四类税为对象进行考察就能说明一般均衡框架下税负转嫁与归宿的情况,这将使问题大大简化。但只进行这样的简化还不够,实际经济活动很复杂,生产部门使用技术的差异(由此决定资本和劳动的比率以及它们之间相互变换的难易程度)、要素供给者的行为(是完全自由流动还是不能)、市场结构(是完全自由竞争的还是垄断)、资本和劳动等要素供给数量是否变化、消费者偏好差异与否、税前税后总收入变化是否改变要素价格等都对一种税收的转嫁与归宿产生影响,如果把所有影响都考虑进去,问题仍然足够复杂,难以说明清楚。因此,在进行一般均衡分析时还得对市场总体状况进行假设。

(二) 一般均衡分析的假设条件

在只有 X、Y 两个生产部门,分别生产商品 x、y,均使用两种生产要素资本 K 和劳动 L 的框架内,还需要如下假设。

(1) 两类商品的生产者均保持规模收益和要素密集度不变。即生产要素投入扩大一倍,产量也增加一倍。要做到这一点,还要使所使用的两种要素的替代弹性等于 1。所谓替代弹性等于 1 就是两种要素相对价格变化不影响要素密集程度,即资本与劳动的比率不变,原为劳动密集型产业仍然是劳动密集型,原为资本密集型产业仍然是资本密集型。实际生活中,当某一要素价格上升时,如资本的价格上升,追求成本最小化的厂商会用其他生产要素加以代替,但是替代弹性保持不变的假设就是假设不会发生这种替代,而使总产出中资本和劳动的报酬份额保持不变,要素价格变化的百分比引起的对要素需求量变化的百分比正好相等,如资本价格上升 10%,所引起的资本使用量也刚好降低 10%。

(2) 要素完全流动。资本和劳动的所有者都追求总收益最大化,无论是资本还是劳动都可以按照所有者的意愿在部门之间自由流动。最终,每个部门的资本边际净收益率必然相等,劳动边际净收益率也相等。

(3) 要素得到充分利用。商品市场和要素市场都是完全自由竞争的,所有商品和要素的价格具有完全弹性。

(4) 要素供给总量不变。即在经济中,资本和劳动的数量是固定的。

(5) 消费者的偏好相同且不变。即征税不改变人们的消费结构,征税后消费者收入中用于购买 x 和 y 商品的比例不变,这意味着税收不产生任何收入再分配效应,这样的假设便于集中研究税收对收入来源的影响。

(6) 税前和税后的总收入不变。这个假设的意义在于排除由征税导致总收入变化而对需求和要素价格产生影响。要使总收入不变,就要让政府税收收入完全用于购买 x、y 商品某种组合,政府购买后整个经济对这两种商品的总需求与税前没有两样,而要做到这一点就需要政府以某种方式将税收返还给社会,也就是说政府行为对市场交易没有影响。

(三) 四种类型税收的一般均衡分析

下面以上述严格假定为前提,分别考察四种税收的税负归宿。

1. 选择性流转税——以对 x 商品的消费课征流转税 t_x 为例

我们首先分析商品市场的变化,对 x 的课税会使其价格上升,因此人们会减少对该商品的消费转而购买其替代品 y,这样替代品 y 的价格会上升,从而对 y 的需求也会下降。再来看要素市场的情况,由于商品 x 的价格上升导致的产量下降,因此生产 x 所用的资本和劳动就要向 Y 部门转移。如果 X 部门属于资本密集型产业,那么转移出来的资本要素就要多于劳动要素,在 Y 部门,资本的相对价格就要下降,从而资本所有者的收益将会减少,这意味着他们也要承担对 x 征收的流转税。如果商品 x 的需求弹性较大,那么商品 x 的需求量将大幅下降,资本转移规模会加大,Y 部门资本所有者的损失会更大,其承担的对 x 征收的流转税的份额也更大。如果 X 部门属于劳动密集型产业,那么情况与此相反,随着劳动向 Y 部门转移的规模增大,Y 部门劳动所有者的收益就会降低,从而也承担了对 x 商品课征的部分流转税。

总的来看,对某一商品征收选择性流转税,并不像前面的局部均衡分析,其税负仅在该商品的生产者、购买者或投入品提供者之间进行分配。从一般均衡角度看，对某一特定商品课征的流转税，会导致为生产该商品而需要大量采用的投入品相对价格下降，从而波及其他商品和要素所有者。选择性流转税的税负将会由应税商品和相关其他商品的生产者和消费者，以及生产应税商品大量使用的要素的所有者共同负担，负担的大小将取决于应税商品的需求弹性、产业形态（是资本密集型还是劳动密集型）等因素。

2. 部分要素税——以对商品 X 部门的资本 K 征收从价税 t_{Kx} 为例

当对生产商品 X 部门的资本要素所有者所拥有的资本征收从价税 t_{Kx} 后，就出现两个初始效应即产量效应和要素替代效应。

就产量效应而言，X 部门的资本价格上升，导致 x 商品的生产成本上升，最终导致生产者降低 x 的产量。商品 x 产量的下降，将导致商品 x 的价格上升，需求减少。在资本价格因为征税而上升的情况下，为了满足厂商使用资本的总支出不变的假定（假定 1），一部分资本就从 x 生产部门流出，相应的一部分劳动要素也要流出。如果 X 部门是资本密集型的，那么要到生产 y 商品的部门寻求出路的资本相对就多。就是说流入到 Y 部门的资本就多，这就使 Y 部门的资本价格下降，从而 y 的生产成本下降，最终促使生产者提高 y 的产量，由于商品 y 产量的上升，y 价格将下降、需求上升。但是如果 X 部门是劳动密集型的，那么由于流出的劳动多，对 Y 部门而言资本的相对价格上升，y 的产量就会减少、价格上升、需求减少。也就是说，从产量效应而言，部分要素税的结果使资本价格上升还是下降，取决于被课税部门的产业形态，如果为资本密集型，那么 Y 部门的资本价格会下降；如果为劳动密集型，那么 Y 部门资本价格会上升，劳动价格会下降。

就要素替代效应而言，征收部分要素税使得 X 部门的资本价格上升。只要资本与劳动之间的替代是可能的并且替代弹性为 1，那么商品 x 的生产者面对资本价格的升高，将同比例减少资本的使用量而增加劳动的使用量，从而降低资本的需求及其相对价格。此时，对 Y 部门而言，由于资本流入的增多，其资本价格将会下降。

综合上述两种效应，我们发现如果被课征资本税的部门是资本密集型的，那么两种效应同方向，即 Y 部门的资本价格要下降。这意味着，对 X 部门征收的资本要素税，也有一部分转嫁到了 Y 部门。如果 X 部门为劳动密集型，那么最终结果不确定，但由于会使部门劳动价格下降，意味着对资本的课税也有可能损害劳动的利益。至此，我们可以得出这样的一般性结论，即只要要素可自由流动，那么对其中一个部门的一种要素课税，其税负会归宿到两个部门的两种要素，从而影响他们的收益，具体归宿情况取决于多种因素。这是局部均衡分析所得不到的结果。

3. 一般要素税——以对商品 X、Y 部门的劳动要素 L 征收从价税 t_L 为例

如果对两个部门的劳动要素征收同样的税，那么由于两部门劳动要素的价格同时上升同样的幅度，因而不会发生要素在两部门间的流动，因此劳动要素的所有者无法通过转移要素而逃避税收。如果劳动要素的供给弹性为零时，那么税负将完全由工人负担；如果劳动要素的供给可以改变，即供给弹性不为零，那么要素所有者将减少劳动的供给，从而改变原有的资本和劳动的供给情况，这一方面会造成商品产量的改变，另一方面也会改变资本和劳动的相对价格，进而使资本的价格下降，税负最终将由工人、生产者以及资本要素所有者分担。

4. 一般所得税

对全部要素的课税，即对资本和劳动的所有者共同课征所得税，课税范围涉及所有部门，因此不会导致要素的跨部门流动。由于前面假设要素的供给是不变的，即要素供给无弹性，那么要素的所有者不能通过提高要素价格而转嫁税负，因此税负将由要素的所有者负担。如果要素的供给可以改变，那么要素的所有者则可以通过改变要素的价格来转嫁税负，而最终的税负归宿问题则要根据要素供给的弹性来具体考察。

三、一般均衡分析的启示和局限

以哈伯格模型（Harberger model）为代表的一般均衡分析框架的提出具有重要意义，与最优税收理论一样是充满智慧、给人启迪的理论，但其结论需要非常严格的假定条件，加之税负归宿的复杂性和连锁性，使该理论本身和实际应用均存在局限性。

（一）一般均衡分析的启示

一般均衡分析考察税收对要素市场和商品市场的连续影响，从而最终确定不同税种的税负归宿，不仅指出商品的供需弹性对税收归宿的影响，而且表明在分析税负归宿时还要考虑要素的可流动性、要素供给的弹性等最终税负归宿的因素。因此，一般均衡分析克服了局部均衡分析的缺陷，可以解释某些同时影响多个市场的一般所得税和一般流转税的税负归宿。这一分析方法揭示了税收效应的复杂性，指明要透彻地分析税收的效应需要掌握哪些信息，告诉人们要从宏观、整体、长期角度考察税负的转嫁与归宿，得出了许多不同于局部均衡分析的结论，使人们的认识大大拓展和深化。

一般均衡分析的结论告诉我们要谨慎对待某些司空见惯的政策主张。例如，对生活必需品应当免税、对奢侈品应当征高税、对资本的征税要高于对劳动的征税等。一般均衡分析表明，由于税收的连锁影响，某些从局部短期看有利于劳动者、低收入群体的税收政策，从宏观全局、长期角度分析则可能损害劳动者和低收入群体的利益。一般均衡理论进一步告诉我们，对任何基于调节目的的税收主张都不能简单赞同，在还不具备信息和技术条件，能够完全透彻地分析一种税收的税负归宿时，税收最好保持中性。

（二）一般均衡分析的局限性

税负归宿本身过于复杂，以及我们还难以得到对税负归宿进行透彻分析的全部信息，使得一般均衡分析建立在过于苛刻的假定条件下，这样就影响了结论的适用范围。

（1）关于保持规模收益和要素密集度不变以及替代弹性为1的假定。如果没有这一假定，在对某X部门某一要素课税，导致该要素价格上升的情况下，就不一定发生要素从X生产部门流出问题，从而就不会波及Y部门，上述一般均衡分析的关于部分要素税的结论，就不一定正确。在现实生活中，投入扩大一倍，产量也增加一倍的情况只在技术不发生变化的条件下存在。在采用新技术，劳动或资本生产率提高的情况下，较少的要素投入可能产生同样或更大的产出，规模收益是可变的，此时征税虽然提高了应税要素的价格，但不一定使要素流出，或者虽然部分要素会流出，但流出的份额不一定与应税要素价格上升成比例。因此，一般均衡分析的结论不是普遍的，而只是在非常严格假定下才成立。

（2）关于要素完全流动和完全自由竞争的假设。这些假设也不是普遍的，而仍然是偶然的。现实生活中由于制度和技术的原因，有些要素是不能流动的，也不是所有商品和要素的价格都具有完全弹性。例如，土地被划分为住宅用地、工业用地时，无论收益率多高，工业用地都不能被转换为住宅用地；专业性人才的流动受到限制；难以获取全面信息，交易成本的存在也限制要素流动。如果要素不能自由流动，那么前述部分要素税归宿取决于几个效应综合的结论就不正确，不流动的要素必须承担对其征收的税收，无法通过转移到其他部门而逃避税收。

（3）关于要素供给总量不变的假设。这是假设税收对要素供给本身不产生影响，从而便于分析税收引起的要素流动。从短期静态看，这是合理的假设。但从长期动态看，税收会改变要素供给，如资本税会导致资本供给减少、工薪税会导致人们更多地选择闲暇而减少劳动供给。如果这样，那么前述一般所得税不转嫁的结论就不成立。在要素的供给可以改变的情况下，要素的所有者则可以通过改变要素的价格来转嫁税负，而最终的税负归宿问题则要根据要素供给的弹性来具体考察。

（4）关于消费者的偏好相同、不产生任何收入再分配效应的假设。显然这些假设在现实生活中也是偶然的。征税会改变人们的消费结构，征收后消费者收入中用于购买 x 和 y 的比例也会变化，任何税收都可能发生再分配效应，考虑政府使用税款的情况，再分配效应更大，从而改变总收入、改变总支出决策和相对价格。例如，对农业和石化产业征收一般资本税，在假定前提下不转嫁，具有累进性（有钱人资本收益多）。但如果考虑到偏好不同，低收入家庭对农业和石化产业生产的生活必需品支出比例高，征税的结果是低收入家庭也要负担一部分税收，从而降低资本税的累进性（罗森，2003）。

学术界一般将上述分析框架称为哈伯格模型或哈伯格一般均衡税收归宿模型，又称税负归宿两部门一般均衡模型。这一模型只研究两个部门的情况，过于简化。后来的学者在此基础上提出了税负归宿多部门可计算一般均衡（computable general equilibrium，CGE）模型。不论是哈伯格模型还是 CGE 模型均属于静态模型，即采用的变量为同期变量，基于封闭经济、个人年收入，如果放在全球开放的经济、以人的一生收入为背景，结论就会大大不同。此外没有能说明对企业所得税（公司所得税）的归宿（萨拉尼，2005）。为此，在 20 世纪后期，学者基于各种经济增长模型，在其中加入税收因素，分析税收归宿，提出不同的税收归宿一般均衡动态模型，如索洛（Solow）新古典经济增长税收归宿一般均衡分析模型、通货变动的税收归宿模型、生命周期税收归宿模型等。最近几年，中国学者用西方一般均衡分析方法分析中国主要税收的转嫁与归宿也取得一些进展。无论局部均衡分析还是一般均衡分析，都是建立在均衡价格基础之上，而均衡价格以个人主观评价的边际效用为依据，因此不能提供一个判断税负转嫁与归宿的客观数量界限或标准，只能分析税收增量转嫁的可能，不能说明全部税收归宿以及归宿数量，模型与现实也还难以吻合。

【本章小结】

1. 税负转嫁，即纳税人在缴纳税款之后，通过种种途径将税负转移给他人的过程。税负归宿，指税负转嫁的最后结果或税负的最终归宿点。

2. 税负转嫁的方式包括前转、后转、混转、消转和税收资本化。

从局部均衡角度，税负转嫁的主要途径是价格的变动，转嫁的幅度取决于供求弹性。需求弹性大于供给弹性，则转嫁给消费者或买者的部分较小，不转嫁或向后转嫁部分大；需求弹性小于供给弹性，则转嫁给消费者或购买者的部分大，不转嫁或后转部分小；在极特殊的情况下，供给弹性等于需求弹性，则往往由供给和需求两方共同负担税款，即厂商可转嫁一半于买者。

3. 在完全竞争条件下，无论对生产者还是对消费者征收从量商品税都不会影响其各自的税负，这一规律叫作无关性定律。

4. 局部均衡分析只能说明单一市场和单一商品的税负转嫁与归宿，忽略了有可能在其他市场发生的一系列相对价格变化。

5. 一般均衡分析考察税收对要素市场和商品市场的连续影响，从而最终确定不同税种的税负归宿，不仅指出商品的供需弹性对税收归宿的影响，而且表明在分析税负归宿时还要考虑要素的可流动性、要素供给的弹性等最终税负归宿的因素。这一分析方法揭示了税收效应的复杂性，指明要透彻地分析税收的效应需要掌握哪些信息，告诉人们要从宏观、整体、长期角度考察税负的转嫁与归宿，得出了许多不同于局部均衡分析的结果。税负归宿本身过于复杂，以及我们还难以得到对税负归宿进行透彻分析的全部信息，使得一般均衡分析建立在过于苛刻的假定条件下，这样就影响了结论的适用范围。

【概念与术语】

税负转嫁（tax shifting）　税负归宿（tax incidence）　前转（forward shifting）　后转（backward shifting）　混转（mixed shifting）　消转（diffused shifting）　税收资本化（capitalization of taxation）　无关性定律

（irrelevance theorem） 需求弹性（elasticity of demand） 供给弹性（elasticity of supply） 局部均衡分析（partial equilibrium analysis） 一般均衡分析（general equilibrium analysis） 哈伯格模型（Harberger model）

【思考题】

1. 单一自由竞争市场上商品的价格供求弹性如何决定流转税的税负转嫁与归宿？
2. 局部均衡分析的主要缺陷有哪些？
3. 一般均衡分析的主要思路是怎样的？
4. 一般均衡分析给我们哪些启示？
5. "凭发票抵扣进项税额的消费型增值税的税负总是落到最终消费者身上"这个观点正确吗？为什么？
6. 所得税不能转嫁吗？为什么？

第七章 宏观税收负担的衡量

【本章提要】
1. 宏观税收负担水平的测算和轻重判断方法。
2. 宏观税负与微观税负的差异及其原因。
3. 税收增长和 GDP 增长的相关性分析。

从微观角度分析税收负担的转嫁与归宿只能为考察税收分布是否公平以及是否造成额外负担等问题提供分析思路和方法,不能说明税负是否适度。本章要通过研究一国宏观税负水平的决定因素、宏观税负水平的测算或测定办法、税收增长与社会财富增长的相互关系,回答怎样的宏观税负水平才是适度的、怎样的税收总量增长率才是正常的等问题。

第一节 宏观税收负担水平的测算和轻重判断方法

一、衡量宏观税收负担水平的指标

(一) 宏观税负率

宏观税收负担(以下简称宏观税负,英文为 macro-tax burden)是指一定时期国家征集的税收总额与同期社会产出总量或总经济规模的对比关系。因而衡量宏观税负先要正确选择反映全社会产出量或经济活动总量的指标。选择原则是:①能正确科学地反映经济活动总量;②有利于进行纵向历史比较和横向国际比较;③取得资料容易,计算简便。

中国在过去一段时间里借鉴苏联宏观统计体系,即物质产品平衡表体系(system of material product balances, MPS),采用社会总产值这一指标反映经济活动总量。社会总产值由于存在对物化劳动转移价值的重复计算,以及只计算物质生产部门的价值而不计算服务价值等问题,加上不能进行国际比较,因而在宏观税负水平衡量中只能作为参考性指标。

目前衡量全社会经济活动总量比较通行并可进行国际比较的指标有两个:一是国民生产总值(gross national product, GNP)或国内生产总值(gross domestic product, GDP),二是国民收入。因而衡量宏观税负状况的指标也就主要有两个:GNP 税收负担率和 GDP 税收负担率,简称 GNP 税负率和 GDP 税负率;国民收入税收负担率(简称国民收入税负率),其计算公式分别为

$$GDP(或 GNP)税负率 = \frac{税收总额}{GDP(或 GNP)}$$

$$国民收入税负率 = \frac{税收总额}{国民收入}$$

准确计算各时期的宏观税负率是研究宏观税负的前提,而要准确计算宏观税负率,有必要弄清 GNP、GDP、国民收入以及税收总额的具体含义。只有统计口径相同,才能进行历史纵向比较和国际横向比较。

(二) GDP 和 GNP 及计算方法

GNP 和 GDP 都反映一个国家一定时期经济运动总量,是国民核算体系(system of national accounts, SNA)的主干指标,二者反映的是以市场价格表示的一国国民经济部门一定时期(通常为年)内生产的最终产品和服务的价值总和。

上述最终产品和服务的价值总和，如果按照国民原则即属人主义原则计算，就是 GNP。所以国民原则意味着凡是本国国民经营的全部经济活动成果，无论其在国内还是在国外经营，一律作为核算对象。外国国民在本国领土范围内的经济活动成果则不包括在内。这里所称的国民，与通常意义上的公民和居民有差别。公民指具有本国国籍的人，居民还包括在本国拥有住所或居住一定天数的人（可以是公民也可以不是公民），而统计 GNP 的"国民"指的是常住居民，包括居住在本国的公民、暂居外国的本国公民、长期居住在本国但未加入本国国籍的居民（佟哲晖，1992）。最终产品和服务价值总和，如果按照领土原则即属地主义原则计算，就是 GDP。领土原则意味着凡是在本国领土范围内生产的产品和提供的劳务，不论由本国国民还是外国国民生产或提供，都要计入 GDP 中，反之则不计入。因此，GNP 和 GDP 之间存在如下关系：

$$GNP = GDP + 国外净要素收入$$

国外净要素收入 = 本国国民在国外取得的劳动和财产收入 – 外国国民在本国取得的劳动和财产收入

衡量中国的宏观税负，GDP 优于 GNP。因为，GDP 能更确切地反映一国实际生产规模，计算较为简便；税制结构以流转税为主体，流转税是按属地主义原则征收的。中国对外投资增长快速但总量还不是很大，来源于国外的投资所得较少，减掉税收抵免或扣除，对外投资方面的所得税税收收入量小可忽略；劳务所得在外国已缴纳的个人所得税一般要予以抵免，本国征收的个人所得税金额不大。因此 GDP 计算范围与税收计算范围比较一致，以 GDP 作为宏观税负率的分母更为准确。当然在中国，GNP 与 GDP 的数额差别不大，用 GNP 作为分母来计算宏观税负率也能说明问题。

GDP 的计算主要有部门法（或生产法）、收入法（或分配法）、使用法（或支出法）。生产法，就是分别以国民经济各部门一定时期内生产的产品或提供的劳务的价值总量，扣除固定资产折旧外中间消耗的价值，即外购的非固定资产产品和劳务的价值量，其余额就是各部门的增加值，把各部门的增加值相加就得到 GDP。其中，社会事业、政府机构服务等非营利性部门的增加值按成本价格即工资发放总额以及费用支付额计算。分配法是从生产要素所有者收入角度进行计算，把所有企业和事业、行政单位一定时期内为生产产品、提供劳务而支付的劳动者报酬、固定资产折旧、流转税费净额、营业盈余相加，得出 GDP。支出法则是把整个社会一定时期内最终用于消费和投资以及净出口的产品和劳务的价值相加，得出 GDP。三种方法的计算结果从理论上讲是一致的，但由于资料来源不同，可能产生差异，这种差异一般称为统计误差。

（三）国民收入及计算方法

国民收入是整个社会一定时期内新创造的价值总和，是反映一国经济实力的重要指标。但在 MPS 和 SNA 下其内涵不同。在 MPS 下，国民收入一般指的就是国民收入生产额，是从事物质资料生产的劳动者在一定时期内新创造的价值，也就是社会总产值扣除生产过程所耗生产资料价值后的净产值（即 $V+M$），农业、工业、建筑业、运输邮电业、商业（包括饮食业和物资供销业）净产值之和就是国民收入。历史上，中国计算国民收入的方法有二：一是生产法，以物质生产部门的总产值减去生产中的物质消耗价值（如用于生产的原材料、种子、肥料、燃料、动力、生产用固定资产折旧等的消耗）后的净产值相加；二是分配法，从国民收入初次分配的角度看，等于物质生产部门的职工工资、福利基金、利润、税金、利息等项目的总和。因此在中国，MPS 下国民收入概念不包括非物质生产部门的增加值或收入。

在 SNA 下，国民收入概念建立在生产三要素理论基础之上，即劳动获得工资、土地生产租金、资本创造利润。国民收入指的就是直接参加生产产品和提供劳务的生产要素，通过价值分配取得的报酬总和，其具体计算有两种方法。一是减法，就是从同一时期 GNP 中扣减固定资产折旧和间接税（即流转税）净额，即国民收入 = GNP – 固定资产折旧 – 间接税净额。间接税净额指间接税总额冲抵政府从间接税中开支的政策性津贴（如农产品补贴等）后的余额。二是加法，就是社会各部门和个人扣除直接税后的工资薪金、利息、利润总和加上政府获得的各项直接税（如所得税、财产税、社会保险税）收入。所得税等直接税之所以应列入国民收入中，是因为这些税是对要素收入的直接扣除。也就是说，要素所有者所获得的要素收入，一部分由所有者支配，另一部分归政府使用，要素收入若按税前口径计算，就不应单独加计直接税；若按税后口径计算，自然应单独加计直接税。间接税如增值税等由消费者负担，也就是从要素所有者的所得税后收入中支付，如果把间接税也算作国民收入就产生重复计算。

以国民收入税负率进行国际税负水平比较时，应注意 MPS 和 SNA 的差异，必要时应进行换算，否则将得出错误结论。MPS 和 SNA 国民收入概念的数量关系如下。

MPS 国民收入 = SNA 国民收入−非物质生产部门的劳动报酬和营业盈余−个体经济中非物质生产部门的收入−非物质生产部门支付的社会保险金+物质生产部门的服务支出+物质生产部门内部用于非生产项目的物质消耗和固定资产折旧+流动资产意外损失+间接税−政府津贴

利用国民收入税负率指标进行国际比较，除按上述关系换算国民收入指标使之在计算口径和内容上具有可比性外，还要注意估价标准和价格水平问题（黄沂木和吴宜陶，1992）。

（四）税收总额

要正确计算宏观税负率，除解决上述分母即 GDP 和 GNP 问题外，还要把握税收总额（tax amount）的内涵及其纵横向可比性。一般应注意的问题有：不同历史时期体制差异、杂项负担和变相负担等。

1. 不同历史时期体制差异

中华人民共和国成立后，中国进行了多次财政税收体制改革，各时期税收总额的内涵及统计口径是不一致的。其中 1983 年的"利改税"是一个重要分界点。"利改税"前，占主体地位的国有企业只向国家缴纳工商税和利润，本来应以所得税这一税收形式上缴的纯收入以利润形式上缴，因而国有企业上缴的税收与税收的体现国家公共权力、满足社会共同需要的内涵有差距，"利改税"完成前统计资料中的税收总额不能反映税收的全貌。把国有企业利润上缴形式完全改为税收形式，则使本来反映国有资产产权利益的利润分配部分也用税收形式上缴，导致过度以税代利，混淆了国家层次上公共权力与全民财产所有权的区别，也混淆了国家层次上社会管理职能和国有资产管理职能以及与之相适应的两种分配方式的区别。也就是说，统计资料中 1984 年至 1993 年的税收总额包含全民资产产权利益部分。在西方国家，企业与国家是独立经济实体与社会管理者的关系，较少存在企业向国家上缴利润（产权利益）问题，其统计指标税收总额，反映的是实实在在的税收即体现国家公共权力、满足社会公共需要的税收，其中不包含产权利益因素。此外，中国对非国有企业从来是既征流转税又征所得税。因此，简单地用《中国统计年鉴》上的税收总额计算的宏观税负率，与他国的宏观税负率是不可比的；中国不同历史时期的宏观税负率也是不可比的，国有企业与其他所有制企业税负率的比较同样是没有说服力的。

因此，要正确计算宏观税负率，就必须按税收本质的原理，也就是按照国家层次上两种权力（公共权力和国有资产所有权）、两种职能（社会管理职能和国有资产管理职能）、两种分配方式（税收和上缴利润）相分离原则，对《中国统计年鉴》中的税收总额进行调整，还税收以本来面目。"利改税"前，企业上缴的利润（在财政预算上为"企业收入"），包含应向国家公共权力主体缴纳的所得税的成分，应加入税收总额中。"利改税"后，大部分国有企业缴纳的国有企业所得税和调节税包含与国有资产所有权有本质联系的利润上缴因素，应从税收总额中剔除，还有一部分未实行"利改税"的国有企业上缴的"企业收入"与"利改税"前的"企业收入"一样包含应向国家公共权力主体及其行政预算系统缴纳的所得税成分，应加入税收总额中。

2. 杂项负担和变相负担

第一章我们已经指出，在中国存在不少名称不为税，但实质上就是税的财政收入形式，包括社会保险费（已列入正税范围）、环境保护税等，以及以政府性基金和收费名义出现的各种杂项负担，在计算宏观税负时应当将这些财政收入项目算入税收总额中，否则宏观税负水平就是不准确的。在进行国际比较时，特别要注意从实质而不是名称上来准确计算税收总额，否则比较口径就存在很大差别，比较的结果就不能说明问题，甚至产生误导。

二、判断宏观税负轻重需要考虑的基本因素

在税收总额数字合理并且可比的前提下计算出来的宏观税负率可反映一国的宏观税负水平。这一宏观税负是轻是重，必须进行判断，进行判断时要考虑如下主要因素。

（一）一般公共需要必要量和剩余产品价值率

判断宏观税负水平是否合理，首先要看政府所获得的税收是否能满足政府职能的基本需要；其次要看政府所获得的税收是否超过同时期劳动者所创造的剩余产品价值的总量。前者可以理解为税收规模的必要量，后者可以理解为税收规模的最高限额。这就需要计算一般公共需要必要量（necessary amount for general public needs）和剩余产品价值率（rate of surplus value）。

1. 一般公共需要必要量

在市场经济条件下，能带来剩余产品价值的经济领域属于生产领域，不创造剩余产品价值的社会经济领域一般归于公共需要部门，这些部门包括国防、一般行政管理、文教卫生体育等公共事业，社会保险和社会救济等社会保障事业以及公共工程等，其费用由国家用税款支付。一般说来，无法进行定价和按价收费，无法计算收益和成本，也就无所谓盈利或剩余产品价值的创造。以生产性劳动和非生产性劳动划分则更能体现税收的本质，可说明税收是非生产费用，只能用在非生产领域。但是在现实生活中，公共需要与非公共需要、非生产领域与生产领域并非界限分明，其划分不是绝对化的而是具有交叉性和弹性的，这往往取决于政府对社会经济的介入程度。介入程度大，公共需要规模也大。现代国家经常用人为地扩大或压缩公共需要的办法控制宏观经济活动。

一般公共需要的必要量不仅取决于生产劳动与非生产劳动的划分，更主要的是受生产力发展水平以及经济体制现状的制约。在一定生产力水平、经济体制以及生产性劳动与非生产性劳动划分状况下，应由政府财政（其中的经常预算系统）支出的一般公共需要必要量或属于非生产性开支的经费必要量，如果政府财政不能通过正常渠道筹集，各非生产性部门就会以扭曲的、非规范化的途径进行经费补充。按中国经济社会发展的总体格局，一般公共需要必要量主要由以下三大项构成。

（1）非生产部门的维持性项目。政府及其隶属单位属于非生产部门，因此为了维持其正常的运作必须由财政提供必要的支出。具体来看，包括非生产性的基本建设、更新改造项目和经常费用项目。基本建设更新改造项目包括政府和党政机关的建设，公用事业、居民服务和咨询服务业建设，教育、文化、艺术和广播、电视、电影事业建设，医疗、卫生、体育和社会福利事业建设，科学研究事业建设以及社会团体的建设等；经常费用项目则包括上述非生产部门的日常管理性、维持性经费以及职工的报酬。由于上述部门的非生产性，其进行的必要收费只能限制在弥补基本材料工本的范围内，其提供的服务则是公民纳税后理应获得的公共服务。这些项目的支出只有通过税收筹集，才会从根本上杜绝各部门的各种不规范、不合理的收费。

（2）保障经济运行的投资性项目。混合经济下的政府不仅仅要提供维持社会正常运转的公共服务，还要履行保障经济稳定运行、弥补市场失灵的经济职能。这就需要政府进行必要的投资，具体来看，包括交通、供水、能源等基础设施支出、国有企业资本支出以及农业生产补助支出等。与前述维持性项目不同的是，投资性项目的规模不确定，它是与一国经济发展的程度以及经济运行的阶段相联系的。投资性支出既是政府保证经济发展的必要条件，又是调控经济运行的重要手段。

（3）维护社会公平和稳定的保险性项目。保险性项目主要包括两个方面：一方面是给予社会公众基本的养老、失业、医疗、工伤、生育保险；另一方面是给予退伍军人、儿童、老人、残疾人、受灾和生活困难群众的社会优抚、社会福利、社会救济、社会救助等。对于前者，许多国家通过开征社会保险税来筹集相应的经费，而后者则与维持性项目、投资性项目一样，属于税收应该提供的基本支出。尽管中国目前还

没有开征社会保险税，但是通过收缴社会保险费的办法来筹集各种保险收入同样具有社会保险税的基本性质，因此在考察税收规模时可以根据需要决定是否将其纳入到考察范围之内。

一般公共需要必要量指的是一定生产力水平下应由国家公共权力主体承担的社会管理职能的经费必要量。这一必要量说明了政府占有社会财富的基本要求，在满足这一基本要求时，政府和非生产部门得以运行，社会成员也能获得基本社会保险，他们能够安居乐业，社会比较稳定，从而经济活动就具备一般的公共生产条件。在不超过一般公共需要可能量的情况下，一般公共需要必要量占 GNP 或 GDP 或国民收入的比重反映较为合理的宏观税负率。杨斌（1998）曾经利用 20 世纪 80 年代到 90 年代的数据计算过中国合理宏观税负率即税收征收量与 GDP 的比率为 18%，达到这一水平才能保证基本的一般公共需要。

一般公共需要必要量反映政府承担基本职责所需要的财富占有水平，是政府"应该"拥有税收数量的指标。根据古今中外税收历史经验和教训，判断这一"应该"拥有的税收数量是否适度，还要看社会提供剩余的"可能"。因此有必要测算一般公共需要可能量——剩余产品价值总量（total surplus value）。

2. 剩余产品价值率

在分析税收本质时，我们已经指出，从长期全局和宏观角度看，不论一般公共需要如何必要，一定时期税收总量不能超过同期剩余产品价值总量。假定处于一般正常的年份，即没有发生战争、大规模疫情和自然灾害，不考虑外资引进，不考虑政府用税收进行的转移支付，所有企业和家庭部门净收益相同。那么，如果政府征税规模等于当年的剩余产品价值总量，家庭和企业部门就不能进行扩大再生产；如果政府征税规模大于当年的剩余产品价值总量，家庭和企业部门就不能进行简单再生产，经济就会遭受严重破坏。因此，剩余产品价值总量是判断宏观税负是否超越极限的重要指标。

可以用剩余产品价值总量除以 GDP 所得到的百分比，即宏观剩余产品价值率，来衡量一定时期剩余产品的生产水平。不同的国家、不同的历史时期，剩余产品生产水平即宏观剩余产品价值率是不同的。一般地，产业结构合理、经济发展均衡、经济增长模式是集约型而不是粗放型的，那么，经济效益就好，宏观剩余产品价值率就高；否则，产业结构失衡、经济周期波动频繁、经济增长模式还处于粗放经营阶段，经济效益就差，宏观剩余产品价值率就会比较低。在不同的宏观剩余产品价值率的国家或同一国家不同的历史时期，同样的宏观税负总水平，对社会经济发展的影响是不同的，因为剩余产品生产水平不一样。在经济效益较好、宏观剩余产品价值率比较高的国家，即使宏观税负总水平高一些，只要在宏观剩余产品价值率以内，也不会对经济发展产生不良影响；而在经济效益较差、宏观剩余产品价值率比较低的国家，即使宏观税负总水平不是很高，但有可能已接近甚至超过宏观剩余产品价值率，对经济发展的损害也可能是相当大的。因此，在进行宏观税负水平国际比较的时候，要特别注意宏观剩余产品价值率的差别。不应当将经济效益较好，从而宏观剩余产品价值率较高的西方发达国家的宏观税负总水平作为判断中国宏观税负总水平是否合理的根据。总之，要计算本国的宏观剩余产品价值率，以此来判断现阶段宏观税负总水平是否接近或超过最高界限。

要计算剩余产品价值率，就需要首先计算剩余产品价值总量。在中国目前的统计年鉴中，剩余产品价值总量没有现成数字。计算剩余产品价值总量可有两种口径。

一种口径为窄口径，只根据 MPS 口径计算农业、工业、建筑业、运输邮电业、商业（包括饮食业和物资供销业）五大物质生产部门社会总产值，以社会总产值减去物质生产部门物质消耗、物质生产部门劳动者个人消费基金（personal consumption fund for workers in the material production department）推算。物质生产部门劳动者个人消费基金即必要产品价值总量没有现成数字。劳动者获得的劳动报酬不是用于消费就是用于储蓄，假定期初储蓄余额等于期末储蓄余额，物质生产部门劳动者个人消费基金 V 可以下式近似推算：

$$V = P_c \div L_f \times L_m$$

式中，P_c 为居民个人消费总额；L_f 为全社会劳动者总人数；L_m 为物质生产部门劳动者总人数。

杨斌（1998）曾经根据上述方法计算过 20 世纪 90 年代中后期剩余产品价值率在 31%~33%，这是当时宏观税负的最大数量界限，宏观税负率一般不能超过这个界限。

另一种为宽口径，通过汇总所有产生盈余的经济部门（不仅仅是五大物质生产部门）的利润总额扣除计入成本内的各种流转税和其他政府税费来计算一定时期全社会剩余产品价值总量，也可以利用分配法以当年 GDP 倒算出这个社会的剩余产品价值总量，即用分配法计算出的 GDP 减去折旧和劳动者报酬，结果就是利润、租金、利息、生产税（流转税）净额，也就是剩余产品价值总量，用这个总量除以同期 GDP 就能算出剩余产品价值率即宏观税负的最大数量界限。

（二）判断宏观税负轻重的其他因素

判断宏观税负轻重除了看上述一般公共需要必要量和剩余产品价值率外，还要考虑以下一些因素。

（1）税款的使用是否合理。宏观税负的轻与重很大程度上与税款使用方向有很大关系，如果税款征收和使用均由人民或其选举的代表决定，税款能够用于多数人民得益的场合，如社会保险、涉及民生的基础设施建设、社区服务、教育、环境保护、公共安全等，而不是过多地用于政府本身的消费需要，那么即使宏观税负高一点，人民由于可以生活在和谐、安全、环境优美的社会之中，从而享受较高的社会福利，得到了税款的回报，纳税牺牲度降低了，便乐于缴税而不感到税负沉重。相反，在人民无权参与税收立法和税款使用决定的社会中，由于不能保证税款被用于增进人民福利的领域，而过多地被用于政府自身消费，那么即使宏观税负水平不高，人民也会觉得税负沉重，因为他们不能从税款的使用中得到应有的回报。

（2）征税是否公平。税收制度和其实行是否按照公平原则也是影响税负高低评价的因素。如果税收制度不遵循公平原则，或者实行过程中没有遵循公平原则，那么一部分人享有减税、免税特权，另一部分人就要承担全部税收，即使宏观税负水平不是很高，但对没有特权的这一部分人而言，就要承担更高的税负（与他应承担的税负相比较），从而感到宏观税负重。

（3）企业和个人扩大再生产是否顺利进行，经济发展是否顺利。如果企业缴纳各种税收后仍然有能力进行积累，通过技术改造和采用更先进的技术推动内涵扩大再生产，或为股东提供较高回报，从而能够增发股票，筹集更多资金进行扩大再生产；多数人缴纳各种税收（包括实际负担流转税）后还有财力用于储蓄或投资，或用于缴纳自我发展的费用（如进修、深造等），那么宏观税收负担就处于合适水平。如果出现相反的情况，就说明宏观税负水平过高。

第二节 宏观税负与微观税负的差异及其原因

现实生活中有时会出现这样的情况：从宏观角度看税负率不是很高，但个别纳税人（包括企业和个人）觉得税负不低甚至很高，即产生宏观税负水平与微观税负（micro-tax burden）水平不一致问题，对此必须加以合理解释。要进行这样的解释，有必要先说明微观税负水平的衡量方法。

一、微观税负水平的衡量

每一个纳税人都有可能将税负转嫁出去，因此衡量微观税负比衡量宏观税负复杂。简单地把企业或个人缴纳的全部税收除以其毛收入总额，只能反映没有转嫁时的税负，并不能真实地反映税收归宿，但是将其作为参考性指标，可用于对比分析。

（一）直接税负担率

直接税（主要是所得税和财产税）负担率，可用纯收入直接税负担率（rate of direct tax on net income）和企业净产值直接税负担率（rate of direct tax on enterprise net output）两个指标衡量。

1. 纯收入直接税负担率

$$\text{企业或个人纯收入直接税负担率} = \frac{\text{一定时期实纳的所得税和财产税}}{\text{企业或个人一定时期获得的纯收入}}$$

式中，纯收入对企业而言为利润总额。

$$\text{利润总额} = \text{产品销售利润} + \text{其他销售利润} + \text{营业外收支净额}$$

在流转税为价内税的情况下：

$$\text{产品销售利润} = \text{产品销售收入} - \text{产品销售成本} - \text{产品销售税金}$$

在流转税为价外税的情况下：

$$\text{产品销售利润} = \text{产品销售收入} - \text{产品销售成本}$$

个人的纯收入，在独立个人劳务场合指个人获得的劳务总收入扣除各项成本费用后的余额，以及财产转让纯收入；在非独立个人劳务场合指个人因受雇而获得的工资薪金收入和其他来源收入。

上述纯收入直接税负担率说明在税负不转嫁的情况下，企业或个人拥有的纯收入中有多大份额以直接税形式贡献于国家。这一指标可用于进行不同企业、不同个人税负轻重的对比；可用于说明同一微观经济主体不同历史时期的税负变化；可用于说明法定或名义税负水平（即税率）与纳税人实纳税款的差距，这一差距反映国家给予纳税人的各种税收优惠以及非法的税收漏洞。如果名义税负与实际税负差别过大，就需要对各种优惠项目进行清理，检查是否存在税基被不合理侵蚀问题，加强税收管理，堵塞漏洞。

2. 企业净产值直接税负担率

$$\text{企业净产值直接税负担率} = \frac{\text{企业一定时期实纳的各种直接税}}{\text{企业一定时期净产值}}$$

长期以来，中国统计工作中一般只计算工业净产值，因此上述指标只适用于工业企业。工业净产值是工业企业一定时期内进行工业生产活动新创造的价值，也就是工业总产值扣除生产资料转移价值后的余额，是体现资金积累的可能程度和扩大再生产的发展潜力，也是反映企业经济效益的重要指标。计算企业净产值直接税负担率，说明在不考虑税负转嫁的情况下，企业新创造的价值中有多大份额以直接税形式贡献给国家。这一指标可用于进行同一企业不同历史时期的比较，但用于进行横向比较时要注意可比性，因为净产值的大小受价格政策、税收制度和政策的影响，如卷烟税率高价格高，因此卷烟企业有较高的净产值。净产值的大小还受企业固定资产折旧办法的影响，固定资产折旧是企业物耗价值的重要组成部分，工业净产值是工业总产值扣除物耗价值后的余额，因此固定资产折旧偏低或偏高都会影响净产值。

（二）全部税负率

除上述直接税负担率指标外，学术研究中往往还用总产值（或毛收入）全部税负率（rate of total tax burden）、增加值全部税负率、净产值全部税负率作为参考性指标。

$$\text{总产值（或毛收入）全部税负率} = \frac{\text{企业（或个人）缴纳的各项税收}}{\text{企业总产值（或个人毛收入）}}$$

$$\text{增加值全部税负率} = \frac{\text{企业缴纳的各项税收}}{\text{企业增加值}}$$

$$\text{净产值全部税负率} = \frac{\text{企业缴纳的各项税收}}{\text{企业净产值}}$$

$$\text{增加值} = \text{总产值} - \text{原材料等一次性物耗价值} - \text{向非物资生产部门支付的劳务费用}$$

如果把总产值按 $C+V+M$ 分解，再把其中生产资料转移价值 C 分解为劳动手段（固定资产）折旧价值 C_1 和原材料（一次性物耗）转移价值 C_2，并以 S 表示向非物质生产部门支付的劳动费用，那么总产值、净产值和增加值存在以下关系（黄沂木和吴宣陶，1990）：

$$总产值 = C_1 + C_2 + V + M$$
$$增加值 = C_1 + V + M - S$$
$$净产值 = V + M$$

增加值为 GDP 的统计基础,在微观税负指标中增加值各项税收负担率与宏观上的 GDP 税负率有可比性。净产值是中国国民收入统计基础,净产值各项税收负担率与 MPS 下国民收入税负率有可比性。

上述全部税负率指标之所以只能作为衡量微观税负的参考性指标,是因为微观上税负转嫁问题。个别纳税人到底负担多少税收要看税收转嫁或被转嫁的程度,这是不容易量化确定的。因此,总产值、增加值、净产值全部税负率只是名义负担率而非实际负担率。但这些指标仍可用于考察两个方面的问题。①企业缴纳的各项税收与其总产值、增加值、净产值的比率的变化情况。如果从趋势上看这些比率上升,意味着国家与企业、个人分配关系中国家占有份额提高,否则就相反。②微观税负率与宏观税负率的差异程度。微观的直接税负担率没有对应的宏观税负率指标,若要探讨宏观税负率与微观税负率之间的差异,只能依据总产值、增加值或净产值的全部税收负担率来进行分析。通过这一差异的分析可以看出税负在各行业、企业的分布状况,了解税负的公平程度,以及税收政策的实施状态;进而揭示差异的原因,为税制进一步完善提供决策依据。

二、宏观税负和微观税负差异的一般原因

宏观税负状况和微观税负状况不是绝对一致的,除特殊场合外,在大多数场合不一致。有时宏观税负不重,甚至呈下降状况,但不少企业仍感到税负很重,强烈呼吁继续减税让利。有的学者站在宏观立场认为税负偏轻,要提高税负率,以解决财政困难;有的学者则站在微观立场认为税负偏重,主张降低税负,以搞活企业。不从理论上明确认识宏观税负和微观税负的差异及其成因,就无法作出正确决策。以下因素会引起宏观税负与微观税负的差异。

(1) 宏观税负率反映的是平均税负率。假定税负不转嫁,那么从常识看,除非各行业、企业生产经营状况都一样,税收政策及其贯彻执行也不偏不倚,宏观税负(平均税负)与行业、企业税负才会完全一致。这种情况现实生活中不会出现。不同地区、不同部门、不同行业、不同企业其生产经营状况、纳税负税情况千差万别。总体与局部、一般与具体、平均与个别之间税负总是存在差别。总有一些企业税负高于平均税负水平,一些企业等于平均水平,一些企业低于平均水平,一些企业甚至没有税负。亏损企业所得税分文收不到,但他们也参与 GDP 的创造。也就是说他们对宏观税负率公式中的分母贡献大而对分子没什么贡献。在全国税收量既定的情况下,经济效益高、减免税又少的企业税负就重。处于盈亏临界点、没有税收减免就会出现亏损的企业则从主观上感到税负重,呼吁减税让利以维持企业生存。总之,微观经济主体效益越差、亏损面越大,宏观税负与企业个别税负差异也越大,税企矛盾也越尖锐。

(2) 微观税负水平受税收转嫁影响,宏观税负水平则不存在这一问题。就国内税收而言,不管转嫁给谁,税收都源于劳动者创造的 GDP 或剩余产品价值,是否考虑转嫁因素是造成税负衡量在宏观层次与微观层次有所不同的原因之一。从微观层次看,经营好的企业,产品名气大、质量高、有销路、供不应求,提价容易,也就是供给弹性高、需求弹性低,税负转嫁容易,名义上是企业纳税实际上是别人负税。产品质量一般甚至较差、没有多少销路或只有降价才能销出的企业,税负转嫁就不容易,可能负担全部税收,销售收入扣除成本、流转税所剩无几甚至没有剩余,负担当然就重。在固定价格体制下,企业税负转嫁情况可从两方面分析。一方面,定价时已考虑企业可获社会平均资金利润率以上的利润,固定价格=成本+税金+利润,税金已设计成完全转嫁,即若价内税改为价外税对企业获利没有影响,那么流转税也不是由企业负担,只有增加部分才可能由企业负担。例如,税率由 5% 提至 10%,价格不变,企业可能就要负担所增 5% 的流转税。这一类企业实际上税负不重。另一方面,确定固定价格时已明确企业不能获得社会平均资金利润率决定的利润。只有通过降低成本才能消化掉一部分税收,否则税负就要落于本企业。这类企业即使很努力也留利甚少,发展后劲不足,感到税负很重。

（3）再生产补偿不足，造成实际税负重。如果企业技术更新改造方面欠账大，折旧率低，那么企业生产资料精神磨损、实际磨损补偿也就是再生产的物质补偿严重不足；如果企业的存货跌价损失准备、长短期投资损失准备等不允许在税前抵扣，就会出现利润"虚高"现象，从而导致实际税负上升。因此，税率或税负水平同样，但负担内涵可能不同。如果提足折旧甚至采取加速折旧政策、充分抵扣，那么即使税收负担率高一些企业也不感到税负重；如果存在利润"虚高"问题，那么即使税率或税负率不高，企业也会觉得税负不轻，因为企业纳税后可能没有能力进行技术改造和实施内涵扩大再生产。

（4）公共产品提供不足也会加重企业负担。现实生活中，一些本来应当由政府用税款主办的一般公共需要项目，由于政府不提供或无力提供，而转为企业自己提供或有关部门通过另立名目以非税形式（实际上就是杂项负担）向企业收取，前者为所谓企业办社会问题，后者为乱收费问题或杂项负担问题。宏观税负往往只计算征税，而不计算杂项负担、不计算企业办社会负担，这样也会导致微观税负与宏观税负差异。

第三节 税收增长和 GDP 增长的相关性分析

2008 年国际金融危机发生前的 10 年，中国正税增长快速，超过 GDP 的增长速度，即出现所谓税收超速增长问题，引起学术界的广泛讨论和社会普遍关注。本节研究税收增长与 GDP 增长之间的相关规律，解释税收超速增长现象，从动态角度分析宏观税负水平的变化规律。

一、最近 30 多年中国正税增长弹性

税收[①]与 GDP 增长弹性简称税收弹性（tax elasticity），就是一定时期的税收增长率除以同期 GDP 增长率所得到的商，即税收增长弹性=税收增长率/GDP 增长率。表 7-3-1 列举了 1987~2021 年中国正税（不含社会保险费）弹性。表 7-3-1 分别计算了以现价 GDP 增长率为基础的税收弹性 a 和以可比价 GDP 增长率为基础的税收弹性 b。从表 7-3-1 中数据看出，这二者存在差异。通常媒体上发布的 GDP 增长率是按可比价计算的，已剔除物价变动因素，但税收总额是按当年价格计算的。因此，税收弹性以现价计算的 GDP 增长率为基础来计算比较合理，即表 7-3-1 中税收弹性 a 应当成为我们研究的着眼点，因此以下所称税收弹性指的就是税收弹性 a。

表 7-3-1 1987~2021 年中国正税（不含社会保险费）弹性

年份	税收增长率	现价 GDP 增长率	可比价 GDP 增长率	税收弹性 a	税收弹性 b	正税宏观税负率
1987	2.37%	17.33%	11.7%	0.14	0.20	17.58%
1988	11.69%	24.69%	11.2%	0.47	1.04	15.75%
1989	14.09%	13.17%	4.2%	1.07	3.36	15.88%
1990	3.46%	9.86%	3.9%	0.35	0.89	14.95%
1991	5.96%	16.60%	9.3%	0.36	0.64	13.59%
1992	10.26%	23.58%	14.2%	0.44	0.72	12.12%
1993	29.07%	31.18%	13.9%	0.93	2.09	11.93%
1994	20.48%	36.34%	13.0%	0.56	1.58	10.54%
1995	17.77%	26.12%	11.0%	0.68	1.62	9.84%
1996	14.44%	17.07%	9.9%	0.85	1.46	9.62%
1997	19.16%	11.00%	9.2%	1.74	2.08	10.33%
1998	12.49%	6.88%	7.8%	1.82	1.60	10.87%
1999	15.33%	6.30%	7.7%	2.43	1.99	11.80%
2000	17.78%	10.73%	8.5%	1.66	2.09	12.55%

---

① 除非特别说明，本节所谓税收均指正税（不包含社会保险费）。

续表

年份	税收增长率	现价 GDP 增长率	可比价 GDP 增长率	税收弹性 a	税收弹性 b	正税宏观税负率
2001	21.62%	10.55%	8.3%	2.05	2.60	13.80%
2002	15.26%	9.79%	9.1%	1.56	1.68	14.49%
2003	13.50%	12.90%	10.0%	1.05	1.35	14.57%
2004	20.72%	17.77%	10.1%	1.17	2.05	14.93%
2005	19.09%	15.74%	11.4%	1.21	1.67	15.36%
2006	20.94%	17.15%	12.7%	1.22	1.65	15.86%
2007	31.08%	23.08%	14.2%	1.35	2.19	16.89%
2008	18.85%	18.20%	9.7%	1.04	1.94	16.99%
2009	9.77%	9.17%	9.4%	1.07	1.04	17.08%
2010	23.00%	18.25%	10.6%	1.26	2.17	17.76%
2011	22.58%	18.40%	9.6%	1.23	2.35	18.39%
2012	12.12%	10.38%	7.9%	1.17	1.53	18.68%
2013	9.86%	10.10%	7.8%	0.98	1.26	18.64%
2014	7.82%	8.53%	7.4%	0.92	1.06	18.52%
2015	4.82%	7.04%	7.0%	0.69	0.69	18.13%
2016	4.35%	8.35%	6.8%	0.52	0.64	17.47%
2017	10.75%	11.47%	6.9%	0.94	1.56	17.35%
2018	8.33%	10.49%	6.7%	0.79	1.24	17.01%
2019	1.02%	7.31%	6.0%	0.14	0.17	16.02%
2020	-2.33%	2.99%	2.2%	-0.78	-1.06	15.19%
2021	11.94%	12.57%	8.1%	0.95	1.47	15.10%

资料来源：1987~2020 年税收和 GDP 数据来源于《中国统计年鉴 2021》，2021 年税收和 GDP 数据来源于财政部公布的财政收入决算

从表 7-3-1 所指的税收弹性 a 观察，大致可以将这 35 年划分为三个时期，从 1987 年到 1996 年的 10 年为第一个时期，这一时期除了 1989 年税收增长率基本与 GDP 同步，税收弹性 a 超过 1 达到 1.07 外，其余年份税收弹性均低于 1，说明税收增长慢于 GDP 增长。第二个时期从 1997 年到 2012 年的 16 年，税收弹性 a 均高于 1，说明税收增长快于 GDP 增长，该现象被称为"税收增长之谜"。第三个时期即 2013 年到 2021 年的 9 年，税收弹性 a 又落到 1 以下，其原因是受经济增长放缓、物价水平回落等因素影响，税收增长速度放缓。有的学者认为税收弹性小于 1 才是正常的，否则就意味着税收超经济增长，实行增税政策，会导致企业税收负担较重（张伦俊，2006）。这种说法是否正确？1987 年到 2021 年中国税收增长与 GDP 增长的关联格局是否正常？是否存在税收超常增长或超速增长问题？这需要在理论上给予回答。要回答这些问题就需要从 GDP 核算方法和过程入手，探索 GDP 增长和税收增长的关系。

二、税收增长和 GDP 增长的相互关系

GDP 的核算方法有三种即生产法、分配法和支出法。实际上这是从三个经济活动过程或环节核算经济活动总量。也就是说生产法是从生产环节计算生产过程的经济活动总量，分配法是从生产成果的分配环节计算经济活动总量，而支出法是从财富最终使用环节即支出消费环节计算经济活动总量。从理论上讲这三种方法从三个环节核算出来的经济活动总量应该是一致的。但是税收却不是只在一个环节征收，复合税制下各个税种是分布于上述经济活动的各个环节，即生产、分配和消费三个经济活动过程均有相应的税种。这样我们可以从这三个经济活动过程探索税收增长因素及其与 GDP 的关系。

在进行分析前需要一些假定，以便集中对主要影响因素的考察。我们做以下假定：①中国目前的税制

结构不变即以目前中国税制结构为分析背景,因此分析结论不适用于实行不同于中国税制结构的其他国家,也不适用于中国其他历史时期。②暂不考虑征收管理因素,即假定征收管理已经到位,征管水平的提高不影响税收增长。③税法得到完全落实,税务局内部对下级单位下达的税收计划任务与法律规定的实际应征数一致,不存在缓税[①]问题,也不存在偷逃税问题。④GDP 核算信息完全,被核算单位没有隐瞒经济活动情况,不存在地下经济。

(一) 生产环节的税收增长与 GDP 增长的关系

从生产环节核算 GDP 就是将境内所有生产单位(包括服务提供单位)创造的增加值汇总,增加值的计算方法是将生产单位的营业收入减去外购的投入品(不含固定资产),没有营业收入的服务提供部门(如政府)增加值为服务成本。外购投入品和服务成本对应供应方的营业收入。因此,只要生产单位营业收入增加,GDP 就增加。目前中国在生产环节即营业活动环节设有增值税、消费税、关税、城建税等,这些流转税都是以营业活动的收入为税基的税收,只要税率不变、征管到位,营业活动的收入就增加即 GDP 增长,如果流转税对所有营业活动一视同仁,那么流转税就相应同步增加。但在现实生活中,中国在生产环节的流转税对三大产业是区别对待的。第一产业中的农业不征增值税、消费税(按税负转嫁归宿原理不征税不等于不负担税收),只对烟叶课税;第二产业征收增值税,部分产品还征收消费税;第三产业中的商品和服务销售业征收增值税,部分服务项目征收消费税。城建税实际上是增值税和消费税的附加。作为主体税种的增值税,就宏观看实际上就是主要以 GDP 为税基,但不是以全部的 GDP,而是以扣除农业以外的生产部门创造的 GDP 以后的余额为税基[②]。根据这样的情况,很容易得出如下规律性认识。

增值税增长与第二产业的增加值增长同步;税收贡献大(征收增值税等主体税种并且税率较高)的产业或企业增长快,税收增长会超过 GDP 增长;在上述假定下,小规模纳税人增多、增加值增大,那么税收增长速度要快于 GDP 增长速度,因为在上述假定前提下,小规模纳税人不仅要缴纳 3% 的销项税额,还要实际承担进项税额,因此税负水平高于一般纳税人。但是如果改变上述假定,即放宽关于没有地下经济和纳税人完全守法均依法纳税,以及征管完全到位的假定,回到现实情况即小规模纳税人往往控管困难、存在较大的偷逃税面,那么结论就相反,即一般纳税人特别是大中型企业发展越快,他们的增加值占比越大,税收增长速度就越可能超过 GDP 增长速度。

(二) 分配环节的税收增长与 GDP 增长的关系

用分配法计算 GDP 意味着从生产成果的分割角度汇集社会新创造的价值,即 GDP 包括生产税净额(各种流转税和相同性质的杂项负担,收费总和扣除政府对纳税人的补贴、退税)、营业盈余(利润及其各种表现方式如股息、红利、租金、利息)、劳动者报酬(工资薪金)、固定资产折旧。理论上从分配环节计算的 GDP 与从生产环节计算的 GDP 相等。但是政府在分配环节设置了另外的税收,即对营业盈余和要素报酬要课征企业所得税和个人所得税[③]。这意味着总税基在 GDP 基础上叠加了一层,也就是说分配环节不影响 GDP 总量及其增长(与生产环节一致),但税收却叠加了一层。这样看来在流转税之外还要在分配环节课征所得税的情况下,只要营业活动效益提高、盈余量增大、劳动报酬总量增加、所得税税率不变,那么所得税就增长,将所得税加入税收总额中,税收增长就必然快于 GDP 增长。进一步说,只要经济运行的效益

---

① 所谓缓税就是基层税务机关为了在来年容易完成上级下达的税收计划任务,在能够完成当年税收任务的情况下,经与企业协商,故意将依法应当在当年缴纳进入国家金库(简称入库)的税款缓缓延迟到来年缴纳入库。

② 按增值税原理,不征收增值税的部门以及增值税纳税人中小规模纳税人由于没有抵扣进项税额的权利,实际上要承受进项税额,也就是说实际上不征收增值税的部门也被征收增值税。如将这一现象考虑进去,问题就比较复杂。为简化起见,分析时均不考虑这些纳税人进项税额不能抵扣的问题。

③ 社会保险税(费)和一些以企业盈利为税基的专用税(政府性基金)也是分配环节税,由于它们统计上还没有计入正税总额中,社会保险税(费)还处于不断完善和规范的过程,专用税具有临时性,历史数据不可比,因此,本节在研究分配环节税收增长与 GDP 增长关系时,暂不考虑社会保险税(费)和专用税。

提高，税收增长就必定快于 GDP 增长。经济运行的效益越好，税收弹性就越高。反过来也可以这样说，在其他条件不变的情况下，特别是在税率不变甚至降低的情况下，税收弹性越高意味着经济运行的效益越好。在税率没有调高而是调低的情况下，税收弹性高不是可怕的现象，而是可喜的现象。

（三）消费环节税收增长和 GDP 增长的关系

财富创造出来以后进行分配，分配后就进入消费使用阶段，在该阶段可消费使用的财富包括本国境内创造的新增财富，还包括从国外进口的货物和服务。先是用于日常消费（从消费主体分包括政府消费、居民个人消费），其余用于投资和出口。用支出法或使用法计算 GDP，就在新增财富的使用环节，从财富最终用途角度归集财富增加值，即通过汇总消费、投资和净出口（出口的货物和服务减进口的货物和服务）算出 GDP。其中消费涉及流转税，此次不重复说明。投资和进出口对税收增长产生很大影响。

从最终使用看，投资形成固定资本和存货净增值，如果这个净增值为负数说明投资没有实际增加。固定资本相对应的物质形态为固定资产（包括无形和有形），其中有一部分为房地产，要缴纳房地产税等财产税性质的税收。GDP 总量与生产法计算出来的量理论上应当是相同的，但税收却又一次叠加了。因此只要房地产税等财产税税率足够高，且最终使用环节用于投资的比例较大，投资所形成的固定资产特别是征收财产税的部分增大，那么在其他条件不变的情况下，税收增速就要超过 GDP 的增速。这时如果开征新税或扩大征税范围，如开征个人业主房地产税，那么税收增幅会更大、增速会更快。相反，如果投资减少，特别是其中要征收财产税的部分减少，在其他条件不变的情况下，税收增速就可能低于 GDP 增速。

在进出口环节存在关税、进出口环节流转税，还涉及出口退税。在计算 GDP 时，只计算进出口净值，但课税却不是按净值，而是分进口和出口，不仅征关税还要征增值税、消费税和城建税等附加税费。对出口还实行退税。在进出口环节，税收增长与 GDP 增长的关系比较复杂一些，存在增减两种因素。进口增加会导致进口关税和增值税等流转税增加，出口增加会导致部分出口关税增加（少量可忽略不计），但也会导致出口退税增加。这样如果进出口贸易增加，且出口大于进口（意味着 GDP 增长），出口退税（取决于退税率和退税指标）增加速度大于进口关税和增值税等流转税增加速度，那么在其他条件不变的情况下，税收增长速度就慢于 GDP 增长速度。如果进一步分析，关税税率和出口退税率高低不同的产品进出口数量变化也会对税收增长和 GDP 增长产生不同影响。

综上所述，本章认为"税收弹性小于 1 才是正常的"这个观点不正确。税收增长速度是高于还是低于 GDP 增长速度是由许多复杂因素决定的。在第二产业所占比重比较大，且流转税结构不变的情况下，流转税增长与 GDP 增长基本同步。税收弹性大于 1 还是小于 1 与经济发展周期有关。税收弹性大并不意味着实行增税政策，而是经济发展的自然结果。在经济形势好，即 GDP 增长快且经济效益比较好（所谓又好又快），并且其他条件不变的情况下，由于税制结构属于复合税制，即属于叠加结构而不是单一税（flat tax），税收弹性大于 1 为正常现象，税收弹性越大说明经济运行效益越好。经济萧条、经济效益降低、出口减少进口增加、退税率提高、税收征收管理水平降低、偷逃税面扩大、减少税种、降低税率、增加税收支出（即税收优惠）、缓税面扩大等因素都会降低税收弹性（杨斌，1999a，2009）。

【本章小结】

1. 宏观税负是指一定时期国家征集的税收总额与同期社会产出总量或总经济规模的对比关系，衡量的指标主要有 GNP 税负率和 GDP 税负率。GDP 和 GNP 反映的是以市场价格表示的一国国民经济部门一定时期（通常为年）内生产的最终产品和服务的价值总和。GDP 的计算主要有部门法（或生产法）、收入法（或分配法）、使用法（或支出法）。

2. 要正确计算宏观税负率，除解决分母即 GDP 和 GNP 问题外，还要把握税收总额的内涵及其纵横向可比性。一般应注意的问题有：不同历史时期体制差异、杂项负担、变相负担等。

3. 判断宏观税负水平是否合理，要看税收规模的必要量和最高限额。这就需要计算一般公共需要必要量和剩余产品价值率。其中，一般公共需要必要量指的是一定生产力水平下应由国家公共权力主体承担的社会管理职能的经费必要量，主要由非生产部门的维持性项目、保障经济运行的投资性项目和维护社会公平和稳定的保险性项目构成，其占 GNP 的比重反映较为合理的宏观税负率。剩余产品价值率指的是剩余产品价值总量与 GDP 的比值，来衡量一定时期剩余产品的生产水平。剩余产品价值总量有两种口径的计算方法，窄口径是指计算五大物质生产部门的剩余产品价值、宽口径是指计算所有盈余的经济部门的剩余产品价值。

宏观税负是轻还是重除了看税负率外，还可以从税款的使用是否合理、征税是否公平、企业和个人扩大再生产是否顺利进行，经济发展是否顺利方面加以判断。

4. 企业和个人微观税负水平可以用纯收入直接税负担率、企业净产值直接税负担率和全部税负率等指标来衡量。宏观正税税负不重但不少企业感到微观税负沉重的原因是多方面的。第一，宏观税负率反映的是平均税负率，与具体、个别企业或个人之间微观税负存在差别。第二，微观税负水平受税收转嫁影响，不同于宏观税负水平。第三，再生产补偿不足，造成实际税重。第四，公共产品提供不足，企业办社会、乱收费现象存在也使企业觉得负担重。

5. "税收弹性小于 1 才是正常的"这个观点不正确。税收增长速度是高于还是低于 GDP 增长速度由许多复杂因素决定。在第二产业所占比重比较大，且流转税结构不变的情况下，流转税增长与 GDP 增长基本同步。税收弹性大于 1 还是小于 1 与经济发展周期有关。税收弹性大并不意味着实行增税政策，而是经济发展的自然结果。在经济形势好，即 GDP 增长快且经济效益比较好（即又好又快），并且其他条件不变的情况下，由于税制结构属于复合税制，即属于叠加结构而不是单一税，税收弹性大于 1 为正常现象，税收弹性越大说明经济运行效益越好。经济萧条、经济效益降低、出口减少进口增加、退税率提高、税收征收管理水平降低、偷逃税面扩大、减少税种、降低税率、增加税收支出（即税收优惠）、缓税面扩大等因素都会降低税收弹性。

【概念与术语】

宏观税收负担（macro-tax burden）　物质产品平衡表体系（system of material product balances）　国民生产总值（gross national product）　国内生产总值（gross domestic product）　GDP 税收负担率（gross domestic product tax burden rate）　国民核算体系（system of national accounts）　税收总额（tax amount）　一般公共需要必要量（necessary amount for general public needs）　剩余产品价值总量（total surplus value）　剩余产品价值率（rate of surplus value）　物质生产部门劳动者个人消费基金（personal consumption fund for workers in the material production department）　微观税负（micro-tax burden）　纯收入直接税负担率（rate of direct tax on net income）　企业净产值直接税负担率（rate of direct tax on enterprise net output）　全部税负率（rate of total tax burden）　税收弹性（tax elasticity）

【思考题】

1. 你认为用 GDP、GNP 中的哪一个指标作为分母计算宏观税负水平更好？
2. 如何衡量和判断一定时期宏观税负水平？
3. 为什么在宏观税收负担比较轻的情况下会出现一些微观经济主体感到税负比较重？
4. 税收弹性总是要小于 1 吗？为什么？
5. 试用本章所学的理论分析中国当前税收负担水平是轻还是重。
6. 试用本章所学的原理分析中国当前税收增长速度高于 GDP 增长速度是正常现象还是不正常现象。

第二篇 税收制度设计原理

第八章 税制结构比较与分析

【本章提要】
1. 税制结构的概念和类型。
2. 发达国家与发展中国家税制结构比较。

前面我们从微观和宏观两个层面分析了税收负担。要减少征税而导致的福利损失，在取得一定财政收入的前提下，实现公平和效率目标，还要研究如何对既定税负在不同税种间进行合理配置，即要形成合理的税制结构（taxation stucture）。税制结构说明一个国家一定历史时期税收制度的总体格局及其内部构造。只有合理地设计并确定税制结构，才能进入税收的立法、司法和行政阶段。本章基于中国国情，以税收的效率、公平、适度原则为标准，比较各种类型税制结构的异同，指出其优缺点，分析发达国家和发展中国家税制结构选择上的不同特点及原因。

第一节 税制结构类型

一、税制结构的概念及其分类

税制结构是指根据国情，为实现税收的效率、公平、财政目标，由若干不同性质和作用的税种组成的主次分明、层次得当、长短互补和具有一定功能的税收体系。以税种多少为标准，税制结构可分为单一税制结构和复合税制结构。复合税制结构类型一般根据主体税种（major tax）确定，大体上分为以所得税为主体的税制结构、以流转税为主体的税制结构、以财产税为主体的税制结构和所得税、流转税双主体的税制结构等。税收思想史上对单一税制结构和复合税制结构曾有过不少争论，就复合税制而言，具体选择什么样的税制结构也有过不少探索和研究。

（一）单一税制结构和复合税制结构

1. 单一税制结构

单一税制结构（flat taxation structure）就是只有一个税种的税收体系。单一税制结构几乎从未推行过，只是主张而已，因而税收学上通常称之为单一税论。由于各个历史时期社会经济形势不同，单一税论针对对象不同。单一税论包括单一土地税论（flat land tax）、单一消费税论（flat consumption tax）、单一财产税论（flat property tax）、单一所得税论（flat income tax），其中单一土地税论和近年发展起来的单一所得税论比较突出，理论上比较系统，单一所得税还有实施方案。

最早的单一土地税论是单一地租税论（flat land rent tax），由法国重农学派（Physiocracy）提出。重农学派认为，土地是财富的唯一源泉，只有农业能够增长财富，只有农业才能生产纯产品，纯产品就是土地耕种者生产的剩余产品或剩余价值，也就是当年整个国家的财富增长额或全部纯收入。重农学派的重要代表人物魁奈认为"一切的税结果都是由土地收入负担，租税不应对人们的工资和商品征课，同时也不应对租地农场主的财富征收，因为一个国家在农业上的预付，应当看作不可动用的基金"，"租税应该对土地的纯产品征课"（吴斐丹和张草纫，1979）。只有课于地租的税不能转嫁，其他税收最终都归宿于地租，因而只有地租税才有存在的必要。单一地租税针对当时法国税制混乱、苛捐杂税丛生、税负沉重、民不聊生的状况提出，提出者认为用单一地租税代替一切苛捐杂税可以解除法国的危机。法国在1794年大革命完成后，废除专制政权所设的数百种税收而采用地租税，行之不久，财政陷于失败，渐渐又恢复了复合税制（胡善恒，1934）。

近代单一土地税论的代表人物是美国经济学家亨利·乔治,乔治的单一土地税是单一地价税(flat land value tax)。乔治认为,土地私有制是贫困的根源,土地私有越严重,贫困就越严重,因为劳动者付出劳动生产的产品一大部分不归其本人所有,而被土地所有者以地租形式占有。社会物质文明在进步,但人口增加,谷价上涨、地租升高,工资水平仍维持在最低生活水平之下。因此,要消除贫困就要废除土地私有制。但废除土地私有制难度很大,不如就土地价格征收地价税,将地租以税收形式收归社会,从而实际上将土地变为社会所有。乔治同情劳动人民,提出改良社会的主张,愿望是好的,但没有看到资本主义制度下贫困的根源不只是土地私有制,而在于整个生产资料私有制,只有消灭生产资料私有制、消灭少数人利用生产资料私人占有剥削多数人的社会制度,贫困问题才能彻底解决。试图用税收办法消除贫困是徒劳无益的。

上述单一税制的设想,从效率原则看,征收便利程度、征税费用和奉行成本都比较低;从公平原则看,单一地租税和单一土地税征收不普遍,不能做到按能力负担;从适度原则看,单一地租税和单一土地税不能取得充足的财政收入,因而实际上难以行得通。

现代单一税(flat tax)就是单一所得税,是为解决现行综合所得税过于复杂,且征税成本高、不公平等问题而提出的。20世纪80年代早期,美国胡佛研究所的罗伯特·霍尔和阿尔文·拉布什卡针对美国税制过于复杂、奉行成本很高的情况,以及销售税对较低收入群体征收较高的不公平问题,提出了一种新的税收体系,就是所有的人只缴纳一种税,适用一个税率。对所有营业活动(即个人和家庭以外的商业组织)就其销售货物和提供劳务的全部收入减除支付给员工的工资薪金、养老金缴款、从其他公司购买材料等投入品的金额、用于厂房设备等资本投资后的净额课征 19%的税收;对个人(家庭)获得的工资、养老金利益给予定额扣除(如四口之家扣除 25 500 美元)后的余额征收 19%的税收(Hall and Rabushka,1995)。人们把这样的税收称为单一税,也称霍尔-拉布什卡税制(Hall-Rabushka system)。人们获得收入无非用于投资和消费,上述单一所得税从系统角度看是以扣除投资后的收入为税基,因而本质上属于对消费课征的税收(霍尔和拉布什卡,2003)。

单一所得税从效率原则看,征收便利程度、征税费用和奉行成本都比较低;对经济活动的扭曲性影响也比较小。从公平原则看,实行单一税率、同一扣除标准,对较高收入家庭而言存在税负累退性,不能体现按能力负担的公平原则。但支持者辩解单一税对比传统的综合所得税更公平(霍尔和拉布什卡,2003)。从适度原则看,单一所得税也能取得充足的财政收入。因此,目前这一设想在美国得到广泛支持,并在俄罗斯等国实施。

2. 复合税制结构

复合税制结构(multiple taxation structure)就是多种税同时存在且主次有序、互相配合、相辅相成的税收体系。税制结构要具备一定功能,而要具备一定功能首先必须适合本国的实际情况,符合各税收原则的要求。一个税种不可能合乎一切税收原则的要求,税收原则及其各层次内涵的贯彻实现,必然要求多税种并存以兼收并蓄、互相补充,使税制结构既能保证筹集到足额的财政收入,又能促进经济稳定地向前发展;既能促进资源的合理配置,又能符合按能力负担原则并调节收入分配关系、促进社会公平。但复合税制往往征税成本高、奉行成本更高,并且扭曲性影响比较大,造成较大的福利损失。

(二)复合税制结构的类型

税收一般分成四大类。第一大类是所得税,包括个人所得税、公司(法人)所得税、社会保险税。第二大类是流转税,这一类税收从大的方面讲有就全值课征的全值流转税和就增值额课征的增值税。全值流转税又分为多阶段课征的周转税或一般营业税,单阶段课征的批发税、零售税,选择征收的产品税或货物税、消费税、关税等。第三大类是财产税,有一般财产税、个别财产税、遗产税和赠与税等。第四大类是行为税,凡对特定的经济活动课征或为实现国家特定社会经济政策目标而课征的不属于上述三大类的税种均可列入此类,如印花税等。

上述这些税种中,有的可充当主体税种,有的永远只能充当辅助税种(auxiliary tax)。主体税种是普遍征收的税种，其收入在全部税收收入总额中占最大比重，因而在税收体系中占主要地位，起主导作用，决定税收体系的性质和主要功能，反映税收体系的主要矛盾，税收体系的公平、效率和财政收入目标主要通过主体税种实现。辅助税种是作为主体税种某一方面的补充，起特殊调节作用的税种，往往为实现某一特定情况下国家的社会经济政策目标而设置，反映税收体系的次要矛盾。

税制发展的历史表明，只有一般财产税和所得税、全值课征的多阶段周转税和关税以及增值税才能充当主体税种。这是由这些税种的性质所决定的。税收本质上是国家公共权力主体无偿占有剩余产品或其价值的财政收入形式。

在市场经济不发达、生产力水平低下的农业社会，劳动产品扣除用于个人消费和补偿所耗生产资料后的剩余主要用于建造房屋或购买土地，房屋、土地占有量大意味着纳税能力强，以财产占有数量为依据课税可达到税收公平；房屋土地为有形不动产，计税依据可通过直观测量确定，征收管理比较简单，只要税率合理，对经济的负效应就小，可实现税收效率。因此主要以房屋、土地等有形不动产为课征对象的财产税可构成税收收入的主要部分而成为主体税种。

在市场经济较为发达的历史时期，生产的社会分工日益细致，较为完整的工业体系和对外贸易体系形成，流转税成为主体税，因为商品交换规模已大到足以使就商品销售和进出口行为所课的周转税、国内消费税、关税收入在全部税收收入中占据主要部分，这些税在征收上不复杂，在特定历史条件下对经济的消极影响不明显，对奢侈品征高税、对必需消费品征低税可在一定程度上实现税收公平；单阶段课征和课征范围有限的选择性流转税不可能对财政收入和公平、效率目标的实现起主要作用，因而不可能充当主体税种。

在生产力水平进一步提高的社会经济条件下，全值流转税的普遍征收与市场经济发展的总趋势特别是专业化分工合作和自由贸易的发展相矛盾，也与国家为解决日益严重的分配不公、两极分化的社会矛盾的努力相背离，因而有的国家以增值税取代全值流转税，增值税多阶段课征可获得大量税收收入，有利于专业化分工协作、促进对外贸易和提高经济效益，在其他税种配合下可实现公平目标，因而可以充当主体税种。有的国家则形成公司、个人所得税为主体的税收体系，因为发达国家生产的商品化、社会化、货币化程度很高，收入主要表现为货币所得，税收征管手段先进、易于实现源泉扣缴和税务审计，纳税人纳税意识达到一定程度，大部分人口就业单位明确，即货币所得课税税源大、收入多、征收便利、负担相对公平，在税率合理的情况下对经济效率的消极影响可以克服。社会保险税只就工资薪金课征，管理更简单，税款用于纳税人的社会保障，返还性明显、公平程度高，人们一般能自觉纳税，收入数量大对经济的影响却不大，因而具有个人所得税性质并可充当主体税种。其他税收入额不大，只能在有限范围内起特殊调节作用，只能是辅助税种。

主体税种因其地位、作用的重要性而成为确定或划分复合税制结构类型的标志。从理论上讲，一个复合税制结构可以只有一个主体税种，也可以有两个甚至三个主体税种，即由双重或多重主体税种构成。复合税制结构的理论类型很多。单主体税种的复合税制结构分别以个人所得税（含社会保险税）、法人所得税、增值税、全值流转税、关税、财产税为主体，将上述可充当主体税的 6 种税进行每组 2 种的组合可构成 15 种理论类型的双主体税制结构（double-principal tax）；进行每组 3 种的组合可构成 20 种理论类型的三主体税制结构（triple-principal tax）。现实生活中世界各国的税制结构千差万别各不相同，将理论上可能存在或现实生活中已经存在的每 1 种具体的税制结构都一一列举、加以比较不仅没有可能而且没有必要，弄清楚基本的单主体税制结构的优缺点就可类推双主体或三主体税制结构的状况。以下分别就现实生活中较常见的以财产税、全值流转税、增值税、所得税（主要是个人所得税和社会保险税）为主体的税制结构进行比较分析。

二、以财产税为主体的税制结构

与流转税、所得税相比，财产税是对收入的存量征税，它以财产的存在为前提，以财产的数量或价值为征税对象或计税依据。在以财产税为主体的税制结构中，财产税充当筹集国家税收收入和调节社会经济生活的主要手段，而流转税（如关市之征、选择性货物税等）、所得税只起补充辅助作用，财产税的优缺点决定这一税制结构的优缺点。财产税是古老的税种。在封建社会，土地、房屋是财产的主要形态，因而主要以土地和房屋为征税对象的财产税曾经是封建社会的主体税种。随着社会的进步和市场经济的发展，财产税在整个税收体系中的地位逐渐降低。当今世界各国一般只把财产税当作辅助税种，以财产税为主体的税制结构实际上已不存在。这是财产税的自身局限性决定的。

（一）财产税的局限性

首先，就效率方面而言，财产税对收入存量征税会鼓励个人消费、限制财产积累和储蓄，不利于资本增长，从而对经济效率的提高产生不利影响。在财产种类繁多条件下，财产税征收的行政管理十分复杂，所能课征者只有有形的不动产和家具之类的动产，对债券、股票等资产课税会影响企业资本运行，且其价值变动频繁，选择合理的征税时点不容易。其他动产如贵重物品（金银财宝、艺术品等）、无形资产等财产形式要么估价困难，要么很难查实。硬要对这些很难查实的动产课税必须倾箱倒柜，不仅要增加征收费用、妨碍人民的生产和生活，而且会助长随意估断、徇私舞弊、贪污违法，使税收制度的效率性和规范性受到巨大侵害。

其次，就公平方面而言，在经济不发达而以土地私有制为主体的社会，财产的主要形态是土地，拥有的土地较多，意味着拥有的收益较多从而纳税能力较强，因而按财产多寡征税可以达到公平的目标。但随着社会进步、经济发展，个人纳税能力主要表现于所得，因而以财产为税基不如以所得为税基更能体现纳税能力。而且财产多寡与收益所得多寡并非绝对一致，财产所有者勤奋努力的程度不同、经营方法和能力不同、市场机会等外部经济条件不同都可能使二者不一致，如丧失劳动能力的残疾人或老年人拥有过去积累的房产供居住生存，这种财产不反映纳税能力，对之征税有失公平。现代社会财产表现形态多样，因税务行政上的效率考虑，不可能对所有财产形态都征税，这样普遍征收原则在财产税下无法贯彻。

最后，从财政收入角度看财产税也不是良税。在现代社会，财产税弹性小，不易随财政需要的多寡、缓急筹集资金；受征收管理可行性限制不可能普遍征收而只能对土地、房屋等有形不动产或遗产、赠与征收，所能获得的税收收入很有限，不可能满足国家财政的基本需要。

综上，财产税本身固有的局限性决定了财产税必然被其他税种所取代而退出主体税种地位，但财产税在某些方面对流转税和所得税具有补充作用，在有限范围内对公平和效率目标的实现有用，也可以取得一定数量的税收收入，这说明财产税仍有必要作为辅助性税种而存在。

（二）财产税作为辅助性税种的必要性

在以所得税为主体税种的税收制度下，之所以需要财产税是因为所得税的征税范围是有选择的，一般只就货币交易所得课征；非货币交易所得如拥有土地、房屋等财产供自己使用发生的所得，因查实困难不列入所得税征收范围，这就需要财产税作为补充，对所得税未能触及的领域即未被所得税课及的资本财产课税，从而使税收公平原则得到更为普遍的贯彻。

在市场经济不发达的国家，财产税可以作为所得税的替代物加以利用；在不动产构成人民主要财产状态情况下，财产税可在相当大的程度上实现税收公平。不发达国家生产的社会化、商品化、现代化程度低，存在大量的自给自足经济，特别是农业生产领域，产品的商品率不高而自给自足的物物交换程度高，以商品生产和交换为前提的流转税无法普遍征收，普遍征收所得税的客观条件更不存在，在这种情况下，以个人所有或占有、使用的土地数量和质量为标准，对土地收益征收财产税性质的税收恐怕是比较现实的选择。

财产税还可充当实现社会政策的工具在税收体系中占有一席之地。财产税对财产的价值、数量征税，限制人们对财产的占有数量，驱使财产所有人仅保有生活所需要的财产，促进财产的公平分配，防止或削弱贫富悬殊现象，保证社会稳定。收入分配不公平是由许多因素造成的，个人能力的差别和个人占有财富的不同是主要因素。个人能力不同造成的收入差别，比占有财富（特别是那种不是因当事人自身努力而占有的财富）不同造成的收入差别，更能为社会所接受。对生产能力不同或努力勤奋程度不同造成的贫富差别应予保护，对不劳而获造成的贫富差别应予限制。因此应当通过征收遗产税和赠与税等在财产转移环节课征的财产税，限制财产所有者处理其遗产的权力，限制人们代代相传遗产的权力，限制人们非因自身努力而由受赠或继承获得财富的权力，可以在一定程度上促使社会成员在机会平等的基础上展开竞争，促进社会进步。但近年来也有学者考察了遗产赠与税的更多效应，包括减少储蓄、减少捐赠、减少富裕父母对收入能力较低的新一代财富转移等，发现遗产赠与税不仅不能作为削弱财富过度集中的工具，而且会适得其反，使收入分配更不公平（罗森和盖亚，2015a）。有的学者从一般均衡角度分析遗产赠与税，认为对遗产不仅不应该征税，还必须给予补贴，以促进当代人适度消费，增加储蓄（科彻拉科塔，2013）。

把财产税当作补充性、辅助性税种加以运用，还有财政上的考虑。例如，在美国分级财政体系中，财产税是地方政府的主要收入来源。财产税在现代社会已不构成大宗财政收入，但财产税历史悠久，人们对财产税有较强的适应性，因而开征财产税用以充实地方财源、满足某项特殊需要是可行的。

总之，财产税对效率、公平、财政目标的实现都只能起辅助作用，以财产税为主体的税制已不可能成为现实税制的选择方向。

三、以全值流转税为主体的税制结构

全值流转税与财产税相比，是对商品或劳务的收入流量征税；与所得税相比，是对毛收入征税；与增值税相比，是就商品或劳务的流转额全值而非其增值额征税。以全值流转税为主体的税制结构的主要特征是冠有一般营业税、周转税、销售税、消费税、关税等名称的税种被作为国家税收收入的主要筹集手段，其税收收入占全部税收收入总额的比例最大，并对社会经济生活起主要调节作用；而其他税如所得税、财产税、行为税以及有限征税对象的选择性流转税只起特殊调节的辅助性作用。全值流转税的优缺点决定税制结构的优缺点。以下从税收效率、税收公平、财政收入三个方面阐述这一税制结构的主要特点。

（一）税收效率与全值流转税为主体的税制结构

全值流转税无论是普遍征收还是选择征收，都因为以商品或劳务流转额全值为征税对象，不必进行费用扣除或购进扣除，稽征容易、手续便利、管理简单、征收费用低。全值流转税可以通过产品或行业差别税率，对某些不宜继续发展的产品、企业、行业实行高税限制，对高科技产品或优先发展的产品、企业、行业实行低税扶植，从而有利于实现国家产业政策目标、优化国民经济结构、提高宏观经济效益。在以全值流转税为主体的税制结构中，设置一些起补充作用的税种如选择性流转税，还能使整个税制结构的社会功能得到强化。例如，设置对奢侈品、烟、酒产品征收的消费税可限制社会成员对这些产品的消费；征收遗产税和赠与税可限制遗产继承权，鼓励人们靠自身劳动提高生活水平，从而提高社会效益、促进社会进步。

多阶段、多环节普遍征收的全值流转税会使每一种商品的税负受商品流转交易次数多少的影响。一种商品经历的交易次数越少，税负越轻；经历的交易次数越多，税负越重。这样全能厂的产品，因中间产品在企业内生产、不发生交易，其整体税负就轻；而专业化分工协作企业因中间产品要外购、与协作企业之间发生的交易次数多，其出厂产品的整体税负就重，在价格相同情况下获利最少。这样就使该税制结构产生对专业化分工协作这一市场经济发展总趋势的阻碍效应，增加征税的经济成本，阻碍宏观经济效益的提高。这一缺点因涉及对市场经济发展规律的违背，是带有根本性的，而有限的征税范围和单阶段课征的选择流转税没有这一缺点。因此流转税改革的基本趋势是用增值税取代全值流转税的主体地位、起普遍调节作用，保留选择性流转税（如有限征税范围的消费税、产品税）、起特殊调节作用。

（二）税收公平与全值流转税为主体的税制结构

全值流转税不问纳税人经营商品或劳务是否盈利、盈利多少，只要发生应纳税流转额，就要以流转额全值为对象课税，同纳税人的实际负担能力相脱离，因为只有扣除成本费用和损失后的纯收入才反映一个人的纳税能力。全值流转税一般只适宜于采取比例税率（有时也采取定额税率），不像累进所得税那样更能体现按能力征税原则。在以所有或绝大部分消费品流转额为征税对象的消费税制下，其税收不公平特征更

为明显,因为在收入分配不平均的社会中,社会各阶级的收入与消费比例是大不相同的。消费额占收入额的比重,低收入者高于高收入者。低收入的穷人所挣所得只够维持生存甚至还不够,而高收入的富人即使消费水平很高,消费额也只占其全部收入的一小部分。一方面是绝对没有剩余,另一方面则剩余大于消费额数十甚至数百倍。对消费品征税,对低收入者的不利影响更明显,马克思曾经指出:"试问按公道来说,能不能指望一个每天赚1角2分钱的人缴税1分钱和每天赚12元钱的人缴税1元钱同样容易?按比例来说,他们两人都交出了自己收入中的同样的一份,但是这一捐税对他们的生活需要的影响,程度却完全不同。"(马克思和恩格斯,1962)这种不公平的缺陷是针对普遍征收的消费税而言的。只对奢侈品选择征收的消费税则不仅没有这种缺陷,反而有利于提高整个税制结构的公平程度。

(三)财政收入筹集与全值流转税为主体的税制结构

从聚财方面讲,这一类型的税制结构优缺点很突出。充当主体税种的全值流转税以多阶段、多环节普遍征收为特征,征税范围大、税基宽,只要税率定得适当合理就能筹集到足够的税收收入满足国家财政需要;如果再辅以公司(法人)所得税等税种,则税源更丰富、收入数量更大,足以达到财政目标,全值流转税主要以商品或劳务销售或营业收入为计税依据,税金随商品或劳务销售的实现而实现,有销售收入、营业收入就有国家的税收收入,具有取得收入及时的优点。前面谈到全值流转税不问纳税人经营商品或劳务是否盈利和盈利多少,只要发生应税流转额就要以流转额全值为对象课税,同纳税人的实际负担能力相脱离,不符合公平原则,这从公平方面来看是缺点,而从财政角度来看则是优点。按纳税人的毛收入征税,与纳税人经营商品、劳务的成本高低无关,与其盈亏无关,在税率水平一定的情况下,税收收入随商品与劳务收入的增减而同步增减。因此,这种类型的税制结构具有取得财政收入稳定可靠的优点。

总之,以全值流转税为主体的税制结构在效率方面带有根本性缺陷,公平方面也欠佳,而在实现财政收入目标上则具有突出优点,是一种适合于财政型治税模式的税制结构。

四、以增值税为主体的税制结构

增值税以商品或劳务流转的增值额为课征对象,这区别于对流转额全值征收的全值流转税,也区别于对纯收入征收的所得税,因而是介于全值流转税和所得税之间的一个税种。在以增值税为主体的税制结构中,增值税征税范围广,涉及生产流通的各个阶段、各个领域,实行消费型、接近单一税率制和实行价外征收,从而对社会经济生活起普遍调节作用,其获得的税收收入占税收总额的主体部分。其他税收种类如选择流转税、所得税、财产税、行为税、关税等起辅助作用,按社会经济政策的要求对社会经济活动实行特殊调节,补充增值税的不足。以下同样从税收效率、税收公平、财政收入三个方面阐述这一税制结构的主要特点。

(一)税收效率与以增值税为主体的税制结构

在标准(规范化)的增值税制度[①]前提下,增值税的征收对经济运行呈中性影响,也就是对生产者的决策和消费者的选择不产生干扰、扭曲作用。特别是对企业组织结构的中性影响,客观上会促进专业化分工协作的发展,从而提高经济效益。由于增值税是就增值额课征,即就企业新创造的未征过税的那一部分价值课征,在实际工作中就是允许抵扣购进投入品的已纳增值税额,这样就使一种商品或劳务只要销售价格相同税负也相同,而与商品经历的生产流通环节多少无关,从而使全能厂不占便宜,非全能厂也没有被歧视,也就在实际上克服了传统全值流转税因税收负担与商品流转交易次数有关,而对非全能

[①] 所谓标准的增值税制度一般有六方面特征,即全面型增值税、增值税体系内纳税人身份同一、实行单一或接近单一税率、出口实行零税率、购进投入品税额抵扣采用发票法,进一步阐述参见本书第九章第二节。本章论及增值税时假定它是标准的。在增值税制度不够标准的情况下,下面要阐述的增值税优点可能就不存在了。

厂的产品造成税收歧视的弊端，客观上有利于企业按市场经济的内在要求选择企业生产组织形式、促进经济增长。

增值税的直接征税成本高于传统的全值流转税。因为规范化的增值税一般与统一的发票制度相联系。为了使凭发票抵扣进项税额的制度能起到纳税人之间交叉审计、自动控制偷逃税的作用，也为了有效地制止通过伪造、不按规定填写发票而骗取进项税额抵扣和偷逃税行为，一般要建立电子计算机网络、编制纳税人识别号、实行跟踪审计，这要付出很大的经济代价。另外，标准的增值税一般要求实行单一税率或接近单一税率制，增值税的作用是中性的，即使在不具备公平竞争的环境中，增值税也难以按国家社会经济政策和产业政策要求起调节作用。然而，若辅以差别税率的关税、消费税或产品税，以及实行差别税率或差别优惠政策的企业（法人）所得税，对资源（包括土地）占有条件不同而产生的级差收入征收的调节税等，则整个税制结构仍有一定的调节功能。但是，当要应用税收调节功能的时候，不仅要考察短期局部的影响，还要考察长远和全局影响，避免为了局部和眼前的社会福利改善而降低全局和长期社会福利。

（二）税收公平与以增值税为主体的税制结构

由于增值税一般实行价外税且购进投入品已纳税额均可抵扣，所以生产经营企业是纳税人而不是负税人，是替国家代付代收税款，税收负担最终落于消费者。不论是高收入者还是低收入者，只要消费数量、价值相等，税收负担就基本相等。增值税与普遍性消费税一样，不符合按能力负担的税收公平原则；如果采取单一税率，对生活必需品和奢侈品同等征税，则会使负税能力强的人少纳税、负税能力弱的人多纳税，出现累退现象。为了缓和增值税的这一不公平性，可对生活必需品实行零税率，使这些商品不含增值税，而对奢侈品按较高税率征税。但增值税多税率必然造成管理复杂化，为了避免出现这一问题，即使采取差别税率，差别幅度也不宜太大。因此，靠增值税本身不可能彻底改变其不公平性。税制结构公平程度的提高有赖于辅助税种。设置对收入分配进行调节的个人所得税和社会保险税，对烟、酒及奢侈品征收增值税后再征收一道税率较高的消费税或产品税，实施遗产与赠与税等，都会显著提高以增值税为主体的税制结构的公平程度。但由于大宗税收收入是通过增值税获得的，主要部分的税收负担不能做到按能力分配，其他税种在公平方面的辅助作用也就十分有限。因此，这一税制结构在公平方面不如以所得税为主体的税制结构。

（三）财政收入筹集与以增值税为主体的税制结构

在实行凭发票抵扣进项税额制度、实现管理计算机网络化、社会诚信度高等前提下，增值税征收的过程中会产生纳税人之间互相监督、连锁牵制的自动勾稽效应，从而有效地防止偷逃税或随意减免税，对保证财政收入有利。增值税是对增值额课税，从整体税负看，就是对商品或劳务的最终销售额征课。在税率达到一定水平、经济发展、销售额增长、企业消耗降低的情况下，增值税收入规模足以保证国家财政的主要需要，而且会随着经济发展而增长，再辅以企业（法人）所得税、个人所得税、社会保险税、关税、对烟酒等大宗税源征收的选择性流转税等税种，以增值税为主体的税制结构聚财能力是很强的，财政目标完全可以达到。

总之，以增值税为主体的税制结构在公平和聚财方面不亚于以全值流转税为主体的税制结构，而在效率方面可以从根本上克服以全值流转税为主体的税制结构的缺陷，因此是一种比较好的税制结构。

五、以所得税为主体的税制结构

所得税就纯收入课征，也就是对纳税人毛收入扣除各项成本费用后的余额课征。在以所得税为主体的税制结构中，个人所得税和社会保险税普遍征收并占主导地位，企业（法人）所得税也是重要税种，通过所得税筹集的税收收入占全部税收收入的主要部分。社会保险税的普遍征收使社会保险制度得以建立，体现纳税人义务与权利对等原则。所得税采用累进税率可进一步调节国民收入分配，配合其他杠杆实现宏观经济均衡。设置选择性流转税、关税和财产税等可使国家的产业政策、社会政策在税收领域得到体现，起补充作用。以下仍从税收效率、税收公平、财政收入三个方面概述这一类型税制结构的主要特点。

（一）税收效率与以所得税为主体的税制结构

所得税课征对象是纯收入，其中作了必要扣除和照顾，从理论上讲，一方面不会影响纳税人的生产、生活，不会触及营业资本，不会侵蚀纳税人的财产，因此不影响社会再生产；另一方面，在实行累进税率的条件下，所得税制度富有弹性，税收收入随国民收入增加而增加、随国民收入减少而减少，因此是一种能自动稳定经济的理想税制结构。需求过旺、经济增长过热时，国民收入增加，所得税收入也增加，并且增长速度高于国民收入增长速度，产生一种自动的拉力，在一定程度上减缓经济过热局面，保持总供给和总需求的平衡；反之，需求不足、经济衰退时，所得税能产生自动减税、刺激需求的效应。所得税制度具有一种内在稳定功能，也便于通过税率的调整、减免扣除项目及其数额的变动，对宏观经济中的总供给和总需求进行调节，有利于在市场机制无法合理配置资源时促进经济协调发展。在辅以差别税率的选择性流转税、关税等税种的情况下，以所得税为主体的税制结构对宏观经济稳定和产业结构优化的作用会得到增强。

但是，所得税计算复杂，管理相对困难，征税成本居各税之首。所得税特别是个人所得税的普遍征收以市场经济发达为前提，同时还需要诚信度比较高的社会文化环境等条件。在市场经济不够发达、社会资本缺乏的国家中以所得税为主体特别是以个人所得税为主体的税制结构很难有效实行。即使在发达国家，税率高、档次多的累进所得税制也可能因为会对纳税人消费和储蓄、投资之间的选择，劳动和休闲之间的选择产生非中性影响，使人们愿意选择消费而不愿选择储蓄和投资、愿意选择休闲而不愿选择劳动，使其福利遭受损失。因为税率高且档次多的所得税会使人劳动更多、投资更多，收入更高、税收负担更重，从而挫伤劳动者的劳动积极性和投资者的投资热情。不过，通过减少税率档次、降低最高边际税率，上述矛盾可以缓和。

（二）税收公平与以所得税为主体的税制结构

以所得税作为测度纳税能力的标准是一个较好的选择。所得税作为对人税不易转嫁，纳税人与负税人比较一致；征税时进行了必要的费用扣除，所得少纳税少，无所得或所得达不到标准不纳税，所得多纳税多，能较好地实现按能力纳税。因此，不少学者认为，在实行累进税率的情况下，所得税可以改善收入分配格局、调节社会贫富差别、实现税收的社会公平目标。一般来说，累进税率档次越多、边际税率越高，越能体现社会公平。但也有研究表明，这种所得税模式会起反作用。征收社会保险税，建立社会保障制度，使人老有所养、病有所医、难有所帮，对社会公平和社会稳定具有很大的促进作用。但部分研究表明，对当代人征收社会保险税实行现收现付制的养老保险，会发生财富跨代转移现象，产生诸多负面效应，包括不利于社会公平的效应。

所得税的公平只是相对的。由于所得计算和费用扣除方面难以做到绝对合理，所得因其来源不同有勤劳所得、剥削所得之别，因其表现形式不同而有货币所得和非货币所得之分，税收公平原则必然要求对不同来源所得区别对待，把不同形式的所得均纳入征税范围。这在征收管理上不具有可行性，实际工作中很难对非货币所得实施征税，很难区分勤劳所得和非勤劳所得。因而需要用财产税和选择性流转税（包括消费税）予以补充，对某些非货币所得如自有自用房屋所得、遗产继承所得、赠与所得进行课征，对高收入者消费奢侈品课以较高税率，从而使以所得税为主体的税制结构具有更明显的公平性。

（三）财政收入筹集与以所得税为主体的税制结构

所得的增加反映社会净财富的增加。社会净财富是劳动者通过生产经营活动，利用劳动资料，把劳动作用于劳动对象的净成果。只要生产经营活动不停止，经济效益不断提高，所得税的源泉就日益增长。只要具备普遍征收所得税的客观经济社会文化条件且税率合理，所得税在筹集财政收入上也是稳定可靠的，而且可以根据国家财政需要的缓急，通过提高或降低税率使收入适应支出，收入弹性很大。以所得税为主体税辅以关税和对烟、酒等大宗税源征收的选择性流转税，其聚财功能不亚于其他税制结构。

总之，以所得税为主体的税制结构的聚财功能是强的，可以足额稳定地达到财政收入目标，而在实现税收公平和税收效率目标方面存在矛盾，矛盾的关节点在于所得税税率结构的选择。选择高税率、多档次的累进税制结构，可能损害经济效率；反之，选择比例税率制或接近比例税率的累进档次少的累进税率制，整个税制结构的公平程度会降低，经济效率则会提高。如果能设置一种较高起征点从而使低收入者免于纳税，累进档次不多、边际税率不高但仍有一定累进性的所得税，使税收公平和税收效率得以兼顾，那么，从理论上讲，以其为主体的税制结构就是一种比较好的税制结构。

从各种类型的税制结构比较中可以看到，并不存在十全十美的税制结构。任何一种税制结构都有其好的方面，也有其不良的方面，只不过在程度上存在差异。以所得税为主体的税制结构在贯彻公平原则、实现税收公平目标方面占有优势；以增值税为主体的税制结构在实现税收效率目标方面占有优势；除以财产税为主体的税制结构外，其他类型的税制结构都有较强的聚财功能，不过在个人所得税、社会保险税或增值税难以普遍征收的情况下，以全值型流转税为主体的税制结构的聚财功能最强。一个国家对于税制结构的选择，取决于对社会经济发展中公平和效率的权衡，更取决于生产力发展水平及与之相适应的生产的社会化、商品化、货币化程度的高低。

第二节　发达国家与发展中国家税制结构比较

每个主权国家都是根据本国国情，即本国经济发展水平、社会文化状况和财政需要选择合适的税制结构。很难找到税制结构完全相同的两个国家。由于定义上的困难，即不同性质的税种在不同的国家中可能使用相同的名称，性质相同的税种却使用不同的名称；各国中央和地方财力分配体制不同，特别是在实行联邦制的国家中地方税制结构很不相同，以及缺少数据，所以详细地比较各国的税收格局是困难的。本节仅根据世界银行提供的中央政府收入数据，从经济发展水平方面分析世界各国中央税收的税制结构。由于中央税收在各国的全部税收中一般占主要或重要部分，因此仍然能勾勒出世界各国税制结构大致的趋势和总体格局。

一、世界各国税制结构的总体格局

国际货币基金组织（International Monetary Fund，IMF）在其《政府财政统计年鉴》中把税收分为所得、利润和资本利得税（capital gains tax）、工薪税、财产税、货物与劳务税、国际贸易税、其他税收，社会保险税费单列。其中，由于工薪税和国际贸易税数额很小，可以用所得、利润和资本利得税反映所得税情况（本节简称为所得税），用货物与劳务税反映流转税情况（本节简称为流转税），其余归入其他税。这样可根据《政府财政统计年鉴》提供的数据，分别计算出发达国家和发展中国家的税制结构。

（一）发达国家的税制结构

从表 8-2-1 看出，在不考虑社会保险税（费）的情况下，仅有葡萄牙流转税比重大于所得税，奥地利、芬兰、法国、西班牙、圣马力诺、英国等国家所得税和流转税比重几乎相当。近年来，流转税比重有上升趋势。但是，由于在发达国家具有所得税性质的社会保险税（费）一般占税收总额 25% 左右（最高占到 42%），因此，如果将社会保险税（费）计入所得税，那么发达国家的税制结构仍然表现为以所得税为主体的特征。

表 8-2-1 部分发达国家税制结构表

国家	年份	所得税（不含社会保险税）比重	流转税比重	其他税比重
美国	2020	60.47%	21.45%	18.08%
加拿大	2020	58.38%	24.86%	16.76%
澳大利亚	2020	59.52%	26.28%	14.20%
新西兰	2020	57.54%	32.47%	9.99%
奥地利	2020	44.99%	44.63%	10.39%
比利时	2020	51.82%	40.98%	7.20%
芬兰	2020	48.65%	47.52%	3.83%
法国	2020	40.45%	39.95%	19.60%
德国	2020	52.71%	41.06%	6.22%
意大利	2020	50.61%	39.10%	10.29%
卢森堡	2020	54.32%	40.10%	5.58%
荷兰	2020	47.35%	43.37%	9.28%
葡萄牙	2020	39.66%	53.21%	7.13%
西班牙	2020	47.20%	44.94%	7.86%
丹麦	2020	63.30%	29.67%	7.04%
冰岛	2020	55.72%	34.27%	10.00%
挪威	2020	50.22%	45.77%	4.01%
圣马力诺	2020	46.33%	45.87%	7.80%
瑞典	2020	44.67%	31.36%	23.98%
瑞士	2020	61.88%	27.07%	11.05%
英国	2020	45.02%	42.12%	12.86%

资料来源：根据 IMF，Government Finance Statistics Yearbook（2022）有关数据计算

注：表中数据进行过修约，存在合计不等于100%的情况

（二）发展中国家的税制结构

表 8-2-2 抽样选取了19个发展中国家，考察他们的税制结构，发现除少数国家外，绝大多数发展中国家均以流转税为第一大税种，即实行以流转税为主体的税制结构。

表 8-2-2 部分发展中国家税制结构表

国家	年份	所得税（不含社会保险税）比重	流转税比重	其他税比重
毛里求斯	2020	29.13%	66.67%	4.19%
塞舌尔	2018	37.99%	55.80%	6.20%
南非	2020	51.75%	38.19%	10.07%
印度尼西亚	2020	40.04%	52.53%	7.42%
蒙古国	2020	34.21%	50.23%	15.56%
泰国	2020	37.06%	58.54%	4.40%
阿尔巴尼亚	2020	20.86%	73.90%	5.24%
亚美尼亚	2020	40.56%	52.46%	6.98%

续表

国家	年份	所得税（不含社会保险税）比重	流转税比重	其他税比重
白俄罗斯	2020	29.97%	52.74%	17.29%
乌克兰	2020	38.53%	53.31%	8.16%
乌兹别克斯坦	2020	39.88%	52.73%	7.39%
摩尔多瓦	2020	23.37%	70.79%	5.84%
俄罗斯	2020	40.81%	47.71%	11.48%
波兰	2020	34.38%	58.59%	7.02%
保加利亚	2020	26.72%	69.70%	3.57%
智利	2020	20.65%	59.93%	19.42%
哥斯达黎加	2020	31.07%	54.28%	14.65%
萨尔瓦多	2020	39.90%	53.96%	6.14%
秘鲁	2020	39.96%	47.45%	12.60%

资料来源：①IMF 人均 GDP 数据（IMF GDP per capita，current prices）；②各国税收数据（IMF Access to Macroeconomic & Financial Data）；③非洲国家的税收数据，用于补充（Revenue Statistics in Africa 2022）

注：表中数据进行过修约，存在合计不等于 100% 的情况

为更详细地说明，我们依据世界银行划分经济体类型标准（2022 年 7 月版），抽样选取 12 个低收入国家、12 个中下等收入国家、31 个中上等收入国家和 42 个高收入国家的数据（2020 年或 2021 年），考察他们的税制结构，发现多数国家人均 GDP 越低，流转税比重越高。其中，对低收入国家而言，商品服务税为第一大税种，占全部税收收入比重约为 53.85%；其次是所得税、利润税和资本利得税，其比重约为 36.76%；国际贸易税（主要指关税）为第三大税种，明显呈现流转税为主体的税制结构格局。高收入国家的税制结构反映流转税和所得税并重的结构格局，其占全部税收收入的比重分别约为 45.27% 和 46.18%，这两大类税收比重几乎各占一半，同时国际贸易税占比仅约为 0.69%，远低于低收入国家占比。[①]

二、发达国家实行以个人所得税（含社会保险税）为主体税制结构的原因分析

所得税最早于 18 世纪就已建立，之所以 20 世纪上半叶才成为各个西方发达国家的主体税种，是因为第一次世界大战，特别是第二次世界大战后，西方发达国家的生产力进一步发展，个人所得税和社会保险税成为主体税种的经济、社会、文化和管理条件进一步完善，将其作为主体税种的必要性逐渐凸显。

（一）推行个人所得税为主体税制结构的客观条件

形成所得税为主体的税制结构的前提是个人所得税成为普遍征收的主体税种，而个人所得税要成为普遍征收的主体税种，需要一系列客观条件。

第一个条件是市场经济发达，人均收入水平较高，经济商品化、货币化、社会化程度很高。首先，个人所得税是对个人纯收入征税，市场经济发达的情况下人均收入水平高，大部分人收入必要宽减后还有较多剩余。这是普遍征收个人所得税的基本条件。其次，因社会城市化、职工就业公司化，大部分人口在公司企业工作，从而能够有效地进行个人收入水平的查核和各项费用的扣除，也便于采用源泉扣缴的简便征

[①] 资料来源：https://www.imf.org/external/datamapper/NGDPDPC@WEO/OEMDC/ADVEC/WEOWORLD；https://data.imf.org/?sk=89418059-d5c0-4330-8c41-dbc2d8f90f46&sId=1435762628665；https://www.oecd-ilibrary.org/taxation/revenue-statistics-in-africa-2022_ea66fbde-en-fr.

税办法。最后，经济货币化程度高。个人所得主要表现为货币所得，非货币所得或货币工资收入以外的实物性收入或享受（即所谓福利性或公款消费）所占比重较低，这样才能较为准确地计算个人所得，在个人所得税普遍征收的前提下实现税收公平。

第二个条件是法治和民主的社会文化与社会治理方式。标准的个人所得税模式以普遍征收、家庭或个人收入综合课征为特点，纳税人众多，不可能采用流转税那样的征管模式，即对大宗税源和大型纳税户设专门机构、专人管理，而只能实行个人申报、税务机关抽样稽查的办法，这样个人申报的信息是否准确就十分关键。只有在违法被处罚的机会成本高和不诚信的代价高的社会中，个人申报和披露的信息才能较为完整准确，个人所得税有效管理才具备基础。要使申报和披露的信息完整准确，还得靠法治。只有在法治成为社会治理的基本方式，社会成员违法被处罚的预期成本很高，违法很难逃脱处罚的社会中，诚信纳税的人才会越来越多，税务行政部门稽查对象的范围才会处于有限状态，从而才不会出现法不责众或管理成本过高的两难局面。此外税收法定、预算法定的机制减少了纳税人缴纳直接税的抵触情绪，降低了推行个人所得税造成的福利损失。

第三个条件是管理手段和方法先进。发达国家在经济管理、会计核算、税收征管上比较先进，有可能在保证效率的情况下对众多的纳税申报表进行处理。纳税人的文化程度普遍较高，税收服务网络齐全，纳税人能亲自或委托专业人员正确填报较为复杂的申报表，这样才能建立起行之有效的自觉自愿申报和税务部门抽样审计的征管制度，大大降低个人所得税的征管成本。

（二）实行以个人所得税为主体的税制结构的必要性

即使具备了实行个人所得税为主体税制结构的客观条件，要不要推行个人所得税为主体的税制结构还要看一国社会经济发展状态。

首先，转变税制结构要看原来的税制结构是否造成比较大的额外负担和福利损失，采用新的税制结构是否能够降低福利损失。西方发达国家过去一般实行以消费税、流转税或关税为主体的税制结构。这些税种有的因重复征税造成税负不公平，妨碍部门产业之间的竞争；有的影响自由贸易，对经济发展有很大的阻碍作用，造成比较大的福利损失，因此生产力和市场经济的进一步发展要求用所得税代替传统的流转税，以建立平等竞争的环境。从历史事实看，建立个人所得税为主体的税制结构促进了西方经济发展和社会稳定。

其次，有无必要通过个人所得税和社会保险税解决社会矛盾，保持社会稳定。市场经济发展到一定程度就不可避免地出现贫富两极分化、分配不公的问题，从而影响社会和谐，也最终影响经济发展。发达国家为了保持社会的长治久安，在第一次世界大战和第二次世界大战期间，特别是第二次世界大战后，纷纷推行以收入均等化为目标的社会政策或福利国家政策。这客观上要求通过征收累进个人所得税和社会保险税并建立社会保险体系，通过转移支付实现一定程度的收入再分配，缓和阶级对立，维护社会秩序，促进社会和谐，但是个人所得税是否能调节收入分配，还取决于一个国家的具体国情（杨斌，2013）。

最后，实行以个人所得税为主体的税制结构还要看宏观经济运行状态。20世纪二三十年代经济大危机后，西方国家出现宏观经济失衡，西方发达国家深感市场机制不是万能的，靠自由放任政策已无法解决市场经济的运行矛盾，因而推崇凯恩斯主义的经济政策主张。各国纷纷加强以实现总供给和总需求为目标的国家干预。这在客观上需要采用个人所得税起自动稳定功能作用和作为相机抉择的政策工具，在其他政策工具的配合下实现以总供给和总需求为目标的宏观经济均衡。发达的市场体系也为实施这样的宏观经济政策提供了可能性。但近年来，部分学者发现凯恩斯主义的政策从较长期看不仅没有效果，还经常适得其反，从理论和实践两个方面都不再推崇政府干预。

三、发展中国家实行以流转税为主体税制结构的原因分析

总的说来，发展中国家（特别是低收入国家）没有出现发达国家那样用个人所得税和社会保险税代替流转税的社会历史条件。

（一）发展中国家没有普遍征收个人所得税的基本条件

首先，从总体上看，低收入国家人均收入水平低，个人或家庭收入只够甚至还难以维持基本生活的需要。即使以很低的起征点普遍征收个人所得税，财政利益不大而征税成本很高，而且会引起人民的反感甚至反抗。发展中国家总的说来，应着眼于建立平等竞争的环境，形成市场经济发展格局。即使在某一个时期出现分配不公，通过普遍征收个人所得税也不可能解决。以缓和收入分配不公为出发点的个人所得税主要针对高收入者，以特殊调节为目标。此外，低收入国家没有国力进行普遍的社会保险，也就没有普遍开征社会保险税的可能性和必要性。

其次，经济的商品化、社会化、货币化程度很低，存在大量的自给自足经济、分散经营和实物经济。在自给自足、实物经济中，所得不主要表现为货币所得，而个人所得税一般只能将货币所得纳入征税范围，这样个人所得税就不能做到按能力负担，公平征税。生产社会化、就业公司化程度低，公司企业的就业人口不占主要比重，大部分人口从事个体或小规模经营，所得难以查实，无法实施源泉扣缴制度，偷逃税十分容易。

（二）发展中国家更依赖于通过流转税实现其税制结构的财政功能和效率目标

虽然从理论上讲，以个人所得税为主体的税制结构优于全值型流转税为主体的税制结构，但在个人所得税不可能普遍征收的情况下，只能作出次优的选择，即选择以流转税为主体的税制结构。

首先，发展中国家都面临着发展本国经济的历史任务，需要雄厚的财力作后盾。个人所得税无法普遍征收，因而就不可能通过征收个人所得税达成财政目标。低收入国家的公司一般技术装备落后、效益不高、亏损面大，企业所得税的税收源泉并不稳定可靠；即使经营好的公司，由于处于发展阶段，企业所得税税率也不宜太高，否则会影响其再生产和发展后劲，因此通过企业所得税获取的财政收入比较有限。但流转税（包括关税）征收管理上的要求低，只要有流转额、有销售收入或进出口贸易，就可以从价或从量征税。流转税是可转嫁税种，对纳税人而言纳税阻力小，流转税具有取得收入稳定可靠和及时等突出优点，能保证国家财政需要。传统全值型流转税虽然具有损害经济效率的弊端，但可通过对中间产品免税等办法在一定程度上予以消除。

其次，发展中国家虽然也存在宏观经济上的总供给和总需求不平衡的问题，但没有必要也不可能动用个人所得税等宏观政策工具起自动稳定器和相机抉择工具的作用。因为宏观上的财政金融政策发生作用的前提之一是有一个发达的市场体系，从而才能通过财政金融政策上的参数变动调节市场，并经过连锁反应波及整个经济过程，达到预期目的。发展中国家特别是低收入国家一般生产力落后、市场经济不发达、市场体系不健全，宏观财政金融政策因难以引起连锁反应，所能波及的范围十分有限，宏观经济不均衡一般更依赖于通过行政手段加以解决。况且低收入国家经济发展中的主要问题不在于总量失衡，而在于结构失衡即产业结构不合理、不协调，要么原材料、能源、交通生产不足，要么加工业落后。流转税对产业结构的调节作用会更直接，关税通过差别税率可保护本国民族工业的发展，国内流转税通过差别税率可配合国家产业政策的实施。

总而言之，确定主体税种，选择税制结构，不能只考虑税种本身学理上的优缺点，更应充分考虑经济发展水平、社会文化等国情因素。发展中国家不能不顾本国的实际情况，超越经济发展阶段，盲目照抄照搬发达国家的税制结构。优良的税制结构首先要建立在可行性基础之上。

【本章小结】

1. 以税种多少为标准，税制结构分为单一税制结构和复合税制结构。复合税制结构类型一般根据主体税种确定，大体上分为以所得税为主体的税制结构、以流转税为主体的税制结构、以财产税为主体的税制结构和所得税、流转税双主体的税制结构等。近年来，单一所得税设想在美国等国家得到关注。

2. 财产税对效率、公平、财政目标的实现都只能起辅助作用，以财产税为主体的税制已不可能成为现实税制的选择方向。

全值流转税为主体的税制结构在效率方面带有根本性缺陷，公平方面也欠佳，而在实现财政收入目标上则具有突出优点，是一种适合于财政型治税模式的税制结构。

以增值税为主体的税制结构在公平和聚财方面不亚于以全值流转税为主体的税制结构，而在效率方面可以从根本上克服以全值流转税为主体的税制结构的缺陷，因此是一种比较好的税制结构，适合于效率优先的治税模式。

以所得税为主体的税制结构可以足额稳定地实现财政收入，而在实现税收公平和税收效率目标方面存在矛盾，矛盾的关键在于所得税税率结构的选择。设置一种有较高起征点、累进档次不多、边际税率不高但仍有一定累进性的所得税，可以使税收公平和税收效率得以兼顾。

3. 以所得税为主体的税制结构在贯彻公平原则、实现税收公平目标方面占有优势；以增值税为主体的税制结构在实现税收效率目标方面占有优势；除以财产税为主体的税制结构外，其他类型的税制结构都有较强的聚财功能。一个国家对于税制结构的选择，取决于对社会经济发展中公平和效率的权衡，更取决于生产力发展水平及与之相适应的生产的社会化、商品化、货币化程度的高低。

4. 所得税（包括社会保险税）占全部税收收入的比重随人均 GDP 的提高而上升，流转税（包括国内货物与劳务税、国际贸易税）占全部税收收入的比重随人均 GDP 提高而下降。经济越发达的国家，所得税越重要；经济越落后的国家对流转税的依赖性越强；中等收入水平的国家，呈双主体的格局。

5. 发达国家具有推行以个人所得税（含社会保险税）为主体税制结构的基本条件和客观必然性。发展中国家（特别是低收入国家）不具备以个人所得税和社会保险税代替流转税的客观条件，更依赖于通过流转税实现其税制结构的财政功能和效率目标。

【概念与术语】

税制结构（taxation structure） 单一税制结构（flat taxation structure） 复合税制结构（multiple taxation structure） 单一土地税论（flat land tax） 单一消费税论（flat consumption tax） 单一财产税论（flat property tax） 单一所得税论（flat income tax） 单一地租税论（flat land rent tax） 重农学派（Physiocracy） 单一地价税（flat land value tax） 单一税（flat tax） 霍尔-拉布什卡税制（Hall-Rabushka system） 主体税种（major tax） 辅助税种（auxiliary tax） 双主体税制结构（double-principal tax） 三主体税制结构（triple-principal tax）

【思考题】

1. 请分析社会再生产过程中税收可能的开征点及可以作为主体税种的税收形式。
2. 所得税和流转税在公平和效率方面各有何优缺点？
3. 请通过增值税与全值流转税的对比，阐述标准增值税制度的优缺点。
4. 从影响税制结构因素的角度说明中国现行主体税种的选择依据。
5. 目前世界各国税制改革的潮流是什么？发达国家是否有采用新的主体税种或实行新的税制模式的可能性？

第九章　流转税设计原理

【本章提要】
1. 流转税主要类型的比较分析。
2. 增值税原理。
3. 中国现行增值税的制度设计。
4. 中国消费税的制度设计。
5. 燃油税和资源税改革的讨论。
6. 关税原理。

在确定税制结构以后，就要对具体税种进行制度设计，通过选择合理的税种和对税制要素的科学设计，体现公平、效率、适度、法定、合情等税收各项原则，使可能的福利损失降到最低水平。本章研究流转税制度设计。流转税（turnover tax）泛指对商品劳务流转额或交易额课征的一类税收，又称商品税或商品劳务税（goods and service tax），或货物与劳务税，有时从广义上也称营业税。流转税包含丰富的内容和众多类型。周转税、增值税、营业税、销售税、消费税、产品税或货物税、关税等都属于流转税。本章概述流转税的基本原理，阐述流转税发展的规律，说明主要流转税的制度设计原理和中国主要流转税改革方向。

第一节　流转税主要类型的比较分析

一、流转税类型

征税对象及其计税依据、征税环节或征税阶段是任何流转税制度设计必须考虑的基本要素，对这两种要素进行任意组合，理论上流转税类型可以达到 64 种之多，可能出现的有 26 种，见表 9-1-1。

表 9-1-1　26 种流转税类型

征税阶段		征税对象及其计税依据							
		消费品和劳务				消费品、投资品和劳务			
		一般性		选择性		一般性		选择性	
		流转额全值	增值额	流转额全值	增值额	流转额全值	增值额	流转额全值	增值额
单阶段	生产	①	④	⑦	—	⑫	⑱	㉒	—
	批发	—	—	⑧	—	⑬	⑲	㉓	—
	零售	②	—	⑨	—	⑭	—	㉔	—
	进口	③	—	⑩	—	⑮	—	㉕	—
	出口	—	—	⑪	—	—	—	㉖	—
多阶段	生产、批发、进口	—	⑤	—	—	—	⑳	—	—
	批发、零售、进口	—	—	—	—	⑯	—	—	—
	生产、批发、零售、进口	—	⑥	—	—	⑰	㉑	—	—

从表 9-1-1 的横向即征税对象及其计税依据看，流转税可就所有或大多数消费品及劳务销售时的流转额全值征税，也可就某几种特定消费品及劳务（如卷烟、按摩等）的销售额全值征税。前者为一般消费税，后者为选择性消费税或特种消费税，其征税范围亦可包括所有或大多数货物和劳务（即表中消费品、投资品和劳务），就其流转额全值征税，也可仅就某几种货物和劳务的销售额全值征税。前者为一般流转税（或

一般销售税），后者为选择性流转税，它们可合称为全值流转税。流转税的征税对象及其计税依据可不囿于货物和劳务销售时的流转额全值，也可对其增值额课税，此即增值税（value added tax, VAT）。

从表9-1-1的纵向即征税环节或征税阶段看，可在所有或几个交易阶段设置一个税种或在不同交易阶段设置不同名称的税种，这是多阶段流转税。也可以仅就生产（制造或劳务提供）、批发、零售等某一阶段设置一个税种，此为单阶段流转税。多阶段流转税以流转额全值为征税对象一般称周转税，表中列为第⑰种；以增值额为征税对象一般称增值税，表中列为第⑥种（消费型增值税）、第㉑种（生产型增值税）。不过有的国家（如中国20世纪80年代到90年代初）曾经实行过单阶段增值税，其征税对象仅限于制造业中的部分产品，因而成为部分制造业增值税，即表中第④种。

总之，仅考虑征税对象和征税环节这两个因素的组合，流转税类型可能有26种之多。不过这还主要是理论上的分类，并非每一种类型都在现实中存在。从各国税务实践看，比较常见的流转税类型主要有表中的第①种生产环节一般消费税、第⑫种产品税（goods tax）或货物税，由于二者都在生产阶段征收，也可合称生产税或制造税；第②种零售环节消费税，第⑭种一般零售税，合称零售税（sales tax）；第⑥种消费型增值税；第⑦⑧⑨种均可称为选择性流转税或特种消费税（包括烟酒税、奢侈品税、汽车税、矿产资源税、燃油税等），其征税环节可以选择生产、批发或零售环节；第⑬种批发税（wholesale tax），第⑮种进口关税，第⑯种周转税。据此，比较常见的流转税（除增值税外，其他均可归入全值流转税范围）分类见图9-1-1。

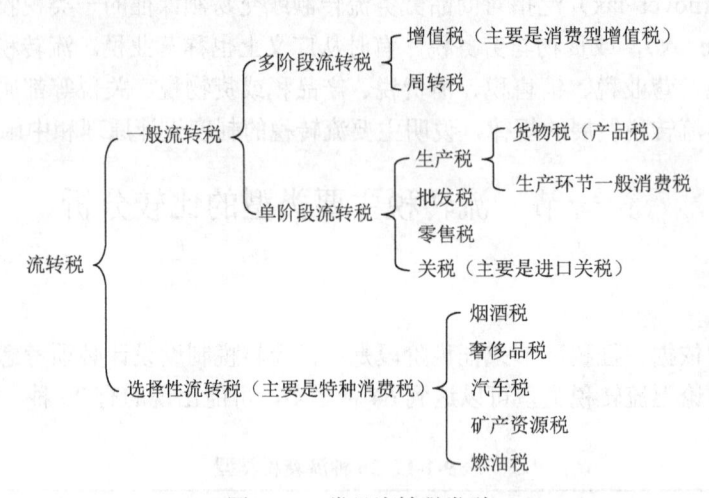

图 9-1-1　常见流转税类型

以下首先分析和比较一般流转税和选择性流转税，重点阐述选择性流转税设计规则，其次比较分析单阶段流转税和多阶段流转税，重点阐述零售税（特别是美国零售税）发展趋势、增值税与零售税的优缺点及地位作用。

二、一般流转税和选择性流转税

一般流转税是对所有或大多数货物和劳务课征的税收，选择性流转税是对若干特定货物或劳务课征的税收。

（一）一般流转税制度设计应考虑的主要问题

一般流转税征税范围可以规定得比较广，税率可以比较单一，以便对社会经济起普遍调节作用，取得主要的财政收入，其造成的税制不公平等特殊问题可由选择性流转税和其他辅助税种加以解决。一般流转税过去主要是周转税（对所有交易活动项目在所有交易阶段征收的一种税），目前少数国家的周转税转向单阶段流转税（主要是零售税），多数国家则转向多阶段课征的增值税。零售税和增值税下面还要详述，此处不赘述。

(二)选择性流转税制度设计应考虑的主要问题

征收选择性流转税,关键问题是选择哪些物品或劳务来征税。政策目标不同,选择的项目就不同,因而各国的选择性流转税制度存在比较大的差别。一般说来,征收选择性流转税的政策目标或着眼点有以下几方面。

第一,增进税收公平。一般流转税通常是累退的,即纳税能力强的高收入者相对税收负担轻,低收入者相对税收负担重。因此,许多国家在征收一般的流转税之外,再选择少数奢侈品课税,一定程度上缓和一般流转税的累退效应,增进税收公平。但从一般均衡角度分析,局部扶贫、短期增进公平的措施有可能导致从长期看不公平或引起效率损失,因此需要谨慎对待和进行利弊分析。

第二,在征税成本较低的情况下增加财政收入。对少数货物征税,对比征收一般流转税,在税收行政上比较便利。选择少数收入高的货物如烟、酒产品进行征税,可取得大额的财政收入,征税成本却很低,因而征收特种流转税往往是基于财政考虑。

第三,贯彻受益原则。对个人使用国家提供的公共产品或劳务,政府常要根据受益原则即根据个人从消费公共产品或劳务中得到的利益的大小收取不等的费用,但是对于某些公共产品或劳务的使用,使用者从中能获得多少利益往往难以认定,因而就采用了收税的办法。例如,使用国有道路者应缴费,除专用道路或高速公路较易设卡收费外,对所有道路都设卡收费不仅直接成本很高,而且会妨碍道路交通,使通过者感到繁难,不如改为对汽车或燃油征税,将税款作为公路维护发展的专项资金来得便利,因而对汽车或燃油征税,就含有收取公路费用的目的。根据受益原则,征收特种流转税并专款专用,建立特定的建设管理基金,是一条可以认真借鉴的措施。

第四,反映社会成本,提高社会效益。随着经济工业化发展,工厂排放的废水、废气、废渣、噪声等形成社会负担。为了促进企业通过技术改造等措施减少污染,政府可以对造成污染者课以一定数额的税收,使被课税者的生产成本提高,让外部成本内在化,这对减轻乃至消除污染、提高社会效益有利。此外,一些物品或劳务的消费对社会效益有不良影响,这些物品被称为"有害物品",如烟、酒、赌博等消费项目,有的会损害身体健康,有的会败坏社会风气,对这些消费项目征收重税,寓禁于征,一般对降低社会成本、提高社会效益有利。但也要注意相反的效应,如在实行中央和地方税收分成的财政体制下,寓禁于征的货物往往给地方带来较大财政利益,很容易成为政府鼓励发展的行业。对这样一些问题,将在下文阐述中国消费税制度设计时详述。

选择性流转税可根据一个国家特定的社会经济状况开征或停征,以灵活地实施国家社会经济政策,但选择性流转税征税范围一般较窄,取得的财政收入有限,不可能充当主体税种,但可在公平和效率目标及财政目标上弥补主体税种的不足。因此,选择性流转税与一般流转税之间不存在互相冲突、互相替代的问题,二者是相互补充的。

三、单阶段流转税和多阶段流转税

就纳税环节或征税阶段而言,以生产经营中某一阶段的流转额为征税对象的税收称单阶段流转税,以所有生产经营阶段的流转额为征税对象的税收称多阶段流转税。根据前面的流转税分类,单阶段流转税主要有生产税(包括货物税或产品税、生产环节一般消费税)、批发税、零售税、关税等;多阶段流转税主要有周转税和增值税。

(一)单阶段流转税的税务实践

在各国税务实践中,单阶段流转税有以下几种模式。

一是流转税结构中生产税单一制。例如,有的国家曾经实行在生产环节(包括劳务提供环节)征收流转税,并且是一次课征制,在生产环节对货物征收流转税后,批发和零售环节不再征收。这一模式的优点在于把课税环节一次性地定在生产阶段,纳税人少且主要面对企业,征管较为容易,避免了批零划分以及把众多零售商纳入征税范围而造成的征管复杂化,其缺点是在生产制造阶段征收全值流转税,会对专业化分工协作企业造成税收歧视。

二是制造税与批发税结合制。解体前的苏联,其流转税虽然也冠以周转税的名称,但不是典型意义上的周转税,它实行一次课征制,且对生产资料免税,因为苏联一直不把生产资料当作商品看待。其周转税只对消费品课征,具体分为两种情况,一是由工业企业直接缴纳,征税项目包括文化生活用品、家庭生活用品、烟酒制品等;二是由批发销售站缴纳,征税项目包括石油制品、纺织品、针织品等。实质上这是一种单阶段征收的制造税和批发税混合制。

三是制造税与零售税结合制。日本在推行增值税前就采用这个流转税模式。日本将商品分为两大组。第一组有6大类,包括贵重矿石、贵金属制品、皮毛制品及其他奢侈品等;第二组有11类,包括汽车、体育用品、娱乐用品、电器用品、乐器、照相机、家具、钟表、嗜好性饮料等。前者零售时由零售商纳税;后者制造出厂时由制造商纳税。日本实行增值税以后,上述税收被增值税取代。

四是流转税结构中的批发税单一制。曾经一些国家如瑞士、澳大利亚、巴基斯坦等在批发环节对国内商品征收一次性营业税。

五是零售税。零售税被公认为是流转税发展的一个方向。美国零售税制度较典型,将在下文具体阐述。

单阶段流转税的主要优缺点。最大优点是纳税人少,征收比较容易,但在一定的税收数量下,由于纳税人少,税率要定得高,从而增强逃税诱因。在资源配置效率上,征收单阶段流转税,产品的税负因商业或产销形态的不同而有差别。征收制造税会造成全能厂生产方式和专业化分工协作生产方式生产的相同销售价格的同种产品税负不同。批发税和零售税如果把生产资料也纳入征税范围,那么重复征税、不利于专业化分工协作横向联合的现象也会产生,只不过不良效果在程度上比制造税轻,更比多环节多阶段征税的周转税轻。一般来说,纳税环节越接近零售阶段,不良效果就越小。也就是说,零售税对资源配置的不良影响比批发税小,批发税比制造税小,制造税又比多阶段的周转税小。

此外,征收单阶段流转税还涉及课税环节或课税阶段的认定问题。特别是对从事多阶段经营的商业企业而言,这一问题变得比较复杂。例如,在批零兼营、工厂直营、前店后厂(场)四处可见的社会中,认定制造阶段、批发阶段、零售阶段,据以征税,在管理上就存在困难。

(二)多阶段流转税的税务实践

多阶段流转税的模式有两种:周转税和增值税。增值税的产生和发展将在第二节详细阐述。此处重点说明周转税。

多阶段流转税中的周转税是古老的税种,14世纪始于西班牙和德国,曾经在世界范围广泛流行。实行增值税以前的法国、意大利、荷兰等欧洲国家都实行周转税。周转税的主要特点是征税范围广泛,不仅包括消费品而且包括原材料、机器设备等生产资料,实行多环节、多次征收,每经历一次交易就征一次税,某些商品转移方式并没有发生交易,如纳税人生产商品供自己消费之用,也视同交易进行征税,应纳税额以流转额全值为依据。周转税的这些特点,特别是以流转额全值为依据、多阶段课征、每经一次交易就要纳一次税的特点,使之产生对中间产品特别是生产资料重叠或重复征税的弊端。前已述及,在实行专业化分工协作形式生产的条件下,由于中间产品(如原材料、零配件)由其他企业生产,以交易方式转让给总装厂,每一次交易都要按流转额全值计税,对中间产品就产生重复征税问题,一件商品或构成这一商品的组成部件经历的交易次数越多,税负就越重。在不实行专业化分工协作,而实行全能厂生产形式下,由于中间产品也由本企业生产,中间产品的转移不表现为不同企业之间的交易,而表现为企业内部车间或分厂之间的转移,不需纳税,就不存在对中间产品重复征税问题。同样的商品,售价相同,是经由专业化分工协作方式生产,还是经由全能厂生产,税负相差悬殊,前者要重于后者。周转税,实际上起了一种阻碍专业化分工协作,鼓励搞全能企业的作用,不良影响甚于生产税。

可行的克服周转税缺陷的改革思路有二：一是从征税环节入手，从多阶段课征变为单阶段课征的零售税，再通过适当办法进一步减轻中间产品重复征税问题；二是从计税依据入手，将以全值流转额为计税依据改为以增值额为计税依据，这可彻底消除重复征税的弊端。从世界各国税制发展趋势看，坚持多阶段流转税征收方式的国家，大多用增值税代替周转税。这几乎已成为一种覆盖西欧、拉美和亚洲的世界性税制改革运动。传统全值流转税的发展趋势是明显的，就是向零售税或增值税转化。一个国家在具体税务实践中，是选择零售税还是增值税，还取决于流转税在该国中应居于何种地位，是充当主体税种还是充当地方或辅助税种。

四、零售税和增值税

（一）零售税

实行零售税的成功范例当推美国。美国并不存在一个联邦层面的零售税制度，大多数州和地方政府征收零售税。零售税的制定属于州和地方政府的权力，税率各州不一，仅有阿拉斯加州、特拉华州、蒙大拿州、新罕布什尔州和俄勒冈州不征收州零售税，其中阿拉斯加州允许地方收取当地销售税。其余大多数州零售税税率在2.9%（科罗拉多州）至7.25%（加利福尼亚州）。[①]零售税采取价外税形式，税款作为价格的附加由消费者支付，零售商的纳税义务被表述为"收集和移交"（collect and remit），尽管表述中其更像是扣缴义务人，但从实际的权利义务关系看更接近纳税人。美国在政治上是联邦制，州和联邦都有独立的立法权，因而各州零售税的政策不同、征收办法有差别，但仍能找到某些共同特点或面临的共同问题或基本的发展趋势（Cnossen, 1983；潘越, 2022），主要有以下三类。

第一，对药品、食品等生活必需品免税。早期的零售税征税范围很广，涉及一切商品的销售。一部分原因在于零售税是从一般的全值营业税转化而来的，另一部分原因在于减少管理困难。征税范围广，免税项目少，可避免免税项目和征税项目的认定工作。但对生活必需品和奢侈品同样对待，显然不够公平。现在几乎所有征收零售税的州出于税收公平考虑，均对药品免税。许多州对食品免税。一些州对家用燃料免税，少数几个州对衣服也给予免税。美国税收理论界对食品免税仍有争论。以公平为出发点的学者，主张通过对食品等生活必需品免税，减少零售税的累退性，增进税收公平。有些持不同观点的学者则认为，免税会造成财政收入减少，且减少比例相当大，认定可免税的食品和征税的非食品很复杂，审计难度会增加，让逃税者有可乘之机。基于这些考虑，尚有不少的州还没有规定对食品免税。

纳税人可以选择扣除州和地方一般零售税，但要计算纳税人州和地方一般销售税减免额，可以使用实际费用或可选的销售税表。[①]具体而言，一是可以通过零售税扣除计算器（Sales Tax Deduction Calculator）计算扣除额，但需保存全年每次购买的所有收据[②]；二是可以通过可选的销售税表，依据收入规模（19级）和家庭人口规模（6级）选择对应的零售税扣除额。

第二，征税范围以有形商品为主。早期零售税的征税范围一般仅限于有形的个人财物或商品，将服务提供商排除在零售税征税范围之外。然而，一些州立法者在意识到潜在的大量收入未被征收后，开始重新审查将服务提供商排除在零售税征税范围之外是否正确，并将一些服务视为应税服务。例如，在夏威夷州、新墨西哥州和南达科他州，对提供的所有服务征收销售税。在其他州，立法者采取了零敲碎打的方法，将某些类型的服务列为应税服务，而对其他服务则不征税。[③]

实际上并不存在只对有形物质商品征收零售税的特别逻辑。既然零售税是针对消费支出而征收的一种税，其征税范围扩展到劳务是合理的，只对有形物质商品征税不能做到公平合理，但把征税范围扩展到劳务领域，存在税务行政上的诸多困难。例如，国外旅游花费、到州外上学而支付的教育费用，通常是高收入群体才能负担得起，对此予以征税才比较公平，但这些劳务项目超过本州管辖范围。家庭劳务因作价困

---

① 资料来源：https://www.irs.gov/pub/irs-pdf/i1040sca.pdf#page=15。
② 资料来源：https://www.irs.gov/taxtopics/tc503。
③ 资料来源：https://www.wolterskluwer.com/en/expert-insights/understanding-sales-tax-in-service-industries。

难也难以征税。某些劳务项目如医疗服务、法律服务,虽然征税具有可行性,但与一般的社会政策相矛盾。房屋出租同样在征税上是可行的,但对此征税会产生歧视承租人而偏惠房屋所有者的非中性影响。因而大多数征收零售税的州即使对劳务征税,也仅限于修理等少数征收方便的劳务项目。

2000年,以创建更简单、更统一的零售和使用税制度为目标的精简零售税管理委员会(Streamlined Sales Tax Governing Board,SSTGB)成立并开始工作。2002年11月,美国44个州达成《简化零售使用税协议》(Streamlined Sales and Use Tax Agreement,SSUTA),后经过数次修订和完善。该协议的目的是简化零售和使用税管理并使其现代化,以大幅减轻税务合规负担。其重点是通过以下措施改善零售和使用税管理系统:①州级层面的零售税和使用税征收管理;②统一州和地方税基;③统一主要税基定义;④应用于所有成员州的中央电子注册系统;⑤简化州和地方税率;⑥统一所有应税交易的采购规则;⑦简化豁免管理;⑧简化纳税申报表;⑨简化税款汇款;⑩保护消费者隐私。截至2023年5月,SSUTA已有23个正式成员州和1个准成员州(田纳西州)。①

第三,营业用商品的免税。早期各州对零售商品征收零售税,零售的意思是商品被购作消费或使用而不用作再销售。因此,除非购买者能证明所购进的商品是在不改变原有形态或成为另一件物品的要素或部件的情况下被再出售,否则一律征税。家畜饲料、种子、化肥也被解释为另一件物品的要素,不必缴纳零售税。作营业用途的多数物品如工业和农用机器设备逐渐地被包括在免税的"要素或部件"中,不必支付零售税。这样做有利于减轻对生产资料的重复征税,以改善制造业的竞争环境。

就零售税的逻辑而言,应当只限于对消费性购买的课征,因为对营业用商品的购买(即购买生产资料商品)也征收零售税会产生周转税那种重复征税的后果,导致最终消费支出的税负不平,造成有利于进口商品不利于本地生产商品、削弱本地出口竞争能力的政策效果。但从美国各州零售税的实践来看,把所有营业用商品排除在零售税征税范围外的做法还不是很普遍,仍有近一半的州对营业用商品购买不予任何免税或仅给予有限的减税或免税。其障碍基本上来自两方面,一方面在零售税税额一定的情况下,对营业性商品购买免税,会导致消费性商品购买者税负的增加,从而引起人们的反抗;另一方面是出于管理上的考虑,对消费性商品和营业性商品的区分存在困难,因为许多商品既可用于消费,也可用于生产或再出售。让购买者在购买商品时就确定哪些一定用于消费,哪些一定用于生产或再出售是困难的。第一个障碍容易解决,可采用调整税制结构,保证消费性商品税负不变的办法。至于第二个障碍,可采用类似于增值税制度下进项税额抵扣(input tax deduction)的办法解决,就是允许生产性或营业性商品的购买者在缴纳其他流转税时,有一个相当于这部分商品已纳零售税的抵扣额,在不征收其他流转税时,国家给予一个相当的退税额。企业购进商品中哪些作为再生产的投入品、哪些作为消费品使用仍有认定区分问题,只不过原来在零售阶段区分,现在变为在生产阶段区分。由于在生产阶段商品的使用方向已经明确,对企业而言购入的大部分商品均是投入品,因而在生产阶段进行这种区分相对较为容易。这一方法虽然与增值税进项税额抵扣方法类似,但由于只涉及零售阶段的已纳零售税抵扣问题,因此比较简单。

(二)欧盟增值税的主要特点

实行增值税的成功范例当推欧盟。欧盟增值税有如下特点。

(1)全面型增值税(comprehensive VAT)。欧盟增值税的征税范围包括农业、工业、批发、零售、服务提供、进口等交易活动,而不是仅对货物课税,不对服务提供课税。

(2)增值税体系内纳税人身份一致性。增值税体系内不存在一般纳税人和小规模纳税人的税制差别,对农民、小规模经营者(小规模纳税人)给予是否成为增值税纳税人的选择权,一旦选择成为增值税纳税人,就要履行增值税纳税人的法定义务如建账立制按常规进行会计核算、依法使用发票等,同时也享有同

---

① 详细内容及最新动态见官网:https://www.streamlinedsalestax.org/home。

增值税其他纳税人相同的权利，其中最重要的是有权使用增值税发票并抵扣进项税额。如果选择不成为增值税纳税人，则免征增值税，但不能抵扣进项税额。

（3）消费型增值税。欧盟增值税的重要特点是可抵扣的进项税额不仅包括购入的流动资产类中间产品（如原材料、辅助材料等）已纳增值税，而且包括购入的固定资产类产品（机器、设备等）已纳增值税。这样的增值税其税基在整体上相当于消费额，因此被称为消费型增值税。

（4）凭发票抵扣进项税额。对购进货物和劳务已经缴纳的增值税给予抵扣（进项税额抵扣）是增值税区别于其他流转税的基本特征，也是增值税具有一系列制度优点的缘由。欧盟推行的增值税率先采用以购进货物和服务的发票上注明的已纳增值税为抵扣依据的办法。

（5）单一或接近单一税率制。绝大多数欧盟国家的增值税只有一档税率，一些国家实行一档基本税率加一个高税率和一个低税率。

欧盟增值税的上述特点成为增值税的世界性标准。

（三）零售税和增值税的比较

美国各州实行的零售税和欧盟实行的增值税，尽管还有许多问题需要解决，但被普遍认为是比较成功的制度，代表流转税基本的发展方向。以下就税基和作用方面，对零售税和增值税作简单的比较。

从税基看，零售税的征税基础是零售价格；增值税表面上是对各个阶段的增值额征税，但各个阶段的增值额总和等于征税商品的零售价格，因此二者的税基基本相同。不同之处在于增值税多阶段征收，其税款分布在各个阶段，而零售税集中在零售阶段征收。在增值税条件下，各个交易阶段的进项税额均可得到抵扣，在不考虑税负转嫁的前提下，应纳税额可向前转移，最终由消费者支付。零售前各阶段纳税人只扮演一种代收代付增值税税款的角色。

从税收的作用看，要取得一笔同样数额的税收收入，征收增值税时，税率不要太高即可做到；但征收零售税，税率就要定得比较高，这容易引起反感。在零售商数量多、规模小甚至以小商小贩为主的国家，通过零售税取得大宗财政收入比较困难，因为小零售商很难严格依法足额纳税。在发展中国家，零售商的规模一般比制造业小，而且分布广，个体商贩众多，一般没有真实可信较为完善的账簿记录，偷逃税面比较大，且难以有效控制，要想取得与增值税一样多的收入，费的人力物力要大得多。这决定了零售税很难充当主体税种，较适合作辅助税或地方税，而增值税可作为主体税。在实行凭发票抵扣进项税额的情况下，若想有效运行增值税制度，一般需建立全国统一的发票制度（但不一定为专用发票），因而实际操作上宜作主体税、中央税，不宜作地方税。

第二节 增值税原理

一、增值税的产生和发展

（一）增值税的提出及其创立的实践活动

1917 年，美国耶鲁大学的亚当斯（Adams）首先提出增值税设想（Lindholm，1984）。当时其名称不是"增值税"而是"营业毛利"。亚当斯认为从会计上讲，营业毛利（销货额−进货额）就是工资薪金、租金、利息和利润之和。对营业毛利课税比对利润课税的企业所得税好得多。营业毛利就是增加值，因此亚当斯实际上提出了增值税设想。1921 年，亚当斯又提出企业在购买货物时已经付出的税收，可在应纳的销货税额中扣除，这就提出了简便计算"营业毛利"的办法，这与后来人们普遍采用的抵扣进项税额的方法相似。同一年，德国资本家西门子（Siemens）在《改进的周转税》一文中正式提出增值税的名称，并详细阐述这一税制的内容。增值税的提出虽然没有及时得到政府决策部门的重视，在德国学术界也没有什么影响，不过时隔十几年之后，增值税却在美国被讨论起来，美国许多学者对增值税进行了研究。1940 年，美国最有影响力的营业税学者斯图坚斯基（Studenski）首先指出增值税是一种中性税收，是理想的流转税税制（Studenski，1940）。自 1940 年以来，增值税一直是美国税务教科书的重要内容之一。但由于种种原因，除密歇根州等少数州实行增值税外，美国一直没有产生全面推行增值税的改革运动。第二次世界大战结束后，美国关于增值税的讨论影响了在日本的美国税务顾问，他们于 1950 年向日本政府提议实行增值税，当时叫"增值销售税"（value-added sales tax），但没有完成立法步骤（Lindholm，1980）。

　　增值税成功实行的实践活动始于法国。在实行增值税以前，法国采用全值流转税即周转税。前面已经指出周转税是一种对商品和劳务流转额全值课征的多阶段、阶梯式间接税，存在对中间产品重叠征税的弊端，造成商品经历的中间环节越多，税收负担越重，促使企业为了减少税负而采取与供应商纵向联合的组织形式，产生了不利于专业化分工协作发展的纵向聚合激励效应。这个问题的存在阻碍了第二次世界大战后法国经济的恢复和发展。法国学术界和决策当局积极寻找对策解决这一问题。就当时的认识水平，曾经提出两个极端的思路来解决问题。

　　一是对所有中间产品都征税，这样无论是两个独立企业之间交易的中间产品，还是在纵向联合的全能企业内部组成部分（分公司或车间）之间移动的中间产品都要征税，试图以此实现采用不同组织形式企业之间的税收公平。但这一办法违反只对已实现销售收入征税的流转税基本原则，对企业内部移动的未实现销售的中间产品、半成品征税，将迫使企业动用流动资本交税，影响企业正常运营。对企业内部移动的中间产品征税也存在征收管理的困难，因为无法准确识别和判断中间产品的"交易"环节和金额。

　　二是对中间产品一律免税，就是对零部件、原材料厂家不征税，从而既使全能厂中间产品不含税，也使非全能厂购进的中间产品不含税，以达到税负均衡的目的。法国在推行增值税之前采用了后一种办法，规定对工业生产环节征收的周转税，由原来每个生产环节都征税，改为只对最后产成品阶段征税。例如，一种产品若是由几个工厂协作生产的，则对生产原材料、零配件等中间产品的工厂不征税，只对生产用于最终消费的产成品的工厂征税。这个做法的好处在于可以使同种产品不因经过的中间环节多寡而使法定税负轻重不等，只要最终售价相同法定税负就相同。但这一做法存在不可克服的困难，那就是在现实生活中，很难就中间产品和最终产品作出明确界定，不少产品既可以是中间产品也可以是最终产品。此外，对生产原材料、零部件等中间产品的厂家不征税，只对生产最终产品的厂家征税，容易造成税收歧视。

　　法国的学者和决策者从税制改革实践中，认识到传统全值流转税即周转税的根本问题不在于多环节、多阶段课税，用增加或减少征税环节的办法难以彻底克服原有税制的弊端。周转税的根本问题在于对流转额全值征税。为此，他们于 1954 年和 1955 年在对中间产品免税的基础上对周转税做了进一步改革，把对全值课税改为对增值额课税，即对厂商购进的投入品中所含的前一阶段周转税给予抵扣，从而彻底解决了流转税对经济组织形式非中性影响所造成的弊端。

（二）增值税的广泛推行

　　丹麦和德国学习法国的经验，分别于 1967 和 1968 年实行增值税。在欧洲经济共同体（后来为欧盟）经济和金融委员会的努力下，实行增值税成为加入欧洲共同体的基本条件之一，这促使所有成员国都实行了增值税。欧洲共同体还通过发布规范增值税制度的指令（特别是 1977 年发布的关于成员国立法协调营业税的《第 6 号指令》）促进增值税规则的标准化、一体化。2007 年，欧盟成员国达成一致，通过了根据《第 6 号指令》重构的 2006 年版《欧盟增值税指令》，之后的版本都在该版本框架基础上改动。[①] 从世界范围看，欧盟实行的增值税较为完善，是各国进行流转税改革、推行增值税的蓝本。在欧盟国家实行增值税成功后，越来越多的国家推行增值税，截至 2023 年 6 月，全球有 175 个国家实施了增值税或商品及服务税。[①] 从总体看，发达国家推行增值税容易达到标准化程度，而发展中国家往往难以达到欧洲模式增值税的水准，说明税制模式选择与一国的经济发展状态、文化习俗、纳税习惯、社会治理模式、原来流转税特征等都有密

---

① https://eur-lex.europa.eu/legal-content/EN/TXT/?uri=CELEX:02006L0112-20190116。

切关系。换句话说，一种增值税模式不可能适用于所有国家，增值税在不同国家不可避免地发挥不同作用，如在发展中国家，增值税会造成不公平、无效率、阻碍增长等负面影响。因此，有的学者认为似乎只有发达国家才应征收增值税（Bird and Gendron, 2007）。也有研究表明，增值税的影响表现出明显的国家间差异化（Alavuotunki et al., 2019），其并没有增加非洲国家的收入（Ahlerup et al., 2015）。然而，事实上每个国家都可以征收增值税，发展中国家的任务在于汲取经验，建立完善的增值税制度并有效实施；发达国家的任务在于解决不断出现的"前沿"增值税问题。

二、增值税的性质、类型和经济效应

（一）增值税的性质

增值税是以增值额为课税对象的一种税。进一步说，是对商品流转各个环节的增值额课征的一种税。理解增值税的性质，关键是理解增值额这个概念。增值额的概念一般可以从三个方面理解。

首先，从理论上讲，增值额相当于商品价值 $C+V+M$ 中的 $V+M$ 部分，就是商品价值扣除在商品生产过程中消耗掉的生产资料的转移价值 C 后的余额，即由企业劳动者创造的新价值。V 是工资，是劳动力为自己创造的价值。M 即剩余产品价值或盈利，具体可分解为利息、租金、利润等项目。因此增值额从内容上就是净产值，是工资、利息、租金、利润之和。因此，增值税是一种净产值税，是介于全值流转税（以 $C+V+M$ 全值为征税对象）和所得税（以 M 为征税对象）之间的一种税。

其次，从商品生产的全过程而言，一件商品最终实现消费时的最后销售额相当于该商品从生产到流通各个经营环节的增值额之和。表 9-2-1 表示某一个商品生产销售过程。假定采矿是其第一阶段，靠手工劳动，购入中间产品忽略不计；增值税税率为 10%；该商品最终售价为 480 元，与 5 个产销阶段的增值额之和相等。对各阶段的增值额各征 10% 的税，相当于对最后阶段销售额征 10% 的税，而对每一个阶段增值额征 10% 的税，相当于对每一个阶段销售额征收 10% 的税金（销售税金）减去购入品（中间产品）在上一阶段已付税金的余额。

表 9-2-1 某一个商品生产销售过程　　　　　　　　　　　　　　单位：元

产销阶段	销售金额	购入品金额	增值额	税额（税率 10%）		
				销售税金	购入品已付税金	应缴税金
采矿	40	0	40	4	0	4
冶炼	100	40	60	10	4	6
机械制造	300	100	200	30	10	20
批发	400	300	100	40	30	10
零售	480	400	80	48	40	8
合计	—	—	480	—	—	48

最后，就个别生产单位而言，增值额是应税货物或劳务的收入（不含增值税）减去为生产应税项目而购入的投入品和固定资产折旧等非增值性项目金额后的余额。非增值性项目就是转移到应税货物或劳务价值中的原材料、辅助材料、燃料、动力和固定资产折旧等。因此，纳税人提供应税货物或劳务取得的收入总额扣除非增值性项目金额后的余额即为增值额。但在现实生活中，政府基于特定的社会经济财政状况及税收政策考虑，所规定的非增值性项目可以与理论概念一致，也可以略有差别，这导致增值税类型的多样化。

（二）增值税的类型

增值税的类型可按不同的标准划分。按增值税税基大小，增值税可分为生产型、收入型、消费型增值税三大类型。按增值税征税范围的宽窄来区分，增值税可分为全面型增值税和有限型增值税（limited VAT）

（即只对部分货物和劳务课税，或虽对全部货物课税但只对少数劳务课税）。按增值税进项税额抵扣方法来区分，增值税可分为发票抵扣模式和按账计征模式。按增值税在不同地区运用的特点，可把增值税划分为欧盟模式、南美模式、中国模式等。一般所称的增值税类型指生产型、收入型、消费型三种。

生产型增值税以销售收入减除原材料、辅助材料、燃料、动力等投入的中间产品价值（法定非增值性项目）后的余额作为课税增值额，其计税依据（税基）相当于工资、租金、利息、利润和折旧之和，特点是折旧不从税基中扣除。从国民经济整体看，这一类型增值税的课税基础与国民生产总值的统计口径一致，故称生产型增值税或国民生产总值型增值税。

收入型增值税以销售收入减除原材料、辅助材料、燃料、动力等投入生产的中间产品价值和资本品折旧后的余额作为课税增值额，其计税依据（税基）相当于工资、租金、利息、利润之和，特点是税基中不包含折旧。从国民经济整体看，这一类型增值税的税基相当于国民净产值或国民收入，故称收入型增值税。这种增值税与前面讨论的增值额概念比较一致。

消费型增值税以销售收入减除投入生产的中间产品价值和同期购入的固定资产全部价值后的余额作为课税增值额，其特点是固定资产价值从税基中扣除。从国民经济整体看，这一类型增值税的税基相当于全部消费品的价值，而不包括原材料、固定资产等一切投资品价值，故称消费型增值税。

（三）增值税的经济效应

不同类型的增值税，具体做法和政策不同，对经济的影响也不同；相同的增值税在不同的宏观、微观经济环境中的作用也是有差别的。分析增值税的经济影响，有必要对增值税和经济环境作一个假定式的描述。对增值税，假定是全面型增值税、增值税体系内纳税人身份同一、实行单一或接近单一税率、出口实行零税率（zero rated），购进投入品税额抵扣采用发票法（invoice method）。对经济环境，假定是一种政府干预和市场调节相结合的经济环境，所有纳税人都是独立的经济利益主体、按市场信号安排生产经营和投资消费，政府则通过经济工具的参数变动指导市场。在这样的前提下，增值税对经济的影响表现在以下方面。

1. 增值税对企业组织结构选择的影响

一般来说，在征收多阶段全值流转税的条件下，税负随交易次数的增加而增加，通过纵向联合可以减少交易次数从而减轻税负，这对企业组织形态的选择产生干扰，促使企业放弃横向的专业化分工协作而搞纵向全能组合。在征收消费型增值税的情况下，纳税人全部购进投入品（包括购入的固定资产）的已纳税额可以抵扣，一个产品只要最终销售价格相同税负就相同，同样的产品不会因为企业组织形态不同、经历的交易次数不等而税负不平，这使企业在决定企业组织形态上不受税收政策的影响，客观上会促进专业化分工协作的企业组织形式的发展。

在征收生产型增值税情况下，增值税的这一影响仍然是非中性的，因为生产型增值税下，购入固定资产的已纳税款不予抵扣，固定资产折旧这一部分仍然存在重复征税问题，同样产品经过的交易次数越多，税负越重。对劳动密集型企业而言，固定资产所占比重较小，产品价值中所含的折旧额比较小，购进的投入品主要是原材料、辅助材料等流动资产，因此购进投入品已纳税款基本上可得到抵扣，重复征税程度相对较低；而对资本和技术密集型企业而言，由于其产品产值中固定资产折旧所占比重较大，如果搞专业化协作生产，经过的交易次数多，重复课税程度就高。因此生产型增值税仍然存在一定程度的有利于全能厂而不利于专业化分工协作企业的非中性影响，尤其对资本、技术密集型企业。当然，从整体来看，对比传统全值流转税，这种非中性影响已大大减轻。

2. 增值税对经济稳定的影响

这里从财政收入的稳定、物价稳定、反经济周期等方面分析。

增值税对财政收入目标的达成是有益的。在采用发票法进行税额抵扣情况下，增值税的征收过程会产生纳税人自动勾稽效果，防止偷逃税和随意减免税。增值税对增值额课税，从整体税负看，是对商品的最后销售额征税，只要销售额不变，无论商品的中间环节有多少，在税率一定的情况下增值税税额不变。经济增长，财政收入也会同步增长。

增值税的采用不会导致通货膨胀。税制改革转换时期增值税对物价的影响，取决于财政目标和被替代的税种，以及财政、货币政策等因素。如果以保持总税负不变为目标，用增值税代替传统的全值流转税，那么专业化分工企业的税负会降低，全能厂的税负会上升。全能厂税负上升对价格是否产生影响，要看该企业产品的需求弹性或供给弹性，需求弹性小或供给弹性大，税负就易于通过提高价格转嫁给消费者，使价格水平上升，但这显然只是局部的、暂时的。如果改革的目标是增加税收收入即提高税负总水平，那么物价可能上升，但不至于引起物价水平的持续上涨即通货膨胀；货币供给量一定的情况下，增值税的增加只会抑制居民消费水平，而不会导致通货膨胀。考虑到宏观经济政策，如果政府实行紧缩的财政、货币政策（增加税收、减少财政支出、压缩信贷规模等），居民手中可支配的收入就减少，此时提高价格只会使物品滞销，这就限制供应商或生产者提高物价的可能性，意味着供应商或生产者很难通过提高物价将税负向前转嫁给消费者，税制改革对物价的影响从而受到限制。

生产型增值税税基较广，不用高税率就能获得既定的财政收入。假定采取单一比例税率，那么经济繁荣时增值额增大，税收成比例增加，税收增加可阻止经济增长过旺；反之，经济萧条时生产衰退，国民生产总值减少，税收成比例减少，税收减少可增加居民手中可支配的货币资金并刺激投资和消费，从而防止过度衰退。因此，这一类型增值税具有一定的自动稳定功能。调整税率同样可以抑制经济周期波动。

3. 增值税对价格改革的影响

实行增值税有利于价格调整和经济改革。在计划经济向市场经济过渡过程中，有的国家采取价格双轨制，即计划固定价格与市场调节价格并存的做法，原先存在的生产资料价格偏低现象在价格改革中被加以着手调整。全值流转税与价格联动，高价配高税，低价配低税，用税收代替价格的作用，形成规范化的税收与不断变化的价格之间的矛盾。价格与税收以及财政收入捆绑在一起，价格改革难以进行。增值税的推行可在一定程度上解决这一问题，促进价格改革，如在原材料提价而产品销价未作调整的情况下，增值额减少，增值税税负随之下降，有助于企业适应原材料提价的影响。这是一种自动的过程，不需要变动税法和调整税率。增值税对双轨制价格体制的适应性也比全值流转税强。全值流转税按实际销售收入全额征税，同一产品因平价和议价差别税收负担不同，价高税高。价格与财政收入相联系，在财政困难的情况下，价格调整不易全面推行。实行增值税，按增值额征税，税收对价格体系调整的阻碍作用至少在一定程度上得以减轻。在实行增值税的情况下，以平价购进原材料生产的产品按平价销售，以议价购进原材料生产的产品按议价销售，增值额相近，税负较为均衡；以平价购进原材料生产的产品按议价销售，其增值额就增大，税负相应增加；而高价进货、平价出售产品，增值额就小，税负也小。这两种税收负担情况相比于对流转额全值征税形成的税负更合理。

三、增值税的纳税人

（一）纳税人定义

各国关于纳税人的定义，与各国增值税的征税范围有较大关系。在欧盟国家和一些发达国家，由于一般实行全面型增值税（征税范围涉及所有交易活动），因此一般规定有发生应税交易的经济实体（学术或法律上常用企业主概念），无论是自然人还是法人，都是增值税的纳税人。在那些没有实行全面型增值税的发展中国家，则不能像发达国家那样作出一般性的规定，其往往将那些在增值税征税范围内发生的提供货物销售和服务的经济实体作为增值税的纳税人。例如，中国规定在中华人民共和国境内销售货物或者加工、修理修配劳务，销售服务、无形资产、不动产以及进口货物的单位和个人，为增值税的纳税人。

尽管纳税人定义有所区别，但在增值税纳税人的判断上都涉及下列一些具体问题。

第一，居民或非居民、自然人或法人。无论是个人（自然人）、个人团体、法人、法人联合机构，还是其他经济实体，只要其发生销售商品、提供劳务、进口货物的活动（征税范围内），那么就可以认定其为增值税的纳税人。同样，无论是征税国居民还是非居民，认定的标准均为其具体的涉税活动，而不是其身份的差异。总的来说，居民或非居民、自然人或法人均不构成判断增值税纳税人的必要条件。

第二，经常、持续的交易与偶然、孤立的交易。大多数国家的增值税法律均规定，只有持续地或者经常地进行涉税的营业活动，才被认定为增值税的纳税人。例如，中国规定销售其他个人自己使用过的物品免征增值税，就是考虑个人的销售行为不具备持续性的特点。①但是，对于交易金额较大、劳务活动较为特殊的情况，往往可以不考虑其是否具备经常性和持续性特征。例如，挪威规定如果交易金额大于规定的最低限额，单项交易也要登记纳税。

第三，盈利与非盈利。一般来说，由于增值税具有商品税转嫁的基本性质，消费者才是最终的税收负担者，所以盈利与否并不能构成判断其是否成为纳税人的必要条件。

上面介绍了对于增值税纳税人的一般规定，但是各国的增值税制中对于其纳税人的重点规定却是在两类具有特殊情况的纳税人方面，即对于小规模经营者和农民的规定。

（二）小规模经营者增值税纳税人身份的确定规则

小规模经营者主要包括大量的个体职业者、个体工商户，他们的经营领域大量地涉及零售和劳务提供，按理说他们也应当是增值税的纳税人。但是，无论在发达国家还是发展中国家，小规模经营者都具有数量众多、营业额较小、会计记录不全的问题。因此，如果完全按照规范的程序对其进行征税，那么征税成本将很高。

原则上，各国对于小规模经营者的征税都要权衡税收收入和征税成本两个方面的因素。一般来说，发达国家由于工业化程度高，大企业多，是纳税的主体，小企业提供的税额所占比重相对较低，如果对小企业免税，税收损失较小，而征税成本却可以得到较大节约。不发达国家，特别是以小型手工业为主的农业国，小规模经营者数量多，因此对其免税会造成财政收入的减少，而将其纳入增值税体系又会使征税成本大幅上升，因此往往采取简易的征收办法。从目前各国做法来看，欧盟国家实行不列入增值税征税范围的办法，而发展中国家一般实行简易征收的办法。

在欧盟，由各国自行规定一定年营业额以下的企业主为小企业主，他们不需要缴纳增值税，即他们不是增值税纳税人。相应地，他们的进项税额得不到抵扣，也不需要向货物或服务购买方开具增值税发票。因此，欧盟增值税的纳税人具有单一性特征，只要是增值税纳税人就适用标准增值税的制度，不存在一般纳税人和小规模纳税人的区别。

实行简易征收办法的国家，其具体做法一般是将年营业额在一定水平以上但未达到一般纳税人营业额水准的纳税人，定为小规模纳税人，按一个较低比率税率课税，进项税额不予抵扣，实际上保留传统全值流转税的办法，因此，增值税不是单纯的标准增值税而是增值税与全值流转税（如营业税、周转税、工商税）的混合体。例如，在中国，小规模纳税人的标准是从事货物生产或者提供应税劳务的纳税人，以及以从事货物生产或者提供应税劳务为主，并兼营货物批发或者零售的纳税人，年应征增值税销售额在50万元以下（含本数，下同）的；除前款规定以外的纳税人，年应税销售额在80万元以下的。②因此，中国税法意义上的企业主，分为三类，一是一般企业主又称一般纳税人，适用于真正意义上的增值税制度；二是大部分纳税人即小规模纳税人，按简易征税办法对销售额或营业额全值课税，实质上还是传统意义上的全值流转税（即营业税或工商税）；三是免税企业主。

（三）农业生产者——农民增值税纳税人身份的确定规则

农民是农产品的生产者，当农民销售其生产的农产品时，每个农民个体就成为增值税的纳税人。农民

---

① 《中华人民共和国增值税暂行条例》，第十五条；《中华人民共和国增值税暂行条例实施细则》，第三十五条。
② 《中华人民共和国增值税暂行条例实施细则》，第二十八条。

往往也存在着和小企业主同样的问题，人数众多，无法建立会计账簿，使得规范的征收程序同样发挥不出应有的作用。面对这种情况，关于农民要不要征税和如何征税成为增值税实践中的一个重要课题。

目前各国的做法主要包括免税、统一比率加价补偿制两种办法。免税办法的目的是减轻农民的负担，同时将其排除在增值税的体系之外，从而节省征税成本。但是，实际的效果却没有达到减轻农民负担的效果，反而可能增加农民的负担，因为其生产农产品的进项税额无法抵扣。而后一种办法，统一比率加价补偿制不仅对农民生产销售的农产品免征增值税，而且对其承担的进项税额按农产品销售额的一个统一比率给予补偿，这个办法能够基本上做到不增加农民的负担，但是需要一定的执行成本，也不能让农民生产农产品的进项税额得到准确全面的抵扣（Cnossen，2018）。

四、增值税的征税对象

（一）增值税的征税范围

从横向上来看，增值税的征税范围说明应征增值税的具体行业范围，从纵向来看，则是指应征增值税的生产经营流通或者消费过程中的各个环节。欧盟等发达国家增值税属于全面型增值税，征税范围比较广，包括农业、工业、服务业的生产、批发、零售、服务提供、进口等所有行业和环节。不发达国家则往往出于征收管理方面的考虑，实行非全面型的增值税。有的国家曾经实行部分制造业增值税，即征税范围只限于几个制造行业中的某些产品。这种增值税的优点是可在经济不发达、财政不宽裕、税收管理水平比较低的情况下推行，并且可在原来全值流转税不良影响最突出的经济活动领域率先采用，从局部减弱对专业化生产组织方式的歧视效应，但也正是因为只在部分制造业实行增值税，一个企业特别是多种经营企业，同一时期可能既要面对增值税还要面对全值流转税，往往需要对经营项目和购进中间投入品进行区分，以确定哪些要缴纳增值税、哪些要缴纳其余形式的流转税，哪些购进项目已纳税收或同一购进项目已纳税收中多大比例可以抵扣。这一方面使纳税人感到繁难，另一方面也容易通过人为调整项目规避税收，造成不必要的福利损失。此外，这种增值税也无法建立并推行凭发票抵扣进项税额的制度，增值额计算和进项税额抵扣程序比较复杂，缺乏准确性，也无法形成增值税链条机制，无法实现标准增值税制度下那种自动勾稽避免逃税的效果。

实践证明，在具备实行标准增值税的各种条件时，要充分获得增值税的优点，增值税征税范围应当尽可能覆盖所有生产经营领域，即推行全面型增值税。实行全面型增值税并且实行凭发票抵扣进项税额办法、单一或接近单一税率、消费型税基的情况下，增值税就能比较彻底地克服全值流转税的非中性影响，使增值税成为征收简便、财政收入有保证、影响中性化的良性税种，但推行全面型增值税并具备其他标准增值税的特征，需要特定的经济社会文化条件，比较适合发达的西方国家。即使在发达的西方国家，增值税推行过程中仍有一些还不能理想地加以解决的问题，除了前面已经分析到的小规模经营者和农民是否作为增值税纳税人外，还有一些问题，如当增值税推行到服务提供领域时，如何对金融业征税（杨斌，1993），如何防止纳税人利用假发票或真票假用骗取进项税额抵扣和出口退税、低报销售额逃税等，还没有有效的解决方案。

（二）确定应税货物销售和劳务提供的规则

在明确了征税范围之后，就要设计增值税的计税依据即税基。在实行凭发票抵扣进项税额的制度下，对纳税人来讲，一定时期，增值税＝销项税额−进项税额。因此，如何确定销项税额和进项税额是增值税制度设计的关键问题。在全面型增值税下，企业的进项税额等于供货商和劳务提供商的销项税额，因此只要研究销项税额就能说明问题，而确定销项税额涉及如下问题（以下分析均基于标准增值税）。

1. 应税货物销售

研究应税货物销售，首先需要定义货物（商品）。一般将货物定义为有形财产（包括动产和不动产以及相关权利，包括固体形式，也包括气体或能量形式，如电力、煤气、热力、制冷等，还包括权利形式，如不动产占有、支配和收益权）。货物销售可分为一般类型和特殊类型两种。

一般类型的货物销售，顾名思义就是常见的货物销售，即所有者转让有形财产的所有权而获得相应报酬。如果将有形财产（特别是不动产）相关权利转让视为有形财产，权利转让也属于货物销售。在此类销售中，虽然财产所有权没有发生转让，但财产收益权发生转让，承让方从此便可从财产中获得经常性收入，因此承让方必须向出让人支付报酬，这就构成销售，判断销售发生的依据是转让合同或协议。构成一般货物销售的重要条件之一就是转让以有偿方式进行。无偿馈赠虽然也属于所有权转让，但不属于销售。付款方式往往不是判断是否属于一般销售的必要条件，无论是即期付款还是分期付款或延期付款，只要可确定货物或相关权利被置于承让人支配之下，那么就可认定销售发生。因此，确定一般货物销售的条件包括：发生所有权或收益权转让、转让以有偿方式进行、具备转让协议或合同、货物或权利置于承让人支配之下。

特殊类型的货物销售是指某些货物或权利转让在表面上不具有上述一般货物销售的特征，或货物本身具有特殊性，或出让人、承让人本身或他们之间的关系具有特殊性，为了公平征税，税法上必须明确要视同一般货物销售的各种交易，具体包括委托加工、私人使用、自我供应、连锁交易、不动产销售等。

（1）委托加工（commissioned processing）。委托加工指用客户提供的材料加工成产品并移交给客户，收取加工费。其交易过程并没有发生所有权或收益权转让，但对客户而言，利用委托加工形式与通过外购形式获得所需要的产品，并没有实质性差别；对被委托方来讲，利用客户提供的材料与外购材料进行生产实质上也没有差别。为税制公平和中性影响起见，必须把委托加工视同货物销售，否则就会促使人们为了税收利益而偏好委托加工方式，造成福利损失。

（2）私人使用（private use）。纳税人为其私人用途、为其雇员而使用构成企业资产一部分的商品，或者免费处理商品，或者更一般地说，为了非营业目的而使用本企业商品，便构成私人使用。如果私人使用的商品其投入品所纳增值税已全部扣除掉，那么这类使用应视为有偿销售。此种条件下的私人使用虽然没有发生实际的交易行为，但与最终消费者购买商品在性质上是相同的，私人使用的商品应当与最终消费者从市场上购买的同样价格商品在税负上保持平衡。因此，私人使用应视同货物销售。尽管如此，一般纳税人因为其营业目的提供样品则不视同销售征税。

（3）企业主为本企业所进行的营业而拨用由他自己或由代表他的另一个人所开发、建造、装配、制作、生产、提炼、购买或进口的商品，构成自我供应（self supply）。通过上述各种途径获得的商品被用于连续的生产过程不征增值税，待生产出用于销售或私人用途的产品时再进行征税。如果自我供应的产品其投入品增值税已得到抵扣，并且被用于免税业务或个人经营以及用作资本货物，就必须视同销售。这是因为商品被用作免税业务或个人经营以及用作资本货物后就脱离增值税体系不再征收增值税，然而用于这些用途的商品的投入品税额已被抵扣，不在这些商品的转移环节征收增值税，会造成两个后果：①这些商品实际上变为有抵扣权的免税商品（即零税率商品），使国家税收出现损失，并使零税率优惠政策的界限不明确；②自我供应的商品与外购的同样品种、同样价格、同样用途的商品之间形成税负不平衡，从而影响公平竞争。

（4）连锁交易（chain trading）。几个企业就同一商品进行一系列交易就构成连锁交易。即使实际所有权由第一个企业直接转移至最后收受人，但连锁交易中的每一个企业都进行了一项应税交易。因而，如果商品是从 A 卖给 B，B 再卖给 C，C 再卖给 D，即使交货是直接从 A 到 D，也仍然看作从 A 到 B，从 B 到 C，再从 C 到 D 的销售。对这样的连锁交易，规则是每一次交易都要缴纳增值税。因为只要连锁交易是在独立企业之间进行，那么每一个环节都将产生增值。

（5）不动产销售（real estate sales）。土地、房屋等不动产与一般制造业产品（一般货物）相比有其特殊性，土地为自然存在物。房屋生产（建筑）周期比较长、建成后存续时间也比较长，房地产市场总是新旧房屋并存，越发达的国家，二手房的比重越大。将不动产交易当成一般货物销售对待，按增值税一般规则征税有利有弊。利的地方在于可一视同仁，弊的地方在于对二手不动产进行标准化的进项税额抵扣有困难，可能没有可作抵扣凭证的购进发票。因此，从国际上推行增值税的国家看，对不动产销售的税收处理有不同模式。有的国家把不动产列入增值税应税商品范围，按一般规则征收增值税，对进项税额抵扣作特殊规定。有的国家则不将其作为增值税征税对象，而是对其单独征收不动产转移税、不动产购置税或注册税。还有的国家则新旧区别对待，对新建初次销售的不动产按增值税一般规则课税，对二手不动产交易不征增值税，而征收其他税（杨斌，1993）。

2. 应税服务提供的认定

增值税税法意义上的劳务提供，一般指除了货物交易外的其他交易活动。这样的交易可包括无形财产（如专利权、版权、商标权等）的转让；抑制某种行为或忍受某种行为及局面的义务；按公共当局的命令或以其名义，或按法律规定履行的服务。交易必须是为了得到报酬，不管是现金还是实物。如果商定没有报酬或不支付任何报酬，并且这项交易也不另外销售商品，那么这样的交易不作为劳务提供，因而不是一项应税交易。在制度设计上，劳务提供与货物销售一样，重点要解决某些特殊类型的劳务提供如何征税的问题。特殊类型的劳务提供有以下几个方面。

（1）劳务的自我供应和私人使用。劳务的自我供应简单讲就是自我服务。大多数国家不把劳务自我供应视为一般应税劳务，少数国家则规定自我服务也要征收增值税。从公平角度而言，自我服务和外购服务要一视同仁，同样征税。但自我服务实际上并没有交易发生，如何作价实属困难。对此免税符合效率、方便原则。

劳务的私人使用，是指企业主免费抽调工作人员或使用本企业提供的劳务，或为自己私人目的，或为了企业的职工，更一般地讲，是为了商业目的以外的用途。这就是说，在未付款的情况下，将劳务提供给企业主本人或其雇员，具有非商业性质。例如，汽车修理厂的工作人员给他们的老板或给自己修理私车。对劳务的私人使用，不同国家的规则有差别。有的国家按货物私人使用的规则处理，一律征税；有的国家不征税；还有的国家有条件征税，如对为私人和其他非营业目的而使用的劳务，只有当这种劳务与那些在正常经营过程中所提供的劳务具有同样性质时，才应该缴纳增值税。

（2）不动产租赁（real estate rental）。欧洲发达国家对不动产租赁是否征税一般与对不动产出售是否征收增值税联系在一起。不动产销售不征增值税的国家对不动产租赁业务一样也不征增值税。

（3）混合交易（mixed trade）。混合交易指一笔交易中既有货物销售也有劳务提供。实行增值税的国家对混合交易的税务处理方法各有不同，大致上可归纳为四种：①不进行货物销售和劳务提供的区分，按总交易额征税。一般为实行单一税率的国家所采用。但交易中混合有应税交易（包括零税率）与免税交易时，则要求开具两份发票，一份说明应纳税的销售（包括零税率），一份说明不应纳税的销售，以明确可抵扣进项税额的数额。②归属于其中一种交易类型，即混合交易全部按货物销售对待或按劳务提供对待，一般根据交易内容是以商品为主还是以劳务为主确定。③按两种交易类型分别计算征税。④按构成销售过程的所有商品品种和劳务项目适用税率中的最高者征税。

（三）货物销售和劳务提供发生纳税义务的地点和时间的确定规则

经济生活丰富多样，货物销售和劳务提供也是如此，除类型上的复杂多样外，货物销售地点和时间也不是单一的。受运输、安装包装、进出口、委托寄售、劳务提供和实现的空间和时间的不一致、付款方式不同、付款与交货地不同等因素影响，每一笔交易在什么时间发生纳税义务、在什么地方应当履行纳税义务，有时并不是显而易见的，因而需要建立一定的规则，保证同一笔交易只在一个地点和时间缴纳增值税，以使税法明确，令征税人和纳税人都有所遵循。

1. 应税货物销售的地点

应税货物销售的地点认定涉及增值税的税收管辖权这一重大问题。增值税作为流转税，一般遵循属地主义原则，实行销售发生地税收管辖权（tax jurisdiction in sales location），也就是只在本国境内发生的销售才负有纳税义务。如果销售地点在国外，即使是在两个居民企业之间成交，本国也不征税。实行这样的规则，税收管理上比较便利。如果按货物购买者或消费者居住地确定纳税地点，由于消费者十分分散，实际上无法实施课税。但是如何确定销售发生地？有如下规则。

（1）商品运输时，以商品的发运地点（更具体地讲是商品被发运或运输时的放置地点）为销售发生地，不管商品是由供货者、收货人还是由第三者发运。这一规则同样适用于销往国外的商品（这些商品在出口报关时一般享有零税率待遇），但不适合进口商品，进口行为是独立的应税事件。

（2）需要安装和组装的货物，以安装和组装的地点为货物销售的实际发生地。不考虑是否进行试生产。

（3）不需要运输的货物，货物的供货地（或货物的所在地）为销售发生地。

（4）委托或寄售的货物，有的国家规定由承销人在应税的销售发生地纳税，而不是由托售人在向承销人销售时纳税。有的国家规定，寄售货物视为货物销售，因而对该项交易应征增值税，而不考虑承销人以后是否出售这些货物。本书认为在守法自觉性较低的文化中，将委托和寄售视同销售更有利于避免通过销售形式的改变而滥用税法规则。

一个国家内部不同地区之间的增值税管辖，从税收管理的可行性角度看，也应当遵循销售地管辖原则，本地发生的销售本地税务当局就有管辖权。但是，当增值税被视为中央和地方共享税，其收入要在中央和地方（省级及以下）之间进行分成，且假定增值税由消费者负担，那么遵循销售地管辖原则，实行生产地或销售地课税，必然造成经济发达、工业商业集中的地区将获得大于其居民负担的较大一份增值税，因为其他地方购买者或消费者来到该地区购买或消费商品（包括劳务）时实际负担了增值税，但在没有特别的转移支付安排的情况下，他们的居住地政府并不能获得这笔税款，这就不知不觉地形成了一种将较不发达地区的财富转移到较为发达地区的财政机制，使富者愈富、贫者愈贫。解决办法有二，一是探索在征管可行的情况下实行消费地课税模式；二是按照较不发达的区域其所缴纳的税收与获得的财政利益至少应当对称的公平原则，改革分税制，将增值税（应该包括消费税、关税）完全作为中央税，由中央按各地消费水平和人口等因素实行转移支付，先将较不发达地区居民实际转移到发达地区的增值税返还回去，然后再考虑财政公平，为实施适度均等化的公共服务而进行另一层面的转移支付。

2. 应税劳务的提供地点

应税劳务提供地点的确定与确定货物销售地点的基本精神是一致的，即只对在境内提供的劳务征税。税法必须明确什么是境内提供的劳务。实行增值税的国家确定劳务提供地的一般规则是以应税劳务的提供者企业所在地或固定机构所在地为劳务提供地。如果没有这样的企业或固定机构，则以提供者永久居住地或其通常居住地为劳务提供地。劳务的提供和使用往往与提供者不可分割。如果提供者向征税国境内的客户提供劳务，理所当然要在该征税国纳税；如果提供者向国外客户在外国境内提供劳务，各国一般对此实行零税率。因此，在劳务提供者企业所在地或固定机构所在地或居住地征税，不仅符合增值税境内管辖原则，而且纳税人身份明确，地点相对固定，便于税务管理。但由于劳务种类很多，交易方式多种多样，为了完全贯彻增值税境内管辖原则，避免国际重复征税，防止逃税，实行增值税的国家除订立确定劳务提供的一般规则外，还要订立特殊规则。主要有以下几类。

（1）劳务实际发生地规则。以劳务实际发生地为增值税完纳地点。这一规则适用于运输劳务及有关装卸、管理等辅助劳务；组织文化、艺术、体育、科学、教育、娱乐及其他类似活动的劳务及有关活动的辅助劳务；有形财产的估价和其他有关有形财产的劳务。

（2）劳务接受者所在地或居住地规则。某些应税劳务项目如果由国外企业或国外非企业单位或个人提供，劳务的接受者居住在本国境内，劳务的使用也发生在本国境内，那么就以接受者企业所在地或固定机构所在地为完纳增值税的地点；如果没有这样的企业或固定机构，则以劳务接受者永久居住地或通常居住地为完纳增值税的地点。适合此项规则的应税劳务有特许权转让（包括版权、专利权、商标权、执照等类似权利转让）；广告服务；工程师、会计师、律师、咨询人员提供的劳务；数据处理、提供信息等服务；银行、保险业务；提供工作人员的劳务（或称派遣人员提供的劳务）；代理人为委托人获得上述劳务提供的服务。

（3）财产所在地规则。对不动产提供的劳务，包括财产代理人和专家劳务，准备和协调建筑工程的劳务，如建筑师在施工现场的劳务，缴纳增值税的地点是财产所在的地点。

（4）劳务实际使用地规则。当劳务提供地与劳务的实际使用地不一致，并且有可能导致双重征税、逃税或影响公平竞争时，以劳务实际使用地为征税地。这一规则主要与国际劳务有关。其具体内容是，根据一般规则如果劳务提供地点被确定在本国征税区域内，但这种劳务是在国外实际使用或享受，以劳务的实际使用地为纳税地，本国不征税；与此相对应，如果按规定劳务提供地点被确定在国外，但此项劳务是在本国境内被实际利用或享受，那么本国要对此项劳务征税。

3. 货物销售和劳务提供的时间

货物销售和劳务提供地点确定后，进一步的问题是如何确定货物销售和劳务提供的时间，这与增值税纳税义务何时发生有密切关系。如果税率变动，还与确定适用税率有关。各国税法对这一问题的规定大同小异，可简略地概括为以下三种情况。

（1）所有权或支配权转让的时间。一般情况下，货物转移到受让人可自由支配的时候，货物销售就算发生。货物需要运输，则货物销售的时间是货物启运的时间。货物分期付款，销售时间为买方成为货物的完全拥有者之时。货物代售与寄售情况下，如果代售、寄售本身就视为货物销售，那么销售发生的时间是代理人或承销人可自由支配此项货物之时；如果代售、寄售本身不视为货物销售，那么销售发生的时间是代理人或承销人将此项货物置于客户实际支配之下的时间。自我供应和私人使用是在货物移动使用时发生。连锁交易的最后一个收货人有权支配货物的时刻为货物销售的时间。

（2）劳务完成的时间。提供劳务交易发生的时间是劳务完成的时间。不过有的国家以劳务报酬的支付时间确定劳务提供的时间。

（3）货款收到时间。如果货款收到的时间早于货物收到的时间，则以货款收到的时间为货物销售发生的时间。在连续供应（如订阅期刊、连续供应能源），并且需要分次付款情况下，每次付款的时间为供应发生的时间。

还有一些国家对货物销售和劳务提供时间不作具体规定，而以开发票的时间作为销售发生的时间。它们认为，发票上注明的日期决定一笔交易必须在那一个会计期申报，一笔销售收入在发票开出以后才算最终真正取得。同时，只有在收到这些发票后，购货方才可以扣除进项税额，因而应当以发票开出的时间确定交易在何时发生。作此种规定的国家，往往还对某些不开发票的交易领域作出专门规定。对进口货物以海关进出港许可证上记录的日期作为确定纳税时间的依据。货物或劳务被使用的时间作为销售发生时间，即开始负有纳税义务的时间。这一做法可使货物销售和劳务提供时间与纳税义务发生的时间按同一标准确定。比较适合用发票法进行进项税额抵扣的全面型增值税制。

五、增值税税基确定规则

上文着重从质的方面讨论增值税的征税对象，说明作为增值税征税对象的商品或劳务流转额的各种具体表现形式，以及需要承担增值税缴税义务的条件，但对商品或劳务流转额的具体含义是什么还没有详细研究。以下从量的方面，具体阐述作为征税对象的商品或劳务流转额的含义。增值税征税对象在数量上的具体化就是增值税的税基（或计税依据）或计税金额。

（一）增值税税基的一般规定

一般情况下，增值税的税基为商品销售者和劳务提供者向购买者、顾客和第三者已经收取和将要收取的所有报酬，其中"已经收取"的报酬要纳税容易理解，而"将要收取"的报酬也要纳税未免令人费解。之所以存在这一问题，是因为商品和劳务报酬总额的计算可以有两种方法，一种是按应收应付制计算，另一种是按收付实现制计算。采用应收应付制计算商品和劳务报酬总额时，在某一会计核算期或税收申报期内，就有一个"将要收取"的问题。应收应付制也叫权责发生制，就是以收益或费用是否已经发生为标准确定本期收益和费用。不论本期内是否收到或支付现金（或有价物），都应作为本期的收益或费用。反之，凡不在本期内发生的收益或费用，即使在本期内已经收到或付出现金（或有价物），也不应作为本期的损益或费用处理。在采取权责发生制会计核算制度下，就存在应收未收款项现象，即有一个"将要收取"的报酬问题。实行增值税的国家都要求增值税税基计算一般情况下采用应收应付制，主要依据纳税期内开出发票的金额计算。只要发生应收的报酬，就要缴纳增值税，而不管这一笔报酬本期是否已经收到。

有的国家规定在某些特殊情况下允许企业主采用收付实现制方法计算增值税税基。收付实现制也叫作现收现付制，是以实际的现金（有价物）收付为标准划分并确定本期收益和费用的一种会计处理方法。按照这一方法，凡在本期内实现收进现金（或有价物）的各项收益以及在本期内实际付出现金（或有价物）的各项费用，不论其是否于本期发生，都作为本期的收益和费用处理。采用这一办法计算增值税税基，意味着纳税人在实际收到由其销售的商品或提供的劳务的款项时才计算缴纳增值税，税基的计算不是根据开出的发货票，而是依据记载现金收付的账簿。这一方法比较适合从事零售等业务的纳税人，其顾客大多是个人，购买商品或接受劳务并不要求有发票，就不能根据开出的发票计算增值税计税依据。例如，英国规定，预计未来 12 个月的增值税应税营业额不超过 135 万英镑的企业可以使用收付实现制，但仍有一系列条件限制。一方面，如果该企业使用增值税统一税率计划（The VAT Flat Rate Scheme）、没有更新增值税申报单或付款情况、过去 12 个月有增值税违法行为时则不可以使用收付实现制；另一方面，以下交易不可以使用收付实现制：①增值税发票的付款期限为 6 个月或以上；②提前开具增值税发票；③通过租赁购买、分期付款、有条件销售或赊销的方式买卖商品；④从欧盟向北爱尔兰进口商品；⑤将货物移出海关仓库。[①]

以上讨论了增值税税基的计算方法，接下来讨论增值税税基的具体内容。

各国税法都具体列举构成和不构成增值税税基的具体项目。构成增值税税基的项目有：商品和劳务的销价；关税和其他各种税（大多数国家规定增值税本身除外）；各种收费如代理商佣金、包装、运输、保险或其他收费；收货人或劳务取得者的追加付款。对于商品和劳务的销价，有些国家明确规定要符合市场公平交易原则，对不按市场公平价格的交易，税务局有权对销价加以调整，以不受商业、金融或其他买卖双方之间特殊关系影响的市场公平价格确定其计税依据。不列入增值税税基的项目有：增值税额；从价格中扣除的、作为提前付款的折扣额和供应者给予的价格扣除额（回扣）；延迟付款收取的利息；某些可以扣除的杂费。这里要说明的是为什么税基不包括增值税额本身。这样处理意味着实行价外税制度，即增值税以价格的外加形式出现，计税价格中不包括增值税，这样可以避免实际税率与名义税率不相等的问题，便于税额的计算抵扣。在不考虑税负转嫁的情况下，也使负税人和负担数额清楚明了。法国原先实行增值税时采用价内税形式，后来也改为价外税形式。价内税变为价外税应当有一个适应的过程。长期以来，人们习惯于价内税，购买货物和接受劳务时，按标价支付一笔款项。刚刚开始实行价外税的时候，商品标价中不含税，顾客实际所付的金额超过标签上标示的价格，引起了买卖纠纷，如荷兰在实行增值税的初期，经常遇到此种事情，但久而久之，习惯成自然。从征税实践上看，价外税优于价内税。

（二）特殊类型或特殊情况下商品销售和劳务提供税基的确定

增值税征税对象有许多特殊类型和需要特殊处理的情况，在确定增值税税基时同样既要考虑一般也要兼顾特殊。涉及特殊情况税基的确定主要有以下几个方面。

1. 外币标价

用外币标价的税基，要根据国家公布的汇率换算为本国货币，据以计算征税。一般各国允许用两个时点的汇率换算。一种是按照增值税缴纳期限的所在月份的平均汇率；另一种是按照增值税缴纳日当天的汇率。

---

① 资料来源：https://www.gov.uk/vat-cash-accounting-scheme/eligibility。

2. 以旧换新

以旧换新就是用旧货换新货而形成的交易。各国对此类交易的税务处理很不相同，大致可概括成以下类型。

（1）按全部报酬征税。如果支付购买新货物报酬时，一部分用现金，一部分用旧货折价支付，那么就以全部报酬为税基。例如，用一部旧车换一部新车，除用旧车折价抵偿外，还要支付一笔现金，那么此项交易的税基为这两部分的报酬总和，实际上就是新车销价。

（2）按差额征税。在同样性质的货物以旧换新的情况下，折价的旧商品价值不构成增值税税基的一部分，而仅以新商品销价与旧商品折价之间的差额为计税依据。

（3）视同两笔交易。把提供旧货和换取新货看作两笔交易，分别按规定确定税基。

3. 以货易货

两个纳税人之间的以货易货（或劳务互相交换），如同两个纳税人互相销售商品（或提供劳务），作为两笔应税交易对待，其税基为这些商品或劳务的通常价格。如果不知道通常价格，则以合理方法确定的销售价格为税基。合理的方法可以是成本加成法，即将所发生的所有成本项目加上有关这些商品或劳务的一般利润额。

4. 呆账

如果一项债权全部或部分不能收回（如因债务人无力偿还），纳税人以前对该项债权已经申报、税务机关已经收到税款，纳税人在申报增值税时可以就短收的差额要求扣除已纳税款。要取得扣除税款的资格，这种债权损失必须是在应收账目中实际发生的或经正式声明的损失。当债务人重新具有偿还能力并支付债权人已认为是损失的债务时，债权人必须补缴相应的增值税。

5. 退货

如果顾客向应税的供应商退货，那么该供应商可以要求调整税基，从当期应付的增值税额中扣除相应的数额，或者要求退税。

6. 出售企业

当企业或其中一个部门作为单独进行经营管理的单位，整体转让并负有纳税义务（即此种出售不在免税之列）时，其税基为向购买者转让资产所得的报酬。所负担的各项债务在计算税基时不得扣除。

7. 旧货

各国对于旧货的税务处理不同，大体上有两种情况：①按全部销售额征税，以销售价为税基；②按购销差价征税。

8. 自我供应和私人使用

自我供应或私人使用商品的税基是同样商品的市场购买价格，若无可比的购买价格，则按成本价格。私人使用劳务的税基是正常价格。有的国家规定，私人使用劳务的税基是为使用此项劳务而发生的有关费用总额。大多数国家对自我供应劳务不征税，也就无所谓税基问题。少数国家规定要征税，税基规定与私人使用劳务相同。

9. 进口商品

经营进口商品业务的人，负有缴纳增值税的义务。增值税一般与进口关税一并征收。进口商品的增值税通常由办理结关手续的人缴纳。进口商品增值税的税基一般就是关税所使用的税基加上关税和其他应付税款及有关费用。具体内容如下。

(1) 进口商品的正常支付价格(包括商品购买价和到达海关所在国的一切有关费用,如运输费用、边境费用、保险费、手续费和经纪费等),这一正常支付价格就是海关征收关税的税基。如何具体确定这一税基,取决于各国关税估价制度。这一问题将在本章第六节进行详细讨论。一般来说,当商品的购买价格能准确地反映商品正常的市场公平交易价格,并且是这一进口商品的唯一销售报酬时,正常支付价格即进口商品买价加有关费用,即到岸价(cost, insurance and freight, CIF)。如果没有支付买价,或者买价不能准确地反映商品价格,或者买价不是进口商品的唯一销售报酬时,就以海关根据有关标准估定的标准价格为正常支付价格。有的国家还进一步明确规定,进口商品的增值税税基中的正常支付价格为实际已付买价(通常以发票为据)与海关估定的标准价格二者中的较高者。这主要是为了防止因买卖双方具有特殊关系而可能通过人为安排价格进行逃税。

(2) 在国外应付的各种税费。由于出口国一般对出口商品实行零税率或退税,出口商品价格是不含税的,因而对进口商品而言,这一项内容在一般情况下不存在。

(3) 商品进口后应缴的各种税费,包括进口关税和其他各种应付的收费。在增值税为价外税情况下不包括增值税。

(4) 附加成本。入关后至第一个指定目的地为止应付的某些杂费,如佣金、包装、运输和保险费等。

六、增值税税率的类型及设计经验

(一) 增值税税率类型

一般税种的税率反映的是应纳税额与税基的比例关系。例如,零售税税率=应纳零售税额/销售收入,所得税税率=应纳所得税额/应纳税所得额。在不考虑转嫁因素条件下,它们表明纳税人对某种税的负担水平,但在实行进项税额抵扣制度的前提下,增值税税率不反映单个纳税人对增值税的负担水平,仅反映至本阶段参与生产经营周转的纳税人对增值税的整体交付水平。本阶段应纳增值税额=增值税税基×税率-以前阶段已纳增值税额。因此,增值税税率=(本阶段应纳税额+以前阶段已纳税额)/税基。对最终进入消费时的经营阶段而言,增值税税率=商品或劳务已纳全部增值税额/最终销售额。在单一税率下,最终销售额相等,税额也相等。因此,增值税税率反映的是消费者对其所购买的商品或劳务的增值税负担水平。

在增值税实践中,各国增值税的税率档次多少不一,有的国家实行复式税率,有的国家实行单一税率。

1. 单一税率

单一税率就是增值税只有一个比例税率。不管征税对象是什么,纳税环节处于什么阶段,一律按一个税率征税。实行单一税率会大大简化增值税计算,使增值税征管富有效率。缺点是对奢侈品和必需品同等对待,有不公平之嫌。

2. 复式税率

复式税率一般由两个以上税率即由基本税率(又称标准税率)、高税率和低税率组成。基本税率体现增值税的基本课征水平,适用于一般商品和劳务。确定基本税率取决于通过增值税计划取得财政收入的规模,当然也要考虑消费者的承受能力。高税率的目的是对某些奢侈品或有害健康的商品以寓禁于征的办法限制消费。有的国家还将高税率进一步分为一般高税率和特高税率。低税率适用于税法中单独列举的属于生活必需品范围的商品和劳务。有的国家低税率又分为两种,一种是特低税率,一种是一般低税率。

此外,增值税还有一个特殊的税率类型即零税率,一般对出口商品和劳务实行零税率。有的国家如英国、爱尔兰把零税率的适用范围扩大到一些生活必需品及一些劳务。下面将继续讨论零税率的作用。

(二)增值税税率制度设计的基本经验

从各国增值税实践看,增值税税率设计有如下几条经验。

1. 税率要少

增值税实行比较成功的国家,增值税税率最多5个,最少1个。税率过多会大大增加征收管理的复杂性。在实行增值税的条件下,不应当过分指望通过差别税率对生产和消费进行限制和鼓励。要达到限制和鼓励的目的,可以征收特种流转税。

2. 基本税率要适度

基本税率的确定既要考虑国家财政需要,也要考虑消费者的负担能力。各国的基本经验是实行税率不高但广泛征收的策略,避免任意扩大免税和实行低税率的范围,这样取得同量财政收入,因税基广,标准税率可以定得低一些。如果免税和低税率范围太大,项目多,为取得同量财政收入,标准税率就不得不定得高一些。这样不仅会加重消费者负担,而且会令免税项目与征税项目之间税负悬殊,还会造成征管困难,因为每一次计算税额时要花更多的时间划分免税商品和征税商品。

3. 高税率和低税率尽量设置在商品销售的最后阶段,即最终进入消费的阶段

增值税法定由消费者负担。在不考虑税负转嫁的前提下,进入最终消费前各个阶段的纳税人都只是代国家收付税款,实际上不负担任何增值税。高税率或低税率的运用影响最终消费者的税收负担,也会间接地影响生产经营者,如对某项商品采用低税率,会鼓励消费,从而间接地起到鼓励生产的作用。一般各国都对生活必需的商品和劳务实行低税率,而对奢侈性商品、劳务实行高税率。但高、低税率设置在哪个环节是很重要的。设置的环节不恰当就起不到预期作用。一般地说,在以下两种情况下才会起调节作用,一是对一个商品全部生产经营环节都实行低税率或高税率;二是对最终进入消费阶段的商品或劳务实行低税率或高税率。高税率或低税率只有作如此设置才对消费者有影响。第一种情况实际上很难实行。例如,面包生产涉及小麦的种植和收获、磨粉、面粉运输、出售、面包生产和出售等很多生产经营环节,而且小麦、面粉用途是多样的,不一定就是用来制造面包。因此,对小麦种植、收获、磨粉、面粉运输、出售等环节实行低税率,不一定就是对面包生产经营的各个环节全部实行低税率。如果硬要实行就得区分从小麦种植起的各个环节,哪些是用来制造面包,哪些是用于别的用途,这在实际上是不可能的。因此,对最终进入消费的阶段实行低税率或高税率是唯一的选择。以下举例说明这一原理。

先研究低税率情况下的法定税收负担变化。假定基本税率为10%,低税率为5%;甲为原材料制造商,乙为半成品制造商,丙为成品制造商,丁为零售商;对该商品的原材料阶段实行低税率5%,其他阶段实行基本税率。各个阶段纳税情况见表9-2-2。

表9-2-2 商品生产和销售环节纳税情况

阶段	税率	销售额	销项税额	进项税额	应纳税额	消费者负担
甲	5%	10 000	500	0	500	—
乙	10%	20 000	2 000	500	1 500	—
丙	10%	30 000	3 000	2 000	1 000	—
丁	10%	40 000	4 000	3 000	1 000	4 000

表9-2-2表明,政府在这4个阶段共收到税款4000货币单位。消费者负担也为4000货币单位,有效税率为10%,因此对原材料生产阶段实行低税率没有意义。把低税率实行的环节后移至乙和丙阶段效果一样。对甲、乙、丙阶段实行高税率同样没有效果,但对丁阶段即最终进入消费的阶段实行高税率或低税率会起

到预期的调节效果。如果丁阶段的税率降为5%,那么消费者负担的税款就不是4000货币单位,而只是2000货币单位,即丁阶段应纳税款 = 40 000×5%–3000 = –1000（货币单位）。丁阶段纳税人可获得1000货币单位的退税,同时只能向消费者收取 2000 货币单位的税款。如果在最后阶段实行高税率,丁阶段税率提至15%,那么丁阶段应纳税款 = 40 000×15%–3000 = 3000（货币单位）,加上以前阶段的3000货币单位,消费者应负担 6000 货币单位税款。

综上所述可以得出这样的结论：在复式税率下,只有最终消费阶段适用的税率才是该商品真正的适用税率,其余中间阶段的税率并无实质性意义。因此,在复式税率下,要提高增值税的公平程度,增强其调节功能,只有把高税率和低税率设置在最终消费阶段才能达到效果。商品、劳务种类很多,许多商品既可作原材料也可作最终消费品,不容易判断最终消费阶段,但可以按产品性质,采取列举的办法,把奢侈品列为高税率商品,把生活必需品列为低税率商品,因为大多数奢侈品和生活必需品是消费品,从而达到把高税率和低税率安排在最终消费阶段的目的。

七、增值税的计算方法

增值税的最大特点在于只按增值额计税或者说进项税额可得到抵扣,这是增值税具有避免重复征税、对企业组织形式的选择保持中性等一系列优点的关键所在。增值税的计算方法可简单地分为两种：一是直接计算方法,就是直接地通过计算增值额算出应纳税额,具体地讲这又可分为税基列举法（tax base enumeration method）和税基扣除法,有不少学者把前者称为直接计算法,而把后者称为间接计算法,鉴于它们都要先计算出增值额然后据以纳税的共同特点,这里把它们归于直接计算方法之列。二是间接计算方法,就是不直接去计算增值额,而是从销售（销项）税金中抵扣进项税额算出应纳税额,这一方法称进项税额抵扣法,也简称扣税法（tax deduction method）。增值税的进项税额抵扣制度就是可抵扣的进项税额的计算方法和相应规则、程序的总称,它是增值税制度中最有特色的部分。为了便于比较分析,从增值税直接计算方法谈起。

（一）增值税的直接计算方法

1. 税基列举法

税基列举法又称加法,就是把征税对象构成增值的诸因素列举并汇集起来作为增值额据以计算应纳税额。其计算公式为

$$本期增值额 = 本期发生的工资 + 利息 + 利润 + 其他增值项目$$

$$应纳税额 = 本期增值额 \times 适用税率$$

这一方法比较符合理论意义上的增值税。国内外都曾在增值税试点过程中采用过这个方法。德国1980年还采用这个方法计算增值税。奥地利也曾使用过这个方法（Cnossen, 1983）。1979年,中国最早在湖北省襄樊市（现已更名为襄阳市）试行增值税时也采用过税基列举法。在不存在适用于增值额核算的专门账户的情况下,这一方法存在严重缺陷,比如增值额的计算涉及许多会计账户,计算工作量很大,容易发生差错；必须在账户结账、会计报表编制出来以后才能计算税款,影响税款及时入库；对兼有免税产品的企业,增值额中有多少是免税产品的增值因素,有多少是征税产品的增值因素,很难划分清楚；加法的税基中还包括一些尚未实现的价值,如工资、利息支出等并非全部在当期发生,这样就在一定程度上违背了就实现的销售收入征税这一流转税的基本原则；在劳动密集型企业,工资所占比重很大,易于被误解为工资税。但是,如果在会计体系里嵌入一个专门适用于核算增值额的账户体系,那么这一方法可适用于难以低成本运行凭发票抵扣进项税额制度的国家或地区。

2. 税基扣除法

税基扣除法又称减法或扣额法,就是从纳税人流转额全值中减除购进的原材料、辅助材料、动力、燃料、零配件、低值易耗品及其他非增值因素,求出增值额据以征税。公式如下：

本期增值额 = 本期应税销售额 - 按规定扣除的非增值项目金额
本期实际应交增值税税额 = 本期增值额 × 适用税率

希腊和美国的密歇根州等国家和地区曾经采用过这个方法。它比前述税基列举法进步的地方在于可以不必等到会计报表编制出来以后再计算增值额和应纳税额，增值额和应纳税额的计算可与纳税人销售及成本费用的核算同时进行，不会影响税款的及时入库。但这一方法的缺点也是十分明显的，主要表现为难以准确计算非增值性项目，不同的人进行计算会有不同的结果，无法体现确实原则，同样容易发生征纳双方的矛盾；在征税、免税产品和不同税率产品之间分摊扣除额在计算上也十分复杂。在中国的增值税实践中，扣额法又分为两种，一种是购进扣额法，一种是实耗扣额法（杨斌，1993）。

购进扣额法，就是从流转额全值中减除购进的法定扣除项目金额作为增值额据以征税。这个计算方法的特点是以当期购进的全部非增值性项目金额作为扣除额，而不管这些扣除项目是否已在实际生产过程中消耗掉。这个办法相对来说计算比较简单，可依据购进项目的发票进行计算，不与成本核算挂钩；从企业整体或长期看，购入项目纯属非增值因素，从流转额全值中扣除后，余额即增值额。但在原材料、零部件购销不均衡情况下，进货时多时少，扣除额时大时小，缴纳的增值税税额也随之时小时大，利润指标就很难反映企业真实的生产经营成果，既造成企业经济成果考核无所依据，又使国家财政收入出现波动。

实耗扣额法可以克服购进扣额法的缺点，因为实耗扣额法下可抵扣的金额以本期实际耗用的扣除项目金额为依据，不管本期购入的扣除项目多少、金额大小，只允许扣除生产或销售过程实际耗用的部分，企业缴纳增值税的多少不受扣除项目购入状况的影响，但这个方法在计算上十分复杂。如果以本期销售的产品耗用的原材料等项目金额为依据计算扣除额，在实际计算中缺少现成的会计核算资料，只能间接推算，计算出来的增值额不准确。如果以完工产品耗用的扣除项目金额为依据计算，反映的是生产过程耗用的扣除项目金额，一般情况下与销售产品实际耗用的扣除项目金额不一致，这造成流转额全值与扣除额在逻辑含义上的差距，使计算出来的增值额可能不完全是已实现的增值额，一定程度上违反流转税的征税规则。

（二）增值税的进项税额抵扣制度

既然直接计算增值额据以征税的方法存在诸多困难，绝大多数国家在推行增值税时采取间接的方法，也就是采用进项税额抵扣法，简称扣税法。其计算公式是应纳增值税额 = 本期应税销售额 × 适用税率 - 本期购入或消耗的法定非增值项目中的已纳税款。简化的计算公式是应纳税额 = 销项税额 - 进项税额。根据进项税额是依据账簿记录计算还是发货票注明的数据计算，扣税法又可分为按账计征的税额抵扣法 [简称账簿法（accounting method）] 和凭购进货物发票注明的税额抵扣法（简称发票法），据此增值税分为按账计征模式和发票模式。

1. 账簿法

就全世界增值税实践看，在增值税计算上依据账簿而不依据发票的国家为数极少。在中国增值税实践中，即 1994 年税制改革前，曾经采用过账簿法。当时，增值税的扣除税额可以按扣除项目的当期购入数计算，也可以按扣除项目的当期耗用数计算。扣除项目包括原材料、外购低值易耗品、外购燃料、外购动力、外购包装物和委托加工费。在实际工作中，习惯上把按扣除项目当期购入数计算扣除税额的办法称为"购进扣税法"（purchase tax deduction method），公式为

$$本期扣除税额 = \sum(本期购进的扣除项目的金额 \times 扣除税率)$$

按扣除项目当期耗用数计算扣除税额的办法即"实耗扣税法"（actual consumption tax deduction method）。实际工作中实耗扣税法具体分为三种，一是按当期投入生产销售过程的扣除项目金额计算的投入实耗扣税法（简称投入法），二是按当期完工应税产品实际耗用的扣除项目和当期销售应税产品过程中耗用的扣除项目的金额计算的产出实耗扣税法（简称产出法），三是按当期销售的应税产品耗用的扣除项目金额计算的销售实耗扣税法（简称销售法）。

2. 发票法

所有欧盟国家都采用凭发票进行税额抵扣的制度即发票法，有的学者称消费型、全面型增值税加发票法为欧盟增值税模式。发票法已为大多数实行增值税的国家所仿效。凭发票进行税额抵扣制度有以下两个要点。

(1) 适合增值税的统一发票制度。适合增值税的发票一般包括税务发票和最后顾客发票两大类。税务发票是主体，记载卖者纳税义务及对已登记买者的允许扣除金额。税务发票只能由增值税纳税人开具并包括下列内容：①发票流水号和开出时间；②开发票的增值税纳税人的姓名及通信地址；③销售商的增值税登记号；④商品或劳务的供应时间，有的国家还要填制商品或劳务的提供地点；⑤销售的商品或劳务的数量与名称；⑥不包括增值税的单位销售价及总金额；⑦增值税适用税率及应纳增值税税额。一张发票中如果包括几项商品或劳务，要求分别填列。既有应税销售又有零税率销售、免税销售时，应将应税销售单独列出，还要说明免税及适用零税率的理由。⑧买方的姓名、通信地址及增值税登记号。

发票一式两份，首联发票由买方持有作为申报扣除进项税额的依据，副联由卖方留存。这里要说明的是增值税登记号。有的国家按税种设置税务登记号，增值税有其专门的登记号系统，一个纳税人一个税务登记号；还有一些发达国家为了便于利用电子计算机对纳税人依法纳税的资料进行交叉检查，设置了一种包括一切税种与纳税人的纳税人认定号（taxpayer identification number，TIN），包括非增值税纳税人。TIN 是识别各个纳税人的一个号码，每个纳税人必有一个唯一的前后一致的 TIN。如果这样，发票上的增值税登记号就相当于 TIN。

除税务发票外，还有一类最后顾客发票。这是一类适用于不进行增值税登记的人的简化发票，不进行增值税登记的人从增值税上讲是最后消费者，此类发票一般只要求填写商品或劳务的价格、应纳增值税、卖方增值税登记号、买方姓名等。不进行增值税登记的人无权开出发票，也无权抵扣进项税额。

(2) 依据发票计算抵扣额。实行全面型加消费型增值税时，增值税抵扣额一般指某个纳税期内纳税人购货发票上注明的增值税税额，即供货方向作为购货方的纳税人收取的增值税税额；如果有进口商品，还要加上纳税人为经营目的进口商品而缴纳的进口环节增值税。如果其中含有税法规定不予抵扣项目的已纳增值税税额，应予以减除。不予抵扣项目主要是一些非经营必需的商品和劳务，如公司经理或雇员享用的膳食供应及购置和使用的住宿设施，向雇员提供的实物报酬、娱乐设施、托儿所，私用商品或劳务、礼品、非营业用机动车等。

如果纳税人的营业活动中不仅有应税项目还有免税项目，那么进项税额要在应税和免税活动之间分摊。可抵扣的进项税额只是其中可归属于应税活动的部分。一般是按两种活动的各自交易额占全部交易额的比例计算要分摊的进项税额。应税交易额的比例 = 应税交易额/全部交易额，可抵扣进项税额 = 全部进项税额×应税交易额的比例。多数国家采用按上年（或估算）比例抵扣、年终结算的办法。

当某一纳税期出现可抵扣的进项税额大于销售税金（即销售额×增值税适用税率＜进项税额）时，其余额一般结转下一纳税期继续抵扣。当企业发生经营困难或偶然事故等特殊困难，而抵扣余额又比较大时，纳税人可申请退税。

总而言之，发票法下进项税额的计算与抵扣主要依据发票，较少直接涉及纳税人的账簿记录。

3. 账簿法和发票法的比较

中国学术界对账簿法多有微词，对发票法则推崇备至，在 1994 年税制改革前多主张实行发票法。笔者在 1993 年出版的《比较税收制度》一书就曾指出这两种抵扣制度各有其适应性，而且利弊各见（杨斌，1993）。以下为完全摘录内容，可为进一步完善中国增值税抵扣制度提供参考。

发票法的优点很多，主要如下。

(1) 计算简单。在计算上，发票法以发票为计算抵扣税额的依据，既解决了传统流转税重复征税问题，又避免了区别什么是增值因素、什么是非增值因素这样一个易于引起争执的问题，也不涉及增值额这个在实际工作中含糊不清、界限不明确的概念。特别是在实行全面型加消费型增值税情况下，基本上所有外购项目（除某些非营业必需的和用于免税活动的商品和劳务外）所含已纳税金均可抵扣，整个抵扣税额的计算依据购货发票，也不涉及扣税项目的认定和数据汇集问题，这样可抵扣进项税额的计算就与成本费用核算分开了。按上年分摊比例计算抵扣，年终结算，也解决了应税交易与免税交易，以及不同税率的交易之间的抵扣额分摊问题。

（2）形成纳税人之间的自动勾稽效应。在实行凭发票抵扣进项税额的制度下，购货者如要抵扣进项税额，就必须出具供货者所开的发票。因此，购货者在购货时一定要向供货者索取发票，否则已纳税款不能扣除，实际上将由购货者补交税款，这将在很大程度上使纳税人之间互相监督，连锁牵制，自动控制通过不开发票而逃税的行为。

发票法并非十全十美，并不能完全解决增值税征管中的所有问题，特别是偷逃税问题。尤其是对不发达国家而言，发票法实行起来困难很大，会大大提高征税成本。从各国增值税实践看，发票法下逃税现象仍然会发生，如果管理不力，可能还会很严重。发票法下增值税逃税方法主要有：不进行登记，特别是个体劳务经营最易从中获益，因为诸如整修花园、修理水管、房屋装修、木工建筑等服务，劳务提供者的购入原材料比重小，不缴增值税比负担进项税额合算；低报销售额，处于零售环节的经营者由于其服务对象不一定要求有发票，低报销售额逃税最不易被审计出来，而需要开出发票的企业主就不易逃税成功，因为购货者发票上注明的增值税抵扣金额会与销货者发票上注明的支付增值税金额不符，有可能被税务审计发现。在多档税率下，由于购进商品和销售商品都要标明相应的税率，纳税报表变得十分复杂，容易发生技术性的错误，同时也增大故意错报的可能性。很明显，经营者可以将高税率产品假报为低税率产品，同样也可通过多报销售的免税或低税部分达到多得退税的目的。因此发票法下应尽量限制税率档次和免税范围。发票法下发生逃税，最典型的途径是虚报抵扣额和出口，多退税。最简单的办法是伪造发票和报关单等可得到抵扣税额的证明文件。特别是新建企业，建立时要购置大量的资本设备和原材料，增值税抵扣额大于销售额不容易被怀疑。此外，发票法的实行要具备一系列条件，只有在增值税普遍征收、最好采用消费型增值税、税率档次少等情况下才能行之有效。要发挥发票法交叉审计的优势，需要建立电子计算机网络系统，设计增值税登记号或TIN，这会大大增加增值税的征税成本。不进行电子计算机管理，发票法交叉审计的优点就无从谈起，像中国这样的大国，购销涉及的空间大、时间长，更是如此。因此，发票法的推行不是一件容易的事情。

相比之下，账簿法的适应性比较强。即使在部分制造业增值税、生产型增值税、没有电子计算机网络系统下也能采用。在这一抵扣制度下，对纳税人而言，其应纳税额的计算是一个独立的过程，与供货商和本企业产品购买者不存在发票上的相互勾稽关系，发票只是作为记账的原始凭证。扣除项目以法律形式加以规定，其可扣除金额有关数据从账户、会计报表中汇集，不必建立电子计算机网络，较为节省直接征税成本。增值税的计算以账簿记录为依据，可抵扣进项税额、销项税额不与发票直接挂钩，纳税人就不可能通过伪造假发票骗取抵扣额，多得退税。税务机关也易于通过对账簿记录的审计，控制纳税人用诸如人为变换不同税率产品的销售额和不同扣除税率的进项税额等办法达到少纳税目的的行为。当然，账簿法的缺点是十分明显的，主要有以下几点。

（1）计算复杂。前面已经指出，账簿法下可抵扣进项税额的有关数据没有直接明确的来源，而要从有关账户、报表中汇集，容易计算错误和引起纳税人与征税人之间的争执。在实行部分制造业增值税和多档次税率制度下，购进项目金额在增值税产品和非增值税产品以及不同税率产品之间进行分摊十分困难，所以计算复杂，很大程度与推行部分制造业增值税、多档次税率制和生产型增值税有关。如果实行消费型加全面型增值税，绝大部分购进项目已纳税额均可得到抵扣，就不必花太多的精力去认定哪些是可抵扣项目，哪些是不可抵扣项目，征纳双方的争执就会比较少；如果精简税率档次，并且实行全面型增值税，那么购进项目的分摊在计算上也就不复杂，因为在大多数情况下，购进项目的分摊只涉及应税产品和免税产品。

（2）缺少纳税人之间自动勾稽机制。既然每一个纳税人的应纳税额的计算都只依据账簿记录，纳税人不会关心购进项目已纳多少税款，有无偷逃税。购买本企业产品的人也不关心本企业就这些产品交了多少税。通过审计某一纳税人的账簿，不容易完全发现其他有关企业的偷逃税行为。纳税人容易通过购销发票"大头小尾"、做假账、设置内外两套账簿等方法逃避纳税义务。在缺少计算机管理网络情况下，由于对纳税人的情况难以做到随时了解,如果对纳税人提交的文件凭证又不进行或难以进行彻底审查,不法分子通过伪造文件凭证达到骗取退税(包括出口退税)目的事件的发生率,账簿法要比发票法高。

(3)那些没有财务会计制度或财务会计制度不健全的纳税人无法采用账簿法。

总之,不存在十全十美的进项税额抵扣制度。增值税推行过程中,有必要密切联系本国国情,对各种办法扬长避短、去弊存利,建立一种发票法和账簿法综合型的进项税额抵扣制度。

八、增值税的免税和零税率

由于增值税制度下进项税额可得到抵扣,在不考虑税负转嫁的情况下税收由消费者支付,增值税的免税就具有不同于其他税种的特殊性,其他税种的免税意味着国家放弃一笔财政收入而给予纳税人的优惠。增值税免税却不是如此,它不一定会给纳税人带来利益,有时反而会给纳税人造成税收负担。科学地制定增值税免税政策是极其重要的,而这只有在对增值税免税有了全面认识之后才能做到。增值税的免税从广义上讲可分为两种类型,一是无抵扣权免税(本书均称之为免税),二是有抵扣权的免税(本书均称之为零税率)。

(一)增值税免税的特殊性及其对税负的影响

增值税的免税指的是对经济实体从事某些特定的生产经营活动所获得的销售收入或报酬,以及某些进口行为不征增值税,同时对该经济实体为生产经营免税项目而购进商品、劳务的已纳增值税不准予抵扣。简言之,增值税的免税是指经济实体或进口商品的任何人既不用缴纳本阶段增值税,也不能抵扣进项税额。

增值税的免税有两种形式,一种是对某些特定的货物和劳务,或者对商品生产经营过程中某一阶段不征增值税。比如,对不动产转让、金融交易不征增值税。在这种免税方式下,如果经济实体还同时进行应税的商品生产经营或劳务提供,就需要将其全部生产经营活动分为应税和免税两大部分,进项税额要在这两部分之间进行分摊。对应税部分允许抵扣归属于这一部分的进项税额,并承担登记、申报、纳税等义务。另一种是对某些行业、企业或机构的经营活动或非营利业务全部免征增值税。这意味着这些行业、企业和机构对其全部业务活动既无抵扣已付增值税的权利,也无作为增值税纳税人登记、申报及纳税等方面的义务。这种形式的免税,具体来讲适用于四种情况:一是某些行业如农业、金融业征收增值税存在管理上的困难,不将其列入增值税体系内;二是非增值税纳税人,它们除应税进口业务外的其他活动完全不在增值税征收范围之内;三是虽属于增值税纳税人,但遇到特殊困难,在增值税方面给予完全免征照顾;四是对未达到起征点的纳税人完全免征增值税,这主要适用于小型经济实体。

由于增值税的免税同时伴随进项税额不能抵扣的情况,因而免税放在生产经营的哪一个阶段,其作用是不同的。以下均假定不考虑税负转嫁,分三种情况分析增值税体系下免税的一般性后果。

1. 制造阶段免税

假定某种商品经过原材料和零配件制造、产品组装、批发、零售四个阶段,增值税税率为10%,进项税额凭发票抵扣,实行价外税体系,每一阶段商品的销售价格不随纳税情况的变化而变化。为了研究方便,均假设甲阶段的进项税额为零。不免税时的销售和征税情况见表9-2-3;假定对乙阶段免税,则增值税征纳情况相应改变,见表9-2-4。

表 9-2-3 不免税时的销售和征税情况

阶段	销售额	进项税额	销项税额	本阶段应纳税额	消费者负担
甲:原材料和零配件制造	10 000	0	1 000	1 000	—
乙:产品组装	20 000	1 000	2 000	1 000	—
丙:批发	30 000	2 000	3 000	1 000	—
丁:零售	40 000	3 000	4 000	1 000	4 000

表 9-2-4 产品组装阶段免税时的销售和征税情况

阶段	销售额	进项税额	销项税额	本阶段应纳税额	消费者负担
甲：原材料和零配件制造	10 000	0	1 000	1 000	—
乙：产品组装	20 000	1 000	0	0	—
丙：批发	30 000	0	3 000	3 000	—
丁：零售	40 000	3 000	4 000	1 000	4 000

从这一例中可以看到：①免税前和免税后，消费者的负担一样，都是 4000 货币单位。②在免税情况下，国家从每个阶段收取的税款达 5000 货币单位，但消费者负担只有 4000 货币单位，多出来的 1000 货币单位被免税的乙阶段经营者负担。这是由于对乙阶段免税，乙阶段纳税人没有纳税义务也无抵扣进项税额的权利，该纳税人不能开出发票向其商品购买者收取已纳增值税。这样乙以前阶段（本例中由于假设甲的进项税额为零，对乙而言，以前阶段已纳税款也就是甲阶段的已纳税款）已纳 1000 货币单位的增值税即进项税额就无法向以后阶段转移，而只能计入成本，在销售价格不变情况下，最终要冲抵利润，也就是由乙阶段纳税人负担这项税款。

2. 批发阶段免税

对丙阶段免税，征纳情况见表 9-2-5。丙阶段纳税人购进货物时支付 2000 货币单位的税款，由于本阶段免税，无权开出发票向下一阶段收取以前阶段已纳税款，这 2000 货币单位的进项税额只好计入成本，由本阶段负担，免税者不仅得不到好处，反而要负担进项增值税额。这一后果如同对乙阶段免税的后果，但负担更重。可见，在最后进入消费阶段前免税，所处的阶段越接近最后的消费阶段，纳税人负担越重。因为在增值税体系下，税款是逐渐向最后消费阶段累积的，不免税时，最后进入消费前的所有阶段所支付的增值税具有代收代付性质，消费者所支付的税款才是实在的支付。

表 9-2-5 批发阶段免税时的销售和征税情况

阶段	销售额	进项税额	销项税额	本阶段应纳税额	消费者负担
甲：原材料和零配件制造	10 000	0	1 000	1 000	—
乙：产品组装	20 000	1 000	2 000	1 000	—
丙：批发	30 000	2 000	0	0	—
丁：零售	40 000	0	4 000	4 000	4 000

3. 零售阶段免税

零售阶段免税即丁阶段免税可产生两种情况，一是不允许丁阶段卖者将已支付的 3000 货币单位的进项税额作为售价的附加向消费者收取，见表 9-2-6。在此种情况下，丁阶段经营者的已支付进项税额得不到抵扣，也不能将其作为销售价的附加向消费者收取，只好计入成本，在销售价格不变情况下，最终要冲抵利润。对消费者而言不负担任何增值税，国家已收取的 3000 货币单位的税款累积到丁阶段，由其经营者负担。

表 9-2-6 零售阶段免税时的销售和征税情况：进项税额不进售价

阶段	销售额	进项税额	销项税额	本阶段应纳税额	消费者负担
甲：原材料和零配件制造	10 000	0	1 000	1 000	—
乙：产品组装	20 000	1 000	2 000	1 000	—
丙：批发	30 000	2 000	3 000	1 000	—
丁：零售	40 000	3 000	0	0	0

另一种情况是，对丁阶段免税，并且允许其将已付进项税额作为商品销售价附加向消费者收取，增值税征纳情况见表 9-2-7。在这种免税方式下，消费者获得该项商品只要支付 40 000 货币单位的价款外加 3000 货币单位的增值税，而免税前总共要支付 44 000 货币单位，消费者实得 1000 货币单位。国家从各个阶段总共收取 3000 货币单位的增值税，恰好等于消费者负担的税额，生产经营各个阶段的纳税人实际都不负担增值税。消费者实得的 1000 货币单位来源于国家财政让渡，即国家通过免税减收 1000 货币单位。这体现国家的优惠政策。此种免税方式比较合理，因为它既起到鼓励消费的作用，又不违反增值税由消费者负担的原则。

表 9-2-7　零售阶段免税时的销售和征税情况：进项税额进售价

阶段	销售额	进项税额	销项税额	本阶段应纳税额	消费者负担
甲：原材料和零配件制造	10 000	0	1 000	1 000	—
乙：产品组装	20 000	1 000	2 000	1 000	—
丙：批发	30 000	2 000	3 000	1 000	—
丁：零售	40 000	3 000	0	0	3 000

以上分析均以商品或劳务的销售价格不变为前提条件。实际生活中，销售价格可随着供求状况的变化而变化。在商品或劳务价格可变情况下，免税造成的税负归宿呈现复杂的情况。免税阶段的经济实体虽然不能抵扣进项税额，但可通过商品或劳务购销价格的调整把进项税额转嫁出去。转嫁的可能性和程度取决于所购销商品或劳务的供求弹性。购进商品或劳务的供给弹性小或需求弹性大，免税阶段的经营者就容易将进项税额后转，否则就相反。销售商品或劳务的供给弹性大或需求弹性小，免税阶段的经营者就容易将进项税额前转，否则就相反。但显而易见，在市场供求状况有利于某一经营者时，不免税比免税对其更为有利，因为此时就不必通过压低购进商品或劳务价格或提高销售商品或劳务价格等途径获得的超额利润抵补得不到抵扣的进项税额。总而言之，在增值税体系下，免税不一定为其接受者带来利益。免税项目应尽量减少，以利于提高增值税的征管效率。税法一般还要允许经济实体在某些条件下放弃免税权而选择纳税。

（二）增值税的零税率

增值税零税率的含义是对经济实体免征增值税并且允许他们抵扣进项税额。也就是说，获得零税率优惠的经济实体不仅不需要缴纳本阶段原应缴税款，而且可以抵扣已支付的以前阶段的增值税。扣税法下，增值税的一般计算公式是应纳税额 = 税基×税率−进项税额。当增值税税率为零时，应纳税额 = 0−进项税额。应纳税额为负数，这是可获得退税的数额。与免税相比，零税率使享受这一待遇的纳税人不负担任何税收，已支付的进项税款可由退税获得补偿，使零税率商品和劳务价格中不含任何增值税。为了达到这一目的，从事零税率商品和劳务交易的经济实体应作为纳税人，相应地承担登记、申报、计算税额的义务。

增值税的零税率一般适用于出口商品和劳务。实行零税率的作用在于避免对出口产品双重征税。出口商品或劳务的最终消费者是进口国的购买者，进口国要对这类购买者征税。如果对出口不实行零税率，势必造成双重征税。同时零税率也是促进国际贸易发展的一项重要措施。零税率不仅免除最后出口阶段的增值税，而且通过退税使出口商品或劳务不含有任何税收。以不含税价格进入国际市场，会提高本国产品的竞争能力。当然在征收其他流转税时，也可以实行出口退税，但难以做到准确退税。

除对出口商品实行零税率外，多数国家（如奥地利、比利时、芬兰、法国、德国、意大利、波兰等）对社区内和国际运输实行零税率；部分国家（如马耳他、瑞典、爱尔兰）对大多数食品、药物实行零税率；部分国家（如格鲁吉亚、挪威、英国）对书籍、电子书、杂志、报纸等实行零税率。

对最终进入消费阶段的商品实行零税率,就是使这些商品的消费者不支付任何增值税,经营这些零税率商品的经济实体其已支付进项税额可得到退税补偿,其效果是十分明显的。如表9-2-8所示,对最终进入消费的丁阶段实行零税率,就使购买零税率商品的消费者不负担任何增值税,具有鼓励消费这些商品的作用,对丁阶段的纳税人而言,其已支付3000货币单位的进项税额,由国家通过退税方式返还。在各国税收实践中,零税率一般在最终进入消费和出口阶段时采用,对其他阶段一般不采用,这是有一定道理的。因为在实行发票注明税款进行抵扣的增值税制度下,存在追补效应,出口或最终进入消费以前各阶段实行零税率,对消费者的税收负担没有影响。

表9-2-8 零售阶段实施零税率时的销售和征税情况

阶段	销售额	进项税额	销项税额	本阶段应纳税额	消费者负担
甲:原材料和零配件制造	10 000	0	1 000	1 000	—
乙:产品组装	20 000	1 000	2 000	1 000	—
丙:批发	30 000	2 000	3 000	1 000	—
丁:零售	40 000	3 000	0	−3 000	0

假定对乙阶段实行零税率,征纳情况见表9-2-9,乙阶段纳税人获得1000货币单位的退税,以补偿其已支付的进项税额。但对乙阶段产品的购买者即丙阶段厂商而言,其购入的商品是无税商品,没有进项税额可抵扣,在销售价格不变的情况下,其应纳税额增加,从原来的1000货币单位增加到3000货币单位,这意味着在甲、乙阶段放弃的税收,累积到丙阶段被补征回去,从整体上看,国家仍获得4000货币单位的税款,与消费者支付的增值税等值。可见,在出口或最终进入消费以前的阶段实行零税率实际意义不大。因此,实行增值税的国家通常只对出口商品和最终消费品实行零税率。

表9-2-9 产品组装阶段实施零税率时的销售和征税情况

阶段	销售额	进项税额	销项税额	本阶段应纳税额	消费者负担
甲:原材料和零配件制造	10 000	0	1 000	1 000	—
乙:产品组装	20 000	1 000	0	−1 000	—
丙:批发	30 000	0	3 000	3 000	—
丁:零售	40 000	3 000	4 000	1 000	4 000

第三节 中国现行增值税的制度设计

一、中国现行增值税的特点和存在的主要问题

(一)中国现行增值税的特点

1979年,中国开始在部分城市试行生产型增值税。在1994年的税制改革中,确立了增值税在流转税中的主体地位,进一步完善了增值税制度。2008年,全面实施增值税改革,将生产型增值税逐步转变为消费型增值税。2012年,在上海试点实施营业税改征增值税(简称"营改增")。2016年,"营改增"的试点推广到全国。经过四十多年的不断改革发展,特别是经过"营改增",中国现行的增值税与欧洲发达国家的增值税相比较形成了显著特点,体现了中国模式。

1. 抵扣型增值税和全值型流转税、计算型增值税混合型

中国目前对除了小规模纳税人以外的所有纳税人实行凭发票抵扣进项税额制度,可称之为抵扣型增值

税。对小规模纳税人实际上实行的是全值流转税征收方法，其进项税额不可抵扣。因此小规模纳税人的"增值税"本质上不是增值税，而是全值流转税。按一般纳税人对待的不少经营领域（特别是原征收营业税的领域），除了采用标准化的进项税额抵扣办法外，还采用计算增值额（即按差额计税）办法和全值流转额课税办法。例如金融业，发生与工商企业相同交易行为（如建设或购买租赁房屋、购买机器设备、买卖黄金贵金属等）可以抵扣合法抵扣凭证（增值税专用发票、海关进口增值税专用缴款书等）上注明的购进货物进项税额，但金融业主要进项（如银行业收储的存款、保险业收取的保费）的税额无法确定也无法获得专用发票，不得抵扣。征税时又分为两种情况，一种是对金融商品转让、融资租赁和融资性售后回租业务实行按收付款差额（即增值额）计税，可称之为计算型增值税计税办法；另一种是对贷款服务、直接金融收费服务按收入额全值计税，与此直接相关的进项税额因无法确定或无法获得增值税专用发票，不存在进项税额抵扣事项，因此实际上按流转额全值课税，本质上是将原来营业税征税规则嵌入增值税制度中。这种混合型增值税，虽然仍存在一些不够公平的问题，但解决了将金融业纳入增值税的世界性难题，毕竟金融业能取得增值税专用发票的进项税额都可以得到抵扣，这比不将金融业纳入增值税体系以及单独课征营业税都更加合理。

2. 专用发票抵扣法

中国实施了一种基于统一模板的增值税专用发票制度，该发票用以明确注记可抵扣的税款，以便企业能够扣除在购进投入品时已缴纳的税款，并依此流程办理出口商品的退税事宜。此外，还构建了一套覆盖所有一般纳税人的增值税征管信息系统，该系统利用计算机网络技术，对增值税专用发票的开具、认证、交叉核查以及协助调查等环节进行了全面集成和自动化处理，极大地压缩了增值税偷逃税行为的操作空间，这比西方发达国家普遍实行的非统一模板发票抵扣进项税额的制度，更加精细健全。

3. 实行多档税率

"营改增"前，增值税实行基本税率17%，低税率13%，"营改增"试点过程中增加了11%、6%两档低税率，2017年7月起增值税税率四档变三档，调整为17%、11%和6%三档，2018年5月起增值税税率下调一个点，税率为16%、10%和6%。随后为了进一步落实减税降费政策，又调整了增值税税率。2019年4月起，一般纳税人的普通税率为13%，适用于规定了特别税率以外的销售货物、劳务和有形动产租赁服务；低税率有两档即9%和6%适用于特别规定的领域；出口货物继续实行零税率。此外，对小规模纳税人也规定了多档征收率。一般征收率为3%，销售不动产、某些涉及人力资源劳务的征收率为5%，个人出租住房减按1.5%，一定期限销售二手车减按0.5%，出口货物和符合条件的跨境服务免税。这样的税率设计，虽然存在档次过多等问题（下文将仔细讨论），但照顾了原有税制的政策及其形成的利益格局，使税制改革的阻力最小化。具备上述显著特点的中国增值税，尽管尚有改进之处，但毕竟在中国这样的大国实现了增值税对所有行业的全覆盖，解决了增值税和营业税分别征收的诸多问题，使增值税不会阻碍专业化分工合作的优点得到最大限度的发挥，同时使全值流转税的缺点得到最大限度的克服。

（二）中国现行增值税的主要问题

经过四十多年的不懈努力和"营改增"阶段的系统综合一体推进，中国增值税改革取得巨大成功并积累了丰富经验，但在制度设计的某些方面，还存在一些需要进一步完善的事项，特别是某些违背增值税基本原理的事项需要改正。概括起来，现行增值税存在的主要问题包括：税率档次太多和减免税政策过于繁杂问题、小规模纳税人问题、农民减免税和农产品收购单位税收抵扣问题等。

1. 税率档次太多和减免税政策过于繁杂问题

当前增值税税率档次过多，一般纳税人适用13%、9%、6%三档税率，小规模纳税人适用3%、1%、5%、1.5%、2%、0.5%六档征收率（包含减征政策）。税率档次过多，必定造成有关适用税率的法律条款过于复杂，适用规则界限不清，这为斟酌使用规则提供了可能性，也影响增值税进项税额抵扣链条的完整，不符合增值税实行进项税额抵扣制度下免税（或低税率）不一定会给纳税人带来好处的基本原理。

当前增值税减免税政策内容过多过杂。具体而言，第一，增值税减免税政策制定被动应对，没有基于增值税基本原理。表现为条文繁杂，长期政策与临时政策并存，针对对象广泛、变动频繁。有针对涉农（包括农业、农村）、不发达地区开发，有针对残疾人、无偿援助、捐赠、非盈利行为，有针对计划生育用品，有针对国家助学贷款、国债、地方政府债等以政府为主体的金融行为，有涉及使用过的物品、古旧图书等，有针对教育科技研发，有涉及高科技产业、国家重点发展产业，有针对环境保护相关领域，有针对特定时期国家鼓励创新、就业和小微企业等。诸多减免税政策在制定时并未充分考虑增值税的基本原理及其潜在政策效应，采用一种被动应对的政策制定思维方式。

第二，增值税减税免税政策方式多样复杂，包括直接的免税，退税（即征即退、先征后退、全额退税），特殊方式的减税（如定额扣减、进项税额加计抵减、留抵退税、分期纳税等），概念多种、计算复杂。

第三，有些增值税减免政策标准苛刻、过于细致，导致遵从成本过大。以销售自产资源综合利用产品和提供相关劳务的即征即退政策为例，其退税率分为五个档次（100%、90%、70%、50%、30%），档次繁多，政策意图表达不够清晰。此外，政策对条件的限制复杂且多样，对原料使用比例的要求过于严格，如有的产品要求使用原废弃资源作为原料的比例达到100%或特定比例（如95%、90%、85%、80%、70%、30%、25%）。有些技术标准限制是合理必要的，如对生活垃圾、废水、废气进行处理或处理后再排放要符合国家环保标准，但过度技术化不利于纳税人遵从和征税管理，不符合税制设计简明扼要的原则。特别对处于非最终消费环节减税免税，违背了增值税对进入最终消费环节前的所有环节采取减税免税不仅不会使纳税人获得优惠，而且还会增加其负担的原理。

2. 小规模纳税人问题

当前中国增值税中的小规模纳税人设置，存在两个问题。第一个问题是一刀切对所有小规模纳税人均按征收率3%征税，造成小规模纳税人负担加重，且不同阶段企业的税收负担失衡。采取这种简易征税办法，即使对处于最终消费环节的纳税人（如餐饮、便利店、生活服务业等）也存在问题，它们面向消费者不能开出增值税专用发票，不能抵扣进项税额，按3%低税率征税，看上去得到优惠，但实际仍然要支付进项税额，不如按常规税率征税，进项税额可以抵扣更有利。对处于非最终消费环节的纳税人（如众多的小规模加工企业、批发企业等），征收3%的全值流转税，会造成双重负担，一是本来只起增值税代付代收职责的纳税人却要承担3%的全值税，二是无法抵扣的进项税收。有学者研究表明尽管对小规模纳税人的征收率只有3%，但由于其进项税额无法抵扣，实际税负仍然高于一般纳税人（马海涛和和立道，2011）。近年，国家采取在一定期限内提高增值税起征点的办法对越来越多的小规模企业免征增值税，但因为其进项税额不能抵扣，问题仍然存在。

第二个问题是"一税两制"造成抵扣链条中断。"一税两制"即在一个统一的增值税体制里一般纳税人和小规模纳税人身份不同、待遇不同。一般纳税人按标准的增值税规则课税，进项税额可以得到抵扣，通过抵扣链条，增值税层层转到由最终消费环节的消费者支付；另一部分纳税人即小规模纳税人对流转额全值按3%税率课税，进项税额不能抵扣，一般纳税人与小规模纳税人之间的交易、小规模纳税人相互之间的交易，其抵扣链条中断。不论是一般纳税人还是小规模纳税人，其从小规模纳税人购入的进项很难通过专用发票进行正常的抵扣，要么得不到抵扣，要么必须采用特殊的办法，如认可专用发票以外凭据作为进项税额抵扣依据，这均产生抵扣链条中断或管理漏洞。

3. 农民减免税和农产品收购单位税收抵扣问题

中国规定农业生产者销售的自产农业产品免征增值税，同时不予抵扣进项税额抵，也没有给予进项税额补偿的制度，因此农民不能抵扣购进投入品中的进项税额，从而造成了税收负担的增加。

根据当前中国的增值税政策，农业生产者的自产农产品免征增值税，但农产品采购商可依据农产品收购凭证，将一定比率的收购金额作为进项税额进行抵扣。按欧洲标准增值税的规则，农业生产者在销售农产品时同样无须缴纳增值税，但可以将投入品中包含的增值税，通过按照法律规定的统一加价比例，向农产品采购商收取补偿金（即统一比率补偿）。在农民仍然为个体经营者，缺乏通过代表进行有效及时的利益表达机制，而采购商多为公司的社会环境下，即使有规定给予农民补偿，也往往由于农民处于弱势而不能得到落实。

二、中国增值税的进一步改革和完善

进一步改革完善中国增值税既要充分吸收各国增值税发展的成功做法，更要牢记中国自己四十多年增值税改革的经验，以促进经济高质量发展和激励公平竞争为出发点，遵循增值税基本原理，解决原理性缺陷，创造更加完善的增值税中国模式。未来增值税制度的进一步完善要按照增值税基本原理，致力于减少税率档次，推行单一税率制度，最多再设置一个低税率；减免税政策只能放在最终消费环节，重点针对社会公德等长期、普遍事项，绝不能跟着其他政策走，避免为贯彻落实其他政策而被动设置增值税政策的立策思路；构建"负增值税"补偿机制和农产品加价补偿机制，对小规模纳税人和农民无法抵扣的进项税额进行补偿。具体解决方案如下。

1. 税率和减免税政策问题解决方案

根据增值税基本原理，在复式税率下，要提高增值税的公平程度，增强其调节功能，只有把低税率和高税率设置在最终消费阶段才能达到效果。当前，中国的增值税税率分为多个档次，不同行业和商品适用不同的税率。这种复杂的税率体系不仅增加了企业的税收遵从成本，也给税收征管工作带来挑战。因此，未来增值税制度的进一步完善要按照增值税基本原理，致力于减少税率档次，推行单一税率制度，最多再设置一个低税率和高税率，低税率和高税率要设置在最终消费环节。另外，对税收优惠政策进行全面清理和规范，保留必要的针对商品最终消费环节的优惠政策，同时清理对中间生产与流通环节的优惠政策。此外，所有的减免税政策要按照增值税原理和税收征管的自身规律制定，尽量简单明确。

2. 小规模纳税人问题解决方案

解决小规模纳税人问题，首先不能简单借鉴西方发达国家和地区特别是欧盟的做法，把起征点以下的所有小业主排除在增值税体系之外，起征点以上所有纳税人不存在身份和待遇差异，实际上就是对起征点以下的小规模业主统统免税，不纳入增值税体系，也不征收其他流转税。这一办法虽然解决了征管复杂的问题，但一方面仍然没有解决小规模业主因为免税而导致进项税额不能抵扣的问题，也不能解决抵扣链条中断的问题。另一方面，对小规模业主一律免税，在中国这样的发展不平衡的大国，会造成财政收入不均衡，即加工产业多的地方，得到的增值税多（表现为得不到抵扣的小业主进项税额由当地政府获得），而加工业不发达，处于最终消费环节产业多的地方（即消费地）的消费者要隐形地负担比常规更多的增值税（表现为负担了最终消费环节以前环节的进项税收），但当地政府却因对这些小业主免税而得不到增值税，对地方政府特别是不发达地方政府造成财政影响。

其次，也不能简单地将所有小规模业主作为一般纳税人。为保证增值税抵扣链条不中断、减轻小规模纳税人负担，应当将小规模纳税人纳入标准的增值税体系，即按标准税率课税并允许其抵扣进项税额。但小规模纳税人无法建立和维护规范的会计制度，难以规范运作发票抵扣机制，若将小规模纳税人都当成一般纳税人对待，必将大大增加税收征管成本，降低税收效率。

在面临上述两难局面的情况下，对小规模纳税人存在的问题，只能通过坚持中国特色和采取两害相权取其轻的思维寻求解决方案。其一，在坚持"一税两制"中国方案的基础上，不断提高而不是降低小规模纳税人的标准，鼓励有条件的小规模纳税人通过服务外包办法（即委托会计师事务所）建立财务会计制度，获得使用增值税专用发票的资格，按标准税率常规纳税并进行进项税额抵扣。其二，对继续按简易办法征税的小规模纳税人，采取多种方式对其进项税额给予补偿。对小规模纳税人进行分类，并分类处理。对列入中间阶段的小规模纳税人，可凭其获得的投入品增值税专用发票，就其已支付的增值税进项税额给予定额抵退，即从应纳增值税中抵扣，当期抵扣不足的可顺延抵扣，一定时期仍抵扣不完的给予退税；对处于最终消费阶段的小规模纳税人，按常规的征收率征税，进项税额不予抵扣，将进项税额和按征收率缴纳的税收作为加价由消费者负担；对一定时间里由于经济下行存在经营困难需要扶植的小规模纳税人采用"负增值税"办法，在免税的同时根据以往年度的纳税情况，按3~5年平均纳税额乘以一个固定比率，给予进项税额补偿，与所得税联动，允许在所得税前扣除负增值税额，如果当年纳税人没有盈利，可递延到来年抵扣，可规定最长的抵扣期。其结果就是要使小规模纳税人处于平等的竞争环境。该机制借鉴了增值税留抵退税的理念，即在经济增长良好时期，累积小规模纳税人作出的税收贡献，以便在经济下行压力增大的时候，通过负增值税的补助形式，对小规模纳税人无法抵扣的进项税额进行补偿。当然，补偿力度的确定应基于对财政承受能力进行科学评估并适时调整。这种负增值税即"减免+补偿"的政策组合，旨在全面扶持小规模企业的发展，促进就业稳定和社会安全。

3. 农民减免税和农产品收购单位税收抵扣的问题及解决方案

鉴于农民人数众多，知识程度高低不一，农民在合理运用发票、根据相关账簿记录进行税务申报方面面临诸多挑战。在不具备条件将农民全部纳入增值税征收范围的情况下，本书建议参照欧盟的税收制度经验，构建农产品加价补偿机制。此方案具有创新性和探索性，其核心目的在于解决免税政策下，农民在购买生产资料时支付的增值税难以抵扣的问题。具体而言，补偿金将与农产品销售收入挂钩，并按一定比率计算；补偿金由农产品采购商支付，可以作为进项税额予以抵扣。当然，在设计补偿率时，还需精确评估农民所承担的无法抵扣进项税额规模，以防造成过度补偿。在确定适用于中国农业的平均补偿比率之后，可以借鉴欧盟的做法，针对不同类型的农产品实施差异化的补偿比率。具体而言，可以根据农业投入品价值与产值之比来确定各农产品的补偿率，其中，投入品价值占比高的农产品，其补偿率可适当提高；反之，则相应降低。通过这种差异化的补偿率机制，可以更有效地对农民进行补偿，保障其税收负担处于合理且公平的范围内。

金融业增值税也是未来增值税进一步完善的重点和难点，有关金融业征收增值税问题比较复杂，将在下文结合中国式增值税制度设计对金融业增值税改革完善进行讨论。

三、中国式增值税的制度设计：以金融业为例

一定模式的增值税必须建立在相应的社会经济文化系统之上，如果社会经济文化系统与该制度不相容，那么即使制度规定得很理想，其在具体实行中必然会在很大程度上走样。因此，在进行增值税制度设计时一定要从具体国情出发，充分考虑社会经济文化环境因素。中国增值税的发展方向必须建立在中国的基本国情、现实文化背景之上，并且与税务机关的征管能力相适应，最终形成一个有中国特色的增值税制度体系。考虑到中国的金融业相比西方发达国家而言具有明显的特殊性，虽然金融业纳入营改增，但仍存在不完善之处。因此，接下来我们以金融业为例，探讨中国式增值税的制度设计。

如何对金融业征收增值税是一个世界性难题，也是中国营改增面临的最大难题之一。理论上讲，金融业应当像其他产业一样缴纳增值税并抵扣进项税额，向金融服务对象开出增值税发票，使金融业与其他产业一样只是增值税的代收代付者，获得金融服务的纳税人能够抵扣其在金融保险服务上支付的增值税，增值税最终均落到消费者身上，实现增值税环环相扣的理想状态。但在实际运行中，金融业的销项和进项都有其特殊性，难以按适用于工商企业的一般规则来确定其销项税额和进项税额。如何对金融业课征标准增值税一直是世界性难题，国内国外争论不断、莫衷一是。

（一）国际上有关金融业应否征收标准增值税[①]的争论和不同实践

直到目前，包括欧盟在内绝大多数实行增值税的国家或地区，都把金融业排除在增值税体系之外。欧盟采用免税的办法进行处理。这是因为将金融业纳入增值税范围，在征管上存在不可行性，对金融业无法按照适用于一般行业的规则计算销项和进项税额，并推行凭发票抵扣进项税额的方法。爱伦·A.泰特对此作了总结性和代表性的阐述，指出对金融业这个行业，"并不存在一个令人完全满意的既课征增值税又允许客户抵扣税款的方法。要精确地计算金融行业的增值，即使以年度为基础也是很困难的"。后来又有Gruber和Mackie（2000）等学者论证了同样问题。

一些国家在实践上对在金融保险业推行增值税作了许多研究和尝试。以色列（VALUE ADDED TAX LAW 5736-1975）[②]采用"加法"把金融保险业的工资薪金、利润等增值额相加，然后乘以税率，计算应纳增值税。这一做法使金融保险业被公平对待，但实际上仍然是一个单独的税种，并没有进入标准增值税体系，从而无法实现抵扣链条普及全行业的理想型增值税目标。加拿大财政部白皮书（1987年）中曾经提出使用"扣除法"的设想，即从金融服务业的销售收入中减去金融服务的成本来计算应缴纳的增值税，但是该办法对不同抵扣项的处理同样过于复杂，如需要考虑坏账、出口退税、股权投资如何减免等因素，其他方面的缺点与"加法"接近，最终加拿大财政部放弃了应用该方法的意图。德国、法国等27个国家（OECD，1998；Merrill，2011）允许企业来选择是否缴纳增值税（option to tax）。在实务中，德国允许所有的金融服务都纳入增值税体系，法国只允许部分金融服务纳入增值税体系。但实际上，这一种方法由于纳税成本高以及进项抵扣不足等多方面原因没有被企业所接受。新西兰从2005年开始在征收商品与服务税（goods and services tax，GST）时不再对金融服务全部免税，对向私人提供的金融服务部分继续实行免税，但对符合一定条件的商业用途（business to business）的金融服务实行零税率，该项金融服务的进项税额可得到抵扣。这意味着金融机构要确认每一笔收入是否符合实行零税率的要求，还需要将进项税收在符合条件的交易和不符合条件的交易间不断地进行划分，可以想象其征收管理上的复杂性。此外，新西兰国家小，金融业集中，目前有27家注册银行，其中4家最大银行占业务量85%[③]，其做法难以借鉴。在当今推行增值税的国家里，对金融业采用免税的办法占统治地位（Edgar，2001）。

然而对金融业免税是否合理一直争论不休。Chia和Whalley（1999）运用一般均衡理论进行分析，把金融服务看作人们的跨期交易行为，认为对金融业免税是合理的，征税反而会增加交易成本，造成福利的损失。Grubert和Mackie（2000）认为大量的金融服务是用于投资而不是消费，如果对其征税会扭曲消费者在当期和未来消费，引起经济效率损失，因此金融服务业不应征税。Chisari等（2013）利用可计算一般均衡（computable general equilibrium，CGE）模型计算比利时的数据，认为是否应该将金融业纳入增值税应根据国家情况而定，在金融的国际流动性较差的国家中，征收增值税，由于其再分配效应是逆向的，会引起福利损失。

一些学者认为对金融业免税不符合税收正义原则，Poddar（2003）认为，如果增值税要免税，只能对低收入群体消费品以及教育、医疗等有益品免税，以便减少增值税累退程度。不少学者将目前大部分国家对金融业实施免税都看作一种过渡方案。Rousslang（2002）主张金融商品不仅应课增值税，并且它的税率要与其他消费品相同。Auerbach和Gordon（2002）提出由于增值税是对最终消费的税收，所以可以看作所得税的一种形式，即每一增值税率都可以看作对应的所得税税率，为保持对应的所得税基准下的有效资源配置，所有实物商品的相对价格应该是不变的，所有的商品都应该征税，并且应该对所有的

[①] 标准的增值税包括凭发票抵扣进项税额、单一税率或接近单一税率（税率不多于3个，除了标准税率外还有一个高税率一个低税率）、消费型。
[②] https://www.icnl.org/wp-content/uploads/Israel_vat1975.pdf.
[③] https://www.rbnz.govt.nz/financial-stability/about-the-new-zealand-financial-system/the-banking-sector.

实物商品采用一致的税率。Boadway 和 Keen（2003）认为金融业是否应该征收增值税，要看其用途。对于个人消费应该征税，但可以制定比其他商品更低的税率；商业用途的金融服务不应该征税。还有学者认为零税率与征收标准增值税的效果是一样的，所以对金融业征收零税率优于标准的增值税。Huizinga（2002）认为应该对用于商业用途的金融服务实施零税率，因为金融监管部门越来越多地让金融企业加强对客户的识别，客观上形成了对商业客户实施零税率的条件。但上述理论研究均忽略了征收管理的困难或征管成本的增加。

在寻找合适的征收管理方法方面，也有一些成果和文献。现金流量法是欧盟长期研究的一套方案（Merrill and Adrion，1995）。现金流量法将现金流入看作销项进行课税，现金流出看作增值税进项进行抵扣，Boadway 和 Keen（2003）在论文中给出了一个简单的例子。假设银行发生一笔 1000 元的贷款，贷款利率为 15%，存款利率为 5%，增值税率为 10%。当存款 1000 元存入时，认定为现金流入，缴纳 100 元的增值税；当贷款 1000 元贷出时，认定为现金流出，抵消了 100 元的增值税。当贷款回笼时为现金流入，银行收入 1150 元，需缴纳 115 的增值税。当存款被取出时为现金流出，银行支付 1050 元，获得 105 元的增值税抵扣。银行最终缴纳的增值税为 10 元，正好是利息净收入的 10%。虽然现金流量法能够实现对增值额课税，但是存在明显缺陷，首先是按现金流量计算销项税额并课税，会使金融企业大量流动资金被课税，因为现金流入发生次数、流入量与流出次数、流出量不匹配，无论是按年还是按月课税，只要流入量或次数大于流出量或次数，均存在抵扣不充分、不及时，导致课税要占用金融企业的流动资金的问题。其次，按现金流进和流出计算税额，由于次数过于频繁，会增加企业奉行成本。最后，现金流量法无法使用凭发票抵扣进项税额的制度，仍然使增值税抵扣链条中断。为弥补现金流量法的不足，Poddar（2003）提出税额计算账户（tax calculation account，TCA）方法。这是现金流量法的完善方案，它将现金流入和流出归集在一个账户，在业务完成的期末汇总计算出应缴税额，从而避免对企业流动资金的占用。但 TCA 办法也极度复杂，无法解决征管成本和奉行成本增加问题，也仍然不能解决抵扣链条中断问题，这样的增值税仍然无法进入标准增值税的体系。综合各方面意见，欧盟认为目前免税是唯一现实可行的方法。Laferia 和 Walpole（2009）对比了澳大利亚的 GST 体系和欧盟的增值税体系，认为澳大利亚的 GST 对金融业的部分抵扣模式是对欧盟金融业免税模式的改良，但是这种改进仍然导致了很多新的问题，改进的效果也无从评价。[①]

（二）国内学界对金融业纳入增值税征收范围的主流观点及其分析

理论界对于金融业纳入增值税征收范围进行深入讨论，主要包括两种观点：一种是借鉴欧盟的做法，在营改增之后对金融业免税；另一种是对金融业征收标准型增值税，将其纳入增值税抵扣链条当中。但由于中国特有的国情和文化，从制度的可行性等方面来看，上述两种观点均需商榷，必须基于中国国情提出创新性解决方案，为完善金融业营改增提供参考。

1. 对金融业免税的不可行性

有一种观点认为，金融业纳入增值税征收范围应该借鉴国际经验，像欧盟那样对大部分金融业务免税，并认为免税不但能够降低金融业的税负、促进金融业的发展，而且在改革实践中面临的奉行成本较小，比较容易推行。但是，增值税的免税与其他税种的免税不同，它不一定会给纳税人带来利益，有时反而会给纳税人造成税收负担。

根据增值税原理，增值税的免税可以分为无抵扣权免税、有抵扣权免税两种类型。同时，金融服务的消费者（为了与一般意义并处于最终环节的消费者区别，以下称金融服务接受者）可以分为增值税纳税人（如下游企业）和非增值税纳税人（如个人）。此处，我们仅仅考虑金融服务接受者为企业的情况。假定对

[①] 有关新西兰和澳大利亚推行金融业增值税的讨论，参见艾伦·申克等著，熊伟等译，《增值税比较研究》，商务印书馆，2018 年版，第 419 页至 423 页。

金融业征收标准型增值税,即实行凭发票抵扣进项的制度,所有行业均征收增值税且处于环环相扣的理想状态;再假定不存在税负转嫁,那么比较两种方式免税与不免税的情况,见表9-3-1。其中:IT1为金融企业进项税额,表明到金融服务提供环节前全部增值税负担额;ST1为金融企业销项税额;ST2为金融服务接受者的销项税额,一般情况下表明到本环节为止金融服务接受者负担全部金融服务增值税,也是政府实际收取的金融服务增值税总额。

表9-3-1 金融业不免税与免税的比较

类型	金融机构进项税额	金融机构销项税额	金融机构实际负担的增值税	金融服务接受者的进项税额	金融服务接受者的销项税额
不免税	IT1	ST1	0	ST1	ST2
无抵扣权免税（免税）	IT1	0	IT1	0	ST2
有抵扣权免税（零税率）	IT1	0	−IT1	IT1	ST2

在不免税的情况下,假定可在金融业推行凭发票抵扣进项税额的制度并且不存在税负转嫁,那么金融机构需缴纳销项税额减进项税额即ST1−IT1的增值税,但由于其可通过开出增值税发票向下游金融服务接受者收取增值税,实际负担为零,到金融服务消费环节为止政府获得增值税为ST2。

在无抵扣权免税的情况下,金融机构虽然不用缴纳增值税,但是由于不能抵扣进项税额,也不能向其服务接受者开出发票收取增值税,金融机构实际上承担了相等于进项税额的增值税税负即IT1。如果金融服务接受者是企业,将产生追缴效应,因不能从金融机构获得增值税发票,无进项税额抵扣,使其必须缴纳全部销项税额即表中ST2,即政府获得的增值税数额不变。

在有抵扣权免税的情况下,金融机构销项税额为零,但可抵扣进项税额,应纳税额为负数,其绝对值等于进项税额IT1。实务中有两种处理办法。第一种是由政府直接退税;第二种是允许金融机构开出增值税发票,向其服务对象收取进项税额IT1,如此下游企业实际缴纳的税款为ST2−IT1,这也是到金融服务消费环节为止政府实际收取的增值税,其数额对比不免税和无抵扣权免税情况下少了IT1。因此,如果实行有抵扣权的免税即零税率对金融机构最有利。

在近年来的国际增值税税制实践中,为了弥补对金融业免税的政策的缺陷,欧盟也提出了给予商用金融服务有抵扣权免税的解决办法,即"商用金融服务零税率"(zero-rating business-use of financial services)的改革方案。对商用金融服务实施零税率,对民用金融服务在现金流量法(cash-flow method)的框架下正常征收增值税。这一方案虽然解决了金融消费者是个人时零税率导致的国家税收流失问题,但是其最大的问题在于导致同一金融商品对增值税纳税人的价格低于对非增值税纳税人的价格,这种同一产品的价格差异极易导致非增值税纳税人冒充增值税纳税人进行金融交易的市场投机行为。这一现象必将扭曲经济效率,并且提高金融机构在确认消费者类别时所花费的鉴别成本。但是,由于欧盟国家社会诚信度较高,而且金融机构一贯对企业客户和个人客户有着严格的区分,税基侵蚀和利润转移计划的实施也敦促其进一步了解客户资料,因此非增值税纳税人冒充增值税纳税人的现象在欧盟能够得到有效控制,"商用金融服务零税率"是代替传统金融业免税的最佳选择。因此,国内有的学者认为应该借鉴该类方案在我国进行金融业营改增,在征收增值税的框架下构建一个集免税、零税率为一体的金融业增值税体系。

对金融服务实行零税率,实际上相当于让金融企业获得与进项税额等额的财政补贴,其结果是减轻金融业的税收负担、增加金融业的利润。这对目前中国金融机构特别对银行业而言未必合理。据计算,中国银行业总体税负水平大约为营业利润的30%,与国际银行业30%~40%的税负水平大致相当,而其他在营改增之前实施3%税率的服务行业只有在营业利润率高于40%的情况下,其总体税负水平才会低于30%。事实上,交通物流业、建筑业、邮电业的营业利润率远远达不到40%,因此这些行业的总体税负水平实际上都高于金融业。可见，目前中国金融业盈利能力较强，不存在整体税负、行业税负过重的问题，税收政策对金融服务业没有歧视。因此，当前没有减轻金融业税收负担的必要。此外，从利用减税促进经济增长的角度看，减税或补贴政策只有在竞争性市场条件下才可能对下游企业起到促进作用。与西方国家相比，中国金融业以大型国有机构为主体、具有更高的垄断性，金融业因其较强的垄断势力而较易将其税负转嫁出去。在此情况下，对金融业进行减税或者补贴实际上是增加了金融业的净收入，非但不能起到促进经济增长的整体效果，而且会强化金融业的垄断势力、扭曲经济的整体效率，加剧收入分配不公平。

此外，像欧盟提出的方案那样只对商用金融服务实行零税率，在中国现实社会经济文化环境中也难以推行。在中国的现实文化环境下，为了控制非增值税纳税人冒充增值税纳税人的行为而花费的征税成本巨大，且极有可能得不偿失：要么控制不了，要么催生新的逃税、骗税路径，从而扰乱经济秩序。

对金融服务实行无抵扣权免税也存在问题。在无抵扣权免税的情况下，当金融服务接受者是增值税纳税人时，国家将多获得与金融企业进项税额等额的税收收入；当金融服务接受者是非增值税纳税人时，国家将放弃免税环节本应缴纳的增值税。因此，无抵扣权免税对国家税收收入的影响是不确定的。在有抵扣权免税的情况下，当金融服务消费者是增值税纳税人时，由于允许金融业在销项税率为零的情况下抵扣进项税额，国家获取的增值税收入将减少；当消费者是非增值税纳税人，国家将放弃所有环节本应缴纳的增值税收入。因此，有抵扣权免税一定会减少国家税收收入。

2. 在金融业推行标准型增值税的不可行性

另外一种较为普遍的观点认为，中国应在金融业推行标准型增值税，金融业应当像其他行业一样缴纳增值税并抵扣进项税额，并向金融服务接受者开出增值税发票，让它们凭发票抵扣进项税额，使金融业与其他行业一样只是增值税的代收代付者，从而消除重复征收，实现增值税环环相扣的理想状态。

但是，这一观点回避了如何在金融业实现凭发票抵扣进项税额的世界性难题。1994年税制改革以来，中国增值税不仅采用"发票法"计算进项税额，还实行发票由税务局统一制定、印刷、分配的专用发票制度，中国目前的增值税制度建立在"以票管税"的基础之上。因此，标准型增值税能否在金融业推行，要看凭发票抵扣进项税额的方法在金融业是否具有可行性及其成本高低。

从税收实务的角度看，在金融业中，由于部分进项业务无法开具或获取发票，因而该部分进项税额无法抵扣，这种特殊性导致金融业可抵扣的进项税额较少。例如，在银行业中，个人客户无法对收取的银行存款利息开出发票，因而吸收个人存款、出售理财产品等业务没有进项税额可言；在保险业中，由于受益方、业务方为个人或者海外机构等原因，部分赔付支出、手续费和佣金支出、分保费支出等进项无法获取增值税专用票据，因而也无法凭发票抵扣。

在证券业或投资银行中，主营业务中可以凭发票抵扣进项税额的部分仅限于外购有形资产等支出，而外购的软件等无形资产一般适用于证券公司的风险管理、交易及清算等后台部门而非营业部门，因此该类"进项"支出无法与产生实际经营收入的销项业务匹配，从而无法对纳税期内的每项交易凭发票计算进项税额并从相应的销项税额中抵扣。在保险业中，保险业的保费收入与赔付支出在理论上应具有收入-成本对应关系，但是由于保险业务具有"收入在前、成本在后"的特殊性，保费收入与赔付支出往往不在同一个会计核算期，且无法准确预知赔付支出将要发生的时间，因而较难将保费收入与赔付支出在会计核算上进行匹配，从而难以凭发票抵扣进项税额。

此外，普通商品交易的应税时点确定规则难以适用于金融交易，金融企业无法像普通企业那样按所有权转移日、收到货款的当日来确定销项税额和进项税额的发生时间。以贷款业务为例，一笔贷款业务可能因为贷款期限不同而存在多个收取利息的时间点，加之支付方式多种多样，其纳税时点很难确定，因此无法按照适用于普通商品交易的一般规则来开具发票。

总体来看，如果在金融业推行"以票管税"的标准型增值税，必将导致金融机构可抵扣的进项税额远远低于实际水平，从而加重整体税收负担。

(三)账簿法增值税：金融业增值税的可行选择

增值税制度和管理的核心是进项税额抵扣的管理，然而实践证明，在进项税额抵扣制度及管理办法上，完全照搬西方的做法虽然理想，却难以行得通。适应中国国情的进项税额抵扣制度只能从发票法和账簿法结合点上去寻找一种次优的方法（杨斌等，2015a）。

1. 在金融业实施"账簿法增值税"的基本设想

在金融业推行"账簿法增值税"，要解决四个方面的问题：其一，增值额即增值税税基的确定；其二，纳税期限及具体计算方法（加法和减法）的采用；其三，设置增值税计税专门账户避免计算复杂化；其四，如何使金融服务接受者为增值税一般纳税人时也能获得进项增值税抵扣。

1）增值额的确定

确定增值额从理论上讲，就是如何根据会计账簿信息从业务收入中减去当期购进非增值项目金额。在中国，增值额相当于统计上的净产值或国民收入，但具体计算的时候会因固定资产的界定以及折旧方法不同、行业性质不同等因素产生差异或不确定性。确定中国金融业增值税的税基还必须考虑中国金融业的特殊性。在税法意义上确定增值额还必须遵守确定和便利原则，即范围界定明确、计算过程简便。

首先，金融业务营业收入中包含了风险酬金、货币的时间价值等不确定性收入，而为了不干扰企业正常经营、避免让企业用流动资金交税，金融业增值税同样要遵循只对已实现的、确定的营业收入课税的基本原则，不把风险酬金和货币时间价值等不确定性收入纳入应税营业收入，即不把资产评估溢价、未出售金融产品（股票、债券、期货、期权、外汇、黄金等）溢价计入营业收入额，相应的损失也不能扣减。

其次，增值税税基可在原来营业税税基计算规则的基础上按对增值额课税的原则确定，首先确定营业收入额（毛收入），然后确定可扣除非增值项目金额。

在营业收入额（毛收入）确定方面，对贷款、典当、金融经纪业务等中间业务，以取得利息收入或手续费为营业收入额；对从事股票、债券、期权、期货、外汇以及其他金融商品买卖或投资业务，以卖出价为营业收入额；对从事咨询顾问、支付结算、代理托管、担保承诺、基金管理、受托收款等服务业务，以取得全部手续费、佣金、代收费用为营业收入额；对从事保险业务，以向被保险人收取的全部保险费为营业收入额。

在可扣除项目方面，可扣除项目的确定应按照与作为税基的毛收入匹配原则计算，凡产生应税毛收入的非增值进项金额，均应作为可扣除项目金额。首先是外购固定资产和无形资产价值，应按照消费型增值税的原则，将该部分费用在当期扣除。其次，对营业收入相匹配的各类开支，按业务类别确定扣除规则。如对以取得利息收入为营业收入额的，相应扣除吸收存款支付的利息；对以投资收入或金融商品买卖业务收入为营业收入额的，相应扣除全部买入价；对以手续费、佣金、代收费用为营业收入额的，相应扣除支付给委托方的全部价款包括手续费、佣金等；对以保费收入为营业收入额的，相应扣除退保金、赔付支出、提取保费准备金、提取保险责任准备金、保单红利支出、分保费用、保险业务手续费及佣金支出等。最后，对上述可扣除项目以外的各项费用、税金、损失和其他与取得收入有关的合理开支可参照企业所得税的扣除规则处理，但明确规定其中增值性项目金额和与营业收入无关的项目金额不得扣除，如工资薪金津贴、福利费、住房公积金、培训费、股息等权益性支出，所得税、社会保险费、税收滞纳金、罚金罚款和被没收财务损失、捐赠支出、赞助支出、其他与取得收入无关的支出。某些项目可规定扣除的最高比例，如广告开支、保险手续费开支、必要的业务招待费等。

2）纳税期限和增值额的计算方法

金融业增值税的纳税期限可沿用以前营业税的办法，按季缴纳，但为了更加准确地计算全年度增值额，可实行年度汇算清缴办法，即季度预征、年度终了汇算清缴，多还少补。增值额计算方法要与纳税期限相适应。减法比较适应季度预征的需要。理论上讲，减法增值额与加法增值额应该是一致的，但是在实际操作中难免产生误差。为了使增值税计算方法法定明确,建议采用减法。此外还可以建立与企业所得税联动机制,由于增值税可在企业所得税税前扣除,缴纳增值税多,意味着就能少交企业所得税,鼓励企业准确计税。

3)设置增值税计税专门账户和报表

为了及时计算增值额和应纳税额,金融企业应该在财务系统中嵌入一个专门用于增值额(税)核算的子系统,用以实现会计核算与增值税核算的一体化。该子系统的核心是"一户两表",即增值税计税专门账户,增值税季度预交表(A表),增值税年度汇算清缴表(B表)。其中,增值税计税专门账户的编制基础是企业日记账,A表的编制基础是增值税计税专门账户,二者采用减法计算增值额和应纳税额,其目的在于及时核算、计提增值税,确保税款及时入库;B表的编制基础是年度会计报表和季度增值税信息计算全年增值额和应纳税额,其目的在于准确核算增值税,避免多征或少征。为了构建增值税计税专门账户,首先必须对金融业的日记账系统进行相应的改造,具体而言,无须对记账规则和会计科目做太大的改动,只需在日记账中对属于增值税应税行为的会计科目进行标注,然后再通过过账,将所标注的会计科目中的增值额汇集到专门账户中去。由于增值额与利润的属性相似,因此专门账户可参考损益类账户的记账规则,贷方表示增值额增加(即毛收入),借方表示增值额减少(即可扣除项目金额),并在月末会计核算的同时核算当月的增值额和应纳税额。增值税计税专门账户的基本格式见表9-3-2。

表 9-3-2 增值税计税专门账户 账户编号:××

××××年		摘要	日页	借方金额	贷方金额	余额
月	日					
××	××	收取一笔贷款利息	×		××××	××××
	××	支付一笔存款利息	×	××××		××××
	××	收取一笔手续费	×		××××	××××
	××	支付一笔手续费	×	××××		××××
	××	购进固定资产	×	××××		××××
	××	可扣除的广告费和业务宣传费	×	××××		××××
	××	……	×	……		……
	××	……	×	……		……
增值额						××××
增值税税率						×%
应纳增值税						××××

增值税季度预交表(A表)是综合反映增值税计税专门账户具体内容的一种报表,其作用在于阶段性地反映增值税核算情况,并在减去可免除或抵扣的增值税之后,确保增值税的及时缴纳与入库。因此,A表所包含的信息与增值税计税专门账户大致相同,可以看作按一定的格式和规则对专门账户记录的原始信息的一个分类与整合,其目的在于更为直观地反映增值税核算情况。

增值税年度汇算清缴表(B表)是综合反映年度增值税核算的一种报表,其编制基础是金融企业年度会计报表和增值税季度预征信息等,得出整个年度的增值额和应纳税额,并与通过A表季度预征的增值税总额进行比对,多退少补。

4)金融服务接受者的金融增值税的抵扣

当前金融业流转税面临的重大问题之一就是,当金融服务接受者为企业且是增值税一般纳税人,金融服务(如贷款、保险)构成其营业得以开展的必要因素时,金融服务所包含的进项税额不能与其他增值税一般纳税人的进项税额一样得到抵扣,这对资本密集型企业尤其是债务资本占比高的企业造成了不利影响,税收干扰了企业对资本结构的选择。"营改增"后,该问题得到有效缓解,极大地减少税收的非中性影响,促进更多依靠金融支持的创新型企业的成长。

由于金融业只能执行账簿法增值税，这就不可能让金融企业像工业和商业企业那样开出增值税专用发票，作为下游企业的抵扣凭据。前面已经指出，因为海量的开票义务和需要更新系统，让金融业随时开出增值税专用发票将面临巨大的奉行成本，在实践中具有不可行性。这就需要探索一个简便易行、不需要更新系统和增加金融企业开票量的办法。我们的设想是，首先，根据金融业缴纳增值税占其全部税基的比例，规定一个统一的金融服务收费（包括利息）的增值税固定扣除率（如4%），允许获得金融服务的增值税一般纳税人在凭增值税专用发票抵扣进项税额外，根据纳税期内金融服务的支付总额按固定扣除率计算出可扣除的进项金融增值税，并允许其另行扣除；其次，在金融业开给下游企业作为记账和报销的凭证中，加入已预征增值税的信息，但不作为唯一的抵扣凭据，而是作为下游企业计算可抵扣进项金融增值税的账簿凭证，用于比对，防止企业无凭据过度抵扣，也防止收集假发票或真票假用骗税。

2. "账簿法增值税"在金融业的可行性与适用性

"账簿法"曾经是中国1994年税制改革前使用的增值税计征方法。要在金融业推行"账簿法增值税"，首先必须在观念上克服"发票法"完美无缺的流行认识，其次要消除对账簿法复杂性的恐惧。

对纳税人购进的投入品已纳增值税准予抵扣（即进项税额抵扣）是增值税的最基本特征，也是增值税克服传统全值型流转税各种弊端的基本机制，进项税额抵扣制度运行状况如何是决定增值税改革成败的最关键的因素。在1994年税改中，我国设置了增值税专用发票制度，把增值税专用发票摆在增值税的计算和管理的决定性位置，在发票管理上规定了比西方国家严格得多的办法，增值税专用发票管理规章的篇幅不亚于增值税条例本身；实行全国范围内统一印刷、统一纸型、统一格式；通过多期的金税工程，设置了专用发票计算机交叉稽核系统，推行严格的防伪措施；在刑法中确立了虚开增值税专用发票这一罪名，对情节特别严重的增值税专用发票犯罪者处以极刑等。但是，增值税专用发票犯罪行为并没有得到有效遏制，而且还有蔓延的趋势。目前，我们的电子信箱不时出现专门从事"开增值税发票"公司的广告信件，而且犯罪所涉及的金额越来越大、手段越来越"先进"。国家税务总局稽查局的负责人表示，根据日常掌握情况和调研结果，目前的增值税发票犯罪呈现出多发高发、虚开金额越来越大、涉案企业越来越多、涉案地域越来越广等趋势，作案主要手段向"票货分离""变票"等方式转变，发票犯罪的集团化、信息化、职业化、跨区域趋势明显。

增值税专用发票犯罪的蔓延，不仅造成税款大量流失，也导致了严重的不公平，使增值税设计的初衷难以达到，税法规定与实际执行结果相去甚远。在传统流转税下，要偷骗税只能通过隐匿销售收入来做文章，而现在除了这一条途径外，专用发票则是更好的途径。过去的偷骗税多数只能是程度上的，少报一些销售收入，少交一些税，但多少还得交，而现在则可子虚乌有，根本没有购进，没有进项税额，却凭一张发票就能得到抵扣，直接从国库获得利益，这增加了一条很便捷、数额可以很大的偷骗税途径。因此，在中国特定的文化环境中，"发票法"非但不是完美无缺的，而且会带来极其严重的问题。相比之下，"账簿法"在金融业营改增过程中更具有可行性。

账簿法被认为比较复杂，在1994年税制改革前确实存在这一问题，以至于在老一代税务工作者中出现了账簿法恐惧症。但我们认为账簿法复杂的根本原因不在于"账簿法"本身，而在于采用"账簿法"计征增值税的时候，增值税制度还很不完善。1994年税制改革以前，中国的流转税以增值税、产品税、营业税三个税种并存且征税范围互不交叉为特征，当时的增值税是一种"部分制造业增值税"，征税范围仅限于某些工业产品。因此，不属于增值税征税范围之内的非增值项目的已纳税额是不允许抵扣的，为此国家专门规定了准予抵扣的法定扣除项目。但是，在会计电算化刚刚起步的20世纪90年代初，且没有增值税计税专门账户的情况下，要将属于法定扣除项目的金额从各个非增值项目的会计核算科目中归集计算，将非增值项目在应纳增值税产品和非增值税产品之间进行分配、划分出扣除项目金额和非扣除项目金额，过程是相当复杂且不确定的。但是现在增值税已经在中国实现了普遍征收，实施账簿法的税制结构障碍得到了有效消除。与此同时，目前绝大多数企业（特别是金融企业）均具备了健全的财务会计制度，且随着计算机和财务软件的普及，账务处理变得十分便捷，复杂的账务计算可以通过计算机进行处理，增值税的按账计征能够实现标准化。目前，完全可以在会计制度中嵌入增值税计税专门账户，使增值税核算的税务处理与财务会计处理一张皮、一体化，这样就能大大简化计算程序，此外即使复杂一点，但可在金融业推行增值税，克服不同行业税收负担不均衡、税收非中性影响，并且通过防止利用增值税专用发票进行骗税等问题，将有助于减少增值税方面的福利损失。（杨斌，2014；杨斌等，2015b）。

此外，"账簿法"相较"发票法"而言更有利于防止偷漏税和骗税。目前，中国的大型金融企业均是上市公司，基于上市公司财务信息披露的要求，金融企业账簿记录的真实性能够得到有效保证。账簿造假现象可以通过内部审计、外部审计等方式及时发现并有效处理，相较于日益严重的发票造假而言更易识别。

因此，在金融业实施"账簿法增值税"的基本前提是能够得到保障的，该方案不仅具有可行性，而且具有适用性，具体而言：第一，"账簿法"能有效规避"以票管税"给金融企业带来的诸多问题。在"账簿法"中，发票并不是抵扣进项税额的唯一凭证，而只是账簿记录的原始凭证，完整、可靠的账簿记录才是可抵扣进项税额的计算依据。在金融业中，部分业务虽然无法开具或获取发票，但是业务的交易明细可以记录在账簿中，因此，按"账簿法"计征增值税可以有效规避因无法开具或获取发票而导致的可抵扣税额远远低于实际水平等问题，"账簿法"相较"发票法"而言更能有效适应金融业税基的特殊性。第二，"账簿法增值税"的征收成本、奉行成本较小。从税收征管的角度看，"账簿法增值税"无须像标准型增值税那样逐笔交易核定征收，避免了海量的交易处理；从纳税人的角度看，金融企业无须对会计处理做任何明显的变动，只需在现有的账目基础上计算税额，会计人员也无须大范围重新学习纳税处理，更免除了财务系统改造升级、增值税票开立处理等烦琐事项，可实现几乎零成本的过渡。因此，相比其他方案而言，"账簿法增值税"在金融业更具有可操作性。

在金融业实行"账簿法增值税"比以往其他研究提出的简易征收办法更加科学，并具有以下优势：①将金融业纳入增值税体系，解决了金融业作为中间环节要缴纳增值税的问题，为将来进一步的金融改革减轻压力；②按增值额课税的方案克服了营业税对毛收入课税的缺点，体现了增值税对增值部分征税的精神实质，且该方案在增值额减小时能够自动缩窄税基，发挥"自动稳定器"的功能；③金融服务购买者可通过获得发票或按固定扣除率抵扣金融服务的进项税额，使增值税对市场竞争的影响更加中性；④该方案对经济发展的冲击较小，而且改革成本较低，有利于保持社会稳定。

第四节　中国消费税的制度设计

一、消费税概述

一般说来，消费税（excise tax）是以消费品销售额或消费支出额作为课税对象的各种税收的统称，它包括直接消费税和间接消费税两种类型。前者是对个人实际消费支出额的征税，直接向消费者课征，纳税人和负税人都是消费者个人，也叫综合消费税或支出税；后者是对消费品的课征，税收可随销售价格转嫁给消费者负担，销售者是间接的纳税人，也叫销售税或者零售税。流转税类别中的消费税主要指后者，而综合消费税则相当于对个人储蓄之外的收入征收的一种税，征收的方式也和所得税类似，并不属于流转税的讨论范围[①]。

消费税按其课征范围的不同，可分为一般消费税（对全部消费品课税）和选择性消费税（选择部分消费品课税）。现今各国消费税课征范围一般并不涉及全部消费品，个别国家虽形式上对全部消费品课税，但又对若干消费品规定免税。因此，从课征范围看，消费税通常是选择性消费税。

在普遍执行增值税的国家中，选择性消费税往往对增值税起补充作用。标准的增值税以单一或接近单一税率制为其特点，对产品或产业结构调节效应较弱。为了充分发挥税收的调节作用，增强税制对社会经济的控制功能，往往在增值税普遍开征、起普遍调节作用的情况下，选择部分消费品（主要是高档消费品、

---

① 关于综合消费税的讨论可以参见海曼（2001）。

奢侈品，被认为危害健康和环境的消费品）再征收一道消费税。在中国，保持原税负不变是税制改革的一项重要原则，在原产品税改为增值税，简并税率的情况下，只有对那些原来税率高的产品，再征收一道消费税，才能实现总体税负不变的征收原则，从而使新税制顺利平稳实施。

二、中国现行消费税制度的主要特点

中国目前的消费税为单环节课征的选择性货物（商品）税，是在对货物普遍征收增值税的基础上，再对少数消费品课征的税收。消费税于1994年税制改革时设置，2006年扩大了征税货物的范围，2009年提高成品油税率，2015年进一步提高成品油税率，2022年将电子烟纳入征收范围。其主要特点如下。

1. 有限型消费税

在征税范围上，目前消费税只对15个税目征收。这15个税目可分为3个类别。第一类为有害的消费品，包括烟、酒及酒精、鞭炮、焰火等。对这一类消费品课征消费税的目的在于通过课税提高价格，限制消费。第二类为奢侈品，包括贵重首饰及珠宝玉石、化妆品、游艇、高尔夫球及球具、高档手表、小汽车。对其征税的目的基于富有者应当多承担税收的传统观念，一般情况下这些货物的消费者往往比较富有。第三类是资源性货物或不能回收利用的产品，包括成品油、木质一次性筷子、实木地板、汽车轮胎等。征税的目的是保护生态平衡，防止对某些不可再生资源（如石油）的浪费和某些理论上虽然可再生但生产期很长，采伐数量远远多于生长数量的资源的过度使用。

2. 单一环节生产税和零售税混合

消费税只在生产、流通或消费的某一环节课征，它不像周转税那样道道课征。中国目前的消费税，对大部分应税消费品是在生产或进口环节征收，对一部分消费品如金银首饰、钻石及钻石饰品、铂金首饰等是在零售环节征收。

3. 差别税率

目前的消费税设有1%、3%、4%、5%、9%、10%、11%、12%、15%、20%、25%、30%、36%、40%和56%，14档比例税率，5个从量定额税率，4个从价和从量复合税率。因此，消费税在税率方式上是以从价税为主，部分消费品实行从量税，少数消费品实行复合税率制。

4. 价内税

目前中国消费税实行价内税模式，其税金包含在销售价格中，消费者在购买应税货物支付货款的同时支付了税金，税基是不含增值税但包含消费税的销售价格。

三、消费税制度设计应注意的主要问题

选择性消费税在制度设计时应当考虑的因素主要有：一是征税范围的选择，即选择什么样的消费品课征消费税；二是征税环节的选择，即采用生产税还是零售税模式；三是税率模式和征税方式。

1. 征税范围的选择

总的来说，选择怎样的范围征收消费税，要考虑公平、效率和税制整体效应。选择性消费税带有调控目的，即不完全为了获得财政收入。这样一来，就需要考察消费税要达到既定目的的条件及代价。消费税的第一个非财政目的是通过对奢侈品征税体现社会公平，但是由于多数奢侈品商品需求价格弹性高，富有者可通过选择不消费而逃避税收，那么对不消费应税货物的富有者就变成一种优惠，使税制不能做到一视同仁。

从效率角度看，选择性消费税会干扰纳税人的消费选择，选择面越窄即税目越少所造成的福利损失就

越大。从理论上讲，对可替代闲暇的消费品课税会鼓励劳动，如游艇、高尔夫等。但奢侈品一般需求价格弹性大，按照拉姆塞规则，对其征税福利损失比较大。扩大征税范围直到对消费品包括劳务普遍征税虽然可以克服上述公平和效率问题，但在已经存在增值税的情况下，会变成重复征税，相当于提高了增值税的税率，消费税丧失实际意义。

从税制整体效应看，对某些有害品征税的目的是"寓禁于征"，但由于这一类别货物的消费税税率比较高（如较高档烟税率在45%以上），在消费行为和消费量不改变的情况下，以及实行税收分成的财政体制下，往往给地方带来较大财政利益，本来在制度设计时要限制发展的行业却成为地方政府要鼓励发展的产业。例如，对卷烟征税的目的是限制卷烟产业的发展，但由于其财政利益大，反而成为许多地方要极力发展的产业。

从上面的分析中可以看出，消费税应当以取得财政收入为主要目的，在财政收入有保证时，不征也无妨。理论界多数人所主张的"要充分发挥消费税的调节作用"的命题需要谨慎对待，要考虑调节作用的福利代价是否过大。在设计税目时可参照原海关合作理事会（1994年更名为世界海关组织）《商品名称及编码协调制度》，对同质可替代的产品一同征税，以减少因税收而改变选择，偏离帕累托最优状态，造成福利损失。例如，如果规定"燃油"（矿物油、成品油）要征税，只要是用于发动机燃烧或出于加热目的的成品，即使不是或未表明是"燃油"的产品，也要将其视为实质相同的产品，一视同仁地加以对待（图若尼，2004）。

2. 征税环节的选择

消费税共同特点是单环节课税，但征税环节设在哪里则涉及两方面论题。

一是进出口货物的征税环节，消费税可按原产地原则（origin principle）和消费地原则（destination principle）征收，目前多数国家采用后者，这样一般对进口货物按不高于原产于本国的同样产品的税率课征，而对出口货物实行退税，以体现消费地课税原则，但退税额不大于实际征收额。

二是非进出口货物，可在生产环节、流通环节或消费环节征收。征收设在生产或流通环节比较简便易行，但某些产品既可作消费品也可当中间投入品，如成品油对汽车使用者为最终消费，但对发电企业则是中间投入品。对中间投入品征税使消费税名不符实，会占用企业资本、无法体现课税目的，特别是非财政目的。此外，在实行税收分成财政体制以及税款转嫁到消费者负担的情况下，生产环节消费税会造成税款征收地与税款实际负担地不一致，当产品不是在生产所在地零售进入消费环节的情况下，实际负担税款的居民所在地政府（消费地政府）不能使用由其辖区内居民负担的税收，造成生产地政府获得了外地消费税负担的税款，工业越集中、产品销往外地的比例越大，可得到的财政纯利益越多，即不需要用消费税向负税人提供公共服务财政利益。这就出现本书第四章第一节已经阐述的"税收制度本身就存在将财富从不发达地区抽取到发达地区的机制"。这一机制的存在，一方面会鼓励地方政府举办生产性企业，而忽视服务业，从而扭曲资源配置；另一方面会造成财政能力的制度性差距，导致公共服务的不公平。尽管将征税环节设在零售环节不能完全克服上述问题，但零售税的负面影响要小一些，因此消费税应尽可能设在最终消费环节，成为名副其实的消费税，而不是简单的消费品周转税。

3. 税率模式和征税方式

税率模式涉及从价还是从量。在通货膨胀下，从价税有利于保护税基，税收随着价格上升而提高。当然如果税率可随着通货膨胀而调整，那么从量税也可以不受通胀影响。对奢侈品征税，采用从价税比较合适，奢侈品价格高，采用从价税在税负由富有的消费者负担的情况下，可随着富有者对奢侈品消费档次的提高（不一定是数量增加）而加重他们的税负，能在一定程度上对收入分配起调节作用。有害性产品和资源性产品则可以采用复合税率模式，通过从价税确保税收与价格的关联，价格越贵、产品档次越高，税负越重；在从价税的基础上再从量课征，可控制消费量。从量税方式更适合设在生产环节和批发环节以及进出口环节征收的消费税，因为在这些环节下，计税价值不易确定，特别是在法治还不健全和自觉纳税程度比较低的情况下,纳税人往往低估进出口产品价值,税务机关估价有困难,采用从量税比较合适。征税方式所涉及的是价内税还是价外税,在本质上没有差别,但纳税人的感受不同,一般来说,在没有习惯过多地计较利益得失、税收法治不完善、预算透明度比较低的文化氛围中,采用价内税会减轻人们缴纳税款的心理负担。而在相反的文化中,实行价外税会使税收透明度比较高,纳税人要求实行价外税的可能性更大。

第五节 燃油税和资源税改革的讨论

开征燃油税（fuel tax）和改革资源税（resource tax）也是中国目前理论学术界和社会公众十分关注的税收话题,本书应当对其缘由和趋势有所交代。由于燃油税本质上属于特种消费税,资源税属于对矿产品课征的特别销售税,因此放在流转税这一章进行讨论。

一、开征燃油税讨论[①]

（一）中国燃油税的提出

公路税费即汽车使用环节的税费,对汽车的消费以至生产会产生重要影响。使用环节的税收或收费对比购买环节或保有环节的税费具有更大的合理性。首先,可以贯彻公路等基础设施"谁使用谁付款、谁使用得多谁就要多支付"的原则。如果只收取汽车消费税或购置税,公路又由纳税人负担建设经费,就变成车主不管用不用公路都要承担建路费用,这显然不合理。其次,可以在不影响甚至鼓励汽车销售的情况下,调节汽车的使用,防止不必要滥用,从而控制污染和拥挤,并且可以筹措资金搞好道路建设,将收取的税收整体地返还给纳税人,实现车路的协调发展。因此,许多发达国家,都将汽车税费的重点放在了使用环节,德国、意大利、瑞士、日本、美国等国家与汽车使用频率有关的税费占总税费的比例均超过45%,德国高达75%。西欧各国的燃油税费占油价的比例均超过60%,多数在75%,有的国家高达80%以上（程振彪,2002）。但是根据作者获得的信息,国际上并不单独存在一个燃油税,而一般将燃油（矿物油）作为选择性消费税的一个税目。

中国长期以来通过征收养路费的办法来提供公路建设和维护资金。养路费采用定率和定额两种征收办法。定率适用于运输企业,按其营业收入决定应纳养路费,定额是将养路费与车辆载重吨位挂钩,吨位越重需缴纳的养路费就越大。这一办法已经持续约半个世纪,对中国公路建设和维护起了重要作用。目前的问题其实并不在制度本身,而是具体执行办法在新形势下有些不适应,更多的是社会环境问题,如小集团利益滋长导致征收和使用出现许多漏洞。

一方面,由于国有运输垄断局面被打破了,公路运输多数交给了私营、个体或承包商,他们出于自身利益或者没有健全的财务会计制度,运输营业收入很难核定,因此定率征收在大多数地方行不通了,养路费基本上实行定额征收,其结果是收费与用车频率和用车的强度没有联系,即与道路使用没有联系,无法体现多用路、多交费的原则,养路费实际成了车辆财产税了。

另一方面,收费项目多、征收部门多、重复收费、交叉收费现象严重,致使车主不堪重负。由于中国

[①] 本节写于2002年（杨斌,2002a,2003a）,尽管2009年1月政府已经推出了燃油税改革,但本节内容仍然有参考价值,可以向读者提供分析思路,帮助读者理解此项改革推行后出现问题的原因。2009年1月,中国推出的燃油税改革的主要内容是:提高汽油、石脑油、溶剂油、润滑油、柴油、燃料油、航空煤油等成品油消费税单位税额,取消公路养路费等收费。取消公路养路费、航道养护费、公路运输管理费、公路客货运附加费、水路运输管理费、水路客货运附加费等六项收费,逐步有序取消政府还贷二级公路收费。新增成品油消费税连同由此相应增加的增值税、城市维护建设税和教育费附加均具有专项用途,不作为经常性财政收入,不计入现有与支出挂钩项目的测算基数,除由中央本级安排的替代航道养护等支出外,其余全部由中央财政通过规范的财政转移支付方式分配给地方,主要用于替代上述已取缔的收费。对种粮农民因"费改税"而增加的负担通过农资综合直补、种粮农民综合直补等渠道给予补贴,对城市公交、农村道路客运（含岛际和农村水路客运）、林业、渔业（含远洋渔业）因"费改税"而增加的负担由中央财政通过专项转移支付的方式给予补贴,对出租车因油价上涨增加的成本,继续由财政给予临时补贴。详见《国务院关于实施成品油价格和税费改革的通知》（国发〔2008〕37号）。

公路建设和维护资金短缺，各地为了加快公路建设纷纷采取贷款、集资等办法修路、修桥、凿洞，为了归还贷款和集资款，就允许投资主体设卡收取车辆通行费，车辆通行费倒是贯彻了谁用路谁付款的原则，但由于收费站点设置过多过密，不仅严重影响车辆通行，造成车主、货主负担过重，而且在不少地方因管理不善，收费人员贪污费款的情况比较严重，加上收费人员过多、机构臃肿，很大一部分收费又成了"养人费"而不是用于归还贷款。

针对上述问题，人们借鉴西方国家特种消费税的通行办法，提出征收燃油税来一劳永逸地、一揽子地解决上述问题。具体方案是开征燃油税，取代由各部门收取的养路费、公路客货运输附加费、公路建设基金、城市道路建设费等道路、车辆收费；燃油税的征税范围为汽油、柴油；征收环节设在燃油生产及进口环节；征税方式为从量税；所征税款由中央返拨地方用于公路建设（陈裕海，1999）。1999年，随着《中华人民共和国公路法》修正案的通过，有关燃油税的讨论达到了高潮。相当多的人认为燃油税具有公平性、环保性、简便性等特点。公平性即多用路多交税；环保性即可鼓励利用节能技术，减少污染；简便性即减少了征收和缴纳的程序，节省了成本。但是燃油税的开征或运行仍然存在不少问题。

（二）公路收费改为燃油税会出现难题

以下从征税环节、征税对象和税收收入分配等方面进行阐述。

1. 征税环节选择问题

燃油税征税环节可有两种选择，一种是在公路车辆燃油的零售环节，即以公路上的加油站为纳税主体；另一种是在燃油的生产和进口环节，即以燃油的生产商或进口商为纳税主体。第一种方法的好处在于可将问题限在公路范围内，比较单纯地将涉及公路车辆的收费改为统一收税，维持原来的利益格局，不引起其他用油部门或个人税收负担的加重，从这个意义上讲比较公平，也可避免补贴等复杂问题的产生，制度设计比较容易。但面对众多的加油站，管理成本太高，何况大多机动车辆用油不在零售加油站点购买。从海南省推行的燃油附加费试点看，将征收环节放在加油站也不成功。由于网点较多，为了加大稽查力度，只好大量增加工作人员，征收成本过高，而且还不能遏制走私逃税行为。

第二种方法可以克服第一种方法的弊端，即源头征收相对容易，但却将第一种方法中的优点变成了难以克服的缺点。由于汽油、柴油不仅汽车可以使用，其他行业也在使用。如果开征燃油税的目的是将公路收费变为征税，负担总水平不变，那么就不能对非公路车辆用油（如工业、农业、机械、渔业、水利、航空、铁路内燃机车等用油）征税，否则就会加重其他行业的负担。例如，20世纪末中国农村用油量一年约在500万吨，燃油税改革给农民带来的负担，据财政部测算就有50多亿元。因此，必须区分公路车辆用油和非公路车辆用油，只对公路车辆用油征税。这在征收管理上几乎不可能做到，假定能够做到，又面临如何控制以非公路车辆用油的名义购买燃油再将其用于公路车辆等逃税、走私问题。这就出现两难局面，要么加重其他行业用油者税负，要么无法有效实行征管。此外，一些耗油量大的运输行业如出租车、公共汽车、长途客货运等负担会加重，使其营运成本上升，如对出租车而言，假定其每天耗汽油30升，则每天增加税额34.5元，月增1035元，抵销养路费等后，月成本上升了700~800元（陈裕海，1999），这样出租车行业会陷入困境。因此，很难做到将征税环节定在生产和进口环节，又保持原来负担水平不变。

也有人主张，为了解决上述问题，燃油税只对汽油征收不对柴油征收，因为汽车使用的汽油占燃油销售量的85%，柴油的比例不足15%（贾康和马晓玲，1999）。但这个方法行不通，若只对汽油征税，将人为诱发汽油车改柴油车。

燃油税放在炼油生产环节征收，在炼油企业油品出厂时代缴，还会造成炼油企业的流动资金周转困难。由于燃油税需在销售油品的当天缴纳，而成品油货款到位需要多日，而且拖欠货款是普遍现象，企业流动资金将会面临一个巨大的缺口（刘家海，2000）。

因此，征税环节很难选择。

2. 征税对象改变所产生的负担加重如何补贴问题

有的部门主张燃油税征税环节定在燃油生产和进口环节，所产生的对其他行业加重税负问题，通过财政补贴的办法加以解决。例如，农民负担加重，拟采取多种方式的转移支付对农民进行补偿，如降低"乡统筹"、按照耕地面积对农民发放补贴、农村"费改税"、增加农村科技投入等措施。考虑到地区差别太大，如东部地区农民用油多，西北、西南用油少，补贴不能做到绝对公平，但可保证从全国来看农民负担总体上不会因征收燃油税而增加。这个方案看起来合理，实际施行却很难取得预期效果，不能将农村地区税费改革所减轻的负担作为农民承受燃油税的基础，因为即使没有开征燃油税，解决农民负担问题不仅是出于社会公平考虑而且应当成为国家保持长治久安和经济健康可持续发展的战略部署。

对于如何切实贯彻落实对其他行业按照负担增加额进行对应补偿的措施也不可过于乐观，如对铁路机车、军队、武警、城市公共汽车等补贴也存在实施的困难。这些行业或部门的用油数量的核实需要花费很大的成本，需要建立专门的机构进行此项工作，如果用油量的核实被人情、面子、关系所左右，那么就会像出口退税、增值税凭发票抵扣进项税额制度那样成为严重"骗补"（骗取补贴）领域，最终很可能出现应补的补贴额大大超过预算安排的可补的补贴额，到时为了遏制"骗补"或在财力无法承受时，就只能采取指标控制的办法，不仅使负担与补贴脱节，而且成为寻租的重要领域。因此对于易于寻租和人为操作的补贴制度的安排应当慎重。

3. 税收收入分配问题

当前实行的养路费，实际上是一项地方性杂项负担，由地方交通运输部门征收，作为发展地方公路事业的专项基金。实行燃油税并且将征税环节放在燃油生产厂的成品销售环节，由于中国炼油厂分布不平衡，并不是每个地方均有燃油税收入，因此燃油税只能先集中到中央，然后进行分配。这会产生一个问题，即如何确定分配的标准。理论上合理的分配依据应该是各地的公路车辆用油量，但这几乎无法获得准确的数据，因为多数车辆总是跨境流动的。还有一个标准是公路里程，公路里程越多得到的燃油税也越多，但这个标准会使公路建设落后地区建路资金更加短缺，况且不发达地区道路差、用油量相对较大，反而得到较少的燃油税显然不合理。

此外，中国公路建设投入的收益大部分是通过公路收费来获得的。实施燃油税后会明显地减少这部分收益，从而影响私人和外资的投资热情。近年来，中国公路投资步伐明显加快，那些急于通过改善交通环境来改善投资环境的省份，其积极性自然会受到损害，特别是像重庆、西安等一些有重要影响力的大中型城市最近几年通过各种渠道筹措资金，改善道路交通状况和提高道路质量后，经济发展与过去相比有了较大起色。如果我们将修路作为一项公益性事业来看待的话，政府投资则是责无旁贷。但如果作为经营性投资并且鼓励企业参与，那么就需要有收益的制度安排，而燃油税作为税收，不应该再承担利润分配角色。因此，"费改税"很可能会不利于企业对公路的投资建设。

（三）公路税费改革的原则和方向

上述两难情况表明，中国燃油税的征收毕竟不是在空地盖房子，而是属于旧城改造，其间涉及方方面面的利益关系，将使税收效率和公平很难协调，无法妥善解决可能出现的矛盾。要解决上述所有两难问题，必须跳出单纯从公路领域"费改税"的思路，而从整个收支系统和整体税制着眼来考虑解决问题的方案，其具体的原则和思路如下。

1. 在税种设计上要将汽车使用环节和汽车保有环节的税收分立

出现上述各种两难问题主要原因在于将公路收费改为燃油税不符合不同性质的税种应当分立的原则。税收一般分为三种基本形态，一是所得税，二是流转税，三是财产税。这三种基本类型的税收一般不能混合或相互转换。作为改革对象的养路费等公路收费从性质上来说属于财产税类别，它们均以财产的外部标志如载重吨位为标准课征相同或不同等级的定额税,是保有环节的静态税,不管是否使用,只要拥有就必须纳税;而设想要替代之的燃油税则属于消费税(流转税的一种)对流转额课税,是使用环节的动态税,消费了燃油才需要纳税。试图在税负的利益格局不变的情况下,用后者代替前者,不可避免地会出现转换冲突,因为它们属于不同性质的税种,客观上不能转换。因此,改革的思路应当是各归其道,按各自所属税种类别和环节设计制度。可将公路各项收费与现行车辆使用税合并为车辆财产税,如前所述,汽车作为其中一个税目,可统称汽车财产税。不论车主是否使用汽车,都要按年缴纳。车船税与这类收费都是按车船吨位或排气量(今后改革方向)征收的,合并征收后,可以减少征税成本,减少交费环节,对社会的影响较小(余增长,1998),并且可将其收入作为地方财政收入,用于公路的基本维护和建设。

在汽车使用环节,也不一定非单独增设燃油税不可,实际上中国燃油税已经存在,就是消费税中的燃油税目,可根据国民经济运行状况适当提高燃油消费税的税率,以发挥燃油税调节汽车使用的功能,贯彻谁用路多谁付税多的原则。在现有消费税范围做文章,一方面可避免重复设置税种的问题,另一方面上述用新设燃油税代替公路收费所遇到的所有问题都不会发生。燃油消费税的税率可在一定时期根据国家对汽车消费和道路建设资金的需求情况进行调整,使之成为对汽车行业进行间接宏观调控的重要杠杆。

2. 在中央和地方收入分配上实行分项返还

不管是机关、团体、军队等的车辆用油,还是农业、火车、电力、工程机械、航空等非车辆用油,国家都应全面征收燃油消费税,做到一视同仁。将燃油消费税设为专项收入,根据收取的来源不同,将其中一部分作为公路建设基金,一部分作为机场、铁路、码头建设基金,一部分作为乡村道路建设基金,以整体的方式通过地方政府返还给纳税人,避免免税、补贴等操作。

在规范标准、规范支出,实行收支两条线和采用先进技术杜绝收费工作人员贪污费款的情况下,保留贷款和集资建设道路的设卡收费,以鼓励地方政府建设公路的积极性,但设卡的数量要尽可能少,存在的时间也要尽可能短。

二、资源税分析和改革方向

(一)资源税与绝对地租

根据地租理论,土地或矿山的私有权垄断是绝对地租存在的原因,但绝对地租的存在还有一个经济前提,即由于农业或矿业的资本有机构成比社会资本的有机构成来得低,它们所创造的剩余价值会高于归它占有的平均利润。它的剩余价值和平均利润之间形成的差额,就是农业或矿业中的超额利润。土地或矿山所有权的存在,对其他部分的资本向农业部门的转移形成一道阻碍,这种超额利润不再参加利润的平均化过程,而被留在本部门内作为绝对地租。因此,要说明绝对地租的存在,必须先明确两个问题,一是有没有土地所有权问题,二是农业部门或矿业部门存不存在普遍的超额利润。

在社会主义市场经济条件下,尽管消灭了土地私有权,实现了土地、矿山、油田等自然资源的公有制,但自然资源的所有权仍然存在,除农村土地归集体经济所有外,除属于集体所有的森林和山岭、草原、荒地、滩涂外,矿藏、水流、森林、山岭、草原、荒地、滩涂等自然资源,都属于国家所有,即全民所有。在现阶段这种全民所有又表现为国家所有,国家拥有自然资源的所有权、垄断权。然而,商品经济和市场经济是社会经济发展不可逾越的阶段。商品经济关系的存在,使得企业即使是国有企业也是独立的商品生产者、经营者,自身具有特殊的物质利益。因此,自然资源的所有权仍需要有独立经济利益表现形式,这一独立的经济利益表现形式便是绝对地租。但长期以来中国初级矿产品、油、气等产品价格偏低,矿山、油田的经营者不仅不能按价值卖出产品,而且不能按其生产价格卖出产品;不仅不能获得超额利润,而且连平均利润也得不到,某些行业还出现全行业亏损。在这种价格体系下,绝对地租的经济源泉是不存在的。绝对地租有存在的原因,而没有存在的条件。在这种情况下何以谈得上用税收(资源税)方式收取绝对地租问题?因此,资源的所有权利益还无从体现,资源的有偿使用问题并未解决。要解决这一问题,需要按社会主义市场经济的原则,全面调整改革价格体系,使自然资源产品的出售价格按市场经济的规律反映其价值。

为了建立社会主义市场经济,全面理顺价格体系是必然趋势。在价格体系合理化以后,绝对地租不仅有其存在原因,也有其存在的经济基础。此时,就会遇到用什么方式收取绝对地租的问题。作者认为,不应当用税收的办法向企业提取绝对地租。租、税性质不同,租、税分流具有客观必然性。在现阶段,国家的性质是双重的,它不仅行使公共权力,而且要建立一般的生产条件,要行使财产所有权,参与国有经济的生产和再生产活动。权力总是通过一定的物质利益加以表现的,既然存在两种权力就有两种不同的物质利益表现形式。

政治权力的行使和所有权的行使都要求通过与之相适应的方式参与社会纯收入的分配,从中获得一部分经济利益以作为它们各自运行的物质基础。不过,公共权力本身不会创造物质财富,它要获得一部分经济利益或物质财富只能以强制、无偿为特征的形式即税收形式来获取,因而税收也就成为政府公共权力的物质利益表现形式,而所有权则是内在于生产,是生产活动的起点。所有权意味着他人要使用或经营、开发所有者的所有物就要付出一定的经济利益作为代价。农民要使用、耕种地主的土地,要向地主交租,地租就成为土地所有权的经济利益表现。同样自然资源的经营者要使用、经营或开发国有自然资源包括国有土地、矿山、油田等,也要向国有资产的所有者以一定的形式上交一部分利润即绝对地租作为报酬。也就是说,政府要凭借全民资产所有权参与社会收入分配,这种分配是建立在政府与社会纯收入实际创造者之间利益等价交换基础上的契约关系。政府具有两种权力和两种职能,并以两种方式参与自然资源开发经营与企业纯收入分配的客观关系,说明了"租税分流"或"税利分流"的内在根据。

因此,在社会主义市场经济条件下,不应以资源税作为体现政府资源的有偿使用或经营开发的报酬形式。资源的有偿使用属于所有权经济利益范畴,政府要求国有资源经营使用单位向政府交租、付费,依据的是所有权而不是政治权力,体现的是所有权的让渡与承让之间的等价交换的契约关系,而税收(包括资源税)是公共权力的经济利益表现形式,依据的是政治权力,体现着政府与其居民之间的权利义务关系,二者不能混为一谈。

按照马克思的说法,矿山、土地等自然资源的绝对地租在量上取决于经营自然资源的企业能获得多少超额利润,这种超额利润要受到产品供求关系的影响,而供求关系的变化受多种因素制约,其结果使绝对地租也因企业及经营的自然资源种类以及经营状况的不同而不同,很难找出一个统一的价格比例或产品数量作为绝对地租上交数。这说明,不仅在理论上,而且在实际制度与政策的操作中都难以用规范性、统一性、均一性(同样条件纳同样税)去体现资源的有偿使用或收取绝对地租。如果硬要采取征税的形式去收取绝对地租,就必然要根据每一个企业获得超额利润的数量,一户一定额或一户一定率,这就违反了同样条件(如同样的产品销售收入或销售量)要纳同样同量税的税收公平原则,出现资源税有偿使用的不规范性与税收统一性之间不可调和的矛盾,使资源税最终走向似税非税。同理也不能用资源税去调节级差地租。

(二)资源税与级差地租

级差地租的产生不同于绝对地租。不同土地、矿山、油田等自然资源的差别,是产生级差地租的条件和基础。有了这一条件和基础不等于就有了级差地租。级差地租产生的原因,完全在于农业、矿业中存在着对土地、矿山等自然资源的垄断,从而使农产品和矿产品的生产价格由劣等地或劣等矿山的生产条件来决定,从而经营优等地和中等地或优等矿山和中等矿山的经营者就能获得超额利润。这一超额利润不同于绝对地租情况下的超额利润。绝对地租情况下的超额利润是农产品和矿产品的市场价格与生产价格的差额,在价格体系合理的条件下,劣等地或劣等矿山也要支付绝对地租,而级差地租情况下的超额利润是优、中等地或矿山产品的生产价格的差额,这个差额有两个表现形式,即级差地租Ⅰ和级差地租Ⅱ,构成级差地租Ⅰ的超额利润,通常都是全部转化为地租,归自然资源的所有者所有;而构成级差地租Ⅱ的超额利润,则可能在租约有效期间内全部地留在自然资源的经营者手中,只是在缔结新租约时才部分地或全部地转归所有者所有。这就是马克思关于级差地租的基本原理。

联系中国实际,虽然也存在着级差地租的自然条件与前提,即土地、矿山、油田等有用物质的蕴藏丰度不一致、矿层的深浅不一从而开采的难度不一致、距离销售市场的远近不一致等各种情况,但却不存在产生级差地租的社会经济条件。在现行价格体系下,矿产品等自然资源初级产品价格普遍偏低,其出售价格并不是由劣等条件的自然资源产品生产企业的生产价格决定的,普遍是在这个生产价格以下来出售产品。这样经营优、中等条件自然资源的企业只有微利,很少能达到社会平均利润的水平,甚至出现亏损。因此,在现阶段并不存在级差地租问题,从而也没有调节级差地租的问题。这种情况随着以建立社会主义市场经济为目标的改革的深入会发生变化,从无级差地租变为有级差地租。

即使如此,级差地租不应该也不可能通过税收手段加以调节。理由至少有以下两条:一条是级差地租要归所有权主体所有,而不能归公共权力主体所有。虽然土地所有权的存在不是优、中等土地或矿山的超额利润(即级差地租)产生的原因,但它都是这个超额利润在分配过程中转归土地或矿山所有者所有的原因。因此,级差地租同样也是土地所有权的经济利益表现,而不是政府公共权力的经济利益表现。在级差地租调节场合同样适用租税分流原则。另一条是用税收办法调节级差地租,在实际操作中会遇到比调节绝对地租大得多的困难,最终使调节级差地租的税收似税非税。级差地租的运行规律与税收的运行规律很不相同,不能互相代替。资源条件千差万别,级差收入的形成原因及其表现形式各异,级差地租大小各不相同,准确地确定每一矿井、油田的级差地租从而规定征税定额或定率过于困难。用资源税手段调节级差收入必然出现两种情况:一种是资源税按税收自身规律设计运行,也就是讲法定、讲确实、讲统一、讲刚性、讲同样条件纳同样税。这样的资源税就不可能反映企业的级差收入情况,会出现一些企业调节过度,征收过分,而另一些企业调节不足这样一种问题。资源税的目标并不能达到。另一种是资源税按级差收入的规律设计,这样必须是一矿一率、一企一率,资源税也就徒有其名,而且实际工作中会出现税企之间就资源税征收数额、幅度讨价还价现象,这种资源税不具备法律的权威性和刚性,不符合税收法定原则。

1992年1月1日开始征收的铁矿石资源税就属于这种情况,当时按综合经济技术的指标来确定资源税定额(1994年税制改革时推行于所有资源税征收项目),也就是先由专家选择若干个经济、技术指标,根据矿山实际情况,建立数学模型,给每一个指标打分,按总积分将全国铁矿山分为几个档次,然后按档次确定高低不等的税额。这一做法能够比较合理地确定采矿企业等级,但作为确定税额的方法却有其明显的缺陷:其一,它仍然没有科学地按照马克思级差地租的基本理论,从合理定价出发,确定级差地租的数量水平,所确定的税额体现了差别,但却不能符合优、中等矿山的生产价格与由劣等矿山所决定的社会生产价格的差额的实际情况,所确定的税额仍是主观的,仍不能与级差地租相吻合。其二,它只能一户一率,不仅违反税收的基本原则,而且如果资源税扩大征收范围,对所有征税资源都要采取这一办法确定税额,工作量很大,征税成本过大。其三,确定指标与对指标打分仍可能被人为因素所左右,实际上仍是通过讨价还价来确定资源税的多少。税收的刚性与税法的权威性、确定性及强制性均不存在。

总而言之,用统一的征税办法来调节资源开采的级差地租必然事倍功半,必然名不符实,必然名税实租,只有租税分流才是完善资源税的正途。

(三)租税分流:资源税改革方向

首先,应当明确资源税是一种在资源领域体现国家产业政策、社会政策,并对资源产品(主要是原材料、初级产品)进行调节的流转税,是作为流转税的增值税在资源领域的延伸,不应以资源税体现政府对资源的有偿使用和级差地租的调节。

其次,在价格体系比较合理、流转税结构作重大改革的前提下,资源税可成为双层次流转税体系的一个辅助税种,在普遍征收增值税的基础上对初级资源产品进行再调节,对增值税起补充作用。其作用主要在于增加资源开采地区地方政府的财政来源,因为资源开采地区一般经济比较落后,财政收入有限,开征资源税可为这些地方增加一笔财政收入。

最后,改革后的资源税应采用价外税模式,税款由资源产品购买者、使用者支付。由于资源产品质量差别很大，采取从量征收会造成质高价高与质低价廉同类产品之间的税负不平问题，所以一般应采取从价征收的办法。征税范围以大宗资源产品为主，具体项目的确定要综合考虑国家产业政策、资源产品的定价以及增值税的征税状况，这样资源税征收就比较便利，符合税收的基本要求，体现政府公共权力主体对国有资源经营权利益主体的征税关系。至于资源有偿使用（即上交绝对地租）、级差地租的调节，国有资产管理部门可以所有者身份与资源经营开发企业就资源及价格确定的具体情况进行谈判，通过契约形式进行，从而实现租与税的分流。

第六节 关税原理

一、关税的概念

关税（tariff）是由海关代表国家，按照国家制定的关税政策和公布实施的税法与进出口税则，对进出关境的货物征收的一种流转税。由于关境边界的标志是口岸，而口岸是人员和货物进出国境及交通工具停靠的通道，"进出关境"更通俗和简洁的说法是进出口，因此一般用进出口这个概念。

关税定义中的"关境"与国境既有区别又有联系。国境是一个主权国家的领土范围，关境是指一个国家的海关法得以全部实施的区域（关区）。一般情况下，国境与关境是一致的，即海关法适用的范围和国家主权行使的范围是一致的。但由于一些国家的特殊原因以及错综复杂的国际经济贸易关系，国境和关境会出现不一致的情况：①关境大于国境。如果几个国家组成关税联盟，各成员国领土边境即成为统一关境，海关只对来自或运往非成员国的货物进出统一关境口岸时征收关税，那么对各成员国而言，关境大于国境；②关境小于国境。如果一个国家在本国领土内存在单独关税区或特别行政区，那么就出现关境小于国境的情况。中国存在香港特别行政区、澳门特别行政区以及台湾地区，它们都属于中国领土，在国境范围内，但由于它们均为单独关税区，因此不在中华人民共和国的关境范围内。

二、关税的基本分类

关税可以根据不同标准进行分类。

（一）进口关税、出口关税和过境关税

以国际贸易中商品的流向为标准，关税可分为进口关税、出口关税和过境关税。

1. 进口关税

进口关税（import tariff）是海关对从境外入境的货物（或物品，下同）课征的关税。一般在外国货物进入口岸时征收，或在外国货物从自由贸易区、海关保税仓库或保税区中转出、投入国内市场时征收。自由贸易区是指两个或两个以上的国家通过达成某种协定或条约取消相互之间的关税和与关税具有同等效力的其他措施的国际经济一体化区域，或一个国家单方面取消关税，实行"境内关外"管理的区域。保税仓库指由海关设立或经海关批准注册建立并由海关监督，用于存放暂不缴纳进口税[①]的进口货物的储存场所。存入保税仓库的进口货物可暂不纳进口税，后经改装、分类、加工复运出口的不纳税，销往国内市场则照章纳税。存入保税仓库暂缓征税的货物称保税货物，对保税货物进行改装、分类、加工的工厂称保税工厂，保税工厂的作业受海关监督。保税仓库一般有存放期限规定，有的半年，有的一年，有的两三年，逾期不运走货物的以放弃货物论处。设立保税仓库是为了简化海关手续，方便企业，以利于发展转口贸易，增加手续费、加工费收入。保税区指由海关监管的免征关税的特定区域（往往有不同的名称，如出口加

---

① 包括进口关税和进口环节国内流转税，下同。

工区、保税物流园区、保税物流中心等)。保税区与非保税区分界线设置完善的隔离设施,进出保税区的货物、运输工具和个人携带物品,必须经由设有海关的出入口进出,并如实向海关申报,接受海关检查。保税区企业、单位从境外进口符合法定条件的货物,海关免征进口税。保税区内企业出口保税区产品免征出口关税(如果有出口关税的话)和出口环节国内流转税。从非保税区运入保税区的货物视同出口,从保税区运入非保税区的货物视同进口,均照章纳税。

进口关税是最基本的关税类型。现在,许多国家已不征收过境关税,出口关税也较少使用。因此,通常所说的关税以及有关的国际协定中的关税一般都是指进口关税。

2. 出口关税

出口关税(export tariff)是一国海关在本国出口的货物运出口岸时,出于一定目的向本国出口商征收的关税。一般说来,征收出口关税不利于扩大出口,因此,为了鼓励本国产品出口,不宜征收出口关税,要征也只能选择那些能垄断国际市场、需要关税保护调节的货物作为征税品目。

征收出口关税要遵循两项原则:一是征税货物具有垄断性,二是出于保护目的。货物具有垄断性,是指这些货物只有本国能生产,或者本国生产的货物质量最好,从而可以垄断世界市场。对具有垄断性的货物征出口关税不会妨碍其出口,因其处于垄断独占地位,出口厂商还可将出口关税内含于价格之中转嫁给国外购买者,并给出口国带来财政利益,垄断性货物若有新的竞争性替代品出现,致使其垄断地位发生动摇,或供过于求,就要停止征收出口关税,否则本国产品会在竞争中落败。除垄断性货物外,还可以出于保护目的或市场调节目的考虑对某些货物征出口关税。中国现行出口关税也体现这一精神,只对能垄断世界市场或中国生产的品种质量最好、竞争力强的少数货物,以及出于保护国内产业和调节市场目的对需要限制出口的少数稀缺原材料、矿产品等征收出口关税。

3. 过境关税

过境关税(transit tariff)是指一国对通过其关境的外国货物征收的一种关税。过境关税是一种较早的关税形式。过境货物对本国生产和市场没有影响,所以税率很低,财政意义不大。第二次世界大战后,大多数国家都不征收过境关税。

(二)财政关税、保护关税和特别关税

从关税的征收目的来看,关税可分为财政关税、保护关税和特别关税。

1. 财政关税

财政关税(revenue tariff)指主要为发挥关税的财政职能,以取得一部分财政收入为目的而开征的关税。财政关税的一般征收原则是:①把税源大即进口商品数量多、消费量大的商品列入征税范围,从而使收入充足可靠;②选择非生活必需品征税,从而不过多地影响本国生产和人民生活;③要合理制定税率,税率不宜定得太高,以免因税负太重而使价格上升,消费减少,影响进口数量,从而最终影响关税收入。

2. 保护关税

保护关税(protective tariff)指主要以保护本国产业或经济长期稳定发展为目的而开征的关税。保护关税一般把那些本国需要发展但尚不具备国际竞争力的产品列入征税范围,通过设置合理的关税税率使关税税额等于或略高于进口商品成本与本国同类商品成本之间的差额。不同的商品需要保护的程度不同,往往要采用差别税率,对需要增加保护程度的商品征比较高的关税,而对本国紧缺的工业原料、生活必需品、本国尚不能生产又急需的技术先进产品,还可通过低税率或免税办法鼓励进口。差别税率也可针对国别制定,对订有互惠贸易协定的国家适用优惠税率,对歧视本国出口货物的国家征高额关税。

3. 特别关税

为了维护对外贸易秩序和公平竞争，保护本国产业，采取的惩罚性、报复性、针对性临时关税措施，就称为特别关税（special tariff），包括反倾销税、反补贴税、保障性关税、报复性关税。

如果进口产品以倾销方式进入本国市场，并对已经建立的国内产业造成实质损害或者产生实质损害威胁，或者对建立国内产业造成实质阻碍的，可采取包括征收反倾销税在内的反倾销措施；如果进口产品存在补贴，并对已经建立的国内产业造成实质损害或者产生实质损害威胁，或者对建立国内产业造成实质阻碍的，可征收反补贴税；如果进口产品数量增加，并对生产同类产品或者直接竞争产品的国内产业造成严重损害或者严重损害威胁的，可采取包括提高关税在内的保障措施。任何国家或者地区违反与本国签订或者共同参加的贸易协定及相关协定，对本国在贸易方面采取禁止、限制、加征关税或者其他影响正常贸易的措施的，对原产于该国家或者地区的进口货物可以征收报复性关税，适用报复性关税税率。

为了保护国内产业的发展，过去中国一直维持着较高的关税水平。为适应对外经济贸易合作和加入世界贸易组织的需要，从1992年起中国多次大幅度降低关税总水平。2018年中国关税总体水平降至7.5%。同时为了应对美国不公平对外贸易的做法，自2019年6月1日起，中国对来自美国的部分进口商品提高加征关税税率。

（三）从价税和从量税等

根据关税的计税方法角度，关税可以分为从价税、从量税、复合税、选择税、差价税、滑准税、季节税等。

1. 从价税

从价税是以课税对象的价格或金额为计税标准，从价税的税额表现为课税对象的价格或金额的百分比，这是最常用的一种关税方式。从价税的征收必须以对货物的合理估价为基础。

2. 从量税

从量税以课税对象的数量作为计税标准，课税对象的数量通常由进口国根据商业惯例中使用的重量、长度、面积、体积、容积、功率或产品的件数等单位予以规定。

3. 复合税

复合税（compound tax）是以课税对象的价格或金额和数量为计税标准的一种税，即从价从量并用，可以分为以从价税为主的复合税和以从量税为主的复合税。

例如，2023年中国与韩国对税则号列8521.1011（磁带型广播级录像机）的协定税率为：完税价格不高于2000美元/台，从价课税，比例税率16.5%；完税价格高于2000美元/台，除了按1.6%比例税率从价课税外，还要按每台2405.7元课征从量税。[①]

4. 选择税

选择税（alternative tax）是规定从价或从量两种税率，征收国可以根据不同情况规定从高计征或规定从低计征。使用选择税通常是为了克服从价税和从量税各自的缺点，根据需要选择其中一个有利的税率计征。一般都选择其中税额高的一种征税。

5. 差价税

差价税（variable levy）是一种为了保护某一产业以应税货物的国内市场价格和国际市场价格的差额为

---

① 国务院关税税则委员会，关于发布《中华人民共和国进出口税则（2023）》的公告，税委会公告2022年第12号。

计税标准的关税。欧盟前身欧洲共同体曾经为了保护农业而实行此种征税办法。具体做法是确定一个需要保护的农产品目标价格（target price），用目标价格减去从关境内中心市场到主要口岸的运费算出"门槛价格"（threshold price），再将其减去应税货物到岸价，以得出的差额作为计税标准。以此来避免因为进口较低价农产品而对关境内农业造成损害。

6. 滑准税

滑准税（sliding tax）是指随商品价格变动而设置不同档次关税税率的计征方法，进口商品价格越高，适用的关税税率越低；进口商品价格越低，适用的关税税率越高。滑准税可以保持该种进口商品国内市场价格的稳定，减少国际市场价格波动的影响。

例如，2021年中国对配额外进口的一定数量棉花，适用滑准税方式的暂定关税，具体规定如下。[1]

（1）当进口棉花完税价格高于或等于14.000元/千克时，按0.280元/千克计征从量税。

（2）当进口棉花完税价格低于14.000元/千克时，暂定从价税率按下式计算：

$$Ri = 9.0 / Pi + 2.69\% \times Pi - 1$$

对上式计算结果四舍五入保留3位小数。其中，Ri为暂定从价税率，当按上式计算值高于40%时，Ri取值40%；Pi为关税完税价格，单位为元/千克。

7. 季节税

季节税（season tax）是指在税则中对有季节性的鲜货或市场供求波动大的货物制定两种税率，采收季节或销售旺季征高税，其他季节征低税，以保证市场的平衡。例如，2010年中国对三元复合化肥的出口暂定税率：1～9月为35%，10～12月为20%。

三、关税的经济效应

一般来说，分析关税的经济效应可以从两个方面进行：一是从局部均衡角度，考察关税对某一特定商品的价格与产量的确定以及供求均衡过程的影响；二是从一般均衡角度，即考察多种商品、多个市场相互影响下，关税对商品供求均衡过程的影响。由于这两种分析得出的结论基本一致，本书只分析关税的局部均衡效应。

我们首先假定征收关税产业的产量和价格方面的变动对其他产业不发生影响，即假定其波及效果为零（这是局部均衡分析的假定前提）；其次假定征收关税的国家市场规模较小，这样其关税政策的运用不对国际市场价格发生影响，即假定外国的供给具有完全弹性。那么关税对于生产和消费的影响如图9-6-1所示。

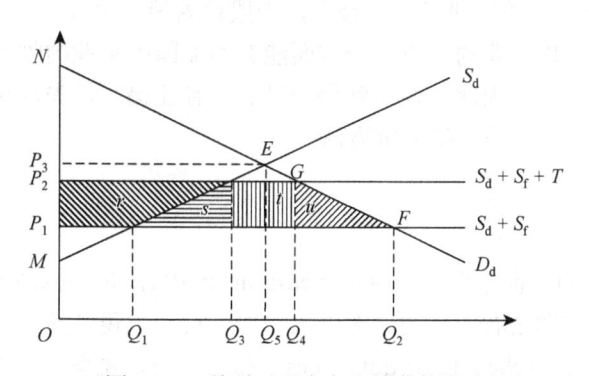

图9-6-1 关税对于生产和消费的影响

在图9-6-1中D_d和S_d分别为本国对X商品的需求曲线和供给曲线。在封闭经济下，X商品的价格为

---

[1] 国务院关税税则委员会，《关于2021年关税调整方案的通知》，税委会〔2020〕33号。

P_3，销售数量为 Q_5，即 X 商品的生产、销售及价格均由供需曲线的交点 E 决定。在自由贸易并且外国供给具有完全弹性情况下，由于外国供给加入国内的供给中，使其综合供给曲线 S_d+S_f 也完全具有弹性，并且外国供给的加入使 X 商品价格从 P_3 降至 P_1，消费数量随之从 Q_5 增至 Q_2，其中 OQ_1 系国内生产数量，Q_1Q_2 是进口数量，新的均衡点为 F，假设课征从价关税 T，那么供给曲线上升为 S_d+S_f+T，增加的部分即关税，均衡点随之移至 G，说明开征关税以后，国内价格升至 P_2，国内消费数量降至 Q_4，同时由于价格提高，国内生产数量由 OQ_1 增至 OQ_3，进口数量则由 Q_1Q_2 减至 Q_3Q_4。其结果将导致如下经济效应。

（1）消费者剩余的损失。图 9-6-1 中的需求曲线表明，按照 P_1 的自由贸易价格，人们只愿意在 F 点购买最后 1 单位 X 商品而支付 P_1 的价格；在 G 点，人们愿意以 P_2 价格购买最后 1 单位 X 商品，使购买总量达到 Q_4；如果由于某种原因很难买到 X 商品，那么显然有人愿意支付高价。但在完全竞争条件下，消费者遇到的只有一种价格即均衡价格（未征关税时为 P_1），对于那些本来愿意支付高达 N 价格而现在只需按 P_1 就能购买 1 单位 X 商品的消费者而言，每增加购买 1 单位便会带来 $N-P_1$ 的净利益。对任何一个愿意以 N 至 P_1 之间不等价格购买 X 商品的消费者而言，每增加 1 单位的购买，都会得到一笔等于愿意支付的价格与实际支付的价格之间差额的利益。经济学上，称消费者作为个人愿意支付的价格超过其最终支付的价格的数额为"消费者剩余"。在图 9-6-1 中，在没有关税的情况下，总消费者剩余为 NP_1F 的面积，但在课征关税以后，总消费者剩余减为 NP_2G，损失为 P_1P_2GF。

（2）保护效应。关税的征收提高 X 商品的价格，国内生产者会因价格上升而增加生产。价格为 P_1 时，国内生产者只愿供给 Q_1 单位的 X 商品。征收关税后，价格从 P_1 升至 P_2，国内生产者就愿意生产 Q_3 单位的 X 商品。关税的课征导致国内 X 行业扩大，生产者利润上升，就业量增加，这就是关税的保护效应。

（3）重分配效应。消费者剩余也有一部分（图 9-6-1 中 r 部分）以货币形式转移至 X 商品的国内生产者，即消费者通过支付较高的价格、获得较少的 X 商品补贴 X 产业，也就是把消费者的收入再分配给 X 商品的生产者及其雇员，从而发生重分配效应。

（4）财政效应。政府可通过课征进口关税而获得财政收入。关税收入等于单位商品关税税额乘以进口商品数量，就是图 9-6-1 中 t 的面积，这是消费者剩余以货币形式转移给政府的部分。

总体来看，在征收关税后，原本应由消费者获得的剩余（福利）发生了转移，具体来讲，图中分别以 r、s、u、t 表示消费者剩余损失。其中，r 由生产者获得，t 由政府获得，s 和 u 是净损失。r 是由于征收关税使国内产品价格上升而给国内生产者带来的生产者剩余的增加，t 是政府增加的关税收入，等于进口数量 Q_3Q_4 乘以关税税率。s 是与某些消费者的需求从进口产品转移到国内产品这个事实相联系的福利损失。由于关税的保护，消费者增加了国内产品的购买，使 X 商品国内产量增加了 Q_1Q_3，但却失去了以较低成本购买进口产品的机会，因此失去了一部分消费者剩余，一般称为生产损失。u 是由于征收关税后导致消费者的总需求减少了 Q_4Q_2，由此产生的消费者剩余减少，一般称为消费损失。

可见，将关税作为保护幼稚产业的手段，一方面能够增加国内企业的收益以及政府的税收收入，另一方面又会造成消费者的福利损失。因此，要达到保护目的并且让福利损失尽可能低，还应当认真设计关税税率及其相关制度，选择更为客观公平的估价方法。

四、关税税则

关税税则（tariff schedule），也称为海关税则（customs tariff），是根据政府关税政策及其他经济政策，通过一定的政府立法程序制定和公布实施的，对进出口的应税和免税商品加以分类的一览表。海关税则通常包括两个部分：关税税率表（schedule of duty rates）和适用关税税率表的说明与规则。关税税率表是海关税则的主要内容，分为商品分类目录和税率栏（column of duty rates）两部分。商品分类目录是以商品不同的性质、用途、功能或加工程度等为依据，对各种商品进行系统分类和编排的完整、准确的商品分类体系。税率栏是根据商品分类目录逐项定出的相应关税税率。各海关税则中通常都包括实施关税税率表的有关规则、说明和注释，这些说明、规则和注释与税率表具有相同的法律效力。

（一）关税税则中的商品分类目录

关税税则中的商品分类目录是根据进出口货物的自然属性、用途、组成成分、加工程度或制造阶段分门划类，由粗到细简化而成的商品类目。早期的商品分类目录比较简单，而且各国各行其是。随着国际贸易的不断发展，各国关税税则商品分类目录不一致的问题越来越严重，给各国间的贸易谈判和关税谈判带来了较大的困难。因此，国际社会开始着手建立一个统一的关税税则商品分类目录。1983年6月，经过60多个国家、20多个国际组织的共同努力，海关合作理事会第61/62届会议通过了《商品名称与编码协调制度的国际公约》及其附件《商品名称及编码协调制度》。《商品名称及编码协调制度》是在《海关合作理事会税则商品分类目录》和联合国的《国际贸易标准分类》的基础上，参照国际上主要国家的税则、统计、运输等分类目录而制定的一个多用途的国际贸易商品分类目录。中国早在1985年就采用了《海关合作理事会税则商品分类目录》制定关税税则，1992年后改为实行以《商品名称及编码协调制度》为基础制定的新关税税则。

《商品名称及编码协调制度》一般每4~6年修订一次，截至2024年2月，最新的版本为2022年版（第七版）。前几个版本为1988年版、1996年版、2002年版、2007年版、2012年版和2017年版。其主要内容是品目和子目，即各种各样的货物名称及其规格，2022年版的《商品名称及编码协调制度》共有5000多个六位数码品目，分布于21类97章中。每一个项目用四位数码表示，前两位数字表示项目所在的章，后两位数字表示项目在有关章的排列序号。四位数品目号列的项目下再分一级子目（用五位数码表示）和二级子目（用六位数码表示）。

从类的划分来看，基本上按社会生产部类分类，属于同一生产部类的产品归在同一类，如农业在第1、2类，化学工业在第6类，纺织工业在第11类，冶金工业在第15类，机电制造业在第16类等。

从章的划分来看，首先是按商品的自然属性分章。之所以按自然属性分类是因为其种类、成分或原料比较容易区分，也因为商品价值的高低往往取决于构成商品本身的原材料。其次是按照货物的用途或功能分章，如第64章是鞋、第65章是帽、第84章是机械设备、第85章是电气设备、第87章是汽车等、第89章是船舶。这样分类的原因主要有两个：一是这些物品由不同材料或多种材料构成，难以将这些物品作为某种材料制成的物品来分类。例如，鞋、帽的构成材料，有可能是皮的，也可能是布的或塑料的，有些可能是由几种材料构成的，如运动鞋的外底是橡胶，内底是泡沫塑料，鞋面是帆布等。二是商品的价值主要体现在生产该物品的社会必要劳动时间上，如一台机器，其价值一般主要看生产这台机器所耗费的社会必要劳动时间，而不是看机器用了多少贱金属等。

从章内的税目排列来看，按照产品加工程度从原料到成品顺序排列，如第52章棉花，按原棉-棉花废料-已梳棉-棉线-棉纱-棉布排列。

尽管《商品名称及编码协调制度》规定了5000余种税目，但是实践中仍然有一些商品难以直接确定其具体归属。原因在于，这些商品同时由几种原料组成或者具备多种用途，或同时具备两个特征，因而可以同时归入不同的税目之中。有鉴于此，《商品名称及编码协调制度》专门规定了归类总规则，用以解释类、章、目之间的关系；处理一种列名商品的非完整品、未制成品、拆散件、零配件的归类；明确一种物质或物品和另外一种物质或物品的混合物、组合物的归类；指明一种商品具有多种分类特征，可以归入几个税目的归类准则。具体来说，《商品名称及编码协调制度》共制定了以下6项归类总规则。

规则一：类、章及分章的标题，仅为查找方便而设；具有法律效力的归类，应按税目条文和有关类注或章注确定，如税目、类注或章注无其他规定，按以下规则确定。

规则二：（一）税目所列货品，应视为包括该项货品的不完整品或未制成品，条件是在进口或出口时该项不完整品或未制成品具有完整品或制成品的基本特征；还应视为包括该项货品的完整品或制成品（或按本款可作为完整品或制成品归类的货品）在进口或出口时的未组装件或拆散件。（二）税目中所列材料或物质，应视为包括该种材料或物质与其他材料或物质混合或组合的物品。税目所列某种材料或物质构成的货品,应视为包括全部或部分由该种材料或物质构成的货品。由一种以上材料或物质构成的货品,应按规则三归类。

规则三:当货品按规则二(二)或由于其他原因看起来可归入两个或两个以上税目时,应按以下规则归类。(一)列名比较具体的税目,优先于列名一般的税目。但是,如果两个或两个以上税目都仅述及混合或组合货品所含的某部分材料或物质,或零售的成套货品中的某些货品,即使其中某个税目对该货品描述得更为全面、详细,这些货品在有关税目的列名应视为同样具体。(二)混合物、不同材料构成或不同部件组成的组合物以及零售的成套货品,如果不能按照规则三(一)归类时,在本款可适用的条件下,应按构成货品基本特征的材料或部件归类。(三)货品不能按照规则三(一)或(二)归类时,应按号列顺序归入其可归入的最末一个税目。

规则四:根据上述规则无法归类的货品,应归入与其最相类似的货品的税目。

规则五:除上述规则外,本规则适用于下列货品的归类。(一)制成特殊形状仅适用于盛装某个或某套物品并适合长期使用的照相机套、乐器盒、枪套、绘图仪器盒、项链盒及类似容器,如果与所装物品同时进口或出口,并通常与所装物品一同出售的,应与所装物品一并归类。但本款不适用于本身构成整个货品基本特征的容器。(二)除规则五(一)规定的以外,与所装货品同时进口或出口的包装材料或包装容器,如果通常是用来包装这类货品的,应与所装货品一并归类。但明显可重复使用的包装材料和包装容器可不受本款限制。

规则六:货品在某一税目项下各子目的法定归类,应按子目条文或有关的子目注释以及以上各条规则来确定,但子目的比较只能在同一数级上进行。除本税则目录条文另有规定的以外,有关的类注、章注也适用于本规则。

(二)关税税则中的税率栏

从税率角度来看,关税税则制度大的方面可分为单式税则制和复式税则制。凡每种税目仅规定有一个税率的称为单式税则制;如果一个税目同时列有两个甚至两个以上不同税率,则称复式税则制。单一税则制又称为国定税则制(自主税则制),复式税则制可分为国定税则制、协定税则制、国定协定税则制、最高最低税则制、三种税则制。

国定税则制是一个国家根据本国财政经济状况,对进口货物采用单一税率制进行课征,即每一个税目只适用一个单一税率的关税税则制度。这种制度是关税税则制度中最简单的一种,适用税率由本国决定,税负的轻重只考虑本国的情况,不顾及贸易伙伴,没有对进口国差别对待的规定。其优点是,国家在制定关税税率时可以只考虑本国利益,根据本国情况决定,不受其他国家和对外条约的约束。国家可以根据经济形势和财政形势的变化随时修改税目税率,主动性、自主性强。每一种货物只有一个税率,征收管理也相对便利。其缺点是,国家在关税税目税率的设计、制定上自主权力过大,如果出于保护目的,税率定得过高,会阻碍他国货物进入本国,引起国际关税报复,损害贸易发展。由于上述缺点,这一税则制度只适用于竞争力很强的自由贸易国家和完全的贸易保护主义国家两种极端情况。

协定税则制是不完全根据本国的意见和要求,与他国协商后制定的关税税则制度。协定税则可分为两种:一是双方协定税则,也就是税则中的税率都是通过与他国协商制定的。在这样的税则下,本国在国际贸易中能与签约国建立互惠关系,但由于不考虑本国的经济状况,而且在条约有效期内不能自主变更税率,本国灵活运用关税政策的权力受到约束。因此,这种完全的协定税则制并未在实践中被采用过。二是片面协定税则。在这个税则下协定双方的权利和义务是不平等的,强大的一方强迫弱小的一方实行较低的关税税率政策,但弱小的一方不能从对方那里得到对等的优惠待遇。协定税则的优点在于调和国际利害关系,使外交关系变得和睦,降低关税税率,促进贸易发展,而且固定关税税率可起到稳定国际贸易的作用。其缺点在于,只适用于协议签约国和享受最惠国待遇的国家,对其他国家和协议外的进口货物还得制定国定税率进行征税,这使完全协定税则制不可能存在。

国定协定税则制是一种既有国定税率又有协定税率的税则制。先由立法当局对所有税目规定税率,这是国定税率，然后由政府根据国定税率与他国进行关税谈判，在双方平等互利的基础上，对与双方贸易有利害关系的若干税目进行协商并制定较低税率。在一般情况下，协定税率制定后，其他国家均可根据最惠国待遇和互惠条约享受同等待遇。协定税率的建立有两种方法：一是就各个税目逐项协定其税率，二是仅协定不提高现行税率。这种税则制度取国定和协定两制的长处，舍弃其短处，是比较好的税则制度。其优点是，对签订有互惠协定的国家采用较低的协定税率、对非协定国和非最惠国征收较高的国定税率，一方面保证国家在制定关税税率方面具有自主权和根据财经状况变动税率的灵活性；另一方面，可以适应国际贸易的情况，与协定国建立互惠关系，保证本国在关税谈判中的灵活性，从而使保护本国产业和促进国际贸易发展得到兼顾。其缺点是，在这个税则制实行过程中，由于国际贸易协定无论是多边的还是双边的，一般都订立有最惠国条款，因而与一个国家签订协定税率，其他国家可均沾，国定税率的范围会缩小，税则制度会变为以协定税率为主，这样导致税率降低，本国产业会受到外国进口货物的冲击，在同样贸易规模下，本国财政收入也会受到影响，对发展中国家不利。

最高最低税则制是一种同一税目订立有最高和最低两种税率的税则制度，其中最低税率适用于有互惠协定的国家，最高税率适用于其他一般国家。这种税则从实践结果看，与国定协定税则制相类似，不过它们之间也有区别，表现为：第一，从订立的主体权力看，最高最低税则制中的两种税率均由本国自主制定，也可由本国随时更改；而国定协定税则制中的协定税率是与外国协商制定的，在条约有效期内，一国不能随意变更。第二，从税率的适用范围看，国定协定税则制除自主制定国定税率外，只对一些经过协商的货物制定协定优惠税率；而最高最低税则制可对多数税目甚至全部税目事先以法律的形式订立两种税率。第三，从关税谈判、签订关税协定看，国定协定税则制中的协定税率，是在国定税率的范围内，与他国协商制定，可以因为签约国的不同而有不同税率；而最高最低税则制以规定的最低税率为标准，用其与他国订立协议，各国同等对待。最高最低税则制的优点是：由于最高最低税率均由本国制定，无论什么国家，就什么物品签订关税协定，其关税税率均不能超出最高最低税率限度，而且税率的高低不受对外条约的束缚，可根据本国经济状况和国际贸易形势，自主地变动税率；在与他国签订关税协定时，以最低税率为优惠税率，征收手续趋于简便。但由于在关税谈判中，对方国家为了防止协约国随意变更最低税率，损害输出国利益，往往要求其固定最低税率，这样会使上述优点无法得到发挥。如果税率被固定，最高最低税率就同协定税率相似，就具有协定税率的缺点。

三种税则制是指税则中对全部税目或部分税目订立有三种高低不等的税率，即普遍税率、互惠税率、特惠税率，以适用于关系不同的国家的一种税则制度。其中，普遍税率最高，适用于与本国无关税减让互惠协定的国家；互惠税率比普遍税率低，适用于与本国签有关税互惠的国家；特惠税率最低，适用于与本国有特殊关系的国家。此种税则的基本特点和最高最低税则是一致的。其主要优点是规定三种税率，比较能适应复杂的经济情况与国际环境。缺点同最高最低税则相似，另外此种税则比较烦琐，执行中不够便利。

五、关税的估价制度

（一）关税估价制度的概念

从世界各国关税的执行情况看，各国一般以从价关税为主要的关税征收方式。从价关税首先要确定作为课税基础的"价格"才能计算应纳税额。国际贸易中货物的价格多种多样。为了使关税的征收做到公平合理，海关在从价征收进口税时，必须就进口货物的价格核定建立一种标准或规则，并把这种标准或规则无差别地应用于任何交易，不论交易双方关系如何，也不论交易形态如何，这就是关税的估价制度。简言之，关税估价制度（customs valuation system）就是确定关税税基的规则、程序和办法的总称。

关税估价制度的立论基础有抽象的价格概念和实证的价格概念两种。抽象的价格概念基于经济学上的完全自由竞争市场价格的假定，以货物交易双方在没有任何特殊关系（相互独立）和完全自由竞争条件下，于公开市场达成的价格为估价依据。这种估价概念适用性比较强，不论进口是以销售形式进行还是以租赁、赠送、寄售等非销售形式进行均可采用。海关可根据有关资料推定进口货物在假定情况下的出售价格，将其作为计算完税价格的基础，以避免国外市场价格查询和相似货物的认定问题。但按这一概念建立的关税估价制度毕竟建立在假定基础上，不免武断、主观，与实际不符，并且会给海关相关人员以过大的权力，有可能损害纳税人利益。

实证的价格概念着眼点在于实际成交价格，也就是以进口货物的实际成交价格作为关税的估价依据。货物成交价格受特殊关系影响时，则以相似货物的成交价格为准。按实证价格概念建立的关税估价制度比较符合国际商务实际，可避免海关相关人员主观武断对国际贸易产生阻碍作用。但这一概念的实际采用必然涉及国外市场价格查询问题，征税成本很高。当没有或无法确定货物的正常成交价格时，需以相似货物的成交价格为准，但在当今科技发达、新产品层出不穷的年代，很难用文字明确什么是相似货物，实际认定时容易引起争议。如果相似货物无法确定或其价格无法确定，就依据进口货物的成本价格，但核定货物的成本价格又涉及国外市场价格查询工作。因此，关税估价制度的两种立论基础各有利弊。原来各国的关税估价制度是不统一的，有的国家的关税估价制度基于抽象的价格概念，有的国家采用实证的价格概念，有的国家两者混合采用。各国关税估价制度不统一、不规范、不完善，不仅有损于国际贸易，而且对各国关税政策的制定与实施不利。国际社会为了建立一套统一、公平、符合国际商务习惯的关税估价制度作了长期的努力。

（二）关税估价制度的发展变化

国际关税估价制度的形成和发展经历了一段较长的时期。第二次世界大战以前，各国海关都按照自己的估价制度进行关税估价，由于估价的方法和准则差别较大，因此严重地限制了国际贸易的发展。鉴于此，第二次世界大战之后，在1947年召开的联合国经社理事会国际贸易组织筹备委员会第二次会议，美国分别与各国进行关税减让谈判，签订了123项双边减让关税协定，汇总成为一个单一的文件，即《关税与贸易总协定》。《关税与贸易总协定》第七条对建立关税估价制度提出概要性规范，这便是最早的国际性关税估价规定。其主要规定包括：第一，进口货物的关税估价，应根据进口货物或相似货物的实际价格，不得根据进口国生产货物的价格或者以专断或臆想的价格计征关税；第二，实际价格指按照进口国法律决定的时间、地点，经由通常交易过程，在充分竞争条件下，进口货物或相似货物被出售或被提供销售的价格；第三，对任何进口货物的估价，应不包括该货物在生产国或出口国已经豁免，或已经退还，或可以退还的任何国内税收；第四，如果在估价时需要将他国货币表示的价格折算为本国货币，所采用的兑换汇率，应当是符合国际货币基金协定要求或被其认可的汇率。

但是，由于上述规定比较原则，没有给出具体的实施办法，《关税与贸易总协定》第七条无法被各国所遵循，于是在布鲁塞尔成立欧洲关税同盟研究组，开始根据《关税与贸易总协定》第七条的规定进一步研究适用于同盟的关税估价制度。1950年，制定出了更为具体的关税估价制度《海关商品估价公约》，其附件一"价格定义"就被称为布鲁塞尔价格定义（Brussels definition of value，BDV）。布鲁塞尔价格定义估价制度采用的是抽象价格概念。它规定，为课征从价关税，进口供国内需要的任何货物，应采用正常价格，也就是以进口货物行将缴税时，彼此独立的买卖双方，在公开市场上可能成交的价格为估价依据。由于布鲁塞尔价格定义估价制度规定得过于抽象与简单（总共只有三条），许多具体问题均未被涉及，各国在参照运用时出现很大差异。虽然监督该制度执行的海关合作理事会从1953年起就开始对该制度作补充解释，但仍不能消除征纳双方之间的争议，而且该制度也未明确应如何处理跨国公司内部转让定价。此外，布鲁塞尔价格定义估价制度虽然被不少欧洲国家采用，但美国等贸易大国没有采用，这就使得国际关税估价制度还有进一步发展完善的必要。

鉴于以上情况，尤其是美国、加拿大等国和欧洲国家的估价制度不统一，欧洲共同体国家、日本等国于东京回合多边贸易谈判（1973～1979年）中，就建立国际统一的关税估价制度发起讨论。起初欧洲共同体国家试图说服美国、加拿大等国加入布鲁塞尔价格定义，认为布鲁塞尔价格定义虽有缺点但行之多年，为一般厂商所熟悉，但美国出于本身利益考虑未接受。最后双方相互妥协，形成融合布鲁塞尔价格定义估价制度和美国估价制度的估价方案，在"东京回合"中，关税与贸易总协定缔约方通过谈判，达成《关于实施关税与贸易总协定第七条的协议》（简称《海关估价守则》），于 1979 年发布。"乌拉圭回合"在对《海关估价守则》进行修订和完善的基础上，达成了《关于实施 1994 年关税与贸易总协定第七条的协定》（简称《海关估价协定》），于 1994 年发布。这一协定分三部分共 24 条。最重要的是第一篇"关税估价规则"，包括第一条至十七条。该协定采用实证的价格概念，以进出口商双方实际成交的价格即交易价格为估价依据。因此，这一协定所阐明的关税估价制度一般称为成交价格（或交易价格）(transaction value，TV) 关税估价制度。欧洲共同体国家和美国于 1980 年 7 月 1 日起采用，其他发达国家于 1981 年 1 月 1 日开始使用，中国目前关税估价制度也参照了该制度。下面对其内容进行简要介绍。

（三）关税估价制度的主要内容

1. 建立估价基准的因素

（1）价格因素。成交价格关税估价制度采用实证的估价概念，以成交价格为主，但非唯一估价基准。成交价格也就是买卖双方成交的已付或应付价格。成交价格制度没有明确说明这种成交价格是否在买卖双方彼此相互独立、公平竞争、充分竞争的条件下形成，但在具体实务上完全体现了这一精神，因为成交价格制度规定下列四种情况下不适合运用成交价格作为估价基准：①存在对价格有实质影响的各项限制。一般指进口国当局出于保护本国汽车工业，对进口产品实行的某些限制直接影响产品公平竞争进而影响其成交价格的情况。②存在使价格无法确定的各种因素。例如，买方必须同时购买其他货物，买方必须销售其他货物给卖方等。③存在将转售、使用及处分进口货物的收益支付卖方。④买卖双方有特殊关系，并且影响成交价格。成交价格制度规定，出现上述情况时，就要运用同样或类似货物成交价格估价方式（协定对什么是同样货物、类似货物以及如何估价作了详细规定）；不能适用同样（或类似）货物成交价格估价方式时，待估货物应按扣减法（即国内销售价格扣减某些项目逆算出进口货物的到岸价或离岸价）估价方式核估，及计算价格（成本费用加合理利润）估价方式核估（这两种估价方法没有不变的顺序性，可经进口商申请变更，因为进口商有时可能认为计算价格估价方式较为有利）。

（2）时间因素。在以成交价格为估价基准的情况下，成交价格制度并未规定以某一时点的价格为核定完税价格的依据。其原因有二，一是成交价格的接受与否，只与该价格是否为买卖双方实际成交价有关，而与价格何时建立无关，因此只要申报价格确系成交价格，海关就应当接受；二是完税价格的核估既然以成交价格为依据，那么成交时至估价时发生的价格波动就没有必要在关税估价时加以考虑。除成交价格估价方式外，其余估价方式仍订有时间标准，其目的在于从众多的价格资料中节选出适合作为核定待估货物完税价格的价格。

（3）地点因素。成交价格制度也未规定以到岸时交运买方的市场价格为核估的根据，从而对估价准则中应用的到岸价或离岸价也没有明确规定，留给各国自行决定。也就是说，进口地点不同，其货物成交价也可不同，这更体现成交价格制度的实证精神。

（4）数量因素。成交价格制度对交易数量未规定标准，即可以接受与以前的交易不发生关联，但追溯性折扣代表对以往交易的优惠，所以不得接受成交价格以外的方式，如相同或类似货物成交价格估价方式及计算价格估价方式，也以待估货物本身数量为核估标准；但以国内销售价格（即扣减法）为核估标准时，则以进口货物本身及其同样或类似进口货物进口后在第一次交易阶段转售最大数量的价格为准。

（5）商业形式。成交价格制度在一般情况下都不考虑商业形式对价格的影响，但在待估货物不存在交易事实（如寄售）或不被承认为正常交易（如买卖双方存在特殊关系），需要采用同样及类似货物的价格为核估标准时，就有必要对待估货物的商业形式加以考虑，以利于价格调整，使核定的价格符合实际。

2. 实付或应付价格的调整

从理论上讲，关税的完税价格是买方对卖方实付或应付的价格，包括所有由买方对卖方，或为履行卖方义务，由买方代向第三者实际支付的款项，及成为交易的一项条件应予支付的款项。成交价格制度规定，此一实付或应付价格均以具体成交的合同价格或发票价格为准。但是，经确定或核定的合同价格或发票价格还只是完税价格的基本部分，对这一价格进行增加或减少的调整形成完税价格。要增加或减少的项目如下。

（1）佣金和经纪费。佣金是买方或卖方支付给其代理商的报酬。经纪费是买方或卖方支付给促使交易达成的经纪人的报酬，但该经纪人究竟代表买方抑或卖方不易认定。成交价格制度规定买方支付的佣金和经纪费，如未列入实付或应付价格中，应予计入完税价格课税。此外，成交价格制度还明确规定完税价格中不能包括采购佣金（又称买方佣金）。采购佣金是进口商付给其代理商在国外采购待估货物的劳务费用，采购佣金不计入完税价格课税的原因在于，如果进口商不通过代理商，而自派职员进行采购活动，其职员薪金是不被计入完税价格中课税的，为公平起见，完税价格也不应包括进口商付给代理人的佣金。如果发票价格或合同价格中包括此项佣金，应予剔除。

（2）容器及包装费。成交价格制度规定，容器与包装成本未列入价格内，且无法分离课税的应予加计。例如，一瓶香水的瓶子及其包装的价值均应计入完税价格课税。如果容器并非随待估货物一并售予买方，由于此等容器卖方可能收回使用，则仅将把待估货物装入该容器的包装费用计入完税价格中。包装费用不论人工或物料，属于包装所需的费用均可列入。

（3）协助的价值。协助就是买方向卖方免费或减价提供物品或劳务以协助进口货物生产或销售。此种情况在买方直接向生产者订购所需的某种特殊设计或规格的货物时会发生。协助一般可分为四类：第一类，材料、配件、零件及其他并入进口货物的类似项目；第二类，用于生产进口货物的工具、铸模及类似项目；第三类，用于生产进口货物时的消耗性物料；第四类，为待估货物生产所必需的工程、开发、工艺、设计、平面图与草图等。成交价格制度规定上述协助项目的费用，若未计入价格中则应予加计。

（4）特许权使用费。成交价格制度对未包括在实付或应付价格内，但符合下列条件的特许权使用费，规定应予计入完税价格。条件之一是必须与待估货物相关联，条件之二是权利的使用构成购买待估货物的一项条件。

（5）进口后处分、转售、使用获得的收益。成交价格制度规定，货物进口后经转售、处分或使用所得的任何收益，都属于支付卖方者，应计入完税价格中征税。

（6）运输及相关费用。此处运输及相关费用，具体包括三项内容：一是进口货物运至输入口岸的运费；二是进口货物运至输入口岸的装卸及手续等费用；三是保险费。在成交价格制度下，以到岸价还是以离岸价为估价基准留待各国自行决定。若采用到岸价，那么进口货物完税价格应包括上述各项内容，若采用离岸价，进口货物的完税价格不包括上述各项费用。

3. 其他相关规定

（1）关于买卖双方的特殊关系。成交价格制度对于买卖双方是否有特殊关系，提出三种判断办法，一是买卖双方的交易是否按照待估货物所属产业的正常售价加以决定；二是卖方对待估货物成交价格的确定，是否与将它们出售给无特殊关系的其他买主的情况相同；三是成交价格是否已完全包括卖方的全部成本及利润，此处所指利润应能代表一定期间内（以年度为基础）销售同样或同类货物可赚得的合理利润。同时，成交价格制度还规定三种判断价格：一是售给无特殊关系的买者的成交价格；二是扣减价格；三是成本价格。如能举证说明成交价格与上述三种判断价格之一相接近，海关即可接受此一成交价格作为确定完税价格的依据。

（2）货币折算。成交价格制度规定缴税的外币应按进口国的官定汇率折算。

总体来看，这一估价制度体现了《关税与贸易总协定》第七条的精神，融合布鲁塞尔价格定义和美国关税估价制度，是目前国际上系统完整的关税估价制度范本。

【本章小结】

1. 流转税泛指对货物和劳务流转额或交易额课征的一类税收，又称商品税或商品劳务税，或货物与劳务税，有时从广义上也称营业税。流转税包含丰富的内容和众多类型。理论上流转税类型可以达到 64 种之多，可能出现的有 26 种。比较常见的流转税类型主要有周转税、增值税、消费税、产品税或货物税、零售税、批发税、进口关税等。

2. 传统全值流转税的发展趋势是明显的，就是向零售税或增值税转化。一个国家在具体税务实践中，是选择零售税还是增值税，这取决于流转税在该国中居于何种地位。零售税较适合作辅助税或地方税，而增值税可作为主体税。在实行凭发票抵扣进项税额的情况下，增值税有效运行基于全国统一的发票制度，因而宜作中央税，不宜作地方税。

3. 1917 年美国耶鲁大学的亚当斯首先提出增值税设想。当时其名称不叫"增值税"而叫"营业毛利"。1921 年德国资本家西门子正式提出增值税的名称，并详细阐述这一税制的内容。增值税成功实行的实践活动始于法国。法国通过采用增值税彻底解决了流转税对经济组织形式非中性影响所造成的弊端。

从理论上讲，增值额相当于商品价值 $C+V+M$ 中的 $V+M$ 部分，增值税是一种净产值税，是介于全值流转税（以 $C+V+M$ 全值为征税对象）和所得税（以 M 为征税对象）之间的一种税。

4. 按增值税税基大小，增值税可分为生产型、收入型、消费型增值税三大类型。按增值税征税范围的宽窄来区分，增值税可分为全面型增值税和有限型增值税。按增值税进项税额抵扣方法来区分，增值税可分为发票抵扣模式和按账计征模式。

标准增值税的特点是：全面型增值税、增值税体系内纳税人身份同一、实行单一或接近单一税率、出口实行零税率、购进投入品税额抵扣采用发票法。在不考虑税负转嫁的情况下，这种模式的增值税对经济活动的影响呈中性化。实践证明，在具备实行标准增值税的各种条件时，要充分获得增值税的优点，增值税征税范围应当尽可能覆盖所有生产经营领域，即推行全面型增值税。

5. 由于小规模经济实体和农民相比于其他类型经营者有较大的特殊性，因此增值税制度设计时要高度关注这两类经营者的纳税人身份确定规则。

一般货物销售的特征是所有权或收益权转让、有偿性、具备转让协议或合同、货物或权利置于承让人支配之下。特殊类型的货物销售指某些货物或权利转让在表面上不具有上述一般货物销售的特征；或货物本身交易特殊性，或出让人、承让人本身或他们之间的关系具有特殊性，为了公平征税，税法上必须明确要视同一般货物销售的各种交易，具体包括委托加工、私人使用、自我供应、连锁交易、不动产销售等。

在制度设计上，劳务提供与货物销售一样，重点要解决某些特殊类型的劳务提供如何征税的问题。

增值税作为流转税，一般遵循属地主义原则，实行销售发生地税收管辖权，也就是只在本国境内发生的销售才负有纳税义务。

一个国家内部不同地区之间的增值税管辖，从税收管理的可行性角度看，也应当遵循销售地管辖原则，本地发生的销售本地税务当局就有管辖权。但是，当增值税被作为中央和地方共享税，其收入要在中央和地方（省级及以下）之间进行分成，并且假定增值税由消费者负担，那么遵循销售地管辖原则，实行生产地或销售地课税，必然造成经济发达、工业商业集中的地区将获得大于其居民负担的较大一份增值税。会不知不觉地形成一种将较不发达地区的财富转移到较为发达地区的财政机制，使富者愈富、贫者愈贫。

实行增值税的国家确定劳务提供地的一般规则是以应税劳务的提供者企业所在地或固定机构所在地为劳务提供地。如果没有这样的企业或固定机构，则以提供者永久居住地或其通常居住地为劳务提供地。

一般情况下，增值税的税基为商品销售者和劳务提供者向购买者、顾客和第三者已经收取和将要收取的所有报酬。

6. 增值税税率 = 商品或劳务已纳全部增值税额/最终销售额。在单一税率下，最终销售额相等，税额也相等。因此，增值税税率反映的是消费者对其所购买的商品或劳务的增值税负担水平。

增值税税率设计有如下几条经验：税率要低、基本税率要适度、高税率和低税率尽量设置在商品销售的最后阶段，即最终进入消费的阶段。

7. 增值税的最大特点在于只按增值额计税或者说进项税额可得到抵扣，这是增值税具有避免重复征税、对企业组织形式的选择保持中性等一系列优点的关键所在。

增值税的计算方法可简单地分为两种：一是直接计算方法，就是直接地通过计算增值额算出应纳税额。二是间接计算方法，就是不直接去计算增值额，而是从销售（销项）税金中抵扣进项税额算出应纳税额，这一方法称进项税额抵扣法。增值税的进项税额抵扣制度就是可抵扣的进项税额的计算方法和相应规则、程序的总称。

发票法的优点在于计算简单、会形成纳税人之间自动勾稽效应，但在不发达国家，发票法实行起来困难很大，会大大提高征税成本。相比之下，账簿法的适应性比较强。即使在部分制造业增值税、生产型增值税、没有电子计算机网络系统下也能采用，较为节省征税成本。但账簿法计算比较复杂、缺少纳税人之间自动勾稽机制、那些没有财务会计制度或财务会计制度不健全的纳税人无法采用账簿法。

8. 增值税的免税从广义上讲可分为两种类型，一是无抵扣权免税，二是有抵扣权的免税。在实行凭发票抵扣进项税额制度下，免税不一定会给纳税人带来利益，反而可能会给纳税人造成税收负担。

增值税零税率的含义是经济实体不仅不需要缴纳本阶段原应缴税款，而且可以抵扣已支付的以前阶段的增值税。零税率适用于货物出口和最终进入消费环节的生活必需品销售。

9. 中国现行的增值税有以下特点：全值流转税和增值税混合型、专用发票抵扣法、实行多档税率。尽管中国已基本实现全面型增值税，中国的增值税实际上是一种混合型税收。

10. 中国目前的消费税为单环节课征的选择性货物（商品）税，是在对货物普遍征收增值税的基础上，再对少数消费品课征的税收。其主要特点：有限型消费税、单一环节生产税和零售税混合、差别税率、价内税。消费税应尽可能设在最终消费环节，成为名副其实的消费税，而不是简单的消费品周转税。

11. 公路税费改革必须跳出单纯从公路领域"费改税"的思路，而从整个收支系统和整体税制着眼来考虑解决问题的方案。其原则和思路是：在税种设计上要将汽车使用环节和汽车保有环节的税收分立，在中央和地方收入分配上实行分项返还。在汽车使用环节，也不一定非单独增设燃油税不可，可在消费税的燃油税目上做文章。

12. 应当明确资源税是一种在资源领域体现国家产业政策、社会政策，并对资源产品（主要是原材料、初级产品）进行调节的流转税，不应以资源税体现政府对资源的有偿使用和级差地租的调节。资源税的改革方向是租税分流。

13. 关税是对进出关境的货物征收的一种流转税。依据国际贸易中商品的流向，关税可分为进口关税、出口关税和过境关税。从关税的课税标准和计税方法看，可分为从价税、从量税、复合税、选择税、差价税、滑准税、季节税等。从关税的征收目的看，可分为财政关税、保护关税和特别关税三大类。

14. 从局部均衡分析角度看，将关税作为保护幼稚产业的手段，一方面能够增加国内企业的收益以及政府的税收收入，另一方面又会造成消费者的福利损失。在利用关税手段时要分析利弊得失。

15. 关税税则，也称为海关税则，是根据政府关税政策及其他经济政策，通过一定的政府立法程序制定和公布实施的，对进出口的应税和免税商品加以分类的一览表。海关税则通常包括两个部分：关税税率表和适用关税税率表的说明与规则。中国于1985年就采用了《海关合作理事会税则商品分类目录》制定关税税则，1992年后改为实行以《商品名称及编码协调制度》为基础制定的新关税税则。

16. 关税估价制度就是确定关税税基的规则、程序和办法的总称。关税估价制度的立论基础有抽象的价格概念和实证的价格概念两种。布鲁塞尔价格定义估价制度采用的是抽象价格概念。《关于实施关税与贸易总协定第七条的协议》及其后来的《关于实施1994年关税与贸易总协定第七条的协定》采用实证的价格概念，其所阐明的关税估价制度一般称为成交价格关税估价制度。成交价格关税估价制度目前为主流性关税估价制度。

【概念与术语】

流转税（turnover tax） 商品劳务税（goods and service tax） 增值税（value added tax，VAT） 消费税（excise tax） 产品税（goods tax） 零售税（sales tax） 批发税（wholesale tax） 全面型增值税

(comprehensive VAT) 有限型增值税（limited VAT） 委托加工（commissioned processing） 私人使用（private use） 自我供应（self supply） 连锁交易（chain trading） 不动产销售（real estate sales） 以旧换新（trade-in） 以货易货（barter trade） 不动产租赁（real estate rental） 混合交易（mixed trade） 销售发生地税收管辖权（tax jurisdiction in sales location） 进项税额抵扣（input tax deduction） 扣税法（tax deduction method） 购进扣税法（purchase tax deduction method） 实耗扣税法（actual consumption tax deduction method） 税基列举法（tax base enumeration method） 发票法（invoice method） 账簿法（accounting method） 零税率（zero rated） 燃油税（fuel tax） 资源税（resource tax） 关税（tariff） 复合税（compound tax） 选择税（alternative tax） 差价税（variable levy） 滑准税（sliding tax） 季节税（season tax） 财政关税（revenue tariff） 保护关税（protective tariff） 特别关税（special tariff） 关税税则（tariff schedule） 布鲁塞尔价格定义（Brussels definition of value，BDV） 成交价格（transaction value，TV） 关税估价制度（customs valuation system）

【思考题】

1. 为什么要用增值税代替周转税？
2. 在全面型增值税下，确定应税货物销售有哪些规则？
3. 在全面型增值税下，确定应税的服务提供应遵循哪些规则？
4. 要实现增值税对经济活动的影响中性化，需要怎样的制度条件？
5. 增值税税率和传统全值流转税的税率有什么不同？
6. 为什么在复式税率下，只有最终消费阶段适用的税率才是该商品真正的适用税率，其余中间阶段的税率并无实质性意义？
7. 在中国目前分税制财政体制下增值税和消费税实行生产地或销售地课税存在什么缺陷？
8. 为什么增值税零税率适用于货物出口和最终进入消费环节的生活必需品销售？
9. 为什么增值税免税不一定会给纳税人带来利益，反而可能会给纳税人造成税收负担？
10. 根据增值税原理，对农民免征增值税能够减轻农民负担吗？为什么？
11. 凭发票抵扣进项税额的制度在任何国家都能低成本运行吗？为什么？
12. "充分发挥消费税的调节作用"这个命题是正确的还是不正确的？为什么？
13. 设计消费税制度要考虑哪些主要问题？
14. 任何时候通过实施保护关税均能促进本国幼稚产业发展壮大吗？为什么？
15. 布鲁塞尔价格定义和成交价格关税估价制度的主要异同有哪些？

第十章 所得税和社会保险税设计原理

【本章提要】
1. 个人所得税原理。
2. 企业所得税原理
3. 社会保险税原理。

除了流转税外,所得税是税收体系中的另一大类税收。所得税和社会保险税在20世纪得到迅速发展,成为绝大多数国家的主要财政来源。一般来说,越是经济发达的国家,所得税、社会保险税占整个税收收入的比重越高。所得税按照对自然人还是对企业或公司课税,可分为个人所得税和企业所得税(或公司所得税)。但在许多国家所得税是一个税种,统一立法,称为所得税法;也有国家分别立法;还有国家或地区按征税对象即不同性质的所得区分所得税,对经营性所得的课税称为营利事业所得税,对个人获得的工资薪金和其他劳务所得的课税称为综合所得税。还有的国家或地区将资本利得单列,征收资本利得税。为研究方便,本书分别对个人所得税和企业所得税进行阐述。由于社会保险税一般以工资薪金为征税对象,与所得税性质相似,故也放在本章阐述。

第一节 个人所得税原理

个人所得税是对自然人的所得即纯收入或净收益课征的一种税。本节首先按税收制度要素阐述个人所得税制度设计原理。其次说明中国个人所得税设计和运行中的一些问题。

一、个人所得税的纳税人和征税对象

(一)个人所得税的纳税人

个人所得税的纳税人可以概括为所有具有应税所得的自然人,但是,在个人所得税和企业所得税分别立法的情况下,对于合伙人、独资公司、个体经营者获得的经营性所得是征收个人所得税还是企业所得税,个人股东从公司获得的股息红利在公司缴纳企业所得税后是否还要缴纳个人所得税,还必须加以明确。一般规则是合伙人、独资公司、个体经营者获得的经营性所得纳入个人所得税的征税范围,对股东分红收益要本着不重复课税的原则加以处理。其具体内容,将在企业所得税原理一节加以阐述。

个人所得税在纳税人设计方面还有一个问题,就是在自然人有国际所得时,如何明确纳税责任和纳税人身份。自然人是基于从政府获得公共产品而向政府纳税的,因此一个自然人对一个政府的归属程度就影响了其纳税责任。人们一般以成为某个国家的公民(即拥有其国籍)或居住在该国而产生对该国政府的归属关系。在绝大多数情况下国籍身份和居民身份是一致的,即既拥有某国国籍也居住在该国。但在经济国际化的情况下,一个国家的公民有可能在另一个国家居住,这就造成国籍所在国和居住国的不一致。那么,应该以公民还是以居民作为个人所得税的纳税主体?在个人所得税的实践中,这两种方法均存在。

1. 采用居民为纳税主体的做法

多数国家采用居民为纳税主体的做法,即居民纳税人要向其所在国承担无限纳税义务,而非居民纳税人仅就其来源于本国境内的所得承担纳税义务。因为在国籍国和居住国分离的情况下,自然人的生活、工作,以及应纳个人所得税的所得都发生在其所在的居住国,同时自然人享受的公共产品也由居住国政府提供。因此,居

住国和自然人的经济关系更为紧密,自然人作为居民理应向居住国政府承担广泛的纳税义务,即就其从任何地方(包括居住国国外)获得的所得缴纳所得税。那么,接下来的问题就是如何确定一个自然人的居民身份了。世界上实行不同法系的国家,在自然人居民身份的确定上采用不同的规则,主要有如下两个标准。

1) 住所标准

一个人只要在行使居民税收管辖权的国家内拥有永久性住所,那么这个人就是该国居民,要履行无限纳税义务。法国、瑞士、德国等一些欧洲国家采用这个标准。其优点在于易于确定纳税人居民身份,因为住所具有永久性和固定性,是法律规定的个人从事政治、经济活动的主要地点,拥有永久性住所的个人在该国拥有受国家保护的权利,也有履行纳税的义务,以住所为标准可以体现上述权利义务关系。但是随着经济的国际化,不可避免地会出现个人永久居住场所与实际经济活动场所不一致的情况,此时单纯按照住所标准确认纳税人居民身份,显然就产生纳税义务发生地与实际经济活动地(所得创造地)脱节的缺点。因此,需要探索别的标准或运用别的标准加以补充。

2) 居所标准

一个人是否为本国居民纳税人,主要看他是否在本国拥有经常居住的场所。采用这一标准的国家主要有英国、加拿大、澳大利亚等。其主要优点是居民身份的确认与纳税人实际经济活动地的联系更为紧密。在税务实践中,单纯地按照有无居所很难判断一个人的身份,因而为了使居所标准易于实施,往往要加上时间因素,就是从居所与居留时间的结合上判断一个人的居民身份:一个人在本国居留一定时间以上才算居民,否则不算居民。对于作为居民身份判断标准的时间界限,各国有不同的规定。英国、印度、印度尼西亚等国家规定在本国居留满半年的个人就算居民,中国、巴西、新西兰、日本和菲律宾等国家规定在本国境内居住满一年的个人为居民,不满一年的为非居民。

2. 采用公民为纳税主体的做法

有少数国家采用公民为纳税主体的做法,即凡是具有本国国籍,不论与本国是否存在实际的经济利益关系,都是个人所得税的纳税人。其主要理由是:只要你成为某国公民,即使目前没有居住在该国,但仍然享受该国政府提供的领事保护和给予公民的全部社会福利,你理应向该国政府承担完全的纳税义务。

此外,还必须指出的是,一国政府可以要求居民或公民承担完全纳税义务,并不表示不能对非居民或非公民征收个人所得税。一国政府仍然可以对非居民或非公民从该国境内取得的所得课征个人所得税。其理由是任何所得均不单纯是个人努力的结果,而总是与该国政府提供的公共产品有关。只不过由于非居民不属该国居民或居住的时间短,因而只能要求他们承担有限的纳税责任。

(二)个人所得税的征税对象

个人所得税是以所得为征税对象的,作为税基的所得,其含义是什么,征税范围有多大?这是建立个人所得税制度必须考虑的。从各国的实践来看,征税范围的确定不仅受到征税所得学说的影响,还受一国经济发展水平、征管能力、法律制度、伦理道德等多方面的制约。

1. 关于征税所得的不同学说

(1)周期说(periodic theory)或所得源泉说。该学说认为征税所得应该具有循环性、反复性、周期性,一时的、偶然的所得不属于征税所得的范围。该学说主张征税对象的范围应该是工资、薪金、利息、利润等具有反复出现特点的所得项目。

(2)净值说(net-worth theory)或纯资产增加说。该学说由德国学者尚茨(Schanz)提出。这一学说认为,所得等于某人的经济力量在两个时点之间净增长的货币价值。这一学说纯粹从货币增加值的角度着眼,不问来源是否具有规则性,不仅反复发生的所得被包括在征税的范围内,临时的、偶然的也计入征税所得,这一学说更加注重公平性,但是如果按此设计个人所得税,制度可能比较复杂。

(3)净值加消费说(net-worth and consumption theory)。净值加消费说即"S-H-S"("Schanz-Haig-Simons")

所得概念，是由美国学者海格（Haig）和西蒙斯（Simons）在净值说的基础上提出的。西方税收学称以这一学说为基础的所得的概念为"S-H-S"所得概念。他们认为所得是个人财富的增加量，凡能让一个人增加其享受和满足的东西就应该被认为是所得。各种来源的所得，无论是经常的还是偶然的，规则的还是不规则的，已实现的还是未实现的都要列入所得范围。根据这一学说，征税所得不仅包括工资、薪金、利息、利润等周期性货币所得，还包括房地产、机器设备、无形资产等升值的重估溢价即资本利得；不仅包括商品劳务交换过程中发生的所得即交易所得，还包括不经交易产生的所得，如自己生产的产品供自己使用、自己从事家务劳务。这一学说的优点在于注重税收公平，使征税所得接近真实所得，但是这一学说忽视了征税的可行性，按这一学说设计的个人所得税会过于复杂而无法实行。

（4）交易说（trade theory）。这一学说是会计学家的观点，会计学家认为所得是与交易有关的，所得就是某一时期一切在交易基础上实现的收入减去为取得这些收入而耗费的成本费用，再减去同期亏损后的余额。按照这一学说设计的个人所得税比较简单，征收管理也比较便利，但征税范围限于交易所得，不能完全反映一个人的纳税能力。

2. 征税范围的确定规则

在各国的实践中，并没有一个国家固守一个学说，不同的国家在上述学说上表现出不同的倾向性。实质上，这是各国对于公平和效率的选择。要是个人所得税按纳税能力征收，最好采用"S-H-S"的方法，但是非货币的所得推算很难有一个统一的标准加以计量，于是征税成本会大大增加，税收效率会受到损害。按照周期说和交易说设计的个人所得税比较简单，税收效率高，但征税范围不能反映一个人的纳税能力，税收公平程度不高。目前，过去采用周期说的发达国家已逐步转为纯资产增加说，但是征税所得的范围仍然远远小于"S-H-S"所得概念下的征税范围。许多发展中国家鉴于本国经济发展水平和社会化、货币化程度不高的国情，设计个人所得税基本上仍然倾向于周期说和交易说，从而力求征收上的简便性和取得一定的财政收入。确定个人所得税征税范围的一般规则如下。

（1）通过交换并能以货币衡量的所得为征税所得。一般来说，商品经济越发达，能够用货币衡量的所得占全部所得的比重就越大，在高度发达的商品经济社会里，通过交换发生的货币所得在全部所得中占主导地位，通过交换并能以货币衡量的所得为征税所得，较符合按能力负担原则。因此，目前世界各国的个人所得税法中均将可以通过货币衡量的各项所得作为最主要的征税对象。因此，自己或配偶在自己的家中从事家务劳动，自己居住自己拥有的房屋，由于没有通过交易，难以确定价格，无法课税。

从公平角度讲，如果对所有物物交易都不考虑征税，会大大地鼓励人们以实物形式获取所得而逃避税收。通过劳动之间或劳动和财产之间的交换、物物交易而产生的所得，如甲到乙家帮助油漆房屋，而以后乙到甲家帮助修理车库，税法可以规定要视同其为货币交易所得课税。但是这些所得，除非纳税人自觉申报，实际上无法进行征管，也不容易通过作价评估确定这些所得的具体数额。因此，比较可行的规定是：可以用货币衡量却不用货币衡量而以实物形式或有价证券形式出现的某些特定所得项目，应当视同货币所得予以征税。例如，现金以外的资产分红应当同现金分红一样对待，资产分红应以分配当时该资产的市场公正价格计入所得。个人以特殊方式获得实物所得也不以交换发生的货币所得为限。例如，员工以显著低于市场价格的价格或免费获得本公司生产销售的货物、提供的劳务、拥有的资产，其与合理公正的工资或价格之间的差额部分应视为征税所得。

雇主提供的某些与职业有关的附加福利 [也称花边红利（fringe benefit）]，包括免费医疗，享受津贴的小卖部，午餐津贴，孩子照顾和法律服务，提供车辆和制服及住房、生产保险与健康保险等，是否列入征税所得范围，各国的规则不一。比如，美国1986年税制改革以前，上述附加福利所得是作为不予计列项目处理。但是，1986年税制改革以后，美国则把附加福利并入工资、薪金列为征税项目。其原因是，美国政府认为，对于附加福利不征税将会影响到税制的公平性，会促使人们通过减少工资、薪金而增加附加福利的办法逃避个人所得税，而且附加福利的增加使雇主和雇员之间建立起非市场的特殊关系，会对劳动力的流动产生干扰作用。英国则通过判例法确定了对雇主提供的某些附加福利的征税原则，即雇员收到的实际利益必须能够转换为现金。假设一个雇主花 15 英镑买了一套衣服赠送给一个雇员,只有在雇员将衣服变卖的时候才能征税,计税依据是其变现的收益,而不是雇主购买衣服的原始支出金额,这就是现金转化原则。

总之,没有经过交易而获得的非货币所得是否列入征税范围取决于能否变现或对价值进行评估。

(2) 已变现的所得为征税所得。个人的资本性资产的增值构成个人的资本利得。但是,对资本利得是否征税,如何征收,以及征收重税还是轻税也同企业所得税一样存在较多的争论。依照周期说,由于资本利得不属于周期性、连续性、规则性的收入,因此 20 世纪 60 年代以前,许多英联邦国家并不把资本利得税作为征收所得,而美国对资本利得的态度则依据"S-H-S"所得概念,出于公平社会分配的考虑于 1913 年开始和个人所得税同时征收。1965 年以后,英国也认同了征收资本利得税有助于社会公平的主张,开始征收资本利得税。目前的普遍看法是,资本利得并非生产经营所得,如果不对其征税,不仅不利于社会公平的实现,而且会促使社会富有人群将其他形式的所得转化为资本收益形式,从而大量逃避国家税收。因此,各国出于财政和公平的角度大多开征了资本利得税。在资本利得税的具体征收问题上,各国遵循变现原则,即仅对纳税人实际出售或交换的资本财产的收益征税。这是考虑到,尽管未实现的资本利得意味着资本所有人经济实力的增强,但是每年对资产进行评估看其是否溢价增值,在技术上存在极大的困难;对尚未实现的所得征税也不尽合理,因为资本所有人在不出售资本财产时并没有纳税能力,如果对其征税则会迫使资本财产所有人为纳税而出售资本财产,这就对人们的经济生活产生不必要的干扰。

对个人资本利得征重税还是轻税则取决于一定历史时期公平和效率的均衡。从公平方面讲,因资本利得不是劳动所得,资本利得几乎全部集中于高所得人群,只有重税才能区别于劳动所得,才能提高税收的累进程度、减缓贫富不均、提高税收公平。从效率方面讲,在累进税率下,个人在资本利得实现那年,其税负会有剧增现象,这就是聚集效果,在征收重税的情况下,投资者为了节省税负或逃避税负,可能不愿意出售或推迟出售其资本财产,结果会阻碍资产流通,打击资产结构的改进,干扰资源合理配置,对经济发展产生不良影响,这就是锁住效应 (lock-in effect)(也称紧锁效果)。总的来说,相对于公平而言,资本利得税在效率方面的优势更为突出,这意味着它对投资产生巨大影响。因此,各发达国资本利得税制普遍经历了税制由繁到简,税率由高到低的过程。其根本目的还是希望通过改革和完善资本利得税制,促进资本的形成,提高本国的全球竞争力。

一国个人所得税征税范围的确定往往还要考虑与其他税种的协调,首先是与企业所得税的协调,两个所得税征税范围应当一致,如资本利得、股息红利、劳务所得、财产收益等应当一视同仁,如果规定有差别就会扭曲纳税人行为;其次是与增值税等流转税的协调,增值税最终由个人用所得支付,因此当流转税没有对生活必需品免税减税时,个人所得税税基可以比较窄。

(三) 中国个人所得税征税范围的确定

目前中国个人所得税征税范围包括工资薪金所得,个体工商户生产经营所得,个人从独资企业、合伙企业获得的生产经营所得,个人对企事业单位的承包经营、承租经营所得,劳务报酬所得,稿酬所得,特许权使用费所得,利息、股息、红利所得,财产租赁所得、财产转让所得,偶然所得和经国务院财政主管部门确定征税的其他所得。

当前中国个人所得税征税范围基本上是合理的,但也有一种改革方案认为中国个人所得税应是个人非营利所得税。就是征税范围应限定在工资薪金所得、各种劳务所得、投资所得(包括利息、股息、特许权使用费所得等)、财产租赁和转让所得等非营利性质的所得,也就是将合伙企业、个体工商户的所得税并入企业所得税或营利事业所得税中,这可使个人所得税法律简明,避免用大量的篇幅规定有关成本费用 [包括存货计价 (inventory valuation)、折旧计算、财务费用和管理费用摊销等] 的规则,避免与企业所得税的内容重复,也避免个人所得税和企业所得税对同一笔所得的重复征税。当然为了解决这一问题也可将个人所得税法和企业所得税法合并立法。

此外，免税所得应严格限制，以使个人所得税尽可能普遍课征，从而实现税收公平，必要的免税应遵守以下这些一般规则。①节省管理成本原则。从政府预算开支的政府奖励性所得、抚恤费和救济金，免税可以反映政府奖励的实际水平，避免一手进、一手出，徒增管理成本。由于国债和国家发行的金融债券利息是由国家确定的，对此免税，也体现了节省管理成本原则。②遵守国际条约原则。按国际公约、条约规定对某些所得免税，如对外交代表收入免税。③避免重复课税原则。以工资薪金为课税对象的社会保险税（费），应当从所得中扣减。④符合国家战略和宏观经济政策要求原则。其他方面的免税，都要在不影响公平并能促进效率的情况下，按国家战略和宏观经济政策的需要确定。

二、个人所得税综合费用扣除规则

（一）综合费用扣除的基本内容和方法

个人所得税的最显著特点就是对纯收入征税，既然是对纯收入征税，那么必须从列入征税范围的各种毛收入中作必要的费用扣除，排除掉不反映其纳税能力的部分，保留其能反映纳税能力的部分，然后据以征税。我们称这样的扣除为综合费用扣除（expense deduction），综合费用扣除具体包括两个方面的内容，一是为获得应税收入而支付的必要的成本费用（以下称费用扣除），二是赡养纳税人本人及其家庭成员的最低生活费用［以下称生计扣除（livelihood deduction）］。综合费用扣除的办法从大的方面讲有两个。一是综合法，其将不区分费用和生计支出，而是按照一定的标准数额进行法定扣除。中国目前就采用这个方法。二是分别法，根据一定的原则，将费用扣除和生计扣除分开，从毛收入中分别加以扣除。这是西方国家个人所得税的普遍做法。后一种方法适应性强，可以考虑各种具体情况，较能做到按能力征税，但计算比较复杂。

1. 费用扣除的基本内容和方法

费用扣除的项目不仅包括与获取应税收入直接有关的费用，如工商经营活动、事业活动和劳务活动中花费的成本；而且包括与获取应税收入没有直接联系，但又是进行收入获取活动所必需的各项生活开支。对一些从事工商经营和劳动服务的个体劳动者或合伙企业所有者，允许他们从毛收入中扣除为取得这些收入而支付的成本费用及损失，其遵循的原则就是保证纳税人的简单再生产，使他们至少可以在原有资本的基础上继续经营，其费用扣除和损益计算与企业所得税的费用扣除和损益计算存在相似之处。

对个人所得税而言，比较特殊的是一般企事业雇员获得工薪收入的费用开支的确定和扣除。在这一点上，各国的做法差异较大。在英国，对 E 表类所得（工薪所得），通过判例法详细具体地规定了扣除规则，即"在执行应税业务中"发生的必要、全部、唯一的规则。首先，收入必须是发生在应税业务中的，比如，关于雇员的旅行费用，只有当雇员受雇于一个雇主而在不同工作地点工作时，其旅行费用才可以扣除，而雇员受雇于所在地不同的雇主或者由于家庭所在地和工作地点不同而发生的旅行费用则由于不是在应税业务中发生的，因此不允许扣除。其次，"必要"规则是指不发生此项费用，此项业务无法开展，征税所得无从发生。例如，一个公司实验室的学生助理，不允许扣除其去伦敦大学听课以获得更高一级学位的费用，因为此项费用不是他作为实验助理所必要的。最后，"全部和唯一"的规则是指为经营业务而发生的费用，仅仅是为业务而发生的，其中不掺和其他因素，不能产生其他偶然结果或效应。比如，一个银行经理不允许扣除其为预订伦敦夜总会而支付的费用，因为该银行经理从夜总会中可分享到个人利益，因此，此项费用不是全部、唯一的为业务而发生的费用。

美国是典型的实行综合所得税的国家，对工薪所得费用扣除的限制不像英国那样严格。具体来看，第一，扣除的内容十分广泛，包含州、地方税收（不包括销售税），不作抵免处理的外国税收，个人利息支出，慈善机构捐款（不超过调整后总所得的一定部分），医药费（超过调整总所得的一定比例部分），意外事故和被偷窃损失等，而在英国E表费用几乎不能扣除。第二，一笔费用同时掺和业务因素和个人消费因素时，允许进行分配，就其中为业务而支付的部分扣除。也就是说，在美国，费用扣除不讲究唯一性规则。例如，差旅费，如果出差不仅有业务目的，还兼有个人游览观光、走亲访友等目的，旅行费用不能全部扣除，要在业务目的和个人目的之间进行分配，业务目的的部分才能扣除。第三，美国把与获取所得有关的费用分为业务费用和非业务费用。在美国税法中，非业务费用有特定含义，它并不是指与应税所得的获取毫不相干的费用，而是指与获取所得有关的费用。实际为获得收入而支付的费用，除业务费用外均可列入非业务费用。最典型的非业务费用是管理、保存或维护产生所得的财产而支付的费用。业务费用是直接与获取征税收入的业务或职务活动有关的费用。在美国，这部分费用扣除的规则有两条，其一，直接与纳税人的交易业务或职务有联系；其二，数量合理。以旅行费用和交通费用为例，从家庭到工作地点的交通费用不可扣除，因为这不是与交易或业务有关的费用。

日本个人所得税的费用扣除规则与英国和美国不同。日本采用的累退比例扣除法规定，工薪收入越高，扣除比例越低，每一档次的收入都有一个最低扣除额，这一方法避免了对各项费用是否应该扣除进行确认的烦琐手续和可能引起的争议、诉讼。但此种办法只考虑到收入的差别，对费用扣除中的具体问题无法做到具体分析和解决，不能照顾到各种具体情况，从而与按能力负担税收的原则具有一定距离。

总的来看，在个人所得税费用扣除规则上，找不到一个具有绝对优势的方法。但其基本原则是要和本国经济发展水平、法律体系的完善程度，以及税收征管水平相适应。

2. 生计扣除的基本内容和方法

生计扣除又称个人宽免额，就是从个人计税净收入中可以减除的维持纳税人本人及其家庭成员最低生活水平的费用。生计扣除的程度，一般遵循两个基本原则。其一是保证人民（包括纳税人及其赡养者）具有最基本的生活水平。各个时代有其不同的最低生活水平，这取决于当时生产力发展的状况。最低生活费用免税额（exemption amount）须能保证人民依当时的物价，购买到当时生产力水平决定的维持最低生活水平所必需的生活资料。一般情况下，政府不仅不能影响人民最低生活需要，而且要随生产力水平的提高和社会进步，不断增进人民的福利，提高人民的生活水平，在财政力量许可的情况下，提高生计扣除数额。为了避免通货膨胀对生计扣除的影响，最好采取生计扣除指数化办法。但在非常时期，为满足政府维护正义的公共需要，人民也应该节衣缩食，以维护国家和民族利益。其二是与现行流转税或其他税的征收情况协调。流转税归根到底也是由人民的所得支付的，如果流转税只限于对奢侈品课征，则一般民众对所得税的承受能力会大些，最低生活费用的免税额也可小些；如果流转税的税基已涉及基本生活必需品，那么对广大民众而言，所得税的负担就要轻些，生计扣除的数额也应大些。

从各国个人所得税实践看，个人所得税生计扣除有以下几种方法。

一是所得减除法，就是从所得额中进行生计扣除。大多数国家采取这种办法。例如，美国，2019年，单身申报的标准扣除额为12 200美元，夫妇两个申报的标准扣除额为24 400美元；英国，2020～2021年，标准扣除额为12 500英镑，老龄人分两档（65岁至74岁和75岁以上）分别给予追加的生计扣除，但对高收入者根据收入高低减少扣除额，直至生计扣除减为零，对调整后的所得超过10 000英镑的部分，每2英镑所得减少1英镑扣除额，这意味着所得达到125 000英镑及以上的个人，其标准扣除额为零[①]。

二是税额抵扣法（即抵免法），纳税人先不从所得额中减除生计扣除额，而是在计算出税额后，再从税额中减除一定数额的生计费用。意大利就采取这种办法，一般生计费用根据所得水平有不同的抵免，最多可抵免1880欧元。此外还有专项抵免，如无所得的配偶可抵免800欧元、抚养的每个孩子可抵免1220欧元。丧葬费、住房抵押贷款利息、医疗费用、人寿保险、慈善捐款等开支也可得到一定比例的抵免，但均有抵免最大限额的规定，如抵押贷款利息可抵扣19%，最大可抵扣额为4000欧元[②]。

---

① 资料来源：https://www.gov.uk/income-tax-rates。
② 资料来源：https://www.worldwide-tax.com/italy/italy-tax-deductions.asp。

三是家庭系数法（family quotient）。法国采用此法。家庭系数法就是将应税所得额除以家庭系数，得出一个金额，以此额为基础找出一个适用税率，并与之相乘，然后将其得数与家庭系数相乘计算出应纳税额。这样不采用系数时的应纳税额和采用系数后的应纳税额之间有一个差额，这个差额就是生计扣除额。实际上就是通过对某类纳税人减轻所得税结构中的累进效应的方法来确定生计扣除额。例如，某夫妇抚养两个孩子，家庭系数是3，当年获得净应税收入额30 000欧元。不考虑家庭系数时，应纳税额为6661.62欧元；考虑家庭系数后，则该收入额要除以3得到10 000欧元的应税所得额，然后适用相应的税率，税额为636.14欧元，这一税额再乘以3得到应纳税额1908.42欧元。两个应纳税额之间的差额4753.2欧元就是这个家庭该年度获得的生计扣除额[①]。法国的家庭系数法是很有特色的，不但可以照顾不同的家庭情况，而且计算也简便。负担能力强的多纳税，抚养人数多、纳税能力弱的少纳税。但对比前两种方法，家庭系数法只在累进税率档次比较多且最高一级边际税率较高的情况下才有效，而且只有在采取以家庭为申报单位的申报制度下才适用。在当今世界各国采用低税率、少级距的个人所得税的趋势中，生计扣除的方法一般在前两种方法中选择。

（二）中国个人所得税工薪所得综合费用扣除的原则和标准

中国目前采用综合法对于个人所得税工薪所得的综合费用进行扣除。根据个人所得税的基本原理，确定综合费用扣除的标准应该从费用扣除和生计扣除两个方面来考察。具体来说，就是要确定费用扣除中的直接费用、间接费用的具体内容和定额以及生计扣除额，然后加总最终确定综合费用扣除额。尽管西方发达国家在这些方面有较多的经验可以吸收，但是在中国具体确定综合费用扣除的标准时却要考虑更多的因素。其中，以城乡差别为主要特征的多元经济状态、个人所得税的功能定位和模式的选择是我们必须特别加以注意的问题。鉴于此，我们提出了确定中国综合费用扣除标准的基本原则（杨斌，2006a）。

1. 间接费用扣除的基本原则和标准

首先，在中国目前的情况下，费用扣除中的直接费用是可以不予考虑的。因为中国获得工薪收入的直接成本主要是从家庭到工作地点的交通费用，但是中国有单位包车、个人骑车、个人乘坐公交车、个人乘坐私家车等多种情况，难以区分是个人目的还是工作目的，因而可以按英国的做法，全部作为个人目的，统一在生计扣除中加以考虑；进修、培训、出差等费用在不少单位则完全由公费开支，已经在企业的成本中列支的，如果再作为个人所得税扣除，则会产生重复扣除的问题。这样，费用扣除的重点是间接费用的内容和定额问题。从中国的国情出发，间接费用扣除要体现两个基本原则。

第一，以人为本的原则，即间接费用的扣除要从关怀纳税人健康、保证其进行自身再生产以及体现国家人文关怀的立场出发。具体来说，必要的医疗费用、教育费用、住房贷款的部分利息、超过保险赔偿额的损失要从其中扣除。其中，医疗费用扣除的额度可以按医药费用超过社会保险支付部分的一定比例确定，并以中等发展水平地区、中等收入水准的工薪所得纳税人及其平均赡养人员的平均医疗费用开支为依据。由于国家已经全面实行义务教育免费政策，教育费用扣除额不应包括家人义务教育费用，但应包括纳税人超过公费支付部分的一定比例的培训费用，与从事职业无关的教育培训费用不能扣除，可扣除额依据通过抽样调查统计获得的全国数据确定。住房贷款的部分利息和超过保险赔偿额的损失则同样可以参照全国的平均值来确定。这里需要指出的是，这些间接费用的扣除与全额报销概念是不同的。在扣除的制度安排中，纳税人获得的实际好处只是扣除额中的一定比例，而不是扣除额的全部。假定可扣除额为100元（已经是实际开支的一定比例），适用税率为10%，那么纳税人获得的实际利益只是10元。

[①] 资料来源：https://www.economie.gouv.fr/particuliers/quotient-familial。

第二，促进公益的原则，即间接费用扣除要体现鼓励公益事业发展的政策导向，应允许纳税人对公益事业捐赠的一定比例在税前扣除。如果纳税人缴纳税金也是维持政府、支持公共利益的话，并假定个人所得税作为中央税，地方税体系中又包括对个人课征的房地产税（物业税）、个人所得税附征（或地方个人所得税），那么这些地方直接税应当允许在税前扣除，一方面减少重复课税，另一方面也建立起中央税和地方税之间的联动机制，有利于税收管理。目前个人所得税还是中央和地方共享税，对个人自有自住房屋不征房地产税，因此还不存在地方直接税作为扣除项目的问题。

2. 生计费用扣除的基本原则和标准

生计费用扣除的目的是让纳税人在缴纳个人所得税前留足维持本人及家庭成员的基本生活水平的收入，理论上讲是为了维持纳税人简单再生产，超过基本生活水平的部分均视为具有纳税能力的收入，可根据能力大小贡献一部分收入给社会，用于公共产品的提供。因此，综合费用扣除中的生计扣除额确定的第一个基本原则就是最低生活费用不纳税原则。也就是说，应当以维持纳税人本人及家庭成员的最低生活水平为基础依据，而不能以平均收入、某一群体的最高收入、平均消费支出为依据。

那么，中国的最低生活费用标准是多少呢？回答这个问题就必须考虑城乡收入和消费差距问题。《中国统计年鉴 2022》根据收入水平将中国农村居民和城镇居民均按收入分为五个类别：低收入组家庭、中等偏下收入组家庭、中等收入组家庭、中等偏上收入组家庭、高收入组家庭。按照这个分类，从原则上就要考虑 10 种情况。因农村低收入组家庭的消费水平是很低的，农村低收入组家庭消费水平位于生存性保障水平，不应当作为确定生计扣除的依据。因此，确定最低生活费用标准时，应当将农村中等收入组家庭的生活消费支出以上的情况作为扣除标准的依据。从中国个人所得税的实践来看，20 世纪 80 年代创设个人所得税初始，该税种主要针对外籍在华工作的高薪人士。但随着中国经济社会的快速发展和工资水平的普遍提高，个人所得税虽然占国家全部财政收入的比例还不是很高，但已经成为地方第二大税种，财政功能越来越重要。随着人民逐步富裕，纳税能力提高，个人所得税的财政功能应逐步有所提升。为了适应物价水平和社会经济发展变化情况，个人所得税应当执行费用扣除指数化，并于每年在国家预算案中公布。

同时通过税率制度的合理安排和税款的定向使用，个人所得税应发挥更大的调节作用。这是因为通过收入和支出联动的制度安排（即个人所得税税款的定向使用），通过对相当多有负担能力的纳税人课征税负不重的个人所得税（广税基低税率，如扩大 3% 这一档税率的适用范围），积少成多，然后通过专项支出或提供必要公共产品的办法，转移给低收入组家庭，可以在更大范围内调节收入分配，实现福利增进的目标；同时也有利于培养人民纳税（承担义务）、关心税款使用（履行民主职责）的现代民主意识；便于税制的进一步改革，逐步提高所得税比重、降低间接税比重，减少以间接税为主体的税制结构的效率损失，同时有利于增加财政透明度。

总之，只要税款使用上真正体现取之于民用之于民，且税率适度，就能在一定程度上调节收入分配，改善公共设施和社会环境，从而为构建和谐社会起到有益作用（杨斌，2007b）。

三、个人所得税税率

（一）个人所得税税率制度

个人所得税税率制度主要是指个人所得税税率类型的选择、超额累进税率的档次设计问题，以及比例税率的设置问题等。

1. 比例税率和累进税率

就公平方面来说，比例税率下，纳税人应税所得无论多寡，均按照一个比例纳税，实际结果是纳税能力强的人负担轻，纳税能力弱的人负担重，而在累进税率下，根据所得多少，适用高低不等的税率，则相对公平。就效率方面来说，比例税率简便易行，税收行政效率较高，同时有利于税源控制，适于采用预先扣除的办法。累进税率计算较为复杂，影响税收的行政便利程度。就收入的筹集能力来说，比例税率下，财政收入的增长速度和所得的增长速度是同比例的，而在累进税率下，财政收入的增长速度则会超过所得的增长速度。

2. 超额累进税率的档次设计

在累进税率的两个类型中，全额累进税率会产生邻近级次之间的税负剧增问题，因此不够公平，大多数国家都不采用全额累进税率。我们通常所说的累进税率一般都是指超额累进税率。超额累进税率的档次设定涉及三个问题。

（1）累进程度（progressive degree）。累进程度即税率随着收入增加而提高的程度，体现在最高边际税率的制定上。最高边际税率规定得比较高，可以限制高收入者进一步富裕，有利于纠正所得分配不均。但也有研究表明最高边际税率定得高会降低高收入者的积极性，造成福利损失。

（2）累进速度（progressive speed）。累进速度就是税率档次多少的确定问题。当最高边际税率规定得较高的时候，累进的税率档次就会比较多，而在基本税率线不长的情况下，累进的速度就比较慢，就越有利于贯彻按能力负担的原则。但很容易影响人们增加劳动从而增加收入的积极性，存在降低效率的风险。

（3）基本税率线长短的问题。基本税率线长短的问题就是适用于初始税率的金额问题。在税率结构中安排较长的基本税率线有利于对大多数纳税人采用源泉扣缴的征管办法，不过按能力负担原则的实行广度就缩小了。

（二）中国个人所得税税率制度的设计

中国现行个人所得税税率制度呈多样化特点。工资薪金按月在扣除5000元综合费用后适用3%~45%的七级超额累进税率；个体、合伙、独资企业生产经营所得按年适用5%~35%的超额累进税率；劳务报酬所得、稿酬所得、特许权使用费所得每次收入不超过4000元的，减除费用按800元计算；每次收入4000元以上的，减除费用按收入的20%计算。稿酬所得、特许权使用费所得适用20%的税率，劳务报酬所得适用20%~40%的三级超额累进税率。

个人所得税税率制度的复杂性及其差异化处理，在实际运作中可能会面临一些挑战（杨斌，2016；杨斌，2017）。因此，个人所得税税率制度改革的方向应当是低税率、少差别。

在违法被处罚的预期成本不高的社会环境中，低税率、低负担、少差别，会尽量减少偷逃税的利益诱惑，使偷逃税意义不大，缴税也不心疼，从而达到宽税基、易征收、多征收的良性境界。高税率必然诱惑偷税；越细致的差别政策必然产生越多的人为安排和寻租行为，导致偏离效率最优化，反而使政策越偏离初衷。

在中国还处在社会主义初级阶段的历史时期里，各种收入的货币化、账面化程度不高，即使加快改革步伐这种状况也难以在短时间内彻底改观，而目前个人所得税又只能针对获得账面货币收入的人群。在这种情况下，如果税率定得过高，可能会使纳税人牺牲过大而且感到很不公平，往往会促使他们选择收入隐性化（如不要求过高工资而要求较高的实际福利）或者在契约中要求税后净收入。在当前的社会中，能获得高的账面货币收入的人一般具有一技之长，在市场交易中处于"卖方市场"的地位，将个人所得税转嫁于雇主往往成功。这种情况的出现，意味着高税率特别是高的边际税率对高收入进行调节的政策目标难以达到。传统观点认为，个人所得税要承担调节收入分配的职责，就必然要求实行高税率、多档次的累进税率制。实践证明这种观点不一定正确。高税率、多档次的累进税率制往往难以行之到位，也就无法实现其既定调节目标。纳税人对税制的普遍看法是决定税制运行成功与否的重要因素，一旦纳税人普遍感到老实依法纳税牺牲过重，这样的税制就不可能长期存在。因此，实施个人所得税的收入分配职能，在负担政策选择上也要遵循低税率、宽税基的治税思路。低税率使纳税人纳税时不会感到牺牲过大,这有利于自觉申报纳税,减少对收入的隐瞒,为建立个人所得税的档案和统计信息基础铺平道路,经过十几年甚至更长时间的不断积累,就能形成关于个人收入的全面、系统、真实的信息库。个人所得税的公平目标和征管效率的提高均以全面、系统、真实的信息为基础。也就是说个人所得税改革要着眼长远,目前实行过高的税率,纳税人觉得老实纳税牺牲过大或不公平,就可能偷逃税,税务当局就无法获得全面真实的信息,尽管加大征管力度,但全面真实信息缺失、偷逃税现象普遍等问题产生的法不责众效应,使得税务部门只能发现和处理极少数案件。低税率不仅易于扩大税基,也利于提高征管效率。

因此,个人所得税税率制度改革方向应该是走中国特色的个人所得税征管模式架构:对周期性所得实行按年纳税,按月扣缴,纳税人可以选择以家庭或自然人为单位综合计算收入和扣除,提高综合费用数额,拉长低税率级距,减轻低收入者负担。对非周期性所得实行按次征收,实际适用10%的比例税率。如此,个人所得税对多数纳税人而言是单一比例税率,对高收入者而言是综合所得税。

四、个人所得税的申报和征收制度

(一)个人所得税的申报制度

从严格意义上来讲,个人所得税是对取得应税收入的自然人征收的税种,因此以自然人作为申报单位是顺理成章的。但是,现代社会是以家庭作为社会的细胞,有的国家法律规定夫妻关系存续期间的财产甚至收入共有。于是,从个人所得税的征收管理方面来看,个人所得税的申报单位就不是唯一的了。在各国的实践中,申报单位主要包括以下三种类型:一是纳税人以个人为申报单位,即个人制,分为未婚者单独申报和已婚者单独申报两种;二是纳税人以夫妻二人为一个申报单位,又称联合申报;三是纳税人以家庭为一个申报单位,又称户主申报。

1. 个人制

中国和日本都是以个人为申报单位。个人制的优点在于对结婚不惩罚也不鼓励;缺点是容易出现家庭成员通过分散资产、分计收入的办法分割所得逃避税收或避免进入较高档次的税率的现象。另外,个人制还会使得具有同样收入但是赡养人口较多的纳税人负担加重,不能很好地贯彻按能力负担的原则。

2. 家庭制

家庭制的主要特点在于必须将夫妻或者整个家庭成员的收入汇总,然后申报纳税。以家庭为单位申报,充分考虑到了家庭成员的收支情况,有利于税收负担的公平、合理。但是,家庭制侵犯了夫妻间的隐私权,在高税率、多档次的累进税率下,可能会降低妇女的工作意愿,还可能由于婚前和婚后的税负不同,造成对婚姻的税收干扰,鼓励收入差距较大的男女结婚,收入接近的不结婚。必须指出的是家庭制的弊端是在高税率、多档次的累进税率下才会出现的。如果降低最高边际税率,减少累进档次,上述缺点会减少甚至消除。

(二)个人所得税的征收制度

个人所得税按其征收方式不同可分为分类所得税、综合所得税、分类综合所得税三种类型。

1. 分类所得税

英国原来的个人所得税、新中国成立前中国的个人所得税以及目前中国香港的个人所得税都是分类所得税。分类所得税基于周期说,对各种不同性质的所得(主要是工资薪得、利息所得等经常性、周期性所得），分别按不同的税率征税。换句话说，税基是法律订明的各项所得，并非个人的总所得。税率多为比例税率，有时也采用较低的累进税率。分类所得税的优点在于征收简单，易于进行源泉控制即从源扣缴，而且可按所得性质的不同采取差别税率，有利于实现特定的政策目标。其缺点是不能按纳税人真正的纳税能力征税，有欠公平。

2. 综合所得税

美国等发达国家的个人所得税属于这一类型。综合所得税的特点在于从纳税申报单位的总计毛所得中扣除费用和个人宽免额，就其余额衡量纳税能力，适用于累进税率进行征税。这种类型的所得税比较符合按能力负担的公平原则，但征收手续较为复杂，征税成本和奉行成本均比较高，并且还要求纳税人有较高的纳税意识，社会有较健全的财务会计和先进税收管理制度，多数人能够自觉申报，否则很难实施。

3. 分类综合所得税

分类综合所得税的特点是个人不同来源的所得，要按性质分为不同项目，对不同项目的所得先进行费用扣除，然后将全部或部分所得项目加总进行个人宽免，运用累进税率征税。其优点在于，便于对不同来源和性质的所得分别适用不同税率，有利于实现国家特定的政策目标，也有利于从源泉扣缴，防止偷逃税；全部或部分所得项目最终要合并申报，符合按能力纳税的原则。

（三）个人所得税的征收方法

个人所得税的征收方法主要有三种，即申报法、课源法、测定法。在个人所得税实践中，各国都是综合运用这三种方法，但有所侧重，具体做法也不一样，形成不同的风格。

1. 申报法

如果个人所得税要普遍推行并且成为主体税种，由于纳税人众多，个人所得税不可能像管理流转税那样实行专户管理的办法，而必须实行纳税人自觉申报、税务局抽样稽查的办法。就是纳税人于纳税年度终了的一定期间内，按税法规定填写所得税申报表，自行或委托专业机构、专门人员申报各项所得额，自行计算其总所得额、允许扣除的费用、个人宽免额、应纳税所得额以及应纳税金。征收机关负责咨询，并对申报表进行调查或审核，通常是抽查。可以说普遍推行的个人所得税天然地以纳税人主动申报为基础。无法建立或无法推行纳税人主动自觉的申报办法，个人所得税就不可能成为普遍征收的税种。但是这种申报法并不是在任何国家都能有效推行。

到目前为止，申报法只有在以美国为代表的西方国家才得到有效推行。其关键问题在于纳税人要存在违法后被处罚的代价很大的社会心理。因为，一旦偷逃税被发现，可能被罚得倾家荡产且无人情可讲，还会成为舆论界的众矢之的。纳税人纳税义务意识、普遍守法观念和偷逃税耻辱观念就树立起来了。在个人所得税领域，绝大多数的纳税人能够自觉申报，违法不申报或申报严重不实仅限于少数人，这样税务当局就有可能将力量集中于少数偷逃税者，使重点稽查得以实现，并通过对偷逃税的严厉处罚，造成震慑，促进纳税人守法，从而使自觉申报制度得以有效运行，个人所得税成为一种在税务审计控制下的自核自报制度。尽管奉行成本巨大，但总体上个人所得税的征税成本处于可接受的范围内。由于文化的差异，在以下分析中，我们将看到在发展中国家自觉申报制度被有效地普遍推行存在较大难度，个人所得税的征收主要依靠课源法和测定法。

2. 课源法

课源法又称从源扣缴法。在所得发生的当时由给付者——扣缴义务人按规定的比例税率扣缴税款，直接缴纳到国库。此法的优点在于税务机关只与给付者联系，给付者只是替税务机关扣缴所得者的所纳税款，容易做到按实扣缴，可免除税务机关查核手续，征收简便，征收费用低。在时效上，所得一经发生扣缴，义务人即刻完成个人所得税代扣代缴流程，符合所得税对财富流量征税的本质，也使政府及时获得税款，便利国库资金调度。从源扣缴，税源得到及时严格的控制，防止"偷逃滞欠"的情况发生。此外，税款在所得者得到收入前就已缴纳，可减轻纳税人因纳税而产生的痛苦感。这个办法的缺点在于只适用于一部分所得，无法适用于全部所得，特别是对营利所得无法进行源泉扣缴。许多国家对无法进行从源扣缴的非雇佣性所得如营利所得等，采取暂付或预缴的办法。一般以上一年度取得的所得为基数，确定本年度应预付的税款，分次预缴，如果本纳税年度内纳税人所得变化大，可通过重新调整确定基数这一办法来补充税源的不足。

3. 测定法

测定法又称推定法、定额法，是指根据纳税人表现的外部标志，推定其所得。在具体的税务实践中，测定法可分为三种。一是净值法，根据纳税人财产净值的多寡，如住宅大小、交通工具的新旧等，推定其所得额大小。二是消费支出法，根据纳税人平时生活水平与各种消费支出的数额，推测其所得，决定其应纳税额。三是银行账户法，根据纳税人银行账户的往来情形，决定所得额和应纳税额。测定法对申报法和课源法等在征纳程序上难以掌握的所得，可起重要的补充作用，尤其是对严重偷税、顽劣不堪的纳税人，测定法的运用具有惩罚的意味。但是从外部标志推定所得不免臆测和武断，测定法只能充当补充的征税办法。

（四）中国个人所得税申报和征收制度设计

1. 西方模式申报法的不可行性

要在中国推行西方模式申报法即要让纳税人自觉申报必须解决相关的三个问题。一是纳税人不愿意申报怎么办？二是纳税人申报了，但申报不实怎么办？三是申报量太大怎么办？

解决纳税人不愿意申报和申报不实问题，逻辑上有两个途径。其一，申报者会获得好处，办法是将申报与社会福利挂钩，申报缴纳的个人所得税越多，将来获得的福利待遇就越多，但这以建立了普遍统一的社会保险制度为前提，这一前提目前以至今后相当长的时期里都难以做到。即使在某些局部地区有了较为普遍统一的社会保险制度，纳税人还会在不申报的得益与获得更多的社会保险利益之间进行权衡，对比较富裕的人而言选择不申报可能更有利。其二，就是让不申报者有麻烦，也就是让纳税人不敢不申报，要建立起违法被处罚的预期成本很高的普遍社会心理意识。但是，中国还存在违法被处罚的预期成本很低的普遍社会心理。在这样的文化氛围中，一般不会出现自觉申报的情况，面对大多数人的不申报或申报不实，就出现法不责众现象，如果只是通过随机抽查对少量纳税人进行审计（像西方发达国家那样），会助长偷逃税的侥幸心理，因此抽样审计、重点稽查就无法进行，而全面稽查又非税务当局有限的人力物力能够完成的任务，强制推行将使征税成本畸高，造成巨大福利损失。

征税是有成本的，申报量太大，特别是其中小额收入申报的数量太大不仅达不到个人所得税筹集收入或调节收入差距的目的，而且大量地增加税收成本，使税务局做了许多无用功。因此从税收成本考虑，对申报量必须加以限制，理想的状态是高收入者申报、低收入者不申报，但掌握足够的信息来区别高收入者和低收入者不是件容易的事情。

2. 中国现阶段实行综合所得税模式的不可行性

中国现行的个人所得税严格意义上属于分类所得税。一种简单普遍的观点认为，中国个人所得税要按西方综合所得税进行改革。这一模式在中国现阶段不可行。综合所得税最大的优势是能反映纳税人的综合负担能力，较好地体现量能负担原则。但是，它的优势的发挥隐含了一定的前提条件，这些条件目前在中国还不完全存在，使得综合所得税模式难以建立。

（1）综合所得税要求个人收入完全货币化、个人所得要全部纳入税基。综合所得税制是一种较为公平和全面的税收制度，它要求个人的所有收入，无论是现金还是其他形式的收益，都应当完全货币化并纳入税基，以准确地反映个人的真实收入水平和纳税能力，从而实现税收的公平性。然而，中国还存在着大量的非货币化收入，包括但不限于实物福利、非现金报酬、股权激励、房产等资产收益等。由于这些收入往往不以现金形式直接体现，因此在现阶段难以进行货币化或计入税基。这不仅给税收征管带来了一定的难度，也可能导致税收的不公平。

（2）有效的个人收入汇总工具。综合所得税是建立在纳税人申报纳税基础上的，尽管各项收入在支付环节可以由支付人代扣代缴所得税，但年终仍需要纳税人汇算清缴，多退少补。目前，虽然推行的个人所得税年度汇算清缴的网络系统，已经取得很大进步，但只是在机关企业单位和核算健全的企业中推行，用于配合代扣代缴征收方式，距离自觉申报、抽样稽查的管理方式还有很长的距离。

（3）综合所得税必须建立在对纳税人各种类型和来源的所得能比较好地掌握和监控的基础上。如果对纳税人的各种所得不能清楚地掌握和监控，纳税人隐匿、少报或不报某些项目所得的现象大量存在，那么综合所得税量能负担只能是一种理想化的设想。

（4）综合所得税以纳税人有较高的纳税意识为前提。要形成较高的自觉纳税意识需要多数个人具有较高文化素质，社会具备法制健全、执法公正、违法必究的社会环境，政府活动包括财政活动具备在纳税人有效制约下的机制。只有当纳税人能通过有效的途径知晓他们缴纳的税款的使用情况，参与税款使用的决策，并确信税款的使用确实增进了他们的公共利益时，只有当纳税人知道他们支付了与他们的纳税能力相当的税款，别人也这样做，税收上是公平合理（这以执法公正、违法必究为前提）时，纳税人的自觉纳税意识才可能得以形成。没有这样的社会环境和由之决定的普遍自觉纳税意识的形成，个人所得税的推行必然与严重的偷逃税相伴随，不可能倒过来通过征收个人所得税达到培养纳税人的自觉纳税意识。要形成这样的社会环境还要经过长期的艰苦努力。

3. 中国式征收方式的设计

中国今后个人所得税的征收方式，应当是中国式的，以源泉扣缴为主，模式既非分类也非综合，也不是传统意义上的混合制。大多数纳税人适用不分类课征，按单一税率源泉扣缴。考虑到中国经济发展的不平衡，应当允许多元征收方式的存在，规范征收方式和简易征收方式并存。要认真研究基层实际征收方式，按去粗存精的原则，将其合理有效的内核吸收到税法规定中来，不能一概地贬斥它们为非规范做法并通通加以取缔。不过税法要明确各种方法的适用条件。例如，较发达地方个人所得税征收可与社会保险支付联动。第一种办法，只有企业完成个人所得税和社会保险税代扣代缴流程的员工工资才能在成本列支，取消标准工资扣除办法；第二种办法，社会保险利益的享受不仅与社会保险税挂钩，而且与个人所得税缴纳情况挂钩，单位源泉扣缴时也要向纳税人开出税单，并按个人社会保险账户号码，在其账户中记录个人所得税缴纳情况。原则上个人所得税缴纳越多其享受的保险利益也越多。其他不发达地区可实行定率或定额扣除办法或其他在实践中总结出来的更有效的办法。

为了解决对工薪收入者以外的高收入者（如明星、商人、知名教授等）征管困难的问题，可推行一种具有中国特色的最低限度税制度或管理办法。就是按一定的标准，如私营企业家按其全年营业额或支付的职工工资额或流动资本数量，并根据行业盈利情况，分地区确定最低限度税税基；演员、运动员等按抽样调查的年收入划分等级，确定不同最低限度税税基，他们选择纳税后，向社会公布他们的纳税等级，一等的演员，如果选择二等以下的纳税等级，就会自我贬值，这会形成约束；知名教授和其他社会名流同样通过抽样方法调查其全部收入，确定若干税基等级。等级确定后由其自行选择，按最低税率征收。如果纳税人觉得按此办法纳税多于按申报的规范办法，可选择申报办法，多缴的税收可予退还。这是一种破除面子、人情关系的制度安排（杨斌，2002b；杨斌和石建兴，2004）。

五、个人所得税的经济效应分析

(一) 个人所得税对劳动供给的效应分析

个人所得税对于劳动供给的效应分析是建立在闲暇属于正常商品,并且是工作的互补商品这一基本假设前提上的。在这个假设前提下,对个人的工资薪金课征所得税会产生两个效应:一是税收减少了人们单位时间的收入,从而降低了个人的支付能力,因而个人会倾向于增加工作时间,以维持原来的收入水平,这种效应被称为收入效应;二是税收的出现,降低了个人单位时间的收入,实际上也降低了其替代品闲暇的机会成本,因此人们会减少工作时间,增加对闲暇的需求,这种效应被称为替代效应。由于这两种效应的作用方向相反,因此最终作用效果如何,取决于两种效应的大小。

1. 收入效应大于替代效应的情况

假设李明将其拥有的时间在工作和闲暇之间分配,且其工资率为每小时 w 美元。如图 10-1-1 所示,纵轴表示他的工作收入,横轴表示他的闲暇时间。当他将全部时间用于工作时,他可以得到的收入是纵轴的 A 点,当他完全不工作时,他可以获得的闲暇时间是横轴的 B 点,这样他的预算约束线就是以 w 为斜率的直线 AB。那么,他将选择预算约束线的哪一点来分配他的工作和闲暇时间,取决于他的工作收入和闲暇收入的无差异曲线 U。显然,在没有税收的情况下,李明会选择无差异曲线和预算约束线相切的点 a,此时工作时间为 FB,闲暇时间为 OF,这时他的效用达到最大。

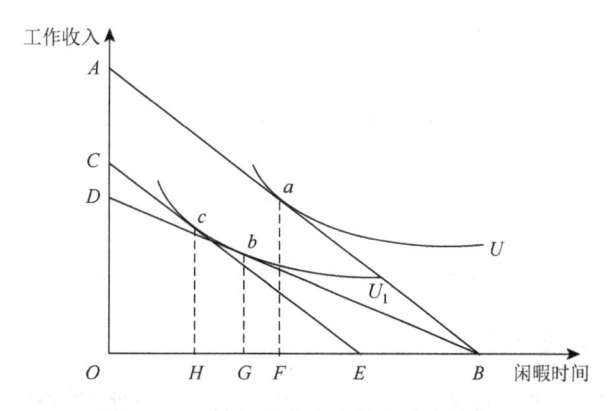

图 10-1-1 收入效应大于替代效应的情况

现在考虑税收的影响,假设对李明的工资收入课征比例税,税率为 t,那么其税后工资率将变为 $w(1-t)$,因此预算约束线绕 B 点旋转为 BD,这时李明的最优选择是无差异曲线和新预算约束线的切点 b,工作时间增加了 FG,闲暇时间减少了,说明收入效应大于替代效应。在图 10-1-1 中作 AB 的平行线 CE,即仅考虑收入的减少而不考虑闲暇的替代,那么 CE 和无差异曲线相切于 c 点,可见收入效应带来的工作时间的增加是 FH,而替代效应则是和收入效应相反的 HG,因此最终的效应是收入效应 FH 和替代效应 HG 的和为 FG。

2. 收入效应小于替代效应的情况

如上分析,对于李明来说,他偏好于在征税的情况下增加工作时间,但是也有些人偏好于增加闲暇时间,这完全取决于个人的效用函数。同样,我们假设王强拥有的时间以及工资率都和李明一样。现在,对其征收同样的比例税,我们发现王强在税后的工作时间减少了 FG,闲暇的时间增多了。同样,通过做 AB 的平行线 CE,我们可以看出收入效应为 FH,小于替代效应 HG,因此最终的总效应是增加闲暇时间 FG(图 10-1-2)。

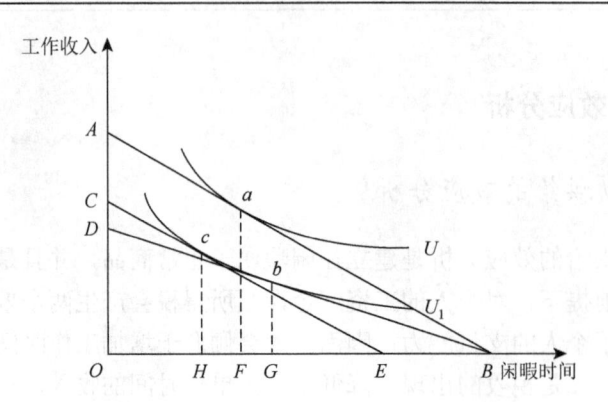

图 10-1-2　收入效应小于替代效应的情况

3. 收入效应等于替代效应的情况

从上面的分析我们能够看出，由于李明和王强的偏好差异，所得税的效应既有可能收入效应较大，也有可能替代效应较大。当然也有可能二者相同。图 10-1-3 就是这种情况。在图 10-1-3 中，工作时间和闲暇时间都没有改变，其原因是收入效应 FH 恰好被替代效应 HF 抵消了。所以最终的总效应为零。总的来看，个人所得税对于劳动供给的效应是不确定的，收入效应和替代效应的大小取决于个人的偏好。

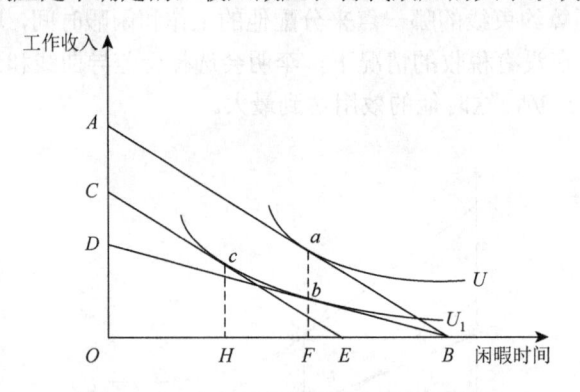

图 10-1-3　收入效应等于替代效应的情况

4. 累进所得税条件下的效应分析

前面的分析均假定对工资征收比例税，现在我们分析按累进税率征收的情况。假定第一个 1000 元适用的税率是 t_1，第二个 1000 元适用的税率是 t_2，超过 2000 元适用的税率是 t_3，而且收入越高边际税率越高。这样，预算约束线将变为一个分段的折线，如图 10-1-4 所示。BL 段的斜率是 $(1-t_1)w$，LM 段的斜率是 $(1-t_2)w$，MN 段的斜率是 $(1-t_3)w$。同样，税后无差异曲线和 LM 段相切于 d 点，那么做平行线 DE 和无差异曲线相切于 f 点，我们能够得出收入效应为 FJ，替代效应为 JI，小于收入效应，总效应为 FI。

上述分析给出了理论上的简单结论，现实中的情况更复杂。对多数人而言，人们不能自由选择工作或是不工作，找工作需要成本，工作时间是相对固定的。人们面对税率比较高的个人所得税，实际行动并不是简单地直接选择闲暇，而只能是一方面可以通过诸如放弃工作（如选择做全职家庭主妇）、选择假期较多的工作（如教师）、推迟进入工作时间（如攻读较高的学位）等方式来变相地改变工作时间，另一方面还可以通过选择强度较低的工作来降低税收的影响。因为强度较低的工作相对于强度较高的工作来说可以获得一笔"非货币收益"，而这部分"收益"是不用缴纳税金的（刘宇飞，2003）。尽管如此，从目前西方发达国家的经验研究结果来看，税收对于成年男子的劳动供给几乎是没有影响的，而对于已婚妇女则能够促使其在"外出工作"和"全职家庭主妇"之间进行选择（罗森和盖亚，2009）。这表明，尽管大多数人面对税收有减少工作时间的愿望，但是显然有各种其他方面的原因使得人们必须保持现有的工作。因此我们可以说，税收的替代效应最终被收入效应抵消了。

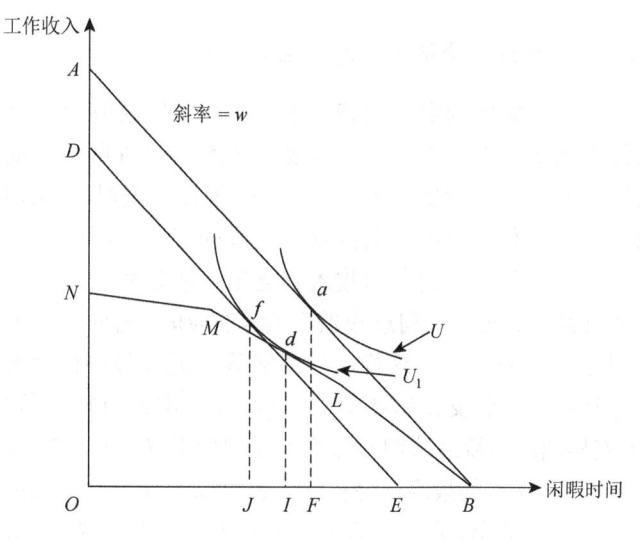

图 10-1-4 累进税率下的效应分析

（二）个人所得税对储蓄的效应分析

1. 生命周期模型的基本描述

有关个人所得税对储蓄的效应分析是建立在莫迪利亚尼的生命周期模型基础上的。该模型假定个人都是有远见的，因而当期的消费和储蓄（借款）决策是根据其一生的收入状况决定的。具体来说，我们假定李明将生命分为两个时期，当期（工作时期）和未来（退休时期）。如图 10-1-5 所示，纵轴表示李明的未来消费，横轴表示当期消费。图 10-1-5 中的 a 点表示李明的当期收入 I_0 和未来的收入 I_1 的组合，称为禀赋点。现在李明在其一生的收入约束下将有几种不同的消费和储蓄选择。

第一种情况，李明在当期消费 I_0，在未来消费 I_1，没有储蓄和借款，如图 10-1-5 中的 a 点。

第二种情况，如图 10-1-5 中 d 点，李明在当期并没有将全部收入消费掉，而是储蓄了 S。假定利率为 r，这样李明将在未来得到利息收入 rS，从而使他在未来可以用于消费的收入达到了 $I_1+(1+r)S$。

第三种情况，如图 10-1-5 中 f 点，李明在当期不仅消费掉了收入 I_0，还借贷了 L，这样他就必须用未来的收入偿还这笔借贷支出及其利息 $(1+r)L$，从而使未来的消费减少为 $I_1-(1+r)L$。

我们将 a 点、d 点、f 点连接起来，就得到了个人当期和未来消费的预算约束线，它是一条穿过禀赋点并以 $(1+r)$ 为斜率的直线，也被称为跨期预算约束线。

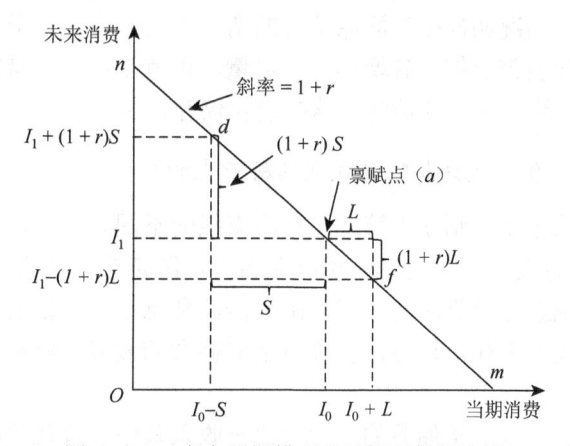

图 10-1-5 生命周期模型的跨期预算约束线

2. 对储蓄利息收入征税，并允许扣除借款利息产生的影响

面对跨期预算约束线个人到底如何确定当期和未来的消费呢？这取决于个人对当期消费和未来消费的偏好，也就是取决于个人关于储蓄和借贷的无差异曲线。如图 10-1-6 所示，征税之前，李明的无差异曲线和税前跨期预算约束线相切于 E_1 点，税前的储蓄是 (I_0-C_0)。现在假设对于利息所得开征税率为 t 的比例税，且借款利息可以在税前扣除。首先我们考察跨期预算约束线的变动。和劳动供给的情况不同，跨期预算约束线是围绕禀赋点旋转的。禀赋点不存在利息的收入和支出，所以税收对纳税人没有影响。其次我们可以发现税收降低了利息的实际收益，1元钱的利息收益变为了 $(1-t)r$，另外，由于借款利息可以在税前扣除，借贷1元钱实际上支付的利息也变为 $(1-t)r$。这样，当期储蓄1元钱最终将使未来的消费增加为 $1+(1-t)r$，当期借贷1元钱最终将使未来的消费支出减少为 $1+(1-t)r$，由此可得，税后跨期预算约束线的斜率为 $1+(1-t)r$。这时，李明的无差异曲线和税后跨期预算约束线相切于 E_t 点，税后储蓄小于税前储蓄，表明税收促进了他的当期消费。进一步分析，李明的最终选择实际上也可以看成是收入效应和替代效应相互作用的结果：一方面，税收降低了人们未来的利息收益，那么个人为了使未来消费不会减少太多或者不减少，则会增加储蓄，这是收入效应；另一方面，由于税收的存在，当期消费的机会成本变小了，因此能够促进人们更多地消费，这就是替代效应。在李明的例子中，替代效应大于收入效应，因此最终表现为当期消费的增加。同样，也有收入效应大于替代效应的情况，这取决于个人的偏好。这里我们就不加以列举了，留给读者自己分析。

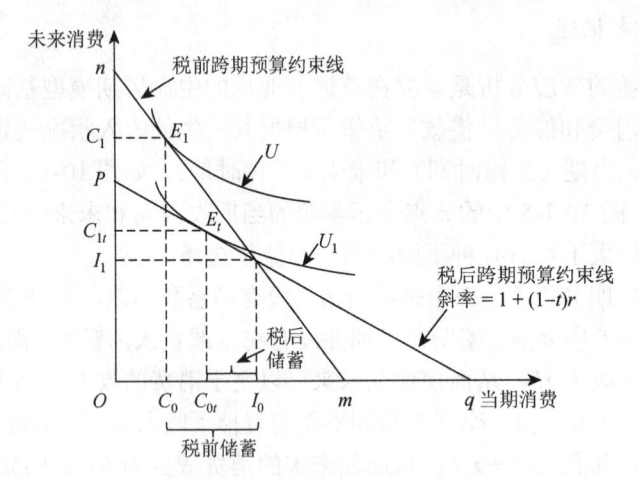

图 10-1-6 税收对储蓄的影响

上述分析的是当期消费小于当期收入的个人，也就是储蓄者的情况。那么对于当期消费大于当期收入的个人，也就是借贷者来说，情况如何呢？同储蓄者的情况不同，由于借贷利息可以在税前扣除，降低了借贷者未来利息的支出，因此会鼓励借贷者增加贷款数量，也就是说对于借贷者来说只要允许其税前扣除利息支出，那么他一定会进一步增加当期消费，这时税收仅存在替代效应，而没有收入效应。

3. 对储蓄利息收入征税，但不允许扣除借款利息所产生的影响

这种情况和前一种情况的根本区别在于跨期预算约束线的不同。首先，在存在储蓄的情况下，税收的存在仍然降低了消费者未来的收益，因此情况和前面相同，跨期预算约束线将绕禀赋点旋转至斜率等于 $1+(1-t)r$。在存在负储蓄，也就是借贷的情况下，由于借款利息不允许税前抵扣，因此借款的利息支出没有变化，跨期预算约束线也没有变化。这时，税收对于储蓄者的效应分析和上一种情况完全相同，而税收对于借贷者则不会产生影响。

上述分析从理论上证明了税收对于储蓄的作用取决于收入效应和替代效应的比较，但是现实中情况并不完全如模型中所描述的那样。罗森和盖亚（2009）总结了上述分析的一些局限性，主要包括两个方面。第一是对生命周期模型的质疑，有学者认为人们在进行当期的消费和储蓄时，未必仅考虑其未来的收益，

还有一些其他的因素也会影响人们的储蓄行为，这样那些旨在通过降低（提高）税率、增加（减少）储蓄的政策并不一定能够产生效果。例如，在中国，未来收入的不确定性对于人们的储蓄有着较大的影响，因此在重新对储蓄利息所得征税后，并没有明显地影响人们的储蓄行为。第二是该模型中仅设定了一种储蓄工具，即取得利息收益的存款。但是，在现实中，人们除了把货币存入银行以外，还可以选择其他方式储存财富，如购买房产等，这实际上也是一种储蓄。这样，如果考虑对不同储蓄工具课征不同税率的税收，那么上面的分析就显得有些简单了。总之，尽管上述理论提供了有益的思路和基本的分析框架，但是税收对于储蓄的效应分析还有待进一步深入。

（三）个人所得税对资产组合（个人投资）选择的效应分析

现代经济学理论中关于个人投资的讨论大多集中在个人对于资产组合的选择问题。一般来说，个人选择一项资产进行投资时，往往希望获得预期收益率高而风险较低的资产。但是，资产的性质告诉我们，收益率较高的资产往往存在较大的风险。因此，人们必须在资产的收益率和风险的程度之间进行选择。

一般情况下，人们往往会根据其对收益率和风险的偏好将其资金投资于风险程度不同的资产组合上，从而使预期收益最大。例如，将一部分资金存入银行获取较安全的利息，另一部分资金用于购买股票或债券进行风险投资。现在，假设我们对个人的资产收益征收比例税，同时也允许个人将投资风险资产的损失在税前抵扣。例如，某人投资100万元用于购买债券，如果获得了正的收益10万元，那么政府要按照33%的税率征收3.3万元的税款。如果损失了10万元，那么该损失额可以从其应税所得中扣除，因此纳税人可以少缴纳3.3万元的税款。这样，他的这项风险投资的实际损失为6.7万元。

那么在引入这样的所得税后，个人对于资产组合的选择将受到影响。我们可以将个人对于资产组合产生的影响分为收入效应和替代效应。假设人们只投资于两类资产，一类是低风险资产，另一类是高风险资产，那么在盈利情况下，收入效应是指由于税收减少了人们投资的实际收益，为了获得和原来同样的收益，人们会倾向于将资金投资于高风险的资产以获得较多收益；替代效应则是指由于税收的存在，和原来比，冒相同的风险获得的收益却减少了，相当于增加了风险资产的机会成本，因此人们会减少高风险资产的投资。在损失情况下，同原来相比，损失可以在税前抵免，因而使得损失减小了，这相当于降低了资产的风险程度，因此只会产生使人们倾向于投资到高风险资产的效应。政府在这种情况下实际上成为个人投资者的"隐匿合伙人"（罗森和盖亚，2009），因此我们不妨称这种效应为"合伙效应"。如果不存在投资损失抵免，则不存在这种"合伙效应"，那么发生损失的时候税收就没有影响了。

总的来看，理论研究仅仅证明了税收产生效应的作用方向，而现有的经验研究还没能够提供足够的证据表明上述收入效应和替代效应的实际大小。尽管如此，从实践中来看，在存在投资损失抵免的所得税下，人们的确会倾向于投资高风险的资产，但是关于较高的资本利得税率的实际影响则还没有得出统一的结论（罗森和盖亚，2009）。

第二节　企业所得税原理

本节阐述企业所得税存在的理论依据、各个制度要素设计规则，以及企业所得税与个人所得税协调规则，并分析企业所得税的经济效应。

一、企业所得税纳税人的界定

界定企业所得税纳税人是协调企业所得税和个人所得税的重要步骤之一。要界定企业所得税纳税人，有必要从企业的概念说起[①]。

---

① 界定企业所得税必然还要涉及居民和非居民的认定问题，参见本书第十二章。

（一）企业的概念

虽然从企业所得税的名称看，企业所得税的纳税人应该是指企业。但是，从世界各国的实践来看，企业所得税的纳税人并非包括所有的企业形式，也不仅局限在企业的范围。要界定企业所得税的纳税人必然涉及企业、公司、法人（legal person）、非营利组织等概念。对此，各国的法律规定很不相同，要梳理清楚需要不少篇幅，超过了本书的研究对象。这里仅以中国法律规定为依据来分析。

企业一般被定义为以营利为目的，并以一定的法律形式存在的、独立从事商品生产经营活动和商业服务的经济组织。其主要特征是营利性、集合性、具有管理中心、持续存在、所有者权益可自由转让。企业的法律形式一般包括三种。第一种是公司（corporation），包括有限责任公司和股份有限公司，有限责任公司是指股东以其出资额为限对公司承担责任，公司以其全部资产对公司债务承担责任的企业法人；股份有限公司是将公司的全部资本分为等额股份，股东以其所持股份为限对公司承担责任，公司以其全部资产对公司的债务承担责任的企业法人。第二种是由两个或两个以上自然人根据有关协议共同出资经营、共同承担无限责任的合伙企业，有的国家也称这种合作企业为公司但属于无限责任公司。第三种是所有权属于业主个人的个人独资企业，业主对企业负有无限责任，这种企业也可以叫公司（即个人独资公司）。可见，公司往往与企业是一回事，但在美国，公司仅仅指有限责任公司或企业。

法人是具有民事权利能力和民事行为能力，依法独立享有民事权利和承担民事义务的组织。法人与自然人不同，是种无生命的社会组织体。法人的实质，是一定社会组织在法律上的人格化。在三种企业形式中，公司由于所有权和经营权的分离而被赋予独立的人格，因而被认定为法人组织；个人独资企业和合伙企业由于经济实体和出资人承担无限责任而不能独立地承担民事责任，因而被认定为非法人企业组织。除了公司法人之外，不同的法律体系还会规定其他类型的法人，如中国民法规定的其他法人包括机关法人、事业单位法人和社会团体法人。

综上所述，企业、公司、法人这三个概念，从营利事业角度看，它们的涵盖面大部分是相同的，公司、法人都属于企业，三者往往不加区别地加以使用。但企业包括非法人商业组织（如合伙、独资公司，即非法人企业），这时企业的涵盖面要大于法人；法人包括非营利性组织（即非企业法人），这时法人的涵盖面要大于企业。广义上公司可等同于企业，但如果公司特指有限责任实体，那么仅包括法人企业。因此，如果只对法人的营利事业所得课税，最好确定公司作为纳税人，这也是多数国家采用公司所得税名称的缘故。在中国，企业（enterprise）仅指营利性事业，且长期以独立经济核算单位为纳税主体，习惯成自然，所以将公司所得税称为企业所得税也无妨。本书对公司所得税和企业所得税的名称也不加区别。

根据上述分析，公司作为企业所得税纳税人已经没有问题，而合伙企业、个人独资企业等非法人形态的企业或营利性事业是否也要列入企业所得税纳税人范围？这取决于企业所得税与个人所得税的分工。下面对此进行分析。

（二）对合伙企业和其他类型非法人企业的处理规则

在企业所得税与个人所得税的分工上，世界各国所得税的处理方式各式各样，主要有如下两种处理模式。

1. 法人税模式

法人税模式就是企业所得税仅对法人企业、有盈利的非公司法人课征。对合伙企业和其他非法人企业或组织（包括个人独资公司、个体经营者、无限责任公司、英美法系中的信托等）则不将其作为独立的纳税人看待，其所得分别归属到所有人（个人投资者）、合伙人、受益人名下，征收个人所得税。

其中，对合伙企业的处理办法大体上可分为两种。

第一种是将合伙企业完全不视为纳税实体。这种办法就是直接将合伙企业的成本费用、收入在各合伙人之间进行分配，合伙人直接收到收入或直接发生费用，然后由各合伙人计算盈亏，缴纳个人所得税。在这一模式里合伙企业只是合伙人的集合体，在税收上采取先分后税的办法。中国目前对律师事务所、会计师事务所等合伙性质的中介机构，均采用这种先分后税的办法，合伙企业不缴纳企业所得税，而由各合伙人缴纳个人所得税。英国、德国、荷兰、挪威、奥地利、波兰、瑞士、丹麦等也对所有类型的合伙企业实行按合伙人课税的办法。法国、芬兰、卢森堡、瑞典、新西兰等国规定虽然合伙企业为非纳税实体，但在合伙企业阶段要进行税收申报。斯洛伐克、捷克、加拿大、土耳其、澳大利亚等不将合伙企业视为纳税实体（OECD，1999）。

第二种是将合伙企业视为准实体。这种办法就是在合伙企业阶段，以合伙企业为单位进行申报，确认所得和成本费用扣除项目，计算利润或亏损，然后再分给合伙人，并保持原有的所得性质不变，如营业利润、股息、利息、租金，由各股东或合伙人按照自身性质、各项所得的不同扣除规则和税率向税务当局纳税。美国、加拿大就采用这种模式对合伙企业征收所得税。《美国国内收入法典》第702节规定，合伙企业不必作为实体课税。第703节规定，应当将合伙企业的各项所得、利得、扣除、损失和抵免分给各合伙人，由各合伙人据以纳税。但第6221~6231节却规定，合伙企业要作为实体，选择会计方法、提交税务申报表并接受审计。美国还制定了一套十分复杂的规章，详细规定了合伙企业的所得分配、税前列支、亏损处理等事项。加拿大《所得税法案》详细规定了对合伙企业的征税规则，内容涉及合伙企业层次的净所得的确定、各项费用扣除（包括工资、利息、折旧、准备金、慈善捐款等）、亏损处理、会计期限等（图若尼，2004）。实行这种税制的国家还有英国、德国、法国、荷兰等发达国家（Easson，2000）。

不论对合伙企业的处理方法如何不同，上述类型的企业所得税都可以称为法人所得税。出于税收的"实质性"原则，非企业法人尽管不具有企业形式，但其营利行为在本质上和企业法人是相同的，为了税收公平也将其视同企业看待。在中国，2007年通过的《中华人民共和国企业所得税法》也属于法人税模式。

2. 营利组织模式

营利组织模式就是不论经济实体的法律身份如何，只要获得生产经营所得的组织都是企业所得税的纳税人。这种模式的企业所得税细分起来有以下两种。

第一种情况，将非组织形式的生产经营所得，包括个人独资公司获得的非劳务形式所得作为个人所得税的征税对象，但将合伙企业作为独立纳税主体看待。对合伙企业的征税和对法人企业的征税没有区别。在合伙企业环节，计算总收入、成本费用扣除额，从而确定应纳税所得额。合伙企业缴纳税金以后，合伙人获得分红，就像股东从公司获得股息一样，适用对股息的征税规则。尽管有的国家在法律地位上将合伙企业当作法人，但并不将合伙企业当作独立的纳税实体。有些国家不将合伙企业当作法人，但却将它们当作独立的纳税实体。目前将合伙企业当作纳税实体的国家有西班牙、比利时、匈牙利、墨西哥等。有的国家如斯洛伐克、捷克、加拿大、土耳其、澳大利亚等国将有限合伙企业当作纳税实体。爱尔兰则规定合伙企业（不论普通还是有限合伙企业）均可依照法律规定选择作为或不作为企业所得税的纳税实体（OECD，1999）。

第二种情况，将所有企业形式的组织以及有营利行为的非企业法人组织都作为个人所得税以外的所得税的纳税人，其典型代表是中国台湾实行的营利事业所得税。该所得税的纳税人包括独资企业、合伙企业、公司以及其他获得营利所得的组织。

上述各种处理方式有利有弊，其焦点实际上是合伙企业纳税如何处理。就税收征收管理的便利而言，准实体模式先将合伙企业当作实体看待，然后再考虑合伙企业与合伙人的不可分割性，虽然兼顾了合伙企业的非法人性质和合伙企业必须区别于单纯的个人独资的特点，但个人所得税的制度规定必定十分复杂，不仅要规定与企业所得税相同的一些内容，诸如有关资产处理、成本费用扣除的规定，还要就合伙人分得的所得如何计算应纳税所得额作出规定。征收管理中会遇到许多界限不清的问题，从而降低了税收效率。非实体模式，虽然在分配所得方面较为简便，但合伙人如何计算其应纳税所得额，却很难简便地加以确定，偷逃税的可能性加大了，因为这样的制度很大程度上依赖合伙人自觉遵守税法规定，申报的内容变得相当复杂,稽查的力度要加大。营利事业所得税模式单纯以征税对象划分所得税税种,应该说其在税法制定和征收管理上比较便利,但是适合于分类所得税情况,而不适合于综合所得税情况。

不管采取怎样的模式,企业所得税纳税人的主体都是法人企业。然而,对于是否应该对法人单独课征所得税却存在不同看法,实际上涉及企业所得税存在的理论依据问题。

二、企业所得税存在的理论依据

关于企业所得税存在的理论依据,在法学上有法人虚拟说和法人实在说的对立,在经济学和税收学上则表现为单一个人税派和独立公司税派的对立。

(一)法人虚拟说

法人虚拟说(legal person virtual theory)或单一个人税派认为企业所得税不应该同个人所得税并存。如果要征收企业所得税也只能当作是个人所得税的预扣预缴。该学说认为,公司被称为法人,但法人是法律上虚拟出来的人。实际上公司仅是股东的集合体,并无独立人格。对公司课税,就是对股东课税。因此企业所得税和个人所得税一并征收,会造成对股息的经济性重复征税,又称重叠征税,会造成税收不公平和效率损失。

首先,从公平方面看,一是对比非法人企业,由于非法人企业的纯收入不管是否实际分配了,都不必缴纳企业所得税,只对企业的所有者的纯收入征收个人所得税。公司或法人企业除总的纯收入(包括保留利润和分配利润)要缴纳企业所得税外,其分配利润在个人股东阶段还要缴纳个人所得税。公司纯收入中用于分配的数额越大,公司和股东承担的总税负越重,这造成了税负不平。有的学者可能会认为,分配利润的税负重于保留利润,可能有利于企业增加保留利润以扩大企业资本。但相反的观点也是有力的,就是如果企业分配利润增加,股东又能把得到的企业分配利润投资于经济效益更好的公司企业,则对经济效率的提高有利。资本规模的扩大并不意味着公司处于最佳经营状况。二是征收企业所得税仅就分配利润而言,意味着所有的公司股东都按同样的税率纳税,并没有真正同公司个人股东的不同状况联系起来,从而加重税负的不公平性。

其次,从效率方面看,在存在企业所得税和个人所得税对分配利润的重叠征税的情况下,会鼓励公司增加保留利润以增加投资,或者通过举债筹资以减少股息分配,这会产生限制股票筹资方式的应用机制,干扰资本市场,损害经济效率,造成福利损失。

(二)法人实在说

法人实在说(legal personality theory)或独立公司税派学者则认为,在普遍征收个人所得税的同时,之所以还要征法人所得税,在理论上主要依据以下原则。

1. 同等纳税义务原则

该学说认为,公司一经依法成立就具有独立的人格。现代股份有限公司在资产的所有权和经营权上是分离的,股东购买公司股票后拥有股票所有权,但放弃了实际资产的支配权。股东一般不能介入公司内部的具体经营业务。对公司的巨额资本作出管理决策的是一批公司的专业人员,大部分股东对公司的管理决策影响很小,也不可能随意将公司财产移作个人用途。股东的变动对公司的存在全无影响。公司可以以自身的名义拥有财产、对外举债、签订契约,并成为诉讼的当事人,而独资和合伙企业的一切活动须以业主或合伙人的名义进行。因而公司具有独立的人格和利益,不能认为对公司课税将完全由股东负担,如果企业所得税可以转嫁,情况更是如此。既然公司有独立的人格和利益,而且与自然人一样享有国家保护的权利,那么公司就应当独立负有纳税义务。

2. 特权报偿原则

该学说认为,股份有限公司等具有法人资格的企业享有有限责任、股票流动性等特权,要按特权报偿原则向政府纳税。股份有限公司的有限责任制度和股票流动性,使得股份有限公司能够比较容易地通过资本证券化和股票小额化吸收不能在社会上独立参加企业活动的零散游资,从而克服集资的空间限制,达到技术进步和规模经济对资本数额的要求,因此有限责任的特权会产生巨大的利益。此外股票流动性使长期投资收益回收长期化、企业资本固定化和投资者尽快回收资本的意愿之间的矛盾得到解决,因为投资者可以按照自己的意愿在证券市场上出卖股票、收回资本,而投放于企业的资本及其功能形态——机械设备和设施仍可继续发挥效用,使股份公司具有永恒生命的特权。这些给股份公司及其投资者带来巨大利益的特权,是在政府保护之下才得以享有的,公司理应向政府纳税作为报偿。

3. 财政和税收效率原则

由于具有法人资格的公司企业,一般有比较完善的财务会计制度,各项经营所得的确定比个人所得税容易和便利。因而,征收企业所得税能给政府带来一笔可观的财政收入,征税成本却较个人所得税低。公司是所得特别是经营所得的主要源泉。公司经营纯收入一般不全部分配给股东作为股东个人收入,而要留存一部分作为生产发展基金用于再投资或转化为资本。资本收益要到实现之时才能征收所得税,因此如果不征收企业所得税,可能导致公司通过增加保留利润的形式逃避或推迟纳税。在股息所得来源之处征收企业所得税,还可起一种源泉控制作用,对保证财政收入比较有利。尽管企业所得税对经济的影响有其不利的一面,但它对居民劳动和储蓄的影响比个人所得税特别是高税率、多档次的个人所得税小。因而企业所得税是一种相对有利于效率又能取得必要财政收入的税种,当然有其存在的必要。特别是在发展中国家,由于没有普遍征收个人所得税的社会经济和管理条件,对公司企业征收所得税是保证财政收入的重要途径。

总的来看,尽管理论界存在着巨大的争议,但是各国政府仍然倾向于个人所得税和企业所得税并存的税收制度。但是,各国政府并没有对两税并存产生的消极影响坐视不理,而是提出了不同的解决办法。这些解决办法在各国的实施情况不一,导致企业所得税具有多种不同类型。

三、企业所得税的基本类型

从各国对股息重叠征税的态度及处置办法的角度区分,企业所得税可分为古典制、两率制、免税制、归集抵免制四种基本类型。

1. 古典制

古典制(classical system)是根据法人实在说,对公司所得征收公司所得税,公司分配的股息不能扣除,股东取得的股息必须作为投资收入缴纳个人所得税的企业所得税类型。这一类型历史悠久,因而称为古典制。这种类型的企业所得税正如上文分析的,虽然对保证财政收入有利,但由于对股息的重叠征税没有相应的免除办法,会造成法人企业和非法人企业之间、保留利润和分配利润之间的税负不平,还会对企业筹资方式产生非中性影响。

2. 两率制

两率制或双轨税率制(two-rates or split-rate system)就是对公司分配利润按较低税率课征,对保留利润按较高税率课征。这一方法可减轻股息重叠征税的程度,但重叠征税仍然存在,因此一般还要与其他方法配合。例如,日本采用的两率制就与个人所得税的股息红利抵免办法相配合。在法人阶段通过两率制排除重叠征税的 1/4,其余 3/4 在个人阶段被排除。具体办法是从个人所得税应纳税额中按领取的股息红利的一定比例或一定金额给予抵免(中里实等,2014)。

3. 免税制

免税制（deduction system）可分公司阶段免税制和个人阶段免税制。公司阶段免税制是只对保留利润征收公司所得税，而对分配利润免税。公司阶段对支付股息红利完全免税，可彻底消除重叠征税现象。而且使股息变成类似于利息的一种支出，并在税前完全扣除，因而可解决股息和利息在税收待遇上存在差别的问题。从这一点看，公司阶段免税制有利于消除公司所得税对股票筹资与借债筹资方式的非中性影响，但这一方法会起一种降低保留利润的政策效果，被认为对企业发展不利。

个人阶段免税制，就是个人（或股东）可以把收到的股息红利的全部或部分从个人所得税应纳税所得额中扣除。美国1986年税制改革前，曾允许每人股息所得的第一个200美元从应税所得中减除，夫妇联合申报允许免除400美元。但是这一办法并没有完全解决重叠征税问题，反而在实行高税率、多档次累进税率的情况下产生了高额所得者实际减税金额比较大的不公平问题，因此，美国1986年税制改革后不再采用这种扣除方式。

4. 归集抵免制

归集抵免制（imputation system）就是在股东计算缴纳的个人所得税时，将获得的股息已纳的公司所得税归集为股东个人所得的一部分，也就是将获得的股息还原为税前股息，然后与其他所得项目合计，算出个人所得税应纳税额，准予股东从个人所得税应纳税额中抵免全部或部分的已纳公司所得税税额。准予部分归集抵免的制度称为部分抵免制，英国、法国、比利时、丹麦和爱尔兰等国家采用这一制度。准予全部归集抵免的制度称为完全抵免制，德国采用这一制度。虽然归集抵免制对保留利润仍存在税收歧视，但在完全合并个人所得税和公司所得税尚不可能的情况下，是解决重叠征税的较好办法，因而得到较广泛的推广。

四、企业所得税税基的确定

一般来讲，企业所得税的征税对象为企业生产经营的纯收入，而计算企业生产经营的纯收入的过程实际上就是确定企业所得税税基的过程。从各国的企业所得税制规定看，应纳税所得额的计算过程主要涉及企业收入、支出的范围确定和计算方法问题。不同的收支范围和计算方法将会对企业所得税的税基产生不同的影响。

（一）应纳税所得额收支范围的确定

从理论上讲，企业所得税是对企业生产经营的纯收入征税，也就是说企业所得税税基即应纳税所得额是企业的各种营业所得和非营业所得扣除生产经营中的必要成本和损失后的余额，即利润或净收益。在实际工作中，确定利润或净收益的过程一般是按照各国的会计准则进行的。尽管企业的归属行业不同，会计核算也有差异，但是利润核算的一般程序如下。

(1) 销货净额（净收入）= 销货毛收入 − (销货退回及折让 + 销货折扣)。
(2) 产品销售成本 = 期初存货成本 + 本期产品制造成本 − 期末存货成本。
(3) 产品销售毛利 = 销货净额 − 产品销售成本。
(4) 营业净利 = 产品销售毛利 营业费用。
(5) 净收益 = 营业净利 ± 资本利得和损失。

那么，按照上述程序计算出来的净收益是否就是公司所得税的应纳税所得额呢？一般来说，按照会计准则和按照税法计算的所得是不完全一致的。从各国的情况来看，二者之间一般存在两种差异。第一种差异是暂记性差异（temporary differences）。这是由于税法与会计准则关于确认收入与费用的期间及方法不同而产生的差异。例如，由于确认时间不同，会计准则上的暂收款可能是税法的当期收入，而会计准则上的支出项目可能是税法上的预付款，这样会计所得就小于应税所得；由于会计准则采用收付实现制计算应税所得，而税法采用现收现付制来计算应税所得，因此税法确认的某项支出，会计准则则在下期确认，由此也会造成二者的差异。为了反映这种差异，企业会在会计上设置"递延所得税"账户加以记录。第二种差异是永久性差异（permanent differences），它是由税法的应税收入项目或应扣除费用项目与会计准则的收益、费用项目不同引起的差异。例如，政府出于经济原因，对于某些会计上的所得实行免税的政策，而对于一些费用扣除项目直接规定不准税前列支等。永久性差异各国都存在，不受会计模式的影响，具体情况如何取决于所得税政策作何规定。

总的来看，除了上述差异外，税法上对于企业收入和支出的确定基本上同会计准则上的规定一致。一般来说，除了政府出于特定政策考虑规定的减免外（如国债利息免税），企业的所有收入均属于企业所得税的应税收入。具体来说，包括销货收入（营业收入）、权利金、佣金、奖励金、不需偿还的债务收入、保险收入、财产租赁收入、财产转让或增值变价收入、其他收入等。相对于收入项目来说，企业销售成本以及营业费用的具体项目就比较多，如原材料、工资、租金、运输费、广告费、差旅费、利息支出、折旧支出、间接税支出、特许权使用费、科研费等。与收入项目不同的是，成本支出项目并不是都能扣除的，各国税法一般都仅允许扣除那些与取得收入直接相关的支出项目。总的来看，可以扣除的项目一般包括：原材料、燃料等和产品（存货）制造直接相关的支出，折旧支出，工薪支出，利息支出，特许权使用费支出，捐赠支出，研究开发支出，亏损，等等。下面我们就对上述收入和支出项目中政策性因素比较明显的几项加以讨论。

（二）关于资本利得的处理

企业的资本利得是企业房屋、土地、证券以及无形资产等资本性资产增值或者出售所获取的收益。企业重组、并购涉及大量资本利得课税问题。对资本利得要不要作为所得征税曾经长期争论不休。主张征税并应当等同于普通所得的人认为，资本利得增加了纳税人的纳税能力，从公平角度应当将其与其他所得一样看待，如果对资本利得不征税或采取优惠措施，会鼓励人们人为地将生产经营所得变换为资本利得，从而逃避所得税，即产生转变效应（conversion effect）。主张不征税或应给予优惠的人认为，如果按通常的所得税税率对资本利得课税会产生对资产流动的锁住效应或冻结效应（freezing effect），因为在以已变现为征税原则以及税率足够高的条件下，人们为避免负担较重税收只能采用不转让从而不变现的办法，这会阻碍资产的合理交易和流动；还有的观点认为资本利得不过是通货膨胀引起的资产名义价值的上升，政府在物价上升、资产升值时课税，但在物价下跌（如股市处于熊市）时并没有给予补偿或损失扣除，因此征收资本利得税不公平；资产的累进时间比较长，在转让时一下子课征税收，如果采用累进税率，税负会剧增，产生聚集效应（bunching effect），这是不合理的。目前各国比较通行的做法是对资本利得按已变现原则课税，但要与生产经营所得差别对待，对资本利得给予降低税率、部分课税、在一定周期平均计算、适用比例税率、通货膨胀调整等优惠。各国在资本利得的课税方式、计税基础的计算方法、税率的选择、税收优惠等几个方面存在差异。

从对资本利得的课税方式看，多数国家将资本利得同公司经营过程的其他所得一并课征公司所得税，如中国、美国、德国、法国、瑞典、荷兰、奥地利、日本、澳大利亚等。英国设有单独的资本利得税，但只对个人征收，公司资本利得税并入公司所得税[①]。

资本利得税是采用与一般性所得相同的税率还是对资本利得给予一定的优惠，这取决于相关国家就资本利得税对投资影响的立场。从理论上看：第一，资本利得税通过影响投资项目的收益率进而影响经济发展中资本的形成；第二，资本利得税还会通过影响企业的股权收益进而影响企业融资模式的选择；第三，资本利得税还将大大地影响企业的风险投资进而影响依靠风险投资获得发展的中小企业。鉴于以上三点原因，一些国家采取低税率和优惠的方式减少资本利得税的影响。具体来看，有的国家为了鼓励长期投资和风险投资，规定对长期投资收益实行低税率。例如，法国规定对于持有期5年以上的风险投资股份的资本

---

① 资料来源：https://www.gov.uk/capital-gains-tax-businesses。

利得按照 15% 的低税率纳税；美国规定持有期 1 年以上的资本利得按照 21% 的税率纳税，该税率低于正常的公司所得税率。

（三）关于亏损结转的处理

亏损结转是指企业某一年度的亏损可以用其他应税年度（包括以前年度和以后年度）的利润进行抵补的特别制度。从具体的结转方法来看，亏损结转主要有三种。第一种是当年发生的亏损可以从以前年度利润中扣除加以弥补，以前年度缴纳的税款可以得到相应的退回，叫作亏损转回。这实际上是政府放弃了企业以前年度的应纳税额，给企业提供一定的帮助。第二种做法是当年发生的亏损可以用以后年度的利润弥补，这称为亏损向后结转。这是政府放弃以后年度的部分应收税款，为企业提供必要的支持。第三种办法是同时实行向前和向后结转，一般来说是先允许企业向前结转，以前年度利润不足的，再向后结转。一国政府之所以规定亏损结转制度，主要是考虑企业的生产经营是连续不断的，因此对企业纳税能力的判断也应有比较长期的观念。出现盈利时，企业要履行纳税义务，以支持政府的运作，出现亏损时，政府要履行退还或结转税款的义务，帮助企业渡过难关。这一项制度也起着保护再生产、降低投资风险、鼓励投资的作用。同时，各国政府都会根据本国财政承受能力以及企业扭亏增盈的要求，规定一定的结转期限，也有少数国家允许无限向后结转（如德国和英国）。表 10-2-1 列出了部分国家结转年限的规定。

表 10-2-1　部分国家结转年限的规定

国家	向前结转年限	向后结转年限
英国	1 年	无限期
美国	3 年	15 年
法国	3 年	5 年
德国	2 年	无限期
荷兰	3 年	8 年
日本	1 年	5 年
韩国	不允许	5 年
中国	不允许	5 年

（四）关于存货的处理

所得税是对利润课税，利润是销货收入扣除销货成本后的余额，而销货成本 = 期初存货成本 + 本期购货成本 – 期末存货成本，因此存货价格将直接影响企业的本期利润。存货发生的时间和地点不同，价格各异。例如，原材料采购渠道不同、运输里程不同，那么各批次原材料采购的价格不同，自制产品的各批次成本也不同。实践中，确定存货价格的方法很多，主要包括具体辨认法、加权平均法、移动平均法、先进先出法（first-in, first-out, FIFO）、后进先出法（last-in, first-out, LIFO）、成本与市价孰低法（lower of cost or market, LCM）。用不同的计价方法计算出来的存货价格不同，因此，如何选择存货计价方法就成为企业所得税必须规定的事项之一。

从世界各国的实践来看，一般都规定会计核算和税法采用的存货计价方法应保持一致。绝大多数国家都允许企业在计税时采用成本与市价孰低法。对存货原始成本的计价，只要是符合一般商业惯例和公认会计准则，且与税法没有抵触的方法，企业均可采用，不过一经选用未经批准不得变更，因为只要存货计价方法在较长时间内保持不变，存货成本平均而言将与其实际价值一致。

（五）关于折旧的计算方法

厂房、设备等固定资产支出与原材料等流动资产支出在性质上不同，原材料等流动资产的价值可以一次性转移到产品价值中去，在费用扣除时作一次性扣除，而固定资产的支出，在通常情况下不得作为费用开支一次性扣除。因为固定资产的价值在其使用年限内是逐步、分次地转移到产品价值中的，所以有一个提取折旧费用的问题。理论上讲，折旧就是固定资产磨损和损耗的补偿价值，本期提取的折旧费构成本期产品的转移价值，在计算公司所得税时，本期提取的折旧费构成本期产品的转移价值，应从毛收入中扣除，避免税收课及固定资本，以维持再生产的继续进行。在实际工作中，折旧的计算方法有多种，有直线法（又称平均法）、余额递减法、年数合计法等。

余额递减法和年数合计法允许在固定资产使用年限前期可以比后期提取更多的折旧，因而被称为加速折旧法。普通折旧法和加速折旧法既有相同点也有不同点，下面我们来做比较。首先，无论是普通折旧法还是加速折旧法都存在不能真实反映固定资产的经济折旧的问题。固定资产的经济折旧，是指按照固定资产每年实际消耗程度提取的折旧。现实中，衡量固定资产的实际消耗比较困难，因而税法大多直接规定不同资产的使用年限，而这些规定的使用年限不一定就是固定资产的实际使用年限。其次，无论是什么方法，对固定资产购进成本的计价都存在选择历史成本还是重置成本的问题。在通货膨胀的情况下，采用历史成本计价估算的折旧会低于采用重置成本估算的折旧，从而使企业的利润增加，所得税也增加。

再来看普通折旧法和加速折旧法的区别，加速折旧法使企业在折旧期的头几年内，由于折旧额的增加而使净利润减少，公司所得税的税基也相应地暂时缩小。这给企业提供了延期纳税的机会，企业可以占用原应上交政府的税金作为自己的固定资本，这实质上是由政府提供一笔无息贷款，企业可获得利息好处，尽管政府财政收入在折旧期的头几年会减少，但从整个折旧期看不会减少（除非企业发生亏损），而且会因这些措施加速产业结构调整、促进企业产品结构的更新换代。但是，加速折旧法的作用效果如何，还取决于企业能否产生较好的经济效益以及其他一些税收优惠政策。例如，集成电路线宽小于 0.25 微米或投资额超过 80 亿元的集成电路生产企业，经认定后，减按 15% 的税率征收企业所得税，其中，经营期在 15 年以上的，自获利年度起，第一年至第五年免征企业所得税，第六年至第十年按照 25% 的法定税率减半征收企业所得税。在此种税收优惠规定下，就不宜采用加速折旧法。在免税或减半征税的经营前期，实行加速折旧法增加折旧额、减少应纳税所得额的意义不大；而到减免税期结束后，减少折旧额、增加应纳税所得额，税负会加重。在这种情况下，对企业而言，加速折旧法不如直线法有利。因此，加速折旧政策的采用还要与税收政策的其他方面进行通盘考虑。

（六）关于工资扣除的规定

企业所得税中的工资支出是指企业支付给雇员的全部报酬的总和，包括按照劳动力市场价格支付给雇员的劳动报酬，各种激励性质的奖金、红利、补贴支出，以及法定的各种福利支出。这些支出均属于企业产品成本的一部分，理应据实进行税前扣除。从世界各国的实践来看，大部分国家按照各国的会计制度核算工资，并据实扣除。从中国的情况来看，2007 年以来，外资企业可以据实扣除工资，内资企业则实行按照计税工资进行限额扣除的规定，即超过计税工资标准的工资成本不允许税前扣除[①]。从 1999 年起，计税工资的标准是人均每月 800 元，并规定允许各省、自治区、直辖市人民政府在不高于 20% 的幅度内调增计税工资扣除限额，2006 年 7 月 1 日后调整为人均每月 1600 元，同时取消了地方政府的调整权限。

中国之所以按照计税工资进行限额扣除主要是因为中国的征管手段不够完善，如果是据实扣除，那么那些

---

① 除了按照计税工资扣除的规定外，中国还规定了对部分国有控股企业和金融保险企业实行工资挂钩的办法，对软件开发企业、集成电路生产企业实行据实扣除的办法。

生产经营不规范、账簿不健全的企业就会利用多扣工资的方法来逃避所得税。但是，随着中国经济的不断发展和企业生产经营状况的改变，原有的扣除标准已经不能补偿企业正常的工资支出成本，同时内外资企业不同的扣除标准也造成了严重的税负不平[①]。鉴于此，各界关于取消内资企业的计税工资扣除限制的呼声也越来越高。2007年《中华人民共和国企业所得税法》通过，实现了内外资企业所得税法规的统一，不再区别对待内资和外资企业，也不再规定按照计税工资进行限额扣除的办法。但有关部门仍然规定"属于国有性质的企业，其工资薪金，不得超过政府有关部门给予的限定数额；超过部分，不得计入企业工资薪金总额，也不得在计算企业应纳税所得额时扣除"[②]。这主要是配合企业主管部门，针对国有企业特别是一些垄断企业过度提高职工工资福利待遇，以及其中高管人员享受过高工资待遇，规定工资限额而采取的措施。

（七）关于税收优惠的规定

税收优惠是指政府为实现特定的社会、经济政策目标，在法定基准纳税义务的基础上，通过一定方式免除或减少纳税人部分应纳税收的做法的总称。从政府支出的角度来看，对纳税人的税收优惠实际上也可以看作政府为了实行特定的政策目标而进行的一项支出，由于这项支出是通过放弃应得的税收收入而实现的，所以被称为税式支出（tax expenditures），税式支出实际上是从支出角度对于税收优惠的表达。

在企业所得税制中，税收优惠往往作为引导企业经济行为的重要手段。按照其作用对象的不同，税收优惠可以分为两类：第一类是作用于应纳税额的优惠，包括减免税、再投资退税、投资抵免等；第二类是作用于应纳税所得额的优惠，包括加成费用扣除、亏损结转、加速折旧等。其中，第一类优惠由于能够直接减少企业的所得税支付额，也被称为直接税收优惠。第二类优惠则通过扩大企业的可抵扣成本和费用从而间接地影响企业的最终所得税支付额，所以被称为间接税收优惠。

1. 减免税

减免税（tax reliefs）是指对纳税人按税法规定应纳的税额减少征收和不予征收，减免税按照政策实行的时间可以分为永久减免和定期减免；按照减征方式的不同则可以分为比例减征和减率减征。例如，《中华人民共和国企业所得税法》规定"国家需要重点扶持的高新技术企业，减按15%的税率征收企业所得税"，就属于减率减征优惠。企业从事符合规定的国家重点扶持的公共基础设施项目的投资经营的所得，从事符合条件的环境保护、节能节水项目的所得，自项目取得第一笔生产经营收入所属纳税年度起，第一年至第三年免征企业所得税，第四年至第六年减半征收企业所得税，这一规定就属于按照比例减征方法实行的定期减免税。由于减免税直接作用于应纳税所得额，所以具有作用效果快、影响程度大的特点，往往应用于需要政府大力支持的区域、行业和项目上，以达到短期内迅速吸引资金流入的目的。但是，从长期来看，减免税政策是以政府牺牲一定的财政收入为代价的，而且容易造成企业的过度投资，从而引起区域和行业发展的不平衡。

2. 再投资退税

再投资退税（reinvestment tax refund）是指对于利用利润进行再投资的企业，允许全额或者部分退还其再投资部分已纳的税额。再投资退税的目的在于鼓励纳税人利用未分配利润对企业进行追加投资，从而扩大企业的再生产，防止企业经营行为短期化，对于那些处于创业初期的企业来说，还能够有效地缓解企业经营资金短缺的困难。但是，对于外国投资者来说，如果东道国（被投资国）和外国投资者母国间不存在税收饶让[③]协定，那么再投资的退税部分则必须在投资者的母国补税，从而降低了再投资退税的作用效果。

---

① 据国家统计局公布的统计数据，2005年全国城镇单位在岗职工平均工资每月已达1533.75元，经济发达地区和一些效益好的行业更高，大大超过了以前规定的月人均800元的税前扣除限额。
② 国家税务总局，《关于企业工资薪金及职工福利费扣除问题的通知》（国税函〔2009〕3号）。
③ 税收饶让，是指在外国投资的企业，母国对其在东道国因享受税收优惠而获得的税收减免视同已缴纳税金而准予抵免的做法。

3. 投资抵免

投资抵免（investment tax credit）是指对纳税人在特定项目的固定资产投资，允许按照投资额的一定比例直接冲减应纳税额的做法。它能够较快、较大程度地降低企业的投资成本，因此往往成为一国投资紧缩情况下刺激投资的重要手段。从各国的实践来看，投资抵免政策一般针对不同类别的固定资产制定不同的抵扣比例，从而在刺激投资的同时能够起到引导企业投资方向的作用。

4. 加成费用扣除

加成费用扣除是指对于某些费用扣除项目，除了允许纳税人按照法定扣除标准扣除外，还允许其再增加一定比例的扣除额。一般来说，加成费用扣除能够提高那些需要政府鼓励的企业的可列支成本，进而降低了企业的应纳税所得额，并最终达到降低其税收负担、促进其发展的目的。

5. 亏损结转

亏损结转是指企业某一年度的亏损可以用其他应税年度（包括以前年度和以后年度）的利润进行抵补的特别制度，其目的在于降低企业一定时期内的总体税负。亏损结转的年限越长，企业享受的优惠力度也就越大，因此各国均会根据财政承受能力和企业扭亏增盈的实际情况来设置不同的亏损结转年限。

6. 加速折旧

加速折旧（emergency depreciation）是指采用余额递减法、年数总和法等加速折旧的方法对固定资产进行折旧的做法。加速折旧实际上起到了延迟企业纳税的效果，从而能够起到促进和引导企业投资的目的。

总的来看，各国政府均会结合本国发展的实际情况，利用税收优惠手段调节和促进本国经济的发展。中国长期以来采取了针对外资企业的减免税政策。采取这样的做法，一方面是考虑到改革开放初期中国急需外国资本的进入，从而带动中国经济发展；另一方面是考虑到外资企业在进入中国的早期阶段，需要一段时间适应中国的特殊国情，由此可能增加其实际运行的成本，因此税收优惠在一定程度上也体现了对其的补偿。但是，随着中国经济发展水平的提高，以及外资企业对中国实际情况认识程度的加深，上述两个方面的问题已经不再存在。因此，2007年的企业所得税改革对原有的"区域为主，行业为辅"且内外资企业有别的税收优惠政策体系作出了较大的调整，一方面取消了外资企业享受的大部分区域优惠政策，另一方面重新构建了以环境保护、高新技术、基础设施建设为主的产业优惠体系。

五、企业所得税税率制度

企业所得税税率反映企业所得税的法定负担水平。企业所得税税率制度往往体现一个国家税收政策的取向。由于各国企业所得税的财政地位不同，政策考虑不同，各国企业所得税税率制度也不相同，而且不断变化，但主要有超额累进税率和差别比例税率两种类型。

（一）超额累进税率

2018年以前美国联邦公司所得税采用超额累进税率，2018年美国税制改革将15%、25%、34%、39%、34%、35%、38%、35%八档超额混合累进税率，改为21%的单一税率，我们以美国为例对超额累进税率进行考察。2018年以前美国联邦公司所得税税率见表10-2-2。

表 10-2-2　2018 年以前美国联邦公司所得税税率

级数	全年应纳税所得额	税率/%
1	不超过 50 000 美元的部分	15
2	超过 50 000 美元至 75 000 美元的部分	25
3	超过 75 000 美元至 100 000 美元的部分	34
4	超过 100 000 美元至 335 000 美元的部分	39
5	超过 335 000 美元至 10 000 000 美元的部分	34
6	超过 10 000 000 美元至 15 000 000 美元的部分	35
7	超过 15 000 000 美元至 18 333 333 美元的部分	38
8	超过 18 333 333 美元的部分	35

资料来源：https://corporatetax.procon.org/federal-corporate-income-tax-rates/#h

表 10-2-2 中，在超过 100 000 美元至 335 000 美元时适用的税率是 39%，是因为美国联邦税法规定对应纳税所得额在 100 000～335 000 美元的，加征 5 个百分点的附加税；在超过 15 000 000 美元至 18 333 333 美元时适用的税率是 38%，是因为美国联邦税法规定应纳税所得额超过 15 000 000 美元的公司要缴纳的附加税，具体标准是超过 15 000 000 美元的应纳税所得的 3%或 100 000 美元二者取较小者。另外，为了防止具有所得的纳税人通过不予计列（免税）、扣除抵免等办法逃避必要的纳税责任，美国还设计了一种替代性最低税（alternative minimum tax，AMT），即按照正常企业所得税应税所得特定的调整项目＋所有优惠项目－40 000 美元，得到替代性最低税应税所得，然后再乘以 20%得到最低限度税额。美国税法规定，对于正常所得税的应纳税额低于最低限度税的纳税人要征收替代性最低税。对于小型企业（如公司股东不超过 35 人，且全部为居民个人的企业），则规定一般不征收公司阶段所得税，只征收股东个人所得税。

总的来看，超额累进税率虽然能够按照企业的实际纳税能力征收税款，但是这种税率制度比较复杂，因此美国在 2018 年将超额累进税改为 21%的单一比例税率。

（二）差别比例税率

目前绝大多数西方国家企业所得税都实行比例税率。有的国家采用单一比例税率，大部分国家实行差别比例税率，但差别对象因国而异。差别比例税率主要有以下几种类型。

1. "大小"差别比例税率

例如，法国依据公司规模制定差别比例税率，2022 年企业所得税一般税率是 25%，对大企业其应税所得额超过 76.3 万欧元部分征收 3%附加税，实际最大有效税率为 25.85%[①]。按照《中华人民共和国企业所得税法》，中国对于一般企业实行 25%的税率，而对于小型微利企业则实行 20%的优惠税率。这种差别比例税率的特点是只考虑公司利润的大小，而不考虑所得的来源。

2. 规模与行业兼顾的差别比例税率

例如，加拿大的公司所得税，按照非制造加工公司、制造加工公司和小型商业公司分别制定不同的税率，其中，一般对制造加工公司和小型商业公司实行低税率。表 10-2-3 反映了 2020 年加拿大各省公司所得税税率的情况。

---

① 资料来源：http://www.worldwide-tax.com/france/france-taxes.asp。

表 10-2-3 2020 年加拿大各省公司所得税税率

省	非制造加工公司	制造加工公司	小型商业公司
阿尔伯塔	10%	10%	2%（50）
不列颠哥伦比亚	12%	12%	2%（50）
萨斯喀彻温	12%	10%	2%（60）
曼尼托巴	12%	12%	0%（50）
安大略	11.5%	10%	3.2%（50）
魁北克	11.5%	11.5%	5%（50）
新不伦瑞克	14%	14%	2.5%（50）
新斯科舍	16%	16%	3%（50）
爱德华王子岛	16%	16%	3%（50）
纽芬兰和拉布拉多	15%	15%	3%（50）

资料来源：加拿大财政部网站

注：最后一栏括号内为小企业的应纳税所得额标准（单位：万加元）

3. 未分配利润与已分配利润区别征税的税率

2008 年 1 月 1 日以前，德国的公司所得税采取对未分配利润与已分配利润按不同税率征税的策略，以与归集抵免制相配合，免除对股息的重叠征税。例如，2005 年，德国对公司应税所得先按适用税率 35%征收。如果公司将税后利润分配给股东，则可退还部分公司所得税，使得公司分配利润实际承担 25%的公司所得税。这一笔税收将在收取股息的股东的个人所得税中抵免。从 2008 年 1 月 1 日开始，无论是未分配利润还是已分配利润，德国的公司所得税税率均为 15%，加上对应纳公司所得税额征收的 5.5%的团结附加税，公司所得税的实际税率为 15.83%。此外，公司所在城市还要征收名为营业税或交易税的城市地方所得税，税率为 14%～17%，综合起来德国的公司所得税有效税率为 30%～33%[①]。

从上面的介绍来看，各国公司所得税税率制度大多实行比例税率，即使实行超额累进税率，档次也比较少。无论是何种税率类型，各国公司所得税税率一般均不是单一的，而是有差别的。这给我们一个重要启示，就是公司所得税税率制度不仅着眼于财政目标，同时也是重要的经济政策工具。通过对不同类型的企业实施差异化的税率制度，实现两项政策目标：一是保护和扶持中小企业；二是与个人所得税制度相协调，避免重复征税。另外，近年来，世界各国普遍实行了以降低公司所得税税率为主要方法的减税政策。例如，2015 年日本推出"成长型法人税改革"方案，分阶段下调公司所得税率，到 2020 年日本公司所得税一般税率为 23.2%，所得额低于 800 万日元的中小企业的税率为 15%，但日本除了国家层面的所得税外还有地方所得税，综合起来有效税率高于 23.2%，如东京地区的实际有效税率为 33.06%[②]。2018 年，美国通过税制改革将 15%、25%、34%、39%、34%、35%、38%、35%八档超额混合累进税率改为 21%的单一比率税率。法国通过立法计划在 2018 年至 2020 年间，将公司所得税率从 33.3%降至 25%。2018 年 10 月，澳大利亚通过《2018 年财政法修正案（中小型企业减税）》[The Treasury Laws Amendment(Lower Taxes for Small and Medium Businesses)Bill 2018]，从 2021～2022 年起，年收入低于 5000 万美元的中小企业税率由 27.5%下调至 25%。阿根廷 2018 年将公司所得税率从 35%降至 30%，并宣布到 2020 年进一步下降至 25%。比利时 2018 年将公司所得税法定税率从 34%降至 29%，到 2020 年将进一步降至 25%，卢森堡、挪威和瑞典等国均小幅度下调公司所得税税率（孙红梅和燕晓春，2019）。

总而言之，税率的高低以及税率制度的选择，一方面要考虑各国的财政功能，另一方面还要根据各国经济发展的各种政策目标加以调整。

---

① 资料来源：http://www.worldwide-tax.com/germany/germany-taxes.asp。
② 资料来源：https://www.worldwide-tax.com/japan/japan-taxes.asp。

六、企业所得税的经济效应分析

由于企业生产经营过程涉及很多因素,要全面分析清楚企业所得税的效应很不容易,经济学一般通过抓住核心的要害问题,并对问题进行必要的简化,给出分析框架。目前已经涉及的主要问题有企业所得税的长期影响、企业所得税对企业资本使用者成本的影响、企业所得税对融资方式选择的影响、企业所得税对股息分配政策的影响等。

(一)企业所得税的长期影响

如果能够设计一种针对经济利润(收入减去包括所有者权益机会成本在内的所有成本后的余额)的企业所得税,那么最终税收将完全由企业负担。而且,这种企业所得税并不会改变企业的边际成本,因此不会对企业的最终生产经营行为产生非中性影响。但是,从目前世界各国税制的实践来看,企业所得税一般都不允许扣除所有者权益的机会成本,由于机会成本不是可核算的概念,制度设计和管理上也不可能允许这种扣除,这样实际上形成了对资本要素的课税。假定借款利息不能在税前扣除,那么从短期看,企业所得税降低了公司部门的资本使用的税后收益,对公司部门的投资产生负面影响。但从一般均衡和长期来看,这将导致资本要素和劳动要素在公司部门和非公司部门间的流动。Harberger(1962)在20世纪60年代初的文章中分析了这种效应,这种效应被称为哈伯格模型(Harberger model)。

哈伯格首先将产品生产部门划分为公司部门和非公司部门,每个部门生产不同的产品,企业所得税仅对公司部门的要素课税。假定资本要素 K(资本)和 L(劳动)可以在两部门间流动,那么在一般均衡的分析框架下,最终要素的收益将在两部门间达到均衡。哈伯格首先假定社会上的储蓄总能转化为投资,且用于投资的总储蓄是不变的,如图10-2-1所示,横轴的长度等于经济中可以利用的资本。公司部门的资本用左边的原点 Oc 表示,非公司部门的资本用右边的原点 Onc 表示,公司部门和非公司部门最初的资本需求曲线分别是 Dc 和 Dnc_1,均衡点为 E_0,均衡收益率为 R_0,公司部门使用了 OcK_0 单位的资本,其余的被非公司部门使用。现在,对公司部门资本的课税使得公司部门的资本需求下降,税收的需求曲线下降到 Dtc_1,因此新的均衡收益率为 Dtc_1 和 Dnc_1 的交点决定的 R_1,公司部门的资本使用减少了 K_0K_1,非公司部门利用了这部分资本。这是由于公司部门的劳动要素成本相对价格下降,从而产生了劳动要素对资本要素的替代,哈伯格把这种效应称为要素替代效应。

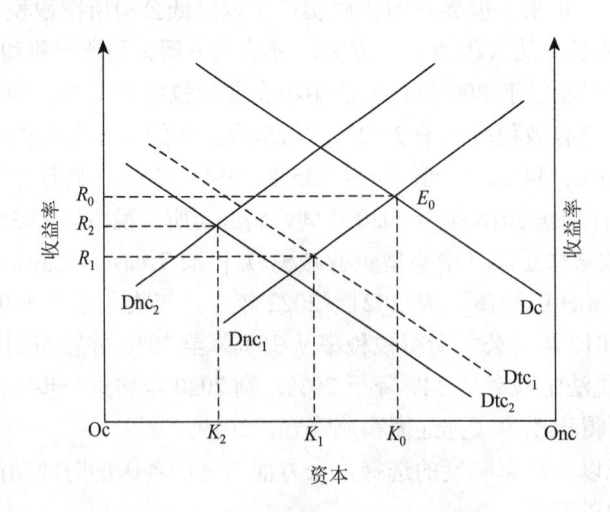

图10-2-1 企业所得税对资本要素的影响

哈伯格又进一步将分析扩展到产品市场,他认为公司部门的资本成本上升使得其产品价格相较于非公司部门产品价格上涨，从而导致消费者对公司部门产品需求的减少，进而使得公司部门产出下降而进一步减少资本要素的投入，而非公司部门则恰好相反，这种效应是产出的替代效应，在图 10-2-1 中表现为公司部门的资本需求曲线 Dtc_1 下降到 Dtc_2，而非公司部门的资本需求曲线上升到 Dnc_2，最终公司部门的资本要素投入进一步减少为 OcK_2，而最终均衡收益率则由于非公司部门资本需求的增加而上升至 R_2。

进一步分析，无论储蓄最终投向了公司部门还是非公司部门，其最终收益率都会小于最初的均衡收益率 R_0，因此如果我们放松关于储蓄总供给不变的假定，那么收益率的下降将使得储蓄的供给减少，从而降低全社会的总投资，这将造成整个社会超额负担的增加。如图 10-2-2 所示，税收投资收益率的下降导致总投资由 I_0 降低到 I_1，而在没有税收情况下 I_1 对应的收益率本应该为 r_2，但是由于税收的存在变为了 r_1，由此造成的超额负担可以用图中三角形 ABC 的面积来表示。资本要素在两部门间的流动以及总投资的减少，共同导致了这样的结果。

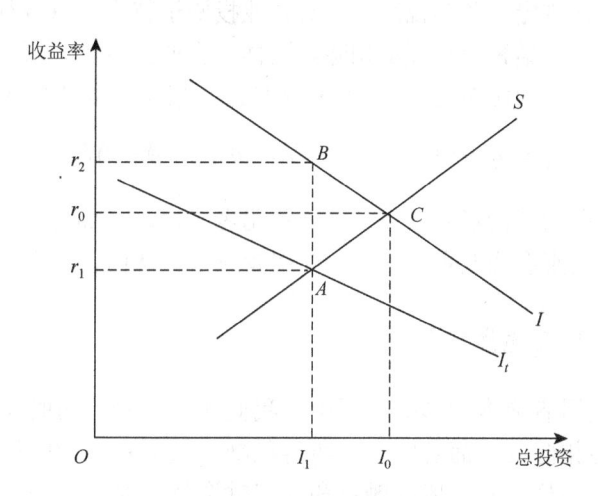

图 10-2-2　企业所得税造成的超额负担

（二）企业所得税对资本使用者成本的影响

上面的分析指出，企业所得税会降低企业的投资收益，那么企业所得税对投资收益的作用程度到底是多少呢？理论上一般通过税收对资本使用者成本的影响来考察。

资本使用者成本，是从资本品使用的角度来核算企业资本的实际成本，它包括企业投资产生的机会成本以及由于税收、折旧等因素引起的直接成本。首先假定企业投资于一项单位价格为 q 的资本品，企业的资金来源为股权融资、债权融资或者自有资金，其中，股权融资成本为 ρ（表示股东投资于其他项目的单位机会成本，也可以理解为股息支出），债权融资的成本为企业面对的贷款利率 i，而自有资金的成本则是企业放弃将这笔资金用于借贷而获得的利息收入，因此也可以用贷款利率 i 来表示。这样，自有资金和债权融资可以加以合并，设它们在总融资中的比例为 α，那么股权融资的比重则是 $(1-\alpha)$。另外，假定该资本品的经济折旧率为 δ。这样，在不存在税收的情况下，该资本使用者成本为

$$C_0 = q[\alpha i + (1-\alpha)\rho + \delta]$$

只有当该资本品产生的收益大于其资本使用者成本，即 $R>C$ 时，企业才能投资。

现在，引入税收的因素。企业所得税要对资产取得的收益按照税率 τ 课税，因此企业必须满足税后收益大于资本使用者成本才能投资，即 $(1-\tau)R>C$。这样，企业在决策时就要将税收的因素考虑到资本使用者成本中，这实际上提高了企业的资本使用者成本，也就是只有 $R>C/(1-\tau)$ 时，企业才会投资。因此，我们有下式：

$$C_1 = \{q[\alpha i + (1-\alpha)\rho + \delta]\}/(1-\tau)$$

接下来，我们加入税法中的其他规定。

第一项是关于利息和股息税前扣除的规定。各国税制一般规定利息可以税前扣除,而股息不能。这样,利息的税前扣除,实际上降低了债权融资的成本,因此资本使用者成本降低为

$$C_2 = \{q[\alpha i(1-\tau)+(1-\alpha)\rho+\delta]\}/(1-\tau)$$

第二项是关于折旧的规定。假定税法规定企业可以按照直线折旧法或者加速折旧法对该项资本品进行折旧,那么折旧可以税前扣除,实际上降低了该项资本品的购置成本,我们称为折旧优惠。考虑到折旧是在不同时期扣除的,因此当期获得折旧优惠是未来各期折旧优惠现值的加总(刘宇飞,2003),我们设当期折旧优惠为ϕ,这样资本使用者成本进一步降低为

$$C_3 = \{q[\alpha i(1-\tau)+(1-\alpha)\rho+\delta]\}(1-\phi)/(1-\tau)$$

第三项是关于投资抵免的规定。各国税法往往对企业投资于特定项目或行业进行一定的鼓励,具体做法是将投资额的一部分直接从应纳税所得额中扣除。这样,企业投资于一项资本品的购置成本就会得到较大幅度的降低,我们设投资抵免的比率为k,这样资本使用者成本最终就降低为

$$C_k = \{q[\alpha i(1-\tau)+(1-\alpha)\rho+\delta]\}(1-\phi-k)/(1-\tau)$$

现在,我们了解到企业所得税的税率会增加资本使用者成本,从而抑制企业的投资,而利息的税前扣除以及折旧和投资抵免的政策则会降低企业的资本使用者成本,从而促进企业的投资。

(三)企业所得税对融资方式选择的影响

在企业所得税对资本使用者成本的影响分析中,我们知道了企业的股权融资的成本(一般指企业年终实际发放的红利)是不能扣除的,而各国企业所得税制一般规定企业因投资而发生的借款利息支出是可以全部或者部分扣除的,这样,利用股权融资和债权融资就会对企业的收益产生不同的影响。简单来看,假设企业目前准备购买一台价格为10万元的机器,该机器将为企业带来R万元的收益,且没有折旧,使用后可以原价出售。如果企业采用股权融资,10万元的融资成本为1万元的红利发放,那么在没有税收的情况下,只要$R-1>0$,企业就会投资。现在考虑税收的影响,假设按10%对利润征税,那么企业只有在税后收益$(1-10\%)R-1>0$,即$R>1.11$时,企业才会投资。同样是这个例子,假设债权融资10万元的成本也是1万元,那么由于企业可以在税前扣除利息支出,因此只要$(1-10\%)(R-1)>0$,即$R>1$企业就可以投资。显然,由于税法规定不允许扣除股权融资成本,企业将更加倾向于利用债权融资的手段进行融资。

但是,发达国家的研究表明,企业并没有过多地利用债权融资的方式。许多经济学家认为债权融资的扩大将增加企业利息支付的义务,从而给企业带来到期无法清偿债务的压力,进一步来说,则意味着企业破产的可能性增大,同时也会导致股东和经理人投资高风险项目的可能性增大,从而增加债权人的代理成本。另外,还有人认为,股东希望公司可以通过再投资或者回购公司股票的方式减少红利的发放,从而减少因获得红利而缴纳的资本利得税,而这种避税策略在一定程度上能够中和债务利息的税收优惠效应。而关于公司的股利分配政策,我们则必须专门加以讨论。

(四)企业所得税对股息分配政策的影响

一般来说,企业既可以选择将利润通过红利的方式发放给股东,也可以保留下来进行再投资或者回购股票。在没有税收、交易成本以及信息完全的情况下,企业一定数额的利润留存将会导致企业股票价值上升同样的额度,因此对于股东来说红利是否发放并没有什么区别。

然而在引入税收后,情况就发生了改变。首先,由于企业所得税不允许在税前扣除股东的红利,因此股东的实际收益已经被课征了一道税收;其次,如果股东直接取得红利收入,那么他将按照个人收入缴纳

个人所得税；最后，如果企业选择保留收益的做法，那么会导致股东持有股票的升值，而当股东出售股票时，其获得的收益则要缴纳资本利得税。

因此，从这个角度来看，股东会反对企业发放红利，从而逃避个人所得税，并且通过长期持有股票来延缓缴纳资本利得税，但是，实际情况是企业并没有将利润全都保留下来，几乎有60%的公司将利润派发给了股东。这种现象被称为"股利悖论"（dividends paradox）（罗森和盖亚，2009）。有几种观点对这一现象进行了解释，第一种观点是米勒和斯科尔斯提出的红利"漂洗"观点，他们认为如果个人收到100万（单位，下略）红利收入，同时从银行借款1000万进行新项目的投资，假设利息支出为100万，那么当利息支出可以冲减应税所得时，他此时的应纳税所得额就是(100万-100万) = 0，从而避免了为红利收入纳税。接下来，假设他从新项目获得投资收益100万，那么他同时也将不负担任何利息支出，即使收益没有抵掉全部利息支出，但是只要他最后的支出小于为红利缴纳的个人所得税，那么他就能够将红利收入进行一定程度的"漂洗"。第二种观点认为，企业往往将发放红利作为企业业绩良好的信号，另外有些顾客由于面对较低的所得税税率或者免税，因而更看重红利的发放，这些因素都使得企业要进行必要的红利发放（罗森和盖亚，2009）。但是，究竟这些情况是否能够有效地解释理论和实际的差别，还需要进一步的证据。

第三节 社会保险税原理

社会保险制度及其相应的社会保险税在财政体系中占有越来越重要的地位，也是社会十分关注的问题。因此，在阐述了所得税原理后，还要讨论社会保险税原理。社会保险税是专门为筹集社会保险基金而设置的税种，要研究社会保险税，还得先对社会保险制度作一个概要性说明。

一、社会保险的必要性和主要模式

（一）社会保险的必要性

经济学一般从市场失灵、信息不对称和收入分配等方面说明社会保险即通过政府强制保险的必要性。私人保险市场以营利为目的，双方签订保险契约，契约对承保对象、范围、期限和责任都必须明确规定，一般以"多投多保、少投少保、不投不保"的等价交换为原则，即被保险人享受的保险利益以缴纳的保险费和投保期限长短为依据。保险人与被保险人订立的契约一旦到期，保险责任自然终止。但养老保险、医疗保险和失业保险等很难通过明确稳定的保险契约加以规定。例如，对养老保险，退休年龄可以明确，但是退休以后的寿命长短却是不确定的，换句话说，被保险人支付的保险费的年限是一定的，但享受保险金（年金）的年限是不确定的，这样就使风险与利益不对等。保险公司会把风险估计得比较高，而要求较高的保费，其结果是投保的人就减少，市场就萎缩。因此，市场无法提供有效率的保险供给。

潜在的保险购买者比保险公司对自己的健康、工作等状况更了解，这就是信息不对称。当保险公司无法知道不同的人的健康状态、预期寿命或是否在某个时候失业时，只能为每个人提供相同的保单。但是健康状况不佳、预期寿命比较短和容易失业的人显然更需要投保，而这些人正是保险公司不愿意要的客户。保险公司出于利益最大化和风险最小化的考虑，更愿意选择情况相反的顾客，这就是逆向选择（adverse selection）现象，这个现象的存在使私人保险市场无法解决风险不确定性与营利性及契约稳定性的矛盾，也无法解决保险行为的长期性与私人保险公司要尽快收回资本的短期性矛盾，从而像养老、医疗、失业、伤残等领域无法形成有效率的私人保险市场。通过政府采用强制式的社会保险，可以在全社会范围内调剂保险费余缺，在全社会范围内达到分散风险的目的，在较长时期甚至通过跨代资金平衡达到风险与利益对等。在出现通货膨胀时，社会可提供私人保险公司无法提供的保险利益指数化调整措施，让保险利益保值。此外，研究表明在养老保险等保险领域，政府提供比私人提供更有效率。在美国，社会保险的管理成本低于所支付利益的1%，但对私人养老金，这一比例高达6%（斯蒂格利茨，2013）。

(二) 社会保险的主要模式

社会保险由承保对象、承保项目、保险基金筹集方式等基本因素组成。从各个要素出发社会保险可划分为不同的模式。就承保对象角度而言，社会保险有普遍社会保险模式（universal social insurance model）、特定职业社会保险模式、一般就业社会保险模式；就承保项目而言，社会保险有单项社会保险模式和多项社会保险模式；就保险基金的来源而言，社会保险有雇主雇员缴纳保险费和国家财政拨款相结合模式、雇主责任模式（即由雇主支付保险费）、储蓄保险基金即储蓄自助保险模式（savings self-service insurance model）；就保险基金的筹集方式而言，社会保险有现收现付制、预筹积累制、部分积累制。本节着重研究承保对象、承保项目、社会保险基金来源及受益关系等方面涉及的社会保险模式问题，社会保险基金筹集方式在下一节阐述。

1. 普遍社会保险模式

瑞典、丹麦、荷兰等北欧"福利国家"和加拿大、澳大利亚等西方发达国家采用这一模式。这一模式的主要特征表现为以下几个方面。其一，这一模式的社会保险受益者范围广，包括全体居民或公民，凡是在本国居住满一定期限的居民或公民，都有按照立法统一规定的标准享受现金补助的权利。其二，就承保项目而言，这一模式覆盖老年退休、医疗、疾病、伤残、失业、生育、儿童保育、死亡和遗属保险等各个项目，它被称为一种"从摇篮到坟墓"的社会保险制度。其三，就社会保险基金来源及受益关系来看，社会保险和一般性财政拨款相结合，具体情况因国而异。从捐献（缴纳的保险税或费用）与受益关系来看，这种关系也因国而异。有的国家不强调宏观上的捐献收入与受益额的绝对平衡，许多项目由政府一般性财政收入加以支持，如加拿大"一般性补助""最低收入保障""社会补助"三大类社会保险计划，都没有相对应的社会保险税形式，全由一般性财政收入加以支付。有的国家则强调社会保险项目与特定社会保险税的一一对应关系，如瑞典，每一个社会保险项目都设置一个一定比率的工薪税。普遍社会保险模式还有一个显著的特点就是对多项社会保险项目、居民或人民按统一标准领取受益额，受益额不与先前的收入、工作或财产状况挂钩，当然这并不排除在某项补充性社会保险项目上仍存在与先前收入挂钩的情况。以瑞典养老金为例，养老金受益额分为基本部分与补充部分，基本部分采用固定基数的一定比例发放，不与先前收入关联，而补充部分为投保人年平均投保收入与固定基数差额的60%。

普遍社会保险模式的主要优点在于可以使社会保险的功能得到最广泛的发挥。社会保险的首要功能是分散风险、保持社会安全与稳定，只有集合社会上一定数量的人和单位组合成较大的社会保险集合体，才能根据风险分散的法则，使发生于少数人或少数单位的风险，由多数人或多数单位共同分担。社会保险覆盖面越广，参加的人越多，越能发挥风险分散的作用。社会保险还有收入再分配促进社会公平的功能，这一功能同样只有在普遍社会保险模式下才能充分发挥。社会保险的实施过程必然存在收入再分配效应，也就是通过社会保险税和其他税的征收以及社会保险受益额的兑现使国民收入由高收入者转向低收入者，缩小贫富差距，这样再分配效应的覆盖范围会随着社会保险范围的增大而增大。

但这一模式也带有严重的缺点。首先，这一模式只有在生产力水平高度发达以后才能实行，对许多发展中国家来说，它是望尘莫及的。许多发展中国家人口众多，生产力落后，解决温饱问题尚感吃力，没有多少财力、物力可用于社会保险。其次，对经济的健康、可持续、有效运行会产生不利影响。实行普遍社会保险模式的国家均出现社会保险捐款与受益额支出严重脱节的问题，社会保险支出大大超过社会保险基金来源。弥补社会保险赤字的途径无非两条，一是提高税率，增加社会保险基金来源，但这样做的结果会损害劳动积极性和投资积极性。因为税率的提高会使投资和劳动的实际收益（即税后收益）减少，其结果会影响经济增长，最终会动摇社会保险的物质基础；二是减少社会保险支出，然而这样会引起民众的反抗，在民主国家会减少当权者的"选票"，因而许多国家不仅不能削减社会保险项目，而且要以增加社会保险项目、提高社会保险利益来安抚民心、维持政治统治。束手无策之余只能牺牲财政平衡，更多地把财政一般性收入转为社会保险基金。但财政赤字要么导致增税，要么导致发行货币，造成通货膨胀，其结果又会使实际的社会保险受益额减少。这样一种恶性循环局面的出现说明兼顾效率与公平是极其困难的。最后，由于保险受益额不与个人的先前收入状况挂钩，这可能导致一些人依赖平均主义，缺乏努力工作和追求进步的动力。这种现象使得那些辛勤工作的人不得不支撑那些不劳而获的人，进而削弱了勤奋工作者的积极性。怎样在实施社会保险、保持社会稳定的同时促进经济增长是需要认真思考的重大问题。

2. 特定职业社会保险模式

美国、德国、日本等多数国家采用这一模式。这一模式下，承保对象的范围要比普遍社会保险模式来得小，但也把一般的受雇人员和从业人员及其家庭广泛地纳入承保对象范围中。有些国家还实行一般保险与特定职业系统保险相结合的方式，尽量地扩大承保对象范围。例如，美国联邦实行的社会总保险体系——"老年、遗属及伤残保险"（Old Age, Survivors, and Disability Insurance, OASDI）适用于政府职员和铁路员工以外的所有受雇职工及大多数独立（个体）劳动者、经营者。政府职员和铁路员工实行独立的保险制度。失业保险补偿计划则由联邦和州共同承担。这一模式下的承保项目对比普遍社会保险模式也略有减少，但仍然包括老年退休、医疗、疾病、伤残、失业等社会保险的基本项目。一般说来，这一模式的特征并不在承保对象和承保项目范围的大小上，而主要表现在保险受益额的领取要与收入挂钩这一点上。也就是说，这一模式下享受社会保险年金或定期补助的权利，直接或间接地取决于受保人受雇年限的长短或缴纳保险税（费）时间的长短。家属津贴及工伤保障则取决于是否存在雇佣关系。个人领取的年金（包括养老金、伤残抚恤金、遗属抚恤金）和其他短期补助，与受保人在事故发生前的收入有关。例如，美国的老年与遗属保障制度（Old Age and Survivors Insurance, OASI）规定，退休者必须在该保险制度承认的行业中工作，并曾支付工薪税达到一定年限才能获得 OASI 补助。个人受益额的大小取决于过去收入所得与所对应缴纳的社会保险税税额。在德国也是如此，养老金的多少，取决于保险期限的长短和劳动收入的多少；工伤保险受益额与原来的年收入相联系，被保险人因工伤而完全丧失劳动能力可获得原年收入 2/3 的补偿；失业保险受益额也与原先的工资水平相联系。这一模式在社会保险基金来源及受益关系上也有其特点，那就是，特定的保险受益额与特定的工薪税相联系，当通过工薪税筹集的社会保险收入不足以抵偿受益额支出出现的差额时，由一般性财政收入弥补。

这一模式的主要优点表现为对经济效率的损害较小，被保险人获得保险受益额的多少与其先前的劳动收入相关联，先前勤奋劳动获得的收入多，丧失劳动能力后享受社会保险利益时可获得较多的支持。这可在一定程度上抑制懒惰之风蔓延，促使劳动者在有劳动能力时多做工作，在暂时失业时积极寻找工作。这一模式在实际运行过程中也存在一些问题，主要表现在长期的财政压力。这一问题与实行普遍社会保险模式情况下的问题相类似。西方许多国家面临人口老龄化、退休人员增加，以及通货膨胀问题，社会保险费支出不断膨胀，而收入却相对固定，社会保险基金入不敷出，各个国家都出现不同程度的财政压力，为了确保社会保险系统的可持续性，各国不得不持续提高社会保险税率。尽管如此，这种财政压力仍然小于那些普遍实行社会保险模式的国家。例如，在美国，《2021年美国OASDI基金受托管理委员会年报》显示，2020年，基金收入1.118万亿美元，基金支出1.107万亿美元，当年收支相抵后盈余110亿美元，在其中间假设下，2021年及之后的所有年份，基金的年度总支出将持续高于年度总收入，而到了2034年，基金将枯竭。所以美国等发达国家都在探讨改革途径。基本趋势是社会保险从单纯的公共制度转变为公私混合制度，就是将工薪税的一定比率转入个人退休账户，同时以此为条件要求个人增加社会保险缴款比率。例如，美国提出的一种方案，是将社会保障缴费（目前雇主和个人缴纳的总比率是12.4%）中的2.5%转入个人退休账户，条件是此人向个人退休账户多缴纳1%。这样做的目的，一方面是通过一定程度的私有化，减少社会保险制度对效率的损害；另一方面是通过增加社会保险储蓄，减少未来财政压力。这一模式实际上就是预筹积累或远期纵向平衡模式，也有局限性。

3. 储蓄自助保险模式

采用这一模式的有印度、印度尼西亚、马来西亚等发展中国家。实质上这是一种强制储蓄制度。其主要做法是，国家通过立法，强制雇主和雇员缴纳定额保险费，建立社会保险基金，作为雇员的存款，专户存储、专款专用，在受益人退休时，连本带息一次性将工作期间缴纳的保险费发给本人。在少数情况下，受益人也可以自由选择分期领取养老金或将存款交付给遗属。这一模式的主要优点是，社会保险基金总是收支平衡的，不会出现国家财政困难。工作期间投保人与其雇主缴纳多少保险费，将来就获得多少受益额（当然加上利息），基本上没有收入再分配问题，不存在依赖社会保险制度而偷闲以致影响经济效率的问题。但很显然，这是一种低水平的社会保险制度，社会保险的功能未能全面充分地发挥，分散风险、互相帮助、国民收入再分配和促进社会稳定社会公平等功能在这一模式下都无从谈起，这种社会保险制度在很大程度上，只是起到对家庭养老传统的补充作用，因而并不是社会保险制度发展的目标。

二、社会保险税的性质和类型

（一）社会保险税的性质

社会保险税（social insurance tax）又称工资税、工薪税，是为筹集社会保险基金而形成的一个税种。有的国家不把筹集社会保险基金的手段称为税，而称为社会保险费或社会保险捐款，这是基于其返还性比较明显和专款专用的特点。但由于其同样具有一般税收的强制性、不直接返还、确定性、均一性四个基本特征，因此将其作为一种特别的税种也是正确的。因此本书均称为社会保险税。由于返还性比较明显，纳税人乐于缴纳，管理成本比较低，社会保险税是一个简单的富有效率的税种。社会保险税于1937年在美国创立，目前几乎所有的发达国家和一些发展中国家均开征社会保险税。这一税种在第二次世界大战以后随着社会保险事业的发展而日益重要，在许多发达国家，社会保险税的征税规模已属各税之首，社会保险税成为引人注目的税种，在财政体系中占有越来越重要的地位。

社会保险税是为筹集社保基金而开设的，有明确的特定目的，全部税款用于社会保险，作为社会保险受益返还给受益人。各国社会保险制度有如下共同特点。其一，社会保险税的纳税人一般为雇员和雇主。有些国家特定的社会保险项目缴款全由雇主缴纳，有些国家还把自营业主（或个体业主）纳入社会保险税范围。其二，社会保险税的征税对象是工资或薪金，工薪以外的投资所得、资本利得等所得项目都不需要缴纳社会保险税。作为税基的工资薪金不仅包括由雇主支付的现金，还包括具有工薪性质的实物性收入和其他等价物收入。其三，工资薪金征税有最高限额规定，其具体数额因国而异。例如，2023年美国一般社会保险税即OASDI征税的工资薪金最高限额为160 000美元，2024年为168 600美元，超过这些金额的工薪不必缴纳OASDI社会保险税[①]。这一规定使高薪收入雇员的社会保险税平均税率低于低薪雇员，反映出社会保险税具有累退性。不过美国的另一个一般社会保险项目即健康保险（Medicare）没有限额规定。其四，社会保险税实行由雇主源泉扣缴的征收办法。其五，税率的高低通过联系承保项目来确定，进一步体现专款专用的性质。

（二）社会保险税的类型

各国社会保险税尽管有上述共同点，但具体的税制设置仍有很大差别，概括起来有三种类型。

第一种是从承保对象和承保项目相结合的角度设置的一般社会保险税和特定社会保险税并存的模式，这种模式以美国为代表。美国社会保险税不是单一税种的结构，而是由针对大多数承保对象和覆盖大部分承保项目的一般社会保险税与针对失业这一特定承保项目的失业保险税，以及针对特定部分承保对象而设置的铁路员工社会保险税组成的税收体系。其中，满足OASDI以及健康保险项目需要的社会保险税称为一般社会保险税。美国模式的主要优点是具有较强的适应性，可在满足一般社会保险需要的基础上针对某个

[①] 资料来源：https://www.investopedia.com/terms/o/oasdi.asp。

或某几个特定行业实行与行业工作特点相联系的加强式社会保险，还可让特定的承保项目在保险费收支上自成体系。缺点是统一性较差，管理不够便利，返还性的表现不够具体。社会保险税的征税具有累退性，再分配的效应受遏制，社会保险税的社会公平功能趋于减弱。

第二种是单纯以承保对象为标准分类设置社会保险税的模式，这种模式以英国为代表。英国的社会保险税在设置上主要以承保对象为标准，建立起由四大类社会保险税组成的社会保险税体系。第一类主要针对一般雇员，实行全额累进征收，但对雇员的工薪收入有最高限征额；第二类针对全体经营者征收，实行定额税率；第三类针对自愿投保者征收（包括无业者，也包括前两类中想增加保险金权益的人），同样为定额税率；第四类针对营业利润达到一定水平以上的个体或独立经营者征收，实行比例税率。英国模式的主要优点是针对不同就业人员或非就业人员的特点，采用不同的税率制度，便于执行。一般雇员受雇于公司企业，收入账簿容易核实，实行累进税率具有可行性，且较符合税制公平原则。对不可实行累进税率的个体经营者和自愿投保人实行定额税率，征管不会遇到麻烦，对个体或独立经营的营业利润按一个比例税率征收也十分便利。这一模式的主要缺点是实行全额累进，会出现税率临界点税负剧增现象，且社会保险税的征收与承保项目没有明确挂钩，社会保险税的返还性也未能得到更具体的体现。

第三种是单纯以承保项目为标准分类设置社会保险税的模式。这种模式以瑞典和德国为代表。瑞典的社会保险税按用途不同分为19项，分别确定一定的比率从工资或薪金中提取。德国的社会保险捐献由健康保险捐献、老年和长期伤残保险捐献、失业保险捐献、工业事故和职业病保险捐献四个部分组成。所有工人、职员、家庭手工业者及从事其他职业的人均有义务参加健康保险，捐献率（即社会保险税税率）为7.3%~8.8%，所有雇员都要参加退休保险（个体经营者及家庭妇女可自愿参加）、失业保险，保险费捐献率分别为9.35%和1.5%。上述三项保险捐款均由雇员雇主各付一半，此外，所有的雇主还有责任替其雇员缴纳工业事故和职业病保险捐款，每年的捐献率根据各个行业事故风险程度及全部职工年工资总额等因素确定。这一模式的最大优点在于社会保险税的征收与承保项目建立起一一对应关系，专税专用，返还性特别明显，哪个承保项目对财力的需要量大，哪个项目的社会保险税税率就提高。缺点是各个项目之间财力调剂余地较小。

三、社会保险税负担水平的确定

用社会保险税筹集的社会保险基金为社会保险制度奠定了物质基础，社会保险基金的使用、保险受益额的给付在宏观上一般不能超过社会保险税征收总额，就是要以收定支、收付平衡。实践中有三种平衡方式，即近期横向平衡、远期纵向平衡以及近期长期平衡。

（一）近期横向平衡

近期横向平衡（short term lateral balance）就是当期提取的社会保险税总额以同期所需支付的社会保险费用总额为依据，当期筹集当期使用，现收现付，收付平衡。以养老金为例，根据当期退休养老保险的承保对象的人数、单位保险受益额、所有参保人员的工资总额、物价指数等因素，确定一个宏观提取比率，向在职的承保对象征收社会保险税，用以向退休职工发放养老金，一般要做到略有结余。以近期横向平衡为基础的社会保险税宏观税率的确定方式又称为现收现付式。其优点是简便易行，可按照社会保险需求增长及时调整征税比例，保持社会保险基金收支平衡，防止基金因通货膨胀而贬值。缺点是现收现付，没有储备积累，在社会保险需求增长迅速的时期，社会保险税的宏观税率要定得很高，在税率难以提高的情况下会导致基金赤字、支付危机。在老年退休承保项目上，人口老龄化高峰期极易出现这种情况。因为在退休保险基金筹集上采取现收现付办法，意味着从相对年轻的在职职工手中获得一定基金并立即转付到年老的退休者手中，形成国民收入跨代转移，退休人员占总人口的比例很高时，在职职工就要负担沉重的社会保险税。因此，这一平衡方式在工伤、生育、短期病假等费用开支比较稳定、基金的收付必须同期进行的承保项目中采用比较合适，而在老年退休保险等保险受益额取决于投保纳税期间长短的承保项目中使用就不太合适。

（二）远期纵向平衡

远期纵向平衡（long term vertical balance）即就一个比较长的计划期或每个承保对象的整个承保期考虑社会保险基金收付平衡，整体上是一种滚动式平衡。具体方法叫预筹积累，又称储蓄积累式或全基金式。首先对人口、工资、物价、利息等多种因素进行宏观预测，其次在此基础上预计社会保险的承保对象在享受保险待遇期间所需开支的保险基金总量，并按比例均匀地分摊到承保对象的整个就业或投保期间，从承保对象就业的第一天起，就依法由本人和雇主向国家缴纳社会保险税，形成基金，该基金由政府专门机构负责管理，并实现增值，到需要支付社会保险受益额时再逐期或一次性给付。对每个承保对象而言是先提后用，对社会保险制度整体而言，形成一种在长期内逐渐提高、逐期使用、不断增减、纵向循环的滚动式平衡关系，实现分散危险的目标。这种平衡方式使社会保险制度有了一定的储备功能，提取比率稳定，个人和企业负担均衡，既使社会保险有稳定的经济来源，又减少现收现付方式下可能出现社会保险基金提取比率（即社会保险税宏观税率）不断提高的被动性。但此种方式要求每个企业和承保对象分别立账、分别核算，降低了基金之间互助调剂的可能，保险受益额与缴纳社会保险税挂钩，收入再分配功能减弱。测算社会保险税宏观税率过于复杂，难以实行。在通货膨胀情况下，社会保险基金存在贬值的风险。特别地，这种方式在已建立退休保险制度而没有预筹积累的国家实行的难度更大，如在中国，如果采用这一平衡方式，既要为已经退休的人员支付退休金，又要为在职职工进行预筹积累，双重压力使政府与企业都难以承受。

（三）近期长期平衡

近期长期平衡（short term and long term balance）即综合了近期横向平衡和远期纵向平衡的优点，按照当前的实际需要加上一定的储备因素来保持基金收支的平衡。一般称以此种平衡方式为基础的社会保险筹集方式为部分积累式。其主要优点是可避免可能出现的社会保险税（费）税（费）率不断升高或支付困难的局面，因为现收现付式包含储备因素，可以用储备调剂补充现收现付额。二者互相调剂补充，会使社会保险基金产生一种稳定功能。在经济景气时期，工资水平高，可多提积累或将现收现付的节余部分存入积累，在萧条时期，工资水平降低，可降低提取比例（社会保险税宏观税率），或者从积累中划出一部分补充现收现付款，用以支付保险受益。但是由于部分积累式仍以存在先收未用的积累基金为其特点，仍然存在通货膨胀使基金贬值的问题。因此，如果能有效地营运积累基金，在安全可靠的前提下，使基金尽可能地获得增值，最大限度地减少贬值风险，那么这一社会保险基金收付平衡方式是比较好的，已经为越来越多的国家认识和采用。

四、开征社会保险税和建立混合社会保障制度的设想

当前中国的社会保险制度，一方面正面临着与发达市场经济国家同样的两难问题，即不解决社会保险的可持续问题，会引起社会不稳定，而要解决社会保险的可持续问题，势必加大财政赤字和政府债务，同样导致不稳定。另一方面又面临中国发展阶段遇到的特殊问题，即不同收入人群的社会保险受益额支出的公平性问题。解决这样的难题，要充分认识到中国是市场经济国家，更是社会主义国家。从市场经济角度来看，中国社会保险制度的改革方向应坚持需要与可能、理想与现实相结合的原则，既要满足社会化大生产和市场经济的发展对社会保险的需要，发挥社会保险的作用，又要从中国现阶段国情出发，不追求理想化的、普遍社会保险模式，而是要抓住主要矛盾，解决主要问题，实行承保项目有限、承保对象范围较原有体制有所扩大但不是无限扩大的全国统一的社会保险制度。从社会主义角度来看，基于全民所有制经济占主导地位，可以另辟蹊径，寻求解决问题的中国方案，即在借鉴市场经济国家的做法推行社会保险制度之外，探索基于国有资产收益全民分享的社会保障新方案，推行中国特色社会主义市场经济的混合社会保障制度，即既有与市场经济相联系的社会保险制度，又有与社会主义相联系的共同养老金、共同医疗基金。具体设想如下。

1. 建立社会保险税制度

改革完善现行社会保险费用筹集制度，建立按全国统一标准征收的社会保险税制度。新的统一的社会保险税制度在承保项目上应有所限制，以养老保险、医疗保险和失业保险为主，其他项目暂不纳入全国统一社会保险税制度中，基本上在原有制度基础上通过完善、改革继续实行。社会保险税作为税收，同样由纳税人、税基、税目、税率四个基本要素组成。社会保险税的纳税人为参加国家统一的社会保险制度的投保人及其所在工作单位，具体包括：设在中国境内的各类企业、机关事业单位的职工，以及其他城镇和农村居民。社会保险税的课税对象为工资薪金（对非单位就业居民而言按法定的标准税基征税）。对在单位就业的人员而言，其具体计税依据为纳税人发给职工的工资薪金以及具有工资薪金性质的各种补贴、津贴之和扣除一个征税限额后的余额。在税目、税率的设置上，我们主张设置养老保险、医疗保险和失业保险三个税目，分别制定税率。应采取定额税率和比例税率相结合的办法，对非单位就业人员可按定额税率征税以减少征税费用，对其他各类职工可按比例税率征税。养老保险税率应按部分积累式确定，即通过社会保险税筹集的社会保险基金既要满足目前的养老金支付需要，又要有所积累，为中国人口老龄化高峰的到来做好准备。医疗保险税率和失业保险税率应根据目前需要按现收现付式确定。

2. 探索基于国有资产收益全民分享的社会保障新方案

学术界在讨论社会保险制度改革和共享发展时似乎只在意市场经济的有关事项，而忘记和忽视了中国推行市场经济制度的前提或基础是中国是社会主义国家。社会主义经济就是共享发展的经济。实际上，只要找到一种机制真正地落实了社会主义经济制度，共享发展就会自然而然地出现在人们的面前。这一机制就是国有资产收益全民分享。

国有资产收益全民分享可以有两种方式。第一种是直接分享，即将国有资产税后收益进行必要的扣除后，以现金红利或收益权证的方式平等分发给全体人民。第二种是间接分享，即保障全民在某一个时间段都有相同的机会享受国有资产收益。在当前社会主义初级阶段，采用间接方式更具有现实可行性。一方面，国有经济还不够强大，国有资产收益的一大部分还要继续用于高质量发展，以进一步壮大国有经济，增强国有经济竞争力，因此，可供全体人民分享的国有资产收益还比较有限。另一方面，由于人口基数庞大，如果采用直接分享方式，全民同时直接平等地分享国有资产收益，数额还不够多，共享效果还不够显著。

我们主张在社会主义初级阶段，首先，将可分享的国有资产收益用于建立共同养老金，即一种与现行社会保险体系中养老保险金并行的养老金。所有达到法定应该退休年龄的人民群众，作为国有资产所有者获得均等的养老津贴。这是一种市场经济国家没有也不可能有的养老金制度。随着国有经济不断发展壮大，可分享的国有资产收益越来越多，再逐步扩大共同养老金的覆盖范围，在更大程度上实现共享发展，最终实现全面的共享发展（杨斌和黎涵，2022）。

当前的社会保险体系中，基本养老保险面临的可持续性和给付差距问题严峻，将现有国有资产收益直接充实基本养老保险基金的做法，改为建立共同养老金制度。具体而言，利用国有资产收益为达到国家法定退休年龄的全体人民提供一份人人平等享有的共同养老金，与传统的基本养老保险制度共同组成中国特色社会主义的养老体系即混合的养老体系，可采取共同养老金无差异均享、较高待遇养老保险给付数额适当扣减、混合养老待遇差别增长的办法，来解决当前养老保险基金不充分、几大养老保险体系给付待遇差别过大的问题。

其次，在共同养老金实践取得成功的基础上，全民所有制（国有制）经济的发展壮大，可提高国有资产收益全民分享的程度，将一定数额的全民所有制企业净利润，用于建立共同医疗基金，与医疗社会保险体系一起构成社会主义市场经济的混合医疗保障体系，提高人民群众的医疗保障水平。

【本章小结】

1. 确定个人所得税的征税对象的主要理论有周期说或所得源泉说、净值说或纯资产增加说、净值加消费说("S-H-S"所得概念)、交易说。确定个人所得税征税范围的一般规则是：通过交换并能以货币衡量的所得、已变现的所得。

   为了保证中国的个人所得税易于征管，目前列入征税范围的主要是规则性、周期性、以货币表现（包括有价证券）的所得，某些原可以用货币表现的实物收入要折算为货币所得。对多数与职务或所在单位有关的待遇性实际所得，应着眼于深化市场取向改革，逐步将"暗补"即隐性收入转化为"明补"即显性、账面收入，列入征税范围。

2. 个人所得税综合费用扣除包括费用扣除、生计扣除。生计扣除要保证纳税人及家庭的最低生活水平，遵循最低生活费用不纳税原则。

   中国个人所得税工薪所得间接费用扣除的基本原则是：以人为本、促进公益。生计扣除额的确定应当以维持纳税人本人及家庭成员的最低生活水平为基础依据，而不能以平均收入、某一群体的最高收入、平均消费支出为依据。具体标准要依据个人所得税功能定位和各群体的收入水平确定。

3. 最高边际税率规定得比较高，可以限制高收入者进一步富裕，但也有研究表明最高边际税率定得高会降低高收入者的积极性，造成福利损失。在税率结构中安排较长的基本税率线有利于对大多数纳税人采用源泉扣缴的征管办法，不过按能力负担原则的实行广度就缩小了。中国个人所得税税率制度改革的方向是低税率、少差别。

4. 个人所得税的申报单位可以是个人也可以是家庭。个人所得税按其征收方式不同可分为分类所得税、综合所得税、分类综合所得税三种类型。个人所得税的征收方法主要有三种，即申报法、课源法、测定法。

   在目前中国还没有推行西方模式个人所得税（个人申报的综合所得税）的社会经济文化条件下，个人所得税的改革完善要基于中国国情。为了解决对工薪收入者以外的高收入者（如明星、商人、知名教授等）征管困难的问题，可推行一种具有中国特色的最低限度税制度或管理办法。

5. 个人所得税会对个人在劳动和不劳动（闲暇）、当前消费与储蓄之间的选择以及资产组合产生影响。具体表现为收入效应、替代效应。由于收入效应和替代效应的大小取决于个人的偏好，即因人而异、因时而异。总的来看，个人所得税的影响是不确定的。

6. 企业一般被定义为以营利为目的，并以一定的法律形式存在的、独立从事商品生产经营活动和商业服务的经济组织。其主要特征是营利性、集合性、具有管理中心、持续存在、所有者权益可自由转让。从营利事业角度看，企业、公司、法人这三个概念的涵盖面大部分是相同的。

   在企业所得税与个人所得税的分工上，多数国家的企业所得税采取法人税模式，就是企业所得税仅对法人企业、有盈利的非公司法人课征。对合伙企业和其他非法人企业或组织则不将其作为独立的纳税人看待，其所得分别归属到所有人（个人投资者）、合伙人、受益人名下，征收个人所得税。

   企业所得税存在的理论依据，在法学上有法人虚拟说和法人实在说的对立。法人虚拟说认为企业所得税不应该同个人所得税并存。尽管理论界存在着巨大的争议，但是各国政府仍然倾向于个人所得税和企业所得税并存的税收制度。但是，为了消除两种税制并行可能产生的负面影响，各国政府都制定了相应措施，导致企业所得税具有多种不同类型，包括古典制、两率制、免税制、归集抵免制。

7. 企业所得税是对企业生产经营的纯收入征税，也就是说企业所得税税基即应纳税所得额是企业的各种营业所得和非营业所得扣除生产经营中的必要成本和损失后的余额，即利润或净收益。

   企业的资本利得是企业房屋、土地、证券以及无形资产等资本性资产增值或者出售所获取的收益。企业重组、并购场合涉及大量资本利得课税问题。目前各国比较通行的做法是对资本利得按已变现原则课税，但要与生产经营所得差别对待，对资本利得给予优惠。

亏损结转是指企业某一年度的亏损可以用其他应税年度（包括以前年度和以后年度）的利润进行抵补的特别制度。

对存货计价一般允许企业在计税时采用成本与市价孰低法。对存货原始成本的计价，只要是符合一般商业惯例和公认会计准则，且与税法没有抵触的方法，企业均可采用，不过一经选用未经批准不得变更。

现实中，衡量固定资产的实际消耗、确定固定资产的实际使用年限比较困难，因而税法采取根据不同资产设定法定折旧年限的方法。

在企业所得税制中，税收优惠又称为税式支出，是引导企业经济行为的重要手段，具体方式有减免税、再投资退税、投资抵免、亏损结转、加成费用扣除、加速折旧等。

8. 多数国家企业所得税实行比例税率。有的国家采用单一比例税率，大部分国家实行差别比例税率。

9. 从长期来看，企业所得税将导致资本和劳动要素在公司部门和非公司部门间的流动。其中，资本要素在两部门间的流动以及总投资的减少，共同造成了超额负担。

企业所得税的税率会增加资本使用者成本，从而抑制企业的投资，而利息的税前扣除以及折旧和投资抵免的政策则会降低企业的资本使用者成本，从而促进企业的投资。

企业因投资而发生的借款利息支出是可以全部或者部分扣除的，因此会对企业的融资方式（股权融资还是债权融资）产生影响。在其他条件不变的情况下，这种政策安排显然会鼓励企业更多地采取债权融资。

在企业所得税和个人所得税并存的制度下，理论上讲，为少缴税收，股东会反对企业派发股息红利，从而少交个人所得税，并且通过长期持有股票来延缓缴纳资本利得税。但是，从美国的实际情况看，股份公司并没有采取将全部利润保留下来的股利政策，多数公司将税后利润作为股息红利派发给了股东。这种现象被称为"股利悖论"。

10. 信息不对称的存在，产生了逆向选择现象，使私人保险市场无法解决风险不确定性与营利性及契约稳定性的矛盾，也无法解决保险行为的长期性与私人保险公司要尽快收回资本的短期性矛盾。从而像养老、医疗、失业、伤残等领域无法形成有效率的私人保险市场，只能通过政府采用强制式的社会保险。

11. 社会保险的主要模式有普遍社会保险模式、特定职业社会保险模式、储蓄自助保险模式。它们各有利弊。

12. 社会保险税是为筹集社保基金而开设的，有明确的特定目的，全部税款用于社会保险，作为社会保险受益额返还给受益人。社会保险税主要设置模式有从承保对象和承保项目相结合的角度设置的一般社会保险税和特定社会保险税并存的模式；单纯以承保对象为标准分类设置社会保险税的模式；单纯以承保项目为标准分类设置社会保险税的模式。社会保险税的宏观税负水平（从数量上讲就是社保基金筹集规模）确定方式有近期横向平衡、远期纵向平衡以及近期长期平衡三种。

【概念与术语】

周期说（periodic theory）　净值说（net-worth theory）　净值加消费说（net-worth and consumption theory）"S-H-S"（"Schanz-Haig-Simons"）　交易说（trade theory）　个人所得税综合费用扣除（comprehensive expense deduction of individual income tax）　费用扣除（expense deduction）　生计扣除（livelihood deduction）　免税额（exemption amount）　家庭系数法（family quotient）　花边红利（fringe benefit）　累进程度（progressive degree）　累进速度（progressive speed）　企业（enterprise）　公司（corporation）　法人（legal person）　法人实在说（legal personality theory）　法人虚拟说（legal person virtual theory）　锁住效应（lock-in effect）　冻结效应（freezing effect）　古典制（classical system）　两率制或双轨税率制（two-rates or split-rate system）　免税制（deduction system）　归集抵免制（imputation system）　暂记性差异（temporary differences）　永久性差异（permanent differences）　存货计价（inventory valuation）　税式支出（tax expenditures）　减免

税（tax reliefs） 再投资退税（reinvestment tax refund） 投资抵免（investment tax credit） 加速折旧（emergency depreciation） 哈伯格模型（Harberger model） 股利悖论（dividends paradox） 逆向选择（adverse selection） 普遍社会保险模式（universal social insurance model） 储蓄自助保险模式（savings self-service insurance model） 近期横向平衡（short term lateral balance） 远期纵向平衡（long term vertical balance） 近期长期平衡（short term and long term balance） 社会保险税（social insurance tax）

【思考题】

1. 为什么中国不能照搬西方模式的个人所得税？
2. 如何合理设置个人所得税税率制度？
3. 个人所得税综合费用扣除应当遵循哪些规则？
4. 当前在中国实行综合所得税模式可行吗？为什么？
5. 试用个人所得税效应理论分析中国个人所得税对劳动供给的影响。
6. 在存在个人所得税的情况下，就不需要企业所得税吗？为什么？
7. 对企业的资本利得要给予优惠吗？为什么？
8. 加速折旧、投资抵免会促进企业增加投资吗？为什么？
9. 养老保险、失业保险、医疗保险为什么必须由政府主办？
10. 中国现行社会保险制度的主要问题是什么？如何解决？

第十一章　财产税设计原理

【本章提要】
1. 财产税概论。
2. 房地产税原理和制度设计。
3. 遗产税和赠与税原理。

尽管随着流转税和所得税地位的提高，从整体看古老的财产税不再充当主体税种的角色，但财产税仍然是三大税收类别之一，在财政尤其是地方财政中仍起着不可忽视的作用。本章主要阐述财产税基本原理，还将对中国社会各界十分关注的房地产税改革、征收遗产税与赠与税的问题进行讨论。

第一节　财产税概论

一、财产税的性质和类型

（一）财产税的性质

财产税（property tax）是对纳税人所有或占有的财产就其数量或价值额（如价值总额、价值净额或收益额）征收的一类税收。财产税的最终源泉是一定时期劳动者创造的剩余产品价值，这一点与其他种类的税收是相同的。但在征收方式和直接征税对象上又与别的税收有区别。所得税和流转税都是以商品或劳务交易为前提，流转税以商品和劳务交易过程发生的毛收入为征税对象，所得税以纯收入为征税对象，它们都是对收入流量征收的税。财产税则以财产的存在为前提，与财产交易无关，只要财产存在，无论财产是否发生转移（指非交易性转移）都要征税，是对纯收入存量征收的税。虽然财产税以财产的数量和价值为计税依据，但是除非出卖财产，纳税人要用财产收益或其他收益支付税款，因此就支付的价值源泉而言，财产税与所得税类似。可见税收分类的依据不是绝对的。

（二）财产分类和财产税的类型

1. 财产分类

随着生产力的进步和市场经济的发展，财产的种类日益增多，从大的方面看，财产可分为不动产和动产。其具体内容见表 11-1-1。

表 11-1-1　财产分类表

不动产	动产
A. 土地	A. 有形动产
1. 农地	1. 厂房、机器设备
2. 住宅地	2. 家具
3. 商业用地	3. 车辆等交通工具
4. 森林地	4. 其他商品
B. 土地改良物	B. 无形财产
1. 农地建筑物	1. 股票、债券
2. 住宅	2. 特许权
3. 商业大楼	3. 抵押权
4. 篱笆、人行道等	4. 银行存款

2. 财产税的类型

由于财产种类很多，在财产税制度设计与征收上，首先要解决的问题是确定财产税征税范围，即确定哪些财产项目要征收财产税，哪些不征收。确定要征收财产税的财产项目后，还要确定计税依据，也就是要选择以财产数量为计税依据还是以财产收益为计税依据。此外，还要确定征税的时点或环节，可在一个年度内确定一个或几个时点对财产所有人静态的财产数量或净值征收，也可选择在财产转移、变动时征税。这样依据不同标准，从不同角度就可把财产税分为不同类型。

（1）从征税的时点或环节看，财产税可分为静态财产税和动态财产税。静态财产税是对财产所有者或占用者依其财产数量或净值进行定期课征，不问财产来源和去向。动态财产税是在财产转移、变动时，对转移、变动的财产数量或净值征税。

（2）静态财产税依其征税范围的不同，可分为一般财产税和选择性财产税。选择性财产税依其计税依据的不同，有数量财产税（即从量征收）、价值（或净值）财产税（从价征收）、收益财产税之别。

（3）动态财产税，依财产转移变动时以有偿（等价交换）还是以无偿的方式进行，可分为财产转让税、遗产税、赠与税。但财产转让税如果以毛收入为计税依据可归属于流转税，如果以纯收入为计税依据可归属于资本利得税（所得税）。因而，典型意义的动态财产税即遗产税、赠与税，它们均以无偿转让为前提。

本节接下来比较分析一般财产税和选择性财产税。

二、一般财产税和选择性财产税

（一）一般财产税

一般财产税（general property tax）的典型形态是财富税。这是对个人、公司企业及其他经济实体拥有的除特定免税项目外的所有财产总价值减去债务和个人宽免额后的净值征收的一种税。不少欧洲国家和拉丁美洲国家均有此税。

财富税纳税人既包括本国居民（含法人和自然人）也包括外国居民。本国居民要就其来源于全世界范围的财产净值纳税，有的国家（如挪威、瑞典）规定境外的不动产不在财富税征收之列。非居民仅就来源于本国境内的财产净值纳税。

各国的财产征税范围不一，主要包括不动产，营业用动产（如机器设备、原材料、库存品、农林产品等），户外使用的家用动产（如汽车、摩托车、汽艇、游船等），无形动产中的资源开采权、营业性专利权、股权、公司债权等。凡查实过于困难、征收费用过高或不易作价的财产一般不列入征税范围中，如家庭室内使用的家具、器具、珠宝、首饰、艺术珍藏品、非营业性专利权、著作权、商标商誉权等一般不作为财富税征税项目。人寿保险单所享有的权利、食品和生活必需品、领取抚恤金的权利等基于社会道德、社会公平的考虑一般也不列入财富税征税范围。

财富税的征税依据是应税财产总价值减去债务和个人宽免额后的净值。个人宽免额又称标准的基础扣除额，纳税人、配偶和所抚养的子女每人都有一定的宽免额。其具体数额各国均依据本国的生产力发展水平、国家财政需要和个人生活水平等因素确定。各国的税率形式也不同，有的实行超额累进税率，有的实行比例税率。财富税在学术界被视为增加政府额外收入和解决社会不平等问题的一种选择，但在现实执行中却不断受阻。近几年，大多数国家都逐渐降低财富税税率或提高财富税免征额，甚至放弃了财富税。1990年，欧洲有12个经济合作与发展组织（Organisation for Economic Co-operation and Development，OECD）国家征收个人净财富税。然而，大多数国家在20世纪90年代和21世纪初废除了财富税。2020年，挪威、西班牙和瑞士是仅有的仍征收个人净财富税的OECD国家。现有征收个人净财富税的OECD成员之间的税率差异也很大。挪威采用固定税率，税率为1.1%。西班牙和瑞士则采用超额累进税率，最低边际税率一般在0.2%至1.5%之间，而最高边际税率一般在0.5%至2.5%之间。在西班牙和瑞士，财富税是地方税，因此不同城市或地方政府的税率差异很大。在瑞士，2018年，（州和市的）最高边际税率介于0.1%（下瓦尔登州）和1%（日内瓦州）之间，最高税率一般在西部法语区各州征收，最低边际税率在瑞士中部德语区各州征收。在西班牙，中央政府一级有一个总的税率表，但自治区有确定自己的税率表的余地。例如，最高税率因地区而异（如安达卢西亚为3.03%、穆尔西亚为3%、加泰罗尼亚为2.75%）（Perret，2021）。

（二）选择性财产税

选择性财产税（selective property tax）是政府选择特定的财产项目对其数量、价值或收益额征税的税种，又称特种财产税或个别财产税。美国的财产税虽然冠以一般财产税之名，但实际上是一种选择性财产税。选择性财产税的征税项目主要是土地和房屋等不动产。土地税、房屋税或者土地与房屋并征的房地产税或不动产税是其基本形态。

1. 土地税

土地税以其计税依据的不同有地亩税、地价税、土地收益税、土地所得税、土地增值税之别。

地亩税（land tax）以土地单位面积为计税依据，按土地单位面积规定税额，从量计征。土地面积越大，缴纳的税越多。此种税征税简单，但由于土地肥沃瘠薄不一、所处位置不同，其价值相差很大，仅按面积征税显然很不合理，因而此种税已被淘汰。

地价税（land value tax）是以土地单位市场价格或评估价值为计税依据的一种税。这是最常见的土地课税方式。由于土地市场价格涨落不定，不同地段的土地价格千差万别，况且只有在发生土地买卖时才有市场价格问题，因而各国在地价税征收时均采取按照合理方法经一定程序估价课征的办法。

以土地收益（包括毛收益、净收益即所得、租金收益或自有自用土地推算租金收益）为计税依据的土地税为土地收益税。其中，以土地净收益（包括土地转让净收益或土地租赁净收益和来自土地生产物的净收益）为计税依据的土地税可称为土地所得税，各国一般把它纳入个人或企业所得税的征税范围一并课征。

以土地所有权转让时，土地增加价值（即溢价）为计税依据的税为土地增值税。此税在理论上可以把社会经济发达特别是社会城市化导致的土地增值收益（纯属不劳而获）的一部分收归国有，抑制土地投机，扩大国家财源。但需要建立长期跟踪的丈量估价登记管理制度，难度极大，不容易成功。

因此，有关土地税计税依据的选择实际上是在土地价格和土地收益之间进行。从效率角度而言，选择土地价格计税的地价税虽有估价困难的问题，但仍有适当的解决办法，还算便利，而按收益计税不仅涉及土地面积丈量、估价，还涉及收入计算、费用扣除，不太便利。从公平角度而言，土地价值（价格）表示纳税人在长时间里的纳税能力，而土地收益表现每年的财产负税能力。各年收益不同，若要做到真正按收益征税，每年都要进行收益测定，实际上过于烦琐复杂，难以做到。在土地收益税征收历史上，往往是某一年测定收益，几年、几十年不变，使之成为常年课税依据，收益税名不符实。收益税下，用于投机的空地因无收益不必纳税，生产用地却要纳税，显然既不公平也不利于提高土地利用率。地价则可反映社会发展引起土地价值和所有者纳税能力的变化。因而在土地税领域按土地价格征税比按土地收益征税更能反映纳税能力。综合公平与效率，土地税以地价税方式征收更有可行性。

2. 房屋税

房屋置于土地之上，与土地难以分离，因此房屋税一般与土地税合征。但也有少数国家单独征收房屋税。早期的房屋税通常以户税、炉税的形式出现，或者以房屋的外部标志，如窗户多少、房间多少为计税依据。这些税收形式十分简便，纳税人无法偷逃税，但全然不顾及纳税人的负担能力，很不公平，因此不再成为现代税收体系的组成部分。目前，各国的房屋税均以房屋价值或租金为计税依据，多数是按房屋价值计征，也有从税务行政便利出发，规定可按房屋价值征收也可按租金征收，如中国现行房产税。

以房屋价值为标准和以租金为标准征税各有利弊。就税收行政效率而言，从租征税比较便利，因为房屋租赁一般均基于契约，契约中订明租金数量，以此为征税依据确实明了，可以免去估价计税依据的烦琐手续。从价征税则首先要进行估价，而房屋估价比土地估价要困难得多。土地估价除考虑供需因素及面积外，主要看土地本身的质量和所处地理位置。房屋估价要考虑许多因素，如房基面积、房屋层数及各层的面积、房屋间数、建筑材料、装修情况、房屋用途、所处位置、建成时间、市场供需、社会经济发展决定房价上涨或下跌的预期、租金、建筑价格等。在中国城市，多数房屋为多层或高层公寓建筑，高低不同的各层、不同朝向的同层价值不同。要准确地对房屋进行估价、做到征税合理不是一件容易的事。但从反映纳税能力公平征税方面看，从价征税优于从租征税，虽然租金也能反映房屋价值进而反映房屋所有人的纳税能力，但房屋价值高低已经包含租金高低的因素，因而更能反映纳税能力；仅以租金征税，未出租自用房屋不必纳税，会造成对房屋出租行为的歧视，而无论出租房屋还是自用房屋一律从价征税则可平衡税负。不过，若能对自用房屋推算租金课税，从租征税的不公平性会大大减轻。在此种情况下，从租征税就优于从价征税。

3. 不动产税或房地产税

基于房屋和土地不可分割，不少国家设立以土地和房屋为主要征税对象的不动产税或房地产税，房地产税将在下一节作详细阐述。

综上所述，一般财产税和选择性财产税的分类不是绝对的，即使是一般财产税，其征税范围也并未覆盖所有类型的财产，一些无形且难以核实价值的财产并未被纳入征税范畴。实际上一般财产税仅以个人不动产和某些有形的动产以及企业资产为征税对象。只不过其征税范围比选择性财产税广泛一些而已。由于其征税范围广，在公平、弥补主体税种不足方面优于选择性财产税，不过在征收管理上比选择性财产税复杂得多。在个人所得税无法普遍征收的国家中，也很难征收一般财产税。在这些国家中，以对主体税种起补充作用为出发点，对某些易于征收的不动产课税更为合适。不论是一般财产税还是选择性财产税或动态的财产税，征税的基本前提是对财产进行合理估价。

（三）财产价值的评估方法

财产税是对财产价值课税，与流转税和所得税依据财富流量的账簿记录不同，它需要通过评估来确定税基。房地产等财产与其他货物不同，其极具个性特点，房屋的设计施工、建设时间、所用材料、质量好坏、所处位置、楼层高低、朝向何方、内部装饰、产权归属、配套环境等都对房屋实际价值有较大影响，如何客观准确地评估财产价值，是选择性财产税特别是房地产税能否成功的关键环节。财产价值的评估方法有收益现值法、重置成本法和现行价格法三种。

（1）收益现值法（present value method）又称资本还原法。收益现值法就是通过估算被评估财产的未来预期收益，并将其折现成财产价值的评估方法。理论上讲，这是基于财产购买者愿望的评估方法。投资者的愿望是其购买的财产能产生合理收益，使资本在合理期限内回收，并且尽量增值。一般说来，财产的购买者或投资者购买财产获得的预期收益不应小于将这笔购买财产的资金存在银行获得的预期利息收益。一般采用银行利率加一定幅度的风险利率估算投资者期待的年收益率即折现率。明确了折现率和预期收益，就能逆算出财产价值。

（2）重置成本法（replacement cost method）。重置成本法就是根据待估财产在全新情况下的重置成本，减去按重置成本计算的已使用年限的累计折旧额，并考虑财产功能变化、成新率等因素，评定财产价值。

（3）现行价格法（current price method）。现行价格法又称市场价格类比法，就是以市场上类似财产交易价格为参照物，充分考虑影响价格的各种因素，评估应税待估财产价值。

目前基于电子计算机信息系统的批量评估方法越来越被重视。批量评估方法就是先按照上述基本方法评出标准不动产的价格，然后通过对影响不动产价格的因素进行调整，整批地而不是单宗地确定应税不动产的价格。这一方法一般借助计算机信息系统，对不动产评估进行程序化运作，最大限度地减少评估舞弊。但无论采取哪个方法，要做到评估价值与实际价值的吻合都很困难。一般说合理、公正的不动产评估基于如下条件：市场经济发达、房地产市场稳定、人们的诚信度高、价格等信息完整、产权归属单一。在不具备这些条件的地方推行不动产税或房地产税，将面对评估舞弊和估价不公正、不合理的问题。如果问题不能有效解决，不动产税很可能成为很恶劣的税种。

尽管财产税可以划分为多种类型，但是从各国财产税制的实践来看，主要实行的还是房地产税（不动产税）、遗产税和赠与税。下面对此作详细讨论。

第二节 房地产税原理和制度设计

房地产税（real estate tax）又称不动产税，近几年在中国还被称为物业税[①]，是对保有土地与其上定着物（主要是房屋建筑物）的课税。随着中国房地产市场的迅速发展和贫富差距的拉大，房地产税日益得到社会的高度关注，有必要较为详细地加以讨论。本节先阐明其制度设计要考虑的要素和税负归宿原理，然后对中国房地产改革方向和模式进行分析评论。

一、房地产税的制度要素

（一）纳税人

房地产税的纳税义务人为不动产的保有人，包括不动产的所有人和使用人。各国对房地产税纳税义务人的规定大致存在三种做法：一是仅规定不动产的所有人负有纳税义务；二是仅规定不动产的使用人负有纳税义务；三是规定不动产的所有人和使用人均负有纳税义务。从理论上讲，财产所有权代表了所有人的纳税能力，对财产课税可弥补只对所得课税的不足，符合量能支付原则。换个角度看，不动产的使用人享有了地方政府提供的公共服务，如供排水、卫生、治安等，因此规定不动产的使用人负有纳税义务更符合税收的受益原则，并有利于增强地方政府责任。

（二）计税依据

计税依据虽然只是税制的一个要素，但于房地产税而言，它却决定着房地产税制度的主要特征。根据其计税依据的不同可将房地产税制度大致划分为资本价值制度和年值制度。从各国现行的房地产税实践来看，其计税依据可进一步细分为四类，即不动产的改良资本价值、未改良资本价值、年度租金值以及某些物理特征。

房地产税如果以改良资本价值为计税依据，则一般囊括土地和房屋建筑物的评估价值。在这种计税依据下，可以对土地和房屋建筑物统一进行评估并适用同一税率，如荷兰等国的实践。也可以对土地和房屋建筑物分别进行评估并适用差别税率，如泰国、南非和津巴布韦等国的实践（漆亮亮，2003a）。从多数国家的税制实践来看，目前实行以改良资本价值为计税依据的国家，大多采用市场价值的概念。因此我们一般将这种计税依据理解为不动产的市场价值，且一般以其最高、最佳用途为标准，即不动产的市场价值应反映不动产的所有潜在用途中价值最大的那一种。

以未改良资本价值为计税依据属于资本价值制度。这种计税依据仅为土地的价值而不包括房屋建筑物的价值。未改良资本价值可以进一步细分为土地价值和位置价值。前者是将诸如卫生、排水、土地平整和周边基础设施等少许改良反映在土地价值中，后者则不将其反映在土地价值中。这些改良细小且不易辨认，因此目前采用以未改良资本价值为计税依据的国家基本上不对这两者作具体区分。

[①] 如果将物业作为房地产（不动产）的别称，那么物业税指房地产税或不动产税。但是，在中国，使用物业税的名称却存在着不适之处。第一，中国内地物业税的概念是从香港引入的，但香港的物业税是对出租房屋收取的租金课征的一种税，严格意义上是房屋租金所得税，而不是对不动产存量价值课征的财产税。在香港，真正的房地产税是差饷，差饷是对房屋所有人或使用人就其在法定估价日以市场租金为依据估定的年租值课征的税，来源于英国，最初旨在筹集警察（公差）等公共开支，故有"差饷"之名，早期也叫"警捐"。第二，中国商品住宅物业管理企业收取物业费已经在居民中普及，使用"物业税"的名称，容易引起概念混乱。鉴于此，我们认为在讨论房地产税时还是不用物业税为好。

以年度租金值为计税依据起源于英国的差饷。年度租金值指不动产的估定年度租金值,并非指实际租金收益(否则就变成所得税而不是财产税),因为即使房屋没有出租也要缴纳此税,其计税依据是假定房屋出租可能收到的年租金,年度租金值通过法定程序评估确定。目前新加坡、英国、北爱尔兰地区的财产税,以及中国香港特区的差饷均属于这种类型。

上述房地产税的三种计税依据基本都是围绕着不动产的价值,属于从价计征方式。此外,房地产税还可以采用以不动产的某些物理特征为计税依据从而实现从量计征,如一些国家历史上早期的房屋税就曾以房屋的窗户、烟囱、阳台或房间的数目为计税依据。早期的土地税多以土地面积为计税依据。目前世界上对房屋建筑物课税采用物理特征为计税依据的做法非常罕见,而依据土地面积对土地课征财产税的国家还有不少。主要是一些中东欧国家,如俄罗斯、波兰、匈牙利、斯洛文尼亚和捷克等(漆亮亮,2003a)。

(三)税率

从税率形式上看,各国房地产税的税率有比例税率、累进税率和定额税率之分。由于比例税率比较简单且易于管理,所以目前为大多数国家采用。累进税率虽符合量能负担原则但稍显复杂,目前仅为极少数国家(如巴西和巴基斯坦)采用(漆亮亮,2003b)。定额税率则主要应用于以不动产的物理特征,主要是以土地面积为计税依据的国家。

根据不动产的地点、用途和性质的不同,房地产税可实行差别税率。从地点方面看,在分级财政体制下,不同辖区的不动产通常适用不同的税率。即使在同一辖区内,不动产由于具体位置的不同,也通常适用不同的税率。

从用途方面看,根据不动产的用途(居住用、商业用和工业用)不同而设置差别税率的现象也很常见。在大多数国家,工商业用不动产要比居住用不动产适用更高的税率。

从财产性质方面看,许多国家对土地和房屋建筑物也实行不同的税率。各国较为普遍的做法是对土地适用比房屋建筑物更高的税率。其实,以未改良资本价值为计税依据,就是对房屋建筑物适用零税率。当然,也有少数国家对房屋建筑物征收比土地更高的税率。具体来说,各国根据不动产性质设置的差别税率分为四类。一是完全单一税率制度。在这种制度下,对未改良土地、已改良土地及其上房屋建筑物都适用同一税率征收房地产税。二是已改良不动产的单一税率制度。在这种制度下,未改良土地适用零税率(即免征房地产税),而已改良土地及其上房屋建筑物适用同一税率征收房地产税。三是土地单一税率制度。在这种制度下,未改良土地和已改良土地适用同一税率征收房地产税,而房屋建筑物适用零税率(即免征房地产税)。四是差别税率制度。在这种制度下,对未改良土地和已改良土地适用同一税率征收房地产税,而对房屋建筑物适用更低税率征收房地产税。

二、房地产税的税负归宿理论

关于房地产税的税负归宿,经济学界至今仍然存在很多争论,但主要的观点有两种,即货物税观点和资本税观点。下面我们分别进行论述。

(一)货物税观点

货物税观点(goods tax perspective)是传统观点。该观点认为,房地产税是对土地和房屋建筑物课征的一种货物税,其税负归宿机理也与货物税相同,即取决于相关的供求曲线的形状。按照经济学基本理论,由于土地供给的机会成本为零,其供给曲线就是完全垂直的。一种生产要素的供给曲线若是这样的形状,那它就要承担全部税负。直观地看,土地供给数量基本不变,所以土地作为生产要素无法规避税负。

图 11-2-1 中,S 为土地的供给曲线,D 为课征土地保有税前的需求曲线,P_0 为土地的均衡市场租金。对土地保有课征从价税使得需求曲线向下移动。税后需求曲线为 D'。土地所有人得到的租金由 S 与 D' 的交

点决定，新均衡市场租金为 P_1。土地使用人支付的租金 P_1 和税款，恰好等于土地使用人原来支付的租金 P_0。因此，税收使得土地所有人得到的租金下降了，下降数额等于全部税额。土地的供给曲线无弹性，因此土地所有人承担了全部税负。

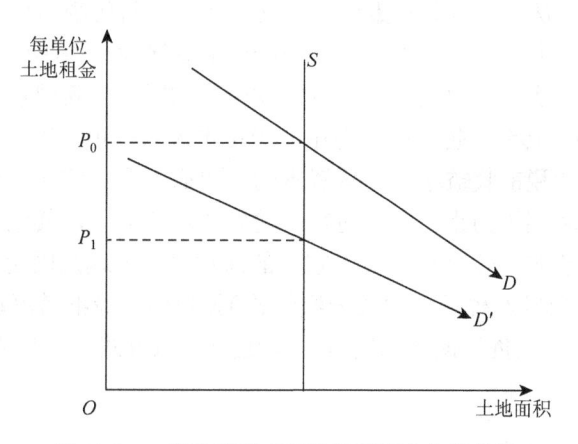

图 11-2-1　货物税观点下的短期税负归宿分析

我们再来看对房产的课税。按照税负归宿的货物税观点，从长期看，建筑行业能够以资本的市场价格获得其所需的任何数量的资本，因此，房屋建筑物的长期供给曲线是完全水平的，即不需要以更高的价格来获得更多的房屋建筑物。

在图 11-2-2 中，D 是课税前租房人对房屋建筑物的需求曲线，供给曲线 S 是一条水平线。价格为 P_0 时，建筑物数量为 B_0，课征房屋建筑物保有税后，需求曲线旋转移动到 D'。房屋建筑物供给人得到的价格 P' 和课税前的价格一样，即 $P_0 = P'$。房屋建筑物需求人支付的价格 P_1 却超过了原来的价格 P_0，超过部分恰好等于税额，因而税负全部转嫁给租房人。当然，这是假设供给曲线呈水平形状的结果。直观地看，水平供给曲线意味着，如果资本收益未能达到 P_0，那么，资本将流出建筑行业。但是，如果资本供给人得到的价格不能降低，税负就必须全部由租房人承担。

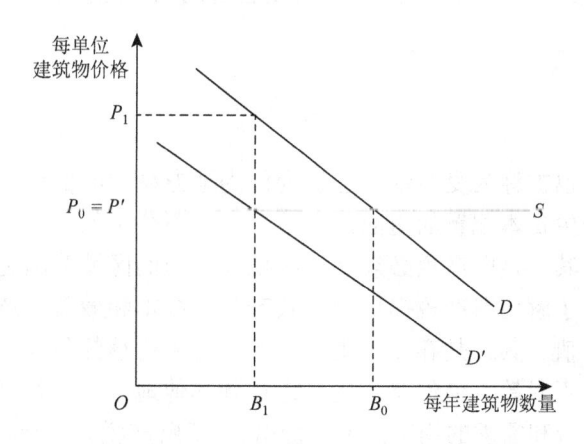

图 11-2-2　货物税观点下长期税负归宿分析

（二）资本税观点

货物税观点基于局部均衡分析框架。虽然局部均衡分析往往是有用的，但是以此对宏观经济中相对重要的税收进行分析则可能产生错误的结论。由 Mieszkowski（1972）提出的房地产税税负归宿的资本税观点（capital tax perspective）采用了一般均衡分析，得出不同的结论。按照资本税观点，最好把房地产税视为一般财产税，其中，某些不动产的课税低于平均水平，而某些不动产的课税则高于平均水平。因此，我们对税收的平均水平以及对平均水平的偏差都必须加以分析。

第一，假设房地产税是对所有不动产都课征的一种统一税。这样，房地产税就是对不动产课征的一般要素税了。再进一步假设整个经济中的不动产供给是固定的，当一项生产要素的供给固定时，它必须承担对其课征的一般税的全部负担，因此，房地产税全部由不动产所有人承担。因为不动产收入的比例会随着总收入的增加而上升，所以，房地产税具有累进性。这一点恰好与传统的货物税观点相反。

第二，假设房地产税的税率依不动产类型和不动产所处地区而有所不同。某些税率高于平均水平，某些税率低于平均水平，因此，房地产税是一组资本货物税。按照这一新观点，资本倾向于从高税率地区迁移到低税率地区。在Tiebout（1956）提出的模型中，当资本流入低税率地区时，该地区的税前收益率会被压下去。同时，高税率地区的税前收益率会随着资本的流出而上升。这一过程将继续下去，直到整个经济体系中所有地区的税后收益率相等为止。一般而言，随着资本的流动，其他生产要素的收益也会变化。课税对其他生产要素收益率的影响，部分地取决于它们的流动性。土地是固定的，所以它不能转嫁税负（至少在这一点上，货物税观点和资本税观点达成一致结论）。同样，最不易流动的资本最可能承担税负。和一般均衡模型中的情形一样，税负的最终归宿取决于生产组织方式、消费者需求结构以及各种生产要素的流动程度。

三、房地产税的利弊分析

从世界各国的实践来看，房地产税一般是作为地方性税种而存在的，而且是作为州（省）以下基层地方政府的税种存在。在实行财产税较为成功的美国就是如此，在美国，房地产税是县镇乡、特别区地方政府的税种[①]。虽然美国州政府曾经以财产税为主体税，但早在19世纪就纷纷转向以征收消费税和所得税为主（沃利斯，2005）。从实践经验来看，房地产税不宜作为州（省）一级的主体税种的主要原因在于以下两点。其一，征收难度大，管理成本高。正规的财产税的税基以课税对象的市场价值为准，而要获得房屋土地的市场价值很困难，因此在较大范围内征收会导致评估价值的客观标准较难得到统一，从而产生了征税的不确定性和不公平性，加之评估舞弊的存在，最终使得征收管理的要求提高。其二，人们跨州（省）迁移的难度较大，因此各州（省）发展的差异将导致税收负担水平的不平等。

那么将房地产税作为省以下地方政府税种是否就是合理的呢？这仍然存在争议，对比存在的两种对立的观点。

（一）房地产税有益说

房产税是受益税的观点也被称为受益论，它认为作为地方税种的房地产税是受益税，即按照受益原则实施的有效税种，不会产生资本配置的扭曲，也不会产生不公平的效应。但是，要实现这一效应是需要一些严格的假定前提的。其一是财产税必须是社区税或适用的区域范围足够小，以至于纳税人拥有近乎相同的能力和足够的信息了解用财产税提供的公共产品的成本和效益。特别是纳税人知道税收和服务将影响他们拥有的房屋的价值。其二是存在"用脚投票"自由迁移的条件。一旦某社区的居民（财产税的纳税人）发现所费与所得不对等，他们就会选择迁移到其他地方，这种"公共产品自愿市场交换"的机制最终会导致公共产品供给和需求的均衡而使"价格"（即财产税）居于合理水平，从而造成对地方政府的约束。其三是政府会采用诸如"分区制"的办法保证房地产资本的不可流动性。分区制是指地方政府通过制定诸如限定房屋使用的最小土地面积等多种建筑规定以及特殊的物业保障条件等方式来保护现有住房，限制建造新住房的制度。这种分区制的做法的最终效果是通过限制房屋的供给而保证本地区的最低房价不会改变。

这样，按照受益论的假定前提，地方政府通过房地产税的征收可以提高当地的财政支出水平，从而通

[①] 美国政府的分级是州（state）、郡（县）政府（county governments）、市政府（municipalities）、镇政府（township governments）、学区政府（school district governments）、特别区政府（special district governments）。

过提供适当的公共基础设施和服务促进当地房地产价格的上升,这样房屋所有者缴纳的税收就产生了资本化的效应,即最终体现为房屋价值的增加。房屋的所有者信息充分,并且能够自由迁移,因此,一旦他们发现其缴纳的财产税超过了他们所获得的收益,那么他们将选择到其他房屋价格较低或者财产税税率较低,但是公共服务类似的地区购买新的住房。最终,人们将按照自己对房屋价格和公共服务的偏好分类进入不同的社区,而这些分类社区的财产税将会趋同,并且通过地方政府的支出完全资本化,此时财产税就会转化为一种受益税,不会产生资源配置的扭曲。

(二)房地产税无益说

与受益论不同的一种理论认为,房地产税不是有效的一次性税收,而是对资本的课税,并会对资本的有效配置产生扭曲。同受益论一样,这种理论的成立同样有自己的假定前提。首先,该理论是建立在一般均衡分析框架之下的,认为房屋产业资本从长期来看是具有弹性的,也就是说房产资本可以通过减少计划中的新建房屋或者减少对现有房屋的维修等方式将其投入到非房屋产业,即资本流动自由。其次,该理论假定全国的资本供给是完全无弹性的,即资本总量是固定的。一般均衡分析均有此假定,这意味着不考虑外资的流入,那么投入到房地产的资本多了,其他部门的资本就要减少。在这两个最基本的假定前提下,最终各个地区对于房屋产业的课税将会带来两重"负担",第一是降低资本的收益率,导致全国的资本所有者平均负担其税负;第二是资本从该地区的流出导致工资和土地价格的上升,从而导致商品和房屋价格的上升,进而使当地负担更多的消费税和财产税。进一步分析,该理论还认为,地方政府为了防止资本过多地流入到其他地区,会降低房地产税的税率,进而降低地方公共服务水平。

于是,从全国范围来看,房地产税降低了资本的平均收益率,从而扭曲了资本的有效配置,产生了福利损失;从地方范围来看,地区居民将因此负担土地和商品价格上升而带来的实际负担,并且由于地区竞争的存在,各地实际的公共服务水平将会下降。

(三)对于两种观点的简要评价

这两种观点在假定前提和分析框架上有着较大的区别,因此很难直接否定其中任何一个的合理性。受益论假定房产资本是不具有流动性的,前提是地方政府广泛的"分区"政策实际上有效地限制了房产资本在地区间的流动;而反对的观点则是在一般均衡分析框架下,从长期的角度提出房产资本是可以流动的。从西方国家(尤其是美国)的现实情况来看,前者更加适用于揭示居民住宅财产税的情况,因为毕竟居民的住宅是相对固定的,而后者在解释商业建筑财产税方面则更为贴切。相对于两种理论在学术界的争论来看,两种理论带来的政策选择上的争议则是我们要更为关注的。如果按照受益论,那么房地产税能够依赖较强的"分区制"达到提供地方公共产品的目的,因此我们要关注的实际上是各个社区的横向公平问题,而这可以依靠财政转移支付机制来完成。如果按照第二种观点,那么我们要关注的焦点则是房地产税是否会导致资本收益的下降,进而影响到一国的储蓄和投资,最终导致经济增长的减退。总的来看,对于房地产税理论的研究还需要根据现实作出更为合理的假定,从而提出更令人信服的观点。

第三节 遗产税和赠与税原理

一、征收遗产税和赠与税的理论依据

征收遗产税(estate tax)的主要目的在于对继承权进行一定的限制。之所以要进行限制,一般出于以下考虑。

（一）出于促进社会进步的考虑

财产所有人生前通过各种途径和方法积累了一定数量和价值的财产，死亡时遗留给亲属朋友。如果对此不加限制，遗产继承人不需要通过任何努力就获得巨额财富，这种不劳而获的方式极易使遗产继承人饱食终日、无所作为，过着寄生虫的生活，埋没其投身实业活动、创造物质财富或精神财富的能力与才华，不利于社会进步和发展。在财产所有人死亡（或生前赠与）时征收遗产税［或赠与税（gift tax）］，将部分遗产通过税收方式收归国有，当税率适当时，就能促使有生产经营创造能力的遗产继承人不主要依靠遗产，而靠自身努力生活，提高自身生活水平，同时也贡献于社会，促进社会进步。

（二）出于社会公平和社会稳定的考虑

遗产继承权若不加以限制，极易出现财产向少数人积聚的后果。虽然一个人终身积累的财产有限，但若是世代相承，那么积聚起来的财产数额就会很大。贫富两极分化、分配不公是社会不稳定的一大根源。政府在财产所有人死亡即经济活动停止时课以遗产税（或赠与税），可对财产无休止地积聚于少数人手中形成一种制约，这对促进社会公平和社会稳定有利。

（三）出于税收制度和税收政策方面的考虑

遗产税和赠与税可以补充税收制度结构中主体税种的不足。所得税和流转税的征收主要与货币交易有关，而有些财产项目因难以查实或不参加货币交易，无法对其课征所得税和流转税；有些财产项目因主客观原因少缴、偷逃所得税和流转税。在财产所有者死亡时征收遗产税，可起一种最终的补充清算作用，为政府带来一定的财政收入，也有利于同样条件应纳同样税这一税收制度公平原则的贯彻。此外，遗产税和赠与税还可充当遗产分配的"闸门"，鼓励遗产按政府政策意图"分流"，例如，各国遗产税和赠与税制度一般都有这样的规定，即财产所有人或继承人若将财产捐赠给公共团体、学校、慈善机构等，可获得免税待遇。这会鼓励财产所有者将其所有的财产贡献于社会慈善和公益事业。

但学术界也存在截然相反的观点。有学者认为，开征遗产税会导致消费提前，降低储蓄率，其结果将降低资本积累，导致资本对劳动的占比下降，如果资本和劳动之间的替代率小于 1，资本边际回报将会大于劳动边际回报，这会进一步扩大收入差距（Stiglitz，1978）。还有学者认为，遗产税和赠与税虽然可能促进继承者的工作积极性，但会抑制被继承人的工作积极性，他们一旦知道生前努力工作积累的财产在死后会被课以重税，有可能降低工作积极性。此外遗产税和赠与税的征管也会遇到困难，纳税人很容易通过信托等方式避税，因此实际上只有那些疏于税收筹划的人才需要纳税，进行税收筹划的人实际上也产生了超额负担和遵从成本（罗森和盖亚，2015）。

二、遗产税和赠与税的主要类型及其制度要素

就各国遗产税的实践看，遗产税有总遗产税、分遗产税（即继承税）和混合遗产税三种模式。另外，还有遗产税和赠与税配合模式。

（一）总遗产税模式

总遗产税（total estate tax system）是对遗嘱执行人或遗产管理人就被继承人死亡时遗留的财产净额课征的一种遗产税。在总遗产税模式下，征收遗产税之后才能把遗产分配给法定继承人，因此在遗产处理上表现为先税后分。目前，美国、英国、印度尼西亚采用这一模式。其基本要点和主要特点如下。

1. 纳税人

总遗产税的纳税人为遗嘱执行人或遗产管理人。一般说来，被继承人为本国居民（美国还包括本国公民）时，要就其全世界范围的遗产征税，当被继承人为非居民时，仅就本国境内的遗产征税。也有一些国家规定，被继承人在国外的不动产不征遗产税，就遗产税征收管辖权奉行属地主义原则。

2. 征税对象

遗产税的征税对象是遗产净额。遗产净额是应税总遗产额减去各项扣除宽免后的余额。应税总遗产包括少数由税法规定免于征收遗产税外的全部遗产（包括不动产、有形动产、股票债券、特许权、人寿保险权益等各种类型的无形财产）。遗产总价值一般按公平的市场价格法估定。

3. 免征额

各国遗产税都是针对少数富人征收的税种，因此并不是所有的遗产继承都要缴纳遗产税，只有遗产净额超过免征额的时候，才就超过部分缴纳遗产税。在美国，不少人主张取消该税种，因此免征额逐年增加，1997年遗产税的单身申报免征额为60万美元，到2002年增加到100万美元，2010年为500万美元，2012年增加到512万美元，2018年起成倍增加，达到1118万美元，2019年达到1140万美元，2020年升至1158万美元，2021年达到1170万美元，已婚夫妇能获得2340万美元的免征额。目前英国遗产税的免征额为32.5万英镑[①]。

4. 免税扣除

各国遗产税从应税总遗产中扣除的共同项目有丧葬费、遗产管理费、未支付的抵押财产或债务、至死亡之时已经发生但尚未缴纳的税款（死亡后产生的应支付的遗产税、所得税、资本利得税等不得扣除）、婚姻扣除和基础宽免额（美国有婚姻扣除，即遗赠给死者未亡配偶的全部财产均可从应税遗产额中予以扣除，但这种扣除不包括满足继承人基本生活需要的基础宽免额，美国用抵免法解决这一问题），以及对慈善机构、教育等公共利益机构和共同团体（包括政党）的捐赠。有的国家对某些扣除项目（如政党捐赠）规定限额。除这些扣除项目外，各国均根据本国特定历史时期的税收政策目标和税制结构增加一些免税扣除项目。

5. 税率

遗产税的税率一般为超额累进税率。不过各国税率结构很不一样。英国1987~1988财政年度，遗产税税率为5级超额累进，最高税率60%。目前实行的则是40%比例税率。2013年以后，美国联邦遗产税实行12级超额累进税率，最低税率18%，最高税率40%。

6. 抵免

在遗产税税收管辖权上奉行"属人主义"和"属地主义"相结合的国家，一般允许从本国应纳遗产税额中抵免外国境内已向外国政府缴纳的遗产税或继承税税额。实行联邦制的国家，地方开征遗产税、继承税的，税额可从联邦税应纳税额中抵免。例如，美国税法原来规定，已缴纳的州和地方遗产税可以抵免联邦遗产税与赠与税。但从2002年起，随着免征额大幅度提高，已缴纳的州和地方遗产税的抵免额逐年降低，2002年抵免75%，2003年抵免50%，2004年只能抵免25%，2005年及以后全部不许抵免。

7. 对营业性遗产分期纳税

为了防止因缴纳遗产税而迫使纳税人出售营业用资产，干扰经济活动，征收遗产税的国家一般都规定营业

---

① 资料来源：https://www.gov.uk/inheritance-tax。

性遗产（即企业资产）的遗产税可分期缴纳。但对应付未付的税款加征利息。英国规定的期限为 10 年，美国规定 15 年（杨斌，1999b）。

（二）分遗产税模式

分遗产税（part estate tax system）又称继承税，它是在被继承人死亡之后，对遗产继承人或受赠人就其分得的那一部分遗产净值课征的一种遗产税。在分遗产税模式下，遗产的处理程序是先分后税。目前有日本、法国、德国、韩国、保加利亚、波兰等国家实行这种遗产税模式。其基本要点或主要特点如下。

1. 纳税人

分遗产税的纳税人为遗产继承人或受赠人。如此，在征税范围的规定上分遗产税与总遗产税不同，总遗产税考虑被继承人的居民身份和财产所在地，而分遗产税考虑继承人、被继承人的居民身份以及财产所在地。各国的规定不很一致，有的国家如日本以继承人为中心考虑问题，有的国家则以被继承人（即死亡者）为中心考虑问题。日本税法规定，遗产继承人或受赠人为本国居民时，要就其取得的全部财产净值承担纳税义务，而不问财产位于何处，也不问被继承人是否为本国居民，遗产继承人或受赠人为非居民时仅就其取得的位于本国境内的财产负纳税义务，不论被继承人是否为本国居民。德国则规定，被继承人在死亡时如为德国居民，则应就其全部遗产征收继承税，而不论继承人或受赠人是否为本国居民，也不论遗产位于何处，这一规定也适用于那些死亡前五年以内放弃德国居所的被继承人，如果被继承人在死亡时不是德国居民也没有在其死亡前五年以内放弃德国居所，那么仅就其转移给居民继承人或受赠人的遗产部分征收继承税。对位于德国境内的遗产，即使被继承人、继承人或受赠人都不是德国居民，也要征收继承税。相比之下，以继承人为中心考虑问题更合适一些，因为这更接近继承税的理论定义，在有来源于国外的遗产时，只要采取外国税收抵免制度，就能消除国际重复征税，税收管理也能落在实处，而以被继承人为中心确定纳税人，对继承人为非居民且遗产也位于国外的情况，实际上是很难实施税收管理的。

2. 征税对象

就征税对象而言，分遗产税一般是对继承人分得的应税遗产额扣除应承担的被继承人债务、丧葬费用、适当的基础宽免额后的余额课征。各国有关的计算程序是有差别的。理论上讲，继承税的计算以各继承人和受赠人的资产增加为基础分别进行，但这可能致使继承人和受赠者假装平均分配遗产，以降低累进税率的适用档次，减轻税负。为解决这一问题，一些国家建立了比较复杂的计算程序（如日本），核心原则是在计算归属于各继承人的应课税遗产转移额（即扣除费用、债务和基础宽免额后的遗产净值）时，不采用实际的继承份额比例（指遗嘱订明的比例），而采用法律固定（依照民法的继承顺序）的继承份额比例（如配偶 1/2、孩子 1/2，若两个孩子，则各 1/4 等），以由此计算出来的各继承人应课税遗产转移额来确定适用税率，算出法定的应纳税额，将各继承人法定的应纳税额加总，然后按各继承人、受赠人实际得到的遗产份额比例（个人实际得到的应税转移额/应税转移额总和）分摊到各继承人、受赠人，再从中作必要的税收抵免，将其余额上交国库。通过这一办法可以解决可能存在的假装平均分配遗产而避免累进税率问题。当然如果实行比例税率，就不存在这一问题。

3. 扣除

分遗产税可以从各继承人分得的遗产总价值中扣除的项目主要包括费用（丧葬费用、处理遗产发生的费用等）、债务和基础宽免额三个部分。基础宽免额因纳税人与被继承人或受赠人的关系亲疏而不同。越亲密的扣除额越大。例如，法国规定，继承人配偶或直系亲属个人可以免征 30 万法郎，而其他继承人只能免征 1 万法郎（杨斌，1999b）。

4. 税率

分遗产税一般根据被继承人与继承人、受赠人的关系亲疏设置高低不等的税率。关系越密切和直接，税率越低，越疏远和间接，税率越高。例如，在法国，如果纳税人是被继承人的未亡配偶（一等）、父母或孩子（二等），适用5%~40%的七级超额累进税率，如果是兄弟姐妹（三等），适用35%~45%的两级超额累进税率，如果是四等亲戚，适用55%的比例税率，其他人则适用60%的比例税率（杨斌，1999b）。

5. 抵免

遗产税可根据纳税人的不同情况，通过抵免措施体现国家的税收政策，消除国际重复征税。外国税收抵免是各国遗产税的共同抵免项目，就是对本国居民从国外取得的遗产在国外已纳的类似税收给予抵免。同所得税一样，遗产税的外国税收抵免也有一个抵免限额，抵免限额是从国外取得的遗产价额按本国税率计算的应纳遗产税额。除此之外，有的国家还安排未成年继承人或受赠人抵免、残疾继承人或受赠人抵免、继续继承抵免（即在若干较短的年限内发生两次继承的条件下，第一次继承时的已纳继承税可在第二次继承时的应纳继承税中适当抵免）。

（三）混合遗产税模式

混合遗产税（mixed estate tax system），就是先对遗嘱执行人或遗产管理人就被继承人所留的遗产总价值扣除债务、丧葬费用等项目后的净值课征一道总遗产税，遗产分配给各继承人后，再对各继承人就其获得的继承份额课征一道继承税。就是将总遗产税和分遗产税综合起来。在遗产处理上按先税后分再税的程序进行。伊朗、意大利等国家采用这一模式。伊朗先对遗产净值（总遗产额减去债务及丧葬费用后的余额）中超过总遗产税起征点部分按一个比例税率征税，而后，对继承人取得的财产额根据被继承人与继承人的关系亲疏按不同的累进税率征税，其基本做法与分遗产税相同，即关系越密切直接的税率越低，起征点也高。意大利的做法是，在混合遗产税模式中，总遗产税部分和继承税部分均按累进税率征课。遗产税部分的税率层级也是按被继承人与继承人的关系亲疏设置的（杨斌，1999b）。

从三种遗产税模式的比较来看，总遗产税模式相对便利一些，但由于先税后分，不考虑各个继承人的具体情况，每个继承人要负担一样的税，似乎不太合理。分遗产税是先分后税，根据每个继承人的具体情况包括有无残疾、是否为未成年人、与被继承人的关系等，设置不同的扣除或抵免项目，以及高低不等的税率。一般说来，继承人为残疾人、未成年人以及与被继承人关系密切直接的继承人对遗产的依赖性较大，给他们较多扣除抵免或按较低的税率征税，有利于使税收负担与纳税能力相一致。不过正因为把继承人的许多具体情况考虑进去，继承税就相对复杂一些，不够便利。继承税在没有采取特别措施（例如，日本先按法定继承份额计算税额，然后再将这些税额按照实际继承额进行分摊）的情况下，可能出现纳税人通过假平均分配遗产，降低超额累进税率，人为地减轻税负的问题。这会出现两难局面，一方面保持税制简化又不采取特别措施会留下漏洞，另一方面要采取特别措施解决这一问题就要牺牲税制简化与便利性。混合遗产税模式先税后分再税，先税可保证税源，防止偷逃税，再税可吸收继承税适应具体情况、区别对待、反映纳税能力的优点。遗产税模式的选择与其他税种模式选择一样，要在公平与效率之间进行权衡，最终选择什么样的模式，还要考虑社会经济状况及其所决定的税收政策目标、国民素质与纳税习惯等因素。

（四）遗产税和赠与税配合模式

遗产税要行之有效，需要赠与税相配合，否则财产所有人如果生前将财产无偿转移给其继承人，死亡时无多少遗产可供征税，那么遗产税就会落空。有鉴于此，遗产税一定要有赠与税配合补充。但各国在遗产税和赠与税配合的方式上有所不同，主要有四种模式。

1. "无"赠与税模式

"无"赠与税模式就是将"死亡预谋赠与"归入遗产税税基中征收遗产税,使赠与税有实无名。英国采用这一模式。英国规定,财产所有人死亡前7年内赠与财产的价额要全部或部分并入遗产税税基征税。赠与财产的价额计入遗产税税基的比例是死亡前3年内为100%、死亡前第4年为80%、第5年为60%、第6年为40%、第7年为20%。第8年以前赠与的财产免于征税。

2. 并行征税模式

并行征税模式就是在遗产税之外另设赠与税对赠与人就所有赠与财产价额或受赠人就所有受赠财产价额征税,与遗产税并行,作为遗产税的补充。一般情况是,实行总遗产税的国家采用总赠与税形式,即对赠与人就年内所有赠与他人的财产总额减去一定的扣除额后的余额征税,又称赠与人税,赠与政府、公益、慈善、教育文化等机构的财产一般免于征税。实行继承税或混合遗产税的国家,则实行分赠与税即对受赠人年内获得的受赠财产总价值额减去一定的扣除额后的余额征税,又叫受赠人税。从抚养义务人取得的财产,从慈善、宗教等以公益为目的机构获得的赠与一般免于征税。多数国家采用这一模式。

3. 交叉征税模式

交叉征税模式仍设有赠与税、遗产税,即财产所有人生前赠与要课征赠与税;财产所有人死亡时征收遗产税,不过遗产税的税基中包括死者生前累次的赠与财产价额,也就是在征收遗产税时必须将死者累次的赠与财产价额并入遗产总额中,计算应纳遗产税,同时可以抵免生前已纳的赠与税。1977年美国在遗产税和赠与税配合上由并行征税模式改为交叉征税模式。目前实行这一模式的还有意大利、哥伦比亚等少数国家。

4. 相继税制模式

相继税制模式就是对受转移人(继承人和受赠人)就其一生(或某一时期)因继承、受赠而取得的一切财产征税。具体征税办法是,受转移人在每一次取得受赠或继承财产时,均应将其价额与以前各次受赠或继承财产价额累计,就其总额征税,以前已纳的税额予以抵扣。这个模式与交叉征税模式相类似,只不过交叉征税模式站在总遗产税立场上,以财产转移人(即所有人或被继承人)为纳税主体,而这种模式站在继承税立场上,以财产受转移人(即继承人或受赠人)为纳税主体。日本1950~1953年在美国税务专家肖普的建议下采用这一模式。

"无"赠与税模式下,赠与税对遗产税的补充功能受到很大限制,使超过"死亡预谋赠与"年限的赠与财产不必纳税,这对于生前赠与起一种鼓励作用,使遗产税的作用受到影响,甚至形同虚设。不过有的学者认为,鼓励生前赠与(特别是在距离财产所有人死亡时间比较长的条件下赠与)能促进社会财富的分散平均,这也正是遗产税的目的。另外,财产自年老的一代转移至年轻一代,对提高财产利用率、促进财产增值、刺激经济进步也有利。

交叉征税模式和相继税制模式管理起来均比较困难,涉及对纳税人长时期甚至一辈子的跟踪问题,要把纳税人一生中每次赠与或受赠及纳税情况登记在案,费时费力,对流动性比较大的纳税人很难实施税务管理。而且财产价额会随着时点的变化而变化,累计计算很难找出合理标准。不过这两种模式都能有效防止个人通过生前多次分散赠与财产来规避较重的遗产税。

相比之下,并行征税模式最为简便易行,因而为大多数国家采用。这一模式下发生赠与时单独征收赠与税,什么时候发生就什么时候征收,不需要长期跟踪管理。但在赠与税税率低于甚至等于遗产税税率时,财产所有人可通过生前多次分散赠与,使财产价额因适用较低档次的赠与税累进税率,而逃避税负较重的遗产税。堵塞这一漏洞而又不采用交叉征税模式和相继税制模式的唯一途径是安排一个赠与税税率略高于遗产税税率的结构,从而使财产所有人不论是以赠与方式还是以遗产继承方式转移财产,其负担的税收趋于均等，使纳税人无法避重就轻，逃避税负，达到遗产税征税的目的，也保持了遗产税在财产处理方式上的中性。

近几年遗产税的征收备受争议。赞成征收的人认为遗产税对缓和分配不公，补充所得税的不足，促进创造、上进、自立自强的社会风气有一定作用。不赞成征收的人认为遗产税是对努力奋斗的成功人士的处罚，也是对节俭（或没有挥霍浪费）人的处罚。从世界各国的实践看，遗产税是一种偷漏税严重、征税成本高的税种，遗产税的应税财产项目涉及面广，某些财产查实困难，估价不准确，易于偷漏税。各国还没有找到防止偷漏税、堵塞漏洞的有效办法。遗产税取得的财产利益很小，相对征税成本却比较大，如日本，所征遗产税仅占税收收入总额的3.5%，但用于征收遗产税的税务人员却占全国税务人员总数的6.5%。在新加坡，遗产税也一直备受争议，终于在2008年2月16日被取消[①]。美国联邦政府于1797年首次开征遗产税。在之后的时间段里，美国联邦政府在征与停征之间几度徘徊，这种徘徊局面一直持续至今。2001年布什政府将遗产税免税额从2000年的67.5万美元逐步增至2009年的350万美元，并且在2010年完全取消该税（仅2010年取消），随后奥巴马政府于2011年再次征收遗产税，但将免税额提高至800万美元。2017年12月，特朗普政府签署减税与就业法，自2018年1月1日起，把遗产税标准免税额提高至1000万美元（每年按通货膨胀率调整），并持续至2025年，2026年起恢复到2017年水平。

【本章小结】

1. 财产税是对纳税人所有或者占有的财产就其数量或价值额征收的一类税收，主要形态包括对所有类别财产课征的一般财产税、对房屋土地等不动产课征的选择性财产税、对财产所有人死亡后遗留或生前赠与的财产课征的遗产税和赠与税。

2. 一般财产税的典型形态是财富税。这是对个人、公司企业及其他经济实体拥有的除特定免税项目外的所有财产总价值减去债务和个人宽免额后的净值征收的一种税。

选择性财产税是政府选择特定的财产项目对其数量、价值或收益额征收的税种，又称特种财产税或个别财产税。选择性财产税的征税项目主要是土地和房屋等不动产。土地税以其计税依据的不同有地亩税、地价税、土地收益税、土地所得税、土地增值税之别。地价税是以土地单位市场价格或评估价值为计税依据的一种税，是最常见的土地课税方式。

如何客观准确地评估财产价值，是选择性财产税特别是房地产税能否成功的关键环节。财产价值的评估方法有收益现值法、重置成本法和现行价格法三种。批量评估方法就是先按照上述基本方法评出标准不动产（房地产）的价格，然后通过对影响房地产价格的因素进行调整，整批地而不是单宗地确定应税不动产的价格。这一方法一般借助计算机信息系统，对不动产评估进行程序化运作，最大限度地减少评估舞弊。

3. 关于房地产税的税负归宿，经济学界至今仍然存在很多争论，但主要的观点有两种，即货物税观点和资本税观点。

判断房地产税收的效应要多方面考虑，只考虑一方面而得出的结论很容易产生错误。例如，简单地认为有钱者拥有的房地产多，因而房地产必定具有收入再分配效应，房地产税可作为收入分配工具，这个观点在局部分析框架下不正确，而在一般均衡分析框架以及严格假定下具有正确性。再如，对房地产课税，人们因为预期卖房后要负担保有税，从而会降低对房地产的需求，导致房价下降，这个观点不正确，因为如果房地产供给的价格弹性大、需求弹性低，那么房地产税将由购房者承担，房价将上升而不是下降。因此经济环境和假定前提不同，结论不同，具体问题需要具体分析。

4. 房地产税一般是作为地方性税种而存在的，而且是作为州（省）以下基层地方政府的税种存在。人们对房地产税作为州（省）以下地方政府税种是否合理也存在争议，有两种对立的观点，一种是房地产税

---

① 资料来源：https://www.iras.gov.sg/taxes/other-taxes/estate-duty/estate-duty。

属于受益税,是有益税种,另一种认为房地产税不是有益税种。由于中国尚不存在使房地产税成为受益税的条件,要十分谨慎地对待将房地产税列为地方税体系的主体税的说法和做法。

5. 遗产税有总遗产税、分遗产税(即继承税)和混合遗产税三种模式。遗产税一定要有赠与税配合补充。遗产税和赠与税的配合方式主要有四种模式:"无"赠与税模式、并行征税模式、交叉征税模式、相继税制模式。遗产税的征收对缓和分配不公、补充所得税的不足有一定作用。但从世界各国的实践看,遗产税是一种偷逃税严重、征税成本高的税种。

【概念与术语】

财产税(property tax) 一般财产税(general property tax) 选择性财产税(selective property tax) 房地产税(real estate tax) 地亩税(land tax) 地价税(land value tax) 收益现值法(present value method) 重置成本法(replacement cost method) 现行价格法(current price method) 货物税观点(goods tax perspective) 资本税观点(capital tax perspective) 遗产税(estate tax) 赠与税(gift tax) 总遗产税(total estate tax system) 分遗产税(part estate tax system) 混合遗产税(mixed estate tax system)

【思考题】

1. 财产税的性质和类型是什么?
2. 房地产税为什么只能充当州(省)以下地方主体税?
3. 房地产税能够抑制房价吗?为什么?
4. 遗产税属于良性税种还是劣性税种?为什么?
5. 课征遗产税和赠与税能够缓解收入分配不公吗?为什么?

第十二章 所得税和财产税的国际问题

【本章提要】
1. 税收管辖权及其运用实施规则。
2. 避免双重征税的办法和外国税收抵免制度。
3. 国际逃税和避税的防止措施。

国家恪守税收主权（即实行全面的税收管辖权）、所得税和财产税制度在全球的应用、经济的国际化程度日益提高这三个因素共同作用，导致跨国经济活动的重复征税、以税收优惠为手段的税收竞争、税收歧视以及国际逃税避税等问题的产生。这些问题如果不能妥善解决，就会引起税收负担的不公平，就会产生税收制度和政策对跨国经济活动的干扰，从而损害效率。本章主要探讨所得税制度和财产税制度产生的国际税收问题，并对居民身份确定规则、非居民各项所得和财产收益的征税规则、双重征税产生的原因及避免方法、国际逃税避税的途径及防止措施等问题进行分析。

第一节 税收管辖权及其运用实施规则

国际性问题的产生源自国界的存在，没有国家之分也就没有国际性问题。税收的国际问题的本原也正是在于各国都基于主权和经济利益考虑，实行了全面的税收管辖权，并且按照本国的意愿来确定实施税收管辖权规则，从而造成冲突。因此，在展开对国际税收各个主要问题的讨论之前有必要先讨论税收管辖权，以及为协调税收管辖权冲突建立规则的国际税收协定。

一、税收管辖权和国际税收协定

（一）税收管辖权

税收管辖权（jurisdiction to tax）简单地讲就是一个国家自主地管理税收的权力。它是国家主权在税收方面的体现，是国家主权的重要内容，它说明一国政府可以完全独立自主地在不受任何外来意志控制和干涉的条件下，根据本国的政治经济状况确定税收制度、制定税收政策。一个国家在行使税收管辖权时，必须遵循属人管辖原则（principle of personal jurisdiction）、属地管辖原则（principle of territory jurisdiction）或属人兼属地管辖原则。

1. 属人管辖原则

属人管辖原则是指一个国家可以基于它所管辖的人的范围，即对受本国管理的所有人包括个人居民或公民、企业、团体等行使税收管辖权。一国税收管辖对象的判断标准各不相同，自然人的判断标准是纳税人是否在征税国存在住所、居所或具有征税国国籍，法人的判断标准是纳税人是否在征税国注册或在征税国设有总机构或设有管理控制中心等，而不论其所获取的收入或财产是否来源于本国。这种按照属人主义原则，以国家主权所能达到的人员范围为依据，以居民或公民为标准，行使的税收管辖权就称为居民或公民税收管辖权。在行使这种税收管辖权的情况下，可以要求纳税人就其来源于境内和境外，即世界范围内的所得或财产承担纳税义务。在存在一定管理制度和行政措施的情况下，这种要求一般也能获得实现。

居民或公民税收管辖权可细分为居民税收管辖权（resident jurisdiction to tax）和公民税收管辖权（citizen jurisdiction to tax）。就自然人而言，公民和居民是一对有区别又有交叉的概念。公民也可称为国民，指拥有本国国籍的人，而居民是指在本国居住并符合一定条件的人（具体的条件各国法律规定不同，下面将进行专门研究）。当一个公民不符合称为居民的法定条件时，可以不是居民，如虽持有本国护照但长期甚至一生居住在国外的人。反过来居民也可以不是公民，如在一国居住一定年限符合条件成为该国居民但并没有加入该国国籍的人。应该说对生活、工作并居住在本国的多数人而言，既是居民也是公民，居民和公民是重叠的。但对于移民和从事跨国事业的人，这二者就会有区别。我们把基于公民概念而行使的税收管辖权称为公民税收管辖权，把基于居民概念而行使的税收管辖权称为居民税收管辖权。多数的税收，特别是作为国际税收研究对象的所得税，是对经济活动所产生的剩余产品价值的扣除，当公民和居民有区别时，居民与产生所得的经济活动地点存在更密切的关系，公民当他（或她）是非居民时，与其国籍所在国存在较少的经济关系，却与其居住国有更密切的利益关系。此外，行使居民税收管辖权也存在税收管理上的便利。因此，除少数国家（如美国、墨西哥）既行使居民税收管辖权也行使公民税收管辖权外，世界上绝大多数国家都实行居民税收管辖权，而不考虑公民税收管辖权。

2. 属地管辖原则

属地管辖原则是指一个国家可以基于它所管辖的地域的范围（包括领土、领海、领空）来行使税收管辖权。也就是说，一个国家可以对与本国有经济源泉关系的所得或财产行使税收管辖权，即依据纳税人的所得或财产是否来源于本国境内来确定其纳税义务，而不论纳税人是否为本国居民或公民。对非居民纳税人而言，只有在所得来源国或财产所在国履行了纳税义务，才能将有关所得或财产转移出境。这种按照属地主义原则，以国家主权所能达到的地域范围为依据，基于所得来源地或财产所在地而行使的税收管辖权，就称为收入来源地税收管辖权（source jurisdiction to tax）。在行使这种税收管辖权的情况下，对来源国而言，非居民纳税人只承担部分纳税义务，即只就其在来源国境内获取的所得或拥有的财产承担纳税义务，该纳税人在这个来源国境外获得的所得或拥有的财产，则不在该国税收管辖权管辖范围之内。

3. 属人兼属地管辖原则

目前，绝大多数国家都是两种管辖权同时并用，一方面作为居住国要求本国的居民或公民纳税人就其从世界范围获得的所得或拥有的财产承担纳税义务；另一方面作为收入来源国要求从境内获得各种所得或拥有财产的非居民纳税人承担纳税责任。仍有少数国家和地区只实行收入来源地税收管辖权（如中国香港、哥斯达黎加），规定只对来源于本地区或本国境内的所得或位于本地区、本国的财产征税，来源于境外的所得或位于境外财产不征税（Graham，1994）。巴西、法国对公司实行收入来源地税收管辖权，只对来源于本国境内的所得征税。但这两个国家个人所得税则是居民税收管辖权和收入来源地税收管辖权并用（Graham，1994）。过去阿根廷等国家只行使收入来源地税收管辖权，但也改变了原来的做法，与其他国家一样推行两种税收管辖权。例如，阿根廷1992年修改了税法，规定阿根廷居民包括个人和企业都要申报来源于全世界范围的所得并依法纳税，当然外国所得的已纳税收可依法获得抵免（Coopers and Lybrand，1993）。

税收管辖权是一国国家主权的组成部分，但一国政府的税收管辖权并不是不受任何约束的。从逻辑上讲，既然每一个国家都有独立自主的税收管辖权，这种管辖权是平等的，那么一国行使税收管辖权时不得侵犯他国主权，这在事实上构成一种对税收管辖权的约束，权且称之为主权约束。这一约束的具体表现在于：如果没有国家间条约的安排或经过对方国家的事先同意，一国的税务机关不得在另一国国境内实施税收行政行为，包括不得派遣税务官员到他国收集税务情报、对纳税人进行审计、向住在外国境内的纳税人送达纳税通知书等。税收管辖权除受主权约束外，还受外交豁免权的约束。按照有关外交关系的国际条约，享有外交豁免权的外交代表机构及其人员、国际组织及其人员所获得的工薪收入免于征税，这也构成对所在国税收管辖权的一种限制。

由于税收管辖权是一国主权的体现，一个国家不能强迫他国实行特定类型的税收管辖权，各国可自行决定本国的税收制度和政策，客观上由于国与国之间经济发展水平和文化传统的不同，也需要根据本国的具体国情选择不同的税制模式，这就造成各国税收制度的差别以及税收管辖权实施规则的不同。第二次世界大战以后，经济国际化空前发展，国际经济活动的内容和形式也发生根本性变化。贸易从货物贸易发展为货物、服务和知识产权全方位贸易，贸易方式正从传统形式进入电子商务的时代。资本的输入和输出日益活跃，流向也发生极大变化，从发达国家流向其殖民地和半殖民地，转变为发达国家之间相互投资激增，发达国家对发展中国家的投资也迅速发展。投资的方式日益多元化和不断创新，收入的渠道多种多样。跨国公司的急速增加，同一纳税人从不同国家获得收入，必然导致不同国家对同一纳税人的多重征税。伴随着经济国际化，所得税在世界范围内得以普遍推行，并且成为发达国家的主体税种。所得税方面的国际税收分配关系成为国际税收矛盾的焦点。一方面，各国基于全面实行税收管辖权来征收所得税，导致了对跨国经济活动的重复课税；另一方面，企业受利益驱使充分利用了某些新兴国家和地区的税收优惠（包括不征所得税和财产税），通过各种手段来逃避所得税。这些问题如果不加以解决，势必会破坏国际税收的公平性质，导致国际资源配置的扭曲。由于税收管辖权又是国家主权的一个重要方面，任何国家或国际组织都无权干涉别国的税收事务，因此，解决问题的办法首先只能是谈判、协商，互让互利，达成国际税收协定。

（二）国际税收协定

1. 国际税收协定的概念

国际税收协定是指两个或两个以上主权国家，为了避免国际双重征税和跨国公司逃避税行为而签订的具有法律效力的书面税收协议。国际税收协定就处理的税种来划分，可分为所得税的国际税收协定、遗产税和赠与税的国际税收协定；就所涉及的缔约国数量来划分，两个国家或地区签订的称为双边国际税收协定，两个以上国家或地区参与签订的称为多边国际税收协定。目前，绝大多数是双边的协定，多边协定比较少。自从1872年英国和瑞典签订第一个关于避免遗产税双重征税协定、1899年普鲁士和奥地利签订第一个避免所得税双重征税协定以来，至2020年底，各国签订的避免所得和财产双重征税的双边协定已达到3360个（UNCTAD，2021）。以处理问题的广度为标准，可划分为综合性的国际税收协定和单项的国际税收协定，题名为避免所得和财产双重征税协定一般属于综合的协定。而专门处理船舶或航空飞行器营业利润的国际税收协定则属于单项型的协定。本书着重研究处理所得税和财产税国际税收关系的双边的、综合性的国际税收协定（本书除非特指否则统称之为国际税收协定）。

2. 国际税收协定范本的基本内容

早期国与国之间谈判签订的国际税收协定，都是各自为阵，将双方所面临的需要解决的问题达成一致解决意见并以书面形式加以确定。因此，不同国家签订的协定差别很大。国际税收协定所涉及的内容很多，每一次谈判签订协定时都要商谈所有问题并推敲定义用语的含义，显得十分费时费力。从实践中人们感到，需要一个范本为各国谈判和签订国际税收协定提供共同的参考文本，范本需具备这些特征，即框架同一、用语同一、处理一般问题的方法和规则同一、对文本内容和用语解释同一。有了这样的样式文本，各国在谈判协定内容时，就可集中精力讨论主要的分歧，并按范本的引导选择双方同意的解决办法。建立国际税收协定范本的任务自然地落到国际性组织身上。

1)《OECD范本》

早在20世纪20年代，联合国的前身——国际联盟（League of Nations）就开始组成专家工作小组，在总结实践经验的基础上，着手范本的研究和拟定工作。这一工作受战争影响断断续续。至第二次世界大战结束前，陆续有几个范本草案问世，但并没有得到世界各国的广泛接受。第二次世界大战以后，欧洲经济合作组织（Organization for European Economic Cooperation，OEEC）成员国之间经济上的合作日益增强，清楚表明防止国际双重征税措施的重要性。因此，由欧洲经济合作组织和其后的OECD接手这项工作，试图统一税收协定的原则、定义、规则和方法，扩大双边税收协定网络至所有成员。

在此背景下，OECD财政事务委员会于1956年着手制定一项协定草案，以有效解决成员之间存在的双重征税问题，并为所有成员所接受。然后，于1963年公布了有关避免所得和财产双重征税的协定范本草案

（称为《1963 年 OECD 协定范本草案》）（OECD，1963）。考虑到各成员税收制度的变化、双边协定实践中的经验等因素，财政事务委员会对《1963 年 OECD 协定范本草案》进行了修订，并于 1977 年发布了该草案的修订本《关于避免所得和财产双重征税的协定范本》（OECD，1977）。一般称这一修订本及以后的修订本为 OECD 国际税收协定范本，简称《OECD 范本》。OECD 对协定范本及其注释采取了及时更新的态度，主张协定范本及注释要定期修订，以便不断地、及时地、准确地反映各成员的观点（OECD，2019）。因此，OECD 分别于 1992 年、1994 年、1995 年、1997 年、2000 年、2003 年、2005 年、2008 年、2010 年、2014 年、2017 年对协定范本进行多次修订。其中，2017 年修订版包括 OECD/G20（group of 20，二十国集团）税基侵蚀和利润转移（base erosion and profit shifting，BEPS）项目产生的大量变化，如根据 BEPS 第六项行动计划修订了第四条第三款、根据 BEPS 第七项行动计划修订了第五条第四款等（雷霆，2018）。

2)《联合国范本》

由于《OECD 范本》主要适用于发达国家之间签订国际税收协定，应用于发达国家和发展中国家之间签订国际税收协定时会遇到一些问题，主要是按照该范本签订协定，发展中国家会处于不利地位。因此，联合国秘书长于 1968 年成立了发达国家和发展中国家税务协定专家组来对协定范本进行研究，该小组由发达国家和发展中国家的税务官员和专家组成。1980 年，联合国在《OECD 范本》的基础上发布了《联合国关于发达国家与发展中国家间避免双重征税的协定范本》（简称《联合国范本》）。同《OECD 范本》相比，《联合国范本》赋予了发展中国家（资本输入国或所得来源国）更大的征税权，保障了他们的利益。20 世纪 90 年代，随着国际经济、金融和财政环境发生了重大变化，参考《OECD 范本》的定期修订，联合国分别于 1999 年、2001 年、2011 年、2017 年和 2021 年对协定范本进行多次修订。

3)《美国范本》

美国作为世界上最发达的国家、最大的资本输出国以及最大的资本输入国，其财政部于 1977 年公布《所得财产协定范本》作为美国与其他国家谈判签订协定的基础，并经过多次修改，于 1996 年更名为《美国所得税协定范本》（United States Model Income Tax Convention，简称《美国范本》）。《美国范本》是单边性文件，只反映美国的立场，不代表与美国签订税收协定的其他国家的观点。之后，美国财政部分别于 2006 年、2016 年对协定范本进行两次修订。《美国范本》与《OECD 范本》存在一些差别，如《美国范本》设有单独一条处理税收协定的滥用问题，不过大多数条款与《OECD 范本》是一致的（陈宇和郭海英，2021）。

3.《OECD 范本》和《联合国范本》的比较[①]

1) 两个范本的共同点

目前，《联合国范本》和《OECD 范本》是两个国际组织为协调和指导各国签订税收协定而公布的示范性文本，协定范本实际上不仅提供了谈判签订国际税收协定的样式和要考虑的主要问题，而且更重要的是提供了解决国际税收领域冲突、矛盾，从而理顺国际税收分配关系的规则、思路和方法，经过长期积累和实践，构成了处理国际税收问题的国际惯例。两者的共同点体现为以下几方面。一是两个范本均具有规范化和弹性化的特征。规范化主要表现在格式、内容等方面；弹性化主要表现为缔约国可以根据实际情况自己明确税收协定的具体内容。二是两个范本在原则、框架、内容上基本相同。两个范本均由题目相同的七章内容组成，各章下面设条、款。主要内容包括适用范围、用语定义、对所得的征税、对财产的征税、消除双重征税的方法、特别规定、最后规定。具体内容概述如下。

第一章，适用范围条款。第一条规定了税收协定适用的"人"的范围，明确协定仅适用于缔约国一方或多方的居民（包括个人和法人）；第二条规定了税收协定适用的税种范围，协定规范的税收是所得税和财产税以及类似性质的税收。

第二章，用语定义条款。对协定涉及的一般性用语和特殊性用语作出定义。特别就居民和常设机构这两个特殊的也是根本性的用语提出一套协调或判定规则。

[①] 详细内容见：OECD（2017）；United Nations Department of Economic & Social Affairs（2021）。

第三章，对所得的征税条款。一般包括 16 个条款，构成协定的主体内容。具体规定了财产及不动产、营业所得、投资所得、劳务所得、国际运输及其他所得的性质认定、税收管辖权划分、相关条款间关系等事项。

第四章，对财产的征税条款。该条款规定了财产的征税权的划分，适用于开征财政税的缔约国间签订协定。

第五章，消除双重征税的方法条款。该条款体现了税收协定的主要目的，提供可供选择的消除双重征税的具体方法，主要有免税法和抵免法。

第六章，特别规定条款。主要包括：非歧视待遇、相互协商程序、信息交换、税收征收协助、外交代表和领事官员享受协定利益的资格和适用区域的扩大等条款。

第七章，最后规定条款。该条款对税收协定的生效和终止作出规定。

2）两个范本的不同点

尽管《OECD 范本》和《联合国范本》两个范本在结构和内容上大体一致，但由于出发角度不同，反映国家的利益不同，在一些问题的看法和处理上有些不同和分歧。总体来看，《OECD 范本》出于维护发达国家利益的目的，更强调居民税收管辖权；《联合国范本》则尽力主张发展中国家利益，强调收入来源国（资本输入国）优先征税的原则。两个范本的不同之处主要表现为以下几方面。

第一，《联合国范本》第三条中，并未对"企业"（enterprise）进行定义，而在《OECD 范本》中，其被定义为开展任何营业活动的组织。

第二，《联合国范本》第四条，对"缔约方居民"一词的定义中，加入了"注册地"（place of incorporation）标准。

第三，在常设机构范围大小方面，两个范本有些区别。《联合国范本》规定的范围更大一些，如对一些机构在一国经营活动时间的缩短、对一些活动范围的扩大等。

第四，在营业利润征税方面，两个范本除对常设机构营业利润是否采用"引力原则"规定不同外，还在计算法人缴税利润中的各种费用的扣除上有所区别。《联合国范本》明确了常设机构由于使用专利或其他权利而支付的特许使用费、手续费、某些利息等，不允许从总利润中扣除。另外，对于常设机构为企业采购货物或商品取得的利润是否归属到常设机构利润中去，《OECD 范本》持否定态度，而《联合国范本》则认为应由双方谈判去解决。

第五，《联合国范本》在第九条"关联企业"中，还存在一个第三款规定，"当司法、行政或其他法律程序已作出最终裁决，一个相关企业因欺诈、重大过失或故意违约而受到处罚，导致发生对第一款下利润的调整，则第二款规定不适用"。

第六，在预提所得税税率高低限制方面，两个范本有所不同。《OECD 范本》对各项预提所得税税率都作了严格限制，目的是限制收入来源国行使管辖权。《联合国范本》则确定由缔约双方协商解决，总的原则是，收入来源国对各种投资税收都有权行使税收管辖权。

第七，在特许权使用费方面（第十二条），两个范本存在较大差异，特别是《联合国范本》中关于"技术服务费"和"自动化数字服务收入"两方面有具体体现。

第八，在对独立劳务所得方面，《OECD 范本》采用了有关常设机构的做法，认为对个人在收入来源国所提供的专业性和其他独立劳务所得课税，在收入来源国设有固定基地为限。发展中国家认为这种固定基地的限制不合理，因此，《联合国范本》提出两个可选条件，满足其一，即可在收入来源国征税。

第九，在情报交换范围上，两个范本有所不同。《联合国范本》强调缔约双方应交换防止欺诈和偷漏税的情报，并指出双方主管部门应通过协商确定有关情报交换事宜的适当条件、方法和技术，包括适当交换有关逃税的情报。《OECD 范本》则没有强调这一点。

4. 中国税收协定签订情况

中国从 20 世纪 80 年代开始，为了适应改革开放、引进外资、积极扩大对外经济交流和合作的需要，陆续与其他国家和地区签订了国际税收协定。截至 2021 年底，中国对外签订的税收协定有 112 个。①在谈判签订国际税收协定时，基于中国仍然属于发展中国家的实际，中国坚持了合理维护收入来源国利益的原则，更多地应用《联合国范本》条款；基于促进国际资本合理流动、积极引进外资的要求，坚持了平等互利、友好协商、共享税权的原则，并不照搬照抄《联合国范本》的条款；基于中国采取许多税收优惠措施来吸引外资的情况，为了使优惠措施的利益被纳税人即投资者所享有，而不至于因为抵免限额的作用，白白将减税利益送给外国财政部，坚持对减免税优惠视同已征税给予抵免（即饶让抵免）的原则。不过，随着中国"走出去"战略的实施，越来越多中资企业到海外投资，意味着中国作为居住国的情况越来越多，因此在抵免政策上也要更加注意来源国和居住国利益的平衡（杨斌和宋春平，2011）。

二、居民身份确定规则

居民税收管辖权应用的根本问题是确认居民身份，因为纳税人居民身份的存在是一国行使居民税收管辖权的前提条件，确认纳税人居民身份的出发点在于判明纳税人在征税国是否存在税法意义上的税收居所关系。目前对居民身份的确认还没有一个国际统一的标准。各国政府基本上从本国情况出发，以法律形式规定居民身份的标准。以下分自然人和法人比较各国居民身份确认标准的异同。

（一）自然人居民身份的确认

各个行使居民税收管辖权的国家在其税法中对居民身份的确认依据不同的标准，归纳起来主要有以下几种。

1. 住所标准

一个人只要在行使居民税收管辖权的国家内拥有永久性住所，那么这个人就是该国居民，要履行无限纳税义务。法国、瑞士、德国等一些欧洲国家采用这个标准。其优点在于易于确定纳税人居民身份，因为住所具有永久性和固定性。住所（domicile）是由法律规定的个人从事政治、经济活动的主要地点，拥有永久住所的个人在该国拥有国家保护的权利，也有履行纳税的义务，以住所为标准可以体现上述权利和义务的关系。但是随着经济的国际化，不可避免地会出现个人永久居住场所与实际经济活动场所不一致的情况，此时单纯按照住所标准确认纳税人居民身份，显然会产生纳税义务发生地与实际经济活动地（即所得创造地）脱节的缺点。因此，需要探索别的标准或运用别的标准加以补充。

2. 居所标准

按照这一标准，一个人是否为本国居民纳税人，主要看他是否在本国拥有经常居住的场所。采用这一标准的国家主要有英国、加拿大、澳大利亚等。其主要优点是居民身份的确认与纳税人实际经济活动地的联系更为紧密。但在税务实践中，单纯地按照有无居所（residence）很难判断一个人的身份。因而为了居所标准易于实施，往往要加上时间因素，就是从居所与居留时间的结合上判断一个人的居民身份。一个人在本国居留一定时间以上才算居民，否则不算居民。作为居民身份标准的时间界限，各国有不同的规定。英国、印度、印度尼西亚等国家规定在本国居留满半年才算居民；中国、巴西、新西兰、日本和菲律宾等国家规定在本国境内居住满 1 年的个人为居民，不满 1 年的为非居民。

3. 国籍标准

按照这一标准，凡是具有本国国籍（nationality），不论与本国是否存在实际的经济利益关系，都是纳税人。美国等少数国家除采用上述两个标准外，还采用这个标准判断居民的纳税人身份。国籍标准完全不

---

① 资料来源：https://www.chinanews.com.cn/cj/2022/08-24/9835780.shtml。

考虑个人的实际居住地点和经济活动地点，也不顾居住国权益。随着经济全球化的推进，依据国籍标准确定居民身份越来越脱离实际，不易付诸实施。

（二）自然人居民身份确定规则冲突的协调

从前面的论述中可以看到，各国受其法律传统等因素的影响对自然人居民身份的确定规则很不一致而且都主要从本国经济利益考虑，实行的都是重合的规则，既考虑居留时间也考虑住所或经济利益中心。在这样的框架中，从事跨国流动，有可能被两个及以上国家同时认定为该国居民，即出现双重居民身份问题。如一个人在美国拥有绿卡，而在英国逗留 183 天（一个会计年度）以上，这个人就会被英美两国同时认定为本国居民，要求其向两国承担无限纳税责任，这将导致税收负担过重。这种因认定自然人居民身份规则的不同或重合而造成的冲突，需要通过订立双边税收协定来加以协调。协调的基本出发点，首先是设立内涵上一致的规则，其次是将重合规则变为单一规则。两个协定范本有关这方面的规定体现了这样的精神，构成协调自然人居民身份确定规则冲突的国际惯例。

两个协定范本同样规定：如果一个人被缔约国双方同时认定为本国居民，其居民身份应当按照下列顺序确定。

（1）应认为是其永久性住所所在国的居民；如果在缔约国双方同时有永久性住所，应认为是与其个人和经济关系更密切（重要利益中心）缔约国的居民。

（2）如果其重要利益中心所在国无法确定，或者在缔约国任何一方都没有永久性住所，应认为仅是其有习惯性居处所在缔约国的居民。

（3）如果其在缔约国双方都有或者都没有习惯性居处，应认为仅是其国民所属缔约国的居民。

（4）如果其同时是缔约国双方的国民，或者不是缔约国任何一方的国民，缔约国双方税务主管当局应通过相互协商解决。[①]

国际税收学术界习惯地称上述解决冲突的顺序优先方法为"决胜法"（tie breaker）。中国对外签订的大多数国际税收协定在处理此类问题上都采用了上述规则。但与一些国家（如日本、美国、保加利亚、罗马尼亚）的协定，则没有写明上述规则，只写入如果出现双重居民问题，由缔约国双方税务主管当局通过协商解决。

（三）法人居民身份的确认

法学界一般认为法人是民法赋予权利能力的基于成员或者独立财产所形成的团体（张俊浩，2000）。法人能够以自己的名义拥有财产，具有参加民事活动、取得民事权利和承担民事责任的资格，它是独立的民事权利主体。《中华人民共和国民法典》规定，"法人是具有民事权利能力和民事行为能力，依法独立享有民事权利和承担民事义务的组织"。法人应具备下列条件：依法成立；有自己的名称、组织机构、住所、财产或者经费。[②]

在法人居民身份确认上，各国采用的标准主要如下。

1. 公司组建地标准

公司组建地（place of incorporation）标准又称登记注册地标准。按照这一标准，只要一个公司企业在本国注册登记，即为本国居民，政府有权要求该居民就来源于世界范围内的收入纳税。美国是采用这一标准的典型国家。在美国，公司所得税的纳税义务人分为本国公司和外国公司。本国公司指在美国创立或组建的公司，或根据美国或其各州法律创立或组建的公司。[③]非本国公司者即为外国公司。也就是说在外国创

[①] 《联合国范本》（2021 年）、《OECD 范本》（2017 年），第四条第二款。
[②] 《中华人民共和国民法典》，第五十八条。
[③] Internal Revenue Code, §7701（a）（4）。

立或组建，或根据外国法律创立或组建的公司为外国公司，不论其设在何处，也不论其股权归属。瑞典、澳大利亚、加拿大、挪威、丹麦、印度、新西兰、荷兰等国家也采用这一标准，作为判断公司是否为本国居民的一项条件。但这些国家均还采用其他标准，如澳大利亚、加拿大都规定，在本国组建的公司为本国公司，虽然不在本国组建但在本国开展营业活动并将中心管理控制机构设在本国的也是本国公司。

公司组建地标准的最大优点在于对居民身份比较容易确认和识别，也可有效防止公司采用某些行为变更自己的居民纳税人身份，因为变更需经一定的法定变更程序、办理有关手续。但这一标准也有缺陷，主要表现为某些公司的注册登记地和实际经营管理地可能不一致，公司企业可以脱离注册国而在别国从事生产经营活动，从而很难对这类公司实施有效的税务管理。另一个缺陷在于，纳税人容易通过选择注册登记地达到逃税避税的目的。

2. 中心管理和控制所在地标准

按照这一标准，公司的中心管理和控制所在地（place of central management and control）在哪一国，该公司就成为哪一国的居民公司。公司的中心管理和控制所在地可以从以下几个方面加以判断：公司董事会开会的地点、公布分红的地点、公司进行营业活动的场所、公司的各种账簿保管地点、股东大会召开的地点等。当这些场所全都在一个地点时，居民身份的所在地自然是明确的。但当这些场所位于不同的税收管辖区域时，就出现哪一个标准最能说明中心管理和控制所在地这样的问题。英国是采用这一标准的最典型的国家，一百多年来英国通过不少的判例来解决这一问题。

英国在1896年圣保罗（巴西）铁路有限公司诉卡特一案中就确立了在判断一个企业的居民身份时，管理决策地点要优于实际经营地点的原则。①此案中铁路及其营业活动地点均位于巴西；但管理决策由设在伦敦的董事会作出，账簿保管和股息分红地点也在伦敦，董事会任命现场经理在巴西具体负责经营。法官在判决中认为，一个人凭能力和管理决策来创造利润，尽管这个人没有在经营现场。因此，实际经营地点与管理决策地点相比，后者才是利润的创造之地，应当以此作为标准来判断公司的居民身份。法官认定此公司为英国居民公司。这一标准在以后的若干判例特别是比尔斯联合矿业有限公司诉荷澳一案②中进一步予以明确。法官在此案判决中指出："所得税意义上的公司居住地应当是营业活动得以实际开展的地点，……而营业活动得以实际开展的地点是中心管理和控制所在地。"此案中公司在南非注册成立，生产经营地点也在南非，经理的开会地点有时在南非，有时在伦敦，不过大多数董事住在伦敦，公司生产经营主要决策在伦敦作出。法官认定，该公司中心管理和控制所在地设在伦敦，应为英国居民公司，对英国政府负有无限纳税义务。在以后的许多判例中，法院就什么是中心管理和控制所在地作了进一步说明，使这一标准日益明确和具体化。

英国关于居民公司的认定标准，在国际税收领域，由于涉及对实际上设在境外的公司征税，难以有效实施；此外与其他大多数国家的做法差别太大引起国际税收的矛盾，纳税人也易于通过改变董事会开会地点逃避税收，特别是在现代电子信息十分发达的时代，更容易做到这一点。有鉴于此，英国在实行这一标准90多年之后，于1988年在其财政法案中宣布改变居民公司的认定标准，规定从1988年3月起，在英国组建的公司为英国居民公司。但国会通过的法律并没有宣布过去实行的判例法无效。因此，根据英国法律传统，该法案实施以后，过去已经在英国按照判例法被认定为英国居民身份的公司，还是英国居民公司；新建企业虽然不在英国注册登记，但实际管理控制中心在英国的，也是英国居民公司。实际结果就是采用公司组建地与中心管理和控制所在地相结合的标准，不再单纯以中心管理和控制所在地为判断公司居民身份的唯一依据。这类似于澳大利亚、加拿大、新西兰与印度等前英国殖民地国家的做法。例如，澳大利亚税法规定，在澳大利亚注册成立的企业将直接认定为澳大利亚税收居民。如果在澳大利亚以外注册登记但同时符合下列条件的企业也将被认定为澳大利亚的税收居民。①在澳大利亚从事经营活动。②满足下列两个标准：主要管理机构在澳大利亚；具有控制表决权的股东是澳大利亚居民。澳大利亚高等法院在2016年对这

---

① San Paulo（Brazilian）Railway Company v Carter[1896]3 TC 407。
② De Beers Consolidated Mines Ltd v Howe[1906]5 TC 198。

一认定进行了更为详尽的解释：如果公司在澳大利亚开展的主要管理和控制活动，是其经营活动的组成部分，或者在经营活动中包含此种管理控制活动，则公司属于在澳大利亚从事经营活动，且其管理和控制所在地位于澳大利亚境内（熊昕和郑金涛，2019）。再如新西兰，原税法规定，符合下列条件之一者为新西兰公司居民，一个条件是在新西兰组建，另一个是公司总部设在新西兰。公司总部被定义为行政管理中心（The center of its administrative management）。鉴于行政管理中心不够明确，1988年新西兰税法对此作了修改，改为符合下列四个条件之一者为新西兰居民公司：①公司在新西兰组建；②公司总部设在新西兰；③在新西兰有其管理中心；④公司由在新西兰的董事实施控制，不论决策是否在新西兰产生（Harris，1990；汪星明等，2022）。

3. 公司所在地标准

按照这一标准，公司的所在地（company seat）位于哪一国，公司就是哪一国的居民。德国、奥地利、比利时、西班牙、法国、意大利、葡萄牙、瑞士等国都采用这一标准作为判断一个公司是否为本国居民公司的一个条件。但是什么是公司所在地，却存在不同的认定标准。首先是公司法定所在地（statutory seat），一般来说，公司法定所在地就是公司在注册登记时在公司章程或有关注册登记文件中明确规定了的公司所在地点。如果完全按照这一标准来决定公司的居民身份，显然与前述按公司组建地来决定公司居民身份没有两样。问题在于公司实际所在地有可能与公司法定所在地不在一个税收管辖权范围内。公司实际所在地就是对公司进行管理和控制的地点，具体讲就是发布公司经营指令的所在地、公司实际的中心管理所在地。原则上讲，实行这一标准的国家都要求公司的法定所在地、公司注册的场所和公司的中心管理地点要位于同一个税收管辖权内。当它们不在一个管辖权内时，一般以公司法定所在地为判断公司居民身份的依据（International Fiscal Association，1987）。比利时采取了稍有差别的做法。当前述的法定所在地与实际所在地不同时，以实际所在地为优先标准来考虑公司居民身份的判定。布鲁塞尔申诉法院在一个案件的判决中曾作出结论，如果仅在比利时注册，并在章程中规定公司所在地在比利时，但公司的实际经营管理地点不在比利时，董事会会议已经相当长时间不在比利时举行，或举行的董事会会议只是形式上，对公司管理不起实质性影响，那么该公司就不是比利时居民公司。这显然类似于英国的规定。

4. 实际管理机构所在地标准

许多以公司所在地为标准判断公司居民身份的国家，如德国、奥地利、比利时、意大利、葡萄牙、西班牙和瑞士都将实际管理机构所在地（place of effective management）作为次级标准。即使公司的登记注册地或法定所在地不在本国境内，但只要其实际管理机构位于本国境内，也可认定其为本国公司。问题在于如何确定公司的实际管理机构所在地。

在德国，将实际管理机构所在地理解成上级管理（superior management）的重要中心，也就是决定公司经营采用什么方式的机构所在地，根据具体的情形作出公司管理方面根本性决策的地点，而这些决策发生效力的地点是不需加以考虑的。如果管理是集中式的，那么上级管理将存在于从经济和功能角度扮演领导角色那些人的所在地。比利时将实际管理机构所在地解释为"经营或管理地点"（place of business or management），有时又将此项说法等同于"主要机构"（main establishment）所在地，按照这样的说法，公司的经营管理地点在哪一国公司就成为哪一国的居民。瑞士采用"经营中心"（centre of administration）来表述实际管理机构所在地，而经营中心比管理中心更含糊，有的人将其看作实际管理机构所在地，有的人可能认为其是做完成法定目标所必须确定的活动地点，还有的人可能认为是作出主要决策的地点（International Fiscal Association，1987）。因此，实际管理机构所在地的确定仍然不够明确，存在较多的歧义，不如公司组建地、管理控制中心或总机构所在地那样明确具体，需要进一步提出具体的规则。

5. 主要机构或总机构所在地标准

根据这一标准，公司的总机构设在哪一国，公司就为哪一国的居民。中国和日本等采用这一标准。日本税法规定，在日本设有总店或主要事务所的法人为本国法人，既然是法人，意味着它们是在日本按日本法律登记注册的。因此，日本实际上兼用主要机构或总机构所在地（place of main office or head office）和公司组建地两项标准。中国的企业所得税法及其实施条例也是按主要机构或总机构所在地标准确定企业居民身份。外商投资企业的总机构设在中国境内，就以来源于中国境内、境外的所得缴纳所得税；其在中国境内或者境外分支机构的生产、经营所得和其他所得，由总机构汇总缴纳所得税。与日本的税法类似，在中国税法中，对企业居民身份的认定，公司组建地标准起了很大的作用。因为上面所称的总机构在中国税法中是指依照中国法律组成企业法人的外商投资企业，在中国境内设立的负责该企业经营管理与控制的中心机构。中国税法并不把外国公司、企业和其他经济组织在中国境内确立的从事实际生产经营业务的各种经营机构视为居民。实际上也是采用主要机构或总机构所在地标准与公司组建地标准相结合的办法来认定公司的居民身份。

综上所述，我们看到目前除美国外，各国都是采用两个及以上标准来确定公司的居民身份。概括地说，在公司居民身份确定规则上，主要有四种模式，第一种是公司组建地模式，以美国为代表；第二种是公司组建地、中心管理和控制所在地相结合模式，以英国及其英联邦国家为代表；第三种是公司所在地和实际管理机构所在地相结合模式，以德国、奥地利等欧洲大陆国家为代表；第四种是公司组建地和主要机构或总机构所在地相结合模式，以中国和日本为代表。

（四）法人居民身份确定规则冲突的协调

由于各国都是根据国内法来判定法人的居民身份，而各国关于法人居民身份的确定标准又存在上述差别，因此当一个跨国纳税人在两个采用不同的法人居民身份确定规则的国家从事交易活动时，有可能被这两个国家同时认定为本国居民。例如，一家跨国公司的总机构设在甲国，甲国按照主要机构或总机构所在地原则来认定公司的居民身份；但该公司具有重大问题决策权的董事会开会地点却经常在乙国举行，而乙国是以实际的中心管理和控制所在地为标准来确定公司的居民身份，该公司同时会被认定为甲乙两国的居民。再如，一家跨国公司的法定所在地位于甲国，而公司在乙国也被认定存在实际管理机构，该公司可能会同时被甲乙两国认定为本国公司。这就发生了法人居民身份确定规则上的冲突。两个协定范本都明确规定：当各国对因法人居民身份确定规则存在不同，公司出现双重居民身份时，应当认定该公司为实际管理机构所在国的居民。"除个人以外，同时为缔约国双方居民的人，缔约国双方主管当局应在考量其实际管理场所、其注册地或成立地以及任何其他相关因素后，尽力通过双方协商确定该法人在协定目的下是哪个缔约国的居民。如果缔约国双方主管当局未能达成一致，则该法人不应被授予任何本协定所规定的税收减免待遇，但在缔约国双方主管当局可能同意的范围和方式则例外"，[①]就是以实际管理机构所在地为解决冲突的"决胜法"。以实质重于形式的原则来处理问题，当出现各国采用公司组建地、法定所在地、总机构所在地、公司实际管理机构所在地等不同标准导致管辖权冲突时，以实际管理机构所在地为优先标准确定公司的居民身份，是比较合理的。管理是公司经营成果得以产生的主要因素，因此以实际管理机构所在地为依据来确定公司的居民身份，从而决定公司对实际管理所在地国家承担无限纳税义务，也比较符合所得税的性质和征税基本原则。从这个意义上讲，这一标准要优于其他的标准。

中国对外签订的协定在此问题上，采用了三种不同的模式。第一种模式是以实际管理机构所在地为优先标准，但要重视主要机构或总机构所在地标准。中国与马来西亚、荷兰、塞浦路斯、匈牙利、巴基斯坦、毛里求斯等国签订的协定都"除个人以外，同时为缔约国双方居民的人，应认为是其总机构或者实际管理机构所在缔约国的居民。然而，如果这个人在缔约国一方设有实际管理机构，在缔约国另一方设有总机构，缔约国双方主管当局应通过协商确定该人为其居民的缔约国"类似表述第二种模式是采用总机构优先标准。与日本、挪威、瑞典、意大利、新西兰、斯洛伐克、保加利亚、科威特、奥地利、巴西、蒙古国、马耳他、卢森

[①] 《OECD范本》（2017年）、《联合国范本》（2021年），第六条第三款。

堡、印度、以色列、土耳其等国签订的协定就是采用这一模式，即以总机构为优先标准。第三种模式是双方协调解决，与上述以外的国家签订的税收协定大多采用这一模式。

三、非居民各项所得的征税权分配规则

收入来源地税收管辖权主要是针对非居民的。因为对居民而言，收入来源国可行使居民税收管辖权。对非居民就其来源于本国的收入征税，关键问题是确认收入来源地。经济生活是错综复杂的，对非居民取得的一笔收入到底发生于何处，有时并不能很容易地得出准确唯一的判断，这往往引起国与国之间的利益纠纷。为了避免这种纠纷，国际社会必然要设立一些大家都可以接受的关于判断收入来源地并据以征税的标准和原则。此外，即使可以明确收入来源地，但由于税务行政上的困难和阻力，收入来源地政府对非居民来源于该国境内的所得并非都能行使征税权，往往要区别不同情况并依据一定规则行使征税权。非居民在收入来源国获取的所得，主要有不动产所得（income from real estate）、营业利润、投资所得、劳务所得和财产所得。下面分别对这五个所得的来源地确认问题进行分析。

（一）不动产所得的征税权分配规则

不动产是不能移动的财产，指土地、房屋及附着于其上不可分离的部分。在法律上对不动产和动产作详尽规定的当推法国。法国民法典规定，土地及其附着物为不动产，就是说不动产包括土地及其一切附着于土地的建筑物、植物等或"渗入"土地的物。而动产则为可自行移动或被移动的财产（尹田，2009）。土地、房屋作为不动产不成问题。而土地、房屋的附着物在什么条件下作为不动产，在什么条件下作为动产，则是需要进一步明确的问题。不动产附着物按其物理性质为动产，但考虑到财产的整体性，一般将那些与不动产具有不可分割的联系的部分视为不动产。例如，农业生产经营中附着于土地的物为不动产，包括"用于耕种的牲畜、农具、供给佃农或分制佃农的种子、鸽舍中的鸽、兔园中的兔、蜂巢中的蜂群、池塘中的鱼、压榨机、锅炉、蒸馏器、酿酒桶及大桶、经营铸造场、造纸工厂及其他工场必需的工具、稻草及肥料"。[①]"尚未收割的收获物及尚未摘取的树上果实，均为不动产。谷物一经收割、果实一经摘取，虽未运走，即为动产。如收获物仅部分收割，则仅此部分为动产"。[②]显然法国民法典关于不动产附着物作为不动产的范围是相当广的。那些物理性质上属于动产的物要作为不动产看待需要具备两项条件。其一，不动产与动产同属于一个所有人，显然附着于不动产的某些设施属他人所有的情况下，这部分动产是可以分割出去的，该不动产的价值不应当包括这部分动产，例如，在农业经营者租用他人的耕牛或农机来耕作的情况下，该耕牛或农机不是土地的附着物。其二，动产不能脱离附着其上的不动产而被独立经营或使用，这说明该项动产与不动产是不可分割的，例如，房屋的供气、供水、供电管线和电梯等附属设施是房屋不可分割的组成部分，计算房屋作价或租金时不能将其与房屋本身分离单独进行。

两个协定范本没有具体规定不动产的定义，明确不动产的定义解释以不动产所在地的缔约国法律为准。不过为了减少定义理解的差异导致的争议，两个协定范本明确不动产"在任何情况下，应包括附属于不动产的财产，农业和林业所使用的牲畜和设备，有关地产的一般法律规定所适用的权利，不动产的收益权和由于开采或有权开采矿藏、水源与其他自然资源而取得不固定的或固定的收入的权利。船舶和飞机不应视为不动产"。[③]这说明了这么几个问题。

一是虽然船舶和飞机等交通工具在某些功能上与房屋相同，但它们毕竟是可移动的财产，况且协定范本针对其特殊性专门规定了征税权分配规则，因此它们不作为不动产加以规范。

二是不动产应包括与不动产不可分割的附着其上的地产。

[①] 《法国民法典》，第五百二十四条。
[②] 《法国民法典》，第五百二十条。
[③] 《联合国范本》（2021年）和《OECD范本》（2017年），第六条。

三是从本质上明确不动产的范围和权利。

规定不动产范围的目的是更好地协调对不动产所得课税的征税权,所得是由权利而产生的,而不动产的权利形式多种多样,协定将权利纳入不动产的范围,不仅因不动产所有权而引起的所得要纳入征税范围,而且因不动产占有、支配和使用而引起的所得也要纳入征税范围,这就照顾到了不动产物权领域的不同法律制度。例如,在中国,城市土地属国家所有,但土地占有者享有土地使用权,土地使用权同样也能产生收入。因此一切与不动产有关能带来收入的权利都要作为考察对象。不动产所得就是由各种不动产权利而产生的收入,具体指因出租、直接使用或以其他任何形式使用不动产而获得的总收入扣除所发生的费用后的余额。两个协定范本特别指明其包括林业所得和农业所得。但在签订国际税收协定时,有关国家也可将林业和农业所得列入营业利润范围加以考虑。

由于不动产所得的来源与财产所在国有着更加密切的经济关系,因此两个协定范本第六条第一款共同确定,"缔约国一方居民从缔约国另一方的不动产取得的所得(包括农业所得或林业所得),可以在缔约国另一方征税",说明不动产所得由收入来源国即不动产所在国独享征税权。这一规则适用于企业的不动产所得和用于完成独立个人劳务的不动产所得。[①]但是通过常设机构取得的不动产所得应视为营业利润,按下述有关营业利润的规则来分配征税权。

(二)营业利润的征税权分配规则

营业利润(business profit)也可称为生产经营所得,包括纳税人从事工业、自然资源开采、交通运输、商业、农牧业、各种专业性劳务[②]和其他独立性活动而取得的纯收入。对营业利润行使收入来源地税收管辖权,必须确定营业利润的来源地。但营业利润的来源地的确定存在复杂情况。营业活动的形式多种多样,主要有贸易和制造两种形式。大陆法系国家一般从营业活动的主体角度来确定其收入的来源地,只有在一个国家建立了从事营业活动的机构场所,才能确定有来源于该国的营业利润,如果没有建立从事营业活动的场所,即使货物在该国销售、服务在该国提供或使用、产品在该国制造也不能认为相关营业利润来源于该国。而英美法系国家则通常以交易地点为标准来判断营业利润的来源地。交易包括销售和制造,只要制造或销售地点在该国,其所获得的营业利润就可被认定为发生在该国。英国和加拿大还以合同的订立地点为交易的发生地。如果一个跨国纳税人所从事的经济活动跨越实行不同标准认定营业利润来源地的国家,就会产生一笔所得被不同国家同时认定为来源于本国的情况,从而造成双重课税。即使跨国经营所得涉及的国家在认定营业利润来源地标准上相同,也会因为制造地、销售地和合同签订地的不同而导致双重征税。因此,作为协调营业利润征税权分配的重要环节,应当统一营业利润来源地的认定标准,使一笔交易所得只有一个来源地。国际上对营业利润来源地认定的统一标准是常设机构。

国际税收协定的《OECD范本》《联合国范本》《美国范本》都同样规定:常设机构"是指一个企业进行全部或部分营业的固定营业场所"。常设机构一语特别包括管理场所、分支机构、办事处、工厂、车间(作业场所)和矿场、油井或气井、采石场或任何其他开采自然资源的场所。[③]场所型的常设机构究其法律地位属于非法人性质。一切已经向所在国登记成具有法人地位的公司企业,不论其资本来源和管理人员的国籍,只要被认定为居民企业,就有义务承担无限的纳税责任,不属于常设机构行列。只有不具备法人资格的外国企业及其分支机构才可能被认定为常设机构。

但从定义上解决了什么是常设机构的问题,还不能圆满地解决对营业利润的双重征税问题。为了避免对营业利润的双重征税,有必要在常设机构定义的基础上,就营业利润的征税权分配和常设机构营业利润的确定建立一套基本原则。

---

① 《OECD》(2017年)删除了"用于完成独立个人劳务的不动产所得"。

② 专业性劳务特别包括独立的科学、文学、艺术、教育或教学活动,以及医师、律师、工程师、建筑师、牙医师和会计师的独立活动。2000年版的《OECD范本》,取消了第十四条"独立个人劳务",将专业性劳务所得纳入营业利润范围,固定基地概念也不再使用,而并入常设机构。

③ 《OECD范本》(2017年)、《联合国范本》(2021年)、《美国范本》(2016年),第五条第一款、第二款。

跨国营业利润征税权分配问题的主要矛盾在于如何限定收入来源国的征税权,均衡居住国和收入来源国的利益。因此,总的来说要遵循三个基本原则,即以常设机构原则界定营业利润的来源地,限定来源地税收管辖权的实行范围;以利润归属原则和独立企业的正常交易原则来制约来源地税收管辖权的执行深度。

1. 常设机构原则

《联合国范本》和《OECD 范本》都明确规定:"缔约国一方企业的利润应仅在该缔约国征税,但该企业通过设在缔约国另一方的常设机构在该缔约国另一方进行营业的除外。如果该企业通过设在缔约国另一方的常设机构在该缔约国另一方进行营业,其利润可以在缔约国另一方征税。"[①]这就是常设机构(standing body)原则。一个企业在另一国设立了常设机构的情况说明该企业参与另一国的经济生活达到一定程度,使得另一国拥有对该企业的征税权。常设机构原则说明收入来源国仅对非居民纳税人通过设在境内的常设机构获得的营业利润征税,对于那些非居民的不通过设立常设机构的营业活动而产生的利润,不视其为来源于本国境内的所得,不予征税,而由企业的居住国独占征税权。常设机构原则统一了营业利润来源地确定标准,消除了采用制造地、销售地、提供地或合同签订地点等不同标准来认定营业利润来源地而造成的双重征税。常设机构原则兼顾了跨国经济活动财政利益合理分配和税收管理可行性。一方面,通过实施常设机构原则,对收入来源地税收管辖权进行限制,居住国也能从本国居民企业从事的跨国经济贸易活动中获得财政利益,既能为避免双重征税创造基础又能兼顾有关国家利益。另一方面,实施常设机构原则也是营业利润税收管理可行性的客观要求,营业利润不同于股息、利息、特许权使用费等投资所得,营业利润是总收入或毛收入扣除成本费用的结果,不能按次征收预提税(即使源泉扣缴也还要按期汇算清缴),因此在不设立常设机构的情况下,收入来源国也很难实施对非居民营业利润的税收管理,而在设立常设机构的情况下,则以常设机构为主体来进行会计核算,确定利润,据以征税。如何确定常设机构的利润,要遵循利润归属原则。

2. 利润归属原则

作为常设机构原则的自然延伸,缔约国一方对外国企业营业利润征税只能以归属于常设机构的利润为限,对不归属于常设机构的利润只能由所得者为其居民的国家征税。哪一些利润应归属于常设机构,存在以下两个标准。

(1) 实际联系标准(也称实际联系原则,economic connection principle)。实际联系标准说明营业利润的获取应当与常设机构本身的活动有关,由常设机构本身活动取得的营业利润,来源国均可按收入来源地税收管辖权征税;与常设机构无实际联系的营业利润,来源国不征税,由居住国征税。《OECD 范本》明确规定,"可归属于常设机构的利润,是指假如该常设机构是一个在相同或类似情况下从事相同或类似活动的分设独立企业,考虑到企业通过该常设机构和企业的其他部分所履行的功能、使用的资产和承担的风险,该常设机构可以预期获取的利润,该常设机构与企业其他部分之间进行内部交易时尤其如此"。[②]也就是说,非居民未通过常设机构取得的营业利润和与常设机构无实际联系的其他所得,应排除在外。但一些国家和《联合国范本》却主张要采取另一个标准即引力标准。

(2) 引力标准(也称引力原则,force of attraction principle)。一些国家认为,如果一个非居民企业在本国境内设立了常设机构,那么该企业就处在本国税收管辖权管辖之中,本国就可以对该企业来源于本国境内的所有所得征税,而不管这些所得是否与常设机构的营业活动有关。这种看法可以称为一般引力标准,是没有任何限定的引力标准。而《联合国范本》则主张实施一种有限制的引力标准。《联合国范本》规定:如果缔约国一方企业"通过在缔约国另一方的常设机构进行营业,其利润可以在另一国征税,但其利润应仅属于①该常设机构;②在缔约国另一方销售的货物或商品与通过常设机构销售的货物或商品相同或类似

---

① 《联合国范本》(2021 年)、《OECD 范本》(2017 年),第七条第一款。
② 《OECD 范本》(2017 年),第七条第二款。

的；③在缔约国另一方进行的其他营业活动与通过常设机构进行的经营活动相同或类似"。[①]《联合国范本》说明，非居民除按实际联系原则归属利润外，在收入来源国境内虽设有常设机构，但绕开常设机构，自行在收入来源国开展营业活动，如所开展的营业活动与常设机构营业活动相同或相似，可将其利润归并到常设机构一并征税。这里"所开展的营业活动与常设机构营业活动相同或相似"就是限定条件。不符合这样的限定条件，如企业在另一国开展的营业活动与其设在该国的常设机构的营业活动不一致，那么所获得营业利润就不需要归属于该常设机构在该国征税。

就实践来看，大多数国际税收协定为了便利税收管理和减少对企业经营活动的干扰，都放弃了引力原则，而采用实际联系原则。一些税收协定附加很严格的限制条件，只能为解决避税问题而采用引力原则。例如，德国与菲律宾的国际税收协定第七条第三款规定，如果能证明，总机构在常设机构所在国进行与常设机构相同或类似的直接交易，是为了逃避常设机构所在国的税收，那么常设机构所在国可以对该直接交易所获得的所得课税。德国与印度尼西亚、印度、巴基斯坦、土耳其、巴布亚新几内亚、墨西哥等国的双边税收协定都有类似的条款（Vogel，1997）。

3. 独立企业的正常交易原则

常设机构不是独立的法人，其经营受控于总机构，利润分配也由总机构决定。但为了便利贯彻常设机构原则，使收入来源地税收管辖权得以行使，必然要求将常设机构视为独立的纳税实体。常设机构要将所取得的一切利润进行归并，独立地计算盈亏，把作为独立企业可能得到的利润准确完全地归属于常设机构。特别地，常设机构与其总机构的营业往来，常设机构与该企业的其他常设机构、关联公司及其所属的常设机构之间的营业往来，应按照正常交易原则（arm's length principle），以公开、公平的市场交易价格为依据计算归属于常设机构的利润，以便于收入来源国政府据以征税。

（三）投资所得的征税权分配规则

这里所称的投资所得包括股息红利、利息和特许权使用费。投资所得是从股权、债权、特许权取得的所得，是一种权利金收入，这是其与营业利润的区别所在。在投资所得的征税方法上，一般有两个处理方法。一是征收预提税。征税国对来源于该国境内的投资所得，采取源泉控制的征税方法，单独规定比例税率，按收入全额计算征收，以所得受益人为纳税义务人，以所得支付者为扣缴义务人。此项征收纳税人在其居住国汇总全部所得纳税时，一般可以从其应纳税额中扣除，因此称为预提税。二是不征预提税。对缔约国一方居民在缔约国另一方设有常设机构进行营业，如果据以支付其股息、利息和特许权使用费的股权、债权和特许权与该常设机构有实际联系的，则应并入常设机构的营业利润征税，不征收预提税。为避免投资所得的双重征税问题，应厘清投资所得的来源地，如果各国对投资所得来源地有冲突，应当建立协调规则，一笔投资所得只有一个来源国；确定投资受益所有人居住国和收入来源国的征税权分配规则。

1. 投资所得的来源地确认标准

1）股息

股息（dividends）是指股份有限公司、股份有限合伙企业、有限责任公司或其他股份公司在年终决算后将已扣除公积金、公益金等项目后的剩余利润，按一定标准分配给股东作为其投资入股的报酬。股份一般分为普通股和优先股，公司税后利润先按章程规定以固定利息率分配给优先股，如还有剩余再按一定方法分配给普通股，这一部分的股息也成为红利。因此，一般意义上讲，股息指由股份和非债券关系分享利润的权力取得的所得。

上述定义应从实质角度来理解。有的公司为了避税或逃税采取"资本弱化"的办法，即在公司资本结

[①]《联合国范本》（2021年），第七条第一款。

构中不恰当地提高贷款的比重从而相应地降低股本的比重，以获得更多利息用于税前扣除。在这种情况下，可将此项利息看作股息。如果债权人提供贷款发生了下列情况，那么就可以判定出现资本弱化问题。这些情况包括：①该贷款大大超过企业的资本中其他投资形式（或被用以弥补资本损失的一个重要部分），并高出可变现资产；②债权人可分享公司利润；③该贷款的偿还次于其他贷款人的债权或服从于股息支付；④利息的支付水平取决于公司的利润；⑤所签订的贷款合同对具体的偿还日期没有明确的规定。[1]这些情况表明此项贷款虽然在名义上是一种债权债务关系，但实质上已是股份投资关系，公司支付的"利息"实质上是股息，该项"利息"不能作为费用扣除，而应作股息对待。此外，股息不仅包括由年终正规的股息分配，任何与股权有关的收益分配不论是货币的还是实物的或其他形式的，都应当作股息对待。

股息的来源地比较明确，就是以支付股息的公司居民身份所在国为其来源地。例如，甲国居民公司支付的股息认为来源于甲国。但是由于各国对公司居民身份的确定存在不一致，因此有可能一笔股息会同时被两个及以上国家认定为来源于该国。如果出现这种情况，应当认为是来源于实际管理机构所在国。

2）利息和特许权使用费

利息（interest）一语通常指货币借用的报酬，是因债权关系取得的所得。《OECD 范本》和《联合国范本》为了避免利息定义的歧义引起双重征税，在利息条款本身及其注释中对利息这一概念的外延作了统一明确的界定。指出利息包括从各种债权取得的所得，不论其有无抵押担保或者是否有权分享债务人的利润；特别是指从政府债券取得的所得、从债券或者信用债券取得的所得，包括附属于这些证券、债券或信用债券的溢价和奖金。延期支付的罚款，不应视为利息。[2]各种债权包括现金存款和货币形态的有价证券以及政府公债、债券和信用债券。利息包括不动产抵押贷款利息（尽管有的国家将不动产抵押贷款利息列入不动产所得中）。

特许权使用费（royalties）一般是指提供各种特许权利归他人使用而收取的各种款项，包括提供任何文学、艺术或科学著作（包括电影影片）的版权取得使用费，提供任何专利、商标、设计或模型、计划、秘密配方或程序取得的使用费，提供非专利权的专有技术或工业、商业、科学经验的情报所收取的报酬。上述权利不论是否已经在政府有关部门注册登记，都不影响特许权使用费的收取。该特许权使用费不仅包括已经取得许可证的情况下所收取的款项，也包括因未经许可仿制而得到的赔偿款。在 1963 年和 1977 年的《OECD 范本》中特许权使用费均包括出租工业、商业、科学设备所收取的租赁费，1992 年 OECD 理事会在对范本进行修订时将其删除，而把此项租赁费包括集装箱的租赁所得当作营业利润对待（OECD，1992）。但电影影片的租金仍作为特许权使用费来处理。

关于利息和特许权使用费的来源地可按照相同的规则来确定。一般以支付或负担此项费用的债务人所在地为其来源地。如支付人为一国居民，就认为利息、特许权使用费来源于该国；如利息或特许权使用费所涉及的债务或义务与常设机构或固定基地有关，并由常设机构或固定基地负担利息或特许权使用费，就认定利息或特许权使用费来源于常设机构或固定基地所在地。总之，对利息和特许权使用费来源地的确定应当采用以实际负担者所在地为标准。也有国家以贷款或知识产权的实际使用地或利息、特许权使用费的支付地为标准，这两种标准在实践中很难掌握，就支付地标准来讲，如果贷款在多个国家使用，支付地难以确定；就使用地标准而言，如果贷款或知识产权在企业的不同分支机构使用，以使用地为来源地，就会出现来源地多元化的情况，使问题复杂化。

《联合国范本》和《OECD 范本》关于利息来源地的确定规则一致，即都明确规定以支付人的居民身份所在国为利息来源地（"发生于缔约国一方并支付给缔约国另一方居民的利息，可以在该缔约国另一方征税。"）[3]。两者也同意如果利息与常设机构有关，以常设机构所在地为来源地的做法，一致规定："如果支付利息的人，不论其是否为缔约国一方的居民，在缔约国一方设有常设机构或固定基地，支付利息

---

[1] 《OECD 范本》（2017 年），第十条第三款注释。
[2] 《OECD 范本》（2017 年）和《联合国范本》（2021 年），第十一条第三款。
[3] 《联合国范本》（2021 年）和《OECD 范本》（2017 年），第十一条第一款。

的债务与该常设机构或固定基地有联系，并由其负担利息，上述利息应认为发生于该常设机构或固定基地所在缔约国。"① 与常设机构有联系说明发生的债务与常设机构的经济联系是无可争议的。有两种情况，能满足这个无可争议的要求。第一种情况是常设机构的管理当局（即企业总机构）按常设机构的具体要求签订贷款协议，借入款项作为该常设机构的债务，并由其直接对债权人支付利息。第二种情况是企业总机构为设在另一国的常设机构单独使用的贷款签订合同并代付利息，但所付利息最终由该常设机构承担。另外，《联合国范本》和《OECD 范本》对特许权使用费的来源地确定规则却有不同的规定，《联合国范本》采用与上述关于利息来源地确定完全相同的规则。② 但《OECD 范本》则没有任何条款对特许权使用费来源地作出规定。

2. 投资所得的征管权确认标准

在采取缔约国双方即收入来源国和受益所有人居住国对投资所得都拥有征税权立场的情况下，自然要求收入来源国征税的税率要加以适当的限制。因为收入来源国可以利用支付所在地的有利条件，优先行使征税权，如果不对其税率加以限制，受益所有人居住国的居民税收管辖权就会落空。为了使缔约国双方能够分享税收权益，通行做法是对投资所得来源地国家征收的预提税实行限制税率。在限制的幅度上，两个范本存在分歧。

《OECD 范本》不承认特许权使用费的收入来源地征税权，主张应仅由受益所有人的居住国征税，认为新技术等知识产权的开发是在受益所有人所在国进行的，开发时间长、风险大、投入多，特许权使用费的实际来源地应是受益所有人所在国，应由其独享征税权征税。《OECD 范本》除完全剥夺收入来源国对特许权使用费征税权外，将来源国对股息、利息征收预提税的税率定得很低。在股息方面，《OECD 范本》规定，"如果股息受益所有人是缔约国另一方的居民，若其是在包含股息支付日在内的整个 365 天期间（就计算该期间的目的，不应考虑直接由公司重组导致的所有权变化，比如持有股份或支付股息的公司的合并或分立重组）内，直接持有支付股息公司至少 25%资本的公司，那么所征税款不应超过股息总额的 5%；在其他任何情况下，不应超过股息总额的 15%"。③ 在利息方面，《OECD 范本》规定，"如果利息受益所有人是缔约国另一方的居民，则所征税款不应超过利息总额的 10%"。④ 这样的规定当然有利于资本输出国。《联合国范本》对全部形式的投资所得（包括利息、股息、特许权使用费）实行居民税收管辖权和收入来源地税收管辖权相结合的原则，也就是承认缔约国双方都有征税权。其对特许权使用费不予例外，认为虽然专利、专有技术等知识产权的开发需要较大投资，但获得报酬以使用为前提，收入发生在来源国，该国也应分享税收利益。因此，《联合国范本》对收入来源国的股息、利息和特许权使用费的预提税税率都未作具体规定，⑤ 这使收入来源国在税收协定谈判中不受约束，可通过相互协商力争较高的税率。

3. 中国对投资所得来源地确认和征管权分配的规定

两个范本和中国对外签订的税收协定对有关投资所得征税，一般都专门为其设立股息、利息、特许权使用费 3 个条款。结合两个范本中投资所得的相关规定，我们认为较好的解决办法是共享征税权，收入来源国有优先征税权，但按降低的税率课税，特许权使用费的受益所有人所在国，也能获得一部分财政利益。原因在于，让收入来源国（特别是发展中国家）享有优先征税权，可鼓励他们引进先进技术和文明成果的积极性，这对发达国家长期经济发展和技术进步也有好处，给予发展中国家一定的征税权，也便于他们通过税收手段实施对技术引进的宏观调节，对技术引进作出选择性的安排。此外，在收入来

---

① 《联合国范本》(2021 年) 和《OECD 范本》(2017 年)，第十一条第五款。"或固定基地"一句在 2000 年《OECD 范本》中被删除，这是与第十四条被删除相联系的。
② 《联合国范本》(2021 年)，第十二条第五款。
③ 《OECD 范本》(2017 年)，第十条第二款。
④ 《OECD 范本》(2017 年)，第十一条第二款。
⑤ 《联合国范本》(2021 年)，第十条第二款、第十一条第二款、第十二条第二款。

源国征税也便利税收征收管理，减少逃税。但涉及知识产权的很多研发费用确实都发生在受益所有人的居住国，这些国家为知识产权的形成提供了服务，承担了风险，因此受益所有人居住国应当享有一定的征税权。受益所有人居住国享有征税权也能在一定程度上起到鼓励当地政府支持技术出口和扩大开发的效果。

中国自对外谈判签订避免双重征税协定以来，对投资所得（包括特许权使用费）都坚持不放弃收入来源地的税收管辖权，同时接受对来源地征税规定一些合理限制条件的原则立场。除了对缔约国政府或完全由政府所有的金融机构取得的利息、由政府金融机构间接提供资金的利息等，可以在来源地免予征税外，不接受任何由受益所有人居住国独占征税权的做法。

中国同其他国家缔结的双边税收协定，在对投资所得来源国征收预提税税率的限定上，采取因国而异区别对待的原则。概括起来主要有如下几种模式。

第一种模式是各项投资所得（包括股息、利息、特许权使用费）都采用 10%的限制税率，如与日本、斯洛伐克、塞浦路斯、匈牙利、印度、白俄罗斯、越南、土耳其、乌兹别克斯坦、柬埔寨、孟加拉国、葡萄牙、新西兰等签订的协定。

第二种模式规定对各项投资所得的预提税税率为 10%，其中对使用工业、商业和科学设备，按特许权使用费总额的 7%、6%甚至 2%征税，如与波兰、保加利亚、智利等国家签订的税收协定。与英国、马耳他、卢森堡的协定除了对持有股份不少于 25%的股息按 5%的税率征税外，其余也采取这一模式。但与马来西亚签订的协定，除了文化版权的使用费预提税税率为 15%外，其余均为 10%。

第三种模式规定股息的预提税税率为 15%、利息和特许权使用费的预提税税率为 10%，如同挪威、澳大利亚、巴布亚新几内亚等国家签订的税收协定。

第四种模式是股息按《OECD 范本》规定，即持有股份不少于 25%的股息的预提税税率为 5%，其他股息预提税税率为 10%，利息和特许权使用费的预提税税率一般不超过 10%。如同捷克、俄罗斯、乌克兰、爱尔兰、摩尔多瓦、荷兰、芬兰、丹麦、瑞士、西班牙、刚果（布）、叙利亚、土库曼斯坦、塔吉克斯坦、阿尔及利亚、比利时、法国、韩国、亚美尼亚、冰岛、立陶宛、拉脱维亚、爱沙尼亚等国签订的协定。与奥地利的协定除了对持有股份不少于 25%的股息按 7%的税率征税外，其他所有项目均按 10%的税率征收预提税。与加拿大签订的协定，持有股份少于 10%的股息的预提税税率为 15%，持有股份不少于 10%的股息和利息、特许权使用费均按 10%的税率征收预提税。与津巴布韦的协定除了对持有股份不少于 25%的股息按 2.5%的税率征税，其他股息预提税税率为 7.5%外，其他所有项目均按 7.5%的税率征收预提税。

第五种模式是股息的税率为 5%，其他项目的税率为 10%，如同蒙古国、毛里求斯、克罗地亚、斯洛文尼亚、厄瓜多尔、南斯拉夫、苏丹、北马其顿、老挝等国签订的协定。

与其余国家签订的协定，因国而异，有的按投资所得项目分别规定限制税率，有的在此基础上还附加条件。例如，与新加坡的协定，对股息的限制税率规定为控股 25%以上的为 7%，其他股息为 12%；对利息的限制税率规定为银行和金融机构取得的利息为 7%，其他利息为 10%；对特许权使用费规定为 10%。与泰国签订的协定，对股息的限制税率规定为控股 25%以上的为 15%，其他股息为 20%，对利息按 10%征税，而对特许权使用费按 15%征税。与科威特的协定，规定特许权使用费按 10%、其他项目按 5%的税率征税。与巴基斯坦的协定则规定对特许权使用费按 12.5%、其余项目按 10%的税率征税。与阿拉伯联合酋长国的协定，除了对特许权使用费按 10%征税外，其余项目均按 7%的税率征税。与巴西的协定，除了商标权的使用费按 25%的税率征税外，对其他投资所得项目均按 15%的税率征收预提税。与埃及的协定对利息按 10%的税率征税，而对股息、特许权使用费则按 8%的税率征税。与牙买加的协定对股息、利息、特许权使用费分别按 5%、7.5%和 10%的税率征收预提税。与卢旺达的协定对股息、利息、特许权使用费分别按 7.5%、5%和 10%的税率征收预提税。与博茨瓦纳的协定对股息、利息、特许权使用费分别按 5%、7.5%和 5%的税率征收预提税。与赞比亚的协定对股息、利息、特许权使用费分别按 5%、10%和 5%的税率征收预提税。与埃塞俄比亚的协定对股息、利息、特许权使用费分别按 5%、7%和 5%的税率征收预提税。

(四) 劳务所得的征税权分配规则

个人劳务所得分为两大类型：第一种类型就是一般个人劳务所得，包括独立的和受雇的个人劳务所得[①]；其余的各种劳务所得都归入第二种类型加以阐述。

1. 一般个人劳务所得的征税权分配规则

个人提供劳动服务而取得的收入，包括独立个人劳务所得和非独立个人劳务所得。独立个人劳务所得（income from independent personal services）指个人从事医师、会计师等专业性劳务、业务以及其他独立的科学、文学、教育等服务所取得的收入。从事这些劳务不是受雇的，而是以个人或事务所的名义进行。非独立个人劳务所得（income from dependent personal services）指个人受雇从事各种劳务的所得。

对于个人独立劳务所得，2000 年以前的《OECD 范本》采用一个类似常设机构的概念，其第十四条规定收入来源国对个人独立劳务所得的征税，以个人在收入来源国有固定基地（如诊疗所、事务所等）为限，不设有固定基地的不征税。由于对个人独立劳务所得完全采用了常设机构原则来划分征税权，原来的第十四条可有可无，因此在 2000 年修订的《OECD 范本》中终于将其删除。由于许多发展中国家不同意对独立个人劳务所得只采用常设机构这一标准。因此，《联合国范本》提出具备以下三个条件之一的，即可以在收入来源国征税：①设有经常使用的固定基地，并且其所得是归属于该国固定基地的；②在一个会计年度中停留累计等于或超过 183 天，并且其所得是在该期间内取得的；③其所得是由收入来源国居民支付或者是由设在该国的常设机构或固定基地负担，并且在一个年度内超过一定金额限度的。[②]在中国与外国已签订的协定中，除与泰国、马来西亚等签订的个别税收协定采用上述第三个条件外，其余的只采用前两个条件。其中，对第二个条件即限定 183 天的处理又分三种情况：①大多数协定限于一个历年（即公历年度）内停留期连续或累计超过 183 天；②与英国签订的协定按一个会计年度计算连续或累计超过 183 天；③与挪威、新西兰、泰国、澳大利亚等国家签订的协定不限年度，只规定在任何 12 个月中，停留连续或累计超过 183 天。

对于非独立个人劳务所得[③]，两个范本规定相同，都提出对缔约国一方居民在缔约国另一方受雇取得的薪金、工资和其他类似报酬，可以在缔约国另一方征税。但如果同时具备以下 3 个条件的，应仅由缔约国一方即其居住国征税，缔约国另一方不征税：①收款人在有关会计年度开始或终止的任何 12 个月中在缔约国另一方停留连续或累计不超过 183 天；②该报酬由并非缔约国另一方居民的雇主支付或代表雇主支付；③该报酬不由雇主设在缔约国另一方的常设机构（或固定基地）所负担。[④]只具备其中一个或两个条件的，仍然由缔约国另一方征税。中国对外已签订的避免双重征税协定也都采取这一做法。不同的是对连续或累计 183 天的计算，多数协定按历年计算，少数协定按会计年度或任何 12 个月计算。

2. 特殊类型个人劳务所得的征税规则

某些个人劳务所得虽可归于独立或非独立个人劳务所得，但由于其存在特殊性，不能按常设机构原则征税。其征税规则主要有以下几点。

（1）董事费和高级管理人员的报酬。担任公司董事的人员不同于一般公司职员、管理人员和自由职业者，工作少而报酬多，并不经常从事经营管理活动，甚至很少在公司所在国居住，很难确定报酬来源地。因此在范本中对董事会成员采取非一般征税规则的措施，规定甲国居民作为乙国居民公司的董事会成员取得的董事费或类似的报酬由乙国征税（不受是否逗留 183 天这一规则的限制），有的国家认为对从不参加董

[①] 2000 年后，《OECD 范本》将第十四条"独立个人劳务"条款删除。
[②] 《联合国范本》（2021 年），第十四第一款。此外，③仅出现在 1980 年版《联合国范本》中。
[③] 2000 年版的《OECD 范本》，第十五条的名称已改为"受雇所得"（Income from Employment）。
[④] 《联合国范本》（2021 年）和《OECD 范本》（2017 年），第十五条第二款。其中，《OECD 范本》不包含"固定基地"内容。

事会也未到乙国的,可由甲国征税。中国对外签订的协定一般采取由乙国征税原则。在《联合国范本》注释中实行上述规则的还包括公司高级管理人员,但一般认为高级管理人员也是受雇人员,应按非独立个人劳务所得对待。

(2)表演家、运动员所得。他们一般工作逗留时间不超过183天,也不设固定基地,但收入较多,按独立个人劳务所得征税的办法,来源国不能征税,不合理。因此两个协定范本专门规定:甲国居民如表演家、运动员到乙国从事居民的个人活动所取得的所得,不论所得归属于其本人还是其他人,都可以在来源国(乙国)征税。这一规定有利于来源国征税,防止逃税,同时也有利于避免双重免税。但政府间的文化交流项目一般免税。

(3)退休金(社会保险)和政府服务所得。退休金分为两大类,一般性的退休金由居住国征税;另一类退休金,即不是由政府机构或公司企业支付而是由政府或地方当局所办的社会保险基金支付的退休金,应由支付退休金的国家采取源泉扣缴办法征税,这一项退休金相当于过去工资薪金的累积,故应由工薪支付地征税。

政府服务所得也分为两种情况:第一种情况是甲国政府雇佣一批人在乙国从事政府工作,服从甲国政府命令,这批职员不是乙国公民也不是乙国居民,甲国政府所支付的工资薪金报酬由甲国征税。第二种情况是甲国政府在乙国雇佣乙国公民承担某些劳务活动,这些人同时也是乙国居民,甲国政府所支付的工资薪金报酬由乙国征税。实际上都是按居住国独占征税权的原则办理。

(4)学生、企业实习生或学徒所得。《OECD范本》规定对学生或企业学徒仅由于教育或培训的目的停留在缔约国一方,其为维持生活、教育或培训所收到的来源于该缔约国一方以外的款项,该缔约国一方不应征税。享受此项免税的条件是学生或企业学徒在直接前往缔约国一方前曾是缔约国另一方居民。除此之外,《联合国范本》将企业实习生(business trainee)纳入规定范围。一般地说,发展中国家派遣到发达国家进修学习的人员比较多,《联合国范本》的规定有利于发展中国家。为了有利于中国派遣人员到发达国家学习先进的科技和管理经验,中国在与外国谈签税收协定时,都争取对学生和学徒所得给予较多的优惠。从已签协定看,对学生和学徒的征免规定比较复杂,但大体上可概括为三种类型。第一种没有区分所得的项目及来源,只是规定其为维持生活、接受教育或培训目的收到的款项应免予征税。如与日本、法国等国家的协定。第二种规定对境外汇入的款项和从政府、科学、文化、教育和慈善机构取得的奖学金、赠款、补助金和奖金给予免税;对劳务的报酬,一年不超过一定数额的给予免税;并限定在接受教育或培训的合理时间内。如与英国、美国等国家的协定。第三种除明确收入的汇入款项和得到的奖学金等免税外,对受雇取得的报酬在其接受教育或培训期间应与其所停留国家的居民享受同样的免税、扣除或减税待遇。如与挪威签订的协定。

(5)教师和研究人员所得。两个协定范本都没有列出专门条款给予特殊对待。不过中国在对外谈签税收协定时都坚持专列一条,对缔约国一方居民个人到缔约国另一方的大学、学校、学院或其他公认的教育机构或科研机构,从事教学、讲学或研究取得的报酬,该缔约国另一方应给予定期的免税待遇。

(五)财产所得的征税权分配规则

财产所得又称资本利得(capital gains)指转让财产的收入扣除财产购进价值额后的净收入,包括转让不动产的所得、转让营业场所的所得、转让船舶飞机及其相关动产的所得、转让股票的所得,以及其他财产收益。

对跨国纳税人不动产所得的征税,两个范本和中国对外已签协定一致主张由不动产坐落国行使税收管辖权。但对财产转让所得征税,两个范本有同有异。相同方面有三:①对不动产转让所得,以财产的坐落地为所得的来源地,由来源国行使税收管辖权;②转让常设机构的营业财产或从事个人独立劳务的固定基地的财产,以机构场所所在地为所得来源地,不论是单独转让还是随同整个企业或基地一起转让,只要是转让属于该机构场所的财产所得的收益,都可以由该机构场所所在地国家征税;③缔约国一方企业转让从事国际运输的船舶或飞机,或转让附属于经营上述船舶和飞机的动产取得的收益,应仅由缔约国征税。[1]不同之处在于,对股票转让所得的处理方针。《联合国范本》规定,缔约国一方居民转让股份或同等权益(如合伙企业或信托中的权益)取得的收益,如果转让前365天内任何时间,这些股份或同等收益直接或间接来自缔约国另一方的不动产,可以在缔约国另一方征税。[2]也就是由财产坐落地国家征税。出售其他股票取得的收益,该项股票又代表缔约国一方居民公司一定百分比的股份权,也由公司所在国征税,该范本将这"一定百分比"留待双方谈判确定。[3]《OECD 范本》则规定这些股份或同等收益 50%以上的价值直接或间接来自缔约国另一方的不动产,可以在缔约国另一方征税。[4]

中国对外已签协定对股票转让所得征税的规定并不一致,有的按照《联合国范本》的处理方针,并把股权百分比定为控股至少 25%,如中美、中意协定;有的不分不动产资本股份和其他公司股票,一律由构成公司财产全部或主要部分的不动产坐落国征税,如中澳协定;有的未对公司股票转让作特别规范,一律归入其他财产收益征税,如中日协定、中国和南斯拉夫协定(适用于波斯尼亚和黑塞哥维那)等。不过中国对外已签订的协定对未加明确的其他财产收益的征税坚持来源地国家应拥有征税权的原则,而两个范本都主张由转让者居住国独占征税权。

第二节 避免双重征税的办法和外国税收抵免制度

本节将双重征税分为两种类型即重复征税(double taxation)和重叠征税来研究,本节简要阐述双重征税产生的原因,系统地说明避免双重征税的方法。

一、国际双重征税的概念及产生的原因

(一)国际重复征税与国际重叠征税的概念

国际双重征税可分为法律性国际双重征税(本章称之为国际重复征税)和经济性国际双重征税(本章称之为国际重叠征税)。

1. 国际重复征税

国际重复征税(international double taxation),又称法律性国际双重征税,是指一个纳税人的同一笔所得或财产在同一时期内被两次或多次征收相同或相似的税收。也就是说,要同时满足以下五个条件才构成国际重复征税:①两个或两个以上的征税主体;②同一纳税人对两个或两个以上征税主体有纳税义务;③对同一笔所得或财产征税;④同一征税期间;⑤征收相同或相似的税收。目前,这也是各国致力于通过单边国内立法和双边国际税收协定克服和解决的重要问题。

2. 国际重叠征税

国际重叠征税(或经济性国际双重征税)是指不同纳税人的同一笔所得或财产在同一时期内被两次或多次征收相同或相似的税收。国际重叠征税一般发生在股东与公司、母公司与子公司之间。例如,子公司在一国被征公司所得税后,其股东或母公司从该子公司所取得的股息在另一国又被征公司所得税或个人所得税。

---
[1] 《联合国范本》(2021 年)和《OECD 范本》(2017 年),第十三条第一款至第三款。
[2] 《联合国范本》(2021 年),第十三条第四款。
[3] 《联合国范本》(2021 年),第十三条第五款。
[4] 《OECD 范本》(2017 年),第十三条第四款。

（二）国际重复征税和国际重叠征税产生的原因

1. 国际重复征税产生的原因

总的来说，国际重复征税产生的基本原因在于国家间税收管辖权的冲突，具体表现在以下几个方面。

1）居民税收管辖权和收入来源地税收管辖权冲突

如果各个国家一致地只行使一种税收管辖权，或者纳税人（包括自然人和法人）只在居住国或国籍国取得收入或拥有财产，只需向居住国或国籍国纳税，就不会产生国际重复征税问题。国际重复征税之所以会发生，是因为世界上大多数国家出于主权考虑，既行使居民税收管辖权又行使收入来源地税收管辖权；或者行使的税收管辖权不一致，有的国家行使居民税收管辖权，有的国家行使收入来源地税收管辖权，这都会使具有跨国收入的纳税人，一方面作为居民纳税人向其居住国就世界范围内的收入承担纳税义务，另一方面作为非居民纳税人向收入来源国就其在该国境内取得的收入承担纳税义务，这就产生国际重复征税。这一类型的国际重复征税经常发生。

2）居民管辖权冲突

各个国家确定纳税人居民身份遵循不同的标准，致使一个纳税人在两个国家甚至两个以上国家同时被认为是本国居民纳税人并承担无限纳税义务。例如，在自然人居民身份确定上，甲国采用住所即永久住处标准，乙国采用居留时间 183 天标准。如果一个人在甲国有永久住处，又在乙国停留 183 天以上，那么甲、乙两国会同时依法认定这个人是本国居民，要求其承担无限纳税义务，从而发生国际重复征税。再例如，某公司在甲国依法注册成立，但其主要管理控制中心设在乙国。甲国根据公司组建地标准确定该公司为本国居民企业，乙国则以公司的管理控制中心所在地为标准也确定公司为该国居民企业。这样一来，该公司便在甲、乙两国同时被认定是本国居民，要承担无限纳税义务，从而产生国际重复征税。

3）收入来源地管辖权冲突

在行使收入来源地税收管辖权过程中，不同的国家对收入来源的判断标准不同，也会造成国际重复征税。例如，甲国居民 A 为乙国居民公司在丙国承包的某项工程提供技术咨询服务。对 A 所收取的咨询费，丙国依劳务的使用地标准，视为来自丙国的所得，要对之征税；乙国则基于劳务报酬作为费用扣除的公司所在地标准，认定该项所得来源于乙国，也要对之征税，这就产生对同一纳税人同一笔所得的重复征税。如果甲国以 A 的居住国身份对这一笔所得行使居民税收管辖权，那么就产生对同一笔所得的三重征税。然而，即使判断收入来源地采用同一标准，执行过程中对标准的理解和解释不同，也会产生国际重复征税。

2. 国际重叠征税产生的原因

国际重叠征税产生的原因简单地讲有两个。一是税制上的原因，二是经济上的原因。就税制上的原因来讲，许多国家出于财政利益的考虑，不仅征收个人所得税而且征收公司所得税，公司要向居住国就其全部利润履行纳税义务；公司将部分税后利润分配给居住在不同国家的股东时，股东要将所分得的股息红利与其他所得合并向其居住国缴纳公司所得税（股东为法人时）或个人所得税（股东为自然人时），这就造成国际重叠征税。就经济上的原因讲，经济的国际化使股份公司的控股关系超越国界，甲国的控股公司控制乙国的子公司，乙国的子公司又控制丙国的孙公司等，这就使同一笔所得在不同纳税人手中被不同国家多次征税，且征税重叠程度随控股级数的增加而上升。

国际重复和重叠征税都不利于国际经济合作的发展，要通过国际社会的共同努力加以消除。

二、国际重复征税的避免办法及其比较

由于收入来源地确认标准不同引起的国际重复征税现象为数较少，可由有关国家通过双方协定或协商解决。居民身份确定标准不同引起的国际重复征税，目前国际上已有通行的消除规则，参见第一节。对居

民税收管辖权和收入来源地税收管辖权冲突引起的国际重复征税，基本的避免或消除办法有扣除法、免税法和抵免法。

（一）扣除法和免税法

1. 扣除法

扣除法（tax deduction）就是指纳税人在居住国纳税时把外国所得已纳的外国税收视同费用在总收入中扣除，以其余额计算应纳税额。对纳税人而言，对扣除后所得征税形成的税负，轻于重复征税的税负，重于重复征税完全免除的税负，它只是减轻重复征税的程度，没有从根本上解决问题。因此实行扣除法的国家为数甚少，或以其作为可选择办法。

2. 免税法

免税法（tax-free）就是指纳税人在居住国纳税时，从国外获得的所得免予征税，仅就其从本国境内获得的所得征税。实际上是单纯行使来源地税收管辖权，彻底免除重复征税。在实际操作中，由于各国税制不同，又分为全额免税法和累进免税法两种。①全额免税法（full tax-free）指在居住国课税时，不考虑国外所得免税导致适用税率档次的降低这一问题，仅以国内所得部分确定税率。这种办法在国际税务实践中不多见。②累进免税法（progression tax-free）指在居住国课税时，免税的国外所得并入国内所得确定适用税率，但在计算应纳税额时只以国内所得为税基。目前实行免税制的国家大多采用这种办法，当然这也只有在实行累进税率的国家中才有实际意义。在实行比例税率的情况下这二者没有差别。

【例12-2-1】A国某企业国内外所得2000万元，其中来源于国内的所得1000万元，来源于境外的所得1000万元。假定企业所在国A国和境外收入来源国所得税的制度和政策除税率外没有差别。A国实行超额累进税率如表12-2-1，计算全额免税法和累进免税法下的本国应纳税额。

表12-2-1　A国税率表

应税所得	税率
200万元及以下部分	10%
200万元以上至300万元部分	20%
300万元以上至500万元部分	30%
500万元以上至1000万元部分	40%
1000万元以上部分	50%

（1）全额免税法下，由于来源外国的所得免税，且以减掉这部分免税额后的应税所得（即国内所得）适用税率表中的税率档次。因此

应纳税额＝国内所得×适用税率＝200×10%＋100×20%＋200×30%＋500×40%＝300（万元）

（2）累进免税法下，虽然对来源于外国的所得免税，但税率仍然适用全额征税（即对外国所得不予免税）时的税率档次。因此先要计算全额征税时的适用税率。由于税率表为累进税率，计算全额征税时的适用税率，就是要将全额征税情况下要缴纳的税额除以全部应税所得。然后以免税后的应税所得（即国内所得）乘以计算出来的适用税率，算出应纳税额。

$$适用税率 = \frac{全额征税时应纳税额}{国内国外全部应税所得} = \frac{国内国外全部应税所得 \times 适用税率}{国内国外全部应税所得}$$

$$= \frac{200 \times 10\% + 100 \times 20\% + 200 \times 30\% + 500 \times 40\% + 1000 \times 50\%}{2000} = 40\%$$

因此

应纳税额＝1000×40%＝400（万元）

(二）抵免法

抵免法（tax credit）是国际上比较通行的避免国际重复征税的办法，又称外国税收抵免，指居住国根据居民纳税人来源于国内外的全部所得计算应纳税额，但允许纳税人已在来源国缴纳的全部或部分税款根据一定条件从应纳税额中扣除。对居住国而言，采用抵免法实际上是承认收入来源地税收管辖权的优先地位，但不放弃本国的居民税收管辖权。理论上讲，抵免法可分为两种。第一种是全额抵免法（full tax credit），即纳税人从境外获得的所得，已在境外按照境外税收管辖权的税法计算缴纳的所得税税额，可以在纳税人应纳税额中全额抵扣。但由于各国所得税的制度和政策不同，以境外的税法计算的应税所得或应纳所得税税额，与按本国税法计算的应税所得或应纳所得税税额不同。因此按照这一方法，会出现国内部分的应纳税额与可得到抵扣的境外部分所得的应纳税额计算口径不同的问题。第二种是限额抵免法（limited tax credit），即纳税人从境外获得的所得，已在境外按照境外税收管辖权的税法计算缴纳的所得税税额，可以在纳税人应纳税额中抵扣，但可抵扣的数额不能超过按照本国税法计算的应纳税额。也就是说，纳税人从境外获得的收入，应当按照本国税法的规定，计算应税所得，确定应纳税额并以此为抵免限额（limit of tax credit），已在境外缴纳的税收，如不超过此限额可全部抵免，如果超过此限额，超过部分不能抵免。尽管限额抵免法，在境外税负高于本国税负的情况下，不能完全消除国际双重征税，但由于从纳税人居住国而言，对境内境外所得按一个制度和政策计税，确实体现了对境内境外所得一视同仁的原则，因此采用限额抵免法比较普遍。抵免限额计算方法，将在本节专门论述。

【例 12-2-2】某企业当年境内应税所得为 1000 万元，来源于境外所得 1000 万元，本国所得税税率 30%，境外税收管辖权的所得税税率为 40%。假定除税率差别外本国所得税法与境外税收管辖权的所得税规定相同。本国对来源于境外的所得采用限额抵免法来避免双重征税。试计算该企业当年实际应向本国政府缴纳多少所得税？

$$应税所得 = 1000 + 1000 = 2000（万元）$$
$$应纳税额 = 2000 \times 30\% = 600（万元）$$
$$境外所得已缴纳所得税 = 1000 \times 40\% = 400（万元）$$
$$抵免限额 = 境外所得按本国税法计算的应纳税额 = 1000 \times 30\% = 300（万元）$$
$$可抵免额 = 300（万元）$$
$$实际向本国政府应缴纳所得税 = 应纳税额 - 可抵免额 = 600 - 300 = 300（万元）$$

（三）扣除法、免税法和抵免法的比较

现在举例说明扣除法、免税法和抵免法在不同的情况下克服国际双重征税的不同效果。

【例 12-2-3】某企业当年境内应税所得为 1000 万元，来源于境外所得 1000 万元，假定除税率差别外本国所得税法与境外税收管辖权的所得税规定相同。试比较在不同税率和采用不同避免国际双重征税方法的情况下，该企业的所得税负担（企业缴纳的所得税总额占其全部应税所得的百分比）。

（1）第一种情况，本国所得税税率为 30%，境外税收管辖权的所得税税率为 40%。

在扣除法下负担水平为 44%。
$$向本国政府实际应纳税额 = (2000 - 400) \times 30\% = 480（万元）$$
$$企业缴纳的所得税总额 = 向本国政府实际应纳税额 + 已纳境外税额$$
$$= 480 + 400 = 880（万元）$$

在免税法下负担水平为 35%。
$$向本国政府实际应纳税额 = 1000 \times 30\% = 300（万元）$$
$$企业缴纳的所得税总额 = 向本国政府实际应纳税额 + 已纳境外税额 = 300 + 400 = 700（万元）$$

在限额抵免法下负担水平为 35%。

向本国政府实际应纳税额 = 2000×30%–300 = 300（万元）

企业缴纳的所得税总额 = 向本国政府实际应纳税额 + 已纳境外税额 = 300 + 400 = 700（万元）

在全额抵免法下负担水平为30%。

向本国政府实际应纳税额 = 2000×30%–400 = 200（万元）

企业缴纳的所得税总额 = 向本国政府实际应纳税额 + 已纳境外税额 = 200 + 400 = 600（万元）

（2）第二种情况，本国所得税税率为40%，境外税收管辖权的所得税税率为30%。

在扣除法下负担水平为49%。

向本国政府实际应纳税额 = (2000–300)×40% = 680（万元）

企业缴纳的所得税总额 = 向本国政府实际应纳税额 + 已纳境外税额 = 680 + 300 = 980（万元）

在免税法下负担水平为35%。

向本国政府实际应纳税额 = 1000×40% = 400（万元）

企业缴纳的所得税总额 = 向本国政府实际应纳税额 + 已纳境外税额 = 400 + 300 = 700（万元）

在限额抵免法下负担水平为40%。

向本国政府实际应纳税额 = 2000×40%–300 = 500（万元）

企业缴纳的所得税总额 = 向本国政府实际应纳税额 + 已纳境外税额 = 500 + 300 = 800（万元）

在全额抵免法下负担水平为40%。

向本国政府实际应纳税额 = 2000×40%–300 = 500（万元）

企业缴纳的所得税总额 = 向本国政府实际应纳税额 + 已纳境外税额 = 500 + 300 = 800（万元）

从上例可以看出：①境外税率高于国内税率时，全额抵免法对纳税人最有利；限额抵免法与免税法效果一致。②境外税率低于国内税率时，免税法对纳税人最有利；限额抵免法与全额抵免法效果一致。在任何情况下，扣除法对避免国际双重征税的效果都最不理想。

三、国际重叠征税的避免办法——间接抵免的计算方法

抵免法从其适用对象而言可分为直接抵免和间接抵免。上述例子所涉及的抵免法均属于直接抵免。直接抵免（direct tax credit）适用于总分公司模式的跨国企业，由于分公司不是法人实体，而只是总公司的构成部分，其所得的利润完全属于总公司所有，因此其在境外所缴纳的所得税可直接在总公司汇总缴纳的所得税中，得以全部或部分抵免。解决国际重叠征税的主要措施是间接抵免法。间接抵免（indirect tax credit）适用于母子公司模式的跨国企业，由于母子公司是两个独立的经济实体，母公司即使对子公司100%控股，一般也不能获得子公司全部税后利润，子公司所得扣除所得税并提取了积累基金后，才能用于分配。因此母公司所得到的股息只是子公司税后利润的一部分，因此所能抵免的只是子公司在其所在国缴纳的部分所得税款。这就需要一个计算过程，将子公司已纳所得税分配给母公司，我们就把这种需要一个计算过程和分配过程的抵免法称为间接抵免法。

（一）间接抵免的基本计算公式

间接抵免法是目前避免国际重叠征税最流行、最基本的办法，也是股东居住国为避免对来源于境外股息双重征税所采取的措施。由于境外子公司所缴纳的所得税，不能完全由母公司承担，母公司所承担的部分只是收到的这部分股息所承担的已纳所得税。要计算母公司从境外子公司获得的股息在境外已纳所得税可以得到多少抵免，首先，需计算母公司从境外子公司获得的股息在境外已纳所得税数额。一般方法是用母公司收到的来自子公司的股息（即实得股息）占境外子公司税后利润的比例，来推算境外子公司已经缴纳的全部所得税额中有多少由母公司获得的这部分股息承担（即境外来源股息已承担境外所得税税额）。其次，在计算了该项股息已承担境外所得税税额后，将这个数额加上母公司实得的股息，就将母公司获得的实得股息（税后利润的一部分）还原为税前利润即属于母公司的境外子公司所得，从而在同一口径的基础

上计算母公司境内外全部应税所得。接着就可计算该项股息已纳境外的所得税抵免限额,即按照母公司所在国税法计算的来源于境外子公司所得的应纳税额。最后,计算母公司实际应向所在国政府缴纳的所得税税额。各步骤的计算公式如下所示。

$$\begin{matrix}\text{境外来源股息已承}\\\text{担境外所得税税额}\end{matrix} = \begin{matrix}\text{境外子公司已缴}\\\text{纳的所得税税额}\end{matrix} \times \frac{\text{母公司从境外子公司实得的股息}}{\text{境外子公司税后利润}}$$

$$\begin{matrix}\text{来源于境外子}\\\text{公司应税所得}\end{matrix} = \begin{matrix}\text{母公司从境外子}\\\text{公司实得的股息}\end{matrix} + \begin{matrix}\text{境外来源股息已}\\\text{承担境外所得税税额}\end{matrix}$$

$$\begin{matrix}\text{母公司境内境外全}\\\text{部所得的应纳税额}\end{matrix} = \begin{matrix}\text{母公司来源于境内}\\\text{境外全部应税所得}\end{matrix} \times \text{适用税率}$$

$$= \left(\begin{matrix}\text{母公司境内}\\\text{的应税所得}\end{matrix} + \begin{matrix}\text{来源于境外子}\\\text{公司应税所得}\end{matrix}\right) \times \text{适用税率}$$

$$\begin{matrix}\text{境外来源股息的已}\\\text{纳境外所得税抵免限额}\end{matrix} = \begin{matrix}\text{母公司境内境外全}\\\text{部所得的应纳税额}\end{matrix} \times \frac{\text{来源于境外子公司应税所得}}{\text{母公司来源于境内境外全部应税所得}}$$

$$\begin{matrix}\text{母公司实际应向所在国}\\\text{政府缴纳的所得税税额}\end{matrix} = \begin{matrix}\text{母公司境内境外全}\\\text{部所得的应纳税额}\end{matrix} - \begin{matrix}\text{境外来源股息的已}\\\text{纳境外所得税抵免限额}\end{matrix}$$

(二)间接抵免计算的实例说明

在股份制企业中经常存在多重股权关系,比如甲企业持有乙企业股份,而乙企业又持有丙企业的股份,丙企业可能又拥有其他企业的股份等,这就产生多层的母子公司关系。在跨国经济活动中同样也会出现此种情况。以下先举例说明在单层母子公司关系情况下,间接抵免的计算原理,然后再举例多层母子公司关系情况下的间接抵免计算方法。

1. 单层母子公司关系情况下间接抵免的计算原理

【例 12-2-4】某一纳税年度,A 国 X 公司从本国境内获得应税所得 100 万元,本国采用超额累进税率如表 12-2-2。该公司拥有 B 国 Y 公司一定百分比的股权,Y 公司全部应税所得为 100 万元,当年分配并汇出 50 万元股息给其母公司 A 国 X 公司。B 国也采用超额累进税率如表 12-2-3。假定 B 国对汇出股息不征预提税,A 国实行限额抵免法避免双重征税,抵免限额综合计算,试计算 X 公司实际应向 A 国政府缴纳的所得税税额。

表 12-2-2　A 国公司所得税税率表

应税所得	税率
50 万元及以下部分	10%
50 万元以上至 100 万元部分	20%
100 万元以上部分	30%

表 12-2-3　B 国公司所得税税率表

应税所得	税率
50 万元及以下部分	20%
50 万元以上至 100 万元部分	30%
100 万元以上部分	40%

计算步骤如下。

(1) Y公司已纳所得税税额 = 50×20% + 50×30% = 25（万元）。

(2) X公司来源于Y公司股息已承担B国的所得税税额 = Y公司已纳所得税税额 × X公司从Y公司实得的股息/Y公司税后利润 = 25×50/(100−25) ≈ 16.67（万元）。

(3) 来源于Y公司的应税所得 = X公司从Y公司实得的股息 + X公司来源于Y公司股息已承担B国的所得税税额 = 50 + 16.67 = 66.67（万元）。

(4) X公司来源于境内境外全部应税所得 = X公司境内的应税所得 + 来源于Y公司的应税所得 = 100 + 66.67 = 166.67（万元）。

(5) X公司境内境外全部所得的应纳税额 = X公司来源于境内境外全部应税所得 × 适用税率 = 50×10% + 50×20% + 66.67×30% ≈ 35（万元）。

(6) X公司来源于Y公司股息已承担B国的所得税的抵免限额 = X公司境内境外全部应纳税额 × 来源于Y公司的应税所得/X公司来源于境内境外全部应税所得 = 35×(66.67/166.67) ≈ 14（万元）。

(7) X公司来源于Y公司股息已承担B国的所得税的可抵免额 = 14（万元）。

(8) X公司实际应向A国政府缴纳所得税税额 = X公司境内境外全部应纳税额 − 该项来源于B国的股息已承担B国的所得税的可抵免额 = 35−14 = 21（万元）。

2. 多层母子公司关系情况下间接抵免的计算原理

【例 12-2-5】 某一纳税年度A国X公司从本国境内获得应税所得100万元，收到B国子公司Y公司股息125万元，A国公司所得税实行比例税率，税率为40%；Y公司自营应税所得200万元，获得位于C国Z公司股息100万元，B国公司所得税也实行比例税率，税率为25%。Z公司自营应税所得300万元，向Y公司分配股息100万元，C国公司所得税税率30%。假定B、Z两国对汇出股息都不征预提税，A、B两国都实行限额抵免法避免双重征税，抵免限额综合计算，试计算X公司实际应向A国政府缴纳的所得税税额。

计算步骤如下。

(1) Z公司已纳所得税税额 = 300×30% = 90（万元）。

(2) Y公司来源于Z公司股息已承担C国的所得税税额 = Z公司已纳所得税税额 × Y公司从Z公司实得的股息/Z公司税后利润 = 90×100/(300−90) ≈ 42.86（万元）。

(3) Y公司来源于Z公司的应税所得 = Y公司从Z公司实得的股息 + Y公司来源于Z公司的股息已承担C国的所得税税额 = 100 + 42.86 = 142.86（万元）。

(4) Y公司来源于境内境外全部应税所得 = Y公司境内的应税所得 + Y公司来源于Z公司的应税所得 = 200 + 142.86 = 342.86（万元）。

(5) Y公司境内境外全部所得的应纳税额 = Y公司来源于境内境外全部应税所得 × 适用税率 = 342.86×25% ≈ 85.72（万元）。

(6) Y公司来源于Z公司的股息已承担C国所得税的抵免限额 = Y公司境内境外全部应纳税额 × Y公司来源于Z公司应税所得/Y公司来源于境内境外全部应税所得 = 85.72×(142.86/342.86) ≈ 35.72（万元）。①

(7) Y公司来源于Z公司的股息已承担C国的所得税的可抵免额 = 35.72（万元）。

(8) Y公司实际应向B国政府缴纳所得税税额 = Y公司境内境外全部应纳税额 − Y公司源于Z公司的股息已承担C国的所得税的可抵免额 = 85.72−35.72 = 50（万元）。

(9) Y公司境内境外实际缴纳的所得税税额 = Y公司源于Z公司的股息已承担C国的所得税税额 + Y公司实际应向B国政府缴纳的所得税税额 = 42.86 + 50 = 92.86（万元）。

(10) X公司来源于Y公司股息已承担的境外所得税税额 = Y公司境内境外实际缴纳的所得税税额 × X公司

---

① 由于本例中A、B国均实行比例税率，第六步可简化为Y公司来源于Z公司的股息已承担C国所得税的抵免限额 = Y公司来源于Z公司的所得 × 适用税率 = 142.86×25% ≈ 35.72（万元）。

从Y公司实得的股息 / Y公司税后利润[①]= 92.86×125/(200−50 + 100) ≈ 46.43（万元）。

（11）X公司来源于Y公司的应税所得 = X公司从Y公司实得的股息 + X公司来源于Y公司的股息已承担的境外所得税税额 = 125 + 46.43 = 171.43（万元）。

（12）X公司来源于境内境外全部应税所得 = X公司境内的应税所得 + 来源于Y公司的应税所得 = 100 + 171.43 = 271.43（万元）。

（13）X公司境内境外全部所得的应纳税额 = X公司来源于境内境外全部应税所得 × 适用税率 = 271.43 × 40% ≈ 108.57（万元）。

（14）X公司来源于Y公司的股息已承担C国所得税的抵免限额 = X公司境内境外全部所得的应纳税额 × 来源于Y公司的应税所得 / X公司来源于境内境外全部应税所得 = 108.57 ×（171.43/271.43）≈ 68.57（万元）。[②]

（15）X公司来源于Y公司的股息已承担B国的所得税的可抵免额 = 46.43（万元）。

（16）X公司实际应向A国政府缴纳所得税税额 = X公司境内境外全部应纳税额 − X公司源于Y公司的股息已承担C国的所得税的可抵免额 = 108.57−46.43 = 62.14（万元）。

在现实国际税收活动中，由于多数的国际税收协定是双边税收协定，在以抵免法作为避免双重征税方法的双边税收协定中，一般规定只有缔约国双方居民才能享受抵免待遇，第三国的居民不能享受协定待遇，除非国内税法规定对任何来源于境外所得已纳所得税均给予抵免。一般情况下，不论是国内法单方面的关于外国税收抵免的规定，还是双边税收协定的规定，间接抵免只有在单层母子公司关系的情况下才有效。在涉及多国的多层母子公司关系的场合，协定缔约国一方居民公司（母公司）从缔约国另一方居民公司（子公司）获得股息，而该缔约国另一方居民公司（子公司）又从第三国居民公司（孙公司）获得股息。在这种情况下，如果该第三国与上述缔约国另一方（子公司所在国）没有税收协定，并且国内法也没有外国税收抵免的规定，那么该子公司从孙公司获得的股息已纳所得税不能在子公司应纳税额中抵扣；如果该第三国与上述缔约国另一方（子公司所在国）有协定，并且也以抵免法作为避免双重征税的基本方法，或者国内法有外国税收抵免的规定，但与缔约国一方（即母公司所在国）没有协定，那么该子公司从孙公司获得股息已承担第三国所得税可以在子公司所在国得到抵免，但母公司通过子公司间接从孙公司获得的股息已承担第三国的所得税不能在母公司所在国得到抵免；如果该第三国与上述两个国家均有税收协定，并且也以抵免法作为避免双重征税的基本方法，或者国内法均有关于外国税收抵免的规定，那么母公司通过子公司间接从孙公司获得的股息已承担第三国的所得税能否在母公司所在国得到抵免，需要通过多边谈判来协商，除非有的国家通过国内法规定母公司从第三国孙公司间接获得的股息在一定条件下也给予抵免[③]（多恩伯格，1999）。

即使只涉及单层母子公司关系，缔约国一方居民公司从缔约国另一方居民公司获得股息所承担的缔约国另一方所得税，也并不是在任何情况下都能在缔约国一方得到抵免。许多国家国内法或双边税收协定规定了间接抵免的条件。中国对外签订的双边税收协定，凡采用抵免法的，都规定外国居民公司支付给中国居民公司的股息，在该中国居民公司拥有支付股息公司股份不少于 10% 的情况下，才能享受间接抵免（国家税务总局，1999）。

四、抵免限额

前面指出限额抵免方法是比较普遍的方法。采用限额抵免方法就涉及抵免限额计算问题。抵免限额就

---

① 因为 X 公司从 B 国 Y 公司获得的股息，实际上来源于两个部分，一部分是 Y 公司自营利润，另一部分来源于 Y 公司从 C 国 Z 公司获得的股息。在 B 国对来源于境外所得已缴纳所得税给予限额抵免的情况下，Y 公司实际支付的所得税包括抵免后实际向 B 国缴纳的所得税，也包括 Y 公司来源于 Z 公司股息已承担的 C 国所得税。因此，要根据 X 公司从 Y 公司实得的股息占 Y 公司全部税后利润的比重，来推算 Y 公司实际支付的所得税中有多大的份额是由支付给 X 公司的这部分股息承担的。

② 由于本例中 A、B 国均实行比例税率，第十四步可简化为：X 公司来源于 Y 公司的股息已承担 C 国所得税的抵免限额 = X 公司来源于 Y 公司的应税所得 × 适用税率 = 171.43 × 40% ≈ 68.57（万元）。

③ 例如，《美国国内收入法典》第 902 节（b）(1) 和（2）规定，母公司获得的股息如果涉及来源于第二层和第三层的孙公司的所得，在一定条件下，孙公司在其所在国已纳的由母公司间接获得的股息承担的所得税也可得到抵免。其条件是母公司间接拥有的有表决权股票的比例不少于 5%。

是来源于境外所得按本国税法规定计算的应纳税额。在实行超额累进税率的情况下，由于税率表的应税所得以全部应税所得为标准，在应税所得总额中不同数量段的应税所得适用不同档次的税率，不能将单项的所得乘以相应的某一档次税率。因此，在计算来源于境外所得的应纳税额时，也不能简单地将境外所得乘以相应档次的税率。要先通过计算纳税人境内境外全部应税所得，并按税率表的税率档次，计算出全部应纳税额，然后按境外应税所得占境内境外应税全部所得的比重，来推算出境外所得按本国税法计算的应纳税额。其基本计算公式是

$$外国税收抵免限额 = 纳税人境内境外全部所得的应纳税额 \times \frac{境外应税所得}{境内境外全部应税所得}$$

在实行比例税率的情况下，该公式可简化为来源于境外的所得按本国税法确定的应税所得简称境外应税所得乘以本国适用税率，即

$$外国税收抵免限额 = 境外应税所得 \times 本国适用税率$$

抵免限额基本计算方法有分项、分国和综合三种。①分项限额（per part limit of tax），就是按所得不同类型来分别计算抵免限额。有的国家对不同所得采用不同的税率，因此对不同所得（如营业利润、股息、利息、特许权使用费等不同项目）计算不同的抵免限额。②分国限额（per country limit of tax），就是按所得来源的国别分别计算不同国家的抵免限额，限额不能互相冲抵。③综合限额（overall limit of tax），就是不分项也不分国，综合各国来源的各项所得，盈亏相抵后，计算一个综合限额。在这些基本计算方法的基础上，抵免限额的实际计算方法有分项又分国、分国不分项、综合限额等。以下举例说明这些方法的异同。

【例 12-2-6】以直接抵免为例，甲国总公司来源于本国的应税营业利润 100 万元，税率 40%，特许权使用费的税率为 15%；其乙国分公司应税营业利润 100 万元，税率 30%，特许权使用费 20 万元，税率 20%；丙国分支机构应税营业利润 60 万元，税率 30%，假定各国关于应税所得的制度和政策规定没有差别。请用不同方法计算外国税收抵免限额。

（一）分项又分国方法

（1）来源于乙国的营业利润的已纳乙国税收抵免限额 = 100×40% = 40（万元），该项营业利润实际已经在乙国缴纳所得税 = 100×30% = 30（万元），因此该项营业利润的已纳外国税收可抵免额为 30 万元。

（2）来源于乙国特许权使用费的已纳乙国税收抵免限额 = 20×15% = 3（万元），该项特许权使用费实际已经在乙国缴纳所得税 = 20×20% = 4（万元），因此该项特许权使用费的外国税收可抵免额为 3 万元。

（3）来源于丙国的营业利润的已纳丙国税收抵免限额 = 60×40% = 24（万元），该项营业利润实际已经在丙国缴纳所得税 = 60×30% = 18（万元），因此该项营业利润的已纳外国税收可抵免额为 18 万元。

该纳税人当期总的可抵免额为 51 万元，在甲国实际应纳税额为（100 + 100 + 20 + 60）×40%–51 = 61 万元。

（二）分国不分项方法

（1）来源于乙国所得的已纳乙国所得税抵免限额 = 120×40% = 48（万元），实际已向乙国缴纳所得税 = 100×30% + 20×20% = 34（万元），来源于乙国所得在乙国已纳所得税的可抵免额为 34 万元。

（2）来源于丙国所得的已纳丙国所得税抵免限额 = 60×40% = 24（万元），实际已向丙国缴纳所得税 = 60×30% = 18（万元），来源于丙国所得的已纳丙国所得税的可抵免额为 18 万元。

该纳税人当期总的可抵免额为 52 万元，在甲国实际应纳税额为(100 + 100 + 20 + 60)×40%–52 = 60 万元。

（三）综合限额计算

（1）来源于境外所有所得的已纳境外所得税的抵免限额 = (100 + 20 + 60)×40% = 72（万元）。

(2) 纳税人境外已实际缴纳所得税 = 100×30% + 20×20% + 60×30% = 52（万元）。

可抵免额为 52 万元，在甲国实际应纳税额为(100 + 100 + 20 + 60)×40%–52 = 60 万元。

一般说来，纳税人在一些国家的营业活动出现亏损，而在另一些国家出现盈利时，分国限额法对纳税人有利，由于一国的亏损不能冲抵另一国的盈利，计算抵免限额的基数就比较大，从而限额的数量也就比较大。在这种情况下，若采用综合限额法对纳税人不利，因为盈亏互抵，据以计算抵免限额的税基小，计算出来的抵免限额自然就小，可能使一部分已纳税额得不到抵免。如果纳税人在所有国家的营业活动都有盈利，且有的国家的税率高于本国，有的国家的税率低于本国时，采用综合限额法对纳税人有利。因为采用综合限额法相对于分国限额法可增加纳税人的可抵免总额。

五、税收饶让

税收饶让（tax sparing）也称饶让抵免，是居住国对所得来源国采用税收优惠而减少的应纳税额视同已纳税也给予抵免的措施。也就是纳税人在收入来源国获得的税收优惠减税利益可以保留，而不必在向居住国就其境内境外全部所得纳税时支付给居住国。

发展中国家为了吸引外资，通常制定一些税收优惠政策，如给予外商在某些产业投资而获得的利润免税或减税、再投资退税等。在居住国采用抵免法避免双重征税的情况下，如果没有居住国给予税收饶让的措施，纳税人就可能得不到投资来源国给予税收优惠的实际利益，纳税人从境外获得的所得已纳所得税可以得到抵免，但如果在来源国缴纳的所得税低于在居住国应纳所得税税额，那么实际上纳税人还必须向居住国补缴其差额。这样收入来源国所给予的税收优惠实际上不能让纳税人获得实际利益，而是奉送给了居住国财政部。

例如，甲国 X 公司当期缴纳应税所得 100 万元，从乙国 Y 公司获得股息 70 万元（假定甲乙两国的税法除税率外其他规定均相同，因此此项股息可还原成甲国应税所得 100 万元）。甲国的所得税税率 40%，采用限额抵免法避免双重征税。Y 公司所在的乙国，所得税税率为 30%，规定对外商投资企业从获利年度起第一年和第二年免征所得税，并对汇出股息不征预提税。因此，在没有免税的情况下，X 公司境外所得承担的境外所得税为 30 万元，在免税的情况下 X 公司境外所得承担的境外所得税为零。现在我们比较居住国是否实行税收饶让对纳税人的不同影响。在实行税收饶让的情况下，Y 公司已纳税额 = (100 + 100)×40% = 80（万元），虽然 X 公司境外所得实际上并没有负担乙国的任何所得税，但甲国视同其在乙国已经缴纳并给予抵免，抵免限额为 40 万元，因此 30 万元为可抵免额，这样 X 公司向甲政府实际缴纳所得税为 50 万元。在不实行税收饶让的情况下，X 公司境外所得的已纳所得税可抵免额为实际数，也就是说在乙国若没有负担税收就不能得到抵免，因此 Y 公司必须向甲国政府实际缴纳 80 万元的所得税。在这种情况下，在乙国被免税，所免的税额要在甲国补缴，乙国实行还是不实行税收优惠对纳税人而言没有两样。

发达国家对税收饶让的态度不同。有的国家如美国从来不同意建立税收饶让条款；英国、澳大利亚等国采用分别对待的办法，对发展中国家签订的一些协定包含税收饶让条款；加拿大对营业利润同意税收饶让，而对投资所得则一般不同意建立税收饶让条款；法国、荷兰等国对来源于境外的营业利润给予免税外，还同意对投资所得给予税收饶让（Ault，1997）。

正是因为税收饶让具有上述意义，许多以税收优惠作为吸引外商投资的发展中国家都希望投资国给予税收饶让，以使其税收优惠政策起到作用。

第三节　国际逃税和避税的防止措施

前两节着重研究如何通过征税权的合理分配和采用适当的方法避免国际双重征税，不使跨国经济活动负担较重的税收，这是为了实现税收制度和政策对跨国经济活动的公平对待。为了同样的目的，我们还要研究如何不使跨国经济活动负担较轻的税收，这就是本节要阐述的防止国际逃税和避税的措施。

一、逃税和避税的定义

（一）逃税

涉外税收中的逃税是国内逃税的延伸，指涉外税收的纳税人（包括法人、自然人，包括所得税、流转税的纳税人）利用隐匿、谎报、欺骗、伪造凭证账册、随意列支费用等非法手段使一笔应税收入的税收管辖权落空，从而达到不缴或少缴有关国家税法所规定的或国际税收协定所要求的应缴税款目的的行为。

从严格意义上讲，逃税（tax evasion）指故意的犯罪，有计划、有目的、有措施通过伪造凭证等不法手段来达到不缴或少缴税的目的。漏税分有意漏税和无意漏税。有意漏税指通过欺骗、少报收入等办法以达到减轻税负的行为，实践中与逃税难以区分。无意漏税指纳税人因不了解税法，不知道收入是否该纳税而造成了不申报或少缴税款的行为。在税务实践中对逃税和漏税的处罚不同，理论上为了研究方便，结合在一起考虑。

（二）避税

学术界对避税的定义存在不同观点。第一种观点认为：避税（tax avoidance）是纳税人利用各国税法的差别，采取转移和改变纳税人身份、变更经营方式和地点等公开、合法手段以谋求最大限度地减轻纳税义务的行为。第二种观点认为：避税是纳税人对税收管辖权对他的实施程度最低化的选择，其结果是使其税负最小化。第三种观点认为：避税是指在税法规定的范围内，存在多种选择时，纳税人以税收负担最低方式来处理商业和财务事项。

以上观点从不同侧面介绍了避税，但都不全面。从行为主体角度看，认为避税的主体是纳税人不够确切。避税与逃税不同，逃税的主体肯定是纳税人，因为只有按税法规定存在事实上的应纳税业务时，才存在逃税问题。而避税可以是一种实际的应纳税业务发生前的行为，例如，一个打算从事生产经营活动但尚未开展的人，可能出于避税目的，筹划用何种方式进行其生产经营活动，是采用公司形式还是采取合伙形式。此时，他还没有成为纳税人，却开始了避税活动。因此，避税主体的表述以企业、团体、个人这样笼统的概念更好一些。

从行为过程特征看，最低纳税地位的说法比较含糊，可以解释为办理纳税手续的便利程度，如日本的蓝色、红色申报卡制度，一贯遵纪守法的人可享受管理上的便捷优待，意味着纳税地位高；也可以解释为税负程度的高低。此外税收管辖权也没有实施程度高低之说，要么管、要么不管，不存在"管"到"不管"之间的摆动。

因此，应该从质的规定性对避税进行考察。避税行为过程的特征是区别于逃税而言的。总的说来，避税主体是为减轻税收负担，如果采用法律禁止的途径和手段就是逃税，如果采用法律鼓励、许可、没有明显禁止的方式、途径、手段达到减轻甚至免除应税义务目的的就是避税，避税至少以不违法为特征。具体有以下三点。

（1）一定条件下的避税过程是法律所鼓励的。税收不但具有取得财政收入的功能，而且是调节社会经济的重要杠杆，国家往往通过差别税率、差别的税收政策，鼓励一些行业、营业活动的发展，而限制另一些行业、营业活动的发展。如果企业或个人避税主体根据政府的税收政策导向，通过经营结构和交易活动的安排，对纳税方案进行优化选择以减轻税收负担，取得正常的税收利益，这完全是受鼓励的。这种行为可称为依法的税收筹划。

（2）在市场经济条件下，企业对产品和劳务的提供可以根据市场供求状况，自由地、自主地确定价格。从这个意义上讲，转让定价是企业的权利，是法律所许可的；改变经营方式、地点，进行人的迁移，一般情况下也是个人或企业的权利。从国际范围考察，各国税制极不相同，政策各异、税负高低不等，存在着税从高处往低处流的可能性。因而避税主体通过转让定价、人的迁移，将收入从高税地移至低税地或无税地，这个行为过程是以法律许可为特征的。

（3）经济活动繁忙复杂且不断发展变化，法律（包括税法在内）是反映客观经济关系的，法律往往落后于实际，再完善的税法总存在某些漏洞、不明确之处。避税主体钻空取巧，减轻税负，这个行为过程是以不违法为行为特征的。

综上所述，我们看到避税就是企业、团体或个人等具有独立经济利益的实体，通过合理安排生产经营活动、转让定价、人（包括法人、自然人）的迁移、对税法规定中某些漏洞或某些明确规定的利用，达到减轻或免缴税收的行为。它与逃税的根本区别在于，避税是避税主体的不违法行为，而逃税在任何时候都是非法的，要给予处罚的。既然避税是不违法的，那么对避税的处理方针完全不同于逃税。对依法的税收筹划要给予鼓励；对转让定价避税，既要承认转让定价是企业自主权，也要承认政府有权对企业的转让定价进行调整，以维护本国经济利益，但不能加以处罚；对利用税法漏洞进行的避税，要通过完善税法、堵塞漏洞加以解决，也不能给予处罚。

（三）逃税和避税对经济发展的影响

尽管从法律角度讲，逃税和避税是有区别的概念，但在现实的税收管理实践中其所造成的结果相似，加上各国对这些概念的规定不同，一个同样或相似的行为在一个国家可能被视为逃税，而在其他国家可能被认为是避税。因此以下在研究逃税和避税对经济发展的影响时，主要从其结果而言，对它们不加区分。

第一，逃税及避税对财政收入的影响。不论是逃税还是避税，其最终结果是一样的，即减轻了税负，但它们会影响财政收入。国际税收领域的逃税及避税对财政收入的影响还不同于国内税收逃税及避税对财政收入的影响。国内税收因逃税及避税而减少，意味着在劳动成果或剩余产品价值分配上，属于政府的部分减少，而属于个人或企业的部分增加了，国内的新增财富总量不变，国家（地域意义上的）利益没有损失。而国际税收领域的逃税及避税则会影响国家利益（地域意义上的），它一般没有能将应交未交的税收留在本地企业，而是向国外转移，国内劳动者的超出法定数额的剩余产品价值归属于外国投资者。因此，它不仅影响了政府财政利益，而且影响了国家主权利益甚至民族利益。

第二，逃税和避税对税负公平和对竞争公平的影响。税收制度设计的一项重要原则就是同样条件纳同样税、同量税，承担同等纳税义务。在某些特定的领域，国家为了实现其社会经济政策目标，往往也采用了一些偏离这一基本原则的措施，也就是减免税优惠措施。优惠措施是基于更全面的公平考虑。一些企业与另一些企业取得同样收入，但取得的条件很不相同，前者比较艰难，后者比较容易，对前者给予税收优惠，其政策意图也是为开展公平竞争创造条件。逃税往往使政府政策意图或制度设计意图落空。有逃税行为的企业或个人就不需要花很大的力气就能取得比较高的超额收益。而那些不进行逃税、诚实经营、遵纪守法的企业、个人，相对来讲所获得的利润就少，或者它们要想取得逃税者同样数量的收益，要付出更大的劳动。这显然产生了竞争上的不公平。如果竞争企业中，一方是逃税企业，另一方是享有减免税优惠企业，那么减免税的政策意图就会落空，利用税收杠杆对市场竞争环境或竞争条件进行调节的目标就达不到。

第三，逃税和避税对宏观经济运行过程的影响。经济运行过程包括多方面的内容，有总量上的总供给总需求平衡、经济结构的改善等。税收是实现总供给和总需求平衡的重要政策工具。假定税收政策的制定、税收政策杠杆的运用规划是根据客观实际反复论证形成的，那么，若总供给大于总需求即出现总需求不足，一般通过减税的办法配合其他政策杠杆刺激需求，求得总供给和总需求的平衡。此时，如果出现逃税和避税，可能会出现对需求过度刺激的问题。如果总供给小于总需求即出现需求过旺，一般的方法是通过增税配合其他经济杠杆压缩总需求。此时，如果出现逃税和避税则会在一定程度上抵消宏观经济政策工具的作用效果，使宏观经济政策目标难以完全实现。在市场经济条件下，经济结构的改善主要靠市场调节引导，不过当制定的税收政策符合实际，在能反映客观经济规律的前提下，以经济结构优化为目标的税收政策是会起作用的。这种作用往往通过市场这个中介来达到。逃税行为肯定会打乱税收政策部署，某些受限制的行业、企业可能通过逃税获得发展，某些受鼓励的行业可能因在竞争中处于不利地位而达不到既定的发展水平。在避税情况下则相对复杂一些。依法的税收筹划的避税对以经济结构优化为目标的税收政策的贯彻是积极的。这种避税方式以税收政策为导向，纳税人主要从事税收政策鼓励的工作。转让定价避税、钻税法空子这两种方式的避税对经济结构优化有什么样的影响，取决于它们所发生的行业或企业。如果是那些被鼓励发展的企业、行业，产生这两种形式的避税，假如其所生产的产品或提供的劳务在数量和质量上都符合实现需要，则对结构调整有正向效应。但这种情况很少发生，因为国家特别需要发展的行业、企业、产品一般是已经给予免税或减税优惠，避税没有实际的经济利益。反之，如果这些从事避税的企业生产的产品或提供的劳务已经没有市场，供过于求，这两种方式避税对经济结构调整的作用是消极的。

第四，逃税及避税对一国吸引外资的影响。一个国家涉外税收领域出现的大量逃税和避税，会使许多企业虚亏实盈，造成外商来该国投资无利可图的虚假现象，给海外投资者造成一种错觉，以为投资政策不优惠，投资环境不佳、企业经营困难，无利可图，为此望而却步，损害被投资国声誉。

总而言之，逃税及避税除了依法的税收筹划这一形式外，无论是对国家财政利益、市场经济条件下的公平竞争，还是对总供给总需求平衡的实现以及经济结构优化、吸引外资的影响都是消极的。因而采取措施积极开展制止逃税、反避税活动对维护税法权威、维护国家主权、贯彻税收政策、实现税负公平具有重要意义。要采取适当的措施对付国际税收领域的逃税及避税，有必要了解国际逃税和避税的主要途径。

二、国际逃税和避税的主要途径

各国政府是在其税收管辖范围内，依据征税对象数额的大小对跨国纳税人进行征税的，不在管辖权范围内不征税。征税对象数额大的多征税，征税对象数额小的少征税，不发生征税对象的不征税。因此概括起来，跨国纳税人减轻或消除其税收负担的主要途径有三条：一是逃避税收管辖权，使税收管辖权落空；二是滥用国际税收协定；三是转移或隐匿征税对象。以下分别阐述这三条逃税和避税途径在国际税务实践中的具体体现。

（一）逃避税收管辖权

就自然人而言，税收管辖权的行使一般基于当事人是否在本国境内存在住所、居所或居住达一定天数的法律事实。因此，自然人主要通过住所或居所的避免、住所的国际迁移达到逃避税收管辖权的目的。住所或居所的避免就是通过国际旅行、住在船上等方法，使当事人在任何国家都没有被当作居民看待的条件——住所和一定停留天数，从而逃避居住国行使居民税收管辖权，使其不负担任何税收。这类当事人往往被称为税收难民。住所的国际迁移指纳税人把在高税国的住所迁移到其他适当的低税国家或地区，改变其高税率的居民身份，逃避高税国行使居民税收管辖权，减轻甚至免除其税负。

法人也能通过选择或改变税收居所的方式逃避税收管辖权，达到避税目的。例如，在以登记注册地为法人居民身份判断标准的高税国中，法人只要通过事先选择在低税或免税的避税港注册登记的办法，就能达到逃避高税国行使税收管辖权的目的；在以公司的实际管理和控制中心所在地为法人居民身份判断标准的国家，法人可通过变更董事会开会地点、转移重要决策人员居住地址或改变决策中心等办法，把主要管理机构所在地转移到低税国家或地区，从而逃避高税国的居民税收管辖权。

（二）滥用国际税收协定

当事人不仅可通过人的迁移逃避高税国的税收管辖权，达到减轻或不负担税收的目的，而且还可以通过相反的办法，即成为某一国居民达到同样的目的。当然当事人为逃税避税而成为某一国的居民，不是任意的，而是有选择的。虽然国际双边税收协定签订的数量越来越多，但毕竟仍有不少国家，它们之间没有签订国际税收协定，即使有协定，协定缔约国之间的国内税收政策也会有差别。而协定又明确规定，协定的利益只有缔约国双方的居民才能享有。这样就出现了一种现象，即一些原非缔约国双方居民的人（包括个人、法人等）通过人为的安排成为缔约国一方的居民，使他们既得到国内税法某些税收优惠的好处，又可享受协定给予的减免税优惠待遇。此种仅仅为了享受协定待遇或缔约国一方的税收利益，而不是因为实际营业活动的需要进行的人的迁移，特别是改变公司居民身份的现象，就称为"不当使用税收协定"（improper use of tax treaties）或"滥用税收协定"（abuse of tax treaties）。也通俗地称之为"择协避税"（treaty shopping），就是一个纳税人在存在有利可图的税收协定的国家设立公司以"购入"该协定的利益，纳税人原本并没有资格享受该协定的利益（Becker and Wurm，1988）。英语中存在的这三个概念具有相同的意思，treaty shopping 成为更流行的用法（Weeghel，1988），但我们认为统一使用"滥用协定"或"滥用国际税收协定"（abuse of international tax treaties）更符合中文习惯。国际税务界称为达到此项避税目的而成立的公司或类似组织为"导管公司"（conduit companies），导管公司又分为直接导管（direct conduit）公司、"踏石过河"（stepping-stone）式的导管公司（OECD，2019）。

例如，A 国和 B 国缔结了双边税收协定，规定 A 国居民从 B 国获得的股息、利息和特许权使用费，B 国给予免征预提税的待遇，A 国对来源于境外的股息等投资所得免税。为了获得协定的待遇和 A 国税收优惠的利益，不能享受该协定待遇的第三国居民 Y，在 A 国设立了具有法人资格的公司，并且将产生股息、利息和特许权使用费的财产或权力转到该公司名下。这样 Y 从 B 国获得的各项投资所得也能享受 A、B 两国的税收协定待遇，不用缴纳 B 国的预提税，而且也不需要在 A 国纳税。第三国居民 Y 在 A 国建立的完全为了获得 A、B 两国税收协定利益的公司就属于直接导管公司。再例如，一个人原在缔约国一方居住，在那里存在永久性住所和经济利益中心，并拥有该国某公司一定比例有表决权的股票，但为了逃避该国对出售股票所征收的资本利得税，而将永久住所迁移到对该项资本利得少税或无税的缔约国另一方（经济合作与发展组织，2000）。还有一个例子说明"踏石过河"式的导管公司。位于避税港的某公司，计划向高税国 A 企业提供贷款，但为了减轻税收负担，其先在与 A 国有双边税收协定的 B 国建立一家公司（以该公司作为走向 A 国的脚踏石），以 11.5% 的利率向其提供贷款，然后再以 12% 的利率实际贷给 A 国公司。按照 A、B 两国的双边税收协定，A 国对支付给 B 国的利息不征预提税；B 国按其国内法也不征利息的预提税。这样通过"踏石过河"的策略，纳税人只要在 B 国就其净利息（即贷款额的 0.5%）承担所得税。"踏石过河"式的导管公司的主要特点就是不仅可以获得收入，而且还有费用可以冲抵，这样使转让定价方法得以应用，通过人为地对费用进行调节，最终达到使税收负担最低的目的。因此"踏石过河"式的滥用协定避税方式，实际上是一种直接导管公司与转让定价、避税港相结合的避税手段，属于高级避税方式。其结果使当事人不仅获得了本来没有资格享有的税收协定待遇，而且还可能获得缔约国国内的税收优惠。

（三）转移或隐匿征税对象

转移征税对象主要通过转让定价（transfer pricing）和人为分配成本费用（manually allocate costs and expenses）的办法进行，此外通过资本弱化（thin capitalization）进行也带有一定普遍性。

转让定价和人为分配成本费用主要发生在跨国关联企业之间。跨国关联企业又称国际联属企业，指分散在不同国家的公司之间或多或少存在互相控制关系的公司群。按照两个范本的解释，跨国联属企业分为两种情形：①缔约国一方的企业直接或间接参与缔约国另一方企业的管理、控制或资本；②相同的人直接或间接同时参与缔约国一方和缔约国另一方企业的管理、控制或资本。[①]

利用转让定价转移征税对象以避税，主要发生在股权控制达到一定程度的母子公司之间，或同一公司

---

① 《联合国范本》（2021 年），第九条；《OECD 范本》（2017 年），第九条。

控制下的两个子公司之间。这些跨国关联企业都是独立的法人,但由于存在共同的、一致的利益关系,它们之间发生的商品或劳务交易、信贷、特许权转让、财产租赁等经济往来可能有悖市场竞争的原则,不按公平价格进行,而通过人为地提高或压低交易价格的办法把利润从一个国家转移到另一个国家。这种不是按照正常公平的竞争原则确定,而是基于经营战略需要或逃避税收目的人为确定的价格,就是转让定价。例如,子公司所在国所得税税率高于母公司所在国时,子公司往往通过人为地调低子公司提供给母公司的货物、劳务价格或特许权使用费的办法,减少子公司盈利甚至使之出现亏损,将利润转移到母公司账上,以减轻税负。相反,也可以通过人为地提高母公司提供给子公司的货物、劳务的价格或特许权使用费,达到同样的逃税、避税效果。在国际税务实践中,往往通过设立在避税港的关联企业,达到转让定价的避税目的。

通过人为分配成本费用的办法进行逃税、避税,主要发生在跨国企业的总机构与其国外分支机构之间,由于这种人为分配成本费用实际上也就是没有按照正常的市场交易原则和独立的企业原则来进行成本费用的分配,因此,广义地讲也可归入转让定价范畴。法人对外投资,其组织形式既可选择子公司也可选择常设机构。通常总机构与常设机构之间人为地分配某些项目的成本费用,同样可以实现征税对象即利润的国际转移。如在常设机构所在国所得税税率较高的情况下,可以把那些正常条件下不应由常设机构负担的管理费用分摊给常设机构,以抬高其营业成本,减少其应税利润,甚至使其出现亏损。从这个法人整体看,这样做可以减轻税收负担;在常设机构所在国税率较低、总机构所在国税率较高的情况下,可通过相反的办法达到逃税和避税的目的。

资本弱化目前也成为跨国投资者转移征税对象的流行方式。资本弱化是指企业投资者(即股东)在投资于企业的资本中,降低股本的比重,提高贷款的比重。企业向银行等第三方独立企业借入的贷款的增加,不属于资本弱化的范畴。资本弱化是公司与其股东之间的融资关系。从税收方面讲,其结果,一方面使企业通过更大比重的贷款融资而获得更多的利息扣除,从而减少应税所得,达到减轻税收负担的目的;另一方面通过隐藏股本,减少对分配股息征收的税收。当然投资者采取资本弱化的措施,除了达到税收目的以外还有其他考虑,如贷款比股本出资更简单灵活;不会改变原定的股份比例从而不会产生表决权、控股权的变化以及由此产生的复杂事情(如人事变动等);与其他贷款者处于同样风险;通过利息可获得较为固定的回报;无汇率风险(International Fiscal Association, 1996)。

三、避税港及其离岸经济活动

上述国际逃税与避税的三条途径在很多情况下都与避税港有关。而经济实体要实现避税目的往往通过在避税港建立各种基地公司(base company),从事离岸经济活动。

(一)避税港的主要类型及其特征

避税港(tax haven)也称避税地、财政天堂或税收绿洲(朱青,2021)。OECD于1998年发表了题为《恶性税收竞争:一个正在出现的全球性问题》的报告,将过去关于通过避税港进行避税问题提高到经济竞争高度来认识,指出有三大类的国家和地区会引起恶性税收竞争。第一类是避税港,第二类是存在减免税税收优惠的国家和地区,第三类是相对他国税率较低的国家和地区(OECD, 1998)。显然第三类国家和地区几乎涉及世界上所有的国家和地区,将其列为研究对象并没有多大意义。引起税收竞争的主要是前两类国家和地区,就是避税港和实行对国际经济平等竞争有害的税收优惠政策的国家和地区。

OECD报告实际上将避税港分为狭义的避税港和广义的避税港。第一类的国家和地区属于狭义的避税港,是没有所得税或所得税有名无实,这是狭义避税港的最基本的特征,而且因为没有所得税实际上向非居民提供了一个场所以逃避其居住国税收的国家和地区。此外避税港还有这样一些特征:有严格的商业和金融的保密规定,从而使税务当局难以获得进行稽查的有效信息,法律或管理规章的运行不透明,为避税目的开展没有实质性内容的经济活动(OECD, 1998)。第二类国家和地区,虽然征收所得税,但实际税率是零或比较低，或者对某些经济活动领域特别是对离岸经济活动给予减免税优惠，从而达到与上述狭义的避税港同样的结果。这是广义的避税港。这类国家在税收制度上的主要特征是税收制度实行双元模式，对离岸经济和国内经济区别对待，像环状篱笆（ring fencing）将离岸经济和国内经济分割开来，国内经济要按正常税法纳税，离岸经济可获得减免税收优惠，或者说要获得减免税优惠就不得从事国内业务。这些国家和地区还有其他方面的特征，如法律透明度不高。透明度不高是指法律规定不够具体、留有很大的操作空间，从而可能存在税法在执行过程中必须与税务当局协商的情况，这会产生腐败现象，使得同样条件的纳税人不一定能够获得同样的待遇；通过银行账户保密规定限制对纳税人情况的了解，这样实行有效税收管理的信息基础就不具备（OECD，1998）。

尽管各国或学术界对避税港范围的界定存在不同看法，但 OECD 在总结学术界研究结果的基础上对实际情况所做的上述阐述具有合理性。以下所说的避税港指的就是完全或实际上不征收所得税和虽然征收所得税但税率很低或对离岸业务、境外收入给予减免税优惠，从而使纳税人可通过其避免或减轻居住国所得税的国家和地区。尽管有上述避税港的定义，但哪些国家和地区属于避税港，仍然有不同的说法。按 OECD 的标准，大约有 41 个。[①]这些国家和地区除了税收上的无所得税或所得税税率低或存在特别的税收优惠规定等基本特点外，一般还具有政局稳定、交通便利、经济自由、具有保护银行和商业秘密的法律制度、靠近经济发达国家（它们几乎全部为发达国家的领地或前殖民地，地理上靠近经济发达国家，与经济发达国家拥有相似的法律渊源、文化和语言）等特点。随着 OECD 不断推动反避税活动，越来越多的避税港国家和地区承诺执行"税收透明度和信息交换全球论坛"认同的准则，到 2009 年 5 月，摩纳哥、安道尔和列支敦士登等三个国家也作出承诺并明确其执行时间表，OECD 财政理事会税收不合作的避税港国家名单彻底清空。[②]

（二）利用避税港进行避税活动的主要形式

跨国纳税人利用避税港进行避税的主要形式是在避税港建立"基地公司"。

基地公司指在避税港设立而实际受外国股东控制的公司。这些公司的全部或主要营业活动在避税港境外进行。避税并不是基地公司建立的唯一目的。有的是为了获取廉价劳动力，有的为躲避国有化、战争、政局不稳的风险，有的为逃避本国某些法律的制约。用于避税目的的基地公司有一些基本类型：国际商务公司、离岸金融公司、持股公司（持权公司）、信托、自保险公司等。基地公司通过离岸经济活动，将避税港境外的财产和所得汇集在本公司账下，从而减轻或逃避真实所有人居住国征收的财产税（或所得税）。以下分别阐述各种类型基地公司的特点及运作机制。

1. 国际商务公司

在避税港设立的国际商务公司（international business company），也叫中介贸易公司，其主要特点是没有与避税港居民进行交易的商务活动，就是说所有的贸易活动实际上都在避税港以外进行；在避税港除了拥有办公场所外，不得有其他不动产所有权方面的利益。在避税港国家或地区设立国际商务公司，主要形式是股份有限公司（子公司），但法律上的成立条件相当宽松，没有股东人数、最低资本额的要求，股东或董事或公司管理人员不受居民或公民身份的限制，股份可用外币发行，可记名也可不记名，没有账户要求，仅需持有公司成立协议书和公司章程文件。国际商务公司主要通过虚构中转

---

① OECD 于 2000 年 6 月发布题为《认定和消除有害税收行为的进程》的报告，公布了还没有采取措施消除有害税收竞争的 35 个国家和地区，要求在一年内采取积极的措施消除有害税收竞争行为。这些国家和地区是安道尔、安圭拉岛、安提瓜和巴布达、阿鲁巴、巴哈马、巴林、巴巴多斯、伯利兹、英属维尔京群岛、库克群岛、多米尼加、直布罗陀、格林纳达、根西岛、萨摩岛、可尔德尼岛、曼岛、泽西岛、利比里亚、列支敦士登、马尔代夫、马绍尔群岛、摩纳哥、蒙特塞拉特岛、瑙鲁、荷属安的列斯群岛、巴拿马、萨摩亚群岛、塞舌尔、圣卢西亚、圣克里斯托夫和尼维斯、圣文森特和格林纳丁斯、汤加、特克斯和凯科斯群岛、美属维尔京群岛、瓦努阿图。此外百慕大、开曼群岛、马耳他、塞浦路斯、毛里求斯、圣马力诺等国家和地区虽然也属于 OECD 确定的避税港行列，由于此前同意响应 OECD 的要求采取措施来消除有害的税收竞争，因而没有被列入 OECD 的黑名单中。

② OECD. List of Unco-operative Tax Havens. https://www.oecd.org/countries/monaco/list-of-unco-operative-tax-havens.htm.

销售，采用转让定价的办法来实现避税目的。例如，居住在甲国的公司 A 向在乙国的销售子公司 B 分发商品，如果甲、乙两国的税率都很高，那么 A 公司往往就会选择在避税港设立受其控制的国际商务公司，不进行 A 公司对 B 公司的直接交易，而是首先压低价格将商品由 A 公司销售给避税港的国际商务公司（这个过程往往是虚构的，实际上商品仍然是直接由甲国运往乙国），然后再由该国际商务公司抬高价格将货物销售给 B 公司，B 公司再按照市场价格销售给客户。这样 A 和 B 账面上只是微利或没有利润，甚至出现亏损，而将利润转移到基地公司账下，只要不把利润分配并汇回母公司所在国，就不需要负担较高的所得税。

2. 离岸金融公司

离岸金融公司（offshore financial companies）就是单纯从事境外金融业务、不进行本地金融业务的一类金融组织，也包括既从事本地业务也从事离岸业务且二者能分清界限、分别核算的金融机构。离岸金融业务一般不受本国法律管辖。因为避税港不征所得税，即使征收所得税一般也对离岸金融业务所得给予减免税优惠，因此用于避税目的的离岸金融公司往往要在避税港设立。它们起一种中介存贷款的作用，母公司提供的存贷款金融业务不是直接面对实际的服务对象，而是做成向避税港的基地公司进行的业务，然后再由基地公司完成对实际服务对象的业务，从而通过转让定价将利息所得转移到避税港，求得最少的所得税负担。为达到避税目的还往往要与滥用协定的逃避税方法相结合。

例如，甲国 A 公司向乙国 B 公司提供贷款，假定甲乙两国的税率都很高，且对汇出的利息均征收预提税（尽管两国签有税收协定对利息按较低的税率如 10% 征收），如何通过一定的途径减轻甚至免除有关国家对利息征收的所得税和预提税？为了减轻或消除对利息征收的所得税，提供贷款的甲国 A 公司，在避税港设立一家从事离岸业务的银行或金融公司，先将款项以较低的利息率贷给避税港的基地金融公司，该金融公司再将款项以正常市场利息率贷给乙国 B 公司，这样就减轻甚至消除了甲国 A 公司的所得税负担。但在乙国征收利息预提税且与避税地没有税收协定的情况下，利息付出公司乙国 B 公司要缴纳较高的预提税，从而使该项金融交易的税后效益降低。如何既减轻对利息征收的所得税又避免预提税，就需要与滥用国际税收协定的办法相结合。就是在与许多国家签订有税收协定且免征预提税的丙国建立中介性金融公司即"导管公司"。建立了这样的公司以后，其业务运行路线就转变为：甲国 A 公司按较低利率贷款给避税港基地金融公司，避税港金融公司再以较高的内部利率贷款给丙国中介金融公司，最后才由丙国中介金融公司按市场利率贷款给实际的服务对象即乙国 B 公司。由于丙国对利息不征预提税，且与他国签订的双边税收协定也规定免征预提税，避税港一般也不征利息预提税；再由于通过利息率的内部安排，丙国中介金融公司账面利润降低到最低水平甚至出现亏损，从而减少或逃避丙国的公司所得税。整个交易过程不仅减轻甚至消除了对利息征收的公司所得税，而且也逃避了预提税。由于荷兰对金融机构支付给非居民的利息不征预提税，且与许多国家签订了双边税收协定也规定双方不征利息预提税，因此荷兰成为建立中介金融公司的首选地（侯梦蟾和何乘材，1994）。

3. 持股公司（持权公司）

在避税港设立的持股公司（holding company），也称控股公司，是以购买股票控制其他企业为目的的公司，这样的公司不直接进行生产经营和投资活动。持股公司是高税国的纳税人在避税港设立的一种基地公司类型，运作的目标是将纳税人在世界各地的股份转变为由避税港基地公司持有，将其在各地的子公司的利润以股息形式汇到基地持股公司账下，以逃避母公司所在国对股息的征税。

持权公司在英语中与持股公司的名称相同，都是 holding company，纳税人在避税港设立的专门持有无形资产所有权的公司，这样的公司并不实际进行无形资产的使用或转让，而是将在世界各地的各种无形资产（特别是发明专利、专有技术、版权等）的所有权转变为由基地公司所有，从而将其在各地的有关无形资产所有权使用的收益汇集到基地公司账下，以逃避所在国对特许权使用费课征的所得税。

但是没有国际税收协定的安排，付出股息、特许权使用费时可能要缴纳较高的预提税（这取决于所在国家的国内税法规定）。为了既逃避所得税也逃避预提税，往往采用离岸金融公司所采用的相同办法，即付给非居民的特许权使用费不征预提税，且与许多国家签订了国际税收协定规定缔约国双方均不征预提税的第三国建立中介持股公司。

4. 信托

信托（trust）是财产法定权利的所有者（信托人）基于信任，将财产所有权转移给受托人，由受托人以自己的名义为受益人的利益进行管理或者处分的行为。信托起源于罗马，而发达于英国和美国（朱斯煌，1941）。信托的主要特点首先表现为受托者取得信托财产的所有权，这区别于代理。其次表现为受人之托、又为人谋利益。虽然信托机构在法律上拥有信托财产的所有权，但不能将信托财产作为自有资本，信托财产和自有资本不得相混。受托人要依照委托人的意愿为受益人利益运用或经营信托财产，不能为自己的利益运用或经营信托财产，也就是既不享受信托财产的利益，也不承担风险，但仅收取手续费作为报酬，这一特点区别于投资银行或证券公司、房地产公司、公司型投资基金（共同基金）等财产经营行业。第三受益人按照实绩原则获得收益，即受托人运用或经营信托财产所得到的收益都要发给受益人，信托财产经营效益好的时候，给受益人分红的数量就多，否则就少，如果出现亏损就得不到利益，这个特点区别于商业银行（周树立，1999）。信托的主要业务内容包括：金钱信托[①]、金钱债权信托[②]、动产信托、不动产信托和知识产权信托[③]。

信托制度在英美法系国家比较流行，而在大陆法系国家不流行，在大陆法系国家甚至没有系统完整的信托法律。1985 年起实施的《海牙关于信托的法律适用及其承认的公约》（简称《海牙信托公约》）建立了国际法律规范，要求加入该公约的国家承认信托的合法性。《海牙信托公约》目前共有 30 个缔约国，加入该公约的大陆法系国家有法国、德国、日本、荷兰、意大利等 25 个国家。对没有加入该公约的大陆法系国家，信托仍然不被承认（张淳，2023）。因此利用信托进行国际避税活动一般发生在普通法系国家或地区。在避税港设立信托公司的用途在于将避税港外的财产虚构为基地公司的信托财产，纳税人就可以把实际经营这些信托财产的所得挂在基地公司名下，并逐步转移到避税港，从而减轻甚至免除税收负担。

5. 自保险公司

自保险公司（captive insurance company），是一个由工业、商业和金融集团成立的，用于规避该集团成员企业风险的保险企业，也称内部保险公司。虽然这样的自保险公司也会经营第三者业务，但不多见，因为经营第三者业务，需要有更深的专门技术，这往往竞争不过专门的保险公司（Ogley，1995）。因此可将这样的保险公司归类到受控外国公司（controlled foreign company，CFC）的行列，因为这类公司一般在避税港设立，业务活动在境外进行，主要营业活动是向其关联企业提供保险（Hamilton et al.，1998）。在避税港建立自保险公司，一方面可以节约保险费，使保险费不至于落入别人口袋；另一方面，由于企业付给自保险公司的保险费与付给无关联的第三方保险企业一样可作为费用扣除，这样可通过转让定价的办法，人为地提高保险费，使被保险的关联企业的利润转移到避税港基地公司。在避税港通常对专门从事离岸业务的保险公司给予特别的税收优惠。因此，通过在避税港建立自保险公司，并且在转让定价方法的配合下，就达到减轻甚至消除企业所有者实际居住国的税收负担的目的。

---

① 金钱信托（money trust）是指以金钱为信托财产的信托，包括贷款信托、投资信托、养老金信托等。信托人将一定数量的金钱交付给受托人，受托人须将该项资金用于能产生收益的事业或进行能产生事业的经济活动（如贷款、买卖证券等），对由此产生的收益（利息、股息、红利等）要按期交付给受益人。

② 金钱债权信托（debt of money claim trust）是指以以给付金钱为内容的债权为信托财产的信托，信托财产包括一般金钱债权（就是承诺到期即付的债权）和有价证券、存款证明书、人寿保险单等。在这种信托类别里，信托人将有关债权交给受托人，受托人保全并行使债权，并且将因此而取得的金钱交付给受益人。

③ 动产信托（chattel trust）、不动产信托（real estate trust）、知识产权信托（intellectual property trust）分别指以动产、不动产和知识产权为信托财产的信托。

对保险企业而言，可在避税港设立专门从事离岸再保险业务的自保险公司，通过再保险[①]，将保险公司在高税国经营的保险业务所得转移到避税港。正常情况下，保险公司一般将超过自身承保能力的业务、营业业绩较差的业务、风险较大的业务进行再保险（王和，1998）。但如果保险公司在避税港建立了自保险公司或关联保险企业，那么保险公司就可能违背了营业常规，将一般业务甚至有意选择经营效益好的业务通过设在避税港的基地保险公司进行再保险。如果再通过转让定价，以高于市场正常交易标准向基地保险公司支付保险费，加大该保险公司账上的费用，将利润转移到避税港，减少甚至免除保险公司居住国的税收，而基地公司账上的利润在避税港通常可获得免税或减税，这样可获得双重税收利益。

以上所讨论的避税途径都是国际上一般的和常见的。跨国经济利益实体还往往根据不同国家的税收制度和政策的实际规定中某些漏洞，进行避税活动。国际逃税和避税使遵纪守法和诚实守信的纳税人处于不利地位，破坏了公平竞争的秩序，违反了税制公平原则。国际逃税和避税还会引起国际资本的不正常转移，导致国际经济秩序的紊乱。因此对国际逃税和避税进行有效的防止十分必要。

四、防止逃避税收管辖权和滥用国际税收协定的措施

（一）防止逃避税收管辖权的措施

防止通过放弃住所或居所和国际迁移逃避税收管辖权的措施比较简单，就是对本国居民放弃本国住所或居所的自由作出限制性规定。例如，英国税法曾经规定，英国居民公司迁往国外变为非居民公司，或者将企业的全部或一部分转让给非居民，必须经财政部同意，否则视为非法，将受到处罚。[②]英国国会感到此项规定导致财政部的权力过大，也违反欧盟条约关于企业可在成员之间自由迁移的规定，[③]因此在1988年度的财政法案中决定从1988年3月15日起停止执行此项规定。[④]但1988财政法案并没有放弃对公司或企业迁移的限制，而是用税收办法代替行政办法，规定对准备转变为非居民公司的英国居民公司征收未实现资本利得税以示限制。[⑤]

德国对移居无税、低税国家或地区也作了限制性规定，凡移居到无税或低税国家或地区的德国公民，如果移居前的10年里有5年是德国税法意义上的居民，只要符合下列条件之一者，仍然视其为德国税收居民，要求其承担无限纳税义务。这些条件有：①迁入的国家或地区没有所得税，或虽然开征所得税，但其所缴纳的所得税不超过按德国税率计算的应纳税额的三分之二（聂鸿杰，1997）；②在德国仍然保持实质性经济利益关系，表现为拥有一家德国居民公司或合伙企业的股份达到25%以上；③移居以后从德国取得的所得占全世界范围内的全部所得的30%以上，或在某一纳税年度从德国获得的所得达到12万德国马克（侯梦蟾和何乘材，1994）。

美国实行公民和居民税收管辖权。在1986年税制改革前，美国公民要缴纳最高边际税率达到70%（有一段时间达到90%）的所得税，而非居民外国人（nonresident alien）来源于美国的投资所得只要缴纳30%的比例税[⑥]（如果居住国与美国订有国际税收协定则税率更低）。这种税收待遇的差距促使不少美国公民通过放弃美国国籍成为非居民外国人进行避税。为了对付此种避税行为，美国国会于1966年通过了一项专门法案（目前被编为《美国国内收入法典》第877节）。[⑦]其基本内容是：因避税目的而放弃美国国籍者，从

---

① 再保险又称"分保"，是保险人通过订立合同的形式将自己所承保的风险责任，全部或部分地向另外一个或多个保险人再一次进行保险，即保险人的保险。

② Income and Corporation Taxes Act 1988, section 765（1）(a) and (b)。

③ Butterworths UK Tax Guide 1988~1989, London, 1988, pp.918-919。

④ Finance Act 1988, section 105（6）。

⑤ Finance Act 1988, section 106 and 107. 这一规定也违反欧盟的条约，英国遂于1992年又删除了这一规定。见 Taxation of Chargeable Gains Act 1992, section 290（3）and Schedule 12.

⑥ I.R.C. §871。

⑦ Isenbergh J. 1990. International Taxation. Boston: Little Brown & Company: 32-36.

其放弃美国国籍起的十年内,在税收问题上美国政府依然将其视为美国公民,对其来源于美国的所得按对美国公民的征税规则征税,而不是按对非居民外国人的规则征税。[①]

(二) 防止滥用国际税收协定避税的措施

防止滥用国际税收协定避税的主要方向是使实际为缔约国双方居民的享受协定的减免税待遇,而排除实际为非缔约国居民的人也获得协定的利益。由于自然人居民身份比较明确,一般不存在"名义"或虚假自然人问题,由此防止滥用国际税收协定避税的重点是解决导管公司问题。解决问题的原则是实质重于形式,按照这一原则,可具体采用下列办法。

1. 透视法

透视法 (looking through approach) 就是要通过获得股息、利息、特许权使用费等投资所得的缔约国一方居民,判断这些投资所得的实际受益所有人是否也是缔约国一方的居民。如果是,则可享有协定待遇;如果不是,则不能享有协定的优惠待遇。这实际上就是对协定适用范围(一般规定是缔约国双方居民)作了限定,不是所有的缔约国双方居民都能获得协定利益。那些原不是缔约国双方居民,为了获得协定利益而在缔约国设立导管公司的人不能享有协定的优惠待遇。为此1977年《OECD范本》引入了"受益所有人"(beneficial owner) 概念,应用于有关投资所得的各个条款(第十条、第十一条、第十二条)以及第十七条有关艺术公司的规定。以受益所有人作为协定待遇的享受主体比居民概念更明确具体。在受益所有人概念的基础上,采用透视法的结果就是在税收协定中明确规定协定的利益(特别是对各项投资所得的优惠)只能给予为缔约国双方居民的最终的或真正的受益所有人。比如有以下规定。

如果缔约国一方居民公司不为该缔约国居民直接拥有或控制,或者通过一个或多个公司(不管为何国居民)间接地为非该缔约国居民拥有或控制,则该缔约国一方居民的所得、受益或利润不应享受本协定给予的税收优惠待遇(经济合作与发展组织,2000)。

这一方法是解决导管问题最直接的方法。虽然它相对简单直接,但也有明显的缺点:①这种规定不符合所有OECD成员的法律制度以及《OECD范本》所承认的法人团体的法律地位原则,除非出现滥用的情况;②这种规定需要广泛的应用,这可能导致制定复杂而烦琐的规则;③这种规定并不阻止"踏石过河"式的导管;④必须有机制以简单和安全的方式适用该条款;⑤这个方法无法应用于股东分散持有公司股本的公司(OECD,2019)。

2. 排除法

有些国家通过专门的法律给予特定类型的公司以免税或几乎免税待遇,为了防止利用这样的法律条款设立导管公司避税,在国际税收协定文本中明确规定此类公司不享有协定中有关减税免税的待遇。这就是排除法。例如,C国规定对本国金融企业从事离岸业务获得的所得免于征税,C国与A国、B国均订有税收协定,且规定免征利息的预提税。A国甲公司当年向B国乙公司提供贷款,但A、B两国没有税收协定,因此在没有避税措施的情况下,乙公司支付给甲公司的利息,要在B国按正常税率缴纳预提税。为了逃避预提税,甲公司就选择在C国建立从事离岸金融业务的金融公司丙作为导管公司,旨在获得A、C两国的协定关于免征利息预提税的待遇。A国甲公司首先将款项贷给C国丙公司,然后再由丙公司贷给乙公司,这样丙公司向甲公司支付的利息,不需要缴纳预提税,而且可作为费用扣除;而再贷给乙公司所获得的利息收入因离岸业务所得可免税。乙公司向丙公司在支付利息时,按B、C协定的规定也不需要缴纳预提税。这样通过导管公司就免除所有的所得税。为了阻止该情况的发生,在A与C、B与C的协定中明确关于对利息的免税待遇不能给予有免税特权的离岸金融公司。

---

① I.R.C. §877 (a)。

排除法（exclusion approach）简单明了，适用于国内法有许多税收优惠规定的国家。不过这一方法适用范围有限，只能是一种特殊的办法（OECD，2019）。

3. 征税法

在双边国际税收协定中规定，仅当所得在居住国征税时，来源国才给予协定优惠。协定为达到此项目的可作如下规定。当发生于缔约国一方的所得由缔约国另一方居民公司取得，并且由不在该缔约国另一方居住的一个或多个人：①直接或间接，通过一个或多个公司，不论其为何国居民，以参股或其他形式拥有该公司的实质性利益[①]；②直接或间接，单独或共同参与该公司的管理或控制。本协定给予的免税或减税规定应仅适用于按照最后提及的国家税法一般性的规定负有纳税义务的所得。

例如，A国甲公司从B国乙公司获得股息，但甲公司属于导管公司，由不在A国居住的人控制。如果甲公司从B国获得的股息要在A国缴纳所得税，那么B国乙公司在支付股息时可以按A、B两国签订的国际税收协定的优惠税率缴纳预提税，此项预提税可在甲公司向A国承担的所得税中得到抵免。

征税法（subject-to-tax approach）适用于经济结构和税收法律比较复杂的国家。但要认真区分实际的正常营业活动和通过导管公司的避税活动，防止处罚措施被滥用而影响正常的国际经济活动。此外这一方法也无法防范"踏石过河"等较复杂的避税手法（OECD，2019）。

4. 途径法

在协定中设置专门针对导管公司，特别是"踏石过河"式的导管公司的条款，主要是对导管公司获得的收入的使用途径及比例作出限定，使用途径及比例符合规定的可享受协定优惠待遇，否则不得享受协定待遇。条款的具体内容可以表述如下。当发生于缔约国一方的所得由缔约国另一方居民公司取得，并且由不在该缔约国另一方居住的一个或多个人：①直接或间接或通过一个或多个公司，不论其为何国居民，以参股或其他形式拥有该公司的实质性利益；②直接或间接，单独或共同参与该公司的管理或控制。如果该项所得的50%以上用于满足该人（或该多个人）的债权主张（包括利息，特许权使用费，开发、广告、开办及差旅费，含无形财产、工艺等在内的任何形式经营财产的折旧），本协定涉及的免税或减税条款应不适用。

这种方法可以很好地涵盖通常涉及不当使用税收协定的广泛案例。例如，仅管理资产的案例；"踏石过河"式的导管；收入仅通过导管公司传输以尽量减少税收的其他情况。另外，该方法可以涵盖正常的商业活动或产生相关收入的资产与真实活动有效相关的情况，如从事贸易、业务或从事独立的个人服务。

途径法（channel approach）（或称渠道法）是应对"踏石过河"式滥用税收协定进行避税的唯一有效方法。但是这个方法以及上述其他方法都可能影响正常的营业活动。为了防止此类方法被滥用以致干扰正常的国际经济活动，有必要在协定中明确：对非缔约国居民在缔约国设立的公司，如果该公司不属于以避税为目的的导管公司，而是从事正常的营业活动，协定的优惠条款应适用于该公司。为了达到此项目的，通常要在协定中作出排除性的规定，明确在什么情况下有关反滥用税收协定的条款应不适用。根据所采取的反滥用税收协定的方法，可选择如下五个方面规定的部分或全部。

（1）常规真实条款（general bona fide provision）。如果公司证实其主要目的、经营行为，用于取得所得的股权或其他财产的购置或持有是以合理经营为目的，且不以获得本协定优惠为主要目的时，上述规定应不适用。

（2）营业活动条款（business provision）。当公司在为其居民的缔约国从事实质性营业活动，且在缔约国另一方要求享受的减免税待遇的所得与该项营业活动有关时，上述规定应不适用。

（3）税额条款（amount of tax provision）。当要求减税的数额不高于公司为其居民的缔约国一方实际征收的税额时，上述规定应不适用。

[①] "实质性利益"表现为第三国居民拥有该公司一定比例的有表决权股票。

（4）股票交易条款（stock exchange provision）。上述规定应不适用于缔约国一方的居民公司，如果其主要种类的股票在缔约国一方经批准的交易所注册；或者如果该公司全部由首先提及的国家的居民公司直接或通过同一个国家的一家或多家居民公司拥有，且该控股公司的股票在缔约国一方经批准的交易所注册。

（5）选择性优惠条款（alternative relief provision）。当反滥用协定条款涉及缔约国以外的居民时，可进行这样的表述："应不视为包括与被要求税收减免的缔约国一方签订有已生效的税收协定，且该协定所提供的税收减免不低于本协定的第三国居民。"

五、转让定价调整

（一）正常交易原则

转让定价和人为分配成本费用是跨国纳税人最常见的逃税和避税的手段，为了对抗这一途径的逃税和避税，多数国家在税法上赋予税务机关根据正常交易原则对转让定价和人为分配成本费用进行重新调整的权力，使跨国关联企业在各国经济实体上的账面利润尽可能符合各自的实际经营情况，使各国都能征到理应征到的税额，从而也排除跨国企业通过转让定价和人为分配成本费用减轻总税负的可能性。

正常交易原则指将跨国关联企业之间、总机构和常设机构以及常设机构之间的交易，当作互相独立的按照市场标准进行竞争的企业之间的交易，它们之间的营业往来、成本费用分配按市场公开公平交易价格计算，如有人为提高、调低或分配现象的发生，有关国家的税务机关有权依照在同样条件下从事相同或类似交易、彼此没有关联的独立企业在公开公平市场上达成的价格标准进行调整或重新分配。由于很少能够找到与关联企业间所进行的交易完全相同的非受控交易，要判断关联企业间的交易是否符合正常交易原则，要着眼于找出具有可比性的非关联交易作为参照。寻找具有可比性的非受控交易的价格（包括利息率、成本利润率等）或利润数据，是进行转让定价调整的首要步骤。可比性分析是所有转让定价调整方法的前提和基础。采用什么样的转让定价调整方法取决于交易的具体情况，原则上要选择最易于对正常交易价格作出精确估计的方法。转让定价的处理可分为事先确定和事后调整。事先处理转让定价的方法也称为预约定价（advance pricing）或事先裁定。

（二）转让定价调整的立法

美国是最早进行转让定价调整立法的国家。《美国国内收入法典》第482节及其实施规章是目前世界上最为系统的转让定价调整法规。转让定价调整的基本原则即正常交易原则，已为《OECD范本》所采纳，也被《联合国范本》所应用。在关于跨国关联企业之间的收入计价和成本费用分配上，两个范本都载明，当缔约国一方企业与缔约国另一方企业之间存在某种共同的管理、控制或资本关系时，两个企业之间的商业或财务关系不同于独立企业之间关系而没有取得的利润，可以计入该企业的利润中，并据以征税。[①]这实际上明确了对转让定价的调整要按照正常交易原则进行。1979年OECD发布并实施《转让定价与跨国企业》，1995年OECD在总结了世界各国转让定价调整经验的基础上，发布了《跨国企业与税务机关转让定价指南》（简称《转让定价指南》），这一指南与《美国国内收入法典》第482节及其实施规章共同构成转让定价调整法规的典范，其所确定关于调整转让定价的基本原则、主要方法、工作程序等已为许多国家所采纳。该指南于2010年进行更新，在BEPS第8～10项行动计划中对《转让定价指南》进行了全新修订（经济合作与发展组织，2016），这也反映在2017年和2022年发布的OECD《转让定价指南》中（OECD，2017，2022）。此外，2013年联合国发布了《发展中国家转让定价操作手册（第一版）》，并于2017年、2021年进行两次更新（United Nations and Department of Economic & Social Affairs，2021）。

中国在1991年建立了转让定价调整法规。目前，中国实行《中华人民共和国企业所得税法》。

---

① 《联合国范本》（2021年），第九条；《OECD范本》（2017年），第九条。

（三）转让定价调整的主要方法

根据可比性分析的结果和受控交易的性质，选择具体的方法对转让定价进行调整。可采用的方法有：可比非受控价格法、转售价格法、成本加成法、可比利润法（交易净利法）、利润分割法和其他合理方法（包括全球公式分配办法）（杨斌，2003b）。

1. 可比非受控价格法

可比非受控价格法（comparable uncontrolled price）就是通过参考非受控交易的价格，来评价受控交易中的价格，是否为正常交易价格。采用这一方法的关键是确定受控交易和作为调整参照物的非受控交易的可比性以及存在差异情况下的可调整性。采用该方法要找出作为参照的非受控交易并应用前述关于可比性的分析思路。所有的比较因素都必须予以考虑，但要特别考虑可比性因素中的产品的相似性，因为产品的相似性通常在这种方法下，对可比性有最大的影响。

2. 转售价格法

转售价格法（resale price method）就是从可比的非受控转售价格中减除合理的毛利，来衡量受控交易价格是否符合正常交易价格的方法。这一方法通常用在涉及购买与转售有形资产，且转售者不通过对转售货物实质性改变而增值的转售情况。为实现转售目的，对货物进行包装、再包装、贴标签，或较小的装配，通常都不构成实质性的改变。转售者对转售货物做了实质性改变，如将自己的无形资产附加其上，从而使货物增值，如果无法找到可比的参照交易，则不适用转售价格法。转售价格法可写成下列算式：

$$正常交易价格 = 再转售价格 - 合理毛利$$
$$合理毛利 = 可比毛利率 \times 再转售价格$$
$$可比毛利率 = (可比的销售价 - 可比的购买价)/可比的销售价$$

因此，采用转售价格法涉及两个核心问题，一是确定可适用的转售价格，二是核定合理的毛利率。

可适用的转售价格可以有两种，其一就是正要进行估价的财产的某一特定部分或全部转售给非受控方的价格，其二是可比的相同财产在相同时间转售给非受控方的价格。合理的毛利率，应从受控交易转售者的可比非受控交易的购买与转售中计算得到毛利率。如果没有同一转售者的非受控可比价格，则合理的毛利率应从其他转售者的可比非受控交易中获得。确定可适用的转售价格和毛利率基础性工作同样是可比性分析。

3. 成本加成法

成本加成法（cost plus method），也叫成本加利法，就是使用受控交易产品的生产成本，加上合理的毛利，来衡量正常交易价格的方法。成本加成法通常用于涉及制造、装配向关联方销售产品的情况。这一方法应用的核心问题是确定合理毛利。受控纳税人生产用于转让的产品的成本，乘以成本利润率，即为合理毛利。成本加成法可写成下列算式：

$$正常交易价格 = 成本 + 成本利润率 \times 成本$$
$$成本利润率 = (可比销售收入 - 可比成本)/可比成本$$

这一方法的核心问题是确定可比的成本利润率，还要选择准确的成本数据。合理的成本利润率应当以被评估的受控纳税人与非受控方交易的可比成本利润率为准。因为同一个交易主体对其他各个不同主体的交易，对比其他各个交易主体之间的交易，更容易发现相似的特性。如果没有这种可比对象，则合理的成本利润率应从其他交易主体的可比非受控交易中获得。

4. 可比利润法

可比利润法（comparable profits method）是美国 1994 年修改转让定价规章时新加入的方法，就是利用可比的非受控纳税人的利润水平指标，对受控交易的价格进行评价或调整的方法。如果受控交易的利润水平与可比非受控方的可比营业利润水平相同，或位于多个可比营业利润水平的合理区间，那么受控交易就符合正常交易原则，就不需要作调整。如果不一致或在可比营业利润合理区间以外，就说明受控交易有可能存在违反正常交易原则的情形，那么可通过确定非受控可比方的利润水平指标，以及对有关财务数据使用这一利润水平指标，计算出可比营业利润，据以对受控交易进行评价和调整。作为参照的非受控可比营业利润水平指标可以是一组，如果是这种情况，就需要采用适当方法从中选择可供作调整依据的可比利润指标，如采用四分位数间距法[1]计算出可比营业利润水平的中值。

采用这一方法的核心问题是找出适当的可比利润水平指标。一般可用下列利润水平指标：①资本回报率。资本回报率是营业利润与营运资产的比率。②财务比率。财务比率衡量利润与成本或销售收入之间的关系。例如，销售利润率，就是营业利润对销售的比率；费用毛利率，即毛利对营业费用的比率。采用可比利润法的第二个重要问题是正确选择和计算有关财务数据。这些财务数据包括如下几个方面：①销售收入；②毛利；③营业费用；④营业利润；⑤计税营业利润；⑥营运资产。那么如何确定可比利润指标，在可比性分析的基础上，虽然应考虑所有相关的可比因素，但本方法下的可比性特别依赖所用的资源和承担的风险。此外，由于资源与风险通常与行使的功能直接相关，在判定被试验方与非受控纳税人之间的可比性程度时，执行的功能也是重要的考虑对象。

《转让定价指南》中主张采用交易净利润法（transactional net margin method，TNMM）。就是采用可比非受控纳税人的营业利润即净利指标，如成本利润率、销售利润率、资产利润率等，对受控交易的价格进行评价和调整。这一方法与前述可比利润法在整体思路和具体操作方法上是基本一致的。差别仅在于可比利润法不仅可以利用营业利润（即净利）指标，如果符合最优法原则，也可以利用毛利指标，如营业费用毛利率。而《转让定价指南》则主张只能利用营业利润指标。《转让定价指南》还详细分析了交易净利润法的优缺点，指出这一方法对比可比非受控价格法，较少地受交易类别、性质差异的影响，因为生产经营不同的产品或服务可能产生相同的净利水平，而同样生产经营相同的产品或服务也可能产生不同的净利水平；对比营业费用毛利率等毛利指标，净利指标较少地受功能差异的影响，功能差异往往就反映在营业费用上，净利是毛利扣除营业费用后的余额，同样的功能可能产生不同的净利，不同的功能可能导致相同的净利。因此这一方法可用于对涉及无形资产交易等交易对象的性质、功能存在较大特殊性的受控交易结果的评价和调整。[2]

交易净利润法也存在不足之处。由于营业利润不仅受价格因素的影响，还通常受到经营管理水平、新的竞争对手的威胁、替代产品的威胁、工厂和设备新旧不同而产生的成本结构、自筹资金和贷款比例所反映的资本结构、经营经验等非价格、非市场因素的影响，而其中的每一个因素又受到其他因素的影响，如竞争对手的威胁程度又是由产品的质量、花色品种、政府补贴程度等决定的。而对这些因素进行差异分析并决定调整通常有较大的困难。这就使得可比性分析的可靠性降低，从而使应用交易净利润法来判断受控交易是否符合正常交易原则的可靠性降低。[3]

5. 利润分割法

简单地说利润分割法（profit split method）就是先计算关联企业集团一项或几项受控交易的利润总额，然后通过考察每个受控纳税人对这一项或几项受控交易的合并营业利润（或亏损）的贡献值，从而决定每一个受控纳税人可分配到的利润额（或亏损额），并据以判断受控交易是否符合正常交易原则。这一贡献值要根据可比的非受控纳税人在相同情况下对合并利润的贡献大小计算。利润分割法具体地又可分成两种，一是可比利润分割法，二是剩余利润分割法。

---

[1] 四分位数间距（interquartile）法就是将一组统计数据四等分，取 25% 的点至 75% 的点之间的数据，作为合理的数值范围，并以 50% 那个点为中值。例如，一组数据为 120、140、160、200、220、250、270、300，那么按四分位数间距法，合理的数值范围为 150~260，因为 140 与 160 之间的点即 150 为 25% 的点，而 250 与 270 之间的点即 260 为 75% 的点。200 与 220 之间的点即 50% 的点为 210，此乃中值。

[2] OECD Guidelines，3.27~3.28。

[3] OECD Guidelines，3.29~3.36。

可比利润分割法使用非受控纳税人在受控纳税人相似交易的利润或损失占合并利润或损失的百分比，来分摊关联企业相关营业活动的合并利润或损失。采用此方法，同样先要进行可比性分析，判定非受控纳税人与受控纳税人之间的可比性程度。具体讲就是要比较受控纳税人之间营业利润的分摊，与在相似情况下，在相似活动中，非受控纳税人之间对营业利润的分摊。

剩余利润分割法就是对受控交易的合并营业利润或亏损，在各受控纳税人之间根据一般性贡献进行分摊，然后对剩余利润再根据每一个纳税人的特殊贡献进行分摊。也就是对合并利润或亏损分两步在受控纳税人之间进行分摊。

第一步，一般性贡献分摊。根据每一个受控纳税人在其进行的受控交易中作一般性贡献应能得到的回报，将营业利润分配给受控交易的每一方。一般性贡献所能得到的回报，指在相似的营业活动中的非受控纳税人，用归其所有的有形资产、服务和简单可比的无形资产，所做的相同或相似的贡献应能得到的回报。可用可比的资产利润率、销售利润率等指标进行此项分摊。

第二步，剩余利润的分摊。对受控纳税人一般性贡献所做的利润分配，依据的可比交易属于常规营业活动，在不考虑复杂无形资产等特殊因素的通常情况下，受控各方所能得到的利润。因此对涉及复杂无形资产等特殊的受控交易，还必须基于受控纳税人对受控交易所作的无形资产价值贡献（特殊贡献），在受控纳税人之间分配剩余利润（杨斌，2002c）。

六、防止资本弱化的措施

资本弱化的主要结果是增加利息扣除的同时减少对股息的课税。防止通过资本弱化进行避税的重点在于对利息扣除进行限定，或者将名义上由债权产生实际却是由股权产生的所得推定为股息加以课税，或者二者并用。这实际上也是对正常交易原则、实质重于形式原则、法律规章不得滥用原则的贯彻。各国有关资本弱化税制的规定有所差别，有的国家（如英国、爱尔兰）实行向非居民大股东支付利息视同股息分配的办法，[①]多数国家实行安全港模式。安全港模式的基本制度要点如下。

（一）资本弱化的认定和安全港比率的计算

多数实行资本弱化的国家都以公司债务对股本的固定比率（也称安全港比率，safe harbor ratio）作为判断是否存在资本弱化现象的标准。不过这一固定比率因国而异。实行1.5∶1的国家有法国、美国；实行2∶1的国家有葡萄牙；实行3∶1的国家最多，有澳大利亚、德国、日本、加拿大、南非、新西兰、韩国、西班牙等国。既然采用债务对股本的固定比率作为标准，就要在制度上对如何计算这一比率作出具体规定。

1. 贷款类型

判断是否存在资本弱化现象的重点在于明确作为分子的债务（更准确的用语应当是贷款资本金，即 loan capital）的类型。第一种类型贷款是一般性投资贷款（即股东以贷款形式对企业的长期投资），其要计入贷款资本金，这不成问题。问题在于短期贷款和某些特殊类型的贷款是否要计入贷款资本金中，对短期贷款是否计入，各国规定不同。在美国，对股东的应付款，期限在90天以内的部分，由于不计息，因此不计入贷款资本金中。澳大利亚规定，澳大利亚企业对其非居民股东应付款，如果期限在30天以内的，即使计息也不算入贷款资本金中。在德国，由公司股东提供的期限在6个月以内贷款，不计入贷款资本金中。而西班牙、加拿大、日本等国，不考虑贷款的期限长短，一律计入贷款资本金中。

必须考虑能否计入贷款资本金的第二种类型的贷款是背靠背贷款（back-to-back loans）。背靠背贷款是指股东先将款项存入银行，再由银行向公司提供贷款。多数国家规定，此类贷款的利息不能扣除，从而也

[①] 如英国规定，如果贷款公司拥有借款公司的资本比例达到75%，或贷款公司和借款公司均被第三者拥有资本达到75%，那么借款公司向贷款公司支付的利息不得在税前扣除，而要按股息缴纳公司税。见 section 209（2）(e)(iv), Income and Corporation Taxes Act 1988。

不必将其算入贷款资本金总额中。

第三种类型的贷款是无关联第三方提供的,但对股东有追索权的贷款(如由股东担保或在公司不能偿还时承诺由其归还的贷款)。对此各国规定十分不同。有的国家如德国、西班牙、美国、葡萄牙、新西兰、南非等将此类贷款计入贷款资本金总额。相反,澳大利亚、加拿大和日本等则将其视为一般的无关联方提供的贷款,不计入贷款资本金总额中。合理的处理办法应当是,与企业同处在一个国家的居民银行提供的此类贷款,不适用资本弱化的规定,因为企业作为费用扣除的利息要作为银行的收入在居住国纳税,对该国而言,税收收入没有损失;而如果此类贷款提供者是非居民银行,则要将其计入贷款资本金,适用资本弱化的规定。

第四种类型的贷款是混合融资工具(hybrid financing instruments)。混合融资工具具有贷款和股本投资双重特征。其主要特点是:支付利息但没有归还贷款的期限、可转换为公司股份、分享利润和损失、参与准备金提出和破产清偿过程、破产时劣后清偿。多数国家将此项贷款计入贷款资本金。但德国采用对此类贷款的利息不予扣除的直接办法。

2. 计算贷款资本金的时间

贷款的期限不同,贷入的时间也不同,贷款总是有借有还处于流动状态,以哪一个时点的贷款余额作为安全港比率的分子就成为一个重要的问题。各国对此有不同的做法。美国以年底的贷款余额超过资本总额余额(股本余额和所有贷款余额之和)的60%为标准(年底法),西班牙和日本以纳税年度全年按月计算平均贷款余额为基础(平均法),加拿大以一年中贷款额达到最大的那个时点的贷款资本金总额为计算依据(最大法),德国则以一年中任何时点非居民股东提供的贷款超过安全港的数额为计算基础(时点法),澳大利亚和新西兰规定企业可在最大法和平均法中进行选择(International Fiscal Association,1996)。

3. 贷款提供人的身份和安全港规则的适用对象

美国在计算债务与股本比率时,以公司全部债务为基础,不考虑贷款提供人是否与公司存在关联关系(International Fiscal Association,1996)。但其余实行资本弱化税制的国家都规定贷款提供人为公司股东时,其所提供的贷款才要计入贷款资本金,来确定是否超过安全港界限。与公司无任何关联关系的独立第三方(如无关联关系的银行)提供的贷款不能算入上述贷款资本金中,无论其数额多大都不能适用资本弱化的规定。这种规定比较合理,因为资本弱化规定要防止的是投资者以获得税收好处为目的,用贷款的方式代替股本方式。但对企业正常的借贷则不能过多地进行干预。

资本弱化规定限于以股东为对象的情况下,对股东提供的贷款资本金,具体计算时是以单个股东分别计算还是以非居民股东为整体进行计算,各国规定不同。第一种方法是单个非居民股东分别计算,同时也分别适用安全港规则。也就是说,计算贷款资本金与股本的比率以单个股东为单位,即使公司贷款资本金总额与股本总额的比率没有超过安全港界限,但如果某一股东提供的贷款资本金与其所拥有的公司股本的比率超过安全港界限,其超过部分的利息就不能扣除。德国、法国、南非、葡萄牙、新西兰等国家实行此种方法。第二种是将非居民股东作为整体,来确定其所提供的贷款资本金与所拥有的公司股本的比率。只有非居民股东所提供的贷款资本金整体超过安全港界限,才适用资本弱化规定(International Fiscal Association,1996)。第三种方法是以公司整体计算的债务与股本的比率、以非居民股东整体计算债务与股本的比率,同时超过安全港界限(300%)的情况下,才能应用资本弱化规定。此方法以日本为代表(裴桂芬,1994;International Fiscal Association,1996)。

以非居民股东为对象计算安全港比率,是否意味着所有非居民股东,不论大小均要作为计算对象?回答是否定的。各国都规定作为资本弱化规定适用对象的非居民股东,还要符合最低的参股水平。美国、法国规定要参股50%以上,日本、新西兰、韩国规定参股要达到50%,德国规定参股要超过25%,西班牙规定这一比例要达到25%,南非要求达到20%,而澳大利亚规定该比例只要达到15%,就作为资本弱化规定的约束对象(International Fiscal Association,1996)。

4. 股本的确定

作为计算安全港比率的分母,股本一般根据企业会计报表的数据加以确定,其内容包括:法定股本(已付款认购)、保留公积金、上年结转的保留收益、准备金。一般以账面价值为准,也有国家(如新西兰)规定以资产的市场价值为准。多数国家规定股本的计算时点与上述贷款资本金的计算时点要相互一致。不过也有国家(如德国)规定股本计算以上一年的年末数为准,而贷款资本金则以当年最大额为基础。

(二)资本弱化的税收规则

实行安全港比率的国家,对超过界限的利息的处理可以概括为以下两种模式。

1. 对未超过安全港界限的债务支付的利息不予作为费用扣除

采用这一方法的国家有加拿大、澳大利亚、日本和美国,法国采用类似方法。

以下一个实例说明了,在将短期贷款也计入贷款资本金的情况下(采用加拿大的办法),不予扣除的超额利息的确定。

股本		1 000 000
股东长期资本贷款金		3 000 000
每年应付利息(10%)		300 000
股东一个月期限的贷款资本金		1 200 000
利息(5%)		5 000

不予扣除的超额利息的确定:

贷款资本金总额:	3 000 000 + 12 000 000	4 200 000
安全港(股本的三倍):	1 000 000 × 3	3 000 000
超额的贷款资本金:	4 200 000 − 3 000 000	1 200 000
贷款资本金利息总额:	300 000 + 5 000	305 000

$$\text{不予扣除的超额利息} = \frac{\text{超额的贷款资本金}}{\text{贷款资本金总额}} \times \text{贷款资本金利息总额}$$

$$= \frac{\text{贷款资本金总额} - \text{股本} \times 3}{\text{贷款资本金总额}} \times \text{贷款资本金利息总额}$$

$$= \frac{4\,200\,000 - 1\,000\,000 \times 3}{4\,200\,000} \times 305\,000$$

$$\approx 87\,143$$

结果,为了一个月贷款利息费用5000货币单位的扣除,而导致了87 143货币单位的利息费用不能扣除。

这种方法具有一定的局限性。第一,可能导致国际双重征税,因为贷款利息在来源国被征税,而在利息获得者的居住国还要被征税,获得者在居住国纳税时,其在收入来源国负担的利息所得税得不到抵免。既然在收入来源国,利息不被当作费用给予扣除,只能成为所得税的税基被征税,但名义上却不是以利息税的形式出现,因而也不能在居住国纳税获得抵免。第二,超额利息不被扣除,会减少公司利润,从而导致对股东分配的减少,而提供贷款资本金的股东只是股东的一部分。由部分股东造成的结果,却由全体股东承担,有失公平。

2. 将超额利息视为利润分配或股息

对超过安全港界限的利息,不仅不能作为费用扣除,而且明确将其重新归类为公司分配利润或股息,按股息的税率征收公司所得税和预提税。采用这一方法,"贷款"提供者获得的这部分"股息"在收入来源国承担的所得税和较低的预提税(如果有双边税收协定存在的话),可在其向居住国纳税时获得抵免。因此,较上述仅考虑不予扣除的做法更合理一些。这一方法被德国、韩国、南非和西班牙等国采用。

除了上述处理办法外,许多国家还就特定行业或经营领域规定了特别的规则。第一种是规定某些行业免于适用资本弱化税制,如德国规定银行只要对其非居民股东提供的贷款资本金按固定利息率支付利息,就不适用资本弱化的规定。第二种是对某些行业规定了较高的安全港界限,如澳大利亚对某些金融机构放宽安全港界限,从 3∶1 放宽到 6∶1;德国对持股公司的安全港界限放宽到 9∶1(因为德国对持股公司的子公司不给予安全港界限)。此外,一些国家不普遍推行资本弱化规定,而只在某些行业实行,如挪威的资本弱化规定只适用于在大陆架从事石油、天然气开采作业的公司,瑞士只在不动产投资公司采用资本弱化规定(International Fiscal Association,1996)。

七、防止通过避税港避税的措施:CFC 专门法案

前面已经指出,纳税人为了逃避高税国较高的所得税,可以采取的办法就是在税负较低的国家或地区(特别是避税港)建立基地公司(主要方式是持股或控股公司),这些基地公司由本国纳税人控制。在 20 世纪 60 年代以前,包括美国在内的所有实施居民税收管辖权和收入来源地税收管辖权双重税收管辖权的国家,都允许本国居民(在美国还包括公民)在外国公司拥有股权,只有当公司将利润分配并且将所获得的股息汇回本国时才要就此项股息履行纳税义务。这就是"延迟纳税"。这样的允许是通过避税港建立基地公司进行避税得以成功的前提。因为在这个允许下,纳税人只要不将利润进行分配并汇回本国,而是在公司累积,就不需要向所在的高税国就这部分收入缴纳所得税。

为了对付纳税人在避税港设立基地公司进行避税,美国于 1962 年通过了第一项专门法案(史称肯尼迪法案),这一法案载入《美国国内收入法典》副标题 A 第 1 章第 N 分章第Ⅲ部第 F 分部,因此通称 F 分部条款,具体包括法典第 951 节到 971 节的内容。F 分部条款围绕特定意义的 CFC 展开。CFC 不是指经济学意义上的受美国人控制的设在美国境外的所有外国公司,而是指设在避税港符合 F 分部条款特定条件的公司。F 分部条款规定,凡是 CFC,其利润归属于美国股东的部分,即使当年不分配,也不汇回美国,也要视同当年分配的股息,要分别计入各股东名下,与其他所得一并缴纳美国所得税。以后此项利润真正作为股息分配时可以不再缴纳所得税,这一部分当年实际未分配而视同已分配的所得,在外国缴纳的所得税可以按规定获得抵免。尽管 F 分部严格设定了成为 CFC 的条件,使 F 分部的适用被限定在特定的范围内,但作为政府、跨国企业和其他各方利益集团相互妥协的结果,为了照顾各方利益,设置了许多限制性规定,法案变得十分复杂(McDaniel and Ault,1989)。这一措施还是极大地限制了纳税人通过在避税港建立基地,将所得汇集于避税港进行避税的行为。美国采用 F 分部条款以后,许多国家仿效,目前已成为防止避税港避税的法律模本。

自上述第一个 CFC 规则颁布以来,越来越多的国家采用此规则。然而,现行的 CFC 规则难以适应国际商业环境的变化,难以应对 BEPS 挑战。对此,BEPS 行动计划呼吁从以下六个方面为 CFC 规则的设计提供建议:CFC 定义、CFC 的豁免及门槛要求、所得的定义、所得的计算规则、所得的归属规则、防止或消除双重征税规则(经济合作与发展组织,2016)。

(一)CFC 的界定

一般地说,CFC 就是由居民直接或间接控制的外国公司。认定 CFC 的核心问题是解决何为控制。多数国家以权力控制(power control)为首要标准。美国的原始规定是,如果在一家外国公司的各类有

表决权股票总额中,有 50%以上分属于一些美国股东,而这些美国股东每人所握有的有表决权股票又在 10%以上,那么该外国公司即为 CFC。意思是说,每一个人拥有的有表决权股票数额都在 10%以上的美国主要股东所拥有的有表决权股票合计额在 50%以上,才符合成为 CFC 的条件。一个极端的例子,如果有 11 个互不关联的美国股东,以同等的比例(不到 10%)拥有公司有表决权股票,其总额即使为100%,也不是 CFC。这种拥有股权的标准,只要在某一公司纳税年度的任何时点发生过,整个年度就可视其为 CFC。

多数国家参照美国的做法,CFC 被定义为居民拥有的有表决权股票超过 50%[①]的外国公司。有的国家除了按权力控制为标准外,还规定如果居民在代表公司资产总值或资本总额的股份所有权中占有 50%以上也符合 CFC 的控制标准。还有的国家,除 50%这一界限外,在符合另外特定条件的情况下,即使控股不到50%也视为符合 CFC 的条件。例如,澳大利亚和新西兰规定,居民在一家外国公司只拥有 40%的股份,但在没有其他人对该公司拥有权力控制的情况下,该澳大利亚或新西兰居民可被推定为控制该公司。英国 2000 年财政法案对 1988 年《所得和公司税法》作了补充,加入了类似规定。[②]

还有少数国家采用实质利益标准(substantial interest test)来确定 CFC,实质利益标准实际上也主要看持有的股份比例(不过没有要求是否有表决权),此外也考虑其他利益关系因素。例如,法国规定,如果一家外国公司,以该公司财政年度最后一天的数字为准,被法国公司持有股份至少 10%或 150 万法郎,那么该外国公司为 CFC(Sandler,1998)。葡萄牙规定,居民持有外国公司的股本至少 25%,或者在总和 50%以上的股本由葡萄牙居民持有的情况下单个居民持有至少 10%者为 CFC(International Fiscal Association,2001)。匈牙利采用居民是否至少持有 25%的注册资本金,且在一个会计年度中至少 30 天的标准来决定 CFC的存在(International Fiscal Association,2001)。

少数国家除了规定非居民作为全体拥有一定比例的控股权(如 50%或 25%等)这一总的界限外,还规定了股权集中程度的条件,只有控股权比较集中的外国公司才符合 CFC 的条件。例如,澳大利亚、加拿大、新西兰规定 CFC 不是指所有居民股东拥有的股权达到 50%的外国公司,而是 5 个或 5 个以下居民股东直接或间接地拥有的有表决权股票达到 50%的外国公司。美国则通过规定每个居民股东的最低所有权要求,来体现类似精神。正如前面已经阐述的那样,美国税法意义上的 CFC 要同时符合居民控股总额 50%以上和单个股东控股 10%以上(即最低所有权要求)的双重条件。这样规定的好处在于,使 CFC 适用于有限的范围,将那些虽然本国居民拥有的股权总数达到了 50%,但股权较为分散、股东人数很多,实际上居民对公司的支配和控制很难进行的外国公司排除在 CFC 条款的约束范围之外,有利于集中力量对付重点避税问题,减少 CFC 条款对正常跨国投资活动的干扰。其不利之处是较为容易地通过分散股权的办法来避开 CFC 条款的约束。为了防止这一现象的发生,实行股权集中程度或最低所有权要求的国家,还要规定推定所有权(constructive ownership)条款,将分散在与某股东有关联关系的其他股东手中的股权汇总计算作为该股东拥有的股权,据以确定是否符合 CFC 的条件。

为了防止通过中间插入一个持股公司来降低居民对外国公司直接控股水平以逃避 CFC 条款的约束,各国都规定控制不限于直接控制,还包括间接控制。例如,本国居民 A 控制持股公司 B51%的股权,而该持股公司控制另一国 C 公司 50%以上的股权,虽然 A 公司对 C 公司拥有的股权实际只有 25.5%,但仍然认为A 公司对 C 公司具有控制权,而认定 C 公司为 CFC。

(二)CFC 法律的政策目标

多数国家对居民来源于全世界范围的所得征税,而对非居民公司仅就其来源于本国境内的所得征税,即使该非居民公司完全由本国居民拥有。这样本国居民股东从其拥有的非居民公司获得的收入,只要不分

[①] 有些国家如澳大利亚、新西兰、挪威以达到或超过 50%为界限。
[②] 一个英国居民拥有一家外国公司至少 40%的股份,而一个非居民拥有该公司股份在 40%到 50%之间,那么该公司也是 CFC。见 Finance Act 2000,Schedule 31。

配且不汇回本国,在没有特别法律加以规范的情况下,就可延迟纳税。延迟缴纳居住国税收的好处只有在公司所在国的税收低于居住国的情况下才可能存在,如果公司所在国的税收负担高于本国的税收负担,延迟纳税就没有意义。而公司所在国的税负越低,纳税人获得的好处就越大。因此纳税人往往在避税港设立受其控制的公司,通过其来转移收入或累积利益,达到减轻税收负担的目的。这破坏了税收公平和对资本输出保持中性的原则。但是本国居民在国外建立受其控制的公司,是重要的对外投资方式之一,这种跨国投资方式的发展是世界经济发展的必然结果,企业采用这一投资方式并不是全部为了逃避居住国的税收负担。针对以逃税避税为目的设立 CFC 的,有必要采用 CFC 法律,对 CFC 所得中按股权比例归属于本国居民(包括个人、法人、非法人企业和团体、合伙企业、信托等)的所得,即使没有分配或汇回本国也要视同当期已分配所得向本国政府承担纳税责任,从而对延迟纳税进行限制,防止国际逃税避税活动,但 CFC 法律的采用不能影响正常的国际投资和商务活动的开展。因此,CFC 法律的目标不能简单地定位为限制延迟纳税,而必须界定可接受的延迟纳税和不可接受的延迟纳税,CFC 法律只能针对那些为了逃税避税而设立的外国公司。

目前,除了新西兰的 CFC 法律接近于消除所有的延迟纳税外,[①]其他采用 CFC 法律的国家,都明确以下情况的延迟纳税是不可接受的,一是本国居民在外国公司居控制地位或拥有主要利益;二是由 CFC 产生的所得属于消极投资所得,或属于设立在避税港的基地公司的非真正营业所得,并且这些所得被外国政府或地区当局免税或减税。而其他类型的对外营业活动如从事实业活动的所得,即使存在延迟纳税现象,也不受 CFC 法律的约束。但在现实的经济活动中,如何界定 CFC 法律的约束对象不是易事,这需要建立详细的制度规则。由此导致了 CFC 法律已经成为很复杂的税法中最复杂的部分(Sandler,1998)。

(三) CFC 法律适用的地域范围

设立 CFC 法律的起因是针对通过避税港设立基地公司进行避税,因此,除了美国、加拿大、以色列三个国家[②]以外,所有实行此法律的国家都明确规定 CFC 法律仅适用于特定的国家或地区,即低税国家或地区,主要是避税港。为此,这些国家都制定了低税国家或地区的标准或列举避税港名单,明确建立在符合低税国家或地区条件或在避税港名单上国家或地区的 CFC 才是法律约束对象。低税国家或地区和避税港国家或地区的确定存在这四种方法。一是采用实际缴纳的所得税与本国应纳税额相比较的方法,例如,法国、挪威都规定如果 CFC 在所在国家实际支付的所得税只相当于按法国或挪威税法计算应纳所得税的三分之二,那么 CFC 所在国就符合低税国家或地区的条件,从而该 CFC 就必须按 CFC 法律办理在法国或挪威的纳税事务。英国的标准是应纳英国所得税的 75%。丹麦、瑞典没有明确的比例界限,只是规定如果 CFC 在所在国缴纳的所得税显著低于本国时,该外国为低税国家或地区。二是采用与本国实际税率相比较的办法。芬兰、德国、西班牙、葡萄牙等国采用这一办法。例如,德国规定如果 CFC 适用的实际税率只是德国税率的 25%(2001 年以前为 30%),那么该 CFC 所在国家为低税国家或地区。三是采用固定税率的办法。日本、韩国和匈牙利等国采用这一办法。例如,日本规定如果 CFC 适用的实际税率等于或低于 25%,该 CFC 所在为低税国家或地区。韩国的标准为 15%。而匈牙利是唯一采用名义税率作为标准的国家,规定当外国的名义税率等于或低于 10%时,该外国为低税国家或地区。四是基本采用 OECD 关于避税港或低税国家或地区的定义。[③]例如,意大利规定如果一个外国的税率显著地低于意大利、没有情报交换制度、与意大利也没有双边税收协定,那么该外国为避税港,建立其中的 CFC 要受法律约束。

采用上述办法的多数国家还具体列举低税国家或地区或列出避税港名单、不适用 CFC 法律的国家

[①] 新西兰规定除了设在澳大利亚、加拿大、德国、日本、英国、美国(不包括所有这些国家的领地和属地)、挪威、法国(1993 年才增加)8 个被称为高税国的国家以外所有国家和地区的 CFC(新西兰居民控股达 50%及以上)的新西兰股东要遵照 CFC 法律纳税。

[②] 这三个国家的 CFC 法律根据所得的性质而非所得来源地是否属于低税国家或地区来判断是否属于避税行为。

[③] 参见本章第二节第三点。

名单。列举名单的办法有一定局限性，因为某些高税国可能存在优惠税收政策，可利用优惠政策达到同在避税港建立 CFC 一样的目的。一个国家或地区的税收制度与政策经常会发生变化，名单要适时更新，实际操作不是易事，即使做得到，也违反税法相对稳定原则。因此有的国家如日本就从 1992 年起取消了列举名单的办法（International Fiscal Association，2001）。

从中国的情况来看，《中华人民共和国企业所得税法》第六章第四十五条规定，由居民企业，或者由居民企业和中国居民控制的设立在实际税负明显低于规定税率水平（25%）的国家（地区）的企业，并非由于合理的经营需要而对利润不作分配或者减少分配的，上述利润中应归属于该居民企业的部分，应当计入该居民企业的当期收入。从这项规定我们可以看出，中国对于避税港的认定采用的是固定税率的办法，即那些实际税负低于 25%的国家均被认定为低税负国家，中国对于设立在避税港公司的所得则仅就非合理经营部分采用 CFC 法律。

（四）CFC 法律约束的客体对象——污染所得

CFC 法律约束的客体对象被称为"污染所得"（tainted income），一般指 CFC 归属于本国股东的消极投资所得（股息、利息、租金、特许权使用费、资本利得等）或基地公司所得。

1. 实体方法和交易方法

如何具体确定 CFC 法律约束的客体对象？一些国家采用实体方法（entity approach），而另一些国家采用交易方法（transactional approach）。实体方法就是不考虑公司分类所得的性质，而将 CFC 作为一个整体，确定其按 CFC 规则征税还是免税，如果符合征税的条件，那么所有按股权比例归属居民股东的所得都受 CFC 规则的约束。采用实体方法的多数国家（芬兰、法国、以色列、意大利、日本、韩国、挪威、葡萄牙、英国等）一般以污染所得即归属于居民股东的消极投资所得、基地公司所得占 CFC 总所得的比例（通常是 50%或更多）作为标准，确定该外国公司是否按 CFC 规则征税。新西兰、匈牙利和瑞典的做法与这些国家有所不同，这三个国家对 CFC 按比例归属于本国居民的所有所得（包括营业利润）都要求按照 CFC 规则征税。

交易方法是指对 CFC 的所得进行分类，只将那些归属于居民股东的消极所得、基地公司所得纳入 CFC 法律的约束范围，而对积极的营业利润免于按 CFC 规则征税。这一方法与前述方法实际上并没有很大的差别，只是表述不同而已，实际操作殊途同归。

2. 消极投资所得和基地公司所得

确定 CFC 客体对象的关键是区分积极的营业活动所得和消极的投资所得。一般地说，消极投资所得包括股息、利息、特许权使用费、租金和资本利得等。但在实际认定中往往要考虑 CFC 所从事的营业活动的性质。例如，多数国家规定金融机构从事的业务活动的利息所得属于营业利润而不作为污染所得。不过也有少数国家如丹麦，由于其 CFC 法律主要针对金融机构，因此明确规定金融机构的利息所得也属于污染所得。一些国家如丹麦、日本、韩国、葡萄牙和英国，将特许权使用费、租金一律作消极投资所得看待。而部分国家则规定要根据具体的情况和事实来决定特许权使用费、租金等是属于营业利润还是污染所得。美国规定来源于非关联方，以及虽来源于关联方但因使用位于 CFC 同一国的财产而发生的特许权使用费和租金不属于污染所得。德国、澳大利亚对因使用 CFC 本身创造或革新的无形资产而产生的特许权使用费，视同营业利润看待，将其排除在污染所得范围之外。多数国家将出售有价证券而获得的资本利得列为污染所得，将出售积极的营业活动的财产而获得的资本利得排除在污染所得的范围外。英国则将所有类型的已实现资本利得都作为污染所得对待（International Fisical Association，2001）。

基地公司所得是指消极投资所得以外的所有类型所得，其中主要构成部分是基地公司向外国特别是其关联方出售财产和提供劳务的所得。基地公司的哪一些所得要被包含在污染所得中，各国的规定差异很大，且都十分复杂。一般地说，基地公司如果在正常交易条件下，从事实业活动（如制造业、农业、服务业等）的所得免于适用 CFC 规则。但如果不是按正常交易原则从事活动，则要根据不同情况适用 CFC 规则。首先，CFC 从位于股东居住国的商业获得的所得（通常与转让定价相联系），除非在居住国设立常设机构，否则会直接减少居住国的税基。因此多数国家在确定 CFC 的污染所得时将这一类型（特别是与关联企业在转让定价安排下进行的交易）所得纳入其中。英国对 CFC 从事的积极营业活动的所得免于按 CFC 规则征税，但如果 CFC 在英国境内提供劳务、将货物送进或送出英国而获得所得，要被列入污染所得范围，据以按 CFC 规则征税。澳大利亚和加拿大有类似规定。其次，对 CFC 与股东居住国以外国家（包括本地市场）的关联交易所得，有的国家将其排除在污染所得的范围外（如澳大利亚、加拿大、西班牙污染所得只包括与股东居住国的关联交易所得）；有的国家（如德国、韩国、挪威、英国等）将其列入污染所得范围内，不论其发生在本地市场还是其他国家；有的国家（如法国、日本、葡萄牙和美国等）将其发生于本地市场以外的部分列入污染所得中，而将发生在本地市场的关联交易所得排除在污染所得的范围外。再次，对 CFC 的外国分支机构所得，多数国家规定只要 CFC 从事正常的积极的营业活动，其分支机构或常设机构的所得可免于适用 CFC 规则。最后，对基地公司的其他所得。几个国家将保险费和再保险费收入算入污染所得中。美国除此之外还明确船运和空中运输所得、向有关政府官员行贿或付给折扣的费用的相等数额、参与国际抵制活动的所得、特定石油天然气开采活动的所得也要计入污染所得中（International Fisical Association，2001）。

有几个国家还规定了最低免除标准，即 CFC 的利润额或污染所得额达不到这一标准时，不论其所得的类型或来源地，都免于适用 CFC 规则，这主要出于节约税收管理成本的考虑。英国的标准是利润额低于 5 万英镑，澳大利亚、德国、美国的标准是取固定数额和 CFC 所得的百分比中较小者，西班牙规定污染所得不到净所得的 15%或毛所得的 4%者免于适用 CFC 规则。

与转让定价调整一样，CFC 法律的运用也可能导致重复征税问题，这需要按照国际税收协定的原则，通过订立相关条款或通过协商来解决（Arnold，1986；OECD，1996；United States Office of Tax Policy，2000）。

八、BEPS 行动计划[①]

（一）BEPS 行动计划的基本内容

BEPS 是指跨国企业利用国际税收规则存在的不足，以及各国税制差异和征管漏洞，最大限度地减少其全球总体税负，甚至达到双重不征税的效果，造成对各国税基的侵蚀。其不是由任何一个单一税收法规造成的，而是由多种因素相互交替的结果。在经济全球化的背景下，BEPS 愈演愈烈，造成严重的经济扭曲。各国普遍面临的财政困难，使得政府开始高度重视税收流失海外的问题，特别是对企业所得税收入依赖性更强的发展中国家政府。但是一国单打独斗对付国际避税，只会引起本国投资环境恶化，潜在税源进一步减少。因此，只有各国联手采取行动，抑制有害税收实践、有效打击逃税和避税行为，为投资行为提供一个确定性的国际税收环境，才有可能实现共赢。

2012 年 6 月，G20 财长和央行行长会议同意通过国际合作应对 BEPS 问题，并委托 OECD 开展研究。2013 年 6 月，OECD 发布《BEPS 行动计划》，并于当年 9 月在 G20 圣彼得堡峰会上得到各国领导人背书。

BEPS 行动计划围绕一致性（coherence）、实质性（substance）和透明性（transparency）三个核心原则，具体包括五大类 15 项内容。第一大类是应对数字经济带来的税收挑战。第二大类是协调各国企业所得税税制，即一致性的体现：混合错配、CFC 规则、利息扣除、有害税收实践。第三大类是重塑现行税收协定和转让定价国际规则，即实质性的体现：税收协定滥用、常设机构、无形资产、风险和资本、其他高风险交

---

① 详情和最新动态可见官网：https://www.oecd.org/tax/beps/。

易。第四大类是提高税收透明度和确定性，即透明性的体现：数据统计分析、强制披露原则、转让定价同期资料、争端解决。第五大类是开发多边工具促进行动计划实施：多边工具。其中，第二、三、四大类内容构成BEPS行动计划的主体部分。

（二）BEPS行动计划项目成果[①]

2014年9月，OECD公布了BEPS行动计划的阶段性成果。2015年10月，OECD发布BEPS行动计划项目成果最终报告，标志着BEPS行动计划进入成果转化阶段。2016年起，BEPS行动计划进入实施阶段，其成果在各国（地区）相继落地，政治共识迈向实际操作阶段。具体内容如下。

1. 第1项行动计划：《应对数字经济的税收挑战》

数字经济是信息通信技术转型过程中的产物，并且越发成为经济本体，难以将其从经济的其他范畴人为彻底圈离，为国际税收带来挑战。报告强调了数字经济不会造成新的BEPS，只是加剧了BEPS风险，并结合数字经济的发展模式及其特征，针对现行税制（包括所得税和增值税）、税收协定和转让定价规则等存在的问题，就国内立法和国际税收规则调整、完善提出解决方案。

报告共包括十部分内容：①BEPS行动计划的背景及应对工作；②税收基本原则、理念及税收协定；③信息通信技术发展进程、未来发展及对经济的影响；④新商业模式及数字经济的主要特征；⑤数字经济下BEPS筹划的核心要素；⑥解决数字经济中BEPS问题；⑦数字经济引起企业所得税方面的税务挑战及备选解决方案；⑧数字经济引起间接税方面的税务挑战及备选解决方案；⑨评估上述备选解决方案；⑩结论及下一步工作计划。

尽管如此，数字经济发展造成的BEPS风险加剧问题仍未得到有效解决。对此，2020年OECD/G20包容性框架发布了"双支柱"蓝图报告，下一部分将详细介绍"双支柱"的具体内容。

2. 第2项行动计划：《消除混合错配安排的影响》

混合错配安排是指纳税人利用不同税收管辖区对一个混合实体或混合工具税务处理上的差异，达到双重不征税的目的。这种现象极为常见，导致相关国家税基受到严重侵蚀。对此，该报告旨在抵消混合错配安排的影响，针对国内法和税收协定范本有关条款的修改和完善提出建议，以避免同一支出多次扣除、一国扣除而另一国不计收入、同一税收多国抵免等问题，极大地提高了有关所得税处理的跨国协调能力。

报告共包括十五部分内容：①混合金融工具的反错配规则；②混合金融工具税务处理的具体建议；③可忽略混合支付的反错配规则；④反向混合的反错配规则；⑤反向混合的具体税务处理建议；⑥可扣除混合支付的反错配规则；⑦双重税收居民的反错配规则；⑧引入错配的反错配规则；⑨设计原则；⑩统筹安排的定义；⑪关联方、受控集团与利益集团的定义；⑫其他定义；⑬双重税收居民实体；⑭透明实体的税收协定条款；⑮前十二章和税收协定之间的协调关系。

3. 第3项行动计划：《制定有效受控外国公司规则》

鉴于纳税人可以利用外国子公司控制权将其居民国或某些情况下其他国家的税基转移至CFC，达到利润转移和长期递延纳税目的。自1962年颁布了第一套CFC规则起，越来越多的国家实施该规则。然而，随着国际商业环境的变化，其难以有效地应对BEPS问题。对此，该报告按照构成要件提供建议，以确保实施后能够有效防止纳税人将所得转移到外国子公司。具体而言，就CFC立法要素、所得认定、外国税收抵免、境外股息免税等提出"最佳实践"方法，以供各国参考。

[①] 详见OECD在2016年发布的《OECD/G20税基侵蚀和利润转移（BEPS）项目2015年成果最终报告》。

报告共包括七部分内容：①政策考量及目标；②定义 CFC 的规则；③CFC 的豁免和门槛要求；④CFC 所得的定义；⑤所得计算规则；⑥所得归属规则；⑦防止或消除双重征税规则。

4. 第 4 项行动计划：《对利用利息扣除和其他款项支付实现的税基侵蚀予以限制》

跨国集团可通过调整集团企业内部债务数额减少税负，如将更多第三方债务转移至高税率国家、通过内部贷款产生超出实际第三方利息费用的利息扣除、利用第三方或内部融资为产生免税所得提供资金等，从而造成了严重的 BEPS 问题。对此，该报告建议根据固定扣除率规则来防止跨国集团通过利息费用的扣除实现避税目的，考虑各国国情不同，固定扣除率可以在10%至30%之间选择。同时，还提出集团扣除率规则作为补充手段，即允许第三方债务水平较高的集团扣除较高的利息费用（不超过10%的上调）、允许企业扣除不超过其所属集团水平的利息费用，各国可以选择使用不同的集团扣除率，或不设置集团扣除率。此外，该报告还提出用以支持一般利息扣除限额规则并解决特殊风险的针对性规则，这些规则适用除银行与保险业以及公共事业以外的所有行业。

报告共包括十一部分内容：①最佳实践方法建议；②利息和经济上等同于利息的支付；③最佳实践方法的适用实体；④基于利息费用或债务水平适用最佳实践方法；⑤适用利润或资产价值计量经济活动；⑥固定扣除率规则；⑦集团扣除率规则；⑧应对波动与双重征税；⑨针对性规则；⑩将最佳实践方法应用于银行及保险集团；⑪实施最佳实践方法。

5. 第 5 项行动计划：《考虑透明度和实质性因素，有效打击有害税收实践》

随着经济全球化进程不断深入，各国往往采用税收优惠等形式展开国际税收竞争，以吸引资本流入，促进本国经济发展。为消除或限制各国的不当国际税收竞争行为，1998年OECD发布了《有害税收竞争：一个新兴的全球性问题》报告，提出了判定有害税收优惠政策的关键因素及抵制有害税收竞争的建议。在此基础上，围绕透明度和实质性因素提出更有效地打击有害税收实践的主要内容，第 5 项行动计划的年终报告提出享受优惠政策所必须满足的实质性活动要求、跨境裁定信息交换的最佳实践方案，以及对成员国和合作伙伴国优惠制度的审议结果。

报告共包括七部分内容：①简介与背景；②OECD 有害税收实践工作概述；③1998年报告中关于如何判定有害优惠制度的框架；④有害税收实践内容的重新修订实质性活动要求；⑤更新有害税收实践工作提高相关裁定透明度的框架；⑥对成员国及合作伙伴国制度的审议；⑦FHTP（forum of harmful tax practice，有害税收实践论坛）的下一步工作。

6. 第 6 项行动计划：《防止税收协定优惠的不当授予》

跨国公司为了追求全球范围的利润最大化，在税收筹划过程中通常把税收协定作为重要工具，以达到享受税收协定和国内税收优惠的目的，严重违背税收公平原则（冯立增，2014）。协定滥用，尤其是择协避税（treaty shopping）是产生 BEPS 的重要原因之一，因此各国同意在税收协定中加入反滥用条款，包括针对择协避税的最低标准措施。该报告主要体现了四方面成果：一是完善 OECD 税收协定范本的修改建议；二是针对国内法规的设计，防止税收协定优惠的不当授权；三是明确产生双重不征税并非税收协定的本意；四是列举各国签订税收协定时通常要考虑的税收政策因素。

报告共包括三部分内容：①防止税收协定优惠不当授予的协定条款和国内规则；②关于导致双重不征税并非税收协定意图的澄清；③与他国缔结协定前通常应进行的税收政策考量。

7. 第 7 项行动计划：《防止人为规避构成常设机构》

税收协定规定，外国企业仅在某国构成常设机构时，才需要就其营业利润纳税，即常设机构的定义对确认非居民企业在某国是否应缴纳所得税至关重要。针对企业利用现有常设机构定义采用一些常见避税手段,该报告提出了修订 OECD 税收协定范本等具体的解决对策,防止人为规避构成常设机构。具体包括:一是修订有关代理人条款,明确若某人在某国开展的活动是为了经常性订立由境外企业履行的合同,则应认定该境外企业在该国构成应税机构场所,除非该人所开展的活动是其独立经营的一部分;二是修订常设机构的豁免规定,以确保豁免规定仅适用于准备性或辅助性活动;三是范本将纳入"主要目的测试"以解决合同拆分带来的 BEPS 问题。

报告共包括四部分内容:①通过佣金代理人或者类似安排认为规避构成常设机构;②通过适当特定活动豁免条款认为规避构成常设机构;③认为规避构成常设机构的其他安排;④常设机构利润归属及其转让定价相关行动计划的相互影响。

8. 第 8~10 项行动计划:《确保转让定价结果与价值创造相匹配》

转让定价规则主要用于从税务角度确定跨国企业集团内部的条件,以便在各集团成员间进行利润分配。关于转让定价规则,1979 年 OECD 首次发布《转让定价与跨国企业》,1995 年 OECD 发布修订版《转让定价指南》,之后多次更新,其主要就各国对独立交易原则的共识进行分析。独立交易原则要求关联企业间交易的定价应参考独立企业类似情况下的可比交易,若交易条件不同,则需从税务角度对利润进行调整,以有效避免双重征税。然而,若转让定价规则被不当使用,则会导致利润分配与产生利润的经济活动不匹配,从而产生 BEPS 问题。对此,BEPS 行动计划要求进一步明确和加强独立交易原则应用指南,采用特别措施应对转让定价中存在的风险。该报告主要针对无形资产、风险和资本、其他高风险交易等三大领域中存在的转让定价问题,修改《转让定价指南》相关内容,以确保转让定价结果与价值创造匹配。

报告共包括六部分内容:①独立交易原则的应用指南;②大宗商品交易;③交易利润分割法指南的工作范围;④无形资产;⑤低附加值集团内部服务;⑥成本分摊协议。

9. 第 11 项行动计划:《衡量和监控 BEPS》

众所周知,BEPS 对财政和经济发展造成重大冲击,特别是对企业所得税依赖性更强的发展中国家,但 BEPS 的复杂性及现有数据的局限性使得难以准确估算 BEPS 的规模及其影响。该报告提出的六项指标模板及分析证实了利润转移正在发生,表现为规模大、增速快等特点,对经济产生极大负面影响。具体而言,实证分析表明 BEPS 对企业间竞争、债务水平和地域安排、无形资产的地域安排、国家间的财政溢出效应等产生扭曲或不利影响,而有效的反避税规则有利于缓解利润转移问题。上述 BEPS 指标的有效性及相关分析均严重依赖数据的真实性和全面性,对此该报告建议 OECD 应与各国政府合作,对企业所得税统计数据进行披露和分析,并采用国际通用形式发布,以确保政府和专家更好地衡量和监控 BEPS 发展趋势,并采取相关行动。

报告共包括四部分内容:①评估与 BEPS 分析相关的现有数据源;②BEPS 的指标;③衡量 BEPS 的规模、经济影响及其对策;④用数据和分析工具更好地监控 BEPS 的规模和经济影响。

10. 第 12 项行动计划:《强制披露规则》

如果可以及时并全面地获取恶意税收筹划方案的相关信息,将有助于税务机关通过针对性的风险评估、税务审计或者修订法律法规应对税务风险。该计划在考虑税收征管成本和商业运营成本的基础上,借鉴各国经验,征求应对恶意税收筹划的强制披露规则的设计建议。该报告旨在给未引入强制披露规则的国家提供一套模块化设计建议,包括四个方面:披露人、披露内容、披露时间以及不遵从的惩罚措施。但报告并不要求各国统一实行强制披露,同时提醒各国注意在信息披露与纳税人负担之间寻求平衡。一般来说,一个筹划方案只有既满足普遍避税特征又具有显著行业避税特点时,才被要求披露。

报告共包括四部分内容:①强制披露概述;②强制披露规则模板的方案;③国际税收筹划安排;④信息共享。

11. 第 13 项行动计划:《转让定价文档和国别报告》

该报告包含了修改后的转让定价文档标准及国别报告模板,其中国别报告要求披露跨国企业集团全球范围内的收入、纳税情况及相关经济活动指标。其目的在于为税务机关开展转让定价评估和调查提供充足资料,以提高信息透明度,从而有效应对跨国企业的 BEPS 问题。具体而言,报告要求纳税人向税务管理机关提供高水平的转让定价资料,包括主文档、当地文档和国别报告三部分。其中,主文档一般包含企业集团全球组织架构、功能风险分布、全球运营状况、集团内部转让定价政策等宏观信息;地方文档主要包含关联方交易、交易额及其转让定价分析等内容;国别报告主要包含集团内各运营单位在各国的经营情况、集团内部的利润分配情况以及纳税情况、各国经营单位的经济活动指标以及所承担的功能风险等内容,其不能直接用于转让定价调整,只能用于风险识别、监控和调查。

报告介绍了《转让定价指南》第五章,包括四部分内容:①转让定价文档——主体文档;②转让定价文档——本地文档;③转让定价文档——国别报告;④国别报告实施方案。

12. 第 14 项行动计划:《使争议解决机制更有效》

除了各国国内法规定的一般性法律救济外,《OECD 范本》提供了另一种机制,即相互协商程序(mutual agreement procedure,MAP)。通过该机制缔约国主管机关可在相互协商的基础上解决有关分歧与困难,对于税收协定的适用应用和解释具有基础性的重要意义。该行动计划主要目的在于提高 MAP 的效用与效率,尽可能减少不确定性及双重征税的风险。因此,该报告提出了各国解决争议的最低标准,依托各国相互监督体系,定期将监督结果向 G20 报告,以确保与 MAP 相关的协定义务被全面履行及 MAP 案件得到及时解决,行政程序的执行可以避免和解决与协定相关的争议,符合条件的纳税人可申请启动 MAP。

报告共包括两部分内容:①最低标准、最佳实践和监督程序;②对具有强制约束力的 MAP 仲裁的承诺。

13. 第 15 项行动计划:《制定用于修订双边税收协定的多边协议》

全球化进程加剧了各国税收体制间的摩擦,由于缺乏有效的执行机制,即使税收协定范本的修订得到各方认可,但双边税收协定仍难以与范本同步。这显然与各国通过消除 BEPS 及对现行双边税收协定的修订,以加强税收体制的目标相悖。该报告指出,为快速实施 BEPS 成果,各国已形成共识,即针对各国面对的共性问题制定一个多边法律工具,相当于同时重新对全球 3000 多个税收协定进行修改,为国际税收领域通过多边合作应对共同挑战提供了较好的范例。

报告共包括三部分内容:①针对税收协定措施制定多边协议以应对 BEPS 问题的工作方案;②2014 年报告:制定用于修订双边税收协定的多边协议;③用于应对 BEPS 措施迅速实施的多边协议参考工具箱。

(三)BEPS 2.0:双支柱

2020 年 10 月,OECD/G20 应对 BEPS 问题的包容性框架针对数字经济带来的税收挑战,发布了两份关于支柱一和支柱二的蓝图报告,以在多边层面上达成全球共识,也被称为"BEPS 2.0 时代"。其中,支柱一提出一项将跨国集团剩余利润的一部分分配给市场国的新征税权划分规则;支柱二提出一套相互关联的国际税收规则,即在全球范围内设立企业所得税的最低有效税率。BEPS 2.0 旨在使税收制度不再是跨国公司决定在哪些司法管辖区进行交易或投资的决定性因素。

2021 年 10 月,OECD/G20 包容性框架召开的第十三次全体成员大会发布了《关于应对经济数字化税收挑战双支柱方案的声明》(简称《声明》),在 OECD/G20 包容性框架的 140 个成员中,已有 136 个国家(管辖区)加入"双支柱"(two-pillars)计划,合计 GDP 占全球 GDP 比例超过 90%,其目的在于推进国际税收规则改革,确保跨国企业缴税公平,肯尼亚、尼日利亚、巴基斯坦和斯里兰卡未加入。

这说明"双支柱"计划已从政治共识迈向实际操作阶段，2023 年支柱一仍在筹备和推进，支柱二已经进入立法阶段。

1. 支柱一：利润分配和联系（profit allocation and nexus）

支柱一适用于大型跨国公司，将一定数量的应税收入重新分配给市场管辖区，导致有效税率和现金税义务发生变化，并对当前的转让定价安排产生影响。新征税权是支柱一的关键核心，该征税权不考虑跨国企业集团在市场国是否具有实际场所，通过公式化方法，在集团层面将部分剩余利润分配给市场国，这部分利润称为"金额 A"。根据《声明》内容，跨国企业集团认定标准为全球收入超过 200 亿欧元且税前利润率超过 10% 的公司（采掘业与受监管的金融服务业除外），即超过营业收入 10% 的利润为剩余利润，剩余利润的 25% 为"金额 A"，然后以营业收入作为分配因子对满足特殊联结度的市场国进行分配，实现市场国的新征税权。对于支柱一下可能出现的重复征税问题，《声明》确认可以采用安全港规则、免税法或抵免法来消除。在"双支柱"方案的推进过程中，由于支柱一涉及国家之间税收权益的再分配，所以面临更大的困难（朱青和白雪苑，2023）。

2. 支柱二：全球最低税收（global minimum taxation）

支柱二主要设定了一个全球最低税标准，对于达不到标准的企业采取相应措施。对此，支柱二制定了两套规则，分别是基于国内法的"全球反税基侵蚀规则"（global anti-base erosion）和基于税收协定的"应予征税规则"（subject to tax rule）。其中，"全球反税基侵蚀规则"由"所得纳入规则"（income indusion rule）和"低税支付规则"（under-taxed payments rule）组成，前者指对母公司就跨国企业集团内成员实体的低课税情形征收补足税款至最低税水平；后者指在母公司或上级公司未执行所得纳入规则时，其他成员实体通过不予扣除或要求进行等额调整，补缴税款至最低税水平，是对所得纳入规则的有效补充。支柱二将最低有效税率设定为 15%。"应予征税规则"允许来源地管辖区对适用税率低于最低税率的某些特定关联支付有限征税，其最低税率被《声明》确定为 9%（李金艳和陈新，2022）。支柱二旨在解决全球有害税收竞争问题，虽然未特别针对数字经济，但能从根源上防范 BEPS 问题产生的风险，以更为广泛而公平的方式重塑国际税收规则。因此，支柱二在磋商谈判中逐渐由配角转变为主角（朱青和白雪苑，2023）。欧盟和其他一些司法管辖区打算从 2024 年开始引入支柱二，而其他国家和地区表示将从 2025 年开始引入支柱二。[①]

【本章小结】

1. 税收管辖权是国家主权在税收方面的体现。一个国家行使税收管辖权，可以基于它所管辖的人的范围或基于它所管辖的地域范围。基于公民概念而行使的税收管辖权称为公民税收管辖权，基于居民概念而行使的税收管辖权称为居民税收管辖权。基于所得来源地或财产所在地而行使的税收管辖权，就称为收入来源地税收管辖权。世界上绝大多数国家都实行收入来源地和居民税收管辖权，而不考虑公民税收管辖权。税收管辖权要受主权约束和外交豁免权的约束。

2. 居民税收管辖权应用的根本问题是确认居民身份，自然人居民身份的确认标准包括住所标准、居所标准和国籍标准。协调自然人居民身份冲突的国际惯例，按照永久性住所、重要利益中心、习惯性居处、国籍、协商的顺序来确定。法人居民身份确认的标准主要有：公司组建地标准、中心管理和控制所在地标准、公司所在地标准、实际管理机构所在地标准、主要机构或总机构所在地标准。法人居民身份发生冲突时一般以实际管理机构所在地作为确定的标准。

3. 收入来源地政府对非居民来源于该国境内的不动产所得、营业利润、投资所得、劳务所得和财产所得区别不同情况并依据一定规则行使征税权。

[①] https://assets.kpmg.com/content/dam/kpmg/xx/pdf/2023/05/beps-2-0-state-of-play-april-2023.pdf。

不动产所得由收入来源国即不动产所在国独享征税权。但是通过常设机构取得的不动产所得应视为营业利润。

国际上对营业利润来源地认定的统一标准是常设机构，收入来源国仅对非居民纳税人通过设在境内的常设机构获得的营业利润征税。如何确定常设机构的利润，要遵循利润归属原则（包括实际联系标准和引力标准）和独立企业的正常交易原则。

股息以支付股息的公司居民身份（实际管理机构）所在国为其来源地。利息和特许权使用费应以实际负担者所在地为来源地。

一般个人劳务所得和特殊类型个人劳务所得以及不同类型的财产所得也有不同的征税权分配规则。

4. 国际重复征税产生的基本原因在于国家间税收管辖权的冲突，包括不同国家同时行使居民税收管辖权和收入来源地税收管辖权、不同国家确定纳税人居民身份遵循不同的标准、不同国家收入来源地确定标准不同三种情形。国际重叠征税产生的原因则主要是税制上和经济上的。

对居民税收管辖权和收入来源地税收管辖权冲突引起的国际重复征税，基本的避免或消除办法有扣除法、免税法和抵免法，免税法可分为全额免税法和累进免税法，抵免法又可分为全额抵免法和限额抵免法。比较而言：①境外税率高于国内税率时，全额抵免法对纳税人最有利，限额抵免法与免税法效果一致；②境外税率低于国内税率时，免税法对纳税人最有利，限额抵免法与全额抵免法效果一致；③在任何情况下，扣除法对避免国际双重征税的效果都最不理想。

5. 抵免法是国际上比较通行的避免国际重复征税的办法，采用抵免法实际上是承认收入来源地税收管辖权的优先地位，但不放弃本国的居民税收管辖权。抵免法从其适用对象而言可分为直接抵免和间接抵免。直接抵免适用于总分公司模式的跨国企业，间接抵免适用于母子公司模式的跨国企业。

抵免限额基本计算方法有分项、分国和综合三种。纳税人在一些国家的营业活动出现亏损，而在另一些国家出现盈利时，分国限额法对纳税人有利；若采用综合限额法，因为盈亏互抵，抵免限额较小，对纳税人较为不利。如果纳税人在所有国家的营业活动都有盈利，且有的国家的税率高于本国，有的国家的税率低于本国时，则采用综合限额法对纳税人更有利。

税收饶让抵免是居住国对所得来源国采用税收优惠而减少的应纳税额视同已纳税也给予抵免的措施。为吸引外商投资，许多发展中国家都希望投资国给予税收饶让，以使其税收优惠政策起到作用。

6. 涉外税收中的逃税是国内逃税的延伸，指涉外税收的纳税人（包括法人、自然人，包括所得税、流转税的纳税人）利用隐匿、谎报、欺骗、伪造凭证账册、随意列支费用等非法手段使一笔应税收入的税收管辖权落空，从而达到不缴或少缴有关国家税法所规定的或国际税收协定所要求的应缴税款目的的行为。避税就是企业、团体或个人等具有独立经济利益的实体，通过合理安排生产经营活动、通过转让定价、通过人（包括法人、自然人）的迁移、通过对税法规定中某些漏洞或某些明确规定的利用，达到减轻或免缴税收的行为。

逃税及避税除了依法的税收筹划这一形式外，对国家财政利益、市场经济条件下的公平竞争、总供给总需求平衡的实现以及经济结构优化、吸引外资的影响都是消极的。

7. 跨国纳税人减轻或消除其税收负担的主要途径有三条：一是逃避税收管辖权；二是滥用国际税收协定；三是转移或隐匿征税对象。

自然人和法人均可能通过避免、选择或改变税收居所的方式逃避税收管辖权，减轻甚至免除其税负。原非缔约国双方居民的人（包括个人、法人等）则可以通过人为的安排成为缔约国一方的居民，使他们享受到协定给予的减免税优惠。转移或隐匿征税对象则主要通过转让定价、人为分配成本费用和资本弱化的办法进行。

8. 避税港指的就是完全或实际上不征收所得税和虽然征收所得税但税率很低或对离岸业务或境外收入给予减免税优惠，从而使纳税人可通过其避免或减轻居住国所得税的国家和地区。

跨国纳税人利用避税港进行逃税避税的主要形式是在避税港建立"基地公司"。用于避税目的的基地公司有如下一些基本类型：国际商务公司、离岸金融公司、持股公司（持权公司）、信托、自保险公司等。

9. 防止通过放弃住所或居所和国际迁移逃避税收管辖权的措施比较简单，就是对本国居民放弃本国住所或居所的自由作出限制性规定。防止滥用国际税收协定避税的重点是解决导管公司问题，具体可采用透视法、排除法、征税法和途径法。

为了对抗转让定价和人为分配成本费用这一途径的逃税和避税，多数国家在税法上赋予税务机关根据"正常交易原则"对转让定价和成本费用人为分配进行重新调整的权力。具体方法包括可比非受控价格法、转售价格法、成本加成法、可比利润法、利润分割法和其他合理方法（包括全球公式分配办法）。《美国国内收入法典》第482节及其实施规章和OECD《转让定价指南》是转让定价调整法规的范本。

防止通过资本弱化进行避税的重点则在于对利息扣除进行限定，或者将名义上由债权产生实际却是由股权产生的所得推定为股息加以课税，或者二者并用。

防止避税港避税的主要措施是建立CFC专门法案，对CFC所得中按股权比例归属于本国居民（包括个人、法人、非法人企业和团体、合伙企业、信托等）的所得，即使没有分配或汇回本国也要视同当期已分配所得向本国政府承担纳税责任，从而对延迟纳税进行限制，防止国际逃税避税活动。

10. BEPS是指跨国企业利用国际税收规则存在的不足，以及各国税制差异和征管漏洞，最大限度地减少其全球总体税负，甚至达到双重不征税的效果，造成对各国税基的侵蚀。对此，2013年6月，OECD发布《BEPS行动计划》，该行动计划围绕一致性、实质性和透明性三个核心原则，具体包括五大类15项内容。

为应对数字经济带来的税收挑战，2020年10月，OECD/G20发布了两份关于支柱一和支柱二的蓝图报告，以在多边层面上达成全球共识，也被称为"BEPS 2.0时代"，其旨在使税收制度不再是跨国公司决定在哪些司法管辖区进行交易或投资的决定性因素。其中，支柱一提出一项将跨国集团剩余利润的一部分分配给市场国的新征税权划分规则；支柱二提出一套相互关联的国际税收规则，即在全球范围内设立企业所得税的最低有效税率。

【概念与术语】

税收管辖权（jurisdiction to tax） "属人管辖原则"（principle of personal jurisdiction） "属地管辖原则"（principle of territory jurisdiction） 居民税收管辖权（resident jurisdiction to tax） 公民税收管辖权（citizen jurisdiction to tax） 收入来源地税收管辖权（source jurisdiction to tax） 住所（docimile） 居所（residence） 国籍（nationality） 决胜法（tie breaker） 公司组建地（place of incorporation） 中心管理和控制所在地（place of central management and control） 公司所在地（company seat） 实际管理机构所在地（place of effective management） 上级管理（superior management） 主要机构或总机构所在地（place of main office or head office） 不动产所得（income from real estate） 营业利润（business profit） 常设机构（standing body） 实际联系原则（economic connection principle） 引力原则（force of attraction principle） 正常交易原则（arm's length principle） 股息（dividends） 利息（interest） 特许权使用费（royalties） 独立个人劳务所得（income from independent personal services） 非独立个人劳务所得（income from dependent personal services） 财产所得（capital gains） 重复征税（double taxation） 国际重复征税（international double taxation） 扣除法（tax deduction） 免税法（tax-free） 全额免税法（full tax-free） 累进免税法（progression tax-free） 抵免法（tax credit） 全额抵免法（full tax credit） 限额抵免法（limited tax credit） 直接抵免（direct tax credit） 间接抵免（indirect tax credit） 抵免限额（limit of tax credit） 分项限额（per part limit of tax） 分国限额（per country limit of tax） 综合限额（overall limit of tax） 税收饶让（tax sparing） 逃税（tax evasion） 避税（tax avoidance） 滥用国际税收协定（abuse of international tax treaties） 导管公司（conduit companies） 避税港（tax haven） 基地公司（base company） 国际商务公司（international business company） 离岸金融公司（offshore financial companies） 持股公司（holding company） 信托（trust） 自保险公司（captive insurance company） 透视法（looking through approach） 排除法（exclusion approach） 征税法（subject-to-tax approach） 途径（渠道）法（channel approach） 转让定价（transfer pricing） 人为分配成本费用（manually allocate costs and expenses） 预约定价（advance pricing） 可比非受控价格法（comparable uncontrolled price） 转售价格法（resale price method） 成本加成法（cost plus method） 可比利润法（comparable profits method） 交易净利润法（transactional net margin method） 利润分割法（profit split method） 资本弱化（thin capitalization） 安全港比率（safe harbor ratio） 背靠背贷款（back-to-back loans） 混合融资工具（hybrid financing instruments） 受控外国公司（controlled foreign company） 税基侵蚀和利润转移（base erosion and profit shifting） 双支柱（two-pillars）

【思考题】

1. 试从主权约束的角度分析国内税法与国际税收协定之间的关系。
2. 简述自然人或法人被缔约国双方同时认定为本国居民时的判定规则。如果其被非缔约国认定为居民又该如何判断？
3. 《中华人民共和国企业所得税法》关于居民企业的认定规则与国际通行的认定规则有何联系与区别？
4. 为什么说《联合国范本》所确定的征税权分配规则有利于发展中国家？
5. 为什么《联合国范本》中常设机构利润归属的引力原则在大多数国家未被采用？
6. 《联合国范本》和《OECD 范本》对跨国个人劳务所得的一般征税规则有何区别？
7. 试述中国现行抵免制度的规则及其改进措施。
8. 为什么中国对外谈判签订国际税收协定要坚持设立饶让抵免条款？
9. 简述国际双重征税产生的原因和免除方法。
10. 论述跨国纳税人逃避税途径及国际社会的防范措施。
11. 什么是避税港？如何通过避税港进行避税活动？
12. 什么是滥用国际税收协定？如何通过滥用国际税收协定达到减轻税收负担目的？
13. 什么是受控外国公司？其避税机理如何？
14. 转让定价调整如何遵循正常交易原则？
15. 什么是资本弱化？如何防止通过资本弱化进行避税的行为？
16. 如何防止通过在避税港设立持股公司避税？
17. 为什么要启动 BEPS 行动计划？其会产生什么影响？
18. BEPS 2.0（双支柱）的主要目的是什么？

第三篇 中国税收法律制度

第十三章 增值税

【本章提要】
1. 增值税的征税范围。
2. 增值税的纳税人和税率。
3. 增值税的应纳税额计算。
4. 增值税的优惠政策。
5. 增值税的纳税时间和地点。

增值税在法国实践成功以后被越来越多的国家采用。国际上已形成相当系统、完善与规范的增值税课征制度。中国从1979年开始试点采用增值税,1993年发布《中华人民共和国增值税暂行条例》(以下简称《增值税暂行条例》)和《中华人民共和国增值税暂行条例实施细则》(以下简称《增值税暂行条例实施细则》),1994年起增值税在中国全面推行,并成为中国税制结构中占据第一位的主体税种。2009年实施修订后的新的增值税暂行条例和实施细则,中国增值税从生产型转变为消费型。2012年1月1日,中国政府开始在上海试点推行营改增,随后营改增试点地区和试点行业逐年扩大。自2016年5月1日起,在全国范围内全面推开营改增试点,建筑业、房地产业、金融业、生活服务业等全部营业税纳税人,纳入试点范围,由缴纳营业税改为缴纳增值税。财政部、国家税务总局发布《关于全面推开营业税改征增值税试点的通知》(财税〔2016〕36号),同时发布四个附件即《营业税改征增值税试点实施办法》、《营业税改征增值税试点有关事项的规定》、《营业税改征增值税试点过渡政策的规定》和《跨境应税行为适用增值税零税率和免税政策的规定》。2017年12月1日国务院发布《关于废止〈中华人民共和国营业税暂行条例〉和修改〈中华人民共和国增值税暂行条例〉的决定》,营业税不再存在。

第一节 增值税的征税范围

增值税源于由亚当斯提出的营业毛利税,而营业毛利就是指销货额减进货额后的余额。此后,增值税逐步发展并被定义为以商品生产流通和劳务服务各个环节增值额为征税对象的一种税。由此可见,增值税的征税对象是商品生产流通和劳务服务各个环节中的增值额。现行增值税的征税范围包括在中国境内销售和进口货物,在中国境内销售劳务、销售服务、销售无形资产和销售动产。但对于实际操作中的某些特殊项目或发生的某些特殊行为是否属于增值税的征税范围,另有具体的规定。增值税的征税范围,包括如下几个方面。

一、销售货物和进口货物

货物是指有形动产,包括电力、热力、气体在内。[①]土地、房屋和其他建筑物等不动产不属于增值税征税范围,不作为增值税应税货物看待。销售货物指有偿转让货物的所有权。这里的"有偿"包括从购买方取得货币、货物或其他经济利益。[②]也就是说,增值税应税行为的销售货物,不仅包括货币交易,而且包括货物交易等非货币交易。进口货物增值税由海关代征,与关税一并征收。进口货物不仅包括通过贸易途径输入的有形动产,而且包括个人携带及邮递进境的应税物品。

---
① 《增值税暂行条例实施细则》,第二条。
② 《增值税暂行条例实施细则》,第三条。

二、销售劳务

销售劳务指通过加工、修理、修配而销售的劳务。

加工，指受托加工货物，即委托方提供原料及主要材料，受托方按照委托方的要求，制造货物并收取加工费的业务。修理修配，是指受托对损伤和丧失功能的货物进行修复，使其恢复原状和功能的业务。[1]增值税应税劳务指有偿即以从委托方或客户取得货币、货物和其他经济利益为条件提供的加工、修理修配劳务。单位或个体经营者聘用的员工为本单位或雇主提供加工、修理修配劳务，不包括在内。[2]这种劳务作为劳务提供上的"自产自用"本应视同对外销售劳务，但考虑到确定税基及税收征收管理操作上的困难，免于征收增值税。

三、销售服务[3]

销售服务，是指提供交通运输服务、邮政服务、电信服务、建筑服务、金融服务、现代服务、生活服务。

（一）交通运输服务

交通运输服务，是指利用运输工具将货物或者旅客送达目的地，使其空间位置得到转移的业务活动，包括陆路运输服务、水路运输服务、航空运输服务和管道运输服务。

1. 陆路运输服务

陆路运输服务，是指通过陆路（地上或者地下）运送货物或者旅客的运输业务活动，包括铁路运输服务和其他陆路运输服务。

（1）铁路运输服务，是指通过铁路运送货物或者旅客的运输业务活动。

（2）其他陆路运输服务，是指铁路运输以外的陆路运输业务活动，包括公路运输、缆车运输、索道运输、地铁运输、城市轻轨运输等。

出租车公司向使用本公司自有出租车的出租车司机收取的管理费用，按照陆路运输服务缴纳增值税。

2. 水路运输服务

水路运输服务，是指通过江、河、湖、川等天然、人工水道或者海洋航道运送货物或者旅客的运输业务活动。

水路运输的程租、期租业务，属于水路运输服务。

程租业务，是指运输企业为租船人完成某一特定航次的运输任务并收取租赁费的业务。

期租业务，是指运输企业将配备有操作人员的船舶承租给他人使用一定期限，承租期内听候承租方调遣，不论是否经营，均按天向承租方收取租赁费，发生的固定费用均由船东负担的业务。

3. 航空运输服务

航空运输服务，是指通过空中航线运送货物或者旅客的运输业务活动。

航空运输的湿租业务，属于航空运输服务。

湿租业务，是指航空运输企业将配备有机组人员的飞机承租给他人使用一定期限，承租期内听候承租

---

[1] 《增值税暂行条例实施细则》，第二条。
[2] 《增值税暂行条例实施细则》，第三条。
[3] 《营业税改征增值税试点实施办法》，附《销售服务、无形资产、不动产注释》，财政部、国家税务总局，《关于全面推开营业税改征增值税试点的通知》，财税〔2016〕36号，附件1。

方调遣，不论是否经营，均按一定标准向承租方收取租赁费，发生的固定费用均由承租方承担的业务。

航天运输服务，按照航空运输服务缴纳增值税。

航天运输服务，是指利用火箭等载体将卫星、空间探测器等空间飞行器发射到空间轨道的业务活动。

4. 管道运输服务

管道运输服务，是指通过管道设施输送气体、液体、固体物质的运输业务活动。

无运输工具承运业务，按照交通运输服务缴纳增值税。无运输工具承运业务，是指经营者以承运人身份与托运人签订运输服务合同，收取运费并承担承运人责任，然后委托实际承运人完成运输服务的经营活动。

纳税人已售票但客户逾期未消费取得的运输逾期票证收入，按照交通运输服务缴纳增值税。[①]

在运输工具舱位承包业务中，发包方以其向承包方收取的全部价款和价外费用为销售额，按照交通运输服务缴纳增值税。承包方以其向托运人收取的全部价款和价外费用为销售额，按照交通运输服务缴纳增值税。

运输工具舱位承包业务是指承包方以承运人身份与托运人签订运输服务合同，收取运费并承担承运人责任，然后以承包他人运输工具舱位的方式，委托发包方实际完成相关运输服务的经营活动。

在运输工具舱位互换业务中，互换运输工具舱位的双方均以各自换出运输工具舱位确认的全部价款和价外费用为销售额，按照交通运输服务缴纳增值税。运输工具舱位互换业务，是指纳税人之间签订运输协议，在各自以承运人身份承揽的运输业务中，互相利用对方交通运输工具的舱位完成相关运输服务的经营活动。[②]

（二）邮政服务

邮政服务，是指中国邮政集团公司及其所属邮政企业提供邮件寄递、邮政汇兑和机要通信等邮政基本服务的业务活动，包括邮政普遍服务、邮政特殊服务和其他邮政服务。

1. 邮政普遍服务

邮政普遍服务，是指函件、包裹等邮件寄递，以及邮票发行、报刊发行和邮政汇兑等业务活动。

函件，是指信函、印刷品、邮资封片卡、无名址函件和邮政小包等。

包裹，是指按照封装上的名址递送给特定个人或者单位的独立封装的物品，其重量不超过五十千克，任何一边的尺寸不超过一百五十厘米，长、宽、高合计不超过三百厘米。

2. 邮政特殊服务

邮政特殊服务，是指义务兵平常信函、机要通信、盲人读物和革命烈士遗物的寄递等业务活动。

3. 其他邮政服务

其他邮政服务，是指邮册等邮品销售、邮政代理等业务活动。

（三）电信服务

电信服务，是指利用有线、无线的电磁系统或者光电系统等各种通信网络资源，提供语音通话服务，传送、发射、接收或者应用图像、短信等电子数据和信息的业务活动，包括基础电信服务和增值电信服务。

---

① 财政部、国家税务总局，《关于租入固定资产进项税额抵扣等增值税政策的通知》，财税〔2017〕90号。
② 国家税务总局，《关于国内旅客运输服务进项税抵扣等增值税征管问题的公告》，2019年第31号。

1. 基础电信服务

基础电信服务，是指利用固网、移动网、卫星、互联网，提供语音通话服务的业务活动，以及出租或者出售带宽、波长等网络元素的业务活动。

2. 增值电信服务

增值电信服务，是指利用固网、移动网、卫星、互联网、有线电视网络，提供短信和彩信服务、电子数据和信息的传输及应用服务、互联网接入服务等业务活动。

卫星电视信号落地转接服务，按照增值电信服务缴纳增值税。

（四）建筑服务

建筑服务，是指各类建筑物、构筑物及其附属设施的建造、修缮、装饰，线路、管道、设备、设施等的安装以及其他工程作业的业务活动，包括工程服务、安装服务、修缮服务、装饰服务和其他建筑服务。

1. 工程服务

工程服务，是指新建、改建各种建筑物、构筑物的工程作业，包括与建筑物相连的各种设备或者支柱、操作平台的安装或者装设工程作业，以及各种窑炉和金属结构工程作业。

2. 安装服务

安装服务，是指生产设备、动力设备、起重设备、运输设备、传动设备、医疗实验设备以及其他各种设备、设施的装配、安置工程作业，包括与被安装设备相连的工作台、梯子、栏杆的装设工程作业，以及被安装设备的绝缘、防腐、保温、油漆等工程作业。

固定电话、有线电视、宽带、水、电、燃气、暖气等经营者向用户收取的安装费、初装费、开户费、扩容费以及类似收费，按照安装服务缴纳增值税。

3. 修缮服务

修缮服务，是指对建筑物、构筑物进行修补、加固、养护、改善，使之恢复原来的使用价值或者延长其使用期限的工程作业。

4. 装饰服务

装饰服务，是指对建筑物、构筑物进行修饰装修，使之美观或者具有特定用途的工程作业。

5. 其他建筑服务

其他建筑服务，是指上列工程作业之外的各种工程作业服务，如钻井（打井）、拆除建筑物或者构筑物、平整土地、园林绿化、疏浚（不包括航道疏浚）、建筑物平移、搭脚手架、爆破、矿山穿孔、表面附着物（包括岩层、土层、沙层等）剥离和清理等工程作业。

物业服务企业为业主提供的装修服务，按照建筑服务缴纳增值税。纳税人将建筑施工设备出租给他人使用并配备操作人员的，按照建筑服务缴纳增值税。[①]

（五）金融服务

金融服务，是指经营金融保险的业务活动，包括贷款服务、直接收费金融服务、保险服务和金融商品转让。

[①] 财政部、国家税务总局，《关于明确金融、房地产开发、教育辅助服务等增值税政策的通知》，财税〔2016〕140号。

1. 贷款服务

贷款，是指将资金贷与他人使用而取得利息收入的业务活动。

各种占用、拆借资金取得的收入，包括金融商品持有期间（含到期）利息（保本收益、报酬、资金占用费、补偿金等）收入、信用卡透支利息收入、买入返售金融商品利息收入、融资融券收取的利息收入，以及融资性售后回租、押汇、罚息、票据贴现、转贷等业务取得的利息及利息性质的收入，按照贷款服务缴纳增值税。

保本收益、报酬、资金占用费、补偿金是指合同中明确承诺到期本金可全部收回的投资收益。金融商品持有期间（含到期）取得的非保本的上述收益，不属于利息或利息性质的收入，不征收增值税。①

融资性售后回租，是指承租方以融资为目的，将资产出售给从事融资性售后回租业务的企业后，从事融资性售后回租业务的企业将该资产出租给承租方的业务活动。

以货币资金投资收取的固定利润或者保底利润，按照贷款服务缴纳增值税。

2. 直接收费金融服务

直接收费金融服务，是指为货币资金融通及其他金融业务提供相关服务并且收取费用的业务活动，包括提供货币兑换、账户管理、电子银行、信用卡、信用证、财务担保、资产管理、信托管理、基金管理、金融交易场所（平台）管理、资金结算、资金清算、金融支付等服务。

3. 保险服务

保险服务，是指投保人根据合同约定，向保险人支付保险费，保险人对于合同约定的可能发生的事故因其发生所造成的财产损失承担赔偿保险金责任，或者当被保险人死亡、伤残、疾病或者达到合同约定的年龄、期限等条件时承担给付保险金责任的商业保险行为，包括人身保险服务和财产保险服务。

人身保险服务，是指以人的寿命和身体为保险标的的保险业务活动。

财产保险服务，是指以财产及其有关利益为保险标的的保险业务活动。

4. 金融商品转让

金融商品转让，是指转让外汇、有价证券、非货物期货和其他金融商品所有权的业务活动。

其他金融商品转让包括基金、信托、理财产品等各类资产管理产品和各种金融衍生品的转让。

纳税人转让因同时实施股权分置改革和重大资产重组而首次公开发行股票并上市形成的限售股，以及上市首日至解禁日期间由上述股份孳生的送、转股，以该上市公司股票上市首日开盘价为买入价，按照金融商品转让缴纳增值税。②

纳税人购入基金、信托、理财产品等各类资产管理产品持有至到期，不属于金融商品转让。①

（六）现代服务

现代服务，是指围绕制造业、文化产业、现代物流产业等提供技术性、知识性服务的业务活动，包括研发和技术服务、信息技术服务、文化创意服务、物流辅助服务、租赁服务、鉴证咨询服务、广播影视服务、商务辅助服务和其他现代服务。

1. 研发和技术服务

研发和技术服务，包括研发服务、合同能源管理服务、工程勘察勘探服务、专业技术服务。

---

① 财政部、国家税务总局，《关于明确金融、房地产开发、教育辅助服务等增值税政策的通知》，财税〔2016〕140号。
② 国家税务总局，《关于国内旅客运输服务进项税抵扣等增值税征管问题的公告》，2019年第31号。

（1）研发服务，也称技术开发服务，是指就新技术、新产品、新工艺或者新材料及其系统进行研究与试验开发的业务活动。

（2）合同能源管理服务，是指节能服务公司与用能单位以契约形式约定节能目标，节能服务公司提供必要的服务，用能单位以节能效果支付节能服务公司投入及其合理报酬的业务活动。

（3）工程勘察勘探服务，是指在采矿、工程施工前后，对地形、地质构造、地下资源蕴藏情况进行实地调查的业务活动。

（4）专业技术服务，是指气象服务、地震服务、海洋服务、测绘服务、城市规划、环境与生态监测服务等专项技术服务。

2. 信息技术服务

信息技术服务，是指利用计算机、通信网络等技术对信息进行生产、收集、处理、加工、存储、运输、检索和利用，并提供信息服务的业务活动，包括软件服务、电路设计及测试服务、信息系统服务、业务流程管理服务和信息系统增值服务。

（1）软件服务，是指提供软件开发服务、软件维护服务、软件测试服务的业务活动。

（2）电路设计及测试服务，是指提供集成电路和电子电路产品设计、测试及相关技术支持服务的业务活动。

（3）信息系统服务，是指提供信息系统集成、网络管理、网站内容维护、桌面管理与维护、信息系统应用、基础信息技术管理平台整合、信息技术基础设施管理、数据中心、托管中心、信息安全服务、在线杀毒、虚拟主机等业务活动，包括网站对非自有的网络游戏提供的网络运营服务。

（4）业务流程管理服务，是指依托信息技术提供的人力资源管理、财务经济管理、审计管理、税务管理、物流信息管理、经营信息管理和呼叫中心等服务的活动。

（5）信息系统增值服务，是指利用信息系统资源为用户附加提供的信息技术服务，包括数据处理、分析和整合、数据库管理、数据备份、数据存储、容灾服务、电子商务平台等。

3. 文化创意服务

文化创意服务，包括设计服务、知识产权服务、广告服务和会议展览服务。

（1）设计服务，是指把计划、规划、设想通过文字、语言、图画、声音、视觉等形式传递出来的业务活动，包括工业设计、内部管理设计、业务运作设计、供应链设计、造型设计、服装设计、环境设计、平面设计、包装设计、动漫设计、网游设计、展示设计、网站设计、机械设计、工程设计、广告设计、创意策划、文印晒图等。

（2）知识产权服务，是指处理知识产权事务的业务活动，包括对专利、商标、著作权、软件、集成电路布图设计的登记、鉴定、评估、认证、检索服务。

（3）广告服务，是指利用图书、报纸、杂志、广播、电视、电影、幻灯、路牌、招贴、橱窗、霓虹灯、灯箱、互联网等各种形式为客户的商品、经营服务项目、文体节目或者通告、声明等委托事项进行宣传和提供相关服务的业务活动，包括广告代理和广告的发布、播映、宣传、展示等。

（4）会议展览服务，是指为商品流通、促销、展示、经贸洽谈、民间交流、企业沟通、国际往来等举办或者组织安排的各类展览和会议的业务活动。

宾馆、旅馆、旅社、度假村和其他经营性住宿场所提供会议场地及配套服务的活动，按照会议展览服务缴纳增值税。[①]

4. 物流辅助服务

物流辅助服务，包括航空服务、港口码头服务、货运客运场站服务、打捞救助服务、装卸搬运服务、仓储服务和收派服务。

[①] 财政部、国家税务总局，《关于明确金融、房地产开发、教育辅助服务等增值税政策的通知》，财税〔2016〕140号。

(1) 航空服务，包括航空地面服务和通用航空服务。

航空地面服务，是指航空公司、飞机场、民航管理局、航站等向在境内航行或者在境内机场停留的境内外飞机或者其他飞行器提供的导航等劳务性地面服务的业务活动，包括旅客安全检查服务、停机坪管理服务、机场候机厅管理服务、飞机清洗消毒服务、空中飞行管理服务、飞机起降服务、飞行通讯服务、地面信号服务、飞机安全服务、飞机跑道管理服务、空中交通管理服务等。

通用航空服务，是指为专业工作提供飞行服务的业务活动，包括航空摄影、航空培训、航空测量、航空勘探、航空护林、航空吊挂播洒、航空降雨、航空气象探测、航空海洋监测、航空科学实验等。

(2) 港口码头服务，是指港务船舶调度服务、船舶通讯服务、航道管理服务、航道疏浚服务、灯塔管理服务、航标管理服务、船舶引航服务、理货服务、系解缆服务、停泊和移泊服务、海上船舶溢油清除服务、水上交通管理服务、船只专业清洗消毒检测服务和防止船只漏油服务等为船只提供服务的业务活动。

港口设施经营人收取的港口设施保安费按照港口码头服务缴纳增值税。

(3) 货运客运场站服务，是指货运客运场站提供货物配载服务、运输组织服务、中转换乘服务、车辆调度服务、票务服务、货物打包整理、铁路线路使用服务、加挂铁路客车服务、铁路行包专列发送服务、铁路到达和中转服务、铁路车辆编解服务、车辆挂运服务、铁路接触网服务、铁路机车牵引服务等业务活动。

(4) 打捞救助服务，是指提供船舶人员救助、船舶财产救助、水上救助和沉船沉物打捞服务的业务活动。

(5) 装卸搬运服务，是指使用装卸搬运工具或者人力、畜力将货物在运输工具之间、装卸现场之间或者运输工具与装卸现场之间进行装卸和搬运的业务活动。

(6) 仓储服务，是指利用仓库、货场或者其他场所代客储放、保管货物的业务活动。

(7) 收派服务，是指接受寄件人委托，在承诺的时限内完成函件和包裹的收件、分拣、派送服务的业务活动。

收件服务，是指从寄件人收取函件和包裹，并运送到服务提供方同城的集散中心的业务活动。

分拣服务，是指服务提供方在其集散中心对函件和包裹进行归类、分发的业务活动。

派送服务，是指服务提供方从其集散中心将函件和包裹送达同城的收件人的业务活动。

5. 租赁服务

租赁服务，包括融资租赁服务和经营租赁服务。

(1) 融资租赁服务，是指具有融资性质和所有权转移特点的租赁活动，即出租人根据承租人所要求的规格、型号、性能等条件购入有形动产或者不动产租赁给承租人，合同期内租赁物所有权属于出租人，承租人只拥有使用权，合同期满付清租金后，承租人有权按照残值购入租赁物，以拥有其所有权。不论出租人是否将租赁物销售给承租人，均属于融资租赁。

按照标的物的不同，融资租赁服务可分为有形动产融资租赁服务和不动产融资租赁服务。

融资性售后回租不按照本税目缴纳增值税。

(2) 经营租赁服务，是指在约定时间内将有形动产或者不动产转让他人使用且租赁物所有权不变更的业务活动。

按照标的物的不同，经营租赁服务可分为有形动产经营租赁服务和不动产经营租赁服务。

将建筑物、构筑物等不动产或者飞机、车辆等有形动产的广告位出租给其他单位或者个人用于发布广告，按照经营租赁服务缴纳增值税。

车辆停放服务、道路通行服务（包括过路费、过桥费、过闸费等）等按照不动产经营租赁服务缴纳增值税。

水路运输的光租业务、航空运输的干租业务，属于经营租赁。

光租业务，是指运输企业将船舶在约定的时间内出租给他人使用，不配备操作人员，不承担运输过程中发生的各项费用，只收取固定租赁费的业务活动。

干租业务，是指航空运输企业将飞机在约定的时间内出租给他人使用，不配备机组人员，不承担运输过程中发生的各项费用，只收取固定租赁费的业务活动。

6. 鉴证咨询服务

鉴证咨询服务，包括认证服务、鉴证服务和咨询服务。

（1）认证服务，是指具有专业资质的单位利用检测、检验、计量等技术，证明产品、服务、管理体系符合相关技术规范、相关技术规范的强制性要求或者标准的业务活动。

（2）鉴证服务，是指具有专业资质的单位受托对相关事项进行鉴证，发表具有证明力的意见的业务活动，包括会计鉴证、税务鉴证、法律鉴证、职业技能鉴定、工程造价鉴证、工程监理、资产评估、环境评估、房地产土地评估、建筑图纸审核、医疗事故鉴定等。

（3）咨询服务，是指提供信息、建议、策划、顾问等服务的活动，包括金融、软件、技术、财务、税收、法律、内部管理、业务运作、流程管理、健康等方面的咨询。

翻译服务和市场调查服务按照咨询服务缴纳增值税。

7. 广播影视服务

广播影视服务，包括广播影视节目（作品）的制作服务、发行服务和播映（含放映，下同）服务。

（1）广播影视节目（作品）制作服务，是指进行专题（特别节目）、专栏、综艺、体育、动画片、广播剧、电视剧、电影等广播影视节目和作品制作的服务。具体包括与广播影视节目和作品相关的策划、采编、拍摄、录音、音视频文字图片素材制作、场景布置、后期的剪辑、翻译（编译）、字幕制作、片头、片尾、片花制作、特效制作、影片修复、编目和确权等业务活动。

（2）广播影视节目（作品）发行服务，是指以分账、买断、委托等方式，向影院、电台、电视台、网站等单位和个人发行广播影视节目（作品）以及转让体育赛事等活动的报道及播映权的业务活动。

（3）广播影视节目（作品）播映服务，是指在影院、剧院、录像厅及其他场所播映广播影视节目（作品），以及通过电台、电视台、卫星通信、互联网、有线电视等无线或者有线装置播映广播影视节目（作品）的业务活动。

纳税人为客户办理退票而向客户收取的退票费、手续费等收入，按照其他现代服务缴纳增值税。[①]

8. 商务辅助服务

商务辅助服务，包括企业管理服务、经纪代理服务、人力资源服务、安全保护服务。

（1）企业管理服务，是指提供总部管理、投资与资产管理、市场管理、物业管理、日常综合管理等服务的业务活动。

（2）经纪代理服务，是指各类经纪、中介、代理服务，包括金融代理、知识产权代理、货物运输代理、代理报关、法律代理、房地产中介、职业中介、婚姻中介、代理记账、拍卖等。

货物运输代理服务，是指接受货物收货人、发货人、船舶所有人、船舶承租人或者船舶经营人的委托，以委托人的名义，为委托人办理货物运输、装卸、仓储和船舶进出港口、引航、靠泊等相关手续的业务活动。

代理报关服务，是指接受进出口货物的收、发货人委托，代为办理报关手续的业务活动。

拍卖行受托拍卖取得的手续费或佣金收入，按照经纪代理服务缴纳增值税。[②]

（3）人力资源服务，是指提供公共就业、劳务派遣、人才委托招聘、劳动力外包等服务的业务活动。

[①] 财政部、国家税务总局，《关于租入固定资产进项税额抵扣等增值税政策的通知》，财税〔2017〕90号。
[②] 国家税务总局，《关于明确中外合作办学等若干增值税征管问题的公告》，2018年第42号。

（4）安全保护服务，是指提供保护人身安全和财产安全，维护社会治安等的业务活动，包括场所住宅保安、特种保安、安全系统监控以及其他安保服务。

纳税人提供武装守护押运服务，按照安全保护服务缴纳增值税。[①]

9. 其他现代服务

其他现代服务，是指除研发和技术服务、信息技术服务、文化创意服务、物流辅助服务、租赁服务、鉴证咨询服务、广播影视服务和商务辅助服务以外的现代服务。

纳税人对安装运行后的机器设备提供的维护保养服务，按照其他现代服务缴纳增值税。[②]

（七）生活服务

生活服务，是指为满足城乡居民日常生活需求提供的各类服务活动，包括文化体育服务、教育医疗服务、旅游娱乐服务、餐饮住宿服务、居民日常服务和其他生活服务。

1. 文化体育服务

文化体育服务，包括文化服务和体育服务。

（1）文化服务，是指为满足社会公众文化生活需求提供的各种服务。文化服务包括文艺创作、文艺表演、文化比赛，图书馆的图书和资料借阅，档案馆的档案管理，文物及非物质遗产保护，组织举办宗教活动、科技活动、文化活动，提供游览场所。

（2）体育服务，是指组织举办体育比赛、体育表演、体育活动，以及提供体育训练、体育指导、体育管理的业务活动。

纳税人在游览场所经营索道、摆渡车、电瓶车、游船等取得的收入，按照文化体育服务缴纳增值税。[①]

2. 教育医疗服务

教育医疗服务，包括教育服务和医疗服务。

（1）教育服务，是指提供学历教育服务、非学历教育服务、教育辅助服务的业务活动。

学历教育服务，是指根据教育行政管理部门确定或者认可的招生和教学计划组织教学，并颁发相应学历证书的业务活动，包括初等教育、初级中等教育、高级中等教育、高等教育等。

非学历教育服务，包括学前教育、各类培训、演讲、讲座、报告会等。

教育辅助服务，包括教育测评、考试、招生等服务。

（2）医疗服务，是指提供医学检查、诊断、治疗、康复、预防、保健、接生、计划生育、防疫服务等方面的服务，以及与这些服务有关的提供药品、医用材料器具、救护车、病房住宿和伙食的业务。

3. 旅游娱乐服务

旅游娱乐服务，包括旅游服务和娱乐服务。

（1）旅游服务，是指根据旅游者的要求，组织安排交通、游览、住宿、餐饮、购物、文娱、商务等服务的业务活动。

（2）娱乐服务，是指为娱乐活动同时提供场所和服务的业务。

具体包括：歌厅、舞厅、夜总会、酒吧、台球、高尔夫球、保龄球、游艺（包括射击、狩猎、跑马、游戏机、蹦极、卡丁车、热气球、动力伞、射箭、飞镖）。

---

① 财政部、国家税务总局，《关于明确金融、房地产开发、教育辅助服务等增值税政策的通知》，财税〔2016〕140号。
② 国家税务总局，《关于明确中外合作办学等若干增值税征管问题的公告》，2018年第42号。

4. 餐饮住宿服务

餐饮住宿服务，包括餐饮服务和住宿服务。

（1）餐饮服务，是指通过同时提供饮食和饮食场所的方式为消费者提供饮食消费服务的业务活动。

提供餐饮服务的纳税人销售的外卖食品，按照餐饮服务缴纳增值税。[①]

（2）住宿服务，是指提供住宿场所及配套服务等的活动，包括宾馆、旅馆、旅社、度假村和其他经营性住宿场所提供的住宿服务。

5. 居民日常服务

居民日常服务，是指主要为满足居民个人及其家庭日常生活需求提供的服务，包括市容市政管理、家政、婚庆、养老、殡葬、照料和护理、救助救济、美容美发、按摩、桑拿、氧吧、足疗、沐浴、洗染、摄影扩印等服务。

6. 其他生活服务

其他生活服务，是指除文化体育服务、教育医疗服务、旅游娱乐服务、餐饮住宿服务和居民日常服务之外的生活服务。

纳税人提供植物养护服务，按照其他生活服务缴纳增值税。[②]

四、销售无形资产和销售不动产

（一）销售无形资产

销售无形资产，是指转让无形资产所有权或者使用权的业务活动。无形资产，是指不具实物形态，但能带来经济利益的资产，包括技术、商标、著作权、商誉、自然资源使用权和其他权益性无形资产。

技术，包括专利技术和非专利技术。

自然资源使用权，包括土地使用权、海域使用权、探矿权、采矿权、取水权和其他自然资源使用权。

其他权益性无形资产，包括基础设施资产经营权、公共事业特许权、配额、经营权（包括特许经营权、连锁经营权、其他经营权）、经销权、分销权、代理权、会员权、席位权、网络游戏虚拟道具、域名、名称权、肖像权、冠名权、转会费等。

（二）销售不动产

销售不动产，是指转让不动产所有权的业务活动。不动产，是指不能移动或者移动后会引起性质、形状改变的财产，包括建筑物、构筑物等。

建筑物，包括住宅、商业营业用房、办公楼等可供居住、工作或者进行其他活动的建造物。

构筑物，包括道路、桥梁、隧道、水坝等建造物。

转让建筑物有限产权或者永久使用权的，转让在建的建筑物或者构筑物所有权的，以及在转让建筑物或者构筑物时一并转让其所占土地的使用权的，按照销售不动产缴纳增值税。

五、某些特殊行为的增值税征税范围确定规则

（一）销售的例外规定

销售服务、无形资产或者不动产，是指有偿提供服务、有偿转让无形资产或者不动产。有偿，是指取

---

① 财政部、国家税务总局，《关于明确金融、房地产开发、教育辅助服务等增值税政策的通知》，财税〔2016〕140号。
② 国家税务总局，《关于进一步明确营改增有关征管问题的公告》，2017年第11号。

得货币、货物或者其他经济利益。但属于下列非经营活动的情形除外。

（1）行政单位收取的同时满足以下条件的政府性基金或者行政事业性收费：①由国务院或者财政部批准设立的政府性基金，由国务院或者省级人民政府及其财政、价格主管部门批准设立的行政事业性收费；②收取时开具省级以上（含省级）财政部门监（印）制的财政票据；③所收款项全额上缴财政。

（2）单位或者个体工商户聘用的员工为本单位或者雇主提供取得工资的服务。

（3）单位或者个体工商户为聘用的员工提供服务。

（4）财政部和国家税务总局规定的其他情形。[①]

（二）境内和境外的认定

增值税为境内税。如果营业行为发生在境外就不属于中国的增值税征税范围。因此，在销售服务、无形资产或不动产领域，需要特别加以明确。

在境内销售服务、无形资产或者不动产，是指：①服务（租赁不动产除外）或者无形资产（自然资源使用权除外）的销售方或者购买方在境内；②所销售或者租赁的不动产在境内；③所销售自然资源使用权的自然资源在境内；④财政部和国家税务总局规定的其他情形。[②]

下列情形不属于在境内销售服务或者无形资产：①境外单位或者个人向境内单位或者个人销售完全在境外发生的服务；②境外单位或者个人向境内单位或者个人销售完全在境外使用的无形资产；③境外单位或者个人向境内单位或者个人出租完全在境外使用的有形动产；④财政部和国家税务总局规定的其他情形。[③]

境外单位或者个人发生的下列行为不属于在境内销售服务或者无形资产：①为出境的函件、包裹在境外提供的邮政服务、收派服务；②向境内单位或者个人提供的工程施工地点在境外的建筑服务、工程监理服务；③向境内单位或者个人提供的工程、矿产资源在境外的工程勘察勘探服务；④向境内单位或者个人提供的会议展览地点在境外的会议展览服务。[④]

（三）视同销售

1. 视同销售货物

销售货物的重要标志是有偿转让货物的所有权。实际生产经营活动中，转让货物有时不发生所有权转移或不是以直接有偿形式进行，但与有偿转让所有权并没有本质区别，必须将其视同销售（deemed sales）对待。因此，税法规定单位或者个体工商户的下列行为，视同发生应税销售行为[⑤]。

（1）将货物交付其他单位或者个人代销。

（2）销售代销货物。

（3）设有两个以上机构并实行统一核算的纳税人，将货物从一个机构移送至其他机构用于销售，但相关机构设在同一县（市）的除外。"用于销售"是指受货机构发生两项情形之一的经营行为：一是向购货方开具发票；二是向购货方收取货款。受货机构的货物移送行为有上述两项情形之一的，应当向所在地税务机关缴纳增值税；未发生上述两项情形的，则应由总机构统一缴纳增值税。如果受货机构只就部分货物向购买方开

[①] 《营业税改征增值税试点实施办法》，第十条、第十一条，财政部、国家税务总局，《关于全面推开营业税改征增值税试点的通知》，财税〔2016〕36号，附件1。

[②] 《营业税改征增值税试点实施办法》，第十二条，财政部、国家税务总局，《关于全面推开营业税改征增值税试点的通知》，财税〔2016〕36号，附件1。

[③] 《营业税改征增值税试点实施办法》，第十三条，财政部、国家税务总局，《关于全面推开营业税改征增值税试点的通知》，财税〔2016〕36号，附件1。

[④] 国家税务总局，《关于营改增试点若干征管问题的公告》，2016年第53号。

[⑤] 《增值税暂行条例实施细则》，第四条。

具发票或收取货款，则应当区分不同情况计算并分别向总机构所在地或分支机构所在地缴纳税款。[①]

（4）将自产或者委托加工的货物用于非应税项目。

（5）将自产、委托加工的货物用于集体福利或者个人消费。

（6）将自产、委托加工或者购进的货物作为投资，提供给其他单位或者个体工商户。

（7）将自产、委托加工或者购进的货物分配给股东或者投资者。

（8）将自产、委托加工或者购进的货物无偿赠送给其他单位或者个人。

上述形式的货物转移行为视同销售，征收增值税，这主要是出于公平和管理便利等方面的考虑。对委托代销、货物在同一纳税人异地不同机构间的移送调拨，虽然不转移货物所有权，还没有真正实现销售，但为了便于增值税的税收管辖，保持增值税链条连续性，视同销售。将自产自用（包括将自产、委托加工的货物用于非增值税应税项目，用于投资、分配、集体或个人消费、赠送）视同销售，主要是出于公平考虑，因为这些自产自用货物的投入品已纳税额已予抵扣，对这些货物不征增值税会造成两个后果：①这些货物实际上变为有抵扣权的免税货物（即零税率货物），使零税率优惠政策的界限不明确；②自产自用货物与外购的同样品种同样价格作同样用途的商品之间税负不平衡，从而影响公平竞争。因此，自产自用视同对外销售。

但为了鼓励创新药品的推广，药品生产企业销售自产创新药的销售额，为向购买方收取的全部价款和价外费用，其提供给患者后续免费使用的相同创新药，不属于增值税视同销售范围。创新药是指经国家食品药品监督管理部门批准注册、获批前未曾在中国境内外上市销售，通过合成或者半合成方法制得的原料药及其制剂。[②]

2. 视同销售服务和无形资产、不动产

营改增后，销售服务和无形资产、不动产也纳入增值税范围，这些领域同样存在视同销售问题。税法规定：①单位或者个体工商户向其他单位或者个人无偿提供服务，但用于公益事业或者以社会公众为对象的除外；②单位或者个人向其他单位或者个人无偿转让无形资产或者不动产，但用于公益事业或者以社会公众为对象的除外；③财政部和国家税务总局规定的其他情形。[③] 上述行为虽然表现为无偿，但基于应税服务提供单位或个人都是独立经济实体的假定，对他人（其他单位或个人）无偿提供服务除了出于公益外，均应当认为虽然纳税人在本次业务中未获得有偿收入，但将从其他途径获得回报，与对外销售获得有偿收入没有本质差别，为公平起见，除用于公益事业或者以社会公众为对象外，应视同销售，缴纳增值税。

但对提供服务方面的"自产自用"即"自我服务"却做了例外规定，即不视同销售服务。这是因为这些自我服务是单位或个体工商户经营业务的必要条件和有机组成部分，作为成本开支，获得工资的员工个人收入达到应税标准的要缴纳个人所得税，没有必要也无法对此其再独立核算缴纳增值税，这与为他人提供服务的性质不同。

（四）混合销售

一项销售行为如果既涉及服务又涉及货物，为混合销售（mixed sales）。从事货物的生产、批发或者零售的单位和个体工商户的混合销售行为，按照销售货物缴纳增值税；其他单位和个体工商户的混合销售行为，按照销售服务缴纳增值税。所称从事货物的生产、批发或者零售的单位和个体工商户，包括以从事货物的生产、批发或者零售为主，并兼营销售服务的单位和个体工商户在内。[④]

---

① 国家税务总局，《关于企业所属机构间移送货物征收增值税问题的通知》，国税发〔1998〕137号。

② 财政部、国家税务总局，《关于创新药后续免费使用有关增值税政策的通知》，财税〔2015〕4号。

③ 《营业税改征增值税试点实施办法》，第十四条，财政部、国家税务总局，《关于全面推开营业税改征增值税试点的通知》，财税〔2016〕36号，附件1。

④ 《营业税改征增值税试点实施办法》，第四十条，财政部、国家税务总局，《关于全面推开营业税改征增值税试点的通知》，财税〔2016〕36号，附件1。

判定纳税人以从事货物的生产、批发或零售为主的具体标准是：纳税人的年货物销售额与服务销售额的合计数中，年货物销售额超过 50%，非货物销售额不到 50%。

（五）兼营销售

纳税人兼营销售货物、劳务、服务、无形资产或者不动产，适用不同税率或者征收率的，应当分别核算适用不同税率或者征收率的销售额；未分别核算的，从高适用税率。[1]纳税人兼营免税、减税项目的，应当分别核算免税、减税项目的销售额；未分别核算的，不得免税、减税。[2]

（六）罚没物品

（1）执罚部门和单位查处的属于一般商业部门经营的商品，具备拍卖条件的，由执罚部门或单位商同级财政部门同意后，公开拍卖。其拍卖收入作为罚没收入由执罚部门和单位如数上缴财政，不予征收增值税。对经营单位购入拍卖物品再销售的应照章征收增值税。

（2）执罚部门和单位查处的属于一般商业部门经营的商品，不具备拍卖条件的，由执罚部门、财政部门、国家指定销售单位会同有关部门按质论价，交由国家指定销售单位纳入正常销售渠道变价处理。执罚部门按商定价格所取得的变价收入作为罚没收入如数上缴财政，不予征收增值税。国家指定销售单位将罚没物品纳入正常销售渠道销售的，应照章征收增值税。

（3）执罚部门和单位查处的属于专管机关管理或专管企业经营的财物，如金银（不包括金银首饰）、外币、有价证券、非禁止出口文物，应交由专管机关或专营企业收兑或收购。执罚部门和单位按收兑或收购价所取得的收入作为罚没收入如数上缴财政，不予征税。专管机关或专营企业经营上述物品中属于应征增值税的货物，应照章征收增值税。[3]

（七）预付卡

1. 单用途商业预付卡

单用途商业预付卡简称单用途卡，是指发卡企业按照国家有关规定发行的，仅限于在本企业、本企业所属集团或者同一品牌特许经营体系内兑付货物或者服务的预付凭证。发卡企业，是指按照国家有关规定发行单用途卡的企业。售卡企业，是指集团发卡企业或者品牌发卡企业指定的，承担单用途卡销售、充值、挂失、换卡、退卡等相关业务的本集团或同一品牌特许经营体系内的企业。

单用途卡发卡企业或者售卡企业（以下统称售卡方）销售单用途卡，或者接受单用途卡持卡人充值取得的预收资金，不缴纳增值税。售卡方因发行或者销售单用途卡并办理相关资金收付结算业务取得的手续费、结算费、服务费、管理费等收入，应按照现行规定缴纳增值税。持卡人使用单用途卡购买货物或服务时，货物或者服务的销售方应按照现行规定缴纳增值税。

2. 支付机构预付卡

支付机构，是指取得中国人民银行核发的《支付业务许可证》，获准办理"预付卡发行与受理"业务的发卡机构和获准办理"预付卡受理"业务的受理机构。支付机构预付卡简称多用途卡，是指发卡机构以特定载体和形式发行的，可在发卡机构之外购买货物或服务的预付价值。

---

[1]《营业税改征增值税试点实施办法》，第三十九条，财政部、国家税务总局，《关于全面推开营业税改征增值税试点的通知》，财税〔2016〕36号，附件1。

[2]《营业税改征增值税试点实施办法》，第四十一条，财政部、国家税务总局，《关于全面推开营业税改征增值税试点的通知》，财税〔2016〕36号，附件1。

[3] 财政部、国家税务总局，《关于罚没物品征免增值税问题的通知》，财税字〔1995〕69号。

支付机构销售多用途卡取得的等值人民币资金，或者接受多用途卡持卡人充值取得的充值资金，不缴纳增值税。支付机构因发行或者受理多用途卡并办理相关资金收付结算业务取得的手续费、结算费、服务费、管理费等收入，应按照现行规定缴纳增值税。持卡人使用多用途卡，向与支付机构签署合作协议的特约商户购买货物或服务，特约商户应按照现行规定缴纳增值税。[①]

第二节　增值税的纳税人和税率

一、增值税的纳税人

（一）增值税的纳税人的一般定义

在中华人民共和国境内销售货物或者加工、修理修配劳务（简称劳务），销售服务、无形资产、不动产以及进口货物（以下称应税行为）的单位和个人，为增值税的纳税人。增值税的纳税人就是在中国境内一切销售和进口纳为本章第一节阐述的增值税的征税对象的各类别货物、劳务、服务、无形资产、不动产的单位和个人。这里所称单位，指企业、行政单位、事业单位、军事单位、社会团体及其他单位；所称个人，指个体工商户和其他个人。[②]

单位以承包、承租、挂靠方式经营的，承包人、承租人、挂靠人（以下统称承包人）以发包人、出租人、被挂靠人（以下统称发包人）名义对外经营并由发包人承担相关法律责任的，以该发包人为纳税人。否则，以承包人为纳税人。[③]

境外单位或者个人在境内发生应税行为，在境内未设有经营机构的，以购买方为增值税扣缴义务人。两个或者两个以上的纳税人，经财政部和国家税务总局批准可以视为一个纳税人合并纳税。[④]

（二）一般纳税人和小规模纳税人

纳税人分为一般纳税人和小规模纳税人。

应税行为的年应征增值税销售额（以下称应税销售额）超过财政部和国家税务总局规定标准的纳税人为一般纳税人（general taxpayer），未超过规定标准的纳税人为小规模纳税人（small-scale taxpayer）。

目前增值税小规模纳税人标准为年应征增值税销售额 500 万元及以下。[⑤]年应税销售额超过小规模纳税人标准的其他个人按小规模纳税人纳税；非企业性单位、不经常发生应税行为的企业可选择按小规模纳税人纳税[⑥]。会计核算健全，能够提供准确税务资料的，可以向主管税务机关办理登记，不作为小规模纳税人。[⑦]会计核算健全，是指能够按照国家统一的会计制度规定设置账簿，根据合法、有效凭证核算。[⑧]

[①] 国家税务总局，《关于营改增试点若干征管问题的公告》，2016 年第 53 号。
[②] 《营业税改征增值税试点实施办法》，第一条，财政部、国家税务总局，《关于全面推开营业税改征增值税试点的通知》，财税〔2016〕36 号，附件 1。
[③] 《增值税暂行条例实施细则》，第十条；《营业税改征增值税试点实施办法》，第二条，财政部、国家税务总局，《关于全面推开营业税改征增值税试点的通知》，财税〔2016〕36 号，附件 1。
[④] 《营业税改征增值税试点实施办法》，第六条、第七条，财政部、国家税务总局，《关于全面推开营业税改征增值税试点的通知》，财税〔2016〕36 号，附件 1。
[⑤] 财政部、国家税务总局，《关于统一增值税小规模纳税人标准的通知》，财税〔2018〕33 号。
[⑥] 《增值税暂行条例实施细则》，第二十九条。
[⑦] 《增值税暂行条例》，第十三条；《增值税暂行条例实施细则》，第二十七条。
[⑧] 《营业税改征增值税试点实施办法》，第三条、第四条，财政部、国家税务总局，《关于全面推开营业税改征增值税试点的通知》，财税〔2016〕36 号，附件 1。

符合一般纳税人条件的纳税人应当向主管税务机关办理一般纳税人资格登记。除国家税务总局另有规定外，一经认定为一般纳税人后，不得转为小规模纳税人。①

二、增值税税率

一般税种的税率反映应纳税额与计税基础的比例关系，如营业税税率＝应纳营业税额/应税营业收入、所得税税率＝应纳所得税额/应纳税所得额。在不考虑转嫁因素条件下，某种税的税率表明纳税人对该种税的负担水平。由于增值税主要特点是购进投入品已纳税额可以抵扣，其税率不反映单个纳税人对增值税的负担水平，而反映至当前阶段止参与生产经营周转的纳税人的增值税整体交付水平。当前阶段应纳增值税额＝销售额×增值税税率－以前阶段已纳增值税额（即进项税额），因此，增值税税率＝（当前阶段应纳税额＋以前阶段已纳税额）/销售额。对最终进入消费的前一经营阶段而言，增值税税率＝应税货物或劳务已纳全部增值税额/最终销售额。在单一税率下，最终销售额相等、税额相等、税负相同，因此与其他税种的税率含义不同，增值税税率（value-added tax rate）反映进入消费最终环节消费者对其所购买的货物或劳务的增值税负担水平。

增值税税率经过几次调整，现行增值税的税率分别为13%、9%、6%。②不同税率适用的应税销售行为的具体情况如下。

（一）适用13%税率的应税行为

1. 销售货物和劳务、租赁有形动产、进口货物适用13%税率的一般规定

纳税人销售货物、劳务、有形动产租赁服务或者进口货物，税率为13%。③另有规定的除外。

纳税人受托对垃圾、污泥、污水、废气等废弃物进行专业化处理，专业化处理后产生货物，且货物归属委托方的，受托方属于提供"加工劳务"，其收取的处理费用适用本档税率。受托方将产生的货物用于销售时，也适用本档税率。④

2. 适用13%税率的特殊规定

财政部、国家税务总局通过专门文件明确适用下述较低税率、零税率或免税政策以外的农产品、农用货物和民生相关货物也适用13%增值税税率。⑤具体包括如下内容。

（1）粮食加工产品：以粮食为原料加工的速冻食品、方便面、副食品和各种熟食品⑥，淀粉⑦，玉米浆、玉米皮、玉米纤维（又称喷浆玉米皮）和玉米蛋白粉⑧，麦芽⑨。

（2）以初级农产品为原料的加工产品：各种蔬菜罐头，专业复烤厂烤制的复烤烟叶，精制茶、边销茶⑩

---

① 《增值税暂行条例实施细则》，第三十三条；《营业税改征增值税试点实施办法》，第五条，财政部、国家税务总局，《关于全面推开营业税改征增值税试点的通知》，财税〔2016〕36号，附件1。
② 财政部、国家税务总局、海关总署，《关于深化增值税改革有关政策的公告》，2019年第39号。
③ 《增值税暂行条例》，第二条；《营业税改征增值税试点实施办法》，第十五条，财政部、国家税务总局，《关于全面推开营业税改征增值税试点的通知》，财税〔2016〕36号，附件1；财政部、国家税务总局，《关于调整增值税税率的通知》，财税〔2018〕32号；财政部、国家税务总局、海关总署，《关于深化增值税改革有关政策的公告》，2019年第39号。
④ 国家税务总局，《关于明确二手车经销等若干增值税征管问题的公告》，2020年第9号。
⑤ 财政部、国家税务总局，《关于印发〈农业产品征税范围注释〉的通知》，财税字〔1995〕52号。
⑥ 财政部、国家税务总局，《关于印发〈农业产品征税范围注释〉的通知》，财税字〔1995〕52号；商务部、财政部、国家税务总局，《关于开展农产品连锁经营试点的通知》，商建发〔2005〕1号。
⑦ 国家税务总局，《关于淀粉的增值税适用税率问题的批复》，国税函〔1996〕744号。
⑧ 国家税务总局，《关于部分玉米深加工产品增值税税率问题的公告》，2012年第11号。
⑨ 国家税务总局，《关于麦芽适用税率问题的批复》，国税函〔2009〕177号。
⑩ 2023年12月31日前列入名单的企业销售边销茶免征增值税，见财政部、国家税务总局，《关于继续执行边销茶增值税政策的公告》，2021年第4号。

及掺兑各种药物的茶和茶饮料，各种水果罐头，果脯，蜜饯，炒制的果仁、坚果，碾磨后的园艺植物（如胡椒粉、花椒粉等），中成药，原木锯材，竹笋罐头；熟制的水产品和各类水产品的罐头，各种肉类罐头、肉类熟制品，各种蛋类的罐头，用鲜奶加工的各种奶制品，如酸奶、奶酪、奶油等，洗净的动物毛绒[1]，按照《食品安全国家标准 调制乳》（GB 25191—2010）生产的调制乳[2]。

（3）非食用植物油和加工（人工）植物油：肉桂油、桉油、香茅油[3]，环氧大豆油、氢化植物油[4]，薄荷油[5]。

（4）非基本的农用货物和民生相关货物：人发[6]，复合胶（以新鲜橡胶液为主要原料，经过压片、造粒、烤干等工序加工生产的橡胶制品）[7]，皂脚[8]，桶装饮用水[9]，天然二氧化碳[10]，直接用于动物饲养的粮食、饲料添加剂，以农副产品为原料加工工业产品的机械，农用汽车、人力三轮运货车，机动渔船，森林砍伐机械、集材机械，农机零部件[11]，硝酸铵[12]，用于人类日常生活的各种类型包装的日用卫生用药（如卫生杀虫剂、驱虫剂、驱蚊剂、蚊香、消毒剂等）[13]，农用水泵以外其他水泵，4缸以上（含4缸）柴油机[14]，抛秧盘[15]。

（二）适用9%税率的应税行为

纳税人销售特定服务、不动产和转让土地使用权，销售或者进口食品、民用基本物资、文化产品、农用物资，税率为9%。[16] 具体范围如下。

1. 销售特定服务、不动产和转让土地使用权

纳税人销售交通运输、邮政、基础电信、建筑、不动产租赁服务，销售不动产，转让土地使用权。

2. 食品

食品包括粮食等农产品、食用植物油、食用盐。

（1）粮食等农产品。适用此档税率的农产品是指种植业、养殖业、林业、牧业、水产业生产的各种植物、动物的初级产品。[1] 但农业生产者销售自产的农产品免税。这意味着，上述9%的农产品税率适用农产品流通领域的纳税人。

---

[1] 财政部、国家税务总局，《关于印发〈农业产品征税范围注释〉的通知》，财税字〔1995〕52号。
[2] 国家税务总局，《关于部分液体乳增值税适用税率的公告》，2011年第38号。
[3] 国家税务总局，《关于肉桂油 桉油 香茅油增值税适用税率问题的公告》，2010年第5号。
[4] 国家税务总局，《关于环氧大豆油氢化植物油增值税适用税率问题的公告》，2011年第43号。
[5] 国家税务总局，《关于增值税若干税收政策问题的批复》，国税函〔2001〕248号。
[6] 国家税务总局，《关于人发适用增值税税率问题的批复》，国税函〔2009〕625号。
[7] 国家税务总局，《关于复合胶适用增值税税率问题的批复》，国税函〔2009〕453号。
[8] 国家税务总局，《关于皂脚适用增值税税率问题的公告》，2011年第20号。
[9] 国家税务总局，《关于桶装饮用水生产企业征收增值税问题的批复》，国税函〔2008〕953号。
[10] 国家税务总局，《关于天然二氧化碳适用增值税税率的批复》，国税函〔2003〕1324号。
[11] 国家税务总局，《关于印发〈增值税部分货物征税范围注释〉的通知》，国税发〔1993〕151号。
[12] 财政部、国家税务总局，《关于明确硝酸铵适用增值税税率的通知》，财税〔2007〕7号。
[13] 国家税务总局，《关于加强增值税征收管理若干问题的通知》，国税发〔1995〕192号。
[14] 财政部、国家税务总局，《关于增值税几个税收政策问题的通知》，财税字〔1994〕60号。
[15] 国家税务总局，《关于抛秧盘增值税适用税率问题的批复》，国税函〔1998〕536号。
[16] 以下除另外特别注明均引自《增值税暂行条例》，第二条；《营业税改征增值税试点实施办法》，第十五条，财政部、国家税务总局，《关于全面推开营业税改征增值税试点的通知》，财税〔2016〕36号，附件1；财政部、国家税务总局，《关于调整增值税税率的通知》，财税〔2018〕32号；财政部、国家税务总局、海关总署，《关于深化增值税改革有关政策的公告》，2019年第39号。

财政部和国家税务总局通过专门文件对一些农产品适用税率做了明确界定。明确适用本档税率的包括：切面、饺子皮、米粉等经过简单加工的粮食复制品[1]，挂面（作为粮食复制品）[2]，干姜、姜黄[3]，玉米胚芽[4]，动物骨粒[5]，按照《食品安全国家标准 巴氏杀菌乳》生产的巴氏杀菌乳、按照《食品安全国家标准 灭菌乳》生产的灭菌乳[6]。

（2）食用植物油。植物油是从植物根、茎、叶、果实、花或胚芽组织中加工提取的油脂。食用植物油仅指：芝麻油、花生油、豆油、菜籽油、米糠油、葵花籽油、棉籽油、玉米胚油、茶油、胡麻油，以及以上述油为原料生产的混合油。[7]

棕榈油[1]，茴油、毛椰子油[8]，核桃油[9]，橄榄油[10]，花椒油[11]，杏仁油、葡萄籽油[12]，牡丹籽油[13]，适用本档税率。

（3）食用盐。具体范围是指符合国家标准的食用盐。[14]

3. 民用基本物资

民用基本物资包括自来水、暖气、冷气、热水、煤气、石油液化气、天然气、二甲醚、沼气、居民用煤炭制品。[7]

自来水是指自来水公司及工矿企业经抽取、过滤、沉淀、消毒等工序加工后，通过供水系统向用户供应的水。

暖气、热水是指利用各种燃料（如煤、石油、其他各种气体或固体、液体燃料）和电能将水加热，使之生成的气体和热水，以及开发自然热能，如开发地热资源或用太阳能生产的暖气、热气、热水，还包括利用工业余热生产、回收的暖气、热气和热水。

冷气是指为了调节室内温度，利用制冷设备生产的，并通过供风系统向用户提供的低温气体。

煤气是指由煤、焦炭、半焦和重油等经干馏或汽化等生产过程所得气体产物的总称，包括焦炉煤气、发生炉煤气、液化煤气。

石油液化气是指由石油加工过程中所产生的低分子量的烃类炼厂气经压缩成的液体，主要成分是丙烷、丁烷、丁烯等，包括石油伴生气加工压缩而成的石油液化气。[15]

天然气是蕴藏在地层内的碳氢化合物可燃气体，主要含有甲烷、乙烷等低分子烷烃和丙烷、丁烷、戊烷及其他重质气态烃类，包括气田天然气、油田天然气、煤矿天然气和其他天然气。

二甲醚，化学分子式为 CH_3OCH_3，常温常压下为具有轻微醚香味、易燃、无腐蚀性的气体，是新型环保清洁燃料和新兴的基本有机化工原料。

沼气，主要成分为甲烷，由植物残体在与空气隔绝的条件下经自然分解而成，沼气主要作燃料，包括天然沼气和人工生产的沼气。

---

[1] 财政部、国家税务总局，《关于增值税、营业税若干政策规定的通知》，财税字〔1994〕26号。
[2] 国家税务总局，《关于挂面适用增值税税率问题的通知》，国税函〔2008〕1007号。
[3] 国家税务总局，《关于干姜 姜黄增值税适用税率问题的公告》，2010年第9号。
[4] 国家税务总局，《关于部分玉米深加工产品增值税税率问题的公告》，2012年第11号。
[5] 国家税务总局，《关于动物骨粒适用增值税税率的公告》，2013年第71号。
[6] 国家税务总局，《关于部分液体乳增值税适用税率的公告》，2011年第38号。
[7] 国家税务总局，《关于印发〈增值税部分货物征税范围注释〉的通知》，国税发〔1993〕151号。
[8] 国家税务总局，《关于茴油、毛椰子油适用增值税税率的批复》，国税函〔2003〕426号。
[9] 国家税务总局，《关于核桃油适用税率问题的批复》，国税函〔2009〕455号。
[10] 国家税务总局，《关于橄榄油适用税率问题的批复》，国税函〔2010〕144号。
[11] 国家税务总局，《关于花椒油增值税适用税率问题的公告》，2011年第33号。
[12] 国家税务总局，《关于杏仁油、葡萄籽油增值税适用税率问题的公告》，2014年第22号。
[13] 国家税务总局，《关于牡丹籽油增值税适用税率问题的公告》，2014年第75号。
[14] 财政部、国家税务总局，《关于金属矿 非金属矿采选产品增值税税率的通知》，财税〔2008〕171号。
[15] 国家税务总局，《关于由石油伴生气加工压缩成的石油液化气适用增值税税率的通知》，国税发〔2005〕83号。

居民用煤炭制品是指煤球、煤饼、蜂窝煤和引火炭。

4. 文化产品

文化产品包括图书、报纸、杂志、音像制品、电子出版物。

图书、报纸、杂志是采用印刷工艺，按照文字、图画和线条原稿印刷成的纸制品。图书是指由国家新闻出版署批准的出版单位出版，采用国际标准书号编序的书籍，以及图片。报纸是指经国家新闻出版署批准，在各省、自治区、直辖市新闻出版部门登记，具有国内统一刊号的报纸。杂志是指经国家新闻出版署批准，在省、自治区、直辖市新闻出版管理部门登记，具有国内统一刊号的刊物。[①]与中小学课本相配套的教材配套产品（包括各种纸制品或图片），视同图书。[②]国内印刷企业承印的经新闻出版主管部门批准印刷且采用国际标准书号编序的境外图书适用本档税率。[③]

音像制品，是指正式出版的录有内容的录音带、录像带、唱片、激光唱盘和激光视盘。

电子出版物，是指以数字代码方式，使用计算机应用程序，将图文声像等内容信息编辑加工后存储在具有确定的物理形态的磁、光、电等介质上，通过内嵌在计算机、手机、电子阅读设备、电子显示设备、数字音/视频播放设备、电子游戏机、导航仪以及其他具有类似功能的设备上读取使用，具有交互功能，用以表达思想、普及知识和积累文化的大众传播媒体。[④]

5. 农用物资

农用物资包括饲料、化肥、农药、农机、农膜。[①]

饲料是指用于动物饲养的产品或其加工品，包括单一饲料、混合饲料、配合饲料。宠物饲料也适用此档税率[⑤]。

化肥是指经化学和机械加工制成的各种化学肥料，包括化学氮肥（硝酸铵除外）、磷肥、钾肥、复合肥料、微量元素肥。

农药是指用于农林业防治病虫害、除草及调节植物生长的药剂，包括农药原药和农药制剂。例如，杀虫剂、杀菌剂、除草剂、植物生长调节剂、植物性农药、微生物农药、卫生用药、其他农药原药、制剂等。

农膜是指用于农业生产的各种地膜、大棚膜。

农机是指用于农业生产（包括林业、牧业、副业、渔业）的各种机器和机械化和半机械化农具，以及小农具，包括拖拉机、机耕船、土壤耕整机械、农田基本建设机械、植物保护和管理机械、收获机械、场上作业机械、排灌机械、农副产品加工机械（指对农副产品进行初加工，加工后的产品仍属农副产品的机械）、农业运输机械（不包括农用汽车、人力三轮运货车）、畜牧业机械、渔业机械（不包括机动渔船）、林业机械（不包括森林砍伐机械、集材机械）、小农具，不包括农机零部件。农用水泵、农用柴油机[⑥]，不带动力的手扶拖拉机（也称"手扶拖拉机底盘"）和三轮农用运输车（指以单缸柴油机为动力装置的三个车轮的农用运输车辆）[⑦]，密集型烤房设备、频振式杀虫灯、自动虫情测报灯、粘虫板[⑧]，卷帘机[⑨]，农用挖掘机、养鸡设备系列、养猪设备系列[⑩]，也属于"农机"适用本档税率。

---

① 国家税务总局，《关于印发〈增值税部分货物征税范围注释〉的通知》，国税发〔1993〕151号。
② 国家税务总局，《关于中小学课本配套产品适用增值税税率的批复》，国税函〔2006〕770号。
③ 国家税务总局，《关于承印境外图书增值税适用税率问题的公告》，2013年第10号。
④ 财政部、国家税务总局，《关于部分货物适用增值税低税率和简易办法征收增值税政策的通知》，财税〔2009〕9号。
⑤ 国家税务总局，《关于宠物饲料征收增值税问题的批复》，国税函〔2002〕812号。
⑥ 财政部、国家税务总局，《关于增值税几个税收政策问题的通知》，财税字〔1994〕60号。
⑦ 财政部、国家税务总局，《关于不带动力的手扶拖拉机和三轮农用运输车增值税政策的通知》，财税〔2002〕89号。
⑧ 国家税务总局，《关于部分产品增值税适用税率问题的公告》，2012年第10号。
⑨ 国家税务总局，《关于卷帘机适用增值税税率问题的公告》，2012年第29号。
⑩ 国家税务总局，《关于农用挖掘机、养鸡设备系列、养猪设备系列产品增值税适用税率问题的公告》，2014年第12号。

(三) 适用6%税率的应税行为

1. 销售服务、无形资产适用6%税率的一般规定

纳税人销售服务、无形资产，除另有规定，以及按简易计税方法（simple tax calculation method）计税并适用征收率外，税率为6%。[①]

2. 特别规定

下列情况也按6%的税率征收增值税。

（1）纳税人通过省级土地行政主管部门设立的交易平台转让补充耕地指标，按照销售无形资产缴纳增值税，税率为6%。[②]

（2）纳税人受托对垃圾、污泥、污水、废气等废弃物采取填埋、焚烧等方式进行专业化处理后未产生货物的，受托方属于提供"现代服务"中的"专业技术服务"，其收取的处理费用适用6%的增值税税率。专业化处理后产生货物，且货物归属受托方的，受托方属于提供"专业技术服务"，其收取的处理费用适用6%的增值税税率。受托方将产生的货物用于销售时，适用货物的13%增值税税率。[③]

(四) 适用零税率的应税行为

1. 出口货物

纳税人出口货物，税率为零。[④]

在增值税体系下，税率为零意味着进项税额可以抵扣，到出口环节时出口货物不含增值税，就是以不含增值税的价格出口。这是因为进口国通常也要征收进口税，对出口货物实行零税率，可以避免出口货物被双重课税。

但是，并不是所有出口货物都实行零税率，纳税人出口的原油，援外出口货物，国家禁止出口的货物，包括天然牛黄、麝香、铜及铜基合金、白金等，糖，应按规定征收增值税。[⑤]

2. 跨境销售规定范围内的服务、无形资产

境内单位和个人跨境销售规定范围内的服务、无形资产，税率为零。[④] 具体范围如下所示。[⑥]

（1）国际运输服务。国际运输服务是指：在境内载运旅客或者货物出境，在境外载运旅客或者货物入境，在境外载运旅客或者货物。

按照国家有关规定应取得相关资质的国际运输服务项目，纳税人取得相关资质的，适用增值税零税率政策，未取得的，适用增值税免税政策。

境内的单位或个人提供程租服务，如果租赁的交通工具用于国际运输服务和港澳台运输服务，由出租方按规定申请适用增值税零税率。

[①] 《增值税暂行条例》，第二条；《营业税改征增值税试点实施办法》，第十五条，财政部、国家税务总局，《关于全面推开营业税改征增值税试点的通知》，财税〔2016〕36号，附件1；财政部、国家税务总局，《关于调整增值税税率的通知》，财税〔2018〕32号；财政部、国家税务总局、海关总署，《关于深化增值税改革有关政策的公告》，2019年第39号。

[②] 国家税务总局，《关于明确中外合作办学等若干增值税征管问题的公告》，2018年第42号。

[③] 国家税务总局，《关于明确二手车经销等若干增值税征管问题的公告》，2020年第9号。

[④] 《增值税暂行条例》，第二条。

[⑤] 财政部、国家税务总局，《关于增值税、营业税若干政策规定的通知》，财税字〔1994〕26号。

[⑥] 《跨境应税行为适用增值税零税率和免税政策的规定》，第一条，财政部、国家税务总局，《关于全面推开营业税改征增值税试点的通知》财税，〔2016〕36号，附件4。

境内的单位和个人向境内单位或个人提供期租、湿租服务，如果承租方利用租赁的交通工具向其他单位或个人提供国际运输服务和港澳台运输服务，由承租方适用增值税零税率。境内的单位或个人向境外单位或个人提供期租、湿租服务，由出租方适用增值税零税率。

境内单位和个人以无运输工具承运方式提供的国际运输服务，由境内实际承运人适用增值税零税率；无运输工具承运业务的经营者适用增值税免税政策。[①]

（2）航天运输服务。

（3）向境外单位提供的完全在境外消费。①研发服务。②合同能源管理服务。③设计服务。④广播影视节目（作品）的制作和发行服务。⑤软件服务。⑥电路设计及测试服务。⑦信息系统服务。⑧业务流程管理服务。⑨离岸服务外包业务。离岸服务外包业务，包括信息技术外包服务、技术性业务流程外包服务、技术性知识流程外包服务，其所涉及的具体业务活动，按照《销售服务、无形资产、不动产注释》[②]相对应的业务活动执行。⑩转让技术。

前述完全在境外消费，是指服务的实际接受方在境外，且与境内的货物和不动产无关；无形资产完全在境外使用，且与境内的货物和不动产无关；财政部和国家税务总局规定的其他情形。[③]

（4）财政部和国家税务总局规定的其他服务。

三、增值税征收率

由于中国增值税纳税人不仅有一般纳税人，还存在小规模纳税人，"营改增"以后纳入增值税征税范围的不少应税行为无法凭增值税发票进行正常的进项税额抵扣，允许采用简易计税方法，即对销售额按一个较低比率（征收率）课税，进项税额不予抵扣，即允许一般纳税人销售特定对象，可选择简易计税方法计税，实际上就是保留原营业税的计税方式。因此，现行增值税的税率既包括一般纳税人适用的一般意义上的增值税税率，也包括小规模纳税人和采用简易计税方法的一般纳税人适用的征收率。

一般情况下增值税征收率（value-added tax percentage charges）为3%[④]。除下列阐述的特殊情况适用5%征收率、5%征收率减按1.5%、3%征收率减按2%、0.5%和2%征收率计算应纳税额以外均适用3%征收率。增值税征收率适用于小规模纳税人，按规定可以选择简易计税方法计税的一般纳税人也适用增值税征收率。纳税人选择简易计税方法计算缴纳增值税后，36个月内不得变更。纳税人应单独核算适用简易计税方法的货物的销售额，未单独核算的，不得适用简易征收政策。

（一）适用3%增值税征收率的一般纳税人的应税行为

一般情况下小规模纳税人适用3%征收率，但一般纳税人发生下列应税行为可选择简易计税方法计税，也适用3%的征收率。

1. 销售特定货物

一般纳税人销售下列货物，可选择按照简易计税方法依3%征收率计算缴纳增值税[⑤]。

---

① 《跨境应税行为适用增值税零税率和免税政策的规定》，第三条，财政部、国家税务总局，《关于全面推开营业税改征增值税试点的通知》，财税〔2016〕36号，附件4。

② 《营业税改征增值税试点实施办法》，附《销售服务、无形资产、不动产注释》，财政部、国家税务总局，《关于全面推开营业税改征增值税试点的通知》，财税〔2016〕36号，附件1。

③ 《跨境应税行为适用增值税零税率和免税政策的规定》，第七条；财政部、国家税务总局，《关于全面推开营业税改征增值税试点的通知》，财税〔2016〕36号，附件4。

④ 《增值税暂行条例》第十二条；《营业税改征增值税试点实施办法》，第十六条，财政部、国家税务总局，《关于全面推开营业税改征增值税试点的通知》，财税〔2016〕36号，附件1；财政部、国家税务总局，《关于简并增值税征收率政策的通知》，财税〔2014〕57号。

⑤ 下列除特别注明外，均依据财政部、国家税务总局，《关于部分货物适用增值税低税率和简易办法征收增值税政策的通知》，财税〔2009〕9号；财政部、国家税务总局，《关于简并增值税征收率政策的通知》，财税〔2014〕57号。

（1）小型水力发电单位生产的电力。县级及县级以下小型水力发电单位生产的电力。小型水力发电单位，是指各类投资主体建设的装机容量为5万千瓦以下（含5万千瓦）的小型水力发电单位。

（2）自来水。对属于一般纳税人的自来水公司销售自来水按简易计税方法依照3%征收率征收增值税，不得抵扣其购进自来水取得增值税扣税凭证上注明的增值税税款。

提供物业管理服务的纳税人，向服务接受方收取的自来水水费，以扣除其对外支付的自来水水费后的余额为销售额，按照简易计税方法依3%的征收率计算缴纳增值税。[1]

（3）特定建筑材料。①建筑用和生产建筑材料所用的砂、土、石料。②以自己采掘的砂、土、石料或其他矿物连续生产的砖、瓦、石灰（不含黏土实心砖、瓦）。③商品混凝土（仅限于以水泥为原料生产的水泥混凝土）。

（4）特定生物制品和药品。①用微生物、微生物代谢产物、动物毒素、人或动物的血液或组织制成的生物制品。②属于增值税一般纳税人的单采血浆站销售非临床用人体血液，可以按照简易计税方法依照3%征收率计算应纳税额。[2]③抗癌药品和罕见病药品。增值税一般纳税人生产销售和批发、零售抗癌药品和罕见病药品，可选择按照简易计税方法依照3%的征收率计算缴纳增值税。减按3%征收进口环节增值税。抗癌药品和罕见病药品范围实行动态调整，财政部、海关总署、国家税务总局、国家药品监督管理局根据变化情况适时明确。[3]④兽用药品经营企业销售兽用生物制品，可以按照简易计税方法依照3%征收率计算应纳税额。[4]

（5）寄售物品和死当物品。寄售商店代销的寄售物品（包括居民个人寄售的物品在内）、典当业销售的死当物品，无论销售单位是否属于一般纳税人，均按简易计税方法依照3%的征收率计算缴纳增值税，并且不得开具专用发票。

（6）销售自己使用过的固定资产。单位和个体经营者销售自己使用过的游艇、摩托车和应征消费税的汽车，无论销售者是否属于一般纳税人，一律按简易计税方法依照3%的征收率计算缴纳增值税，并且不得开具专用发票。销售自己使用过的其他属于货物的固定资产，暂免征收增值税。[5]

（7）临时到外省、市销售货物。固定业户（指增值税一般纳税人）临时到外省、市销售货物的，必须向经营地税务机关出示"外出经营活动税收管理证明"回原地纳税，需要向购货方开具专用发票的，亦回原地补开。对未持"外出经营活动税收管理证明"的，经营地税务机关按3%的征收率征税。[6]

（8）再生资源回收。从事再生资源回收的增值税一般纳税人销售其收购的再生资源，可以选择适用简易计税方法依照3%征收率计算缴纳增值税，或适用一般计税方法（general tax calculation method）计算缴纳增值税。再生资源是指在社会生产和生活消费过程中产生的，已经失去原有全部或部分使用价值，经过回收、加工处理，能够使其重新获得使用价值的各种废弃物。[7]

2. 销售特定服务和无形资产

（1）公共交通运输服务。公共交通运输服务，包括轮客渡、公交客运、地铁、城市轻轨、出租车、长途客运、班车。

---

[1] 国家税务总局，《关于物业管理服务中收取的自来水水费增值税问题的公告》，2016年第54号。

[2] 国家税务总局，《关于供应非临床用血增值税政策问题的批复》，国税函〔2009〕456号；国家税务总局，《关于简并增值税征收率有关问题的公告》，2014年第36号。

[3] 财政部、海关总署、国家税务总局、国家药品监督管理局，《关于抗癌药品增值税政策的通知》，财税〔2018〕47号；财政部、海关总署、国家税务总局、国家药品监督管理局，《关于罕见病药品增值税政策的通知》，财税〔2019〕24号。

[4] 国家税务总局，《关于药品经营企业销售生物制品有关增值税问题的公告》，2012年第20号。

[5] 财政部、国家税务总局，《关于增值税、营业税若干政策规定的通知》，财税字〔1994〕26号；财政部、国家税务总局，《关于部分货物适用增值税低税率和简易办法征收增值税政策的通知》，财税〔2009〕9号；财政部、国家税务总局，《关于简并增值税征收率的通知》，财税〔2014〕57号。

[6] 国家税务总局，《关于简并增值税征收率有关问题的公告》，2014年第36号。

[7] 财政部、国家税务总局，《关于完善资源综合利用增值税政策的公告》，2021年第40号。

(2) 为开发动漫产品提供的特定服务。经认定的动漫企业为开发动漫产品提供的动漫脚本编撰、形象设计、背景设计、动画设计、分镜、动画制作、摄制、描线、上色、画面合成、配音、配乐、音效合成、剪辑、字幕制作、压缩转码（面向网络动漫、手机动漫格式适配）服务，以及在境内转让动漫版权（包括动漫品牌、形象或者内容的授权及再授权）。

(3) 电影放映服务、仓储服务、装卸搬运服务、收派服务和文化体育服务。

(4) 特定租赁服务。①以纳入营改增试点之日前取得的有形动产为标的物提供的经营租赁服务。②在纳入营改增试点之日前签订的尚未执行完毕的有形动产租赁合同。

(5) 特定建筑服务。①一般纳税人以清包工方式提供的建筑服务、为甲供工程提供的建筑服务、为建筑工程老项目提供的建筑服务。建筑工程老项目是指：《建筑工程施工许可证》注明的合同开工日期在2016年4月30日前的建筑工程项目；未取得《建筑工程施工许可证》的，建筑工程承包合同注明的开工日期在2016年4月30日前的建筑工程项目。②一般纳税人跨县（市）提供建筑服务，选择适用简易计税方法计税的，应以取得的全部价款和价外费用扣除支付的分包款后的余额为销售额，按照3%的征收率计算应纳税额。

(6) "营改增"试点前开工的高速公路的车辆通行费。公路经营企业中的一般纳税人收取试点前开工的高速公路的车辆通行费，可以选择适用简易计税方法，减按3%的征收率计算应纳税额。试点前开工的高速公路，是指相关施工许可证明上注明的合同开工日期在2016年4月30日前的高速公路。①

(7) 涉农金融服务。①农村信用社、村镇银行、农村资金互助社、由银行业机构全资发起设立的贷款公司、法人机构在县（县级市、区、旗）及县以下地区的农村合作银行和农村商业银行提供金融服务收入，可以选择适用简易计税方法按照3%的征收率计算缴纳增值税。②对中国农业银行纳入"三农金融事业部"改革试点的各省、自治区、直辖市、计划单列市分行下辖的县域支行和新疆生产建设兵团分行下辖的县域支行（也称县事业部），提供的农户贷款、农村企业和农村各类组织贷款取得的利息收入，可以选择适用简易计税方法按照3%的征收率计算缴纳增值税。农户贷款，是指金融机构发放给农户的贷款，但不包括按照《过渡政策的规定》第一条第十九项规定的免征增值税的农户小额贷款。②

(8) 资管产品。资管产品管理人运营资管产品过程中发生的增值税应税行为（以下简称资管产品运营业务），暂适用简易计税方法，按照3%的征收率缴纳增值税。

资管产品管理人，包括银行、信托公司、公募基金管理公司及其子公司、证券公司及其子公司、期货公司及其子公司、私募基金管理人、保险资产管理公司、专业保险资产管理机构、养老保险公司。

资管产品，包括银行理财产品、资金信托（包括集合资金信托、单一资金信托）、财产权信托、公开募集证券投资基金、特定客户资产管理计划、集合资产管理计划、定向资产管理计划、私募投资基金、债权投资计划、股权投资计划、股债结合型投资计划、资产支持计划、组合类保险资产管理产品、养老保障管理产品。

管理人应分别核算资管产品运营业务和其他业务的销售额和增值税应纳税额（value-added tax payable）。未分别核算的，资管产品运营业务不得适用简易计税方法和3%的征收率。③

(9) 非企业技术及相关服务。①非企业性单位中的一般纳税人提供的研发和技术服务、信息技术服务、鉴证咨询服务，以及销售技术、著作权等无形资产，可以选择简易计税方法按照3%的征收率计算缴纳增值税。②非企业性单位中的一般纳税人提供"技术转让、技术开发和与之相关的技术咨询、技术服务"，可以参照上述规定，选择简易计税方法按照3%的征收率计算缴纳增值税。

(10) 教育辅助服务。一般纳税人提供教育辅助服务，可以选择简易计税方法按照3%的征收率计算缴纳增值税。④

(11) 销售自产机器设备附带的安装服务。一般纳税人销售自产机器设备的同时提供安装服务，应分别

---

① 《营业税改征增值税试点有关事项的规定》，第一条，财政部、国家税务总局，《关于全面推开营业税改征增值税试点的通知》，财税〔2016〕36号，附件2。
② 财政部、国家税务总局，《关于进一步明确全面推开营改增试点金融业有关政策的通知》，财税〔2016〕46号。
③ 财政部、国家税务总局，《关于资管产品增值税有关问题的通知》，财税〔2017〕56号。
④ 财政部、国家税务总局，《关于明确金融、房地产开发、教育辅助服务等增值税政策的通知》，财税〔2016〕140号。

核算机器设备和安装服务的销售额,安装服务可以按照甲供工程选择适用简易计税方法计税。[①]

(二)适用5%征收率的应税行为

1. 特定条件下销售不动产

(1)一般纳税人销售其2016年4月30日前取得不动产,选择适用简易计税方法的,适用5%的征收率。2016年5月1日以后取得的不动产,按一般计税方法计税的,不再适用5%的征收率,但按5%的预征率在不动产所在地预缴税款后,向机构所在地主管税务机关进行纳税申报。

(2)房地产开发企业中的一般纳税人,销售自行开发的房地产老项目,选择适用简易计税方法的,适用5%的征收率。

(3)小规模纳税人销售其自建的不动产,房地产开发企业中的小规模纳税人销售自行开发的房地产项目,适用5%的征收率。个人销售其取得(不含自建)的不动产(不含其购买的住房),适用5%的征收率。[②]个人销售自建自用住房免征增值税。[③]

(4)房地产开发企业中的一般纳税人购入未完工的房地产老项目(2016年4月30日之前的建筑工程项目)继续开发后,以自己名义立项销售的不动产,属于房地产老项目,可以选择适用简易计税方法按照5%的征收率计算缴纳增值税。[④]

2. 个人转让其购入的住房

对个人销售其购入的住房的增值税适用税率,分不同地区作了特别规定。

(1)个人将购买不足2年的住房对外销售的,按照5%的征收率全额缴纳增值税;个人将购买2年以上(含2年)的住房对外销售的,免征增值税。上述政策适用于北京市、上海市、广州市和深圳市之外的地区。

(2)个人将购买不足2年的住房对外销售的,按照5%的征收率全额缴纳增值税;个人将购买2年以上(含2年)的非普通住房对外销售的,以销售收入减去购买住房价款后的差额按照5%的征收率缴纳增值税;个人将购买2年以上(含2年)的普通住房对外销售的,免征增值税。上述政策仅适用于北京市、上海市、广州市和深圳市。[⑤]

有些城市为调控房地产市场的需要,出台了比上述更严格的规定,将个人销售住房增值税征免年限从2年提高到5年。深圳市于2020年7月15日起实行该政策,规定个人将购买不足5年的住房对外销售的,按照5%的征收率全额缴纳增值税;个人将购买5年以上(含5年)的非普通住房对外销售的,以销售收入减去购买住房价款后的差额按照5%的征收率缴纳增值税;个人将购买5年以上(含5年)的普通住房对外销售的,免征增值税。[⑥]随后,上海、杭州、无锡、沈阳、广州(在花都区、从化区以外其他九个区实行)、东莞等市相继推出个人销售住房增值税征免年限从2年提高到5年的政策。

上述所谓普通住房和非普通住房按容积率、建筑面积和成交价格区分,只要符合下列三个标准中的一个即为普通住房,否则为非普通住房:住宅小区建筑容积率在1.0以上、单套建筑面积在120平方米以下、实际成交价格低于同级别土地上住房平均交易价格1.2倍以下。各省、自治区、直辖市要根据实际情况,制定本地区享受优惠政策普通住房的具体标准。允许单套建筑面积和价格标准适当浮动,但向上浮动的比例不得

[①] 国家税务总局,《关于明确中外合作办学等若干增值税征管问题的公告》,2018年第42号。
[②] 《营业税改征增值税试点有关事项的规定》,第一条第八项,财政部、国家税务总局,《关于全面推开营业税改征增值税试点的通知》,财税〔2016〕36号,附件2。
[③] 《营业税改征增值税试点过渡政策的规定》,第一条第十五项、第十六项、第三十二项、第三十四项、第三十六项;财政部、国家税务总局,《关于全面推开营业税改征增值税试点的通知》,财税〔2016〕36号,附件3。
[④] 财政部、国家税务总局,《关于明确国有农用地出租等增值税政策的公告》,2020年第2号。
[⑤] 《营业税改征增值税试点过渡政策的规定》,第五条,财政部、国家税务总局,《关于全面推开营业税改征增值税试点的通知》,财税〔2016〕36号,附件3。
[⑥] 深圳市住房和建设局等八部门,《关于进一步促进我市房地产市场平稳健康发展的通知》,深建字〔2020〕137号。

超过上述标准的20%。①一些地区实行建筑面积140平方米的标准(如北京市、上海市),一些地区以上浮20%的建筑面积即144平方米为界限确定普通和非普通住房(如辽宁省、云南省、福建省、广东省等)。

3. 特定条件下不动产租赁服务

(1)一般纳税人出租其2016年4月30日前取得的不动产,选择适用简易计税方法的,适用5%的征收率。一般纳税人出租其2016年5月1日后取得的不动产,按一般计税方法,不再适用5%的征收率,而是适用不动产租赁服务9%的税率,其进项税额可以抵扣。但应按照3%的预征率在不动产所在地预缴税款后,向机构所在地主管税务机关进行纳税申报。

(2)小规模纳税人出租其取得的不动产(不含个人出租住房),应按照5%的征收率计算应纳税额。

(3)其他个人出租其取得的不动产(不含住房),应按照5%的征收率计算应纳税额。②

4. 劳务派遣服务、人力资源外包服务和安全保护服务

(1)一般纳税人提供劳务派遣服务,可以按照一般计税方法计算缴纳增值税;也可以选择差额纳税,以取得的全部价款和价外费用,扣除代用工单位支付给劳务派遣员工的工资、福利和为其办理社会保险及住房公积金后的余额为销售额,按照简易计税方法依5%的征收率计算缴纳增值税。

(2)小规模纳税人提供劳务派遣服务,可以以取得的全部价款和价外费用为销售额,按照简易计税方法依3%的征收率计算缴纳增值税;也可以选择差额纳税,以取得的全部价款和价外费用,扣除代用工单位支付给劳务派遣员工的工资、福利和为其办理社会保险及住房公积金后的余额为销售额,按照简易计税方法依5%的征收率计算缴纳增值税。

(3)一般纳税人提供人力资源外包服务,可以选择适用简易计税方法,按照5%的征收率计算缴纳增值税。③

(4)纳税人提供安全保护服务,比照劳务派遣服务政策执行。④即可以选择差额纳税,按照简易计税方法依5%的征收率。

5. 其他适用5%征收率的应税行为

下列应税行为在特定的条件下也适用5%的征收率。

(1)一般纳税人收取试点前开工的一级公路、二级公路、桥、闸通行费,可以选择适用简易计税方法,按照5%的征收率计缴纳增值税。试点前开工,是指相关施工许可证注明的合同开工日期在2016年4月30日前。

(2)纳税人转让2016年4月30日前取得的土地使用权,可以选择适用简易计税方法,以取得的全部价款和价外费用减去取得该土地使用权的原价后的余额为销售额,按照5%的征收率计算缴纳增值税。

(3)一般纳税人2016年4月30日前签订的不动产融资租赁合同,或以2016年4月30日前取得的不动产提供的融资租赁服务,可以选择适用简易计税方法,按照5%的征收率计算缴纳增值税。③

(三)适用5%征收率减按1.5%计算应纳税额的应税行为

1. 个人出租住房

个人出租住房,应按照5%的征收率减按1.5%计算应纳税额。⑤

---

① 国务院办公厅,《国务院办公厅转发建设部等部门关于做好稳定住房价格工作意见的通知》,国办发〔2005〕26号。
② 国家税务总局,《纳税人提供不动产经营租赁服务增值税征收管理暂行办法》,第三条,2016年第16号。
③ 财政部、国家税务总局,《关于进一步明确全面推开营改增试点有关劳务派遣服务、收费公路通行费抵扣等政策的通知》,财税〔2016〕47号。
④ 财政部、国家税务总局,《关于进一步明确全面推开营改增试点有关再保险 不动产租赁和非学历教育等政策的通知》,财税〔2016〕68号。
⑤ 《营业税改征增值税试点有关事项的规定》,第一条第九项,财政部、国家税务总局,《关于全面推开营业税改征增值税试点的通知》,财税〔2016〕36号,附件2。

2. 单位向个人出租住房

（1）住房租赁企业中的增值税一般纳税人向个人出租住房取得的全部出租收入，可以选择适用简易计税方法，按照5%的征收率减按1.5%计算缴纳增值税，或适用一般计税方法计算缴纳增值税。

（2）住房租赁企业中的增值税小规模纳税人向个人出租住房，按照5%的征收率减按1.5%计算缴纳增值税。

（3）对利用非居住存量土地和非居住存量房屋（含商业办公用房、工业厂房改造后出租用于居住的房屋）建设的保障性租赁住房，向个人出租的，适用前述政策即按照5%的征收率减按1.5%计算增值税。

住房租赁企业向个人出租住房适用上述简易计税方法并进行预缴的，减按1.5%预征率预缴增值税。①

上述所谓按照5%的征收率减按1.5%计算应纳税额，是指按5%的征收率确定应税销售额（不含税销售额），即应税销售额 = 含税销售额/(1 + 5%)，在计算应纳税额时适用1.5%的征收率，即应纳税额 = 应税销售额×1.5%。②

（四）适用3%征收率减按2%计算应纳税额的应税行为

1. 销售自己使用过的固定资产

（1）一般纳税人销售自己使用过的不得抵扣且未抵扣进项税额的固定资产（包括用于简易计税方法计税项目、免征增值税项目、集体福利或者个人消费的购进固定资产③），按照简易计税方法依照3%征收率减按2%征收增值税。④

（2）一般纳税人销售自己使用过的其他固定资产，根据购进时间不同（以2009年1月1日扩大增值税抵扣范围试点为时间节点）适用不同税率。销售自己使用过的2008年12月31日以前购进或者自制的固定资产，按照简易计税方法依照3%征收率减按2%征收增值税。销售2009年1月1日以后购进或者自制的固定资产，按照一般适用税率征收增值税。⑤

（3）纳税人购进或者自制固定资产时为小规模纳税人，认定为一般纳税人后销售该项自己使用过的固定资产也可适用简易计税方法依照3%征收率减按2%征收增值税。⑥

纳税人销售自己使用过的固定资产，适用简易计税方法依照3%征收率减按2%征收增值税政策的，可以放弃减税，按照简易计税方法依照3%征收率缴纳增值税，并可以开具增值税专用发票。⑦

2. 销售旧货

纳税人销售旧货，按照简易计税方法依照3%征收率减按2%征收增值税。所称旧货，是指进入二次流通的具有部分使用价值的货物（含旧汽车、旧摩托车和旧游艇），但不包括自己使用过的物品。⑧销售自己使用过的物品免征增值税。⑨

---

① 财政部、国家税务总局、住房城乡建设部，《关于完善住房租赁有关税收政策的公告》，2021年第24号。
② 《纳税人提供不动产经营租赁服务增值税征收管理暂行办法》，第四条；国家税务总局，《关于发布〈纳税人提供不动产经营租赁服务增值税征收管理暂行办法〉的公告》，2016年第16号。
③ 《增值税暂行条例》，第十条。
④ 财政部、国家税务总局，《关于部分货物适用增值税低税率和简易办法征收增值税政策的通知》，财税〔2009〕9号；财政部、国家税务总局，《关于简并增值税征收率政策的通知》，财税〔2014〕57号。
⑤ 财政部、国家税务总局，《关于全国实施增值税转型改革若干问题的通知》，财税〔2008〕170号。
⑥ 国家税务总局，《关于一般纳税人销售自己使用过的固定资产增值税有关问题的公告》，2012年第1号；国家税务总局，《关于简并增值税征收率有关问题的公告》，2014年第36号。
⑦ 国家税务总局，《关于营业税改征增值税试点期间有关增值税问题的公告》，2015年第90号。
⑧ 财政部、国家税务总局，《关于部分货物适用增值税低税率和简易办法征收增值税政策的通知》，财税〔2009〕9号；财政部、国家税务总局，《关于简并增值税征收率政策的通知》，财税〔2014〕57号。
⑨ 《增值税暂行条例》，第十五条第七项。

上述所谓按照3%的征收率减按2%计算应纳税额,是指按3%的征收率确定应税销售额(不含税销售额),即应税销售额=含税销售额/(1+3%),在计算应纳税额时适用2%的征收率,即应纳税额=应税销售额×2%。

(五) 适用 0.5% 和 2% 征收率的应税行为

1. 二手车

虽然二手车也属于旧货,但国家税务总局对二手车经销业务在一定期限内作出了例外规定,即对从事二手车经销业务的纳税人销售其收购的二手车,自2020年5月1日至2023年12月31日减按0.5%的征收率征收增值税。[①]其销售额的计算公式为:销售额=含税销售额/(1+0.5%),应纳增值税税额=销售额×0.5%。

2. 小规模纳税人销售自己使用过的固定资产

小规模纳税人(除其他个人外)销售自己使用过的固定资产,减按2%征收率征收增值税。[②]

四、混合销售和兼营不同税率应税行为的税率适用规则

(一) 混合销售

一项销售行为如果既涉及服务又涉及货物,为混合销售。从事货物的生产、批发或者零售的单位和个体工商户的混合销售行为,按照销售货物缴纳增值税;其他单位和个体工商户的混合销售行为,按照销售服务缴纳增值税。

从事货物的生产、批发或者零售的单位和个体工商户,包括以从事货物的生产、批发或者零售为主,并兼营销售服务的单位和个体工商户在内。[③]

(二) 兼营销售

纳税人兼营销售货物、劳务、服务、无形资产或者不动产,适用不同税率或者征收率的,应当分别核算适用不同税率或者征收率的销售额;未分别核算的,从高适用税率。[④]具体规则如下。

(1) 兼有不同税率的应税销售行为,从高适用税率。
(2) 兼有不同征收率的应税销售行为,从高适用征收率。
(3) 兼有不同税率和征收率的应税销售行为,从高适用税率。[⑤]
(4) 纳税人兼营免税、减税项目的,应当分别核算免税、减税项目的销售额;未分别核算的,不得免税、减税。[⑥]
(5) 纳税人销售活动板房、机器设备、钢结构件等自产货物的同时提供建筑、安装服务,不属于混合销售,应分别核算货物和建筑服务的销售额,分别适用不同的税率或征收率。[⑦]

[①] 国家税务总局,《关于明确二手车经销等若干增值税征管问题的公告》,2020年第9号。
[②] 财政部、国家税务总局,《关于部分货物适用增值税低税率和简易办法征收增值税政策的通知》,财税〔2009〕9号。
[③] 《营业税改征增值税试点实施办法》,第四十条,财政部、国家税务总局,《关于全面推开营业税改征增值税试点的通知》,财税〔2016〕36号,附件1。
[④] 《营业税改征增值税试点实施办法》,第三十九条,财政部、国家税务总局,《关于全面推开营业税改征增值税试点的通知》,财税〔2016〕36号,附件1。
[⑤] 《营业税改征增值税试点有关事项的规定》,第一条第一项,财政部、国家税务总局,《关于全面推开营业税改征增值税试点的通知》,财税〔2016〕36号,附件2。
[⑥] 《营业税改征增值税试点实施办法》,第四十一条,财政部、国家税务总局,《关于全面推开营业税改征增值税试点的通知》,财税〔2016〕36号,附件1。
[⑦] 国家税务总局,《关于进一步明确营改增有关征管问题的公告》,2017年第11号。

五、预征率

跨地从事应税行为的纳税人必须先在业务发生地预缴增值税,然后向机构所在地主管税务机关进行纳税申报。因各种原因不进行申报纳税和结算时,预征率就是实际的税率。适用预征率的应税行为如下所述。

(一) 汇总纳税的铁路和航空运输服务

1. 国有铁路运输企业分支机构

实行汇总纳税的中国国家铁路集团有限公司(简称国铁集团)各铁路局有限公司以及中国铁路青藏集团有限公司、中铁集装箱运输有限责任公司、中铁特货物流股份有限公司、中铁快运股份有限公司、中国铁路专运中心、西藏铁路建设有限公司、川藏铁路有限公司、川藏铁路四川有限公司、中铁特货汽车物流有限责任公司、中铁特货大件运输有限责任公司,预征率为1%。

合资铁路运输企业总部本级及其下属站段(含委托运输管理的站段)本级的销售额适用的预征率为1%。

本级应预缴的增值税 = 本级应征增值税销售额×1%

2. 合资铁路运输企业

合资铁路运输企业总部及其下属站段汇总的销售额适用的预征率为3%。

汇总应预缴的增值税 = (总部本级应征增值税销售额 + 下属站段本级应征增值税销售额)×3%
— (总部本级应预缴的增值税 + 下属站段本级应预缴的增值税)[①]

3. 航空运输企业分支机构

航空运输企业分支机构的预征率为1%。[②]

(二) 跨县(市)提供建筑服务

跨县(市)提供建筑服务,选择一般计税方法计税的一般纳税人,按照2%的预征率在建筑服务发生地预缴税款;选择适用简易计税方法计税的一般纳税人和小规模纳税人,按照3%的征收率,在建筑服务发生地预缴税款。[③]

(三) 销售特定不动产

1. 销售非自建的不动产

(1) 一般纳税人,销售其2016年4月30日前取得(不含自建)的不动产,采用简易计税方法计税的,以取得的全部价款和价外费用减去该项不动产购置原价或者取得不动产时的作价后的余额为销售额,按照5%的征收率,在不动产所在地预缴税款;采用一般计税方法计税的,应以取得的全部价款和价外费用减去该项不动产购置原价或者取得不动产时的作价后的余额,按照5%的预征率在不动产所在地预缴税款。销售其2016年5月1日后取得(不含自建)的不动产,应以取得的全部价款和价外费用减去该项不动产购置原价或者取得不动产时的作价后的余额,按照5%的预征率在不动产所在地预缴税款,但在机构所在地申报汇总计税时应以取得的全部价款和价外费用作为销售额。

(2) 小规模纳税人销售其取得(不含自建)的不动产(不含个体工商户销售购买的住房和其他个人销

[①] 财政部、国家税务总局,《关于铁路运输企业汇总缴纳增值税的通知》,财税〔2020〕56号。
[②] 财政部、国家税务总局,《关于航空运输企业汇总缴纳增值税总分机构名单的通知》,财税〔2020〕30号。
[③] 《营业税改征增值税试点有关事项的规定》,第一条第七项第4、5、6目,财政部、国家税务总局,《关于全面推开营业税改征增值税试点的通知》,财税〔2016〕36号,附件2。

售不动产），应以取得的全部价款和价外费用减去该项不动产购置原价或者取得不动产时的作价后的余额为销售额，按照5%的征收率在不动产所在地预缴税款。①

2. 销售自建的不动产

（1）一般纳税人，销售其2016年4月30日前自建的不动产，采用简易办法计税的，以取得的全部价款和价外费用为销售额，按照5%的征收率，在不动产所在地预缴税款；采用一般计税方法计税的，应以取得的全部价款和价外费用，按照5%的预征率在不动产所在地预缴税款。销售其2016年5月1日后自建的不动产，应以取得的全部价款和价外费用，按照5%的预征率在不动产所在地预缴税款。

（2）小规模纳税人销售其自建的不动产，应以取得的全部价款和价外费用为销售额，按照5%的征收率在不动产所在地预缴税款。②

3. 销售房地产老项目

房地产开发企业中的一般纳税人销售房地产老项目，适用一般计税方法计税的，应以取得的全部价款和价外费用，按照3%的预征率在不动产所在地预缴税款。③

4. 预售房地产项目

房地产开发企业采取预收款方式销售所开发的房地产项目，在收到预收款时按照3%的预征率预缴增值税。④

（四）不动产租赁服务

（1）一般纳税人出租其2016年4月30日前取得的与机构所在地不在同一县（市）的不动产，选择适用简易计税方法，按照5%的征收率计算应纳税额，在不动产所在地预缴税款。

一般纳税人出租其2016年5月1日后取得的与机构所在地不在同一县（市）的不动产，应按照3%的预征率在不动产所在地预缴税款。

（2）小规模纳税人出租与机构所在地不在同一县（市）的不动产（不含个人出租住房），应按照5%的征收率在不动产所在地预缴税款。⑤

（3）房地产开发企业中的一般纳税人出租其2016年4月30日前取得的不动产，适用一般计税方法计税的，应以取得的全部价款和价外费用，按照3%的预征率在不动产所在地预缴税款。⑥

第三节　增值税的应纳税额计算

增值税的最大特点就是购进投入品已纳税款（即进项税额）可以抵扣，从而间接地达到只对增值额征税的目的，这是增值税优于传统全值型流转税的根本原因所在。增值税的应纳税额 = 当期销项税额 - 当期进

---

① 《营业税改征增值税试点有关事项的规定》，第一条第八项第1、3、5目，第十项，财政部、国家税务总局，《关于全面推开营业税改征增值税试点的通知》，财税〔2016〕36号，附件2。
② 《营业税改征增值税试点有关事项的规定》，第一条第八项第2、4、6目，第十项，财政部、国家税务总局，《关于全面推开营业税改征增值税试点的通知》，财税〔2016〕36号，附件2。
③ 《营业税改征增值税试点有关事项的规定》，第一条第十项，财政部、国家税务总局，《关于全面推开营业税改征增值税试点的通知》，财税〔2016〕36号，附件2。
④ 《营业税改征增值税试点有关事项的规定》，第一条第八项第9目，财政部、国家税务总局，《关于全面推开营业税改征增值税试点的通知》，财税〔2016〕36号，附件2。
⑤ 《营业税改征增值税试点有关事项的规定》，第一条第九项第1、3、4目，财政部、国家税务总局，《关于全面推开营业税改征增值税试点的通知》，财税〔2016〕36号，附件2。
⑥ 《营业税改征增值税试点有关事项的规定》，第一条第十项，财政部、国家税务总局，《关于全面推开营业税改征增值税试点的通知》，财税〔2016〕36号，附件2。

项税额。因此，增值税的应纳税额计算涉及两方面问题，一是计算销项税额（output tax），二是计算进项税额。但对小规模纳税人和一般纳税人可选择按照简易方法计税的应税业务而言，只涉及销项税额计算问题。

一、增值税销售额的确定和销项税额的计算

要计算增值税的销项税额，首先要确定销售额。以下阐述销售额一般确定规则和一些特殊应税业务的特别确定规则，以及销项税额的计算。

（一）确定销售额的一般规定

1. 销售额的定义

销售额为纳税人销售货物或应税劳务向购买方收取的全部价款和价外费用（other charges），但不包括收取的销项税额，[①]这体现出中国实行价外税的增值税模式。这里所称价外费用，指的是价外向购买方收取的手续费、补贴、基金、集资费、返还利润、奖励费、违约金、滞纳金、延期付款利息、赔偿金、代收款项、代垫款项、包装费、包装物租金、储备费、优质费、运输装卸费以及其他各种性质的价外收费。[②]

纳税人从全部价款和价外费用中扣除的价款，应当取得符合法律、行政法规和国家税务总局规定的有效凭证。否则，不得扣除。[③]

除前述价外费用外，纳税人（包括纳税人自己或代其他部门）为销售货物出租出借包装物而收取的押金，无论包装物周转使用期限长短，超过一年（含一年）以上仍不退还的，应视为含税收入，在征税时应换算成不含税收入并入销售额，按所包装货物的适用税率计算销项税额。对销售除啤酒、黄酒外的其他酒类产品而收取的包装物押金，无论是否返还以及会计上如何核算，均应并入当期销售额征税。[④]

下列项目不计入销售额。

（1）向购买方收取的销项税额。

（2）受托加工应征消费税的消费品所代收代缴的消费税。

（3）同时符合以下条件的代垫运费：①承运部门的运费发票开具给购货方的；②纳税人将该项发票转交给购货方的。

（4）同时符合以下条件代为收取的政府性基金或者行政事业性收费：①由国务院或者财政部批准设立的政府性基金，由国务院或者省级人民政府及其财政、价格主管部门批准设立的行政事业性收费；②收取时开具省级以上财政部门印制的财政票据；③所收款项全额上缴财政。

（5）销售货物的同时代办保险等而向购买方收取的保险费，以及向购买方收取的代购买方缴纳的车辆购置税、车辆牌照费。[⑤]

（6）以委托方名义开具发票代委托方收取的款项。[⑥]

（7）纳税人为销售货物（不包括销售除啤酒、黄酒外的其他酒类产品）而出租出借包装物收取的押金，单独记账核算的，且在一年以内归还的，不并入销售额。[⑦]

---

① 《增值税暂行条例》，第六条。
② 《增值税暂行条例实施细则》，第十二条。
③ 《营业税改征增值税试点有关事项的规定》，第一条第三项，财政部、国家税务总局，《关于全面推开营业税改征增值税试点的通知》，财税〔2016〕36号，附件2。
④ 国家税务总局，《关于加强增值税征收管理若干问题的通知》，国税发〔1995〕192号。
⑤ 《增值税暂行条例实施细则》，第十二条第四项。
⑥ 《营业税改征增值税试点实施办法》，第三十七条第二项，财政部、国家税务总局，《关于全面推开营业税改征增值税试点的通知》，财税〔2016〕36号，附件1。
⑦ 国家税务总局，《关于印发〈增值税若干具体问题的规定〉的通知》，国税发〔1993〕154号；国家税务总局，《关于加强增值税征收管理若干问题的通知》，国税发〔1995〕192号；国家税务总局，《关于取消包装物押金逾期期限审批后有关问题的通知》，国税函〔2004〕827号。

2. 外币销售额的折算

销售额应以人民币计算。纳税人以人民币以外的货币结算销售额的，应当折合成人民币计算。[①]折合率可以选择销售额发生的当天或者当月1日的人民币汇率中间价。纳税人应在事先确定采用何种折合率，确定后1年内不得变更。[②]

3. 含税销售额的换算

现行增值税实行价外税模式，以不含增值税额（即销项税额）的销售额为计税依据。因此，采用含增值税税额进行定价的应税行为，必须将含税销售额换算为不含税销售额。计算销售额公式如下：

$$销售额 = 含税销售额 \div (1 + 税率)[③]$$

小规模纳税人销售货物或者应税劳务采用销售额和应纳税额合并定价方法的，按下列公式计算销售额：

$$销售额 = 含税销售额 \div (1 + 征收率)[④]$$

4. 进口货物销售额的确定

由于货物进口后在进口环节要征关税、部分货物要征消费税，因此进口货物增值税计税基础即组成计税价格 = 关税完税价格 + 关税 + 消费税。[⑤]

由于进口货物出售者在境外，无法对其行使税收主权征收增值税，进口货物增值税只能由购买者即进口货物的单位和个人（货主）作为纳税人，在货物入关时与关税一并缴纳。为税收公平起见，进口货物的增值税计税基础口径要与上述境内货物销售额一致。境内销售货物的增值税计税基础即所谓销售额为纳税人发生应税销售行为收取的全部价款和价外费用，也就是购买方支付的全部价款和价外费用。因此，进口货物的"销售额"就应当是作为增值税纳税人进口货物的单位或个人支付的全部价款和价外费用。同时，由于中国目前增值税采用价外税模式，销售额不包含增值税本身，但对应纳消费税的货物而言，增值税税基包含消费税，因此进口货物的"销售额"包括到岸价格、支付的关税以及消费税，统称为进口货物增值税的组成计税价格。进口环节增值税是与关税一并课征，为了征收管理便利，将到岸价格等同于关税完税价格即以海关审定的成交价格为基础的到岸价格。因此，进口货物销售额即组成计税价格 = 关税完税价格 + 关税 + 消费税。

5. 价格明显偏低和视同销售的销售额确定

由于不同应税行为的税率和税负存在差别，部分纳税人可能以谋取税收利益为主要目的，通过人为安排，减少、免除、推迟缴纳增值税税款，或者增加退还增值税税款。[⑥]有的企业还可能通过人为压低价格将货物出售给税负低的关联企业，关联企业再将货物出售给其他企业，从而达到将利润转移到低税关联企业以减轻税负之目的。这就是发生了不具有合理商业目的的行为。为了防止此种行为的发生，《增值税暂行条例》规定"纳税人销售货物或者应税劳务的价格明显偏低并无正当理由的，由主管税务机关核定其销售额"。[⑦]此外，在视同销售场合也存在无销售额情况，也需要通过一定方法确定销售额。因此，税收法规规定纳税人发生应税行为价格明显偏低或者偏高且不具有合理商业目的的，或者发生视同销售而无销售额的，主管税务机关有权按照下列顺序确定销售额。

[①]《增值税暂行条例》，第六条。
[②]《增值税暂行条例实施细则》，第十五条。
[③]《增值税暂行条例实施细则》，第十四条。
[④]《增值税暂行条例实施细则》，第三十条。
[⑤]《增值税暂行条例》，第十四条。
[⑥]《营业税改征增值税试点实施办法》，第四十四条，财政部、国家税务总局，《关于全面推开营业税改征增值税试点的通知》，财税〔2016〕36号，附件1。
[⑦]《增值税暂行条例》，第七条。

（1）按照纳税人最近时期销售同类货物、劳务、服务、无形资产或者不动产的平均价格确定。

（2）按照其他纳税人最近时期销售同类货物、劳务、服务、无形资产或者不动产的平均价格确定。

（3）按照组成计税价格确定。组成计税价格的公式为

$$组成计税价格 = 成本 \times (1 + 成本利润率)$$

属于应征消费税的货物，其组成计税价格中应加计消费税额。计算公式为

$$组成计税价格 = 成本 \times (1 + 成本利润率) + 消费税税额$$

公式中的成本是指：销售自产货物的为实际生产成本，销售外购货物的为实际采购成本。公式中的成本利润率由国家税务总局确定。[①]

国家税务总局规定成本利润率为10%。但属于应从价定率征收消费税的货物，其组成计税价格公式中的成本利润率，为《消费税若干具体问题的规定》中规定的成本利润率。[②]经几次调整，现行从价定率征收消费税的货物，其组成计税价格公式中的成本利润率如下：高档手表为20%，甲类卷烟、粮食白酒、高尔夫球及球具、游艇为10%，乘用车为8%，贵重首饰及珠宝玉石、摩托车为6%，乙类卷烟、雪茄烟、烟丝、薯类白酒、其他酒、酒精、化妆品、护肤护发品、鞭炮焰火、汽车轮胎、木制一次性筷子、实木地板、中轻型商用客车为5%。

（二）特定销售方式下销售额的确定

现实生活中，纳税人会选择多种销售方式，以下阐述不同销售方式下销售额的确定规则。

1. 销货折让、中止或者退回

销售折让是卖方发生应税销售行为后因为产品或服务质量不合格等原因在售价上给予的减让。

纳税人适用一般计税方法计税的，因销售折让、中止或者退回而退还给购买方的增值税额，应当从当期的销项税额中扣减；因销售折让、中止或者退回而收回的增值税额，应当从当期的进项税额中扣减。

纳税人适用简易计税方法计税的，因销售折让、中止或者退回而退还给购买方的销售额，应当从当期销售额中扣减。扣减当期销售额后仍有余额造成多缴的税款，可以从以后的应纳税额中扣减。

2. 折扣销售

纳税人发生应税行为，将价款和折扣额在同一张发票上分别注明的，以折扣后的价款为销售额；未在同一张发票上分别注明的，以价款为销售额，不得扣减折扣额。[③]此处折扣销售是指纳税人在销售货物或应税劳务时，按协议给予购买方的价格优惠，不同于销售折扣，销售折扣是销货方为了鼓励购货方尽早付款而协议许诺给购货方的一种折扣优待，应计入财务费用，不得从销售额中减除。

3. 以旧换新和以物易物

纳税人采取以旧换新方式销售货物，应按新货物的同期销售价格确定销售额。[②]以旧换新，是纳税人在销售过程中，有偿回收同类旧货物的一种销售方式。由于销售货物与收购货物是两个不同的业务活动。因此销售额与收购额不能相互抵减。同样以物易物也是属于两个营业活动过程，交易双方都应做购销处理，分别计算销售额，各自纳税。

例如，土地使用权和房屋所有权相互交换，甲方以转让部分土地使用权为代价，换取部分房屋的所有

[①] 《增值税暂行条例实施细则》，第十六条；《营业税改征增值税试点实施办法》，第四十四条，财政部、国家税务总局，《关于全面推开营业税改征增值税试点的通知》，财税〔2016〕36号，附件1。

[②] 国家税务总局，《关于印发〈增值税若干具体问题的规定〉的通知》，国税发〔1993〕154号。

[③] 《营业税改征增值税试点实施办法》，第四十三条，财政部、国家税务总局，《关于全面推开营业税改征增值税试点的通知》，财税〔2016〕36号，附件1。

权,发生了转让土地使用权的行为;乙方则以转让部分房屋的所有权为代价,换取部分土地的使用权,发生了销售不动产的行为。因此,对甲乙双方要分别核定双方各自的销售额,按"转让土地使用权"和"销售不动产"征税。如果双方合作建房,双方或任何一方将分得的房屋销售出去,则又发生了销售不动产行为,应对其销售收入再按"销售不动产"征税。

但金银首饰具有特殊性,对金银首饰以旧换新业务,可以按销售方实际收取的不含增值税的全部价款征收增值税。[①]

4. 还本销售

纳税人采取还本销售方式销售货物,不得从销售额中减除还本支出。[②]所谓还本销售,指客户支付一笔货款购得货物,但经过一定时间后卖方(即纳税人)又将货款全部或部分退还给买方,如果是全部退还,实质上买方以货款利息购得货物,退还的货款即为还本支出。

5. 直销

直销企业先将货物销售给直销员,直销员再将货物销售给消费者的,直销企业的销售额为其向直销员收取的全部价款和价外费用。直销员将货物销售给消费者时,应按照现行规定缴纳增值税。

直销企业通过直销员向消费者销售货物,直接向消费者收取货款,直销企业的销售额为其向消费者收取的全部价款和价外费用。[③]

(三)特定交通运输、旅游和电信服务销售额的确定

(1)航空运输企业的销售额,不包括代收的机场建设费和代售其他航空运输企业客票而代收转付的价款。[④]

(2)机票代理服务的销售额。航空运输销售代理企业提供境外航段机票代理服务,以取得的全部价款和价外费用,扣除向客户收取并支付给其他单位或者个人的境外航段机票结算款和相关费用后的余额为销售额。[⑤]航空运输销售代理企业提供境内机票代理服务,以取得的全部价款和价外费用,扣除向客户收取并支付给航空运输企业或其他航空运输销售代理企业的境内机票净结算款和相关费用后的余额为销售额。[⑥]

(3)一般纳税人提供客运场站服务,以其取得的全部价款和价外费用,扣除支付给承运方运费后的余额为销售额。[⑦]

(4)纳税人提供旅游服务,可以选择以取得的全部价款和价外费用,扣除向旅游服务购买方收取并支付给其他单位或者个人的住宿费、餐饮费、交通费、签证费、门票费和支付给其他接团旅游企业的旅游费用后的余额为销售额。[⑧]

(5)中国移动通信集团公司、中国联合网络通信集团有限公司、中国电信集团公司及其成员单位通过

[①] 财政部、国家税务总局,《关于金银首饰等货物征收增值税问题的通知》,财税字〔1996〕74号。
[②] 国家税务总局,《关于印发〈增值税若干具体问题的规定〉的通知》,国税发〔1993〕154号。
[③] 国家税务总局,《关于直销企业增值税销售额确定有关问题的公告》,2013年第5号。
[④] 《营业税改征增值税试点有关事项的规定》,第一条第三项第6目,财政部、国家税务总局,《关于全面推开营业税改征增值税试点的通知》,财税〔2016〕36号,附件2。
[⑤] 财政部、国家税务总局,《关于租入固定资产进项税额抵扣等增值税政策的通知》,财税〔2017〕90号。
[⑥] 国家税务总局,《关于明确中外合作办学等若干增值税征管问题的公告》,2018年第42号。
[⑦] 《营业税改征增值税试点有关事项的规定》,第一条第三项第7目,财政部、国家税务总局,《关于全面推开营业税改征增值税试点的通知》,财税〔2016〕36号,附件2。
[⑧] 《营业税改征增值税试点有关事项的规定》,第一条第三项第8目,财政部、国家税务总局,《关于全面推开营业税改征增值税试点的通知》,财税〔2016〕36号,附件2。

手机短信公益特服号为公益性机构接受捐款，以其取得的全部价款和价外费用，扣除支付给公益性机构捐款后的余额为销售额。[①]

（四）金融服务销售额的确定

金融服务业的销售额按其取得收入的方式，可归为两类：一是按收入的全额，如贷款、典当、金融经纪业等中介服务，以取得利息收入或手续费收入全额确认为销售额；二是价差，如外汇、证券、期货等金融商品转让和融资租赁，按卖出价减去买入价后的差额确认为销售额。

1. 按收入全额计算销售额的业务

1）贷款服务

贷款服务，以提供贷款服务取得的全部利息及利息性质的收入为销售额。[②]

银行提供贷款服务按期计收利息的，结息日当日计收的全部利息收入，均应计入结息日所属期的销售额。[③]

证券公司、保险公司、金融租赁公司、证券基金管理公司、证券投资基金以及其他经人民银行、国家金融监督管理总局、证监会批准成立且经营金融保险业务的机构发放贷款后，自结息日起90天内发生的应收未收利息按现行规定缴纳增值税，自结息日起90天后发生的应收未收利息暂不缴纳增值税，待实际收到利息时按规定缴纳增值税。[④]

2）直接收费金融服务

直接收费金融服务，以提供直接收费金融服务收取的手续费、佣金、酬金、管理费、服务费、经手费、开户费、过户费、结算费、转托管费等各类费用为销售额。[⑤]

发卡机构、清算机构和收单机构提供银行卡跨机构资金清算服务，按照以下规定执行：①发卡机构以其向收单机构收取的发卡行服务费为销售额，并按照此销售额向清算机构开具增值税发票。②清算机构以其向发卡机构、收单机构收取的网络服务费为销售额，并按照发卡机构支付的网络服务费向发卡机构开具增值税发票，按照收单机构支付的网络服务费向收单机构开具增值税发票。清算机构从发卡机构取得的增值税发票上记载的发卡行服务费，一并计入清算机构的销售额，并由清算机构按照此销售额向收单机构开具增值税发票。③收单机构以其向商户收取的收单服务费为销售额，并按照此销售额向商户开具增值税发票。[⑥]

2. 按差额计算销售额的业务

1）金融商品转让

金融商品转让，按照卖出价扣除买入价后的余额为销售额。转让金融商品出现的正负差，按盈亏相抵后的余额为销售额。若相抵后出现负差，可结转下一纳税期与下期转让金融商品销售额相抵，但年末时仍出现负差的，不得转入下一个会计年度。

金融商品的买入价，可以选择按照加权平均法或者移动加权平均法进行核算，选择后36个月内不得变更。金融商品转让，不得开具增值税专用发票。[⑦]

---

① 财政部、国家税务总局，《关于营业税改征增值税试点若干政策的通知》，财税〔2016〕39号。
② 《营业税改征增值税试点有关事项的规定》，第一条第三项第1目，财政部、国家税务总局，《关于全面推开营业税改征增值税试点的通知》，财税〔2016〕36号，附件2。
③ 国家税务总局，《关于营改增试点若干征管问题的公告》，2016年第53号。
④ 财政部、国家税务总局，《关于明确金融 房地产开发 教育辅助服务等增值税政策的通知》，财税〔2016〕140号。
⑤ 《营业税改征增值税试点有关事项的规定》，第一条第三项第2目，财政部、国家税务总局，《关于全面推开营业税改征增值税试点的通知》，财税〔2016〕36号，附件2。
⑥ 国家税务总局，《关于进一步明确营改增有关征管问题的公告》，2017年第11号。
⑦ 《营业税改征增值税试点有关事项的规定》，第一条第三项第3目，财政部、国家税务总局，《关于全面推开营业税改征增值税试点的通知》，财税〔2016〕36号，附件2。

纳税人将其持有的限售股在解禁流通后对外转让的，按照以下规定确定买入价。

（1）上市公司实施股权分置改革时，在股票复牌之前形成的原非流通股股份，以及股票复牌首日至解禁日期间由上述股份孳生的送、转股，以该上市公司完成股权分置改革后股票复牌首日的开盘价为买入价。

（2）公司首次公开发行股票并上市形成的限售股，以及上市首日至解禁日期间由上述股份孳生的送、转股，以该上市公司股票首次公开发行的发行价为买入价。

（3）因上市公司实施重大资产重组形成的限售股，以及股票复牌首日至解禁日期间由上述股份孳生的送、转股，以该上市公司因重大资产重组股票停牌前一交易日的收盘价为买入价。①

（4）单位将其持有的限售股在解禁流通后对外转让，按照上述（1）～（2）规定确定的买入价低于该单位取得限售股的实际成本价的，以实际成本价为买入价计算缴纳增值税。②

纳税人无偿转让股票时，转出方以该股票的买入价为卖出价；在转入方将上述股票再转让时，以原转出方的卖出价为买入价。③

资管产品管理人运营资管产品提供的贷款服务、发生的部分金融商品转让业务，转让2017年12月31日前取得的股票（不包括限售股）、债券、基金、非货物期货，可以选择按照实际买入价计算销售额，或者以2017年最后一个交易日的股票收盘价（2017年最后一个交易日处于停牌期间的股票，为停牌前最后一个交易日收盘价）、债券估值（中债金融估值中心有限公司或中证指数有限公司提供的债券估值）、基金份额净值、非货物期货结算价格作为买入价计算销售额。④

2）融资租赁和融资性售后回租业务

经人民银行、国家金融监督管理总局或者商务部批准从事融资租赁业务的，提供融资租赁服务，以取得的全部价款和价外费用，扣除支付的借款利息（包括外汇借款和人民币借款利息）、发行债券利息和车辆购置税后的余额为销售额。

经人民银行、国家金融监督管理总局或者商务部批准从事融资租赁业务的，提供融资性售后回租服务，以取得的全部价款和价外费用（不含本金），扣除对外支付的借款利息（包括外汇借款和人民币借款利息）、发行债券利息后的余额作为销售额。

经人民银行、国家金融监督管理总局或者商务部批准从事融资租赁业务的，根据2016年4月30日前签订的有形动产融资性售后回租合同，在合同到期前提供的有形动产融资性售后回租服务，可以选择以下方法之一计算销售额。

（1）以向承租方收取的全部价款和价外费用，扣除向承租方收取的价款本金，以及对外支付的借款利息（包括外汇借款和人民币借款利息）、发行债券利息后的余额为销售额。

纳税人提供有形动产融资性售后回租服务，计算当期销售额时可以扣除的价款本金，为书面合同约定的当期应当收取的本金。无书面合同或者书面合同没有约定的，为当期实际收取的本金。

提供有形动产融资性售后回租服务，向承租方收取的有形动产价款本金，不得开具增值税专用发票，可以开具普通发票。

（2）以向承租方收取的全部价款和价外费用，扣除支付的借款利息（包括外汇借款和人民币借款利息）、发行债券利息后的余额为销售额。⑤

之所以有不同的计算方法，是为了与原营业税的政策衔接，原营业税有关融资租赁的营业额不包括价款本金（即货物的实际成本）。

---

① 国家税务总局，《关于营改增试点若干征管问题的公告》，2016年第53号。
② 国家税务总局，《关于明确二手车经销等若干增值税征管问题的公告》，2020年第9号。
③ 财政部、国家税务总局，《关于明确无偿转让股票等增值税政策的公告》，2020年第40号。
④ 财政部、国家税务总局，《关于租入固定资产进项税额抵扣等增值税政策的通知》，财税〔2017〕90号。
⑤ 《营业税改征增值税试点有关事项的规定》，第一条第三项第5目，财政部、国家税务总局，《关于全面推开营业税改征增值税试点的通知》，财税〔2016〕36号，附件2。

（五）特定情况下建筑服务销售额的确定

（1）提供建筑服务适用简易计税方法的，以取得的全部价款和价外费用扣除支付的分包款后的余额为销售额。①一般纳税人以清包工方式提供的建筑服务、为甲供工程提供的建筑服务、为建筑工程老项目提供的建筑服务，都可以选择适用简易计税方法计税。

（2）跨县（市）提供建筑服务，不论是一般纳税人还是小规模纳税人，也不论是适用一般计税方法计税还是选择适用简易计税方法计税，以取得的全部价款和价外费用扣除支付的分包款后的余额为销售额。②

（六）不动产转让销售额的确定

1. 销售非自建不动产

销售非自建不动产，分 2016 年 4 月 30 日前取得还是 2016 年 5 月 1 日后取得的，以及按一般计税方法还是选择简易计税方法计税，其销售额的口径不同。

一般纳税人销售其 2016 年 4 月 30 日前取得（不含自建）的不动产，可以选择适用简易计税方法，以取得的全部价款和价外费用减去该项不动产购置原价或者取得不动产时的作价后的余额为销售额。

一般纳税人销售其取得的不动产（不含自建），适用一般计税方法计税的，无论是 2016 年 4 月 30 日前取得还是 2016 年 5 月 1 日后取得的，以取得的全部价款和价外费用为销售额计算应纳税额。但纳税人应以取得的全部价款和价外费用减去该项不动产购置原价或者取得不动产时的作价后的余额，按照 5% 的预征率在不动产所在地预缴税款。

小规模纳税人销售其取得（不含自建）的不动产（不含个体工商户销售购买的住房和其他个人销售不动产），应以取得的全部价款和价外费用减去该项不动产购置原价或者取得不动产时的作价后的余额为销售额。

个人销售其取得（不含自建）的不动产（不含其购买的住房），应以取得的全部价款和价外费用减去该项不动产购置原价或者取得不动产时的作价后的余额为销售额。③

2. 销售自建不动产

销售自建不动产，其销售额的口径相同。即不论一般纳税人还是小规模纳税人，也不论 2016 年 4 月 30 日前取得的还是 2016 年 5 月 1 日后取得的，不论按一般计税方法还是选择简易计税方法计税，均以取得的全部价款和价外费用为销售额。此项规定，也适用于房地产开发企业中的一般纳税人，销售自行开发的房地产老项目，选择简易计税方法计算增值税的情形，以及房地产开发企业中的小规模纳税人，销售自行开发的房地产项目。④

3. 一般纳税人销售开发的房地产项目

房地产开发企业中的一般纳税人销售其开发的房地产项目（选择简易计税方法的房地产老项目除外），

---

① 《营业税改征增值税试点有关事项的规定》，第一条第三项第 9 目，财政部、国家税务总局，《关于全面推开营业税改征增值税试点的通知》，财税〔2016〕36 号，附件 2。
② 《营业税改征增值税试点有关事项的规定》，第一条第七项，财政部、国家税务总局，《关于全面推开营业税改征增值税试点的通知》，财税〔2016〕36 号，附件 2。
③ 《营业税改征增值税试点有关事项的规定》，第一条第八项第 1、3、5、11 目，第十项，财政部、国家税务总局，《关于全面推开营业税改征增值税试点的通知》，财税〔2016〕36 号，附件 2。
④ 《营业税改征增值税试点有关事项的规定》，第一条第八项第 2、4、6、7、8 目，第十项，财政部、国家税务总局，《关于全面推开营业税改征增值税试点的通知》，财税〔2016〕36 号，附件 2。

以取得的全部价款和价外费用,扣除受让土地时向政府部门支付的土地价款以及向其他单位或个人支付的拆迁补偿费用后的余额为销售额。"向政府部门支付的土地价款"包括土地受让人向政府部门支付的征地和拆迁补偿费用、土地前期开发费用和土地出让收益等。[①]

4. 个人(包括个体工商户)转让其购买的住房

个人转让其购买的住房的销售额,依政策适用地区不同,销售额口径不同。

北京市、上海市、广州市和深圳市以外地区,个人销售不到一定持有年限,属于应征增值税的住房,按照5%的征收率全额缴纳增值税,即以取得的全部价款和价外费用为销售额。对持有一定年份及以上不分普通住房和非普通住房均免税。

但对北京市、上海市、广州市和深圳市,销售持有一定年份以上非普通住房,不予免税,按差额缴纳增值税,即以销售收入减去购买住房价款后的差额为销售额计算增值税。确定应税普通住房的销售额规则与其他地区相同。[②]

(七)销项税额的计算

准确地依据上述规则确定纳税人的销售额后,采用一般计税方法计税的一般纳税人可以据此计算销项税额;小规模纳税人和选择简易计税方法计税的一般纳税人可以据此计算应纳税额,增值税应纳税额=销售额×征收率。

采用一般计税方法计税的一般纳税人发生应税销售行为,按照销售额和相应规定的税率计算收取的增值税额,为销项税额。销项税额计算公式[③]:

$$销项税额 = 销售额 \times 税率$$

对采用一般计税方法计税的一般纳税人(以下非特别注明简称纳税人)而言,销项税额还不是应纳税额,销项税额反映的是征税对象生产经营过程到本纳税人销售环节时负担的全部增值税,本期销项税额扣减本期进项税额才是当期应纳税额。因此,要计算纳税人的应纳税额,除了确定销售额并计算销项税额外还要确定进项税额。

销项税额的计算举例如下。

【例13-3-1】 某白酒厂为增值税一般纳税人,某年1月发生粮食白酒销售额20万元,另收取包装物租金1万元,包装物押金2万元,没收逾期包装物押金1.5万元。请计算该厂当月增值税销项税额。

【答案】 首先确定应税销售额。销售额为纳税人发生应税销售行为收取的全部价款和价外费用,价外费用包括包装物租金。白酒属于啤酒、黄酒外的其他酒类,销售白酒而收取的包装物押金,无论是否返还以及会计上如何核算,均应并入当期销售额征税。没收的逾期包装物押金由于在收取押金时已计入当期销售额,为避免重复征收,本期不应再计入应税销售额。此外由于销售额和有关包装物的金额都是含税销售额,必须先换算为不含增值税的销售额。因此:

$$该厂当月应税销售额 = (货物卖价 + 包装物租金 + 包装物押金)/(1 + 13\%)$$
$$= (20 + 1 + 2)/(1 + 13\%) \approx 20.35(万元)$$

其次,计算销项税额。

$$该厂当月销项税额 = 应税销售额 \times 税率$$
$$= 20.35 \times 13\% \approx 2.65(万元)$$

[①]《营业税改征增值税试点有关事项的规定》,第一条第三项第10目,财政部、国家税务总局,《关于全面推开营业税改征增值税试点的通知》,财税〔2016〕36号,附件2;财政部、国家税务总局,《关于明确金融 房地产开发 教育辅助服务等增值税政策的通知》,财税〔2016〕140号。

[②]《营业税改征增值税试点过渡政策的规定》,第五条,财政部、国家税务总局,《关于全面推开营业税改征增值税试点的通知》,财税〔2016〕36号,附件3;《纳税人转让不动产增值税征收管理暂行办法》,第五条;国家税务总局,《关于发布〈纳税人转让不动产增值税征收管理暂行办法〉的公告》,2016年第14号。

[③]《增值税暂行条例》,第五条。

【例13-3-2】某企业为增值税一般纳税人,某年6月提供汽车租赁服务,取得不含增值税收入65万元;提供汽车车身广告位出租服务,取得不含增值税收入76万元;出租房屋(该房屋为2016年5月1日后取得的),取得不含增值税收入120万元。请计算该企业当月上述业务增值税销项税额。

【答案】动产租赁服务适用普通税率13%,不动产租赁服务适用税率9%。该企业当月上述业务增值税销项税额 = (65 + 76)×13% + 120×9% = 18.33 + 10.8 = 29.13(万元)。

二、增值税的进项税额

进项税额可抵扣是增值税的主要特征和产生较好税收效应的关键。纳税人购进货物、劳务、服务、无形资产、不动产支付或者负担的增值税额,为进项税额(input tax)。进项税额是与销项税额相联系的概念,也是专门用于采用一般计税方法计税的一般纳税人的范畴,是为了避免对中间产品重复课税而设计的制度。这样一种制度安排,使增值税实际上成为由最终消费环节的消费者负担的税收,从而使增值税不会对企业组织形式(无论是全能的组织形式还是产业链分工形式)的选择产生干扰。[①]但现实生活中纳税人购进的货物、劳务、服务、无形资产、不动产,可能不仅用于一般计税方法计税的项目,也用于简易计税方法计税的项目、免税项目或用于集体福利、个人消费,将其所有进项税额均从销项税额中扣除,一般情况下不合理,因为用于简易计税方法计税的项目、免税项目的进项税额与销项税额不存在对应关系,用于集体福利、个人消费均属于对"进项"的消费,此时"进项"就不具有中间产品的性质,如果允许用于福利和个人消费的进项税额给予抵扣,相当于对消费给予有抵扣权的免税即零税率,会模糊零税率的政策界限。这就是说,除采用零税率外,增值税的销项税额与进项税额抵扣之间存在对应性,只有征了增值税的进项税额才能得以抵扣。这一原则同样适用于非正常损失场合进项税额的抵扣问题。但现实生活中仍然存在特殊情景,有必要例外处理。此外,中国增值税存在多档税率,免税减税政策复杂,抵扣进项税额凭据存在多种形态。因此必须对进项税额可抵扣的条件和计算方法作出明确界定。

(一)准予从销项税额中抵扣的进项税额

下列进项税额准予从销项税额中抵扣。
(1)从销售方或提供方取得的增值税专用发票(含《机动车销售统一发票》,下同)上注明的增值税额。
(2)从海关取得的海关进口增值税专用缴款书上注明的增值税额。
(3)购进农产品,除取得一般纳税人开具的增值税专用发票或海关进口增值税专用缴款书的外,以增值税专用发票或海关进口增值税专用缴款书上注明的增值税税额为进项税额。[②]以及下列情况下的进项税额。①从按照简易计税方法依照3%的征收率计算缴纳增值税的小规模纳税人处取得增值税专用发票的,以增值税专用发票上注明的金额和9%的扣除率计算进项税额。②取得(开具)农产品销售发票或收购发票的,以农产品销售发票或收购发票上注明的农产品买价和9%的扣除率计算进项税额。③纳税人购进用于生产销售或委托加工13%税率货物的农产品,按照10%的扣除率计算进项税额。

但纳税人从批发、零售环节购进适用免征增值税政策的蔬菜、部分鲜活肉蛋而取得的普通发票,不得作为计算抵扣进项税额的凭证。

纳税人购进农产品既用于生产销售或委托受托加工13%税率货物又用于生产销售其他货物服务的,应当分别核算用于生产销售或委托受托加工13%税率货物和其他货物服务的农产品进项税额。未分别核算的,统一以增值税专用发票或海关进口增值税专用缴款书上注明的增值税额为进项税额,或以农产品收购发票

---

① 详细分析参见本书第九章第二节。
② 《增值税暂行条例》,第八条;《营业税改征增值税试点实施办法》,第二十五条;财政部、国家税务总局,《关于全面推开营业税改征增值税试点的通知》,财税〔2016〕36号,附件1。

或销售发票上注明的农产品买价和9%的扣除率计算进项税额。①

购进农民专业合作社销售的免税农产品，可以按10%扣除率计算抵扣增值税进项税额。②

购进农产品进项税额的计算公式为

$$进项税额 = 买价 \times 扣除率$$

买价，是指纳税人购进农产品在农产品收购发票或者销售发票上注明的价款和按照规定缴纳的烟叶税。特定行业购进农产品进项税额的核定办法，参见下文。

（4）自境外单位或者个人购进劳务、服务、无形资产或者境内的不动产，从税务机关或者扣缴义务人处取得的代扣代缴税款的完税凭证上注明的增值税税额。

（二）特定行业购进农产品进项税额的核定办法

鉴于农产品生产方式主要形态仍然是分散的家庭经营，销售时要求使用并开出增值税发票存在困难，相应以农产品为原料的企业，购进农产品时，按上述常规要求取得增值税扣税凭证也存在困难，无法按常规进行进项税额抵扣，有必要对购进农产品的进项税额抵扣作出特殊规定，允许一部分纳税人试点购进农产品采用核定方法抵扣进项税额，不再凭增值税扣税凭证抵扣增值税进项税额，购进除农产品以外的货物、应税劳务和应税服务，增值税进项税额仍按现行有关规定抵扣。农产品是指列入《农业产品征税范围注释》（财税字〔1995〕52号）的初级农业产品。③自2012年7月1日起，以购进农产品为原料生产销售液体乳及乳制品、酒及酒精、植物油的增值税一般纳税人，纳入农产品增值税进项税额核定扣除试点范围。自2013年9月1日起，各省、自治区、直辖市、计划单列市税务部门可商同级财政部门，结合本省（自治区、直辖市、计划单列市）特点，选择部分行业开展核定扣除试点工作。④

1. 核定可抵扣进项税额的方法

试点纳税人以购进农产品为原料生产货物的，农产品增值税进项税额可按照以下方法核定。

（1）投入产出法：参照国家标准、行业标准（包括行业公认标准和行业平均耗用值）确定销售单位数量货物耗用外购农产品的数量（以下称农产品单耗数量）。

当期允许抵扣农产品增值税进项税额依据农产品单耗数量、当期销售货物数量、农产品平均购买单价（含税，下同）和农产品增值税进项税额扣除率（以下简称"扣除率"）计算。公式为

$$当期允许抵扣农产品增值税进项税额 = 当期农产品耗用数量 \times 农产品平均购买单价 \times 扣除率/(1 + 扣除率)$$

$$当期农产品耗用数量 = 当期销售货物数量（不含采购除农产品以外的半成品生产的货物数量） \times 农产品单耗数量$$

对以单一农产品原料生产多种货物或者多种农产品原料生产多种货物的，在核算当期农产品耗用数量和平均购买单价时，应依据合理的方法归集和分配。

平均购买单价是指购买农产品期末平均买价，不包括买价之外单独支付的运费和入库前的整理费用。期末平均买价计算公式：

---

① 财政部、国家税务总局，《关于简并增值税税率有关政策的通知》，财税〔2017〕37号；财政部、国家税务总局、海关总署，《关于深化增值税改革有关政策的公告》，2019年第39号。

② 财政部、国家税务总局，《关于农民专业合作社有关税收政策的通知》，财税〔2008〕81号；财政部、国家税务总局、海关总署，《关于深化增值税改革有关政策的公告》，2019年第39号。

③ 《农产品增值税进项税额核定扣除试点实施办法》，第二条、第三条。

④ 财政部、国家税务总局，《关于在部分行业试行农产品增值税进项税额核定扣除办法的通知》，财税〔2012〕38号；财政部、国家税务总局，《关于扩大农产品增值税进项税额核定扣除办法试点行业范围的通知》，财税〔2013〕57号。

期末平均买价 =(期初库存农产品数量×期初平均买价 + 当期购进农产品数量
×当期买价)/(期初库存农产品数量 + 当期购进农产品数量)

（2）成本法：依据试点纳税人年度会计核算资料，计算确定耗用农产品的外购金额占生产成本的比例（以下称农产品耗用率）。当期允许抵扣农产品增值税进项税额依据当期主营业务成本、农产品耗用率以及扣除率计算。公式为

当期允许抵扣农产品增值税进项税额 = 当期主营业务成本×农产品耗用率×扣除率/(1 + 扣除率)

农产品耗用率 = 上年投入生产的农产品外购金额/上年生产成本

农产品外购金额（含税）不包括不构成货物实体的农产品（包括包装物、辅助材料、燃料、低值易耗品等）和在购进农产品之外单独支付的运费、入库前的整理费用。

对以单一农产品原料生产多种货物或者多种农产品原料生产多种货物的，在核算当期主营业务成本以及核定农产品耗用率时，试点纳税人应依据合理的方法进行归集和分配。

农产品耗用率由试点纳税人向主管税务机关申请核定。

年度终了，主管税务机关应根据试点纳税人本年实际对当年已抵扣的农产品增值税进项税额进行纳税调整，重新核定当年的农产品耗用率，并作为下一年度的农产品耗用率。

（3）参照法：新办的试点纳税人或者试点纳税人新增产品的，试点纳税人可参照所属行业或者生产结构相近的其他试点纳税人确定农产品单耗数量或者农产品耗用率。次年，试点纳税人向主管税务机关申请核定当期的农产品单耗数量或者农产品耗用率，并据此计算确定当年允许抵扣的农产品增值税进项税额，同时对上一年增值税进项税额进行调整。核定的进项税额超过实际抵扣增值税进项税额的，其差额部分可以结转下期继续抵扣；核定的进项税额低于实际抵扣增值税进项税额的，其差额部分应按现行增值税的有关规定对进项税额做转出处理。

2. 特别情况下购进农产品进项税额的核定

（1）直接销售。试点纳税人购进农产品直接销售的，农产品增值税进项税额按照以下方法核定扣除[①]。

当期允许抵扣农产品增值税进项税额 = 当期销售农产品数量/(1−损耗率)
×农产品平均购买单价×9%/(1 + 9%)

损耗率 = 损耗数量/购进数量

（2）购进农产品用于生产经营且不构成货物实体。试点纳税人购进农产品用于生产经营且不构成货物实体的（包括包装物、辅助材料、燃料、低值易耗品等），属于适用13%税率货物以外，增值税进项税额按照以下方法核定扣除。

当期允许抵扣农产品增值税进项税额 = 当期耗用农产品数量×农产品平均购买单价×9%/(1 + 9%)

但如果试点纳税人购进农产品用于生产销售或委托受托加工13%税率货物的，增值税进项税额按照以下方法核定扣除。

当期允许抵扣农产品增值税进项税额 = 当期耗用农产品数量×农产品平均购买单价×10%/(1 + 10%)

3. 扣除率和扣除标准及审定程序

（1）扣除率。核定进项税额的扣除率为销售货物的适用税率。

（2）扣除标准。农产品单耗数量、农产品耗用率和损耗率统称为农产品增值税进项税额扣除标准（以下称扣除标准）。试点纳税人在计算农产品增值税进项税额时，应按照下列顺序确定适用的扣除标准。①财政部和国家税务总局不定期公布的全国统一的扣除标准。②省级税务机关商同级财政机关根据本地区实际情况，报经财政部和国家税务总局备案后公布的适用于本地区的扣除标准。③省级税务机关依据试点纳税

---

① 《农产品增值税进项税额核定扣除试点实施办法》，第四条；财政部、国家税务总局，《关于在部分行业试行农产品增值税进项税额核定扣除办法的通知》，财税〔2012〕38号；财政部、国家税务总局，《关于简并增值税税率有关政策的通知》，财税〔2017〕37号；财政部、国家税务总局、海关总署，《关于深化增值税改革有关政策的公告》，2019年第39号。

人申请，按照规定的核定程序审定的仅适用于该试点纳税人的扣除标准。

（3）审定程序。①申请核定。以农产品为原料生产货物的试点纳税人应于当年1月15日前或者投产之日起30日内，向主管税务机关提出扣除标准核定申请并提供有关资料。申请资料的范围和要求由省级税务机关确定。②审定。主管税务机关应对试点纳税人的申请资料进行审核，并逐级上报给省级税务机关。省级税务机关组成扣除标准核定小组，核定结果应由省级税务机关下达，主管税务机关通过网站、报刊等多种方式及时向社会公告核定结果。未经公告的扣除标准无效。省级税务机关尚未下达核定结果前，试点纳税人可按上年确定的核定扣除标准计算申报农产品进项税额。③备案。试点纳税人购进农产品直接销售、购进农产品用于生产经营且不构成货物实体扣除标准的核定采取备案制，抵扣农产品增值税进项税额的试点纳税人应在申报缴纳税款时向主管税务机关备案。备案资料的范围和要求由省级税务机关确定。①

（三）准予从销项税额中抵扣进项税额的其他规定

1. 收费公路通行费增值税抵扣②

纳税人支付的道路通行费，按照收费公路通行费增值税电子普通发票上注明的增值税额抵扣进项税额。

纳税人支付的桥、闸通行费，暂凭取得的通行费发票上注明的收费金额按照下列公式计算可抵扣的进项税额。

$$桥、闸通行费可抵扣进项税额 = 桥、闸通行费发票上注明的金额/(1 + 5\%) \times 5\%$$

2. 资产重组继续抵扣尚未抵扣进项税额

增值税一般纳税人在资产重组过程中，将全部资产、负债和劳动力一并转让给其他增值税一般纳税人，并按程序办理注销税务登记的，其在办理注销登记前尚未抵扣的进项税额可结转至新纳税人处继续抵扣。③

3. 租入固定资产、不动产用于其他业务的进项税额

纳税人租入固定资产、不动产，既用于一般计税方法计税项目，又用于简易计税方法计税项目、免征增值税项目、集体福利或者个人消费的，其进项税额准予从销项税额中全额抵扣。②

4. 实物赔付方式保险的进项税额

提供保险服务的纳税人以实物赔付方式承担机动车辆保险责任的，自行向车辆修理劳务提供方购进的车辆修理劳务，其进项税额可以按规定从保险公司销项税额中抵扣。

纳税人提供的其他财产保险服务，比照上述规定执行。④

5. 购入国内旅客运输服务的进项税额⑤

纳税人允许抵扣国内旅客运输服务进项税额。国内旅客运输服务，限于与本单位签订了劳动合同的员工，以及本单位作为用工单位接受的劳务派遣员工发生的国内旅客运输服务。

允许抵扣国内旅客运输服务进项税额指纳税人于2019年4月1日及以后实际发生，并取得合法有效增值税扣税凭证注明的或依据其计算的增值税税额。以增值税专用发票或增值税电子普通发票为增值税扣税凭证的，为2019年4月1日及以后开具的增值税专用发票或增值税电子普通发票。

---

① 《农产品增值税进项税额核定扣除试点实施办法》，第七条、第十二条、第十三条；财政部、国家税务总局，《关于在部分行业试行农产品增值税进项税额核定扣除办法的通知》，财税〔2012〕38号。
② 财政部、国家税务总局，《关于租入固定资产进项税额抵扣等增值税政策的通知》，财税〔2017〕90号。
③ 国家税务总局，《关于纳税人资产重组增值税留抵税额处理有关问题的公告》，2012年第55号。
④ 国家税务总局，《关于国内旅客运输服务进项税抵扣等增值税征管问题的公告》，2019年第31号。
⑤ 财政部、国家税务总局、海关总署，《关于深化增值税改革有关政策的公告》，2019年第39号。

纳税人未取得增值税专用发票的,暂按以下规定确定进项税额。

(1) 纳税人购进国内旅客运输服务,以取得的增值税电子普通发票上注明的税额为进项税额的,增值税电子普通发票上注明的购买方"名称""纳税人识别号"等信息,应当与实际抵扣税款的纳税人一致,否则不予抵扣。

(2) 取得注明旅客身份信息的航空运输电子客票行程单的,按照下列公式计算进项税额:

$$航空旅客运输进项税额 = (票价 + 燃油附加费)/(1 + 9\%) \times 9\%$$

(3) 取得注明旅客身份信息的铁路车票的,按照下列公式计算进项税额:

$$铁路旅客运输进项税额 = 票面金额/(1 + 9\%) \times 9\%$$

(4) 取得注明旅客身份信息的公路、水路等其他客票的,按照下列公式计算进项税额:

$$公路、水路等其他旅客运输进项税额 = 票面金额/(1 + 3\%) \times 3\%$$

6. 不得抵扣进项税额的不动产发生用途改变

按照规定不得抵扣进项税额的不动产,发生用途改变,用于允许抵扣进项税额项目的,按照下列公式在改变用途的次月计算可抵扣进项税额。[1]

$$可抵扣进项税额 = 增值税扣税凭证注明或计算的进项税额 \times 不动产净值率$$

$$不动产净值率 = (不动产净值 \div 不动产原值) \times 100\%$$

(四) 不得从销项税额中抵扣的进项税额

纳税人购进货物、劳务、服务、无形资产、不动产,取得的增值税扣税凭证不符合法律、行政法规或者国务院税务主管部门有关规定的,其进项税额不得从销项税额中抵扣。增值税扣税凭证是指增值税专用发票、海关进口增值税专用缴款书、农产品收购发票和农产品销售发票和完税凭证。[2]

下列项目的进项税额不得从销项税额中抵扣。

1. 与销项税额无关的购进项目

用于简易计税方法计税项目、免征增值税项目、集体福利或者个人消费(包括交际应酬消费)的购进货物、加工修复修配劳务、服务、无形资产和不动产。其中涉及的固定资产、无形资产、不动产,仅指专用于上述项目的固定资产、无形资产(不包括其他权益性无形资产)、不动产。[3]

按照上述规定,纳税人购进的其他权益性无形资产(如基础设施资产经营权、公共事业特许权、配额、特许经营权、连锁经营权、经销权、分销权、代理权、域名、冠名权、会费等)无论用途是否与销项税额有关,纳税人只要获得合法有效的抵扣凭证,其进项税额均可抵扣,并不必在兼营项目中进行划分。

2. 非正常损失的购进项目

非正常损失的购进项目包括非正常损失的购进货物、劳务、服务、无形资产和不动产。非正常损失,是指因管理不善造成货物被盗、丢失、霉烂变质,以及因违反法律法规造成货物或者不动产被依法没收、销毁、拆除的情形。这些非正常损失是由纳税人自身原因造成征税对象实体的灭失,为保证税负公平,其损失不应由国家承担,因而纳税人无权要求抵扣进项税额。

非正常损失进项税额不得从销项税额中抵扣的具体项目如下所述。

---

[1] 国家税务总局,《关于深化增值税改革有关事项的公告》,2019 年第 14 号。
[2] 《营业税改征增值税试点实施办法》,第二十六条,财政部、国家税务总局,《关于全面推开营业税改征增值税试点的通知》,财税〔2016〕36 号,附件 1。
[3] 《营业税改征增值税试点实施办法》,第二十七条,财政部、国家税务总局,《关于全面推开营业税改征增值税试点的通知》,财税〔2016〕36 号,附件 1。

（1）非正常损失的购进货物，以及相关劳务和交通运输服务。

（2）非正常损失的在产品、产成品所耗用的购进货物（不包括固定资产）、劳务和交通运输服务。

（3）非正常损失的不动产，以及该不动产所耗用的购进货物、设计服务和建筑服务。

（4）非正常损失的不动产在建工程所耗用的购进货物、设计服务和建筑服务。纳税人新建、改建、扩建、修缮、装饰不动产，均属于不动产在建工程。

上述（3）、（4）所称货物，是指构成不动产实体的材料和设备，包括建筑装饰材料和给排水、采暖、卫生、通风、照明、通信、煤气、消防、中央空调、电梯、电气、智能化楼宇设备及配套设施。

3. 购进的与某些免税或与个人消费有关的服务

购进的贷款服务、餐饮服务、居民日常服务和娱乐服务。[①]这些项目要么属于提供该服务的纳税人其主要进项（即存款利息）免征增值税抵扣链条不完整无法精确确定进项税额（如贷款服务），要么属于个人消费或与个人消费有关（如餐饮服务、居民日常服务和娱乐服务），与销项税额配比程度较低。

同样纳税人接受贷款服务向贷款方支付的与该笔贷款直接相关的投融资顾问费、手续费、咨询费等费用，其进项税额不得从销项税额中抵扣。[②]

4. 现金赔付方式保险

提供保险服务的纳税人以现金赔付方式承担机动车辆保险责任的，将应付给被保险人的赔偿金直接支付给车辆修理劳务提供方，不属于保险公司购进车辆修理劳务，其进项税额不得从保险公司销项税额中抵扣。纳税人提供的其他财产保险服务，属于此种情况的比照前述规定执行。[③]

5. 管理标准不到位情况下的进项税额

一般纳税人会计核算不健全，或者不能够提供准确税务资料的，或者应当办理一般纳税人资格登记而未办理的，应当按照销售额和增值税税率计算应纳税额，不得抵扣进项税额，也不得使用增值税专用发票。[④]

（五）有关进项税额抵扣的其他规定

1. 兼营项目进项税额的划分

适用一般计税方法的纳税人，兼营简易计税方法计税项目、免征增值税项目而无法划分不得抵扣的进项税额，按照下列公式计算不得抵扣的进项税额[⑤]：

不得抵扣的进项税额 = 当期无法划分的全部进项税额

×（当期简易计税方法计税项目销售额+ 免征增值税项目销售额）

÷当期全部销售额

2. 已抵扣进项税额发生不得抵扣情况的处理规则

（1）已抵扣进项税额的购进货物（不含固定资产）、劳务、服务，用于集体福利或者个人消费（不包括

---

① 《营业税改征增值税试点实施办法》，第二十七条、第二十八条，财政部、国家税务总局，《关于全面推开营业税改征增值税试点的通知》，财税〔2016〕36号，附件1。

② 《营业税改征增值税试点有关事项的规定》，第一条第四项第3目，财政部、国家税务总局，《关于全面推开营业税改征增值税试点的通知》，财税〔2016〕36号，附件2。

③ 国家税务总局，《关于国内旅客运输服务进项税抵扣等增值税征管问题的公告》，2019年第31号。

④ 《营业税改征增值税试点实施办法》，第三十三条，财政部、国家税务总局，《关于全面推开营业税改征增值税试点的通知》，财税〔2016〕36号，附件1。

⑤ 《营业税改征增值税试点实施办法》，第二十九条，财政部、国家税务总局，《关于全面推开营业税改征增值税试点的通知》，财税〔2016〕36号，附件1。

用于简易计税方法计税项目、免征增值税项目），或发生非正常损失，应当将该进项税额从当期进项税额中扣减；无法确定该进项税额的，按照当期实际成本计算应扣减的进项税额。

（2）已抵扣进项税额的固定资产、无形资产或者不动产，用于简易计税方法、免征增值税项目、集体福利或者个人消费的，或发生非正常损失，按照下列公式计算不得抵扣的进项税额：

不得抵扣的进项税额＝固定资产、无形资产或者不动产净值×适用税率

固定资产、无形资产或者不动产净值，是指纳税人根据财务会计制度计提折旧或摊销后的余额。[①]

（3）已抵扣进项税额的购进服务，用于简易计税方法计税项目、免征增值税项目、集体福利或者个人消费，或发生非正常损失的，应当将该进项税额从当期进项税额中扣减；无法确定该进项税额的，按照当期实际成本计算应扣减的进项税额。[②]

3. 不得抵扣且未抵扣进项税额发生用途改变的处理规则

不得抵扣且未抵扣进项税额的固定资产、无形资产、不动产，发生用途改变，用于允许抵扣进项税额的应税项目，可在用途改变的次月按照下列公式，依据合法有效的增值税扣税凭证，计算可以抵扣的进项税额[③]。

可以抵扣的进项税额＝固定资产、无形资产、不动产净值/(1＋适用税率)×适用税率

以下举例说明进项税额计算。

【例13-3-3】商业银行甲为一般纳税人，某年某月购进服务发生如下支出：同业拆借利息支出10万元，存款利息支出500万元，购买软件支出15万元，当期摊销广告费用20万元，购买公务车一部35万元，支付门店建筑物租金15万元，支付员工劳务派遣费5万元（服务提供方选择简易计税方法依5%的征收率计算缴纳增值税）、业务招待费3万元（其中从小规模纳税人取得专用发票注明的金额0.28万元），钞币运送费3万元，固话费用0.05万元，网络费用0.8万元，水费0.05万元，电费0.12万元，咨询费0.5万元，审计费0.8万元，物业管理费0.5万元，宣传用品0.3万元，办公耗材0.8万元，员工出差机票（含民航发展基金）和动车票费用0.4万元。所有购进项目除支付存款利息和劳务派遣外均已获得增值税专用发票和其他合规有效的抵扣凭证，请计算该银行当期可抵扣进项税额。

【答案】首先，要根据税法规定区分哪些购进项目的税额可抵扣哪些不能抵扣，可抵扣进项税额的购进项目其适用税率是多少。存在如下四种情况。

（1）不得抵扣进项税额的购进项目：利息支出无法获得增值税专用发票，不得抵扣进项税额；劳务派遣费因为服务提供方选择按照简易计税方法计算缴纳增值税，不能开出增值税专用发票，其进项税额不能抵扣；业务招待费的内容包括餐饮服务、组织客户旅游活动、居民日常服务和娱乐服务支出等均属于个人消费性支出，其进项税额不得从销项税额中扣除。

（2）适用13%税率的购进项目：车辆、软件、电费、宣传用品、办公耗材属于购进货物，按适用税率13%计算进项税额。

（3）适用9%税率的购进项目：门店建筑物租金（按不动产租赁）、钞币运送费（按交通运输）、固话费用（按基础电信）、水费、员工出差机票（含民航发展基金）和动车票费用（按交通运输）均按适用税率9%计算进项税额。

（4）适用6%税率的购进项目：广告费用、网络费用（按增值电信）、咨询和审计费用（按现代服务）、物业管理费（按商务辅助）均按适用税率6%计算进项税额。

其次，根据不同的适用税率将含税价格还原为不含税价格。

[①] 《营业税改征增值税试点实施办法》，第三十条、第三十一条，财政部、国家税务总局，《关于全面推开营业税改征增值税试点的通知》，财税〔2016〕36号，附件1。

[②] 《营业税改征增值税试点有关事项的规定》，第二条第一项第6目，财政部、国家税务总局，《关于全面推开营业税改征增值税试点的通知》，财税〔2016〕36号，附件2。

[③] 《营业税改征增值税试点有关事项的规定》，第二条第一项第8目，财政部、国家税务总局，《关于全面推开营业税改征增值税试点的通知》，财税〔2016〕36号，附件2。

(1) 软件、车辆、电费、宣传用品、办公耗材不含税价格 = (15 + 35 + 0.12 + 0.3 + 0.8)/(1 + 13%) ≈ 45.33（万元）。

(2) 门店建筑物租金、钞币运送费、水费、固话费用、员工出差机票（含民航发展基金）和动车票费用不含税价格 = (15 + 3 + 0.05 + 0.05 + 0.4)/(1 + 9%) ≈ 16.97（万元）。

(3) 广告费用、网络费用、咨询费、审计费、物业管理费不含税价格 = (20 + 0.8 + 0.5 + 0.8 + 0.5)/(1 + 6%) ≈ 21.32（万元）

最后，根据不同的适用税率的购进项目，分别计算其进项税额，汇总算总的出进项税额。

(1) 软件、车辆、电费、宣传用品、办公耗材进项税额 = 45.33×13% ≈ 5.89（万元）

(2) 门店建筑物租金、钞币运送费、水费、固话费用、员工出差机票（含民航发展基金）和动车票费用进项税额 = 16.97×9% ≈ 1.53（万元）

(3) 广告费用、网络费用、咨询费、审计费、物业管理费进项税额 = 21.32×6% ≈ 1.28（万元）

该银行本月份总的可抵扣进项税额 = 5.89 + 1.53 + 1.28 = 8.70（万元）

【例13-3-4】某年5月，甲公司（增值税一般纳税人）从乙公司（也为增值税一般纳税人）购入不动产用于职工宿舍，取得增值税专用发票，其上注明销项税额2000万元、增值税税额100万元，进项税额按规定不得抵扣。次年7月，该职工宿舍改用于生产车间和办公用房，假定折旧年限为20年，不计残值，请计算次年8月该不动产可抵扣进项税额？

【答案】不得抵扣且未抵扣进项税额的不动产发生用途改变，用于允许抵扣进项税额的应税项目，可在用途改变的次月计算可以抵扣的进项税额。目前一般纳税人销售的不动产适用税率为5%，从取得增值税专用票中也可查明该不动产适用税率为5%。按照有关会计制度和税法规定，该不动产原值为包含增值税的购买价即2100万元，使用年限为20年，年折旧率为5%，月折旧率为0.42%，该项不动产计提折旧月份为14个月，计提折旧122.5万元，该项不动产净值 = 2100–122.5 = 1977.5（万元）。因此，可抵扣进项税额 = 不动产净值/(1 + 适用税率)×适用税率 = 1977.5/(1 + 5%)×5% ≈ 94.17（万元）。

三、增值税应纳税额计算

（一）一般计税方法应纳税额计算

一般纳税人采用一般计税方法，其应纳税额 = 当期销项税额–当期进项税额。

境外单位或者个人在境内发生应税行为，在境内未设有经营机构的，扣缴义务人按购买方支付的不含税价格进行扣缴，应扣缴税额 = 买方支付的价款÷(1 + 税率)×税率。不允许抵扣进项税额。

（二）简易计税方法应纳税额的计算

小规模纳税人和按简易计税方法计税的一般纳税人，应按销售额和征收率计算应纳税额，并不得抵扣进项税额，其计算公式为：应纳税额 = 销售额×征收率。简易计税方法下的销售额是销售货物、提供应税劳务或应税服务而向购买方收取的全部价款和价外费用，但是其中不包括按征收率收取的增值税税额，因此纳税人采用销售额和应纳增值税税额是合并定价的，应先计算出不含税销售额，不含税销售额 = 含税销售额÷(1 + 征收率)，然后再计算应纳税额。

（三）进口货物应纳税额的计算

纳税人进口货物在进口环节缴纳增值税，按照组成计税价格和规定的税率计算应纳税额，即应纳税额 = 组成计税价格×税率，不得抵扣任何进项税额。这是由于各国对出口货物一般免征关税和退还国内流转税，进口到中国的货物一般不含流转税，不存在进项税额问题，即使含有出口国流转税，出于国家主权考虑，中国也没有承担抵扣在出口国已纳流转税的义务。

（四）扣缴义务人应扣缴税额的计算

境外单位或者个人在境内发生应税行为，在境内未设有经营机构的，扣缴义务人按购买方支付的不含税价格进行扣缴，应扣缴税额 = 买方支付的价款÷(1 + 税率)×税率。不允许抵扣进项税额。

增值税应纳税额计算方法一览表见表13-3-1。

表 13-3-1 增值税应纳税额计算方法一览表

方法	适用范围	计算公式	进项税额抵扣
一般计税方法	一般纳税人	应纳税额 = 当期销项税额–当期进项税额	可抵扣进项税额
简易计税方法	小规模纳税人 一般纳税人	应纳税额 = 销售额×征收率	不许抵扣进项税额
进口货物计税方法	从事进口货物的纳税人	应纳税额 = 海关核定组成计税价格×税率	不许抵扣任何税额
扣缴义务人适用的计税方法	扣缴义务人	应扣缴税额 = 买方支付的价款÷(1 + 税率)×税率	不许抵扣任何税额

无论是采用一般计税方法还是选择简易计税方法计税，在确定最终应纳税额时都要考虑并落实增值税的减税免税政策，既不少交税款，又充分享受政策给予的优惠。

以下举例说明增值税应纳税额计算。

【例13-3-5】 某企业为增值税一般纳税人，某年8月买入甲上市公司股票，买入价为280万元，当月卖出其中的50%，卖出价为130万元，发生买卖负差为10万元，支付手续费0.084万元。当年9月，卖出剩余的50%，卖出价为200万元，支付手续费为0.06万元，印花税为0.2万元。以上价格均为含增值税价格，当月支付各种费用获得增值税专用发票注明可抵扣进项税为0.45万元，请计算该企业当年9月应缴纳增值税税额。

【答案】 首先，确定销售额。本业务属于金融商品转让，按照卖出价扣除买入价后的余额为销售额。此外，按有关规定，转让金融商品出现的正负差，按盈亏相抵后的余额为销售额，若相抵后出现负差，可结转下一纳税期与下期转让金融商品销售额相抵。在计算应税销售额时，无论买入价和卖出价均不包括支付的手续费和税费。金融商品转让的增值税税率为6%。因此该企业9月份的应税销售额 = (卖出价–买入价–上月负差)/(1 + 6%) = (200–140–10)/(1 + 6%) ≈ 47.17（万元）

其次，计算应纳增值税额。应纳增值税额 = 销项税额–进项税额 = 47.17×6%–0.45 ≈ 2.38（万元）

【例13-3-6】 某公司委托境外设计师为产品设计宣传画册，用于在国内进行广告宣传，支付含税服务费2.3万元，该设计师未在境内设立机构，请计算该公司应代扣代缴增值税。

【答案】 应代扣代缴增值税税额 = 买方支付的价款/(1 + 税率)×税率 = 2.3/(1 + 6%)×6% ≈ 0.13（万元）

【例13-3-7】 某市人才开发公司为某高校提供人才派遣服务，某年5月获得人才派遣收入408 046.25元，其中支付派遣人才工资及补贴、津贴312 720.86元，社保和公积金92 005.39元，服务费3320元。纳税人选择简易计税方法，请计算该公司本月份该项业务应纳增值税税额？

【答案】 对劳务派遣服务纳税人可选择差额纳税，以取得的全部价款和价外费用，扣除代用工单位支付给劳务派遣员工的工资、福利和为其办理社会保险及住房公积金后的余额为销售额，按照简易计税方法依5%的征收率计算缴纳增值税。由于题中的金额均为含税金额。因此：

应纳增值税税额 = (408 046.25–312 720.86–92 005.39)/(1 + 5%)×5% ≈ 158.10（元）

实际上就是对纳税人收到的服务费按5%征收率计算应纳增值税额。

【例13-3-8】 某纺织厂为增值税一般纳税人，某年9月份外购项目如下。

（1）外购各类服务，增值税专用发票注明税额1260元。

（2）生产用外购电力若干千瓦时，增值税专用发票注明税额5820元。

（3）生产用外购水若干吨，增值税专用发票注明税额915元。
（4）购进煤炭若干吨，价款10 000元，增值税专用发票注明税额1300元。
（5）外购低值易耗品价款22 000元，增值税专用发票注明税额2860元。
（6）从小规模纳税人购进修理用配件6000元，取得普通发票。
（7）从供销社棉麻公司购进棉花一批，增值税专用发票注明税额29 600元。
（8）从农业生产者手中购进棉花价款50 000元，无进项税额。
（9）外购染料价款35 000元，专用发票注明增值税税额4550元。

外购货物均已验收入库，本月取得的相关发票均在本月认证并抵扣。

该厂本月份销售货物情况如下（除注明外，销售额不含税）。向一般纳税人销售各类棉纱收入330 000元。向小规模纳税人销售各类棉纱，销售额60 000元（含税）。向一般纳税人销售印染布，销售额380 000元。向小规模纳税人销售印染布，销售额40 000元（含税）。向一般纳税人销售棉型涤纶布，销售额390 000元。向一般纳税人销售棉坯布，销售额290 000元。

根据上述资料，计算该厂本月份应纳增值税额。

【答案】 首先，计算销项税额。

一是计算销售给一般纳税人货物的销售额（不含税）。

$$销售额 = 330\,000 + 380\,000 + 390\,000 + 290\,000 = 1\,390\,000（元）$$

$$销项税额 = 1\,390\,000 \times 13\% = 180\,700（元）$$

二是计算销售给小规模纳税人货物的销售额，其金额要换算成税前金额。

$$销售额 = 含税销售额/(1+增值税税率) = (40\,000+60\,000)/(1+13\%) \approx 88\,495.58（元）$$

$$销项税额 = 88\,495.58 \times 13\% \approx 11\,504.43（元）$$

合计销项税额 = 180 700 + 11 504.43 = 192 204.43（元）

其次，计算进项税额。

（1）汇总购进货物专用发票上注明的增值税税额。

$$进项税额 = 1260 + 5820 + 915 + 1300 + 2860 + 29\,600 + 4550 = 46\,305（元）$$

（2）从农业生产者手中购进棉花，按价款以9%的扣除率计算进项税额。

$$进项税额 = 50\,000 \times 9\% = 4500（元）$$

（3）该厂本月从小规模纳税人购进的配件因没有取得增值税专用发票，其进项税额不得抵扣。

合计进项税额 = 46 305 + 4500 = 50 805（元）

最后，计算应纳增值税额。

应纳税额 = 当期销项税额−当期进项税额 = 192 204.43−50 805 = 141 399.43（元）

该厂本月份应纳增值税额为141 399.43元。

第四节 增值税的优惠政策

目前增值税减免税政策文件条文繁杂、方法方式多样、长期政策与临时政策并存，尤其针对对象广泛，既有为促进社会和谐和共享发展设立，如涉农（包括农业、农村）等；为提倡社会公德设立，如扶持残疾人、无偿援助、捐赠、非营利行为、计划生育用品、疫情防控等；为减少征收管理成本设立，如起征点的规定，某些以政府为主体的金融行为（包括国家助学贷款、国债、地方政府债等），使用过的物品、古旧图书等，因徒增征税成本或难以征收故而免税。也有根据国家发展战略和政策，为扶持某些行业和行为设立，如教育科技研发、高科技产业、国家重点发展产业、环境保护相关领域、不发达地区开发相关领域，特定时期国家鼓励创新、就业和小微企业等。

增值税的减税免税政策采用多种方式方法，包括直接的免税，退税（即征即退、先征后退、全额退税），减税的特殊方式（定额扣减、进项税额加计抵减、留抵退税、分期纳税）等。以下首先阐述最一般的免税即起征点，其次按照征税范围分销售货物和劳务，销售服务和无形资产、不动产以及特殊群体阐述直接免税规定，然后按其他方式方法，分别阐述退税（包括即征即退、先征后退、全额退税）、减税特殊方式（定额扣减、进项税额加计抵减、留抵退税、分期纳税）等方面的规定，以全面梳理并归类增值税减免税政策。有关出口退税（export refund）、减免税政策另外专章阐述。

一、增值税起征点规定

（一）个人纳税人的增值税起征点

个人发生应税行为的销售额未达到增值税起征点的，免征增值税；达到起征点的，全额计算缴纳增值税。

增值税起征点幅度如下所述。
（1）按期纳税的，为月销售额5000~20 000元（含本数）。
（2）按次纳税的，为每次（日）销售额300~500元（含本数）。

起征点的调整由财政部和国家税务总局规定。省、自治区、直辖市财政厅（局）和国家税务局应当在规定的幅度内，根据实际情况确定本地区适用的起征点，并报财政部和国家税务总局备案。[①]

上述增值税起征点规定适用范围限于个人，不适用于登记为一般纳税人的个体工商户。

上述所称销售额不包括增值税应纳税额。采用销售额和应纳税额合并定价方法的，按下列公式计算销售额：

$$销售额 = 含税销售额 \div (1 + 征收率)[②]$$

（二）小规模纳税人的增值税起征点

对增值税小规模纳税人中月销售额未达到2万元的企业或非企业性单位，免征增值税。[③]此后多次提高小规模纳税人增值税起征点。2019年规定，对月销售额10万元以下（含本数）的增值税小规模纳税人，免征增值税。[④]2021年规定，自2021年4月1日至2022年12月31日，对月销售额15万元以下（含本数）的增值税小规模纳税人，免征增值税。[⑤]

2023年规定，所有小规模纳税人销售收入均免征增值税（政策执行至2027年12月31日）。[⑥]

二、有关销售货物和劳务的减免税政策

（一）涉农和扶贫

1. 特定农产品

农业生产者销售的自产农业产品（财税字〔1995〕52号列举的范围），免征增值税。[⑦]但销售外购的农

[①] 《增值税暂行条例实施细则》，第三十七条；《营业税改征增值税试点实施办法》，第四十九条、第五十条，财政部、国家税务总局，《关于全面推开营业税改征增值税试点的通知》，财税〔2016〕36号，附件1。
[②] 《增值税暂行条例实施细则》，第三十条、第三十七条。
[③] 《营业税改征增值税试点实施办法》，第五十条，财政部、国家税务总局，《关于全面推开营业税改征增值税试点的通知》，财税〔2016〕36号，附件1。
[④] 财政部、国家税务总局，《关于实施小微企业普惠性税收减免政策的通知》，财税〔2019〕13号。
[⑤] 财政部、国家税务总局，《关于明确增值税小规模纳税人免征增值税政策的公告》，2021年第11号。
[⑥] 财政部、国际税务总局，《关于增值税小规模纳税人减免增值税政策的公告》，2023年第19号。
[⑦] 《增值税暂行条例》，第十五条；财政部、国家税务总局，《关于印发〈农业产品征税范围注释〉的通知》，财税字〔1995〕52号。

业产品，销售经加工后仍属于所列举的农业产品的不属于免税范围。①采取"公司＋农户"经营模式从事畜禽饲养的纳税人回收再销售的畜禽，属于农业生产者销售自产农产品，免征增值税。②制种企业利用自有土地或承租土地、雇佣农户或雇工进行种子繁育，或提供亲本种子委托农户繁育并从农户手中收回，再经烘干、脱粒、风筛等深加工后销售种子，属于农业生产者销售自产农产品，免征增值税。③

从事蔬菜批发、零售的纳税人销售的蔬菜免征增值税。④

对从事农产品批发、零售的纳税人销售的部分（财税〔2012〕75号列举）鲜活肉蛋产品免征增值税。⑤

对边销茶生产企业（财政部、国家税务总局公告2021年第4号附件列举的企业）销售自产的边销茶及经销企业销售的边销茶免征增值税。所称边销茶，是指以黑毛茶、老青茶、红茶末、绿茶为主要原料，经过发酵、蒸制、加压或者压碎、炒制，专门销往边疆少数民族地区的紧压茶。⑥

2. 特定农用物资和机械

（1）饲料。饲料生产企业生产销售单一大宗饲料、混合饲料、配合饲料、复合预混料、浓缩饲料，免征增值税，但不含豆粕。⑦进口饲料用鱼粉、其他不适合供人食用的水产品残渣、谷物糠麸及其他残渣、酒糟、油渣饼等饲料免征增值税。⑧

（2）特定肥料。生产销售、批发、零售除尿素以外的氮肥、除磷酸二铵以外的磷肥、钾肥以及免税化肥为主要原料的复混肥（企业生产复混肥产品所用的免税化肥成本占原料中全部化肥成本的比重高于70%）免征增值税。⑨生产销售、批发、零售有机肥免征增值税。⑩

（3）特定农资。生产销售、批发、零售滴灌带和滴灌管产品免征增值税。⑪生产销售、批发、零售农膜，批发零售种子、种苗、农药、农机免征增值税。⑫

3. 农民专业合作社

农民专业合作社销售本社成员生产的农产品、销售部分农用物资（包括农膜、种子、种苗、农药、农机）免征增值税。⑫

4. 特定农村基础设施

对农村电管站在收取电价时一并向用户收取的农村电网维护费（包括低压线路损耗和维护费以及电工经费），免征增值税。⑬其他单位收取的农村电网维护费免征增值税。⑭农村饮水安全工程免征增值税。⑮

---

① 《增值税暂行条例实施细则》，第三十五条；财政部、国家税务总局，《关于印发〈农业产品征税范围注释〉的通知》，财税字〔1995〕52号。
② 国家税务总局，《关于纳税人采取"公司＋农户"经营模式销售畜禽有关增值税问题的公告》，2013年第8号。
③ 国家税务总局，《关于制种行业增值税有关问题的公告》，2010年第17号。
④ 财政部、国家税务总局，《关于免征蔬菜流通环节增值税有关问题的通知》，财税〔2011〕137号。
⑤ 财政部、国家税务总局，《关于免征部分鲜活肉蛋产品流通环节增值税政策的通知》，财税〔2012〕75号。
⑥ 财政部、国家税务总局，《关于继续执行边销茶增值税政策的公告》，2021年第4号。
⑦ 财政部、国家税务总局，《关于饲料产品免征增值税问题的通知》，财税〔2001〕121号；国家税务总局，《关于粕类产品征免增值税问题的通知》，国税函〔2010〕75号。
⑧ 财政部、国家税务总局，《关于免征饲料进口环节增值税的通知》，财税〔2001〕82号。
⑨ 财政部、国家税务总局，《关于农业生产资料征免增值税政策的通知》，财税〔2001〕113号。
⑩ 财政部 国家税务总局，《关于有机肥产品免征增值税的通知》，财税〔2008〕56号。
⑪ 财政部 国家税务总局，《关于免征滴灌带和滴灌管产品增值税的通知》，财税〔2007〕83号。
⑫ 财政部、国家税务总局，《关于农民专业合作社有关税收政策的通知》，财税〔2008〕81号；财政部、国家税务总局，《关于对化肥恢复征收增值税政策的补充通知》，财税〔2015〕97号。
⑬ 财政部、国家税务总局，《关于免征农村电网维护费增值税问题的通知》，财税字〔1998〕47号。
⑭ 财政部、国家税务总局，《关于免征农村电网维护费增值税问题的通知》，财税字〔1998〕47号；国家税务总局，《关于农村电网维护费征免增值税问题的通知》，国税函〔2009〕591号。
⑮ 财政部、国家税务总局，《关于继续实行农村饮水安全工程税收优惠政策的公告》，2019年第67号。

供应或开采未经加工的天然水（如水库供应农业灌溉用水，工厂自采地下水用于生产），免征增值税。①

5. 特定扶贫捐赠

对单位或者个体工商户将自产、委托加工或购买的货物通过公益性社会组织、县级及以上人民政府及其组成部门和直属机构，或直接无偿捐赠给目标脱贫地区的单位和个人，免征增值税（政策执行至2025年12月31日）。在政策执行期限内，目标脱贫地区实现脱贫的，可继续适用上述政策。"目标脱贫地区"包括（全面脱贫前）832个国家扶贫开发工作重点县、集中连片特困地区县（新疆阿克苏地区6县1市享受片区政策）和建档立卡贫困村。②

（二）提倡社会公德和公益事业

1. 境外慈善捐赠和援助物资

外国政府、国际组织无偿援助的进口物资和设备免征增值税。③

境外捐赠人无偿向受赠人捐赠的直接用于慈善事业的物资，以及国际和外国医疗机构在我国从事慈善和人道医疗救助活动，供免费使用的医疗药品和器械及在治疗过程中使用的消耗性的医用卫生材料，免征进口环节增值税。④

2. 残疾人专用的物品

由残疾人的组织直接进口供残疾人专用的物品；③供残疾人专用的假肢、轮椅、矫型器。⑤

3. 避孕药品和用具

避孕药品和用具免征增值税；③对"宫内节育器"免征进口环节增值税。⑥

4. 公益性血站供应临床用血

由国务院或省级人民政府卫生行政部门批准的，从事采集、提供临床用血，不以盈利为目的的血站，供应给医疗机构的临床用血。⑦

（三）扶持教育文化科技事业

1. 科研教学用进口仪器设备用品图书

直接用于科学研究、科学试验和教学的进口仪器、设备免征增值税。③

对科学研究机构、技术开发机构、学校、党校（行政学院）、图书馆进口国内不能生产或性能不能满足需求的科学研究、科技开发和教学用品，免征进口关税和进口环节增值税、消费税；对出版物进口单位为

---

① 国家税务总局，《关于印发〈增值税若干具体问题的规定〉的通知》，国税发〔1993〕154号。
② 财政部、国家税务总局、国务院扶贫办，《关于扶贫货物捐赠免征增值税政策的公告》，2019年第55号；财政部、国家税务总局、人力资源社会保障部、国家乡村振兴局，《关于延长部分扶贫税收优惠政策执行期限的公告》，2021年第18号。
③ 《增值税暂行条例》，第十五条。
④ 财政部、海关总署、国家税务总局，《关于公布〈慈善捐赠物资免征进口税收暂行办法〉的公告》，2015年第102号。
⑤ 财政部、国家税务总局，《关于增值税几个税收政策问题的通知》，财税字〔1994〕60号。其中"矫型器"为文件原文，此处是错别字，应为"矫形器"。
⑥ 财政部、国家税务总局，《关于对宫内节育器免征进口环节增值税的通知》，财税字〔2004〕17号。
⑦ 财政部、国家税务总局，《关于血站有关税收问题的通知》，财税字〔1999〕264号。

科研院所、学校、党校（行政学院）、图书馆进口用于科研、教学的图书、资料等，免征进口环节增值税（政策执行至 2025 年 12 月 31 日）。①

2. 特定文化产品

对境内单位从境外购买电视节目播映权而进口的电视节目工作带，不征收进口环节增值税。②

免征图书批发、零售环节增值税（政策执行至 2027 年 12 月 31 日）。③

（四）支持特定产业或区域发展和改革

1. 节约资源和保护环境

纳税人从事污水处理厂出水、工业排水（矿井水）、生活污水、垃圾处理厂渗透（滤）液等项目，垃圾处理、污泥处理处置劳务，污水处理劳务项目，可选择增值税即征即退政策，也可选择免征增值税政策；一经选定，36 个月内不得变更。④

节能服务公司实施符合条件的合同能源管理项目，将项目中的增值税应税货物转让给用能企业，暂免征收增值税。⑤

2. 开放实验区

横琴、平潭各自的区内企业之间销售其在本区内的货物，免征增值税和消费税。⑥

3. 进口关键零部件及原材料

对符合规定条件的企业及核电项目业主为生产国家支持发展的重大技术装备或产品而确有必要进口的部分关键零部件及原材料，免征关税和进口环节增值税。⑦

4. 跨境电子商务

跨境电子商务（企业对消费者，即 B2C）零售进口商品（《跨境电子商务零售进口商品清单》以内）的单次交易限值为人民币 5000 元，个人年度交易限值为人民币 26 000 元。在限值以内进口的跨境电子商务零售进口商品，关税税率暂设为 0%；进口环节增值税、消费税取消免征税额，暂按法定应纳税额的 70% 征收。超过单次限值、累加后超过个人年度限值的单次交易，以及完税价格超过 2000 元限值的单个不可分割商品，均按照一般贸易方式全额征税。⑧

5. 黄金生产和经营

1）销售黄金

黄金生产和经营单位销售黄金（不包括以下品种：成色为 AU9999、AU9995、AU999、AU995；规格

---

① 财政部、海关总署、国家税务总局，《关于"十四五"期间支持科技创新进口税收政策的通知》，财关税〔2021〕23 号；财政部等十一部门，《关于"十四五"期间支持科技创新进口税收政策管理办法的通知》，财关税〔2021〕24 号。
② 财政部、国家税务总局，《关于中央电视台等单位从境外购买电视节目播映权而进口的电视节目工作带进口环节增值税问题的通知》，财税字〔2003〕83 号。
③ 财政部、国家税务总局，《关于延续实施宣传文化增值税优惠政策的公告》，2023 年第 60 号。
④ 财政部、国家税务总局，《关于完善资源综合利用增值税政策的公告》，2021 年第 40 号。
⑤ 财政部、国家税务总局，《关于促进节能服务产业发展增值税营业税和企业所得税政策问题的通知》，财税〔2010〕110 号。
⑥ 财政部、海关总署、国家税务总局，《关于横琴 平潭开发有关增值税和消费税政策的通知》，财税〔2014〕51 号。
⑦ 《重大技术装备进口税收政策管理办法》，第二条。
⑧ 财政部、海关总署、国家税务总局，《关于跨境电子商务零售进口税收政策的通知》，财关税〔2016〕18 号；财政部、海关总署、国家税务总局，《关于完善跨境电子商务零售进口税收政策的通知》，财关税〔2018〕49 号。

为 50 克、100 克、1 公斤、3 公斤、12.5 公斤的黄金，以下简称标准黄金）和黄金矿砂（含伴生金），免征增值税；进口黄金（含标准黄金）和黄金矿砂免征进口环节增值税。黄金交易所会员单位通过黄金交易所销售标准黄金（持有黄金交易所开具的《黄金交易结算凭证》），未发生实物交割的，免征增值税。发生实物交割的，实行增值税即征即退的政策。[①]

2）销售熊猫普制金币

对符合条件的纳税人销售的熊猫普制金币免征增值税。熊猫普制金币是指由黄金制成并同时符合以下条件的法定货币：由中国人民银行发行；生产质量为普制；正面主体图案为天坛祈年殿，并刊国名、年号。背面主体图案为熊猫，并刊面额、规格及成色。规格包括 1 盎司、1/2 盎司、1/4 盎司、1/10 盎司和 1/20 盎司，对应面额分别为 500 元、200 元、100 元、50 元、20 元。黄金成色为 99.9%。纳税人的具体条件以及熊猫普制金币免征增值税的具体管理办法由国家税务总局另行制定。[②]

（五）节约征管成本和其他事项

一些应税行为因销售规模较小，且难以查实，如果要征收，征管成本可能要大于应征税额，故而免税，包括以下内容。

（1）销售的自己使用过的物品和古旧图书免征增值税。[③]

（2）边民通过互市贸易进口的部分商品免税。[④]

（3）对增值税纳税人收取的会员费收入不征收增值税。[⑤]

三、有关销售服务、无形资产、不动产的免税政策[⑥]

以下根据《销售服务、无形资产、不动产注释》[⑦]列举的项目顺序说明增值税有关销售服务，以及销售无形资产、不动产的减税免税政策。

（一）交通运输服务

1. 纳税人提供的直接或者间接国际货物运输代理服务

纳税人提供直接或者间接国际货物运输代理服务，向委托方收取的全部国际货物运输代理服务收入，以及向国际运输承运人支付的国际运输费用免征增值税。

纳税人为大陆与香港、澳门、台湾地区之间的货物运输提供的货物运输代理服务参照国际货物运输代理服务免征增值税规定执行。

2. 台湾交通运输企业

台湾航运公司、航空公司从事海峡两岸海上直航、空中直航业务在大陆取得的运输收入免征增值税。

---

① 财政部、国家税务总局，《关于黄金税收政策问题的通知》，财税〔2002〕142 号。
② 财政部、国家税务总局，《关于熊猫普制金币免征增值税政策的通知财税》，〔2012〕97 号。
③ 《增值税暂行条例》，第十五条。
④ 财政部、海关总署、国家税务总局，《关于促进边境贸易发展有关财税政策的通知》，财关税〔2008〕90 号；财政部、海关总署、国家税务总局，《关于边民互市贸易进出口商品不予免税清单的通知》，财关税〔2024〕7 号。
⑤ 财政部、国家税务总局，《关于增值税若干政策的通知》，财税〔2005〕165 号。
⑥ 以下除了另外脚注内容，均引自《营业税改征增值税试点过渡政策的规定》，第一条；财政部、国家税务总局，《关于全面推开营业税改征增值税试点的通知》，财税〔2016〕36 号，附件 3。顺序根据《销售服务、无形资产、不动产注释》进行了重新编排。
⑦ 《营业税改征增值税试点实施办法》，附《销售服务、无形资产、不动产注释》，财政部、国家税务总局，《关于全面推开营业税改征增值税试点的通知》，财税〔2016〕36 号，附件 1。

台湾航运公司，是指取得交通运输部颁发的"台湾海峡两岸间水路运输许可证"且该许可证上注明的公司登记地址在台湾的航运公司。台湾航空公司，是指取得中国民用航空局颁发的"经营许可"或者依据《海峡两岸空运协议》和《海峡两岸空运补充协议》规定，批准经营两岸旅客、货物和邮件不定期（包机）运输业务，且公司登记地址在台湾的航空公司。

3. 美国 ABS 船级社

美国 ABS 船级社在非营利宗旨不变、中国船级社在美国享受同等免税待遇的前提下，在中国境内提供的船检服务免征增值税。[①]

4. 青藏铁路公司

青藏铁路公司提供的铁路运输服务免征增值税。[①]

（二）邮政服务

（1）中国邮政集团公司及其所属邮政企业提供的邮政普遍服务和邮政特殊服务，免征增值税。[①]

（2）中国邮政集团公司及其所属邮政企业为金融机构代办金融保险业务取得的代理收入在营改增试点期间免征增值税。[②]

（三）金融服务

1. 特定利息收入免征增值税

1）小额贷款

（1）金融机构向农户、小型企业、微型企业及个体工商户发放小额贷款取得利息收入免征增值税（政策执行至 2027 年 12 月 31 日）。前述小额贷款，是指单户授信小于 100 万元（含本数）的农户贷款；没有授信额度的，是指单户贷款合同金额且贷款余额在 100 万元（含本数）以下的贷款。享受免税的条件是利率水平不高于中国人民银行授权全国银行间同业拆借中心公布的贷款市场报价利率150%（含本数）。[③]

（2）对经省级金融管理部门（金融办、局等）批准成立的小额贷款公司取得的农户小额贷款利息收入，免征增值税（政策执行至 2027 年 12 月 31 日）。前述小额贷款是指单笔且该农户贷款余额总额在 10 万元（含本数）以下的贷款。[④]

2）政府金融行为

下列利息收入免征增值税。

（1）国家助学贷款。

（2）国债、地方政府债。

[①] 财政部、国家税务总局，《关于营业税改征增值税试点若干政策的通知》，财税〔2016〕39 号。

[②] 财政部、国家税务总局，《关于部分营业税和增值税政策到期延续问题的通知》，财税〔2016〕83 号。

[③] 财政部、国家税务总局，《关于支持小微企业融资有关税收政策的通知》，财税〔2017〕77 号；财政部、国家税务总局，《关于金融机构小微企业贷款利息收入免征增值税政策的通知》，财税〔2018〕91 号；财政部、国家税务总局，《关于明确国有农用地出租等增值税政策的公告》，2020 年第 2 号；财政部、国家税务总局，《关于延续实施普惠金融有关税收优惠政策的公告》，2020 年第 22 号；财政部、国家税务总局，《关于延续实施金融机构农户贷款利息收入免征增值税政策的公告》，2023 年第 67 号；财政部、国家税务总局，《关于金融机构小微企业贷款利息收入免征增值税政策的公告》，2023 年第 16 号。

[④] 财政部、国家税务总局，《关于小额贷款公司有关税收政策的通知》，财税〔2017〕48 号；财政部、国家税务总局，《关于延续实施普惠金融有关税收优惠政策的公告》，2020 年第 22 号；财政部、国家税务总局，《关于延续实施小额贷款公司有关税收优惠政策的公告》，2023 年第 54 号。

(3) 人民银行对金融机构的贷款。
(4) 住房公积金管理中心用住房公积金在指定的委托银行发放的个人住房贷款。
(5) 外汇管理部门在从事国家外汇储备经营过程中,委托金融机构发放的外汇贷款。

3) 全国社会保障基金会金融行为

(1) 对全国社会保障基金会（以下简称社保基金会）、社保基金投资管理人在运用社保基金投资过程中,提供贷款服务取得的全部利息及利息性质的收入和金融商品转让收入,免征增值税。[1]

(2) 对社保基金会及养老基金投资管理机构在国务院批准的投资范围内,运用养老基金投资过程中,提供贷款服务取得的全部利息及利息性质的收入和金融商品转让收入,免征增值税。[2]

4) 境外机构投资境内债券市场

境外机构投资境内债券市场取得的债券利息收入免征增值税（政策执行至2025年12月31日）。[3]

5) 统借统还业务

统借统还业务中,企业集团或企业集团中的核心企业以及集团所属财务公司按不高于支付给金融机构的借款利率水平或者支付的债券票面利率水平,向企业集团或者集团内下属单位收取的利息免征增值税。但统借统还资金使用单位收取的利息,高于支付给金融机构借款利率水平或者支付的债券票面利率水平的,应全额缴纳增值税。

6) 金融同业往来

金融同业往来利息收入免征增值税。

前述利息收入包括金融机构与人民银行所发生的资金往来业务、银行联行往来业务、金融机构间的资金往来业务、同业存款、同业借款、同业代付、买断式买入返售金融商品、持有金融债券和同业存单产生的利息收入。[4]

但是,自2018年1月1日起,金融机构开展贴现、转贴现业务,以其实际持有票据期间取得的利息收入作为贷款服务销售额计算缴纳增值税。此前贴现机构已就贴现利息收入全额缴纳增值税的票据,转贴现机构转贴现利息收入继续免征增值税。[5]

2. 被撤销金融机构财产清偿债务

被撤销金融机构以货物、不动产、无形资产、有价证券、票据等财产清偿债务发生的收入免征增值税。

被撤销金融机构,是指经人民银行、国家金融监督管理总局依法决定撤销的金融机构及其分设于各地的分支机构,包括被依法撤销的商业银行、信托投资公司、财务公司、金融租赁公司、城市信用社和农村信用社。除另有规定外,被撤销金融机构所属、附属企业,不享受被撤销金融机构增值税免税政策。

3. 特定保险业务

(1) 保险公司开办的一年期以上人身保险产品取得的保费收入免征增值税。一年期以上人身保险,是指保险期间为一年期及以上返还本利的人寿保险、养老年金保险,以及保险期间为一年期及以上的健康保险。

(2) 提供农牧保险业务。为种植业、养殖业、牧业种植和饲养的动植物提供保险的业务免征增值税。[6]

---

[1] 财政部、国家税务总局,《关于全国社会保障基金有关投资业务税收政策的通知》,财税〔2018〕94号。
[2] 财政部、国家税务总局,《关于基本养老保险基金有关投资业务税收政策的通知》,财税〔2018〕95号。
[3] 财政部、国家税务总局,《关于延续境外机构投资境内债券市场企业所得税、增值税政策的公告》,2021年34号。
[4] 财政部、国家税务总局,《关于金融机构同业往来等增值税政策的补充通知》,财税〔2016〕70号。
[5] 财政部、国家税务总局,《关于建筑服务等营改增试点政策的通知》,财税〔2017〕58号。
[6] 《营业税改征增值税试点过渡政策的规定》第一条第十项,财政部、国家税务总局,《关于全面推开营业税改征增值税试点的通知》,财税〔2016〕36号,附件3。

(3) 出口货物责任保险。对境内单位和个人发生的以出口货物为保险标的的产品责任保险、产品质量保证保险免征增值税（政策执行至 2025 年 12 月 31 日）。①

(4) 注册在特定区域的保险企业提供国际航运保险业务免征增值税。

具体包括：注册在上海、天津的保险企业从事国际航运保险业务；注册在深圳市的保险企业向注册在前海深港现代服务业合作区的企业提供国际航运保险业务；注册在平潭的保险企业向注册在平潭的企业提供国际航运保险业务。②

对注册在广州市的保险企业向注册在南沙自贸片区的企业提供国际航运保险业务取得的收入，免征增值税（政策执行至 2025 年 12 月 31 日）。③

4. 特定再保险服务

境内保险公司向境外保险公司提供的完全在境外消费的再保险服务，免征增值税。

纳税人提供再保险服务（境内保险公司向境外保险公司提供的再保险服务除外），实行与原保险服务一致的增值税政策。再保险合同对应多个原保险合同的，所有原保险合同均适用免征增值税政策时，该再保险合同适用免征增值税政策。否则，该再保险合同应按规定缴纳增值税。原保险服务是指保险分出方与投保人之间直接签订保险合同而建立保险关系的业务活动。④

5. 特定金融商品转让收入

下列金融产品转让收入免征增值税。

(1) 合格境外机构投资者委托境内公司在我国从事证券买卖业务。

(2) 香港市场投资者（包括单位和个人）通过沪港通买卖上海证券交易所上市 A 股。

(3) 对香港市场投资者（包括单位和个人）通过基金互认买卖内地基金份额。

(4) 证券投资基金（封闭式证券投资基金，开放式证券投资基金）管理人运用基金买卖股票、债券。

(5) 个人从事金融商品转让业务。

(6) 通过深港通买卖股票取得的差价收入，包括：①对香港市场投资者（包括单位和个人）通过深港通买卖深交所上市 A 股取得的差价收入，在营改增试点期间免征增值税。②对内地个人投资者通过深港通买卖香港联交所上市股票取得的差价收入，在营改增试点期间免征增值税。③对内地单位投资者通过深港通买卖香港联交所上市股票取得的差价收入，在营改增试点期间按现行政策规定征免增值税。⑤

(7) 全国社会保障基金理事会、全国社会保障基金投资管理人运用全国社会保障基金买卖证券投资基金、股票、债券取得的金融商品转让收入，免征增值税。③

(8) 转让存托凭证收入。对个人投资者转让创新企业境内发行存托凭证（以下称创新企业 CDR）取得的差价收入，暂免征收增值税。

但对单位投资者转让创新企业 CDR 取得的差价收入，按上述（1）～（8）金融商品转让政策规定征免增值税。

自试点开始之日起，对公募证券投资基金（封闭式证券投资基金、开放式证券投资基金）管理人运营基金过程中转让创新企业 CDR 取得的差价收入，三年（36 个月）内暂免征收增值税。对合格境外机构投资者、人民币合格境外机构投资者委托境内公司转让创新企业 CDR 取得的差价收入，暂免征收增值税。

---

① 财政部、国家税务总局，《关于出口货物保险增值税政策的公告》，2021 年第 37 号。
② 财政部、国家税务总局，《关于营业税改征增值税试点若干政策的通知》，财税〔2016〕39 号。
③ 财政部、海关总署、国家税务总局，《关于在粤港澳大湾区实行有关增值税政策的通知》，财税〔2020〕48 号；财政部、国家税务总局，《关于粤港澳大湾区国际航运保险业务有关增值税政策的通知》，财税〔2023〕37 号。
④ 财政部、国家税务总局，《关于进一步明确全面推开营改增试点有关再保险 不动产租赁和非学历教育等政策的通知》，财税〔2016〕68 号。
⑤ 财政部、国家税务总局，《关于深港股票市场交易互联互通机制试点有关税收政策的通知》，财税〔2016〕127 号。

创新企业 CDR，是指符合《国务院办公厅转发证监会关于开展创新企业境内发行股票或存托凭证试点若干意见的通知》（国办发〔2018〕21 号）规定的试点企业，以境外股票为基础证券，由存托人签发并在中国境内发行，代表境外基础证券权益的证券。[1]

6. 特定担保业务[2]

纳税人为农户、小型企业、微型企业及个体工商户借款、发行债券提供融资担保取得的担保费收入，以及为上述融资担保（以下称原担保）提供再担保取得的再担保费收入，免征增值税。再担保合同对应多个原担保合同的，原担保合同应全部适用免征增值税政策。否则，再担保合同应按规定缴纳增值税。

其中，农户，是指长期（一年以上）居住在乡镇（不包括城关镇）行政管理区域内的住户，还包括长期居住在城关镇所辖行政村范围内的住户和户口不在本地而在本地居住一年以上的住户，国有农场的职工。位于乡镇（不包括城关镇）行政管理区域内和在城关镇所辖行政村范围内的国有经济的机关、团体、学校、企事业单位的集体户；有本地户口，但举家外出谋生一年以上的住户，无论是否保留承包耕地均不属于农户。农户以户为统计单位，既可以从事农业生产经营，也可以从事非农业生产经营。农户担保、再担保的判定应以原担保生效时的被担保人是否属于农户为准。

小型企业、微型企业，是指符合《中小企业划型标准规定》（工信部联企业〔2011〕300 号）的小型企业和微型企业。其中，资产总额和从业人员指标均以原担保生效时的实际状态确定；营业收入指标以原担保生效前 12 个自然月的累计数确定，不满 12 个自然月的，计算公式为：营业收入（年）=企业实际存续期间营业收入/企业实际存续月数×12。

纳税人应将相关免税证明材料留存备查，单独核算符合免税条件的融资担保费和再担保费收入，按现行规定向主管税务机关办理纳税申报；未单独核算的，不得免征增值税。

7. 货物期货保税交割业务

对经国务院批准对外开放的货物期货品种保税交割业务，暂免征收增值税（政策执行至 2027 年 12 月 31 日）。[3]

8. 特定企业不良资产处置业务

中国信达资产管理股份有限公司、中国华融资产管理股份有限公司、中国长城资产管理股份有限公司和中国东方资产管理股份有限公司及各自经批准分设于各地的分支机构（以下称资产公司），在收购、承接和处置剩余政策性剥离不良资产和改制银行剥离不良资产过程中开展的以下业务，免征增值税。

（1）接受相关国有银行的不良债权，借款方以货物、不动产、无形资产、有价证券和票据等抵充贷款本息的，资产公司销售、转让该货物、不动产、无形资产、有价证券、票据以及利用该货物、不动产从事的融资租赁业务。

（2）接受相关国有银行的不良债权取得的利息。

（3）资产公司所属的投资咨询类公司，为本公司收购、承接、处置不良资产而提供的资产、项目评估和审计服务。

除上述另有规定者外，其他资产公司所属、附属企业，不得享受资产公司免征增值税的政策。[4]

（四）现代服务

现代服务，是指围绕制造业、文化产业、现代物流产业等提供技术性、知识性服务的业务活动，包括

---

[1] 财政部、国家税务总局、证监会，《关于创新企业境内发行存托凭证试点阶段有关税收政策的公告》，2019 年第 52 号。
[2] 财政部、国家税务总局，《关于延续执行农户、小微企业和个体融资担保增值税政策的公告》，2023 年第 18 号。
[3] 财政部、国家税务总局，《关于支持货物期货市场对外开放有关增值税政策的公告》2023 年第 21 号。
[4] 财政部、国家税务总局，《关于营业税改征增值税试点若干政策的通知》，财税〔2016〕39 号。

研发和技术服务、农业服务、信息技术服务、文化创意服务、物流辅助服务、租赁服务、鉴证咨询服务、广播影视服务、商务辅助服务和其他现代服务。下列现代服务免征增值税。

1. 研发和技术服务

（1）纳税人提供技术转让、技术开发和与之相关的技术咨询、技术服务免征增值税。

纳税人申请免征增值税时，须持技术转让、开发的书面合同，到纳税人所在地省级科技主管部门进行认定，并持有关的书面合同和科技主管部门审核意见证明文件报主管税务机关备查。

（2）合同能源管理服务。同时符合下列条件的合同能源管理服务免征增值税。①节能服务公司实施合同能源管理项目相关技术，应当符合国家质量监督检验检疫总局和国家标准化管理委员会发布的《合同能源管理技术通则》规定的技术要求。②节能服务公司与用能企业签订节能效益分享型合同，其合同格式和内容，符合《中华人民共和国合同法》和《合同能源管理技术通则》等规定。

（3）孵化服务。对国家级、省级科技企业孵化器、大学科技园和国家备案众创空间自用以及无偿或通过出租等方式提供给在孵对象使用的房产、土地，免征房产税和城镇土地使用税，向在孵对象提供孵化服务取得的收入，免征增值税（政策执行至2027年12月31日）。[①]

2. 农业服务

农业机耕、排灌、病虫害防治、植物保护、农牧保险以及相关技术培训业务，家禽、牲畜、水生动物的配种和疾病防治收入免征增值税。但对于动物诊疗机构销售动物食品和用品，提供动物清洁、美容、代理看护等服务，应按照现行规定缴纳增值税。[②]

3. 特定物流辅助服务

国家商品储备管理单位及其直属企业承担商品储备任务，从中央或者地方财政取得的利息补贴收入和价差补贴收入免征增值税。

国家商品储备管理单位及其直属企业，是指接受中央、省、市、县四级政府有关部门（或者政府制定管理单位）委托，承担粮（含大豆）、食用油、棉、糖、肉、盐（限于中央储备）等6种商品储备任务，取得财政储备经费或补贴的商品储备企业。利息补贴收入，是指国家商品储备管理单位及其直属企业因承担粮（含大豆）、食用油、棉、糖、肉、盐等6种商品储备任务从金融机构贷款，并从中央或者地方财政取得的用于偿还贷款利息的贴息收入。价差补贴收入包括销售价差补贴收入和轮换价差补贴收入。销售价差补贴收入，是指按照中央或者地方政府指令销售上述储备商品时，由于销售收入小于库存成本而从中央或者地方财政获得的全额价差补贴收入。轮换价差补贴收入，是指根据要求定期组织政策性储备商品轮换而从中央或者地方财政取得的商品新陈品质价差补贴收入。

4. 特定租赁服务

军队空余房产租赁收入免征增值税。

（五）生活服务

1. 文化体育服务

下列文化体育服务收入免征增值税。

[①] 财政部、国家税务总局、科技部、教育部，《关于科技企业孵化器 大学科技园和众创空间税收政策的通知》，财税〔2018〕120号；财政部、国家税务总局，《关于延长部分税收优惠政策执行期限的公告》，2022年第4号；财政部、国家税务总局、科技部、教育部，《关于继续实施科技企业孵化器、大学科技园和众创空间有关税收政策的公告》，2023年第42号。

[②] 国家税务总局，《关于取消增值税扣税凭证认证确认期限等增值税征管问题的公告》，2019年第45号。

（1）纪念馆、博物馆、文化馆、文物保护单位管理机构、美术馆、展览馆、书画院、图书馆在自己的场所提供文化体育服务取得的第一道门票收入。

（2）寺院、宫观、清真寺和教堂举办文化、宗教活动的门票收入。

（3）对科普单位的门票收入，以及县级及以上党政部门和科协开展科普活动的门票收入免征增值税（政策执行至2027年12月31日）。[①]科普单位，是指科技馆、自然博物馆，对公众开放的天文馆（站、台）、气象台（站）、地震台（站），以及高等院校、科研机构对公众开放的科普基地。

2. 教育服务

下列教育服务收入免征增值税。

（1）托儿所、幼儿园提供的保育和教育服务。公办托儿所、幼儿园免征增值税的收入是指，在省级财政部门和价格主管部门审核报省级人民政府批准的收费标准以内收取的教育费、保育费。民办托儿所、幼儿园免征增值税的收入是指，在报经当地有关部门备案并公示的收费标准范围内收取的教育费、保育费。超过规定收费标准的收费，以开办实验班、特色班和兴趣班等为由另外收取的费用以及与幼儿入园挂钩的赞助费、支教费等超过规定范围的收入，不属于免征增值税的收入。

（2）从事学历教育的学校提供的教育服务。学历教育，是指受教育者经过国家教育考试或者国家规定的其他入学方式，进入国家有关部门批准的学校或者其他教育机构学习，获得国家承认的学历证书的教育形式。具体包括：①初等教育：普通小学、成人小学。②初级中等教育：普通初中、职业初中、成人初中。③高级中等教育：普通高中、成人高中和中等职业学校（包括普通中专、成人中专、职业高中、技工学校）。④高等教育：普通本专科、成人本专科、网络本专科、研究生（博士、硕士）、高等教育自学考试、高等教育学历文凭考试。

学校均包括从事学历教育的公办、民办学校，但不包括职业培训机构等国家不承认学历的教育机构。

提供教育服务免征增值税的收入，是指对列入规定招生计划的在籍学生提供学历教育服务取得的收入，具体包括：经有关部门审核批准并按规定标准收取的学费、住宿费、课本费、作业本费、考试报名费收入，以及学校食堂提供餐饮服务取得的伙食费收入。除此之外的收入，包括学校以各种名义收取的赞助费、择校费等，不属于免征增值税的范围。

（3）学生勤工俭学提供的服务。

（4）政府举办的从事学历教育的高等、中等和初等学校（不含下属单位），举办进修班、培训班取得的全部归该学校所有的收入。全部归该学校所有，是指举办进修班、培训班取得的全部收入进入该学校统一账户，并纳入预算全额上缴财政专户管理，同时由该学校对有关票据进行统一管理和开具。举办进修班、培训班取得的收入进入该学校下属部门自行开设账户的，不予免征增值税。

（5）政府举办的职业学校设立的主要为在校学生提供实习场所、并由学校出资自办、由学校负责经营管理、经营收入归学校所有的企业，从事《销售服务、无形资产或者不动产注释》中"现代服务"（不含融资租赁服务、广告服务和其他现代服务）、"生活服务"（不含文化体育服务、其他生活服务和桑拿、氧吧）业务活动取得的收入。

3. 医疗服务

医疗机构提供的医疗服务收入免征增值税。

医疗机构，是指依据有关法规经登记取得《医疗机构执业许可证》的机构，以及军队、武警部队各级各类医疗机构。医疗机构具体包括：各级各类医院、门诊部（所）、社区卫生服务中心（站）、急救中心（站）、城乡卫生院、护理院（所）、疗养院、临床检验中心，各级政府及有关部门举办的卫生防疫站（疾病控制中心）、各种专科疾病防治站（所），各级政府举办的妇幼保健所（站）、母婴保健机构、儿童保健机构，各级政府举办的血站（血液中心）等医疗机构。

[①] 财政部、国家税务总局，《关于延续实施宣传文化增值税优惠政策的公告》，2023年第60号。

医疗服务,是指医疗机构按照不高于地(市)级以上价格主管部门会同同级卫生主管部门及其他相关部门制定的医疗服务指导价格(包括政府指导价和按照规定由供需双方协商确定的价格等)为就医者提供《全国医疗服务价格项目规范》所列的各项服务,以及医疗机构向社会提供卫生防疫、卫生检疫的服务。

4. 居民服务

下列各项服务收入免征增值税。

(1) 养老机构提供的养老服务。养老服务,是养老机构按照民政部《养老机构管理办法》(民政部令第49号)的规定,为收住的老年人提供的生活照料、康复护理、精神慰藉、文化娱乐等服务。

(2) 残疾人福利机构提供的育养服务。

(3) 婚姻介绍服务。

(4) 殡葬服务。殡葬服务,是指收费标准由各地价格主管部门会同有关部门核定,或者实行政府指导价管理的遗体接运(含抬尸、消毒)、遗体整容、遗体防腐、存放(含冷藏)、火化、骨灰寄存、吊唁设施设备租赁、墓穴租赁及管理等服务。

(5) 残疾人员本人为社会提供的服务。

(6) 家政服务企业由员工制家政服务员提供家政服务取得的收入。

(六) 销售或转让无形资产和不动产

下列销售无形资产和不动产行为免征增值税。

1. 个人或单位销售或转让无形资产和不动产

(1) 个人转让著作权。

(2) 个人销售自建自用住房。

(3) 为了配合国家住房制度改革,企业、行政事业单位按房改成本价、标准价出售住房取得的收入。

(4) 将土地使用权转让给农业生产者用于农业生产。[①]

(5) 纳税人采取转包、出租、互换、转让、入股等方式将承包地流转给农业生产者用于农业生产,免征增值税。[②]

(6) 出租国有农用地给农业生产者用于农业生产,免征增值税。[③]

(7) 土地所有者出让土地使用权和土地使用者将土地使用权归还给土地所有者。

(8) 县级以上地方人民政府或自然资源行政主管部门出让、转让或收回自然资源使用权(不含土地使用权)。

2. 涉及家庭财产分割的个人无偿转让不动产、土地使用权

家庭财产分割,包括下列情形:离婚财产分割;无偿赠与配偶、父母、子女、祖父母、外祖父母、孙子女、外孙子女、兄弟姐妹;无偿赠与对其承担直接抚养或者赡养义务的抚养人或者赡养人;房屋产权所有人死亡,法定继承人、遗嘱继承人或者受遗赠人依法取得房屋产权。

(七) 特定收费收入

下列收费收入免征增值税。

[①] 《营业税改征增值税试点过渡政策的规定》,第一条第三十五项,财政部、国家税务总局,《关于全面推开营业税改征增值税试点的通知》,财税〔2016〕36号,附件3。

[②] 财政部、国家税务总局,《关于建筑服务等营改增试点政策的通知》,财税〔2017〕58号。

[③] 财政部、国家税务总局,《关于明确国有农用地出租等增值税政策的公告》,2020年第2号。

1. 政府性基金或者行政事业性收费

行政单位之外的其他单位收取的同时满足以下条件的政府性基金或者行政事业性收费免征增值税。

（1）国务院或者财政部批准设立的政府性基金，由国务院或者省级人民政府及其财政、价格主管部门批准设立的行政事业性收费。

（2）收取时开具省级以上（含省级）财政部门监（印）制的财政票据。

（3）所收款项全额上缴财政。

2. 福利彩票、体育彩票收入

福利彩票、体育彩票的发行收入免征增值税。

3. 党费团费会费

各党派、共青团、工会、妇联、中科协、青联、台联、侨联收取党费、团费、会费，以及政府间国际组织收取会费，属于非经营活动，不征收增值税。[①]

四、对特殊群体的增值税免税政策

（一）小微企业

对月销售额 10 万元以下（含本数）的增值税小规模纳税人，免征增值税（政策执行至 2027 年 12 月 31 日）。[②]

（二）残疾人

残疾人个人提供的加工、修理修配劳务，为社会提供的应税服务，免征增值税。[③]

（三）随军家属和军队转业干部

（1）从事个体经营的随军家属自办理税务登记事项之日起，其提供的应税服务 3 年内免征增值税。

（2）为安置随军家属就业而新开办的企业，自领取税务登记证之日起，其提供的应税服务 3 年内免征增值税。

（3）从事个体经营的军队转业干部自领取税务登记证之日起，其提供的应税服务 3 年内免征增值税。

（4）为安置自主择业的军队转业干部就业而新开办的企业，自领取税务登记证之日起，其提供的应税服务 3 年内免征增值税。[④]

五、增值税退税政策

由于一般情况下增值税进项税额可以抵扣，但直接免税情况下进项税额就得不到抵扣，除非免税环节

[①] 财政部、国家税务总局，《关于进一步明确全面推开营改增试点有关再保险 不动产租赁和非学历教育等政策的通知》，财税〔2016〕68 号。

[②] 财政部、国家税务总局，《关于增值税小规模纳税人减免增值税政策的公告》，2023 年第 19 号。

[③] 《营业税改征增值税试点过渡政策的规定》第一条第六项，财政部、国家税务总局，《关于全面推开营业税改征增值税试点的通知》，财税〔2016〕36 号，附件 3；财政部、国家税务总局，《关于促进残疾人就业增值税优惠政策的通知》，财税〔2016〕52 号。

[④] 《营业税改征增值税试点过渡政策的规定》第一条第三十九、第四十项，财政部、国家税务总局，《关于全面推开营业税改征增值税试点的通知》，财税〔2016〕36 号，附件 3。

安排在最终消费环节，否则免税是否能起到降低纳税人负担的作用还要看其他很多因素，如由销售应税业务的市场地位决定能否将进项税额加到价格中转由下一阶段纳税人负担（有关原理参见本书第九章第二节的分析）。因此，采取退税即税率为零，同时进项税额可以抵扣的增值税优惠方式更有利于纳税人。目前采用的退税方式有：即征即退、先征后退、全额退税、留抵退税等。

（一）即征即退

1. 销售黄金

黄金生产和经营单位标准黄金和黄金矿砂（含伴生金），免征增值税；进口黄金（含标准黄金）和黄金矿砂（含伴生矿）免征进口环节增值税。黄金交易所会员单位通过黄金交易所销售标准黄金（持有黄金交易所开具的《黄金交易结算凭证》），未发生实物交割的，免征增值税；发生实物交割的，由税务机关按照实际成交价格代开增值税专用发票，并实行增值税即征即退的政策。①

2. 安置残疾人就业的单位和个体工商户

对安置残疾人的单位和个体工商户、特殊教育校办企业，实行由税务机关按纳税人安置残疾人的人数，限额即征即退增值税的办法。每月可退还的增值税具体限额，由县级以上税务机关根据纳税人所在区县（含县级市、旗）适用的经省（含自治区、直辖市、计划单列市）人民政府批准的月最低工资标准的4倍确定。②

3. 销售自产的资源综合利用产品和劳务

增值税一般纳税人销售自产的资源综合利用产品和提供资源综合利用劳务（以下称销售综合利用产品和劳务），可享受增值税即征即退政策。综合利用的资源名称、综合利用产品和劳务名称、技术标准和相关条件、退税比例等按照《资源综合利用产品和劳务增值税优惠目录（2022年版）》（以下简称《目录》）执行。③

（1）适用退税率100%的产品和劳务，见表13-4-1。

表13-4-1 适用退税率100%的产品和劳务

《目录》中序号	综合利用的资源名称	综合利用产品和劳务名称	退税比例
1.2	煤炭开采过程中产生的煤层气（煤矿瓦斯）	电力	100%
2.9	垃圾以及利用垃圾发酵产生的沼气	电力、热力	100%
2.22	工业生产过程中产生的余热、余压	电力、热力	100%
3.8	废农膜	再生塑料制品、再生塑料颗粒	100%
3.14	镉渣	金属镉	100%
4.1	厨余垃圾、畜禽粪污、稻壳、花生壳、玉米芯、油茶壳、棉籽壳、三剩物、次小薪材、农作物秸秆、蔗渣，以及利用上述资源发酵产生的沼气	生物质压块、生物质破碎料、生物天然气、热解燃气、沼气、生物油、电力、热力	100%

---

① 财政部、国家税务总局，《关于黄金税收政策问题的通知》，财税〔2002〕142号。
② 财政部、国家税务总局，《关于促进残疾人就业增值税优惠政策的通知》，财税〔2016〕52号。
③ 财政部、国家税务总局，《关于完善资源综合利用增值税政策的公告》，2021年第40号。

（2）适用退税率90%的产品和劳务，具体范围见表13-4-2。

表13-4-2　适用退税率90%的产品和劳务

《目录》中序号	综合利用的资源名称	综合利用产品和劳务名称	退税比例
2.17	含油污水、有机废水、污水处理后产生的污泥，油田采油过程中产生的油污泥（浮渣），包括利用上述资源发酵产生的沼气	微生物蛋白、土壤调理剂、燃料、电力、热力	90%
3.13	废玻璃	玻璃熟料	90%
4.2	三剩物、次小薪材、农作物秸秆、沙柳、玉米芯	纤维板、刨花板、细木工板、生物炭、活性炭、栲胶、水解酒精、纤维素、木质素、木糖、阿拉伯糖、糠醛、箱板纸	90%

（3）适用退税率70%的产品和劳务，具体见表13-4-3。

表13-4-3　适用退税率70%的产品和劳务

《目录》中序号	综合利用的资源名称	综合利用产品和劳务名称	退税比例
1.1	油母页岩	页岩油	70%
1.3	油田采油过程中产生的油污泥（浮渣）	乳化油调和剂、防水卷材辅料产品	70%
2.1	废渣	砖瓦（不含烧结普通砖）、砌块、陶粒、墙板、管材（管桩）、混凝土、砂浆、道路井盖、道路护栏、防火材料、耐火材料（镁铬砖除外）、保温材料、矿（岩）棉、微晶玻璃、U型玻璃	70%
2.2	废渣	水泥、水泥熟料	70%
2.3	磷石膏	墙板、砂浆、砌块、水泥添加剂、建筑石膏、α型高强石膏、Ⅱ型无水石膏、嵌缝石膏、粘结石膏、现浇混凝土空心结构用石膏模盒、抹灰石膏、机械喷涂抹灰石膏、土壤调理剂、喷筑墙体石膏、装饰石膏材料、磷石膏制硫酸	70%
2.15	污水处理厂出水、工业排水（矿井水）、生活污水、垃圾处理厂渗透（滤）液等	再生水	70%
2.16	废弃酒糟和酿酒底锅水，淀粉、粉丝加工废液、废渣	蒸汽、活性炭、白碳黑、乳酸、乳酸钙、沼气、饲料、植物蛋白	70%
2.20	工业废气、氧化氢废气、工业副产氢	燃料电池用氢、纯氢、高纯氢和超纯氢、高纯度二氧化碳、工业氢气、甲烷、（液）氯气	70%
2.21	转炉煤气、高炉煤气等，化工尾气，生物质合成气、垃圾气化合成气等	变性燃料乙醇（纯度≥99.5%）	70%
3.7	废塑料、废的塑料复合材料	改性再生塑料、再生塑料颗粒、再生瓶片、塑料粉碎料、再生塑料制品、废的塑料复合材料再生的产物、塑料化学再生的产物	70%
3.10	废旧轮胎、废橡胶制品	橡胶粉、翻新轮胎、再生橡胶、废旧轮胎/橡胶再生油、废旧轮胎/橡胶热裂解炭黑	70%
3.11	废弃天然纤维及其制品、化学纤维及其制品、多种废弃纤维混合物及制品	纤维纱及织布、无纺布、毡、粘合剂及再生聚酯产品、浆粕、再生纤维、复合板材、生态修复材料	70%
3.12	人发	档发	70%
4.3	废弃动物油和植物油	生物柴油、工业级混合油	70%
5.1	垃圾处理、污泥处理处置劳务		70%
5.2	污水处理劳务		70%
5.3	工业废气处理劳务		70%

（4）适用退税率 50% 的产品和劳务，具体见表 13-4-4。

表 13-4-4　适用退税率 50% 的产品和劳务

《目录》中序号	综合利用的资源名称	综合利用产品和劳务名称	退税比例
2.4	建筑垃圾、煤矸石	建设用再生骨料、建筑垃圾制作烧结制品、道路材料、建设用回填材料	50%
2.5	粉煤灰、煤矸石	氧化铝、活性硅酸钙、瓷绝缘子、煅烧高岭土	50%
2.6	煤矸石、煤泥、石煤、油母页岩	电力、热力	50%
2.7	氧化铝赤泥、电石渣	氧化铁、氢氧化钠溶液、铝酸钠、铝酸三钙、脱硫剂	50%
2.8	废旧石墨	石墨异形件、石墨块、石墨粉、石墨增碳剂	50%
2.10	退役军用发射药	涂料用硝化棉粉	50%
2.11	废旧沥青混凝土	再生沥青混凝土	50%
2.12	蔗渣	蔗渣浆、蔗渣刨花板和纸	50%
2.13	废矿物油	润滑油基础油、汽油、柴油等工业油料	50%
2.14	环己烷氧化废液（包括轻质油、皂化液、浓缩液等）	环氧环己烷、正戊醇、醇醚溶剂、水泥生料助磨剂	50%
2.18	煤焦油、荒煤气（焦炉煤气）	柴油、石脑油	50%
2.19	燃煤发电厂及各类工业企业生产过程中产生的烟气、高硫天然气	石膏、硫酸、硫酸铵、硫磺	50%
3.1	废旧电池及其拆解物	金属及镍钴锰氢氧化物、镍钴锰酸锂、金属盐（碳酸锂、氯化锂、氟化锂、氯化钴、硫酸钴、硫酸镍、硫酸锰）、氢氧化锂、磷酸铁锂	50%
3.9	废纸、农作物秸秆	纸浆、秸秆浆和纸	50%

（5）适用退税率 30% 的产品和劳务，具体见表 13-4-5。

表 13-4-5　适用退税率 30% 的产品和劳务

《目录》中序号	综合利用的资源名称	综合利用产品和劳务名称	退税比例
3.2	废显（定）影液、废胶片、废像纸、废感光剂、废感光材料	银	30%
3.3	废旧电机、废旧电线电缆、废铝制易拉罐、报废汽车、报废摩托车、报废船舶、废旧电器电子产品、废旧太阳能光伏件、废旧灯泡（管），及其拆解物	经冶炼、提纯生产的金属及合金（不包括铁及铁合金）	30%
3.4	废催化剂、电解废弃物、电镀废弃物、废旧线路板、烟尘灰、湿法泥、熔炼渣、线路板蚀刻废液、锡箔纸灰	经冶炼、提纯或化合生产的金属、合金及金属化合物（不包括铁及铁合金）、冰晶石	30%
3.5	报废汽车、报废摩托车、报废船舶、废旧电器电子产品、废旧农机具、报废机器设备、废旧生活用品、工业边角余料、建筑拆解物等产生或拆解出来的废钢铁	炼钢炉料	30%
3.6	稀土产品加工废料，废弃稀土产品及拆解物	稀土金属及稀土氧化物	30%

注：《目录》原文为"废像纸"，此处是错别字，应为"废相纸"

（二）先征后退

对特定出版物以及印刷业务实行先征后退增值税政策（政策执行至 2027 年 12 月 31 日）具体规定如下。

1. 增值税 100% 先征后退

对下列出版物在出版环节以及印刷、制作业务执行增值税 100% 先征后退的政策。

（1）中国共产党和各民主党派的各级组织的机关报纸和机关期刊，各级人大、政协、政府、工会、共青团、妇联、残联、科协的机关报纸和机关期刊，新华社的机关报纸和机关期刊，军事部门的机关报纸和机关期刊。

上述各级组织不含其所属部门。机关报纸和机关期刊增值税先征后退范围掌握在一个单位一份报纸和一份期刊以内。

（2）专为少年儿童出版发行的报纸和期刊，中小学的学生教科书。

（3）专为老年人出版发行的报纸和期刊。

（4）少数民族文字出版物。

（5）盲文图书和盲文期刊。

（6）经批准在内蒙古、广西、西藏、宁夏、新疆五个自治区内注册的出版单位出版的出版物。

（7）财政部、国家税务总局，《关于延续实施宣传文化增值税优惠政策的公告》（2023年第60号）附件1的图书、报纸和期刊。

（8）对少数民族文字出版物的印刷或制作业务。

（9）列入财政部、国家税务总局2023年第60号公告附件3的新疆维吾尔自治区印刷企业的印刷业务。

2. 增值税先征后退50%

对下列出版物在出版环节执行增值税先征后退50%的政策。

（1）各类图书、期刊、音像制品、电子出版物，但上述财政部、国家税务总局2023年第60号公告附件1执行增值税100%先征后退的出版物除外。

（2）列入财政部、国家税务总局2023年第60号公告附件2的报纸。[1]

（三）全额退税

1. 外国驻华使（领）馆及其馆员在境内购买的货物和服务

对外国驻华使（领）馆及其馆员在中华人民共和国境内购买的货物和服务，实行增值税退税政策。所称货物和服务，是指按规定征收增值税、属于合理自用范围内的生活办公类货物和服务。生活办公类货物和服务，是指为满足日常生活、办公需求购买的货物和服务。工业用机器设备、金融服务以及其他财政部和国家税务总局规定的货物和服务，不属于生活办公类货物和服务。外国驻华使（领）馆及其馆员申请增值税退税的生活办公类货物和服务，应符合以下要求。

（1）除自来水、电、燃气、暖气、汽油、柴油外，购买货物申请退税单张发票的销售金额（含税价格）应当超过800元（含800元）人民币；购买服务申请退税单张发票的销售金额（含税价格）应当超过300元（含300元）人民币。

（2）使（领）馆馆员个人购买货物和服务，除车辆和房租外，每人每年申报退税销售金额（含税价格）不超过18万元人民币。

（3）非增值税免税货物和服务。

（4）使（领）馆及其馆员购买货物和服务，增值税退税额为发票上注明的税额，发票上未注明税额的，为按照不含税销售额和增值税征收率计算的税额。购买电力、燃气、汽油、柴油，发票上未注明税额的，增值税退税额为按照不含税销售额和相关产品增值税适用税率计算的税额。[2]

2. 研发机构采购国产设备

对内资研发机构和外资研发中心采购国产设备全额退还增值税（政策执行至2023年12月31日）。

---

[1] 财政部、国家税务总局，《关于延续实施宣传文化增值税优惠政策的公告》，2023年第60号。

[2] 财政部、国家税务总局，《关于外国驻华使（领）馆及其馆员在华购买货物和服务增值税退税政策的通知》，财税〔2016〕51号；财政部、国家税务总局，《关于外国驻华使（领）馆及其馆员在华购买货物和服务增值税退税政策有关问题的补充通知》，财税〔2017〕74号。

上述内资研发机构包括：经有关国家部委核定或会同财政部、海关总署、国家税务总局核定的科技体制改革过程中转制为企业和进入企业的主要从事科学研究和技术开发工作的机构，国家工程研究中心，企业技术中心，国家重点实验室（含企业国家重点实验室）和国家工程技术研究中心，国务院部委、直属机构和省级政府所属从事科学研究工作的各类科研院所，科技类民办非企业单位，国家中小企业公共服务示范平台（技术类）、国家承认学历的实施专科及以上高等学历教育的高等学校，财政部会同国务院有关部门核定的其他科学研究机构、技术开发机构和学校。

2009年10月1日及其之后设立的外资研发中心，应同时满足下列条件：①研发费用标准：作为独立法人的，其投资总额不低于800万美元；作为公司内设部门或分公司的非独立法人的，其研发总投入不低于800万美元。②专职研究与试验发展人员不低于150人。③设立以来累计购置的设备原值不低于2000万元。[①]

研发机构采购国产设备的应退税额，为增值税发票上注明的税额。研发机构采购国产设备取得的增值税专用发票，已用于进项税额抵扣的，不得申报退税；已用于退税的，不得用于进项税额抵扣。[②]

六、增值税减税的特殊方式

增值税减税政策还采用扣减增值税、进项税额加计抵减、留抵退税和分期纳税等方式。

（一）扣减增值税

扣减增值税就是计算应纳税额以后，纳税人不用全额缴纳，而是可以扣减一定比例或一个限额，其余额才是最终实际纳税额。目前采用这一减税办法的主要目的是鼓励特定群体创业就业。

1. 退役士兵创业就业

（1）自主就业退役士兵从事个体经营的，自办理个体工商户登记当月起，在3年（36个月）内按每户每年20 000元为限额依次扣减其当年实际应缴纳的增值税、城市维护建设税、教育费附加、地方教育附加和个人所得税。限额标准最高可上浮20%，各省、自治区、直辖市人民政府可根据本地区实际情况在此幅度内确定具体限额标准（政策执行至2027年12月31日）。

（2）企业招用自主就业退役士兵，与其签订1年以上期限劳动合同并依法缴纳社会保险费的，自签订劳动合同并缴纳社会保险当月起，在3年（36个月）内按实际招用人数予以定额依次扣减增值税、城市维护建设税、教育费附加、地方教育附加和企业所得税优惠。定额标准为每人每年6000元，最高可上浮50%，各省、自治区、直辖市人民政府可根据本地区实际情况在此幅度内确定具体定额标准（政策执行至2027年12月31日）。[③]

2. 重点群体创业就业

（1）（全面脱贫前）建档立卡贫困人口、持《就业创业证》（注明"自主创业税收政策"或"毕业年度内自主创业税收政策"）或《就业失业登记证》（注明"自主创业税收政策"）的人员，从事个体经营的，自办理个体工商户登记当月起，在3年内按每户每年12 000元为限额依次扣减其当年实际应缴纳的增值税、城市维护建设税、教育费附加、地方教育附加和个人所得税。限额标准最高可上浮20%，各省、自治区、直辖市人民政府可根据本地区实际情况在此幅度内确定具体限额标准（政策执行至2027年12月31日）。

[①] 财政部、商务部、国家税务总局，《关于继续执行研发机构采购设备增值税政策的公告》，2019年第91号；财政部、国家税务总局，《关于延长部分税收优惠政策执行期限的公告》，2021年第6号。

[②] 国家税务总局，《关于修订〈研发机构采购国产设备增值税退税管理办法〉的公告》2023年第20号。

[③] 财政部、国家税务总局、退役军人事务部，《关于进一步扶持自主就业退役士兵创业就业有关税收政策的通知》，财税〔2019〕21号；财政部、国家税务总局，《关于延长部分税收优惠政策执行期限的公告》，2022年第4号；财政部、国家税务总局、退役军人事务部，《关于进一步扶持自主就业退役士兵创业就业有关税收政策的公告》，2023年第14号。

（2）企业招用（全面脱贫前）建档立卡贫困人口，以及在人力资源社会保障部门公共就业服务机构登记失业半年以上且持《就业创业证》或《就业失业登记证》（注明"企业吸纳税收政策"）的人员，与其签订1年以上期限劳动合同并依法缴纳社会保险费的，自签订劳动合同并缴纳社会保险当月起，在3年内按实际招用人数予以定额依次扣减增值税、城市维护建设税、教育费附加、地方教育附加和企业所得税优惠。定额标准为每人每年6000元，最高可上浮30%，各省、自治区、直辖市人民政府可根据本地区实际情况在此幅度内确定具体定额标准。城市维护建设税、教育费附加、地方教育附加的计税依据是享受本项税收优惠政策前的增值税应纳税额（政策执行至2027年12月31日）。①

（二）进项税额加计抵减

进项税额加计抵减就是在常规进项税额抵扣的基础上，以可抵扣进项税额为基础按规定比例计算增加的抵减额从应纳税额中减除，通过增加可抵扣进项税额的数额，减轻纳税人负担。该政策一般作为临时性优惠政策，适用于在特殊时期（如疫情）遇到困难的生产、生活性服务业。

1. 加计抵减比例和适用的一般条件

生产、生活性服务业纳税人按照当期可抵扣进项税额加计抵减应纳税额（以下称加计抵减政策）。生产性服务业的加计抵扣比例10%，生活性服务业的加计抵扣比例为15%（政策执行至2022年12月31日）。②

所称生产、生活性服务业纳税人，是指提供邮政服务、电信服务、现代服务、生活服务（以下称四项服务）取得的销售额占全部销售额的比重超过50%的纳税人。四项服务的具体范围按照《销售服务、无形资产、不动产注释》（财税〔2016〕36号印发）执行。

上述所称"销售额"，包括纳税申报销售额、稽查查补销售额、纳税评估调整销售额。其中，纳税申报销售额包括一般计税方法销售额，简易计税方法销售额，免税销售额，税务机关代开发票销售额，免、抵、退办法出口销售额，即征即退项目销售额。③

2. 加计抵减政策的限制条件和计算方法

1）当期可抵减加计抵减额计算和不得计提加计抵减额的规定

（1）按照现行规定不得从销项税额中抵扣的进项税额，不得计提加计抵减额；已计提加计抵减额的进项税额，按规定作进项税额转出的，应在进项税额转出当期，相应调减加计抵减额。计算公式如下：

$$当期计提加计抵减额 = 当期可抵扣进项税额 \times 抵减比例$$

$$当期调减加计抵减额 = 转出的进项税额 \times 抵减比例$$

$$当期可抵减加计抵减额 = 上期末加计抵减额余额 + 当期计提加计抵减额 - 当期调减加计抵减额$$

（2）纳税人出口货物劳务、发生跨境应税行为不适用加计抵减政策，其对应的进项税额不得计提加计抵减额。

纳税人兼营出口货物劳务、发生跨境应税行为且无法划分不得计提加计抵减额的进项税额，按照以下公式计算：

---

① 财政部、国家税务总局、人力资源社会保障部、国务院扶贫办，《关于进一步支持和促进重点群体创业就业有关税收政策的通知》，财税〔2019〕22号；财政部、国家税务总局、人力资源社会保障部、国家乡村振兴局，《关于延长部分扶贫税收优惠政策执行期限的公告》，2021年第18号；财政部、税务总局、人力资源社会保障部、农业农村部，《关于进一步支持重点群体创业就业有关税收政策的公告》，2023年第15号。
② 财政部、国家税务总局，《关于促进服务业领域困难行业纾困发展有关增值税政策的公告》，2022年第11号；财政部、国家税务总局，《关于明确生活性服务业增值税加计抵减政策的公告》，2019年第87号；财政部、国家税务总局、海关总署，《关于深化增值税改革有关政策的公告》，2019年第39号。
③ 国家税务总局，《关于国内旅客运输服务进项税抵扣等增值税征管问题的公告》，2019年第31号。

不得计提加计抵减额的进项税额 = 当期无法划分的全部进项税额
× 当期出口货物劳务和发生跨境应税行为的销售额
÷ 当期全部销售额

2）抵减和结转

纳税人按照一般计税方法计算应纳税额（以下称抵减前的应纳税额）后，区分以下情形加计抵减。

（1）抵减前的应纳税额等于零的，当期可抵减加计抵减额全部结转下期抵减。

（2）抵减前的应纳税额大于零，且大于当期可抵减加计抵减额的，当期可抵减加计抵减额全额从抵减前的应纳税额中抵减。

（3）抵减前的应纳税额大于零，且小于或等于当期可抵减加计抵减额的，以当期可抵减加计抵减额抵减应纳税额至零。未抵减完的当期可抵减加计抵减额，结转下期继续抵减。

（4）纳税人应单独核算加计抵减额的计提、抵减、调减、结余等变动情况。加计抵减政策执行到期后，纳税人不再计提加计抵减额，结余的加计抵减额停止抵减。①

（三）留抵退税

纳税人发生当期进项税额大于销项税额抵扣不完的，一般情况下是留到下一纳税期继续抵扣，此为"留抵"。留抵退税（credit refund），就是对当期未抵扣完的进项税额在当期给予全额或部分退税，其本质不是真正意义上退税（零税率），而只是制度性提前抵扣，让纳税人获得数额等于留抵退税额的无息贷款，纳税人并没有减轻税收负担，但获得利息的好处或节约了财务成本。

1. 留抵税额的确定

留抵退税分为存量留抵退税和增量留抵退税。存量留抵退税，就是将所有未抵扣完的进项税额一次性给予抵扣退给纳税人。增量留抵退税，就是对比一定时间节点增加的留抵数额给予退税。需要确定这两种情况下可退还的未抵扣进项税额即留抵税额。

（1）增量留抵税额，区分以下情形确定：①纳税人获得一次性存量留抵退税前，增量留抵税额为当期期末留抵税额与2019年3月31日相比新增加的留抵税额。②纳税人获得一次性存量留抵退税后，增量留抵税额为当期期末留抵税额。

（2）存量留抵税额，区分以下情形确定：①纳税人获得一次性存量留抵退税前，当期期末留抵税额大于或等于2019年3月31日期末留抵税额的，存量留抵税额为2019年3月31日期末留抵税额；当期期末留抵税额小于2019年3月31日期末留抵税额的，存量留抵税额为当期期末留抵税额。②②纳税人获得一次性存量留抵退税后，存量留抵税额为零。

上述政策意味着如果获得一次性存量留抵退税，当期期末留抵税额大于2019年3月31日期末留抵税额的差额将得不到抵扣。这是此种情况下纳税人选择存量留抵退税的代价。

2. 允许退还的留抵税额计算方法

允许退还的增量留抵税额 = 增量留抵税额 × 进项构成比例 × 100%

允许退还的存量留抵税额 = 存量留抵税额 × 进项构成比例 × 100%

进项构成比例，为2019年4月至申请退税前一税款所属期已抵扣的增值税专用发票（含带有"增值税专用发票"字样全面数字化的电子发票、税控机动车销售统一发票）、收费公路通行费增值税电子普通发票、海关进口增值税专用缴款书、解缴税款完税凭证注明的增值税额占同期全部已抵扣进项税额的比重。

---

① 财政部、国家税务总局、海关总署，《关于深化增值税改革有关政策的公告》，2019年第39号。

② 该政策意味着如果获得一次性存量留抵退税，当期期末留抵税额大于2019年3月31日期末留抵税额的差额将得不到抵扣。这是此种情况下纳税人选择存量留抵退税的代价。

3. 适用该政策的纳税人条件

适用该政策的纳税人需要同时符合下列条件：①纳税信用等级为 A 级或者 B 级；②申请退税前 36 个月未发生骗取留抵退税、骗取出口退税或虚开增值税专用发票情形；③申请退税前 36 个月未因偷税被税务机关处罚两次及以上；④2019 年 4 月 1 日起未享受即征即退、先征后返（退）政策。

下述"其他行业"企业纳税人除了同时符合上述条件外还必须同时"自 2019 年 4 月税款所属期起，连续六个月（按季纳税的，连续两个季度）增量留抵税额均大于零，且第六个月增量留抵税额不低于 50 万元"的条件。

4. 纳税人类别

不同类型企业留抵退税政策有所差异，目前按规模又按行业区分。

（1）按规模，分小型企业和微型企业（合称小微企业）、中型企业、大型企业。它们均按照《中小企业划型标准规定》和《金融业企业划型标准规定》中的营业收入指标、资产总额指标确定。未采用营业收入指标或资产总额指标划型确定的纳税人，微型企业标准为增值税销售额（年）100 万元以下（不含 100 万元）；小型企业标准为增值税销售额（年）2000 万元以下（不含 2000 万元）；中型企业标准为增值税销售额（年）1 亿元以下（不含 1 亿元）。大型企业，是指除上述中型企业、小型企业和微型企业外的其他企业。

（2）按行业，分制造业等行业和其他行业（含个体工商户，下同）。①制造业等行业包括"制造业"、"科学研究和技术服务业"、"电力、热力、燃气及水生产和供应业"、"软件和信息技术服务业"、"生态保护和环境治理业"和"交通运输、仓储和邮政业"。②其他行业除了上述小微企业、"制造业等行业"以外的其他行业。

5. 留抵退税的不同待遇和申请办理

根据上述企业类别确定留抵退税的时期和内容，具体规定如下。

（1）小微企业。①符合条件的小微企业，可以自 2022 年 4 月纳税申报期起向主管税务机关申请退还增量留抵税额；②符合条件的微型企业，可以自 2022 年 4 月纳税申报期起向主管税务机关申请一次性退还存量留抵税额；③符合条件的小型企业，可以自 2022 年 5 月纳税申报期起向主管税务机关申请一次性退还存量留抵税额。

（2）制造业等行业。制造业等行业按月全额退还增值税增量留抵税额，并一次性退还存量留抵税额。①符合条件的制造业等行业企业，可以自 2022 年 4 月纳税申报期起向主管税务机关申请退还增量留抵税额；②符合条件的制造业等行业中型企业，可以自 2022 年 7 月纳税申报期起向主管税务机关申请一次性退还存量留抵税额；③符合条件的制造业等行业大型企业，可以自 2022 年 10 月纳税申报期起向主管税务机关申请一次性退还存量留抵税额。[1]

（3）其他行业企业。其他行业企业同时符合以下条件的纳税人，自 2019 年 4 月 1 日起试行增值税期末留抵税额退税制度，可以向主管税务机关申请退还增量留抵税额：①自 2019 年 4 月税款所属期起，连续六个月（按季纳税的，连续两个季度）增量留抵税额均大于零，且第六个月增量留抵税额不低于 50 万元；②纳税信用等级为 A 级或者 B 级；③申请退税前 36 个月未发生骗取留抵退税、骗取出口退税或虚开增值税专用发票情形；④申请退税前 36 个月未因偷税被税务机关处罚两次及以上；⑤2019 年 4 月 1 日起未享受即征即退、先征后返（退）政策的。[2]

6. 对集成电路重大项目企业的进一步优惠规定

对国家批准的集成电路重大项目企业，除了享受因购进设备形成的增值税期末留抵税额准予退还的政

---

[1] 财政部、国家税务总局，《关于进一步加大增值税期末留抵退税政策实施力度的公告》，2022 年第 14 号。
[2] 财政部、国家税务总局、海关总署，《关于深化增值税改革有关政策的公告》，2019 年第 39 号。

策外，还可以将退还的增值税期末留抵税额，在城市维护建设税、教育费附加和地方教育附加的计税（征）依据中予以扣除。①

（四）分期纳税

分期纳税就是纳税人的应纳增值税额不需要在本纳税期内一次性缴纳，而是可以在一定期限内按一定比例分几次缴纳。这项政策与上述留抵退税相似，虽然没有减轻纳税人税负，但分期纳税延迟缴纳一部分税款，相当于为纳税人提供了免息贷款，纳税人获得了利息好处或节约了财务成本，还被免除了因延迟纳税须缴交滞纳金的处罚。该政策主要被用来支持集成电路产业发展，具体规定如下。

（1）承建集成电路重大项目的企业进口新设备，除《国内投资项目不予免税的进口商品目录》②、《外商投资项目不予免税的进口商品目录》③和《进口不予免税的重大技术装备和产品目录》④所列商品外，对未缴纳的税款提供海关认可的税款担保，准予在首台设备进口之后的6年（连续72个月）期限内分期缴纳进口环节增值税，6年内每年（连续12个月）依次缴纳进口环节增值税总额的0%、20%、20%、20%、20%、20%，自首台设备进口之日起已经缴纳的税款不予退还。在分期纳税期间，海关对准予分期缴纳的税款不予征收滞纳金（政策执行至2030年12月31日）。⑤

（2）有源矩阵有机发光二极管显示器件项目于2019年1月1日至2020年12月31日期间进口的关键新设备，准予在首台设备进口之后的6年（连续72个月）期限内，分期缴纳进口环节增值税，6年内每年（连续12个月）依次缴纳进口环节增值税总额的0%、20%、20%、20%、20%、20%，期间允许企业缴纳税款超过上述比例。⑥

（3）新型显示器件项目于2015年1月1日至2018年12月31日期间进口的关键新设备，准予在首台设备进口之后的6年（连续72个月）期限内，分期缴纳进口环节增值税，6年内每年（连续12个月）依次缴纳进口环节增值税总额的0%、20%、20%、20%、20%、20%，期间允许企业缴纳税款超过上述比例。⑦

第五节 增值税的纳税时间和地点

一、增值税纳税义务发生时间

纳税人发生应税行为，其纳税义务发生时间为收讫销售款或取得索取销售款凭据的当天，先开具发票的为开具发票的当天。⑧在现实生活中"收讫销售款或取得索取销售款凭据的当天"存在多种表现方式，主要与结算方式有关，以下分销售货物、劳务、服务、无形资产和不动产阐述具体规定。

（一）销售货物的纳税时间

销售货物，按销售结算方式的不同，其收讫销售款项或者取得索取销售款项凭据的当天具体内涵有所

---

① 财政部、国家税务总局，《关于集成电路企业增值税期末留抵退税有关城市维护建设税教育费附加和地方教育附加政策的通知》，财税〔2017〕17号。
② 财政部、国家发展改革委、海关总署、国家税务总局，《关于调整〈国内投资项目不予免税的进口商品目录〉的公告》，2012年第83号。
③ 海关总署，《关于调整〈外商投资项目不予免税的进口商品目录〉等目录商品税号》，2008年第65号。
④ 工业和信息化部、财政部、海关总署、国家税务总局、国家能源局，《关于调整重大技术装备进口税收政策有关目录的通知》，工信部联重装〔2021〕198号。
⑤ 财政部、海关总署、国家税务总局，《关于支持集成电路产业和软件产业发展进口税收政策的通知》，财关税〔2021〕4号。
⑥ 财政部、海关总署、国家税务总局，《关于有源矩阵有机发光二极管显示器件项目进口设备增值税分期纳税政策的通知》，财关税〔2019〕47号。
⑦ 财政部、海关总署、国家税务总局，《关于新型显示器件项目进口设备增值税分期纳税政策的通知》，财关税〔2016〕30号。
⑧《增值税暂行条例》，第十九条；《营业税改征增值税试点实施办法》，第四十五条，财政部、国家税务总局，《关于全面推开营业税改征增值税试点的通知》，财税〔2016〕36号，附件1。

不同，规则如下。①

（1）采取直接收款方式销售货物，不论货物是否发出，均为收到销售款或者取得索取销售款凭据的当天。

（2）采取托收承付和委托银行收款方式销售货物，为发出货物并办妥托收手续的当天。

（3）采取赊销和分期收款方式销售货物，为书面合同约定的收款日期的当天，无书面合同的或者书面合同没有约定收款日期的，为货物发出的当天。

（4）采取预收货款方式销售货物，为货物发出的当天，但生产销售生产工期超过 12 个月的大型机械设备、船舶、飞机等货物，为收到预收款或者书面合同约定的收款日期的当天。

（5）委托其他纳税人代销货物，为收到代销单位的代销清单或者收到全部或者部分货款的当天。未收到代销清单及货款的，为发出代销货物满 180 天的当天。

（6）视同销售货物行为，为货物移送的当天。

（二）销售劳务、服务、无形资产和不动产的纳税时间

销售劳务、服务、无形资产和不动产的纳税时间总的规则与上述相同，即发生应税行为并收讫销售款项或者取得索取销售款项凭据的当天；先开具发票的，为开具发票的当天。

收讫销售款项，是指纳税人销售劳务、服务、无形资产、不动产过程中或者完成后收到款项。

取得索取销售款项凭据的当天，是指书面合同确定的付款日期；未签订书面合同或者书面合同未确定付款日期的，为劳务、服务、无形资产转让完成的当天或者不动产权属变更的当天。

某些特定的应税行为的纳税时间规则如下。

（1）纳税人提供建筑服务、租赁服务采取预收款方式的，其纳税义务发生时间为收到预收款的当天。

（2）纳税人从事金融商品转让的，为金融商品所有权转移的当天。

（3）视同销售服务、无形资产或者不动产，其纳税义务发生时间为服务、无形资产转让完成的当天或者不动产权属变更的当天。

（4）增值税扣缴义务发生时间为纳税人增值税纳税义务发生的当天。②

二、增值税纳税期限

（一）进口货物以外纳税业务的纳税期限

增值税的纳税期限分别为 1 日、3 日、5 日、10 日、15 日、1 个月或者 1 个季度。纳税人的具体纳税期限，由主管税务机关根据纳税人应纳税额的大小分别核定。以 1 个季度为纳税期限的规定适用于小规模纳税人、银行、财务公司、信托投资公司、信用社，以及财政部和国家税务总局规定的其他纳税人。不能按照固定期限纳税的，可以按次纳税。

纳税人以 1 个月或者 1 个季度为 1 个纳税期的，自期满之日起 15 日内申报纳税；以 1 日、3 日、5 日、10 日或者 15 日为 1 个纳税期的，自期满之日起 5 日内预缴税款，于次月 1 日起 15 日内申报纳税并结清上月应纳税款。

扣缴义务人解缴税款的期限，按照上述规定执行。③

---

① 《增值税暂行条例实施细则》，第三十八条。
② 《增值税暂行条例实施细则》，第三十八条；《营业税改征增值税试点实施办法》，第四十五条，财政部、国家税务总局，《关于全面推开营业税改征增值税试点的通知》，财税〔2016〕36 号，附件 1。
③ 《增值税暂行条例》，第二十三条；《营业税改征增值税试点实施办法》，第四十七条，财政部、国家税务总局，《关于全面推开营业税改征增值税试点的通知》，财税〔2016〕36 号，附件 1。

（二）进口货物的纳税期限和出口货物办理退（免）税期限

纳税人进口货物，应当自海关填发海关进口增值税专用缴款书之日起15日内缴纳税款。[①]

纳税人出口货物适用退（免）税规定的，应当向海关办理出口手续，凭出口报关单等有关凭证，在规定的出口退（免）税申报期内按月向主管税务机关申报办理该项出口货物的退（免）税。[②]

三、增值税纳税地点

增值税纳税地点具体规定如下。

（一）固定业户

固定业户应当向其机构所在地或者居住地主管税务机关申报纳税。总机构和分支机构不在同一县（市、区）的，应当分别向各自所在地的主管税务机关申报纳税；经财政部和国家税务总局或者其授权的财政和税务机关批准，可以由总机构汇总向总机构所在地的主管税务机关申报纳税。

（二）固定业户到外县（市）销售货物

固定业户到外县（市）销售货物的，应当向其机构所在地主管税务机关申请开具外出经营活动税收管理证明，向其机构所在地主管税务机关申报纳税。未开具证明的，应当向销售地或者劳务发生地的主管税务机关申报纳税；未向销售地或者劳务发生地的主管税务机关申报纳税的，由其机构所在地的主管税务机关补征税款。

（三）非固定业户发生应税行为

非固定业户应当向应税行为发生地主管税务机关申报纳税；未申报纳税的，由其机构所在地或者居住地主管税务机关补征税款。

（四）其他个人提供特定服务和转让特定不动产、无形资产

除了上述应税业务涉及的纳税人个人以外的其他个人提供建筑服务，销售或者租赁不动产，转让自然资源使用权，应向建筑服务发生地、不动产所在地、自然资源所在地主管税务机关申报纳税。

（五）进口货物

进口货物，应当向报关地海关申报纳税。扣缴义务人应当向其机构所在地或者居住地的主管税务机关申报缴纳其扣缴的税款。[③]

（六）统一核算的企业所属机构间移送货物

实行统一核算的企业所属机构间移送货物，接受移送货物的机构发生向购货方开具发票或者向购货方

---

① 《增值税暂行条例》，第二十四条。
② 《增值税暂行条例》，第二十五条。
③ 《增值税暂行条例》，第二十二条；《营业税改征增值税试点实施办法》，第四十六条，财政部、国家税务总局，《关于全面推开营业税改征增值税试点的通知》，财税〔2016〕36号，附件1。

收取货款这两项行为之一的,应向所在地税务机关缴纳增值税。未发生上述两项情形的,则应由总机构统一缴纳增值税。[①]

【本章小结】

1. 现行增值税的征税范围包括在中国境内销售和进口货物,在中国境内销售劳务、销售服务、销售无形资产和销售不动产。实行营改增后,中国不再征收营业税。

2. 增值税的纳税人分为一般纳税人和小规模纳税人两大类。一般纳税人实行 13%、9%、6%三档增值税率。小规模纳税人和选择按简易计税方法计税的一般纳税人适用 3%的征收率,满足条件的小规模纳税人免征增值税。

3. 在计算应纳税额时,一般纳税人按照不含税销售额和适用税率计算销项税额,并按销项税额扣除可抵扣的进项税额后得出的应纳税额缴纳税款;小规模纳税人按不含税销售额乘以适用的征收率得出应纳税额,进项税额不予抵扣。

4. 中国目前的增值税减免税政策内容繁杂,主要方式有起征点、直接免税、退税(包括即征即退、先征后退、全额退税)、减税(包括扣减增值税、进项税额加计抵减、留抵退税、分期纳税)。

5. 增值税纳税人必须在纳税义务发生后,按规定的时间确定纳税义务,在规定期限内,在法定的纳税地点,向税务机关申报缴纳税款。

【概念与术语】

视同销售(deemed sales) 混合销售(mixed sales) 一般纳税人(general taxpayer) 小规模纳税人(small-scale taxpayer) 一般计税方法(general tax calculation method) 简易计税方法(simple tax calculation method) 增值税税率(value-added tax rate) 增值税征收率(value-added tax percentage charges) 增值税应纳税额(value-added tax payable) 销项税额(output tax) 价外费用(other charges) 进项税额(input tax) 出口退税(export refund) 留抵退税(credit refund)

【思考题】

1. 何为视同销售、混合销售、兼营销售?三者的主要区别是什么?
2. 为什么将自产、委托加工的货物用于集体福利或者个人消费视同销售货物征收增值税?
3. 如何划分增值税一般纳税人与小规模纳税人?
4. 适用 6%和 9%税率的增值税应税业务各有哪些?
5. 哪些增值税一般纳税人可以选择简易计税方法计算缴纳增值税?
6. 价外费用指什么?哪些价外费用可以不包括在销售额内?
7. 销货退回或折让、混合销售、合并定价、外币标价和进口、价格明显偏低且无正当理由等情况下,分别如何确定销售额?
8. 不得抵扣的进项税额有哪些?
9. 简述关于进项税额抵扣时间的规定。
10. 增值税的减免税政策有几种方式,试一一举例说明。
11. 《增值税暂行条例》关于增值税纳税义务时间的规定是什么?
12. 对固定业户外出经营的税收规定有哪些?
13. 实行统一核算的企业所属机构间移送货物时,如何确定纳税地点?

---

① 国家税务总局,《关于企业所属机构间移送货物征收增值税问题的通知》,国税发〔1998〕137号。

【计算题】

1. 某公司为一般纳税人，某年 5 月，采用分期收款结算方式销售货物，价款为 100 000 元（不含税），货已发出，合同规定本月到期的货款为 50 000 元，实收货款为 30 000 元。请计算当期该业务的销项税额？

2. 某汽车制造厂为增值税一般纳税人，某年 4 月 1 日将 A 型小轿车 130 辆销售给境内某汽车销售公司，不含税价款 23 400 000 元，合同约定 4 月 20 日付款。但因汽车销售公司资金困难，直到当年 5 月 30 日才将货款和延期付款的违约金 180 000 元支付给汽车制造厂。请计算该汽车制造厂该项业务在该年 4 月和 5 月的增值税销项税额。

3. 甲企业为增值税一般纳税人，某年 5 月销售汽车租赁服务，开具增值税专用发票，注明金额为 600 000 元；销售汽车车身广告位出租服务，开具增值税专用发票，注明金额为 300 000 元；出租上月购置房屋，开具增值税专用发票，注明金额为 150 000 元。请计算该企业当月上述业务增值税销项税额。

4. 某公司为一般纳税人，在销售货物的同时又兼营有形动产租赁服务项目，某年 5 月全部货物销售额为 500 000 元，有形动产租金收入额为 200 000 元，出租的有形动产为 2016 年 4 月 30 日（"营改增"试点之日前）取得的。当月进项税额为 300 000 元，无法明确划分用于何项目。请计算该公司当月增值税应纳税额。

5. 某电器专卖店销售彩色电视机，零售单价为 3000 元，某年 12 月销售量是 30 台，若该店是一般纳税人，其当月该项业务的不含税销售额及销项税额分别是多少？若该店是小规模纳税人，其当月该项业务的不含税销售额及销项税额又分别是多少？

6. 某工厂为增值税一般纳税人，某年 3 月销售增值税应税货物为 2 000 000 元，免税货物为 1 000 000 元，3 月购入原材料取得增值税专用发票，注明价款为 1 800 000 元，增值税进项税额为 234 000 元；购入机器设备取得增值税专用发票，注明价款为 500 000 元，增值税进项税额为 65 000 元。购入的原材料和机器设备均无法准确划分可抵扣和不得抵扣的进项税额。请计算该工厂 3 月应缴纳的增值税税额。

7. 某烟丝加工厂为增值税一般纳税人，某年 4 月接受某烟厂委托加工烟丝，烟丝厂自行提供烟叶的成本为 32 000 元，代垫辅助材料费为 2000 元，加工费支出为 50 000 元；烟丝厂上月留抵税额为 3400 元。烟丝消费税税率为 30%，成本利润率为 5%。请计算该加工厂当月应缴纳的增值税和消费税。

8. 某农产品加工企业为增值税一般纳税人，某年 10 月份购销业务如下所述。

（1）购进加工辅料和包装物一批，已验收入库，取得的增值税专用发票上注明的价、税款分别为 2 500 000 元、325 000 元。

（2）购进加工设备一台，已安装投入使用，取得的增值税专用发票上注明的价、税款分别为 100 000 元、13 000 元。

（3）直接向农民收购用于生产加工的农产品一批，经税务机关批准的收购凭证上注明的价款为 500 000 元。

（4）销售产品一批，税率为 13%，取得收入 900 000 元（含税价）。

（5）上期未抵扣的进项税额为 30 000 元。

请计算该企业本期应纳增值税，并说明法规依据。

9. 商业银行甲为增值税一般纳税人，某年第一季度提供贷款服务取得含税利息收入 63 000 000 元，提供直接收费服务取得含税收入 1 160 000 元，开展贴现业务取得含税利息收入 5 500 000 元。当期获得增值税专用发票注明的可抵扣进项税额为 650 000 元。请计算商业银行甲当期上述业务的增值税税额。

第十四章 消 费 税

【本章提要】
1. 消费税的纳税人、税目及税率。
2. 消费税的计税依据和应纳税额计算。
3. 消费税的征收管理。

消费税（consumption tax）是指对消费品和特定的消费行为按流转额征收的一种商品税。广义上看，消费税应对所有消费品包括生活必需品和日用品普遍课税。但从征收实践上看，消费税主要指对特定消费品或特定消费行为等课税。消费税主要以消费品为课税对象，属于间接税，税收随价格转嫁给消费者负担，消费者是税款的实际负担者。消费税的征收具有较强的选择性，是国家贯彻消费政策、引导消费结构从而引导产业结构的重要手段。

消费税基本规范，是 2008 年 11 月 5 日经国务院第 34 次常务会议修订通过，自 2009 年 1 月 1 日起施行的《中华人民共和国消费税暂行条例》（以下简称《消费税暂行条例》），以及 2008 年 12 月 15 日财政部、国家税务总局第 51 号令颁布的《中华人民共和国消费税暂行条例实施细则》（以下简称《消费税暂行条例实施细则》）。

第一节 消费税纳税人、税目及税率

一、消费税纳税人

根据《消费税暂行条例》，"在中华人民共和国境内生产、委托加工和进口本条例规定的消费品的单位和个人，以及国务院确定的销售本条例规定的消费品的其他单位和个人，为消费税的纳税人"，这里所说的"在中华人民共和国境内"，是指生产、委托加工（consigned processing）和进口属于应当征收消费税的消费品（以下简称"应税消费品"）的起运地或所在地在中国境内。"单位"，是指企业、行政单位、事业单位、军事单位、社会团体及其他单位。"个人"是指个体工商户及其他个人。

二、消费税的税目

中国的消费税是选择性消费税。消费税是选择特定消费品征收的，其征税税目仅设置 15 个，[①]目的是调节消费结构，限制非绿色消费和奢侈、有害消费，同时也增加财政收入。借鉴国外的成功经验和通行做法，考虑到中国的经济发展现状和消费政策，人民群众的消费水平和消费结构，以及国家财政需要，中国消费税的征税范围选择主要考虑如下几个方面。

（1）一些过度消费会对人类健康、社会秩序、生态环境等方面造成危害的特殊消费品，如烟、酒、鞭炮、焰火等。

（2）奢侈品、非生活必需品，如贵重首饰及珠宝玉石、化妆品。

（3）高能耗及高档消费品，如汽车、摩托车。

（4）不可再生和替代的消费品，如汽油、柴油、木制一次性筷子、实木地板等。

[①] 依据财税〔2014〕93 号文件，取消汽车轮胎税目；依据财税〔2015〕16 号文件，对电池、涂料征收消费税。

根据《消费税征收范围注释》和财政部、国家税务总局《关于调整和完善消费税的通知》（财税〔2006〕33号），消费税的具体征收范围及税目规定如下。

（一）烟

凡是以烟叶为原料加工生产的产品，不论使用何种辅料，均属于本税目的征收范围。包括卷烟（进口卷烟、白包卷烟、手工卷烟和未经国务院批准纳入计划的企业及个人生产的卷烟）、雪茄烟和烟丝。

在烟税目下分卷烟等子目，卷烟又分甲类卷烟和乙类卷烟。其中，甲类卷烟是指每标准条（200支，下同）调拨价格在70元（不含增值税）以上（含70元）的卷烟；乙类卷烟是指每标准条调拨价格在70元（不含增值税）以下的卷烟。[①]

2022年11月起将电子烟纳入消费税征收范围，在烟税目下增设电子烟子目。[②]电子烟是指用于产生气溶胶供人抽吸等的电子传输系统，包括烟弹、烟具以及烟弹与烟具组合销售的电子烟产品。烟弹是指含有雾化物的电子烟组件。烟具是指将雾化物雾化为可吸入气溶胶的电子装置。

（二）酒

酒是酒精浓度在1度以上的各种酒类饮料，包括粮食白酒、薯类白酒、黄酒、啤酒和其他酒。取消酒精消费税。[③]

每吨啤酒出厂价（含包装物及包装物押金）在3000元（含3000元，不含增值税）以上的是甲类啤酒，每吨出厂价（含包装物及包装物押金）在3000元（不含增值税）以下的是乙类啤酒。[④]包装物押金不包括重复使用的塑料周转箱的押金。[⑤]对饮食业、商业、娱乐业举办的啤酒屋（啤酒坊）利用啤酒生产设备生产的啤酒，应当征收消费税。[⑥]果啤均属于啤酒，应按规定征收消费税。[⑦]

配制酒（露酒）是指以发酵酒、蒸馏酒或食用酒精为酒基，加入可食用或药食两用的辅料或食品添加剂，进行调配、混合或再加工制成的并改变了其原酒基风格的饮料酒。具体规定如下。

（1）以蒸馏酒或食用酒精为酒基，具有国家相关部门批准的国食健字或卫食健字文号并且酒精度低于38度（含）的配制酒，按消费税税目税率表"其他酒"10%适用税率征收消费税。

（2）以发酵酒为酒基，酒精度低于20度（含）的配制酒，按消费税税目税率（额）表"其他酒"10%的适用税率征收消费税。

（3）其他配制酒，按消费税税目税率表中"白酒"的适用税率征收消费税。[⑧]

葡萄酒消费税适用"酒"税目下设的"其他酒"子目。葡萄酒是指以葡萄为原料，经破碎（压榨）、发酵而成的酒精度在1度（含）以上的葡萄原酒和成品酒（不含以葡萄为原料的蒸馏酒）。[⑨]

（三）高档化妆品[⑩]

本税目征收范围包括高档美容、修饰类化妆品、高档护肤类化妆品和成套化妆品。高档美容、修饰类

[①] 财政部、国家税务总局，《关于调整烟产品消费税政策的通知》，财税〔2009〕84号。
[②] 财政部、海关总署、国家税务总局，《关于对电子烟征收消费税的公告》，2022年第33号。
[③] 财政部、国家税务总局，《关于调整消费税政策的通知》，财税〔2014〕93号。
[④] 财政部、国家税务总局，《关于调整酒类产品消费税政策的通知》，财税〔2001〕84号。
[⑤] 财政部、国家税务总局，《关于明确啤酒包装物押金消费税政策的通知》，财税〔2006〕20号。
[⑥] 国家税务总局，《关于消费税若干征税问题的通知》，国税发〔1997〕84号。
[⑦] 国家税务总局，《关于果啤征收消费税的批复》，国税函〔2005〕333号。
[⑧] 国家税务总局，《关于配制酒消费税适用税率问题的公告》，国务院税务总局公告2011年第53号。
[⑨] 国家税务总局，《关于修订〈葡萄酒消费税管理办法（试行）〉的公告》，国家税务总局2015年第15号。
[⑩] 财政部、国家税务总局，《关于调整化妆品消费税政策的通知》，财税〔2016〕103号。

化妆品和高档护肤类化妆品是指生产（进口）环节销售（完税）价格（不含增值税）在10元/毫升（克）或15元/片（张）及以上的美容、修饰类化妆品和护肤类化妆品。

美容、修饰类化妆品是指香水、香水精、香粉、口红、指甲油、胭脂、眉笔、唇笔、蓝眼油、眼睫毛以及成套化妆品。

舞台、戏剧、影视演员化妆用的上妆油、卸妆油[①]、油彩不属于本税目的征收范围。高档护肤类化妆品征收范围另行制定。

（四）贵重首饰及珠宝玉石

贵重首饰及珠宝玉石包括以金、银、白金、宝石、珍珠、钻石、翡翠、珊瑚、玛瑙等高贵稀有物质以及其他金属、人造宝石等制作的各种纯金银首饰及镶嵌首饰和经采掘、打磨、加工的各种珠宝玉石。对出国人员免税商店销售的金银首饰应当征收消费税。[②]

（五）鞭炮、焰火

本税目征收范围包括各种鞭炮、焰火。体育上用的发令纸，鞭炮药引线，不按本税目征收。

（六）成品油[③]

本税目包括汽油、柴油、石脑油、溶剂油、航空煤油、润滑油、燃料油七个子目。航空煤油暂缓征收消费税。

（1）汽油是指用原油或其他原料加工生产的辛烷值不小于66的可用作汽油发动机燃料的各种轻质油。含铅汽油是指铅含量每升超过0.013克的汽油。汽油分为车用汽油和航空汽油。以汽油、汽油组分调和生产的甲醇汽油、乙醇汽油也属于本税目征收范围。取消车用含铅汽油消费税，汽油税目不再划分二级子目，统一按照无铅汽油税率征收消费税。[④]

（2）柴油是指用原油或其他原料加工生产的倾点或凝点在-50℃至30℃的可用作柴油发动机燃料的各种轻质油和以柴油组分为主、经调和精制可用作柴油发动机燃料的非标油。

以柴油、柴油组分调和生产的生物柴油也属于本税目征收范围。

（3）石脑油又叫化工轻油，是以原油或其他原料加工生产的用于化工原料的轻质油。石脑油的征收范围包括除汽油、柴油、航空煤油、溶剂油以外的各种轻质油。非标汽油、重整生成油、拔头油、戊烷原料油、轻裂解料（减压柴油和常压柴油）、重裂解料、加氢裂化尾油、芳烃抽余油均属轻质油，属于石脑油征收范围。

（4）溶剂油是用原油或其他原料加工生产的用于涂料、油漆、食用油、印刷油墨、皮革、农药、橡胶、化妆品生产和机械清洗、胶粘行业的轻质油。橡胶填充油、溶剂油原料，属于溶剂油征收范围。

（5）航空煤油也叫喷气燃料，是用原油或其他原料加工生产的用作喷气发动机和喷气推进系统燃料的各种轻质油。

（6）润滑油是用原油或其他原料加工生产的用于内燃机、机械加工过程的润滑产品。润滑油分为矿物性润滑油、植物性润滑油、动物性润滑油和化工原料合成润滑油。

润滑油的征收范围包括矿物性润滑油、矿物性润滑油基础油、植物性润滑油、动物性润滑油和化工原料合成润滑油。以植物性、动物性和矿物性基础油（或矿物性润滑油）混合掺配而成的"混合性"润滑油，不论矿物性基础油（或矿物性润滑油）所占比例高低，均属润滑油的征收范围。

另外，用原油或其他原料加工生产的用于内燃机、机械加工过程的润滑产品均属于润滑油征税范围。

---

① 引用自《财政部 税务总局关于调整完善消费税政策的通知》，原文为卸装油，此处是错别字，应为卸妆油。
② 国家税务总局，《关于印发〈消费税问题解答〉的通知》，国税函〔1997〕306号。
③ 财政部、国家税务总局，《关于提高成品油消费税税率的通知》，财税〔2008〕167号。
④ 财政部、国家税务总局，《关于调整消费税政策的通知》，财税〔2014〕93号。

润滑脂是润滑产品，生产、加工润滑脂应当征收消费税。变压器油、导热类油等绝缘油类产品不属于润滑油，不征收消费税。

（7）燃料油也称重油、渣油，是用原油或其他原料加工生产，主要用作电厂发电、锅炉用燃料、加热炉燃料、冶金和其他工业炉燃料。腊油、船用重油、常压重油、减压重油、180CTS 燃料油、7 号燃料油、糠醛油、工业燃料、4-6 号燃料油等油品的主要用途是作为燃料燃烧，属于燃料油征收范围。

此外，关于成品油的其他规定。

第一，免征消费税。纳税人利用废矿物油生产的润滑油基础油、汽油、柴油等工业油料免征消费税。但应同时符合下列条件。①纳税人必须取得省级以上（含省级）环境保护部门颁发的《危险废物（综合）经营许可证》，且该证件上核准生产经营范围应包括"利用"或"综合经营"字样。②生产原料中废矿物油重量必须占到 90%以上。产成品中必须包括润滑油基础油，且每吨废矿物油生产的润滑油基础油应不少于 0.65 吨。③利用废矿物油生产的产品与利用其他原料生产的产品应分别核算。[①]

第二，视同石脑油征消费税。把以原油为原料生产加工的在常温常压条件下呈液态状的各类石油制品（沥青除外）纳入消费税的征税范围，视同石脑油征收消费税。具体而言，纳税人以原油或其他原料生产加工的在常温常压条件下（25℃/一个标准大气压）呈液态状（沥青除外）的产品，按以下原则划分是否征收消费税。①产品符合汽油、柴油、石脑油、溶剂油、航空煤油、润滑油和燃料油征收规定的，按相应的汽油、柴油、石脑油、溶剂油、航空煤油、润滑油和燃料油的规定征收消费税。②本段①规定以外的产品，符合该产品的国家标准或石油化工行业标准的相应规定（包括产品的名称、质量标准与相应的标准一致），不征收消费税；否则，视同石脑油征收消费税。

（七）小汽车

汽车是指由动力驱动，具有四个或四个以上车轮的非轨道承载的车辆。

本税目征收范围包括：①含驾驶员座位在内最多不超过 9 个座位（含）的，在设计和技术特性上用于载运乘客和货物的各类乘用车；②含驾驶员座位在内的座位数在 10 至 23 座（含 23 座）的在设计和技术特性上用于载运乘客和货物的各类中轻型商用客车；③每辆零售价格 130 万元（不含增值税）及以上的乘用车和中轻型商用客车。[②]

用排气量小于 1.5 升（含）的乘用车底盘（车架）改装、改制的车辆属于乘用车征收范围。用排气量大于 1.5 升的乘用车底盘（车架）或用中轻型商用客车底盘（车架）改装、改制的车辆属于中轻型商用客车征收范围。对于购进乘用车和中轻型商用客车整车改装生产的汽车，应按规定征收消费税。[③]

含驾驶员人数（额定载客）为区间值的（如 8~10 人；17~26 人）小汽车，按其区间值下限人数确定征收范围。

电动汽车不属于本税目征收范围。车身长度大于 7 米（含），并且座位在 10 至 23 座（含）以下的商用客车，不属于中轻型商用客车征税范围，不征收消费税。沙滩车、雪地车、卡丁车、高尔夫车不属于消费税征收范围，不征收消费税。[④]

（八）摩托车

本税目征收范围包括：轻便摩托车和摩托车。气缸容量 250 毫升（不含）以下的小排量摩托车不征收消费税。[⑤]

[①] 财政部、国家税务总局，《关于对废矿物油再生油品免征消费税的通知》，财税〔2013〕105 号；财政部、国家税务总局，《关于继续对废矿物油再生油品免征消费税的公告》，2023 年第 69 号；财政部、国家税务总局，《关于延长对废矿物油再生油品免征消费税政策实施期限的通知》，财税〔2018〕144 号。
[②] 财政部、国家税务总局，《关于对超豪华小汽车加征消费税有关事项的通知》，财税〔2016〕129 号。
[③] 国家税务总局，《关于购进整车改装汽车征收消费税问题的批复》，国税函〔2006〕772 号。
[④] 国家税务总局，《关于沙滩车等车辆征收消费税问题的批复》，国税函〔2007〕1071 号。
[⑤] 财政部、国家税务总局，《关于调整消费税政策的通知》，财税〔2014〕93 号。

(九)高尔夫球及球具

高尔夫球及球具是指从事高尔夫球运动所需的各种专用装备,包括高尔夫球、高尔夫球杆及高尔夫球包(袋)等。

本税目征收范围包括高尔夫球、高尔夫球杆、高尔夫球包(袋)。高尔夫球杆的杆头、杆身和握把属于本税目的征收范围。

(十)高档手表

高档手表是指销售价格(不含增值税)每只在10 000元(含)以上的各类手表。

本税目征收范围包括符合以上标准的各类手表。

(十一)游艇

游艇是指长度大于8米小于90米,船体由玻璃钢、钢、铝合金、塑料等多种材料制作,可以在水上移动的水上浮载体。按照动力划分,游艇分为无动力艇、帆艇和机动艇。

本税目征收范围包括艇身长度大于8米(含)小于90米(含),内置发动机,可以在水上移动,一般为私人或团体购置,主要用于水上运动和休闲娱乐等非牟利活动的各类机动艇。

(十二)木制一次性筷子

木制一次性筷子,又称卫生筷子,是指以木材为原料经过锯段、浸泡、旋切、刨切、烘干、筛选、打磨、倒角、包装等环节加工而成的各类一次性使用的筷子。

本税目征收范围包括各种规格的木制一次性筷子。未经打磨、倒角的木制一次性筷子属于本税目征税范围。

(十三)实木地板

实木地板是指以木材为原料,经锯割、干燥、刨光、截断、开榫、涂漆等工序加工而成的块状或条状的地面装饰材料。实木地板按生产工艺不同,可分为独板(块)实木地板、实木指接地板、实木复合地板三类;按表面处理状态不同,可分为未涂饰地板(白坯板、素板)和漆饰地板两类。

本税目征收范围包括各类规格的实木地板、实木指接地板、实木复合地板及用于装饰墙壁、天棚的侧端面为榫、槽的实木装饰板。未经涂饰的素板也属于本税目征税范围。

(十四)电池[①]

电池,是一种将化学能、光能等直接转换为电能的装置,一般由电极、电解质、容器、极端,通常还有隔离层组成的基本功能单元,以及用一个或多个基本功能单元装配成的电池组。范围包括:原电池、蓄电池、燃料电池、太阳能电池和其他电池。

自2015年2月1日起对电池征收消费税;对无汞原电池、金属氢化物镍蓄电池(又称"氢镍蓄电池"或"镍氢蓄电池")、锂原电池、锂离子蓄电池、太阳能电池、燃料电池和全钒液流电池免征消费税。2015年12月31日前对铅蓄电池缓征消费税;自2016年1月1日起,对铅蓄电池按4%的税率征收消费税。

---

① 财政部、国家税务总局,《关于对电池 涂料征收消费税的通知》,财税〔2015〕16号。

（十五）涂料[①]

涂料是指涂于物体表面能形成具有保护、装饰或特殊性能的固态涂膜的一类液体或固体材料之总称。自 2015 年 2 月 1 日起对施工状态下挥发性有机物（volatile organic compound，VOC）含量低于 420 克/升（含）的涂料免征消费税。

三、消费税税率

消费税是根据应税消费品的档次结构、供求状况、国家的消费政策和消费者的承受能力设计差别税率的，消费税的税目设置虽然仅为 15 个，但其税率档次却很多，并且税率之间差异较大。因此，消费税税率设计具有多档性和差异性特征，其目的是体现国家的产业政策与消费政策，引导消费，限制对有害、奢侈、非绿色产品的消费。税率方式采用从价、从量和复合税率三种，对价格差异大、计量标准不规范的应税消费品规定从价比例税率；对价格比较稳定、计量标准规范的应税消费品规定从量定额税率；对卷烟、白酒采用比例和定额税率相结合的复合税率形式。消费税税目税率（税额）具体见表 14-1-1。

表 14-1-1　消费税税目税率表

税目	税率（税额）
一、烟	
1.卷烟	
（1）甲类卷烟（生产或进口环节）	56%加 0.003 元/支
（2）乙类卷烟（生产或进口环节）	36%加 0.003 元/支
（3）批发环节	11%加 0.005 元/支
2.雪茄烟	36%
3.烟丝	30%
4.电子烟	
（1）生产或进口环节	36%
（2）批发环节	11%
二、酒	
1.白酒	20%加 0.5 元/500 克（或者 500 毫升）
2.黄酒	240 元/吨
3.啤酒	
（1）甲类啤酒	250 元/吨
（2）乙类啤酒	220 元/吨
4.其他酒	10%
三、高档化妆品	15%
四、贵重首饰及珠宝玉石	
1.金银首饰、铂金首饰和钻石及钻石饰品	5%
2.其他贵重首饰和珠宝玉石	10%
五、鞭炮、焰火	15%
六、成品油	

[①] 财政部、国家税务总局，《关于对电池 涂料征收消费税的通知》，财税〔2015〕16 号。

续表

税目	税率（税额）
1. 汽油	1.52 元/升
2. 柴油	1.20 元/升
3. 航空煤油	1.20 元/升
4. 石脑油	1.52 元/升
5. 溶剂油	1.52 元/升
6. 润滑油	1.52 元/升
7. 燃料油	1.20 元/升
七、小汽车	
1. 乘用车	
（1）气缸容量（排气量，下同）在 1.0 升（含）以下的	1%
（2）气缸容量在 1.0 升以上至 1.5 升（含）的	3%
（3）气缸容量在 1.5 升以上至 2.0 升（含）的	5%
（4）气缸容量在 2.0 升以上至 2.5 升（含）的	9%
（5）气缸容量在 2.5 升以上至 3.0 升（含）的	12%
（6）气缸容量在 3.0 升以上至 4.0 升（含）的	25%
（7）气缸容量在 4.0 升以上的	40%
2. 中轻型商用客车	5%
3. 超豪华小汽车（零售和进口自用环节）	10%
八、摩托车	
1. 气缸容量为 250 毫升的	3%
2. 气缸容量为 250 毫升以上的	10%
九、高尔夫球及球具	10%
十、高档手表	20%
十一、游艇	10%
十二、木制一次性筷子	5%
十三、实木地板	5%
十四、电池	4%
十五、涂料	4%

除表 14-1-1 规定的成品油消费税税率之外的其他情况。

（1）对进口的灯用煤油（税则号列：27101912）、其他煤油（税则号列：27101919）征收消费税，税额为 0.8 元/升；对进口的含有生物柴油的成品油（税则号列：27102000）、不符合国家《柴油机燃料调合用生物柴油（BD100）》标准的生物柴油及其混合物（税则号列：ex38260000）征收消费税，税额为 0.8 元/升。[①]

（2）对归入税则号列 27075000，且 200℃ 以下时蒸馏出的芳烃以体积计小于 95% 的进口产品，视同石脑油按 1.52 元/升的单位税额征收进口环节消费税；对归入税则号列 27079990、27101299 的进口产品，视同石脑油按 1.52 元/升的单位税额征收进口环节消费税；对归入税则号列 27150000，且 440℃ 以下时蒸馏出的矿物油以体积计大于 5% 的进口产品，视同燃料油按 1.2 元/升的单位税额征收进口环节消费税。[②]

[①] 财政部、国家税务总局，《关于明确部分征收进口环节消费税的成品油税目的通知》，财关税〔2013〕79 号。
[②] 财政部、海关总署、国家税务总局，《关于对部分成品油征收进口环节消费税的公告》，2021 年第 19 号。

纳税人兼营不同税率的应当缴纳消费税的消费品,应当分别核算不同税率应税消费品的销售额、销售数量;未分别核算销售额、销售数量,或者将不同税率的应税消费品组成成套消费品销售的,从高适用税率。[①]

例如,某酒厂既生产税率为20%的粮食白酒,又生产税率为10%的其他酒,如汽酒、药酒等,该厂应分别核算白酒与其他酒的销售额,然后按各自适用的税率计税,如果不分别核算各自的销售额,其他酒也按白酒的税率计算纳税。如果该酒厂还生产白酒与其他酒小瓶装礼品套酒,就是税法所指的成套消费品,应将全部销售额按白酒的税率20%计算应纳消费税税额,而不能以其他酒10%的税率计算其中任何一部分的应纳税额了。对未分别核算的销售额按高税率计税,意在督促企业对不同税率应税消费品的销售额分别核算,准确计算纳税。

第二节 消费税的计税依据和应纳税额计算

一、从价计征的应税消费品的计税依据

消费税应纳税额的计算采用从价定率计征、从量定额计征和从价从量复合计征三种方法计算。根据消费税相关条例和实施细则的规定,对一些供求矛盾突出,价格差异较大,计量单位不规范的消费品采用从价定率计征方法。在从价定率计算方法下,应纳税额等于应税消费品的销售额乘以适用税率,应纳税额的多少取决于应税消费品的销售额和适用税率两个因素。

(一)一般应税消费品销售额的确定

由于消费税在应税消费品销售环节征收,销售就是有偿转让应税消费品的所有权[②],即以从购买方取得货币、货物或其他经济利益为条件转让应税消费品,其计税依据是应税消费品的销售额,是指纳税人销售应税消费品向购买方收取的全部价款和价外费用[③]。价外费用,是指价外向购买方收取的手续费、补贴、基金、集资费、返还利润、奖励费、违约金、滞纳金、延期付款利息、赔偿金、代收款项、代垫款项、包装费、包装物租金、储备费、优质费、运输装卸费以及其他各种性质的价外收费。但下列项目不包括在内[④]。

(1)同时符合以下条件的代垫运输费用:①承运部门的运输费用发票开具给购买方的;②纳税人将该项发票转交给购买方的。

(2)同时符合以下条件代为收取的政府性基金或者行政事业性收费:①由国务院或者财政部批准设立的政府性基金,由国务院或者省级人民政府及其财政、价格主管部门批准设立的行政事业性收费;②收取时开具省级以上财政部门印制的财政票据;③所收款项全额上缴财政。

其他价外费用,无论是否属于纳税人的收入,均应并入销售额计算征税。

上述的销售额,不包括应向购货方收取的增值税税款。如果纳税人应税消费品的销售额中未扣除增值税税款或者因不得开具增值税专用发票而发生价款和增值税税款合并收取的,在计算消费税时,应当换算为不含增值税税款的销售额。其换算公式为[⑤]

应税消费品的销售额 = 含增值税的销售额÷(1 + 增值税税率或征收率)

在使用换算公式时,应根据纳税人的具体情况分别使用增值税税率或征收率。如果消费税的纳税人同时又是增值税一般纳税人的,应适用13%的增值税税率;如果消费税的纳税人是增值税小规模纳税人的,应适用3%的征收率。

---

① 《消费税暂行条例》,第三条。
② 《消费税暂行条例实施细则》,第五条。
③ 《消费税暂行条例》,第六条。
④ 《消费税暂行条例实施细则》,第十四条。
⑤ 《消费税暂行条例实施细则》,第十二条。

(二) 特殊情况下应税消费品的计税依据

1. 销售带包装的应税消费品的计税依据

实行从价定率办法计算应纳税额的应税消费品连同包装销售的,不论包装是否单独计价,也不论在会计上如何核算,均应并入应税消费品的销售额中征收消费税。如果包装物不作价随同产品销售,而是收取押金,此项押金则不应并入应税消费品的销售额中征税。但对因逾期未收回的包装物不再退还的或者已收取的时间超过 12 个月的押金,应并入应税消费品的销售额,按照应税消费品的适用税率缴纳消费税。

对既作价随同应税消费品销售,又另外收取押金的包装物的押金,凡纳税人在规定的期限内没有退还的,均应并入应税消费品的销售额,按照应税消费品的适用税率缴纳消费税。①

对销售除啤酒、黄酒外的其他酒类产品而收取的包装物押金,无论是否返还以及会计上如何核算,均应并入当期销售额征税。②

白酒生产企业向商业销售单位收取的"品牌使用费"是随着应税白酒的销售而向购货方收取的,属于应税白酒销售价款的组成部分,因此,不论企业采取何种方式或以何种名义收取价款,均应并入白酒的销售额中缴纳消费税。③

2. 以物易物、以物投资、以货抵债的应税消费品计税依据

纳税人用于换取生产资料和消费资料,投资入股和抵偿债务等方面的应税消费品,应当以纳税人同类应税消费品的最高销售价格作为计税依据计算消费税。④

3. 与非应税消费品成套销售时的计税依据

纳税人将自产的应税消费品与外购或自产的非应税消费品组成套装销售的,以套装产品的销售额(不含增值税)为计税依据。⑤

4. 外汇计价的应税消费品的计税依据

纳税人销售的应税消费品,以人民币以外的货币结算销售额的,其销售额的人民币折合率可以选择销售额发生的当天或者当月 1 日的人民币汇率中间价。纳税人应在事先确定采用何种折合率,确定后 1 年内不得变更。⑥

5. 纳税人自设非独立核算门市部自产应税消费品的计税依据

纳税人通过自设非独立核算门市部销售的自产应税消费品,应当按照门市部对外销售额或者销售数量征收消费税。④

二、从量计征的应税消费品的计税依据

对一些供求基本平衡,价格差异不大,计量单位规范的消费品实行从量定额征收方法。在从量定额计算方法下,应纳税额等于应税消费品的销售数量乘以单位税额,应纳税额的多少取决于应税消费品的销售数量和单位税额两个因素。

---

① 《消费税暂行条例实施细则》,第十三条。
② 国家税务总局,《关于加强增值税征收管理若干问题的通知》,国税发〔1995〕192 号。
③ 国家税务总局,《关于酒类产品消费税政策问题的通知》,国税发〔2002〕109 号。
④ 国家税务总局,《关于印发〈消费税若干具体问题的规定〉的通知》,国税发〔1993〕156 号。
⑤ 财政部、国家税务总局,《关于调整和完善消费税政策的通知》,财税〔2006〕33 号。
⑥ 《消费税暂行条例实施细则》,第十一条。

（一）应税消费品数量的确定

从量定额计算应纳消费税的计税依据是应税消费品数量。具体规定如下[①]：①销售应税消费品的，为应税消费品的销售数量；②自产自用应税消费品的，为应税消费品的移送使用数量；③委托加工应税消费品的，为纳税人收回的应税消费品数量；④进口应税消费品的，为海关核定的应税消费品进口征税数量。

（二）计算单位的换算标准

实行从量定额办法计算应纳税额的应税消费品，计量单位的换算标准如下[②]。
（1）黄酒 1 吨 = 962 升。
（2）啤酒 1 吨 = 988 升。
（3）汽油 1 吨 = 1388 升。
（4）柴油 1 吨 = 1176 升。
（5）航空煤油 1 吨 = 1246 升。
（6）石脑油 1 吨 = 1385 升。
（7）溶剂油 1 吨 = 1282 升。
（8）润滑油 1 吨 = 1126 升。
（9）燃料油 1 吨 = 1015 升。

三、复合计征的应税消费品的计税依据

现行消费税的征税范围中，只有卷烟、白酒采用复合计征方法。应纳税额等于应税销售数量乘以定额税率再加上应税销售额乘以比例税率。

生产销售卷烟、白酒从量定额计税依据为实际销售数量。进口、委托加工、自产自用卷烟、白酒从量定额计税依据分别为海关核定的进口征税数量、委托方收回数量、移送使用数量。

（一）卷烟计税价格的核定[③]

自 2012 年 1 月 1 日起，卷烟消费税最低计税价格（以下简称计税价格）核定范围为卷烟生产企业在生产环节销售的所有牌号、规格的卷烟。

计税价格由国家税务总局按照卷烟批发环节销售价格扣除卷烟批发环节批发毛利核定并发布。计税价格的核定公式为

$$某牌号、规格卷烟计税价格 = 批发环节销售价格 \times (1-适用批发毛利率)$$

卷烟批发环节销售价格，按照税务机关采集的所有卷烟批发企业在价格采集期内销售的该牌号、规格卷烟的数量、销售额进行加权平均计算。计算公式为

$$批发环节销售价格 = \frac{\sum 该牌号规格各采集点的销售额}{\sum 该牌号规格卷烟各采集点的销售数量}$$

未经税务局核定计税价格的新牌号、新规格卷烟，生产企业应按卷烟调拨价格申报纳税。

[①] 《消费税暂行条例实施细则》，第九条。
[②] 《消费税暂行条例实施细则》，第十条；财政部、国家税务总局，《关于调整和完善消费税政策的通知》，财税〔2006〕33 号。
[③] 《卷烟消费税计税价格信息采集和核定管理办法》，国家税务总局令第 26 号。

税务局已经核定计税价格的卷烟，生产企业实际销售价格高于计税价格的，按实际销售价格确定适用税率，计算应纳税款并申报纳税；实际销售价格低于计税价格的，按计税价格确定适用税率，计算应纳税款并申报纳税。

（二）白酒最低计税价格的核定[①]

1. 核定范围

白酒生产企业销售给销售单位的白酒，生产企业消费税计税价格低于销售单位对外销售价格（不含增值税，下同）70%以下的，税务机关应核定消费税最低计税价格。自2015年6月1日起，纳税人将委托加工收回的白酒销售给销售单位，消费税计税价格低于销售单位对外销售价格（不含增值税）70%以下，属于《消费税暂行条例》第十条规定的情形，也应核定消费税最低计税价格。

销售单位是指销售公司、购销公司以及委托境内其他单位或个人包销本企业生产白酒的商业机构。销售公司、购销公司是指专门购进并销售白酒生产企业生产的白酒，并与该白酒生产企业存在关联性质。包销是指销售单位依据协定价格从白酒生产企业购进白酒，同时承担大部分包装材料等成本费用，并负责销售白酒。

白酒生产企业应将各种白酒的消费税计税价格和销售单位销售价格，按照规定的式样及要求，在主管税务机关规定的时限内填报。白酒消费税最低计税价格由白酒生产企业自行申报，税务机关核定。

主管税务机关应将白酒生产企业申报的销售给销售单位的消费税计税价格低于销售单位对外销售价格70%以下、年销售额1000万元以上的各种白酒，按照规定的式样及要求，在规定的时限内逐级上报至国家税务总局。国家税务总局选择其中部分白酒核定消费税最低计税价格。

除国家税务总局已核定消费税最低计税价格的白酒外，其他按规定需要核定消费税最低计税价格的白酒，消费税最低计税价格由各省、自治区、直辖市和计划单列市税务局核定。

2. 核定标准

（1）白酒生产企业销售给销售单位的白酒，生产企业消费税计税价格高于销售单位对外销售价格70%（含70%）以上的，税务机关暂不核定消费税最低计税价格。

（2）白酒生产企业销售给销售单位的白酒，生产企业消费税计税价格低于销售单位对外销售价格70%以下的，消费税最低计税价格由税务机关根据生产规模、白酒品牌、利润水平等情况在销售单位对外销售价格50%至70%范围内自行核定。其中生产规模较大，利润水平较高的企业生产的需要核定消费税最低计税价格的白酒，税务机关核价幅度原则上应选择在销售单位对外销售价格60%至70%范围内。

3. 重新核定

已核定最低计税价格的白酒，销售单位对外销售价格持续上涨或下降时间达到3个月以上、累计上涨或下降幅度在20%（含）以上的白酒，税务机关重新核定最低计税价格。

2017年5月1日起，白酒消费税最低计税价格核定比例调整，已核定最低计税价格的白酒，税务机关应按照调整后比例重新核定。

4. 计税价格的适用

已核定最低计税价格的白酒，生产企业实际销售价格高于消费税最低计税价格的，按实际销售价格申报纳税；实际销售价格低于消费税最低计税价格的，按最低计税价格申报纳税。

[①] 国家税务总局，《关于加强白酒消费税征收管理的通知》，国税函〔2009〕380号；国家税务总局，《关于白酒消费税最低计税价格核定问题的公告》，2015年第37号；国家税务总局，《关于进一步加强白酒消费税征收管理工作的通知》，税总函〔2017〕144号。

四、消费税应纳税额的计算

(一) 生产销售环节应纳消费税的计算

纳税人在生产销售环节应缴纳的消费税,包括直接对外销售应税消费品应缴纳的消费税和自产自用应税消费品应缴纳的消费税。

1. 直接对外销售应纳消费税的计算

直接对外销售应税消费品涉及三种计算方法。

1) 从价定率计算

在从价定率计算方法下,应纳消费税额等于销售额乘以比例税率。基本计算公式为

$$应纳税额 = 应税消费品的销售额 \times 比例税率$$

【例 14-2-1】 某化妆品生产企业为增值税一般纳税人。某年 6 月 15 日向某大型商场销售高档化妆品一批,开具增值税专用发票,取得不含增值税销售额 50 万元,增值税税额 6.5 万元;6 月 20 日向某单位销售高档化妆品一批,开具普通发票,取得含增值税销售额 4.64 万元。已知高档化妆品适用消费税比例税率 15%,计算该化妆品生产企业上述业务应缴纳的消费税额。

【答案】 (1) 化妆品的应税销售额 = 50 + 4.64/(1 + 13%) ≈ 54.11(万元)

(2) 应缴纳的消费税税额 = 54.11×15% ≈ 8.12(万元)

2) 从量定额计算

在从量定额计算方法下,应纳税额等于应税消费品的销售数量乘以定额税率。基本计算公式为

$$应纳税额 = 应税消费品的销售数量 \times 定额税率$$

【例 14-2-2】 某啤酒厂某年 5 月销售啤酒 1000 吨,取得不含增值税销售额 295 万元,增值税税款 38.35 万元,另收取包装物押金 23.4 万元。计算该啤酒厂应纳消费税税额。

【答案】 每吨啤酒出厂价 = (295 + 23.4/1.13)×10 000/1000 ≈ 3157.08(元/吨),大于 3000 元,属于销售甲类啤酒,适用定额税率每吨 250 元。

应纳消费税税额 = 销售数量×定额税率 = 1000×250 = 250 000(元)

3) 从价定率和从量定额复合计算

现行消费税的征税范围中,只有卷烟、白酒采用复合计算方法。基本计算公式为

$$应纳税额 = 销售数量 \times 定额税率 + 销售额 \times 比例税率$$

【例 14-2-3】 某白酒生产企业为增值税一般纳税人,某年 4 月销售白酒 50 吨,取得不含增值税的销售额 200 万元。计算白酒企业 4 月应缴纳的消费税税额。

【答案】 白酒适用比例税率 20%,定额税率每 500 克 0.5 元。

应纳消费税税额 = 50×2000×0.000 05 + 200×20% = 45(万元)

2. 纳税人自产自用的应税消费品的计税依据

自产自用就是纳税人生产应税消费品后,不是用于直接对外销售,而是用于自己连续生产应税消费品或用于其他方面。由于应税消费品将在最终销售时被征收消费税,作为生产最终应税消费品的直接材料并构成最终产品实体的产品是属于中间环节的产品,对此不予征收消费税。因此,为了节约征税成本并体现消费税单环节课税的特点,税法规定:纳税人自产自用的应税消费品,用于连续生产应税消费品的,不征消费税。如果用于其他方面,则必须在移送使用时纳税[①]。用于其他方面是指纳税人用于生产非应税消费品、在建工程、管理部门、非生产机构、提供劳务、馈赠、赞助、集资、广告、样品、职工福利、奖励等方面

---

① 《消费税暂行条例》,第四条。

的应税消费品[①]，这些行为虽然没有发生实际的销售和购买行为，但应税消费品已经离开生产过程，进入消费过程，与对外销售本质上没有两样，为公平起见，它们应当被视同销售。因此，必须按照纳税人生产的同类消费品的销售价格计算纳税。

同类消费品的销售价格是指纳税人或代收代缴义务人当月销售的同类消费品的销售价格，如果当月同类消费品各期销售价格高低不同，应按销售数量加权平均计算。但销售的应税消费品有下列情况之一者，不得列入加权平均计算。①销售价格明显偏低又无正当理由者。②无销售价格者。如果当月无销售或当月未完结，应按同类消费品上月或最近月份的销售价格计算纳税。没有同类消费品销售价格的，按照组成计税价格计算纳税。[②]

实行从价定率办法计算纳税的组成计税价格计算公式：

$$组成计税价格 = (成本 + 利润) \div (1 - 比例税率)$$

实行复合计税（compound taxation）办法计算纳税的组成计税价格计算公式：

$$组成计税价格 = (成本 + 利润 + 自产自用数量 \times 定额税率) \div (1 - 比例税率)$$

上述公式中的成本是指应税消费品的产品生产成本。利润是指根据应税消费品的全国平均成本利润率计算的利润。应税消费品全国平均成本利润率由国家税务总局确定[③]。

应税消费品全国平均成本利润率规定如下（表14-2-1）。[④]

表14-2-1 应税消费品全国平均成本利润率规定

应税消费品	平均成本利润率
甲类卷烟	10%
乙类卷烟	5%
雪茄烟	5%
烟丝	5%
粮食白酒	10%
薯类白酒	5%
其他酒	5%
化妆品	5%
鞭炮、焰火	5%
贵重首饰及珠宝玉石	6%
摩托车	6%
高尔夫球及球具	10%
高档手表	20%
游艇	10%
木制一次性筷子	5%
实木地板	5%
乘用车	8%
中轻型商用客车	5%

【例14-2-4】某化妆品公司将一批自产的高档化妆品用作职工福利，该批高档化妆品的成本为80 000元，

---

① 《消费税暂行条例》，第四条和《消费税暂行条例实施细则》，第六条。
② 《消费税暂行条例》，第七条和《消费税暂行条例实施细则》，第十五条。
③ 《消费税暂行条例实施细则》，第十六条、第十七条。
④ 国家税务总局，《消费税若干具体问题的规定》，国税发〔1993〕156号；财政部、国家税务总局，《关于调整和完善消费税政策的通知》，财税〔2006〕33号。

无同类产品市场销售价格,但已知其成本利润率为5%,消费税税率为15%。计算该批高档化妆品应缴纳的消费税税额。

【答案】(1) 组成计税价格 = 成本×(1 + 成本利润率)/(1−消费税税率)

$$= 80\,000×(1 + 5\%)/(1−15\%)≈98\,823.53(元)$$

(2) 应纳消费税税额 = 98 823.53×15%≈14 823.53(元)

(二)委托加工环节应税消费品应纳税额的计算

企业、单位或个人由于设备、技术、人力等方面的局限或其他方面的原因,常常要委托其他单位代为加工应税消费品,然后,将加工好的应税消费品收回,直接销售或自己使用。这是生产应税消费品的另一种形式,也需要纳入征收消费税的范围。例如,某企业将购来的小客车底盘和零部件提供给某汽车改装厂,加工组装成小客车供自己使用,则加工、组装成的小客车就需要缴纳消费税。按照规定,委托加工的应税消费品,由受托方(受托方是个人的除外,本章同)在向委托方交货时代收代缴税款。

1. 委托加工应税消费品的确定

委托加工的应税消费品是指由委托方提供原料和主要材料,受托方只收取加工费和代垫部分辅助材料加工的应税消费品。对于由受托方提供原材料生产的应税消费品,或者受托方先将原材料卖给委托方,然后再接受加工的应税消费品,以及由受托方以委托方名义购进原材料生产的应税消费品,不论在财务上是否作销售处理,都不得作为委托加工应税消费品,而应当按照销售自制应税消费品缴纳消费税。[①]

2. 代收代缴税款的规定

对于确实属于委托方提供原料和主要材料,受托方只收取加工费和代垫部分辅助材料加工的应税消费品,税法规定,由受托方在向委托方交货时代收代缴消费税。这样受托方就是法定的代收代缴义务人。如果受托方对委托加工的应税消费品没有代收代缴或少代收代缴消费税,应按照《中华人民共和国税收征收管理法》的规定,承担代收代缴的法律责任。因此,受托方必须严格履行代收代缴义务,正确计算和按时代缴税款。为了加强对受托方代收代缴税款的管理,委托个人(含个体工商户)加工的应税消费品,由委托方收回后缴纳消费税。

委托加工的应税消费品,受托方在交货时已代收代缴消费税,委托方将收回的应税消费品,以不高于受托方的计税价格出售的,为直接出售,不再缴纳消费税;委托方以高于受托方的计税价格出售的,不属于直接出售,需按照规定申报缴纳消费税,在计税时准予扣除受托方已代收代缴的消费税。[②]

对于受托方没有按规定代收代缴税款的,不能因此免除委托方补缴税款的责任。在对委托方进行税务检查中,如果发现受其委托加工应税消费品的受托方没有代收代缴税款,则应按照《中华人民共和国税收征收管理法》的规定,对受托方处应扣未扣、应收未收税款百分之五十以上三倍以下的罚款;委托方要补缴税款,对委托方补征税款的计税依据是:如果在检查时,收回的应税消费品已经直接销售的,按销售额计税;收回的应税消费品尚未销售或不能直接销售的(如收回后用于连续生产等),按组成计税价格计税。组成计税价格的计算公式与下节中的组成计税价格公式相同。

3. 组成计税价格及应纳税额的计算[③]

委托加工的应税消费品,按照受托方的同类消费品的销售价格计算纳税,同类消费品的销售价格是指

[①] 《消费税暂行条例实施细则》,第七条。
[②] 财政部、国家税务总局,《关于〈中华人民共和国消费税暂行条例实施细则〉有关条款解释的通知》,财法〔2012〕8号。
[③] 《消费税暂行条例》第八条;《消费税暂行条例实施细则》,第十五条。

受托方（即代收代缴义务人）当月销售的同类消费品的销售价格，如果当月同类消费品各期销售价格高低不同，应按销售数量加权平均计算。但销售的应税消费品有下列情况之一的，不得列入加权平均计算：①销售价格明显偏低且无正当理由的；②无销售价格的。

如果当月无销售或者当月未完结，应按照同类消费品上月或最近月份的销售价格计算纳税。没有同类消费品销售价格的，按照组成计税价格计算纳税。

实行从价定率办法计算纳税的组成计税价格的计算公式：

$$组成计税价格 = (材料成本 + 加工费) \div (1-比例税率)$$

实行复合计税办法计算纳税的组成计税价格计算公式：

$$组成计税价格 = (材料成本 + 加工费 + 委托加工数量 \times 定额税率) \div (1-比例税率)$$

上述公式中的材料成本是指委托方所提供加工材料的实际成本。委托加工应税消费品的纳税人，必须在委托加工合同上如实注明（或以其他方式提供）材料成本，凡未提供材料成本的，受托方所在地主管税务机关有权核定其材料成本。加工费是指受托方加工应税消费品向委托方所收取的全部费用（包括代垫辅助材料的实际成本）[①]。

【例 14-2-5】 某鞭炮企业某年 4 月受托为某单位加工一批鞭炮，委托单位提供的原材料金额为 60 万元，收取委托单位不含增值税的加工费为 8 万元，鞭炮企业无同类产品市场价格。计算鞭炮企业应代收代缴的消费税。

【答案】（1）鞭炮的适用税率为 15%。

（2）组成计税价格 = (60 + 8)/(1-15%) = 80（万元）

（3）应代收代缴消费税 = 80×15% = 12（万元）

（三）进口环节应纳消费税的计算

进口的应税消费品，于报关进口时纳税。进口的应税消费品实行从价定率办法计算应纳税额的，按照组成计税价格计算纳税。组成计税价格是指进口产品的到岸价格加上应纳的关税和应纳的消费税税额组成的计税价格。

实行从价定率办法计算纳税的组成计税价格的计算公式为[②]

$$组成计税价格 = (关税完税价格 + 关税) \div (1-消费税比例税率)$$

$$应纳税额 = 组成计税价格 \times 消费税比例税率$$

实行复合计税办法计算纳税的组成计税价格计算公式：

$$组成计税价格 = (关税完税价格 + 关税 + 进口数量 \times 消费税定额税率) \div (1-消费税比例税率)$$

上述的关税完税价格（customs dutiable value），是指海关核定的关税计税价格。一般是采用到岸价格。到岸价格是指经海关审查确定的货物在采购地的正常批发价格，加上运抵中国输入地点起卸前的包装费、运费、保险费、手续费等一切费用之和。如果对进口货物在采购地的正常批发价格，海关未能确定，则到岸价格由海关估定。

【例 14-2-6】 某商贸公司，某年 5 月从国外进口一批应税消费品，已知该批应税消费品的关税完税价格为 90 万元，按规定应缴纳关税 18 万元，假定进口的应税消费品的消费税税率为 10%。请计算该批消费品进口环节应缴纳的消费税税额。

【答案】（1）组成计税价格 = (90 + 18)/(1-10%) = 120（万元）

（2）应缴纳消费税税额 = 120×10% = 12（万元）

---

① 《消费税暂行条例实施细则》，第十八条、第十九条。

② 《消费税暂行条例》，第九条。

（四）已纳消费税扣除的计算

根据中国消费税单环节一次课征、税不重征的特点，税法规定对纳税人购进或委托加工收回已税消费品连续生产应税消费品的，在对这些连续生产出来的应税消费品征税时，可以根据当期生产领用数量计算准予扣除外购或委托加工收回的已税原料消费品已纳消费税税款。

1. 扣除范围

扣除范围包括如下内容[①]。

（1）外购或委托加工收回已税烟丝为原料生产的卷烟。
（2）外购或委托加工收回已税高档化妆品为原料生产的高档化妆品。
（3）外购或委托加工收回已税珠宝玉石为原料生产的贵重首饰及珠宝玉石。
（4）外购或委托加工收回已税鞭炮焰火为原料生产的鞭炮焰火。
（5）外购或委托加工收回的已税杆头、杆身和握把为原料生产的高尔夫球杆。
（6）外购或委托加工收回的已税木制一次性筷子为原料生产的木制一次性筷子。
（7）外购或委托加工收回的已税实木地板为原料生产的实木地板。
（8）外购或委托加工收回已税汽油、柴油、石脑油、燃料油、润滑油用于连续生产应税成品油[②]。

2. 扣除额的计算

当期准予扣除的外购或委托加工收回的应税消费品的已纳消费税税款，应按当期生产领用的数量计算，其计算公式如下。[③]

当期准予扣除的外购应税消费品已纳税款 = 当期准予扣除的外购应税消费品买价
×外购应税消费品适用税率

当期准予扣除的外购应税消费品买价 = 期初库存的外购应税消费品的买价
+ 当期购进的外购应税消费品的买价
− 期末库存的外购应税消费品的买价

当期准予扣除的委托加工应税消费品已纳税款 = 期初库存的委托加工应税消费品已纳税款
+ 当期收回的委托加工应税消费品已纳税款
− 期末库存的委托加工应税消费品已纳税款

同样，进口应税消费品用于连续生产应税消费品时，也可按以下公式计算已纳消费税的扣除额。[③]

当期准予扣除的进口应税消费品已纳税款 = 期初库存的进口应税消费品已纳税款
+ 当期进口应税消费品已纳税款
− 期末库存的进口应税消费品已纳税款

从量计征当期准予扣除的外购或委托加工收回的应税消费品的已纳消费税税款，其计算公式如下。[③]

当期准予扣除的外购应税消费品已纳税款 = 当期准予扣除外购应税消费品数量
×外购应税消费品单位税额×30%

[①] 国家税务总局，《消费税若干具体问题的规定》，国税发〔1993〕156号；财政部、国家税务总局，《关于调整和完善消费税政策的通知》，财税〔2006〕33号；财政部、国家税务总局，《关于调整化妆品消费税政策的通知》，财税〔2016〕103号；国家税务总局，《关于高档化妆品消费税征收管理事项的公告》，2016年第66号。

[②] 国家税务总局，《关于成品油消费税征收管理有关问题的公告》，2018年第1号。

[③] 国家税务总局，《关于印发〈调整和完善消费税政策征收管理规定〉的通知》，国税发〔2006〕49号。

当期准予扣除外购应税消费品数量＝期初库存外购应税消费品数量＋当期购进外购应税消费品数量
－期末库存外购应税消费品数量

第三节 消费税的征收管理

一、消费税纳税义务发生的时间

纳税义务发生的时间，区别不同情况，分别规定如下。[①]

（1）纳税人销售的应税消费品，其纳税义务的发生时间为：①纳税人采取赊销和分期收款结算方式的，为书面合同约定的收款日期的当天，书面合同没有约定收款日期或者无书面合同的，为发出应税消费品的当天；②纳税人采取预收货款结算方式的，为发出应税消费品的当天；③纳税人采取托收承付和委托银行收款方式销售的应税消费品，为发出应税消费品并办妥托收手续的当天；④纳税人采取其他结算方式的，为收讫销售款或者取得索取销售款凭据的当天。

（2）纳税人自产自用的应税消费品，其纳税义务的发生时间，为移送使用的当天。

（3）纳税人委托加工的应税消费品，其纳税义务的发生时间，为纳税人提货的当天。

（4）纳税人进口的应税消费品，其纳税义务的发生时间，为报关进口的当天。

二、消费税纳税环节

由于消费税征收环节具有单一性，因此，如何确定其纳税环节就显得十分重要。从有利于税收的征收管理和有效的源泉控制考虑，中国把消费税的纳税环节确定在生产和进口环节。具体说来，消费税的纳税环节如下。

（一）对生产应税消费品在生产销售环节征税

生产应税消费品销售是消费税征收的主要环节，因为一般情况下，消费税具有单一环节征税的特点，对于大多数消费税应税商品而言，在生产销售环节征税以后，流通环节不再缴纳消费税。纳税人生产应税消费品，除了直接对外销售应征收消费税外，如将生产的应税消费品换取生产资料、消费资料、投资入股、偿还债务，以及用于继续生产应税消费品以外的其他方面都应缴纳消费税。

另外，工业企业以外的单位和个人的下列行为视为应税消费品的生产行为，按规定征收消费税。

（1）将外购的消费税非应税产品以消费税应税产品对外销售的。

（2）将外购的消费税低税率应税产品以高税率应税产品对外销售的。[②]

（二）对委托加工应税消费品在委托加工环节征税

委托加工应税消费品是指委托方提供原料和主要材料，受托方只收取加工费和代垫部分辅助材料加工的应税消费品。由受托方提供原材料或其他情形的一律不能视同加工应税消费品。委托加工的应税消费品，除受托方为个人外，由受托方向委托方交货时代收代缴税款。委托加工的应税消费品，委托方用于连续生产应税消费品的，所纳税款准予按规定抵扣后，再继续用于生产应税消费品销售且符合现行政策规定的，其加工环节缴纳的消费税税款可以扣除。[③]

（三）对进口应税消费品在进口环节征税

单位和个人进口属于消费税征税范围的货物，在进口环节要缴纳消费税。为了减少征税成本，进口环

---

① 《消费税暂行条例实施细则》，第八条。
② 国家税务总局，《关于消费税有关政策问题的公告》，2012年第47号。
③ 《消费税暂行条例实施细则》，第七条；《消费税暂行条例》，第四条。

节缴纳的消费税由海关代征。①

（四）对零售特定应税消费品在零售环节征税

经国务院批准，自 1995 年 1 月 1 日起，金银首饰消费税由生产销售环节征收改为零售环节征收。经营单位进口金银首饰的消费税，由进口环节征收改为在零售环节征收。改为零售环节征收消费税的金银首饰范围仅限于：金、银和金基、银基合金首饰，以及金、银和金基、银基合金的镶嵌首饰（以下简称金银首饰）。纳税人销售（指零售，下同）的金银首饰（含以旧换新），于销售时纳税；用于馈赠、赞助、集资、广告、样品、职工福利、奖励等方面的金银首饰，于移送时纳税；带料加工、翻新改制的金银首饰，于受托方交货时纳税。②自 2003 年 5 月 1 日起，铂金首饰的消费税由生产环节、进口环节改在零售环节征收。③

（五）对移送使用应税消费品在移送使用环节征税

如果企业在生产经营的过程中，将应税消费品移送用于加工非应税消费品，则应对移送部分征收消费税。

（六）对批发卷烟在卷烟的批发环节征税

与其他消费税应税商品不同的是，卷烟除了在生产销售环节征收消费税外，还在批发环节征收一次。纳税人兼营卷烟批发和零售业务的，应当分别核算批发和零售环节的销售额、销售数量；未分别核算批发和零售环节销售额、销售数量的，按照全部销售额、销售数量计征批发环节消费税。④纳税人销售给纳税人以外的单位和个人的卷烟于销售时纳税。纳税人之间销售的卷烟不缴纳消费税。卷烟批发企业的机构所在地，总机构与分支机构不在同一地区的，由总机构申报纳税。卷烟消费税在生产和批发两个环节征收后，批发企业在计算纳税时不得扣除已含的生产环节的消费税税款。

三、消费税纳税期限

消费税的纳税期限分别为 1 日、3 日、5 日、10 日、15 日、1 个月或者 1 个季度。纳税人的具体纳税期限，由主管税务机关根据纳税人应纳税额的大小分别核定；不能按照固定期限纳税的，可以按次纳税。纳税人以 1 个月或者 1 个季度为 1 个纳税期的，自期满之日起 15 日内申报纳税；以 1 日、3 日、5 日、10 日或者 15 日为 1 个纳税期的，自期满之日起 5 日内预缴税款，于次月 1 日起 15 日内申报纳税并结清上月应纳税款。⑤

纳税人进口应税消费品，缴纳税款应当自海关填发税款缴款书之日起 15 日内向指定银行缴纳税款⑥。

四、消费税纳税地点

消费税的纳税地点，具体规定如下。

（1）纳税人销售的应税消费品，以及自产自用的应税消费品，除国务院财政、税务主管部门另有规定外，应当向纳税人机构所在地或者居住地的主管税务机关申报纳税。委托加工的应税消费品，除受托方为

---

① 《消费税暂行条例》，第十二条。
② 财政部、国家税务总局，《关于调整金银首饰消费税纳税环节有关问题的通知》，(1994) 财税字第 95 号。
③ 财政部、国家税务总局，《关于铂金及其制品税收政策的通知》，财税〔2003〕86 号。
④ 财政部、国家税务总局，《关于调整卷烟消费税的通知》，财税〔2015〕60 号。
⑤ 《消费税暂行条例》，第十四条。
⑥ 《中华人民共和国进出口关税条例》，第三十七条。

个人外，由受托方向机构所在地或者居住地的主管税务机关解缴消费税税款。进口的应税消费品，应当向报关地海关申报纳税[①]。

纳税人到外县（市）销售或者委托外县（市）代销自产应税消费品的，于应税消费品销售后，向机构所在地或者居住地主管税务机关申报纳税。纳税人的总机构与分支机构不在同一县（市）的，应当分别向各自机构所在地的主管税务机关申报纳税；经财政部、国家税务总局或者其授权的财政、税务机关批准，可以由总机构汇总向总机构所在地的主管税务机关申报纳税。[②]

（2）委托加工的应税消费品，除受托人为个体经营者外，由受托方向所在地主管税务机关缴纳消费税。对纳税人委托个体经营者加工的应税消费品，一律于委托方收回后在委托方所在地缴纳消费税。[③]

（3）进口的应税消费品，由进口报关者向报关地海关缴纳消费税。

（4）出口的应税消费品办理退税后，发生退关，或者国外退货进口时予以免税的，报关出口者必须及时向其所在地主管出口退税业务的税务机关申报补缴已退的消费税税款。纳税人直接出口的应税消费品办理免税后，发生退关或者国外退货，进口时已予以免税的，经机构所在地或者居住地主管税务机关批准，可暂不办理补税，待其转为国内销售时，再向其主管税务机关申报补缴消费税[④]。纳税人销售的应税消费品，如因质量等原因由购买者退回时，经机构所在地或者居住地主管税务机关审核批准后，可退还已缴纳的消费税税款。出口的应税消费品办理退税后，发生退关，或者国外退货进口时予以免税的，报关出口者必须及时向其机构所在地或者居住地主管税务机关申报补缴已退的消费税税款。

（5）纳税人销售的应税消费品，如因质量等原因由购买者退回时，经机构所在地或者居住地主管税务机关审核批准后，可退还已缴纳的消费税税款。[⑤]但不能自行直接抵减应纳税款。

【本章小结】

1. 一般说来，消费税是以消费品销售额或消费支出额作为课税对象的各种税收的统称。中国消费税是对在中华人民共和国境内从事生产、委托加工和进口消费税条例列举的应税消费品的单位和个人，就其销售额或销售数量，在特定环节征收的一种税。中国的消费税具有如下特点：①对应税消费品和消费行为征收；②征收范围具有选择性；③征税环节具有单一性；④税率具有较大差异性；⑤采用从价定率、从量定额和从价从量复合计征的方法。

2. 消费税的调节范围是考虑到中国的经济发展现状和消费政策，人民群众的消费水平和消费结构而确定的。凡在中华人民共和国境内从事生产、委托加工和进口应税消费品的单位和个人，都是消费税的纳税人。消费税共设置了15个税目，税率方式采用从价、从量和复合税率相结合的做法，其具体规定体现在《消费税税目税率表》中。

3. 消费税是采用从价定率计征、从量定额征收和复合计税三种方法计算的，其计算公式为：应纳税额＝应税消费品的销售额×比例税率；应纳税额＝应税消费品的销售数量×定额税率；应纳税额＝销售数量×定额税率＋销售额×比例税率。

4. 纳税人的纳税义务发生时间根据纳税人的不同情况来确定。①纳税人销售应税消费品，采取赊销和分期收款结算方式的，为书面合同约定的收款日期的当天，书面合同没有约定收款日期或者无书面合同的，为发出应税消费品的当天；采取预收货款结算方式的，为发出应税消费品的当天；采取托收承付和委托银行收款方式销售的应税消费品，为发出应税消费品并办妥托收手续的当天；采取其他结算方式的，为收讫销售款或者取得索取销售款凭据的当天。②自产自用的应税消费品，其纳税义务的发生时间，为移送使用

---

① 《消费税暂行条例》，第十三条。
② 《消费税暂行条例实施细则》，第二十四条。
③ 国家税务总局，《关于消费税若干征税问题的通知》，国税发〔1994〕130号。
④ 《消费税暂行条例实施细则》，第二十二条。
⑤ 《消费税暂行条例实施细则》，第二十三条。

的当天。③委托加工的应税消费品，其纳税义务的发生时间，为纳税人提货的当天。④进口的应税消费品，其纳税义务的发生时间，为报关进口的当天。

5. 纳税人销售的应税消费品，以及自产自用的应税消费品，除国务院财政、税务主管部门另有规定外，应当向纳税人机构所在地或者居住地的主管税务机关申报纳税。委托加工的应税消费品，除受托方为个人外由受托方向机构所在地或者居住地的主管税务机关解缴消费税税款。进口的应税消费品，应当向报关地海关申报纳税。消费税的纳税期限，由主管税务机关按应纳税款数额的大小确定。

【概念与术语】

消费税（consumption tax） 复合计税（compound taxation） 委托加工（consigned processing） 关税完税价格（customs dutiable value）

【思考题】

1. 什么是消费税？中国开征的消费税有哪些特点？
2. 中国消费税的征税范围是如何确定的？
3. 中国消费税税率是怎样确定的？
4. 消费税的纳税人包括哪些？
5. 纳税人自产自用的应税消费品如何征收消费税？
6. 纳税人委托加工的应税消费品如何征收消费税？
7. 进口产品如何征收消费税？
8. 纳税人购进已税消费品连续生产应税消费品的，应如何征收消费税？
9. 消费税的纳税义务发生时间是怎样规定的？
10. 消费税的纳税地点是如何规定的？
11. 消费税税款的报缴方法有哪几种？

【计算题】

1. 某汽车厂为增值税一般纳税人，下设一非独立核算的门市部，某年10月该厂将生产的一批汽车交门市部销售，计价100万元，门市部销售收入为128.7万元（含税）。请问该厂当月应交的汽车消费税是多少？
2. 某公司是一家取得烟草专卖批发企业许可证并经营电子烟批发业务的企业，某年12月批发销售了卷烟、雪茄和电子烟三类烟产品。其中，批发销售卷烟200箱（1000万支），不含增值税销售额1000万元；批发销售雪茄不含增值税销售额100万元；批发销售电子烟不含增值税销售额200万元。请问该公司应缴纳的消费税是多少？

第十五章　出口退（免）税制度

【本章提要】
1. 出口退（免）税范围。
2. 出口退（免）税办法、增值税出口退税率和退（免）税的计算。
3. 出口退（免）税管理。

出口退（免）税（export drawback or free）指一个国家对符合一定条件的出口货物、劳务和跨境服务（以下简称出口货物和服务）免征国内间接税或退还在国内生产、流通或出口环节已缴纳的间接税的一项税收制度。由于货物和服务的进口国一般情况下除了要征收进口关税还要征收国内间接税，如果出口货物和服务国内已征的间接税不予退税或免税，就会使出口货物和服务负担双重流转税，一重是出口国的间接税，另一重是进口国的间接税，在其他条件相同时，此部分出口货物和服务的市场竞争力会下降。出口退（免）税是为了消除间接税对正常国际贸易的阻碍，使本国出口货物和服务与进口国货物和服务具有相同的竞争条件。在中国，出口退（免）税制度涉及增值税和消费税的退（免）税。在进项税额可以抵扣的增值税制度下，增值税出口退税意味着增值税税率为零，不仅出口环节免征收增值税，而且对纳税人已承担的进项税额还通过一定方式给予退还。增值税免税即免征本环节的增值税，但进项税额不予退还。消费税退（免）税，是指适用增值税退（免）税的货物，免征消费税，如果属于购进出口的货物，退还前一环节已征的消费税。

财政部、国家税务总局2012年发布的《关于出口货物劳务增值税和消费税政策的通知》（财税〔2012〕39号），2016年发布的《跨境应税行为适用增值税零税率和免税政策的规定》（《财政部　国家税务总局关于全面推开营业税改征增值税试点的通知》，财税〔2016〕36号附件4），以及国家税务总局每年公布的《出口退税率文库》是货物和服务出口退（免）税的主要法律规范。

第一节　出口退（免）税范围[①]

一、出口增值税退（免）税的范围

对出口货物、劳务和跨境应税行为，除了国家规定不允许经营和限制出口的货物外，实行退还增值税或免征出口环节增值税的政策，简称出口增值税退（免）税制度。其适用范围如下。

（一）出口企业出口货物相关内容

1. 出口企业出口货物

出口企业是指依法办理工商登记、税务登记、对外贸易经营者备案登记，自营或委托出口货物的单位或个体工商户，以及依法办理工商登记、税务登记但未办理对外贸易经营者备案登记，委托出口货物的生产企业。生产企业，是指具有生产能力（包括加工、修理、修配能力）的单位或个体工商户。

出口货物是指向海关报关后实际离境并销售给境外单位或个人的货物，分为自营出口货物和委托出口货物两类。自营出口是指企业或个体工商户取得自营进出口权，拥有海关代码，可直接与国外企业进行交易，直接办理出口报关手续，并自行收汇的出口贸易方式。委托出口是指没有自营进出口权也不能直接办理出关手续和收汇的企业或个体工商户，通过签订代理出口协议，委托具有自营出口权的企业来办理出口

[①] 本节有关条文除另外注释外，均来源于财政部、国家税务总局，《关于出口货物劳务增值税和消费税政策的通知》，财税〔2012〕39号。

并收汇的一种出口贸易方式。自营出口的企业或个体工商户其自营出口货物的所有权归本企业且自负盈亏,委托出口货物的所有权归委托方,由委托方承担盈亏,受托方或代理方只收取出口手续费。

2. 外贸综合服务企业代办出口货物

外贸综合服务企业(简称综服企业)指为国内中小型生产企业出口,提供物流、报关、信保、融资、收汇、退税等服务的外贸企业。在符合条件的情况下综服企业可为生产企业代办出口退(免)税事项(简称代办退税)。

(1)综服企业代国内生产企业办理出口退(免)税事项同时符合下列条件的,可由综服企业向综服企业所在地主管税务机关集中代办退税。①符合商务部等部门规定的综服企业定义并向主管税务机关备案。②企业内部已建立较为完善的代办退税内部风险管控制度并已向主管税务机关备案。

(2)生产企业出口货物,同时符合以下条件的,可由综服企业代办退税。①出口货物为生产企业的自产货物或视同自产货物。②生产企业为增值税一般纳税人并已按规定办理出口退(免)税备案。③生产企业已与境外单位或个人签订出口合同。④生产企业已与综服企业签订外贸综合服务合同(协议),约定由综服企业提供包括报关报检、物流、代办退税、结算等在内的综合服务,并明确相关法律责任。⑤生产企业向主管税务机关提供代办退税的开户银行和账号(简称代办退税账户)。

生产企业在已办理出口退(免)税备案后,应在首次委托综服企业代办退税前,向其所在地主管税务机关办理委托代办退税备案,并提供代办退税账户,同时将与综服企业签订的外贸综合服务合同(协议)留存备查。综服企业也应当相应办理代办退税备案。①

3. 电子商务出口企业出口货物

电子商务出口企业,是指自建跨境电子商务销售平台的电子商务出口企业和利用第三方跨境电子商务平台开展电子商务出口的企业。

电子商务出口企业,同时符合下列条件的,适用出口退(免)税政策:①电子商务出口企业属于增值税一般纳税人并已向主管税务机关办理出口退(免)税资格认定;②出口货物取得海关出口货物报关单(出口退税专用),且与海关出口货物报关单电子信息一致;③出口货物在退(免)税申报期截止之日内收汇;④电子商务出口企业属于外贸企业的,购进出口货物取得相应的增值税专用发票、消费税专用缴款书(分割单)或海关进口增值税、消费税专用缴款书,且上述凭证有关内容与出口货物报关单(出口退税专用)有关内容相匹配。②

(二)出口企业或其他单位视同出口的货物

在某些特定情况下,形式上货物的移动不完全符合上述"向海关报关后实际离境并销售给境外单位或个人的货物"的要件,但本质上属于出口的货物,列为视同出口(deemed export)的货物。具体包括如下几个方面。

1. 离境但不是直接销售给境外消费者的货物

离境但不直接销售给境外消费者的货物包括出口企业对外援助、对外承包、境外投资的出口货物。

2. 未离境但进入海关视同境外监管的境内特殊区域或场所的货物

(1)进入特殊区域的货物。出口企业经海关报关进入国家批准的出口加工区、保税物流园区、保税港区、综合保税区、珠澳跨境工业区(珠海园区)、中哈霍尔果斯国际边境合作中心(中方配套区域)、保税物流中心(B型)(统称特殊区域)并销售给特殊区域内单位或境外单位、个人的货物。

---

① 国家税务总局,《关于调整完善外贸综合服务企业办理出口货物退(免)税有关事项的公告》,2017年第35号。
② 财政部、国家税务总局,《关于跨境电子商务零售出口税收政策的通知》,财税〔2013〕96号。

上述货物包括出口企业或其他单位销售给特殊区域内生产企业生产耗用且不向海关报关而输入特殊区域的水（包括蒸汽）、电力、燃气（简称输入特殊区域的水电气）。

2014年12月19日起，境内其他地区（以下简称区外）销往横琴、平潭适用增值税和消费税退税政策的货物（包括水、蒸汽、电力、燃气），视同出口。[①]

（2）进入境内免税品经营企业（免税店）销售的货物。免税品经营企业销售的货物（国家规定不允许经营和限制出口的货物、卷烟和超出免税品经营企业的《企业法人营业执照》中规定经营范围的货物除外），具体是指以下内容。①中国免税品（集团）有限责任公司向海关报关运入海关监管仓库，专供其经国家批准设立的统一经营、统一组织进货、统一制定零售价格、统一管理的免税店销售的货物。②国家批准的除中国免税品（集团）有限责任公司外的免税品经营企业，向海关报关运入海关监管仓库，专供其所属的首都机场口岸海关隔离区内的免税店销售的货物。③国家批准的除中国免税品（集团）有限责任公司外的免税品经营企业所属的上海虹桥、浦东机场海关隔离区内的免税店销售的货物。

（3）出售或以融资租赁方式出租给按实物征收增值税的中外合作油（气）田开采企业的海洋工程结构物。海洋工程结构物主要包括浮动或潜水式钻探或生产平台、浮式储油轮、栈桥码头以及其他过渡段、生活模块、处理模块等。具体范围见财税〔2012〕39号文件附件3。自2017年1月1日起，生产企业销售自产的海洋工程结构物，或者融资租赁企业及其设立的项目子公司、金融租赁公司及其设立的项目子公司购买并以融资租赁方式出租的国内生产企业生产的海洋工程结构物，应按规定缴纳增值税，不再适用增值税出口退税政策，但购买方或者承租方为按实物征收增值税的中外合作油（气）田开采企业的除外。[②]

（4）出口给外商的新造集装箱。对于企业出口给外商的新造集装箱，交付到境内指定堆场，并取得出口货物报关单（出口退税专用），同时符合其他出口退（免）税规定的，准予按现行规定办理出口退（免）税。[③]

3. 中标机电产品

出口企业或其他单位销售给用于国际金融组织或外国政府贷款国际招标建设项目的中标机电产品（简称中标机电产品）。中标机电产品包括外国企业中标再分包给出口企业或其他单位的机电产品。贷款机构及中标机电产品范围见财税〔2012〕39号文件附件2。

4. 销售到国际运输工具上的货物

出口企业或其他单位销售给国际运输企业用于国际运输工具上的货物。暂仅适用于外轮供应公司、远洋运输供应公司销售给外轮、远洋国轮的货物，国内航空供应公司生产销售给国内和国外航空公司国际航班的航空食品。

5. 融资租赁货物出口退税[④]

对融资租赁企业、金融租赁公司及其设立的项目子公司（以下统称融资租赁出租方），以融资租赁方式租赁给境外承租人且租赁期限在5年（含）以上，并向海关报关后实际离境的货物，试行增值税、消费税出口退税政策。

融资租赁出口货物的范围，包括飞机、飞机发动机、铁道机车、铁道客车车厢、船舶及其他货物，具体应符合《增值税暂行条例实施细则》第二十一条固定资产的相关规定。

上述融资租赁企业，仅包括金融租赁公司、经商务部批准设立的外商投资融资租赁公司、经商务部和国家税务总局共同批准开展融资业务试点的内资融资租赁企业、经商务部授权的省级商务主管部门和国家

---

① 国家税务总局，《横琴、平潭开发有关增值税和消费税退税管理办法（试行）》，2014年第70号。
② 财政部、国家税务总局，《关于明确金融 房地产开发 教育辅助服务等增值税政策的通知》，财税〔2016〕140号。
③ 国家税务总局，《关于企业出口集装箱有关退（免）税问题的公告》，2014年第59号。
④ 财政部、海关总署、国家税务总局，《关于在全国开展融资租赁货物出口退税政策试点的通知》，财税〔2014〕62号。

经济技术开发区批准的融资租赁公司。上述金融租赁公司，仅包括经中国银行保险监督管理委员会批准设立的金融租赁公司。

（三）出口企业对外提供加工修理修配劳务

对外提供加工修理修配劳务是指对进境复出口货物或从事国际运输的运输工具进行的加工修理修配。

（四）跨境服务和出口无形资产①

境内单位和个人销售的下列服务和无形资产，适用增值税零税率（zero rated），即本环节增值税免税，进项税额给予退还。因此，下列服务又称适用增值税零税率应税服务。

1. 国际运输服务

国际运输服务是指：①境内载运旅客或者货物出境；②在境外载运旅客或者货物入境；③在境外载运旅客或者货物。

境内的单位或个人提供程租服务，如果租赁的交通工具用于国际运输服务和港澳台运输服务，由出租方按规定申请适用增值税零税率。

境内的单位和个人向境内单位或个人提供期租、湿租服务，如果承租方利用租赁的交通工具向其他单位或个人提供国际运输服务和港澳台运输服务，由承租方适用增值税零税率。境内的单位或个人向境外单位或个人提供期租、湿租服务，出租方适用增值税零税率。

境内单位和个人以无运输工具承运方式提供的国际运输服务，由境内实际承运人适用增值税零税率；无运输工具承运业务的经营者适用增值税免税政策。

2. 航天运输服务

航天运输服务是指利用火箭等运载工具将卫星、空间探测器等空间飞行器发射到太空运行轨道的业务。

3. 向境外单位提供的完全在境外消费的服务

向境外单位提供的完全在境外消费的服务包括：①研发服务；②合同能源管理服务；③设计服务；④广播影视节目（作品）的制作和发行服务；⑤软件服务；⑥电路设计及测试服务；⑦信息系统服务；⑧业务流程管理服务；⑨离岸服务外包业务，包括信息技术外包服务、技术性业务流程外包服务、技术性知识流程外包服务，其所涉及的具体业务活动，按照《销售服务、无形资产、不动产注释》②相对应的业务活动执行；⑩转让技术；⑪财政部和国家税务总局规定的其他服务。

境内的单位和个人销售适用增值税零税率的服务或无形资产的，可以放弃适用增值税零税率，选择免税或按规定缴纳增值税。放弃适用增值税零税率后，36个月内不得再申请适用增值税零税率。③

二、适用增值税免税政策的出口货物和服务

（一）实行增值税免税政策的出口货物和劳务范围

对下列出口货物实行免征增值税（简称增值税免税）政策，而不适用上述增值税退（免）税政策。

---

① 《跨境应税行为适用增值税零税率和免税政策的规定》，第一条、第三条，财政部、国家税务总局，《关于全面推开营业税改征增值税试点的通知》，财税〔2016〕36号，附件4。

② 《营业税改征增值税试点实施办法》，附《销售服务、无形资产、不动产注释》，财政部、国家税务总局，《关于全面推开营业税改征增值税试点的通知》，财税〔2016〕36号，附件1。

③ 《跨境应税行为适用增值税零税率和免税政策的规定》，第五条，财政部、国家税务总局，《关于全面推开营业税改征增值税试点的通知》，财税〔2016〕36号，附件4。

1. 出口企业或其他单位出口的特定货物

出口企业或其他单位出口的特定货物具体包括以下几种。

(1) 增值税小规模纳税人出口的货物。

(2) 避孕药品和用具，古旧图书。

(3) 软件产品，其具体范围是指海关税则号前四位为"9803"的货物。

(4) 含黄金、铂金成分的货物，钻石及其饰品，其具体范围见财税〔2012〕39号文件附件7。

(5) 国家计划内出口的卷烟，其具体范围见财税〔2012〕39号文件附件8。

(6) 已使用过的设备，其具体范围是指购进时未取得增值税专用发票、海关进口增值税专用缴款书但其他相关单证齐全的已使用过的设备。

(7) 非出口企业委托出口的货物。

(8) 非列名生产企业出口的非视同自产货物。

(9) 农业生产者自产农产品（农产品的具体范围按照《财政部 国家税务总局关于印发〈农业产品征税范围注释〉的通知》（财税字〔1995〕52号附件）的规定执行）。

(10) 油画、花生果仁、黑大豆等财政部和国家税务总局规定的出口免税的货物。

(11) 外贸企业取得普通发票、废旧物资收购凭证、农产品收购发票、政府非税收入票据的货物。

(12) 来料加工复出口的货物。

(13) 特殊区域内的企业出口的特殊区域内的货物。

(14) 以人民币现金作为结算方式的边境地区出口企业从所在省（自治区）的边境口岸出口到接壤国家的一般贸易和边境小额贸易出口货物。

(15) 以旅游购物贸易方式报关出口的货物。

2. 视同出口的特定货物劳务

视同出口的特定货物劳务具体包括以下三种。

(1) 国家批准设立的免税店销售的除了适用前文所述增值税退（免）税政策外的免税货物［包括进口免税货物和已实现退（免）税的货物］。

(2) 特殊区域内的企业为境外的单位或个人提供加工修理修配劳务。

(3) 同一特殊区域、不同特殊区域内的企业之间销售特殊区域内的货物。

3. 市场采购贸易方式出口货物[①]

市场经营户自营或委托市场采购贸易经营者以市场采购贸易方式出口的货物免征增值税。市场采购贸易方式出口货物，是指经国家批准的专业市场集聚区内的市场经营户（以下简称市场经营户）自营或委托从事市场采购贸易经营的单位，按照海关总署规定的市场采购贸易监管办法办理通关手续，并纳入涵盖市场采购贸易各方经营主体和贸易全流程的市场采购贸易综合管理系统管理的货物（国家规定不适用市场采购贸易方式出口的商品除外）。

对于适用增值税免税政策的出口货物和劳务（export goods and services），出口企业或其他单位可以依照现行增值税有关规定放弃免税，并依照规定缴纳增值税。

4. 符合一定条件的电子商务出口企业出口货物

不符合前述电子商务出口企业适用出口退（免）税政策的条件，但同时符合下列条件的电子商务出口

---

① 《市场采购贸易方式出口货物免税管理办法（试行）》，第三条；国家税务总局，《关于发布〈市场采购贸易方式出口货物免税管理办法（试行）〉的公告》，2015年第89号。

企业出口货物，适用增值税、消费税免税政策：①电子商务出口企业已办理税务登记；②出口货物取得海关签发的出口货物报关单；③购进出口货物取得合法有效的进货凭证。

（二）实行免征增值税政策的出口服务和无形资产的范围[①]

境内的单位和个人销售的下列服务和无形资产免征增值税，但财政部和国家税务总局规定适用增值税零税率的除外。

1. 业务发生在境外的特定服务

业务发生在境外的特定服务具体包括以下几种。

（1）工程项目在境外的建筑服务。
（2）工程项目在境外的工程监理服务。
（3）工程、矿产资源在境外的工程勘察勘探服务。
（4）会议展览地点在境外的会议展览服务。
（5）存储地点在境外的仓储服务。
（6）标的物在境外使用的有形动产租赁服务。
（7）在境外提供的广播影视节目（作品）的播映服务。
（8）在境外提供的文化体育服务、教育医疗服务、旅游服务。

2. 为出口货物提供的特定服务

具体包括为出口货物提供邮政服务、收派服务、保险服务（含出口货物保险和出口信用保险）。

3. 完全在境外消费的特定服务和无形资产

具体包括向境外单位提供的完全在境外消费的下列服务和无形资产。

（1）电信服务。
（2）知识产权服务。
（3）物流辅助服务（仓储服务、收派服务除外）。
（4）鉴证咨询服务。
（5）专业技术服务。
（6）商务辅助服务。
（7）广告投放地在境外的广告服务。
（8）无形资产。

上述和以下所称完全在境外消费，是指①服务的实际接受方在境外，且与境内的货物和不动产无关；②无形资产完全在境外使用，且与境内的货物和不动产无关；③财政部和国家税务总局规定的其他情形。[②]

4. 特定的国际运输服务

境内单位和个人以无运输工具承运方式提供的国际运输服务，无运输工具承运业务的经营者适用增值税免税政策；境内实际承运人适用增值税零税率。

5. 特定的直接收费金融服务

特定的直接收费金融服务即为境外单位之间的货币资金融通及其他金融业务提供的直接收费金融服

[①] 财政部、国家税务总局，《关于跨境电子商务零售出口税收政策的通知》，财税〔2013〕96号；《跨境应税行为适用增值税零税率和免税政策的规定》，第二条、第三条，财政部、国家税务总局，《关于全面推开营业税改征增值税试点的通知》，财税〔2016〕36号，附件4。

[②] 《跨境应税行为适用增值税零税率和免税政策的规定》，第七条，财政部、国家税务总局，《关于全面推开营业税改征增值税试点的通知》，财税〔2016〕36号，附件4。

务，且该服务与境内的货物、无形资产和不动产无关。

6. 财政部和国家税务总局规定的其他服务

按照国家有关规定应取得相关资质的国际运输服务项目，纳税人取得相关资质的，适用增值税零税率政策，未取得的，适用增值税免税政策。

三、不适用增值税退（免）税和免税政策的出口货物和服务

某些出口或视同出口货物和服务不符合国家现行有关规定和出口退免税条件、出口单位或出口货物和服务办理退免税过程存在违规行为、销售给特殊区域特定货物，与出口退免税的宗旨不一致，不应当给予退、免税，因此不适用增值税退（免）税和免税政策，要按规定征收增值税，具体范围包括以下内容。

（1）财政部和国家税务总局根据国务院决定明确的取消出口退（免）税的货物。
（2）出口企业或其他单位销售给特殊区域内的生活消费用品和交通运输工具。
（3）出口企业或其他单位因骗取出口退税被税务机关停止办理增值税退（免）税期间出口的货物。
（4）出口企业或其他单位提供虚假备案单证的货物。
（5）出口企业或其他单位增值税退（免）税凭证有伪造或内容不实的货物。
（6）经主管税务机关审核不予免税核销的出口卷烟。
（7）出口企业或其他单位具有以下情形之一的出口货物劳务。①将空白的出口货物报关单、出口收汇核销单等退（免）税凭证交由除签有委托合同的货代公司、报关行，或由境外进口方指定的货代公司（提供合同约定或者其他相关证明）以外的其他单位或个人使用的。②以自营名义出口，其出口货物和服务实质上是由本企业及其投资的企业以外的单位或个人借该出口企业名义操作完成的。③以自营名义出口，其出口的同一批货物既签订购货合同，又签订代理出口合同（或协议）的。④出口货物在海关验放后，自己或委托货代承运人对该笔货物的海运提单或其他运输单据等上的品名、规格等进行修改，造成出口货物报关单与海运提单或其他运输单据有关内容不符的。⑤以自营名义出口，但不承担出口货物的质量、收款或退税风险之一的，即出口货物发生质量问题不承担购买方的索赔责任（合同中有约定质量责任承担者的除外）；不承担未按期收款导致不能核销的责任（合同中有约定收款责任承担者的除外）；不承担因申报出口退（免）税的资料、单证等出现问题造成无法退税责任的。⑥未实质参与出口经营活动、接受并从事由中间人介绍的其他出口货物和服务，但仍以自营名义出口的。

四、适用消费税退（免）税的出口货物范围

出口货物中如果属于消费税应税消费品，还涉及消费税的退（免）事项，是否退（免）税取决于增值税是否退（免）。

(一) 消费税退（免）税政策的适用范围

（1）出口企业出口或视同出口适用增值税退（免）税的货物，免征消费税，如果属于购进出口的货物，退还前一环节已征的消费税。
（2）出口企业出口或视同出口适用增值税免税政策的货物，免征消费税，但不退还其以前环节已征的消费税，且不允许在内销应税消费品应纳消费税款中抵扣。不符合前述电子商务出口企业适用出口增值税退（免）税政策的条件，但符合前述增值税免税条件的电子商务出口企业出口货物，也适用增值税、消费税免税政策。[①]

[①] 财政部、国家税务总局，《关于跨境电子商务零售出口税收政策的通知》，财税〔2013〕96号。

(3) 对融资租赁出租方，以融资租赁方式租赁给境外承租人且租赁期限在 5 年（含）以上，并向海关报关后实际离境的货物，试行增值税、消费税出口退税政策。①融资租赁出口货物、融资租赁海洋工程结构物（统称融资租赁货物）属于消费税应税消费品的，向融资租赁出租方退还前一环节已征的消费税。①

（二）不适用消费税退（免）的出口货物范围

出口企业出口或视同出口适用增值税征税政策的货物，应按规定缴纳消费税，不退还其以前环节已征的消费税，且不允许在内销应税消费品应纳消费税款中抵扣。

第二节 退（免）税办法、退税率和退（免）税额的计算

一、增值税退（免）税办法②

适用增值税退（免）税政策的出口货物、劳务和服务，生产企业和外贸企业分别实行增值税免抵退（tax free tax credit tax drawback）税或免退税办法。

（一）免抵退税办法

免抵退税办法就是对符合条件的出口企业出口货物、劳务和服务，免征增值税，相应的进项税额抵减内销货物、劳务和服务的应纳增值税税额（不包括适用增值税即征即退、先征后退政策的应纳增值税税额），未抵减完的部分予以退还。适用免抵退税办法的范围如下。

（1）生产企业出口自产货物与视同自产货物、对外提供加工修理修配劳务，即适用增值税一般计税方法的生产企业出口自产货物与视同自产货物、对外提供加工修理修配劳务。

（2）列名生产企业出口非自产货物。北京天坛股份有限公司、天津三星通信技术有限公司、厦门汇科电子有限公司、东风汽车有限公司等列名的 74 家生产企业出口非自产货物。③

（3）适用增值税一般计税方法的纳税人出口服务和无形资产。境内的单位和个人提供适用增值税零税率的服务或者无形资产，如果属于适用增值税一般计税方法的，生产企业实行免抵退税办法，外贸企业直接将服务或自行研发的无形资产出口，视同生产企业连同其出口货物统一实行免抵退税办法。但境内的单位和个人提供适用增值税零税率的服务或者无形资产，如果属于适用简易计税方法的，实行免征增值税办法。④

（二）免退税办法

不具有生产能力的出口企业或其他单位出口货物、劳务，免征增值税，相应的进项税额予以退还。

二、增值税出口退税率

（一）一般规定

一般情况下出口货物、服务和无形资产的退税率（drawback rate）为其适用税率⑤，即退税率与其适用

---

① 财政部、海关总署、国家税务总局，《关于在全国开展融资租赁货物出口退税政策试点的通知》，财税〔2014〕62 号。
② 财政部、国家税务总局，《关于出口货物劳务增值税和消费税政策的通知》，财税〔2012〕39 号。
③ 财政部、国家税务总局，《关于出口货物劳务增值税和消费税政策的通知》，财税〔2012〕39 号，附件 5。
④ 《跨境应税行为适用增值税零税率和免税政策的规定》，第四条，财政部、国家税务总局，《财政部 国家税务总局关于全面推开营业税改征增值税试点的通知》，财税〔2016〕36 号，附件 4。
⑤ 财政部、国家税务总局，《关于出口货物劳务增值税和消费税政策的通知》，财税〔2012〕39 号。

征税税率一致，相应的退税率分别为13%、11%、9%、6%。在增值税进项税额可抵扣的情况下，这相当于对征税业务实行零税率。但财政部和国家税务总局，根据经济形势和国际国内市场变化情况，将出口退税率作为经济杠杆，不时调整并公布出口退税率，出口退税率和适用增值税税率（简称征税率）可能不一致，还存在零退税率的情况。国家税务总局每年编制并公布《出口退税率文库》，采用与进出口税则一致的《商品名称及编码协调制度》的编码方式，列明适用出口退税率的具体货物名称和编码，通过电子文档的方式发放给出口企业和各地税务部门遵照执行。

（二）零退税率

零退税率（注意不是零税率）意味着取消出口退税，适用于以下两种情况：一种是常规情况，针对免征增值税货物，即免征增值税的出口货物和服务其出口退税率也为0；另一种情况是针对非免征增值税货物，即不鼓励或限制出口的货物，虽然它们的增值税征税率不为0，但出口退税率为0，意味着不予退（免）税。禁止出口货物和服务的出口退税率均规定为0。适用零退税率的非免征增值税货物和产品主要有如下几类。

1. 濒危动植物及相关货物

《出口退税率文库》第一类（活动物；动物产品）各章，第二类（植物产品）第六章、第十三章、第十四章，第八类（生皮、皮革、毛皮及其制品等）第四十三章，第九类（木及木制品等）列举了濒危动植物以及用濒危动植物整体或部分制成的货物其出口退税率为0。具体包括食用濒危昆虫、孵化用受精的濒危鸡的蛋、其他孵化用受精濒危禽蛋，麝香、红豆杉（种用除外）、其他濒危活植物（种用除外）、濒危藤，濒危野生兽牙、兽牙粉末及废料，濒危野生动物胆汁及其他产品，濒危珊瑚及濒危水产品的粉末、壳、骨、废料，含濒危动物植物成分的材料制造的梳子、剃须刷、发刷、画笔、毛笔、刀鞘、剑鞘、眼镜架，含濒危野生动物毛皮衣服和其他物品等。

2. 谷物

中国虽然谷物产量世界第一，但人口也是世界第一，国家为保证粮食安全不鼓励谷物出口。

《出口退税率文库》第二类（植物产品）第十三章列举除了加那利草籽外几乎所有谷物实行零退税率。其适用范围包括大小麦、稻谷、大米、玉米、高粱等。谷物粉和经其他加工的谷物一般也不予退税，如小麦淀粉征税率为13%或9%，出口退税率为0。但一些特定淀粉和粮食制品出口可以按照相应的退税率办理退税，如玉米淀粉、马铃薯淀粉、面筋等。

3. 高能耗、高污染和资源性产业生产的货物

高能耗、高污染和资源性产业生产的货物即所谓"两高一资"货物，出口退税率为0，即出口不予退税。这一类货物的范围比较广，包括如下一些类别的货物：

（1）植物油。《出口退税率文库》第三类（动、植物油、脂及其分解产品；精制的食用油脂；动、植物蜡）第十五章，列举豆油、花生油等植物油，适用零出口退税率。

（2）矿产品。《出口退税率文库》第五类矿产品（第二十五章至二十七章）列举的除了盐、球化石墨以外绝大多数矿产品及初级制品出口退税率为零。如未焙烧的黄铁矿、硫磺、天然石墨、天然砂、石英、高岭土及类似土、白垩、石料和石膏料、石灰及水泥等货物；矿砂、矿渣及矿灰，包括铁、锰、铜、镍、铝、锌等金属矿砂、朱砂以及矿砂、矿灰；矿物燃料、矿物油及其蒸馏产品，沥青物质，矿物蜡，具体如煤炭、石油、天然沥青、石油沥青、凡士林、石蜡等。

（3）无机化学品和特定有机化合物。《出口退税率文库》第六类（化学工业及其相关工业的产品）第二十八章，列举了无机化学品，贵金属、稀土金属、放射性元素及其同位素的有机及无机化合物，除少数货物如锰酸锂以外均适用零出口退税率。

（4）肥料。《出口退税率文库》第六类第三十一章列举的动物或植物肥料，不论是否相互混合或经化学

处理；含氮、磷、钾中两种或三种肥效元素的矿物肥料或化学肥料；其他肥料等，出口退税率为零。

（5）废碎料和原材料产品。《出口退税率文库》第七类（塑料及其制品；橡胶及其制品）第三十九章列举塑料的废碎料及下脚料，第四十章列举橡胶（硬质橡胶除外）的废碎料、下脚料及其粉、粒，未硫化的复合橡胶初级形状或板、片、带，其他形状（如杆、管或型材及异型材）的未硫化橡胶及未硫化橡胶制品（例如，盘、环）等，出口退税率为零。

《出口退税率文库》第八类（生皮、皮革、毛皮及其制品；鞍具及挽具；旅行用品、手提包及类似容器；蚕胶丝以外动物肠线制品）第四十一章列举的全部生皮（毛皮除外）及皮革，第四十二章列举的生毛皮（包括适合加工皮货用的头、尾、爪及其他块、片），未缝制或已缝制（不加其他材料）的已鞣毛皮及其头、尾、爪及其他块、片等，出口退税率为零。但已鞣未缝制的整张水貂皮、已鞣未缝制的兰狐皮、银狐皮除外，其出口退税率均为13%。

《出口退税率文库》第九类（木及木制品；木炭；软木及软木制品；稻草、秸秆、针茅或其他编结材料制品；篮筐及柳条编结品）第四十四章列举的薪柴、木片或木粒、锯末、木废料及碎片（不论是否粘结成圆木段、块、片或类似形状），木炭（包括果壳炭及果核炭，不论是否结块），原木（不论是否去皮、去边材或粗锯成方），箍木、木劈条、已削尖但未经纵锯的木桩、粗加修整但未经车圆、弯曲或其他方式加工的木棒、木片条及类似品，木丝、木粉，铁道及电车道枕木等；第四十五章列举的未加工或简单加工的天然软木、软木废料、碎的、粒状的或粉状的软木、天然软木制品（如软木塞）、压制软木（不论是否使用粘合剂压成）及其制品，其退税率均规定为0。但竹地板条（块）、碎料板、定向刨花板（oriented strand board，OSB）及类似板（如华夫板），木或其他木质材料制的板材（如木质材料纤维板，但至少有一层濒危木材或竹材参与制作的除外），强化木（成块、板、条或异型的），木制品（如包装木箱、木盒、板条箱、圆桶及类似的包装容器、木制电缆卷筒、木托板、箱形托盘及其他装载用木板、木制的托盘护框木制餐具及厨房用具、建筑用具、木质家具等，可以退税。

《出口退税率文库》第十类（木浆及其他纤维状纤维素浆等）第四十七章列举木浆及其他纤维状纤维素浆、回收（废碎）纸或纸板，除了棉短绒纸浆外出口退税率均为0。第四十八章列举纸及纸板，纸浆、纸或纸板制品，整张、整捆的纸如新闻纸、复印纸、复写纸、纸板，纸浆制的滤块、滤板及滤片，任何形状的卷烟纸，非塑料制作的壁纸等，出口退税率均规定为0，即纸原材料和可作原材料的纸不予退税。但宣纸，纸或纸板制的信封、封缄信片、素色明信片及通信卡片，纸或纸板制的盒子、袋子及夹子，内装各种纸制文具，卫生纸，纸或纸板制的登记本、账本、笔记本等纸和纸板制品，可以退税。

《出口退税率文库》第十三类（石料、石膏、水泥、石棉、云母及类似材料的制品；陶瓷产品；玻璃及其制品）第六十八章列举的天然石料（不包括板岩）制的长方砌石、路缘石、扁平石，已加工的碑石或建筑用石（不包括板岩）及其制品，硅酸铝纤维及其制品以外的矿渣棉、岩石棉及类似的矿质棉，页状蛭石、膨胀粘土、泡沫矿渣及类似的膨胀矿物材料，具有隔热、隔音或吸音性能的矿物材料的混合物及制品，沥青或类似原料（如石油沥青或煤焦油沥青）的制品，硅质化石粉（如各种硅藻土）或类似硅土制的砖、块、瓦及其他陶瓷，耐火砖、块、瓦及类似耐火陶瓷建材制品，单体碳含量＞50%的其他耐火陶瓷制品，氧化铝含量＞50%的其他耐火陶瓷制品（氧化铝包括三氧化二铝和二氧化硅的混合物或化合物）等，其退税率为0。

《出口退税率文库》第十四类（天然或养殖珍珠、宝石或半宝石、贵金属、包贵金属及其制品；仿首饰；硬币）第七十一章列举的未分级钻石（未镶嵌），金及包金的废碎料，宝石或半宝石制品（包括天然，合成或再造的），银（包括镀金、镀铂的银）以及未锻造、半制成或粉末状，铂及未锻造、半制成或粉末状；第十五类（贱金属及其制品）第七十二至八十一章列举生铁（包括合金生铁）、钢铁原材料（包括钢铁废碎料、各种形状的铁或非合金钢材料），其他贱金属、金属陶瓷及其制品和废碎料等，其退税率为0。

4. 有害健康的货物

《出口退税率文库》第四类第二十四章（烟草、烟草及烟草代用品的制品）列举的烟草或烟草代用品制成的雪茄烟及卷烟等，其退税率为 0。但烟草、烟草废料、烟草代用品的制品、烟草精汁，含烟草、再造烟草、尼古丁或烟草或尼古丁代用品等出口可以退税。此外，第二十二章（饮料、酒及醋）列举的各类酒包括啤酒、葡萄酒、黄酒、高度蒸馏酒（如威士忌、白兰地、白酒、朗姆酒、伏特加、金酒、龙舌兰）等出口也均可退税。

5. 艺术品、收藏品及古物

《出口退税率文库》第二十一类（艺术品、收藏品及古物）第九十七章规定，不在国家禁止出口范围内的艺术品、收藏品及古物出口不予退税，下列货物征税率为 13%、出口退税率为 0：超过 100 年的油画、粉画及其他手绘画等艺术品、收藏品及古物，具有考古学、人种学、历史学、动物学、植物学、矿物学、解剖学、古生物学或钱币学意义的收集品及珍藏品等。

6. 特定信息产品

《出口退税率文库》特殊交易品及未分类商品，第九十八章列举的出口定制型软件（不包括与产品固化或集成为一体的软件），出口的定制型检测报告、蓝图及类似品，其增值税征税率为 13%，但出口退税率为 0。[①]

（三）出口退税率的执行时间

出口退税率的执行时间及出口货物劳务、发生跨境应税行为的时间，按照以下规定执行：报关出口的货物劳务（保税区及经保税区出口除外），以海关出口报关单上注明的出口日期为准；非报关出口的货物劳务、跨境应税行为，以出口发票或普通发票的开具时间为准；保税区及经保税区出口的货物，以货物离境时海关出具的出境货物备案清单上注明的出口日期为准。

（四）适用退税率的其他规定

（1）外贸企业购进按简易办法征税的出口货物、从小规模纳税人购进的出口货物，其退税率分别为简易办法实际执行的征收率、小规模纳税人征收率。上述出口货物取得增值税专用发票的，退税率按照增值税专用发票上的税率和出口货物退税率孰低的原则确定。

（2）出口企业委托加工修理修配货物，其加工修理修配费用的退税率，为出口货物的退税率。

（3）中标机电产品、出口企业向海关报关进入特殊区域销售给特殊区域内生产企业生产耗用的列名原材料、输入特殊区域的水电气，其退税率为适用税率。如果国家调整列名原材料的退税率，列名原材料应当自调整之日起按调整后的退税率执行。

（4）适用不同退税率的货物、劳务及跨境应税行为，应分开报关、核算并申报退（免）税，未分开报关、核算或划分不清的，从低适用退税率。

（5）融资租赁出口货物适用的增值税退税率，按照统一的出口货物适用退税率执行。从增值税一般纳税人购进的按简易办法征税的融资租赁货物和从小规模纳税人购进的融资租赁货物，其适用的增值税退税率，按照购进货物适用的征税率和退税率孰低的原则确定。[②]

（6）适用 13%税率的境外旅客购物离境退税物品，退税率为 11%；适用 9%税率的境外旅客购物离境退税物品，退税率为 8%。[③]

[①] 更加具体的退税率信息可查阅网站：https://www.taxrefund.com.cn。

[②] 财政部、国家税务总局，《关于出口货物劳务增值税和消费税政策的通知》，财税〔2012〕39 号；财政部、海关总署、国家税务总局，《关于在全国开展融资租赁货物出口退税政策试点的通知》，财税〔2014〕62 号。

[③] 财政部、国家税务总局、海关总署，《关于深化增值税改革有关政策的公告》，2019 年第 39 号。

三、退（免）税的计税依据[①]

（一）出口货物和劳务增值税退（免）税的计税依据

出口货物劳务的增值税退（免）税的计税依据，按出口货物劳务的出口发票（外销发票）、其他普通发票或购进出口货物劳务的增值税专用发票、海关进口增值税专用缴款书确定。具体规定如下。

1. 生产企业出口货物和劳务

生产企业出口货物劳务（进料加工复出口货物除外）增值税退（免）税的计税依据，为出口货物劳务的实际离岸价。实际离岸价应以出口发票上的离岸价为准，但如果出口发票不能反映实际离岸价，主管税务机关有权予以核定。

2. 进料加工出口货物

对进料加工出口货物，企业应以出口货物人民币离岸价扣除出口货物耗用的保税进口料件金额的余额为增值税退（免）税的计税依据。

3. 生产企业购进免税原材料加工后出口的货物

生产企业国内购进无进项税额且不计提进项税额的免税原材料加工后出口的货物的计税依据，按出口货物的离岸价扣除出口货物所含的国内购进免税原材料的金额后确定。

4. 外贸企业出口货物和劳务

外贸企业出口货物（委托加工修理修配货物除外）增值税退（免）税的计税依据，为购进出口货物的增值税专用发票注明的金额或海关进口增值税专用缴款书注明的完税价格。

外贸企业出口委托加工修理修配货物增值税退（免）税的计税依据，为加工修理修配费用增值税专用发票注明的金额。

5. 免税品经营企业销售的货物

免税品经营企业销售的货物增值税退（免）税的计税依据，为购进货物的增值税专用发票注明的金额或海关进口增值税专用缴款书注明的完税价格。

6. 中标机电产品

中标机电产品增值税退（免）税的计税依据分为两种情况：一是生产企业为销售机电产品的普通发票注明的金额；二是外贸企业为购进货物的增值税专用发票注明的金额或海关进口增值税专用缴款书注明的完税价格。

7. 输入特殊区域的水电气

输入特殊区域的水电气增值税退（免）税的计税依据，为作为购买方的特殊区域内生产企业购进水（包括蒸汽）、电力、燃气的增值税专用发票注明的金额。

8. 融资租赁购进融资租赁货物

融资租赁购进融资租赁货物的增值税专用发票注明的金额或海关（进口增值税）专用缴款书注明的完税价格。[②]

[①] 有关条款除了另外注释，均来源于财政部、国家税务总局，《关于出口货物劳务增值税和消费税政策的通知》，财税〔2012〕39号。

[②] 财政部、海关总署、国家税务总局，《关于在全国开展融资租赁货物出口退税政策试点的通知》，财税〔2014〕62号。

9. 境外旅客购物离境退税物品

境外旅客购物离境退税物品增值税退（免）税的计税依据为离境的退税物品销售发票金额（含增值税）。[①]

（二）已使用过的设备增值税退（免）税的计税依据

出口进项税额未计算抵扣的已使用过的设备增值税退（免）税的计税依据，按下列公式确定：

退（免）税计税依据＝增值税专用发票上的金额或海关进口增值税专用缴款书注明的完税价格×已使用过的设备固定资产净值÷已使用过的设备原值

已使用过的设备固定资产净值＝已使用过的设备原值－已使用过的设备已提累计折旧

（三）出口服务的增值税退（免）税计税依据

跨境应税服务的退（免）税计税依据（taxing basis of export drawback or free）按下列规定执行。

1. 实行免抵退税办法的退（免）税计税依据[②]

前面业已指出适用增值税一般计税方法的纳税人出口服务和无形资产实行免抵退税办法。其退（免）税计税依据按下列规则确定。

（1）以铁路运输方式载运旅客的，为按照铁路合作组织清算规则清算后的实际运输收入。

（2）以铁路运输方式载运货物的，为按照铁路运输进款清算办法，对"发站"或"到站（局）"名称包含"境"字的货票上注明的运输费用以及直接相关的国际联运杂费清算后的实际运输收入。

（3）以航空运输方式载运货物或旅客的，如果国际运输或港澳台运输各航段由多个承运人承运的，为中国航空结算有限责任公司清算后的实际收入；如果国际运输或港澳台地区运输各航段由一个承运人承运的，为提供航空运输服务取得的收入。

（4）其他实行免抵退税办法的增值税零税率应税服务，为提供增值税零税率应税服务取得的收入。

2. 实行免退税办法的退（免）税计税依据

实行免退税办法纳税人的退（免）税计税依据为购进应税服务的增值税专用发票或解缴税款的中华人民共和国税收缴款凭证上注明的金额。[③]

实行退（免）税办法的服务和无形资产，如果主管税务机关认定出口价格偏高的，有权按照核定的出口价格计算退（免）税，核定的出口价格低于外贸企业购进价格的，低于部分对应的进项税额不予退税，转入成本。[③]

（四）出口货物消费税退税计税依据

出口货物的消费税应退税额的计税依据，按购进出口货物的消费税专用缴款书和海关进口消费税专用缴款书确定。

属于从价定率计征消费税的，为已征且未在内销应税消费品应纳税额中抵扣的购进出口货物金额；属于从量定额计征消费税的，为已征且未在内销应税消费品应纳税额中抵扣的购进出口货物数量；属于复合计征消费税的，按从价定率和从量定额的计税依据分别确定。

---

① 财政部，《关于实施境外旅客购物离境退税政策的公告》，2015 年第 3 号。
② 国家税务总局，《关于发布〈适用增值税零税率应税服务退（免）税管理办法〉的公告》，2014 年第 11 号。
③ 《跨境应税行为适用增值税零税率和免税政策的规定》，第四条，财政部、国家税务总局，《财政部 国家税务总局关于全面推开营业税改征增值税试点的通知》，财税〔2016〕36 号，附件 4。

四、增值税免抵退税和免退税的计算[①]

以下结合例子具体说明增值税免抵退，增值税免退，融资租赁货物增值税退税，离境物品增值税退税，消费税退税和增值税、消费税免税等方面的计算方法。

（一）生产企业出口货物、劳务、服务和无形资产的增值税免抵退税的计算

1. 基本计算公式

生产企业出口货物、劳务、服务和无形资产的增值税免抵退税，按下列公式计算。

（1）当期应纳税额的计算：

当期应纳税额 = 当期销项税额－(当期进项税额－当期不得免征和抵扣税额)

当期不得免征和抵扣税额 = 当期出口货物离岸价×外汇人民币折合率×(出口货物适用税率－出口货物退税率)－当期不得免征和抵扣税额抵减额

当期不得免征和抵扣税额抵减额 = 当期免税购进原材料价格×(出口货物适用税率－出口货物退税率)

出口货物离岸价以出口发票计算的离岸价为准。

上述公式中当期出口货物离岸价是指当期不得免征和抵扣税额部分的出口货物外币标价的离岸价，即出口退税率低于适用税率的出口货物离岸价。实际离岸价应以出口发票上的离岸价为准，但如果出口发票不能反映实际离岸价，主管税务机关有权予以核定。

（2）当期免抵退税额（current tax credits and exemptions）的计算：

当期免抵退税额 = 当期出口货物离岸价×外汇人民币折合率×出口货物退税率－当期免抵退税额抵减额

如果退税率不同，应分别计算。

$$当期免抵退税额抵减额 = 当期免税购进原材料价格×出口货物退税率 \quad (15\text{-}2\text{-}1)$$

（3）当期应退税额和当期免抵税额（current tax credits）的计算：

① $$当期期末留抵税额 \leqslant 当期免抵退税额 \quad (15\text{-}2\text{-}2)$$

则

当期应退税额 = 当期期末留抵税额

当期免抵税额 = 当期免抵退税额－当期应退税额

② $$当期期末留抵税额 > 当期免抵退税额 \quad (15\text{-}2\text{-}3)$$

则

当期应退税额 = 当期免抵退税额

当期免抵税额 = 0

2. 基本计算公式的原理

上述计算公式是一种针对生产企业的出口退税计算公式，需要从原理上加以适当解释。

按照前述有关出口退税的理论定义，出口退税就是销项税额为零，进项税额为负数，不仅不用缴纳本环节增值税，还可获得退税（负增值税）。但由于增值税税率不是单一的，而是多个税率并存，纳税人作为生产企业，其进项货物可能多种多样，不同货物的进项税额不同，一种出口货物可能对应不同税率的进项货物，如果完全按照上述有关出口退税的理论定义，以进项计算退税额，就要按不同的税率计算各种进项货物的进项税额，并在不同出口货物中进行合理分配，存在计算上的复杂性；生产企业可能不仅出口货物还内销货物，在这种情况下，还需要将进项税额在出口货物和内销货物中进行合理分配，以

[①] 有关条款除了另外注释，均来源于财政部、国家税务总局，《关于出口货物劳务增值税和消费税政策的通知》，财税〔2012〕39号。

确定可退税的进项税额，进行此项工作也十分复杂；在企业生产的产品既出口又内销的情况下，内销部分要缴纳增值税上缴国库，出口部分要从国库中退回增值税，来回折腾徒增税收成本。为解决上述问题采用了如下解决办法。

（1）设计专门的退税率制度，即不按出口货物对应的税率和进项税额来计算退税，而是针对出口货物规定退税率，以出口退税计税基础乘以退税率来计算出口退税额。退税率制度不仅可以解决出口货物和服务的双重课税问题，也可避免进项税额在不同税率产品之间的分配，而且还可以作为一项调节经济的政策措施。退税率与征税率可以是一致的，以体现出口零税率的精神，也可以不一致，以体现国家对出口货物的限制或鼓励。根据宏观经济政策或产业政策，当需要限制一些货物出口时，可规定低于货物适用税率的退税率，直到退税率为零；相反当需要鼓励货物出口时，可规定高于货物适用税率的退税率，这相当于国家给予出口补贴，当然为了避免国际贸易争端，实际工作中一般不采用这种补贴的方式。

（2）对生产企业出口货物的退税采用免抵退办法，其主要特征有如下几个方面。

第一，内销货物应纳税额和出口货物退税统算，即统一计算当期纳税人应纳税额，计算公式是应纳税额=销项税额–进项税额，计算销项税额时只计算内销部分的销项税额，按货物适用税率计算，不计算出口部分的销项税额，体现免抵退中对出口货物免税的含义。不需要将内销和出口相关的征税和退税分别计算、分别入库和退库，也不单独计算办理退税，而是用出口退税额抵减内销货物应纳税额，体现免抵退中"抵"的含义。抵不完的给予"退税"或"留抵"到下期再抵减或退税，体现免抵退中"退"的含义。

第二，对货物征税率与退税率的差异进行调整。由于单独设置退税率制度，就产生货物增值税适用税率和退税率可能不一致的情况，就需要根据政策特别是征税率和退税率的差异进行调整。调整前的计算公式是应纳税额=销项税额–进项税额，但由于征税率和退税率之间存在差异，应退税数额是退税计税基础乘以退税率，而不是乘以征税率，其中征税率高于退税率部分不予退税，就需要加计，即加上出口货物征税率高于退税率部分的销项税额，即出口退税计税基础×(出口货物适用税率–出口货物退税率)。出口退税计税基础=当期出口货物离岸价×外汇人民币折合率。在不考虑购进的免税原材料情况下，调整后的计算公式就变为：当期应纳税额=当期销项税额+当期出口货物离岸价×外汇人民币折合率×(出口货物适用税率–出口货物退税率)–进项税额，用专门术语"当期不得免征和抵扣税额"代替"当期出口货物离岸价×外汇人民币折合率×(出口货物适用税率–出口货物退税率)"，经整理就得到：当期应纳税额=当期销项税额–(当期进项税额–当期不得免征和抵扣税额)。具体计算时，只能计算"当期不得免征和抵扣税额"部分的出口货物外币标价的离岸价，即出口退税率低于适用税率的出口货物的离岸价。

在存在免税购进原材料（包括购进的出口货物耗用的进料加工保税进口料件等）的情况下，上述"当期不得免征和抵扣税额"存在多"加计"或多算的情形。因为免税购进原材料用于出口不存在退税问题，相应不存在征税率和退税率差异问题，因此还得将购进免税原材料按征税率和退税率之差中多算的销项税额扣减，公式中以"当期不得免征和抵扣税额抵减额"体现。这样就有：当期不得免征和抵扣税额=当期出口货物离岸价×外汇人民币折合率×(出口货物适用税率–出口货物退税率)–当期不得免征和抵扣税额抵减额；当期不得免征和抵扣税额抵减额=当期免税购进原材料价格×(出口货物适用税率–出口货物退税率)。目前除了一些货物实行零退税率即不予退税以外，多数货物征税率和退税率一致，不存在调整事项，上述公式可复原为

当期应纳税额=当期销项税额–当期进项税额

如果当期应纳税额为正数，意味着用出口货物退税额不足以抵减内销货物应纳增值税税额，企业还必须缴纳其差额部分的增值税。如果当期应纳税额为负值，就意味着纳税人当期不仅不需要缴纳增值税，还可获得一笔退税（不是出口退税，而是统算后的退税），但这笔退税不是马上给予退还，而是留待抵扣，故用当期期末留抵税额（current period-end tax credits）加以表达。出现当期应纳税额为负值即存在当期期末留抵税额，可能由于存在以下两种情况：第一种是比较一般的情况，即出口货物退税额超过内销货物应纳增值税税额，足以抵减内销货物应纳增值税，其差额部分将退还给企业（这不是出口退税意义上的退税，是统算后的退还一部分纳税人已经支付了的进项税额），这就是当期应退税额，

最终用内销应纳增值税抵减了多少出口货物退税额，用当期免抵税额表示；第二种情况比较特殊，即当期进项税额陡增（如当期购进一批进项税额比较大的设备），即使不考虑出口退税事宜，也会产生负增值税情况，且该数值比出口应退税额还要大，即当期期末留抵税额＞当期免抵退税额［式（15-2-3）］。经过统算后，纳税人实际可退还的增值税税额即当期应退税额的多少，要考虑上述两种情况，通过当期期末留抵税额和当期免抵退税额对比，择其小者确定。

当期免抵退税额实际上就按照出口退税原理和政策（即按退税率）计算的应退出口货物增值税额，如果外购用于生产出口货物的原材料中没有免税项目，式（15-2-1）计算程序就不需要包含后面的减项。但是，如果外购用于生产出口货物的原材料中存在免税项目，就需要减去当期免抵退税额抵减额。因为这些外购原材料是免税的，如果不扣减，就意味着免税项目也给予退税，显然不合理。但抵减额不是按出口货物的征税率计算而是要按照退税率计算，以体现出口退税按退税率计算的政策精神。此外，如果外购免税原材料不仅用于生产出口货物还用于生产内销货物，就必须加以区分，此处只计算用于生产出口货物的购进免税原材料的"抵减额"。

在免抵退采取出口与内销统算办法计算有关税项的情况下，之所以还要单独计算上述出口货物退税额即当期免抵退税额，是为了确定当期应退税额和当期免抵税额。

当期应退税额的上限是按出口退税政策确定的出口货物应退税额。在式（15-2-2）中，当期期末留抵税额小或等于当期应退税额，表明统算后出现的负应纳税额（即应退税额）其绝对值小于或等于按出口退税政策确定的出口货物应退税额（即当期免抵退税额），当期可获得等于当期期末留抵税额的退税额。这意味着内销货物的应纳增值税足以抵减出口退税，抵减额（即当期免抵税额）为按出口退税政策确定的出口货物应退税额（即当期免抵退税额）与当期应纳税额负数的绝对值（即当期期末留抵税额）的差额。如果统算后出现当期期末留抵税额大于按出口退税政策确定的出口货物应退税额（即当期免抵退税额），当期只能退回按出口退税政策确定的出口货物应退税额（即当期免抵退税额），其余的当期不予退还，留待下期抵扣。上述式（15-2-3）就是用来计算此种情况下应退税额。如果出现这种情况，表明企业本期因为购进固定资产等发生进项税额陡增，即使没有出口，内销增值税也是负值，这意味着当期不存在用内销应纳增值税抵减出口退税的事实，当期免抵税额为零。

上述公式中的当期免抵税额只是反映用统算后的应纳税额抵减出口退税额的数额。这不是企业期末留抵税额，更不是企业次月的期初留抵税额。在办理出口退税时，当期免抵税额不起什么作用，但对计算城市维护税和教育附加有用，因为当期免抵税额是城市维护税和教育附加计税基础组成部分。

3. 当期免抵退税额抵减额的计算

如果外购用于生产出口货物的原材料中存在免税项目，在计算当期免抵退税额时还需要减去当期免抵退税额抵减额，用当期免税购进原材料价格乘以退税率确定。

当期免税购进原材料价格包括当期国内购进的无进项税额且不计提进项税额的免税原材料的价格和当期进料加工保税进口料件的价格，其中当期进料加工保税进口料件的价格为组成计税价格。

当期进料加工保税进口料件的组成计税价格＝当期进口料件到岸价格＋海关实征关税＋海关实征消费税

（1）采用实耗法的，当期进料加工保税进口料件的组成计税价格为当期进料加工出口货物耗用的进口料件组成计税价格，其计算公式为

当期进料加工保税进口料件的组成计税价格＝当期进料加工出口货物离岸价×外汇人民币折合率
×计划分配率

计划分配率＝计划进口总值÷计划出口总值×100%

实行纸质手册和电子化手册的生产企业，应根据海关签发的加工贸易手册或加工贸易电子化纸质单证所列的计划进出口总值计算计划分配率。

实行电子账册的生产企业，计划分配率按前一期已核销的实际分配率确定；新启用电子账册的，计划分配率按前一期已核销的纸质手册或电子化手册的实际分配率确定。

（2）采用购进法的，当期进料加工保税进口料件的组成计税价格为当期实际购进的进料加工进口料件的组成计税价格。

若当期实际不得免征和抵扣税额抵减额大于当期出口货物离岸价×外汇人民币折合率×(出口货物适用税率−出口货物退税率)的，则：

当期不得免征和抵扣税额抵减额 = 当期出口货物离岸价×外汇人民币折合率
×(出口货物适用税率−出口货物退税率)

实行免抵退税办法的进料加工出口企业，在国家实行出口产品征退税率一致政策后，因前期征退税率不一致等原因，结转未能抵减的免抵退税"不得免征和抵扣税额抵减额"，企业进行核对确认后，可调转为相应数额的增值税进项税额。①

在免抵退税计算时，出口货物征退税率之差形成的"不得免征和抵扣税额"，企业应将其从增值税进项税额中扣减。对从事进料加工出口货物和服务的企业，其计算依据为出口金额扣除出口产品耗用保税进口料件后的余额。具体执行中，企业应先按照计划分配率（即计划进口总值在计划出口总值中的占比）计算不得免征和抵扣税额，并在手册和账册结案后，按实际分配率进行核销。因实际分配率与计划分配率之间的差异，核销产生的多计算的"不得免征和抵扣税额"，即少计算的"不得免征和抵扣税额抵减额"，允许企业与此后产生的"不得免征和抵扣税额"进行抵减。②

4. 混合项目的处理规则及其计算办法

出口企业既有适用增值税免抵退项目，也有增值税即征即退、先征后退项目的，增值税即征即退和先征后退项目不参与出口项目"免、抵、退"税计算。出口企业应分别核算增值税免抵退项目和增值税即征即退、先征后退项目，并分别申请享受增值税即征即退、先征后退和免抵退税政策。③

用于增值税即征即退或者先征后退项目的进项税额无法划分的，按照下列公式计算：

无法划分进项税额中用于增值税 = 当月无法划分的全部进项税额
×当月增值税即征即退或者先征后退项目销售额
÷当月全部销售额、营业额合计

实行免抵退税办法的零税率应税行为提供者如同时有货物、劳务出口且未分别计算的，可一并计算免抵退税额。税务机关在审批时，按照出口货物、劳务、零税率应税行为免抵退税额比例划分出口货物劳务、零税率应税行为的退税额和免抵税额。

以下具体说明免抵退的计算。

【例15-2-1】某自营出口的生产企业为增值税一般纳税人，出口货物的征税率和退税率均为13%，某年1月的有关经营业务和金额为：购进各类货物，取得的增值税专用发票注明的价款2000万元，准予抵扣的进项税额为260万元；内销货物不含税销售额1000万元；出口货物的销售额折合人民币2000万元。请计算该企业采用免抵退方法下，当期应纳税额或当期期末留抵税额。

【答案】当期应纳税额 = 当期销项税额−当期进项税额 = 1000×13%−260 = −130（万元）

数值为负数，因此，当期期末留抵税额 = 130（万元）。

【例15-2-2】某自营出口的生产企业为增值税一般纳税人，出口货物的征税率为13%，一部分货物的出口退税率为13%，另一部分货物的出口退税率为0。某年1月有关经营业务为：购进各类非免税进项取得的增值税专用发票注明的价款为2000万元，准予抵扣进项税额260万元；购进免税原材料（进料加工出口货物耗用的保税进口料件）金额为600万元，该货物出口退税率为13%；内销货物销售额为1000万元；出口货物的销售额（即当期出口货物离岸价×外汇人民币折合率）折合人民币2500万元，其中1500万元出

---

① 国家税务总局，《关于进一步便利出口退税办理 促进外贸平稳发展有关事项的公告》，国家税务总局公告2022年第9号。
② 国家税务总局办公厅，《关于〈国家税务总局关于进一步便利出口退税办理 促进外贸平稳发展有关事项的公告〉的解读》。
③ 财政部、国家税务总局，《关于出口货物劳务增值税和消费税政策的通知》，财税〔2012〕39号。

口货物的退税率为13%,其余1000万元出口货物的退税率为0。请计算该企业采用免抵退方法下,当期免抵退税额、当期期末留抵税额或应纳税额、当期应退税额、当期免抵税额。

【答案】(1)先计算不得免征和抵扣税额抵减额:

不得免征和抵扣税额抵减额 = 当期免税购进原材料价格
×(出口货物适用税率−出口货物退税率)
= 600×(13%−13%) = 0(万元)

(2)计算当期不得免征和抵扣税额。此处的关键是先要计算"当期不得免征和抵扣税额"部分的出口货物销售额,即出口退税率低于适用税率的出口货物离岸价,本题就是出口货物销售额中退税率为0的1000万元部分。

当期不得免征和抵扣税额 = 当期出口货物离岸价×外汇人民币折合率
×(出口货物适用税率−出口货物退税率)−当期不得免征和抵扣税额抵减额
= "当期不得免征和抵扣税额"部分的出口货物销售额
×(出口货物适用税率−出口货物退税率)−当期不得免征和抵扣税额抵减额
= 1000×(13%−0)−0 = 130(万元)

(3)计算当期免抵退税额:

当期免抵退税额抵减额 = 当期免税购进原材料价格×出口货物退税率 = 600×13% = 78(万元)

当期免抵退税额 = 当期出口货物离岸价×外汇人民币折合率×出口货物退税率
−当期免抵退税额抵减额 = 1500×13%−78 = 117(万元)

(4)计算当期应纳税额或当期期末留抵税额:

当期应纳税额 = 当期销项税额−(当期进项税额−当期不得免征和抵扣税额)
= 1000×13%−(260−130) = 0(万元)

计算结果为0,说明当期期末没有留抵税额。

(5)当期应退税额和当期免抵税额的计算:

当期期末留抵税额<当期免抵退税额,即0(万元)<117(万元),则

当期应退税额 = 当期期末留抵税额 = 0(万元)

当期免抵税额 = 117(万元)

结果表明,企业用内销货物应纳增值税税额117万元抵减出口货物退税额后,企业应纳税额为0。

【例15-2-3】某自营出口的生产企业为增值税一般纳税人,一部分出口货物的退税率为13%,另一部分出口退税率为0。某年2月有关经营业务为:购进各类非免税进项,取得的增值税专用发票注明的价款2000万元,准予抵扣进项税额260万元;购进免税原材料(进料加工出口货物耗用的保税进口料件)金额为600万元,该货物出口退税率为0;内销货物不含税销售额2000万元;出口货物的销售额(即当期出口货物离岸价×外汇人民币折合率)折合人民币1500万元,其中500万元出口货物的退税率为13%,其余1000万元出口货物的退税率为0。上期留抵税额78万元。请计算该企业采用免抵退方法时,当期免抵退税额、当期期末留抵税额或应纳税额、当期应退税额、当期免抵税额。

【答案】(1)先计算不得免征和抵扣税额抵减额:

不得免征和抵扣税额抵减额 = 当期免税购进原材料价格×(出口货物适用税率−出口货物退税率)
= 600×(13%−0) = 78(万元)

(2)计算当期不得免征和抵扣税额。此处的关键是要计算"当期不得免征和抵扣税额"部分的出口货物销售额,即出口退税率低于适用税率的出口货物离岸价,本题就是出口货物销售额中退税率为0的1000万元部分。

当期不得免征和抵扣税额 = 当期出口货物离岸价×外汇人民币折合率×(出口货物适用税率−出口货物退税率)−当期不得免征和抵扣税额抵减额 = "当期不得免征和抵扣税额"部分的出口货物销售额×(出口货

物适用税率–出口货物退税率）–当期不得免征和抵扣税额抵减额 = 1000×(13%–0)–78 = 52（万元）

（3）计算当期免抵退税额：

当期免抵退税额抵减额 = 当期免税购进原材料价格×出口货物退税率 = 600×0 = 0

当期免抵退税额 = 当期出口货物离岸价×外汇人民币折合率×出口货物退税率–当期免抵退税额抵减额 = 500×13%–0 = 65（万元）

（4）计算当期应纳税额或当期期末留抵税额：

当期应纳税额 = 当期销项税额–（当期进项税额–当期不得免征和抵扣税额）
　　　　　　–上期留抵税额 = 2000×13%–(260–52)–78 = –26（万元）

计算结果为负数，说明当期期末留抵税额为26万元。

当期应退税额和当期免抵税额的计算：

当期期末留抵税额≤当期免抵退税额，即 26（万元）<65（万元），则

当期应退税额 = 当期期末留抵税额 = 26（万元）

当期免抵税额 = 当期免抵退税额–当期应退税额 = 65–26 = 39（万元）

结果表明，企业用内销货物应纳增值税税额39万元抵减出口货物退税额后，企业还可以获得26万元的退税。

【例15-2-4】 某国际运输公司，为一般纳税人，实行免抵退方法办理运输服务出口退税业务。该企业某年3月国内运输收入200万元；当月承接国际运输业务，取得国际运输收入14.43美元，汇率6.93，折合人民币100万元。当月外购运输工具和其他进项取得增值税发票，可抵扣进项税额33万元。增值税纳税申报时，上期留抵税额为10万元人民币。运输服务增值税适用税率为9%，国际运输服务实行零税率。请计算该企业当期增值税应纳税额或当期期末留抵税额、当期免抵退税额、当期应退税额和当期免抵税额以及下期留抵税额（如有的话）。

（1）计算当期增值税应纳税额或当期期末留抵税额：

当期增值税应纳税额 = 销项税额–进项税额–上期留抵税额 = 200×9%–33–10 = –25（万元）

结果为负值，表明当期期末留抵税额为25万元。

（2）计算当期免抵退税额：

当期零税率应税行为免抵退税额 = 当期零税率应税行为的免抵退税计税依据×应税行为增值税退税率 = 100×9% = 9（万元）

（3）计算当期应退税额和当期免抵税额：

当期期末留抵税额>当期免抵退税额，即 25（万元）>9（万元），则

当期应退税额 = 当期免抵退税额 = 9（万元）

当期免抵税额 = 0

结果表明，该企业当期不需要缴纳增值税，理论上应该获得25万元的退税，但在实行"免、抵、退"方法的情况下，只能获得国际运输收入退税额9万元。

（4）计算下期留抵税额：

下期留抵税额 = 当期期末留抵税额–当期免抵退税额 = 25–9 = 16（万元）

当期统算相抵之后，下期留抵税额为16万元。

（二）外贸企业出口货物、劳务和服务增值税退免税额的计算

外贸企业出口货物、劳务和服务的增值税退税按免退办法计算，即免征出口环节的增值税，退还以前环节的增值税，其计算公式如下[①]。

[①] 财政部、国家税务总局，《关于出口货物劳务增值税和消费税政策的通知》，财税〔2012〕39号。

（1）外贸企业出口委托加工修理修配货物以外的货物：

增值税应退税额＝增值税退（免）税计税依据×出口货物退税率

（2）外贸企业出口委托加工修理修配货物：

出口委托加工修理修配货物的增值税应退税额＝委托加工修理修配的增值税退（免）税计税依据

×出口货物退税率

【例15-2-5】某进出口公司某年6月出口欧洲某国轿车100台，进货增值税专用发票列明单价50万元/台，计税金额5000万元，该货物增值税出口退税率为13%。请计算当期应退增值税税额。

【答案】 应退增值税税额＝5000×13%＝650（万元）

【例15-2-6】某进出口公司某年6月购进棉布委托加工成棉制婴儿服装出口，取得棉布增值税发票，注明计税金额为20万元；取得服装加工费计税金额12.5万元，受托方将其他原材料成本并入加工修理修配费用并开具了增值税专用发票。棉制婴儿服装增值税出口退税率为13%。请计算当期应退增值税税额。

【答案】 应退增值税税额＝(20＋12.5)×13%＝4.225（万元）

（三）融资租赁出口货物增值税退税额计算[①]

融资租赁出租方将融资租赁出口货物租赁给境外承租方、将融资租赁海洋工程结构物租赁给海上石油天然气开采企业，向融资租赁出租方退还其购进租赁货物所含增值税。计算公式为

增值税应退税额＝购进融资租赁货物的增值税专用发票注明的金额或海关（进口增值税）专用缴款书注明的完税价格×融资租赁货物适用的增值税退税率

【例15-2-7】某年3月某融资租赁公司根据合同规定将一套太阳能发电机组以融资租赁方式出租给境外的甲企业使用。融资租赁公司购进该设备的增值税专用发票上注明的金额为1000万元人民币。太阳能发电机组增值税出口退税率为13%。请计算该企业当期增值税应退税额。

【答案】 增值税应退税额＝1000×13%＝130（万元）

（四）离境的退税物品退税额计算

应退税额＝离境的退税物品销售发票金额（含增值税）×退税率

实退增值税额＝应退税额－退税代理机构办理退税手续费

【例15-2-8】某境外旅客来中国大陆地区游玩，某年5月3日在北京某退税商店购买一批物品，取得该商店开具的增值税普通发票及退税申请单，发票注明金额5000元（价税合计），增值税税率为13%。当年5月15日在北京首都机场口岸离境，通过代理机构办理退税手续，北京地区退税代理机构手续费为发票金额的2%。请计算该旅客可获得的增值税实退税额。

应退税额＝5000×11%[②]＝550（元）

手续费＝5000×2%＝100（元）

实退税额＝550－100＝450（元）

（五）消费税退税的计算

消费税应退税额＝从价定率计征消费税的退税计税依据×比例税率

＋从量定额计征消费税的退税计税依据×定额税率

[①] 财政部、海关总署、国家税务总局，《关于在全国开展融资租赁货物出口退税政策试点的通知》，财税〔2014〕62号。

[②] 适用13%税率的境外旅客购物离境退税物品，退税率为11%。

融资租赁消费税应退税额＝购进融资租赁货物税收（出口货物专用）缴款书上或海关进口消费税专用缴款书上注明的消费税税额[①]

外贸企业出口和代理出口货物的应退消费税税款，凡属于从价定率计征消费税的货物应依据外贸企业从工厂购进货物时征收消费税的价格计算，其计算退税的公式为

$$应退消费税 = 出口货物的工厂销售额 \times 消费税税率$$

上述公式中的销售额不包含增值税。

凡属于从量定额计征消费税的货物应依据货物购进和报关出口的数量，其计算退税的公式为

$$应退消费税 = 出口货物的数量 \times 单位税额$$

（六）出口增值税、消费税免税的计算

适用增值税免税政策的其他出口货物劳务，按照增值税和消费税免税政策的统一规定执行。免税额计税基础，除来料加工复出口货物为其加工费收入外，其他均为出口离岸价或销售额。适用增值税免税政策的出口货物劳务，其进项税额不得抵扣和退税，应当转入成本。出口卷烟，依下列公式计算：

$$不得抵扣的进项税额 = 出口卷烟含消费税金额 \div (出口卷烟含消费税金额 + 内销卷烟销售额) \times 当期全部进项税额$$

上述公式中，出口卷烟含消费税金额根据不同情况采用不同的计算公式。

（1）当生产企业销售的出口卷烟在国内有同类产品销售价格时：

$$出口卷烟含消费税金额 = 出口销售数量 \times 销售价格$$

销售价格为同类产品生产企业国内实际调拨价格。如实际调拨价格低于税务机关公示的计税价格的，销售价格为税务机关公示的计税价格；高于公示计税价格的，销售价格为实际调拨价格。

（2）当生产企业销售的出口卷烟在国内没有同类产品销售价格时：

$$出口卷烟含税金额 = (出口销售额 + 出口销售数量 \times 消费税定额税率) \div (1 - 消费税比例税率)$$

出口销售额以出口发票上的离岸价为准。若出口发票不能如实反映离岸价，生产企业应按实际离岸价计算，否则，税务机关有权按照有关规定予以核定调整。

（七）不实行退免税政策的出口货物劳务应纳增值税的计算

适用增值税征税政策的出口货物劳务，其应纳增值税按下列办法计算。

1. 一般纳税人出口货物

$$销项税额 = (出口货物离岸价 - 出口货物耗用的进料加工保税进口料件金额) \div (1 + 适用税率) \times 适用税率$$

出口货物若已按征退税率之差计算不得免征和抵扣税额并已经转入成本的，相应的税额应转回进项税额。

（1）出口货物耗用的进料加工保税进口料件金额 = 主营业务成本 × (投入的保税进口料件金额 ÷ 生产成本)

主营业务成本、生产成本均为不予退（免）税的进料加工出口货物的主营业务成本、生产成本。当耗用的保税进口料件金额大于不予退（免）税的进料加工出口货物金额时，耗用的保税进口料件金额为不予退（免）税的进料加工出口货物金额。

（2）出口企业应分别核算内销货物和增值税征税的出口货物的生产成本、主营业务成本。未分别核算

[①] 财政部、海关总署、国家税务总局，《关于在全国开展融资租赁货物出口退税政策试点的通知》，财税〔2014〕62号。

的，其相应的生产成本、主营业务成本由主管税务机关核定。

进料加工手册海关核销后，出口企业应对出口货物耗用的保税进口料件金额进行清算。清算公式为

清算耗用的保税进口料件总额 = 实际保税进口料件总额

          -退（免）税出口货物耗用的保税进口料件总额

          -进料加工副产品耗用的保税进口料件总额

若耗用的保税进口料件总额与各纳税期扣减的保税进口料件金额之和存在差额时，应在清算的当期相应调整销项税额。当耗用的保税进口料件总额大于出口货物离岸金额时，其差额部分不得扣减其他出口货物金额。

2. 小规模纳税人出口货物

$$应纳税额 = 出口货物离岸价 \div (1 + 征收率) \times 征收率$$

第三节 出口退（免）税管理

出口退（免）税政策在消除国际贸易税收歧视、维护公平竞争、鼓励出口等方面发挥积极作用的同时，也为不法分子提供了索取经济利益的诱惑和机会，出现了出口骗税（export tax fraud）事件且屡禁不止，以及犯罪规模和金额巨大的情况。为了防止出口骗税、准确落实出口退（免）各项政策、提高对纳税人的服务质量和水平，国家有关部门制定出台一系列出口退（免）税管理办法。本节分别阐述出口货物退（免）税管理规定、出口服务增值税退（免）税管理规定、出口退（免）税的分类管理和违章处理规定。

一、出口货物退（免）税管理规定[①]

出口货物退（免）税管理规定，主要包括资格认定、申报及受理、审核及审批、日常服务及管理等。

（一）出口货物退（免）税资格认定

符合增值税退（免）税或免税、消费税退（免）税或免税政策的出口企业或其他单位，应办理退（免）税认定。[②]

按《中华人民共和国对外贸易法》和商务部《对外贸易经营者备案登记办法》的规定办理备案登记的对外贸易经营者，没有出口经营资格的生产企业委托出口自产货物（含视同自产产品），应分别在备案登记、代理出口协议签定之日起30日内持有关资料，填写《出口货物退（免）税认定表》，到所在地税务机关办理出口货物退（免）税认定手续。

经过认定的出口企业及其他单位，应在规定的增值税纳税申报期内向主管税务机关申报增值税退（免）税和免税、消费税退（免）税和免税。委托出口的货物，由委托方申报增值税退（免）税和免税、消费税退（免）税和免税。输入特殊区域的水电气，由作为购买方的特殊区域内生产企业申报退税。出口企业或其他单位骗取国家出口退税款的，经省级以上税务机关批准可以停止其退（免）税资格。[③]

已办理出口货物退（免）税认定的出口商，其认定内容发生变化的，须自有关管理机关批准变更之日起30日内，持相关证件向税务机关申请办理出口货物退（免）税认定变更手续。

出口商发生解散、破产、撤销以及其他依法应终止出口货物退（免）税事项的，应持相关证件、资料向税务机关办理出口货物退（免）税注销认定。

对申请注销认定的出口商，税务机关应先结清其出口货物退（免）税款，再按规定办理注销手续。

[①] 本节有关条款除了另外注释，均来源于国家税务总局，《关于印发〈出口货物退（免）税管理办法（试行）〉的通知》，国税发〔2005〕51号。

[②] 财政部、国家税务总局，《关于出口货物劳务增值税和消费税政策的通知》，财税〔2012〕39号。

[③] 财政部、国家税务总局，《关于出口货物劳务增值税和消费税政策的通知》，财税〔2012〕39号。

（二）出口货物退（免）税申报及受理

出口商应在规定期限内，收齐出口货物退（免）税所需的有关单证，使用国家税务总局认可的出口货物退（免）税电子申报系统生成电子申报数据，如实填写出口货物退（免）税申报表，向税务机关申报办理出口货物退（免）税手续。逾期申报的，除另有规定者外，税务机关不再受理该笔出口货物的退（免）税申报，该补税的应按有关规定补征税款。

出口商申报出口货物退（免）税时，税务机关应及时予以接受并进行初审。经初步审核，出口商报送的申报资料、电子申报数据及纸质凭证齐全的，税务机关受理该笔出口货物退（免）税申报。出口商报送的申报资料或纸质凭证不齐全的，除另有规定者外，税务机关不予受理该笔出口货物的退（免）税申报，并要当即向出口商提出改正、补充资料、凭证的要求。

税务机关受理出口商的出口货物退（免）税申报后，应为出口商出具回执，并对出口货物退（免）税申报情况进行登记。

出口商报送的出口货物退（免）税申报资料及纸质凭证齐全的，除另有规定者外，在规定申报期限结束前，税务机关不得以无相关电子信息或电子信息核对不符等原因，拒不受理出口商的出口货物退（免）税申报。

（三）出口货物退（免）税审核及审批

税务机关应当使用国家税务总局认可的出口货物退（免）税电子化管理系统以及总局下发的出口退税率文库，按照有关规定进行出口货物退（免）税审核、审批，不得随意更改出口货物退（免）税电子化管理系统的审核配置、出口退税率文库以及接收的有关电子信息。

税务机关受理出口商出口货物退（免）税申报后，应在规定的时间内，对申报凭证、资料的合法性、准确性进行审查，并核实申报数据之间的逻辑对应关系。根据出口商申报的出口货物退（免）税凭证、资料的不同情况，税务机关应当重点审核以下内容：申报出口货物退（免）税的报表种类、内容及印章是否齐全、准确；申报出口货物退（免）税提供的电子数据和出口货物退（免）税申报表是否一致；申报出口货物退（免）税的凭证是否有效，与出口货物退（免）税申报表明细内容是否一致等。重点审核的凭证有：出口货物报关单（出口退税专用）、代理出口证明、增值税专用发票（抵扣联）、出口收汇核销单（或出口收汇核销清单，本节同）、消费税税收（出口货物专用）缴款书。

在对申报的出口货物退（免）税凭证、资料进行人工审核后，税务机关应当使用出口货物退（免）税电子化管理系统进行计算机审核，将出口商申报出口货物退（免）税提供的电子数据、凭证、资料与国家税务总局及有关部门传递的出口货物报关单、出口收汇核销单、代理出口证明、增值税专用发票、消费税税收（出口货物专用）缴款书等电子信息进行核对。审核、核对重点是：出口报关单电子信息、代理出口证明电子信息、出口收汇核销单电子信息、出口退税率文库、增值税专用发票电子信息、消费税税收（出口货物专用）缴款书电子信息。在核对增值税专用发票时应使用增值税专用发票稽核、协查信息。暂未收到增值税专用发票稽核、协查信息的，税务机关可先使用增值税专用发票认证信息，但必须及时用相关稽核、协查信息进行复核；对复核有误的，要及时追回已退（免）税款。

税务机关在审核中，发现的不符合规定的申报凭证、资料，税务机关应通知出口商进行调整或重新申报；对在计算机审核中发现的疑点，应当严格按照有关规定处理；对出口商申报的出口货物退（免）税凭证、资料有疑问的，应根据不同情况，分别进行核查，包括发函核实、发函调查、通过税务系统增值税专用发票协查系统进行核查等。

出口商提出办理相关出口货物退（免）税证明的申请，税务机关经审核符合有关规定的，应及时出具相关证明。出口货物退（免）税应当由设区的市、自治州以上（含本级）税务机关根据审核结果按照有关规定进行审批。税务机关在审批后应当按照有关规定办理退库或调库手续。

（四）出口货物退（免）税日常服务及管理

税务机关对出口货物退（免）税有关政策、规定应及时予以公告，并加强对出口商的宣传辅导和培训工作。

税务机关应做好出口货物退（免）税计划及其执行情况的分析、上报工作。税务机关必须在国家税务总局下达的出口退（免）税计划内办理退库和调库。

税务机关遇到下述情况，应及时结清出口商出口货物的退（免）税款：出口商发生解散、破产、撤销以及其他依法应终止出口退（免）税事项的，或者注销出口货物退（免）税认定的；出口商违反国家有关政策法规，被停止一定期限出口退税权的。

税务机关应建立出口货物退（免）税评估机制和监控机制，强化出口货物退（免）税管理，防止骗税案件的发生。

税务机关应按照规定，做好出口货物退（免）税电子数据的接收、使用和管理工作，保证出口货物退（免）税电子化管理系统的安全，定期做好电子数据备份及设备维护工作。税务机关应建立出口货物退（免）税凭证、资料的档案管理制度。

二、出口服务增值税退（免）税管理规定[①]

出口服务即增值税零税率应税服务退（免）税管理规定也主要包括认定、申报、审批、日常服务和违章处理等内容。

（一）出口服务退（免）税资格认定

增值税零税率应税服务提供者应按照下列要求，向主管税务机关申请办理出口退（免）税资格认定。

（1）填报《出口退（免）税资格认定申请表》及电子数据。

（2）根据所提供的适用增值税零税率应税服务不同类型，提供对应资料的原件及复印件。例如，从事铁路国际运输的，应提供《企业法人营业执照》或其他具有提供铁路客货运输服务资质的证明材料；以水路运输方式提供国际运输服务的，应提供《国际船舶运输经营许可证》；从事国际航空客货邮运输业务的，应提供《公共航空运输企业经营许可证》；从事公务飞行业务的，应提供《通用航空经营许可证》；从事国际公路运输的，应提供《道路运输经营许可证》和《国际汽车运输行车许可证》等。采用程租、期租和湿租方式租赁交通运输工具用于国际运输服务和港澳台运输服务的，应提供程租、期租和湿租合同或协议。对外提供研发服务或设计服务的，应提供《技术出口合同登记证》。

（3）增值税零税率应税服务提供者出口货物劳务，且未办理过出口退（免）税资格认定的，除提供上述资料外，还应提供加盖备案登记专用章的《对外贸易经营者备案登记表》和《中华人民共和国海关进出口货物收发货人报关注册登记证书》的原件及复印件。

已办理过出口退（免）税资格认定的出口企业，提供增值税零税率应税服务的，应填报《出口退（免）税资格认定变更申请表》及电子数据，提供对应的资料，向主管税务机关申请办理出口退（免）税资格认定变更。增值税零税率应税服务提供者按规定需变更增值税退（免）税办法的，主管税务机关应按照现行规定进行退（免）税清算，在结清税款后方可办理变更。

（二）出口服务退（免）税申报

增值税零税率应税服务提供者收齐有关凭证后，可在财务作销售收入次月起至次年4月30日前的各增

---

① 本节有关条款除了另外注释，均来源于国家税务总局，《关于发布〈适用增值税零税率应税服务退（免）税管理办法〉的公告》，2014年第11号。

值税纳税申报期内向主管税务机关申报退（免）税；逾期申报的，不再按退（免）税申报，改按免税申报；未按规定申报免税的，应按规定缴纳增值税。①

实行免抵退税办法的增值税零税率应税服务提供者在办理增值税免抵退税申报时应向主管税务机关提供下列资料：《免抵退税申报汇总表》及其附表、免抵退税正式申报电子数据、增值税零税率应税服务所开具的发票（经主管税务机关认可，可只提供电子数据，原始凭证留存备查）、与不同行业相对应的资料凭证。采用程租、期租、湿租服务方式租赁交通运输工具从事国际运输服务和港澳台运输服务的，还应提供程租、期租、湿租的合同或协议复印件。

实行免抵退办法的增值税零税率应税服务提供者，向境外单位提供研发服务、设计服务、新纳入零税率范围的应税服务的，应在申报免抵退税时，向主管税务机关提供以下申报资料：《增值税零税率应税服务免抵退税申报明细表》；《提供增值税零税率应税服务收讫营业款明细清单》；《免抵退税申报汇总表》及其附表；免抵退税正式申报电子数据；增值税零税率应税服务所开具的发票（经主管税务机关认可，可只提供电子数据，原始凭证留存备查）；与境外单位签订的提供增值税零税率应税服务的合同，该合同在相关部委管理系统中登记并审核通过的证明文件，或有关许可证、登记证和数据表；从与之签订提供增值税零税率应税服务合同的境外单位取得收入的收款凭证等。①

实行免退税办法的增值税零税率应税服务提供者，应在申报免退税时，应向主管税务机关提供以下申报资料。①《外贸企业外购应税服务出口明细申报表》。②《外贸企业出口退税进货明细申报表》（需填列外购对应的增值税零税率应税服务取得增值税专用发票情况）。③《外贸企业出口退税汇总申报表》。④免退税正式申报电子数据。⑤从境内单位或者个人购进增值税零税率应税服务出口的，提供应税服务提供方开具的增值税专用发票；从境外单位或者个人购进增值税零税率应税服务出口的，提供取得的解缴税款的中华人民共和国税收缴款凭证。⑥与境外单位签订的提供增值税零税率应税服务的合同，该合同在相关部委管理系统中登记并审核通过的证明文件，或有关许可证、登记证和数据表；从与之签订提供增值税零税率应税服务合同的境外单位取得收入的收款凭证等。①

（三）出口服务退（免）税审核及审批

主管税务机关受理增值税零税率应税服务退（免）税申报后，应按规定进行审核，经审核符合规定的，应及时办理退（免）税；不符合规定的，不予办理，按有关规定处理；存在其他审核疑点的，对应的退（免）税暂缓办理，待排除疑点后，方可办理。①

主管税务机关受理增值税零税率应税服务退（免）税申报后，应对下列内容人工审核无误后，使用出口退税审核系统进行审核。对属于实行免退税办法的增值税零税率应税服务的进项一律使用交叉稽核、协查信息审核出口退税。如果在审核中有疑问的，可对企业进项增值税专用发票进行发函调查或核查。

因出口自己开发的研发服务或设计服务，退（免）税办法由免退税改为免抵退税办法的外贸企业，如果申报的退（免）税异常增长，出口货物劳务及服务有非正常情况的，主管税务机关可要求外贸企业报送出口货物劳务及服务所对应的进项凭证，并按规定进行审核。主管税务机关如果审核发现外贸企业提供的进货凭证有伪造或内容不实的，按有关规定处理。

主管税务机关认为增值税零税率应税服务提供者提供的研发服务或设计服务出口价格偏高的，出口企业或其他单位出口的适用增值税退（免）税政策的货物劳务服务，如果货物劳务服务的国内收购价格或出口价格明显偏高且无正当理由的，该出口货物劳务服务适用增值税免税政策。

主管税务机关按照下列方法确定货物劳务服务价格是否偏高①。

（1）按照该企业最近时期购进或出口同类货物劳务服务的平均价格确定。

（2）按照其他企业最近时期购进或出口同类货物劳务服务的平均价格确定。

---

① 国家税务总局，《关于〈适用增值税零税率应税服务退（免）税管理办法〉的补充公告》，2015年第88号。
① 财政部、国家税务总局，《关于防范税收风险若干增值税政策的通知》，财税〔2013〕112号。

(3) 按照组成计税价格确定。组成计税价格的公式为

$$组成计税价格 = 成本 \times (1 + 成本利润率)$$

成本利润率由国家税务总局统一确定并公布。

经主管税务机关审核,增值税零税率应税服务提供者申报的退(免)税,如果凭证资料齐全、符合退(免)税规定的,主管税务机关应及时予以审核通过,办理退税和免抵调库,退税资金由中央金库统一支付。

三、出口退(免)税的分类管理和违章处理规定

为鼓励诚信纳税人和惩罚违章违法主体,国家有关主管部门对出口退(免)税采取了分类管理措施,同时制定了严厉的违章处理办法。

(一)出口退(免)税分类管理

根据纳税人生产经营状况、办理出口退(免)税守法情况、纳税信用、外汇管理以及是否建立出口退(免)税风险控制体系等因素,将出口企业管理类别分为一类、二类、三类、四类。[①]对不同类别企业在办理出口退(免)税手续上给予不同对待。

主管税务机关可为一类出口企业提供绿色办税通道(特约服务区),优先办理出口退税,并建立重点联系制度,及时解决企业有关出口退(免)税问题。对一类出口企业中纳税信用级别为 A 级的纳税人,按照《关于对纳税信用 A 级纳税人实施联合激励措施的合作备忘录》的规定,实施联合激励措施。对一类出口企业申报的出口退(免)税,税务机关经审核,同时符合相关条件的,应自受理企业申报之日起,5 个工作日内办结出口退(免)税手续。

对二类出口企业申报的出口退(免)税,税务机关经审核,同时符合相关条件的,应自受理企业申报之日起,10 个工作日内办结出口退(免)税手续。

对三类出口企业申报的出口退(免)税,税务机关经审核,同时符合相关条件的,应自受理企业申报之日起,15 个工作日内办结出口退(免)税手续。

对四类出口企业申报的出口退(免)税,税务机关应按下列规定进行审核:申报的纸质凭证、资料应与电子数据相互匹配且逻辑相符;申报的电子数据应与海关出口货物报关单结关信息、增值税专用发票信息比对无误;对该类企业申报出口退(免)税的外购出口货物或视同自产产品,税务机关应对每户供货企业的发票,都要抽取一定的比例发函调查;属于生产企业的,对其申报出口退(免)税的自产产品,税务机关应对其生产能力、纳税情况进行评估。税务机关按上述要求完成审核,并排除所有审核疑点后,应自受理企业申报之日起,20 个工作日内办结出口退(免)税手续。

(二)出口退(免)税违章规定

1. 罚款和刑事处罚

出口商有下列行为之一的,由税务机关责令限期改正,可以处二千元以下的罚款;情节严重的,处二千元以上一万元以下的罚款:未按规定办理出口货物和服务退(免)税认定、变更或注销认定手续的;未按规定设置、使用和保管有关出口货物退(免)税账簿[②]、凭证、资料的。

出口商拒绝税务机关检查或拒绝提供有关出口货物和服务退(免)税账簿[②]、凭证、资料的,可以处一万元以下的罚款;情节严重的,处一万元以上五万元以下的罚款。[①]

[①] 具体分类标准参见国家税务总局,《关于发布修订后的〈出口退(免)税企业分类管理办法〉的公告》,2016 年第 46 号。
[②] 引用自《关于印发〈出口货物退(免)税管理办法(试行)〉的通知》,原文为帐簿,此处是错别字,应为账簿。
[①] 《中华人民共和国税收征收管理法》,第七十条;国家税务总局,《关于印发〈出口货物退(免)税管理办法(试行)〉的通知》,国税发〔2005〕51 号。

出口骗税，即出口商以假报出口或者其他欺骗手段，骗取国家出口退税款的，由税务机关追缴其骗取的退税款，并处骗取税款一倍以上五倍以下的罚款；构成犯罪，依法追究刑事责任。[1]《中华人民共和国刑法》（以下简称《刑法》）将骗取出口退税罪列为破坏社会主义市场经济秩序罪之一，规定：以假报出口或者其他欺骗手段，骗取国家出口退税款，数额较大的，处五年以下有期徒刑或者拘役，并处骗取税款一倍以上五倍以下罚金；数额巨大或者有其他严重情节的，处五年以上十年以下有期徒刑，并处骗取税款一倍以上五倍以下罚金；数额特别巨大或者有其他特别严重情节的，处十年以上有期徒刑或者无期徒刑，并处骗取税款一倍以上五倍以下罚金或者没收财产。[2]

假报出口就是虚构已税货物出口事实，采用的办法包括：伪造或者签订虚假的买卖合同，伪造、变造或者其他非法手段取得出口货物报关单、出口收汇核销单、出口货物专用缴款书等有关出口退税单据、凭证，虚开、伪造、非法购买增值税专用发票或者其他可以用于出口退税的发票等。其他欺骗手段包括：骗取出口货物退税资格；将未纳税或者免税货物作为已税货物出口；虽有货物出口，但虚构该出口货物的品名、数量、单价等要素，骗取未实际纳税部分出口退税款的。[3]

2. 停止办理出口退税

对骗取国家出口退税款的，税务机关可以在规定期间内停止为其办理出口退税。具体规定如下。

（1）出口企业骗取国家出口退税款的，税务机关按以下规定处理。①骗取国家出口退税款不满5万元的，可以停止为其办理出口退税半年以上一年以下。②骗取国家出口退税款5万元以上不满50万元的，可以停止为其办理出口退税一年以上一年半以下。③骗取国家出口退税款50万元以上不满250万元，或因骗取出口退税行为受过行政处罚、两年内又骗取国家出口退税款数额在30万元以上不满150万元的，停止为其办理出口退税一年半以上两年以下。④骗取国家出口退税款250万元以上，或因骗取出口退税行为受过行政处罚、两年内又骗取国家出口退税款数额在150万元以上的，停止为其办理出口退税两年以上三年以下。

（2）对拟停止为其办理出口退税的骗税企业，由其主管税务机关或稽查局逐级上报省、自治区、直辖市和计划单列市税务局批准后按规定程序作出《税务行政处罚决定书》。停止办理出口退税的时间以作出《税务行政处罚决定书》的决定之日为起点。

（3）出口企业在税务机关停止为其办理出口退税期间发生的自营或委托出口货物以及代理出口货物等，一律不得申报办理出口退税。

在税务机关停止为其办理出口退税期间，出口企业代理其他单位出口的货物，不得向税务机关申请开具《代理出口货物和服务证明》。

（4）出口企业自税务机关停止为其办理出口退税期限届满之日起，可以按现行规定到税务机关办理出口退税业务。

（5）出口企业违反国家有关进出口经营的规定，以自营名义出口货物，但实质是靠非法出售或购买权益牟利，情节严重的，税务机关可以比照上述规定在一定期限内停止为其办理出口退税。[4]

对从事"四自三不见"[5]买单业务的出口企业，一经发现，无论退税额大小或是否申报退税，税务机关一律停止其半年以上的退税权。[6]

【本章小结】

1. 增值税出口退税意味着增值税税率为零，不仅出口环节免征收增值税，而且对纳税人已承担的进项

---

[1] 《中华人民共和国税收征收管理法》，第六十六条；国家税务总局，《关于印发〈出口货物退（免）税管理办法（试行）〉的通知》，国税发〔2005〕51号。
[2] 《刑法》，第二百零四条。
[3] 最高人民法院，《关于审理骗取出口退税刑事案件具体应用法律若干问题的解释》，法释〔2002〕30号。
[4] 国家税务总局，《关于停止为骗取出口退税企业办理出口退税有关问题的通知》，国税发〔2008〕32号。
[5] "客商"或中间人自带客户、自带货源、自带汇票、自行报关和出口企业不见出口产品、不见供货货主、不见外商。
[6] 国家税务总局，《关于进一步加强出口货物税收管理严防骗税案件发生的通知》，国税发〔1999〕228号。

税额还通过一定方式给予退还。增值税免税即免征本环节的增值税，但进项税额不予退还。消费税退（免）税，是指适用增值税退（免）税的货物，免征消费税，如果属于购进出口的货物，退还前一环节已征的消费税。

2. 特定出口货物、劳务、服务和无形资产适用增值税免税政策，而不适用增值税退（免）税政策。规定不予退（免）税或免税的出口货物、劳务、服务和无形资产要正常缴纳增值税和消费税。

3. 我国出口退（免）税制度的特点是设置专门的退税率制度，即不按出口货物对应的税率和进项税额来计算退税，而是针对出口货物规定退税率，以出口退税计税基础乘以退税率来计算出口退税额。

4. 增值税一般纳税人并已向主管税务机关办理出口退（免）税资格认定的电子商务企业出口货物和服务符合一定条件适用出口退（免）政策。

5. 对生产企业出口货物、劳务、无形资产和服务的退税采用免抵退办法。对外贸企业出口货物和服务实行免退税办法。

6. 一般情况下出口货物、服务和无形资产的退税率为其适用税率，即退税率与其适用征税税率一致，相应的退税率分别为 13%、11%、9%、6%。

7. 出口货物退（免）税管理规定，主要包括资格认定、申报及受理、审核、审批、日常服务和管理等。

【概念与术语】

出口退（免）税（export drawback or free）　零税率（zero rated）　出口货物和劳务（export goods and services）　视同出口（deemed export）　退税率（drawback rate）　退（免）税计税依据（taxing basis of export drawback or free）　免抵退（tax free tax credit tax drawback）　当期期末留抵税额（current period-end tax credits）　当期免抵退税额（current tax credits and exemptions）　当期免抵税额（current tax credits）　出口骗税（export tax fraud）

【思考题】

1. 出口退（免）税的含义是什么？
2. 所有出口货物、劳务、服务和无形资产都可以获得增值税退税吗？
3. 视同出口的货物有哪些？
4. 电子商务出口企业应具备哪些条件才能适用退（免）税政策？
5. 免抵退的含义是什么？
6. 免抵退税额计算公式中当期增值税应纳税额与当期期末留抵税额有什么联系与区别？
7. 出口货物的消费税应退税额如何计算？
8. 企业办理出口退（免）税资格认定时必须提供哪些资料？
9. 出口骗税行为要受怎样的刑事处罚？

【计算题】

1. 某生产企业具有进出口经营权，兼营内销和出口货物，某年8月发生以下业务：出口货物销售额（离岸价）200万美元（外汇人民币牌价为1美元=6.7元人民币）；内销货物销售额800万人民币；国内购进料件的进项税额为200万人民币；已知该企业上期增值税留抵税额为57万人民币，销售货物适用的增值税税率为13%，退税率为13%，计算该企业该月应纳（或应退）增值税税额。

2. 某航空公司为增值税一般纳税人，主要提供国内、国际运输服务。某年某月有关经营情况如下。

（1）提供国内旅客运输服务取得含税票款收入7000万元，另收取特价机票改签费200元。

（2）提供国际运输服务取得销售收入400万美元，外汇人民币折合率为6.8元。

(3) 代收转付航空意外保险费 150 万元，代收民航发展基金 250 万元，代收转付其他航空公司客票款 200 万元。

(4) 租飞机广告位取得含税收入 300 万元，同时收取延期付款违约金 5 万元。

(5) 当期购入各类进项，当期可抵扣进项税额 600 万元，期初留抵税额 300 万元。

已知交通运输服务适用的增值税税率为 9%、有形动产租赁服务适用的增值税税率为 13%、国际运输收入实行零税率、按免抵退方法计算服务出口退税。

请计算该公司当月应纳增值税税额或当期期末留抵税额、当期免抵退税额、当期应退税额、下期留抵税额（如有的话）。

3. 某外贸出口企业某年某月从一工厂购进 20 000 件化妆品，每件单价 10 元，税额 34 000 元，发票税票齐全，当月该企业出口该批化妆品中的 15 000 件，已知该化妆品征税率为 13%，消费税税率为 30%，退税率为 13%，请计算该企业当月应退增值税、消费税税额。

4. 某外贸出口企业从一工厂购进一批料件（有三种），单价分别为 800 元、500 元、400 元，数量分别为 200 件、100 件、150 件，发票税票齐全，该月全部出口，已知该批料件适用的增值税税率为 13%，退税率为 13%，请计算该批料件的应退税额。

5. 某一出口企业某年 9 月以进料加工贸易方式保税进口一批料件，并委托其他企业加工成工具 1000 件，加工费为每件 35 元，当月全部出口。已知该工具适用的退税率为 13%，请计算该企业的当期应退税额。

6. 某实行免抵退税管理办法的外商投资企业某年 8 月出口货物 400 万美元（外汇人民币牌价为 1∶6.7），当月无内销发生，国内购进原材料进项税额为 370 万人民币，当月生产出口产品所使用的以"进料加工"方式免税进口的料件的到岸价为 15 万美元（料件进口前已到税务机关和海关办理了备案，货物出口后该部分料件已核销），已知该批出口货物征税率为 13%，退税率为 13%，请计算该企业出口该产品的应纳增值税税额或当期留抵税额、当期免抵退税额、当期应退税额。

第十六章　关税与船舶吨税

【本章提要】
1. 关税的纳税人、征税对象和税率。
2. 进出口货物的原产地确定。
3. 进出口货物的完税价格的确定。
4. 关税减免优惠。
5. 关税的征收管理。
6. 进境物品进口税征收制度。
7. 船舶吨税。

关税（tariff）是由海关代表国家，按照《中华人民共和国海关法（2021年4月29日第六次修正）》（简称《海关法》）、《中华人民共和国进出口关税条例》（简称《进出口关税条例》）以及每年公布的《中华人民共和国进出口税则》（简称《进出口税则》）对进出中国关境的货物和物品征收的一种流转税。关税的法律规范除了《海关法》《进出口关税条例》《进出口税则》外，还包括国务院或国务院关税税则委员会发布的关税政策、财政部、海关总署单独或联合发布的有关关税的命令、公告、通知等。

船舶吨税是对境外港口进入境内港口的船舶（本章简称应税船舶）征收的一种税，其法律规范是《中华人民共和国船舶吨税法》（简称《船舶吨税法》）。

第一节　关税的纳税人、征税对象和税率

一、关税的纳税人和征税对象

在中国的关税制度中，以贸易形式进出口的商品称为货物；通过旅客携带、个人邮递、国际运输工具服务人员携带等方式进出口的个人自用商品称为物品。

凡准许进出口的货物、进境物品，除法律、行政法规另有规定的以外，应当由海关按《进出口关税条例》征收进口关税或出口关税。[①]因此，关税的征税对象是进出口的货物和物品。

进口货物的收货人、出口货物的发货人、进出境物品的所有人，是关税的纳税义务人[②]。

二、关税税率

《进出口税则》是关税税率表的主体部分，每年公布一次，并作为《进出口关税条例》的有机组成部分。从大的方面划分关税税率分为进口货物税率、出口货物税率、进口物品税率三部分。关税税率多数采用从价的比例税率；部分货物采用从量定额税率，表示方式为元/千克，如冻的鸡爪普通税率（general tariff rate）为3.2元/千克、协定税率（conventional tariff rate）为1元/千克。以下先阐述各种进口关税税率，然后阐述出口关税税率。进境物品进口税（import tariff）税率将在本章第六节阐述。

---

① 《进出口关税条例》，第二条。
② 《海关法》，第五十四条；《进出口关税条例》，第五条。

(一) 进口关税税率

进口关税设置最惠国税率、协定税率、特惠税率（preferential tariff rate）、普通税率、关税配额（tariff quota）税率等税率。对进口货物在一定期限内可以实行暂定税率（provisional tariff rate）。[①]

1. 最惠国税率

原产于共同适用最惠国待遇条款的世界贸易组织成员的进口货物，原产于与中国签订含有相互给予最惠国待遇条款的双边贸易协定的国家或者地区的进口货物，以及原产于中国境内的进口货物，适用最惠国税率。[②]在每年公布的《进出口税则》专栏规定了各个品目的最惠国税率，表中称优惠税率。最惠国税率比普通税率低得多，如大米（碎米以外）最惠国税率为65%（配额以内），普通税率为180%；酒的最惠国税率为10%，普通税率为180%；烟的普通税率也为180%，但最惠国税率从25%至57%不等；电视机用的平板显示模组，普通税率为80%，最惠国税率为5%；监视器及投影机、彩色卫星电视接收机，普通税率为130%，最惠国税率为0；高排量小轿车（气缸容量超过2500毫升）的普通税率高达270%，而优惠税率与其他小轿车一样仅为15%。几乎所有的贸易伙伴为世界贸易组织成员或与中国定有最惠国待遇条款贸易协定的国家或地区，因此最惠国税率是实际实行的税率。

关税总水平指的也是优惠税率的平均情况。为了保护国内产业的发展，过去中国一直维持着较高的关税水平。为适应对外经济贸易合作和加入世界贸易组织的需要，从1992年起中国多次大幅度降低关税总水平，1992年12月以前，中国关税的算术平均税率为43.2%，加权平均税率为32.7%；2002年1月，中国关税算数平均税率已降至12%，加权平均税率已降至5.6%，降幅分别为72.2%和82.9%。

1992年12月31日，中国调低3371个品目的税率，关税算数平均税率从43.2%降为39.9%；1993年12月31日，降低2898个品目的税率，关税算数平均税率降至35.9%；1996年4月1日，降低4898个品目的税率，关税算数平均税率降至23%；1997年10月1日，降低4874个品目的税率，关税算数平均税率降至17%；1999年1月1日，降低1013个品目的税率，关税算数平均税率降至16.73%；2000年1月1日，降低819个品目的税率，关税算数平均税率降至16.44%；2001年1月1日，降低3462个品目的税率，关税算数平均税率降至15.3%。

2002年中国加入世界贸易组织以后，继续逐年调低进口关税税率。2002年大幅调低了5300多种商品的进口关税，关税总水平由2001年的15.3%降低至12%，是加入世界贸易组织后降税涉及商品最多、降税幅度最大的一年；2005年降税涉及900多种商品，关税总水平由2004年的10.4%降低至9.9%。2006年7月1日，中国降低了小轿车等42个汽车及其零部件的进口关税税率，完成了汽车及其零部件的降税义务，中国汽车整车及其零部件税率分别由加入世界贸易组织前的70%～80%和18%～65%降至25%和10%。2010年降低鲜草莓等6个品目商品进口关税后，中国加入世界贸易组织承诺的关税减让义务全部履行完毕。关税总水平由2001年的15.3%调整至2010年的9.8%，其中农产品平均税率由18.8%调整至15.2%，工业品平均税率由14.7%调整至8.9%。[③]

2018年中国又先后四次实施大范围自主降税，其中2018年5月1日将包括抗癌药品在内的所有普通药品和具有抗癌作用的生物碱类药品、有实际进口的中成药等共28个税目的进口关税调整为零；2018年7月1日对218个税目的汽车及零部件降税，整车税率降低到15%、零部件税率降低到6%，降税后，汽车整车税率已低于发展中国家的平均水平；同日对1449个税目的日用消费品降税，平均降税幅度达56%；2018年11月1日对1585个税目的机电设备、零部件及原材料等工业品降税，平均税率由10.5%降至7.8%，平均

[①] 《进出口关税条例》，第九条。
[②] 《进出口关税条例》，第十条。
[③] 据国务院关税税则委员会历次调整税则税率的公告计算；《财政部有关负责人就2010年关税调整情况答记者问》，https://www.gov.cn/gzdt/2009-12/15/content_1487599.htm。

降幅约 26%。至此，关税总水平降至 7.5%。[①]此外，自 2016 年 9 月 15 日起中国对《中华人民共和国加入世界贸易组织关税减让表修正案》附表所列信息技术产品最惠国税率连续 7 年分七步降税，关税总水平进一步降至 7.4%。[②]

2. 协定税率

协定税率是通过签订双边或多边自由贸易协定确定的税率。原产于与中国签订含有关税优惠条款的区域性贸易协定的国家或者地区的进口货物，适用协定税率。[③]通常情况下协定税率比最惠国税率更低一些，也有相同的，不少货物互免关税，税率为零。例如，大米（碎米以外），配额以内最惠国税率为 65%，与东盟协议税率为 50%；电视机用的平板显示模组，最惠国税率为 5%，与东盟协定税率为零，《区域全面经济伙伴关系协定》（Regional Comprehensive Economic Partnership，RCEP）（日本除外）协定税率为 5%，与最惠国税率相同；高排量小轿车（气缸容量超过 2500 毫升）的最惠国税率为 15%，与新西兰、智利等国的协定税率为零，与澳大利亚的协定税率为 5%，《区域全面经济伙伴关系协定》中与东盟和日本的协定税率与最惠国税率相同，也是 15%。但也有比最惠国税率定得高的少数情况，如上述高排量小轿车，与巴基斯坦、韩国的协定税率为 22.5%；猪肉块的最惠国税率为 5%，但《区域全面经济伙伴关系协定》中与日本的协定税率为 13.6%。目前适用协定税率涉及的协定包括 19 个方面内容[④]，见表 16-1-1。

表 16-1-1 协定名称及适用协定税率的原产地国家或地区

序号	协定名称	适用协定税率的原产地国家或者地区	说明
1	《亚太贸易协定》及相关协议	孟加拉人民共和国、印度共和国、老挝人民民主共和国、大韩民国、斯里兰卡民主社会主义共和国	
2	《中华人民共和国与东南亚国家联盟全面经济合作框架协议》及相关协议	文莱达鲁萨兰国、柬埔寨王国、印度尼西亚共和国、老挝人民民主共和国、马来西亚、缅甸联邦共和国、菲律宾共和国、新加坡共和国、泰王国和越南社会主义共和国	
3	《中华人民共和国政府和智利共和国政府自由贸易协定》及相关协议	智利共和国	
4	《中华人民共和国政府和巴基斯坦伊斯兰共和国政府自由贸易协定》及相关协议	巴基斯坦伊斯兰共和国	
5	《中华人民共和国政府和新西兰政府自由贸易协定》及相关协议	新西兰	原产于新西兰的乳制品（特定税号）达到年触发水平的实施特殊保障措施管理；上述税号的乳制品进口累计达到当年相应触发水平，将根据相关规定征收关税。对原产于新西兰的羊毛、毛条（特定税号）实施国别关税配额管理，并适用相应的协定税率
6	《中华人民共和国政府和新加坡共和国政府自由贸易协定》及相关协议	新加坡共和国	
7	《中华人民共和国政府与秘鲁共和国政府自由贸易协定》及相关协议	秘鲁共和国	
8	《中华人民共和国政府和哥斯达黎加共和国政府自由贸易协定》及相关协议	哥斯达黎加共和国	
9	《中华人民共和国和瑞士联邦自由贸易协定》及相关协议	瑞士联邦	

---

① 《国务院关税税则委员会办公室有关负责人就自主降低关税总水平答记者问》，http://gss.mof.gov.cn/gzdt/zhengcejiedu/201809/t20180930_3033434.htm。

② 财政部党组成员、副部长余蔚平，《支持开放型经济高质量发展——加入世界贸易组织 20 年财政工作回顾》，《经济日报》，2021 年 12 月 11 日第 3 版。

③ 《进出口关税条例》，第十条。

④ 国务院关税税则委员会，《进出口税则》。

续表

序号	协定名称	适用协定税率的原产地国家或者地区	说明
10	《中华人民共和国政府和冰岛政府自由贸易协定》及相关协议	冰岛共和国	
11	《中华人民共和国政府和大韩民国政府自由贸易协定》及相关协议	大韩民国	
12	《中华人民共和国政府和澳大利亚政府自由贸易协定》及相关协议	澳大利亚联邦	原产于澳大利亚联邦的牛肉、奶粉（特定税号）达到年触发水平的实施特殊保障措施管理；上述税号的牛肉或奶粉进口累计达到当年相应触发水平，将根据相关规定征收关税。对原产于澳大利亚联邦的羊毛（特定税号）实施国别关税配额管理，并适用相应的协定税率
13	《中华人民共和国政府和格鲁吉亚政府自由贸易协定》及相关协议	格鲁吉亚	
14	《中华人民共和国政府和毛里求斯共和国政府自由贸易协定》及相关协议	毛里求斯共和国	对原产于毛里求斯共和国的食糖（特定税号）实施国别关税配额管理，并适用相应的协定税率
15	《区域全面经济伙伴关系协定》及相关协议	文莱达鲁萨兰国、柬埔寨王国、老挝人民民主共和国、新加坡共和国、泰王国、越南社会主义共和国、印度尼西亚共和国、马来西亚、缅甸联邦共和国	按照协定"关税差异"等条款规定，根据进口货物的《区域全面经济伙伴关系协定》原产国来适用我国在《区域全面经济伙伴关系协定》项下对其他已生效缔约方相应的协定税率。同时允许进口商申请适用我国在《区域全面经济伙伴关系协定》项下对其他已生效缔约方的最高协定税率；或者在进口能够提供有关证明的情况下，允许其申请适用我国对与该货物生产相关的其他已生效缔约方的最高协定税率
		澳大利亚联邦	
		日本国	
		新西兰	
16	《中华人民共和国政府和柬埔寨王国政府自由贸易协定》及相关协议	柬埔寨王国	
17	《〈内地与香港关于建立更紧密经贸关系的安排〉货物贸易协议》	中国香港特别行政区	部分进口货物，适用零关税
18	《〈内地与澳门关于建立更紧密经贸关系的安排〉货物贸易协议》	中国澳门特别行政区	部分进口货物，适用零关税
19	海峡两岸相关协议	中国台湾地区	参照适用协定税率

3. 特惠税率

特惠税率顾名思义就是比最惠国税率和协定税率都更低的税率，基本上实行零关税。原产于与中国签订含有特殊关税优惠条款的贸易协定的国家或者地区的进口货物，适用特惠税率。①《进出口税则》规定适用特惠税率的原产国分以下五种情况②。

（1）根据中国给予与中国建交的最不发达国家部分产品零关税待遇承诺，原产于东帝汶民主共和国、缅甸联邦共和国的部分进口货物，适用95%税目零关税特惠税率。

（2）根据中华人民共和国给予同中华人民共和国建交的最不发达国家部分产品零关税待遇承诺、中华人民共和国政府与有关国家政府间换文协议，原产于埃塞俄比亚联邦民主共和国、安哥拉共和国、布隆迪共和国、冈比亚共和国、刚果民主共和国、科摩罗联盟、利比里亚共和国、马达加斯加共和国、马里共和国、毛里塔尼亚伊斯兰共和国、南苏丹共和国、尼日尔共和国、塞拉利昂共和国、塞内加尔共和国、索马里联邦共和国、也门共和国等16国的部分进口货物，适用97%税目零关税特惠税率。

（3）根据中华人民共和国给予同中华人民共和国建交的最不发达国家部分产品零关税待遇承诺、中华人民共和国政府与有关国家政府间换文协议，原产于阿富汗、贝宁共和国、布基纳法索、多哥共和国、厄立特里亚国、基里巴斯共和国、吉布提共和国、几内亚比绍共和国、几内亚共和国、柬埔寨王国、莱索托王国、

---

① 《进出口关税条例》，第十条。
② 国务院关税税则委员会，《进出口税则》。

老挝人民民主共和国、卢旺达共和国、马拉维共和国、孟加拉人民共和国、莫桑比克共和国、尼泊尔、圣多美和普林西比民主共和国、苏丹共和国、所罗门群岛、坦桑尼亚联合共和国、瓦努阿图共和国、乌干达共和国、赞比亚共和国、乍得共和国、中非共和国等26国的部分进口货物，适用98%税目零关税特惠税率。

（4）根据《亚太贸易协定》及相关协议，原产于孟加拉人民共和国、老挝人民民主共和国的部分进口货物，适用特惠税率。

（5）根据中华人民共和国政府与有关东盟成员国政府间换文协议，原产于柬埔寨王国、老挝人民民主共和国、缅甸联邦共和国的部分进口货物，适用特惠税率。

4. 普通税率

原产于除适用最惠国税率、协定税率、特惠税率国家或者地区以外的国家或者地区的进口货物，以及原产地不明的进口货物，适用普通税率。[①]普通税率的从价比例税率从0到180%不等，如改良种用的马牛羊猪和家禽等动物均适用零税率，粮食（玉米、稻谷、大米）、烟、酒等货物的普通税率为180%。

5. 关税配额税率

实行关税配额管理的进口货物，关税配额内的，适用关税配额税率，关税配额外的依照上述规定执行。根据《中国加入世界贸易组织议定书》及相关规定，对下列货物实施关税配额管理。

（1）小麦（包括其粉、粒）。承诺的年度关税配额数量为963.6万吨，包括税号：10011100、10011900、10019100、10019900、11010000、11031100、11032010，这几个税号的货物配额税率为1%，而最惠国税率都是65%，普通税率都是180%。

（2）玉米（包括其粉、粒）。承诺的年度关税配额数量为720万吨，包括税号：10051000、10059000、11022000、11031300、11042300。除税号10051000（小麦或混合麦的细粉）配额税率为6%，其他税号的配额税率均为9%。这几个税号的最惠国税率和普通税率有所不同，税号10051000（种用玉米）最惠国税率为20%，普通税率为180%；税号10059000（除种用以外的其他玉米）、税号11042300（经粗加工的玉米即去壳、制成粒状、切片或粗磨的玉米）最惠国税率为65%，普通税率为180%；税号11022000（玉米细粉），最惠国税率为40%，普通税率为130%；税号11031300（玉米的粗粒和粗粉）最惠国税率为65%，普通税率为130%。

（3）大米（包括其粉、粒）。其中，长粒大米（包括其粉、粒）承诺的年度关税配额数量为266万吨，包括税号：10061021、10061081、10062020、10063020、10064020、11029021、11031931；中短粒大米（包括其粉、粒）承诺的年度关税配额数为266万吨，包括税号：10061029、10061089、10062080、10063080、10064080、11029029、11031939。这几个税号的货物配额税率为1%，而最惠国税率均为65%，普通税率均为180%。

（4）食糖。承诺的年度关税配额数量为194.5万吨，包括税号：17011200、17011300、17011400、17019100、17019910、17019920、17019990，这几个税号的货物配额税率为15%，而最惠国税率为50%，普通税率为125%。

（5）羊毛。承诺的年度关税配额数量为28.7万吨，包括税号：51011100、51011900、51012100、51012900、51013000、51031010。一般配额配额税率为1%，与新西兰国别配额税率为零，而这几个税号的最惠国税率均为38%，普通税率均为50%。

（6）毛条。承诺的年度关税配额数量为8万吨，包括税号：51051000、51052100、51052900。一般配额配额税率为3%，与新西兰国别配额税率为零，而这几个税号的最惠国税率均为38%，普通税率均为50%。

（7）棉花。承诺的年度关税配额数量为89.4万吨，包括税号：52010000（未梳棉花）、52030000（已梳的棉花），这两个税号的关税配额税率为1%，普通税率均为125%。

---

① 《进出口关税条例》，第十条。

（8）化肥。其中，税号 31021000（尿素）承诺的年度关税配额数量为 330 万吨；税号 31052000（含氮、磷、钾三种肥效的三元复合肥）承诺的年度关税配额数为 345 万吨；税号 31053000（磷酸氢二铵）承诺的年度关税配额数量为 690 万吨。这几种化肥的配额税率均为 4%，暂定配额税率均为 1%，而最惠国税率均为 50%，普通税率均为 150%。

6. 关税暂定税率

适用最惠国税率、协定税率、特惠税率、关税配额税率的进口货物在一定期限内可以实行暂定税率，暂定税率顾名思义是针对特别事件为达到特别目的制定的在一定时间段内有效的税率。

制定暂定税率的目的，包括为应对当前经济发展面临的新情况和应对贸易争端，如根据货物的国内和国际供求情况，对求过于供，价格上升的货物采取较低的暂定关税税率，对相反情况采取较高的暂定关税税率，如根据对方国家不履行有关协定采取临时关税措施提高原产于我国的货物的进口关税，采取对等的关税措施，而制定较高的暂定税率。

暂定税率与前述其他税率形式上多采用比例税率，也有个别采用滑准税，如对配额外进口的一定数量棉花，适用滑准税形式暂定关税，具体方式如下。

当进口棉花完税价格（dutiable price）高于或等于 14.000 元/千克时，按 0.280 元/千克计征从量税；

当进口棉花完税价格低于 14.000 元/千克时，暂定从价税率按下式计算：

$$Ri = 9.0/Pi + 2.69\% \times Pi - 1$$

对上式计算结果四舍五入保留 3 位小数。其中 Ri 为暂定从价税率，当按上式计算值高于 40% 时，Ri 取值 40%；[①] Pi 为关税完税价格。

7. 税率的适用顺序

适用最惠国税率的进口货物有暂定税率的，应当适用暂定税率；适用协定税率、特惠税率的进口货物有暂定税率的，应当从低适用税率；适用普通税率的进口货物，不适用暂定税率。

按照国家规定实行关税配额管理的进口货物，关税配额内的，适用关税配额税率；关税配额外的，其税率的适用按照相关顺序。[②]

8. 其他关税措施及其税率

（1）反倾销税、反补贴税、保障措施关税。按照有关法律、行政法规的规定对进口货物采取反倾销、反补贴、保障措施的，其税率的适用按照《中华人民共和国反倾销条例》《中华人民共和国反补贴条例》和《中华人民共和国保障措施条例》的有关规定执行。征收反倾销税、反补贴税、保障措施关税，由国务院关税税则委员会另行决定。

（2）报复性关税。任何国家或者地区违反与中华人民共和国签订或者共同参加的贸易协定及相关协定，对中华人民共和国在贸易方面采取禁止、限制、加征关税或者其他影响正常贸易的措施的，对原产于该国家或者地区的进口货物可以征收报复性关税，适用报复性关税税率。征收报复性关税及实施相关排除措施，由国务院关税税则委员会另行规定。

（二）出口税率

一国的出口是经济增长的重要拉动力量，因此税收政策包括关税政策一般是采取鼓励出口的态度，对多数货物出口不征出口关税。但某些稀缺性资源包括稀有动物制品、矿产品等，国际价格高于本国市场价格，如果大量出口会引起这一类资源更加紧缺，或者过度开采、捕猎会破坏生态平衡，国家为了限制此类

[①] 国务院关税税则委员会，《进出口税则》，第五十二章。
[②] 《进出口关税条例》，第十一条、第十二条。

货物出口，就征收关税。此外，还有一些货物，国际市场已经饱和或供求波动大，为了维护国际市场秩序，保护产业有序发展和控制资源消耗，国家就采取征收关税的办法调节出口，对这一类出口货物往往适用暂定税率一年一定，有的还分淡季和旺季确定季度税率。对特别需要调节的出口货物还规定了特别出口税率。因此，目前中国出口关税的税率设置可分为一般税率、暂定税率。

1. 一般税率

2023年的《出口税则》规定102个税号的货物按一般税率征收出口关税。一般税率有四档，它们是20%、25%、30%、40%。适用20%税率的货物包括鳗鱼苗、钨矿砂及其精矿、生锑及锑废碎料、黄磷和其他磷、山羊板皮、非合金生铁、合金生铁、锰铁、硅锰铁、非合金铝制品、铝合金及其制品、锌及其合金（除未锻轧的铜锌合金外）。适用25%的货物只有硅铁。适用30%税率的货物包括铅矿砂及其精矿、锌矿砂及其精矿、铌钽原料和铌钽矿砂及其精矿、氟钽酸钾、铜材和铜合金制品、非合金铝材、未锻轧铝合金。适用40%税率的货物包括骨及骨粉、苯、铬铁、钢铁废碎料、镍和镍合金。

2. 暂定税率

2023年规定对87个税目，规定了0、5%、10%不等的暂定税率。2023年有47个税目的暂定税率为零，占征收出口货物税目的一半以上，包括铜材和铜合金制品，铝合金及其制品（未锻轧铝合金，税号76012000；铝废碎料，税号76020000除外，前者无暂定税率，后者暂定税率为15%），含锌量在99.995%及以上的未煅轧锌（税号79011110）、未锻轧锌合金（税号79012000）。说明目前对这些货物的出口不加以限制。

（三）税率适用的时间规则

关税税率时有调整，为实施特别政策或履行某项国际承诺而确定的税率往往具有随时性和变动性的特点，这使得不同时点的税率存在差异；此外确定进出口交易的时点也往往存在不同的标准。因此在税法中必须规定税率适用的时间规则。《进出口关税条例》和海关总署就此作了如下规定[①]。

（1）进出口货物，应当适用海关接受该货物申报进口或者出口之日实施的税率。进口货物到达前，经海关核准先行申报的，应当适用装载该货物的运输工具申报进境之日实施的税率。

（2）进口转关运输货物，应当适用指运地海关接受该货物申报进口之日实施的税率；货物运抵指运地前，经海关核准先行申报的，应当适用装载该货物的运输工具抵达指运地之日实施的税率。出口转关运输货物，应当适用启运地海关接受该货物申报出口之日实施的税率。

（3）已申报进境并放行的保税货物、减免税货物、租赁货物或者已申报进出境并放行的暂时进出境货物，有下列情形之一需缴纳税款的，应当适用海关接受纳税义务人再次填写报关单申报办理纳税及有关手续之日实施的税率：①保税货物经批准不复运出境的；②保税仓储货物转入国内市场销售的；③减免税货物经批准转让或者移作他用的；④可暂不缴纳税款的暂时进出境货物，经批准不复运出境或者进境的；⑤租赁进口货物，分期缴纳税款的。

（4）因纳税义务人违反规定需要追征税款的，应当适用该行为发生之日实施的税率；行为发生之日不能确定的，适用海关发现该行为之日实施的税率。

（5）经海关批准，实行集中申报的进出口货物，应当适用每次货物进出口时海关接受该货物申报之日实施的税率。

（6）因超过规定期限未申报而由海关依法变卖的进口货物，其税款计征应当适用装载该货物的运输工具申报进境之日实施的税率。

（7）补征和退还进出口货物关税，按照上述各项确定适用的税率。

[①] 《进出口关税条例》，第十五条至十七条；《中华人民共和国海关进出口货物征税管理办法》（简称《进出口货物征税管理办法》），第十三条至十五条。

第二节 货物原产地的确定

一、确定货物原产地的必要性

进出口税则归类对确定货物适用关税税率至关重要，但并没有完全解决货物的适用税率问题。因为中国进出口税则同大多数国家一样实行多档税率制，即同一品目下至少有最惠国税率、普通税率两种，一些品目还有协定税率、特惠税率、关税配额税率、暂定税率，一种货物在什么情况下适用普通税率、什么情况下适用最惠国税率或其他税率，这一问题解决后确定适用关税税率的工作才算完结。

前面已指出，最惠国税率、协定税率、特惠税率、普通税率和其他税率的适用都与货物的原产地有关，原产于与中国共同适用最惠国待遇条款的世贸组织成员国或地区的进口货物，或原产于与中国签订有相互给予最惠国待遇条款的双边贸易协定的国家或地区的进口货物，按最惠国税率征税。原产于中国参加的含有关税优惠条款的区域性贸易协定的有关缔约方的进口货物，按协定税率征税。原产于与中国签订有特殊优惠关税协定的国家或地区的进口货物，按特惠税率征税。原产于上述国家或地区以外的国家和地区的进口货物，按普通税率征税等。因而进口货物原产地的确定成为确定适用关税税率的前提条件之一。

同时，在各国采取的一些贸易限制措施中，如国别配额、特别关税等，也需要区别进口产品的原产国才能实施。此外，对于对外贸易的统计和经济分析，以及进行政府采购等活动，也需要判别进出口货物的生产制造国。因此，确定原产地是各国海关管理制度中的一项重要内容。

二、确定货物原产地的规则

（一）概述

原产地规则是判定货物由哪个国家生产制造，即原产于哪个国家的规则，其核心是原产地标准（origin criteria）。国际上通行的原产地标准有两个：完全生产标准（full production criteria）和实质性改变标准。

海关总署于1986年制定并发布了《中华人民共和国海关关于进口货物原产地的暂行规定》，1992年国务院发布了《中华人民共和国出口货物原产地规则》。2004年国务院重新发布《中华人民共和国进出口货物原产地条例》（简称《原产地条例》）从2005年1月1日起实施。但是此项《原产地条例》只适用于实施最惠国待遇、反倾销和反补贴、保障措施、原产地标记管理、国别数量限制、关税配额等非优惠性贸易措施以及进行政府采购、贸易统计等活动对进出口货物原产地的确定。实施优惠性贸易措施对进出口货物原产地的确定，不适用该条例。为此，海关总署另行制定了一系列适用于实施优惠性贸易措施有关的进出口货物原产地管理办法，如《中华人民共和国海关关于最不发达国家特别优惠关税待遇进口货物原产地管理办法》（2017年3月1日，海关总署第231号令公布，自2017年4月1日起施行），2009年3月1日起施行的《中华人民共和国海关进出口货物优惠原产地管理规定》，2006年7月1日起施行的《中华人民共和国海关特别优惠关税待遇进口货物原产地管理办法》，以及多个与单边、多边优惠贸易协定相配套的进出口货物特定原产地管理办法。它们在程序和细节上有所差异，但确定进出口货物的原产地的基本标准是一致的。中国原产地规则的原产地标准采用国际通行的完全生产标准和实质性改变标准，即完全在一个国家（地区）获得的货物，以该国（地区）为原产地；两个以上国家（地区）参与生产的货物，以最后完成实质性改变的国家（地区）为原产地。[1]

（二）完全生产标准

完全生产标准表明对于完全在一个国家内生产或制造的进口货物，生产或制造国即为该货物的原产国。完全在一个国家（地区）获得的货物，是指以下内容。

---

[1] 《原产地条例》，第三条。

（1）在该国（地区）出生并饲养的活的动物。
（2）在该国（地区）野外捕捉、捕捞、搜集的动物。
（3）从该国（地区）的活的动物获得的未经加工的物品。
（4）在该国（地区）收获的植物和植物产品。
（5）在该国（地区）采掘的矿物。
（6）在该国（地区）获得的除上述（1）至（5）项范围之外的其他天然生成的物品。
（7）在该国（地区）生产过程中产生的只能弃置或者回收用作材料的废碎料。
（8）在该国（地区）收集的不能修复或者修理的物品，或者从该物品中回收的零件或者材料。
（9）由合法悬挂该国旗帜的船舶从其领海以外海域获得的海洋捕捞物和其他物品。
（10）在合法悬挂该国旗帜的加工船上加工上述第（9）项所列物品获得的产品。
（11）从该国领海以外享有专有开采权的海床或者海床底土获得的物品。
（12）在该国（地区）完全从上述（1）项至（11）项所列物品中生产的产品。[①]

（三）实质性改变标准

实质性改变标准表明经过几个国家加工、制造的进口货物，以最后一个对货物进行经济上可以视为实质性改变的国家作为有关货物的原产国。实质性改变以税则归类改变为基本标准；税则归类改变不能反映实质性改变的，以从价百分比、制造或者加工工序等为补充标准。

1. 税则归类改变标准

税则归类改变标准，是指在某一国家（地区）对非该国（地区）原产材料进行制造、加工后，所得货物在《中华人民共和国进出口税则》中的四位数级税目归类发生了变化。

2. 制造、加工工序标准

制造、加工工序标准是指在某一国家（地区）进行的赋予制造、加工后所得货物基本特征的主要工序。例如，将各种布料加工成衣服，而裁剪是使布料成为成衣的主要工序，因此确定成衣的原产国以裁剪这一主要工序发生地为准。

3. 从价百分比标准

从价百分比标准是指在某一国家（地区）对非该国（地区）原产材料进行制造、加工后的增值部分超过了所得货物价值的一定百分比。[②]中国多数原产地管理办法均规定从价百分比为30%，即本国制造加工的区域价值成分大等于30%的，视为原产地为该国。在某些适用于优惠或特惠贸易协定的原产地管理办法中从价百分比还有40%和或50%的规定。[③]

区域价值成分可用两种办法计算。

（1）扣减法，其计算公式是：

区域价值成分 =(货物离岸价−非原产材料价格)÷货物离岸价格×100%

（2）累加法，其计算公式是：

区域价值成分 =(原产材料价格 + 直接人工成本 + 直接经营费用成本 + 利润 + 其他成本)
÷货物离岸价×100%。

[①]《原产地条例》，第四条。
[②]《原产地条例》，第六条。
[③] 例如，《中华人民共和国海关特别优惠关税待遇进口货物原产地管理办法》（海关总署令第149号），第六条，从价百分比标准为40%；《中华人民共和国海关〈中华人民共和国与智利共和国政府自由贸易协定〉项下进口货物原产地管理办法》（海关总署令第151号），第六条，从价百分比标准为50%。

式中，原产材料价格为用于生产货物的原产材料和零部件的价格；直接人工成本为包括工资、薪酬和其他员工福利在内的成本；直接经营费用成本为经营的总体费用；非原产材料价格为非原产材料的进口成本、运至目的港口或者地点的运费和保险费，包括原产地不明材料的价格；非原产材料价格为最早可确定的实付或者应付价格。

以下费用可以从非原产材料价格中扣除：①将非原产材料运至生产商的运费、保险费、包装费，以及在此过程中产生的其他运输相关费用；②未被免除、返还或者以其他方式退还的关税、其他税收和代理报关费；③扣除废料及副产品回收价格后的废品和排放成本。

非原产材料价格应当参照《WTO估价协定》计算。各项成本应当依照生产货物的所在国或地区适用的公认会计准则记录和保存。[1]

（四）不视为实质改变的规则

原产地规则一般还明确规定了某些不被当作实质改变的情况。在确定货物是否在一个国家（地区）完全获得时，不考虑下列微小加工或者处理：①为运输、贮存期间保存货物而作的加工或者处理；②为货物便于装卸而作的加工或者处理；③为货物销售而作的包装等加工或者处理。[2]判断这些情况的主要规则有以下内容。

1. 非实体物质和组成部件规则

货物生产过程中使用，本身不构成货物物质成分、也不成为货物组成部件的下列材料或者物品，其原产地不影响货物原产地的确定。包括货物生产过程中使用燃料、能源、催化剂及溶剂，用于测试或者检验货物的设备、装置及用品，手套、眼镜、鞋靴、衣服、安全设备及用品，设备、工具、模具及型模，用于维护设备和厂房建筑的备件及材料，在生产中使用或者用于运行设备和维护厂房建筑的润滑剂、油（滑）脂、合成材料及其他材料等的原产地不影响交易货物原产地的确定。[3]

2. 微小加工规则

为便于装载、运输、储存、销售进行的加工、包装、展示等微小加工或者处理，不影响货物原产地确定。[4]简单的稀释、混合、包装、装瓶、干燥、装配、分类或者装饰不应当视为实质性改变。[5]

3. 容器和包装物规则

运输期间用于保护货物的包装材料及容器不影响货物原产地确定。与货物一起申报进口并在《进出口税则》中与该货物一并归类的包装、包装材料和容器的原产地，以及正常配备的附件、备件、工具及介绍说明性材料的原产地，不影响货物原产地的确定。只要其与货物一并归类的，不影响货物原产地的确定，否则单独确定原产地。[6]

第三节　海关估价制度

目前，世界各国海关大多采用以课税对象的价格（或价值）为计税标准的从价税对进出口货物征收关税。经海关审查并作为计税标准，凭以计征关税的货物价格称为完税价格，又称海关价格（customs value）。海关确定货物完税价格的过程称为海关估价（customs valuation）。海关根据本国法律、法规审查、确定进

---

[1]《中华人民共和国海关〈区域全面经济伙伴关系协定〉项下进出口货物原产地管理办法》（海关总署令第255号），第三条、第七条。《中华人民共和国海关〈中华人民共和国政府和新西兰政府自由贸易协定〉项下经修订的进出口货物原产地管理办法》（海关总署公告2022第32号），第六条。
[2]《原产地条例》，第五条。
[3]《中华人民共和国海关最不发达国家特别优惠关税待遇进口货物原产地管理办法》，海关总署令第192号，第十条；《原产地条例》，第七条；《中华人民共和国海关进出口货物优惠原产地管理规定》，海关总署令第181号，第九条。
[4]《中华人民共和国海关进出口货物优惠原产地管理规定》，第七条。
[5]《中华人民共和国海关特别优惠关税待遇进口货物原产地管理办法》，第七条。
[6]《原产地条例》，第八条、第九条。

出口货物完税价格的海关制度就是海关估价制度，主要由三个基本要素构成：价格准则、价格确定方法和价格审核循序，本节对此作详细阐述。

一、价格准则

价格准则，又称价格标准，是采用从价税方法征收关税时，确定课税对象完税价格的标准。《关税与贸易总协定》第七条规定，海关对进口商品的估价，应以进口商品或相同商品的实际价格，而不得以本国产品的价格或者以武断的或虚构的价格，作为计征关税的依据。世界贸易组织《关于实施1994年关税与贸易总协定第七条的协定》（海关估价协定）具体阐明了实际价格以成交价格（transaction price）为基础的关税估价原则，并为世界上许多国家所采用。在不被人为限制、安排和影响的情况下，成交价格反映的是买卖双方在相互独立的情况下，依据市场公平交易原则而达成的价格，这种价格是客观的、不受人为控制的实际价格。海关在确定应税货物完税价格时要尽可能依据纳税人申报的成交价格，当然海关依法认定需要作适当加减以使其符合客观情况或法定要求的，可作适当调整。只有当申报的成交价格无法确定时，才能采用其他办法核定完税价格，所采用的其他办法核定的价格也要尽可能充分反映买卖双方实际成交价格。

中国《海关法》也规定："进出口货物的完税价格，由海关以该货物的成交价格为基础审查确定。成交价格不能确定时，完税价格由海关依法估定。"[1]据此中国海关制定了《中华人民共和国海关审定进出口货物完税价格办法》（简称《完税价格办法》，其最新版本是2014年2月1日起施行的版本，以下引用的均是来自该版本的条文）。《完税价格办法》规定："进口货物的完税价格，由海关以该货物的成交价格为基础审查确定，并且应当包括货物运抵中华人民共和国境内输入地点起卸前的运输及其相关费用、保险费""出口货物的完税价格由海关以该货物的成交价格为基础审查确定，并且应当包括货物运至中华人民共和国境内输出地点装载前的运输及其相关费用、保险费"。[2]由此可见，中国海关估价制度采用了国际通行的成交价格的估价准则，并确定了进口货物的完税价格以到岸价格为基础、而出口货物的完税价格以离岸价为基础。

二、进口货物的成交价格估价方法

（一）成交价格的确定

进口货物的成交价格，是指卖方向中华人民共和国境内销售该货物时买方为进口该货物向卖方实付、应付的并且按照相关规定调整后的价款总额，包括直接支付的价款和间接支付的价款。[3]

进口货物的成交价格应当是不受市场公平交易以外因素的限制、影响、无回扣返利、也不受买卖双方特殊关系影响的实际价格，具体地说海关可接受作为确定完税价格基础的成交价格要符合下列要求。

1. 无市场因素以外的限制

对买方处置或者使用进口货物不予限制，但是法律、行政法规规定实施的限制、对货物销售地域的限制和对货物价格无实质性影响的限制除外。

有下列情形之一的，应当视为对买方处置或者使用进口货物进行了限制：①进口货物只能用于展示或者免费赠送的；②进口货物只能销售给指定第三方的；③进口货物加工为成品后只能销售给卖方或者指定第三方的；④其他经海关审查，认定买方对进口货物的处置或者使用受到限制的。当出现对买方处置或者使用进口货物给予限制的情况时，申报的进口货物价格就可能不能反映市场公平交易的实际价格，海关就不能直接接受其作为核定完税价格的基础，而需要采用适当方法进行估价。

---

[1] 《海关法》，第五十五条。
[2] 《完税价格办法》，海关总署令第213号，第五条、第三十八条。
[3] 《完税价格办法》，第七条。

2. 不受市场以外条件和因素影响

货物的价格不得受到使该货物成交价格无法确定的条件或者因素的影响。有下列情形之一的，应当视为进口货物的价格受到了使该货物成交价格无法确定的条件或者因素的影响：①进口货物的价格是以买方向卖方购买一定数量的其他货物为条件而确定的；②进口货物的价格是以买方向卖方销售其他货物为条件而确定的；③其他经海关审查，认定货物的价格受到使该货物成交价格无法确定的条件或者因素影响的。如果出现这些情况，也需要海关采用法定适当方法另行估价。

3. 无回扣返利

卖方不得直接或间接获得因买方转售、处置或使用进口货物而产生的任何收益。如果出现此种情况，海关可适当调整申报的成交价格，以确定完税价格。

4. 价格不受买卖双方特殊关系影响

买卖双方之间没有特殊关系，或者虽然有特殊关系但是纳税人能够证明未对成交价格产生影响。如果确定因存在特殊关系影响了申报的成交价格，则海关可采用法定适当方法另行估价。

有下列情形之一的，应当认为买卖双方存在特殊关系：①买卖双方为同一家族成员的；②买卖双方互为商业上的高级职员或者董事的；③一方直接或者间接地受另一方控制的；④买卖双方都直接或者间接地受第三方控制的；⑤买卖双方共同直接或者间接地控制第三方的；⑥一方直接或者间接地拥有、控制或者持有对方5%以上（含5%）公开发行的有表决权的股票或者股份的；⑦一方是另一方的雇员、高级职员或者董事的；⑧买卖双方是同一合伙的成员。①

虽然买卖双方之间存在特殊关系，但是纳税义务人能证明其成交价格与同时或者大约同时发生的下列任何一款价格相近的，应当视为特殊关系未对进口货物的成交价格产生影响：①向境内无特殊关系的买方出售的相同或者类似进口货物的成交价格；②按照倒扣价格估价方法所确定的相同或者类似进口货物的完税价格；③按照计算价格估价方法所确定的相同或者类似进口货物的完税价格。海关在使用上述价格进行比较时，应当考虑商业水平和进口数量的不同，以及买卖双方有无特殊关系造成的费用差异。

海关经对与货物销售有关的情况进行审查，认为符合一般商业惯例的，可以确定特殊关系未对进口货物的成交价格产生影响。②

（二）应该列入完税价格的费用或价值

以成交价格为基础审查确定进口货物的完税价格时，未包括在该货物实付、应付价格中的下列费用或者价值应当计入完税价格。

（1）由买方负担的下列费用：①除购货佣金以外的佣金和经纪费；②与该货物视为一体的容器费用；③包装材料费用和包装劳务费用。

（2）与进口货物的生产和向中国境内销售有关的，由买方以免费或者以低于成本的方式提供，并且可以按适当比例分摊的下列货物或者服务的价值：①进口货物包含的材料、部件、零件和类似货物；②在生产进口货物过程中使用的工具、模具和类似货物；③在生产进口货物过程中消耗的材料；④在境外进行的为生产进口货物所需的工程设计、技术研发、工艺及制图等相关服务。

（3）买方需向卖方或者有关方直接或者间接支付的特许权使用费，但是符合下列情形之一的除外：①特许权使用费与该货物无关；②特许权使用费的支付不构成该货物向中华人民共和国境内销售的条件。

符合下列条件之一的特许权使用费，应当视为与进口货物有关。

---

① 《完税价格办法》，第八条至十条、第十六条。
② 《完税价格办法》，第十七条、第十八条。

第一，特许权使用费是用于支付专利权或者专有技术使用权，且进口货物属于下列情形之一的：①含有专利或者专有技术的；②用专利方法或者专有技术生产的；③为实施专利或者专有技术而专门设计或者制造的。

第二，特许权使用费是用于支付商标权，且进口货物属于下列情形之一的：①附有商标的；②进口后附上商标直接可以销售的；③进口时已含有商标权，经过轻度加工后附上商标即可以销售的。

第三，特许权使用费是用于支付著作权，且进口货物属于下列情形之一的：①含有软件、文字、乐曲、图片、图像或者其他类似内容的进口货物，包括磁带、磁盘、光盘或者其他类似载体的形式；②含有其他享有著作权内容的进口货物。

第四，特许权使用费是用于支付分销权、销售权或者其他类似权利，且进口货物属于下列情形之一的：①进口后可以直接销售的；②经过轻度加工即可以销售的。

买方不支付特许权使用费则不能购得进口货物，或者买方不支付特许权使用费则该货物不能以合同议定的条件成交的，应当视为特许权使用费的支付构成进口货物向中华人民共和国境内销售的条件。

（4）卖方直接或者间接从买方对该货物进口后销售、处置或者使用所得中获得的收益。①

（三）不应计入完税价格的费用或价值

进口货物的价款中单独列明的下列税收、费用，不计入该货物的完税价格。

（1）厂房、机械或者设备等货物进口后发生的建设、安装、装配、维修或者技术援助费用，但是保修费用除外。

（2）进口货物运抵中华人民共和国境内输入地点起卸后发生的运输及其相关费用、保险费。

（3）进口关税、进口环节海关代征税及其他国内税。

（4）为在境内复制进口货物而支付的费用。

（5）境内外技术培训及境外考察费用。

（6）同时符合下列条件的利息费用不计入完税价格：①利息费用是买方为购买进口货物而融资所产生的；②有书面的融资协议的；③利息费用单独列明的；④纳税义务人可以证明有关利率不高于在融资当时当地此类交易通常应当具有的利率水平，且没有融资安排的相同或者类似进口货物的价格与进口货物的实付、应付价格非常接近的。②

三、确定进口货物完税价格的其他方法

当纳税人申报的进口货物成交价格，因为受到市场公平交易以外因素的限制、影响，包括受到买卖双方特殊关系影响，海关不能接受其作为确定完税价格的基础，或者成交价格不能确定的，海关经了解有关情况，并且与纳税义务人进行价格磋商后，依次以下列方法审查确定该货物的完税价格：①相同货物成交价格估价方法；②类似货物成交价格估价方法；③倒扣价格估价方法；④计算价格估价方法；⑤合理方法。对其中第③、④种方法，纳税人可以向海关提出申请改变适用次序。③

（一）相同或类似货物成交价格估价方法

相同货物成交价格估价方法，是指海关以与进口货物同时或者大约同时向中华人民共和国境内销售的相同货物的成交价格为基础，审查确定进口货物的完税价格的估价方法。

---

① 《完税价格办法》，第十一条至十四条。
② 《完税价格办法》，第十五条。
③ 《完税价格办法》，第六条。

类似货物成交价格估价方法,是指海关以与进口货物同时或者大约同时向中华人民共和国境内销售的类似货物的成交价格为基础,审查确定进口货物的完税价格的估价方法。

相同货物指与进口货物在同一国家或地区生产的,在物理性质、质量和信誉等所有方面都相同的货物,但表面的微小差异允许存在。类似货物指与进口货物在同一国家或地区生产的,虽然不是在所有方面都相同,但却具有相似的特征,相似的组成材料,相同的功能,并且在商业中可以互换的货物。大约同时指海关接受货物申报之日的大约同时,最长不应当超过前后45日。

按照相同或者类似货物成交价格估价方法的规定审查确定进口货物的完税价格时,应当使用与该货物具有相同商业水平且进口数量基本一致的相同或者类似货物的成交价格。但此种情况不存在时,可以使用不同商业水平或者不同进口数量的相同或者类似货物的成交价格。使用前述两种情况下的价格时,应当以客观量化的数据资料,对该货物与相同或者类似货物之间由于运输距离和运输方式不同而在成本和其他费用方面产生的差异进行调整。

按照相同或者类似货物成交价格估价方法审查确定进口货物的完税价格时,应当首先使用同一生产商生产的相同或者类似货物的成交价格。没有同一生产商生产的相同或者类似货物的成交价格的,可以使用同一生产国或者地区其他生产商生产的相同或者类似货物的成交价格。如果有多个相同或者类似货物的成交价格,应当以最低的成交价格为基础审查确定进口货物的完税价格。[①]

(二)倒扣价格估价方法

倒扣价格估价方法,是指海关以进口货物、相同或者类似进口货物在境内的销售价格为基础,扣除境内发生的有关费用后,审查确定进口货物完税价格的估价方法。该销售价格应当同时符合下列条件:①是在该货物进口的同时或者大约同时,将该货物、相同或者类似进口货物在境内销售的价格;②是按照货物进口时的状态销售的价格;③是在境内第一销售环节销售的价格;④是向境内无特殊关系方销售的价格;⑤按照该价格销售的货物合计销售总量最大。

按照倒扣价格估价方法审查确定进口货物完税价格的,下列各项应当扣除:①同等级或者同种类货物在境内第一销售环节销售时,通常的利润和一般费用(包括直接费用和间接费用)以及通常支付的佣金;②货物运抵境内输入地点起卸后的运输及其相关费用、保险费;③进口关税、进口环节海关代征税及其他国内税。如果使用经进一步加工后的货物的销售价格审查确定完税价格,应当同时扣除加工增值额(按行业惯例计算)。[②]

(三)计算价格估价方法

计算价格估价方法,是指海关以下列各项的总和为基础,审查确定进口货物完税价格的估价方法:①生产该货物所使用的料件成本和加工费用;②向境内销售同等级或者同种类货物通常的利润和一般费用(包括直接费用和间接费用);③该货物运抵境内输入地点起卸前的运输及相关费用、保险费。[③]

(四)合理方法

合理方法,是指当海关不能根据成交价格估价方法、相同货物成交价格估价方法、类似货物成交价格估价方法、倒扣价格估价方法和计算价格估价方法确定完税价格时,海关根据遵循客观、公平、统一的原则,以客观量化的数据资料为基础审查确定进口货物完税价格的估价方法。

海关在采用合理方法确定进口货物的完税价格时,不得使用以下价格:①境内生产的货物在境内的销

[①] 《完税价格办法》,第十九条至二十二条。
[②] 《完税价格办法》,第二十三条、第二十四条。
[③] 《完税价格办法》,第二十五条。

售价格；②可供选择的价格中较高的价格；③货物在出口地市场的销售价格；④以上述计算价格办法之外的价值或者费用计算的相同或者类似货物的价格；⑤出口到第三国或者地区的货物的销售价格；⑥最低限价或者武断、虚构的价格。[①]

四、特殊进口货物的完税价格确定

某些特殊的货物进口方式，不同于一般的货物进口，具有特殊性，需要订立确定完税价格的特殊规则。特殊的进口方式包括加工贸易而进口料件或成品转内销，从保税区或出口加工区销往区外、从保税仓库出库内销的进口货物，运往境外修理、加工又在规定的期限内复运进境的货物，暂时进境的货物，租赁方式进口的货物，境内留购的进口货样、展览品和广告陈列品，减税或免税进口的但在监管期限结束前丧失减税免税条件需补税的货物，以易货贸易、寄售、捐赠、赠送等其他方式进口的货物，软件介质等。《完税价格办法》分别规定了适用规则，具体可概括为如下几个方面。

（一）复运进境的货物

运往境外修理的机械器具、运输工具或者其他货物，以及运往境外加工的货物，出境时已向海关报明，并在海关规定的期限内复运进境的，按下列方法确定完税价格：运往境外修理的货物以境外修理费和料件费为基础审查确定完税价格；运往境外加工的货物以境外加工费和料件费以及该货物复运进境的运输及其相关费用、保险费为基础审查确定完税价格。

出境修理货物、加工货物复运进境超过海关规定期限的，按一般进口货物处理。[②]

（二）暂时进境货物

经海关批准的暂时进境货物，应当缴纳税款的，按一般货物处理，由海关按照一般规则审查确定完税价格。经海关批准留购的暂时进境货物，以海关审查确定的留购价格作为完税价格。[③]

（三）租赁方式进口的货物

租赁方式进口的货物，按照下列方法审查确定完税价格：①以租金方式对外支付的租赁货物，在租赁期间以海关审查确定的租金作为完税价格，利息应当予以计入；②留购的租赁货物以海关审查确定的留购价格作为完税价格；③纳税义务人申请一次性缴纳税款的，可以选择申请按照本节前述的确定进口货物完税价格的其他方法确定完税价格，或者按照海关审查确定的租金总额作为完税价格。[④]

（四）失去减税或者免税条件应补税的进口货物

减税或者免税进口的货物，因监管期限未到而转让或者其他原因需要补征税款的，应当以海关审查确定的该货物原进口时的价格，扣除折旧部分价值作为完税价格，其计算公式如下：

$$完税价格 = 海关审定的该货物原进口时的价格 \times \left(1 - \frac{补税时实际已进口的时间}{监管年限 \times 12}\right)$$

---

① 《完税价格办法》，第二十六条、第二十七条。
② 《完税价格办法》，第二十八条、第二十九条。
③ 《完税价格办法》，第三十条。
④ 《完税价格办法》，第三十一条。

上述计算公式中补税时实际已进口的时间按月计算，不足 1 个月但是超过 15 日的，按照 1 个月计算；不超过 15 日的，不予计算。①

将减免税货物移作他用，应当补缴税款的，按下列公式计算完税价格：

$$补税的完税价格 = 减免税货物原进口时的完税价格 \times \left(\frac{需补缴税款的时间}{监管年限 \times 365} \right)$$

需补缴税款的时间是指减免税货物移作他用的实际时间，按日计算，每日实际生产不满 8 小时或者超过 8 小时的均按 1 日计算。②

进口减免税货物的监管年限为：船舶、飞机为 8 年，机动车辆为 6 年，其他货物为 3 年。监管年限自货物进口放行之日起计算。③

（五）不存在成交价格的进口货物

易货贸易、寄售、捐赠、赠送等不存在成交价格的进口货物，海关与纳税义务人进行价格磋商后，按照《完税价格办法》第六条列明的方法，即本节前述的确定进口货物完税价格的其他方法审查确定完税价格。④

（六）数据处理设备用软件的介质

进口载有专供数据处理设备用软件的介质，具有下列情形之一的，应当以介质本身的价值或者成本为基础审查确定完税价格：①介质本身的价值或者成本与所载软件的价值分列；②介质本身的价值或者成本与所载软件的价值虽未分列，但是纳税义务人能够提供介质本身的价值或者成本的证明文件，或者能提供所载软件价值的证明文件。

含有美术、摄影、声音、图像、影视、游戏、电子出版物的介质不适用前述规定。⑤

五、进口货物完税价格中的运输及其相关费用、保险费的计算

进口货物的完税价格，以成交价格为基础，并应当包括货物运抵中国境内输入地点起卸前的运输及其相关费用、保险费。因此，在阐述了有关确定成交价格的各种方法和规则之后，还要阐述进口货物完税价格中的运输及其相关费用、保险费的计算规则。

（一）进口货物运费的计算规则

进口货物的运费应当按照实际支付的费用计算。如果进口货物的运费无法确定的，海关应当按照该货物进口同期的正常运输成本审查确定。运输工具作为进口货物，利用自身动力进境的，海关在审查确定完税价格时，不再另行计入运费。

（二）进口货物保险费的计算规则

进口货物的保险费，应当按照实际支付的费用计算。如果进口货物的保险费无法确定或者未实际发生，海关应当按照"货价加运费"两者总额的 3‰计算保险费，其计算公式如下：

$$保险费 = (货价 + 运费) \times 3‰$$

邮运进口的货物，应当以邮费作为运输及其相关费用、保险费。⑥

---

① 《完税价格办法》，第三十二条。
② 《中华人民共和国海关进出口货物减免税管理办法》（简称《减免税管理办法》），海关总署令第 245 号，第三十二条。
③ 《减免税管理办法》，第十四条。
④ 《完税价格办法》，第三十三条。
⑤ 《完税价格办法》，第三十四条。
⑥ 《完税价格办法》，第三十五条至三十七条。

六、出口货物完税价格的估价方法

(一) 出口货物成交价格的确定

出口货物的完税价格同样由海关以该货物的成交价格为基础审查确定。出口货物的成交价格是指该货物出口销售时，卖方为出口该货物应当向买方直接收取和间接收取的价款总额。下列税收、费用不计入出口货物的完税价格：①出口关税；②在货物价款中单独列明的货物运至中国境内输出地点装载后的运输及其相关费用、保险费。

(二) 确定出口货物完税价格的其他方法

出口货物的成交价格不能确定的，海关经了解有关情况，并且与纳税义务人进行价格磋商后，依次以下列价格审查确定该货物的完税价格：

(1) 同时或者大约同时向同一国家或者地区出口的相同货物的成交价格。
(2) 同时或者大约同时向同一国家或者地区出口的类似货物的成交价格。
(3) 根据境内生产相同或者类似货物的成本、利润和一般费用（包括直接费用和间接费用）、境内发生的运输及其相关费用、保险费计算所得的价格。
(4) 按照合理方法估定的价格。[①]

第四节 关税的减税免税规定

关税是调节社会经济特别是进出口贸易的重要手段，国家为了利用关税达到一定的社会经济政治目的，规定了多层次的减税免税优惠政策。关税减免是海关全部或部分免除纳税义务人应税货物的关税缴纳义务的一种行政措施。对普通税率而言，符合条件的进口货物如果适用最惠国税率（most favored nation rate）就意味着关税减免；对最惠国税率而言，适用协定税率或特惠税率，就意味着得到进一步的关税减免税优惠。因此本节关税的减免是指适用了最惠国税率基础上的减免（当然如果最惠国税率已经是零税率就无此问题），而适用协定税率和特惠税率所体现的关税减免由于已经在税率适用一节阐述过，此处不赘。关税的减免税按功能划分可分为如下几类。

一、惯例性减免

惯例性减免就是参照法律惯例、商业惯例、外交惯例，为减少海关管理成本或给予特定商务行为或社会文化活动通关便利而给予的关税减免。这一类型的减免具体包括如下内容。

(一) 进出口价微货物免税

无法确定价值、价值小的货物或已无法征税的进出口货物免税。

对无法确定价值、价值小的进出口货物或已无法征税的进出口货物免征关税的目的是节省征收管理成本。这已成为各国关税法的惯例。中国《进出口关税条例》也遵守这一惯例规定下列货物可免征关税：关税税额在人民币50元以下的一票货物；无商业价值的广告品和货样；外国政府、国际组织无偿赠送的物资；

[①] 《完税价格办法》，第三十八条至四十一条。

在海关放行前损失的货物（可以根据海关认定的受损程度减征关税）；进出境运输工具装载的途中必需的燃料、物料和饮食用品。①

（二）外交需要或国际惯例性减免税

外国政府、国际组织无偿赠送的物资及我国履行国际条约规定进口物资可减免税，具体范围包括：根据中国与外国政府、国际组织间的协定或协议，由外国政府、国际组织直接无偿赠送的物资或由其提供无偿赠款，由中国受赠单位按照协定或协议规定用途自行采购进口的物资；外国地方政府或民间组织受外国政府委托无偿赠送进口的物资；国际组织成员受国际组织委托无偿赠送进口的物资；中国履行国际条约规定减免税进口的物资。②

（三）暂时进出境货物的免税规定

为某些特定的商务活动或社会文化活动而暂时进境或出境的货物，由于它们要在商务活动或社会文化活动结束后而复运出境或复运进境，或者展览会期间供消耗、散发的用品，为了减少征税成本，在进境或出境时给予免税处理。

1. 特定的暂时进出境货物免税

《进出口关税条例》和《中华人民共和国海关暂时进出口货物管理办法》规定：经海关批准暂时进境或者暂时出境的下列货物，在进境或者出境时纳税义务人向海关缴纳相当于应纳税款的保证金或者提供其他担保的，可以暂不缴纳关税，并应当自进境或者出境之日起 6 个月内复运出境或者复运进境。③

（1）在展览会、交易会、会议及类似活动中展示或者使用的货物。
（2）文化、体育交流活动中使用的表演、比赛用品。
（3）进行新闻报道或者摄制电影、电视节目使用的仪器、设备及用品。
（4）开展科研、教学、医疗活动使用的仪器、设备及用品。
（5）在上述（1）至（4）所列活动中使用的交通工具及特种车辆。
（6）货样。
（7）慈善活动使用的仪器、设备及用品。
（8）供安装、调试、检测、修理设备时使用的仪器、工具。
（9）盛装货物的容器。
（10）其他用于非商业目的的货物。④
（11）旅游用自驾交通工具及其用品。
（12）工程施工中使用的设备、仪器及用品。
（13）海关批准的其他暂时进出境货物。⑤

2. 展览用品有条件免税

《中华人民共和国海关暂时进出口货物管理办法》还对展览会期间供消耗、散发的用品（以下简称展览用品），免征进口关税和进口环节税的范围作了详细规定。明确由海关根据展览会的性质、参展商的规模、观众人数等情况，对其数量和总值进行核定，在合理范围内的给予免税处理。具体范围和条件如下。

---

① 《海关法》，第五十六条；《进出口关税条例》，第四十五条。
② 《关于对外国政府、国际组织无偿赠送及我国履行国际条约规定进口物资减免税审核确认事宜的公告》，公告〔2023〕20 号。
③ 经纳税义务人申请，海关可以根据海关总署的规定延长复运出境或者复运进境的期限。
④ 《进出口关税条例》，第四十二条。
⑤ 《中华人民共和国海关暂时进出境货物管理办法》，海关总署令第 157 号，第三条。

（1）在展览活动中的小件样品，包括原装进口的或者在展览期间用进口的散装原料制成的食品或者饮料的样品，且符合这些条件：①由参展人免费提供并在展览期间专供免费分送给观众使用或者消费的；②单价较低，作广告样品用的；③不适用于商业用途，并且单位容量明显小于最小零售包装容量的；④食品及饮料的样品确实在活动中消耗掉的。

（2）为展出的机器或者器件进行操作示范被消耗或者损坏的物料。

（3）布置、装饰临时展台消耗的低值货物。

（4）展览期间免费向观众散发的有关宣传品。

（5）供展览会使用的档案、表格及其他文件。

但展览用品中的酒精饮料、烟草制品及燃料不适用有关免税的规定。①

（四）退货或更换货物的免税

因品质或者规格原因，出口货物自出口之日起 1 年内原状复运进境的，不征收进口关税。因品质或者规格原因，进口货物自进口之日起 1 年内原状复运出境的，不征收出口关税。②

因残损、短少、品质不良或者规格不符原因，由进出口货物的发货人、承运人或者保险公司免费补偿或者更换的相同货物，进出口时不征收关税。被免费更换的原进口货物不退运出境或者原出口货物不退运进境的，海关应当对原进出口货物重新按照规定征收关税。③

二、支持科教和社会公益事业的减免税

政府为了支持教育事业、科学研究和科技开发、慈善等社会公益事业的发展，规定了如下减免税政策。

（一）支持科技创新进口货物免税

对科学研究机构、技术开发机构、学校、党校（行政学院）、图书馆进口国内不能生产或性能不能满足需求的科学研究、科技开发和教学用品，免征进口关税和进口环节增值税、消费税（政策期限至 2025 年 12 月 31 日）。④具体清单如下⑤。

（1）分析、测量、检查、计量、观测、发生信号、处理信号的仪器、仪表及其附件。其中包括进行分析、测量、检查、计量、观测等工作必需的传感器或类似装置及附件。

（2）实验、教学用的设备（用于中试和生产的设备除外），包括：①实验环境方面。教学实验仪器及装置；教学示教、演示仪器及装置；净化设备（如换气、灭菌、纯水设备等）；特殊实验环境设备（如超低温、超高温、高压、低压、强腐蚀设备、磁场设备、搭载实验仪器的减震平台等）；特殊电源、光源设备（如电极、开关、线圈、各种光源等）；清洗循环设备；小型粉碎、研磨制备设备；光学元器件；其他。②样品制备设备和装置。特种泵类（如分子泵、离子泵、真空泵、蠕动泵、涡轮泵、干泵、高压输液泵等）；培养设备（如培养箱、发酵罐等）；微量取样设备（如移液管、取样器、精密天平等）；分离、纯化、浓缩设备（如离心机、萃取、结晶设备、旋转蒸发器等，层析、色谱设备除外）；气体、液体、固体混合设备（如旋涡混合器等）；制气设备、气体压缩设备、气体膨胀设备；专用制样设备（如切片机、压片机、镀膜机、减薄仪、抛光机等），实验用注射、挤出、造粒、膜压设备；实验室样品前处理设备；实验室用器具（如分配器、量

---

① 《中华人民共和国海关暂时进出境货物管理办法》，第十九条、第二十条。
② 《进出口关税条例》，第四十三条。
③ 《进出口关税条例》，第四十四条。
④ 财政部、海关总署、国家税务总局，《关于"十四五"期间支持科技创新进口税收政策的通知》，财关税〔2021〕23 号。
⑤ 财政部、海关总署、国家税务总局，《关于"十四五"期间进口科学研究、科技开发和教学用品免税清单（第一批）的通知》，财关税〔2021〕44 号。

具、循环器、清洗器、拉制器、制刀器、制冷设备、刺激器、工具等);其他。③实验室专用设备。特种照相和摄影设备(如水下、高空、高速、高分辨率、不可见光等);科研飞机、船舶用关键设备和部件;特种数据记录设备(如大幅面扫描仪、大幅面绘图仪、磁带机、光盘机、磁盘阵列等);特殊电子部件(如电路板、特种晶体管、特种二极管、专用集成电路等);材料科学专用设备(如干胶仪、特种坩埚、陶瓷、图形转换设备、制版用干板、特种等离子体源、离子源、外延炉、扩散炉、溅射仪、离子刻蚀机,材料实验机等),可靠性试验设备,微电子加工设备,通信模拟仿真设备,通信环境试验设备;小型熔炼设备(如真空、粉末、电渣等),特殊焊接设备;小型染整、纺丝试验专用设备;电生理设备(如脑电仪、眼动仪、神经电生理记录仪、脑磁分析仪等);精密位移设备(如微操作器、精密移动台、定位仪等);其他。

(3) 计算机工作站,中型、大型计算机,其中包括数据交换仪。

(4) 用于维修上述免税进口商品清单已免税进口或者可予免税进口的仪器、仪表和设备,或者用于改进、扩充、升级其功能,而单独进口的专用零部件及配件(自进口的仪器、仪表和设备海关放行之日起10年内,但不超过政策执行期限2025年12月31日)。

(5) 图书、文献(含数字文献数据库)、报刊、乐谱及其他资料(包括只读光盘、微缩平片、胶卷、地球资料卫星照片、科技和教学声像制品)。

(6) 各种载体形式的讲稿、音像资料、幻灯片、软件及软件许可证。

(7) 标本,模型。

(8) 实验、研究用材料,包括试剂、生物中间体和制品、药物、同位素等专用材料。具体而言,实验、研究用材料包括:无机试剂、有机试剂、生化试剂;生物中间体及其制品(如动物血制品等);新合成或新发现的化学物质或化学材料;矿石、矿物燃料、矿物油及其副产品;电子产品原材料(如超纯硅、光刻胶、蒸镀源、靶材、衬底等)、特种金属材料(含高纯度金属材料等)、膜材料,各种分析用的标准物、固定相;水(超纯水、导电水、去离子水等),空气(液态空气、压缩空气、已除去惰性气体的空气等),超纯氮、氦(包括液氮、液氦等)以及其他超纯气体(如超纯氪气等);各种催化剂、助剂及添加剂(包括防老化剂、防腐剂、促进剂、粘合剂、硫化剂、光吸收剂、发泡剂、消泡剂、乳化剂、破乳剂、分散剂、絮凝剂、抗静电剂、引发剂、渗透剂、光稳定剂、再生活化剂等);高分子化合物:特种塑料、树脂、橡胶(耐高、低温,耐强酸碱腐蚀、抗静电、高机械强度,或易降解等)。

(9) 实验用动物。

(10) 医疗检测、分析仪器及其附件、配套设备。

(11) 优良品种植物及种子(限于农林类学校、专业和农林类科学研究机构、技术开发机构)。

(12) 乐器,包括弦乐类、管乐类、打击乐和弹拨乐类、键盘乐类、电子乐类等专业乐器(限于艺术类学校、专业和艺术类科学研究机构、技术开发机构)。

(13) 体育器材(限于体育类学校、专业和体育类科学研究机构、技术开发机构)。

(14) 船舶所用关键设备(限于航运类学校、专业)。

(15) 非汽油、柴油动力样车(限于汽车类学校、专业和汽车类科学研究机构、技术开发机构)。

实际执行中以财政部、海关总署、国家税务总局公布的免税清单中列举的税号为准。

(二) 残疾人专用品的免税

(1) 残疾人个人进口下列残疾人专用品,免征进口关税和进口环节增值税、消费税:①肢残者用的支辅具,假肢及其零部件,假眼,假鼻,内脏托带,矫形器,矫形鞋,非机动助行器,代步工具(不包括汽车、摩托车),生活自助具,特殊卫生用品;②视力残疾者用的盲杖,导盲镜,助视器,盲人阅读器;③语言、听力残疾者用的语言训练器;④智力残疾者用的行为训练器,生活能力训练用品。进口上述所列残疾人专用品,由纳税人直接在海关办理免税手续。

(2)有关单位①进口的国内不能生产的下列残疾人专用品,按隶属关系经民政部或者中国残疾人联合会批准,并报海关总署审核后,免征进口关税和进口环节增值税、消费税:①残疾人康复及专用设备,包括床房监护设备、中心监护设备、生化分析仪和超声诊断仪;②残疾人特殊教育设备和职业教育设备;③残疾人职业能力评估测试设备;④残疾人专用劳动设备和劳动保护设备;⑤残疾人文体活动专用设备;⑥假肢专用生产、装配、检测设备,包括假肢专用铣磨机、假肢专用真空成型机、假肢专用平板加热器和假肢综合检测仪;⑦听力残疾者用的助听器。②

(三)支持慈善事业的免税政策

对境外捐赠人无偿向受赠人捐赠的直接用于慈善事业的物资,免征进口关税和进口环节增值税。其中,境外捐赠人指的是中华人民共和国关境外的自然人、法人或者其他组织。

上述所称受赠人包括国务院有关部门和各省、自治区、直辖市人民政府;中国红十字会总会、中华全国妇女联合会、中国残疾人联合会、中华慈善总会、中国初级卫生保健基金会、中国宋庆龄基金会和中国癌症基金会;经民政部或省级民政部门登记注册且被评定为5A级的以人道救助和发展慈善事业为宗旨的社会团体或基金会,民政部或省级民政部门负责出具证明有关社会团体或基金会符合相关规定的受赠人条件的文件。

所称用于慈善事业的物资是指下列货物。

(1)衣服、被褥、鞋帽、帐篷、手套、睡袋、毛毯及其他生活必需用品等。

(2)食品类及饮用水(调味品、水产品、水果、饮料、烟酒等除外)。

(3)医疗类包括医疗药品、医疗器械、医疗书籍和资料。其中,对于医疗药品及医疗器械捐赠进口,按照相关部门有关规定执行。

(4)直接用于公共图书馆、公共博物馆、各类职业学校、高中、初中、小学、幼儿园教育的教学仪器、教材、图书、资料和一般学习用品。其中,教学仪器是指专用于教学的检验、观察、计量、演示用的仪器和器具;一般学习用品是指用于各类职业学校、高中、初中、小学、幼儿园教学和学生专用的文具、教具、体育用品、婴幼儿玩具、标本、模型、切片、各类学习软件、实验室用器皿和试剂、学生校服(含鞋帽)和书包等。

(5)直接用于环境保护的专用仪器。包括环保系统专用的空气质量与污染源废气监测仪器及治理设备、环境水质与污水监测仪器及治理设备、环境污染事故应急监测仪器、固体废物监测仪器及处置设备、辐射防护与电磁辐射监测仪器及设备、生态保护监测仪器及设备、噪声及振动监测仪器和实验室通用分析仪器及设备。

(6)经国务院批准的其他直接用于慈善事业的物资。

上述物资不包括国家明令停止减免进口税收的特定商品以及汽车、生产性设备、生产性原材料及半成品等。捐赠物资应为未经使用的物品(其中,食品类及饮用水、医疗药品应在保质期内),在捐赠物资内不得夹带危害环境、公共卫生和社会道德及进行政治渗透等违禁物品。

国际和外国医疗机构在中国从事慈善和人道医疗救助活动,供免费使用的医疗药品和器械及在治疗过程中使用的消耗性的医用卫生材料比照上述规定办理。③

(四)公益性进口藏品的免税

对国有公益性收藏单位以从事永久收藏、展示和研究等公益性活动为目的,以接受境外捐赠、归还、

---

① 有关单位指下列两类。一是民政部直属企事业单位和省、自治区、直辖市民政部门所属福利机构、假肢厂和荣誉军人康复医院(包括各类革命伤残军人休养院、荣军医院和荣军康复医院)。二是中国残疾人联合会(中国残疾人福利基金会)直属事业单位和省、自治区、直辖市残疾人联合会(残疾人福利基金会)所属福利机构和康复机构。
② 海关总署,《残疾人专用品免征进口税收暂行规定》,1997年海关总署令第61号,第二条至四条。
③ 财政部、海关总署、国家税务总局,《慈善捐赠物资免征进口税收暂行办法》,公告2015年第102号。

追索和购买等方式进口的藏品，免征进口关税和进口环节增值税、消费税。[①]藏品是指具有收藏价值的各种材质的器皿和器具、钱币、砖瓦、石刻、印章封泥、拓本（片）、碑帖、法帖、艺术品、工艺美术品、典图、文献、古籍善本、照片、邮品、邮驿用品、徽章、家具、服装、服饰、织绣品、皮毛、民族文物、古生物化石标本和其他物品。国有公益性收藏单位是指国家有关部门和省、自治区、直辖市、计划单列市有关部门所属的国有公益性图书馆、博物馆、纪念馆及美术馆。

三、为实施国家重大产业或区域发展战略而规定的税收优惠政策

国家为了支持某些关键产业的发展和配合区域开发等国家战略的实施，对某些国内尚不能生产或技术水准还达不到要求的特定自用设备，在进口时给予减免关税的优惠。这一类的关税减免规定包括如下内容。

（一）重大技术装备的关键零部件及原材料

对符合规定条件的企业及核电项目业主为生产国家支持发展的重大技术装备或产品而确有必要进口的部分关键零部件及原材料，免征关税和进口环节增值税。[②]

工业和信息化部会同财政部、海关总署、国家税务总局、国家能源局制定《国家支持发展的重大技术装备和产品目录》和《重大技术装备和产品进口关键零部件及原材料商品目录》，以及《进口不予免税的重大技术装备和产品目录》，作为确定免征关税和进口环节增值税进口货物依据。这三个目录均实时修订。目前实行的是2021年版的目录。[③]

《国家支持发展的重大技术装备和产品目录（2021年版）》列举的重大技术装备包括下列内容。

（1）大型清洁高效发电装备，包括三代核电机组、燃气-蒸汽联合循环机组、大型水力发电机组、大功率风力发电机组。

（2）超、特高压输变电设备，包括直流换流变压器、气体绝缘金属封闭开关设备。

（3）大型石油及石化装备，包括乙烯、丙烯、裂解气压缩机，橡塑混炼挤压造粒机组，道路相变自调温材料混炼挤出成套装置，天然气输送用一体式压缩机，油气钻采用的不压井作业装备和水下生产系统脐带缆。

（4）大型矿山设备，包括大型非公路矿用自卸车，大型煤炭采掘设备（用于煤层气、页岩气开采对接井及矿山应急救援的矿山特种钻机车，掘锚一体机）。

（5）大型船舶、海洋工程设备，包括大型高技术、高附加值船舶（中型邮轮、新型潜航器支持母船），大功率柴油机及其他船用关键配套设备（天然气及双燃料发动机、柱塞式舵机）。

（6）高速铁路、城市轨道交通设备，包括大功率交流传动电力/内燃机车。

（7）大型施工机械和基础设施专用设备，包括大型、新型施工机械，如大型全断面隧道掘进机、越野轮胎起重机、混凝土泵车、液压挖掘机、铣刨机、履带式全地形工程车、举高消防车、集装箱正面吊/堆高机、旋挖钻机、全电脑凿岩台车等。

（8）新型纺织机械，包括棉纺成套设备（自动络筒机、全自动转杯纺纱机）、纺熔复合非织造布成套设备。

（9）新型、大马力农业装备，包括大马力轮式拖拉机，自走式喷杆喷雾机，自走式玉米、小麦联合收获机。

[①] 财政部、海关总署、国家税务总局、文化和旅游部、国家文物局，《关于国有公益性收藏单位进口藏品免税规定的公告》，2024年第4号。
[②] 《重大技术装备进口税收政策管理办法》，第二条，财政部、工业和信息化部、海关总署、国家税务总局、国家能源局，《关于印发〈重大技术装备进口税收政策管理办法〉的通知》，财关税〔2020〕2号。
[③] 工业和信息化部、财政部、海关总署、国家税务总局、国家能源局，《关于调整重大技术装备进口税收政策有关目录的通知》，工信部联重装〔2021〕198号。

（10）电子信息及生物医疗设备，包括半导体发光二极管生产设备（金属有机化学气相沉积设备、高亮度 LED 步进投影光刻机），集成电路关键设备（氧化炉，高密度等离子刻蚀机，薄膜沉积设备：化学气相沉积设备、物理气相沉积设备和原子层沉积设备，涂胶显影机，快速热退火设备，湿法清洗机，晶圆缺陷自动检测设备、离子注入机、集成电路自动化测试及分选设备、前道铜互连电镀设备、化学机械抛光机、先进封装电镀设备），电子元器件生产设备（片式多层陶瓷电容器丝网印刷机、片式多层陶瓷电容器自动分选机、低温共烧陶瓷光刻工艺硬质玻纤板印刷生产线），材料基因设备（高通量材料芯片表征系统、高通量材料芯片制备系统），高端医疗装备（超导磁共振成像系统、X 射线计算机断层摄影设备、正电子发射及 X 射线计算机断层成像扫描系统、医用电子直线加速器、血液透析机、超导磁体、数字减影血管造影系统、小型集成化质子治疗系统），医药成套设备（灌装设备、冻干机）。

（11）民用飞机及发动机、机载设备，包括固定翼飞机与直升机、机载设备（50 座级涡桨支线飞机、70 座级涡桨支线飞机、新型涡扇支线飞机、19 座级双发涡桨通用飞机、4 吨级民用直升机、7 吨级民用直升机、13 吨级民用直升机、大型水陆两栖飞机、大型客机、复合材料初级教练机、复合材料中级教练机），发动机、机载设备（涡轴发动机、7 吨级民用直升机尾传动系统、压燃式航空活塞发动机）。

应当注意的是不是进口上述重大装备可以免征关税和进口环节增值税，而是符合条件的国内企业和核电项目业主为生产上述大型装备确有必要进口的部分关键零部件及原材料，可以享有免征关税和进口环节增值税优惠待遇。具体免征对象按照《重大技术装备和产品进口关键零部件及原材料商品目录（2021 年版）》办理。

（二）集成电路产业和软件产业进口特定零配件、原材料和自用设备

对下列情形，免征进口关税（政策执行至 2030 年 12 月 31 日）。

（1）集成电路线宽小于 65 纳米（含，下同）的逻辑电路、存储器生产企业，以及线宽小于 0.25 微米的特色工艺（即模拟、数模混合、高压、射频、功率、光电集成、图像传感、微机电系统、绝缘体上硅工艺）集成电路生产企业，进口国内不能生产或性能不能满足需求的自用生产性（含研发用，下同）原材料、消耗品，净化室专用建筑材料、配套系统和集成电路生产设备（包括进口设备和国产设备）零配件。

（2）集成电路线宽小于 0.5 微米的化合物集成电路生产企业和先进封装测试企业，进口国内不能生产或性能不能满足需求的自用生产性原材料、消耗品。

（3）集成电路产业的关键原材料、零配件（即靶材、光刻胶、掩模版、封装载板、抛光垫、抛光液、8 英寸及以上硅单晶、8 英寸及以上硅片）生产企业，进口国内不能生产或性能不能满足需求的自用生产性原材料、消耗品。

（4）集成电路用光刻胶、掩模版、8 英寸及以上硅片生产企业，进口国内不能生产或性能不能满足需求的净化室专用建筑材料、配套系统和生产设备（包括进口设备和国产设备）零配件。

（5）国家鼓励的重点集成电路设计企业和软件企业，以及符合上述第（1）、（2）项的企业（集成电路生产企业和先进封装测试企业）进口自用设备，及按照合同随设备进口的技术（含软件）及配套件、备件，但《国内投资项目不予免税的进口商品目录》、《外商投资项目不予免税的进口商品目录》和《进口不予免税的重大技术装备和产品目录》所列商品除外。[1]

四、支持台湾地区农业发展的税收优惠

为了支持台湾农业发展，惠及台湾广大农民，国家规定自 2005 年 8 月 1 日起对原产于台湾地区的 15 种进口鲜水果实施零关税[2]；自 2007 年 3 月 20 日起对原产于台湾地区的 19 种进口农产品免征关税[3]。

---

[1] 财政部、海关总署、国家税务总局，《关于支持集成电路产业和软件产业发展进口税收政策的通知》，财关税〔2021〕4 号。
[2] 海关总署，《关于对原产于台湾地区的 15 种进口鲜水果实施零关税的公告》，2005 年第 37 号。
[3] 海关总署，《关于对原产于台湾地区的 19 种进口农产品免征关税有关事宜》，2007 年第 6 号。

上述 15 种鲜水果包括鲜椰子、鲜槟榔、鲜菠萝、鲜番石榴、鲜芒果、鲜柚、木瓜、桃、梅、番荔枝、杨桃、莲雾、枣、柿子、枇杷。19 种农产品包括其他未列名鲜、冷比目鱼，其他未列名冻比目鱼，鲜、冷鲱鱼，冻鲱鱼，鲜、冷鲭鱼，冻鲭鱼，鲜、冷带鱼，冻带鱼，鲜、冷鲳鱼，冻鲳鱼，鲜、冷鲈鱼，冻尖吻鲈鱼，其他冻鲈鱼，其他未列名冻小虾，鲜、冷小虾，鲜、冷贻贝，冻贻贝，鲜、冷洋葱，鲜、冷硬花甘蓝，鲜、冷抱子甘蓝，鲜、冷卷心菜，鲜、冷其他甘蓝，鲜、冷花椰菜，鲜、冷结球莴苣，鲜、冷其他莴苣，鲜、冷胡萝卜，鲜、冷丝瓜，鲜、冷青江菜，鲜、冷小白菜，鲜、冷苦瓜，鲜、冷山葵，鲜、冷芋头。

五、进入海关特殊监管区域的产品免征出口关税

（一）免征进口关税和进口环节税

除法律法规另有规定外，下列货物从境外进入综合保税区，海关免征进口关税和进口环节税。
(1) 区内生产性的基础设施建设项目所需的机器、设备和建设生产厂房、仓储设施所需的基建物资。
(2) 区内企业开展指定业务所需的机器、设备、模具及其维修用零配件。
(3) 综合保税区行政管理机构和区内企业自用合理数量的办公用品。

自国务院批准设立综合保税区之日起，从境外进入综合保税区的区内企业自用机器、设备按照上述规定执行。但境外进入综合保税区，供区内企业和行政管理机构自用的交通运输工具、生活消费用品，海关依法征收进口关税和进口环节税。

除法律法规另有规定外，综合保税区运往境外的货物免征出口关税。[①]

（二）免征出口关税

对境内区外进入所有海关特殊监管区域用于建区和企业厂房基础建设的，属于取消出口退税或加征出口关税的基建物资（简称基建物资），入区时不予退税，海关办理登记手续，不征收出口关税。上述基建物资不得离境出口，如在区内未使用完毕的，由海关监管退出区外。

区内生产企业在国内（即境内区外）采购用于生产出口产品的原材料（清单以内），进区时不征收出口关税。上述原材料未经实质性加工的，不得转让或销售给区内非生产企业（如保税物流、仓储、贸易等企业）、直接出境或以保税方式出区，如出区销往境内区外的，一律照章征收进口关税和进口环节增值税。[②]

六、跨境电子商务零售进口商品限额零关税

跨境电子商务零售进口商品的单次交易限值为人民币 5000 元，个人年度交易限值为人民币 26 000 元。在限值以内进口的跨境电子商务零售进口商品，关税税率暂设为 0；进口环节增值税、消费税取消免征税额，暂按法定应纳税额的 70%征收。超过单次限值、累加后超过个人年度限值的单次交易，以及完税价格超过 2000 元限值的单个不可分割商品，均按照一般贸易方式全额征税。

上述跨境电子商务零售进口税收政策适用于从其他国家或地区进口的、《跨境电子商务零售进口商品清单》范围内的以下商品。

(1) 所有通过与海关联网的电子商务交易平台交易，能够实现交易、支付、物流电子信息"三单"比对的跨境电子商务零售进口商品。

(2) 未通过与海关联网的电子商务交易平台交易，但快递、邮政企业能够统一提供交易、支付、物流等电子信息，并承诺承担相应法律责任进境的跨境电子商务零售进口商品。

不属于跨境电子商务零售进口的个人物品以及无法提供交易、支付、物流等电子信息的跨境电子商务零

[①] 《中华人民共和国海关综合保税区管理办法》，海关总署令第 256 号，第十二条至十五条。
[②] 海关总署，《关于部分进入海关特殊监管区域的产品不征收出口关税》的公告，2008 年第 21 号。

售进口商品，按现行规定即进境物品进口税有关政策执行。①目前执行的《跨境电子商务零售进口商品清单（2019年版）》是由财政部等8部门于2022年1月28日公告调整后的清单，清单商品税号已达到1476个。②

【例16-4-1】 某消费者通过跨境电子商务零售平台进口高端化妆品，其支付的零售价加运费折合4000元人民币，进口环节税收由能够提供交易、支付、物流等电子信息的快递公司代扣代缴，该消费者当年未通过跨境电商平台进口其他物品。请计算该纳税人应纳且由快递公司代扣代缴的关税和进口环节增值税、消费税。

根据上述跨境电子商务零售进口商品限额零关税和增值税、消费税打七折的政策，纳税人符合有关规定，关税为零。

高端化妆品消费税税率为15%，应纳消费税税额 = (完税价格 + 实征关税税额) ÷ (1 − 消费税税率)
× 消费税税率 × 70% = (4000 + 0)/(1 − 15%) × 15%
× 70% ≈ 494.12（元）

增值税税率为13%，应纳增值税税额 = (完税价格 + 实征关税税额 + 实征消费税税额) × 增值税税率
× 70% = (4000 + 0 + 494.12) × 13% × 70% ≈ 408.96（元）

合计应纳税额 = 关税税额 + 消费税税额 + 增值税税额 = 0 + 494.12 + 408.96 = 903.08（元）

第五节 关税的征收管理和应纳税额计算

海关征税应当遵循准确归类、正确估价、依率计征、依法减免、严肃退补、及时入库的原则。③关税的征收管理包括申报与审核，税款征收，税款的退征、补征和减征、免征，税款担保等内容。

一、申报与审核

（一）申报

纳税义务人应当按照法律、行政法规和海关规章关于商品归类、审定完税价格和原产地管理的有关规定，如实申报进出口货物的商品名称、税则号列（商品编号）、规格型号、价格、运保费及其他相关费用、原产地、数量等。纳税义务人进出口货物时应当依法向海关办理申报手续，按照规定提交有关单证。海关认为必要时，纳税义务人还应当提供确定商品归类、完税价格、原产地等所需的相关资料。提供的资料为外文的，海关需要时，纳税义务人应当提供中文译文并对译文内容负责。④

（二）审核

海关应当按照法律、行政法规和海关规章的规定，对纳税义务人申报的进出口货物商品名称、规格型号、税则号列、原产地、价格、成交条件、数量等进行审核。海关可以根据口岸通关和货物进出口的具体情况，在货物通关环节仅对申报内容作程序性审核，在货物放行后再进行申报价格、商品归类、原产地等是否真实、正确的实质性核查。

经审核，如果海关发现纳税义务人申报各种必要信息如商品归类、完税价格、原产地、减免税条件等有误，应当按照有关规定分别予以重新确定。⑤

---

① 财政部、海关总署、国家税务总局，《关于跨境电子商务零售进口税收政策的通知》，财关税〔2016〕18号；财政部、海关总署、国家税务总局，《关于完善跨境电子商务零售进口税收政策的通知》，财关税〔2018〕49号。
② 财政部、发展改革委、工业和信息化部、生态环境部、农业农村部、商务部、海关总署、中华人民共和国濒危物种进出口管理办公室，《关于调整跨境电子商务零售进口商品清单的公告》，2022年第7号。
③ 《进出口货物征税管理办法》，第二条。
④ 《进出口货物征税管理办法》，第五条、第六条。
⑤ 《进出口货物征税管理办法》，第八条、第九条。

二、税款的征收和应纳税额的计算

(一) 确定税率和税基的规则

关税税款征收的关键是确定税率和税基,其基本规则如下。

1. 一般规则

海关应当根据进出口货物的税则号列、完税价格、原产地、适用的税率和汇率计征税款。海关应当按照《进出口关税条例》有关适用最惠国税率、协定税率、特惠税率、普通税率、出口税率、关税配额税率或者暂定税率,以及实施反倾销措施、反补贴措施、保障措施或者征收报复性关税等适用税率的规定,确定进出口货物适用的税率。[①]

2. 时间规则

进出口货物,应当适用海关接受该货物申报进口或者出口之日实施的税率。

进口货物到达前,经海关核准先行申报的,应当适用装载该货物的运输工具申报进境之日实施的税率。

进口转关运输货物,应当适用指运地海关接受该货物申报进口之日实施的税率;货物运抵指运地前,经海关核准先行申报的,应当适用装载该货物的运输工具抵达指运地之日实施的税率。

出口转关运输货物,应当适用启运地海关接受该货物申报出口之日实施的税率。

经海关批准,实行集中申报的进出口货物,应当适用每次货物进出口时海关接受该货物申报之日实施的税率。

因超过规定期限未申报而由海关依法变卖的进口货物,其税款计征应当适用装载该货物的运输工具申报进境之日实施的税率。

因纳税义务人违反规定需要追征税款的进出口货物,应当适用违反规定的行为发生之日实施的税率;行为发生之日不能确定的,适用海关发现该行为之日实施的税率。[②]

已申报进境并放行的保税货物、减免税货物、租赁货物或者已申报进出境并放行的暂时进出境货物,有下列情形之一需缴纳税款的,应当适用海关接受纳税义务人再次填写报关单申报办理纳税及有关手续之日实施的税率:①保税货物经批准不复运出境的;②保税仓储货物转入国内市场销售的;③减免税货物经批准转让或者移作他用的;④可以暂不缴纳税款的暂时进出境货物,经批准不复运出境或者进境的;⑤租赁进口货物,分期缴纳税款的。[③]

3. 计价规则

进出口货物的价格及有关费用以外币计价的,海关按照该货物适用税率之日所适用的计征汇率折合为人民币计算完税价格。完税价格采用四舍五入法计算至分。

(二) 应纳税额的计算

除另有规定外,关税和进口环节海关代征税按照下述计算公式计征。[④]

从价计征关税的计算公式:应纳税额 = 完税价格×关税税率。

---
① 《进出口货物征税管理办法》,第十一条、第十二条。
② 《进出口货物征税管理办法》,第十三条。
③ 《进出口货物征税管理办法》,第十四条。
④ 《进出口货物征税管理办法》,第十七条。

从量计征关税的计算公式：应纳税额 = 货物数量×单位关税税额。

计征进口环节增值税的计算公式：应纳税额 = (完税价格 + 实征关税税额 + 实征消费税税额)×增值税税率。

从价计征进口环节消费税的计算公式：应纳税额 = [(完税价格 + 实征关税税额)/(1−消费税税率)]×消费税税率。

从量计征进口环节消费税的计算公式：应纳税额 = 货物数量×单位消费税税额。

【例 16-5-1】某能源企业 2023 年 3 月 1 日在甘其毛都口岸从蒙古国进口 500 吨炼焦煤，按人民币计价，到岸价格每吨 2500 元，完税价格总额 125 万元，请计算应纳关税、应纳进口环节增值税。

【答案】第一，查阅该年度进出口税则和有关政策。炼焦煤（税号 27011210）最惠国税率为 3%，但根据国务院关税税则委员会《关于调整煤炭进口关税的公告》（税委会公告〔2022〕6 号）附件《煤炭进口关税调整表》，2022 年 5 月 1 日至 2023 年 3 月 31 日进口的炼焦煤暂定税率为零。进口环节增值税税率为 13%。

第二，计算应纳关税和进口环节增值税。应纳关税为零，应纳进口环节增值税 = (完税价格 + 实征关税税额)×13% = (125 + 0)×13% = 16.25（万元）

【例 16-5-2】某进出口公司从某世界贸易组织成员进口一批货物，支付国外买价折合人民币 2608 万元（其中包括卖方代付的境外采购代理人买方购货佣金 8 万元），另外单独支付卖方佣金 10 万元、技术培训费 10 万元，该批为卖方采用专利为买方专门设计和制造，支付专利使用费 40 万元。买方还支付货物运抵中国港口的运费、保险费等 50 万元。该货物适用最惠国税率为 10%、增值税税率为 13%、消费税税率为 10%。请分别计算该公司应纳关税、应纳进口环节消费税和应纳进口环节增值税。

【答案】第一，确定完税价格。按照有关完税价格的规定，另外支付的购货佣金属于买方自己雇佣代理人的费用，类似于本公司其他人员的薪酬支出，技术培训费属于公司经营业务的必要开支，它们都不是构成该货物成交价格的合理部分，不能计入完税价格中。专利费是构成本次交易的前提，属于成交价格的合理部分。中国实行以到岸价格为基础确定完税价格的原则，完税价格应包含运抵中国港口前发生的运费、保险费。因此，该批货物完税价格 = 买价−购货佣金 + 卖方佣金 + 专利使用费 + 运费和保险费。

关税完税价格 = 2608−8 + 10 + 40 + 50 = 2700（万元）

第二，计算应纳税额。

应纳关税 = 2700×10% = 270（万元）

进口环节消费税组成计税价格 = (2700 + 270)/(1−10%) = 3300（万元）

应纳进口环节消费税 = 3300×10% = 330（万元）

增值税组成计税价格 = 2700 + 270 + 330 = 3300（万元）

应纳进口环节增值税 = 3300×13% = 429（万元）

【例 16-5-3】某企业将一台设备运往境外修理，出境时向海关报明价值 200 000 美元，当期美元兑换人民币 1∶6.7891。按规定期限复运进境，支付境外修理费 5000 美元，料件费 2000 美元，支付复运进境的运输费 3000 美元和保险费 600 美元。复运进境当期美元兑换人民币 1∶6.7990。查《进出口税则》该设备适用关税税率 10%。请计算复运进境应纳关税。

【答案】通过报明海关运往境外修理的设备在规定的期限内复运进境，以海关审定的境外修理费和料件费估定完税价格：

完税价格 = (5000 + 2000)×6.7990 = 47 593（元）

应纳关税 = 47 593×10% = 4759.3（元）

【例 16-5-4】某公司某年 5 月出口精炼铜的线锭 100 吨，经海关审核离岸价折合人民币 70 万元。请计算本次出口应纳出口关税税额。

【答案】 经查《进出口税则》，精炼铜的线锭一般出口关税税率30%，当期暂定出口关税税率为10%。

应纳出口关税税额 = 完税价格×10% = 70×10% = 7（万元）

（三）税款缴纳

纳税义务人应当自海关填发税款缴款书之日起15日内向指定银行缴纳税款。逾期缴纳税款的，由海关自缴款期限届满之日起至缴清税款之日止，按日加收滞纳税款万分之五的滞纳金。纳税义务人应当自海关填发滞纳金缴款书之日起15日内向指定银行缴纳滞纳金。①

三、税款的退补与减免

（一）税款的退还与补征

海关发现多征税款的，应当立即通知纳税义务人办理退税手续。纳税义务人应当自收到海关通知之日起3个月内办理有关退税手续。

纳税义务人发现多缴纳税款的，自缴纳税款之日起1年内，可以向海关申请退还多缴的税款并加算银行同期活期存款利息。

已缴纳税款的进口货物，因品质或者规格原因原状退货复运出境的，纳税义务人自缴纳税款之日起1年内，可以向海关申请退税。

已缴纳出口关税的出口货物，因品质或者规格原因原状退货复运进境，并已重新缴纳因出口而退还的国内环节有关税收的，纳税义务人自缴纳税款之日起1年内，可以向海关申请退税。

已缴纳出口关税的货物，因故未装运出口申报退关的，纳税义务人自缴纳税款之日起1年内，可以向海关申请退税。

散装进出口货物发生短装并已征税放行的，如果该货物的发货人、承运人或者保险公司已对短装部分退还或者赔偿相应货款，纳税义务人自缴纳税款之日起1年内，可以向海关申请退还进口或者出口短装部分的相应税款。

进出口货物因残损、品质不良、规格不符原因，或者发生上述短装以外的货物短少的情形，由进出口货物的发货人、承运人或者保险公司赔偿相应货款的，纳税义务人自缴纳税款之日起1年内，可以向海关申请退还赔偿货款部分的相应税款。②

进出口货物放行后，海关发现少征税款的，应当自缴纳税款之日起1年内，向纳税义务人补征税款；海关发现漏征税款的，应当自货物放行之日起1年内，向纳税义务人补征税款。

因纳税义务人违反规定造成少征税款的，海关应当自缴纳税款之日起3年内追征税款；因纳税义务人违反规定造成漏征税款的，海关应当自货物放行之日起3年内追征税款。海关除依法追征税款外，还应当自缴纳税款或者货物放行之日起至海关发现违规行为之日止按日加收少征或者漏征税款万分之五的滞纳金。

因纳税义务人违反规定造成海关监管货物少征或者漏征税款的，海关应当自纳税义务人应缴纳税款之日起3年内追征税款，并自应缴纳税款之日起至海关发现违规行为之日止按日加收少征或者漏征税款万分之五的滞纳金。③

（二）减征与免征

纳税义务人进出口减免税货物，应当在货物进出口前，按照规定持有关文件向海关办理减免税审批手

---

① 《进出口货物征税管理办法》，第二十条。
② 《进出口货物征税管理办法》，第五十九条至六十四条。
③ 《进出口货物征税管理办法》，第六十八条、第六十九条。

续。纳税义务人应当向其主管海关申请办理减免税审批手续。海关按照有关规定予以审核，并签发《进出口货物征免税证明》。

特定地区、特定企业或者有特定用途的特定减免税进口货物，应当接受海关监管。特定减免税进口货物的监管年限为：①船舶、飞机8年；②机动车辆6年；③其他货物5年。监管年限自货物进口放行之日起计算。

在特定减免税进口货物的监管年限内，纳税义务人应当自减免税货物放行之日起每年1次向主管海关报告减免税货物的状况；除经海关批准转让给其他享受同等税收优惠待遇的项目单位外，纳税义务人在补缴税款并办理解除监管手续后，方可转让或者进行其他处置。[1]

四、进出口货物的税款担保

有下列情形之一，纳税义务人要求海关先放行货物的，应当按照海关初步确定的应缴税款向海关提供足额税款担保：①海关尚未确定商品归类、完税价格、原产地等征税要件的；②正在海关办理减免税审批手续的；③申请延期缴纳税款的；④暂时进出境的；⑤进境修理和出境加工的，按保税货物实施管理的除外；⑥因残损、品质不良或者规格不符，纳税义务人申报进口或者出口无代价抵偿货物时，原进口货物尚未退运出境或者尚未放弃交由海关处理的，或者原出口货物尚未退运进境的；⑦其他按照有关规定需要提供税款担保的。

税款担保期限一般不超过6个月，特殊情况经直属海关关长或者其授权人批准可以酌情延长。税款担保一般应为保证金、银行或者非银行金融机构的保函。[2]

五、行政复议和诉讼

纳税义务人、担保人对海关确定纳税义务人、确定完税价格、商品归类、确定原产地、适用税率或者计征汇率、减征或者免征税款、补税、退税、征收滞纳金、确定计征方式以及确定纳税地点有异议的，应当按照海关作出的相关行政决定依法缴纳税款，并可以依照《中华人民共和国行政复议法》和《中华人民共和国海关实施〈行政复议法〉办法》向上一级海关申请复议。对复议决定不服的，可以依法向人民法院提起诉讼。对构成违反海关监管规定行为、走私行为的，按照《海关法》《中华人民共和国海关行政处罚实施条例》和其他有关法律、行政法规的规定处罚。构成犯罪的，依法追究刑事责任。[3]

第六节 进境物品进口税征收制度

国家为了调节个人物品进境，简化验放手续，避免适用税目多、分类细、归类复杂的《进出口税则》，对入境旅客携带和个人通过邮递方式进口的物品采用较为简便的征税办法，即关税和进口环节增值税、消费税合并为进境物品进口税。

一、进境物品进口税的征税范围、纳税人和税率

（一）征税范围

进境物品的关税以及进口环节海关代征税合并为进口税，由海关依法征收。[4]

海关总署规定数额以内的个人自用进境物品，免征进口税。超过海关总署规定数额但仍在合理数量以

---

[1] 《进出口货物征税管理办法》，第七十二条至七十六条。
[2] 《进出口货物征税管理办法》，第七十七条、第七十八条。
[3] 《进出口货物征税管理办法》，第八十条、第八十一条。
[4] 《进出口关税条例》，第五十六条。

内的个人自用进境物品，由进境物品的纳税义务人在进境物品放行前按照规定缴纳进口税。超过合理、自用数量的进境物品应当按照进口货物依法办理相关手续。[①]

（二）纳税人

进境物品的纳税义务人是指，携带物品进境的入境人员、进境邮递物品的收件人以及以其他方式进口物品的收件人。[②]

（三）税率

海关应当按照《中华人民共和国进境物品进口税税率表》及海关总署制定的《中华人民共和国进境物品归类表》《中华人民共和国进境物品完税价格表》对进境物品进行归类、确定完税价格和确定适用税率。[③]《中华人民共和国进境物品进口税税率表》[④]见表16-6-1。目前执行的是海关总署《关于调整〈中华人民共和国进境物品归类表〉和〈中华人民共和国进境物品完税价格表〉的公告》（公告〔2019〕63号）。

表16-6-1　进境物品进口税税率表

税目序号	物品名称	税率
1	书报、刊物、教育用影视资料；计算机、视频摄录一体机、数字照相机等信息技术产品；食品、饮料；金银；家具；玩具；游戏品、节日或其他娱乐用品；药品[a]	13%
2	运动用品（不含高尔夫球及球具）、钓鱼用品；纺织品及其制成品；电视摄像机及其他电器用具；自行车；税目1、3中未包含的其他商品	20%
3[b]	烟、酒；贵重首饰及珠宝玉石；高尔夫球及球具；高档手表；高档化妆品	50%

a 对国家规定减按3%征收进口环节增值税的进口药品，按照货物税率征税；b 税目3所列商品的具体范围与消费税征收范围一致

二、进境物品进口税的完税价格和纳税额计算

（一）进境物品进口税的完税价格

进口税的完税价格由海关参照该项物品的境外正常零售平均价格确定。由于个人进口物品数量零星、品种繁杂，为解决完税价格审定工作的困难，建立统一的审价尺度，海关总署编印《中华人民共和国进境物品完税价格表》（简称《进境物品完税价格表》），由全国海关统一执行。各种货物的完税价格，由海关根据市场价格的变动情况，不定期地进行调整。

在《进境物品完税价格表》中大部分进境物品明确规定了具体的完税价格，一些物品由海关另行确定。例如，威士忌（不超过750毫升）一瓶完税价格为300元人民币，税率50%；皮大衣一件完税价格为2000元，税率20%，裘皮衣的完税价格另行确定；行李箱完税价格为一个500元，税率20%，挎包、背包、提包也是另行确定，它们税率均为20%；键盘式手持移动电话机完税价格为1000元，触屏式手持电话机完税价格另行确定，税率均为13%。

（二）进境物品进口税应纳税额计算

应税个人自用物品由海关按照填发税款缴纳证当日有效的税率和完税价格计征进口税。

进境物品进口税税额 = 进境物品完税价格 × 进境物品进口税税率

[①] 《进出口关税条例》，第五十七条。
[②] 《进出口关税条例》，第五十八条。
[③] 《进出口关税条例》，第六十一条。
[④] 国务院关税税则委员会，《关于调整进境物品进口税有关问题的通知》，税委会〔2019〕17号。

三、进境物品进口税的减免规定

(一) 旅客携带进境物品的免税规定

(1) 进境居民旅客携带在境外获取的个人自用进境物品,总值在 5000 元人民币以内(含 5000 元)的;非居民旅客携带拟留在中国境内的个人自用进境物品,总值在 2000 元人民币以内(含 2000 元)的,海关予以免税放行,单一品种限自用、合理数量,但烟草制品、酒精制品以及国家规定应当征税的 20 种商品(包括电视机、摄像机、录像机、放像机、音响设备、空调器、电冰箱(电冰柜)、洗衣机、照相机、复印机、程控电话交换机、微型计算机及外设、电话机、无线寻呼系统、传真机、电子计数器、打字机及文字处理机、家具、灯具和餐料等 20 种[①])除外。

(2) 进境居民旅客携带超出 5000 元人民币的个人自用进境物品,经海关审核确属自用的;进境非居民旅客携带拟留在中国境内的个人自用进境物品,超出人民币 2000 元的,海关仅对超出部分的个人自用进境物品征税,对不可分割的单件物品,全额征税。[②]

虽然有上述规定,海关还明确中国籍旅客(凭中华人民共和国护照等有效旅行证件出入境的旅客,包括公派出境工作、考察、访问、学习和因私出境探亲、访友、旅游、经商、学习等中国籍居民旅客和华侨、台湾同胞、港澳同胞等中国籍非居民旅客)携带下列三类物品进境可以免税。

第一类物品包括衣料、衣着、鞋、帽、工艺美术品和价值人民币 1000 元以下(含 1000 元)的其他生活用品自用合理数量范围内免税,其中价值人民币 800 元以上,1000 元以下的物品每种限一件。

第二类物品包括烟草制品和酒精饮料。①香港、澳门地区居民及因私往来香港、澳门地区的内地居民,免税香烟 200 支,或雪茄 50 支,或烟丝 250 克;免税 12 度以上酒精饮料限 1 瓶(0.75 升以下)。②其他旅客,免税香烟 400 支,或雪茄 100 支,或烟丝 500 克;免税 12 度以上酒精饮料限 2 瓶(1.5 升以下)。

第三类物品包括价值人民币 1000 元以上,5000 元以下(含 5000 元)的生活用品。①驻境外的外交机构人员、我出国留学人员和访问学者、赴外劳务人员和援外人员,连续在外每满 180 天(其中留学人员和访问学者物品验放时间从注册入学之日起算至毕业结业之日止),远洋船员在外每满 120 天任选其中 1 件免税。②其他旅客每公历年度内进境可任选其中 1 件征税。

上述政策不适用于短期内多次来往香港、澳门地区旅客和经常进出境人员以及边境地区居民。[③]

【例 16-6-1】 某旅客是中国籍居民,从英国旅行回国携带相同的三瓶威士忌进境,每瓶 700 毫升,单价折合人民币 2500 元,经海关审核确属自用,免税放行其中两瓶威士忌,超过免税规定的一瓶威士忌要征税放行,请计算该旅客进境物品进口税税额。

【答案】 经查《进境物品完税价格表》和《中华人民共和国进境物品进口税税率表》,威士忌的完税价格为每瓶 300 元,税率为 50%。

应纳进境物品进口税税额 = 进境物品完税价格 × 税率 = 300 × 50% = 150(元)

该旅客在入境时要向海关缴纳 150 元的进境物品进口税。

(二) 邮寄进境物品的免税规定

(1) 个人邮寄进境物品,海关依法征收进口税,但应征进口税税额在人民币 50 元(含 50 元)以下的,海关予以免征。

---

① 财政部,《关于重新明确不予减免税的 20 种商品税号范围的通知》,财关税〔2004〕6 号;海关总署,《关于对 20 种商品停止减免关税和进口环节增值税》,2004 年第 7 号。

② 海关总署,《关于进境旅客所携行李物品验放标准有关事宜》,2010 年第 54 号。

③ 《中华人民共和国海关对中国籍旅客进出境行李物品的管理规定》(海关总署令〔1996〕第 58 号公布,根据海关总署令〔2010〕第 198 号第一次修改,根据海关总署令〔2017〕第 235 号第二次修改),第二条,附件 1《中国籍旅客带进境物品限量表》。

（2）个人寄自或寄往港、澳、台地区的物品，每次限值为800元人民币；寄自或寄往其他国家和地区的物品，每次限值为1000元人民币。

（3）个人邮寄进出境物品超出规定限值的，应办理退运手续或者按照货物规定办理通关手续。但邮包内仅有一件物品且不可分割的，虽超出规定限值，经海关审核确属个人自用的，可以按照个人物品规定办理通关手续。

（4）邮运进出口的商业性邮件，应按照货物规定办理通关手续。[①]

（三）外国在华常驻人员携带进境物品免税规定

外国企业和其他经济贸易及文化等组织在华常驻机构的常住人员，外国民间经济贸易和文化团体在华常驻机构的常住人员，外国在华常驻新闻机构的常驻记者，在华的中外合资、合作企业及外方独资企业的外方常住人员，长期来华工作的外籍专家（含港、澳、台地区专家）或华侨专家，长期来华学习的外国留学生和华侨留学生等六类人员在华居住一年以上者（即工作或留学签证有效期超过一年的），在签证有效期内初次来华携带进境的个人自用的家用摄像机、照相机、便携式收录机、便携式激光唱机、便携式计算机，报经所在地主管海关审核，在每个品种一台的数量限制内，予以免征进口税，超出部分照章征税。其中长期来华工作的外籍专家（含港、澳、台地区专家）或华侨专家携运进境的图书资料、科研仪器、工具、样品、试剂等教学、科研物品，在自用合理数量范围内，免征进口税。[②]

（四）外国使节公务用品和自用物品进境免税规定

外国驻中国使馆申报运进的公务用品和外交代表申报运进的自用物品，经海关审核在直接需用数量范围内的，予以免税。"公务用品"系指外国驻中国使馆执行职务直接需用的物品，包括家具、陈设品、办公用品、招待用品和机动车辆等；"自用物品"系指外国驻中国使馆人员和与其共同生活的配偶及未成年子女在中国居留期间直接需用的生活用品，包括家具、家用电器和机动车辆等。外国驻中国使馆和外国驻中国使馆人员免税运进的物品，不得转让。确有特殊原因需要转让的，必须报经海关批准。经批准转让的物品，应当由受让人或者出让人按规定向海关办理纳税或者免税手续。[③]

（五）大嶝对台小额商品交易市场进境物品免税规定

大嶝对台小额商品交易市场是经国家批准在厦门市翔安区大嶝岛内专门设立，用于开展对台民间小额商品交易活动，并且实行封闭管理的海关监管区。进入交易市场的人员每日携带出交易市场的台湾商品总值在人民币3000元以下的，免征进口关税和进口环节海关代征税。[④]海关总署公布了大嶝对台小额商品交易市场经营商品范围和携带出该市场的数量限制商品清单。

1. 允许经营商品范围[⑤]

（1）粮油食品类，包括粮油制品、食用动物及其产品、食用植物及其产品、水产品、食品制成品。

（2）土产畜产类，包括茶叶、咖啡、可可、香调料及香料油、山货、畜产品、烟类。

（3）纺织服装，包括纺织品、丝织品、服装。

---

① 海关总署，《关于调整进出境个人邮递物品管理措施有关事宜》，总署公告〔2010〕43号。
② 国务院关税税则委员会、财政部，《外国在华常住人员携带进境物品进口税收暂行规定》，税委会〔1999〕5号，第二条至四条。
③ 《中华人民共和国海关总署关于外国驻中国使馆和使馆人员进出境物品的规定》（1986年10月31日国务院批准，1986年12月1日海关总署发布），第二条、第四条、第七条。
④ 《中华人民共和国海关关于大嶝对台小额商品交易市场管理办法》（海关总署令2017年第235号），第七条。
⑤ 允许经营商品范围是指允许免税进境的商品范围。

（4）工艺品类，包括陶瓷、地毯及装饰挂毯、工艺品。

（5）轻工业品类，包括家用电器、箱包及鞋帽、文体用品、日用五金器皿、钟表、家具、日用杂品、纸品、玩具、眼镜、珠宝首饰、日用化妆品、家用医疗器械。

（6）医药品类，包括中成药、药酒。

2. 携带出大嶝对台小额商品交易市场的进境商品的数量限制

海关规定了可携带出大嶝对台小额商品交易市场的14类进境商品的免税数量限制。烟丝每人每天500克以内免税，雪茄烟每人每天100支以内免税，卷烟每人每天800支以内免税，其他烟草、烟草代用品及其制品（烟草精汁除外）每人每天500克以内免税，酒精度在12度及以上的酒类商品每人每天2000毫升以内免税，糖每人每日1公斤以内免税，粮食（含小麦、玉米、稻谷和大米）每人每日50公斤以内免税，棉花、豆油、菜籽油、棕榈油、咖啡、胡椒每人每日5公斤以内免税，羊毛和毛条不予免税。①

第七节 船舶吨税

船舶吨税（tonnage duty）是对应税船舶征收的一种税。现行船舶吨税的基本规范是2017年12月27日第十二届全国人民代表大会常务委员会第三十一次会议通过的，于2018年7月1日起施行的《中华人民共和国船舶吨税法》（简称《船舶吨税法》）。

一、税目税率

应税船舶应当缴纳船舶吨税（简称吨税），具体征收的税目、税率依照《船舶吨税法》所附《吨税税目税率表》执行。②

吨税税目按应税船舶的净吨位从低到高设置四个税目，即不超过2000净吨、超过2000净吨但不超过10 000净吨、超过10 000净吨但不超过50 000净吨、超过50 000净吨。

按上述税目分别设置优惠税率和普通税率。中华人民共和国国籍的应税船舶，船籍国（地区）与中华人民共和国签订含有相互给予船舶税费最惠国待遇条款的条约或者协定的应税船舶，适用优惠税率。目前享受优惠税率的国家和地区（包括中国香港和澳门）共有78个。③其他应税船舶，适用普通税率。《船舶吨税法》还就拖船、无法提供净吨位证明文件的游艇、非机动驳船适用税率作了特别规定。《吨税税目税率表》见表16-7-1。

表16-7-1 吨税税目税率表

税目（按船舶净吨位划分）	普通税率（按执照期限划分）			优惠税率（按执照期限划分）			备注
	1年	90日	30日	1年	90日	30日	
不超过2000净吨	12.6	4.2	2.1	9.0	3.0	1.5	1. 拖船按照发动机功率每千瓦折合净吨位0.67吨 2. 无法提供净吨位证明文件的游艇，按照发动机功率每千瓦折合净吨位0.05吨 3. 拖船和非机动驳船分别按相同净吨位船舶税率的50%计征税款
超过2000净吨，但不超过10 000净吨	24.0	8.0	4.0	17.4	5.8	2.9	
超过10 000净吨，但不超过50 000净吨	27.6	9.2	4.6	19.8	6.6	3.3	
超过50 000净吨	31.8	10.6	5.3	22.8	7.6	3.8	

---

① 海关总署，《关于公布大嶝对台小额商品交易市场经营商品范围和数量限制商品清单的公告》，2018年第8号。其中，"菜子油"为文件原文，此处是错别字，应为"菜籽油"。
② 《船舶吨税法》，第一条、第二条。
③ 海关总署，《关于发布适用船舶吨税优惠税率国家（地区）清单的公告》，〔2018〕80号。

上述所称净吨位，是指由船籍国（地区）政府签发或者授权签发的船舶吨位证明书上标明的净吨位；非机动驳船，是指在船舶登记机关登记为驳船的非机动船舶；拖船，是指专门用于拖（推）动运输船舶的专业作业船舶；吨税执照期限，是指按照公历年、日计算的期间。[①]

二、吨税的免税和吨税执照延期规定

（一）吨税的免税规定

下列船舶免征吨税。
（1）应纳税额在人民币五十元以下的船舶。
（2）自境外以购买、受赠、继承等方式取得船舶所有权的初次进口到港的空载船舶。
（3）吨税执照期满后二十四小时内不上下客货的船舶。
（4）非机动船舶（不包括非机动驳船）。非机动船舶，是指自身没有动力装置，依靠外力驱动的船舶。
（5）捕捞、养殖渔船。捕捞、养殖渔船，是指在中华人民共和国渔业船舶管理部门登记为捕捞船或者养殖船的船舶。
（6）避难、防疫隔离、修理、改造、终止运营或者拆解，并不上下客货的船舶。
（7）军队、武装警察部队专用或者征用的船舶。
（8）警用船舶。
（9）依照法律规定应当予以免税的外国驻华使领馆、国际组织驻华代表机构及其有关人员的船舶。
（10）国务院规定的其他船舶。本条免税规定，由国务院报全国人民代表大会常务委员会备案。

（二）吨税执照延期规定

在吨税执照期限内，应税船舶发生下列情形之一的，海关按照实际发生的天数批注延长吨税执照期限。
（1）避难、防疫隔离、修理、改造，并不上下客货。
（2）军队、武装警察部队征用。
符合上一节吨税的免税规定（5）～（9）免税以及本节吨税执照延期规定的船舶，应当提供海事部门、渔业船舶管理部门等部门、机构出具的具有法律效力的证明文件或者使用关系证明文件，申明免税或者延长吨税执照期限的依据和理由。[②]

三、吨税应纳税额的计算

吨税按照船舶净吨位和吨税执照期限征收。应税船舶负责人在每次申报纳税时，可以按照《吨税税目税率表》选择申领一种期限的吨税执照。吨税的应纳税额按照船舶净吨位乘以适用税率计算，计算公式为

$$应纳税额 = 船舶净吨位 \times 定额税率$$

吨税由海关负责征收。海关征收吨税应当制发缴款凭证。应税船舶负责人缴纳吨税或者提供担保后，海关按照其申领的执照期限填发吨税执照。

应税船舶在进入港口办理入境手续时，应当向海关申报纳税领取吨税执照，或者交验吨税执照（或者申请核验吨税执照电子信息）。应税船舶在离开港口办理出境手续时，应当交验吨税执照（或者申请核验吨税执照电子信息）。

---

① 《船舶吨税法》，第二十一条。
② 《船舶吨税法》，第十一条。

应税船舶负责人申领吨税执照时，应当向海关提供下列文件：船舶国籍证书或者海事部门签发的船舶国籍证书收存证明、船舶吨位证明。

应税船舶因不可抗力在未设立海关地点停泊的，船舶负责人应当立即向附近海关报告，并在不可抗力原因消除后，依照规定向海关申报纳税。①

【例 16-7-1】 与中国签订了包含相互给予船舶税费最惠国待遇条款协定的 A 国甲公司，其一艘货轮驶入中国某港口，该货轮净吨位为 50 000 吨，货轮负责人已向中国海关领取了 90 天吨税执照，在港口实际停留期限为 60 天。请计算该货轮负责人应向中国海关缴纳的吨税。

【答案】（1）查税率表，该货轮适用优惠税率，每净吨位为 7.6 元。

（2）应缴纳的吨税 = 50 000×7.6 = 380 000（元）

四、吨税的征收管理

（一）纳税期限和时间

船舶吨税分 1 年期缴纳、90 天期缴纳与 30 天期缴纳三种。缴纳期限由应税船舶负责人自行选择。②

吨税纳税义务发生时间为应税船舶进入港口的当日。应税船舶在吨税执照期满后尚未离开港口的，应当申领新的吨税执照，自上一次执照期满的次日起续缴吨税。③

应税船舶负责人应当自海关填发吨税缴款凭证之日起十五日内缴清税款。未按期缴清税款的，自滞纳税款之日起至缴清税款之日止，按日加收滞纳税款万分之五的税款滞纳金。④

（二）征纳责任规定

1. 纳税担保

应税船舶到达港口前，经海关核准先行申报并办结出入境手续的，应税船舶负责人应当向海关提供与其依法履行吨税缴纳义务相适应的担保；应税船舶到达港口后，依照规定向海关申报纳税。

下列财产、权利可以用于担保。

（1）人民币、可自由兑换货币。

（2）汇票、本票、支票、债券、存单。

（3）银行、非银行金融机构的保函。

（4）海关依法认可的其他财产、权利。⑤

2. 吨税执照和税率变化的处理规则

（1）应税船舶在吨税执照期限内，因修理、改造导致净吨位变化的，吨税执照继续有效。应税船舶办理出入境手续时，应当提供船舶经过修理、改造的证明文件。

（2）应税船舶在吨税执照期限内，因税目税率调整或者船籍改变而导致适用税率变化的，吨税执照继续有效。

（3）因船籍改变而导致适用税率变化的，应税船舶在办理出入境手续时，应当提供船籍改变的证明文件。

---

① 《船舶吨税法》，第四条至七条。
② 海关总署，《关于〈中华人民共和国船舶吨税法〉实施有关事项的公告》，公告〔2018〕77 号。
③ 《船舶吨税法》，第八条。
④ 《船舶吨税法》，第十二条。
⑤ 《船舶吨税法》，第十三条。

（4）吨税执照在期满前毁损或者遗失的，应当向原发照海关书面申请核发吨税执照副本，不再补税。①

3. 不正常纳税的处理规则

（1）少征或漏征。海关发现少征或者漏征税款的，应当自应税船舶应当缴纳税款之日起1年内，补征税款。但因应税船舶违反规定造成少征或者漏征税款的，海关可以自应当缴纳税款之日起3年内追征税款，并自应当缴纳税款之日起按日加征少征或者漏征税款万分之五的税款滞纳金。

（2）多征。海关发现多征税款的，应当在24小时内通知应税船舶办理退还手续，并加算银行同期活期存款利息。应税船舶发现多缴税款的，可以自缴纳税款之日起3年内以书面形式要求海关退还多缴的税款并加算银行同期活期存款利息；海关应当自受理退税申请之日起30日内查实并通知应税船舶办理退还手续。应税船舶应当自收到退税通知之日起3个月内办理有关退还手续。②

4. 未履行纳税责任的处理规则

应税船舶有下列行为之一的，由海关责令限期改正，处2000元以上30 000元以下的罚款；不缴或者少缴应纳税款的，处不缴或者少缴税款50%以上5倍以下的罚款，但罚款不得低于2000元。

（1）未按照规定申报纳税、领取吨税执照。

（2）未按照规定交验吨税执照（或者申请核验吨税执照电子信息）以及提供其他证明文件。③

（三）其他规定

（1）吨税税款、税款滞纳金、罚款以人民币计算。

（2）吨税的征收，《船舶吨税法》未作规定的，依照有关税收征收管理的法律、行政法规的规定执行。④

【本章小结】

1. 进口货物的收货人、出口货物的发货人、进出境物品的所有人是关税的纳税义务人，应依据《进出口关税条例》的规定缴纳关税。
2. 每年公布的《进出口税则》是中国海关凭以征收关税的法律依据，也是中国关税政策的具体体现。
3. 中国原产地规定基本上采用了完全生产标准、实质性加工标准两种国际上通用的原产地标准。
4. 进出口货物的完税价格，由海关以该货物的成交价格为基础审查确定。成交价格不能确定时，完税价格由海关依法估定。
5. 关税的征收管理包括申报与审核，税款征收，税款的退征、补征和减征、免征，税款担保等内容。
6. 中国对入境旅客携带和个人邮递方式进口的物品采用较为简便的征税办法，即进境物品的关税以及进口环节海关代征税合并为进境物品进口税。
7. 船舶吨税是对中国境外港口应税船舶征收的一种税。

【概念与术语】

关税（tariff） 最惠国税率（most favored nation rate） 协定税率（conventional tariff rate） 特惠税率（preferential tariff rate） 普通税率（general tariff rate） 关税配额（tariff quota） 暂定税率（provisional tariff rate） 原产地标准（origin criteria） 完全生产标准（full production criteria） 完税价格（dutiable price） 成交价格（transaction price） 进口税（import tariff） 船舶吨税（tonnage duty）

---

① 《船舶吨税法》，第十四条至十六条。
② 《船舶吨税法》，第十七条。
③ 《船舶吨税法》，第十八条。
④ 《船舶吨税法》，第十九条、第二十条。

【思考题】

1. 中国关税税率规定包括哪些内容？
2. 为什么要确定进口货物的原产地？如何确定进口货物原产地？
3. 海关对进口货物的估价以什么为标准？
4. 如何确定进口货物的成交价格？
5. 当进口货物的成交价格无法确定时，可采取什么方法确定进口货物的完税价格？
6. 目前关税的减免税政策包括哪些内容？
7. 船舶吨税是如何征收的？

【计算题】

1. 某工厂从德国购进一批小轿车，以广州到岸价格成交。货物发票列明：小轿车总价为100万元，运费为1万元，卖方佣金为3万元，技术指导费为2万元，卖方给予买方1万元的商业折扣，已知小轿车适用的关税税率为15%，请计算出该批小轿车应纳的关税。

2. 某企业将一台价值100万美元的机器设备运往境外修理，起运前已向海关申请，修复后准时复运进境，支付的修理费和料件费为30万元（已经海关审核确定），已知该机器设备适用的关税税率为5%，请计算出该项业务应纳的关税。

3. 某建筑工程公司获海关核准从国外暂时进口两台施工机械，到岸价格分别为200万元、500万元，留在境内的使用期限分别为7个月、8个月，已知这两台施工机械适用的关税税率均为10%，请计算该公司应纳的关税。

4. 某进出口公司从国外进口设备一批，到岸价格总计为200万元（其中包括进口后发生的安装调试费2万元），公司另行向卖方支付3万元的佣金，已知该批设备适用的关税税率为5%，请计算出该公司应纳的关税。

5. 某公司进口仪器一批，海关核定的到岸价格为100万元，海关于某年8月11日（星期一）填发税款缴纳证，该公司由于资金周转困难，于该年8月27日才一次性缴清税款，已知该批仪器的进口关税税率为5%，请计算该公司应纳关税和滞纳金。

6. 某公司进口设备一批，由于资金困难向海关申请缓纳，海关准予缓税3个月，已知应纳关税税额为100万元，请计算该公司由于缓纳应支付的利息。

7. 某公司从某国进口一批货物，成交价（离岸价）为3000万元，其中包括货物进口后的装配调试费为23万元（单独计价并经海关审核属实）和向境外采购代理人支付的买方佣金为5万元，另外还支付运费为100万元和保险费5万元，货物运抵中国口岸后，该公司在未经海关批准缓税的情况下，于海关填发税款交纳证的次日起的第30天才缴纳税款，已知该货物适用的关税税率为10%，增值税税率为13%，请计算该公司应纳的关税、关税滞纳金和增值税。

8. 某消费者通过eBay网从澳大利亚购进用于关节保健的维骨力（glucosamine chondroitin & MSM，又称氨基葡萄糖软骨素和MSM）若干瓶，零售价格加运费折合人民币247元，请问是否要缴纳关税或进口环节税收，如果要缴纳，缴纳多少？其政策依据是什么？（提示：在《商品名称及编码协调制度》中最接近该商品的编码为21069090.90，根据该编码，查阅中国《进出口税则》税号21069090，属于"其他税号未列名的食品"下的"其他"，最惠国税率为12%，与澳大利亚协定税率为零；也属于《跨境电子商务零售进口商品清单（2018版）》范围）。

第十七章　企业所得税

【本章提要】
1. 企业所得税的纳税人、征税范围和税率。
2. 企业所得税应纳税所得额的确定。
3. 企业所得税的资产处理。
4. 资产损失税前扣除的所得税处理。
5. 企业所得税的优惠政策。
6. 企业所得税应纳税额的计算。
7. 特别纳税调整。
8. 企业重组的所得税处理。
9. 房地产开发经营业务的所得税处理。
10. 征收管理。

2007年3月16日，中华人民共和国第十届全国人民代表大会第五次会议通过了新的《中华人民共和国企业所得税法》（以下简称《企业所得税法》），自2008年1月1日起施行。随后，2007年11月28日，国务院第197次常务会议通过新的《中华人民共和国企业所得税法实施条例》（以下简称《企业所得税法实施条例》），也自2008年1月1日起施行。内、外资企业所得税正式统一。

第一节　企业所得税的纳税人、征税范围和税率

一、企业所得税的纳税人、征税范围

（一）企业所得税的纳税人

在中华人民共和国境内，企业和其他取得收入的组织（以下统称企业）为企业所得税的纳税人，依法缴纳企业所得税。个人独资企业、合伙企业不适用企业所得税法（enterprise income tax law）。[①]

企业分为居民企业和非居民企业。

1. 居民企业

居民企业，是指依法在中国境内成立，或者依照外国（地区）法律成立但实际管理机构在中国境内的企业。[②]

依法在中国境内成立的企业，包括依照中国法律、行政法规在中国境内成立的国有企业、集体企业、私营企业、联营企业、股份制企业，外商投资企业、外国企业以及有生产、经营所得和其他所得的其他组织。其中，有生产、经营所得和其他所得的其他组织，是指经国家有关部门批准，依法注册、登记的事业单位、社会团体等组织。由于中国的一些社会团体组织、事业单位在完成国家事业计划的过程中，开展多种经营和有偿服务活动，取得除财政部门各项拨款、财政部和国家物价部门批准的各项规费收入以外的经营收入，具有了经营的特点，应当视同企业纳入征税范围。

---

① 《企业所得税法》，第一条。
② 《企业所得税法》，第二条。

依照外国（地区）法律成立的企业，包括依照外国（地区）法律成立的企业和其他取得收入的组织。①
实际管理机构，是指对企业的生产经营、人员、账务、财产等实施实质性全面管理和控制的机构。

2. 非居民企业

非居民企业，是指依照外国（地区）法律成立且实际管理机构不在中国境内，但在中国境内设立机构、场所的，或者在中国境内未设立机构、场所，但又来源于中国境内所得的企业。②

上述所称机构、场所，是指在中国境内从事生产经营活动的机构、场所，包括：管理机构、营业机构、办事机构；工厂、农场、开采自然资源的场所；提供劳务的场所；从事建筑、安装、装配、修理、勘探等工程作业的场所；其他从事生产经营活动的机构、场所。

非居民企业委托营业代理人在中国境内从事生产经营活动的，包括委托单位或者个人经常代其签订合同，或者储存、交付货物等，该营业代理人视为非居民企业在中国境内设立的机构、场所。③

将企业所得税的纳税人分为居民企业和非居民企业，规定不同的纳税义务，是为了更好地保障中国税收管辖权的有效行使。根据国际上的通行做法，中国选择了地域管辖权和居民管辖权的双重管辖权标准，有效地维护了中国的税收利益。

（二）企业所得税的征税范围

居民企业应当就其来源于中国境内、境外的所得缴纳企业所得税。

非居民企业在中国境内未设立机构、场所的，或者虽设立机构、场所但取得的所得与其所设机构、场所没有实际联系的，应当就其来源于中国境内的所得缴纳企业所得税。④

实际联系是指非居民企业在中国境内设立的机构、场所拥有据以取得所得的股权、债权，以及拥有、管理、控制据以取得所得的财产等。⑤

所得包括销售货物所得、提供劳务所得、转让财产所得、股息红利等权益性投资所得、利息所得、租金所得、特许权使用费所得、接受捐赠所得和其他所得。来源于中国境内、境外的所得，按照以下原则确定。

（1）销售货物所得，按照交易活动发生地确定。

（2）提供劳务所得，按照劳务发生地确定。

（3）转让财产所得，不动产转让所得按照不动产所在地确定，动产转让所得按照转让动产的企业或者机构、场所所在地确定，权益性投资资产转让所得按照被投资企业所在地确定。

（4）股息、红利等权益性投资所得，按照分配所得的企业所在地确定。

（5）利息所得、租金所得、特许权使用费所得，按照负担、支付所得的企业或者机构、场所所在地确定，或者按照负担、支付所得的个人的住所地确定。

（6）其他所得，由国务院财政、税务主管部门确定。⑥

二、企业所得税的税率

（一）适用 25%税率的企业

企业所得税的税率为 25%，⑦主要适用于居民企业和在中国境内设立机构、场所且与其所设机构、场所有实际联系的非居民企业。

---

① 《企业所得税法实施条例》，第三条。
② 《企业所得税法》，第二条。
③ 《企业所得税法实施条例》，第五条。
④ 《企业所得税法》，第三条。
⑤ 《企业所得税法实施条例》，第八条。
⑥ 《企业所得税法实施条例》，第六条、第七条。
⑦ 《企业所得税法》，第四条。

（二）适用20%税率的企业

符合条件的小型微利企业，减按20%的税率征收企业所得税。①

对小型微利企业年应纳税所得额不超过100万元的部分，减按12.5%计入应纳税所得额，按20%的税率缴纳企业所得税；对年应纳税所得额超过100万元但不超过300万元的部分，减按25%计入应纳税所得额，按20%的税率缴纳企业所得税。②

（三）适用15%税率的企业

（1）国家需要重点扶持的高新技术企业，减按15%的税率征收企业所得税；高新技术企业来源于境外所得可以按照15%的优惠税率缴纳企业所得税，在计算境外抵免限额时，可按照15%的优惠税率计算境内外应纳税总额。③

（2）经认定的技术先进型服务企业，减按15%的税率征收企业所得税。④

（3）设在西部地区国家鼓励类产业的企业，减按15%的税率征收企业所得税。⑤

（4）设在平潭综合实验区的符合条件的企业减按15%的税率征收企业所得税。⑥

（5）注册在海南自由贸易港并实质性运营的鼓励类产业企业，减按15%的税率征收企业所得税。⑦

（6）新片区内从事集成电路、人工智能、生物医药、民用航空等关键领域核心环节相关产品（技术）业务，并开展实质性生产或研发活动的符合条件的法人企业，自设立之日起5年内减按15%的税率征收企业所得税。⑧

（7）符合条件的从事污染防治的第三方企业，减按15%的税率征收企业所得税。⑨

（四）适用10%税率的企业

（1）自2020年1月1日起，国家鼓励的重点集成电路设计企业和软件企业，自获利年度起，第一年至第五年免征企业所得税，接续年度减按10%的税率征收企业所得税。

国家鼓励的重点集成电路设计和软件企业清单由国家发展改革委、工业和信息化部会同财政部、税务总局等相关部门制定。⑩

（2）非居民企业在中国境内未设立机构、场所的，或者虽设立机构、场所但取得的所得与其所设机构、

---

① 《企业所得税法》，第二十八条。
② 财政部、国家税务总局，《关于实施小微企业普惠性税收减免政策的通知》，财税〔2019〕13号；国家税务总局，《关于落实支持小型微利企业和个体工商户发展所得税优惠政策有关事项的公告》，2021年第8号；财政部、国家税务总局，《关于进一步实施小微企业所得税优惠政策的公告》，2022年第13号。
③ 《企业所得税法》，第二十八条；财政部、国家税务总局，《关于高新技术企业境外所得适用税率及税收抵免问题的通知》，财税〔2011〕47号。
④ 财政部、国家税务总局、商务部、科技部、国家发展改革委，《关于将技术先进型服务企业所得税政策推广至全国实施的通知》，财税〔2017〕79号；财政部、国家税务总局、商务部、科学技术部、国家发展和改革委员会，《关于将服务贸易创新发展试点地区技术先进型服务企业所得税政策推广至全国实施的通知》，财税〔2018〕44号。
⑤ 国家税务总局，《关于深入实施西部大开发战略有关企业所得税问题的公告》，2012年第12号；财政部、国家税务总局、国家发展和改革委员会，《关于延续西部大开发企业所得税政策的公告》，2020年第23号。
⑥ 财政部、国家税务总局，《关于延续福建平潭综合实验区企业所得税优惠政策的通知》，财税〔2021〕29号。
⑦ 财政部、国家税务总局，《关于海南自由贸易港企业所得税优惠政策的通知》，财税〔2020〕31号。
⑧ 财政部、国家税务总局，《关于中国（上海）自贸试验区临港新片区重点产业企业所得税政策的通知》，财税〔2020〕38号。
⑨ 财政部、国家税务总局、国家发展改革委、生态环境部，《关于从事污染防治的第三方企业所得税政策问题的公告》，2019年第60号；财政部、国家税务总局、国家发展改革委、生态环境部，《关于从事污染防治的第三方企业所得税政策问题的公告》，2023年第38号。
⑩ 国务院，《关于印发新时期促进集成电路产业和软件产业高质量发展若干政策的通知》，国发〔2020〕8号；财政部、国家税务总局、发展改革委、工业和信息化部，《关于促进集成电路产业和软件产业高质量发展企业所得税政策的公告》，2020年第45号。

场所没有实际联系的，其来源于中国境内的所得，适用税率为 20%，[1]目前减按 10%的税率征收企业所得税。[2]

第二节 企业所得税应纳税所得额的确定

企业所得税以应纳税所得额为计税依据。应纳税所得额（taxable income）以利润为主要依据，但又不是直接意义上的会计利润，更不是收入总额。因此其计算涉及纳税人的成本、费用的各个方面，使得企业所得税计税依据的计算较为复杂。

企业所得税应纳税所得额是指企业每一纳税年度的收入总额，减除不征税收入、免税收入、各项扣除以及允许弥补的以前年度亏损后的余额，其计算公式是

应纳税所得额 = 收入总额 – 不征税收入 – 免税收入 – 各项扣除 – 允许弥补的以前年度亏损[3]

因此确定企业所得税的应纳税所得额的关键是确定应税收入和准予扣除项目金额。

企业应纳税所得额的计算，以权责发生制为原则，属于当期的收入和费用，不论款项是否收付，均作为当期的收入和费用；不属于当期的收入和费用，即使款项已经在当期收付，均不作为当期的收入和费用。[4]

在计算应纳税所得额时，企业财务、会计处理办法与税收法律、行政法规的规定不一致的，应当依照税收法律、行政法规的规定计算。[5]

一、收入总额

收入总额是指企业以货币形式和非货币形式从各种来源取得的收入，包括现金、存款、应收账款、应收票据、准备持有至到期的债券投资以及债务的豁免，固定资产、生物资产、无形资产、股权投资、存货、不准备持有至到期的债券投资、劳务以及有关权益（按照市场价格确定的价值）等[6]。

（一）一般收入的确认[7]

（1）销售货物收入，指企业销售商品、产品、原材料、包装物、低值易耗品以及其他存货取得的收入。

（2）提供劳务收入，指企业从事建筑安装、修理修配、交通运输、仓储租赁、金融保险、邮电通信、咨询经纪、文化体育、科学研究、技术服务、教育培训、餐饮住宿、中介代理、卫生保健、社区服务、旅游、娱乐、加工以及其他劳务服务活动取得的收入。

（3）转让财产收入，指企业转让固定资产、生物资产、无形资产、股权、债权等财产取得的收入。企业转让股权收入，应于转让协议生效，且完成股权变更手续时，确认收入的实现。[8]

（4）股息、红利等权益性投资收益，指企业因权益性投资从被投资方取得的收入，除国务院财政、税务主管部门另有规定外，按照被投资方作出利润分配或转股决定的日期确认收入的实现。

---

[1] 《企业所得税法》，第四条。
[2] 《企业所得税法实施条例》，第九十一条。
[3] 《企业所得税法》，第五条。
[4] 《企业所得税法实施条例》，第九条。
[5] 《企业所得税法》，第二十一条。
[6] 《企业所得税法》，第六条，《企业所得税法实施条例》，第十二、第十三条。
[7] 《企业所得税法实施条例》，第十四条至二十五条。
[8] 国家税务总局，《关于贯彻落实企业所得税法若干税收问题的通知》，国税函〔2010〕79号。

对内地企业投资者通过沪港通投资香港联交所上市股票取得的股息红利所得,计入其收入总额,依法计征企业所得税。其中,内地居民企业连续持有H股[1]满12个月取得的股息红利所得,依法免征企业所得税。

香港联交所上市H股公司应向中国结算提出申请,由中国结算向H股公司提供内地企业投资者名册,H股公司对内地企业投资者不代扣股息红利所得税款,应纳税款由企业自行申报缴纳。

内地企业投资者自行申报缴纳企业所得税时,对香港联交所非H股上市公司已代扣代缴的股息红利所得税,可依法申请税收抵免(tax credit)。[2]

(5)利息收入,指企业将资金提供他人使用但不构成权益性投资,或者因他人占用本企业资金取得的收入,包括存款利息、贷款利息、债券利息、欠款利息等收入,按照合同约定的债务人应付利息的日期确认收入的实现。

(6)租金收入,是指企业提供固定资产、包装物或者其他有形资产的使用权取得的收入,按照合同约定的承租人应付租金的日期确认收入的实现。

(7)特许权使用费收入,是指企业提供专利权、非专利技术、商标权、著作权以及其他特许权的使用权取得的收入,按照合同约定的特许权使用人应付特许权使用费的日期确认收入的实现。

(8)接受捐赠收入,指企业接受的来自其他企业、组织或者个人无偿给予的货币性资产、非货币性资产,按照实际收到捐赠资产的日期确认收入的实现。

(9)其他收入,包括企业资产溢余收入、逾期未退包装物押金收入、确实无法偿付的应付款项、已作坏账损失处理后又收回的应收款项、债务重组收入、补贴收入、违约金收入、汇兑收益等。企业发生债务重组,应在债务重组合同或协议生效时确认收入的实现。[3]

(二)相关收入实现的确认[4]

(1)企业销售收入的确认,必须遵循权责发生制原则和实质重于形式原则。

第一,企业销售商品同时满足下列条件的,应确认收入的实现:①商品销售合同已经签订,企业已将商品所有权相关的主要风险和报酬转移给购货方;②企业对已售出的商品既没有保留通常与所有权相联系的继续管理权,也没有实施有效控制;③收入的金额能够可靠地计量;④已发生或将发生的销售方的成本能够可靠地核算。

第二,符合上述收入确认条件,采取下列商品销售方式的,应按以下规定确认收入实现时间:①销售商品采用托收承付方式的,在办妥托收手续时确认收入;②销售商品采取预收款方式的,在发出商品时确认收入;③销售商品需要安装和检验的,在购买方接受商品以及安装和检验完毕时确认收入。如果安装程序比较简单,可在发出商品时确认收入;④销售商品采用支付手续费方式委托代销的,在收到代销清单时确认收入。

第三,采用售后回购方式销售商品的,销售的商品按售价确认收入,回购的商品作为购进商品处理。有证据表明不符合销售收入确认条件的,如以销售商品方式进行融资,收到的款项应确认为负债,回购价格大于原售价的,差额应在回购期间确认为利息费用。

第四,销售商品以旧换新的,销售商品应当按照销售商品收入确认条件确认收入,回收的商品作为购进商品处理。

第五,企业为促进商品销售而在商品价格上给予的价格扣除属于商业折扣,商品销售涉及商业折扣的,应当按照扣除商业折扣后的金额确定销售商品收入金额。

---

[1] H股也称国企股,指注册在内地,上市地在香港的中资企业股票。(因香港英文—Hong Kong首字母为H,而得名H股)。
[2] 财政部、国家税务总局、中国证券监督管理委员会,《关于沪港股票市场交易互联互通机制试点有关税收政策的通知》,财税〔2014〕81号。
[3] 国家税务总局,《关于贯彻落实企业所得税法若干税收问题的通知》,国税函〔2010〕79号。
[4] 国家税务总局,《关于确认企业所得税收入若干问题的通知》,国税函〔2008〕875号。

债权人为鼓励债务人在规定的期限内付款而向债务人提供的债务扣除属于现金折扣,销售商品涉及现金折扣的,应当按扣除现金折扣前的金额确定销售商品收入金额,现金折扣在实际发生时作为财务费用扣除。

企业因售出商品的质量不合格等原因而在售价上给予的减让属于销售折让;企业因售出商品质量、品种不符合要求等原因而发生的退货属于销售退回。企业已经确认销售收入的售出商品发生销售折让和销售退回,应当在发生当期冲减当期销售商品收入。

第六,企业以买一赠一等方式组合销售本企业商品的,不属于捐赠,应将总的销售金额按各项商品的公允价值的比例来分摊确认各项的销售收入。

(2) 企业在各个纳税期末,提供劳务交易的结果能够可靠估计的,应采用完工进度(完工百分比)法确认提供劳务收入。

第一,提供劳务交易的结果能够可靠估计,是指同时满足下列条件:①收入的金额能够可靠地计量;②交易的完工进度能够可靠地确定;③交易中已发生和将发生的成本能够可靠地核算。

第二,企业提供劳务完工进度的确定,可选用下列方法:①已完工作的测量;②已提供劳务占劳务总量的比例;③发生成本占总成本的比例。

第三,企业应按照从接受劳务方已收或应收的合同或协议价款确定劳务收入总额,根据纳税期末提供劳务收入总额乘以完工进度扣除以前纳税年度累计已确认提供劳务收入后的金额,确认为当期劳务收入;同时,按照提供劳务估计总成本乘以完工进度扣除以前纳税期间累计已确认劳务成本后的金额,结转为当期劳务成本。

第四,下列提供劳务满足收入确认条件的,应按规定确认收入。①安装费。应根据安装完工进度确认收入。安装工作是商品销售附带条件的,安装费在确认商品销售实现时确认收入。②宣传媒介的收费。应在相关的广告或商业行为出现于公众面前时确认收入。广告的制作费,应根据制作广告的完工进度确认收入。③软件费。为特定客户开发软件的收费,应根据开发的完工进度确认收入。④服务费。包含在商品售价内可区分的服务费,在提供服务的期间分期确认收入。⑤艺术表演、招待宴会和其他特殊活动的收费。在相关活动发生时确认收入。收费涉及几项活动的,预收的款项应合理分配给每项活动,分别确认收入。⑥会员费。申请入会或加入会员,只允许取得会籍,所有其他服务或商品都要另行收费的,在取得该会员费时确认收入。申请入会或加入会员后,会员在会员期内不再付费就可得到各种服务或商品,或者以低于非会员的价格销售商品或提供服务的,该会员费应在整个受益期内分期确认收入。⑦特许权费。属于提供设备和其他有形资产的特许权费,在交付资产或转移资产所有权时确认收入;属于提供初始及后续服务的特许权费,在提供服务时确认收入。⑧劳务费。长期为客户提供重复的劳务收取的劳务费在相关劳务活动发生时确认收入。

(三) 特殊收入的确认

(1) 企业的下列生产经营业务可以分期确认收入的实现:①以分期收款方式销售货物的,按照合同约定的收款日期确认收入的实现;②企业受托加工制造大型机械设备、船舶、飞机,以及从事建筑、安装、装配工程业务或者提供其他劳务等,持续时间超过 12 个月的,按照纳税年度内完工进度或者完成的工作量确认收入的实现。[1]

(2) 采取产品分成方式取得收入的,按照企业分得产品的日期确认收入的实现,其收入额按照产品的公允价值确定。[2]

(3) 企业发生非货币性资产交换,以及将货物、财产、劳务用于捐赠、偿债、赞助、集资、广告、样

---

[1] 《企业所得税法实施条例》,第二十三条。
[2] 《企业所得税法实施条例》,第二十四条。

品、职工福利或者利润分配等用途的，应当视同销售货物、转让财产或者提供劳务，但国务院财政、税务主管部门另有规定的除外。[①]

(4) 永续债企业所得税处理。[②]

第一，企业发行的永续债，可以适用股息、红利企业所得税政策，即：投资方取得的永续债利息收入属于股息、红利性质，按照现行企业所得税政策相关规定进行处理。其中，发行方和投资方均为居民企业的，永续债利息收入可以适用企业所得税法规定的居民企业之间的股息、红利等权益性投资收益免征企业所得税规定。同时发行方支付的永续债利息支出不得在企业所得税税前扣除。

第二，企业发行符合规定条件的永续债，也可以按照债券利息适用企业所得税政策，即：发行方支付的永续债利息支出准予在其企业所得税税前扣除，投资方取得的永续债利息收入应当依法纳税。

第三，符合规定条件的永续债，是指符合下列条件中 5 条（含）以上的永续债：①被投资企业对该项投资具有还本义务；②有明确约定的利率和付息频率；③有一定的投资期限；④投资方对被投资企业净资产不拥有所有权；⑤投资方不参与被投资企业日常生产经营活动；⑥被投资企业可以赎回，或满足特定条件后可以赎回；⑦被投资企业将该项投资计入负债；⑧该项投资不承担被投资企业股东同等的经营风险；⑨该项投资的清偿顺序位于被投资企业股东持有的股份之前。

第四，企业发行永续债，应当将其适用的税收处理方法在证券交易所、银行间债券市场等发行市场的发行文件中向投资方予以披露。

第五，发行永续债的企业对每一永续债产品的税收处理方法一经确定，不得变更。企业对永续债采取的税收处理办法与会计核算方式不一致的，发行方、投资方在进行税收处理时须作出相应纳税调整。

第六，上述所称永续债是指经国家发展改革委、中国人民银行、中国银行保险监督管理委员会、中国证券监督管理委员会核准，或经中国银行间市场交易商协会注册、中国证券监督管理委员会授权的证券自律组织备案，依照法定程序发行、附赎回（续期）选择权或无明确到期日的债券，包括可续期企业债、可续期公司债、永续债务融资工具（含永续票据）、无固定期限资本债券等。

（四）处置资产收入的确认

企业将资产移送他人的下列情形，因资产所有权属已发生改变而不属于内部处置资产，应按规定视同销售确定收入：[③]①用于市场推广或销售；②用于交际应酬；③用于职工奖励或福利；④用于股息分配；⑤用于对外捐赠；⑥其他改变资产所有权属的用途。

企业发生上述规定情形的，除另有规定外，应按照被移送资产的公允价值确定销售收入。[④]

（五）企业政策性搬迁和处置收入

对企业取得的政策性搬迁或处置收入，应按以下方式进行企业所得税处理。

(1) 企业在搬迁期间发生的搬迁收入，可以暂不计入当期应纳税所得额，而在完成搬迁的年度，对搬迁收入进行汇总清算。

(2) 企业的搬迁收入，扣除搬迁支出后的余额，为企业的搬迁所得；企业应在搬迁完成年度，将搬迁所得计入当年度企业应纳税所得额计算纳税。

(3) 企业搬迁收入扣除搬迁支出后为负数的，应为搬迁损失。搬迁损失可在下列方法中选择其一进行税务处理：①在搬迁完成年度，一次性作为损失进行扣除；②自搬迁完成年度起分 3 个年度，均匀在税前扣除。上述方法由企业自行选择，但一经选定，不得改变。

---

① 《企业所得税法实施条例》，第二十五条。
② 财政部、国家税务总局，《关于永续债企业所得税政策问题的公告》，2019 年第 64 号。
③ 国家税务总局，《关于企业处置资产所得税处理问题的通知》，国税函〔2008〕828 号。
④ 国家税务总局，《关于企业所得税有关问题的公告》，2016 年第 80 号。

（4）企业以前年度发生尚未弥补的亏损的，凡企业由于搬迁停止生产经营无所得的，从搬迁年度次年起，至搬迁完成年度前一年度止，可作为停止生产经营活动年度，从法定亏损结转弥补年限中减除；企业边搬迁、边生产的，其亏损结转年度应连续计算。①

（5）凡在国家税务总局 2012 年第 40 号公告生效前已经签订搬迁协议且尚未完成搬迁清算的企业政策性搬迁项目，企业在重建或恢复生产过程中购置的各类资产，可以作为搬迁支出，从搬迁收入中扣除。但购置的各类资产，应剔除该搬迁补偿收入后，作为该资产的计税基础，并按规定计算折旧或费用摊销。凡在国家税务总局 2012 年第 40 号公告生效后签订搬迁协议的政策性搬迁项目，应按国家税务总局 2012 年第 40 号公告有关规定执行。②

（六）非货币性资产投资收入的确认

（1）居民企业以非货币性资产对外投资确认的非货币性资产转让所得，可在不超过 5 年期限内，分期均匀计入相应年度的应纳税所得额，按规定计算缴纳企业所得税。

（2）居民企业以非货币性资产对外投资，应对非货币性资产进行评估并按评估后的公允价值扣除计税基础后的余额，计算确认非货币性资产转让所得。居民企业以非货币性资产对外投资，应于投资协议生效并办理股权登记手续时，确认非货币性资产转让收入的实现。

（3）居民企业以非货币性资产对外投资而取得被投资企业的股权，应以非货币性资产的原计税成本为计税基础，加上每年确认的非货币性资产转让所得，逐年进行调整。被投资企业取得非货币性资产的计税基础，应按非货币性资产的公允价值确定。

（4）居民企业在对外投资 5 年内转让上述股权或投资收回的，应停止执行递延纳税政策，并就递延期内尚未确认的非货币性资产转让所得，在转让股权或投资收回当年的企业所得税年度汇算清缴时，一次性计算缴纳企业所得税；企业在计算股权转让所得时，可按上述第三条内容将股权的计税基础一次调整到位。

居民企业在对外投资 5 年内注销的，应停止执行递延纳税政策，并就递延期内尚未确认的非货币性资产转让所得，在注销当年的企业所得税年度汇算清缴时，一次性计算缴纳企业所得税。

（5）上述所称非货币性资产，是指现金、银行存款、应收账款、应收票据以及准备持有至到期的债券投资等货币性资产以外的资产；非货币性资产投资，限于以非货币性资产出资设立新的居民企业，或将非货币性资产注入现存的居民企业。

（6）居民企业发生非货币性资产投资，符合《财政部国家税务总局关于企业重组业务企业所得税处理若干问题的通知》（财税〔2009〕59 号）等文件规定的特殊性税务处理条件的，也可选择按特殊性税务处理规定执行。③

（七）企业转让上市公司限售股收入的确认

转让限售股取得收入的企业（包括事业单位、社会团体、民办非企业单位等），为企业所得税的纳税义务人。

1. 企业转让代个人持有的限售股征税问题

因股权分置改革造成原由个人出资而由企业代持有的限售股，企业在转让时按以下规定处理。①企业转让上述限售股取得的收入，应作为企业应税收入计算纳税。上述限售股转让收入扣除限售股原值和合理税费后的余额为该限售股转让所得。企业未能提供完整、真实的限售股原值凭证，不能准确计算该限售股

---

① 国家税务总局，《关于发布〈企业政策性搬迁所得税管理办法〉的公告》，2012 年第 40 号。
② 国家税务总局，《关于企业政策性搬迁所得税有关问题的公告》，2013 年第 11 号。
③ 财政部、国家税务总局，《关于非货币性资产投资企业所得税政策问题的通知》，财税〔2014〕116 号。

原值的，主管税务机关一律按该限售股转让收入的 15%，核定为该限售股原值和合理税费。此外，完成纳税义务后的限售股转让收入余额转付给实际所有人时不再纳税。②依法院判决、裁定等原因，通过证券登记结算公司，企业将其代持的个人限售股直接变更到实际所有人名下的，不视同转让限售股。

2. 企业在限售股解禁前转让限售股征税问题

企业在限售股解禁前将其持有的限售股转让给其他企业或个人（简称受让方），其企业所得税问题按以下规定处理。①企业应按减持在证券登记结算机构登记的限售股取得的全部收入，计入企业当年度应税收入计算纳税。②企业持有的限售股在解禁前已签订协议转让给受让方，但未变更股权登记、仍由企业持有的，企业实际减持该限售股取得的收入，依照本条第一项规定纳税后，其余额转付给受让方的，受让方不再纳税。[①]

二、不征税收入和免税收入

（一）不征税收入[②]

（1）财政拨款，指各级人民政府对纳入预算管理的事业单位、社会团体等组织拨付的财政资金，但国务院和国务院财政、税务主管部门另有规定的除外。

（2）依法收取并纳入财政管理的行政事业性收费、政府性基金。其中，行政事业性收费，是指依照法律法规等有关规定，按照国务院规定程序批准，在实施社会公共管理，以及在向公民、法人或者其他组织提供特定公共服务过程中，向特定对象收取并纳入财政管理的费用；政府性基金，是指企业依照法律、行政法规等有关规定，代政府收取的具有专项用途的财政资金。

（3）国务院规定的其他不征税收入（non-taxable income），指企业取得的，由国务院财政、税务主管部门规定专项用途并经国务院批准的财政性资金。

财政性资金是指企业取得的来源于政府及其有关部门的财政补助、补贴、贷款贴息，以及其他各类财政专项资金，包括直接减免的增值税和即征即退、先征后退、先征后返的各种税收，但不包括企业按规定取得的出口退税款。[③]

企业取得的专项用途的财政性资金，在进行企业所得税处理时按以下规定进行。[④]

第一，企业从县级以上各级人民政府财政部门及其他部门取得的应计入收入总额的财政性资金，凡同时符合相关条件的，可以作为不征税收入，在计算应纳税所得额时从收入总额中减除：①企业能够提供规定资金专项用途的资金拨付文件，且文件中规定该资金的专项用途；②财政部门或其他拨付资金的政府部门对该资金有专门的资金管理办法或具体管理要求；③企业对该资金以及以该资金发生的支出单独进行核算。

第二，上述不征税收入用于支出所形成的费用，不得在计算应纳税所得额时扣除；用于支出所形成的资产，其计算的折旧、摊销不得在计算应纳税所得额时扣除。

第三，企业将符合条件的财政性资金作不征税收入处理后，在 5 年（60 个月）内未发生支出且未缴回财政部门或其他拨付资金的政府部门的部分，应计入取得该资金第六年的应收入总额；计入应收入总额的财政性资金发生的支出，允许在计算应纳税所得额时扣除。

（4）企业取得的不征税收入，应按照《财政部 国家税务总局关于专项用途财政性资金企业所得税处理问题的通知》（财税〔2011〕70 号）的规定进行处理。凡未按照文件规定进行管理的，应作为企业应税收入计入应纳税所得额，依法缴纳企业所得税。

---

① 国家税务总局，《关于企业转让上市公司限售股有关所得税问题的公告》，2011 年第 39 号。
② 《企业所得税法》，第七条；《企业所得税法实施条例》，第二十六条。
③ 财政部、国家税务总局，《关于财政性资金 行政事业性收费 政府性基金有关企业所得税政策问题的通知》，财税〔2008〕151 号。
④ 财政部、国家税务总局，《关于专项用途财政性资金企业所得税处理问题的通知》，财税〔2011〕70 号。

此外，根据财政部、国家税务总局《关于全国社会保障基金有关企业所得税问题的通知》（财税〔2008〕136 号）的规定，对社保基金理事会、社保基金投资管理人管理的社保基金银行存款利息收入，社保基金从证券市场中取得的收入，包括买卖证券投资基金、股票、债券的差价收入，证券投资基金红利收入，股票的股息、红利收入，债券的利息收入及产业投资基金收益、信托投资收益等其他投资收入，作为企业所得税不征税收入。对社保基金投资管理人、社保基金托管人从事社保基金管理活动取得的收入，要依照税法的规定征收企业所得税。

（二）免税收入①

第一，国债利息收入。

关于国债利息收入税务处理问题如下。

（1）国债利息收入时间确认：①根据《企业所得税法实施条例》第十八条的规定，企业投资国债从国务院财政部门（简称发行者）取得的国债利息收入，应以国债发行时约定应付利息的日期，确认利息收入的实现。②企业转让国债，应在国债转让收入确认时确认利息收入的实现。

（2）国债利息收入计算：企业到期前转让国债，或者从非发行者投资购买的国债，其持有期间尚未兑付的国债利息收入，按以下公式计算确定：

$$国债利息收入 = 国债金额 \times (适用年利率 \div 365) \times 持有天数$$

上述公式中的"国债金额"，按国债发行面值或发行价格确定；"适用年利率"按国债票面年利率或折合年收益率确定；如企业不同时间多次购买同一品种国债的，"持有天数"可按平均持有天数计算确定。

（3）国债利息收入免税问题，根据《企业所得税法》第二十六条的规定，企业取得的国债利息收入，免征企业所得税。具体按以下规定执行：①企业从发行者直接投资购买的国债持有至到期，其从发行者取得的国债利息收入，全额免征企业所得税；②企业到期前转让国债，或者从非发行者投资购买的国债，其按上述（2）计算的国债利息收入，免征企业所得税。②

第二，符合条件的居民企业之间的股息、红利等权益性投资收益，是指居民企业直接投资于其他居民企业取得的投资收益。③

第三，在中国境内设立机构、场所的非居民企业从居民企业取得与该机构、场所有实际联系的股息、红利等权益性投资收益。该收益不包括连续持有居民企业公开发行并上市流通的股票不足 12 个月取得的投资收益。③

关于 QFII 和 RQFII 有关税收规定：从 2014 年 11 月 17 日起，对合格境外机构投资者（qualified foreign institutional investor，QFII）、人民币合格境外机构投资者（RMB qualified foreign institutional investor，RQFII）取得来源于中国境内的股票等权益性投资资产转让所得，暂免征收企业所得税。④

关于沪港股票市场交易互联互通有关税收规定：自 2014 年 11 月 17 日起，内地居民企业连续持有 H 股满 12 个月取得的股息红利所得，依法免征企业所得税。⑤自 2015 年 12 月 18 日起，对香港市场投资者（企业）通过基金互认买卖内地基金份额取得的转让差价所得，暂免征收所得税。⑥

第四，符合条件的非营利公益组织的免税收入（tax-free income）。

---

① 《企业所得税法》，第二十六条。
② 国家税务总局，《关于企业国债投资业务企业所得税处理问题的公告》，2011 年第 36 号。
③ 《企业所得税法实施条例》，第八十三条。
④ 财政部、国家税务总局、证监会，《关于 QFII 和 RQFII 取得中国境内的股票等权益性投资资产转让所得暂免征收企业所得税问题的通知》，财税〔2014〕79 号。
⑤ 财政部、国家税务总局、证监会，《关于沪港股票市场交易互联互通机制试点有关税收政策的通知》，财税〔2014〕81 号。
⑥ 财政部、国家税务总局、证监会，《关于内地与香港基金互认有关税收政策的通知》，财税〔2015〕125 号。

符合条件的非营利组织是指：①依法履行非营利组织登记手续；②从事公益性或者非营利性活动；③取得的收入除用于与该组织有关的、合理的支出外，全部用于登记核定或者章程规定的公益性或者非营利性事业；④财产及其孳息不用于分配；⑤按照登记核定或者章程规定，该组织注销后的剩余财产用于公益性或者非营利性目的，或者由登记管理机关转赠给与该组织性质、宗旨相同的组织，来源，中大，网校，并向社会公告；⑥投入人对投入该组织的财产不保留或者享有任何财产权利；⑦工作人员工资福利开支控制在规定的比例内，不变相分配该组织的财产。[①]

符合条件的非营利组织企业所得税免税收入范围包括：①接受其他单位或者个人捐赠的收入；②除《企业所得税法》第七条规定的财政拨款以外的其他政府补助收入，但不包括因政府购买服务取得的收入；③按照省级以上民政、财政部门规定收取的会费；④不征税收入和免税收入孳生的银行存款利息收入；⑤财政部、国家税务总局规定的其他收入。[②]

第五，对企业取得的2012年及以后年度发行的地方政府债券利息所得，免征企业所得税。地方政府债券是指经国务院批准同意，以省、自治区、直辖市和计划单列市政府为发行和偿还主体的债券。[③]

三、企业接收政府和股东划入资产的企业所得税处理[④]

（一）企业接收政府划入资产的企业所得税处理

（1）县级以上人民政府（包括政府有关部门，下同）将国有资产明确以股权投资方式投入企业，企业应作为国家资本金（包括资本公积）处理。该项资产如为非货币性资产，应按政府确定的接收价值确定计税基础。

（2）县级以上人民政府将国有资产无偿划入企业，凡指定专门用途并按《财政部国家税务总局关于专项用途财政性资金企业所得税处理问题的通知》（财税〔2011〕70号）规定进行管理的，企业可作为不征税收入进行企业所得税处理。其中，该项资产属于非货币性资产的，应按政府确定的接收价值计算不征税收入。

（3）县级以上人民政府将国有资产无偿划入企业，属于上述（1）、（2）以外情形的，应按政府确定的接收价值计入当期收入总额计算缴纳企业所得税。政府没有确定接收价值的，按资产的公允价值计算确定应税收入。

（二）企业接收股东划入资产的企业所得税处理

（1）企业接收股东划入资产（包括股东赠予资产、上市公司在股权分置改革过程中接收原非流通股股东和新非流通股股东赠予的资产、股东放弃本企业的股权，下同），凡合同、协议约定作为资本金（包括资本公积）且在会计上已做实际处理的，不计入企业的收入总额，企业应按公允价值确定该项资产的计税基础。

（2）企业接收股东划入资产，凡作为收入处理的，应按公允价值计入收入总额，计算缴纳企业所得税，同时按公允价值确定该项资产的计税基础。

四、准予扣除项目

（一）税前扣除项目的原则

企业申报的扣除项目和金额要真实、合法。真实是指能提供证明有关支出确属已经实际发生；合法是

---

① 《企业所得税法实施条例》第八十四条。
② 财政部、国家税务总局，《关于非营利组织企业所得税免税收入问题的通知》，财税〔2009〕122号。
③ 财政部、国家税务总局，《关于地方政府债券利息免征所得税问题的通知》，财税〔2013〕5号。
④ 国家税务总局，《关于企业所得税应纳税所得额若干问题的公告》，2014年第29号。

指符合国家税法的规定，若其他法规规定与税收法规规定不一致，应以税收法规的规定为标准。除税收法规另有规定外，税前扣除一般应遵循以下原则。

(1) 权责发生制原则，即企业费用应在发生的所属期扣除，而不是在实际支付时确认扣除。

(2) 配比原则，即企业发生的费用应当与收入配比扣除。除特殊规定外，企业发生的费用不得提前或滞后申报扣除。

(3) 相关性原则，即企业可扣除的费用从性质和根源上必须与取得应税收入直接相关。

(4) 确定性原则，即企业可扣除的费用不论何时支付，其金额必须是确定的。

(5) 合理性原则，即符合生产经营活动常规，应当计入当期损益或者有关资产成本的必要和正常的支出。

(二) 税前扣除项目的范围

《企业所得税法》规定，企业实际发生的与取得收入有关的、合理的支出，包括成本、费用、税金、损失和其他支出，准予在计算应纳税所得额时扣除。[①]

(1) 成本，是指企业在生产经营活动中发生的销售成本、销货成本、业务支出以及其他耗费[②]，即企业销售商品（产品、材料、下脚料、废料、废旧物资等）、提供劳务、转让固定资产、无形资产（包括技术转让）的成本。

企业经营活动中发生的成本必须合理划分为直接成本和间接成本。直接成本是可直接计入有关成本计算对象或劳务的经营成本中的直接人工、直接材料等，可根据有关会计凭证、记录直接计入有关成本计算对象或劳务的经营成本中。间接成本是多个部门为同一成本对象提供服务的共同成本，或者同一种投入可以制造、提供两种或两种以上的产品或劳务的联合成本。间接成本必须根据与成本计算对象之间的因果关系、成本计算对象的产量等，以合理的方法分配计入有关成本计算对象中。

(2) 费用，是指企业在生产经营活动中发生的销售（经营）费用、管理费用和财务费用，已经计入成本的有关费用除外。[③]

销售费用是指应由企业负担的为销售商品而发生的费用，包括广告费、运输费、装卸费、包装费、展览费、保险费、销售佣金（能直接认定的进口佣金调整商品进价成本）、代销手续费、经营性租赁费及销售部门发生的差旅费、工资、福利费等费用。

管理费用是指企业的行政管理部门为管理组织经营活动提供各项支援性服务而发生的费用。

财务费用是指企业筹集经营性资金而发生的费用包括利息净支出、汇兑净损失、金融机构手续费以及其他非资本化支出。

(3) 税金，是指企业发生的除企业所得税和允许抵扣的增值税以外的各项税金及其附加。[④]即企业按规定缴纳的消费税、城市维护建设税、关税、资源税、土地增值税、房产税、车船税、城镇土地使用税、印花税、教育费附加等产品销售税金及附加。这些已纳税金准予税前扣除。但是在发生当期应计入相关资产成本的税金，应当随同资产项目在以后各期分摊扣除。

(4) 损失，是指企业在生产经营活动中发生的固定资产和存货的盘亏、毁损、报废损失，转让财产损失，呆账损失，坏账损失，自然灾害等不可抗力因素造成的损失以及其他损失。企业发生的损失减除责任人赔偿和保险赔款后的余额依照国务院财政、税务主管部门的规定扣除。企业已经作为损失处理的资产，在以后纳税年度又全部收回或者部分收回时，应当计入当期收入。[⑤]

(5) 扣除的其他支出，是指除成本、费用、税金、损失外，企业在生产经营活动中发生的与生产经营

[①] 《企业所得税法》，第十一条。
[②] 《企业所得税法实施条例》，第二十九条。
[③] 《企业所得税法实施条例》，第三十条。
[④] 《企业所得税法实施条例》，第三十一条。
[⑤] 《企业所得税法实施条例》，第三十二条。

活动有关的、合理的支出。①

在对上述项目的扣除中,还应注意:首先,企业发生的支出应当区分为收益性支出和资本性支出。收益性支出在发生当期直接扣除;资本性支出应当分期扣除或者计入有关资产成本,不得在发生当期直接扣除。②其次,企业的不征税收入用于支出所形成的费用或者财产,不得扣除或者计算对应的折旧、摊销扣除。②最后,除《企业所得税法》及其实施条例另有规定外,企业实际发生的成本、费用、税金、损失和其他支出,不得重复扣除。②

(三)扣除项目及其标准

在计算应纳税所得额时,下列项目可按照实际发生额或规定的标准扣除。

1. 工资、薪金支出

企业发生的合理的工资、薪金支出准予据实扣除。工资薪金是指企业每一纳税年度支付给本企业任职或者受雇的员工的所有现金形式或非现金形式的劳动报酬,包括基本工资、奖金、津贴、补贴、年终加薪、加班工资,以及与员工任职或者受雇有关的其他支出。③

合理工资薪金,是指企业按照股东大会、董事会、薪酬委员会或相关管理机构制订的工资薪金制度规定实际发放给员工的工资薪金。工资薪金合理性的确认原则是:①企业制订了较为规范的员工工资薪金制度;②企业所制订的工资薪金制度符合行业及地区水平;③企业在一定时期所发放的工资薪金是相对固定的,工资薪金的调整是有序进行的;④企业对实际发放的工资薪金,已依法履行了代扣代缴个人所得税义务;⑤有关工资薪金的安排,不以减少或逃避税款为目的。④

此外,列入企业员工工资薪金制度、固定与工资薪金一起发放的福利性补贴,符合上述合理工资薪金规定的,可作为企业发生的工资薪金支出,按规定在税前扣除。⑤

企业接受外部劳务派遣用工所实际发生的费用中,应分两种情况按规定在税前扣除:按照协议(合同)约定直接支付给劳务派遣公司的费用,应作为劳务费支出;直接支付给员工个人的费用,应作为工资薪金支出和职工福利费支出。其中属于工资薪金支出的费用,准予计入企业工资薪金总额的基数,作为计算其他各项相关费用扣除的依据。⑤

若企业建立的是职工股权激励计划,其企业所得税的处理,按以下规定执行。⑥

(1)对股权激励计划实行后立即可以行权的,上市公司可以根据实际行权时该股票的公允价格与激励对象实际行权支付价格的差额和数量,计算确定作为当年上市公司工资薪金支出,依照税法规定进行税前扣除。

(2)对股权激励计划实行后,需待一定服务年限或者达到规定业绩条件(简称等待期)方可行权的,上市公司等待期内会计上计算确认的相关成本费用,不得在对应年度计算缴纳企业所得税时扣除。在股权激励计划可行权后,上市公司方可根据该股票实际行权时的公允价格与当年激励对象实际行权支付价格的差额及数量,计算确定作为当年上市公司工资薪金支出,依照税法规定进行税前扣除。

2. 职工福利费、工会经费、职工教育经费

企业发生的职工福利费、工会经费、职工教育经费按标准扣除,未超过标准的按实际数扣除,超过标准的只能按标准扣除。

---

① 《企业所得税法实施条例》,第三十三条。
② 《企业所得税法实施条例》,第二十八条。
③ 《企业所得税法实施条例》,第三十四条。
④ 国家税务总局,《关于企业工资薪金及职工福利费扣除问题的通知》,国税函〔2009〕3号。
⑤ 国家税务总局,《关于企业工资薪金和职工福利费等支出税前扣除问题的公告》,2015年第34号。
⑥ 国家税务总局,《关于我国居民企业实行股权激励计划有关企业所得税处理问题的公告》,2012年第18号。

(1) 企业发生的职工福利费支出，不超过工资、薪金总额14%的部分准予扣除。

企业职工福利费，包括以下内容：①尚未实行分离办社会职能的企业，其内设福利部门所发生的设备、设施和人员费用，包括职工食堂、职工浴室、理发室、医务所、托儿所、疗养院等集体福利部门的设备、设施及维修保养费用和福利部门工作人员的工资薪金、社会保险费、住房公积金、劳务费等；②为职工卫生保健、生活、住房、交通等所发放的各项补贴和非货币性福利，包括企业向职工发放的因公外地就医费用、未实行医疗统筹企业职工医疗费用、职工供养直系亲属医疗补贴、供暖费补贴、职工防暑降温费、职工困难补贴、救济费、职工食堂经费补贴、职工交通补贴等。③按照其他规定发生的其他职工福利费，包括丧葬补助费、抚恤费、安家费、探亲假路费等。

企业发生的职工福利费，应该单独设置账册，进行准确核算。没有单独设置账册准确核算的，税务机关应责令企业在规定的期限内进行改正。逾期仍未改正的，税务机关可对企业发生的职工福利费进行合理的核定。[1]

不能同时符合上述合理工资薪金的福利性补贴，应作为职工福利费，按规定计算限额税前扣除。[2]

(2) 企业拨缴的工会经费，不超过工资、薪金总额2%的部分准予扣除。

自2010年7月1日起，企业拨缴的职工工会经费，不超过工资、薪金总额2%的部分，凭工会组织开具的《工会经费收入专用收据》在企业所得税税前扣除。[3]

自2010年1月1日起，在委托税务机关代收工会经费的地区，企业拨款的工会经费，也可凭合法、有效的工会经费代收凭据依法在税前扣除。[4]

(3) 除国务院财政、税务主管部门另有规定外，自2018年1月1日起，企业发生的职工教育经费支出，不超过工资薪金总额8%的部分，准予在计算企业所得税应纳税所得额时扣除；超过部分，准予在以后纳税年度结转扣除。[5]

航空企业实际发生的飞行员养成费、飞行训练费、乘务训练费、空中保卫员训练费等空勤训练费用，根据《企业所得税法实施条例》第二十七条规定，可以作为航空企业运输成本在税前扣除。[6]

集成电路设计企业和符合条件软件企业的职工培训费用，应单独进行核算并按实际发生额在计算应纳税所得额时扣除。[7]

核力发电企业为培养核电厂操纵员发生的培养费用，可作为企业的发电成本在税前扣除。企业应将核电厂操纵员培养费与员工的职工教育经费严格区分，单独核算，员工实际发生的职工教育经费支出不得计入核电厂操纵员培养费直接扣除。[8]

上述所称的"工资薪金总额"，是指企业实际发放的合理工资薪金总和，不包括企业的职工福利费、职工教育经费、工会经费以及养老保险费、医疗保险费、失业保险费、工伤保险费、生育保险费等社会保险费和住房公积金。属于国有性质的企业，其工资薪金，不得超过政府有关部门给予的限定数额；超过部分，不得计入企业工资薪金总额，也不得在计算企业应纳税所得额时扣除。[1]

3. 社会保险费

(1) 企业依照国务院有关主管部门或者省级人民政府规定的范围和标准为职工缴纳的基本养老保险费、基本医疗保险费、失业保险费、工伤保险费、生育保险费等基本社会保险费和住房公积金，准予扣除。企

---

[1] 国家税务总局，《关于企业工资薪金及职工福利费扣除问题的通知》，国税函〔2009〕3号。
[2] 国家税务总局，《关于企业工资薪金和职工福利费等支出税前扣除问题的公告》，2015年第34号。
[3] 国家税务总局，《关于工会经费企业所得税税前扣除凭据问题的公告》，2010年第24号。
[4] 国家税务总局，《关于税务机关代收工会经费企业所得税税前扣除凭据问题的公告》，2011年第30号。
[5] 财政部、国家税务总局，《关于企业职工教育经费税前扣除政策的通知》，财税〔2018〕51号。
[6] 国家税务总局，《关于企业所得税若干问题的公告》，2011年第34号。
[7] 财政部、国家税务总局，《关于进一步鼓励软件产业和集成电路产业发展企业所得税政策的通知》，财税〔2012〕27号。
[8] 国家税务总局，《关于企业所得税应纳税所得额若干问题的公告》，2014年第29号。

业为投资者或者职工支付的补充养老保险费、补充医疗保险费,在国务院财政、税务主管部门规定的范围和标准内,准予扣除。[1]

(2)企业根据国家有关政策规定,为在本企业任职或者受雇的全体员工支付的补充养老保险费、补充医疗保险费,分别在不超过职工工资总额5%标准内的部分,在计算应纳税所得额时准予扣除;超过的部分,不予扣除。[2]除企业依照国家有关规定为特殊工种职工支付的人身安全保险费和国务院财政、税务主管部门规定可以扣除的其他商业保险费外,企业为投资者或者职工支付的商业保险费,不得扣除。[3]

(3)企业参加财产保险,按照规定缴纳的保险费,准予扣除。[4]

4. 借款费用

(1)企业在生产经营活动中发生的合理的不需要资本化的借款费用,准予扣除。企业为购置、建造固定资产、无形资产和经过12个月以上的建造才能达到预定可销售状态的存货发生借款的,在有关资产购置、建造期间发生的合理的借款费用,应当作为资本性支出计入有关资产的成本,并依照本条例的规定扣除。[5]

(2)企业通过发行债券、取得贷款、吸收保户储金等方式融资而发生的合理的费用支出,符合资本化条件的,应计入相关资产成本;不符合资本化条件的,应作为财务费用,准予在企业所得税税前据实扣除。[6]

5. 利息费用

企业在生产经营活动中发生的下列利息支出,准予扣除。[7]

(1)非金融企业向金融企业借款的利息支出、金融企业的各项存款利息支出和同业拆借利息支出、企业经批准发行债券的利息支出。

(2)非金融企业向非金融企业借款的利息支出,不超过按照金融企业同期同类贷款利率计算的数额的部分。

其中,金融机构是指各类银行、保险公司及经中国人民银行批准从事金融业务的非银行金融机构。包括国家专业银行、区域性银行、股份制银行、外资银行、中外合资银行以及其他综合性银行;还包括全国性保险企业、区域性保险企业、股份制保险企业、中外合资保险企业以及其他专业性保险企业;城市、农村信用社、各类财务公司以及其他从事信托投资、租赁等业务的专业和综合性非银行金融机构。非金融机构,是指除上述金融机构以外的所有企业、事业单位以及社会团体等企业或组织。

(3)企业从其关联方接受的债权性投资与权益性投资的比例超过规定标准而发生的利息支出,不得在计算应纳税所得额时扣除。

在计算应纳税所得额时,企业实际支付给关联方的利息支出,不超过以下规定比例和税法及其实施条例有关规定计算的部分,准予扣除,超过的部分不得在发生当期和以后年度扣除。[8]

企业如果能够按照税法及其实施条例的有关规定提供相关资料,并证明相关交易活动符合独立交易原则的;或者该企业的实际税负不高于境内关联方的,其实际支付给境内关联方的利息支出,在计算应纳税所得额时准予扣除。

企业实际支付给关联方的利息支出,除符合上述规定外,其接受关联方债权性投资与其权益性投资比例为:金融企业,为5:1;其他企业,为2:1。

---

[1]《企业所得税法实施条例》,第三十五条。
[2] 财政部、国家税务总局,《关于补充养老保险费补充医疗保险费有关企业所得税政策问题的通知》,财税〔2009〕27号。
[3]《企业所得税法实施条例》,第三十六条。
[4]《企业所得税法实施条例》,第四十六条。
[5]《企业所得税法实施条例》,第三十七条。
[6] 国家税务总局,《关于企业所得税应纳税所得额若干税务处理问题的公告》,2012年第15号。
[7]《企业所得税法实施条例》,第三十八条。
[8] 财政部、国家税务总局,《关于企业关联方利息支出税前扣除标准有关税收政策问题的通知》,财税〔2008〕121号。

企业同时从事金融业务和非金融业务，其实际支付给关联方的利息支出，应按照合理方法分开计算；没有按照合理方法分开计算的，一律按本通知第一条有关其他企业的比例计算准予税前扣除的利息支出。

企业自关联方取得的不符合规定的利息收入应按照有关规定缴纳企业所得税。

（4）企业向自然人借款的利息支出在企业所得税税前的扣除[①]包括：①企业向股东或其他与企业有关联关系的自然人借款的利息支出，应根据《企业所得税法》第四十六条及《财政部、国家税务总局关于企业关联方利息支出税前扣除标准有关税收政策问题的通知》（财税〔2008〕121号）规定的条件，计算企业所得税扣除额。②企业向除①规定以外的内部职工或其他人员借款的利息支出，其借款情况同时符合以下条件的，其利息支出在不超过按照金融企业同期同类贷款利率计算的数额的部分，准予扣除：企业与个人之间的借贷是真实、合法、有效的，并且不具有非法集资目的或其他违反法律、法规的行为；企业与个人之间签订了借款合同。

（5）企业投资者投资未到位发生利息支出的扣除问题包括：企业投资者在规定期限内未缴足其应缴资本额的，该企业对外借款所发生的利息，相当于投资者实缴资本额与在规定期限内应缴资本额的差额应计付的利息，其不属于企业合理的支出，应由企业投资者负担，不得在计算企业应纳税所得额时扣除。[②]

6. 汇兑损失

企业在货币交易中，以及纳税年度终了时将人民币以外的货币性资产、负债按照期末即期人民币汇率中间价折算为人民币时产生的汇兑损失，除已经计入有关资产成本以及与向所有者进行利润分配相关的部分外，准予扣除。[③]

7. 业务招待费

（1）企业发生的与生产经营活动有关的业务招待费支出，按照发生额的60%扣除，但最高不得超过当年销售（营业）收入的5‰。[④]

（2）对从事股权投资业务的企业（包括集团公司总部、创业投资企业等），其从被投资企业所分配的股息、红利以及股权转让收入，可以按规定的比例计算业务招待费扣除限额。[⑤]

（3）企业在筹建期间，发生的与筹办活动有关的业务招待费支出，可按实际发生额的60%计入企业筹办费，并按有关规定在税前扣除。[⑥]

8. 广告费和业务宣传费

企业发生的符合条件的广告费和业务宣传费支出除国务院财政、税务主管部门另有规定外，不超过当年销售（营业）收入15%的部分，准予扣除；超过部分，准予在以后纳税年度结转扣除。[⑦]

自2011年1月1日起至2025年12月31日止，对部分行业的广告费和业务宣传费税前扣除作了特殊规定：[⑧]

（1）对化妆品制造或销售、医药制造和饮料制造（不含酒类制造，下同）企业发生的广告费和业务宣传费支出，不超过当年销售（营业）收入30%的部分，准予扣除；超过部分，准予在以后纳税年度结转扣除。

---

① 国家税务总局，《关于企业向自然人借款的利息支出企业所得税税前扣除问题的通知》，国税函〔2009〕777号。
② 国家税务总局，《关于企业投资者投资未到位而发生的利息支出企业所得税前扣除问题的批复》，国税函〔2009〕312号。
③ 《企业所得税法实施条例》，第三十九条。
④ 《企业所得税法实施条例》，第四十三条。
⑤ 国家税务总局，《关于贯彻落实企业所得税法若干税收问题的通知》，国税函〔2010〕79号。
⑥ 国家税务总局，《关于企业所得税应纳税所得额若干税务处理问题的公告》，2012年第15号。
⑦ 《企业所得税法实施条例》，第四十四条。
⑧ 财政部、国家税务总局，《关于广告费和业务宣传费支出税前扣除有关事项的公告》，2020年第43号。

(2)对签订广告费和业务宣传费分摊协议的关联企业（related enterprises），其中一方发生的不超过当年销售（营业）收入税前扣除限额比例内的广告费和业务宣传费支出可以在本企业扣除，也可以将其中的部分或全部按照分摊协议归集至另一方扣除。另一方在计算本企业广告费和业务宣传费支出企业所得税税前扣除限额时，可将按照上述办法归集至本企业的广告费和业务宣传费不计算在内。

(3)烟草企业的烟草广告费和业务宣传费支出，一律不得在计算应纳税所得额时扣除。企业在筹建期间，发生的广告费和业务宣传费，可按实际发生额计入企业筹办费，并按有关规定在税前扣除。[①]

企业在计算业务招待费、广告费和业务宣传费等费用扣除限额时，其销售（营业）收入额应包括税法规定的视同销售（营业）收入额。

9. 环境保护专项资金

企业依照法律、行政法规有关规定提取的用于环境保护、生态恢复等方面的专项资金，准予扣除。上述专项资金提取后改变用途的，不得扣除。[②]

10. 保险费

企业参加财产保险，按照规定缴纳的保险费，准予扣除。[③]

11. 租赁费

企业根据生产经营活动的需要租入固定资产支付的租赁费，按照以下方法扣除。[④]

(1)以经营租赁方式租入固定资产发生的租赁费支出，按照租赁期限均匀扣除。

(2)以融资租赁方式租入固定资产发生的租赁费支出，按照规定构成融资租入固定资产价值的部分应当提取折旧费用分期扣除。融资租赁是指在实质上转移了与一项资产所有权有关的全部风险和报酬的一种租赁。符合下列条件之一的租赁为融资租赁：①在租赁期届满时，租赁资产的所有权转移给承租人。②承租人有购买租赁资产的选择权，所订立的购买价款预计将远低于行使选择权时租赁资产的公允价值，因而在租赁开始日就可以合理确定承租人将会行使这种选择权。③即使资产的所有权不转移，但租赁期占租赁资产使用寿命的大部分。④在租赁开始日，租赁收款额的现值几乎相当于租赁资产的公允价值。⑤租赁资产性质特殊，如果不作较大改造，只有承租人才能使用。[⑤]

12. 劳动保护费

企业发生的合理的劳动保护支出，准予扣除。[⑥]

劳动保护支出是指确因工作需要为雇员配备或提供工作服、手套、安全保护用品、防暑降温用品等所发生的支出。

13. 手续费及佣金支出

企业发生的手续费及佣金支出企业所得税税前扣除政策规定如下。

(1)企业发生与生产经营有关的手续费及佣金支出，不超过以下规定计算限额以内的部分，准予扣除；超过部分，不得扣除。保险企业发生与其经营活动有关的手续费及佣金支出，不超过当年全部保费收入扣除退保金等后余额的18%（含本数）的部分，在计算应纳税所得额时准予扣除；超过部分，允许结转以后

---

① 国家税务总局，《关于企业所得税应纳税所得额若干税务处理问题的公告》，2012年第15号。
② 《企业所得税法实施条例》，第四十五条。
③ 《企业所得税法实施条例》，第四十六条。
④ 《企业所得税法实施条例》，第四十七条。
⑤ 《企业会计准则》，第21号。
⑥ 《企业所得税法实施条例》，第四十八条。

年度扣除。其他企业按与具有合法经营资格中介服务机构或个人（不含交易双方及其雇员、代理人和代表人等）所签订服务协议或合同确认的收入金额的5%计算限额。

（2）企业应与具有合法经营资格的中介服务企业或个人签订代办协议或合同，并按国家有关规定支付手续费及佣金。除委托个人代理外，企业以现金等非转账方式支付的手续费及佣金不得在税前扣除。企业为发行权益性证券支付给有关证券承销机构的手续费及佣金不得在税前扣除。

（3）企业不得将手续费及佣金支出计入回扣、业务提成、返利、进场费等费用。

（4）企业已计入固定资产、无形资产等相关资产的手续费及佣金支出，应当通过折旧、摊销等方式分期扣除，不得在发生当期直接扣除。企业支付的手续费及佣金不得直接冲减服务协议或合同金额，并如实入账。

（5）企业支付的手续费及佣金不得直接冲减服务协议或合同金额，并如实入账。[1]

（6）电信企业在发展客户、拓展业务等过程中（如委托销售电话入网卡、电话充值卡等），需向经纪人、代办商支付手续费及佣金的，其实际发生的相关手续费及佣金支出，不超过企业当年收入5%的部分，准予在企业所得税前据实扣除。[2]

（7）从事代理服务、主营业务收入为手续费、佣金的企业（如证券、期货、保险代理等企业），其为取得该类收入而实际发生的营业成本（包括手续费及佣金支出），准予在企业所得税前据实扣除。[2]

14. 公益性捐赠

公益性捐赠，是指企业通过公益性社会组织或者县级以上人民政府及其部门，用于符合法律规定的慈善活动、公益事业的捐赠。[3]

企业当年发生以及以前年度结转的公益性捐赠支出，不超过年度利润总额12%的部分，准予扣除。[4]企业发生的公益性捐赠支出未在当年税前扣除的部分，准予向以后年度结转扣除，但结转年限自捐赠发生年度的次年起计算最长不得超过三年。[5]年度利润总额，是指企业依照国家统一会计制度的规定计算的年度会计利润大于零的数额。[6]

企事业单位、社会团体以及其他组织捐赠住房作为廉租住房的，按《企业所得税法》有关公益性捐赠政策执行。[7]

企事业单位、社会团体以及其他组织捐赠住房作为公共租赁住房，符合税收法律法规规定的，对其公益性捐赠支出在年度利润总额12%以内的部分，准予在计算应纳税所得额时扣除超过年度利润总额12%的部分，准予结转以后三年内在计算应纳税所得额时扣除。个人捐赠住房作为公共租赁住房，符合税收法律法规规定的，对其公益性捐赠支出未超过其申报的应纳税所得额30%的部分，准予从其应纳税所得额中扣除。[8]

（1）公益性社会团体和公益性群众团体，是指同时符合下列条件的慈善组织以及其他社会组织：[9]①依法登记，具有法人资格；②以发展公益事业为宗旨，且不以营利为目的；③全部资产及其增值为该法人所

---

[1] 财政部、国家税务总局《关于企业手续费及佣金支出税前扣除政策的通知》，财税〔2009〕29号；财政部、国家税务总局《关于保险企业手续费及佣金支出税前扣除政策的公告》，2019年第72号。
[2] 国家税务总局，《关于企业所得税应纳税所得额若干税务处理问题的公告》，2012年第15号。
[3] 《企业所得税法实施条例》，第五十一条；财政部、国家税务总局，《关于通过公益性群众团体的公益性捐赠税前扣除有关问题的通知》，财税〔2009〕124号。
[4] 《企业所得税法实施条例》，第五十三条。
[5] 财政部、国家税务总局，《关于公益性捐赠支出企业所得税前结转扣除有关政策的通知》，财税〔2018〕15号。
[6] 《企业所得税法实施条例》，第五十三条；财政部、国家税务总局，《关于通过公益性群众团体的公益性捐赠税前扣除有关问题的通知》，财税〔2009〕124号。
[7] 财政部、国家税务总局，《关于廉租住房经济适用住房和住房租赁有关税收政策的通知》，财税〔2008〕24号。
[8] 财政部、国家税务总局，《关于公共租赁住房税收优惠政策的通知》，财税〔2015〕139号；财政部、国家税务总局《关于公共租赁住房税收优惠政策的公告》，2019年第61号；财政部、国家税务总局《关于延长部分税收优惠政策执行期限的公告》，2021年第6号；财务部、国家税务总局，《关于继续实施公共租赁住房税收优惠政策的公告》，2023年第33号。
[9] 《企业所得税法实施条例》，第五十二条；财政部、国家税务总局，《关于通过公益性群众团体的公益性捐赠税前扣除有关问题的通知》，财税〔2009〕124号。

有；④收益和营运结余主要用于符合该法人设立目的的事业；⑤终止后的剩余财产不归属任何个人或者营利组织；⑥不经营与其设立目的无关的业务；⑦有健全的财务会计制度；⑧捐赠者不以任何形式参与社会团体财产的分配；⑨国务院财政、税务主管部门会同国务院民政部门等登记管理部门规定的其他条件。

（2）用于公益事业的捐赠支出，是指《中华人民共和国公益事业捐赠法》规定的向公益事业的捐赠支出，具体范围包括：①救助灾害、救济贫困、扶助残疾人等困难的社会群体和个人的活动；②教育、科学、文化、卫生、体育事业；③环境保护、社会公共设施建设；④促进社会发展和进步的其他社会公共和福利事业。①

（3）公益性社会组织、县级以上人民政府及其部门等国家机关在接受企业或个人捐赠时，按以下原则确认捐赠额。①接受的货币性资产捐赠，以实际收到的金额确认捐赠额。②接受的非货币性资产捐赠，以其公允价值确认捐赠额。捐赠方在向公益性社会组织、县级以上人民政府及其部门等国家机关捐赠时，应当提供注明捐赠非货币性资产公允价值的证明；不能提供证明的，接受捐赠方不得向其开具捐赠票据。

此外，公益性社会组织和县级以上人民政府及其组成部门和直属机构在接受捐赠时，应按照行政管理级次分别使用由财政部或省、自治区、直辖市财政部门监（印）制的公益性捐赠票据，并加盖本单位的印章；企业或个人将符合条件的公益性捐赠支出进行税前扣除，应当留存相关票据备查。②

（4）对存在以下情形之一的公益性群众团体，应取消其公益性捐赠税前扣除资格：①前 3 年接受捐赠的总收入中用于公益事业的支出比例低于 70%的；②违反规定接受捐赠的，包括附加对捐赠人构成利益回报的条件、以捐赠为名从事营利性活动、利用慈善捐赠宣传烟草制品或法律禁止宣传的产品和事项、接受不符合公益目的或违背社会公德的捐赠等情形；③开展违反组织章程的活动，或者接受的捐赠款项用于组织章程规定用途之外的；④在确定捐赠财产的用途和受益人时，指定特定受益人，且该受益人与捐赠人或公益性群众团体管理人员存在明显利益关系的；⑤受到行政处罚（警告或单次 1 万元以下罚款除外）的；⑥从事非法政治活动的；⑦从事、资助危害国家安全或者社会公共利益活动的。公益性群众团体存在上述②～⑦情形之一的，取消其公益性捐赠税前扣除资格且不得重新确认资格。③

（5）为巩固脱贫攻坚成果，现就企业扶贫捐赠支出的所得税税前扣除政策公告如下：①自 2019 年 1 月 1 日至 2025 年 12 月 31 日，企业通过公益性社会组织或者县级（含县级）以上人民政府及其组成部门和直属机构，用于目标脱贫地区的扶贫捐赠支出，准予在计算企业所得税应纳税所得额时据实扣除。在政策执行期限内，目标脱贫地区实现脱贫的，可继续适用上述政策。其中，"目标脱贫地区"包括（全面脱贫前的）832 个国家扶贫开发工作重点县、集中连片特困地区县（新疆阿克苏地区 6 县 1 市享受片区政策）和建档立卡贫困村。②企业同时发生扶贫捐赠支出和其他公益性捐赠支出，在计算公益性捐赠支出年度扣除限额时，符合上述条件的扶贫捐赠支出不计算在内。④

15. 有关资产的费用

企业转让各类固定资产发生的费用，允许扣除。企业按规定计算的固定资产折旧费、无形资产和长期资产的摊销费，准予扣除。⑤

16. 总机构分摊的费用

非居民企业在中国境内设立的机构、场所，就其中国境外总机构发生的与该机构、场所生产经营有关

---

① 《中华人民共和国公益事业捐赠法》，第三条。
② 财政部、国家税务总局、民政部，《关于公益性捐赠税前扣除有关事项的公告》，2020 年第 27 号。
③ 财政部、国家税务总局，《关于通过公益性群众团体的公益性捐赠税前扣除有关事项的公告》，2021 年第 20 号。
④ 财政部、国家税务总局、国务院扶贫办，《关于企业扶贫捐赠所得税税前扣除政策的公告》，2019 年第 49 号；财政部、国家税务总局、国家乡村振兴局、人力资源和社会保障部《关于延长部分扶贫税收优惠政策执行期限的公告》，2021 年第 18 号。
⑤ 《企业所得税法》，第十一条至十三条。

的费用,能够提供总机构出具的费用汇集范围、定额、分配依据和方法等证明文件,并合理分摊的,准予扣除。①

17. 资产损失

企业发生的资产损失,应按规定的程序和要求向主管税务机关申报后方能在税前扣除。未经申报的损失,不得在税前扣除。企业以前年度发生的资产损失未能在当年税前扣除的,可以按照《企业资产损失所得税税前扣除管理办法》的规定,向税务机关说明并进行专项申报扣除。其中,属于实际资产损失,准予追补至该项损失发生年度扣除,其追补确认期限一般不得超过五年,但因计划经济体制转轨过程中遗留的资产损失、企业重组上市过程中因权属不清出现争议而未能及时扣除的资产损失、因承担国家政策性任务而形成的资产损失以及政策定性不明确而形成资产损失等特殊原因形成的资产损失,其追补确认期限经国家税务总局批准后可适当延长。属于法定资产损失,应在申报年度扣除。企业因以前年度实际资产损失未在税前扣除而多缴的企业所得税税款,可在追补确认年度企业所得税应纳税款中予以抵扣,不足抵扣的,向以后年度递延抵扣。企业实际资产损失发生年度扣除追补确认的损失后出现亏损的,应先调整资产损失发生年度的亏损额,再按弥补亏损的原则计算以后年度多缴的企业所得税税款,并按前款办法进行税务处理。②

18. 企业维简费支出③

(1)企业实际发生的维简费支出,属于收益性支出的,可作为当期费用税前扣除;属于资本性支出的,应计入有关资产成本,并按企业所得税法规定计提折旧或摊销费用在税前扣除。企业按照有关规定预提的维简费,不得在当期税前扣除。

(2)2013年1月1日以前,企业按照有关规定提取且已在当期税前扣除的维简费,按以下规定处理。①尚未使用的维简费,并未作纳税调整的,可不作纳税调整,应首先抵减2013年实际发生的维简费,仍有余额的,继续抵减以后年度实际发生的维简费,至余额为零时,企业方可按照本公告第一条规定执行;已作纳税调整的,不再调回,直接按照第一项规定执行。②已用于资产投资并形成相关资产全部成本的,该资产提取的折旧或费用摊销额,不得税前扣除;已用于资产投资并形成相关资产部分成本的,该资产提取的折旧或费用摊销额中与该部分成本对应的部分,不得税前扣除;已税前扣除的,应调整作为2013年度应纳税所得额。

19. 企业参与政府统一组织的棚户区改造支出④

(1)企业参与政府统一组织的工矿(含中央下放煤矿)棚户区改造、林区棚户区改造、垦区危房改造并同时符合一定条件的棚户区改造支出,准予在企业所得税前扣除。

(2)上述所称同时符合一定条件的棚户区改造支出,是指同时满足以下条件的棚户区改造支出:①棚户区位于远离城镇、交通不便,市政公用、教育医疗等社会公共服务缺乏城镇依托的独立矿区、林区或垦区;②该独立矿区、林区或垦区不具备商业性房地产开发条件;③棚户区市政排水、给水、供电、供暖、供气、垃圾处理、绿化、消防等市政服务或公共配套设施不齐全;④棚户区房屋集中连片户数不低于50户,其中,实际在该棚户区居住且在本地区无其他住房的职工(含离退休职工)户数占总户数的比例不低于75%;⑤棚户区房屋按照《房屋完损等级评定标准》和《危险房屋鉴定标准》评定属于危险房屋、严重损坏房屋的套内面积不低于该片棚户区建筑面积的25%;⑥棚户区改造已纳入地方政府保障性安居工程建设规划和

---

① 《企业所得税法实施条例》,第五十条。
② 国家税务总局,《关于发布〈企业资产损失所得税税前扣除管理办法〉的公告》,2011年第25号。
③ 国家税务总局,《关于企业维简费支出企业所得税税前扣除问题的公告》,2013年第67号。
④ 财政部、国家税务总局,《关于企业参与政府统一组织的棚户区改造有关企业所得税政策问题的通知》,财税〔2013〕65号。

年度计划，并由地方政府牵头按照保障性住房标准组织实施；异地建设的，原棚户区土地由地方政府统一规划使用或者按规定实行土地复垦、生态恢复。

（3）在企业所得税年度纳税申报时，企业应向主管税务机关提供其棚户区改造支出同时符合上述第（2）项规定条件的书面说明材料。

20. 保险公司准备金支出[①]

（1）保险公司按下列规定缴纳的保险保障基金，准予据实税前扣除。①非投资型财产保险业务，不得超过保费收入的 0.8%；投资型财产保险业务，有保证收益的，不得超过业务收入的 0.08%，无保证收益的，不得超过业务收入的 0.05%。②有保证收益的人寿保险业务，不得超过业务收入的 0.15%；无保证收益的人寿保险业务，不得超过业务收入的 0.05%。③短期健康保险业务，不得超过保费收入的 0.8%；长期健康保险业务，不得超过保费收入的 0.15%。④非投资型意外伤害保险业务，不得超过保费收入的 0.8%；投资型意外伤害保险业务，有保证收益的，不得超过业务收入的 0.08%，无保证收益的，不得超过业务收入的 0.05%。

（2）保险公司有下列情形之一的，其缴纳的保险保障基金不得在税前扣除。①财产保险公司的保险保障基金余额达到公司总资产 6%的。②人身保险公司的保险保障基金余额达到公司总资产 1%的。

（3）保险公司按国务院财政部门的相关规定提取的未到期责任准备金、寿险责任准备金、长期健康险责任准备金、已发生已报案未决赔款准备金和已发生未报案未决赔款准备金，准予在税前扣除。①未到期责任准备金、寿险责任准备金、长期健康险责任准备金依据经中国保监会核准任职资格的精算师或出具专项审计报告的中介机构确定的金额提取。②已发生已报案未决赔款准备金，按最高不超过当期已经提出的保险赔款或者给付金额的 100%提取；已发生未报案未决赔款准备金按不超过当年实际赔款支出额的 8%提取。

（4）保险公司经营财政给予保费补贴的农业保险，按不超过财政部门规定的农业保险大灾风险准备金（简称大灾准备金）计提比例，计提的大灾准备金，准予在企业所得税前据实扣除。具体计算公式如下：

本年度扣除的大灾准备金＝本年度保费收入×规定比例−上年度已在税前扣除的大灾准备金结存余额
按上述公式计算的数额如为负数，应调增当年应纳税所得额。

（5）保险公司实际发生的各种保险赔款、给付，应首先冲抵按规定提取的准备金，不足冲抵部分，准予在当年税前扣除。

21. 小额贷款公司贷款损失准备金[②]

对经省级金融管理部门（金融办、局等）批准成立的小额贷款公司按年末贷款余额的 1%计提的贷款损失准备金准予在企业所得税税前扣除。具体政策口径按照《财政部 税务总局关于延长部分税收优惠政策执行期限的公告》（财政部 税务总局公告 2021 年第 6 号）附件2 中"6.《财政部税务总局关于金融企业贷款损失准备金企业所得税税前扣除有关政策的公告》（财政部 税务总局 2019 年第 36 号"执行"。)"

22. 中小企业融资（信用）担保机构有关准备[③]

（1）符合条件的中小企业融资（信用）担保机构按照不超过当年年末担保责任余额1%的比例计提的担保赔偿准备，允许在企业所得税税前扣除，同时将上年度计提的担保赔偿准备余额转为当期收入。

（2）符合条件的中小企业融资（信用）担保机构按照不超过当年担保费收入 50%的比例计提的未到期

[①] 财政部、国家税务总局，《关于保险公司准备金支出企业所得税税前扣除有关政策问题的通知》，财税〔2016〕114 号。
[②] 财政部、国家税务总局，《关于延续实施小额贷款公司有关税收优惠政策的公告》，2023 年第 54 号。
[③] 财政部、国家税务总局，《关于中小企业融资（信用）担保机构有关准备金企业所得税税前扣除政策的通知》，财税〔2017〕22 号；财政部、国家税务总局，《关于延长部分税收优惠政策执行期限的公告》，2021 年第 6 号。

责任准备,允许在企业所得税税前扣除,同时将上年度计提的未到期责任准备余额转为当期收入。

(3) 中小企业融资(信用)担保机构实际发生的代偿损失,符合税收法律法规关于资产损失税前扣除政策规定的,应冲减已在税前扣除的担保赔偿准备,不足冲减部分据实在企业所得税税前扣除。

23. 其他项目

依照有关法律、行政法规和国家有关税法规定准予扣除的其他项目。如会员费、合理的会议费、差旅费、违约金、诉讼费用等。

五、不得扣除的项目

在计算应纳税所得额时,下列支出不得扣除:[①]①向投资者支付的股息、红利等权益性投资收益款项;②企业所得税税款;③税收滞纳金;④罚金、罚款和被没收财物的损失;⑤《企业所得税法》规定以外的捐赠支出;⑥赞助支出,是指企业发生的与生产经营活动无关的各种非广告性质支出;⑦未经核定的准备金支出,是指不符合国务院财政、税务主管部门规定的各项资产减值准备、风险准备等准备金支出;⑧与取得收入无关的其他支出;⑨企业之间支付的管理费、企业内营业机构之间支付的租金和特许权使用费,以及非银行企业内营业机构之间支付的利息,[②]例如,母公司以管理费形式向子公司提取费用,子公司因此支付给母公司的管理费,不得在税前扣除;[③]⑩企业对外投资期间,投资资产的成本;[④]⑪除企业依照国家有关规定为特殊工种职工支付的人身安全保险费和国务院财政、税务主管部门规定可以扣除的其他商业保险费外,企业为投资者或者职工支付的商业保险费。[⑤]

六、亏损弥补

亏损,是指企业依照《企业所得税法》及《企业所得税法实施条例》的规定,将每一纳税年度的收入总额减除不征税收入、免税收入和各项扣除后小于零的数额。[⑥]

(1) 企业纳税年度发生的亏损,准予向以后年度结转,用以后年度的所得弥补,但结转年限最长不得超过五年。[⑦]五年内不论盈利还是亏损,都作为实际弥补期限计算。亏损弥补期要自亏损年度的下一个年度起连续五年不间断地计算,连续发生年度亏损,要先亏先补,按顺序连续计算亏损弥补期。

(2) 企业在汇总计算缴纳企业所得税时,其境外营业机构的亏损不得抵减境内营业机构的盈利。[⑧]

(3) 企业自开始生产经营的年度,为开始计算企业损益的年度。企业从事生产经营之前进行筹办活动期间发生筹办费用支出,不得计算为当期的亏损,应按照《国家税务总局关于企业所得税若干税务事项衔接问题的通知》(国税函〔2009〕98号)第九条规定执行。[⑨]

(4) 企业实际资产损失发生年度扣除追补确认的损失后出现亏损的,应先调整资产损失发生年度的亏损额,再按弥补亏损的原则计算以后年度多缴的企业所得税税款,并按前款办法进行税务处理。[⑩]

(5) 税务机关对企业以前年度纳税情况进行检查时调增的应纳税所得额,凡企业以前年度发生亏损,

---

① 以下除另有注释外,均引自《企业所得税法》,第十条;《企业所得税法实施条例》,第五十四条、第五十五条。
② 《企业所得税法实施条例》,第四十九条。
③ 国家税务总局,《关于母子公司间提供服务支付费用有关企业所得税处理问题的通知》,国税发〔2008〕86号。
④ 《企业所得税法》,第十四条。
⑤ 《企业所得税法实施条例》,第三十六条。
⑥ 《企业所得税法实施条例》,第十条。
⑦ 《企业所得税法》,第十八条。
⑧ 《企业所得税法》,第十七条。
⑨ 国家税务总局,《关于贯彻落实企业所得税法若干税收问题的通知》,国税函〔2010〕79号。
⑩ 国家税务总局,《关于发布〈企业资产损失所得税税前扣除管理办法〉的公告》,2011年第25号。

且该亏损属于企业所得税法规定允许弥补的，应允许调增的应纳税所得额弥补该亏损。弥补该亏损后仍有余额的，按照企业所得税法规定计算缴纳企业所得税。对检查调增的应纳税所得额应根据其情节，依照《中华人民共和国税收征收管理法》有关规定进行处理或处罚。[①]

第三节 企业所得税的资产处理

企业的固定资产、无形资产、递延资产，其价值不是一次性地转移到当期生产经营的产品或服务中，而是在其使用期内逐步转移到产品或劳务的价值中，因此，购买这些资产的开支不能一次性地在税前扣除。流动资产中的存货，通常是分批购进，每批购进的价格可能不同，将不同批次购进的存货移作生产经营使用时，在计算其成本时，需要确定以哪一批购进的价格为标准。资产处理就是为了确定与当期企业收入相匹配的使用上期资产的成本和税前扣除标准而建立的规则，通常包括存货计价、固定资产的计价和折旧、无形资产的计价和摊销、递延资产的扣除等。

企业的各项资产，包括固定资产、生物资产、无形资产、长期待摊费用、投资资产、存货等，以历史成本为计税基础。历史成本，是指企业取得该项资产时实际发生的支出。企业持有各项资产期间资产增值或者减值，除国务院财政、税务主管部门规定可以确认损益外，不得调整该资产的计税基础。[②]

一、固定资产的计价和折旧

纳税人的固定资产（fixed assets），是指企业为生产产品、提供劳务、出租或者经营管理而持有的、使用时间超过12个月的非货币性资产，包括房屋、建筑物、机器、机械、运输工具以及其他与生产经营活动有关的设备、器具、工具等。[③]

1. 固定资产的计税基础[④]

（1）外购的固定资产，以购买价款和支付的相关税费以及直接归属于使该资产达到预定用途发生的其他支出为计税基础。

（2）自行建造的固定资产，以竣工结算前发生的支出为计税基础。

（3）融资租入的固定资产，以租赁合同约定的付款总额和承租人在签订租赁合同过程中发生的相关费用为计税基础，租赁合同未约定付款总额的，以该资产的公允价值和承租人在签订租赁合同过程中发生的相关费用为计税基础。

（4）盘盈的固定资产，以同类固定资产的重置完全价值为计税基础。

（5）通过捐赠、投资、非货币性资产交换、债务重组等方式取得的固定资产，以该资产的公允价值和支付的相关税费为计税基础。

（6）改建的固定资产，除已足额提取折旧的固定资产的改建支出和租入固定资产的改建支出外，以改建过程中发生的改建支出增加计税基础。

2. 固定资产计提折旧的方法和年限

固定资产按照直线法计算的折旧，准予扣除。

（1）企业应当自固定资产投入使用月份的次月起计算折旧；停止使用的固定资产，应当自停止使用月份的次月起停止计算折旧。

---

① 国家税务总局，《关于查增应纳税所得额弥补以前年度亏损处理问题的公告》，2010年第20号。
② 《企业所得税法实施条例》，第五十六条。
③ 《企业所得税法实施条例》，第五十七条。
④ 《企业所得税法实施条例》，第五十八条。

（2）企业应当根据固定资产的性质和使用情况，合理确定固定资产的预计净残值。固定资产的预计净残值一经确定，不得变更。①

（3）企业对房屋、建筑物固定资产在未足额提取折旧前进行改扩建的，如属于推倒重置的，该资产原值减除提取折旧后的净值，应并入重置后的固定资产计税成本，并在该固定资产投入使用后的次月起，按照税法规定的折旧年限，一并计提折旧；如属于提升功能、增加面积的，该固定资产的改扩建支出，并入该固定资产计税基础，并从改扩建完工投入使用后的次月起，重新按税法规定的该固定资产折旧年限计提折旧，如该改扩建后的固定资产尚可使用的年限低于税法规定的最低年限的，可以按尚可使用的年限计提折旧。②

（4）从事开采石油、天然气等矿产资源的企业，在开始商业性生产前发生的费用和有关固定资产的折耗、折旧方法，由国务院财政、税务主管部门另行规定。③

（5）企业固定资产投入使用后，由于工程款项尚未结清未取得全额发票的，可暂按合同规定的金额计入固定资产计税基础计提折旧，待发票取得后进行调整。但该项调整应在固定资产投入使用后12个月内进行。④

（6）除国务院财政、税务主管部门另有规定外，固定资产计算折旧的最低年限如下：房屋、建筑物，为20年；飞机、火车、轮船、机器、机械和其他生产设备，为10年；与生产经营活动有关的器具、工具、家具等，为5年；飞机、火车、轮船以外的运输工具，为4年；电子设备，为3年。⑤

3. 不得计算折旧扣除的固定资产⑥

不得计算折旧扣除的固定资产包括：①房屋、建筑物以外未投入使用的固定资产；②以经营租赁方式租入的固定资产；③以融资租赁方式租出的固定资产；④已足额提取折旧仍继续使用的固定资产；⑤与经营活动无关的固定资产；⑥单独估价作为固定资产入账的土地；⑦其他不得计算折旧扣除的固定资产。

4. 固定资产折旧的企业所得税处理

（1）企业固定资产会计折旧年限如果短于税法规定的最低折旧年限，其按会计折旧年限计提的折旧高于按税法规定的最低折旧年限计提的折旧部分，应调增当期应纳税所得额；企业固定资产会计折旧年限已期满且会计折旧已提足，但税法规定的最低折旧年限尚未到期且税收折旧尚未足额扣除，其未足额扣除的部分准予在剩余的税收折旧年限继续按规定扣除。

（2）企业固定资产会计折旧年限如果长于税法规定的最低折旧年限，其折旧应按会计折旧年限计算扣除，税法另有规定除外。

（3）企业按会计规定提取的固定资产减值准备，不得税前扣除，其折旧仍按税法确定的固定资产计税基础计算扣除。

（4）企业按税法规定实行加速折旧的，其按加速折旧办法计算的折旧额可全额在税前扣除。

（5）石油天然气开采企业在计提油气资产折耗（折旧）时，由会计与税法规定计算方法不同导致的折耗（折旧）差异，应按税法规定进行纳税调整。

5. 加速折旧

企业的固定资产由于技术进步等原因，确需加速折旧的，可以缩短折旧年限或者采取加速折旧的

---

① 《企业所得税法实施条例》，第五十九条。
② 国家税务总局，《关于企业所得税若干问题的公告》，2011年第34号。
③ 《企业所得税法实施条例》，第六十一条。
④ 国家税务总局，《关于贯彻落实企业所得税法若干税收问题的通知》，国税函〔2010〕79号。
⑤ 《企业所得税法实施条例》，第六十条。
⑥ 《企业所得税法》，第十一条。

方法。^①其中，可以采取缩短折旧年限或者采取加速折旧的方法的固定资产，包括：①由于技术进步，产品更新换代较快的固定资产；②常年处于强震动、高腐蚀状态的固定资产。采取缩短折旧年限方法的，最低折旧年限不得低于规定折旧年限的 60%；采取加速折旧方法的，可以采取双倍余额递减法或者年数总和法。^②

为贯彻落实国务院完善固定资产加速折旧政策精神，有关固定资产加速折旧企业所得税税务处理规定如下。^③

（1）对生物药品制造业，专用设备制造业，铁路、船舶、航空航天和其他运输设备制造业，计算机、通信和其他电子设备制造业，仪器仪表制造业，信息传输、软件和信息技术服务业等 6 个行业的企业 2014 年 1 月 1 日后新购进的固定资产，可缩短折旧年限或采取加速折旧的方法。

对上述 6 个行业的小型微利企业 2014 年 1 月 1 日后新购进的研发和生产经营共用的仪器、设备，单位价值不超过 100 万元的，允许一次性计入当期成本费用在计算应纳税所得额时扣除，不再分年度计算折旧；单位价值超过 100 万元的，可缩短折旧年限或采取加速折旧的方法。

（2）对所有行业企业 2014 年 1 月 1 日后新购进的专门用于研发的仪器、设备，单位价值不超过 100 万元的，允许一次性计入当期成本费用在计算应纳税所得额时扣除，不再分年度计算折旧；单位价值超过 100 万元的，可缩短折旧年限或采取加速折旧的方法。

（3）对所有行业企业持有的单位价值不超过 5000 元的固定资产，允许一次性计入当期成本费用在计算应纳税所得额时扣除，不再分年度计算折旧。

（4）企业按上述（1）、（2）规定缩短折旧年限的，最低折旧年限不得低于《企业所得税法实施条例》第六十条规定折旧年限的 60%；采取加速折旧方法的，可采取双倍余额递减法或者年数总和法。上述（1）至（3）规定之外的企业固定资产加速折旧所得税处理问题，继续按照《企业所得税法》及其实施条例和现行税收政策规定执行。

二、生产性生物资产的计价和折旧

生产性生物资产（productive biological assets），是指企业为生产农产品、提供劳务或者出租等而持有的生物资产，包括经济林、薪炭林、产畜和役畜等。^④

1. 生产性生物资产的计税基础

生产性生物资产按照以下方法确定计税基础。^④

（1）外购的生产性生物资产，以购买价款和支付的相关税费为计税基础。

（2）通过捐赠、投资、非货币性资产交换、债务重组等方式取得的生产性生物资产，以该资产的公允价值和支付的相关税费为计税基础。

2. 生产性生物资产计提折旧的方法和年限^⑤

生产性生物资产按照直线法计算的折旧，准予扣除。

（1）企业应当自生产性生物资产投入使用月份的次月起计算折旧；停止使用的生产性生物资产，应当自停止使用月份的次月起停止计算折旧。

---

① 《企业所得税法》，第三十二条。
② 《企业所得税法实施条例》，第九十八条。
③ 财政部、国家税务总局，《关于完善固定资产加速折旧企业所得税政策的通知》，财税〔2014〕75 号。
④ 《企业所得税法实施条例》，第六十二条。
⑤ 《企业所得税法实施条例》，第六十三条、第六十四条。

（2）企业应当根据生产性生物资产的性质和使用情况，合理确定生产性生物资产的预计净残值。生产性生物资产的预计净残值一经确定，不得变更。

（3）生产性生物资产计算折旧的最低年限如下：林木类生产性生物资产，为10年；畜类生产性生物资产，为3年。

三、无形资产的计价和摊销

无形资产（intangible assets），是指企业为生产产品、提供劳务、出租或者经营管理而持有的、没有实物形态的非货币性长期资产，包括专利权、商标权、著作权、土地使用权、非专利技术、商誉等。①

1. 无形资产的计税基础

无形资产按照以下方法确定计税基础。②

（1）外购的无形资产，以购买价款和支付的相关税费以及直接归属于使该资产达到预定用途发生的其他支出为计税基础。

（2）自行开发的无形资产，以开发过程中该资产符合资本化条件后至达到预定用途前发生的支出为计税基础。

（3）通过捐赠、投资、非货币性资产交换、债务重组等方式取得的无形资产，以该资产的公允价值和支付的相关税费为计税基础。

2. 无形资产的摊销方法和年限③

无形资产按照直线法计算的摊销费用，准予扣除。

（1）无形资产的摊销年限不得低于10年。

（2）作为投资或者受让的无形资产，有关法律规定或者合同约定了使用年限的，可以按照规定或者约定的使用年限分期摊销。

（3）外购商誉的支出，在企业整体转让或者清算时，准予扣除。

企业外购的软件，凡符合固定资产或无形资产确认条件的，可以按照固定资产或无形资产进行核算，其折旧或摊销年限可以适当缩短，最短可为2年（含）。④

3. 不得计算摊销费用扣除的无形资产⑤

在计算应纳税所得额时，企业按照规定计算的无形资产摊销费用，准予扣除。下列无形资产不得计算摊销费用扣除：①自行开发的支出已在计算应纳税所得额时扣除的无形资产；②自创商誉；③与经营活动无关的无形资产；④其他不得计算摊销费用扣除的无形资产。

四、长期待摊费用的摊销

长期待摊费用（long-term prepaid expense），是指不能全部计入当年损益，应当在以后年度内分期摊销的各项费用，包括已足额提取折旧的固定资产的改建支出、租入固定资产的改建支出、固定资产的大修理支出、其他应当作为长期待摊费用的支出。⑥

---

① 《企业所得税法实施条例》，第六十五条。
② 《企业所得税法实施条例》，第六十六条。
③ 《企业所得税法实施条例》，第六十七条。
④ 财政部、国家税务总局，《关于进一步鼓励软件产业和集成电路产业发展企业所得税政策的通知》，财税〔2012〕27号。
⑤ 《企业所得税法》，第十二条。
⑥ 《企业所得税法》，第十三条。

固定资产的改建支出,是指改变房屋或者建筑物结构、延长使用年限等发生的支出。已足额提取折旧的固定资产的改建支出,按照固定资产预计尚可使用年限分期摊销;租入固定资产的改建支出按照合同约定的剩余租赁期限分期摊销。改建的固定资产延长使用年限的,除已足额提取折旧的固定资产、租入固定资产的改建支出的规定外,应当适当延长折旧年限。①

固定资产的大修理支出,是指同时符合下列条件的支出:①修理支出达到取得固定资产时的计税基础50%以上;②修理后固定资产的使用年限延长2年以上。固定资产的大修理支出,按照固定资产尚可使用年限分期摊销。②

其他应当作为长期待摊费用的支出,自支出发生月份的次月起,分期摊销,摊销年限不得低于3年。③

五、投资资产的税务处理

投资资产,是指企业对外进行权益性投资和债权性投资形成的资产。企业在转让或者处置投资资产时,投资资产的成本,准予扣除。④

1. 投资资产的成本④

投资资产按照以下方法确定成本。
(1)通过支付现金方式取得的投资资产,以购买价款为成本。
(2)通过支付现金以外的方式取得的投资资产,以该资产的公允价值和支付的相关税费为成本。

2. 投资资产成本的扣除方法⑤

企业对外投资期间,投资资产的成本在计算应纳税所得额时不得扣除,企业在转让或者处置投资资产时,投资资产的成本,准予扣除。

3. 投资企业撤回或减少投资的税务处理⑥

投资企业从被投资企业撤回或减少投资,其取得的资产中,相当于初始出资的部分,应确认为投资收回;相当于被投资企业累计未分配利润和累计盈余公积按减少实收资本比例计算的部分,应确认为股息所得;其余部分确认为投资资产转让所得。

被投资企业发生的经营亏损,由被投资企业按规定结转弥补;投资企业不得调整减低其投资成本,也不得将其确认为投资损失。

4. 非货币性资产投资企业所得税处理⑦

(1)实行查账征收的居民企业(简称企业)以非货币性资产对外投资确认的非货币性资产转让所得,可自确认非货币性资产转让收入年度起不超过连续5个纳税年度的期间内,分期均匀计入相应年度的应纳税所得额,按规定计算缴纳企业所得税。

(2)企业以非货币性资产对外投资,应对非货币性资产进行评估并按评估后的公允价值扣除计税基础

---

① 《企业所得税法实施条例》,第六十八条。
② 《企业所得税法实施条例》,第六十九条。
③ 《企业所得税法实施条例》,第七十条。
④ 《企业所得税法实施条例》,第七十一条。
⑤ 《企业所得税法》,第十四条;《企业所得税法实施条例》,第七十一条。
⑥ 国家税务总局,《关于企业所得税若干问题的公告》,2011年第34号。
⑦ 财政部、国家税务总局,《关于非货币性资产投资企业所得税政策问题的通知》,财税〔2014〕116号;国家税务总局,《关于非货币性资产投资企业所得税有关征管问题的公告》,2015年第33号。

后的余额,计算确认非货币性资产转让所得。企业以非货币性资产对外投资,应于投资协议生效并办理股权登记手续时,确认非货币性资产转让收入的实现。

关联企业之间发生的非货币性资产投资行为,投资协议生效后 12 个月内尚未完成股权变更登记手续的,于投资协议生效时,确认非货币性资产转让收入的实现。

(3) 企业以非货币性资产对外投资而取得被投资企业的股权,应以非货币性资产的原计税成本为计税基础,加上每年确认的非货币性资产转让所得,逐年进行调整。被投资企业取得非货币性资产的计税基础,应按非货币性资产的公允价值确定。

(4) 企业在对外投资 5 年内转让上述股权或投资收回的,应停止执行递延纳税政策,并就递延期内尚未确认的非货币性资产转让所得,在转让股权或投资收回当年的企业所得税年度汇算清缴时,一次性计算缴纳企业所得税;企业在计算股权转让所得时,可按上述(3)规定将股权的计税基础一次调整到位。

企业在对外投资 5 年内注销的,应停止执行递延纳税政策,并就递延期内尚未确认的非货币性资产转让所得,在注销当年的企业所得税年度汇算清缴时,一次性计算缴纳企业所得税。

(5) 上述所称非货币性资产,是指现金、银行存款、应收账款、应收票据以及准备持有至到期的债券投资等货币性资产以外的资产。

上述所称非货币性资产投资,限于以非货币性资产出资设立新的居民企业,或将非货币性资产注入现存的居民企业。

(6) 企业发生非货币性资产投资,符合《财政部 国家税务总局关于企业重组业务企业所得税处理若干问题的通知》(财税〔2009〕59 号)等文件规定的特殊性税务处理条件的,也可选择按特殊性税务处理规定执行。

六、存货的税务处理

存货,是指企业持有以备出售的产品或者商品、处在生产过程中的在产品、在生产或者提供劳务过程中耗用的材料和物料等。企业使用或者销售存货,按照规定计算的存货成本,准予在计算应纳税所得额时扣除。[1]

1. 存货的成本[2]

存货按照以下方法确定成本。

(1) 通过支付现金方式取得的存货,以购买价款和支付的相关税费为成本。

(2) 通过支付现金以外的方式取得的存货,以该存货的公允价值和支付的相关税费为成本。

(3) 生产性生物资产收获的农产品,以产出或者采收过程中发生的材料费、人工费和分摊的间接费用等必要支出为成本。

2. 存货的成本计算方法

企业使用或者销售的存货的成本计算方法,可以在先进先出法、加权平均法、个别计价法中选用一种。计价方法一经选用,不得随意变更。[3]

企业转让资产,该项资产的净值,准予在计算应纳税所得额时扣除。[4]

资产的净值和财产净值,是指有关资产、财产的计税基础减除已经按照规定扣除的折旧、折耗、摊销、准备金等后的余额。[5]

---

[1] 《企业所得税法》,第十五条;《企业所得税法实施条例》,第七十二条。
[2] 《企业所得税法实施条例》,第七十二条。
[3] 《企业所得税法实施条例》,第七十三条。
[4] 《企业所得税法》,第十六条。
[5] 《企业所得税法实施条例》,第七十四条。

除国务院财政、税务主管部门另有规定外,企业在重组过程中,应当在交易发生时确认有关资产的转让所得或者损失,相关资产应当按照交易价格重新确定计税基础。①

第四节 资产损失税前扣除的所得税处理

一、资产及资产损失的概念

1. 资产

资产,是指企业过去的交易或者事项形成的、由企业拥有或者控制的、预期会给企业带来经济利益的资源。企业过去的交易或者事项包括购买、生产、建造行为或其他交易或者事项。预期在未来发生的交易或者事项不形成资产。由企业拥有或者控制,是指企业享有某项资源的所有权,或者虽然不享有某项资源的所有权,但该资源能被企业所控制。预期会给企业带来经济利益,是指直接或者间接导致现金和现金等价物流入企业的潜力。②

2. 资产损失

(1)资产损失,是指企业在生产经营活动中实际发生的、与取得应税收入有关的资产损失,包括现金损失,存款损失,坏账损失,贷款损失,股权投资损失,固定资产和存货的盘亏、毁损、报废、被盗损失,自然灾害等不可抗力因素造成的损失以及其他损失。③

(2)准予在企业所得税税前扣除的资产损失,是指企业在实际处置、转让上述资产过程中发生的合理损失(简称实际资产损失),以及企业虽未实际处置、转让上述资产,但符合《财政部 国家税务总局关于企业资产损失税前扣除政策的通知》(财税〔2009〕57号)和《企业资产损失所得税税前扣除管理办法》(国家税务总局公告2011年第25号)规定条件计算确认的损失(简称法定资产损失)。

(3)企业发生的资产损失,应按规定的程序和要求向主管税务机关申报后方能在税前扣除。未经申报的损失,不得在税前扣除。

二、资产损失扣除政策

1. 一般企业资产损失扣除规定③

(1)企业清查出的现金短缺减除责任人赔偿后的余额,作为现金损失在计算应纳税所得额时扣除。

(2)企业将货币性资金存入法定具有吸收存款职能的机构,因该机构依法破产、清算,或者政府责令停业、关闭等原因,确实不能收回的部分,作为存款损失在计算应纳税所得额时扣除。

(3)企业除贷款类债权外的应收、预付账款符合下列条件之一的,减除可收回金额后确认的无法收回的应收、预付款项,可以作为坏账损失在计算应纳税所得额时扣除:①债务人依法宣告破产、关闭、解散、被撤销,或者被依法注销、吊销营业执照,其清算财产不足清偿的;②债务人死亡,或者依法被宣告失踪、死亡,其财产或者遗产不足清偿的;③债务人逾期3年以上未清偿,且有确凿证据证明已无力清偿债务的;④与债务人达成债务重组协议或法院批准破产重整计划后,无法追偿的;⑤因自然灾害、战争等不可抗力导致无法收回的;⑥国务院财政、税务主管部门规定的其他条件。

(4)企业经采取所有可能的措施和实施必要的程序之后,符合下列条件之一的贷款类债权,可以作为贷款损失在计算应纳税所得额时扣除:①借款人和担保人依法宣告破产、关闭、解散、被撤销,并终止法

---

① 《企业所得税法实施条例》,第七十五条。
② 《企业会计准则——基本准则》,第二十条。
③ 财政部、国家税务总局,《关于企业资产损失税前扣除政策的通知》,财税〔2009〕57号。

人资格，或者已完全停止经营活动，被依法注销、吊销营业执照，对借款人和担保人进行追偿后，未能收回的债权；②借款人死亡，或者依法被宣告失踪、死亡，依法对其财产或者遗产进行清偿，并对担保人进行追偿后，未能收回的债权；③借款人遭受重大自然灾害或者意外事故，损失巨大且不能获得保险补偿，或者以保险赔偿后，确实无力偿还部分或者全部债务，对借款人财产进行清偿和对担保人进行追偿后，未能收回的债权；④借款人触犯刑律，依法受到制裁，其财产不足归还所借债务，又无其他债务承担者，经追偿后确实无法收回的债权；⑤由于借款人和担保人不能偿还到期债务，企业诉诸法律，经法院对借款人和担保人强制执行，借款人和担保人均无财产可执行，法院裁定执行程序终结或终止（中止）后，仍无法收回的债权；⑥由于借款人和担保人不能偿还到期债务，企业诉诸法律后，经法院调解或经债权人会议通过，与借款人和担保人达成和解协议或重整协议，在借款人和担保人履行完还款义务后，无法追偿的剩余债权；⑦由于上述①至⑥项原因借款人不能偿还到期债务，企业依法取得抵债资产，抵债金额小于贷款本息的差额，经追偿后仍无法收回的债权；⑧开立信用证、办理承兑汇票、开具保函等发生垫款时，凡开证申请人和保证人由于上述①至⑦项原因，无法偿还垫款，金融企业经追偿后仍无法收回的垫款；⑨银行卡持卡人和担保人由于上述①至⑦项原因，未能还清透支款项，金融企业经追偿后仍无法收回的透支款项；⑩助学贷款逾期后，在金融企业确定的有效追索期限内，依法处置助学贷款抵押物（质押物），并向担保人追索连带责任后，仍无法收回的贷款；⑪经国务院专案批准核销的贷款类债权；⑫国务院财政、税务主管部门规定的其他条件。

（5）企业的股权投资符合下列条件之一的，减除可收回金额后确认的无法收回的股权投资，可以作为股权投资损失在计算应纳税所得额时扣除：①被投资方依法宣告破产、关闭、解散、被撤销，或者被依法注销、吊销营业执照的；②被投资方财务状况严重恶化，累计发生巨额亏损，已连续停止经营3年以上，且无重新恢复经营改组计划的；③对被投资方不具有控制权，投资期限届满或者投资期限已超过10年，且被投资单位因连续3年经营亏损导致资不抵债的；④被投资方财务状况严重恶化，累计发生巨额亏损，已完成清算或清算期3年以上的；⑤国务院财政、税务主管部门规定的其他条件。

2. 金融企业贷款损失税前扣除政策

1）金融企业涉农贷款和中小企业贷款损失所得税前扣除[①]

第一，金融企业涉农贷款、中小企业贷款逾期1年以上，经追索无法收回，应依据涉农贷款、中小企业贷款分类证明，按下列规定计算确认贷款损失进行税前扣除。①单户贷款余额不超过300万元（含300万元）的，应依据向借款人和担保人的有关原始追索记录（包括司法追索、电话追索、信件追索和上门追索等原始记录之一，并由经办人和负责人共同签章确认），计算确认损失进行税前扣除。②单户贷款余额超过300万元至1000万元（含1000万元）的，应依据有关原始追索记录（应当包括司法追索记录，并由经办人和负责人共同签章确认），计算确认损失进行税前扣除。③单户贷款余额超过1000万元的，仍按《国家税务总局关于发布〈企业资产损失所得税税前扣除管理办法〉的公告》（国家税务总局公告2011年第25号）有关规定计算确认损失进行税前扣除。

第二，金融企业涉农贷款和中小企业贷款的分类标准，按照《财政部 国家税务总局关于金融企业涉农贷款和中小企业贷款损失准备金税前扣除有关问题的通知》（财税〔2015〕3号）规定执行。

第三，金融企业应当建立健全贷款损失内部核销管理制度，严格内部责任认定和追究，及时收集、整理、编制、审核、申报、保存资产损失税前扣除证据材料。

2）金融企业涉农贷款和中小企业贷款损失准备金所得税前扣除[②]

金融企业根据《贷款风险分类指引》（银监发〔2007〕54号），对其涉农贷款和中小企业贷款进行风险分类

[①] 国家税务总局，《关于金融企业涉农贷款和中小企业贷款损失税前扣除问题的公告》，2015年第25号。

[②] 财政部、国家税务总局，《关于金融企业涉农贷款和中小企业贷款损失准备金税前扣除有关政策的公告》，2019年第85号；财政部、国家税务总局，《关于延长部分税收优惠政策执行期限的公告》，2021年第6号。

后，按照以下比例计提的贷款损失准备金，准予在计算应纳税所得额时扣除：①关注类贷款，计提比例为2%；②次级类贷款，计提比例为25%；③可疑类贷款，计提比例为50%；④损失类贷款，计提比例为100%。

3）金融企业贷款损失准备金企业所得税税前扣除[①]

关于政策性银行、商业银行、财务公司、城乡信用社和金融租赁公司等金融企业提取的贷款损失准备金的企业所得税税前扣除规定如下。

第一，准予税前提取贷款损失准备金的贷款资产范围包括：①贷款（含抵押、质押、保证、信用等贷款）；②银行卡透支、贴现、信用垫款（含银行承兑汇票垫款、信用证垫款、担保垫款等）、进出口押汇、同业拆出、应收融资租赁款等具有贷款特征的风险资产；③由金融企业转贷并承担对外还款责任的国外贷款，包括国际金融组织贷款、外国买方信贷、外国政府贷款、日本国际协力银行不附条件贷款和外国政府混合贷款等资产。

第二，金融企业准予当年税前扣除的贷款损失准备金计算公式如下：

准予当年税前扣除的贷款损失准备金 = 本年末准予提取贷款损失准备金的贷款资产余额×1%－截至上年末已在税前扣除的贷款损失准备金的余额

金融企业按上述公式计算的数额如为负数，应当相应调增当年应纳税所得额。

第三，金融企业的委托贷款、代理贷款、国债投资、应收股利、上交央行准备金以及金融企业剥离的债权和股权、应收财政贴息、央行款项等不承担风险和损失的资产，不得提取贷款损失准备金在税前扣除。

第四，金融企业发生的符合条件的贷款损失，应先冲减已在税前扣除的贷款损失准备金，不足冲减部分可据实在计算当年应纳税所得额时扣除。

第五，金融企业涉农贷款和中小企业贷款损失准备金的税前扣除政策，凡按照《财政部 国家税务总局关于金融企业涉农贷款和中小企业贷款损失准备金税前扣除有关问题的通知》（财税〔2015〕3号）的规定执行的，不再适用上述第一条至第四条的规定。

3. **企业因盘亏、毁损、报废、被盗等原因形成损失税前扣除**[②]

（1）对企业盘亏的固定资产或存货，以该固定资产的账面净值或存货的成本减除责任人赔偿后的余额，作为固定资产或存货盘亏损失在计算应纳税所得额时扣除。

（2）对企业毁损、报废的固定资产或存货，以该固定资产的账面净值或存货的成本减除残值、保险赔款和责任人赔偿后的余额，作为固定资产或存货毁损、报废损失在计算应纳税所得额时扣除。

（3）对企业被盗的固定资产或存货，以该固定资产的账面净值或存货的成本减除保险赔款和责任人赔偿后的余额，作为固定资产或存货被盗损失在计算应纳税所得额时扣除。

（4）企业因存货盘亏、毁损、报废、被盗等原因不得从增值税销项税额中抵扣的进项税额，可以与存货损失一起在计算应纳税所得额时扣除。

4. **资产损失税前扣除其他规定**[②]

（1）企业在计算应纳税所得额时已经扣除的资产损失，在以后纳税年度全部或者部分收回时，其收回部分应当作为收入计入收回当期的应纳税所得额。

（2）企业境内、境外营业机构发生的资产损失应分开核算，对境外营业机构由于发生资产损失而产生的亏损，不得在计算境内应纳税所得额时扣除。

（3）企业对其扣除的各项资产损失，应当提供能够证明资产损失确属已实际发生的合法证据，包括具有法律效力的外部证据、具有法定资质的中介机构的经济鉴证证明、具有法定资质的专业机构的技术鉴定证明等。

---

① 财政部、国家税务总局，《关于金融企业贷款损失准备金企业所得税税前扣除有关政策的公告》，2019年第86号；财政部、国家税务总局，《关于延长部分税收优惠政策执行期限的公告》，2021年第6号。

② 财政部、国家税务总局，《关于企业资产损失税前扣除政策的通知》，财税〔2009〕57号。

三、资产损失税前扣除管理[①]

1. 申报管理

（1）企业向税务机关申报扣除资产损失，仅需填报企业所得税年度纳税申报表《资产损失税前扣除及纳税调整明细表》，不再报送资产损失相关资料。相关资料由企业留存备查。

（2）下列资产损失，应以清单申报的方式向税务机关申报扣除：①企业在正常经营管理活动中，按照公允价格销售、转让、变卖非货币资产的损失；②企业各项存货发生的正常损耗；③企业固定资产达到或超过使用年限而正常报废清理的损失；④企业生产性生物资产达到或超过使用年限而正常死亡发生的资产损失；⑤企业按照市场公平交易原则，通过各种交易场所、市场等买卖债券、股票、期货、基金以及金融衍生产品等发生的损失。

（3）除上述（3）以外的资产损失，应以专项申报的方式向税务机关申报扣除。企业无法准确判别是否属于清单申报扣除的资产损失，可以采取专项申报的形式申报扣除。

（4）在中国境内跨地区经营的汇总纳税企业发生的资产损失，应按以下规定申报扣除：①总机构及其分支机构发生的资产损失，除应按专项申报和清单申报的有关规定，各自向当地主管税务机关申报外，各分支机构同时还应上报总机构；②总机构对各分支机构上报的资产损失，除税务机关另有规定外，应以清单申报的形式向当地主管税务机关进行申报；③总机构将跨地区分支机构所属资产捆绑打包转让所发生的资产损失，由总机构向当地主管税务机关进行专项申报。

（5）企业因国务院决定事项形成的资产损失，应以专项申报的方式向主管税务机关申报扣除。专项申报扣除的有关事项，按照国家税务总局公告 2011 年第 25 号规定执行。[②]

（6）属于专项申报的资产损失，企业因特殊原因不能在规定的时限内报送相关资料的，可以向主管税务机关提出申请，经主管税务机关同意后，可适当延期申报。

（7）企业应当建立健全资产损失内部核销管理制度，及时收集、整理、编制、审核、申报、保存资产损失税前扣除证据材料，方便税务机关检查。

（8）税务机关应按分项建档、分级管理的原则，建立企业资产损失税前扣除管理台账和纳税档案，及时进行评估。对资产损失金额较大或经评估后发现不符合资产损失税前扣除规定、或存有疑点、异常情况的资产损失，应及时进行核查。对有证据证明申报扣除的资产损失不真实、不合法的，应依法作出税收处理。

（9）商业零售企业存货损失税前扣除规定[③]包括：①商业零售企业存货因零星失窃、报废、废弃、过期、破损、腐败、鼠咬、顾客退换货等正常因素形成的损失，为存货正常损失，准予按会计科目进行归类、汇总，然后再将汇总数据以清单的形式进行企业所得税纳税申报，同时出具损失情况分析报告；②商业零售企业存货因风、火、雷、震等自然灾害，仓储、运输失事，重大案件等非正常因素形成的损失，为存货非正常损失，应当以专项申报形式进行企业所得税纳税申报；③存货单笔（单项）损失超过 500 万元的，无论何种因素形成的，均应以专项申报方式进行企业所得税纳税申报。

2. 资产损失确认证据

（1）企业资产损失相关的证据包括具有法律效力的外部证据和特定事项的企业内部证据。

（2）具有法律效力的外部证据，是指司法机关、行政机关、专业技术鉴定部门等依法出具的与本企业资产损失相关的具有法律效力的书面文件，主要包括：①司法机关的判决或者裁定；②公安机关的立案结案证明、回复；③工商部门出具的注销、吊销及停业证明；④企业的破产清算公告或清偿文

[①] 国家税务总局，《企业资产损失所得税税前扣除管理办法》，2011 年第 25 号；国家税务总局，《关于企业所得税资产损失资料留存备查有关事项的公告》，2018 年第 15 号。

[②] 国家税务总局，《关于企业因国务院决定事项形成的资产损失税前扣除问题的公告》，2014 年第 18 号。

[③] 国家税务总局，《关于商业零售企业存货损失税前扣除问题的公告》，2014 年第 3 号。

件；⑤行政机关的公文；⑥专业技术部门的鉴定报告；⑦具有法定资质的中介机构的经济鉴定证明；⑧仲裁机构的仲裁文书；⑨保险公司对投保资产出具的出险调查单、理赔计算单等保险单据；⑩符合法律规定的其他证据。

(3) 特定事项的企业内部证据，是指会计核算制度健全、内部控制制度完善的企业，对各项资产发生毁损、报废、盘亏、死亡、变质等内部证明或承担责任的声明，主要包括：①有关会计核算资料和原始凭证；②资产盘点表；③相关经济行为的业务合同；④企业内部技术鉴定部门的鉴定文件或资料；⑤企业内部核批文件及有关情况说明；⑥对责任人由于经营管理责任造成损失的责任认定及赔偿情况说明；⑦法定代表人、企业负责人和企业财务负责人对特定事项真实性承担法律责任的声明。

3. 货币资产损失的确认

(1) 企业货币资产损失包括现金损失、银行存款损失和应收及预付款项损失等。

(2) 现金损失应依据以下证据材料确认：①现金保管人确认的现金盘点表（包括倒推至基准日的记录）；②现金保管人对于短缺的说明及相关核准文件；③对责任人由于管理责任造成损失的责任认定及赔偿情况的说明；④涉及刑事犯罪的，应有司法机关出具的相关材料；⑤金融机构出具的假币收缴证明。

(3) 企业因金融机构清算而发生的存款类资产损失应依据以下证据材料确认：①企业存款类资产的原始凭据；②金融机构破产、清算的法律文件；③金融机构清算后剩余资产分配情况资料。

金融机构应清算而未清算超过三年的，企业可将该款项确认为资产损失，但应有法院或破产清算管理人出具的未完成清算证明。

(4) 企业应收及预付款项坏账损失应依据以下相关证据材料确认：①相关事项合同、协议或说明；②属于债务人破产清算的，应有人民法院的破产、清算公告；③属于诉讼案件的，应出具人民法院的判决书或裁决书或仲裁机构的仲裁书，或者被法院裁定终（中）止执行的法律文书；④属于债务人停止营业的，应有工商部门注销、吊销营业执照证明；⑤属于债务人死亡、失踪的，应有公安机关等有关部门对债务人个人的死亡、失踪证明；⑥属于债务重组的，应有债务重组协议及其债务人重组收益纳税情况说明；⑦属于自然灾害、战争等不可抗力而无法收回的，应有债务人受灾情况说明以及放弃债权申明。

(5) 企业逾期三年以上的应收款项在会计上已作为损失处理的，可以作为坏账损失，但应说明情况，并出具专项报告。

(6) 企业逾期一年以上，单笔数额不超过五万或者不超过企业年度收入总额万分之一的应收款项，会计上已经作为损失处理的，可以作为坏账损失，但应说明情况，并出具专项报告。

4. 非货币资产损失的确认

(1) 企业非货币资产损失包括存货损失、固定资产损失、无形资产损失、在建工程损失、生产性生物资产损失等。

(2) 存货盘亏损失，为其盘亏金额扣除责任人赔偿后的余额，应依据以下证据材料确认：①存货计税成本确定依据；②企业内部有关责任认定、责任人赔偿说明和内部核批文件；③存货盘点表；④存货保管人对于盘亏的情况说明。

(3) 存货报废、毁损或变质损失，为其计税成本扣除残值及责任人赔偿后的余额，应依据以下证据材料确认：①存货计税成本的确定依据；②企业内部关于存货报废、毁损、变质、残值情况说明及核销资料；③涉及责任人赔偿的，应当有赔偿情况说明；④该项损失数额较大的（指占企业该类资产计税成本 10%以上，或减少当年应纳税所得、增加亏损 10%以上，下同），应有专业技术鉴定意见或法定资质中介机构出具的专项报告等。

(4) 存货被盗损失，为其计税成本扣除保险理赔以及责任人赔偿后的余额，应依据以下证据材料确认：①存货计税成本的确定依据；②向公安机关的报案记录；③涉及责任人和保险公司赔偿的，应有赔偿情况说明等。

（5）固定资产盘亏、丢失损失，为其账面净值扣除责任人赔偿后的余额，应依据以下证据材料确认：①企业内部有关责任认定和核销资料；②固定资产盘点表；③固定资产的计税基础相关资料；④固定资产盘亏、丢失情况说明；⑤损失金额较大的，应有专业技术鉴定报告或法定资质中介机构出具的专项报告等。

（6）固定资产报废、毁损损失，为其账面净值扣除残值和责任人赔偿后的余额，应依据以下证据材料确认：①固定资产的计税基础相关资料；②企业内部有关责任认定和核销资料；③企业内部有关部门出具的鉴定材料；④涉及责任赔偿的，应当有赔偿情况的说明；⑤损失金额较大的或自然灾害等不可抗力原因造成固定资产毁损、报废的，应有专业技术鉴定意见或法定资质中介机构出具的专项报告等。

（7）固定资产被盗损失，为其账面净值扣除责任人赔偿后的余额，应依据以下证据材料确认：①固定资产计税基础相关资料；②公安机关的报案记录，公安机关立案、破案和结案的证明材料；③涉及责任赔偿的，应有赔偿责任的认定及赔偿情况的说明等。

（8）在建工程停建、报废损失，为其工程项目投资账面价值扣除残值后的余额，应依据以下证据材料确认：①工程项目投资账面价值确定依据；②工程项目停建原因说明及相关材料；③因质量原因停建、报废的工程项目和因自然灾害和意外事故停建、报废的工程项目，应出具专业技术鉴定意见和责任认定、赔偿情况的说明等。

（9）工程物资发生损失，可比照上述存货损失的规定确认。

（10）生产性生物资产盘亏损失，为其账面净值扣除责任人赔偿后的余额，应依据以下证据材料确认：①生产性生物资产盘点表；②生产性生物资产盘亏情况说明；③生产性生物资产损失金额较大的，企业应有专业技术鉴定意见和责任认定、赔偿情况的说明等。

（11）因森林病虫害、疫情、死亡而产生的生产性生物资产损失，为其账面净值扣除残值、保险赔偿和责任人赔偿后的余额，应依据以下证据材料确认：①损失情况说明；②责任认定及其赔偿情况的说明；③损失金额较大的，应有专业技术鉴定意见。

（12）对被盗伐、被盗、丢失而产生的生产性生物资产损失，为其账面净值扣除保险赔偿以及责任人赔偿后的余额，应依据以下证据材料确认：①生产性生物资产被盗后，向公安机关的报案记录或公安机关立案、破案和结案的证明材料；②责任认定及其赔偿情况的说明。

（13）企业由于未能按期赎回抵押资产，使抵押资产被拍卖或变卖，其账面净值大于变卖价值的差额，可认定为资产损失，按以下证据确认：①抵押合同或协议书；②拍卖或变卖证明、清单；③会计核算资料等其他相关证据材料。

（14）被其他新技术所代替或已经超过法律保护期限，已经丧失使用价值和转让价值，尚未摊销的无形资产损失，应提交以下证据备案：①会计核算资料；②企业内部核批文件及有关情况说明；③技术鉴定意见和企业法定代表人、主要负责人和财务负责人签章证实无形资产已无使用价值或转让价值的书面申明；④无形资产的法律保护期限文件。

5. 投资损失的确认

（1）企业投资损失包括债权性投资损失和股权（权益）性投资损失。

（2）企业债权投资损失应依据投资的原始凭证、合同或协议、会计核算资料等相关证据材料确认。下列情况债权投资损失的，还应出具相关证据材料。

第一，债务人或担保人依法被宣告破产、关闭、被解散或撤销、被吊销营业执照、失踪或者死亡等，应出具资产清偿证明或者遗产清偿证明。无法出具资产清偿证明或者遗产清偿证明，且上述事项超过三年的，或债权投资（包括信用卡透支和助学贷款）余额在三百万元以下的，应出具对应的债务人和担保人破产、关闭、解散证明、撤销文件、工商行政管理部门注销证明或查询证明以及追索记录等（包括司法追索、电话追索、信件追索和上门追索等原始记录）。

第二，债务人遭受重大自然灾害或意外事故，企业对其资产进行清偿和对担保人进行追偿后，未能收回的债权，应出具债务人遭受重大自然灾害或意外事故证明、保险赔偿证明、资产清偿证明等。

第三，债务人因承担法律责任，其资产不足归还所借债务，又无其他债务承担者的，应出具法院裁定证明和资产清偿证明。

第四，债务人和担保人不能偿还到期债务，企业提出诉讼或仲裁的，经人民法院对债务人和担保人强制执行，债务人和担保人均无资产可执行，人民法院裁定终结或终止（中止）执行的，应出具人民法院裁定文书。

第五，债务人和担保人不能偿还到期债务，企业提出诉讼后被驳回起诉的、人民法院不予受理或不予支持的，或经仲裁机构裁决免除（或部分免除）债务人责任，经追偿后无法收回的债权，应提交法院驳回起诉的证明，或法院不予受理或不予支持证明，或仲裁机构裁决免除债务人责任的文书。

第六，经国务院专案批准核销的债权，应提供国务院批准文件或经国务院同意后由国务院有关部门批准的文件。

（3）企业股权投资损失应依据以下相关证据材料确认：①股权投资计税基础证明材料；②被投资企业破产公告、破产清偿文件；③工商行政管理部门注销、吊销被投资单位营业执照文件；④政府有关部门对被投资单位的行政处理决定文件；⑤被投资企业终止经营、停止交易的法律或其他证明文件；⑥被投资企业资产处置方案、成交及入账材料；⑦企业法定代表人、主要负责人和财务负责人签章证实有关投资（权益）性损失的书面申明；⑧会计核算资料等其他相关证据材料。

（4）被投资企业依法宣告破产、关闭、解散或撤销、吊销营业执照、停止生产经营活动、失踪等，应出具资产清偿证明或者遗产清偿证明。

上述事项超过三年且未能完成清算的，应出具被投资企业破产、关闭、解散或撤销、吊销等的证明以及不能清算的原因说明。

（5）企业委托金融机构向其他单位贷款，或委托其他经营机构进行理财，到期不能收回贷款或理财款项，按照上述投资损失有关规定进行处理。

（6）企业对外提供与本企业生产经营活动有关的担保，因被担保人不能按期偿还债务而承担连带责任，经追索，被担保人无偿还能力，对无法追回的金额，比照上述规定的应收款项损失进行处理。

与本企业生产经营活动有关的担保是指企业对外提供的与本企业应税收入、投资、融资、材料采购、产品销售等生产经营活动相关的担保。

（7）企业按独立交易原则向关联企业转让资产而发生的损失，或向关联企业提供借款、担保而形成的债权损失，准予扣除，但企业应作专项说明，同时出具中介机构出具的专项报告及其相关的证明材料。

（8）下列股权和债权不得作为损失在税前扣除：①债务人或者担保人有经济偿还能力，未按期偿还的企业债权；②违反法律、法规的规定，以各种形式、借口逃废或悬空的企业债权；③行政干预逃废或悬空的企业债权；④企业未向债务人和担保人追偿的债权；⑤企业发生非经营活动的债权；⑥其他不应当核销的企业债权和股权。

6. 其他资产损失的确认

（1）企业将不同类别的资产捆绑（打包），以拍卖、询价、竞争性谈判、招标等市场方式出售，其出售价格低于计税成本的差额，可以作为资产损失并准予在税前申报扣除，但应出具资产处置方案、各类资产作价依据、出售过程的情况说明、出售合同或协议、成交及入账证明、资产计税基础等确定依据。

（2）企业正常经营业务因内部控制制度不健全而出现操作不当、不规范或因业务创新但政策不明确、不配套等原因形成的资产损失，应由企业承担的金额，可以作为资产损失并准予在税前申报扣除，但应出具损失原因证明材料或业务监管部门定性证明、损失专项说明。

（3）企业因刑事案件原因形成的损失，应由企业承担的金额，或经公安机关立案侦查两年以上仍未追回的金额，可以作为资产损失并准予在税前申报扣除，但应出具公安机关、人民检察院的立案侦查情况或人民法院的判决书等损失原因证明材料。

第五节 企业所得税的优惠政策

企业所得税的税收优惠，是指企业所得税法规定的优惠事项，以及税法授权国务院和民族自治地方制定的优惠事项。包括免税收入、减计收入（reduced taxable income）、加计扣除（super-deduction）、加速折旧、所得减免、抵扣应纳税所得额、减低税率（reduced tax rates）、税额抵免等。[1]除减低税率的政策参见本章第一节"企业所得税的纳税人、征税范围和税率"外，本节对其他优惠政策进行分类介绍。

企业所得税的税收优惠政策采用多种方式方法，包括直接免税、免征与减征（"十免""五免""五免五减半""三免三减半""两免三减半"）、减计收入、加计扣除、加速折旧、所得额抵扣、税额抵免、延长亏损结转年限等。需要注意的是，企业同时从事适用不同企业所得税待遇的项目的，其优惠项目应当单独计算所得，并合理分摊企业的期间费用；没有单独计算的，不得享受企业所得税优惠。[2]

一、减免税优惠

（一）一般免税政策适用对象

企业的下列收入为免税收入：[3]①国债利息收入；②符合条件的居民企业之间的股息、红利等权益性投资收益；③在中国境内设立机构、场所的非居民企业从居民企业取得与该机构、场所有实际联系的股息、红利等权益性投资收益；④符合条件的非营利组织的收入。

上述②是指居民企业直接投资于其他居民企业取得的投资收益。②、③所称股息、红利等权益性投资收益，不包括连续持有居民企业公开发行并上市流通的股票不足12个月取得的投资收益。④中"符合条件"是指同时符合下列条件：依法履行非营利组织登记手续；从事公益性或者非营利性活动；取得的收入除用于与该组织有关的、合理的支出外，全部用于登记核定或者章程规定的公益性或者非营利性事业；财产及其孳息不用于分配；按照登记核定或者章程规定，该组织注销后的剩余财产用于公益性或者非营利性目的，或者由登记管理机关转赠给与该组织性质、宗旨相同的组织，并向社会公告；投入人对投入该组织的财产不保留或者享有任何财产权利；工作人员工资福利开支控制在规定的比例内，不变相分配该组织的财产。具体非营利组织的认定管理办法由国务院财政、税务主管部门会同国务院有关部门制定。④中所称符合条件的非营利组织的收入，不包括非营利组织从事营利性活动取得的收入，但国务院财政、税务主管部门另有规定的除外。[4]

非营利组织的下列收入为免税收入[5]：①接受其他单位或者个人捐赠的收入；②除《企业所得税法》第七条规定的财政拨款以外的其他政府补助收入，但不包括因政府购买服务取得的收入；③按照省级以上民政、财政部门规定收取的会费；④不征税收入和免税收入孳生的银行存款利息收入；⑤财政部、国家税务总局规定的其他收入。

此外，符合非营利组织条件的孵化器的收入和科技园的收入，按照企业所得税法及其实施条例和有关税收政策规定享受企业所得税优惠政策。[6]

---

[1] 国家税务总局，《关于发布修订后的〈企业所得税优惠政策事项办理办法〉的公告》，2018年第23号。
[2] 《企业所得税法实施条例》，第一百零二条。
[3] 《企业所得税法》，第二十六条。
[4] 《企业所得税法实施条例》，第八十三条至八十五条。
[5] 财政部、国家税务总局，《关于非营利组织企业所得税免税收入问题的通知》，财税〔2009〕122号。
[6] 财政部、国家税务总局，《关于科技企业孵化器税收政策的通知》，财税〔2016〕89号；财政部、国家税务总局《关于国家大学科技园税收政策的通知》，财税〔2016〕98号。

（二）一般免征与减征政策适用对象

1. 从事农、林、牧、渔业项目的减免税政策[①]

（1）企业从事下列项目的所得，免征企业所得税：①蔬菜、谷物、薯类、油料、豆类、棉花、麻类、糖料、水果、坚果的种植；②农作物新品种的选育；③中药材的种植；④林木的培育和种植；⑤牲畜、家禽的饲养；⑥林产品的采集；⑦灌溉、农产品初加工、兽医、农技推广、农机作业和维修等农、林、牧、渔服务业项目；⑧远洋捕捞。

（2）企业从事下列项目的所得，减半征收企业所得税：①花卉、茶以及其他饮料作物和香料作物的种植；②海水养殖、内陆养殖。

企业从事国家限制和禁止发展的项目，不得享受减免企业所得税的优惠。

2. 符合条件的技术转让所得

（1）在一个纳税年度内，居民企业技术转让所得不超过500万元的部分，免征企业所得税；超过500万元的部分，减半征收企业所得税。[②]

享受减免企业所得税优惠的技术转让应符合以下条件：①享受优惠的技术转让主体是企业所得税法规定的居民企业；②技术转让属于财政部、国家税务总局规定的范围；③境内技术转让经省级以上科技部门认定；④向境外转让技术经省级以上商务部门认定；⑤国务院税务主管部门规定的其他条件。[③]

（2）在中关村国家自主创新示范区特定区域内注册的居民企业，符合条件的技术转让所得，在一个纳税年度内不超过2000万元的部分，免征企业所得税；超过2000万元部分，减半征收企业所得税。

中关村国家自主创新示范区特定区域包括：朝阳园、海淀园、丰台园、顺义园、大兴—亦庄园、昌平园。[④]

3. 非居民企业优惠[⑤]

非居民企业减按10%的税率征收企业所得税。这里的非居民企业在中国境内未设立机构、场所的，或者虽设立机构、场所但取得的所得与其所设机构、场所没有实际联系的企业。该类非居民企业下列所得可以免征企业所得税：①外国政府向中国政府提供贷款取得的利息所得；②国际金融组织向中国政府和居民企业提供优惠贷款取得的利息所得；③经国务院批准的其他所得。

4. 非独占许可使用权取得的技术转让所得[⑥]

自2015年10月1日起，全国范围内的居民企业转让5年（含）以上非独占许可使用权取得的技术转让所得，纳入享受企业所得税优惠的技术转让所得范围。居民企业的年度技术转让所得不超过500万元的部分，免征企业所得税；超过500万元的部分，减半征收企业所得税。

5. 铁路建设债券利息收入[⑦]

对企业投资者持有2024～2027年发行的铁路债券取得的利息收入，减半征收企业所得税。其中，铁路

[①] 《企业所得税法实施条例》，第八十六条。
[②] 《企业所得税法实施条例》，第九十条。
[③] 国家税务总局，《关于技术转让所得减免企业所得税有关问题的通知》，国税函〔2009〕212号。
[④] 财政部、国家税务总局、科技部、知识产权局，《关于中关村国家自主创新示范区特定区域技术转让企业所得税试点政策的通知》，财税〔2020〕61号。
[⑤] 《企业所得税法实施条例》，第九十一条。
[⑥] 国家税务总局，《关于许可使用权技术转让所得企业所得税有关问题的公告》，2015年第82号。
[⑦] 财政部、国家税务总局，《关于铁路债券利息收入所得税政策的公告》，2023年第64号。

债券是指以中国国家铁路集团有限公司为发行和偿还主体的债券,包括中国铁路建设债券、中期票据、短期融资券等债务融资工具。

6. QFII 和 RQFII 取得中国境内的股票等权益性投资资产转让所得[①]

从 2014 年 11 月 17 日起,对合格境外机构投资者(QFII)、人民币合格境外机构投资者(RQFII)取得来源于中国境内的股票等权益性投资资产转让所得,暂免征收企业所得税。在 2014 年 11 月 17 日之前 QFII 和 RQFII 取得的上述所得应依法征收企业所得税。

上述规定适用于在中国境内未设立机构、场所,或者在中国境内虽设立机构、场所,但取得的上述所得与其所设机构、场所没有实际联系的 QFII、RQFII。

7. 沪港(深港)股票市场交易互联互通机制试点所得税优惠政策[②]

(1) 内地居民企业连续持有 H 股满 12 个月取得的股息红利所得,依法免征企业所得税。

(2) 对香港市场投资者(包括企业和个人)投资上交所(深交所)上市 A 股取得的转让差价所得,暂免征收所得税。

8. 民族自治地方的企业优惠政策

民族自治地方的自治机关对本民族自治地方的企业应缴纳的企业所得税中属于地方分享的部分,可以决定减征或者免征。自治州、自治县决定减征或者免征的,须报省、自治区、直辖市人民政府批准。[③]

上述所称民族自治地方,是指依照《中华人民共和国民族区域自治法》的规定,实行民族区域自治的自治区、自治州、自治县。

对民族自治地方内国家限制和禁止行业的企业,不得减征或者免征企业所得税。[④]

9. 保险保障基金公司取得的收入[⑤]

对中国保险保障基金有限责任公司(简称保险保障基金公司)根据《保险保障基金管理办法》取得的下列收入,免征企业所得税:①境内保险公司依法缴纳的保险保障基金;②依法从撤销或破产保险公司清算财产中获得的受偿收入和向有关责任方追偿所得,以及依法从保险公司风险处置中获得的财产转让所得;③接受捐赠收入;④银行存款利息收入;⑤购买政府债券、中央银行、中央企业和中央级金融机构发行债券的利息收入;⑥国务院批准的其他资金运用取得的收入。

10. 证券投资基金取得的收入[⑥]

(1) 对证券投资基金从证券市场中取得的收入,包括买卖股票、债券的差价收入,股权的股息、红利收入,债券的利息收入及其他收入,暂不征收企业所得税。

(2) 对投资者从证券投资基金分配中取得的收入,暂不征收企业所得税。

(3) 对证券投资基金管理人运用基金买卖股票、债券的差价收入,暂不征收企业所得税。

[①] 财政部、国家税务总局、证监会,《关于 QFII 和 RQFII 取得中国境内的股票等权益性投资资产转让所得暂免征收企业所得税问题的通知》,财税〔2014〕79 号。

[②] 财政部、国家税务总局、证监会,《关于沪港股票市场交易互联互通机制试点有关税收政策的通知》,财税〔2014〕81 号;财政部、国家税务总局、证监会,《关于深港股票市场交易互联互通机制试点有关税收政策的通知》,财税〔2016〕127 号。

[③] 《企业所得税法》,第二十九条。

[④] 《企业所得税法实施条例》,第九十四条。

[⑤] 财政部、国家税务总局,《关于保险保障基金有关税收政策问题的通知》,财税〔2018〕41 号;财政部、国家税务总局,《关于延长部分税收优惠政策执行期限的公告》,2021 年第 6 号。

[⑥] 财政部、国家税务总局,《关于企业所得税若干优惠政策的通知》,财税〔2008〕1 号。

11. 外国投资者获得的利润[1]

2008年1月1日之前外商投资企业形成的累积未分配利润，在2008年以后分配给外国投资者的，免征企业所得税；2008年及以后年度外商投资企业新增利润分配给外国投资者的，依法缴纳企业所得税。

12. 外国企业取得的利息、特许权使用费等所得[2]

外国企业向我国转让专有技术或提供贷款等取得所得，凡上述事项所涉及的合同是在2007年底以前签订，且符合《中华人民共和国外商投资企业和外国企业所得税法》规定免税条件，经税务机关批准给予免税的，在合同有效期内可继续给予免税，但不包括延期、补充合同或扩大的条款。各主管税务机关应做好合同执行跟踪管理工作，及时开具完税证明。

13. 转让创新企业CDR取得的收入[3]

（1）对企业投资者转让创新企业CDR取得的差价所得和持有创新企业CDR取得的股息红利所得，按转让股票差价所得和持有股票的股息红利所得政策规定征免企业所得税。

（2）对公募证券投资基金（封闭式证券投资基金、开放式证券投资基金）转让创新企业CDR取得的差价所得和持有创新企业CDR取得的股息红利所得，按公募证券投资基金税收政策规定暂不征收企业所得税。

（3）对合格境外机构投资者（QFII）、人民币合格境外机构投资者（RQFII）转让创新企业CDR取得的差价所得和持有创新企业CDR取得的股息红利所得，视同转让或持有据以发行创新企业CDR的基础股票取得的权益性资产转让所得和股息红利所得征免企业所得税。

14. 中关村国家自主创新示范区公司型创业投资企业[4]

对示范区内公司型创业投资企业，转让持有3年以上股权的所得占年度股权转让所得总额的比例超过50%的，按照年末个人股东持股比例减半征收当年企业所得税；转让持有5年以上股权的所得占年度股权转让所得总额的比例超过50%的，按照年末个人股东持股比例免征当年企业所得税。

上述两种情形下，应分别适用以下公式计算当年企业所得税免征额。

（1）转让持有3年以上股权的所得占年度股权转让所得总额的比例超过50%的：

$$企业所得税免征额 = 年末个人股东持股比例 \times 本年度企业所得税应纳税额 \div 2$$

（2）转让持有5年以上股权的所得占年度股权转让所得总额的比例超过50%的：

$$企业所得税免征额 = 年末个人股东持股比例 \times 本年度企业所得税应纳税额$$

（三）"十免"政策适用对象

国家鼓励的集成电路线宽小于28纳米（含），且经营期在15年以上的集成电路生产企业或项目，第一年至第十年免征企业所得税。[5]

---

[1] 财政部、国家税务总局，《关于企业所得税若干优惠政策的通知》，财税〔2008〕1号。
[2] 国家税务总局，《关于外商投资企业和外国企业原有若干税收优惠政策取消后有关事项处理的通知》，国税发〔2008〕23号。
[3] 财政部、国家税务总局、证监会，《关于创新企业境内发行存托凭证试点阶段有关税收政策的公告》，2019年第52号。
[4] 财政部、国家税务总局、国家发展改革委、证监会，《关于中关村国家自主创新示范区公司型创业投资企业有关企业所得税试点政策的通知》，财税〔2020〕63号。
[5] 国务院，《关于印发新时期促进集成电路产业和软件产业高质量发展若干政策的通知》，国发〔2020〕8号；财政部、国家税务总局、国家发展改革委、工业和信息化部，《关于促进集成电路产业和软件产业高质量发展企业所得税政策的公告》，2020年第45号。

(四)"五免"政策适用对象

1. 经营性文化事业单位转制为企业[①]

经营性文化事业单位转制为企业,自转制注册之日起五年内免征企业所得税。2018年12月31日之前已完成转制的企业,自2019年1月1日起可继续免征五年企业所得税。

上述所称"经营性文化事业单位",是指从事新闻出版、广播影视和文化艺术的事业单位。转制包括整体转制和剥离转制。其中,整体转制包括:(图书、音像、电子)出版社、非时政类报刊出版单位、新华书店、艺术院团、电影制片厂、电影(发行放映)公司、影剧院、重点新闻网站等整体转制为企业;剥离转制包括:新闻媒体中的广告、印刷、发行、传输网络等部分,以及影视剧等节目制作与销售机构,从事业体制中剥离出来转制为企业。

上述所称"转制注册之日",是指经营性文化事业单位转制为企业并进行企业法人登记之日。对于经营性文化事业单位转制前已进行企业法人登记,则按注销事业单位法人登记之日或核销事业编制的批复之日(转制前未进行事业单位法人登记的)确定转制完成并享受上述所规定的税收优惠政策。

该规定下发之前已经审核认定享受《财政部 国家税务总局 中宣部关于继续实施文化体制改革中经营性文化事业单位转制为企业若干税收政策的通知》(财税〔2014〕84号)税收政策的转制文化企业,可继续享受上述所规定的税收政策。

2. 新疆喀什、霍尔果斯两个特殊经济开发区内新办的企业[②]

2010年1月1日至2030年12月31日,对在新疆喀什、霍尔果斯两个特殊经济开发区内新办的属于《新疆困难地区重点鼓励发展产业企业所得税优惠目录》范围内的企业,自取得第一笔生产经营收入所属纳税年度起,五年内免征企业所得税。

第一笔生产经营收入,是指产业项目已建成并投入运营后所取得的第一笔收入。

(五)"五免五减半"政策适用对象

(1) 对集成电路线宽小于0.25微米或投资额超过80亿元的集成电路生产企业,经认定后,减按15%的税率征收企业所得税,其中经营期在15年以上的,自获利年度起,第一年至第五年免征企业所得税,第六年至第十年按照25%的法定税率减半征收企业所得税。[③]

(2) 2018年1月1日后投资新设的集成电路线宽小于65纳米或投资额超过150亿元,且经营期在15年以上的集成电路生产企业或项目,第一年至第五年免征企业所得税,第六年至第十年按照25%的法定税率减半征收企业所得税,并享受至期满为止。[④]

(3) 2017年12月31日前设立但未获利的集成电路线宽小于0.25微米或投资额超过80亿元,且经营期在15年以上的集成电路生产企业,自获利年度起第一年至第五年免征企业所得税,第六年至第十年按照

[①] 财政部、国家税务总局、中央宣传部,《关于继续实施文化体制改革中经营性文化事业单位转制为企业若干税收政策的通知》,财税〔2019〕16号。

[②] 财政部、国家税务总局,《关于新疆喀什霍尔果斯两个特殊经济开发区企业所得税优惠政策的通知》,财税〔2011〕112号;财政部、国家税务总局,《关于新疆困难地区及喀什、霍尔果斯两个特殊经济开发区新办企业所得税优惠政策的通知》,财税〔2021〕27号。

[③] 国务院,《关于印发进一步鼓励软件产业和集成电路产业发展若干政策的通知》,国发〔2011〕4号;财政部、国家税务总局,《关于进一步鼓励软件产业和集成电路产业发展企业所得税政策的通知》,财税〔2012〕27号。

[④] 财政部、国家税务总局、国家发展改革委、工业和信息化部,《关于集成电路生产企业有关企业所得税政策问题的通知》,财税〔2018〕27号;国务院,《关于印发新时期促进集成电路产业和软件产业高质量发展若干政策的通知》,国发〔2020〕8号;财政部、国家税务总局、国家发展改革委、工业和信息化部,《关于促进集成电路产业和软件产业高质量发展企业所得税政策的公告》,2020年第45号。

25%的法定税率减半征收企业所得税,并享受至期满为止。①

(六)"三免三减半"政策适用对象

1. 公共基础设施项目

(1)符合规定条件和标准的公共基础设施项目。企业投资经营符合《公共基础设施项目企业所得税优惠目录》规定条件和标准的公共基础设施项目,采用一次核准、分批次(如码头、泊位、航站楼、跑道、路段、发电机组等)建设的,凡同时符合以下条件的,可按每一批次为单位计算所得,并享受企业所得税"三免三减半"优惠:①不同批次在空间上相互独立;②每一批次自身具备取得收入的功能;③以每一批次为单位进行会计核算,单独计算所得,并合理分摊期间费用。②

(2)从事国家重点扶持的公共基础设施项目。企业从事国家重点扶持的公共基础设施项目的投资经营的所得,自项目取得第一笔生产经营收入所属纳税年度起,第一年至第三年免征企业所得税,第四年至第六年减半征收企业所得税。

税法所称国家重点扶持的公共基础设施项目,是指《公共基础设施项目企业所得税优惠目录》规定的港口码头、机场、铁路、公路、城市公共交通、电力、水利等项目。

企业承包经营、承包建设和内部自建自用上述规定的项目,不得享受上述规定的企业所得税优惠。③

企业在减免税期限内转让所享受减免优惠的项目,受让方承续经营该项目的,可自受让之日起,在剩余优惠期限内享受规定的减免税优惠;减免税期限届满后转让的,受让方不得就该项目重复享受减免税优惠。

(3)居民企业电网新建项目。居民企业从事符合《公共基础设施项目企业所得税优惠目录(2008年版)》规定条件和标准的电网(输变电设施)的新建项目,可依法享受"三免三减半"的企业所得税优惠政策。基于企业电网新建项目的核算特点,暂以资产比例法,即以企业新增输变电固定资产原值占企业总输变电固定资产原值的比例,合理计算电网新建项目的应纳税所得额,并据此享受"三免三减半"的企业所得税优惠政策。④

(4)农村饮水安全工程。对饮水工程运营管理单位从事《公共基础设施项目企业所得税优惠目录》规定的饮水工程新建项目投资经营的所得,自项目取得第一笔生产经营收入所属纳税年度起,第一年至第三年免征企业所得税,第四年至第六年减半征收企业所得税。⑤

2. 一般环境保护、节能节水项目

符合条件的环境保护、节能节水项目,包括公共污水处理、公共垃圾处理、沼气综合开发利用、节能减排技术改造、海水淡化等。项目的具体条件和范围由国务院财政、税务主管部门商国务院有关部门制定,报国务院批准后公布施行。

企业从事符合条件的环境保护、节能节水项目的所得,自项目取得第一笔生产经营收入所属纳税年度起,第一年至第三年免征企业所得税,第四年至第六年减半征收企业所得税。⑥

3. 节能服务公司实施合同能源管理项目⑦

自2011年1月1日起,为鼓励企业运用合同能源管理机制,加大节能减排技术改造工作力度,对符合

---

① 财政部、国家税务总局、国家发展改革委、工业和信息化部,《关于集成电路生产企业有关企业所得税政策问题的通知》,财税〔2018〕27号;财政部、国家税务总局、国家发展改革委、工业和信息化部,《关于促进集成电路产业和软件产业高质量发展企业所得税政策的公告》,2020年第45号。
② 财政部、国家税务总局,《关于公共基础设施项目享受企业所得税优惠政策问题的补充通知》,财税〔2014〕55号。
③ 《企业所得税法实施条例》,第八十七条。
④ 国家税务总局,《关于电网企业电网新建项目享受所得税优惠政策问题的公告》,2013年第26号。
⑤ 财政部、国家税务总局,《关于继续实行农村饮水安全工程税收优惠政策的公告》,2019年第67号。
⑥ 《企业所得税法实施条例》,第八十八条。
⑦ 财政部、国家税务总局,《关于促进节能服务产业发展增值税 营业税和企业所得税政策问题的通知》,财税〔2010〕110号;国家税务总局、国家发展改革委,《关于落实节能服务企业合同能源管理项目企业所得税优惠政策有关征收管理问题的公告》,2013年第77号。

条件的节能服务公司实施合同能源管理项目,符合企业所得税税法有关规定的,自项目取得第一笔生产经营收入所属纳税年度起,第一年至第三年免征企业所得税,第四年至第六年按照25%的法定税率减半征收企业所得税。

(七)"两免三减半"政策适用对象

1. 经济特区和上海浦东新区新设立高新技术企业[①]

自2008年1月1日起,对法律设置的发展对外经济合作和技术交流的特定地区内,新设立的国家需要重点扶持的高新技术企业,实行过渡性税收优惠,有关规定如下。

(1)法律设置的发展对外经济合作和技术交流的特定地区,是指深圳、珠海、汕头、厦门和海南经济特区;国务院已规定执行上述地区特殊政策的地区,是指上海浦东新区。

(2)对经济特区和上海浦东新区内在2008年1月1日(含)之后完成登记注册的国家需要重点扶持的高新技术企业(以下简称新设高新技术企业),在经济特区和上海浦东新区内取得的所得,自取得第一笔生产经营收入所属纳税年度起,第一年至第二年免征企业所得税,第三年至第五年按照25%的法定税率减半征收企业所得税。

国家需要重点扶持的高新技术企业,是指拥有核心自主知识产权,同时符合《企业所得税法实施条例》第九十三条规定的条件,并按照《高新技术企业认定管理办法》认定的高新技术企业。

(3)经济特区和上海浦东新区内新设高新技术企业同时在经济特区和上海浦东新区以外的地区从事生产经营的,应当单独计算其在经济特区和上海浦东新区内取得的所得,并合理分摊企业的期间费用;没有单独计算的,不得享受企业所得税优惠。

(4)经济特区和上海浦东新区内新设高新技术企业在按照上述规定享受过渡性税收优惠期间,由于复审或抽查不合格而不再具有高新技术企业资格的,从其不再具有高新技术企业资格年度起,停止享受过渡性税收优惠;以后再次被认定为高新技术企业的,不得继续享受或者重新享受过渡性税收优惠。

2. 新疆困难地区新办的企业[②]

2021年1月1日至2030年12月31日,对在新疆困难地区新办的属于《新疆困难地区重点鼓励发展产业企业所得税优惠目录》范围内的企业,自取得第一笔生产经营收入所属纳税年度起,第一年至第二年免征企业所得税,第三年至第五年减半征收企业所得税。享受上述企业所得税定期减免税政策的企业,在减半期内,按照企业所得税25%的法定税率计算的应纳税额减半征税。其中,新疆困难地区包括南疆三地州、其他脱贫县(原国家扶贫开发重点县)和边境县市。

3. 符合条件的集成电路和软件企业

(1)集成电路线宽小于0.8微米(含)的集成电路生产企业,经认定后,自获利年度起,第一年至第二年免征企业所得税,第三年至第五年按照25%的法定税率减半征收企业所得税。[③]

(2)国家鼓励的集成电路设计、装备、材料、封装、测试企业和软件企业,自获利年度起,第一年至第二年免征企业所得税,第三年至第五年按照25%的法定税率减半征收企业所得税。国家鼓励的集成电路设计、装备、材料、封装、测试企业条件由工业和信息化部会同相关部门制定。[④]

(3)符合条件的集成电路封装、测试企业以及集成电路关键专用材料生产企业、集成电路专用设备

---

① 国务院,《关于经济特区和上海浦东新区新设立高新技术企业实行过渡性税收优惠的通知》,国发〔2007〕40号。

② 财政部、国家税务总局,《关于新疆困难地区及喀什、霍尔果斯两个特殊经济开发区新办企业所得税优惠政策的通知》,财税〔2021〕27号。

③ 国务院,《关于印发进一步鼓励软件产业和集成电路产业发展若干政策的通知》,国发〔2011〕4号;财政部、国家税务总局,《关于进一步鼓励软件产业和集成电路产业发展企业所得税政策的通知》,财税〔2012〕27号;财政部、国家税务总局、国家发展改革委、工业和信息化部,《关于集成电路生产企业有关企业所得税政策问题的通知》,财税〔2018〕27号。

④ 国务院,《关于印发新时期促进集成电路产业和软件产业高质量发展若干政策的通知》,国发〔2020〕8号。

生产企业，在2017年（含2017年）前实现获利的，自获利年度起，第一年至第二年免征企业所得税，第三年至第五年按照25%的法定税率减半征收企业所得税，并享受至期满为止；2017年前未实现获利的，自2017年起计算优惠期，享受至期满为止。[①]

（4）2018年1月1日后投资新设的集成电路线宽小于130纳米，且经营期在10年以上的集成电路生产企业或项目，第一年至第二年免征企业所得税，第三年至第五年按照25%的法定税率减半征收企业所得税，并享受至期满为止。[②]

二、减计收入优惠

1. 金融机构农户小额贷款的利息收入[③]

对金融机构农户小额贷款的利息收入，在计算应纳税所得额时，按90%计入收入总额。

2. 小额贷款公司取得的农户小额贷款利息收入[④]

对经省级金融管理部门（金融办、局等）批准成立的小额贷款公司取得的农户小额贷款利息收入，在计算应纳税所得额时，按90%计入收入总额。

3. 保险公司为种植业、养殖业提供保险业务取得的保费收入[④]

对保险公司为种植业、养殖业提供保险业务取得的保费收入，在计算应纳税所得额时，按90%计入收入总额。

4. 资源综合利用涉及相关产品收入[⑤]

企业综合利用资源，生产符合国家产业政策规定的产品所取得的收入，可以在计算应纳税所得额时减计收入。

上述所称"减计收入"是指企业以《资源综合利用企业所得税优惠目录》规定的资源作为主要原材料，生产国家非限制和禁止并符合国家和行业相关标准的产品取得的收入，减按90%计入收入总额。其中原材料占生产产品材料的比例不得低于《资源综合利用企业所得税优惠目录》规定的标准。

三、加计扣除优惠

企业的下列支出，可以在计算应纳税所得额时加计扣除：①开发新技术、新产品、新工艺发生的研究开发费用；②安置残疾人员及国家鼓励安置的其他就业人员所支付的工资。[⑥]

1. 一般企业研发费用[⑦]

企业开展研发活动中实际发生的研发费用，未形成无形资产计入当期损益的，在按规定据实扣除的基

---

① 财政部、国家税务总局、国家发展改革委、工业和信息化部，《关于进一步鼓励集成电路产业发展企业所得税政策的通知》，财税〔2015〕6号。
② 财政部、国家税务总局、国家发展改革委、工业和信息化部，《关于集成电路生产企业有关企业所得税政策问题的通知》，财税〔2018〕27号；国务院，《关于印发新时期促进集成电路产业和软件产业高质量发展若干政策的通知》，国发〔2020〕8号；财政部、国家税务总局、国家发展改革委、工业和信息化部，《关于促进集成电路产业和软件产业高质量发展企业所得税政策的公告》2020年第45号。
③ 财政部、国家税务总局，《关于小额贷款公司有关税收政策的通知》，财税〔2017〕48号；财政部、国家税务总局，《关于延续实施普惠金融有关税收优惠政策的公告》，2020年第22号。
④ 财政部、国家税务总局，《关于延续并完善支持农村金融发展有关税收政策的通知》，财税〔2014〕102号；财政部、国家税务总局，《关于延续支持农村金融发展有关税收政策的通知》，财税〔2017〕44号；财政部、国家税务总局，《关于延续实施小额贷款公司有关税收优惠政策的公告》，2023年第54号。
⑤ 《企业所得税法》，第三十三条；《企业所得税法实施条例》，第九十九条。
⑥ 《企业所得税法》，第三十条。
⑦ 财政部、国家税务总局、科技部，《关于提高研究开发费用税前加计扣除比例的通知》，财税〔2018〕99号；财政部、国家税务总局，《关于延长部分税收优惠政策执行期限的公告》，2021年第6号。

础上,在 2018 年 1 月 1 日至 2023 年 12 月 31 日期间,再按照实际发生额的 75%在税前加计扣除;形成无形资产的,在上述期间按照无形资产成本的 175%在税前摊销。

2. 企业委托境外研发费用[①]

委托境外进行研发活动所发生的费用,按照费用实际发生额的 80%计入委托方的委托境外研发费用。委托境外研发费用不超过境内符合条件的研发费用三分之二的部分,可以按规定在企业所得税前加计扣除。

3. 企业研发费用[②]

企业开展研发活动中实际发生的研发费用,未形成无形资产计入当期损益的,在按规定据实扣除的基础上,自 2021 年 1 月 1 日起,再按照实际发生额的 100%在税前加计扣除;形成无形资产的,自 2021 年 1 月 1 日起,按照无形资产成本的 200%在税前摊销。

4. 高科技型中小企业研发费用[③]

科技型中小企业开展研发活动中实际发生的研发费用,未形成无形资产计入当期损益的,在按规定据实扣除的基础上,自 2022 年 1 月 1 日起,再按照实际发生额的 100%在税前加计扣除;形成无形资产的,自 2022 年 1 月 1 日起,按照无形资产成本的 200%在税前摊销。

5. 企业安置残疾人员所支付的工资[④]

企业安置残疾人员所支付的工资的加计扣除,是指企业安置残疾人员的,在按照支付给残疾职工工资据实扣除的基础上,按照支付给残疾职工工资的 100%加计扣除。残疾人员的范围适用《中华人民共和国残疾人保障法》的有关规定。

企业安置国家鼓励安置的其他就业人员所支付的工资的加计扣除办法,由国务院另行规定。

四、加速折旧优惠

企业的固定资产由于技术进步等原因,确需加速折旧的,可以缩短折旧年限或者采取加速折旧的方法。[⑤]

采取缩短折旧年限或者采取加速折旧的方法的固定资产,包括:①由于技术进步,产品更新换代较快的固定资产;②常年处于强震动、高腐蚀状态的固定资产。采取缩短折旧年限方法的,最低折旧年限不得低于《企业所得税法实施条例》第六十条规定折旧年限的 60%;采取加速折旧方法的,可以采取双倍余额递减法或者年数总和法。[⑥]

(一)所有行业加速折旧政策[⑦]

对所有行业企业 2014 年 1 月 1 日后新购进的专门用于研发的仪器、设备,单位价值不超过 100 万元的,允许一次性计入当期成本费用在计算应纳税所得额时扣除,不再分年度计算折旧;单位价值超过 100 万元的,可缩短折旧年限或采取加速折旧的方法。

---

① 财政部、国家税务总局、科技部,《关于企业委托境外研究开发费用税前加计扣除有关政策问题的通知》,财税〔2018〕64 号。
② 财政部、国家税务总局,《关于进一步完善研发费用税前加计扣除政策的公告》,2023 年第 7 号。
③ 财政部、国家税务总局、科技部,《关于进一步提高科技型中小企业研发费用税前加计扣除比例的公告》,2022 年第 16 号。
④ 《企业所得税法实施条例》,第九十六条。
⑤ 《企业所得税法》,第三十二条。
⑥ 《企业所得税法实施条例》,第九十八条。
⑦ 财政部、国家税务总局,《关于完善固定资产加速折旧企业所得税政策的通知》,财税〔2014〕75 号。

对所有行业企业持有的单位价值不超过5000元的固定资产，允许一次性计入当期成本费用在计算应纳税所得额时扣除，不再分年度计算折旧。

（二）制造业加速折旧政策[①]

对所有制造业企业新购进的固定资产，2019年1月1日后新购进的固定资产，可缩短折旧年限或采取加速折旧的方法。

对所有制造业小型微利企业，2019年1月1日后新购进的研发和生产经营共用的仪器、设备，单位价值不超过100万元的，允许一次性计入当期成本费用在计算应纳税所得额时扣除，不再分年度计算折旧；单位价值超过100万元的，可缩短折旧年限或采取加速折旧的方法。

其中，生物药品制造业，专用设备制造业，铁路、船舶、航空航天和其他运输设备制造业，计算机、通信和其他电子设备制造业，仪器仪表制造业，信息传输、软件和信息技术服务业等6个行业的政策实施时间为2014年1月1日；轻工、纺织、机械、汽车等四个领域重点行业的政策实施时间为2015年1月1日。

（三）符合条件的集成电路和软件企业加速折旧政策[②]

企业外购的软件，凡符合固定资产或无形资产确认条件的，可以按照固定资产或无形资产进行核算，其折旧或摊销年限可以适当缩短，最短可为2年（含）。

（四）设备、器具一次性扣除政策[③]

企业在2024年1月1日至2027年12月31日期间新购进的设备、器具，单位价值不超过500万元的，允许一次性计入当期成本费用在计算应纳税所得额时扣除，不再分年度计算折旧；单位价值超过500万元的，可缩短折旧年限或采取加速折旧的方法。其中，设备、器具，是指除房屋、建筑物以外的固定资产。

五、所得额抵扣优惠：创业投资企业

1. 一般创业投资企业[④]

创业投资企业从事国家需要重点扶持和鼓励的创业投资[⑤]，采取股权投资方式投资于未上市的中小高新技术企业2年以上的，可以按照其投资额的70%在股权持有满2年的当年抵扣该创业投资企业的应纳税所得额；当年不足抵扣的，可以在以后纳税年度结转抵扣。

2. 公司制创业投资企业[⑥]

公司制创业投资企业采取股权投资方式直接投资于种子期、初创期科技型企业满2年（24个月）的，

[①] 国家税务总局，《关于固定资产加速折旧税收政策有关问题的公告》，国家税务总局公告2014年第64号；财政部、国家税务总局，《关于完善固定资产加速折旧企业所得税政策的通知》，财税〔2014〕75号；财政部、国家税务总局，《关于进一步完善固定资产加速折旧企业所得税政策的通知》，财税〔2015〕106号；国家税务总局，《关于进一步完善固定资产加速折旧企业所得税政策有关问题的公告》，2015年第68号；财政部、国家税务总局，《关于扩大固定资产加速折旧优惠政策适用范围的公告》，2019年第66号。

[②] 财政部、国家税务总局，《关于进一步鼓励软件产业和集成电路产业发展企业所得税政策的通知》，财税〔2012〕27号。

[③] 财政部、国家税务总局，《关于设备、器具扣除有关企业所得税政策的通知》，2023年第37号。

[④] 《企业所得税法实施条例》，第九十七条；国家税务总局，《关于实施创业投资企业所得税优惠问题的通知》，国税发〔2009〕87号。

[⑤] 《企业所得税法》，第三十一条。

[⑥] 财政部、国家税务总局，《关于创业投资企业和天使投资个人有关税收政策的通知》，财税〔2018〕55号。

可以按照投资额的70%在股权持有满2年的当年抵扣该公司制创业投资企业的应纳税所得额；当年不足抵扣的，可以在以后纳税年度结转抵扣。

3. 有限合伙制创业投资企业①

有限合伙制创业投资企业采取股权投资方式投资于未上市的中小高新技术企业满2年（24个月，下同）的，其法人合伙人可按照对未上市中小高新技术企业投资额的70%抵扣该法人合伙人从该有限合伙制创业投资企业分得的应纳税所得额，当年不足抵扣的，可以在以后纳税年度结转抵扣。

所称满2年是指2015年10月1日起，有限合伙制创业投资企业投资于未上市中小高新技术企业的实缴投资满2年，同时，法人合伙人对该有限合伙制创业投资企业的实缴出资也应满2年。

如果法人合伙人投资于多个符合条件的有限合伙制创业投资企业，可合并计算其可抵扣的投资额和应分得的应纳税所得额。当年不足抵扣的，可结转以后纳税年度继续抵扣；当年抵扣后有结余的，应按照企业所得税法的规定计算缴纳企业所得税。

六、税额抵免优惠

企业购置用于环境保护、节能节水、安全生产等专用设备的投资额，可以按一定比例实行税额抵免。②

税额抵免，是指企业购置并实际使用《环境保护专用设备企业所得税优惠目录》《节能节水专用设备企业所得税优惠目录》《安全生产专用设备企业所得税优惠目录》规定的环境保护、节能节水、安全生产等专用设备的，该专用设备的投资额的10%可以从企业当年的应纳税额中抵免；当年不足抵免的，可以在以后5个纳税年度结转抵免。

享受企业所得税优惠的企业，应当实际购置并自身实际投入使用前款规定的专用设备；企业购置上述专用设备在5年内转让、出租的，应当停止享受企业所得税优惠，并补缴已经抵免的企业所得税税款。③

七、延长亏损结转年限优惠

1. 高新技术企业或科技型中小企业④

自2018年1月1日起，当年具备高新技术企业或科技型中小企业资格的企业，其具备资格年度之前5个年度发生的尚未弥补完的亏损，准予结转以后年度弥补，最长结转年限由5年延长至10年。

2. 集成电路生产企业⑤

国家鼓励的线宽小于130纳米（含）的集成电路生产企业纳税年度发生的亏损，准予向以后年度结转，总结转年限最长不得超过10年。

第六节　企业所得税应纳税额的计算

一、居民企业应纳税额的计算

企业所得税应纳税额（tax payable）的基本计算公式如下：⑥

应纳税额 = 应纳税所得额 × 适用税率 − 减免税额 − 抵免税额

---

① 国家税务总局，《关于有限合伙制创业投资企业法人合伙人企业所得税有关问题的公告》，2015年第81号。
② 《企业所得税法》，第三十四条。
③ 《企业所得税法实施条例》，第一百条。
④ 财政部、国家税务总局，《关于延长高新技术企业和科技型中小企业亏损结转年限的通知》，财税〔2018〕76号。
⑤ 国务院，《关于印发新时期促进集成电路产业和软件产业高质量发展若干政策的通知》，国发〔2020〕8号。
⑥ 《企业所得税法实施条例》，第七十六条。

公式中的减免税额和抵免税额,是指依照企业所得税法和国务院的税收优惠规定减征、免征和抵免的应纳税额。实际中,应纳税所得额的计算一般有两种方法。

一是直接计算法。在直接计算法下,企业每一纳税年度的收入总额减除不征税收入、免税收入、各项扣除以及允许弥补的以前年度亏损后的余额为应纳税所得额。计算公式与前述相同,即为

应纳税所得额 = 收入总额-不征税收入-免税收入-各项扣除金额-允许弥补的以前年度亏损

二是间接计算法。在间接计算法下,在会计利润总额的基础上加或减按照税法规定调整的项目金额后,即为应纳税所得额。计算公式为

应纳税所得额 = 会计利润总额±纳税调整项目金额

纳税调整项目金额包括两方面的内容:一是企业的财务会计处理和税收规定不一致应予以调整的金额;二是企业按税法规定准予扣除的税收金额。

【例17-6-1】某企业为居民企业,某年经营业务如下:取得销售收入5000万元,销售成本2200万元,发生销售费用1340万元(其中广告费900万元),管理费用960万元(其中业务招待费30万元),财务费用120万元,税金及附加320万元(含增值税240万元),营业外收入140万元,营业外支出100万元(含通过公益性社会团体向希望小学捐款60万元,支付税收滞纳金12万元),计入成本、费用中的实发工资总额300万元、拨缴职工工会经费6万元、提取并发放职工福利费46万元、职工教育经费10万元。计算该企业实际应缴纳的企业所得税税额。

【答案】

间接法

(1) 会计利润总额 = 5000 + 140 - 2200 - 1340 - 960 - 120 - (320 - 240) - 100 = 340(万元)

(2) 广告费调增所得额 = 900 - 5000×15% = 900 - 750 = 150(万元)

(3) 业务招待费扣除最高限额 = 5000×0.5% = 25 万元＞实际发生的业务招待费的 60% = 30×60% = 18(万元)

业务招待费调增所得额 = 30 - 30×60% = 30 - 18 = 12(万元)

(4) 捐赠支出应调增所得额 = 60 - 340×12% = 19.2(万元)

(5) 工会经费的扣除限额为 300×2% = 6(万元),实际拨缴 6 万元,无须调整;

职工福利费扣除限额为 300×14% = 42(万元),实际发生 46 万元,应调增 46 - 42 = 4(万元);

职工教育经费的扣除限额为 300×8% = 24 万元,实际发生 10 万元,无须调整,三项经费总共调增额为 4 万元。

(6) 应纳税所得额 = 340 + (150 + 12 + 19.2 + 4) + 12 = 537.2(万元)

(7) 应缴企业所得税税额 = 537.2×25% = 134.3(万元)

直接法:

(1) 会计利润总额 = 5000 + 140 - 2200 - 1340 - 960 - 120 - 80 - 100 = 340(万元)

(2) 销售费用准予扣除额 = 1340 - 900 + 5000×15% = 1190(万元)

(3) 业务招待费扣除最高限额 = 5000×0.5% = 25(万元)＞实际发生的业务招待费的60% = 30×60% = 18(万元)

管理费用准予扣除额 = 960 - 30 + 30×60% = 948(万元)

(4) 营业外支出准予扣除额 = 100 - 12 - 60 + 340×12% = 68.8(万元)

(5) 工会经费的扣除限额为 300×2% = 6(万元),实际拨缴 6 万元;

职工福利费扣除限额为 300×14% = 42(万元),实际发生 46 万元;

职工教育经费的扣除限额为 300×8% = 24(万元),实际发生 10 万元;

三项经费可扣除金额总额 = 6 + 42 + 10 = 58(万元)

(6) 成本费用扣除总额 = (2200 + 1190 + 948) - (6 + 46 + 10) + 58 + 120 + 80 + 68.8 = 4602.8(万元)

(7) 应纳税所得额 = 5000 + 140 - 4602.8 = 537.2(万元)

（8）2022年应缴企业所得税税额 = 537.2×25% = 134.3（万元）

二、境外所得抵扣税额的计算

自2008年1月1日起，居民企业以及非居民企业在中国境内设立的机构、场所（本部分统称为企业）依照《企业所得税法》第二十三条、第二十四条的有关规定，应在其应纳税额中抵免在境外缴纳的所得税额的，按以下规定执行[①]。

（一）抵免限额

企业应按照《企业所得税法》及其实施条例、税收协定以及相关规定，准确计算下列当期与抵免境外所得税有关的项目后，确定当期实际可抵免分国（地区）别的境外所得税税额和抵免限额：①境内所得的应纳税所得额（以下称境内应纳税所得额）和分国（地区）别的境外所得的应纳税所得额（以下称境外应纳税所得额）；②分国（地区）别的可抵免境外所得税税额；③分国（地区）别的境外所得税的抵免限额。

企业不能准确计算上述项目实际可抵免分国（地区）别的境外所得税税额的，在相应国家（地区）缴纳的税收均不得在该企业当期应纳税额中抵免，也不得结转以后年度抵免。

（二）境外应纳税所得额

企业应就其按照《企业所得税法实施条例》第七条规定确定的中国境外所得（境外税前所得），按以下规定计算《企业所得税法实施条例》第七十八条规定的境外应纳税所得额。

（1）居民企业在境外投资设立不具有独立纳税地位的分支机构，其来源于境外的所得，以境外收入总额扣除与取得境外收入有关的各项合理支出后的余额为应纳税所得额。各项收入、支出按企业所得税法及实施条例的有关规定确定。

居民企业在境外设立不具有独立纳税地位的分支机构取得的各项境外所得，无论是否汇回中国境内，均应计入该企业所属纳税年度的境外应纳税所得额。

（2）居民企业应就其来源于境外的股息、红利等权益性投资收益，以及利息、租金、特许权使用费、转让财产等收入，扣除按照企业所得税法及实施条例等规定计算的与取得该项收入有关的各项合理支出后的余额为应纳税所得额。来源于境外的股息、红利等权益性投资收益，应按被投资方作出利润分配决定的日期确认收入实现；来源于境外的利息、租金、特许权使用费、转让财产等收入，应按有关合同约定应付交易对价款的日期确认收入实现。

（3）非居民企业在境内设立机构、场所的，应就其发生在境外但与境内所设机构、场所有实际联系的各项应税所得，比照上述第（2）项的规定计算相应的应纳税所得额。

（4）在计算境外应纳税所得额时，企业为取得境内、外所得而在境内、境外发生的共同支出，与取得境外应税所得有关的、合理的部分，应在境内、境外（分国（地区）别，下同）应税所得之间，按照合理比例进行分摊后扣除。

（5）在汇总计算境外应纳税所得额时，企业在境外同一国家（地区）设立不具有独立纳税地位的分支机构，按照《企业所得税法》及实施条例的有关规定计算的亏损，不得抵减其境内或他国（地区）的应纳税所得额，但可以用同一国家（地区）其他项目或以后年度的所得按规定弥补。

（三）可抵免境外所得税税额

可抵免境外所得税税额，是指企业来源于中国境外的所得依照中国境外税收法律以及相关规定应当缴

---

① 本部分内容，若无特别说明，均引自财税〔2009〕125号。财政部、国家税务总局，《关于企业境外所得税收抵免有关问题的通知》，财税〔2009〕125号。

纳并已实际缴纳的企业所得税性质的税款。但不包括：①按照境外所得税法律及相关规定属于错缴或错征的境外所得税税款；②按照税收协定规定不应征收的境外所得税税款；③因少缴或迟缴境外所得税而追加的利息、滞纳金或罚款；④境外所得税纳税人或者其利害关系人从境外征税主体得到实际返还或补偿的境外所得税税款；⑤按照我国《企业所得税法》及其实施条例规定，已经免征我国企业所得税的境外所得负担的境外所得税税款；⑥按照国务院财政、税务主管部门有关规定已经从企业境外应纳税所得额中扣除的境外所得税税款。

（四）境外投资收益实际间接负担的税额

居民企业在按照《企业所得税法》第二十四条规定用境外所得间接负担的税额进行税收抵免时，其取得的境外投资收益实际间接负担的税额，是指根据直接或者间接持股方式合计持股20%以上（含20%，下同）的规定层级的外国企业股份，由此应分得的股息、红利等权益性投资收益中，从最低一层外国企业起逐层计算的属于由上一层企业负担的税额，其计算公式如下：

本层企业所纳税额属于由一家上一层企业负担的税额 =(本层企业就利润和投资收益所实际缴纳的税额 + 符合财税〔2019〕125号文件规定的由本层企业间接负担的税额)×本层企业向一家上一层企业分配的股息(红利)÷本层企业所得税后利润额。

（五）符合条件的三层外国企业

除国务院财政、税务主管部门另有规定外，按照《企业所得税法实施条例》第八十条规定由居民企业直接或者间接持有20%以上股份的外国企业，限于符合以下持股方式的三层外国企业。

第一层：单一居民企业直接持有20%以上股份的外国企业。

第二层：单一第一层外国企业直接持有20%以上股份，且由单一居民企业直接持有或通过一个或多个符合本条规定持股条件的外国企业间接持有总和达到20%以上股份的外国企业。

第三层：单一第二层外国企业直接持有20%以上股份，且由单一居民企业直接持有或通过一个或多个符合本条规定持股条件的外国企业间接持有总和达到20%以上股份的外国企业。

石油企业在境外从事油（气）项目投资、工程技术服务和工程建设的油（气）资源开采活动取得股息所得，在按规定计算该石油企业境外股息所得的可抵免所得税额和抵免限额时，由该企业直接或者间接持有20%以上股份的外国企业，限于按照财税〔2009〕125号文件第六条规定的持股方式确定的五层外国企业，即

第一层：石油企业直接持有20%以上股份的外国企业。

第二层至第五层：单一上一层外国企业直接持有20%以上股份，且由该石油企业直接持有或通过一个或多个符合财税〔2009〕125号文件第六条规定持股方式的外国企业间接持有总和达到20%以上股份的外国企业。[①]

（六）税收协定（或安排）的国家（地区）取得的所得

居民企业从与我国政府订立税收协定（或安排）的国家（地区）取得的所得，按照该国（地区）税收法律享受了免税或减税待遇，且该免税或减税的数额按照税收协定规定应视同已缴税额在中国的应纳税额中抵免的，该免税或减税数额可作为企业实际缴纳的境外所得税额用于办理税收抵免。

（七）境外税额的抵免限额的计算

企业应按照《企业所得税法》及其实施条例和上述的有关规定分国（地区）别计算境外税额的抵免限额。

---

① 财政部、国家税务总局，《关于我国石油企业在境外从事油（气）资源开采所得税收抵免有关问题的通知》，财税〔2011〕23号。

某国（地区）所得税抵免限额＝中国境内、境外所得依照企业所得税法及实施条例的规定计算的应纳税总额×来源于某国（地区）的应纳税所得额÷中国境内、境外应纳税所得总额。

据以计算上述公式中"中国境内、境外所得依照《企业所得税法》及实施条例的规定计算的应纳税总额"的税率，除国务院财政、税务主管部门另有规定外，应为《企业所得税法》第四条第一款规定的税率。

企业按照《企业所得税法》及其实施条例和上述的有关规定计算的当期境内、境外应纳税所得总额小于零的，应以零计算当期境内、境外应纳税所得总额，其当期境外所得税的抵免限额也为零。

在计算实际应抵免的境外已缴纳和间接负担的所得税税额时，企业在境外一国（地区）当年缴纳和间接负担的符合规定的所得税税额低于所计算的该国（地区）抵免限额的，应以该项税额作为境外所得税抵免额从企业应纳税总额中据实抵免；超过抵免限额的，当年应以抵免限额作为境外所得税抵免额进行抵免，超过抵免限额的余额允许从次年起在连续五个纳税年度内，用每年度抵免限额抵免当年应抵税额后的余额进行抵补。

（八）简易办法对境外所得已纳税额计算抵免

属于下列情形的，可以采取简易办法对境外所得已纳税额计算抵免。

（1）企业从境外取得营业利润所得以及符合境外税额间接抵免条件的股息所得，虽有所得来源国（地区）政府机关核发的具有纳税性质的凭证或证明，但因客观原因无法真实、准确地确认应当缴纳并已经实际缴纳的境外所得税税额的，除就该所得直接缴纳及间接负担的税额在所得来源国（地区）的实际有效税率低于我国企业所得税法第四条第一款规定税率50%以上的外，可按境外应纳税所得额的12.5%作为抵免限额，企业按该国（地区）税务机关或政府机关核发具有纳税性质凭证或证明的金额，其不超过抵免限额的部分，准予抵免；超过的部分不得抵免。

属于上述规定以外的股息、利息、租金、特许权使用费、转让财产等投资性所得，均应按上述的其他规定计算境外税额抵免。

（2）企业从境外取得营业利润所得以及符合境外税额间接抵免条件的股息所得，凡就该所得缴纳及间接负担的税额在所得来源国（地区）的法定税率且其实际有效税率明显高于我国的，可直接以按上述规定计算的境外应纳税所得额和《企业所得税法》规定的税率计算的抵免限额作为可抵免的已在境外实际缴纳的企业所得税税额。

属于上述规定以外的股息、利息、租金、特许权使用费、转让财产等投资性所得，均应按上述其他规定计算境外税额抵免。

企业境外所得符合上述（1）、（2）条件的，采取简易办法对境外所得已纳税额计算抵免，企业在年度汇算清缴期内，应向主管税务机关报送备案资料，备案资料的具体内容按照《国家税务总局关于发布〔企业境外所得税收抵免操作指南〕的公告》（国家税务总局公告2010年第1号）第30条的规定执行。[①]

（九）纳税年度不一致的规定

企业在境外投资设立不具有独立纳税地位的分支机构，其计算生产、经营所得的纳税年度与我国规定的纳税年度不一致的，与我国纳税年度当年度相对应的境外纳税年度，应为在我国有关纳税年度中任何一日结束的境外纳税年度。

企业取得上述以外的境外所得实际缴纳或间接负担的境外所得税，应在该项境外所得实现日所在的我国对应纳税年度的应纳税额中计算抵免。

---

① 财政部、国家税务总局，《关于企业境外所得税收抵免有关问题的通知》，财税〔2009〕125号；国家税务总局，《关于企业境外所得适用简易征收和饶让抵免的核准事项取消后有关后续管理问题的公告》，2015年第70号。

（十）实际应纳所得税额的计算公式

企业实际应纳所得税额 = 企业境内外所得应纳税总额-企业所得税减免、抵免优惠税额-境外所得税抵免额

（十一）其他规定

所称不具有独立纳税地位，是指根据企业设立地法律不具有独立法人地位或者按照税收协定规定不认定为对方国家（地区）的税收居民。

企业取得来源于中国香港、澳门、台湾地区的应税所得，参照上述规定执行。

中华人民共和国政府同外国政府订立的有关税收的协定与上述有不同规定的，依照协定的规定办理。

【例17-6-2】甲企业在某年度境内经营应纳税所得额为400万元，其在A、B两国设有分支机构。A国分支机构所得为240万元。其中生产经营所得为200万元，A国规定的税率为40%；利息所得和特许权使用费所得为40万元，A国规定的税率为20%；B国分支机构所得为160万元。其中：生产经营所得为100万元，规定的税率为30%；租金所得和特许权使用费所得为60万元，B国规定的税率为10%。已知本国企业所得税为25%，请分别计算出A、B两国分支机构的应纳所得税额、税额抵扣限额和汇总计算的应纳税额。

【答案】首先，分别计算两个分支机构实际缴纳的所得税额。

A分支机构在A国实际缴纳的所得税额 = 200×40% + 40×20% = 88（万元）

B分支机构在B国实际缴纳的所得税额 = 100×30% + 60×10% = 36（万元）

其次，分别计算分支机构税额抵扣限额。

按照分国不分项的计算方法，该企业汇总计算缴纳所得税的程序和结果如下：

应纳所得税总额 = (400 + 240 + 160)×25% = 200（万元）

A国分支机构税额抵扣限额 = 200×(240/800) = 60（万元）

虽然该企业在A国已实际缴纳所得税88万元，但按照限额只允许抵扣60万元，超过抵扣限额的部分28万元不能抵扣。

B国分支机构税额抵扣限额 = 200×(160/800) = 40（万元）

该企业在B国的分支机构的税收抵扣限额为40万元，其在B国的实际缴纳的所得税为36万元，可以按实际缴纳税额扣除。

最后，计算企业汇总的应纳税额。

企业汇总计算的应纳税额 = 200-60-36 = 104（万元）

三、居民企业核定征收应纳税额的计算

为了加强企业所得税征收管理，规范核定征收企业所得税工作，保障国家税款及时足额入库，维护纳税人合法权益，根据《企业所得税法》及其实施条例、《中华人民共和国税收征收管理法》及其实施细则的有关规定，核定征收企业所得税的有关规定如下。

（一）核定征收企业所得税的范围

第一，居民企业纳税人具有下列情形之一的，核定征收企业所得税：[①]①依照法律、行政法规的规定可

---

① 国家税务总局，《关于印发〈企业所得税核定征收办法〉（试行）的通知》，国税发〔2008〕30号；国家税务总局，《关于修订企业所得税2个规范性文件的公告》，2016年第88号。

以不设置账簿的；②依照法律、行政法规的规定应当设置但未设置账簿的；③擅自销毁账簿或者拒不提供纳税资料的；④虽设置账簿，但账目混乱或者成本资料、收入凭证、费用凭证残缺不全，难以查账的；⑤发生纳税义务，未按照规定的期限办理纳税申报，经税务机关责令限期申报，逾期仍不申报的；⑥申报的计税依据明显偏低，又无正当理由的。

第二，特殊行业、特殊类型的纳税人和一定规模以上的纳税人不适用上述办法，包括以下类型的企业：[①]①享受《企业所得税法》及其实施条例和国务院规定的一项或几项企业所得税优惠政策的企业（不包括仅享受《企业所得税法》第二十六条规定免税收入优惠政策的企业、第二十八条规定的符合条件的小型微利企业）；②汇总纳税企业；③上市公司；④银行、信用社、小额贷款公司、保险公司、证券公司、期货公司、信托投资公司、金融资产管理公司、融资租赁公司、担保公司、财务公司、典当公司等金融企业；⑤会计、审计、资产评估、税务、房地产估价、土地估价、工程造价、律师、价格鉴证、公证机构、基层法律服务机构、专利代理、商标代理以及其他经济鉴证类社会中介机构；⑥国家税务总局规定的其他企业。

对上述规定之外的企业，主管税务机关要严格按照规定的范围和标准确定企业所得税的征收方式，不得违规扩大核定征收企业所得税范围；对其中达不到查账征收条件的企业核定征收企业所得税，并促使其完善会计核算和财务管理，达到查账征收条件后要及时转为查账征收。

第三，从事股票投资业务的核定征税企业所得税计算有关规定为[②]①专门从事股权（股票）投资业务的企业，不得核定征收企业所得税。②依法按核定应税所得率方式核定征收企业所得税的企业，取得的转让股权（股票）收入等转让财产收入，应全额计入应税收入额，按照主营项目（业务）确定适用的应税所得率计算征税；若主营项目（业务）发生变化，应在当年汇算清缴时，按照变化后的主营项目（业务）重新确定适用的应税所得率计算征税。

（二）核定征收的办法[③]

税务机关应根据纳税人的具体情况，对核定征收企业所得税的纳税人，核定应税所得率或者核定应纳所得税额。

（1）具有下列情形之一的，核定其应税所得率：①能正确核算（查实）收入总额，但不能正确核算（查实）成本费用总额的；②能正确核算（查实）成本费用总额，但不能正确核算（查实）收入总额的；③通过合理方法，能计算和推定纳税人收入总额或成本费用总额的。

纳税人不属于以上情形的，核定其应纳所得税额。

（2）税务机关采用下列方法核定征收企业所得税：①参照当地同类行业或者类似行业中经营规模和收入水平相近的纳税人的税负水平核定；②按照应税收入额或成本费用支出额定率核定；③按照耗用的原材料、燃料、动力等推算或测算核定；④按照其他合理方法核定。

采用前款所列一种方法不足以正确核定应纳税所得额或应纳税额的，可以同时采用两种以上的方法核定。采用两种以上方法测算的应纳税额不一致时，可按测算的应纳税额从高核定。

（3）采用应税所得率方式核定征收企业所得税的，应纳所得税额计算公式如下：

$$应纳所得税额 = 应纳税所得额 \times 适用税率$$

$$应纳税所得额 = 应税收入额 \times 应税所得率$$

$$或：应纳税所得额 = 成本（费用）支出额 \div (1-应税所得率) \times 应税所得率$$

其中，"应税收入额"等于收入总额减去不征税收入和免税收入后的余额，"收入总额"则为企业以货币形式和非货币形式从各种来源取得的收入。[④]

---

① 国家税务总局，《关于企业所得税核定征收若干问题的通知》，国税函〔2009〕377号。
② 国家税务总局，《关于企业所得税核定征收有关问题的公告》，2012年第27号。
③ 国家税务总局，《关于印发〈企业所得税核定征收办法（试行）〉的通知》，国税发〔2008〕30号。
④ 国家税务总局，《关于企业所得税核定征收若干问题的通知》，国税函〔2009〕377号。

（4）实行应税所得率方式核定征收企业所得税的纳税人，经营多业的，无论其经营项目是否单独核算，均由税务机关根据其主营项目确定适用的应税所得率。上述所称主营项目应为纳税人所有经营项目中，收入总额或者成本（费用）支出额或者耗用原材料、燃料、动力数量所占比重最大的项目。

（5）各行业应税所得率幅度见表17-6-1。

表 17-6-1　应税所得率幅度标准

行业	应税所得率/%
农、林、牧、渔业	3～10
制造业	5～15
批发和零售贸易业	4～15
交通运输业	7～15
建筑业	8～20
饮食业	8～25
娱乐业	15～30
其他行业	10～30

纳税人的生产经营范围、主营业务发生重大变化，或者应纳税所得额或应纳税额增减变化达到20%的，应及时向税务机关申报调整已确定的应纳税额或应税所得率。①

（三）从事股票投资业务的核定征税企业所得税计算有关规定②

自2012年1月1日起，核定征收企业所得税的企业，从事股票投资业务企业所得税执行以下规定。

（1）专门从事股权（股票）投资业务的企业，不得核定征收企业所得税。

（2）依法按核定应税所得率方式核定征收企业所得税的企业，取得的转让股权（股票）收入等转让财产收入，应全额计入应税收入额，按照主营项目（业务）确定适用的应税所得率计算征税；若主营项目（业务）发生变化，应在当年汇算清缴时，按照变化后的主营项目（业务）重新确定适用的应税所得率计算征税。

（3）企业以前年度尚未处理的上述事项，按照上述规定处理；已经处理的，不再调整。

四、非居民企业应纳税额的计算

（1）非居民企业在中国境内未设立机构、场所，而有取得的来源于中国境内的利润、利息、租金、特许权使用费和其他所得，或者虽设立机构、场所，但上述所得与其机构、场所没有实际联系的，都应当缴纳企业所得税，以支付人为扣缴义务人，税款由扣缴义务人在每次支付或者到期应支付时，从支付或者到期应支付的款项中扣缴。③

非居民企业取得上述规定的所得，按照下列方法计算其应纳税所得额④。

第一，股息、红利等权益性投资收益和利息、租金、特许权使用费所得，以收入全额为应纳税所得额。营业税改征增值税试点中的非居民企业，在计算缴纳企业所得税时，应以不含增值税的收入全额作为企业应纳税所得额计税依据⑤。

---

① 国家税务总局，《关于印发〈企业所得税核定征收办法（试行）〉的通知》，国税发〔2008〕30号。
② 国家税务总局，《关于企业所得税核定征收有关问题的公告》，2012年第27号。
③ 《企业所得税法》，第三条、第三十七条。
④ 《企业所得税法》，第二十三条。
⑤ 国家税务总局，《关于营业税改征增值税试点中非居民企业缴纳企业所得税有关问题的公告》，2013年第9号。

第二，转让财产所得，以收入全额减除财产净值后的余额为应纳税所得额。收入全额，是指非居民企业向支付人收取的全部价款和价外费用。财产净值，是指财产的计税基础减除已经按照规定扣除的折旧、折耗、摊销、准备金等后的余额①。

转让财产所得包含转让股权等权益性投资资产（称"股权"）所得。股权转让收入减除股权净值后的余额为股权转让所得应纳税所得额。其中，股权转让收入是指股权转让人转让股权所收取的对价，包括货币形式和非货币形式的各种收入。股权净值是指取得该股权的计税基础。股权的计税基础是股权转让人投资入股时向中国居民企业实际支付的出资成本，或购买该项股权时向该股权的原转让人实际支付的股权受让成本。股权在持有期间发生减值或者增值，按照国务院财政、税务主管部门规定可以确认损益的，股权净值应进行相应调整。企业在计算股权转让所得时，不得扣除被投资企业未分配利润等股东留存收益中按该项股权所可能分配的金额。多次投资或收购的同项股权被部分转让的，从该项股权全部成本中按照转让比例计算确定被转让股权对应的成本。②

第三，其他所得，参照前两项规定的方法计算应纳税所得额。

（2）对非居民企业在中国境内取得工程作业和劳务所得应缴纳的所得税，税务机关可以指定工程价款或者劳务费的支付人为扣缴义务人。③

【例 17-6-3】 非居民企业与境内某公司签订特许权使用费合同，合同价款 100 万元（并且合同约定各项税款由非居民企业承担），如何计算扣缴企业所得税（假设适用的增值税税率为 6%）？

【答案】 合同增值税由非居民企业承担，则合同总价款 100 万元为含税价。根据国家税务总局 2013 年第 9 号公告计算扣缴非居民企业所得税的计税依据含税所得额应将不含增值税的收入额作为应纳税所得额。因此计算应纳税所得额时应首先将增值税扣除。

$$非居民企业的应税所得额 = 合同金额 \div (1 + 增值税税率) = 100 \div (1 + 6\%) \approx 94.34（万元）$$

$$增值税应扣缴税额 = 94.34 \times 6\% \approx 5.66（万元）$$

$$企业所得税应扣缴税额 = 94.34 \times 10\% = 9.43（万元）$$

五、非居民企业所得税核定征收管理办法④

非居民企业应当按照《中华人民共和国税收征收管理法》及有关法律法规设置账簿，根据合法、有效凭证记账，进行核算，并应按照其实际履行的功能与承担的风险相匹配的原则，准确计算应纳税所得额，据实申报缴纳企业所得税。非居民企业因会计账簿不健全，资料残缺难以查账，或者其他原因不能准确计算并据实申报其应纳税所得额的，税务机关有权采取以下方法核定其应纳税所得额。

（1）按收入总额核定应纳税所得额：适用于能够正确核算收入或通过合理方法推定收入总额，但不能正确核算成本费用的非居民企业。计算公式如下：

$$应纳税所得额 = 收入总额 \times 经税务机关核定的利润率$$

（2）按成本费用核定应纳税所得额：适用于能够正确核算成本费用，但不能正确核算收入总额的非居民企业。计算公式如下：

$$应纳税所得额 = 成本费用总额/(1-经税务机关核定的利润率) \times 经税务机关核定的利润率$$

（3）按经费支出换算收入核定应纳税所得额：适用于能够正确核算经费支出总额，但不能正确核算收入总额和成本费用的非居民企业。计算公式如下：

$$应纳税所得额 = 本期经费支出总额/(1-核定利润率) \times 核定利润率⑤$$

---

① 《企业所得税法实施条例》，第七十四条、第一百零三条。
② 国家税务总局，《关于非居民企业所得税源泉扣缴有关问题的公告》，2017 年第 37 号。
③ 《企业所得税法》，第三十八条。
④ 除特殊说明外，资料均来自：国家税务总局，《关于印发〈非居民企业所得税核定征收管理办法〉的通知》，国税发〔2010〕19 号。
⑤ 国家税务总局，《关于修改按经费支出换算收入方式核定非居民企业应纳税所得额计算公式的公告》，2016 年第 28 号。

税务机关可按照以下标准确定非居民企业的利润率：①从事承包工程作业、设计和咨询劳务的，利润率为 15%~30%；②从事管理服务的，利润率为 30%~50%；③从事其他劳务或劳务以外经营活动的，利润率不低于 15%。

税务机关有根据认为非居民企业的实际利润率明显高于上述标准的，可以按照比上述标准更高的利润率核定其应纳税所得额。

非居民企业与中国居民企业签订机器设备或货物销售合同，同时提供设备安装、装配、技术培训、指导、监督服务等劳务，其销售货物合同中未列明提供上述劳务服务收费金额，或者计价不合理的，主管税务机关可以根据实际情况，参照相同或相近业务的计价标准核定劳务收入。无参照标准的，以不低于销售货物合同总价款的 10%为原则，确定非居民企业的劳务收入。

非居民企业为中国境内客户提供劳务取得的收入，凡其提供的服务全部发生在中国境内的，应全额在中国境内申报缴纳企业所得税。凡其提供的服务同时发生在中国境内外的，应以劳务发生地为原则划分其境内外收入，并就其在中国境内取得的劳务收入申报缴纳企业所得税。税务机关对其境内外收入划分的合理性和真实性有疑义的，可以要求非居民企业提供真实有效的证明，并根据工作量、工作时间、成本费用等因素合理划分其境内外收入；如非居民企业不能提供真实有效的证明，税务机关可视同其提供的服务全部发生在中国境内，确定其劳务收入并据以征收企业所得税。

采取核定征收方式征收企业所得税的非居民企业，在中国境内从事适用不同核定利润率的经营活动，并取得应税所得的，应分别核算并适用相应的利润率计算缴纳企业所得税；凡不能分别核算的，应从高适用利润率，计算缴纳企业所得税。

六、外国企业常驻代表机构企业所得税计算[①]

自 2010 年 1 月 1 日起，外国企业常驻代表机构应当就其归属所得依法申报缴纳企业所得税。所称外国企业常驻代表机构，是指按照国务院有关规定，在工商行政管理部门登记或经有关部门批准，设立在中国境内的外国企业（包括港澳台企业）及其他组织的常驻代表机构（简称代表机构）。

1. 核算征收

代表机构应当按照有关法律、行政法规和国务院财政、税务主管部门的规定设置账簿，根据合法、有效凭证记账，进行核算，并应按照实际履行的功能和承担的风险相配比的原则，准确计算其应税收入和应纳税所得额，在季度终了之日起 15 日内向主管税务机关据实申报缴纳企业所得税。

2. 核定征收

对账簿不健全，不能准确核算收入或成本费用，以及无法按照上述规定据实申报的代表机构，税务机关有权采取以下两种方式核定其应纳税所得额。

（1）按经费支出换算收入：适用于能够准确反映经费支出但不能准确反映收入或成本费用的代表机构。
①计算公式：

$$应纳税所得额 = 本期经费支出额/(1-核定利润率) \times 核定利润率[②]$$
$$应纳企业所得税额 = 收入额 \times 核定利润率 \times 企业所得税税率$$

②代表机构的经费支出额包括：在中国境内、外支付给工作人员的工资薪金、奖金、津贴、福利费、物品采购费（包括汽车、办公设备等固定资产）、通讯费、差旅费、房租、设备租赁费、交通费、交际费、其他费用等。

[①] 除特殊说明外，资料均来自：国家税务总局，《关于印发〈外国企业常驻代表机构税收管理暂行办法〉的通知》，国税发〔2010〕18 号。
[②] 国家税务总局，《关于修改按经费支出换算收入方式核定非居民企业应纳税所得额计算公式的公告》，2016 年第 28 号。

第一，购置固定资产所发生的支出，以及代表机构设立时或者搬迁等原因所发生的装修费支出，应在发生时一次性作为经费支出额换算收入计税。

第二，利息收入不得冲抵经费支出额；发生的交际应酬费，以实际发生数额计入经费支出额。

第三，以货币形式用于我国境内的公益、救济性质的捐赠、滞纳金、罚款，以及为其总机构垫付的不属于其自身业务活动所发生的费用，不应作为代表机构的经费支出额。

第四，其他费用包括：为总机构从中国境内购买样品所支付的样品费和运输费用；国外样品运往中国发生的中国境内的仓储费用、报关费用；总机构人员来华访问聘用翻译的费用；总机构为中国某个项目投标由代表机构支付的购买标书的费用，等等。

（2）按收入总额核定应纳税所得额：适用于可以准确反映收入但不能准确反映成本费用的代表机构。计算公式：

$$应纳企业所得税额 = 收入总额 \times 核定利润率 \times 企业所得税税率$$

3. 核定利润率

代表机构的核定利润率不应低于15%。[①]采取核定征收方式的代表机构，如能建立健全会计账簿，准确计算其应税收入和应纳税所得额，报主管税务机关备案，可调整为据实申报方式。

七、企业转让上市公司限售股企业所得税计算[②]

自2011年7月1日起，企业转让限售股按以下规定办理。

1. 企业转让代个人持有的限售股征税问题

因股权分置改革造成原由个人出资而由企业代持有的限售股，企业在转让时按以下规定处理。

（1）企业转让上述限售股取得的收入，应作为企业应税收入计算纳税。

上述限售股转让收入扣除限售股原值和合理税费后的余额为该限售股转让所得。企业未能提供完整、真实的限售股原值凭证，不能准确计算该限售股原值的，主管税务机关一律按该限售股转让收入的15%，核定为该限售股原值和合理税费。

依照本规定完成纳税义务后的限售股转让收入余额转付给实际所有人时不再纳税。

（2）依法院判决、裁定等原因，通过证券登记结算公司，企业将其代持的个人限售股直接变更到实际所有人名下的，不视同转让限售股。

2. 企业在限售股解禁前转让限售股征税问题

企业在限售股解禁前将其持有的限售股转让给其他企业或个人（简称受让方），其企业所得税问题按以下规定处理。

（1）企业应按减持在证券登记结算机构登记的限售股取得的全部收入，计入企业当年度应税收入计算纳税。

（2）企业持有的限售股在解禁前已签订协议转让给受让方，但未变更股权登记、仍由企业持有的，企业实际减持该限售股取得的收入，依照本条第一项规定纳税后，其余额转付给受让方的，受让方不再纳税。

第七节 特别纳税调整

经济全球化进程加快以及跨国公司的发展，使税源国际化趋势日益明显，在这一趋势下，各国都高度

[①] 国家税务总局，《关于印发〈外国企业常驻代表机构税收管理暂行办法〉的通知》，国税发〔2010〕18号。
[②] 国家税务总局，《关于企业转让上市公司限售股有关所得税问题的公告》，2011年第39号。

关注跨国公司避税问题，反避税已成为各国税收征管的重要内容。如何从完善立法和加强管理两方面采取措施，防止本国税收转移，维护本国税收权益，已成为各国税务当局面临的主要课题之一。2009年，国家税务总局发布《特别纳税调整实施办法（试行）》（国税发〔2009〕2号，简称《办法》），对反避税操作管理进行全面规范。随着《办法》的发布实施，我国已经形成了较全面的反避税法律框架和管理指南，为税务机关执法和纳税人遵从提供法律依据。①

一、特别纳税调整的概念

特别纳税调整，是指税务机关对企业的转让定价、预约定价安排（advance pricing arrangement）、成本分摊协议（cost sharing agreement）、受控外国企业（controlled foreign corporations）、资本弱化（thin capitalization）以及一般反避税等特别纳税调整事项的管理。企业与其关联方之间的业务往来，不符合独立交易原则而减少企业或者其关联方应纳税收入或者所得额的，税务机关有权按照合理方法调整。企业与其关联方共同开发、受让无形资产，或者共同提供、接受劳务发生的成本，在计算应纳税所得额时应当按照独立交易原则进行分摊。②

所称关联方，是指与企业有以下关系之一的企业、其他组织或者个人：③①在资金、经营、购销等方面，存在直接或者间接的拥有或者控制关系；②直接或者间接地同为第三者所拥有或者控制；③在利益上相关联的其他关系。

关联企业的交易并不一定违背独立交易原则。独立交易原则是指没有关联关系的交易各方，按照公平成交价格和营业常规进行业务往来遵循的原则。④只有违背了这一原则的交易，才是关联交易。

所称合理方法，包括：①可比非受控价格法，是指按照没有关联关系的交易各方进行相同或者类似业务往来的价格进行定价的方法；②再销售价格法，是指按照从关联方购进商品再销售给没有关联关系的交易方的价格，减除相同或者类似业务的销售毛利进行定价的方法；③成本加成法，是指按照成本加合理的费用和利润进行定价的方法；④交易净利润法，是指按照没有关联关系的交易各方进行相同或者类似业务往来取得的净利润水平确定利润的方法；⑤利润分割法，是指将企业与其关联方的合并利润或者亏损在各方之间采用合理标准进行分配的方法；⑥其他符合独立交易原则的方法。⑤

二、关联申报管理⑥

（一）关联关系

企业与其他企业、组织或者个人具有下列关系之一的，构成关联关系。

（1）一方直接或者间接持有另一方的股份总和达到25%以上；双方直接或者间接同为第三方所持有的股份达到25%以上。

如果一方通过中间方对另一方间接持有股份，只要对中间方持股比例达到25%以上，则其对另一方的持股比例按照中间方对另一方的持股比例计算。

两个以上具有夫妻、直系血亲、兄弟姐妹以及其他抚养、赡养关系的自然人共同持股同一企业，在判定关联关系时持股比例合并计算。

（2）双方存在持股关系或者同为第三方持股，虽持股比例未达到上述第（1）条规定，但双方之间借贷

---

① 除特殊说明外，本节内容均引自：国家税务总局，《关于印发〈特别纳税调整实施办法（试行）〉的通知》，国税发〔2009〕2号。
② 《企业所得税法》，第四十一条。
③ 《企业所得税法实施条例》，第一百零九条。
④ 《企业所得税法实施条例》，第一百一十条。
⑤ 《企业所得税法实施条例》，第十百一十一条。
⑥ 国家税务总局，《关于完善关联申报和同期资料管理有关事项的公告》，2016年第42号。

资金总额占任一方实收资本比例达到50%以上，或者一方全部借贷资金总额的10%以上由另一方担保（与独立金融机构之间的借贷或者担保除外）。

借贷资金总额占实收资本比例=年度加权平均借贷资金/年度加权平均实收资本，其中：

年度加权平均借贷资金=i笔借入或者贷出资金账面金额×i笔借入或者贷出资金年度实际占用天数/365

年度加权平均实收资本=i笔实收资本账面金额×i笔实收资本年度实际占用天数/365

（3）双方存在持股关系或者同为第三方持股，虽持股比例未达到上述（1）规定，但一方的生产经营活动必须由另一方提供专利权、非专利技术、商标权、著作权等特许权才能正常进行。

（4）双方存在持股关系或者同为第三方持股，虽持股比例未达到上述（1）规定，但一方的购买、销售、接受劳务、提供劳务等经营活动由另一方控制。

上述控制是指一方有权决定另一方的财务和经营政策，并能据以从另一方的经营活动中获取利益。

（5）一方半数以上董事或者半数以上高级管理人员（包括上市公司董事会秘书、经理、副经理、财务负责人和公司章程规定的其他人员）由另一方任命或者委派，或者同时担任另一方的董事或者高级管理人员；或者双方各自半数以上董事或者半数以上高级管理人员同为第三方任命或者委派。

（6）具有夫妻、直系血亲、兄弟姐妹以及其他抚养、赡养关系的两个自然人分别与双方具有上述（1）~（5）关系之一。

（7）双方在实质上具有其他共同利益。

除上述（2）规定外，上述关联关系年度内发生变化的，关联关系按照实际存续期间认定。

仅因国家持股或者由国有资产管理部门委派董事、高级管理人员而存在上述（1）~（5）关系的，不构成关联关系。

（二）关联交易的主要类型

（1）有形资产使用权或者所有权的转让。有形资产包括商品、产品、房屋建筑物、交通工具、机器设备、工具器具等。

（2）金融资产的转让。金融资产包括应收账款、应收票据、其他应收款项、股权投资、债权投资和衍生金融工具形成的资产等。

（3）无形资产使用权或者所有权的转让。无形资产包括专利权、非专利技术、商业秘密、商标权、品牌、客户名单、销售渠道、特许经营权、政府许可、著作权等。

（4）资金融通。资金包括各类长短期借贷资金（含集团资金池）、担保费、各类应计息预付款和延期收付款等。

（5）劳务交易。劳务包括市场调查、营销策划、代理、设计、咨询、行政管理、技术服务、合约研发、维修、法律服务、财务管理、审计、招聘、培训、集中采购等。

（三）关联交易报表申报

（1）实行查账征收的居民企业和在中国境内设立机构、场所并据实申报缴纳企业所得税的非居民企业向税务机关报送年度企业所得税纳税申报表时，应当就其与关联方之间的业务往来进行关联申报，附送《中华人民共和国企业年度关联业务往来报告表（2016年版）》。

（2）存在下列情形之一的居民企业，应当在报送年度关联业务往来报告表时填报国别报告。①该居民企业为跨国企业集团的最终控股企业，且其上一会计年度合并财务报表中的各类收入金额合计超过55亿元。最终控股企业是指能够合并其所属跨国企业集团所有成员实体财务报表的，且不能被其他企业纳入合并财务报表的企业。②该居民企业被跨国企业集团指定为国别报告的报送企业。国别报告主要披露最终控股企业所属跨国企业集团所有成员实体的全球所得、税收和业务活动的国别分布情况。

（3）最终控股企业为中国居民企业的跨国企业集团，其信息涉及国家安全的，可以按照国家有关规定，豁免填报部分或者全部国别报告。

（4）税务机关可以按照我国对外签订的协定、协议或者安排实施国别报告的信息交换（不适用于2016年度的国别报告）。

（5）企业虽不属于（2）规定填报国别报告的范围，但其所属跨国企业集团按照其他国家有关规定应当准备国别报告，且符合下列条件之一的，税务机关可以在实施特别纳税调查时要求企业提供国别报告（不适用于 2016 年度的国别报告）：①跨国企业集团未向任何国家提供国别报告；②虽然跨国企业集团已向其他国家提供国别报告，但我国与该国尚未建立国别报告信息交换机制；③虽然跨国企业集团已向其他国家提供国别报告，且我国与该国已建立国别报告信息交换机制，但国别报告实际未成功交换至我国。

（6）企业在规定期限内报送年度关联业务往来报告表确有困难，需要延期的，应当按照《中华人民共和国税收征收管理法》及其实施细则的有关规定办理。

三、同期资料管理[①]

企业应当依据《企业所得税法实施条例》第一百一十四条的规定，按纳税年度准备并按税务机关要求提供其关联交易的同期资料。

同期资料包括主体文档、本地文档和特殊事项文档。

（一）主体文档

1. 主体文档范围

符合下列条件之一的企业，应当准备主体文档。

（1）年度发生跨境关联交易，且合并该企业财务报表的最终控股企业所属企业集团已准备主体文档。

（2）年度关联交易总额超过 10 亿元。

2. 主体文档主要内容

主体文档主要披露最终控股企业所属企业集团的全球业务整体情况，包括以下内容。

（1）组织架构。以图表形式说明企业集团的全球组织架构、股权结构和所有成员实体的地理分布。成员实体是指企业集团内任一营运实体，包括公司制企业、合伙企业和常设机构等。

（2）企业集团业务。①企业集团业务描述，包括利润的重要价值贡献因素。②企业集团营业收入前五位以及占营业收入超过 5%的产品或者劳务的供应链及其主要市场地域分布情况。供应链情况可以采用图表形式进行说明。③企业集团除研发外的重要关联劳务及简要说明，说明内容包括主要劳务提供方提供劳务的胜任能力、分配劳务成本以及确定关联劳务价格的转让定价政策。④企业集团内各成员实体主要价值贡献分析，包括执行的关键功能、承担的重大风险，以及使用的重要资产。⑤企业集团会计年度内发生的业务重组，产业结构调整，集团内企业功能、风险或者资产的转移。⑥企业集团会计年度内发生的企业法律形式改变、债务重组、股权收购、资产收购、合并、分立等。

（3）无形资产。①企业集团开发、应用无形资产及确定无形资产所有权归属的整体战略，包括主要研发机构所在地和研发管理活动发生地及其主要功能、风险、资产和人员情况。②企业集团对转让定价安排有显著影响的无形资产或者无形资产组合，以及对应的无形资产所有权人。③企业集团内各成员实体与其关联方的无形资产重要协议清单，重要协议包括成本分摊协议、主要研发服务协议和许可协议等。④企业

[①] 国家税务总局，《关于完善关联申报和同期资料管理有关事项的公告》，2016 年第 42 号。

集团内与研发活动及无形资产相关的转让定价政策。⑤企业集团会计年度内重要无形资产所有权和使用权关联转让情况,包括转让涉及的企业、国家以及转让价格等。

(4) 融资活动。①企业集团内部各关联方之间的融资安排以及与非关联方的主要融资安排。②企业集团内提供集中融资功能的成员实体情况,包括其注册地和实际管理机构所在地。③企业集团内部各关联方之间融资安排的总体转让定价政策。

(5) 财务与税务状况。①企业集团最近一个会计年度的合并财务报表。②企业集团内各成员实体签订的单边预约定价安排、双边预约定价安排以及涉及国家之间所得分配的其他税收裁定的清单及简要说明。③报送国别报告的企业名称及其所在地。

(二) 本地文档

1. 本地文档范围

年度关联交易金额符合下列条件之一的企业,应当准备本地文档。

(1) 有形资产所有权转让金额（来料加工业务按照年度进出口报关价格计算）超过2亿元。

(2) 金融资产转让金额超过1亿元。

(3) 无形资产所有权转让金额超过1亿元。

(4) 其他关联交易金额合计超过4000万元。

2. 本地文档主要内容

本地文档主要披露企业关联交易的详细信息,包括以下内容。

1) 企业概况

具体包括:①组织结构,包括企业各职能部门的设置、职责范围和雇员数量等;②管理架构,包括企业各级管理层的汇报对象以及汇报对象主要办公所在地等;③业务描述,包括企业所属行业的发展概况、产业政策、行业限制等影响企业和行业的主要经济和法律问题,主要竞争者等;④经营策略,包括企业各部门、各环节的业务流程,运营模式,价值贡献因素等;⑤财务数据,包括企业不同类型业务及产品的收入、成本、费用及利润;⑥涉及本企业或者对本企业产生影响的重组或者无形资产转让情况,以及对本企业的影响分析。

2) 关联关系

具体包括:①关联方信息,包括直接或者间接拥有企业股权的关联方,以及与企业发生交易的关联方,内容涵盖关联方名称、法定代表人、高级管理人员的构成情况、注册地址、实际经营地址,以及关联个人的姓名、国籍、居住地等情况;②上述关联方适用的具有所得税性质的税种、税率及相应可享受的税收优惠;③本会计年度内,企业关联关系的变化情况。

3) 关联交易

(1) 关联交易概况。①关联交易描述和明细,包括关联交易相关合同或者协议副本及其执行情况的说明,交易标的的特性,关联交易的类型、参与方、时间、金额、结算货币、交易条件、贸易形式,以及关联交易与非关联交易业务的异同等。②关联交易流程,包括关联交易的信息流、物流和资金流,与非关联交易业务流程的异同。③功能风险描述,包括企业及其关联方在各类关联交易中执行的功能、承担的风险和使用的资产。④交易定价影响要素,包括关联交易涉及的无形资产及其影响,成本节约、市场溢价等地域特殊因素。地域特殊因素应从劳动力成本、环境成本、市场规模、市场竞争程度、消费者购买力、商品或者劳务的可替代性、政府管制等方面进行分析。⑤关联交易数据,包括各关联方、各类关联交易涉及的交易金额。分别披露关联交易和非关联交易的收入、成本、费用和利润,不能直接归集的,按照合理比例划分,并说明该划分比例的依据。

(2) 价值链分析。①企业集团内业务流、物流和资金流,包括商品、劳务或者其他交易标的从设计、开发、生产制造、营销、销售、交货、结算、消费、售后服务、循环利用等各环节及其参与方。②上述各环节参与方最近会计年度的财务报表。③地域特殊因素对企业创造价值贡献的计量及其归属。④企业集团利润在全球价值链条中的分配原则和分配结果。

(3) 对外投资。①对外投资基本信息,包括对外投资项目的投资地区、金额、主营业务及战略规划。②对外投资项目概况,包括对外投资项目的股权架构、组织结构,高级管理人员的雇佣方式,项目决策权限的归属。③对外投资项目数据,包括对外投资项目的营运数据。

(4) 关联股权转让。①股权转让概况,包括转让背景、参与方、时间、价格、支付方式,以及影响股权转让的其他因素。②股权转让标的的相关信息,包括股权转让标的所在地,出让方获取该股权的时间、方式和成本,股权转让收益等信息。③尽职调查报告或者资产评估报告等与股权转让相关的其他信息。

(5) 关联劳务。①关联劳务概况,包括劳务提供方和接受方,劳务的具体内容、特性、开展方式、定价原则、支付形式,以及劳务发生后各方受益情况等。②劳务成本费用的归集方法、项目、金额、分配标准、计算过程及结果等。③企业及其所属企业集团与非关联方存在相同或者类似劳务交易的,还应当详细说明关联劳务与非关联劳务在定价原则和交易结果上的异同。

(6) 与企业关联交易直接相关的,中国以外其他国家税务主管当局签订的预约定价安排和作出的其他税收裁定。

4) 可比性分析

具体包括:①可比性分析考虑的因素,包括交易资产或者劳务特性,交易各方功能、风险和资产,合同条款,经济环境,经营策略等;②可比企业执行的功能、承担的风险以及使用的资产等相关信息;③可比对象搜索方法、信息来源、选择条件及理由;④所选取的内部或者外部可比非受控交易信息和可比企业的财务信息;⑤可比数据的差异调整及理由。

5) 转让定价方法的选择和使用

具体包括:①被测试方的选择及理由;②转让定价方法的选用及理由,无论选择何种转让定价方法,均须说明企业对集团整体利润或者剩余利润所做的贡献;③确定可比非关联交易价格或者利润的过程中所做的假设和判断;④运用合理的转让定价方法和可比性分析结果,确定可比非关联交易价格或者利润;⑤其他支持所选用转让定价方法的资料;⑥关联交易定价是否符合独立交易原则的分析及结论。

(三) 特殊事项文档

特殊事项文档包括成本分摊协议特殊事项文档和资本弱化特殊事项文档。企业签订或者执行成本分摊协议的,应当准备成本分摊协议特殊事项文档。企业关联债资比例超过标准比例需要说明符合独立交易原则的,应当准备资本弱化特殊事项文档。

1. 成本分摊协议特殊事项文档主要内容

成本分摊协议特殊事项文档主要内容包括:①成本分摊协议副本;②各参与方之间达成的为实施成本分摊协议的其他协议;③非参与方使用协议成果的情况、支付的金额和形式,以及支付金额在参与方之间的分配方式;④本年度成本分摊协议的参与方加入或者退出的情况,包括加入或者退出的参与方名称、所在国家和关联关系,加入支付或者退出补偿的金额及形式;⑤成本分摊协议的变更或者终止情况,包括变更或者终止的原因、对已形成协议成果的处理或者分配;⑥本年度按照成本分摊协议发生的成本总额及构成情况;⑦本年度各参与方成本分摊的情况,包括成本支付的金额、形式和对象,作出或者接受补偿支付的金额、形式和对象;⑧本年度协议预期收益与实际收益的比较以及由此作出的调整;⑨预期收益的计算,包括计量参数的选取、计算方法和改变理由。

2. 资本弱化特殊事项文档主要内容

资本弱化特殊事项文档主要内容包括:①企业偿债能力和举债能力分析;②企业集团举债能力及融资

结构情况分析;③企业注册资本等权益投资的变动情况说明;④关联债权投资的性质、目的及取得时的市场状况;⑤关联债权投资的货币种类、金额、利率、期限及融资条件;⑥非关联方是否能够并且愿意接受上述融资条件、融资金额及利率;⑦企业为取得债权性投资而提供的抵押品情况及条件;⑧担保人状况及担保条件;⑨同类同期贷款的利率情况及融资条件;⑩可转换公司债券的转换条件;⑪其他能够证明符合独立交易原则的资料。

(四) 免于准备同期资料情形

企业执行预约定价安排的,可以不准备预约定价安排涉及关联交易的本地文档和特殊事项文档,且关联交易金额不计入《关于完善关联申报和同期资料管理有关事项的公告》第十三条规定的关联交易金额范围。

企业仅与境内关联方发生关联交易的,可以不准备主体文档、本地文档和特殊事项文档。

(五) 同期资料提供时间要求

(1) 主体文档应当在企业集团最终控股企业会计年度终了之日起 12 个月内准备完毕;本地文档和特殊事项文档应当在关联交易发生年度次年 6 月 30 日之前准备完毕。同期资料应当自税务机关要求之日起 30 日内提供。

(2) 企业因不可抗力无法按期提供同期资料的,应当在不可抗力消除后 30 日内提供同期资料。

四、转让定价方法管理[①]

转让定价管理是指税务机关按照《企业所得税法》第六章和《中华人民共和国税收征收管理法》第三十六条的有关规定,对企业与其关联方之间的业务往来是否符合独立交易原则进行审核评估和调查调整等工作的总称。

税务机关实施转让定价调查时,应当进行可比性分析,并在此基础上,选择合理的转让定价方法,对企业关联交易进行分析评估。转让定价方法包括可比非受控价格法、再销售价格法、成本加成法、交易净利润法、利润分割法及其他符合独立交易原则的方法。

可比性分析一般包括以下五个方面,税务机关可以根据案件情况选择具体分析内容。

(1) 交易资产或者劳务特性,包括有形资产的物理特性、质量、数量等;无形资产的类型、交易形式、保护程度、期限、预期收益等;劳务的性质和内容;金融资产的特性、内容、风险管理等。

(2) 交易各方执行的功能、承担的风险和使用的资产。功能包括研发、设计、采购、加工、装配、制造、维修、分销、营销、广告、存货管理、物流、仓储、融资、管理、财务、会计、法律及人力资源管理等;风险包括投资风险、研发风险、采购风险、生产风险、市场风险、管理风险及财务风险等;资产包括有形资产、无形资产、金融资产等。

(3) 合同条款,包括交易标的、交易数量、交易价格、收付款方式和条件、交货条件、售后服务范围和条件、提供附加劳务的约定、变更或者修改合同内容的权利、合同有效期、终止或者续签合同的权利等。合同条款分析应当关注企业执行合同的能力与行为,以及关联方之间签署合同条款的可信度等。

(4) 经济环境,包括行业概况、地理区域、市场规模、市场层级、市场占有率、市场竞争程度、消费者购买力、商品或者劳务可替代性、生产要素价格、运输成本、政府管制,以及成本节约、市场溢价等地域特殊因素。

(5) 经营策略,包括创新和开发、多元化经营、协同效应、风险规避及市场占有策略等。

---

① 国家税务总局,《关于发布〈特别纳税调查调整及相互协商程序管理办法〉的公告》,2017 年第 6 号。

(一)可比非受控价格法

可比非受控价格法以非关联方之间进行的与关联交易相同或者类似业务活动所收取的价格作为关联交易的公平成交价格。可比非受控价格法可以适用于所有类型的关联交易。

可比非受控价格法的可比性分析,应当按照不同交易类型,特别考察关联交易与非关联交易中交易资产或者劳务的特性、合同条款、经济环境和经营策略上的差异。

(1)有形资产使用权或者所有权的转让,包括:①转让过程,包括交易时间与地点、交货条件、交货手续、支付条件、交易数量、售后服务等;②转让环节,包括出厂环节、批发环节、零售环节、出口环节等;③转让环境,包括民族风俗、消费者偏好、政局稳定程度以及财政、税收、外汇政策等;④有形资产的性能、规格、型号、结构、类型、折旧方法等;⑤提供使用权的时间、期限、地点、费用收取标准等;⑥资产所有者对资产的投资支出、维修费用等。

(2)金融资产的转让,包括金融资产的实际持有期限、流动性、安全性、收益性。其中,股权转让交易的分析内容包括公司性质、业务结构、资产构成、所属行业、行业周期、经营模式、企业规模、资产配置和使用情况、企业所处经营阶段、成长性、经营风险、财务风险、交易时间、地理区域、股权关系、历史与未来经营情况、商誉、税收利益、流动性、经济趋势、宏观政策、企业收入和成本结构及其他因素。

(3)无形资产使用权或者所有权的转让,包括:①无形资产的类别、用途、适用行业、预期收益;②无形资产的开发投资、转让条件、独占程度、可替代性、受有关国家法律保护的程度及期限、地理位置、使用年限、研发阶段、维护改良及更新的权利、受让成本和费用、功能风险情况、摊销方法以及其他影响其价值发生实质变动的特殊因素等。

(4)资金融通,包括融资的金额、币种、期限、担保、融资人的资信、还款方式、计息方法等。

(5)劳务交易,包括劳务性质、技术要求、专业水准、承担责任、付款条件和方式、直接和间接成本等。

关联交易与非关联交易在以上方面存在重大差异的,应当就该差异对价格的影响进行合理调整,无法合理调整的,应当选择其他合理的转让定价方法。

(二)再销售价格法

再销售价格法以关联方购进商品再销售给非关联方的价格减去可比非关联交易毛利后的金额作为关联方购进商品的公平成交价格。其计算公式如下:

公平成交价格 = 再销售给非关联方的价格×(1-可比非关联交易毛利率)

可比非关联交易毛利率 = 可比非关联交易毛利/可比非关联交易收入净额×100%

再销售价格法一般适用于再销售者未对商品进行改变外形、性能、结构或者更换商标等实质性增值加工的简单加工或者单纯购销业务。

再销售价格法的可比性分析,应当特别考察关联交易与非关联交易中企业执行的功能、承担的风险、使用的资产和合同条款上的差异,以及影响毛利率的其他因素,具体包括营销、分销、产品保障及服务功能,存货风险,机器、设备的价值及使用年限,无形资产的使用及价值,有价值的营销型无形资产,批发或者零售环节,商业经验,会计处理及管理效率等。

关联交易与非关联交易在以上方面存在重大差异的,应当就该差异对毛利率的影响进行合理调整,无法合理调整的,应当选择其他合理的转让定价方法。

(三)成本加成法

成本加成法以关联交易发生的合理成本加上可比非关联交易毛利后的金额作为关联交易的公平成交价格。其计算公式如下:

$$公平成交价格 = 关联交易发生的合理成本 \times (1 + 可比非关联交易成本加成率)$$
$$可比非关联交易成本加成率 = 可比非关联交易毛利/可比非关联交易成本 \times 100\%$$

成本加成法一般适用于有形资产使用权或者所有权的转让、资金融通、劳务交易等关联交易。

成本加成法的可比性分析，应当特别考察关联交易与非关联交易中企业执行的功能、承担的风险、使用的资产和合同条款上的差异，以及影响成本加成率的其他因素，具体包括制造、加工、安装及测试功能，市场及汇兑风险，机器、设备的价值及使用年限，无形资产的使用及价值，商业经验，会计处理，生产及管理效率等。

关联交易与非关联交易在以上方面存在重大差异的，应当就该差异对成本加成率的影响进行合理调整，无法合理调整的，应当选择其他合理的转让定价方法。

（四）交易净利润法

交易净利润法以可比非关联交易的利润指标确定关联交易的利润。利润指标包括息税前利润率、完全成本加成率、资产收益率、贝里比率等。具体计算公式如下：

$$息税前利润率 = 息税前利润/营业收入 \times 100\%$$
$$完全成本加成率 = 息税前利润/完全成本 \times 100\%$$
$$资产收益率 = 息税前利润/[(年初资产总额 + 年末资产总额)/2] \times 100\%$$
$$贝里比率 = 毛利/(营业费用 + 管理费用) \times 100\%$$

利润指标的选取应当反映交易各方执行的功能、承担的风险和使用的资产。利润指标的计算以企业会计处理为基础，必要时可以对指标口径进行合理调整。

交易净利润法一般适用于不拥有重大价值无形资产企业的有形资产使用权或者所有权的转让和受让、无形资产使用权受让以及劳务交易等关联交易。

交易净利润法的可比性分析，应当特别考察关联交易与非关联交易中企业执行的功能、承担的风险和使用的资产，经济环境上的差异，以及影响利润的其他因素，具体包括行业和市场情况，经营规模，经济周期和产品生命周期，收入、成本、费用和资产在各交易间的分配，会计处理及经营管理效率等。

关联交易与非关联交易在以上方面存在重大差异的，应当就该差异对利润的影响进行合理调整，无法合理调整的，应当选择其他合理的转让定价方法。

（五）利润分割法

利润分割法根据企业与其关联方对关联交易合并利润（实际或者预计）的贡献计算各自应当分配的利润额。利润分割法主要包括一般利润分割法和剩余利润分割法。

一般利润分割法通常根据关联交易各方所执行的功能、承担的风险和使用的资产，采用符合独立交易原则的利润分割方式，确定各方应当取得的合理利润；当难以获取可比交易信息但能合理确定合并利润时，可以结合实际情况考虑与价值贡献相关的收入、成本、费用、资产、雇员人数等因素，分析关联交易各方对价值作出的贡献，将利润在各方之间进行分配。

剩余利润分割法将关联交易各方的合并利润减去分配给各方的常规利润后的余额作为剩余利润，再根据各方对剩余利润的贡献程度进行分配。

利润分割法一般适用于企业及其关联方均对利润创造具有独特贡献，业务高度整合且难以单独评估各方交易结果的关联交易。利润分割法的适用应当体现利润应在经济活动发生地和价值创造地征税的基本原则。

利润分割法的可比性分析，应当特别考察关联交易各方执行的功能、承担的风险和使用的资产，收入、成本、费用和资产在各方之间的分配，成本节约、市场溢价等地域特殊因素，以及其他价值贡献因素，确定各方对剩余利润贡献所使用的信息和假设条件的可靠性等。

（六）其他符合独立交易原则的方法

其他符合独立交易原则的方法包括成本法、市场法和收益法等资产评估方法，以及其他能够反映利润与经济活动发生地和价值创造地相匹配原则的方法。

（1）成本法是以替代或者重置原则为基础，通过在当前市场价格下创造一项相似资产所发生的支出确定评估标的价值的评估方法。成本法适用于能够被替代的资产价值评估。

（2）市场法是利用市场上相同或者相似资产的近期交易价格，经过直接比较或者类比分析以确定评估标的价值的评估方法。市场法适用于在市场上能找到与评估标的相同或者相似的非关联可比交易信息时的资产价值评估。

（3）收益法是通过评估标的未来预期收益现值来确定其价值的评估方法。收益法适用于企业整体资产和可预期未来收益的单项资产评估。

五、预约定价安排管理[①]

预约定价安排是指企业就其未来年度关联交易的定价原则和交易方法，向税务机关提出申请，与税务机关按照独立交易原则协商、确认后达成的协议。[②]预约定价安排管理是指税务机关按照《企业所得税法》第四十二条和《中华人民共和国税收征收管理法》实施细则第五十三条的规定，对企业提出的未来年度关联交易的定价原则和计算方法进行审核评估，并与企业协商达成预约定价安排等工作的总称。

（一）总体规定

（1）企业可以与税务机关就其未来年度关联交易的定价原则和计算方法达成预约定价安排。

（2）预约定价安排的谈签与执行经过预备会谈、谈签意向、分析评估、正式申请、协商签署和监控执行6个阶段。预约定价安排包括单边、双边和多边3种类型。

（3）预约定价安排适用于主管税务机关向企业送达接收其谈签意向的《税务事项通知书》之日所属纳税年度起3至5个年度的关联交易。

企业以前年度的关联交易与预约定价安排适用年度相同或者类似的，经企业申请，税务机关可以将预约定价安排确定的定价原则和计算方法追溯适用于以前年度该关联交易的评估和调整。追溯期最长为10年。

预约定价安排的谈签不影响税务机关对企业不适用预约定价安排的年度及关联交易的特别纳税调查调整和监控管理。

（4）预约定价安排一般适用于主管税务机关向企业送达接收其谈签意向的《税务事项通知书》之日所属纳税年度前3个年度每年度发生的关联交易金额4000万元人民币以上的企业。

（二）预约定价安排阶段

1. 预备会谈

企业有谈签预约定价安排意向的，应当向税务机关书面提出预备会谈申请。税务机关可以与企业开展预备会谈。

[①] 国家税务总局，《关于完善预约定价安排管理有关事项的公告》，2016年第64号。
[②] 《企业所得税法实施条例》，第一百一十三条。

（1）企业申请单边预约定价安排的，应当向主管税务机关书面提出预备会谈申请，提交《预约定价安排预备会谈申请书》。主管税务机关组织与企业开展预备会谈。

企业申请双边或者多边预约定价安排的，应当同时向国家税务总局和主管税务机关书面提出预备会谈申请，提交《预约定价安排预备会谈申请书》。国家税务总局统一组织与企业开展预备会谈。

（2）预备会谈期间，企业应当就以下内容作出简要说明：①预约定价安排的适用年度；②预约定价安排涉及的关联方及关联交易；③企业及其所属企业集团的组织结构和管理架构；④企业最近3至5个年度生产经营情况、同期资料等；⑤预约定价安排涉及各关联方功能和风险的说明，包括功能和风险划分所依据的机构、人员、费用、资产等；⑥市场情况的说明，包括行业发展趋势和竞争环境等；⑦是否存在成本节约、市场溢价等地域特殊优势；⑧预约定价安排是否追溯适用以前年度；⑨其他需要说明的情况。

企业申请双边或者多边预约定价安排的，说明内容还应当包括：①向税收协定缔约对方税务主管当局提出预约定价安排申请的情况；②预约定价安排涉及的关联方最近3至5个年度生产经营情况及关联交易情况；③是否涉及国际重复征税及其说明。

（3）预备会谈期间，企业应当按照税务机关的要求补充资料。

2. 谈签意向

税务机关和企业在预备会谈期间达成一致意见的，主管税务机关向企业送达同意其提交谈签意向的《税务事项通知书》。企业收到《税务事项通知书》后向税务机关提出谈签意向。

（1）企业申请单边预约定价安排的，应当向主管税务机关提交《预约定价安排谈签意向书》，并附送单边预约定价安排申请草案。

企业申请双边或者多边预约定价安排的，应当同时向国家税务总局和主管税务机关提交《预约定价安排谈签意向书》，并附送双边或者多边预约定价安排申请草案。

（2）单边预约定价安排申请草案应当包括以下内容：①预约定价安排的适用年度；②预约定价安排涉及的关联方及关联交易；③企业及其所属企业集团的组织结构和管理架构；④企业最近3至5个年度生产经营情况、财务会计报告、审计报告、同期资料等；⑤预约定价安排涉及各关联方功能和风险的说明，包括功能和风险划分所依据的机构、人员、费用、资产等；⑥预约定价安排使用的定价原则和计算方法，以及支持这一定价原则和计算方法的功能风险分析、可比性分析和假设条件等；⑦价值链或者供应链分析，以及对成本节约、市场溢价等地域特殊优势的考虑；⑧市场情况的说明，包括行业发展趋势和竞争环境等；⑨预约定价安排适用期间的年度经营规模、经营效益预测以及经营规划等；⑩预约定价安排是否追溯适用以前年度；⑪对预约定价安排有影响的境内、外行业相关法律、法规；⑫企业关于不存在下述（3）所列举情形的说明；⑬其他需要说明的情况。

双边或者多边预约定价安排申请草案还应当包括：①向税收协定缔约对方税务主管当局提出预约定价安排申请的情况；②预约定价安排涉及的关联方最近3至5个年度生产经营情况及关联交易情况；③是否涉及国际重复征税及其说明。

（3）有下列情形之一的，税务机关可以拒绝企业提交谈签意向：①税务机关已经对企业实施特别纳税调整立案调查或者其他涉税案件调查，且尚未结案的；②未按照有关规定填报年度关联业务往来报告表；③未按照有关规定准备、保存和提供同期资料；④预备会谈阶段税务机关和企业无法达成一致意见。

3. 分析评估

企业提交谈签意向后，税务机关应当分析预约定价安排申请草案内容，评估其是否符合独立交易原则。根据分析评估的具体情况可以要求企业补充提供有关资料。

税务机关可以从以下方面进行分析评估。

（1）功能和风险状况。分析评估企业与其关联方之间在供货、生产、运输、销售等各环节以及在研究、开发无形资产等方面各自作出的贡献、执行的功能以及在存货、信贷、外汇、市场等方面承担的风险。

（2）可比交易信息。分析评估企业提供的可比交易信息，对存在的实质性差异进行调整。

（3）关联交易数据。分析评估预约定价安排涉及的关联交易的收入、成本、费用和利润是否单独核算或者按照合理比例划分。

（4）定价原则和计算方法。分析评估企业在预约定价安排中采用的定价原则和计算方法。如申请追溯适用以前年度的，应当作出说明。

（5）价值链分析和贡献分析。评估企业对价值链或者供应链的分析是否完整、清晰，是否充分考虑成本节约、市场溢价等地域特殊优势，是否充分考虑本地企业对价值创造的贡献等。

（6）交易价格或者利润水平。根据上述分析评估结果，确定符合独立交易原则的价格或者利润水平。

（7）假设条件。分析评估影响行业利润水平和企业生产经营的因素及程度，合理确定预约定价安排适用的假设条件。

4. 正式申请

分析评估阶段，税务机关可以与企业就预约定价安排申请草案进行讨论。税务机关可以进行功能和风险实地访谈。税务机关认为预约定价安排申请草案不符合独立交易原则的，企业应当与税务机关协商，并进行调整；税务机关认为预约定价安排申请草案符合独立交易原则的，主管税务机关向企业送达同意其提交正式申请的《税务事项通知书》，企业收到通知后，可以向税务机关提交《预约定价安排正式申请书》，并附送预约定价安排正式申请报告。

（1）企业申请单边预约定价安排的，应当向主管税务机关提交上述资料。企业申请双边或者多边预约定价安排的，应当同时向国家税务总局和主管税务机关提交上述资料，并按照有关规定提交启动特别纳税调整相互协商程序的申请。

（2）有下列情形之一的，税务机关可以拒绝企业提交正式申请：①预约定价安排申请草案拟采用的定价原则和计算方法不合理，且企业拒绝协商调整；②企业拒不提供有关资料或者提供的资料不符合税务机关要求，且不按时补正或者更正；③企业拒不配合税务机关进行功能和风险实地访谈；④其他不适合谈签预约定价安排的情况。

5. 协商签署

税务机关应当在分析评估的基础上形成协商方案，并据此开展协商工作。

（1）主管税务机关与企业开展单边预约定价安排协商，协商达成一致的，拟定单边预约定价安排文本。国家税务总局与税收协定缔约对方税务主管当局开展双边或者多边预约定价安排协商，协商达成一致的，拟定双边或者多边预约定价安排文本。

（2）预约定价安排文本可以包括以下内容：①企业及其关联方名称、地址等基本信息；②预约定价安排涉及的关联交易及适用年度；③预约定价安排选用的定价原则和计算方法，以及可比价格或者可比利润水平等；④与转让定价方法运用和计算基础相关的术语定义；⑤假设条件及假设条件变动通知义务；⑥企业年度报告义务；⑦预约定价安排的效力；⑧预约定价安排的续签；⑨预约定价安排的生效、修订和终止；⑩争议的解决；⑪文件资料等信息的保密义务；⑫单边预约定价安排的信息交换；⑬附则。

（3）主管税务机关与企业就单边预约定价安排文本达成一致后，双方的法定代表人或者法定代表人授权的代表签署单边预约定价安排。

国家税务总局与税收协定缔约对方税务主管当局就双边或者多边预约定价安排文本达成一致后，双方或者多方税务主管当局授权的代表签署双边或者多边预约定价安排。国家税务总局应当将预约定价安排转发主管税务机关。主管税务机关应当向企业送达《税务事项通知书》，附送预约定价安排，并做好执行工作。

（4）预约定价安排涉及适用年度或者追溯年度补（退）税款的，税务机关应当按照纳税年度计算应补征或者退还的税款，并向企业送达《预约定价安排补（退）税款通知书》。

6. 监控执行

税务机关应当监控预约定价安排的执行情况。

（1）预约定价安排执行期间，企业应当完整保存与预约定价安排有关的文件和资料，包括账簿和有关记录等，不得丢失、销毁和转移。

企业应当在纳税年度终了后6个月内，向主管税务机关报送执行预约定价安排情况的纸质版和电子版年度报告，主管税务机关将电子版年度报告报送国家税务总局；涉及双边或者多边预约定价安排的，企业应当向主管税务机关报送执行预约定价安排情况的纸质版和电子版年度报告，同时将电子版年度报告报送国家税务总局。

年度报告应当说明报告期内企业经营情况以及执行预约定价安排的情况。需要修订、终止预约定价安排，或者有未决问题或者预计将要发生问题的，应当作出说明。

（2）预约定价安排执行期间，主管税务机关应当每年监控企业执行预约定价安排的情况。监控内容主要包括：企业是否遵守预约定价安排条款及要求；年度报告是否反映企业的实际经营情况；预约定价安排所描述的假设条件是否仍然有效等。

（3）预约定价安排执行期间，企业发生影响预约定价安排的实质性变化，应当在发生变化之日起30日内书面报告主管税务机关，详细说明该变化对执行预约定价安排的影响，并附送相关资料。由于非主观原因而无法按期报告的，可以延期报告，但延长期限不得超过30日。

税务机关应当在收到企业书面报告后，分析企业实质性变化情况，根据实质性变化对预约定价安排的影响程度，修订或者终止预约定价安排。签署的预约定价安排终止执行的，税务机关可以和企业按照《关于完善预约定价安排管理有关事项的公告》规定的程序和要求，重新谈签预约定价安排。

预约定价安排执行期满后自动失效。企业申请续签的，应当在预约定价安排执行期满之日前90日内向税务机关提出续签申请，报送《预约定价安排续签申请书》，并提供执行现行预约定价安排情况的报告，现行预约定价安排所述事实和经营环境是否发生实质性变化的说明材料以及续签预约定价安排年度的预测情况等相关资料。

（三）预约定价安排其他事项

（1）预约定价安排采用四分位法确定价格或者利润水平，在预约定价安排执行期间，如果企业当年实际经营结果在四分位区间之外，税务机关可以将实际经营结果调整到四分位区间中位值。预约定价安排执行期满，企业各年度经营结果的加权平均值低于区间中位值，且未调整至中位值的，税务机关不再受理续签申请。

双边或者多边预约定价安排执行期间存在上述问题的，主管税务机关应当及时将有关情况层报国家税务总局。

（2）预约定价安排执行期间，主管税务机关与企业发生分歧的，双方应当进行协商。协商不能解决的，可以报上一级税务机关协调；涉及双边或者多边预约定价安排的，必须层报国家税务总局协调。对上一级税务机关或者国家税务总局的决定，下一级税务机关应当予以执行。企业仍不能接受的，可以终止预约定价安排的执行。

（3）在预约定价安排签署前，税务机关和企业均可暂停、终止预约定价安排程序。税务机关发现企业或者其关联方故意不提供与谈签预约定价安排有关的必要资料，或者提供虚假、不完整资料，或者存在其他不配合的情形，使预约定价安排难以达成一致的，可以暂停、终止预约定价安排程序。涉及双边或者多边预约定价安排的，经税收协定缔约各方税务主管当局协商，可以暂停、终止预约定价安排程序。税务机关暂停、终止预约定价安排程序的，应当向企业送达《税务事项通知书》，并说明原因；企业暂停、终止预约定价安排程序的，应当向税务机关提交书面说明。

（4）没有按照规定的权限和程序签署预约定价安排，或者税务机关发现企业隐瞒事实的，应当认定预约定价安排自始无效,并向企业送达《税务事项通知书》,说明原因;发现企业拒不执行预约定价安排或者存在违反预约定价安排的其他情况,可以视情况进行处理,直至终止预约定价安排。

(5)有下列情形之一的,税务机关可以优先受理企业提交的申请:①企业关联申报和同期资料完备合理,披露充分;②企业纳税信用级别为 A 级;③税务机关曾经对企业实施特别纳税调查调整,并已经结案;④签署的预约定价安排执行期满,企业申请续签,且预约定价安排所述事实和经营环境没有发生实质性变化;⑤企业提交的申请材料齐备,对价值链或者供应链的分析完整、清晰,充分考虑成本节约、市场溢价等地域特殊因素,拟采用的定价原则和计算方法合理;⑥企业积极配合税务机关开展预约定价安排谈签工作;⑦申请双边或者多边预约定价安排的,所涉及的税收协定缔约对方税务主管当局有较强的谈签意愿,对预约定价安排的重视程度较高;⑧其他有利于预约定价安排谈签的因素。

(6)预约定价安排同时涉及两个或者两个以上省、自治区、直辖市和计划单列市税务机关的,或者同时涉及国家税务局和地方税务局的,由国家税务总局统一组织协调。

企业申请上述单边预约定价安排的,应当同时向国家税务总局及其指定的税务机关提出谈签预约定价安排的相关申请。国家税务总局可以与企业统一签署单边预约定价安排,或者指定税务机关与企业统一签署单边预约定价安排,也可以由各主管税务机关与企业分别签署单边预约定价安排。

(7)单边预约定价安排涉及一个省、自治区、直辖市和计划单列市内两个或者两个以上主管税务机关,且仅涉及国家税务局或者地方税务局的,由省、自治区、直辖市和计划单列市相应税务机关统一组织协调。

(8)税务机关与企业在预约定价安排谈签过程中取得的所有信息资料,双方均负有保密义务。除依法应当向有关部门提供信息的情况外,未经纳税人同意,税务机关不得以任何方式泄露预约定价安排相关信息。

税务机关与企业不能达成预约定价安排的,税务机关在协商过程中所取得的有关企业的提议、推理、观念和判断等非事实性信息,不得用于对该预约定价安排涉及关联交易的特别纳税调查调整。

(9)除涉及国家安全的信息以外,国家税务总局可以按照对外缔结的国际公约、协定、协议等有关规定,与其他国家(地区)税务主管当局就 2016 年 4 月 1 日以后签署的单边预约定价安排文本实施信息交换。企业应当在签署单边预约定价安排时提供其最终控股公司、上一级直接控股公司及单边预约定价安排涉及的境外关联方所在国家(地区)的名单。

六、成本分摊协议管理

企业与其关联方共同开发、受让无形资产,或者共同提供、接受劳务发生的成本,在计算应纳税所得额时应当按照独立交易原则进行成本分摊。①成本分摊协议管理是指税务机关上述规定,对企业与其关联方签署的成本分摊协议是否符合独立交易原则进行审核评估和调查调整等工作的总称。

企业可以按照独立交易原则与其关联方分摊共同发生的成本,达成成本分摊协议。企业与其关联方分摊成本时,应当按照成本与预期收益相配比的原则进行分摊,并在税务机关规定的期限内,按照税务机关的要求报送有关资料。②

(1)关联方承担的成本应与非关联方在可比条件下为获得上述受益权而支付的成本相一致。参与方使用成本分摊协议所开发或受让的无形资产不需另支付特许权使用费。③

(2)企业对成本分摊协议所涉及无形资产或劳务的受益权应有合理的、可计量的预期收益,且以合理商业假设和营业常规为基础。

(3)涉及劳务的成本分摊协议一般适用于集团采购和集团营销策划。

(4)成本分摊协议主要包括以下内容:①参与方的名称、所在国家(地区)、关联关系、在协议中的权

---

① 《企业所得税法》,第四十一条。
② 《企业所得税法实施条例》,第一百一十二条。
③ 国家税务总局,《关于印发〈特别纳税调整实施办法(试行)〉的通知》,国税发〔2009〕2 号。

利和义务；②成本分摊协议所涉及的无形资产或劳务的内容、范围，协议涉及研发或劳务活动的具体承担者及其职责、任务；③协议期限；④参与方预期收益的计算方法和假设；⑤参与方初始投入和后续成本支付的金额、形式、价值确认的方法以及符合独立交易原则的说明；⑥参与方会计方法的运用及变更说明；⑦参与方加入或退出协议的程序及处理规定；⑧参与方之间补偿支付的条件及处理规定；⑨协议变更或终止的条件及处理规定；⑩非参与方使用协议成果的规定。

（5）企业应自与关联方签订成本分摊协议之日起 30 日内，向主管税务机关报送成本分摊协议副本，并在年度企业所得税纳税申报时，附送《中华人民共和国企业年度关联业务往来报告表》。[1]

（6）已经执行并形成一定资产的成本分摊协议，参与方发生变更或协议终止执行，应根据独立交易原则做如下处理：①加入支付，即新参与方为获得已有协议成果的受益权应作出合理的支付；②退出补偿，即原参与方退出协议安排，将已有协议成果的受益权转让给其他参与方应获得合理的补偿；③参与方变更后，应对各方受益和成本分摊情况作出相应调整；④协议终止时，各参与方应对已有协议成果作出合理分配。

企业不按独立交易原则对上述情况作出处理而减少其应纳税所得额的，税务机关有权作出调整。

（7）成本分摊协议执行期间，参与方实际分享的收益与分摊的成本不相配比的，应根据实际情况作出补偿调整。

（8）对于符合独立交易原则的成本分摊协议，有关税务处理如下：①企业按照协议分摊的成本，应在协议规定的各年度税前扣除；②涉及补偿调整的，应在补偿调整的年度计入应纳税所得额；③涉及无形资产的成本分摊协议，加入支付、退出补偿或终止协议时对协议成果分配的，应按资产购置或处置的有关规定处理。

（9）企业可根据上述预约定价安排的规定采取预约定价安排的方式达成成本分摊协议。

（10）企业与其关联方签署成本分摊协议，有下列情形之一的，其自行分摊的成本不得税前扣除：①不具有合理商业目的和经济实质；②不符合独立交易原则；③没有遵循成本与收益配比原则；④未按本办法有关规定备案或准备、保存和提供有关成本分摊协议的同期资料；⑤自签署成本分摊协议之日起经营期限少于 20 年。[2]

七、受控外国企业税务管理

受控外国企业是指由居民企业，或者由居民企业和中国居民控制的依照外国（地区）法律成立且实际管理机构不在中国境内的企业。[3]

（1）《企业所得税法》规定，由居民企业，或者由居民企业和中国居民控制的设立在实际税负低于 12.5% 的国家（地区）企业，并非由于合理的经营需要对利润不作分配或减少分配的，上述利润中应归属于该居民企业的部分，应当计入该居民企业的当期收入。[4]

其中，所指控制包括两部分。①居民企业或者中国居民直接或者间接单一持有外国企业 10% 以上有表决权股份，且由其共同持有该外国企业 50% 以上股份。中国居民股东多层间接持有股份按各层持股比例相乘计算，中间层持有股份超过 50% 的，按 100% 计算。[5]②居民企业，或者居民企业和中国居民持股比例没有达到①规定的标准，但在股份、资金、经营、购销等方面对该外国企业构成实质控制。[6]

（2）计入中国居民企业股东当期的视同受控外国企业股息分配的所得，应按以下公式计算：

中国居民企业股东当期所得 = 视同股息分配额 × 实际持股天数 ÷ 受控外国企业纳税年度天数 × 股东持股比例

---

[1] 国家税务总局，《关于规范成本分摊协议管理的公告》，2015 年第 45 号。
[2] 国家税务总局，《关于印发〈特别纳税调整实施办法（试行）〉的通知》，国税发〔2009〕2 号。
[3] 国家税务总局，《关于优化纳税服务 简并居民企业报告境外投资和所得信息有关报表的公告》，2023 年第 17 号。
[4] 《企业所得税法》，第四十五条。
[5] 《企业所得税法实施条例》，第一百一十八条；国家税务总局，《关于印发〈特别纳税调整实施办法（试行）〉的通知》，国税发〔2009〕2 号。
[6] 《企业所得税法实施条例》，第一百一十七条。

中国居民股东多层间接持有股份的，股东持股比例按各层持股比例相乘计算。

（3）受控外国企业与中国居民企业股东纳税年度存在差异的，应将视同股息分配所得计入受控外国企业纳税年度终止日所属的中国居民企业股东的纳税年度。

（4）计入中国居民企业股东当期所得已在境外缴纳的企业所得税税款，可按照所得税法或税收协定的有关规定抵免。

（5）受控外国企业实际分配的利润已根据所得税法第四十五条规定征税的，不再计入中国居民企业股东的当期所得。

（6）中国居民企业股东能够提供资料证明其控制的外国企业满足以下条件之一的，可免于将外国企业不作分配或减少分配的利润视同股息分配额，计入中国居民企业股东的当期所得：①设立在国家税务总局指定的非低税率国家（地区）；②主要取得积极经营活动所得；③年度利润总额低于500万元人民币。

八、资本弱化管理

资本弱化管理是指税务机关按照《企业所得税法》第四十六条的规定，对企业接受关联方债权性投资与企业接受的权益性投资的比例是否符合规定比例或独立交易原则进行审核评估和调查调整等工作的总称。

（1）企业从其关联方接受的债券性投资与权益性投资的比例超过规定标准而发生的利息支出，不得在计算应纳税所得额时扣除。[①]

所称企业间接从关联方获得的债权性投资，包括：①关联方通过无关联第三方提供的债权性投资；②无关联第三方提供的、由关联方担保且负有连带责任的债权性投资；③其他间接从关联方获得的具有负债实质的债权性投资。[②]

所称权益性投资，是指企业接受的不需要偿还本金和支付利息，投资人对企业净资产拥有所有权的投资。

所称利息支出包括直接或间接关联债权投资实际支付的利息、担保费、抵押费和其他具有利息性质的费用。

所称不得在计算应纳税所得额时扣除的利息支出，不得结转到以后纳税年度；应按照实际支付给各关联方利息占关联方利息总额的比例，在各关联方之间进行分配，其中，分配给实际税负高于企业的境内关联方的利息准予扣除；直接或间接实际支付给境外关联方的利息应视同分配的股息，按照股息和利息分别适用的所得税税率差补征企业所得税，如已扣缴的所得税税款多于按股息计算应征所得税税款，多出的部分不予退税。

（2）企业从其关联方接受的债券性投资与权益性投资的比例超过规定标准而发生的利息支出，不得在计算应纳税所得额时扣除的利息支出应按以下公式计算：

不得扣除利息支出 = 年度实际支付的全部关联方利息 × (1 − 标准比例/关联债资比例)

其中，标准比例是指《财政部 国家税务总局关于企业关联方利息支出税前扣除标准有关税收政策问题的通知》（财税〔2008〕121号）规定的比例。关联债资比例是指根据《企业所得税法》第四十六条及《企业所得税法实施条例》第一百一十九条的规定，企业从其全部关联方接受的债权性投资占企业接受的权益性投资的比例，关联债权投资包括关联方以各种形式提供担保的债权性投资。

（3）关联债资比例的具体计算方法如下：

关联债资比例 = 年度各月平均关联债权投资之和/年度各月平均权益投资之和

各月平均关联债权投资 = (关联债权投资月初账面余额 + 月末账面余额)/2

各月平均权益投资 = (权益投资月初账面余额 + 月末账面余额)/2

---

① 《企业所得税法》，第四十六条。
② 《企业所得税法实施条例》，第一百一十九条。

权益投资为企业资产负债表所列示的所有者权益金额。如果所有者权益小于实收资本（股本）与资本公积之和，则权益投资为实收资本（股本）与资本公积之和；如果实收资本（股本）与资本公积之和小于实收资本（股本）金额，则权益投资为实收资本（股本）金额。

（4）企业关联债资比例超过标准比例的利息支出，如要在计算应纳税所得额时扣除，除遵照上述规定外，还应准备、保存、并按税务机关要求提供以下同期资料，证明关联债权投资金额、利率、期限、融资条件以及债资比例等均符合独立交易原则：①企业偿债能力和举债能力分析；②企业集团举债能力及融资结构情况分析；③企业注册资本等权益投资的变动情况说明；④关联债权投资的性质、目的及取得时的市场状况；⑤关联债权投资的货币种类、金额、利率、期限及融资条件；⑥企业提供的抵押品情况及条件；⑦担保人状况及担保条件；⑧同类同期贷款的利率情况及融资条件；⑨可转换公司债券的转换条件；⑩其他能够证明符合独立交易原则的资料。

（5）企业未按规定准备、保存和提供同期资料证明关联债权投资金额、利率、期限、融资条件以及债资比例等符合独立交易原则的，其超过标准比例的关联方利息支出，不得在计算应纳税所得额时扣除。

（6）"实际支付利息"是指企业按照权责发生制原则计入相关成本、费用的利息。企业实际支付关联方利息存在转让定价问题的，税务机关应首先按照《特别纳税调整实施办法（试行）》第五章的有关规定实施转让定价调查调整。

九、一般反避税管理[①]

自2015年2月1日起，以下规定适用于税务机关按照《企业所得税法》第四十七条、《企业所得税法实施条例》第一百二十条的规定，对企业实施的不具有合理商业目的而获取税收利益的避税安排，实施的特别纳税调整。税收利益是指减少、免除或者推迟缴纳企业所得税应纳税额。

一般反避税管理是指税务机关按照《企业所得税法》第四十七条的规定，对企业实施其他不具有合理商业目的的安排而减少其应纳税收入或所得额进行审核评估和调查调整等工作的总称。

（一）反避税对象及调整方法

（1）对存在以下避税安排的企业，启动一般反避税调查：①滥用税收优惠；②滥用税收协定；③滥用公司组织形式；④利用避税港避税；⑤其他不具有合理商业目的的安排。

（2）税务机关应按照实质重于形式的原则审核企业是否存在避税安排，并综合考虑安排的以下内容：①安排的形式和实质；②安排订立的时间和执行期间；③安排实现的方式；④安排各个步骤或组成部分之间的联系；⑤安排涉及各方财务状况的变化；⑥安排的税收结果。

（3）避税安排具有以下特征：①以获取税收利益为唯一目的或者主要目的；②以形式符合税法规定、但与其经济实质不符的方式获取税收利益。

（4）下列情况不适用一般反避税：①与跨境交易或者支付无关的安排；②涉嫌逃避缴纳税款、逃避追缴欠税、骗税、抗税以及虚开发票等税收违法行为。

（5）税务机关应按照经济实质对企业的避税安排重新定性，取消企业从避税安排获得的税收利益。对于没有经济实质的企业，特别是设在避税港并导致其关联方或非关联方避税的企业，可在税收上否定该企业的存在。

（6）税务机关应当以具有合理商业目的和经济实质的类似安排为基准，按照实质重于形式的原则实施特别纳税调整。调整方法包括：①对安排的全部或者部分交易重新定性；②在税收上否定交易方的存在，

[①] 国家税务总局，《关于印发〈特别纳税调整实施办法（试行）〉的通知》，国税发〔2009〕2号；国家税务总局，《一般反避税管理办法（试行）》，2014年第32号。

或者将该交易方与其他交易方视为同一实体；③对相关所得、扣除、税收优惠、境外税收抵免等重新定性或者在交易各方间重新分配；④其他合理方法。

（7）企业的安排属于转让定价、成本分摊、受控外国企业、资本弱化等其他特别纳税调整范围的，应当首先适用其他特别纳税调整相关规定。

企业的安排属于受益所有人、利益限制等税收协定执行范围的，应当首先适用税收协定执行的相关规定。

（二）反避税立案

（1）各级税务机关应当结合工作实际，应用各种数据资源，如企业所得税汇算清缴、纳税评估、同期资料管理、对外支付税务管理、股权转让交易管理、税收协定执行等，及时发现一般反避税案源。

（2）主管税务机关发现企业存在避税嫌疑的，层报省、自治区、直辖市和计划单列市（以下简称省）税务机关复核同意后，报税务总局申请立案。

（3）省税务机关应当将税务总局形成的立案申请审核意见转发主管税务机关。税务总局同意立案的，主管税务机关实施一般反避税调查。

（三）反避税调查

（1）主管税务机关实施一般反避税调查时，应当向被调查企业送达《税务检查通知书》。

（2）被调查企业认为其安排不属于本办法所称避税安排的，应当自收到《税务检查通知书》之日起60日内提供下列资料：①安排的背景资料；②安排的商业目的等说明文件；③安排的内部决策和管理资料，如董事会决议、备忘录、电子邮件等；④安排涉及的详细交易资料，如合同、补充协议、收付款凭证等；⑤与其他交易方的沟通信息；⑥可以证明其安排不属于避税安排的其他资料；⑦税务机关认为有必要提供的其他资料。

企业因特殊情况不能按期提供的，可以向主管税务机关提交书面延期申请，经批准可以延期提供，但是最长不得超过30日。主管税务机关应当自收到企业延期申请之日起15日内书面回复。逾期未回复的，视同税务机关同意企业的延期申请。

（3）企业拒绝提供资料的，主管税务机关可以按照税收征管法第三十五条的规定进行核定。

（4）主管税务机关实施一般反避税调查时，可以要求为企业筹划安排的单位或者个人（以下简称筹划方）提供有关资料及证明材料。

（5）一般反避税调查涉及向筹划方、关联方以及与关联业务调查有关的其他企业调查取证的，主管税务机关应当送达《税务事项通知书》。

（6）主管税务机关审核企业、筹划方、关联方以及与关联业务调查有关的其他企业提供的资料，可以采用现场调查、发函协查和查阅公开信息等方式核实。需取得境外有关资料的，可以按有关规定启动税收情报交换程序，或者通过我驻外机构调查收集有关信息。涉及境外关联方相关资料的，主管税务机关也可以要求企业提供公证机构的证明。

（四）反避税结案

（1）主管税务机关根据调查过程中获得的相关资料，自税务总局同意立案之日起9个月内进行审核，综合判断企业是否存在避税安排，形成案件不予调整或者初步调整方案的意见和理由，层报省税务机关复核同意后，报税务总局申请结案。

（2）主管税务机关应当根据税务总局形成的结案申请审核意见，分别以下情况进行处理：①同意不予调整的，向被调查企业下发《特别纳税调查结论通知书》；②同意初步调整方案的，向被调查企业下发《特别纳税调查初步调整通知书》；③税务总局有不同意见的，按照税务总局的意见修改后再次层报审核。

被调查企业在收到《特别纳税调查初步调整通知书》之日起 7 日内未提出异议的，主管税务机关应当下发《特别纳税调查调整通知书》。

被调查企业在收到《特别纳税调查初步调整通知书》之日起 7 日内提出异议，但是主管税务机关经审核后认为不应采纳的，应将被调查企业的异议及不应采纳的意见和理由层报省税务机关复核同意后，报税务总局再次申请结案。

被调查企业在收到《特别纳税调查初步调整通知书》之日起 7 日内提出异议，主管税务机关经审核后认为确需对调整方案进行修改的，应当将被调查企业的异议及修改后的调整方案层报省税务机关复核同意后，报税务总局再次申请结案。

(3) 主管税务机关应当根据税务总局考虑企业异议形成的结案申请审核意见，分别以下情况进行处理：①同意不应采纳企业所提异议的，向被调查企业下发《特别纳税调查调整通知书》；②同意修改后调整方案的，向被调查企业下发《特别纳税调查调整通知书》；③税务总局有不同意见的，按照税务总局的意见修改后再次层报审核。

(五) 争议处理

(1) 被调查企业对主管税务机关作出的一般反避税调整决定不服的，可以按照有关法律法规的规定申请法律救济。

(2) 主管税务机关作出的一般反避税调整方案导致国内双重征税的，由税务总局统一组织协调解决。

(3) 被调查企业认为我国税务机关作出的一般反避税调整，导致国际双重征税或者不符合税收协定规定征税的，可以按照税收协定及其相关规定申请启动相互协商程序。

十、特别纳税调整的其他规定[①]

(一) 以风险管理为导向

税务机关以风险管理为导向，构建和完善关联交易利润水平监控管理指标体系，加强对企业利润水平的监控，通过特别纳税调整监控管理和特别纳税调查调整，促进企业税法遵从。

(1) 税务机关通过关联申报审核、同期资料管理和利润水平监控等手段，对企业实施特别纳税调整监控管理，发现企业存在特别纳税调整风险的，可以向企业送达《税务事项通知书》，提示其存在的税收风险。

企业收到特别纳税调整风险提示或者发现自身存在特别纳税调整风险的，可以自行调整补税。企业自行调整补税的，应当填报《特别纳税调整自行缴纳税款表》。

企业自行调整补税的，税务机关仍可按照有关规定实施特别纳税调查调整。

企业要求税务机关确认关联交易定价原则和方法等特别纳税调整事项的，税务机关应当启动特别纳税调查程序。

(2) 税务机关实施特别纳税调查，应当重点关注具有以下风险特征的企业：①关联交易金额较大或者类型较多；②存在长期亏损、微利或者跳跃性盈利；③低于同行业利润水平；④利润水平与其所承担的功能风险不相匹配，或者分享的收益与分摊的成本不相配比；⑤与低税国家（地区）关联方发生关联交易；⑥未按照规定进行关联申报或者准备同期资料；⑦从其关联方接受的债权性投资与权益性投资的比例超过规定标准；⑧由居民企业，或者由居民企业和中国居民控制的设立在实际税负低于 12.5% 的国家（地区）的企业，并非由于合理的经营需要而对利润不作分配或者减少分配；⑨实施其他不具有合理商业目的的税收筹划或者安排。

[①] 国家税务总局，《关于发布〈特别纳税调查调整及相互协商程序管理办法〉的公告》，2017 年第 6 号。

（二）税务机关实施特别纳税调查时的相关规定

（1）税务机关应当向已确定立案调查的企业送达《税务检查通知书（一）》。被立案调查企业为非居民企业的，税务机关可以委托境内关联方或者与调查有关的境内企业送达《税务检查通知书（一）》。

经预备会谈与税务机关达成一致意见，已向税务机关提交《预约定价安排谈签意向书》，并申请预约定价安排追溯适用以前年度的企业，或者已向税务机关提交《预约定价安排续签申请书》的企业，可以暂不作为特别纳税调整的调查对象。预约定价安排未涉及的年度和关联交易除外。

（2）税务机关实施特别纳税调查时，可以要求被调查企业及其关联方，或者与调查有关的其他企业提供相关资料：①要求被调查企业及其关联方，或者与调查有关的其他企业提供相关资料的，应当向该企业送达《税务事项通知书》，该企业在境外的，税务机关可以委托境内关联方或者与调查有关的境内企业向该企业送达《税务事项通知书》；②需要到被调查企业的关联方或者与调查有关的其他企业调查取证的，应当向该企业送达《税务检查通知书（二）》。

（3）被调查企业及其关联方以及与调查有关的其他企业应当按照税务机关要求提供真实、完整的相关资料。①提供由自身保管的书证原件。原本、正本和副本均属于书证的原件。提供原件确有困难的，可以提供与原件核对无误的复印件、照片、节录本等复制件。提供方应当在复制件上注明"与原件核对无误，原件存于我处"，并由提供方签章。②提供由有关方保管的书证原件复制件、影印件或者抄录件的，提供方应当在复制件、影印件或者抄录件上注明"与原件核对无误"，并注明出处，由该有关方及提供方签章。③提供外文书证或者外文视听资料的，应当附送中文译本。提供方应当对中文译本的准确性和完整性负责。④提供境外相关资料的，应当说明来源。税务机关对境外资料真实性和完整性有疑义的，可以要求企业提供公证机构的证明。

（4）税务机关实施特别纳税调查时，应当按照法定权限和程序进行，可以采用实地调查、检查纸质或者电子数据资料、调取账簿、询问、查询存款账户或者储蓄存款、发函协查、国际税收信息交换、异地协查等方式，收集能够证明案件事实的证据材料。收集证据材料过程中，可以记录、录音、录像、照相和复制，录音、录像、照相前应当告知被取证方。记录内容应当由两名以上调查人员签字，并经被取证方核实签章确认。被取证方拒绝签章的，税务机关调查人员（两名以上）应当注明。

（5）以电子数据证明案件事实的，税务机关可以采取以下方式进行取证。①要求提供方将电子数据打印成纸质资料，在纸质资料上注明数据出处、打印场所，并注明"与电子数据核对无误"，由提供方签章。②采用有形载体形式固定电子数据，由调查人员与提供方指定人员一起将电子数据复制到只读存储介质上并封存。在封存包装物上注明电子数据名称、数据来源、制作方法、制作时间、制作人、文件格式及大小等，并注明"与原始载体记载的电子数据核对无误"，由提供方签章。

（6）税务机关需要将以前年度的账簿、会计凭证、财务会计报告和其他有关资料调回检查的，应当按照税收征管法及其实施细则有关规定，向被调查企业送达《调取账簿资料通知书》，填写《调取账簿资料清单》交其核对后签章确认。调回资料应当妥善保管，并在法定时限内完整退还。

（7）税务机关需要采用询问方式收集证据材料的，应当由两名以上调查人员实施询问，并制作《询问（调查）笔录》。

（8）需要被调查当事人、证人陈述或者提供证言的，应当事先告知其不如实陈述或者提供虚假证言应当承担的法律责任。被调查当事人、证人可以采取书面或者口头方式陈述或者提供证言，以口头方式陈述或者提供证言的，调查人员可以笔录、录音、录像。笔录应当使用能够长期保持字迹的书写工具书写，也可使用计算机记录并打印，陈述或者证言应当由被调查当事人、证人逐页签章。

陈述或者证言中应当写明被调查当事人、证人的姓名、工作单位、联系方式等基本信息，注明出具日期，并附居民身份证复印件等身份证明材料。

被调查当事人、证人口头提出变更陈述或者证言的，调查人员应当就变更部分重新制作笔录，注明原因，由被调查当事人、证人逐页签章。被调查当事人、证人变更书面陈述或者证言的，不退回原件。

（9）税务机关应当结合被调查企业年度关联业务往来报告表和相关资料，对其与关联方的关联关系以及关联交易金额进行确认，填制《关联关系认定表》和《关联交易认定表》，并由被调查企业确认签章。被调查企业拒绝确认的，税务机关调查人员（两名以上）应当注明。

（10）被调查企业不提供特别纳税调查相关资料，或者提供虚假、不完整资料的，由税务机关责令限期改正，逾期仍未改正的，税务机关按照税收征管法及其实施细则有关规定进行处理，并依法核定其应纳税所得额。

（三）税务机关评估企业关联交易时的相关规定

（1）税务机关分析评估被调查企业关联交易时，应当在分析评估交易各方功能风险的基础上，选择功能相对简单的一方作为被测试对象。

（2）税务机关在进行可比性分析时，优先使用公开信息，也可以使用非公开信息。

（3）税务机关分析评估被调查企业关联交易是否符合独立交易原则时，可以根据实际情况选择算术平均法、加权平均法或者四分位法等统计方法，逐年分别或者多年度平均计算可比企业利润或者价格的平均值或者四分位区间。

税务机关应当按照可比利润水平或者可比价格对被调查企业各年度关联交易进行逐年测试调整。

税务机关采用四分位法分析评估企业利润水平时，企业实际利润水平低于可比企业利润率区间中位值的，原则上应当按照不低于中位值进行调整。

（4）税务机关分析评估被调查企业为其关联方提供的来料加工业务，在可比企业不是相同业务模式，且业务模式的差异会对利润水平产生影响的情况下，应当对业务模式的差异进行调整，还原其不作价的来料和设备价值。企业提供真实完整的来料加工产品整体价值链相关资料，能够反映各关联方总体利润水平的，税务机关可以就被调查企业与可比企业因料件还原产生的资金占用差异进行可比性调整，利润水平调整幅度超过10%的，应当重新选择可比企业。

除上述情况外，对因营运资本占用不同产生的利润差异不作调整。

（5）税务机关分析评估被调查企业关联交易是否符合独立交易原则时，选取的可比企业与被调查企业处于不同经济环境的，应当分析成本节约、市场溢价等地域特殊因素，并选择合理的转让定价方法确定地域特殊因素对利润的贡献。

（6）企业为境外关联方从事来料加工或者进料加工等单一生产业务，或者从事分销、合约研发业务，原则上应当保持合理的利润水平。

上述企业如出现亏损，无论是否达到《国家税务总局关于完善关联申报和同期资料管理有关事项的公告》（国家税务总局公告2016年第42号）中的同期资料准备标准，均应当就亏损年度准备同期资料本地文档。税务机关应当重点审核上述企业的本地文档，加强监控管理。

上述企业承担由于决策失误、开工不足、产品滞销、研发失败等原因造成的应当由关联方承担的风险和损失的，税务机关可以实施特别纳税调整。

（7）税务机关对关联交易进行调查分析时，应当确定企业所获得的收益与其执行的功能或者承担的风险是否匹配。

企业与其关联方之间隐匿关联交易直接或者间接导致国家总体税收收入减少的，税务机关可以通过还原隐匿交易实施特别纳税调整。

企业与其关联方之间抵消关联交易直接或者间接导致国家总体税收收入减少的，税务机关可以通过还原抵消交易实施特别纳税调整。

（8）判定企业及其关联方对无形资产价值的贡献程度及相应的收益分配时，应当全面分析企业所属企业集团的全球营运流程，充分考虑各方在无形资产开发、价值提升、维护、保护、应用和推广中的价值贡献，无形资产价值的实现方式，无形资产与集团内其他业务的功能、风险和资产的相互作用。

企业仅拥有无形资产所有权而未对无形资产价值作出贡献的，不应当参与无形资产收益分配。无形资产形成和使用过程中，仅提供资金而未实际执行相关功能和承担相应风险的，应当仅获得合理的资金成本回报。

（四）税务机关实施特别纳税调整的情况

（1）企业与其关联方转让或者受让无形资产使用权而收取或者支付的特许权使用费，应当根据下列情形适时调整，未适时调整的，税务机关可以实施特别纳税调整：①无形资产价值发生根本性变化；②按照营业常规，非关联方之间的可比交易应当存在特许权使用费调整机制；③无形资产使用过程中，企业及其关联方执行的功能、承担的风险或者使用的资产发生变化；④企业及其关联方对无形资产进行后续开发、价值提升、维护、保护、应用和推广作出贡献而未得到合理补偿。

（2）企业与其关联方转让或者受让无形资产使用权而收取或者支付的特许权使用费，应当与无形资产为企业或者其关联方带来的经济利益相匹配。与经济利益不匹配而减少企业或者其关联方应纳税收入或者所得额的，税务机关可以实施特别纳税调整。未带来经济利益，且不符合独立交易原则的，税务机关可以按照已税前扣除的金额全额实施特别纳税调整。

企业向仅拥有无形资产所有权而未对其价值创造作出贡献的关联方支付特许权使用费，不符合独立交易原则的，税务机关可以按照已税前扣除的金额全额实施特别纳税调整。

（3）企业以融资上市为主要目的在境外成立控股公司或者融资公司，仅因融资上市活动所产生的附带利益向境外关联方支付特许权使用费，不符合独立交易原则的，税务机关可以按照已税前扣除的金额全额实施特别纳税调整。

（4）企业与其关联方发生劳务交易支付或者收取价款不符合独立交易原则而减少企业或者其关联方应纳税收入或者所得额的，税务机关可以实施特别纳税调整。

符合独立交易原则的关联劳务交易应当是受益性劳务交易，并且按照非关联方在相同或者类似情形下的营业常规和公平成交价格进行定价。受益性劳务是指能够为劳务接受方带来直接或者间接经济利益，且非关联方在相同或者类似情形下，愿意购买或者愿意自行实施的劳务活动。

（5）企业向其关联方支付非受益性劳务的价款，税务机关可以按照已税前扣除的金额全额实施特别纳税调整。非受益性劳务主要包括以下情形。①劳务接受方从其关联方接受的，已经购买或者自行实施的劳务活动。②劳务接受方从其关联方接受的，为保障劳务接受方的直接或者间接投资方的投资利益而实施的控制、管理和监督等劳务活动。该劳务活动主要包括：第一，董事会活动、股东会活动、监事会活动和发行股票等服务于股东的活动；第二，与劳务接受方的直接或者间接投资方、集团总部和区域总部的经营报告或者财务报告编制及分析有关的活动；第三，与劳务接受方的直接或者间接投资方、集团总部和区域总部的经营及资本运作有关的筹资活动；第四，为集团决策、监管、控制、遵从需要所实施的财务、税务、人事、法务等活动；第五，其他类似情形。③劳务接受方从其关联方接受的，并非针对其具体实施的，只是因附属于企业集团而获得额外收益的劳务活动。该劳务活动主要包括：第一，为劳务接受方带来资源整合效应和规模效应的法律形式改变、债务重组、股权收购、资产收购、合并、分立等集团重组活动；第二，由于企业集团信用评级提高，为劳务接受方带来融资成本下降等利益的相关活动；第三，其他类似情形。④劳务接受方从其关联方接受的，已经在其他关联交易中给予补偿的劳务活动。该劳务活动主要包括：第一，从特许权使用费支付中给予补偿的与专利权或者非专利技术相关的服务；第二，从贷款利息支付中给予补偿的与贷款相关的服务；第三，其他类似情形。⑤与劳务接受方执行的功能和承担的风险无关，或者不符合劳务接受方经营需要的关联劳务活动。⑥其他不能为劳务接受方带来直接或者间接经济利益，或者非关联方不愿意购买或者不愿意自行实施的关联劳务活动。

（6）企业向未执行功能、承担风险，无实质性经营活动的境外关联方支付费用，不符合独立交易原则的，税务机关可以按照已税前扣除的金额全额实施特别纳税调整。

（7）实际税负相同的境内关联方之间的交易，只要该交易没有直接或者间接导致国家总体税收收入的减少，原则上不作特别纳税调整。

（五）纳税调整的实施程序及相关规定

（1）经调查，税务机关未发现企业存在特别纳税调整问题的，应当作出特别纳税调查结论，并向企业送达《特别纳税调查结论通知书》。

（2）经调查，税务机关发现企业存在特别纳税调整问题的，应当按照以下程序实施调整。①在测算、论证、可比性分析的基础上，拟定特别纳税调查调整方案。②根据拟定调整方案与企业协商谈判，双方均应当指定主谈人，调查人员应当做好《协商内容记录》，并由双方主谈人签字确认。企业拒签的，税务机关调查人员（两名以上）应当注明。企业拒绝协商谈判的，税务机关向企业送达《特别纳税调查初步调整通知书》。③协商谈判过程中，企业对拟定调整方案有异议的，应当在税务机关规定的期限内进一步提供相关资料。税务机关收到资料后，应当认真审议，并作出审议结论。根据审议结论，需要进行特别纳税调整的，税务机关应当形成初步调整方案，向企业送达《特别纳税调查初步调整通知书》。④企业收到《特别纳税调查初步调整通知书》后有异议的，应当自收到通知书之日起7日内书面提出。税务机关收到企业意见后，应当再次协商、审议。根据审议结论，需要进行特别纳税调整，并形成最终调整方案的，税务机关应当向企业送达《特别纳税调查调整通知书》。⑤企业收到《特别纳税调查初步调整通知书》后，在规定期限内未提出异议的，或者提出异议后又拒绝协商的，或者虽提出异议但经税务机关审议后不予采纳的，税务机关应当以初步调整方案作为最终调整方案，向企业送达《特别纳税调查调整通知书》。

（3）企业收到《特别纳税调查调整通知书》后有异议的，可以在依照《特别纳税调查调整通知书》缴纳或者解缴税款、利息、滞纳金或者提供相应的担保后，依法申请行政复议。

对行政复议决定不服的，可以依法向人民法院提起行政诉讼。

（4）税务机关对企业实施特别纳税调整，涉及企业向境外关联方支付利息、租金、特许权使用费的，除另有规定外，不调整已扣缴的税款。

（5）企业可以在《特别纳税调查调整通知书》送达前自行缴纳税款。企业自行缴纳税款的，应当填报《特别纳税调整自行缴纳税款表》。

（6）税务机关对企业实施特别纳税调整的，应当根据企业所得税法及其实施条例的有关规定对2008年1月1日以后发生交易补征的企业所得税按日加收利息。

特别纳税调查调整补缴的税款，应当按照应补缴税款所属年度的先后顺序确定补缴税款的所属年度，以入库日为截止日，分别计算应加收的利息额：①企业在《特别纳税调查调整通知书》送达前缴纳或者送达后补缴税款的，应当自税款所属纳税年度的次年6月1日起至缴纳或者补缴税款之日止计算加收利息。企业超过《特别纳税调查调整通知书》补缴税款期限仍未缴纳税款的，应当自补缴税款期限届满次日起按照税收征管法及其实施细则的有关规定加收滞纳金，在加收滞纳金期间不再加收利息；②利息率按照税款所属纳税年度12月31日公布的与补税期间同期的中国人民银行人民币贷款基准利率加5个百分点计算，并按照一年365天折算日利息率；③企业按照有关规定提供同期资料及有关资料的，或者按照有关规定不需要准备同期资料但根据税务机关要求提供其他相关资料的，可以只按照基准利率加收利息。

经税务机关调查，企业实际关联交易额达到准备同期资料标准，但未按照规定向税务机关提供同期资料的，税务机关补征税款加收利息，适用上述②规定。

（7）企业自行调整补税且主动提供同期资料等有关资料，或者按照有关规定不需要准备同期资料但根据税务机关要求提供其他相关资料的，其2008年1月1日以后发生交易的自行调整补税按照基准利率加收利息。

（8）被调查企业在税务机关实施特别纳税调查调整期间申请变更经营地址或者注销税务登记的，税务机关在调查结案前原则上不予办理税务变更、注销手续。

（六）相互协商程序及相关规定

（1）根据我国对外签署的税收协定的有关规定，国家税务总局可以依据企业申请或者税收协定缔约对方税务主管当局请求启动相互协商程序，与税收协定缔约对方税务主管当局开展协商谈判，避免或者消除由特别纳税调整事项引起的国际重复征税。

相互协商内容包括：①双边或者多边预约定价安排的谈签；②税收协定缔约一方实施特别纳税调查调整引起另一方相应调整的协商谈判。

（2）企业申请启动相互协商程序的，应当在税收协定规定期限内，向国家税务总局书面提交《启动特别纳税调整相互协商程序申请表》和特别纳税调整事项的有关说明。企业当面报送上述资料的，以报送日期为申请日期；邮寄报送的，以国家税务总局收到上述资料的日期为申请日期。

国家税务总局收到企业提交的上述资料后，认为符合税收协定有关规定的，可以启动相互协商程序；认为资料不全的，可以要求企业补充提供资料。

（3）税收协定缔约对方税务主管当局请求启动相互协商程序的，国家税务总局收到正式来函后，认为符合税收协定有关规定的，可以启动相互协商程序。

国家税务总局认为税收协定缔约对方税务主管当局提供的资料不完整、事实不清晰的，可以要求对方补充提供资料，或者通过主管税务机关要求涉及的境内企业协助核实。

（4）国家税务总局决定启动相互协商程序的，应当书面通知省税务机关，并告知税收协定缔约对方税务主管当局。负责特别纳税调整事项的主管税务机关应当在收到书面通知后15个工作日内，向企业送达启动相互协商程序的《税务事项通知书》。

（5）在相互协商过程中，税务机关可以要求企业进一步补充提供资料，企业应当在规定的时限内提交。

（6）有下列情形之一的，国家税务总局可以拒绝企业申请或者税收协定缔约对方税务主管当局启动相互协商程序的请求：①企业或者其关联方不属于税收协定任一缔约方的税收居民；②申请或者请求不属于特别纳税调整事项；③申请或者请求明显缺乏事实或者法律依据；④申请不符合税收协定有关规定；⑤特别纳税调整案件尚未结案或者虽然已经结案但是企业尚未缴纳应纳税款。

（7）有下列情形之一的，国家税务总局可以暂停相互协商程序：①企业申请暂停相互协商程序；②税收协定缔约对方税务主管当局请求暂停相互协商程序；③申请必须以另一被调查企业的调查调整结果为依据，而另一被调查企业尚未结束调查调整程序；④其他导致相互协商程序暂停的情形。

（8）有下列情形之一的，国家税务总局可以终止相互协商程序：①企业或者其关联方不提供与案件有关的必要资料，或者提供虚假、不完整资料，或者存在其他不配合的情形；②企业申请撤回或者终止相互协商程序；③税收协定缔约对方税务主管当局撤回或者终止相互协商程序；④其他导致相互协商程序终止的情形。

（9）国家税务总局决定暂停或者终止相互协商程序的，应当书面通知省税务机关。负责特别纳税调整事项的主管税务机关应当在收到书面通知后15个工作日内，向企业送达暂停或者终止相互协商程序的《税务事项通知书》。

（10）国家税务总局与税收协定缔约对方税务主管当局签署相互协商协议后，应当书面通知省税务机关，附送相互协商协议。负责特别纳税调整事项的主管税务机关应当在收到书面通知后15个工作日内，向企业送达《税务事项通知书》，附送相互协商协议。需要补（退）税的，应当附送《特别纳税调整相互协商协议补（退）税款通知书》或者《预约定价安排补（退）税款通知书》，并监控执行补（退）税款情况。

应纳税收入或者所得额以外币计算的，应当按照相互协商协议送达企业之日上月最后一日人民币汇率中间价折合成人民币，计算应补缴或者应退还的税款。

补缴税款应当加收利息的，按照《中华人民共和国企业所得税法实施条例》第一百二十二条规定的人民币贷款基准利率执行。

（11）各级税务机关应当对税收协定缔约对方税务主管当局、企业或者其扣缴义务人、代理人等在相互协商中提供的有关资料保密。

（12）企业或者其扣缴义务人、代理人等在相互协商中弄虚作假，或者有其他违法行为的，税务机关应当按照税收征管法及其实施细则的有关规定处理。

（13）企业按照上述规定向国家税务总局提起相互协商申请的，提交的资料应同时采用中文和英文文本，企业向税收协定缔约双方税务主管当局提交资料内容应当保持一致。

（14）涉及税收协定条款解释或者执行的相互协商程序，按照《国家税务总局关于发布〈税收协定相互协商程序实施办法〉的公告》（国家税务总局公告2013年第56号）的有关规定执行。

第八节 企业重组的所得税处理

企业兼并重组是调整优化产业结构、转变经济发展方式的重要途径，是培育发展大企业大集团，提高产业集中度，提升产业竞争力的重要手段。为促进企业兼并重组，2009年，财政部、国家税务总局联合发布了《关于企业重组业务企业所得税处理若干问题的通知》（财税〔2009〕59号），对符合条件的企业重组的所得税处理给予了递延纳税的特殊待遇。2010年，国家税务总局发布了《企业重组业务企业所得税管理办法》，为企业享受特殊性税务处理提供了程序方面的指引。2014年3月，国务院下发《关于进一步优化企业兼并重组市场环境的意见》（国发〔2014〕14号），提出完善兼并重组所得税相关政策。2014年底，财政部、国家税务总局联合发布了《关于促进企业重组有关企业所得税处理问题的通知》（财税〔2014〕109号）和《关于非货币性资产投资企业所得税政策问题的通知》（财税〔2014〕116号），将适用特殊性税务处理的股权收购和资产收购中被收购股权或资产比例由不低于75%调整为不低于50%，明确了股权或资产划转特殊性税务处理政策，以及非货币性资产投资递延纳税政策。2015年6月，国家税务总局发布了《关于企业重组业务企业所得税征收管理若干问题的公告》（国家税务总局公告2015年第48号），对企业重组特殊性税务处理的申报管理和后续管理事项进行了规范和修订。

一、企业重组的定义

企业重组（corporate restructuring），是指企业在日常经营活动以外发生的法律结构或经济结构重大改变的交易，包括企业法律形式改变、债务重组、股权收购、资产收购、合并、分立等。[1]

（1）企业法律形式改变，是指企业注册名称、住所以及企业组织形式等的简单改变，但符合本通知规定其他重组的类型除外。

（2）债务重组，是指在债务人发生财务困难的情况下，债权人按照其与债务人达成的书面协议或者法院裁定书，就其债务人的债务作出让步的事项。

（3）股权收购，是指一家企业（以下称为收购企业）购买另一家企业（以下称为被收购企业）的股权，以实现对被收购企业控制的交易。收购企业支付对价的形式包括股权支付、非股权支付或两者的组合。

（4）资产收购，是指一家企业（以下称为受让企业）购买另一家企业（以下称为转让企业）实质经营性资产的交易。受让企业支付对价的形式包括股权支付、非股权支付或两者的组合。

实质经营性资产，是指企业用于从事生产经营活动、与产生经营收入直接相关的资产，包括经营所用各类资产、企业拥有的商业信息和技术、经营活动产生的应收款项、投资资产等。[2]

（5）合并，是指一家或多家企业（以下称为被合并企业）将其全部资产和负债转让给另一家现存或新设企业（以下称为合并企业），被合并企业股东换取合并企业的股权或非股权支付，实现两个或两个以上企

---

[1] 以下本节内容如未特别注明，均引自财政部、国家税务总局，《关于企业重组业务企业所得税处理若干问题的通知》，财税〔2009〕59号。
[2] 国家税务总局，《关于发布〈企业重组业务企业所得税管理办法〉的公告》，2010年第4号。

业的依法合并。

（6）分立，是指一家企业（以下称为被分立企业）将部分或全部资产分离转让给现存或新设的企业（以下称为分立企业），被分立企业股东换取分立企业的股权或非股权支付，实现企业的依法分立。

以上所称股权支付，是指企业重组中购买、换取资产的一方支付的对价中，以本企业或其控股企业的股权、股份作为支付的形式；所称非股权支付，是指以本企业的现金、银行存款、应收款项、本企业或其控股企业股权和股份以外的有价证券、存货、固定资产、其他资产以及承担债务等作为支付的形式。控股企业，是指由本企业直接持有股份的企业。[①]

二、企业重组的税务处理方法

除国务院财政、税务主管部门另有规定外，企业在重组过程中，应当在交易发生时确认有关资产的转让所得或者损失，相关资产应当按照交易价格重新确定计税基础。[②]企业重组的税务处理区分不同条件分别适用一般性税务处理规定和特殊性税务处理规定。

（一）境内重组业务的一般性税务处理方法

境内企业重组业务，除适用特殊税务处理规定以外，按以下规定进行税务处理。

（1）企业由法人转变为个人独资企业、合伙企业等非法人组织，或将登记注册地转移至中华人民共和国境外（包括港澳台地区），应视同企业进行清算、分配，股东重新投资成立新企业。企业的全部资产以及股东投资的计税基础均应以公允价值为基础确定。

企业发生其他法律形式简单改变的，可直接变更税务登记，除另有规定外，有关企业所得税纳税事项（包括亏损结转、税收优惠等权益和义务）由变更后企业承继，但因住所发生变化而不符合税收优惠条件的除外。

（2）企业债务重组，相关交易应按以下规定处理。①以非货币资产清偿债务，应当分解为转让相关非货币性资产、按非货币性资产公允价值清偿债务两项业务，确认相关资产的所得或损失。②发生债权转股权的，应当分解为债务清偿和股权投资两项业务，确认有关债务清偿所得或损失。③债务人应当按照支付的债务清偿额低于债务计税基础的差额，确认债务重组所得；债权人应当按照收到的债务清偿额低于债权计税基础的差额，确认债务重组损失。④债务人的相关所得税纳税事项原则上保持不变。

（3）企业股权收购、资产收购重组交易，相关交易应按以下规定处理。①被收购方应确认股权、资产转让所得或损失。②收购方取得股权或资产的计税基础应以公允价值为基础确定。③被收购企业的相关所得税事项原则上保持不变。

（4）企业合并，当事各方应按下列规定处理。①合并企业应按公允价值确定接受被合并企业各项资产和负债的计税基础。②被合并企业及其股东都应按清算进行所得税处理。③被合并企业的亏损不得在合并企业结转弥补。

（5）企业分立，当事各方应按下列规定处理。①被分立企业对分立出去资产应按公允价值确认资产转让所得或损失。②分立企业应按公允价值确认接受资产的计税基础。③被分立企业继续存在时，其股东取得的对价应视同被分立企业分配进行处理。④被分立企业不再继续存在时，被分立企业及其股东都应按清算进行所得税处理。⑤企业分立相关企业的亏损不得相互结转弥补。

（二）境内重组业务的特殊性税务处理方法

企业重组同时符合下列条件的，适用特殊性税务处理规定。[③]①具有合理的商业目的，且不以减少、免

[①] 国家税务总局，《关于发布〈企业重组业务企业所得税管理办法〉的公告》，2010年第4号。
[②] 《企业所得税法实施条例》，第七十五条。
[③] 财政部、国家税务总局，《关于企业重组业务企业所得税处理若干问题的通知》，财税〔2009〕59号。

除或者推迟缴纳税款为主要目的。②被收购、合并或分立部分的资产或股权比例符合本通知规定的比例。③企业重组后的连续 12 个月内不改变重组资产原来的实质性经营活动。④重组交易对价中涉及股权支付金额符合本通知规定比例。⑤企业重组中取得股权支付的原主要股东，在重组后连续 12 个月内，不得转让所取得的股权。

原主要股东，是指原持有转让企业或被收购企业 20%以上股权的股东。[①]

企业重组符合特殊性税务处理条件的，交易各方对其交易中的股权支付部分，可以按以下规定进行特殊性税务处理。

（1）企业债务重组确认的应纳税所得额占该企业当年应纳税所得额 50%以上，可以在 5 个纳税年度的期间内，均匀计入各年度的应纳税所得额。

企业发生债权转股权业务，对债务清偿和股权投资两项业务暂不确认有关债务清偿所得或损失，股权投资的计税基础以原债权的计税基础确定。企业的其他相关所得税事项保持不变。

（2）股权收购，收购企业购买的股权不低于被收购企业全部股权的 50%，[②]且收购企业在该股权收购发生时的股权支付金额不低于其交易支付总额的 85%，可以选择按以下规定处理。①被收购企业的股东取得收购企业股权的计税基础，以被收购股权的原有计税基础确定。②收购企业取得被收购企业股权的计税基础，以被收购股权的原有计税基础确定。③收购企业、被收购企业的原有各项资产和负债的计税基础和其他相关所得税事项保持不变。

（3）资产收购，受让企业收购的资产不低于转让企业全部资产的 50%，[②]且受让企业在该资产收购发生时的股权支付金额不低于其交易支付总额的 85%，可以选择按以下规定处理。①转让企业取得受让企业股权的计税基础，以被转让资产的原有计税基础确定。②受让企业取得转让企业资产的计税基础，以被转让资产的原有计税基础确定。

（4）企业合并，企业股东在该企业合并发生时取得的股权支付金额不低于其交易支付总额的 85%，以及同一控制下且不需要支付对价的企业合并，可以选择按以下规定处理。①合并企业接受被合并企业资产和负债的计税基础，以被合并企业的原有计税基础确定。②被合并企业合并前的相关所得税事项由合并企业承继。③可由合并企业弥补的被合并企业亏损的限额＝被合并企业净资产公允价值×截至合并业务发生当年年末国家发行的最长期限的国债利率。④被合并企业股东取得合并企业股权的计税基础，以其原持有的被合并企业股权的计税基础确定。

上述同一控制，是指参与合并的企业在合并前后均受同一方或相同的多方最终控制，且该控制并非暂时性的。能够对参与合并的企业在合并前后均实施最终控制权的相同多方，是指根据合同或协议的约定，对参与合并企业的财务和经营政策拥有决定控制权的投资者群体。在企业合并前，参与合并各方受最终控制方的控制在 12 个月以上，企业合并后所形成的主体在最终控制方的控制时间也应达到连续 12 个月。

（5）企业分立，被分立企业所有股东按原持股比例取得分立企业的股权，分立企业和被分立企业均不改变原来的实质经营活动，且被分立企业股东在该企业分立发生时取得的股权支付金额不低于其交易支付总额的 85%，可以选择按以下规定处理。①分立企业接受被分立企业资产和负债的计税基础，以被分立企业的原有计税基础确定。②被分立企业已分立出去资产相应的所得税事项由分立企业承继。③被分立企业未超过法定弥补期限的亏损额可按分立资产占全部资产的比例进行分配，由分立企业继续弥补。④被分立企业的股东取得分立企业的股权（简称"新股"），如需部分或全部放弃原持有的被分立企业的股权（简称"旧股"），"新股"的计税基础应以放弃"旧股"的计税基础确定。如不需放弃"旧股"，则其取得"新股"的计税基础可从以下两种方法中选择确定：直接将"新股"的计税基础确定为零；或者以被分立企业分立出去的净资产占被分立企业全部净资产的比例先调减原持有的"旧股"的计税基础，再将调减的计税基础平均分配到"新股"上。

---

① 国家税务总局，《关于发布〈企业重组业务企业所得税管理办法〉的公告》，2010 年第 4 号。
② 财政部、国家税务总局，《关于促进企业重组有关企业所得税处理问题的通知》，财税〔2014〕109 号。

（6）重组交易各方按企业重组特殊性税务规定对交易中股权支付暂不确认有关资产的转让所得或损失的，其非股权支付仍应在交易当期确认相应的资产转让所得或损失，并调整相应资产的计税基础。

非股权支付对应的资产转让所得或损失＝(被转让资产的公允价值－被转让资产的计税基础)×(非股权支付金额÷被转让资产的公允价值)

【例 17-8-1】 甲企业于某年 5 月将企业资产整体转让给乙企业。转让前，甲企业资产价值为 4000 万元，其公允价值为 1 亿元，增值 6000 万元。乙企业支付股权 9000 万元，支付非股权 10 000 万元。由于甲企业全部资产 100%转让了，超过了 75%。同时，乙企业支付股权 9000 万元，占支付总额的 90%，超过了 85%。因此，甲企业转让资产 4000 万元可以不全部视同销售处理，即收到股权支付额 9000 万元这部分可以不确认视同销售，但其中与 1000 万元非股权支付相对应的部分要视同销售，这部分产生的利润要缴纳企业所得税。请计算甲企业应缴纳的企业所得税。

【答案】 甲企业整体资产账面价值（被转让资产的计税基础）4000 万元，评估价值 10 000 万元，增值 6000 万元。乙企业支付股权 9000 万元，支付非股权现金 1000 万元。甲企业整体资产转让 6000 万元可以按特殊性税务处理，暂时不缴纳企业所得税。但甲企业由于收到了 1000 万元非股权支付金额，整体资产增值 6000 万元，非股权支付额 1000 万元对应的资产转让所得为 600 万元[(10 000－4000)×1000÷10 000]，需要缴纳企业所得税 150 万元(600×25%)。而与 9000 万元股权支付相应的增值 5400 万元[(10 000－4000)×9000÷10 000]暂时不需要缴纳企业所得税。

（三）跨境重组业务的特殊性税务处理方法

企业发生涉及中国境内与境外之间（包括港澳台地区）的股权和资产收购交易，除应符合上述特殊性税务处理规定的条件外，还应同时符合下列条件，才可选择适用特殊性税务处理规定。

（1）非居民企业向其 100%直接控股的另一非居民企业转让其拥有的居民企业股权，没有因此造成以后该项股权转让所得预提税负担变化，且转让方非居民企业向主管税务机关书面承诺在 3 年（含 3 年）内不转让其拥有受让方非居民企业的股权。

（2）非居民企业向与其具有 100%直接控股关系的居民企业转让其拥有的另一居民企业股权。

（3）居民企业以其拥有的资产或股权向其 100%直接控股的非居民企业进行投资。

（4）财政部、国家税务总局核准的其他情形。

上述（3）所指的居民企业以其拥有的资产或股权向其 100%直接控股关系的非居民企业进行投资，其资产或股权转让收益如选择特殊性税务处理，可以在 10 个纳税年度内均匀计入各年度应纳税所得额。

此外，非居民企业股权转让选择特殊性税务处理的，应于股权转让合同或协议生效且完成工商变更登记手续 30 日内进行备案。属于上述（1）情形，由转让方向被转让企业所在地所得税主管税务机关备案；属于上述（2）情形的，由受让方向其所在地所得税主管税务机关备案。

股权转让方或受让方可以委托代理人办理备案事项；代理人在代为办理备案事项时，应向主管税务机关出具备案人的书面授权委托书。[①]

（四）税收优惠政策的延续

在企业吸收合并中，合并后的存续企业性质及适用税收优惠的条件未发生改变的，可以继续享受合并前该企业剩余期限的税收优惠，其优惠金额按存续企业合并前一年的应纳税所得额（亏损计为零）计算。

在企业存续分立中，分立后的存续企业性质及适用税收优惠的条件未发生改变的，可以继续享受分立前该企业剩余期限的税收优惠，其优惠金额按该企业分立前一年的应纳税所得额（亏损计为零）乘以分立后存续企业资产占分立前该企业全部资产的比例计算。

---

① 国家税务总局，《关于非居民企业股权转让适用特殊性税务处理有关问题的公告》，2013 年第 72 号。

（五）企业重组前后发生分步交易的处理办法

企业在重组发生前后连续 12 个月内分步对其资产、股权进行交易，应根据实质重于形式原则将上述交易作为一项企业重组交易进行处理。

（六）选择特殊性税务处理办法的备案要求

企业发生符合本通知规定的特殊性重组条件并选择特殊性税务处理的，当事各方应在该重组业务完成当年企业所得税年度申报时，向主管税务机关提交书面备案资料，证明其符合各类特殊性重组规定的条件。企业未按规定书面备案的，一律不得按特殊重组业务进行税务处理。

对企业在重组过程中涉及的需要特别处理的企业所得税事项，由国务院财政、税务主管部门另行规定。

（七）股权、资产划转的税务处理[①]

自 2014 年 1 月 1 日起，对 100%直接控制的居民企业之间，以及受同一或相同多家居民企业 100%直接控制的居民企业之间按账面净值划转股权或资产，凡具有合理商业目的、不以减少、免除或者推迟缴纳税款为主要目的，股权或资产划转后连续 12 个月内不改变被划转股权或资产原来实质性经营活动，且划出方企业和划入方企业均未在会计上确认损益的，可以选择按以下规定进行特殊性税务处理：①划出方企业和划入方企业均不确认所得；②划入方企业取得被划转股权或资产的计税基础，以被划转股权或资产的原账面净值确定；③划入方企业取得的被划转资产，应按其原账面净值计算折旧扣除。

第九节 房地产开发经营业务的所得税处理

为了加强从事房地产开发经营企业的企业所得税征收管理，规范从事房地产开发经营业务企业的纳税行为，根据《企业所得税法》及其实施条例、《中华人民共和国税收征收管理法》及其实施细则等有关税收法律、行政法规的规定，结合房地产开发经营业务的特点，国家税务总局于 2009 年 3 月 6 日印发了《房地产开发经营业务企业所得税处理办法》。[②]

一、房地产开发经营业务范围

企业房地产开发经营业务是指包括土地的开发，建造、销售住宅、商业用房以及其他建筑物、附着物、配套设施等开发产品的一系列经营活动。在中国境内从事房地产开发经营业务的企业（以下简称企业），除土地开发之外，其他开发产品符合下列条件之一的，应视为已经完工。

（1）开发产品竣工证明材料已报房地产管理部门备案。

（2）开发产品已开始投入使用。

（3）开发产品已取得了初始产权证明。

企业出现《中华人民共和国税收征收管理法》第三十五条规定的情形，税务机关可对其以往应缴的企业所得税按核定征收方式进行征收管理，并逐步规范，同时按《中华人民共和国税收征收管理法》等税收法律、行政法规的规定进行处理，但不得事先确定企业的所得税按核定征收方式进行征收、管理。

---

① 财政部、国家税务总局，《关于促进企业重组有关企业所得税处理问题的通知》，财税〔2014〕109 号。

② 本节内容均引自国家税务总局，《关于印发〈房地产开发经营业务企业所得税处理办法〉的通知》，国税发〔2009〕31 号；国家税务总局，《关于房地产开发企业成本对象管理问题的公告》，2014 年第 35 号；国家税务总局，《关于修改部分税收规范性文件的公告》，2018 年第 31 号。

二、收入的税务处理

（1）开发产品销售收入的范围为销售开发产品过程中取得的全部价款，包括现金、现金等价物及其他经济利益。企业代有关部门、单位和企业收取的各种基金、费用和附加等，凡纳入开发产品价内或由企业开具发票的，应按规定全部确认为销售收入；未纳入开发产品价内并由企业之外的其他收取部门、单位开具发票的，可作为代收代缴款项进行管理。

（2）企业通过正式签订《房地产销售合同》或《房地产预售合同》所取得的收入，应确认为销售收入的实现，具体按以下规定确认。

第一，采取一次性全额收款方式销售开发产品的，应于实际收讫价款或取得索取价款凭据（权利）之日，确认收入的实现。

第二，采取分期收款方式销售开发产品的，应按销售合同或协议约定的价款和付款日确认收入的实现。付款方提前付款的，在实际付款日确认收入的实现。

第三，采取银行按揭方式销售开发产品的，应按销售合同或协议约定的价款确定收入额，其首付款应于实际收到日确认收入的实现，余款在银行按揭贷款办理转账之日确认收入的实现。

第四，采取委托方式销售开发产品的，应按以下原则确认收入的实现。

一是采取支付手续费方式委托销售开发产品的，应按销售合同或协议中约定的价款于收到受托方已销开发产品清单之日确认收入的实现。

二是采取视同买断方式委托销售开发产品的，属于企业与购买方签订销售合同或协议，或企业、受托方、购买方三方共同签订销售合同或协议的，如果销售合同或协议中约定的价格高于买断价格，则应按销售合同或协议中约定的价格计算的价款于收到受托方已销开发产品清单之日确认收入的实现；如果属于前两种情况中销售合同或协议中约定的价格低于买断价格，以及属于受托方与购买方签订销售合同或协议的，则应按买断价格计算的价款于收到受托方已销开发产品清单之日确认收入的实现。

三是采取基价（保底价）并实行超基价双方分成方式委托销售开发产品的，属于由企业与购买方签订销售合同或协议，或企业、受托方、购买方三方共同签订销售合同或协议的，如果销售合同或协议中约定的价格高于基价，则应按销售合同或协议中约定的价格计算的价款于收到受托方已销开发产品清单之日确认收入的实现，企业按规定支付受托方的分成额，不得直接从销售收入中减除；如果销售合同或协议约定的价格低于基价的，则应按基价计算的价款于收到受托方已销开发产品清单之日确认收入的实现。属于由受托方与购买方直接签订销售合同的，则应按基价加上按规定取得的分成额于收到受托方已销开发产品清单之日确认收入的实现。

四是采取包销方式委托销售开发产品的，包销期内可根据包销合同的有关约定，参照上述一至三项规定确认收入的实现；包销期满后尚未出售的开发产品，企业应根据包销合同或协议约定的价款和付款方式确认收入的实现。

（3）企业将开发产品用于捐赠、赞助、职工福利、奖励、对外投资、分配给股东或投资人、抵偿债务、换取其他企事业单位和个人的非货币性资产等行为，应视同销售，于开发产品所有权或使用权转移，或于实际取得利益权利时确认收入（或利润）的实现。确认收入（或利润）的方法和顺序为：①按本企业近期或本年度最近月份同类开发产品市场销售价格确定。②由主管税务机关参照当地同类开发产品市场公允价值确定。③按开发产品的成本利润率确定。开发产品的成本利润率不得低于15%，具体比例由主管税务机关确定。

（4）企业销售未完工开发产品的计税毛利率由各省、自治区、直辖市税务局按下列规定进行确定：①开发项目位于省、自治区、直辖市和计划单列市人民政府所在地城市城区和郊区的，不得低于15%；②开发项目位于地及地级市城区及郊区的，不得低于10%；③开发项目位于其他地区的，不得低于5%；④属于经济适用房、限价房和危改房的，不得低于3%。

(5) 企业销售未完工开发产品取得的收入，应先按预计计税毛利率分季（或月）计算出预计毛利额，计入当期应纳税所得额。开发产品完工后，企业应及时结算其计税成本并计算此前销售收入的实际毛利额，同时将其实际毛利额与其对应的预计毛利额之间的差额，计入当年度企业本项目与其他项目合并计算的应纳税所得额。

在年度纳税申报时，企业须出具对该项开发产品实际毛利额与预计毛利额之间差异调整情况的报告以及税务机关需要的其他相关资料。

(6) 企业新建的开发产品在尚未完工或办理房地产初始登记、取得产权证前，与承租人签订租赁预约协议的，自开发产品交付承租人使用之日起，出租方取得的预租价款按租金确认收入的实现。

三、成本和费用扣除的税务处理

(1) 企业在进行成本、费用的核算与扣除时，必须按规定区分期间费用和开发产品计税成本、已销开发产品计税成本与未销开发产品计税成本。

(2) 企业发生的期间费用、已销开发产品计税成本、营业税金及附加、土地增值税准予当期按规定扣除。

(3) 开发产品计税成本的核算应按规定进行处理。

(4) 已销开发产品的计税成本，按当期已实现销售的可售面积和可售面积单位工程成本确认。可售面积单位工程成本和已销开发产品的计税成本按下列公式计算确定：

$$可售面积单位工程成本 = 成本对象总成本 \div 成本对象总可售面积$$

$$已销开发产品的计税成本 = 已实现销售的可售面积 \times 可售面积单位工程成本$$

(5) 企业对尚未出售的已完工开发产品和按照有关法律、法规或合同规定对已售开发产品（包括共用部位、共用设施设备）进行日常维护、保养、修理等实际发生的维修费用，准予在当期据实扣除。

(6) 企业将已计入销售收入的共用部位、共用设施设备维修基金按规定移交给有关部门、单位的，应于移交时扣除。

(7) 企业在开发区内建造的会所、物业管理场所、电站、热力站、水厂、文体场馆、幼儿园等配套设施，按以下规定进行处理。

第一，属于非营利性且产权属于全体业主的，或无偿赠与地方政府、公用事业单位的，可将其视为公共配套设施，其建造费用按公共配套设施费的有关规定进行处理。

第二，属于营利性的，或产权归企业所有的，或未明确产权归属的，或无偿赠与地方政府、公用事业单位以外其他单位的，应当单独核算其成本。除企业自用应按建造固定资产进行处理外，其他一律按建造开发产品进行处理。

(8) 企业在开发区内建造的邮电通讯、学校、医疗设施应单独核算成本，其中，由企业与国家有关业务管理部门、单位合资建设，完工后有偿移交的，国家有关业务管理部门、单位给予的经济补偿可直接抵扣该项目的建造成本，抵扣后的差额应调整当期应纳税所得额。

(9) 企业采取银行按揭方式销售开发产品的，凡约定企业为购买方的按揭贷款提供担保的，其销售开发产品时向银行提供的保证金（担保金）不得从销售收入中减除，也不得作为费用在当期税前扣除，但实际发生损失时可据实扣除。

(10) 企业委托境外机构销售开发产品的，其支付境外机构的销售费用（含佣金或手续费）不超过委托销售收入10%的部分，准予据实扣除。

(11) 企业的利息支出按以下规定进行处理：①企业为建造开发产品借入资金而发生的符合税收规定的借款费用，可按企业会计准则的规定进行归集和分配，其中属于财务费用性质的借款费用，可直接在税前扣除；②企业集团或其成员企业统一向金融机构借款分摊集团内部其他成员企业使用的，借入方凡能出具从金融机构取得借款的证明文件，可以在使用借款的企业间合理地分摊利息费用，使用借款的企业分摊的合理利息准予在税前扣除。

（12）企业因国家无偿收回土地使用权而形成的损失，可作为财产损失按有关规定在税前扣除。

（13）企业开发产品（以成本对象为计量单位）整体报废或毁损，其净损失按有关规定审核确认后准予在税前扣除。

（14）企业开发产品转为自用的，其实际使用时间累计未超过 12 个月又销售的，不得在税前扣除折旧费用。

四、计税成本的核算方法

1. 计税成本

计税成本是指企业在开发、建造开发产品（包括固定资产，下同）过程中所发生的按照税收规定进行核算与计量的应归入某项成本对象的各项费用。

其中，成本对象是指为归集和分配开发产品开发、建造过程中的各项耗费而确定的费用承担项目。计税成本对象的确定原则如下。

（1）可否销售原则。开发产品能够对外经营销售的，应作为独立的计税成本对象进行成本核算；不能对外经营销售的，可先作为过渡性成本对象进行归集，然后再将其相关成本摊入能够对外经营销售的成本对象。

（2）功能区分原则。开发项目某组成部分相对独立，且具有不同使用功能时，可以作为独立的成本对象进行核算。

（3）定价差异原则。开发产品因其产品类型或功能不同等而导致其预期售价存在较大差异的，应分别作为成本对象进行核算。

（4）成本差异原则。开发产品因建筑上存在明显差异可能导致其建造成本出现较大差异的，要分别作为成本对象进行核算。

（5）权益区分原则。开发项目属于受托代建的或多方合作开发的，应结合上述原则分别划分成本对象进行核算。

房地产开发企业应依据计税成本对象确定原则确定已完工开发产品的成本对象，并就确定原则、依据，共同成本分配原则、方法，以及开发项目基本情况、开发计划等出具专项报告，在开发产品完工当年企业所得税年度纳税申报时，随同《企业所得税年度纳税申报表》一并报送主管税务机关。[①]

房地产开发企业将已确定的成本对象报送主管税务机关后，不得随意调整或相互混淆。如确需调整成本对象的，应就调整的原因、依据和调整前后成本变化情况等出具专项报告，在调整当年企业所得税年度纳税申报时报送主管税务机关。

2. 开发产品计税成本支出的内容

（1）土地征用费及拆迁补偿费，指为取得土地开发使用权（或开发权）而发生的各项费用，主要包括土地买价或出让金、大市政配套费、契税、耕地占用税、土地使用费、土地闲置费、土地变更用途和超面积补交的地价及相关税费、拆迁补偿支出、安置及动迁支出、回迁房建造支出、农作物补偿费、危房补偿费等。

（2）前期工程费，指项目开发前期发生的水文地质勘察、测绘、规划、设计、可行性研究、筹建、场地通平等前期费用。

（3）建筑安装工程费，指开发项目开发过程中发生的各项建筑安装费用。主要包括开发项目建筑工程费和开发项目安装工程费等。

---

① 国家税务总局，《关于房地产开发企业成本对象管理问题的公告》，2014 年第 35 号。

（4）基础设施建设费，指开发项目在开发过程中所发生的各项基础设施支出，主要包括开发项目内道路、供水、供电、供气、排污、排洪、通信、照明等社区管网工程费和环境卫生、园林绿化等园林环境工程费。

（5）公共配套设施费，指开发项目内发生的、独立的、非营利性的，且产权属于全体业主的，或无偿赠与地方政府、政府公用事业单位的公共配套设施支出。

（6）开发间接费，指企业为直接组织和管理开发项目所发生的，且不能将其归属于特定成本对象的成本费用性支出。主要包括管理人员工资、职工福利费、折旧费、修理费、办公费、水电费、劳动保护费、工程管理费、周转房摊销以及项目营销设施建造费等。

3. 企业计税成本核算的一般程序

（1）对当期实际发生的各项支出，按其性质、经济用途及发生的地点、时间不同进行整理、归类，并将其区分为应计入成本对象的成本和应在当期税前扣除的期间费用。同时还应按规定对在有关预提费用和待摊费用进行计量与确认。

（2）对应计入成本对象中的各项实际支出、预提费用、待摊费用等合理地划分为直接成本、间接成本和共同成本，并按规定将其合理地归集、分配至已完工成本对象、在建成本对象和未建成本对象。

（3）对期前已完工成本对象应负担的成本费用按已销开发产品、未销开发产品和固定资产进行分配，其中应由已销开发产品负担的部分，在当期纳税申报时进行扣除，未销开发产品应负担的成本费用待其实际销售时再予扣除。

（4）对本期已完工成本对象分类为开发产品和固定资产并对其计税成本进行结算。其中属于开发产品的，应按可售面积计算其单位工程成本，据此再计算已销开发产品计税成本和未销开发产品计税成本。对本期已销开发产品的计税成本，准予在当期扣除，未销开发产品计税成本待其实际销售时再予扣除。

（5）对本期未完工和尚未建造的成本对象应当负担的成本费用，应分别建立明细台账，待开发产品完工后再予结算。

4. 开发产品计税成本的计量和核算

企业开发、建造的开发产品应按制造成本法进行计量与核算。其中，应计入开发产品成本中的费用属于直接成本和能够分清成本对象的间接成本，直接计入成本对象，共同成本和不能分清负担对象的间接成本，应按受益的原则和配比的原则分配至各成本对象，具体分配方法可按以下规定选择其一。

（1）占地面积法，指按已动工开发成本对象占地面积占开发用地总面积的比例进行分配。

第一，一次性开发的，按某一成本对象占地面积占全部成本对象占地总面积的比例进行分配。

第二，分期开发的，首先按本期全部成本对象占地面积占开发用地总面积的比例进行分配，然后再按某一成本对象占地面积占期内全部成本对象占地总面积的比例进行分配。

期内全部成本对象应负担的占地面积为期内开发用地占地面积减除应由各期成本对象共同负担的占地面积。

（2）建筑面积法，指按已动工开发成本对象建筑面积占开发用地总建筑面积的比例进行分配。

第一，一次性开发的，按某一成本对象建筑面积占全部成本对象建筑面积的比例进行分配。

第二，分期开发的，首先按期内成本对象建筑面积占开发用地计划建筑面积的比例进行分配，然后再按某一成本对象建筑面积占期内成本对象总建筑面积的比例进行分配。

（3）直接成本法，指按期内某一成本对象的直接开发成本占期内全部成本对象直接开发成本的比例进行分配。

（4）预算造价法，指按期内某一成本对象预算造价占期内全部成本对象预算造价的比例进行分配。

5. 应分摊成本项目的分配

企业下列成本应按合理方法进行分配。

（1）土地成本，一般按占地面积法进行分配。如果确需结合其他方法进行分配的，应经税务机关同意。

土地开发同时连结房地产开发的，属于一次性取得土地分期开发房地产的情况，其土地开发成本经商税务机关同意后可先按土地整体预算成本进行分配，待土地整体开发完毕再行调整。

（2）单独作为过渡性成本对象核算的公共配套设施开发成本，应按建筑面积法进行分配。

（3）借款费用属于不同成本对象共同负担的，按直接成本法或按预算造价法进行分配。

（4）其他成本项目的分配法由企业自行确定。

6. 企业以非货币交易方式取得土地使用权的成本确定

企业以非货币交易方式取得土地使用权的，应按下列规定确定其成本。

（1）企业、单位以换取开发产品为目的，将土地使用权投资企业的，按下列规定进行处理。

一是换取的开发产品如为该项土地开发、建造的，接受投资的企业在接受土地使用权时暂不确认其成本，待首次分出开发产品时，再按应分出开发产品（包括首次分出的和以后应分出的）的市场公允价值和土地使用权转移过程中应支付的相关税费计算确认该项土地使用权的成本。如涉及补价，土地使用权的取得成本还应加上应支付的补价款或减除应收到的补价款。

二是换取的开发产品如为其他土地开发、建造的，接受投资的企业在投资交易发生时，按应付出开发产品市场公允价值和土地使用权转移过程中应支付的相关税费计算确认该项土地使用权的成本。如涉及补价，土地使用权的取得成本还应加上应支付的补价款或减除应收到的补价款。

（2）企业、单位以股权的形式，将土地使用权投资企业的，接受投资的企业应在投资交易发生时，按该项土地使用权的市场公允价值和土地使用权转移过程中应支付的相关税费计算确认该项土地使用权的取得成本。如涉及补价，土地使用权的取得成本还应加上应支付的补价款或减除应收到的补价款。

7. 预提费用

除以下几项预提（应付）费用外，计税成本均应为实际发生的成本。

（1）出包工程未最终办理结算而未取得全额发票的，在证明资料充分的前提下，其发票不足金额可以预提，但最高不得超过合同总金额的10%。

（2）公共配套设施尚未建造或尚未完工的，可按预算造价合理预提建造费用。此类公共配套设施必须符合已在售房合同、协议或广告、模型中明确承诺建造且不可撤销，或按照法律法规规定必须配套建造的条件。

（3）应向政府上交但尚未上交的报批报建费用、物业完善费用可以按规定预提。物业完善费用是指按规定应由企业承担的物业管理基金、公建维修基金或其他专项基金。

8. 停车场所成本的确定

企业单独建造的停车场所，应作为成本对象单独核算。利用地下基础设施形成的停车场所，作为公共配套设施进行处理。

9. 确定计税成本的凭据和时限要求

企业在结算计税成本时其实际发生的支出应当取得但未取得合法凭据的，不得计入计税成本，待实际取得合法凭据时，再按规定计入计税成本。

开发产品完工以后，企业可在完工年度企业所得税汇算清缴前选择确定计税成本核算的终止日，不得滞后。凡已完工开发产品在完工年度未按规定结算计税成本，主管税务机关有权确定或核定其计税成本，据此进行纳税调整，并按《中华人民共和国税收征收管理法》的有关规定对其进行处理。

五、特定事项的税务处理

（1）企业以本企业为主体联合其他企业、单位、个人合作或合资开发房地产项目，且该项目未成立独立法人公司的，按下列规定进行处理。①凡开发合同或协议中约定向投资各方（即合作、合资方，下同）分配开发产品的，企业在首次分配开发产品时，如该项目已经结算计税成本，其应分配给投资方开发产品的计税成本与其投资额之间的差额计入当期应纳税所得额；如未结算计税成本，则将投资方的投资额视同销售收入进行相关的税务处理。②凡开发合同或协议中约定分配项目利润的，应按以下规定进行处理。一是企业应将该项目形成的营业利润额并入当期应纳税所得额统一申报缴纳企业所得税，不得在税前分配该项目的利润。同时不能因接受投资方投资额而在成本中摊销或在税前扣除相关的利息支出。二是投资方取得该项目的营业利润应视同股息、红利进行相关的税务处理。

（2）企业以换取开发产品为目的，将土地使用权投资其他企业房地产开发项目的，按以下规定进行处理：企业应在首次取得开发产品时，将其分解为转让土地使用权和购入开发产品两项经济业务进行所得税处理，并按应从该项目取得的开发产品（包括首次取得的和以后应取得的）的市场公允价值计算确认土地使用权转让所得或损失。

第十节 征收管理

一、纳税地点

（1）除税收法律、行政法规另有规定外，居民企业以企业登记注册地为纳税地点；但登记注册地在境外的，以实际管理机构所在地为纳税地点。企业登记注册地，是指企业依照国家有关规定登记注册的住所地。①

（2）居民企业在中国境内设立不具有法人资格的营业机构的，应当汇总计算并缴纳企业所得税。企业汇总计算并缴纳企业所得税时，应当统一核算应纳税所得额，具体办法由国务院财政、税务主管部门另行制定。②

（3）非居民企业在中国境内设立机构、场所的，应当就其所设机构、场所取得的来源于中国境内的所得，以及发生在中国境外但与其所设机构、场所有实际联系的所得，缴纳企业所得税，并以机构、场所所在地为纳税地点。非居民企业在中国境内设立两个或者两个以上机构、场所，符合国务院税务主管部门规定条件的，可以选择由其主要机构、场所汇总缴纳企业所得税。主要机构、场所，应对其他各机构、场所的生产经营活动负有监督管理责任，且设有完整的账簿、凭证，能够准确反映各机构、场所的收入、成本、费用和盈亏情况。③

（4）非居民企业在中国境内未设立机构、场所的，或者虽设立机构、场所但取得的所得与其所设机构、场所没有实际联系的所得，以扣缴义务人所在地为纳税地点。④

（5）除国务院另有规定外，企业之间不得合并缴纳企业所得税。⑤

二、纳税期限

企业所得税按年计算，纳税年度自公历1月1日起至12月31日止。企业在一个纳税年度中间开业，

---

① 《企业所得税法》，第五十条；《企业所得税法实施条例》，第一百二十四条。
② 《企业所得税法》，第五十条；《企业所得税法实施条例》，第一百二十五条。
③ 《企业所得税法》，第五十一条；《企业所得税法实施条例》，第一百二十六条。
④ 《企业所得税法》，第五十一条。
⑤ 《企业所得税法》，第五十二条。

或者终止经营活动，使该纳税年度的实际经营期不足十二个月的，应当以其实际经营期为一个纳税年度。企业依法清算时，应当以清算期间作为一个纳税年度。①

企业在年度中间终止经营活动的，应当自实际经营终止之日起60日内，向税务机关办理当期企业所得税汇算清缴。企业应当在办理注销登记前，就其清算所得向税务机关申报并依法缴纳企业所得税。②

三、纳税申报

企业所得税实行分月或者分季预缴，年终汇算清缴的纳税申报方法：①企业应当自月份或者季度终了之日起15日内，向税务机关报送预缴企业所得税纳税申报表，分月或者分季预缴企业所得税时，应当按照月度或者季度的实际利润额预缴；按照月度或者季度的实际利润额预缴有困难的，可以按照上一纳税年度应纳税所得额的月度或者季度平均额预缴，或者按照经税务机关认可的其他方法预缴。预缴方法一经确定，该纳税年度内不得随意变更。③②年度汇算清缴，企业应当自年度终了之日起5个月内，向税务机关报送年度企业所得税纳税申报表，并汇算清缴，结清应缴应退税款。④

所得以人民币以外的货币计算的，应当折合成人民币计算并缴纳税款。⑤企业所得以人民币以外的货币计算的，预缴企业所得税时，应当按照月度或者季度最后一日的人民币汇率中间价，折合成人民币计算应纳税所得额。年度终了汇算清缴时，对已经按照月度或者季度预缴税款的，不再重新折合计算，只就该纳税年度内未缴纳企业所得税的部分，按照纳税年度最后一日的人民币汇率中间价，折合成人民币计算应纳税所得额。经税务机关检查确认，企业少计或者多计前款规定的所得的，应当按照检查确认补税或者退税时的上一个月最后一日的人民币汇率中间价，将少计或者多计的所得折合成人民币计算应纳税所得额，再计算应补缴或者应退的税款。⑥

企业在纳税年度内无论盈利或亏损，都应当依照《企业所得税法》第五十四条规定的期限，向税务机关报送预缴企业所得税纳税申报表、年度企业所得税纳税申报、财务会计报告和税务机关规定应当报送的其他有关资料。⑦

四、非居民企业所得税的源泉扣缴

非居民企业在中国境内未设立机构、场所的，或者虽设立机构、场所但取得的所得与其所设机构、场所没有实际联系的，应当就其来源于中国境内所得缴纳的企业所得税实行源泉扣缴，以支付人为扣缴义务人。税款由扣缴义务人在每次支付或者到期应支付时，从支付或者到期应支付的款项中扣缴。⑧该源泉扣缴的税款也称为预提所得税（withholding tax）。

其中，所称支付人，是指依照有关法律规定或者合同约定对非居民企业直接负有支付相关款项义务的单位或者个人。所称支付，包括现金支付、汇拨支付、转账支付和权益兑价支付等货币支付和非货币支付。所称到期应支付的款项，是指支付人按照权责发生制原则应当计入相关成本、费用的应付款项。⑨

（一）纳税人和扣缴义务人

（1）在中国境内未设立机构、场所的，或者虽设立机构、场所但取得的所得与其所设机构、场所没有

---

① 《企业所得税法》，第五十三条。
② 《企业所得税法》，第五十五条。
③ 《企业所得税法》，第五十四条；《企业所得税法实施条例》，第一百二十七条。
④ 《企业所得税法》，第五十四条。
⑤ 《企业所得税法》，第五十六条。
⑥ 《企业所得税法实施条例》，第一百二十九条。
⑦ 《企业所得税法实施条例》，第一百二十八条。
⑧ 《企业所得税法》，第三条、第三十七条。
⑨ 《企业所得税法实施条例》，第一百零四条、第一百零五条。

实际联系的，取得来源于中国境内所得的非居民企业为纳税人。

（2）对非居民企业在中国境内取得工程作业和劳务所得应缴纳的所得税，税务机关可以指定工程价款或者劳务费的支付人为扣缴义务人。

（3）支付人自行委托代理人或指定其他第三方代为支付相关款项，或者因担保合同或法律规定等原因由第三方保证人或担保人支付相关款项的，仍由委托人、指定人或被保证人、被担保人承担扣缴义务。①

（4）扣缴义务人与非居民企业签订与《企业所得税法》第三条第三款规定的所得有关的业务合同时，凡合同中约定由扣缴义务人实际承担应纳税款的，应将非居民企业取得的不含税所得换算为含税所得计算并解缴应扣税款。

（二）外币折算

（1）扣缴义务人支付或者到期应支付的款项以人民币以外的货币支付或计价的，分别按以下情形进行外币折算。①扣缴义务人扣缴企业所得税的，应当按照扣缴义务发生之日人民币汇率中间价折合成人民币，计算非居民企业应纳税所得额。扣缴义务发生之日为相关款项实际支付或者到期应支付之日。②取得收入的非居民企业在主管税务机关责令限期缴纳税款前自行申报缴纳应源泉扣缴税款的，应当按照填开税收缴款书之日前一日人民币汇率中间价折合成人民币，计算非居民企业应纳税所得额。③主管税务机关责令取得收入的非居民企业限期缴纳应源泉扣缴税款的，应当按照主管税务机关作出限期缴税决定之日前一日人民币汇率中间价折合成人民币，计算非居民企业应纳税所得额。

（2）财产转让收入或财产净值以人民币以外的货币计价的，分扣缴义务人扣缴税款、纳税人自行申报缴纳税款和主管税务机关责令限期缴纳税款三种情形，先将以非人民币计价项目金额比照上述规定折合成人民币金额；再按《企业所得税法》第十九条第二项及相关规定计算非居民企业财产转让所得应纳税所得额。

财产净值或财产转让收入的计价货币按照取得或转让财产时实际支付或收取的计价币种确定。原计价币种停止流通并启用新币种的，按照新旧货币市场转换比例转换为新币种后进行计算。

（三）非居民企业股权转让所得税收管理①

《企业所得税法》第十九条第二项规定的转让财产所得包含转让股权等权益性投资资产（简称"股权"）所得。股权转让收入减除股权净值后的余额为股权转让所得应纳税所得额。

股权转让收入是指股权转让人转让股权所收取的对价，包括货币形式和非货币形式的各种收入。

股权净值是指取得该股权的计税基础。股权的计税基础是股权转让人投资入股时向中国居民企业实际支付的出资成本，或购买该项股权时向该股权的原转让人实际支付的股权受让成本。股权在持有期间发生减值或者增值，按照国务院财政、税务主管部门规定可以确认损益的，股权净值应进行相应调整。企业在计算股权转让所得时，不得扣除被投资企业未分配利润等股东留存收益中按该项股权所可能分配的金额。

多次投资或收购的同项股权被部分转让的，从该项股权全部成本中按照转让比例计算确定被转让股权对应的成本。

（四）非居民企业派遣人员在中国境内提供劳务所得税收管理②

（1）非居民企业（以下统称"派遣企业"）派遣人员在中国境内提供劳务，如果派遣企业对被派遣人员工作结果承担部分或全部责任和风险，通常考核评估被派遣人员的工作业绩，应视为派遣企业在中国境

---

① 除特殊说明外，资料均来自：国家税务总局，《关于非居民企业所得税源泉扣缴有关问题的公告》，2017年第37号。
② 国家税务总局，《关于非居民企业派遣人员在中国境内提供劳务征收企业所得税有关问题的公告》，2013年第19号。

内设立机构、场所提供劳务;如果派遣企业属于税收协定缔约对方企业,且提供劳务的机构、场所具有相对的固定性和持久性,该机构、场所构成在中国境内设立的常设机构。

在作出上述判断时,应结合下列因素予以确定:①接收劳务的境内企业(以下统称"接收企业")向派遣企业支付管理费、服务费性质的款项;②接收企业向派遣企业支付的款项金额超出派遣企业代垫、代付被派遣人员的工资、薪金、社会保险费及其他费用;③派遣企业并未将接收企业支付的相关费用全部发放给被派遣人员,而是保留了一定数额的款项;④派遣企业负担的被派遣人员的工资、薪金未全额在中国缴纳个人所得税;⑤派遣企业确定被派遣人员的数量、任职资格、薪酬标准及其在中国境内的工作地点。

(2)如果派遣企业仅为在接收企业行使股东权利、保障其合法股东权益而派遣人员在中国境内提供劳务的,包括被派遣人员为派遣企业提供对接收企业投资的有关建议、代表派遣企业参加接收企业股东大会或董事会议等活动,均不因该活动在接收企业营业场所进行而认定为派遣企业在中国境内设立机构、场所或常设机构。

(3)符合规定的派遣企业和接收企业应按照《非居民承包工程作业和提供劳务税收管理暂行办法》(国家税务总局令第19号)规定办理税务登记和备案、税款申报及其他涉税事宜。

(4)符合规定的派遣企业应依法准确计算其取得的所得并据实申报缴纳企业所得税;不能如实申报的,税务机关有权按照相关规定核定其应纳税所得额。

(5)主管税务机关应加强对派遣行为的税收管理,重点审核下列与派遣行为有关的资料,以及派遣安排的经济实质和执行情况,确定非居民企业所得税纳税义务:①派遣企业、接收企业和被派遣人员之间的合同协议或约定;②派遣企业或接收企业对被派遣人员的管理规定,包括被派遣人员的工作职责、工作内容、工作考核、风险承担等方面的具体规定;③接收企业向派遣企业支付款项及相关账务处理情况,被派遣人员个人所得税申报缴纳资料;④接收企业是否存在通过抵消交易、放弃债权、关联交易或其他形式隐蔽性支付与派遣行为相关费用的情形。

(6)主管税务机关根据《企业所得税法》及上述规定确定派遣企业纳税义务时,应与被派遣人员提供劳务涉及的个人所得税的主管税务机关加强协调沟通,交换被派遣人员提供劳务的相关信息,确保税收政策的准确执行。

各地在执行上述规定对非居民企业派遣人员提供劳务进行税务处理时,应严格按照有关规定为派遣企业或接收企业及时办理对外支付相关手续。

(五)非居民企业从事国际运输业务税收管理[①]

(1)国际运输业务是指非居民企业以自有或者租赁的船舶、飞机、舱位,运载旅客、货物或者邮件等进出中国境内口岸的经营活动以及相关装卸、仓储等附属业务。

非居民企业以程租、期租、湿租的方式出租船舶、飞机取得收入的经营活动属于国际运输业务。

非居民企业以光租、干租等方式出租船舶、飞机,或者出租集装箱及其他装载工具给境内机构或者个人取得的租金收入,不属于本办法规定的国际运输业务收入,应按照《企业所得税法》第三条第三款的规定执行(税收协定有特殊规定的除外)。

(2)非居民企业从事本办法规定的国际运输业务,以取得运输收入的非居民企业为纳税人。

(六)非居民企业间接转让财产企业所得税收管理[②]

1. 非居民间接转让财产的范围

(1)非居民企业通过实施不具有合理商业目的的安排,间接转让中国居民企业股权等财产,规避企业

[①] 国家税务总局,《关于发布〈非居民企业从事国际运输业务税收管理暂行办法〉的公告》,2014年第37号。
[②] 国家税务总局,《关于非居民企业间接转让财产企业所得税若干问题的公告》,2015年第7号。

所得税纳税义务的,应按照《企业所得税法》第四十七条的规定,重新定性该间接转让交易,确认为直接转让中国居民企业股权等财产。

中国居民企业股权等财产是指非居民企业直接持有,且转让取得的所得按照中国税法规定,应在中国缴纳企业所得税的中国境内机构、场所财产,中国境内不动产,在中国居民企业的权益性投资资产等(以下称中国应税财产)。

间接转让中国应税财产是指非居民企业通过转让直接或间接持有中国应税财产的境外企业(不含境外注册中国居民企业,以下称境外企业)股权及其他类似权益(以下称股权),产生与直接转让中国应税财产相同或相近实质结果的交易,包括非居民企业重组引起境外企业股东发生变化的情形。间接转让中国应税财产的非居民企业称股权转让方。

(2)与间接转让中国应税财产相关的整体安排符合以下情形之一的,不适用上述规定:非居民企业在公开市场买入并卖出同一上市境外企业股权取得间接转让中国应税财产所得;在非居民企业直接持有并转让中国应税财产的情况下,按照可适用的税收协定或安排的规定,该项财产转让所得在中国可以免予缴纳企业所得税。

2. 非居民企业范围

在中国境内未设立机构、场所的非居民企业取得的间接转让中国应税财产所得,以及非居民企业虽设立机构、场所但取得与其所设机构、场所没有实际联系的间接转让中国应税财产所得。

股权转让方转让境外企业股权取得的所得(含间接转让中国应税财产所得)与其所设境内机构、场所有实际联系的,无须适用《国家税务总局关于非居民企业间接转让财产企业所得税若干问题的公告》(国家税务总局公告2015年第7号)规定,应直接按照《企业所得税法》第三条第二款规定征税。

3. 间接转让财产进行税务处理顺序

(1)对归属于境外企业及直接或间接持有中国应税财产的下属企业在中国境内所设机构、场所财产的数额(以下称间接转让机构、场所财产所得),应作为与所设机构、场所有实际联系的所得,按照《企业所得税法》第三条第二款规定征税。

(2)归属于中国境内不动产所得及数额。除适用(1)规定情形外,对归属于中国境内不动产的数额(以下称间接转让不动产所得),应作为来源于中国境内的不动产转让所得,按照《企业所得税法》第三条第三款规定征税。

(3)归属于权益性投资资产所得及数额。除适用(1)或(2)规定情形外,对归属于在中国居民企业的权益性投资资产的数额(以下称间接转让股权所得),应作为来源于中国境内的权益性投资资产转让所得,按照《企业所得税法》第三条第三款规定征税。

4. 判断合理商业目的需要综合考虑的因素

(1)境外企业股权主要价值是否直接或间接来自中国应税财产。

(2)境外企业资产是否主要由直接或间接在中国境内的投资构成,或其取得的收入是否主要直接或间接来源于中国境内。

(3)境外企业及直接或间接持有中国应税财产的下属企业实际履行的功能和承担的风险是否能够证实企业架构具有经济实质。

(4)境外企业股东、业务模式及相关组织架构的存续时间。

(5)间接转让中国应税财产交易在境外应缴纳所得税情况。

(6)股权转让方间接投资、间接转让中国应税财产交易与直接投资、直接转让中国应税财产交易的可替代性。

(7)间接转让中国应税财产所得在中国可适用的税收协定或安排情况。

(8)其他相关因素。

5. 直接认定为不具有合理商业目的的情形

同时符合以下情形的，无需进行分析和判断，应直接认定为不具有合理商业目的。

（1）境外企业股权75%以上价值直接或间接来自于中国应税财产。

（2）间接转让中国应税财产交易发生前一年内任一时点，境外企业资产总额（不含现金）的90%以上直接或间接由在中国境内的投资构成，或间接转让中国应税财产交易发生前一年内，境外企业取得收入的90%以上直接或间接来源于中国境内。

（3）境外企业及直接或间接持有中国应税财产的下属企业虽在所在国家（地区）登记注册，以满足法律所要求的组织形式，但实际履行的功能及承担的风险有限，不足以证实其具有经济实质。

（4）间接转让中国应税财产交易在境外应缴所得税税负低于直接转让中国应税财产交易在中国的可能税负。

6. 具有合理商业目的的情形

同时符合以下条件的，应认定为具有合理商业目的。

（1）交易双方的股权关系具有下列情形之一：股权转让方直接或间接拥有股权受让方80%以上的股权；股权受让方直接或间接拥有股权转让方80%以上的股权；股权转让方和股权受让方被同一方直接或间接拥有80%以上的股权。

境外企业股权50%以上（不含50%）价值直接或间接来自于中国境内不动产的，上述每种股权关系的持股比例应为100%。

上述间接拥有的股权按照持股链中各企业的持股比例乘积计算。

（2）本次间接转让交易后可能再次发生的间接转让交易相比在未发生本次间接转让交易情况下的相同或类似间接转让交易，其中国所得税负担不会减少。

（3）股权受让方全部以本企业或与其具有控股关系的企业的股权（不含上市企业股权）支付股权交易对价。

7. 间接转让财产中国应税财产的扣缴和报告义务

（1）税款扣缴义务人。间接转让机构、场所财产所得按照本公告规定应缴纳企业所得税的，应计入纳税义务发生之日所属纳税年度该机构、场所的所得，按照有关规定申报缴纳企业所得税。

间接转让不动产所得或间接转让股权所得按照规定应缴纳企业所得税的，依照有关法律规定或者合同约定对股权转让方直接负有支付相关款项义务的单位或者个人为扣缴义务人。

（2）报告股权转让事项。间接转让中国应税财产的交易双方及被间接转让股权的中国居民企业可以向主管税务机关报告股权转让事项，并提交以下资料：股权转让合同或协议（为外文文本的需同时附送中文译本，下同）；股权转让前后的企业股权架构图；境外企业及直接或间接持有中国应税财产的下属企业上两个年度财务、会计报表；间接转让中国应税财产交易不适用上述（1）的理由。

（3）不扣缴或不缴纳税款的处理。扣缴义务人未扣缴，且股权转让方未缴纳应纳税款的，主管税务机关可以按照《中华人民共和国税收征收管理法》及其实施细则相关规定追究扣缴义务人责任；但扣缴义务人已在签订股权转让合同或协议之日起30日内按上述（2）规定提交资料的，可以减轻或免除责任。

（七）非居民纳税人享受税收协定待遇税务管理[①]

1. 相关概念

非居民纳税人，是指按照税收协定居民条款规定应为缔约对方税收居民的纳税人。

---

① 国家税务总局，《关于发布〈非居民纳税人享受协定待遇管理办法〉的公告》，2019年第35号。

协定包括税收协定和国际运输协定。国际运输协定包括中华人民共和国政府签署的航空协定、海运协定、道路运输协定、汽车运输协定、互免国际运输收入税收协议或换函以及其他关于国际运输的协定。

协定待遇，是指按照协定可以减轻或者免除按照国内税收法律规定应当履行的企业所得税、个人所得税纳税义务。

扣缴义务人，是指按国内税收法律规定，对非居民纳税人来源于中国境内的所得负有扣缴税款义务的单位或个人，包括法定扣缴义务人和企业所得税法规定的指定扣缴义务人。

主管税务机关，是指按国内税收法律规定，对非居民纳税人在中国的纳税义务负有征管职责的税务机关。

2. 协定适用和纳税申报

非居民纳税人享受协定待遇，采取"自行判断、申报享受、相关资料留存备查"的方式办理。非居民纳税人自行判断符合享受协定待遇条件的，可在纳税申报时，或通过扣缴义务人在扣缴申报时，自行享受协定待遇，同时按照下述规定归集和留存相关资料备查，并接受税务机关后续管理。

（1）非居民纳税人自行申报的，自行判断符合享受协定待遇条件且需要享受协定待遇，应在申报时报送《非居民纳税人享受协定待遇信息报告表》，并归集和留存相关资料备查。

（2）在源泉扣缴和指定扣缴情况下，非居民纳税人自行判断符合享受协定待遇条件且需要享受协定待遇的，应当如实填写《非居民纳税人享受协定待遇信息报告表》，主动提交给扣缴义务人，并归集和留存相关资料备查。

扣缴义务人收到《非居民纳税人享受协定待遇信息报告表》后，确认非居民纳税人填报信息完整的，依国内税收法律规定和协定规定扣缴，并如实将《非居民纳税人享受协定待遇信息报告表》作为扣缴申报的附表报送主管税务机关。

非居民纳税人未主动提交《非居民纳税人享受协定待遇信息报告表》给扣缴义务人或填报信息不完整的，扣缴义务人依国内税收法律规定扣缴。

上述留存备查资料包括：①由协定缔约对方税务主管当局开具的证明非居民纳税人取得所得的当年度或上一年度税收居民身份的税收居民身份证明；享受税收协定国际运输条款或国际运输协定待遇的，可用能够证明符合协定规定身份的证明代替税收居民身份证明；②与取得相关所得有关的合同、协议、董事会或股东会决议、支付凭证等权属证明资料；③享受股息、利息、特许权使用费条款协定待遇的，应留存证明"受益所有人"身份的相关资料；④非居民纳税人认为能够证明其符合享受协定待遇条件的其他资料。

（3）非居民纳税人对《非居民纳税人享受协定待遇信息报告表》填报信息和留存备查资料的真实性、准确性、合法性承担法律责任。

（4）非居民纳税人发现不应享受而享受了协定待遇，并少缴或未缴税款的，应当主动向主管税务机关申报补税。

（5）非居民纳税人可享受但未享受协定待遇而多缴税款的，可在税收征管法规定期限内自行或通过扣缴义务人向主管税务机关要求退还多缴税款，同时提交上述相关备查资料。

主管税务机关应当自接到非居民纳税人或扣缴义务人退还多缴税款申请之日起 30 日内查实，对符合享受协定待遇条件的多缴税款办理退还手续。

（6）非居民纳税人享受协定待遇留存备查资料应按照税收征管法及其实施细则规定的期限保存。

（八）非居民企业土地使用权转让所得税收管理[①]

非居民企业在中国境内未设立机构、场所而转让中国境内土地使用权，或者虽设立机构、场所但取得

---

① 国家税务总局，《关于非居民企业所得税管理若干问题的公告》，2011 年第 24 号。

的土地使用权转让所得与其所设机构、场所没有实际联系的,应以其取得的土地使用权转让收入总额减除计税基础后的余额作为土地使用权转让所得计算缴纳企业所得税,并由扣缴义务人在支付时代扣代缴。

(九)非居民企业融资租赁和出租不动产的租金所得税收管理[①]

(1)在中国境内未设立机构、场所的非居民企业,以融资租赁方式将设备、物件等租给中国境内企业使用,租赁期满后设备、物件所有权归中国境内企业(包括租赁期满后作价转让给中国境内企业),非居民企业按照合同约定的期限收取租金,应以租赁费(包括租赁期满后作价转让给中国境内企业的价款)扣除设备、物件价款后的余额,作为贷款利息所得计算缴纳企业所得税,由中国境内企业在支付时代扣代缴。

(2)非居民企业出租位于中国境内的房屋、建筑物等不动产,对未在中国境内设立机构、场所进行日常管理的,以其取得的租金收入全额计算缴纳企业所得税,由中国境内的承租人在每次支付或到期应支付时代扣代缴。

如果非居民企业委派人员在中国境内或者委托中国境内其他单位或个人对上述不动产进行日常管理的,应视为其在中国境内设立机构、场所,非居民企业应在税法规定的期限内自行申报缴纳企业所得税。

五、跨地区经营汇总纳税企业所得税征收管理

为加强跨地区经营汇总纳税(aggregate taxation for inter-regional operations)企业所得税征收管理,国家税务总局印发了《跨省市总分机构企业所得税分配及预算管理办法》[②]和《跨地区经营汇总纳税企业所得税征收管理办法》[③],对跨地区经营汇总纳税的税款分摊方法、税款预缴和汇算清缴以及征收管理等方面作了规定。自 2013 年 1 月 1 日起,跨地区经营汇总纳税企业所得税征收管理按以下规定执行。

(一)总体规定

(1)居民企业在中国境内跨地区(指跨省、自治区、直辖市和计划单列市,下同)设立不具有法人资格的营业机构、场所(以下称分支机构)的,该居民企业为汇总纳税企业(以下称企业),除另有规定外,适用《跨地区经营汇总纳税企业所得税征收管理办法》。

国有邮政企业(包括中国邮政集团公司及其控股公司和直属单位)、中国工商银行股份有限公司、中国农业银行股份有限公司、中国银行股份有限公司、国家开发银行股份有限公司、中国农业发展银行、中国进出口银行、中国投资有限责任公司、中国建设银行股份有限公司、中国建银投资有限责任公司、中国信达资产管理股份有限公司、中国石油天然气股份有限公司、中国石油化工股份有限公司、海洋石油天然气企业(包括中国海洋石油总公司、中海石油(中国)有限公司、中海油田服务股份有限公司、海洋石油工程股份有限公司)、中国长江电力股份有限公司等企业缴纳的企业所得税(包括滞纳金、罚款)为中央收入,全额上缴中央国库,其企业所得税征收管理不适用《跨地区经营汇总纳税企业所得税征收管理办法》。

铁路运输企业所得税征收管理不适用《跨地区经营汇总纳税企业所得税征收管理办法》。

(2)企业实行"统一计算、分级管理、就地预缴、汇总清算、财政调库"的企业所得税征收管理办法。

统一计算是指总机构统一计算包括汇总纳税企业所属各个不具有法人资格分支机构在内的全部应纳税所得额、应纳税额。

分级管理是指总机构、分支机构所在地的主管税务机关都有对当地机构进行企业所得税管理的责任,

[①] 国家税务总局,《关于非居民企业所得税管理若干问题的公告》,2011 年第 24 号。
[②] 财政部、国家税务总局、中国人民银行,《关于印发〈跨省市总分机构企业所得税分配及预算管理办法〉的通知》,财预〔2012〕40 号。
[③] 国家税务总局,《关于印发〈跨地区经营汇总纳税企业所得税征收管理办法〉的公告》,2012 年第 57 号。

总机构和分支机构应分别接受机构所在地主管税务机关的管理。

就地预缴是指总机构、分支机构应按《跨地区经营汇总纳税企业所得税征收管理办法》的规定，分月或分季分别向所在地主管税务机关申报预缴企业所得税。

汇总清算是指在年度终了后，总机构负责进行企业所得税的年度汇算清缴，统一计算企业的年度应纳所得税额，抵减总机构、分支机构当年已就地分期预缴的企业所得税款后，多退少补税款。

财政调库是指财政部定期将缴入中央国库的跨地区总分机构企业所得税待分配收入，按照核定的系数调整至地方金库。

（3）总机构和具有主体生产经营职能的二级分支机构，就地分摊缴纳企业所得税。

二级分支机构是指汇总纳税企业依法设立并领取非法人营业执照（登记证书），且总机构对其财务、业务、人员等直接进行统一核算和管理的分支机构。

（4）以下二级分支机构不就地分摊缴纳企业所得税：①不具有主体生产经营职能，且在当地不缴纳增值税的产品售后服务、内部研发、仓储等汇总纳税企业内部辅助性的二级分支机构，不就地分摊缴纳企业所得税；②上年度认定为小型微利企业的，其二级分支机构不就地分摊缴纳企业所得税；③新设立的二级分支机构，设立当年不就地分摊缴纳企业所得税；④当年撤销的二级分支机构，自办理注销税务登记之日所属企业所得税预缴期间起，不就地分摊缴纳企业所得税；⑤汇总纳税企业在中国境外设立的不具有法人资格的二级分支机构，不就地分摊缴纳企业所得税。

（二）税款预缴和汇算清缴

（1）汇总纳税企业按照《企业所得税法》规定汇总计算的企业所得税，包括预缴税款和汇算清缴应缴应退税款，50%在各分支机构间分摊，各分支机构根据分摊税款就地办理缴库或退库；50%由总机构分摊缴纳，其中 25%就地办理缴库或退库，25%就地全额缴入中央国库或退库。具体的税款缴库或退库程序按照财预〔2012〕40 号文件第五条等相关规定执行。

（2）企业所得税分月或者分季预缴，由总机构所在地主管税务机关具体核定。

汇总纳税企业应根据当期实际利润额，按照本办法规定的预缴分摊方法计算总机构和分支机构的企业所得税预缴额，分别由总机构和分支机构就地预缴；在规定期限内按实际利润额预缴有困难的，也可以按照上一年度应纳税所得额的 1/12 或 1/4，按照本办法规定的预缴分摊方法计算总机构和分支机构的企业所得税预缴额，分别由总机构和分支机构就地预缴。预缴方法一经确定，当年度不得变更。

（3）总机构应将本期企业应纳所得税额的 50%部分，在每月或季度终了后 15 日内就地申报预缴。总机构应将本期企业应纳所得税额的另外 50%部分，按照各分支机构应分摊的比例，在各分支机构之间进行分摊，并及时通知到各分支机构；各分支机构应在每月或季度终了之日起 15 日内，就其分摊的所得税额就地申报预缴。

分支机构未按税款分配数额预缴所得税造成少缴税款的，主管税务机关应按照《中华人民共和国税收征收管理法》的有关规定对其处罚，并将处罚结果通知总机构所在地主管税务机关。

（4）汇总纳税企业预缴申报时，总机构除报送企业所得税预缴申报表和企业当期财务报表外，还应报送汇总纳税企业分支机构所得税分配表和各分支机构上一年度的年度财务报表（或年度财务状况和营业收支情况）；分支机构除报送企业所得税预缴申报表（只填列部分项目）外，还应报送经总机构所在地主管税务机关受理的汇总纳税企业分支机构所得税分配表。

在一个纳税年度内，各分支机构上一年度的年度财务报表（或年度财务状况和营业收支情况）原则上只需要报送一次。

（5）汇总纳税企业应当自年度终了之日起 5 个月内，由总机构汇总计算企业年度应纳所得税额，扣除总机构和各分支机构已预缴的税款，计算出应缴应退税款，按照本办法规定的税款分摊方法计算总机构和分支机构的企业所得税应缴应退税款，分别由总机构和分支机构就地办理税款缴库或退库。

汇总纳税企业在纳税年度内预缴企业所得税税款少于全年应缴企业所得税税款的，应在汇算清缴期内由总、分机构分别结清应缴的企业所得税税款；预缴税款超过应缴税款的，主管税务机关应及时按有关规定分别办理退税。①

（6）汇总纳税企业汇算清缴时，总机构除报送企业所得税年度纳税申报表和年度财务报表外，还应报送汇总纳税企业分支机构所得税分配表、各分支机构的年度财务报表和各分支机构参与企业年度纳税调整情况的说明；分支机构除报送企业所得税年度纳税申报表（只填列部分项目）外，还应报送经总机构所在地主管税务机关受理的汇总纳税企业分支机构所得税分配表、分支机构的年度财务报表（或年度财务状况和营业收支情况）和分支机构参与企业年度纳税调整情况的说明。

分支机构参与企业年度纳税调整情况的说明，可参照企业所得税年度纳税申报表附表"纳税调整项目明细表"中列明的项目进行说明，涉及需由总机构统一计算调整的项目不进行说明。

（7）分支机构未按规定报送经总机构所在地主管税务机关受理的汇总纳税企业分支机构所得税分配表，分支机构所在地主管税务机关应责成该分支机构在申报期内报送，同时提请总机构所在地主管税务机关督促总机构按照规定提供上述分配表；分支机构在申报期内不提供的，由分支机构所在地主管税务机关对分支机构按照《中华人民共和国税收征收管理法》的有关规定予以处罚；属于总机构未向分支机构提供分配表的，分支机构所在地主管税务机关还应提请总机构所在地主管税务机关对总机构按照《中华人民共和国税收征收管理法》的有关规定予以处罚。

（三）总分支机构分摊税款的计算

（1）总机构按以下公式计算分摊税款：

总机构分摊税款 = 汇总纳税企业当期应纳所得税额×50%

（2）分支机构按以下公式计算分摊税款：

所有分支机构分摊税款总额 = 汇总纳税企业当期应纳所得税额×50%

某分支机构分摊税款 = 所有分支机构分摊税款总额×该分支机构分摊比例

（3）总机构应按照上年度分支机构的营业收入、职工薪酬和资产总额三个因素计算各分支机构分摊所得税款的比例；三级及以下分支机构，其营业收入、职工薪酬和资产总额统一计入二级分支机构；三因素的权重依次为 0.35、0.35、0.30。

计算公式如下：

某分支机构分摊比例 = (该分支机构营业收入/各分支机构营业收入之和)×0.35

+ (该分支机构职工薪酬/各分支机构职工薪酬之和)

×0.35 + (该分支机构资产总额/各分支机构资产总额之和)×0.30

分支机构分摊比例按上述方法一经确定后，除出现《跨地区经营汇总纳税企业所得税征收管理办法》第五条第四项和第十六条第二款、第三款情形外，当年不作调整。

（4）总机构设立具有主体生产经营职能的部门（非上述规定的二级分支机构），且该部门的营业收入、职工薪酬和资产总额与管理职能部门分开核算的，可将该部门视同一个二级分支机构，按本办法规定计算分摊并就地缴纳企业所得税；该部门与管理职能部门的营业收入、职工薪酬和资产总额不能分开核算的，该部门不得视同一个二级分支机构，不得计算分摊并就地缴纳企业所得税。

汇总纳税企业当年由于重组等原因从其他企业取得重组当年之前已存在的二级分支机构，并作为本企业二级分支机构管理的，该二级分支机构不视同当年新设立的二级分支机构，按规定计算分摊并就地缴纳企业所得税。

汇总纳税企业内就地分摊缴纳企业所得税的总机构、二级分支机构之间，发生合并、分立、管理层级

---

① 国家税务总局，《关于企业所得税年度汇算清缴有关事项的公告》，2021年第34号。

变更等形成的新设或存续的二级分支机构，不视同当年新设立的二级分支机构，按规定计算分摊并就地缴纳企业所得税。

(5) 分支机构营业收入是指分支机构销售商品、提供劳务、让渡资产使用权等日常经营活动实现的全部收入。其中，生产经营企业分支机构营业收入是指生产经营企业分支机构销售商品、提供劳务、让渡资产使用权等取得的全部收入。金融企业分支机构营业收入是指金融企业分支机构取得的利息、手续费、佣金等全部收入。保险企业分支机构营业收入是指保险企业分支机构取得的保费等全部收入。

分支机构职工薪酬是指分支机构为获得职工提供的服务而给予各种形式的报酬以及其他相关支出。

分支机构资产总额是指分支机构在经营活动中实际使用的应归属于该分支机构的资产合计额。

上年度分支机构的营业收入、职工薪酬和资产总额是指分支机构上年度全年的营业收入、职工薪酬数据和上年度12月31日的资产总额数据，是依照国家统一会计制度的规定核算的数据。

一个纳税年度内，总机构首次计算分摊税款时采用的分支机构营业收入、职工薪酬和资产总额数据，与此后经过中国注册会计师审计确认的数据不一致的，不作调整。

(6) 对于按照税收法律、法规和其他规定，总机构和分支机构处于不同税率地区的，先由总机构统一计算全部应纳税所得额，然后按《跨地区经营汇总纳税企业所得税征收管理办法》第六条规定的比例和按第十五条计算的分摊比例，计算划分不同税率地区机构的应纳税所得额，再分别按各自的适用税率计算应纳税额后加总计算出汇总纳税企业的应纳所得税总额，最后按《跨地区经营汇总纳税企业所得税征收管理办法》第六条规定的比例和按第十五条计算的分摊比例，向总机构和分支机构分摊就地缴纳的企业所得税款。

(7) 分支机构所在地主管税务机关应根据经总机构所在地主管税务机关受理的汇总纳税企业分支机构所得税分配表、分支机构的年度财务报表（或年度财务状况和营业收支情况）等，对其主管分支机构计算分摊税款比例的三个因素、计算的分摊税款比例和应分摊缴纳的所得税税款进行查验核对；对查验项目有异议的，应于收到汇总纳税企业分支机构所得税分配表后30日内向企业总机构所在地主管税务机关提出书面复核建议，并附送相关数据资料。

总机构所在地主管税务机关必须于收到复核建议后30日内，对分摊税款的比例进行复核，作出调整或维持原比例的决定，并将复核结果函复分支机构所在地主管税务机关。分支机构所在地主管税务机关应执行总机构所在地主管税务机关的复核决定。

总机构所在地主管税务机关未在规定时间内复核并函复复核结果的，上级税务机关应对总机构所在地主管税务机关按照有关规定进行处理。

复核期间，分支机构应先按总机构确定的分摊比例申报缴纳税款。

(8) 汇总纳税企业未按照规定准确计算分摊税款，造成总机构与分支机构之间同时存在一方（或几方）多缴另一方（或几方）少缴税款的，其总机构或分支机构分摊缴纳的企业所得税低于按《跨地区经营汇总纳税企业所得税征收管理办法》规定计算分摊的数额的，应在下一税款缴纳期内，由总机构将按《跨地区经营汇总纳税企业所得税征收管理办法》规定计算分摊的税款差额分摊到总机构或分支机构补缴；其总机构或分支机构就地缴纳的企业所得税高于按本办法规定计算分摊的数额的，应在下一税款缴纳期内，由总机构将按《跨地区经营汇总纳税企业所得税征收管理办法》规定计算分摊的税款差额从总机构或分支机构的分摊税款中扣减。

(四) 日常管理

(1) 汇总纳税企业总机构和分支机构应依法办理税务登记，接受所在地主管税务机关的监督和管理。

(2) 总机构应将其所有二级及以下分支机构信息报其所在地主管税务机关备案，内容包括分支机构名称、层级、地址、邮编、纳税人识别号及企业所得税主管税务机关名称、地址和邮编。

分支机构应将其总机构、上级分支机构和下属分支机构信息报其所在地主管税务机关备案，内容包括总机构、上级机构和下属分支机构名称、层级、地址、邮编、纳税人识别号及企业所得税主管税务机关名称、地址和邮编。

上述备案信息发生变化的，除另有规定外，应在内容变化后 30 日内报总机构和分支机构所在地主管税务机关备案，并办理变更税务登记。

分支机构注销税务登记后 15 日内，总机构应将分支机构注销情况报所在地主管税务机关备案，并办理变更税务登记。

（3）以总机构名义进行生产经营的非法人分支机构，无法提供汇总纳税企业分支机构所得税分配表，应在预缴申报期内向其所在地主管税务机关报送非法人营业执照（或登记证书）的复印件、由总机构出具的二级及以下分支机构的有效证明和支持有效证明的相关材料（包括总机构拨款证明、总分机构协议或合同、公司章程、管理制度等），证明其二级及以下分支机构身份。

二级及以下分支机构所在地主管税务机关应对二级及以下分支机构进行审核鉴定，对应按《跨地区经营汇总纳税企业所得税征收管理办法》规定就地分摊缴纳企业所得税的二级分支机构，应督促其及时就地缴纳企业所得税。

（4）以总机构名义进行生产经营的非法人分支机构，无法提供汇总纳税企业分支机构所得税分配表，也无法提供《跨地区经营汇总纳税企业所得税征收管理办法》第二十三条规定相关证据证明其二级及以下分支机构身份的，应视同独立纳税人计算并就地缴纳企业所得税，不执行《跨地区经营汇总纳税企业所得税征收管理办法》的相关规定。

按上述规定视同独立纳税人的分支机构，其独立纳税人身份一个年度内不得变更。[①]

（5）汇总纳税企业发生的资产损失，应按以下规定申报扣除。①总机构及二级分支机构发生的资产损失，除应按专项申报和清单申报的有关规定各自向所在地主管税务机关申报外，二级分支机构还应同时上报总机构；三级及以下分支机构发生的资产损失不需向所在地主管税务机关申报，应并入二级分支机构，由二级分支机构统一申报。②总机构对各分支机构上报的资产损失，除税务机关另有规定外，应以清单申报的形式向所在地主管税务机关申报。③总机构将分支机构所属资产捆绑打包转让所发生的资产损失，由总机构向所在地主管税务机关专项申报。

二级分支机构所在地主管税务机关应对二级分支机构申报扣除的资产损失强化后续管理。

（6）对于按照税收法律、法规和其他规定，由分支机构所在地主管税务机关管理的企业所得税优惠事项，分支机构所在地主管税务机关应加强审批（核）、备案管理，并通过评估、检查和台账管理等手段，加强后续管理。

（7）总机构所在地主管税务机关应加强对汇总纳税企业申报缴纳企业所得税的管理，可以对企业自行实施税务检查，也可以与二级分支机构所在地主管税务机关联合实施税务检查。

总机构所在地主管税务机关应对查实项目按照《企业所得税法》的规定统一计算查增的应纳税所得额和应纳税额。

总机构应将查补所得税款（包括滞纳金、罚款，下同）的 50%按照上述规定计算的分摊比例，分摊给各分支机构（不包括本办法第五条规定的分支机构）缴纳，各分支机构根据分摊查补税款就地办理缴库；50%分摊给总机构缴纳，其中 25%就地办理缴库，25%就地全额缴入中央国库。具体的税款缴库程序按照财预〔2012〕40 号文件第五条等相关规定执行。

汇总纳税企业缴纳查补所得税款时，总机构应向其所在地主管税务机关报送汇总纳税企业分支机构所得税分配表和总机构所在地主管税务机关出具的税务检查结论，各分支机构也应向其所在地主管税务机关报送经总机构所在地主管税务机关受理的汇总纳税企业分支机构所得税分配表和税务检查结论。

（8）二级分支机构所在地主管税务机关应配合总机构所在地主管税务机关对其主管二级分支机构实施税务检查，也可以自行对该二级分支机构实施税务检查。

二级分支机构所在地主管税务机关自行对其主管二级分支机构实施税务检查，可对查实项目按照《企业所得税法》的规定自行计算查增的应纳税所得额和应纳税额。

---

① 国家税务总局，《关于 3 项企业所得税事项取消审批后加强后续管理的公告》，2015 年第 6 号。

计算查增的应纳税所得额时,应减除允许弥补的汇总纳税企业以前年度亏损;对于需由总机构统一计算的税前扣除项目,不得由分支机构自行计算调整。

二级分支机构应将查补所得税款的50%分摊给总机构缴纳,其中25%就地办理缴库,25%就地全额缴入中央国库;50%分摊给该二级分支机构就地办理缴库。具体的税款缴库程序按照财预〔2012〕40号文件第五条等相关规定执行。

汇总纳税企业缴纳查补所得税款时,总机构应向其所在地主管税务机关报送经二级分支机构所在地主管税务机关受理的汇总纳税企业分支机构所得税分配表和二级分支机构所在地主管税务机关出具的税务检查结论,二级分支机构也应向其所在地主管税务机关报送汇总纳税企业分支机构所得税分配表和税务检查结论。

(9) 税务机关应将汇总纳税企业总机构、分支机构的税务登记信息、备案信息、总机构出具的分支机构有效证明情况及分支机构审核鉴定情况、企业所得税月(季)度预缴纳税申报表和年度纳税申报表、汇总纳税企业分支机构所得税分配表、财务报表(或年度财务状况和营业收支情况)、企业所得税款入库情况、资产损失情况、税收优惠情况、各分支机构参与企业年度纳税调整情况的说明、税务检查及查补税款分摊和入库情况等信息,定期分省汇总上传至国家税务总局跨地区经营汇总纳税企业管理信息交换平台。

(10) 2008年底之前已成立的汇总纳税企业,2009年起新设立的分支机构,其企业所得税的征管部门应与总机构企业所得税征管部门一致;2009年起新增汇总纳税企业,其分支机构企业所得税的管理部门也应与总机构企业所得税管理部门一致。

(11) 自2015年1月1日起,取消"收入全额归属中央的企业下属二级及二级以下分支机构名单的备案审核"的后续管理。[①]

(12) 自2015年1月1日起,取消"汇总纳税企业组织结构变更审核"的后续管理。[①]

(13) 汇总纳税企业不得核定征收企业所得税。[②]

(五)其他相关规定

居民企业在中国境内没有跨地区设立不具有法人资格分支机构,仅在同一省、自治区、直辖市和计划单列市(以下称同一地区)内设立不具有法人资格分支机构的,其企业所得税征收管理办法,由各省、自治区、直辖市和计划单列市国家税务总局、地方税务局参照本办法联合制定。

居民企业在中国境内既跨地区设立不具有法人资格分支机构,又在同一地区内设立不具有法人资格分支机构的,其企业所得税征收管理实行《跨地区经营汇总纳税企业所得税征收管理办法》。

六、合伙企业所得税的征收管理[③]

自2008年1月1日起,合伙企业缴纳企业所得税按下列规定处理。

(1) 合伙企业以每一个合伙人为纳税义务人。合伙企业合伙人是自然人的,缴纳个人所得税;合伙人是法人和其他组织的,缴纳企业所得税。

(2) 合伙企业生产经营所得和其他所得采取"先分后税"的原则。具体应纳税所得额的计算按照《关于个人独资企业和合伙企业投资者征收个人所得税的规定》及《财政部 国家税务总局关于调整个体工商户个人独资企业和合伙企业个人所得税税前扣除标准有关问题的通知》(财税〔2008〕65号)的有关规定执行。

生产经营所得和其他所得,包括合伙企业分配给所有合伙人的所得和企业当年留存的所得(利润)。

(3) 合伙企业的合伙人按照下列原则确定应纳税所得额。

[①] 国家税务总局,《关于3项企业所得税事项取消审批后加强后续管理的公告》,2015年第6号。
[②] 国家税务总局,《关于印发〈跨地区经营汇总纳税企业所得税征收管理办法〉的公告》,2012年第57号。
[③] 财政部、国家税务总局,《关于合伙企业合伙人所得税问题的通知》,财税〔2008〕159号。结合财政部、国家税务总局《关于2018年第四季度个人所得税减除费用和税率适用问题的通知》(财税〔2018〕98号)以及《中华人民共和国个人所得税法》进行调整。

一是合伙企业的合伙人以合伙企业的生产经营所得和其他所得,按照合伙协议约定的分配比例确定应纳税所得额。

二是合伙协议未约定或者约定不明确的,以全部生产经营所得和其他所得,按照合伙人协商决定的分配比例确定应纳税所得额。

三是协商不成的,以全部生产经营所得和其他所得,按照合伙人实缴出资比例确定应纳税所得额。

四是无法确定出资比例的,以全部生产经营所得和其他所得,按照合伙人数量平均计算每个合伙人的应纳税所得额。

合伙协议不得约定将全部利润分配给部分合伙人。

(4) 合伙企业的合伙人是法人和其他组织的,合伙人在计算其缴纳企业所得税时,不得用合伙企业的亏损抵减其盈利。

七、境外注册中资控股居民企业所得税的管理①

(一) 境外注册中资控股居民企业的有关概念

为规范和加强对依据实际管理机构标准被认定为居民企业的境外注册中资控股企业的所得税管理,国家税务总局制定了《境外注册中资控股居民企业所得税管理办法(试行)》。

(1) 境外注册中资控股企业(简称境外中资企业)是指由中国内地企业或者企业集团作为主要控股投资者,在中国内地以外国家或地区(含香港、澳门、台湾)注册成立的企业。

(2) 境外注册中资控股居民企业(简称非境内注册居民企业)是指因实际管理机构在中国境内而被认定为中国居民企业的境外注册中资控股企业。

(3) 非境内注册居民企业应当按照《企业所得税法》及其实施条例和相关管理规定的要求,履行居民企业所得税纳税义务,并在向非居民企业支付《企业所得税法》第三条第三款规定的款项时,依法代扣代缴企业所得税。

(4) 主管税务机关是指境外注册中资控股居民企业中国境内主要投资者登记注册地主管税务机关。②

(二) 居民身份认定管理

(1) 境外中资企业居民身份的认定,采用企业自行判定提请税务机关认定和税务机关调查发现予以认定两种形式。

(2) 境外中资企业应当根据生产经营和管理的实际情况,自行判定实际管理机构是否设立在中国境内。如其判定符合《国家税务总局关于境外注册中资控股企业依据实际管理机构认定为居民企业有关问题的通知》(国税发〔2009〕82号)第二条规定的居民企业条件,应当向其主管税务机关书面提出居民身份认定申请,同时提供以下资料:①企业法律身份证明文件;②企业集团组织结构说明及生产经营概况;③企业上一个纳税年度的公证会计师审计报告;④负责企业生产经营等事项的高层管理机构履行职责场所的地址证明;⑤企业上一年度及当年度董事及高层管理人员在中国境内居住的记录;⑥企业上一年度及当年度重大事项的董事会决议及会议记录;⑦主管税务机关要求提供的其他资料。

(3) 主管税务机关发现境外中资企业符合国税发〔2009〕82号第二条规定但未申请成为中国居民企业的,可以对该境外中资企业的实际管理机构所在地情况进行调查,并要求境外中资企业提供上述规定的资料。调查过程中,主管税务机关有权要求该企业的境内投资者提供相关资料。

(4) 主管税务机关依法对企业提供的相关资料进行审核,提出初步认定意见,将据以作出初步认定的

---
① 国家税务总局,《关于印发〈境外注册中资控股居民企业所得税管理办法(试行)〉的公告》,2011年第45号。
② 国家税务总局,《关于修改〈非居民企业所得税核定征收管理办法〉等文件的公告》,2015年第22号。

相关事实（资料）、认定理由和结果层报税务总局确认。税务总局认定境外中资企业居民身份的，应当将相关认定结果同时书面告知境内投资者、境内被投资者的主管税务机关。

（5）非境内注册居民企业的主管税务机关收到税务总局关于境外中资企业居民身份的认定结果后，应当在10日内向该企业下达《境外注册中资控股企业居民身份认定书》，通知其从企业居民身份确认年度开始按照我国居民企业所得税管理规定及《境外注册中资控股居民企业所得税管理办法（试行）》规定办理有关税收事项。

（6）非境内注册居民企业发生下列重大变化情形之一的，应当自变化之日起15日内报告主管税务机关，主管税务机关应当按照本办法规定层报税务总局确定是否取消其居民身份。

第一，企业实际管理机构所在地变更为中国境外的。

第二，中方控股投资者转让企业股权，导致中资控股地位发生变化的。

（7）税务总局认定终止非境内注册居民企业居民身份的，应当将相关认定结果同时书面告知境内投资者、境内被投资者的主管税务机关。企业应当自主管税务机关书面告知之日起停止履行中国居民企业的所得税纳税义务与扣缴义务，同时停止享受中国居民企业税收待遇。上述主管税务机关应当依法做好减免税款追缴等后续管理工作。

（三）税务登记管理

（1）非境内注册居民企业应当自收到居民身份认定书之日起30日内向主管税务机关提供以下资料申报办理税务登记，主管税务机关核发临时税务登记证及副本：①居民身份认定书；②境外注册登记证件；③税务机关要求提供的其他资料。

（2）非境内注册居民企业经税务总局确认终止居民身份的，应当自收到主管税务机关书面通知之日起15日内向主管税务机关申报办理注销税务登记。

（3）发生上述扣缴义务的非境内注册居民企业应当自扣缴义务发生之日起30日内，向主管税务机关申报办理扣缴税款登记。

（四）账簿凭证管理

（1）非境内注册居民企业应当按照中国有关法律、法规和国务院财政、税务主管部门的规定，编制财务、会计报表，并在领取税务登记证件之日起15日内将企业的财务、会计制度或者财务会计、处理办法及有关资料报送主管税务机关备案。

（2）非境内注册居民企业存放在中国境内的会计账簿和境内税务机关要求提供的报表等资料，应当使用中文。

（3）发生扣缴义务的非境内注册居民企业应当设立代扣代缴税款账簿和合同资料档案，准确记录扣缴企业所得税情况。

（4）非境内注册居民企业与境内单位或者个人发生交易的，应当按照发票管理办法规定使用发票，发票存根应当保存在中国境内，以备税务机关查验。

（五）申报征收管理

（1）非境内注册居民企业按照分季预缴、年度汇算清缴方法申报缴纳所得税。

（2）非境内注册居民企业发生终止生产经营或者居民身份变化情形的，应当自停止生产经营之日或者税务总局取消其居民企业之日起60日内，向其主管税务机关办理当期企业所得税汇算清缴。

非境内注册居民企业需要申报办理注销税务登记的，应在注销税务登记前，就其清算所得向主管税务机关申报缴纳企业所得税。

（3）非境内注册居民企业应当以人民币计算缴纳企业所得税；所得以人民币以外的货币计算的，应当按照企业所得税法及其实施条例有关规定折合成人民币计算并缴纳企业所得税。

（4）对非境内注册居民企业未依法履行居民企业所得税纳税义务的，主管税务机关应依据税收征管法及其实施细则的有关规定追缴税款、加收滞纳金，并处罚款。

主管税务机关应当在非境内注册居民企业年度申报和汇算清缴结束后两个月内，判定其构成居民身份的条件是否发生实质性变化。对实际管理机构转移至境外或者企业中资控股地位发生变化的，主管税务机关应层报税务总局终止其居民身份。

对于境外中资企业频繁转换企业身份，又无正当理由的，主管税务机关应层报国家税务总局核准后追回其已按居民企业享受的股息免税待遇。

（5）主管税务机关应按季度核查非境内注册居民企业向非居民企业支付股息、利息、租金、特许权使用费、转让财产收入及其他收入依法扣缴企业所得税的情况，发现该企业未依法履行相关扣缴义务的，应按照税收征管法及其实施细则和企业所得税法及其实施条例等有关规定对其进行处罚，并向非居民企业追缴税款。

（六）特定事项管理

（1）非境内注册居民企业取得来源于中国境内的股息、红利等权益性投资收益和利息、租金、特许权使用费所得、转让财产所得以及其他所得，应当向相关支付方出具本企业的《境外注册中资控股企业居民身份认定书》复印件。相关支付方凭上述复印件不予履行该所得的税款扣缴义务，并在对外支付上述外汇资金时凭该复印件向主管税务机关申请开具相关税务证明。其中涉及个人所得税等其他税种纳税事项的，仍按对外支付税务证明开具的有关规定办理。

（2）非居民企业转让非境内注册居民企业股权所得，属于来源于中国境内所得，被转让的非境内注册居民企业应当自股权转让协议签订之日起30日内，向其主管税务机关报告并提供股权转让合同及相关资料。

（3）非境内注册居民企业应当按照《企业所得税法》及其实施条例以及《特别纳税调整实施办法（试行）》（国税发〔2009〕2号）的相关规定，履行关联申报及同期资料准备等义务。

（4）境外税务当局拒绝给予非境内注册居民企业税收协定待遇，或者将其认定为所在国家（地区）税收居民的，该企业可按有关规定书面申请启动税务相互协商程序。

主管税务机关受理企业提请协商的申请后，应当及时将申请及有关资料层报税务总局，由税务总局与有关国家（地区）税务当局进行协商。

八、企业政策性搬迁所得税管理办法[①]

（一）企业政策性搬迁

（1）企业政策性搬迁，是指由于社会公共利益的需要，在政府主导下企业进行整体搬迁或部分搬迁。企业由于下列需要之一，提供相关文件证明资料的，属于政策性搬迁：①国防和外交的需要；②由政府组织实施的能源、交通、水利等基础设施的需要；③由政府组织实施的科技、教育、文化、卫生、体育、环境和资源保护、防灾减灾、文物保护、社会福利、市政公用等公共事业的需要；④由政府组织实施的保障性安居工程建设的需要；⑤由政府依照《中华人民共和国城乡规划法》有关规定组织实施的对危房集中、基础设施落后等地段进行旧城区改建的需要；⑥法律、行政法规规定的其他公共利益的需要。

（2）核算和管理。企业就政策性搬迁过程中涉及的搬迁收入、搬迁支出、搬迁资产税务处理、搬迁所

[①] 国家税务总局，《关于发布〈企业政策性搬迁所得税管理办法〉的公告》，2012年第40号。

得等所得税征收管理事项，单独进行税务管理和核算。不能单独进行税务管理和核算的，应视为企业自行搬迁或商业性搬迁等非政策性搬迁进行所得税处理，不得执行《企业政策性搬迁所得税管理办法》规定。

（二）搬迁收入

（1）企业的搬迁收入，包括搬迁过程中从本企业以外（包括政府或其他单位）取得的搬迁补偿收入，以及本企业搬迁资产处置收入等。

（2）企业取得的搬迁补偿收入，是指企业由于搬迁取得的货币性和非货币性补偿收入。具体包括：①对被征用资产价值的补偿；②因搬迁、安置而给予的补偿；③对停产停业形成的损失而给予的补偿；④资产搬迁过程中遭到毁损而取得的保险赔款；⑤其他补偿收入。

（3）企业搬迁资产处置收入，是指企业由于搬迁而处置企业各类资产所取得的收入。企业由于搬迁处置存货而取得的收入，应按正常经营活动取得的收入进行所得税处理，不作为企业搬迁收入。

（三）搬迁支出

（1）企业的搬迁支出，包括搬迁费用支出以及由于搬迁所发生的企业资产处置支出。

（2）搬迁费用支出，是指企业搬迁期间所发生的各项费用，包括安置职工实际发生的费用、停工期间支付给职工的工资及福利费、临时存放搬迁资产而发生的费用、各类资产搬迁安装费用以及其他与搬迁相关的费用。

（3）资产处置支出，是指企业由于搬迁而处置各类资产所发生的支出，包括变卖及处置各类资产的净值、处置过程中所发生的税费等支出。企业由于搬迁而报废的资产，如无转让价值，其净值作为企业的资产处置支出。

（四）搬迁资产税务处理

（1）企业搬迁的资产，简单安装或不需要安装即可继续使用的，在该项资产重新投入使用后，就其净值按《企业所得税法》及其实施条例规定的该资产尚未折旧或摊销的年限，继续计提折旧或摊销。

（2）企业搬迁的资产，需要进行大修理后才能重新使用的，应就该资产的净值，加上大修理过程所发生的支出，为该资产的计税成本。在该项资产重新投入使用后，按该资产尚可使用的年限，计提折旧或摊销。

（3）企业搬迁中被征用的土地，采取土地置换的，换入土地的计税成本按被征用土地的净值，以及该换入土地投入使用前所发生的各项费用支出，为该换入土地的计税成本，在该换入土地投入使用后，按《企业所得税法》及其实施条例规定年限摊销。

（4）企业搬迁期间新购置的各类资产，应按《企业所得税法》及其实施条例等有关规定，计算确定资产的计税成本及折旧或摊销年限。企业发生的购置资产支出，不得从搬迁收入中扣除。

（五）应税所得

（1）企业在搬迁期间发生的搬迁收入和搬迁支出，可以暂不计入当期应纳税所得额，而在完成搬迁的年度，对搬迁收入和支出进行汇总清算。

（2）企业的搬迁收入，扣除搬迁支出后的余额，为企业的搬迁所得。企业应在搬迁完成年度，将搬迁所得计入当年度企业应纳税所得额计算纳税。

（3）下列情形之一的，为搬迁完成年度，企业应进行搬迁清算，计算搬迁所得：①从搬迁开始，5年内（包括搬迁当年度）任何一年完成搬迁的；②从搬迁开始，搬迁时间满5年（包括搬迁当年度）的年度。

（4）企业搬迁收入扣除搬迁支出后为负数的，应为搬迁损失。搬迁损失可在下列方法中选择其一进行税务处理：①在搬迁完成年度，一次性作为损失进行扣除；②自搬迁完成年度起分3个年度，均匀在税前扣除。

上述方法由企业自行选择，但一经选定，不得改变。

（5）企业同时符合下列条件的，视为已经完成搬迁：①搬迁规划已基本完成；②当年生产经营收入占规划搬迁前年度生产经营收入50%以上。

（6）企业边搬迁、边生产的，搬迁年度应从实际开始搬迁的年度计算。

（7）企业以前年度发生尚未弥补的亏损的，凡企业由于搬迁停止生产经营无所得的，从搬迁年度次年起，至搬迁完成年度前一年度止，可作为停止生产经营活动年度，从法定亏损结转弥补年限中减除；企业边搬迁、边生产的，其亏损结转年度应连续计算。

（六）征收管理

（1）企业应当自搬迁开始年度，至次年5月31日前，向主管税务机关（包括迁出地和迁入地）报送政策性搬迁依据、搬迁规划等相关材料。逾期未报的，除特殊原因并经主管税务机关认可外，按非政策性搬迁处理，不得执行本办法的规定。

（2）企业应向主管税务机关报送的政策性搬迁依据、搬迁规划等相关材料，包括：①政府搬迁文件或公告；②搬迁重置总体规划；③拆迁补偿协议；④资产处置计划；⑤其他与搬迁相关的事项。

（3）企业迁出地和迁入地主管税务机关发生变化的，由迁入地主管税务机关负责企业搬迁清算。

（4）企业搬迁税务事项未尽事宜，按照《企业所得税法》及其实施条例等相关规定进行税务处理。

九、跨境电子商务综合试验区核定征收企业所得税[①]

自2020年1月1日起，对跨境电子商务综合试验区（以下简称综试区）内的跨境电商企业核定征收企业所得税。综试区是指经国务院批准的跨境电子商务综合试验区；所称跨境电商企业是指自建跨境电子商务销售平台或利用第三方跨境电子商务平台开展电子商务出口的企业。

（1）综试区内的跨境电商企业，同时符合下列条件的，试行核定征收企业所得税：①在综试区注册，并在注册地跨境电子商务线上综合服务平台登记出口货物日期、名称、计量单位、数量、单价、金额的；②出口货物通过综试区所在地海关办理电子商务出口申报手续的；③出口货物未取得有效进货凭证，其增值税、消费税享受免税政策的。

（2）综试区内核定征收的跨境电商企业应准确核算收入总额，并采用应税所得率方式核定征收企业所得税，应税所得率统一按照4%确定。

（3）税务机关应按照有关规定，及时完成综试区跨境电商企业核定征收企业所得税的鉴定工作。

（4）综试区内实行核定征收的跨境电商企业符合小型微利企业优惠政策条件的，可享受小型微利企业所得税优惠政策；其取得的收入属于《企业所得税法》第二十六条规定的免税收入的，可享受免税收入优惠政策。

【本章小结】

1. 2008年1月1日，新的《中华人民共和国企业所得税法》和《中华人民共和国企业所得税法实施条例》正式开始施行，标志着十多年来，内、外资企业所得税并存的局面终于不复存在。

2. 企业所得税的纳税人为在中华人民共和国境内，企业和其他取得收入的组织。个人独资企业、合伙

---

① 国家税务总局，《关于跨境电子商务综合试验区零售出口企业所得税核定征收有关问题的公告》，2019年第36号。

企业不适用企业所得税法。纳税人分为居民企业和非居民企业。企业所得税的基础税率为25%，有几档优惠税率和过渡期税率。

3. 企业所得税的资产处理包括：固定资产的计价和折旧、生产性生物资产的计价和折旧、无形资产的计价和摊销、长期待摊费用的摊销，以及投资资产、存货计价。

4. 企业所得税的优惠政策包括：免税收入、减计收入、加计扣除、加速折旧、所得减免、抵扣应纳税所得额、减低税率、税额抵免、民族自治地方分享部分减免等。

5. 企业所得税应纳税所得额是指企业每一纳税年度的收入总额，减除不征税收入、免税收入、各项扣除以及允许弥补的以前年度亏损后的余额，其计算公式是：应纳税所得额＝收入总额–不征税收入–免税收入–各项扣除–允许弥补的以前年度亏损。

6. 企业所得税应纳税额的基本计算公式为：应纳税额＝应纳税所得额×适用税率–减免税额–抵免税额。为了防止企业避税，规定了特别纳税调整政策。

7. 为了适应经济发展的需要，加强企业所得税的征收管理，对企业重组业务、房地产开发业务、非居民企业所得税的源泉扣缴、跨地区经营汇总纳税等方面的税收征收管理作了具体的规定。

【概念与术语】

企业所得税法（enterprise income tax law） 应纳税所得额（taxable income） 不征税收入（non-taxable income） 免税收入（tax-free income） 固定资产（fixed assets） 生产性生物资产（productive biological assets） 无形资产（intangible assets） 长期待摊费用（long-term apportioned expense） 预提所得税（withholding tax） 税收抵免（tax credit） 减低税率（reduced tax rates） 减计收入（reduced taxable income） 加计扣除（super-deduction） 应纳税额（tax payable） 关联企业（related enterprises） 成本分摊协议（cost sharing agreement） 预约定价安排（advance pricing arrangement） 受控外国企业（controlled foreign corporations） 资本弱化（thin capitalization） 跨地区经营汇总纳税（aggregate taxation for inter-regional operations）企业重组（corporate restructuring）

【思考题】

1. 为什么对非居民企业征收企业所得税？如何征收？
2. 企业所得税税前扣除的原则和标准是什么？
3. 企业所得税对公益性捐赠列支标准做了哪些具体规定？
4. 企业所得税规定了哪些主要的优惠政策？
5. 固定资产折旧的所得税处理规则和企业会计制度的处理规则有哪些相同和不同？
6. 如何计算企业境外所得抵扣税额？
7. 企业所得税对境内外企业重组业务规定了哪些特殊性处理办法？
8. 关联企业的认定标准是什么？如何对关联企业进行税务调整？
9. 关于跨地区经营汇总纳税企业缴纳企业所得税是如何规定的？
10. 房地产企业如何确定房地开发经营业务的企业所得税应纳税所得额？

【计算题】

1. 企业某年度境内生产经营亏损10万元，主营业务收入980万，主营业务成本680万元，转让专利技术取得收入500万元，成本248万元，增值税金及附加50万元，从境内居民企业分回投资收益50万元；国库券转让收益25万元；境外投资企业亏损40万元。计算该企业该年应纳企业所得税额。

2. 甲国某公司某年度国内应纳税所得额100万元，来自乙国分公司的应纳税所得额50万元。甲国所得税实行超额累进税率，年所得 60 万元以下的部分，税率为 25%；超过 60 万元至 120 万元的部分，税率为 35%；超过 120 万元的部分，税率为 45%。乙国所得税实行 30% 的比例税率。假定甲国采用累进免税法，计算该公司在甲国应缴纳的所得税额。

3. 某工业企业某年销售收入情况如下：开具增值税专用发票的收入为 2000 万元，开具普通发票的金额为 1404 万元，国庆节发放自产产品给员工作为节日礼物，账面价值为 50 万元，企业同期不含税销售价格为 80 万元，企业发生管理费用为 110 万元（其中：业务招待费 20 万元），发生的销售费用 600 万元（其中：广告费 300 万元，业务宣传费 160 万元，广告性赞助 50 万元，非广告性赞助 5 万元），发生的财务费用为 200 万元。计算企业准予在所得税前扣除的成本、费用、税金和其他支出。

4. 某居民企业某年度取得生产经营收入总额 2800 万元，发生销售成本 2000 万元、财务费用 150 万元、管理费用 400 万元（其中含业务招待费 15 万元，未包含相关税金及附加），上缴增值税 60 万元、消费税 140 万元、城市维护建设税 14 万元、教育费附加 6 万元，"营业外支出"账户中列支被工商行政管理部门罚款 7 万元、通过公益性社会团体捐赠 10 万元。计算该企业在该年度应纳税所得额时，准许扣除的公益性捐赠的金额。

5. 某企业 2024 年 12 月 1 日购入一固定资产并投入使用，购买价款 200 万元，支付相关税费 20 万元，该固定资产使用年限 5 年（与税法规定一致），预计残值为 10 万元。由于技术进步等，该企业决定采用加速折旧方法提取固定资产折旧。请在两种加速折旧方法中任选一种计算该固定资产 2025 年至 2029 年年五年每年可提取的折旧额。

6. 某市居民企业某年度主营业务收入 1625 万元，转让专有技术取得收入 160 万元，专有技术成本 80 万元，出租专有技术取得租金收入 30 万元，主营业务成本 700 万元，增值税金及附加 25 万元，业务招待费 16 万元，广告费和业务宣传费 160 万元，公益捐献支出 150 万；营业外支出 3.5 万元，其中 0.2 万元的交通罚款，当期支付前一年的税收滞纳金 2 万元；当期用自产货物投资，同类售价 80 万元，货物成本 38 万元，企业只是按照成本进行了结转。不考虑其他税费，请分别计算：①会计利润；②业务招待费应调整的应纳税所得额；③广告费、业务宣传费应调整的应纳税所得额；④营业外支出应调整的应纳税所得额；⑤公益捐赠支出应调整的应纳税所得额；⑥应纳税所得额；⑦应纳所得税。

7. 某境内饮食服务公司某年境内应纳税所得额为 200 万元，适用 25% 的企业所得税税率。该企业在韩国设有甲、乙两个分支机构（中国与韩国已经缔结避免双重征税协定），甲分支机构的应纳税所得额为 50 万元，甲分支机构适用 15% 的企业所得税税率，乙分支机构的应纳税所得额为 80 万元，乙分支机构适用 25% 的企业所得税税率，两分支机构分别在韩国缴纳了 7.50 万元和 20 万元的企业所得税。计算该服务公司在中国汇总应缴纳的企业所得税税额。

8. 某县生产企业为增值税一般纳税人，员工 30 人，注册资本 50 万元，主营办公用品。某年有关经营情况和纳税情况如下：①销售办公用品开具专用发票 150 万元，开具普通发票 58.5 万元，以物换货取得原材料一批，换出资产公允价值 20 万元（不含税），企业已经确认收入，出租商铺，取得租金收入 10 万元。②销售成本 120 万元。③全年购进原材料取得专用发票上注明金额 50 万元，水费取得专用发票金额 6 万元，电费专用发票注明 10 万元。④销售费用 60 元，其中业务宣传费 5 万元，自制凭证支付给单位销售员佣金 2 万元，管理费用 20 万元，其中业务招待费 5.5 万元，财务费用 5 万元。

（1）计算当年应纳的增值税。
（2）计算所得税前可以扣除的税费。
（3）计算所得税前可以扣除的销售费用。
（4）计算所得税前可以扣除的管理费用。
（5）计算应纳税所得额。
（6）计算应纳所得税税额。

9. 位于市区的某电子设备生产企业，主要生产电脑显示器，拥有固定资产原值 6500 万元，其中房产原值 4000 万元，发生以下业务：销售显示器给某销售公司，开具增值税专用发票，按销售合同约定取得不含税销售额 7000 万元；购进原材料，取得增值税专用发票，发票上注明的货款金额合计为 3500 万元、增值税额 595 万元。8 月受赠原材料一批，取得捐赠方开具的增值税专用发票，注明货款金额 60 万元、增值税额 10.2 万元。按上年末签订的租赁合同约定，从 1 月 1 日起将原值 300 万元的闲置车间出租给某销售公司，全年取得租金收入 120 万元。企业全年销售显示器应扣除的销售成本 4000 万元；全年发生销售费用 1500 万元（其中广告费为 1200 万元）；全年发生管理费 700 万元（其中业务招待费为 60 万元，符合条件的新技术研究开发费为 90 万元，管理费用中不含房产税和印花税）。已计入成本、费用中的实际发生的合理工资费为 400 万元，实际拨缴的工会经费 7 万元，实际发生的职工福利费为 60 万元，实际发生的职工教育经费为 15 万元。受全球金融危机的影响，企业持有的原账面价值 300 万元的交易性金融资产，到 12 月底公允价值下降为 210 万元（企业以公允价值核算）。

（说明：当地政府确定计算房产税余值的扣除比例为 20%）

要求：按下列序号计算回答问题，每问需计算出合计数。

（1）计算该企业应缴纳的增值税。
（2）计算该企业应缴纳的城建税和教育费附加。
（3）计算该企业应缴纳的印花税。
（4）计算该企业应缴纳的房产税。
（5）计算该企业的会计利润总额。
（6）计算业务招待费应调整的应纳税所得额。
（7）计算广告费应调整的应纳税所得额。
（8）计算交易性金融资产减值、新技术研究开发费应调整的应纳税所得额。
（9）计算工会经费、职工福利费、职工教育经费三项费用应调整的应纳税所得额。
（10）计算该企业的应纳税所得额。
（11）计算该企业应缴纳的企业所得税。

第十八章 个人所得税

【本章提要】
1. 个人所得税的纳税人。
2. 个人所得税的征税范围和税率。
3. 个人所得税应纳税所得额的确定和减免税规定。
4. 个人所得税应纳税额的计算。
5. 个人所得税的税额扣除。
6. 个人所得税的征收管理。

为了维护国家的税收权益，第五届全国人民代表大会第三次会议于 1980 年 9 月通过了《中华人民共和国个人所得税法》（以下简称《个人所得税法》），开征个人所得税，统一适用于中国公民和在中国取得收入的外籍人员。随后，根据我国国民经济和社会发展的情况，全国人民代表大会常务委员会于 1993 年 10 月 31 日、1999 年 8 月 30 日、2005 年 10 月 27 日、2007 年 6 月 29 日、2007 年 12 月 29 日、2011 年 6 月 30 日对《个人所得税法》进行了六次修正，国务院相应地对《中华人民共和国个人所得税法实施条例》（以下简称《个人所得税法实施条例》）进行了三次修订。2018 年 8 月 31 日，第十三届全国人民代表大会常务委员会第五次会议通过《关于修改〈中华人民共和国个人所得税法〉的决定》，对《个人所得税法》进行第七次修正，自 2019 年 1 月 1 日起施行。2018 年 12 月 18 日，中华人民共和国国务院令第 707 号第四次修订了《个人所得税法实施条例》，自 2019 年 1 月 1 日起与修正后的《个人所得税法》同步施行。

第一节 个人所得税的纳税人及其纳税义务

个人所得税（individual income tax）的纳税人，可以泛指取得所得的自然人，包括中国公民、个体工商业户、个人独资企业、合伙企业以及在中国有所得的外籍人员（包括无国籍人员）和香港、澳门、台湾同胞。为了有效地行使税收管辖权，我国采用国际上常用的住所标准和居住时间标准，将纳税人划分为居民个人和非居民个人，分别承担不同的纳税义务。

一、个人所得税的居民纳税人

居民纳税人即居民个人负有无限纳税义务。其所取得的应纳税所得，无论是来源于中国境内还是中国境外任何地方，都要在中国缴纳个人所得税。根据《个人所得税法》规定，居民个人（resident taxpayer）是指在中国境内有住所，或者无住所而一个纳税年度内在中国境内居住累计满一百八十三天的个人。[①]

在中国境内有住所，是指因户籍、家庭、经济利益关系而在中国境内习惯性居住；[②] 这里所说的习惯性居住，是判定纳税义务人属于居民还是非居民的一个重要依据。它是指个人因学习、工作、探亲等消除之后，没有理由在其他地方继续停留时，所要回到的地方，而不是指实际居住或在某一个特定时期内的居住地。因学习、工作、探亲、旅游等而在中国境外居住的，在其原因消除之后，必须回到中国境内居住

[①] 《个人所得税法》，第一条。
[②] 《个人所得税法实施条例》，第二条。

的个人，则中国即为该纳税人习惯性居住地。①尽管该纳税人在一个纳税年度内，甚至连续几个纳税年度，都未在中国境内居住过一天，但他仍然是中国的居民个人，应就其来自全球的应纳税所得，向中国缴纳个人所得税。

一个纳税年度在境内居住累计满183天，是指在一个纳税年度（即自公历1月1日起至12月31日止）内，在中国境内居住累计满183天。在计算居住天数时，取消了原有的临时离境规定，按纳税人一个纳税年度内在境内的实际居住时间确定，即境内无住所的个人在一个纳税年度内无论出境多少次，只要在我国境内累计住满183天，就可判定为我国的居民个人。

自2019年1月1日起，在中国境内无住所的个人一个纳税年度内在中国境内累计居住天数，按照个人在中国境内累计停留的天数计算。在中国境内停留的当天满24小时的，计入中国境内居住天数；在中国境内停留的当天不足24小时的，不计入中国境内居住天数②。

为了便于人员的国际交流，本着从宽、从简的原则，对于在中国境内无住所，但在一个纳税年度内在中国境内累计居住满183天的个人，制定了税收优惠政策：在中国境内无住所的个人，在中国境内居住累计满183天的年度连续不满六年的，经向主管税务机关备案，其来源于中国境外且由境外单位或者个人支付的所得，免予缴纳个人所得税；在中国境内居住累计满183天的任一年度中有一次离境超过30天的，其在中国境内居住累计满183天的年度的连续年限重新起算。③

二、个人所得税的非居民纳税人

非居民纳税人即非居民个人（non-resident taxpayer），是指在中国境内无住所又不居住，或者无住所而一个纳税年度内在中国境内居住累计不满一百八十三天的个人。④非居民个人承担有限纳税义务，即仅就其来源于中国境内的所得，向中国缴纳个人所得税。其中，在中国境内无住所的个人，在一个纳税年度内在中国境内居住累计不超过90天的，其来源于中国境内的所得，由境外雇主支付并且不由该雇主在中国境内的机构、场所负担的部分，免予缴纳个人所得税。⑤

除国务院财政、税务主管部门另有规定外，下列所得，不论支付地点是否在中国境内，均为来源于中国境内的所得。

（1）因任职、受雇、履约等在中国境内提供劳务取得的所得。

（2）将财产出租给承租人在中国境内使用而取得的所得。

（3）许可各种特许权在中国境内使用而取得的所得。

（4）转让中国境内的不动产等财产或者在中国境内转让其他财产取得的所得。

（5）从中国境内企业、事业单位、其他组织以及居民个人取得的利息、股息、红利所得。⑥

其中，对非居民个人和无住所居民个人（以下简称无住所个人）工资、薪金，数月奖金以及股权激励等所得来源地具体规定如下。

1）关于工资薪金所得来源地的规定

个人取得归属于中国境内（以下称境内）工作期间的工资薪金所得为来源于境内的工资薪金所得。境内工作期间按照个人在境内工作天数计算，包括其在境内的实际工作日以及境内工作期间在境内、境外享受的公休假、个人休假、接受培训的天数。在境内、境外单位同时担任职务或者仅在境外单位任职的个人，在境内停留的当天不足24小时的，按照半天计算境内工作天数。

---

① 国家税务总局，《关于印发〈征收个人所得税若干问题的规定〉的通知》，国税发〔1994〕89号。
② 财政部、国家税务总局，《关于在中国境内无住所的个人居住时间判定标准的公告》，2019年第34号。
③ 《个人所得税法实施条例》，第四条。
④ 《个人所得税法》，第一条。
⑤ 《个人所得税法实施条例》，第五条。
⑥ 《个人所得税法实施条例》，第三条。

无住所个人在境内、境外单位同时担任职务或者仅在境外单位任职,且当期同时在境内、境外工作的,按照工资薪金所属境内、境外工作天数占当期公历天数的比例计算确定来源于境内、境外工资薪金所得的收入额。境外工作天数按照当期公历天数减去当期境内工作天数计算。

2) 关于数月奖金以及股权激励所得来源地的规定

无住所个人取得的数月奖金或者股权激励所得按照上述"1)关于工资薪金所得来源地的规定"确定所得来源地的,无住所个人在境内履职或者执行职务时收到的数月奖金或者股权激励所得,归属于境外工作期间的部分,为来源于境外的工资薪金所得;无住所个人停止在境内履约或者执行职务离境后收到的数月奖金或者股权激励所得,对属于境内工作期间的部分,为来源于境内的工资薪金所得。

3) 关于董事、监事及高层管理人员取得报酬所得来源地的规定

对于担任境内居民企业的董事、监事及高层管理职务的个人,无论是否在境内履行职务,取得由境内居民企业支付或者负担的董事费、监事费、工资薪金或者其他类似报酬,属于来源于境内的所得。高层管理职务,包括企业正、副(总)经理、各职能总师、总监及其他类似公司管理层的职务。

4) 关于稿酬所得来源地的规定

由境内企业、事业单位、其他组织支付或者负担的稿酬所得,为来源于境内的所得。[①]

第二节 个人所得税的征税范围和税率

一、个人所得税的征税范围

个人所得税的征税对象是个人取得的应税所得。《个人所得税法》列举征税的个人所得共有九项,《个人所得税法实施条例》及相关法规具体确定了个人各项应税所得的征税范围。其中,居民个人取得以下前四项所得,按纳税年度合并计算个人所得税;而非居民个人则按月或者按次分项计算个人所得税。纳税人取得以下后五项所得,分别计算个人所得税。

(一) 工资、薪金所得

工资、薪金所得(income from wages and salaries),是指个人因任职或者受雇取得的工资、薪金、奖金、年终加薪、劳动分红、津贴、补贴以及与任职或者受雇有关的其他所得。[②]

此外,还有一些所得的发放也被视为取得工资、薪金所得。

(1) 公司职工取得的用于购买企业国有股权的劳动分红,按"工资、薪金所得"项目计征个人所得税。

(2) 出租汽车经营单位对出租车驾驶员采取单车承包或承租方式运营,出租车驾驶员从事客货营运取得的收入,按"工资、薪金所得"项目计征个人所得税。

(3) 自2004年1月20日起,对商品营销活动中,企业和单位对营销业绩突出人员以培训班、研讨会、工作考察等名义组织旅游活动,通过免收差旅费、旅游费对个人实行的营销业绩奖励(包括实物、有价证券等),应根据所发生费用全额计入营销人员应税所得,按照"工资、薪金所得"项目征收个人所得税。[③]

(4) 个人因公务用车和通讯制度改革而取得的公务用车、通讯补贴收入,扣除一定标准的公务费用后,按照"工资、薪金所得"项目计征个人所得税。按月发放的,并入当月"工资、薪金所得"计征个人所得税;不按月发放的,分解到所属月份并与该月"工资、薪金所得"合并后计征个人所得税。

(5) 个人按照规定领取的税收递延型商业养老保险的养老金收入,其中25%部分予以免税,其余75%

---

① 财政部、国家税务总局,《关于非居民个人和无住所居民个人有关个人所得税政策的公告》,2019年第35号。
② 《个人所得税法实施条例》,第六条。
③ 财政部、国家税务总局,《关于企业以免费旅游方式提供对营销人员个人奖励有关个人所得税政策的通知》,财税〔2004〕11号。

部分按照10%的比例税率计算缴纳个人所得税,税款计入"工资、薪金所得"项目,由保险机构代扣代缴后,在个人购买税延养老保险的机构所在地办理全员全额扣缴申报。

个人取得的津贴、补贴,不计入工资、薪金所得的项目包括以下几项[①]。

(1) 独生子女补贴。

(2) 执行公务员工资制度未纳入基本工资总额的补贴、津贴差额和家属成员的副食品补贴。

(3) 托儿补助费。

(4) 差旅费津贴、误餐补助。其中,误餐补助是指按财政部门规定,个人因公在城区、郊区工作,不能在工作单位或返回就餐,确实需要在外就餐的,根据实际误餐顿数,按规定的标准领取的误餐费。一些单位以误餐补助名义发给职工的补贴、津贴,应当并入当月工资、薪金所得计征个人所得税[②]。

(5) 外国来华留学生,领取的生活津贴费、奖学金,不属于工资、薪金范畴,不征个人所得税[③]。

(二) 劳务报酬所得

劳务报酬所得(income from labor remuneration),是指个人从事劳务取得的所得,包括从事设计、装潢、安装、制图、化验、测试、医疗、法律、会计、咨询、讲学、翻译、审稿、书画、雕刻、影视、录音、录像、演出、表演、广告、展览、技术服务、介绍服务、经纪服务、代办服务以及其他劳务取得的所得。[④]此外,还有一些所得也被视为取得劳务报酬所得。

(1) 个人由于担任董事职务所取得的董事费收入,属于劳务报酬所得性质,按照劳务报酬所得项目征收个人所得税[①],但仅适用于个人担任公司董事、监事,且不在公司任职、受雇的情形。个人在公司(包括关联公司)任职、受雇,同时兼任董事、监事的,应将董事费、监事费与个人工资收入合并,统一按工资、薪金所得项目缴纳个人所得税[⑤]。

(2) 自2004年1月20日起,对商品营销活动中,企业和单位对营销业绩突出人员以培训班、研讨会、工作考察等名义组织旅游活动,通过免收差旅费、旅游费对个人实行的营销业绩奖励(包括实物、有价证券等),应根据所发生费用全额计入营销人员应税所得,依法征收个人所得税,并由提供上述费用的企业和单位代扣代缴。其中,对企业雇员享受的此类奖励,应与当期的工资薪金合并,按照"工资、薪金所得"项目征收个人所得税;对其他人员享受的此类奖励,应作为当期的劳务收入,按照"劳务报酬所得"项目征收个人所得税[⑥]。

(3) 个人兼职取得的收入,按照"劳务报酬所得"项目征收个人所得税。

(4) 在校学生因参与勤工俭学活动(包括参与学校组织的勤工俭学活动)而取得应税所得项目的所得,按照"劳务报酬所得"征收个人所得税。

(三) 稿酬所得

稿酬所得(income from author's remuneration),是指个人因其作品以图书、报刊等形式出版、发表而取得的所得[④]。

对受雇于报刊、杂志等单位的职员在本单位的刊物上发表作品、出版图书取得所得征税的问题明确如下。

(1) 作者去世后,对取得其遗作稿酬的个人,按稿酬所得征收个人所得税。[①]

---

① 国家税务总局,《关于印发〈征收个人所得税若干问题的规定〉的通知》,国税发〔1994〕89号。
② 财政部、国家税务总局,《关于误餐补助范围确定问题的通知》,财税字〔1995〕82号。
③ 财政部、国家税务总局,《关于外国来华工作人员缴纳个人所得税问题的通知》,财税〔1980〕189号。
④ 《个人所得税法实施条例》,第六条。
⑤ 国家税务总局,《关于明确个人所得税若干政策执行问题的通知》,国税发〔2009〕121号。
⑥ 财政部、国家税务总局,《关于企业以免费旅游方式提供对营销人员个人奖励有关个人所得税政策的通知》,财税〔2004〕11号。

（2）任职、受雇于报刊、杂志等单位的记者、编辑等专业人员，因在本单位的报刊、杂志上发表作品取得的所得，属于因任职、受雇而取得的所得，应与其当月工资收入合并，按"工资、薪金所得"项目征收个人所得税。除上述专业人员以外，其他人员在本单位的报刊、杂志上发表作品取得的所得，应按"稿酬所得"项目征收个人所得税。

（3）出版社的专业作者撰写、编写或翻译的作品，由本社以图书形式出版而取得的稿费收入，应按"稿酬所得"项目计算缴纳个人所得税。[①]

（四）特许权使用费所得

特许权使用费所得（income from franchise royalties），是指个人提供专利权、商标权、著作权、非专利技术以及其他特许权的使用权取得的所得；提供著作权的使用权取得的所得，不包括稿酬所得[②]。具体规定如下。

（1）作者将自己的文字作品手稿原件或复印件公开拍卖（竞价）取得的所得，应按"特许权使用费所得"项目计征个人所得税。

（2）个人取得特许权的经济赔偿收入，应按"特许权使用费所得"项目计征个人所得税。

（3）从2002年5月1日起，剧本作者从电影、电视剧的制作单位取得的剧本使用费，不再区分剧本的使用方是否为其任职单位，统一按"特许权使用费所得"项目计征个人所得税。

（五）经营所得

经营所得，是指：①个体工商户从事生产、经营活动取得的所得，个人独资企业投资人、合伙企业的个人合伙人来源于境内注册的个人独资企业、合伙企业生产、经营的所得。②个人依法从事办学、医疗、咨询以及其他有偿服务活动取得的所得。③个人对企业、事业单位承包经营、承租经营以及转包、转租取得的所得。④个人从事其他生产、经营活动取得的所得。[②]

个人取得的下列收入或所得，比照"个体工商户的生产、经营所得"（income from production and business of individual entrepreneurs）项目计征个人所得税。

（1）从事个体出租车运营的出租车驾驶员取得的收入。

（2）出租车属个人所有，但挂靠出租汽车经营单位或企事业单位，驾驶员向挂靠单位缴纳管理费的，或出租汽车经营单位将出租车所有权转移给驾驶员的，出租车驾驶员从事客货运营取得的收入。

（3）个人从事彩票代销业务而取得的所得。

（4）个人独资企业、合伙企业的个人投资者以企业资金为本人、家庭成员及其相关人员支付与企业生产经营无关的消费性支出及购买汽车、住房等财产性支出，视为企业对个人投资者利润分配，并入投资者个人的生产经营所得，依照"个体工商户的生产、经营所得"项目计征个人所得税。

（六）利息、股息、红利所得

利息、股息、红利所得（income from interest, dividends, and bonuses），是指个人拥有债权、股权等而取得的利息、股息、红利所得[②]。其中，利息一般是指存款、贷款和债券的利息；股息是指个人拥有股权取得的公司、企业派息分红，按照一定的比率派发的每股息金；红利是指根据公司、企业应分配的、超过股息部分的利润，按股派发的红股。

有关具体规定如下。

[①] 国家税务总局，《关于个人所得税若干业务问题的批复》，国税函〔2002〕146号。

[②] 《个人所得税法实施条例》，第六条。

（1）在储蓄机构开设专门账户取得的利息。自2008年10月9日起，对储蓄存款利息所得暂免征收个人所得税。[①]

（2）职工个人取得的量化资产。对职工个人以股份形式取得的仅作为分红依据，不拥有所有权的企业量化资产，不征收个人所得税。对职工个人以股份形式取得的企业量化资产参与企业分配而获得的股息、红利，应按"利息、股息、红利所得"项目征收个人所得税。

（3）个人股东获得企业购买且所有权办理在股东个人名下的车辆。企业购买车辆并将车辆所有权办到股东个人名下，其实质为企业对股东进行了红利性质的实物分配，应按"利息、股息、红利所得"项目征收个人所得税。

（4）除个人独资企业、合伙企业以外的其他企业的个人投资者，以企业资金为本人、家庭成员及其相关人员支付与企业生产经营无关的消费性支出及购买汽车、住房等财产性支出，视为企业对个人投资者的红利分配，依照"利息、股息、红利所得"项目计征个人所得税。企业的上述支出不允许在所得税前扣除。

（5）纳税年度内个人投资者从其投资的企业（个人独资企业、合伙企业除外）借款，在该纳税年度终了后既不归还，又未用于企业生产经营的，其未归还的借款可视为企业对个人投资者的红利分配，依照"利息、股息、红利所得"项目计征个人所得税[②]。

（七）财产租赁所得

财产租赁所得（income from the lease of property），是指个人出租不动产、机器设备、车船以及其他财产取得的所得[③]。

个人取得的财产转租收入，属于"财产租赁所得"的征税范围。在确定纳税义务人时，应以产权凭证为依据，对无产权凭证的，由主管税务机关根据实际情况确定；产权所有人死亡，在未办理产权继承手续期间，该财产出租而有租金收入的，以领取租金的个人为纳税义务人。

（八）财产转让所得

财产转让所得（income from transfer of property），是指个人转让有价证券、股权、合伙企业中的财产份额、不动产、机器设备、车船以及其他财产取得的所得[②]。对股票转让所得征收个人所得税的办法，由国务院另行规定，并报全国人民代表大会常务委员会备案[④]。

自2022年10月1日至2023年12月31日，对出售自有住房并在现住房出售后1年内在市场重新购买住房的纳税人，对其出售现住房已缴纳的个人所得税予以退税优惠。其中，新购住房金额大于或等于现住房转让金额的，全部退还已缴纳的个人所得税；新购住房金额小于现住房转让金额的，按新购住房金额占现住房转让金额的比例退还出售现住房已缴纳的个人所得税[⑤]。

对个人转让自用5年以上，并且是家庭唯一生活用房取得的所得，继续免征个人所得税。

（九）偶然所得

偶然所得（accidental income），是指个人得奖、中奖、中彩以及其他偶然性质的所得[②]。得奖是指参加各种有奖竞赛活动，取得名次得到的奖金；中奖、中彩是指参加各种有奖活动，如有奖销售、有奖储蓄或者购买彩票，经过规定程序，抽中、摇中号码而取得的奖金。偶然所得应缴纳的个人所得税税款，一律由发奖单位或机构代扣代缴。

[①] 财政部、国家税务总局，《关于储蓄存款利息所得有关个人所得税政策的通知》，财税〔2008〕132号。
[②] 财政部、国家税务总局，《关于规范个人投资者个人所得税征收管理的通知》，财税〔2003〕158号。
[③] 《个人所得税法实施条例》，第六条。
[④] 《个人所得税法实施条例》，第七条。
[⑤] 财政部、国家税务总局，《关于支持居民换购住房有关个人所得税政策的公告》，2022年第30号。

（1）个人为单位或他人提供担保获得收入，按照"偶然所得"项目计算缴纳个人所得税。

（2）房屋产权所有人将房屋产权无偿赠与他人的，受赠人因无偿受赠房屋取得的受赠收入，按照"偶然所得"项目计算缴纳个人所得税。

（3）企业在业务宣传、广告等活动中，随机向本单位以外的个人赠送礼品（包括网络红包），以及企业在年会、座谈会、庆典以及其他活动中向本单位以外的个人赠送礼品，个人取得的礼品收入，按照"偶然所得"项目计算缴纳个人所得税，但企业赠送的具有价格折扣或折让性质的消费券、代金券、抵用券、优惠券等礼品除外。

（4）个人取得的所得，难以界定应纳税所得项目的，由国务院税务主管部门确定。

二、个人所得税的税率

个人所得税的税率按所得项目不同，规定了超额累进税率和比例税率两种形式。

（一）居民个人综合所得适用税率

居民个人每一纳税年度的综合所得，包括工资、薪金所得，劳务报酬所得，稿酬所得，特许权使用费所得，适用百分之三至百分之四十五的超额累进税率[①]，见表 18-2-1。

表 18-2-1　综合所得个人所得税税率表

级数	全年应纳税所得额	税率/%
1	不超过 36 000 元的部分	3
2	超过 36 000 元至 144 000 元的部分	10
3	超过 144 000 元至 300 000 元的部分	20
4	超过 300 000 元至 420 000 元的部分	25
5	超过 420 000 元至 660 000 元的部分	30
6	超过 660 000 元至 960 000 元的部分	35
7	超过 960 000 元的部分	45

注：①本表所称全年应纳税所得额是指依照《个人所得税法》第六条的规定，居民个人取得综合所得以每一纳税年度收入额减除费用六万元以及专项扣除、专项附加扣除和依法确定的其他扣除后的余额。②非居民个人取得工资、薪金所得，劳务报酬所得，稿酬所得和特许权使用费所得，依照本表按月换算后计算应纳税额

（二）经营所得适用税率

经营所得适用百分之五至百分之三十五的超额累进税率[①]，见表 18-2-2。

表 18-2-2　经营所得个人所得税税率表

级数	全年应纳税所得额	税率/%
1	不超过 30 000 元的部分	5
2	超过 30 000 元至 90 000 元的部分	10
3	超过 90 000 元至 300 000 元的部分	20
4	超过 300 000 元至 500 000 元的部分	30
5	超过 500 000 元的部分	35

注：本表所称全年应纳税所得额是指依照《个人所得税法》第六条的规定，以每一纳税年度的收入总额减除成本、费用以及损失后的余额

---

① 《个人所得税法》，第三条。

这里值得注意的是，由于目前实行承包（租）经营的形式较多，分配方式也不相同，因此承包、承租人按照承包、承租经营合同（协议）规定取得所得的适用税率也不一致。

（1）承包、承租人对企业经营成果不拥有所有权，仅是按合同（协议）规定取得一定所得的，其所得按工资、薪金所得项目征税，适用3%~45%的七级超额累进税率[①]。

（2）承包、承租人按合同（协议）的规定只向发包、出租方交纳一定费用后，企业经营成果归其所有的，承包、承租人取得的所得，按对企事业单位的承包经营、承租经营所得（income from contracting and leasing to an institution）项目，适用5%~35%的五级超额累进税率征税[①]。

（3）利息、股息、红利所得，财产租赁所得，财产转让所得和偶然所得，适用比例税率，税率为百分之二十[②]。

（4）居民个人分月或分次取得工资、薪金所得，劳务报酬所得，稿酬所得，特许权使用费所得时，支付单位预扣预缴个人所得税的预扣率如下。其中，工资、薪金所得适用3%~45%的七级超额累进预扣率，见表18-2-3；劳务报酬所得适用20%~40%的三级超额累进预扣率，见表18-2-4；稿酬所得、特许权使用费所得适用20%的比例预扣。

表18-2-3　居民个人工资、薪金所得预扣预缴适用

级数	累计预扣预缴应纳税所得额	预扣率/%	速算扣除数
1	不超过36 000元的部分	3	0
2	超过36 000元至144 000元的部分	10	2 520
3	超过144 000元至300 000元的部分	20	16 920
4	超过300 000元至420 000元的部分	25	31 920
5	超过420 000元至660 000元的部分	30	52 920
6	超过660 000元至960 000元的部分	35	85 920
7	超过960 000元的部分	45	181 920

表18-2-4　居民个人劳务报酬所得预扣预缴适用

级数	预扣预缴应纳税所得额	预扣率/%	速算扣除数
1	不超过20 000元的部分	20	0
2	超过20 000元至50 000元的部分	30	2 000
3	超过50 000元的部分	40	7 000

（5）非居民个人工资、薪金所得，劳务报酬所得，稿酬所得，特许权使用费所得，分所得项目按月或按次计算个人所得税，统一适用3%~45%的七级超额累进税率，见表18-2-5。

表18-2-5　非居民个人工资、薪金所得，劳务报酬所得，稿酬所得，特许权使用费所得适用

级数	应纳税所得额	税率/%	速算扣除数
1	不超过3 000元的部分	3	0
2	超过3 000元至12 000元的部分	10	210
3	超过12 000元至25 000元的部分	20	1 410
4	超过25 000元至35 000元的部分	25	2 660
5	超过35 000元至55 000元的部分	30	4 410
6	超过55 000元至80 000元的部分	35	7 160
7	超过80 000元的部分	45	15 160

注：相对于综合所得税率表（见表18-2-1），本表也称为月度税率表

[①] 国家税务总局，《关于个人对企事业单位实行承包经营、承租经营取得所得征税问题的通知》，国税发〔1994〕179号。其中，税率依据《个人所得税法》（2018年）作了修改。

[②] 《个人所得税法》，第三条。

第三节 个人所得税应纳税所得额的确定和减免税规定

一、个人所得税应纳税所得额的确定

确定个人所得税应纳税所得额，需按上述不同应税项目分项进行，以某项应税项目的收入额减去税法规定的可扣除费用的余额为应纳税所得额。

（一）应纳税所得额和费用减除标准

1. 居民个人综合所得

居民个人的综合所得，以每一纳税年度的收入额减除费用六万元以及专项扣除、专项附加扣除和依法确定的其他扣除后的余额，为应纳税所得额[①]。其中，劳务报酬所得、稿酬所得、特许权使用费所得以收入减除百分之二十的费用后的余额为收入额。稿酬所得的收入额减按百分之七十计算。

（1）专项扣除，包括居民个人按照国家规定的范围和标准缴纳的基本养老保险、基本医疗保险、失业保险等社会保险费和住房公积金等。

（2）专项附加扣除，包括子女教育、继续教育、大病医疗、住房贷款利息或者住房租金、赡养老人等支出，具体范围、标准和实施步骤由国务院确定，并报全国人民代表大会常务委员会备案。[①]

（3）依法确定的其他扣除，包括个人缴付符合国家规定的企业年金、职业年金，个人购买符合国家规定的商业健康保险、税收递延型商业养老保险的支出，以及国务院规定可以扣除的其他项目。[②]

（4）专项扣除、专项附加扣除和依法确定的其他扣除，以居民个人一个纳税年度的应纳税所得额为限额；一个纳税年度扣除不完的，不结转以后年度扣除。[②]

2. 非居民个人的工资、薪金所得

非居民个人的工资、薪金所得，以每月收入额减除费用五千元后的余额为应纳税所得额；劳务报酬所得、稿酬所得、特许权使用费所得，以每次收入额为应纳税所得额。[①]

3. 经营所得

经营所得，以每一纳税年度的收入总额减除成本、费用以及损失后的余额，为应纳税所得额。[①]

所称成本、费用，是指生产、经营活动中发生的各项直接支出和分配计入成本的间接费用以及销售费用、管理费用、财务费用；所称损失，是指生产、经营活动中发生的固定资产和存货的盘亏、毁损、报废损失，转让财产损失，坏账损失，自然灾害等不可抗力因素造成的损失以及其他损失。[③]

取得经营所得的个人，没有综合所得的，计算其每一纳税年度的应纳税所得额时，应当减除费用六万元、专项扣除、专项附加扣除以及依法确定的其他扣除。专项附加扣除在办理汇算清缴时减除。[③]

在个人税收递延型商业养老保险试点区域内，取得个体工商户生产经营所得、对企事业单位的承包承租经营所得的个体工商户业主、个人独资企业投资者、合伙企业自然人合伙人和承包承租经营者，其缴纳的保费准予在申报扣除当年计算应纳税所得额时予以限额据实扣除，扣除限额按照不超过当年应税收入的6%和12 000元孰低办法确定。[④]

[①]《个人所得税法》，第六条。
[②]《个人所得税法实施条例》，第十三条。
[③]《个人所得税法实施条例》，第十五条。
[④] 财政部、国家税务总局、人力资源和社会保障部、中国银行保险监督管理委员会、中国证券监督管理委员会，《关于开展个人税收递延型商业养老保险试点的通知》，财税〔2018〕22号。

纳税人从事生产、经营活动，未提供完整、准确的纳税资料，不能正确计算应纳税所得额的，由主管税务机关核定应纳税所得额或者应纳税额。[①]

个人独资企业的投资者以全部生产经营所得为应纳税所得额；合伙企业的投资者按照合伙企业的全部生产经营所得和合伙协议约定的分配比例确定应纳税所得额，合伙协议没有约定分配比例的，以全部生产经营所得和合伙人数量平均计算每个投资者的应纳税所得额。所称生产经营所得，包括企业分配给投资者个人的所得和企业当年留存的所得（利润）。[②]

对个体工商户业主、个人独资企业和合伙企业自然人投资者的生产经营所得依法计征个人所得税时，个体工商户业主、个人独资企业和合伙企业自然人投资者本人的费用扣除标准统一确定为 60 000 元/年（5000 元/月）。

对企业事业单位的承包经营、承租经营所得，以每一纳税年度的收入总额，减除必要费用后的余额，为应纳税所得额。这里的每一纳税年度的收入总额，是指纳税义务人按照承包经营、承租经营合同规定分得的经营利润和工资、薪金性质的所得；这里的减除必要费用，是指按年减除 60 000 元。

4. 财产租赁所得

财产租赁所得，以一个月内取得的收入为一次[③]。财产租赁所得，每次收入不超过四千元的，减除费用八百元；四千元以上的，减除百分之二十的费用，其余额为应纳税所得额[④]。

5. 财产转让所得

财产转让所得，以转让财产的收入额减除财产原值和合理费用后的余额，为应纳税所得额。[④]财产原值按财产不同性质确定：[⑤]①有价证券，为买入价以及买入时按照规定交纳的有关费用；②建筑物，为建造费或者购进价格以及其他有关费用；③土地使用权，为取得土地使用权所支付的金额、开发土地的费用以及其他有关费用；④机器设备、车船，为购进价格、运输费、安装费以及其他有关费用；⑤其他财产，参照以上方法确定。纳税人未提供完整、准确的财产原值凭证，不能正确计算财产原值的，由主管税务机关核定财产原值。合理费用，是指卖出财产时按照规定支付的有关税费。

6. 利息、股息、红利所得

利息、股息、红利所得，以支付利息、股息、红利时取得的收入为一次[③]。偶然所得，以每次取得该项收入为一次。

利息、股息、红利所得和偶然所得，以每次收入额为应纳税所得额[④]。

7. 劳务报酬所得、稿酬所得、特许权使用费所得

劳务报酬所得、稿酬所得、特许权使用费所得，属于一次性收入的，以取得该项收入为一次；属于同一项目连续性收入的，以一个月内取得的收入为一次。

稿酬所得以每次出版、发表取得的收入为一次，不论出版单位是预付还是分笔支付稿酬，或者加印该作品后再付稿酬，均应合并其稿酬所得按一次计征个人所得税。具体又可细分为以下类型。

（1）同一作品再版取得的所得，应视作另一次稿酬所得计征个人所得税。

（2）同一作品先在报刊上连载，然后再出版，或先出版，再在报刊上连载的，应视为两次稿酬所得征税，即连载作为一次，出版作为另一次。

---

① 《个人所得税法实施条例》，第十五条。
② 财政部、国家税务总局，《关于印发〈关于个人独资企业和合伙企业投资者征收个人所得税的规定〉的通知》，财税〔2000〕91号。
③ 《个人所得税法实施条例》，第十四条。
④ 《个人所得税法》，第六条。
⑤ 《个人所得税法实施条例》，第十六条。

（3）同一作品在报刊上连载取得收入的，以连载完成后取得的所有收入合并为一次，计征个人所得税。

（4）同一作品在出版和发表时，以预付稿酬或分次支付稿酬等形式取得的稿酬收入，应合并计算为一次。

（5）同一作品出版、发表后，因添加印数而追加稿酬的，应与以前出版、发表时取得的稿酬合并计算为一次，计征个人所得税。在两处或两处以上出版、发表或再版同一作品而取得稿酬所得，则可分别就各处取得的所得或再版所得按分次所得计征个人所得税。

（6）作者去世后，对取得其遗作稿酬的个人，按稿酬所得征收个人所得税。[①]

劳务报酬所得、稿酬所得、特许权使用费所得以收入减除百分之二十的费用后的余额为收入额。稿酬所得的收入额减按百分之七十计算[②]。个人兼有不同的劳务报酬所得，应当分别减除费用，计算缴纳个人所得税。[③]

8. 专项附加扣除标准

专项附加扣除目前包含了子女教育、继续教育、大病医疗、住房贷款利息或者住房租金、赡养老人六项支出，并将根据教育、医疗、住房、养老等民生支出变化情况，适时调整专项附加扣除范围和标准。[④]取得综合所得和经营所得的居民个人可以享受专项附加扣除。

（1）子女教育。[⑤]纳税人年满 3 岁的子女接受学前教育和接受全日制学历教育的相关支出，按照每个子女每月 2000 元（每年 24 000 元）的标准定额扣除。

学前教育包括年满 3 岁至小学入学前教育；学历教育包括义务教育（小学、初中教育）、高中阶段教育（普通高中、中等职业、技工教育）、高等教育（大学专科、大学本科、硕士研究生、博士研究生教育）。

父母可以选择由其中一方按扣除标准的 100%扣除，也可以选择由双方分别按扣除标准的 50%扣除，具体扣除方式在一个纳税年度内不能变更。

纳税人子女在中国境外接受教育的，纳税人应当留存境外学校录取通知书、留学签证等相关教育的证明资料备查。

（2）继续教育。[⑥]纳税人在中国境内接受学历（学位）继续教育的支出，在学历（学位）教育期间按照每月 400 元（每年 4800 元）定额扣除。同一学历（学位）继续教育的扣除期限不能超过 48 个月（4 年）。纳税人接受技能人员职业资格继续教育、专业技术人员职业资格继续教育的支出，在取得相关证书的当年，按照 3600 元定额扣除。

个人接受本科及以下学历（学位）继续教育，符合《个人所得税专项附加扣除暂行办法》规定扣除条件的，可以选择由其父母扣除，也可以选择由本人扣除。

纳税人接受技能人员职业资格继续教育、专业技术人员职业资格继续教育的，应当留存相关证书等资料备查。

（3）大病医疗。[⑦]在一个纳税年度内，纳税人发生的与基本医保相关的医药费用支出，扣除医保报销后个人负担（指医保目录范围内的自付部分）累计超过 15 000 元的部分，由纳税人在办理年度汇算清缴时，在 80 000 元限额内据实扣除。

---

① 国家税务总局，《征收个人所得税若干问题的规定》第四条，国税发〔1994〕89 号。
② 《个人所得税法》，第六条。
③ 国家税务总局，《征收个人所得税若干问题的规定》第九条，国税发〔1994〕89 号。
④ 《个人所得税专项附加扣除暂行办法》，第二条至四条。
⑤ 《个人所得税专项附加扣除暂行办法》，第五至七条；国务院，《关于提高个人所得税有关专项附加扣除标准的通知》，国发〔2023〕13 号。
⑥ 《个人所得税专项附加扣除暂行办法》，第八至十条。
⑦ 《个人所得税专项附加扣除暂行办法》，第十一至十三条。

纳税人发生的医药费用支出可以选择由本人或者其配偶扣除；未成年子女发生的医药费用支出可以选择由其父母一方扣除。纳税人及其配偶、未成年子女发生的医药费用支出，应按前述规定分别计算扣除额。

纳税人应当留存医药服务收费及医保报销相关票据原件（或者复印件）等资料备查。医疗保障部门应当向患者提供在医疗保障信息系统记录的本人年度医药费用信息查询服务。

（4）住房贷款利息。①纳税人本人或者配偶单独或者共同使用商业银行或者住房公积金个人住房贷款为本人或者其配偶购买中国境内住房，发生的首套住房贷款利息支出，在实际发生贷款利息的年度，按照每月1000元（每年12 000元）的标准定额扣除，扣除期限最长不超过240个月（20年）。纳税人只能享受一次首套住房贷款的利息扣除。

所称首套住房贷款是指购买住房享受首套住房贷款利率的住房贷款。

经夫妻双方约定，可以选择由其中一方扣除，具体扣除方式在一个纳税年度内不能变更。

夫妻双方婚前分别购买住房发生的首套住房贷款，其贷款利息支出，婚后可以选择其中一套购买的住房，由购买方按扣除标准的100%扣除，也可以由夫妻双方对各自购买的住房分别按扣除标准的50%扣除，具体扣除方式在一个纳税年度内不能变更。

纳税人应当留存住房贷款合同、贷款还款支出凭证备查。

（5）住房租金。②纳税人在主要工作城市没有自有住房而发生的住房租金支出，可以按照以下标准定额扣除：直辖市、省会（首府）城市、计划单列市以及国务院确定的其他城市，扣除标准为每月1500元（每年18 000元）。除上述所列城市以外，市辖区户籍人口超过100万的城市，扣除标准为每月1100元（每年13 200元）；市辖区户籍人口不超过100万的城市，扣除标准为每月800元（每年9600元）。市辖区户籍人口，以国家统计局公布的数据为准。

所称主要工作城市是指纳税人任职受雇的直辖市、计划单列市、副省级城市、地级市（地区、州、盟）全部行政区域范围；纳税人无任职受雇单位的，为受理其综合所得汇算清缴的税务机关所在城市。

夫妻双方主要工作城市相同的，只能由一方扣除住房租金支出。住房租金支出由签订租赁住房合同的承租人扣除。

纳税人及其配偶在一个纳税年度内不能同时分别享受住房贷款利息和住房租金专项附加扣除。

纳税人应当留存住房租赁合同、协议等有关资料备查。

（6）赡养老人。③纳税人赡养一位及以上被赡养人的赡养支出，统一按照以下标准定额扣除：纳税人为独生子女的，按照每月3000元（每年36 000元）的标准定额扣除；纳税人为非独生子女的，由其与兄弟姐妹分摊每月3000元（每年36 000元）的扣除额度，每人分摊的额度不能超过每月1500元（每年18 000元）。可以由赡养人均摊或者约定分摊，也可以由被赡养人指定分摊。约定或者指定分摊的须签订书面分摊协议，指定分摊优先于约定分摊。具体分摊方式和额度在一个纳税年度内不能变更。

所称被赡养人是指年满60岁的父母，以及子女均已去世的年满60岁的祖父母、外祖父母。

（7）婴幼儿照护。2022年设立3岁以下婴幼儿照护个人所得税专项附加扣除。纳税人照护3岁以下婴幼儿子女的相关支出，按照每个婴幼儿每月2000元（每年24 000元）的标准定额扣除。父母可以选择由其中一方按扣除标准的100%扣除，也可以选择由双方分别按扣除标准的50%扣除，具体扣除方式在一个纳税年度内不能变更④。

---

① 《个人所得税专项附加扣除暂行办法》，第十四条至十六条。
② 《个人所得税专项附加扣除暂行办法》，第十七条至二十一条。
③ 《个人所得税专项附加扣除暂行办法》，第二十二条、第二十三条。国务院，《关于提高个人所得税有关专项附加扣除标准的通知》，国发〔2023〕13号。
④ 国务院，《关于设立3岁以下婴幼儿照护个人所得税专项附加扣除的通知》，国发〔2022〕8号；国务院，《关于提高个人所得税有关专项附加扣除标准的通知》，国发〔2023〕13号。

(二) 应纳所得额的特殊规定

1. 共同收入

两个以上的个人共同取得同一项目收入的,应当对每个人取得的收入分别按照《个人所得税法》的规定计算纳税。

2. 慈善捐赠

个人将其所得对教育、扶贫、济困等公益慈善事业进行捐赠,捐赠额未超过纳税人申报的应纳税所得额百分之三十的部分,可以从其应纳税所得额中扣除;国务院规定对公益慈善事业捐赠实行全额税前扣除的,从其规定。[①]

其中:个人将其所得对教育、扶贫、济困等公益慈善事业进行捐赠,是指个人将其所得通过中国境内的公益性社会组织、国家机关向教育、扶贫、济困等公益慈善事业的捐赠;应纳税所得额,是指计算扣除捐赠额之前的应纳税所得额。

3. 其他所得形式

个人所得的形式,包括现金、实物、有价证券和其他形式的经济利益;所得为实物的,应当按照取得的凭证上所注明的价格计算应纳税所得额,无凭证的实物或者凭证上所注明的价格明显偏低的,参照市场价格核定应纳税所得额;所得为有价证券的,根据票面价格和市场价格核定应纳税所得额;所得为其他形式的经济利益的,参照市场价格核定应纳税所得额[②]。

4. 境外所得

居民个人从中国境外取得的所得,可以从其应纳税额中抵免已在境外缴纳的个人所得税税额,但抵免额不得超过该纳税人境外所得依照税法规定计算的应纳税额[③]。

5. 外币所得

所得为人民币以外货币的,按照办理纳税申报或者扣缴申报的上一月最后一日人民币汇率中间价,折合成人民币计算应纳税所得额。年度终了后办理汇算清缴的,对已经按月、按季或者按次预缴税款的人民币以外货币所得,不再重新折算;对应当补缴税款的所得部分,按照上一纳税年度最后一日人民币汇率中间价,折合成人民币计算应纳税所得额[④]。

6. 中介费用

对个人从事技术转让、提供劳务等过程中所支付的中介费,如能提供有效、合法凭证的,允许从其所得中扣除[⑤]。

7. 企业改组改制过程中个人取得的量化资产

(1) 对职工个人以股份形式取得的仅作为分红依据,不拥有所有权的企业量化资产,不征收个人所得税。

(2) 对职工个人以股份形式取得的拥有所有权的企业量化资产,暂缓征收个人所得税;待个人将股份

[①] 《个人所得税法》,第六条。
[②] 《个人所得税法实施条例》,第八条。
[③] 《个人所得税法》,第七条。
[④] 《个人所得税法实施条例》,第三十二条。
[⑤] 财政部、国家税务总局,《关于个人所得税若干政策问题的通知》,财税字〔1994〕20号。

转让时，就其转让收入额，减除个人取得该股份时实际支付的费用支出和合理转让费用后的余额，按"财产转让所得"项目计征个人所得税。

（3）对职工个人以股份形式取得的企业量化资产参与企业分配而获得的股息、红利，应按"利息、股息、红利"项目征收个人所得税。[①]

8. 企业以免费旅游方式提供对营销人员个人奖励

按照中国现行个人所得税法律法规有关规定，对商品营销活动中，企业和单位对营销业绩突出人员以培训班、研讨会、工作考察等名义组织旅游活动，通过免收差旅费、旅游费对个人实行的营销业绩奖励（包括实物、有价证券等），应根据所发生费用全额计入营销人员应税所得，依法征收个人所得税，并由提供上述费用的企业和单位代扣代缴。其中，对企业雇员享受的此类奖励，应与当期的工资薪金合并，按照"工资、薪金所得"项目征收个人所得税；对其他人员享受的此类奖励，应作为当期的劳务收入，按照"劳务报酬所得"项目征收个人所得税。[②]

9. 上市公司股权激励相关收入[③]

（1）居民个人取得股票期权、股票增值权、限制性股票、股权奖励等股权激励（以下简称股权激励），符合有关文件（财政部、国家税务总局，《关于个人股票期权所得征收个人所得税问题的通知》，财税〔2005〕35号；财政部、国家税务总局，《关于股票增值权所得和限制性股票所得征收个人所得税有关问题的通知》，财税〔2009〕5号；财政部、国家税务总局，《关于将国家自主创新示范区有关税收试点政策推广到全国范围实施的通知》，财税〔2015〕116号；财政部、国家税务总局，《关于完善股权激励和技术入股有关所得税政策的通知》，财税〔2016〕101号）规定条件的，不并入当年综合所得，全额单独适用综合所得税率表，计算纳税。计算公式为

$$应纳税额 = 股权激励收入 \times 适用税率 - 速算扣除数$$

（2）居民个人一个纳税年度内取得两次以上（含两次）股权激励的，应合并按《关于延续实施上市公司股权激励有关个人所得税政策的公告》第一条规定计算纳税。

（3）该政策执行至2027年12月31日。

10. 个人财产拍卖收入

个人将书画作品、古玩等公开拍卖取得的收入减除其财产原值和合理费用后的余额，按"财产转让所得"项目计征个人所得税。税款由拍卖单位负责代扣代缴。

个人财产拍卖所得适用"财产转让所得"项目（文字作品手稿原件或复印件拍卖按"特许权使用费"所得）计算应纳税所得额时，纳税人凭合法有效凭证（税务机关监制的正式发票、相关境外交易单据或海关报关单据、完税证明等），从其转让收入额中减除相应的财产原值、拍卖财产过程中缴纳的税金及有关合理费用。不能提供合法、完整、准确的财产原值凭证，不能正确计算财产原值的，按转让收入额的3%征收率计算缴纳个人所得税；拍卖品为经文物部门认定是海外回流文物的，按转让收入额的2%征收率计算缴纳个人所得税。[④]

个人通过拍卖市场取得的房屋拍卖收入在计征个人所得税时，其房屋原值应按照纳税人提供的合法、完整、准确的凭证予以扣除；不能提供完整、准确的房屋原值凭证，不能正确计算房屋原值和应纳税额的，统一按转让收入全额的3%计算缴纳个人所得税[⑤]。

[①] 国家税务总局，《关于企业改组改制过程中个人取得的量化资产征收个人所得税问题的通知》，国税发〔2000〕60号。
[②] 财政部、国家税务总局，《关于企业以免费旅游方式提供对营销人员个人奖励有关个人所得税政策的通知》，财税〔2004〕11号。
[③] 财政部、国家税务总局，《关于延续实施上市公司股权激励有关个人所得税政策的公告》，2023年第25号。
[④] 国家税务总局，《关于加强和规范个人取得拍卖收入征收个人所得税有关问题的通知》，国税发〔2007〕38号。
[⑤] 国家税务总局，《关于个人取得房屋拍卖收入征收个人所得税问题的批复》，国税函〔2007〕1145号。

11. 个人转让住房的征税规定

对住房转让所得征收个人所得税时，以实际成交价格为转让收入。纳税人申报的住房成交价格明显低于市场价格且无正当理由的，征收机关依法有权根据有关信息核定其转让收入，但必须保证各税种计税价格一致。

对转让住房收入计算个人所得税应纳税所得额时，纳税人可凭原购房合同、发票等有效凭证，经税务机关审核后，允许从其转让收入中减除房屋原值、转让住房过程中缴纳的税金及有关合理费用。纳税人能提供实际支付装修费用的税务统一发票，并且发票上所列付款人姓名与转让房屋产权人一致的，经税务机关审核，其转让的住房在转让前实际发生的装修费用，可在以下规定比例内扣除。①已购公有住房、经济适用房：最高扣除限额为房屋原值的15%。②商品房及其他住房：最高扣除限额为房屋原值的10%。纳税人原购房为装修房，即合同注明房价款中含有装修费（铺装了地板，装配了洁具、厨具等）的，不得再重复扣除装修费用。

纳税人未提供完整、准确的房屋原值凭证，不能正确计算房屋原值和应纳税额的，税务机关可根据《中华人民共和国税收征收管理法》第三十五条的规定，对其实行核定征税，即按纳税人住房转让收入的一定比例核定应纳个人所得税额。具体比例由省税务局或者省税务局授权的市税务局根据纳税人出售住房的所处区域、地理位置、建造时间、房屋类型、住房平均价格水平等因素，在住房转让收入 1%~3%的幅度内确定。①

12. 个人承租房屋转租收入②

个人将承租房屋转租取得的租金收入，属于个人所得税应税所得，应按"财产租赁所得"项目计算缴纳个人所得税。具体规定如下。

（1）取得转租收入的个人向房屋出租方支付的租金，凭房屋租赁合同和合法支付凭据允许在计算个人所得税时，从该项转租收入中扣除。

（2）有关财产租赁所得个人所得税前扣除税费的扣除次序调整为：①财产租赁过程中缴纳的税费；②向出租方支付的租金；③由纳税人负担的租赁财产实际开支的修缮费用；④税法规定的费用扣除标准。

13. 个人担任公司董事、监事收入③

个人担任公司董事、监事，且不在公司任职、受雇的情形，取得的董事费按劳务报酬所得项目征税方法计算征收个人所得税；个人在公司（包括关联公司）任职、受雇，同时兼任董事、监事的，应将董事费、监事费与个人工资收入合并，统一按工资、薪金所得项目缴纳个人所得税。

14. 个人转让离婚析产房屋的征税问题③

（1）通过离婚析产的方式分割房屋产权是夫妻双方对共同共有财产的处置，个人因离婚办理房屋产权过户手续，不征收个人所得税。

（2）个人转让离婚析产房屋所取得的收入，允许扣除其相应的财产原值和合理费用后，余额按照规定的税率缴纳个人所得税；其相应的财产原值，为房屋初次购置全部原值和相关税费之和乘以转让者占房屋所有权的比例。

（3）个人转让离婚析产房屋所取得的收入，符合家庭生活自用五年以上唯一住房的，可以申请免征个人所得税，其购置时间按照《国家税务总局关于房地产税收政策执行中几个具体问题的通知》（国税发〔2005〕172号）执行。

---

① 国家税务总局，《关于个人住房转让所得征收个人所得税有关问题的通知》，国税发〔2006〕108号。
② 国家税务总局，《关于个人转租房屋取得收入征收个人所得税问题的通知》，国税函〔2009〕639号。
③ 国家税务总局，《关于明确个人所得税若干政策执行问题的通知》，国税发〔2009〕121号。

15. 企业年金、职业年金个人所得税征收管理问题①

（1）企业年金和职业年金缴费的个人所得税处理。①企业和事业单位（以下统称单位）根据国家有关政策规定的办法和标准，为在本单位任职或者受雇的全体职工缴付的企业年金或职业年金（以下统称年金）单位缴费部分，在计入个人账户时，个人暂不缴纳个人所得税。②个人根据国家有关政策规定缴付的年金个人缴费部分，在不超过本人缴费工资计税基数的4%标准内的部分，暂从个人当期的应纳税所得额中扣除。③超过第①项和第②项规定的标准缴付的年金单位缴费和个人缴费部分，应并入个人当期的工资、薪金所得，依法计征个人所得税。税款由建立年金的单位代扣代缴，并向主管税务机关申报解缴。④企业年金个人缴费工资计税基数为本人上一年度月平均工资。月平均工资按国家统计局规定列入工资总额统计的项目计算。月平均工资超过职工工作地所在设区城市上一年度职工月平均工资300%以上的部分，不计入个人缴费工资计税基数。

职业年金个人缴费工资计税基数为职工岗位工资和薪级工资之和。职工岗位工资和薪级工资之和超过职工工作地所在设区城市上一年度职工月平均工资300%以上的部分，不计入个人缴费工资计税基数。

（2）年金基金投资运营收益的个人所得税处理。年金基金投资运营收益分配计入个人账户时，个人暂不缴纳个人所得税。

（3）领取年金的个人所得税处理。①个人达到国家规定的退休年龄，领取的企业年金、职业年金，符合财政部、人力资源社会保障部、国家税务总局《关于企业年金 职业年金个人所得税有关问题的通知》（财税〔2013〕103号）规定的，不并入综合所得，全额单独计算应纳税款。其中按月领取的，适用月度税率表计算纳税；按季领取的，平均分摊计入各月，按每月领取额适用月度税率表计算纳税；按年领取的，适用综合所得税率表计算纳税。②对单位和个人在《关于企业年金 职业年金个人所得税有关问题的通知》实施之前开始缴付年金缴费，个人在本通知实施之后领取年金的，允许其从领取的年金中减除在《关于企业年金 职业年金个人所得税有关问题的通知》实施之前缴付的年金单位缴费和个人缴费且已经缴纳个人所得税的部分，就其余额按照第①项的规定征税。在个人分期领取年金的情况下，可按《关于企业年金 职业年金个人所得税有关问题的通知》实施之前缴付的年金缴费金额占全部缴费金额的百分比减计当期的应纳税所得额，减计后的余额，按照第①项的规定，计算缴纳个人所得税。③个人因出境定居而一次性领取的年金个人账户资金，或个人死亡后，其指定的受益人或法定继承人一次性领取的年金个人账户余额，适用综合所得税率表计算纳税。对个人除上述特殊原因外一次性领取年金个人账户资金或余额的，适用月度税率表计算纳税。④个人领取年金时，其应纳税款由受托人代表委托人委托托管人代扣代缴。年金账户管理人应及时向托管人提供个人年金缴费及对应的个人所得税纳税明细。托管人根据受托人指令及账户管理人提供的资料，按照规定计算扣缴个人当期领取年金待遇的应纳税款，并向托管人所在地主管税务机关申报解缴。⑤建立年金计划的单位、年金托管人，应按照个人所得税法和税收征收管理法的有关规定，实行全员全额扣缴明细申报。受托人有责任协调相关管理人依法向税务机关办理扣缴申报、提供相关资料。

其中，建立年金计划的单位应于建立年金计划的次月15日内，向其所在地主管税务机关报送年金方案、人力资源社会保障部门出具的方案备案函、计划确认函以及主管税务机关要求报送的其他相关资料。年金方案、受托人、托管人发生变化的，应于发生变化的次月15日内重新向其主管税务机关报送上述资料。

上述所称企业年金，是指根据《企业年金试行办法》（原劳动和社会保障部令第20号）的规定，企业及其职工在依法参加基本养老保险的基础上，自愿建立的补充养老保险制度。所称职业年金是指根据《事业单位职业年金试行办法》（国办发〔2011〕37号）的规定，事业单位及其工作人员在依法参加基本养老保险的基础上，建立的补充养老保险制度。

---

① 财政部、人力资源社会保障部、国家税务总局，《关于企业年金 职业年金个人所得税有关问题的通知》，财税〔2013〕103号；财政部、国家税务总局《关于个人所得税法修改后有关优惠政策衔接问题的通知》，财税〔2018〕164号。

16. 转让上市公司限售股所得征收个人所得税问题[①]

自 2010 年 1 月 1 日起，对个人转让限售股取得的所得，按照"财产转让所得"，适用 20%的比例税率征收个人所得税。

（1）上述所称限售股，包括：①上市公司股权分置改革完成后股票复牌日之前股东所持原非流通股股份，以及股票复牌日至解禁日期间由上述股份孳生的送、转股（以下统称股改限售股）；②2006 年股权分置改革新老划断后，首次公开发行股票并上市的公司形成的限售股，以及上市首日至解禁日期间由上述股份孳生的送、转股（以下统称新股限售股）；③财政部、税务总局、法制办和证监会共同确定的其他限售股。

（2）限售股的计税方法。个人转让限售股，以每次限售股转让收入，减除股票原值和合理税费后的余额，为应纳税所得额，即

$$应纳税所得额 = 限售股转让收入 - （限售股原值 + 合理税费）$$

$$应纳税额 = 应纳税所得额 \times 20\%$$

上述所称的限售股转让收入，是指转让限售股股票实际取得的收入。限售股原值，是指限售股买入时的买入价及按照规定缴纳的有关费用。合理税费，是指转让限售股过程中发生的印花税、佣金、过户费等与交易相关的税费。

如果纳税人未能提供完整、真实的限售股原值凭证的，不能准确计算限售股原值的，主管税务机关一律按限售股转让收入的 15%核定限售股原值及合理税费。

（3）限售股转让管理。限售股转让所得个人所得税，以限售股持有者为纳税义务人，以个人股东开户的证券机构为扣缴义务人。限售股个人所得税由证券机构所在地主管税务机关负责征收管理。

限售股转让所得个人所得税，采取证券机构预扣预缴、纳税人自行申报清算和证券机构直接扣缴相结合的方式征收。证券机构预扣预缴的税款，于次月 7 日内以纳税保证金形式向主管税务机关缴纳。主管税务机关在收取纳税保证金时，应向证券机构开具《中华人民共和国纳税保证金收据》，并纳入专户存储。

根据证券机构技术和制度准备完成情况，对不同阶段形成的限售股，采取不同的征收管理办法。

第一，证券机构技术和制度准备完成前形成的限售股，证券机构按照股改限售股股改复牌日收盘价，或新股限售股上市首日收盘价计算转让收入，按照计算出的转让收入的 15%确定限售股原值和合理税费，以转让收入减去原值和合理税费后的余额，适用 20%税率，计算预扣预缴个人所得税额。

纳税人按照实际转让收入与实际成本计算出的应纳税额，与证券机构预扣预缴税额有差异的，纳税人应自证券机构代扣并解缴税款的次月 1 日起 3 个月内，持加盖证券机构印章的交易记录和相关完整、真实凭证，向主管税务机关提出清算申报并办理清算事宜。主管税务机关审核确认后，按照重新计算的应纳税额，办理退（补）税手续。纳税人在规定期限内未到主管税务机关办理清算事宜的，税务机关不再办理清算事宜，已预扣预缴的税款从纳税保证金账户全额缴入国库。

第二，证券机构技术和制度准备完成后新上市公司的限售股，按照证券机构事先植入结算系统的限售股成本原值和发生的合理税费，以实际转让收入减去原值和合理税费后的余额，适用 20%税率，计算直接扣缴个人所得税额。

纳税人同时持有限售股及该股流通股的，其股票转让所得，按照限售股优先原则，即转让股票视同为先转让限售股，按规定计算缴纳个人所得税。

证券机构等应积极配合税务机关做好各项征收管理工作，并于每月 15 日前，将上月限售股减持的有关信息传递至主管税务机关。限售股减持信息包括：股东姓名、公民身份号码、开户证券公司名称及地址、限售股股票代码、本期减持股数及减持取得的收入总额。证券机构有义务向纳税人提供加盖印章的限售股交易记录。

[①] 财政部、国家税务总局、证监会，《关于个人转让上市公司限售股所得征收个人所得税有关问题的通知》，财税〔2009〕167 号。

对个人在上海证券交易所、深圳证券交易所转让从上市公司公开发行和转让市场取得的上市公司股票所得,继续免征个人所得税。

二、个人所得税的减税、免税规定

(一)免征个人所得税的优惠

(1)省级人民政府、国务院部委和中国人民解放军军以上单位,以及外国组织、国际组织颁发的科学、教育、技术、文化、卫生、体育、环境保护等方面的奖金。[①]

(2)对个人获得的下列奖项的奖金收入,视为省级人民政府、国务院部委和中国人民解放军军以上单位,以及外国组织、国际组织颁发(颁布)的科学、教育、技术、文化、卫生、体育、环境保护等方面的奖金(奖学金),免征个人所得税:[②]①曾宪梓教育基金会教师奖;②学生个人参与"长江小小科学家"活动和"明天小小科学家"活动获得的奖金;③联合国开发计划署和中国青少年发展基金会"国际青少年消除贫困奖";④中国青年乡镇企业家协会"母亲河(波司登)奖";⑤陈嘉庚科学奖基金会"陈嘉庚科学奖";⑥中国科学院"刘东生青年科学家奖""刘东生地球科学奖学金";⑦中华全国总工会、科学技术部、人力资源和社会保障部"全国职工职业技能大赛"获奖者取得的奖金收入;⑧中华环境保护基金会"中华宝钢环境优秀奖";⑨国土资源部、李四光地质科学奖基金"李四光地质科学奖";⑩国土资源部、黄汲清青年地质科学技术奖基金管理委员会"黄汲清青年地质科学技术奖"。

(3)国债和国家发行的金融债券利息。[③]这里所说的国债利息,是指个人持有中华人民共和国财政部发行的债券而取得的利息;所说的国家发行的金融债券利息,是指个人持有经国务院批准发行的金融债券而取得的利息。[③]

(4)按照国家统一规定发给的补贴、津贴。[④]这里所说的按照国家统一规定发给的补贴、津贴,是指按照国务院规定发给的政府特殊津贴、院士津贴,以及国务院规定免予缴纳个人所得税的其他补贴、津贴。[④]

(5)福利费、抚恤金、救济金。[①]这里所说的福利费,是指根据国家有关规定,从企业、事业单位、国家机关、社会组织提留的福利费或者工会经费中支付给个人的生活补助费;所称救济金,是指各级人民政府民政部门支付给个人的生活困难补助费。[⑤]

(6)保险赔款。[①]

(7)军人的转业费、复员费、退役金。[①]

(8)按照国家统一规定发给干部、职工的安家费、退职费、基本养老金或者退休费、离休费、离休生活补助费。[①]

(9)依照有关法律规定应予免税的各国驻华使馆、领事馆的外交代表、领事官员和其他人员的所得。上述"所得",是指依照《中华人民共和国外交特权与豁免条例》和《中华人民共和国领事特权与豁免条例》规定免税的所得。[⑥]

(10)关于发给见义勇为者的奖金问题。对乡、镇(含乡、镇)以上人民政府或经县(含县)以上人民政府主管部门批准成立的有机构、有章程的见义勇为基金会或者类似组织,奖励见义勇为者的奖金或奖品,经主管税务机关核准,免予征收个人所得税。[⑦]

[①]《个人所得税法》,第四条。
[②] 财政部、国家税务总局,《关于继续有效的个人所得税优惠政策目录的公告》,2018 年第 177 号。
[③]《个人所得税法实施条例》,第九条。
[④]《个人所得税法实施条例》,第十条。
[⑤]《个人所得税法实施条例》,第十一条。
[⑥]《个人所得税法实施条例》,第十二条。
[⑦] 财政部、国家税务总局,《关于发给见义勇为者的奖金免征个人所得税问题的通知》,财税字〔1995〕25 号。

其股息红利所得全额计入应纳税所得额；持股期限在 1 个月以上至 1 年（含 1 年）的，暂减按 50%计入应纳税所得额；上述所得统一适用 20%的税率计征个人所得税。本规定自 2015 年 9 月 8 日起施行①。

自 2019 年 7 月 1 日起至 2024 年 6 月 30 日止，全国中小企业股份转让系统挂牌公司股息、红利差别化个人所得税政策也按上述政策执行②。

（33）沪港、深港股票市场交易互联互通和内地与香港基金互认的税收优惠。①对内地个人投资者通过沪港通、深港通投资香港联交所上市股票取得的转让差价所得和通过基金互认买卖香港基金份额取得的转让差价所得，暂免征收个人所得税。②对香港市场投资者（包括企业和个人）投资上海证券交易所（以下简称上交所）上市 A 股取得的转让差价所得，暂免征收所得税。③

（34）个人转让全国中小企业股份转让系统（以下简称新三板）挂牌公司股票的税收优惠。自 2018 年 11 月 1 日起，对个人转让新三板挂牌公司非原始股取得的所得，暂免征收个人所得税。非原始股，是指个人在新三板挂牌公司挂牌后取得的股票，以及由上述股票孳生的送、转股。④

（35）乡镇企业的职工和农民取得的青苗补偿费，属种植业的收益范围，同时，也属经济损失的补偿性收入，因此，对他们取得的青苗补偿费收入暂不征收个人所得税⑤。

（36）对由亚洲开发银行支付给我国公民或国民（包括为亚行执行任务的专家）的薪金和津贴，凡经亚洲开发银行确认这些人员为亚洲开发银行雇员或执行项目专家的，其取得的符合我国税法规定的有关薪金和津贴等报酬，应依《建立亚洲开发银行协定》的约定，免征个人所得税⑥。

（37）国务院规定的其他免税所得。⑦

（二）减征个人所得税的优惠

（1）残疾、孤老人员和烈属的所得。
（2）因严重自然灾害遭受重大损失的。
（3）其他经国务院财政部门批准减税的。
（4）对个人投资者持有 2024～2027 年发行的铁路债券取得的利息收入，减按 50%计入应纳税所得额计算征收个人所得税。税款由兑付机构在向个人投资者兑付利息时代扣代缴。⑧
（5）自 2019 年 1 月 1 日起至 2027 年 12 月 31 日止，一个纳税年度内在船航行时间累计满 183 天的远洋船员，其取得的工资薪金收入减按 50%计入应纳税所得额，依法缴纳个人所得税。其中，远洋船员是指在海事管理部门依法登记注册的国际航行船舶船员和在渔业管理部门依法登记注册的远洋渔业船员。在船航行时间是指远洋船员在国际航行或作业船舶和远洋渔业船舶上的工作天数。一个纳税年度内的在船航行时间为一个纳税年度内在船航行时间的累计天数。远洋船员可选择在当年预扣预缴税款或者次年个人所得税汇算清缴时享受上述优惠政策。⑨

---

① 财政部、国家税务总局、中国证券监督管理委员会，《关于上市公司股息红利差别化个人所得税政策有关问题的通知》，财税〔2015〕101 号。
② 财政部、国家税务总局、中国证券监督管理委员会，《关于继续实施全国中小企业股份转让系统挂牌公司股息红利差别化个人所得税政策的公告》，2019 年第 78 号。
③ 财政部、国家税务总局，《关于延续实施有关个人所得税优惠政策的公告》，2023 年第 2 号；财政部、国家税务总局、中国证券监督管理委员会，《关于延续实施沪港、深港股票市场交易互联互通机制和内地与香港基金互认有关个人所得税政策的公告》，2023 年第 23 号。财政部、国家税务总局、中国证券监督管理委员会，《关于沪港股票市场交易互联互通机制试点有关税收政策的通知》，财税〔2014〕81 号。
④ 财政部、国家税务总局、中国证券监督管理委员会，《关于个人转让全国中小企业股份转让系统挂牌公司股票有关个人所得税政策的通知》，财税〔2018〕137 号。
⑤ 国家税务总局，《国家税务总局关于个人取得青苗补偿费收入征免个人所得税的批复》，国税函发〔1995〕79 号。
⑥ 财政部、国家税务总局，《关于〈建立亚洲开发银行协定〉有关个人所得税问题的补充通知》，财税〔2007〕93 号。
⑦ 《个人所得税法》，第四条。
⑧ 财政部、国家税务总局，《关于铁路债券利息收入所得税政策的公告》第二条、第三条，2023 年第 64 号。
⑨ 财政部、国家税务总局，《关于远洋船员个人所得税政策的公告》，2019 年第 97 号。财政部、国家税务总局，《关于延续实施远洋船员个人所得税政策的公告》，2023 年第 31 号。

（6）自2023年1月1日至2027年12月31日，对个体工商户年应纳税所得额不超过200万元的部分，减半征收个人所得税。个体工商户在享受现行其他个人所得税优惠政策的基础上，可叠加享受本条优惠政策。①

（7）自2022年1月1日起，对个人养老金实施递延纳税优惠政策。在缴费环节，个人向个人养老金资金账户的缴费，按照12 000元/年的限额标准，在综合所得或经营所得中据实扣除；在投资环节，计入个人养老金资金账户的投资收益暂不征收个人所得税；在领取环节，个人领取的个人养老金，不并入综合所得，单独按照3%的税率计算缴纳个人所得税，其缴纳的税款计入"工资、薪金所得"项目。②

第四节 个人所得税应纳税额的计算和外国税收抵免

一、个人所得税应纳税额的计算

（一）居民个人综合所得应纳税额的计算

首先，居民个人取得的工资、薪金所得，劳务报酬所得，稿酬所得和特许权使用费所得为综合所得，按纳税年度合并计算个人所得税③。

其次，居民个人的综合所得，以每一纳税年度的收入额减除费用六万元以及专项扣除、专项附加扣除和依法确定的其他扣除后的余额，为应纳税所得额，其适用税率及速算扣除数见表18-4-1。④居民个人综合所得应纳税额的计算公式为

应纳税额 = 全年应纳税所得额 × 适用税率 – 速算扣除数
　　　　= （全年收入额 – 60 000元 – 专项扣除 – 享受的专项附加扣除 – 享受的其他扣除）× 适用税率 – 速算扣除数

表18-4-1 综合所得个人所得税税率表（含速算扣除数）

级数	全年应纳税所得额	税率/%	速算扣除数
1	不超过36 000元的部分	3	0
2	超过36 000元至144 000元的部分	10	2 520
3	超过144 000元至300 000元的部分	20	16 920
4	超过300 000元至420 000元的部分	25	31 920
5	超过420 000元至660 000元的部分	30	52 920
6	超过660 000元至960 000元的部分	35	85 920
7	超过960 000元的部分	45	181 920

注：自2022年1月1日起，居民个人取得全年一次性奖金，应并入当年综合所得计算缴纳个人所得税

【例18-4-1】 假定某居民个人纳税人扣除"五险一金"后一年共取得含税工资收入120 000元，除住房贷款专项附加扣除外（住房贷款专项附加扣除标准为每月1000元）⑤，该纳税人不享受其余专项附加扣除和税法规定的其他扣除。请计算其应纳个人所得税税额。

【答案】（1）全年应纳税所得额 = 120 000 – 60 000 – 12 000 = 48 000（元）；

（2）应纳税额 = 48 000 × 10% – 2520 = 2280（元）。

---

① 财政部、国家税务总局，《关于进一步支持小微企业和个体工商户发展有关税费政策的公告》，2023年第12号。
② 财政部、国家税务总局，《关于个人养老金有关个人所得税政策的公告》，2022年第34号。
③ 《个人所得税法》，第二条。
④ 《个人所得税法》，第六条。
⑤ 国务院，《关于印发个人所得税专项附加扣除暂行办法的通知》，国发〔2018〕41号。

(二)全员全额扣缴申报纳税(预缴税款)

1. 扣缴义务人和代扣预扣税款的范围

(1)扣缴义务人,是指向个人支付所得的单位或者个人。所称支付,包括现金支付、汇拨支付、转账支付和以有价证券、实物以及其他形式的支付。

(2)实行个人所得税全员全额扣缴申报的应税所得包括:工资、薪金所得;劳务报酬所得;稿酬所得;特许权使用费所得;利息、股息、红利所得;财产租赁所得;财产转让所得;偶然所得。扣缴义务人应当依法办理全员全额扣缴申报。

2. 不同项目所得的扣缴方法

1)居民个人取得工资、薪金所得的扣缴办法

(1)扣缴义务人向居民个人支付工资、薪金所得时,应当按照累计预扣法计算预扣税款,并按月办理扣缴申报。居民个人取得全年一次性奖金、半年奖、季度奖、加班奖、先进奖、考勤奖等各种名目奖金时,也须与当月工资、薪金收入合并,按税法规定缴纳(扣缴)个人所得税。

累计预扣法,是指扣缴义务人在一个纳税年度内预扣预缴税款时,以纳税人在本单位截至当前月份工资、薪金所得累计收入减除累计免税收入、累计减除费用、累计专项扣除、累计专项附加扣除和累计依法确定的其他扣除后的余额为累计预扣预缴应纳税所得额,适用居民个人工资、薪金所得预扣预缴率表(表18-4-2),计算累计应预扣预缴税额,再减除累计减免税额和累计已预扣预缴税额,其余额为本期应预扣预缴税额。余额为负值时,暂不退税。纳税年度终了后余额仍为负值时,由纳税人通过办理综合所得年度汇算清缴,税款多退少补。具体计算公式为

本期应预扣预缴税额 = (累计预扣预缴应纳税所得额×预扣率-速算扣除数)-累计减免税额-累计已预扣预缴税额

累计预扣预缴应纳税所得额 = 累计收入-累计免税收入-累计减除费用-累计专项扣除-累计专项附加扣除-累计依法确定的其他扣除

其中,累计减除费用,按照5000元/月乘以纳税人当年截至本月在本单位的任职受雇月份数计算。

表18-4-2 居民个人工资、薪金所得预扣预缴率表

级数	累计预扣预缴应纳税所得额	预扣率/%	速算扣除数
1	不超过36 000元的部分	3	0
2	超过36 000元至144 000元的部分	10	2520
3	超过144 000元至300 000元的部分	20	16 920
4	超过300 000元至420 000元的部分	25	31 920
5	超过420 000元至660 000元的部分	30	52 920
6	超过660 000元至960 000元的部分	35	85 920
7	超过960 000元的部分	45	181 920

居民个人向扣缴义务人提供有关信息并依法要求办理专项附加扣除的,扣缴义务人应当按照规定在工资、薪金所得按月预扣预缴税款时予以扣除,不得拒绝。

年度预扣预缴税额与年度应纳税额不一致的,由居民个人于次年3月1日至6月30日向主管税务机关办理综合所得年度汇算清缴,税款多退少补。

(2)自2020年7月1日起,对一个纳税年度内首次取得工资、薪金所得的居民个人,扣缴义务人在预

扣预缴个人所得税时，可按照 5000 元/月乘以纳税人当年截至本月月份数计算累计减除费用。

所称首次取得工资、薪金所得的居民个人，是指自纳税年度首月起至新入职时，未取得工资、薪金所得或者未按照累计预扣法预扣预缴过连续性劳务报酬所得个人所得税的居民个人。①

（3）自 2021 年 1 月 1 日起，对上一完整纳税年度内每月均在同一单位预扣预缴工资、薪金所得个人所得税且全年工资、薪金收入不超过 6 万元的居民个人，扣缴义务人在预扣预缴本年度工资、薪金所得个人所得税时，累计减除费用自 1 月份起直接按照全年 6 万元计算扣除。即，在纳税人累计收入不超过 6 万元的月份，暂不预扣预缴个人所得税；在其累计收入超过 6 万元的当月及年内后续月份，再预扣预缴个人所得税。②

2）居民个人取得劳务报酬所得、稿酬所得、特许权使用费所得的扣缴办法

（1）扣缴义务人向居民个人支付劳务报酬所得、稿酬所得、特许权使用费所得时，应当按照以下方法按次或者按月预扣预缴税款：①劳务报酬所得、稿酬所得、特许权使用费所得以收入减除费用后的余额为收入额；其中，稿酬所得的收入额减按 70%计算。②减除费用：预扣预缴税款时，劳务报酬所得、稿酬所得、特许权使用费所得每次收入不超过 4000 元的，减除费用按 800 元计算；每次收入 4000 元以上的，减除费用按收入的 20%计算。③应纳税所得额：劳务报酬所得、稿酬所得、特许权使用费所得，以每次收入额为预扣预缴应纳税所得额，计算应预扣预缴税额。劳务报酬所得适用居民个人劳务报酬所得预扣预缴率表（表 18-4-3），稿酬所得、特许权使用费所得适用 20%的比例预扣率。④预扣预缴税额计算公式如下。

劳务报酬所得应预扣预缴税额 = 预扣预缴应纳税所得额×预扣率－速算扣除数

稿酬所得、特许权使用费所得应预扣预缴税额 = 预扣预缴应纳税所得额×20%

表 18-4-3　居民个人劳务报酬所得预扣预缴率表

级数	预扣预缴应纳税所得额	预扣率/%	速算扣除数
1	不超过 20 000 元的部分	20	0
2	超过 20 000 元至 50 000 元的部分	30	2000
3	超过 50 000 元的部分	40	7000

居民个人办理年度综合所得汇算清缴时，应当依法计算劳务报酬所得、稿酬所得、特许权使用费所得的收入额，并入年度综合所得计算应纳税款，税款多退少补。

（2）自 2020 年 7 月 1 日起，正在接受全日制学历教育的学生因实习取得劳务报酬所得的，扣缴义务人预扣预缴个人所得税时，可按照《国家税务总局关于发布〈个人所得税扣缴申报管理办法（试行）〉的公告》（2018 年第 61 号）规定的累计扣缴法计算并预扣预缴税款。①

3）扣缴义务人支付利息、股息、红利所得，财产租赁所得，财产转让所得或者偶然所得时，应当依法按次或者按月代扣代缴税款。

（三）非居民个人取得工资、薪金所得，劳务报酬所得，稿酬所得和特许权使用费所得应纳税额的计算

同居民个人一样，非居民个人取得的这些项目的所得同样适用劳务报酬所得、稿酬所得、特许权使用费所得以收入减除 20%的费用后的余额为收入额、稿酬所得的收入额减按 70%计算的规定。

---

① 国家税务总局，《关于完善调整部分纳税人个人所得税预扣预缴方法的公告》，2020 年第 13 号。
② 国家税务总局，《关于进一步简便优化部分纳税人个人所得税预扣预缴方法的公告》，2020 年第 19 号。

非居民个人的工资、薪金所得，以每月收入额减除费用五千元后的余额为应纳税所得额；劳务报酬所得、稿酬所得、特许权使用费所得，以每次收入额为应纳税所得额。[①]

非居民个人从我国境内取得这些所得时，适用的税率见表18-4-4。税款扣缴计算公式如下。

非居民个人工资、薪金所得，劳务报酬所得，稿酬所得，特许权使用费所得应纳税额
= 应纳税所得额×税率−速算扣除数

表18-4-4 非居民个人工资、薪金所得，劳务报酬所得，稿酬所得，特许权使用费所得适用税率表

级数	应纳税所得额	税率/%	速算扣除数
1	不超过3 000元的部分	3	0
2	超过3 000元至12 000元的部分	10	210
3	超过12 000元至25 000元的部分	20	1 410
4	超过25 000元至35 000元的部分	25	2 660
5	超过35 000元至55 000元的部分	30	4 410
6	超过55 000元至80 000元的部分	35	7 160
7	超过80 000元的部分	45	15 160

（四）经营所得应纳税额的计算

经营所得应纳税额的计算公式为[②]

应纳税额 = 应纳税所得额×税率−速算扣除数

或：应纳税额 = （该年度收入总额−成本、费用及损失−当年投资者本人的费用扣除额）×税率−速算扣除数

同居民个人综合所得应纳税额的计算一样，利用税法给出的经营所得税税率表，换算得到包含速算扣除数的经营所得适用税率表（表18-4-5）。[③]

表18-4-5 经营所得适用税率表（含速算扣除数）

级数	全年应纳税所得额	税率/%	速算扣除数
1	不超过30 000元的部分	5	0
2	超过30 000元至90 000元的部分	10	1 500
3	超过90 000元至300 000元的部分	20	10 500
4	超过300 000元至500 000元的部分	30	40 500
5	超过500 000元的部分	35	65 500

1. 个体工商户应纳税额的计算[④]

个体工商户应纳税所得额的计算，以权责发生制为原则，属于当期的收入和费用，不论款项是否收付，均作为当期的收入和费用；不属于当期的收入和费用，即使款项已经在当期收付，均不作为当期收入和费用。本办法和财政部、国家税务总局另有规定的除外。

1）计税基本规定

个体工商户的生产、经营所得，以每一纳税年度的收入总额，减除成本、费用、税金、损失、其他支出以及允许弥补的以前年度亏损后的余额，为应纳税所得额。

---

① 《个人所得税法》，第六条。
② 国家税务总局，《关于个体工商户、个人独资企业和合伙企业个人所得税问题的公告》，2014年第25号。
③ 财政部、国家税务总局，《关于2018年第四季度个人所得税减除费用和税率适用问题的通知》，财税〔2018〕98号。
④ 国家税务总局，《个体工商户个人所得税计税办法》，2014年国家税务总局令第35号。

（1）收入总额。个体工商户从事生产经营以及与生产经营有关的活动（以下简称生产经营）取得的货币形式和非货币形式的各项收入，为收入总额，包括：销售货物收入、提供劳务收入、转让财产收入、利息收入、租金收入、接受捐赠收入、其他收入。所称其他收入包括个体工商户资产溢余收入、逾期一年以上的未退包装物押金收入、确实无法偿付的应付款项、已作坏账损失处理后又收回的应收款项、债务重组收入、补贴收入、违约金收入、汇兑收益等。

（2）成本是指个体工商户在生产经营活动中发生的销售成本、销货成本、业务支出以及其他耗费。

（3）费用是指个体工商户在生产经营活动中发生的销售费用、管理费用和财务费用，已经计入成本的有关费用除外。

（4）税金是指个体工商户在生产经营活动中发生的除个人所得税和允许抵扣的增值税以外的各项税金及其附加。

（5）损失是指个体工商户在生产经营活动中发生的固定资产和存货的盘亏、毁损、报废损失，转让财产损失，坏账损失，自然灾害等不可抗力因素造成的损失以及其他损失。

个体工商户发生的损失，减除责任人赔偿和保险赔款后的余额，参照财政部、国家税务总局有关企业资产损失税前扣除的规定扣除。

个体工商户已经作为损失处理的资产，在以后纳税年度又全部收回或者部分收回时，应当计入收回当期的收入。

（6）其他支出是指除成本、费用、税金、损失外，个体工商户在生产经营活动中发生的与生产经营活动有关的、合理的支出。

（7）个体工商户发生的支出应当区分收益性支出和资本性支出。收益性支出在发生当期直接扣除；资本性支出应当分期扣除或者计入有关资产成本，不得在发生当期直接扣除。所称支出，是指与取得收入直接相关的支出。

除税收法律法规另有规定外，个体工商户实际发生的成本、费用、税金、损失和其他支出，不得重复扣除。

（8）个体工商户下列支出不得扣除：①个人所得税税款；②税收滞纳金；③罚金、罚款和被没收财物的损失；④不符合扣除规定的捐赠支出；⑤赞助支出；⑥用于个人和家庭的支出；⑦与取得生产经营收入无关的其他支出；⑧国家税务总局规定不准扣除的支出。所称赞助支出，是指个体工商户发生的与生产经营活动无关的各种非广告性质支出。

（9）个体工商户生产经营活动中，应当分别核算生产经营费用和个人、家庭费用。对于生产经营与个人、家庭生活混用难以分清的费用，其40%视为与生产经营有关费用，准予扣除。

（10）个体工商户纳税年度发生的亏损，准予向以后年度结转，用以后年度的生产经营所得弥补，但结转年限最长不得超过五年。所称亏损，是指个体工商户依照本办法规定计算的应纳税所得额小于零的数额。

（11）个体工商户使用或者销售存货，按照规定计算的存货成本，准予在计算应纳税所得额时扣除。

（12）个体工商户转让资产，该项资产的净值，准予在计算应纳税所得额时扣除。

2）扣除项目及标准

（1）个体工商户实际支付给从业人员的、合理的工资薪金支出，准予扣除。个体工商户业主的费用扣除标准，依照相关法律、法规和政策规定执行。个体工商户业主的工资薪金支出不得税前扣除。

（2）个体工商户按照国务院有关主管部门或者省级人民政府规定的范围和标准为其业主和从业人员缴纳的基本养老保险费、基本医疗保险费、失业保险费、生育保险费、工伤保险费和住房公积金，准予扣除。

个体工商户为从业人员缴纳的补充养老保险费、补充医疗保险费，分别在不超过从业人员工资总额5%标准内的部分据实扣除；超过部分，不得扣除。

个体工商户业主本人缴纳的补充养老保险费、补充医疗保险费，以当地（地级市）上年度社会平均工资的3倍为计算基数，分别在不超过该计算基数5%标准内的部分据实扣除；超过部分，不得扣除。

(3)除个体工商户依照国家有关规定为特殊工种从业人员支付的人身安全保险费和财政部、国家税务总局规定可以扣除的其他商业保险费外，个体工商户业主本人或者为从业人员支付的商业保险费，不得扣除。

(4)个体工商户在生产经营活动中发生的合理的不需要资本化的借款费用，准予扣除。

个体工商户为购置、建造固定资产、无形资产和经过12个月以上的建造才能达到预定可销售状态的存货发生借款的，在有关资产购置、建造期间发生的合理的借款费用，应当作为资本性支出计入有关资产的成本，并依照本办法的规定扣除。

(5)个体工商户在生产经营活动中发生的下列利息支出，准予扣除：①向金融企业借款的利息支出；②向非金融企业和个人借款的利息支出，不超过按照金融企业同期同类贷款利率计算的数额的部分。

(6)个体工商户在货币交易中，以及纳税年度终了时将人民币以外的货币性资产、负债按照期末即期人民币汇率中间价折算为人民币时产生的汇兑损失，除已经计入有关资产成本部分外，准予扣除。

(7)个体工商户向当地工会组织拨缴的工会经费、实际发生的职工福利费支出、职工教育经费支出分别在工资薪金总额的2%、14%、2.5%的标准内据实扣除。

工资薪金总额是指允许在当期税前扣除的工资薪金支出数额。

职工教育经费的实际发生数额超出规定比例当期不能扣除的数额，准予在以后纳税年度结转扣除。

个体工商户业主本人向当地工会组织缴纳的工会经费、实际发生的职工福利费支出、职工教育经费支出，以当地（地级市）上年度社会平均工资的3倍为计算基数，在上述规定比例内据实扣除。

(8)个体工商户发生的与生产经营活动有关的业务招待费，按照实际发生额的60%扣除，但最高不得超过当年销售（营业）收入的5‰。

业主自申请营业执照之日起至开始生产经营之日止所发生的业务招待费，按照实际发生额的60%计入个体工商户的开办费。

(9)个体工商户每一纳税年度发生的与其生产经营活动直接相关的广告费和业务宣传费不超过当年销售（营业）收入15%的部分，可以据实扣除；超过部分，准予在以后纳税年度结转扣除。

(10)个体工商户代其从业人员或者他人负担的税款，不得税前扣除。

(11)个体工商户按照规定缴纳的摊位费、行政性收费、协会会费等，按实际发生数额扣除。

(12)个体工商户根据生产经营活动的需要租入固定资产支付的租赁费，按照以下方法扣除：①以经营租赁方式租入固定资产发生的租赁费支出，按照租赁期限均匀扣除；②以融资租赁方式租入固定资产发生的租赁费支出，按照规定构成融资租入固定资产价值的部分应当提取折旧费用，分期扣除。

(13)个体工商户参加财产保险，按照规定缴纳的保险费，准予扣除。

(14)个体工商户发生的合理的劳动保护支出，准予扣除。

(15)个体工商户自申请营业执照之日起至开始生产经营之日止所发生符合本办法规定的费用，除为取得固定资产、无形资产的支出，以及应计入资产价值的汇兑损益、利息支出外，作为开办费，个体工商户可以选择在开始生产经营的当年一次性扣除，也可自生产经营月份起在不短于3年期限内摊销扣除，但一经选定，不得改变。

开始生产经营之日为个体工商户取得第一笔销售（营业）收入的日期。

(16)个体工商户通过公益性社会团体或者县级以上人民政府及其部门，用于《中华人民共和国公益事业捐赠法》规定的公益事业的捐赠，捐赠额不超过其应纳税所得额30%的部分可以据实扣除。

财政部、国家税务总局规定可以全额在税前扣除的捐赠支出项目，按有关规定执行。

个体工商户直接对受益人的捐赠不得扣除。

公益性社会团体的认定，按照财政部、国家税务总局、民政部有关规定执行。

(17)个体工商户研究开发新产品、新技术、新工艺所发生的开发费用，以及研究开发新产品、新技术而购置单台价值在10万元以下的测试仪器和试验性装置的购置费准予直接扣除；单台价值在10万元以上（含10万元）的测试仪器和试验性装置，按固定资产管理，不得在当期直接扣除。

2. 个人独资企业和合伙企业应纳税额的计算①

对个人独资企业和合伙企业生产经营所得，其个人所得税应纳税额的计算有以下两种方法。

1) 查账征税

（1）自2019年1月1日起，个人独资企业和合伙企业投资者的生产经营所得依法计征个人所得税时，个人独资企业和合伙企业投资者本人的费用扣除标准统一确定为60 000元/年，即5000元/月。

（2）投资者及其家庭发生的生活费用不允许在税前扣除。投资者及其家庭发生的生活费用与企业生产经营费用混合在一起，并且难以划分的，全部视为投资者个人及其家庭发生的生活费用，不允许在税前扣除。

（3）企业生产经营和投资者及其家庭生活共用的固定资产，难以划分的，由主管税务机关根据企业的生产经营类型、规模等具体情况，核定准予在税前扣除的折旧费用的数额或比例。

（4）企业向其从业人员实际支付的合理的工资、薪金支出，允许在税前据实扣除。

（5）企业拨缴的工会经费、发生的职工福利费、职工教育经费支出分别在工资、薪金总额2%、14%、2.5%的标准内据实扣除。

（6）每一纳税年度发生的广告费和业务宣传费用不超过当年销售（营业）收入15%的部分，可据实扣除；超过部分，准予在以后纳税年度结转扣除。

（7）每一纳税年度发生的与其生产经营业务直接相关的业务招待费支出，按照发生额的60%扣除，但最高不得超过当年销售（营业）收入的5‰。

（8）企业计提的各种准备金不得扣除。

（9）投资者兴办两个或两个以上企业的，根据前述规定准予扣除的个人费用，由投资者选择在其中一个企业的生产经营所得中扣除。

（10）企业的年度亏损，允许用本企业下一年度的生产经营所得弥补，下一年度所得不足弥补的，允许逐年延续弥补，但最长不得超过5年。投资者兴办两个或两个以上企业的，企业的年度经营亏损不能跨企业弥补。

（11）投资者来源于中国境外的生产经营所得，已在境外缴纳所得税的，可以按照个人所得税法的有关规定计算扣除已在境外缴纳的所得税。

2) 核定征收

核定征收方式，包括定额征收、核定应税所得率征收以及其他合理的征收方式。

有下列情形之一的，主管税务机关应采取核定征收方式征收个人所得税：①企业依照国家有关规定应当设置但未设置账簿的；②企业虽设置账簿，但账目混乱或者成本资料、收入凭证、费用凭证残缺不全，难以查账的；③纳税人发生纳税义务，未按照规定的期限办理纳税申报，经税务机关责令限期申报，逾期仍不申报的。

实行核定应税所得率征收方式的，应税所得率表见表18-4-6，应纳所得税额的计算公式为

$$应纳所得税额 = 应纳税所得额 \times 适用税率$$

$$应纳税所得额 = 收入总额 \times 应税所得率$$

$$或：应纳税所得额 = 成本费用支出额 \div (1 - 应税所得率) \times 应税所得率$$

表18-4-6 个人所得税核定征收应税所得率表

行业	应税所得率/%
工业、交通运输业、商业	5～20
建筑业、房地产开发业	7～20

---

① 财政部、国家税务总局，《关于印发〈关于个人独资企业和合伙企业投资者征收个人所得税的规定〉的通知》，财税〔2000〕91号；财政部、国家税务总局，《关于调整个体工商户个人独资企业和合伙企业个人所得税税前扣除标准有关问题的通知》，财税〔2008〕65号；财政部、国家税务总局，《关于2018年第四季度个人所得税减除费用和税率适用问题的通知》，财税〔2018〕98号。

续表

行业	应税所得率/%
饮食服务业	7～25
娱乐业	20～40
其他行业	10～30

企业经营多业的，无论其经营项目是否单独核算，均应根据其主营项目确定其适用的应税所得率。

实行核定征税的投资者，不能享受个人所得税的优惠政策。

实行查账征税方式的个人独资企业和合伙企业改为核定征税方式后，在查账征税方式下认定的年度经营亏损未弥补完的部分，不得再继续弥补。[①]

取得经营所得的个人，没有综合所得的，计算其每一纳税年度的应纳税所得额时，应当减除费用 6 万元、专项扣除、专项附加扣除以及依法确定的其他扣除。专项附加扣除在办理汇算清缴时减除。[②]

3. 企事业单位承包、承租经营所得应纳税额的计算

对企事业单位的承包经营、承租经营所得，其个人所得税应纳税额的计算公式为

$$应纳税额 = 应纳税所得额 \times 适用税率 - 速算扣除数$$
$$= （纳税年度收入总额 - 必要费用）\times 适用税率 - 速算扣除数$$

对企事业单位的承包经营、承租经营所得适用的速算扣除数，同个体工商户的生产、经营所得适用的速算扣除数，见表 18-4-5。

【例 18-4-2】某年 1 月 1 日始，张三承包某小型加工厂，承包期为 5 年，某年实现利润 200 000 元，张三按承包合同上交费用 100 000 元。请计算张三该年度应纳个人所得税税额。

【答案】（1）全年应纳税所得额 = 实现利润 - 上交费用 - 必要费用

$$= 200\,000 - 100\,000 - 5000 \times 12$$
$$= 40\,000（元）$$

（2）应纳税额 = 全年应纳税所得额 × 适用税率 - 速算扣除数

$$= 40\,000 \times 10\% - 1500$$
$$= 2500（元）$$

（五）财产租赁所得应纳税额的计算

1. 应纳税额扣除规定

（1）财产租赁过程中缴纳的税费。

（2）向出租方支付的租金。

（3）由纳税人负担的租赁财产实际开支的修缮费用。

（4）税法规定的费用扣除标准。[③]

2. 应纳税所得额的计算

（1）每次（月）收入不超过 4000 元的，计算公式为

应纳税所得额 = 每次（月）收入额 - 准予扣除项目 - 修缮费用（800 元为限）- 800 元

[①] 国家税务总局，《关于〈关于个人独资企业和合伙企业投资者征收个人所得税的规定〉执行口径的通知》，国税函〔2001〕84号。
[②] 《个人所得税法实施条例》，第十五条。
[③] 国家税务总局，《关于个人转租房屋取得收入征个人所得税问题的通知》，国税函〔2009〕639号。

(2) 每次（月）收入超过 4000 元的，计算公式为

应纳税所得额 =（每次（月）收入额-准予扣除项目-修缮费用（800 元为限））×（1-20%）

3. 个人房屋转租的应纳税额

个人将承租房屋转租取得的租金收入，属于个人所得税应税所得，应按"财产租赁所得"项目计算缴纳个人所得税。具体规定如下。

(1) 取得转租收入的个人向房屋出租方支付的租金，凭房屋租赁合同和合法支付凭据允许在计算个人所得税时，从该项转租收入中扣除。[①]

(2) 有关财产租赁所得个人所得税前扣除税费的扣除次序调整为：①财产租赁过程中缴纳的税费。②向出租方支付的租金。③由纳税人负担的租赁财产实际开支的修缮费用。④税法规定的费用扣除标准。

4. 应纳税额的计算方法

财产租赁所得适用 20% 的比例税率。但对个人按市场价格出租的居民住房取得的所得，自 2001 年 1 月 1 日起暂减按 10% 的税率征收个人所得税。其应纳税额的计算公式为

应纳税额 = 应纳税所得额 × 适用税率

（六）劳务报酬所得

对纳税人取得的劳务报酬所得，个人所得税应纳税额计算分为三种情况。

(1) 每次收入不足 4000 元的，计算公式为

应纳税额 = 应纳税所得额 × 适用税率
= （每次收入额-800）× 20%

(2) 每次收入在 4000 元以上，但其应纳税所得额未超过 20 000 元的，计算公式为

应纳税额 = 应纳税所得额 × 适用税率
= 每次收入额 ×（1-20%）× 20%

(3) 每次收入的应纳税所得额超过 20 000 元的，计算公式为

应纳税额 = 应纳税所得额 × 适用税率-速算扣除数
= 每次收入额 ×（1-20%）× 适用税率-速算扣除数

上述各个计算公式所适用的速算扣除数见表 18-4-3。

【例 18-4-3】歌唱家李四在某市举行专场演出，取得收入 60 000 元。请计算其应纳个人所得税税额。

【答案】应纳税额 = 每次收入额 ×（1-20%）× 适用税率-速算扣除数
= 60 000 ×（1-20%）× 30%-2000 = 12 400（元）

（七）财产转让所得应纳税额的计算

一般情况下财产转让所得应纳税额的计算公式为

应纳税额 = 应纳税所得额 × 适用税率 =（收入总额-财产原值-合理费用）× 20%[②]

（八）利息、股息、红利所得和偶然所得应纳税额的计算

利息、股息、红利所得和偶然所得应纳税额的计算公式为

应纳税额 = 应纳税所得额 × 适用税率 = 每次收入额 × 20%

[①] 国家税务总局，《关于个人转租房屋取得收入征收个人所得税问题的通知》，国税函〔2009〕639 号。
[②] 《个人所得税法》，第六条。

二、境外所得已纳个人所得税的抵免①

基于国家之间对同一所得应避免双重征税的原则,纳税义务人从中国境外取得的所得,可以从其应纳税额中抵免已在境外缴纳的个人所得税税额,但抵免额不得超过该纳税人境外所得依照《个人所得税法》规定计算的应纳税额②。

其中,已在境外缴纳的个人所得税税额,是指居民个人来源于中国境外的所得,依照该所得来源国家(地区)的法律应当缴纳并且实际已经缴纳的所得税税额。纳税人境外所得依照税法规定计算的应纳税额,是居民个人抵免已在境外缴纳的综合所得、经营所得以及其他所得的所得税税额的限额(以下简称抵免限额)。除国务院财政、税务主管部门另有规定外,来源于中国境外一个国家(地区)的综合所得抵免限额、经营所得抵免限额以及其他所得抵免限额之和,为来源于该国家(地区)所得的抵免限额。居民个人在中国境外一个国家(地区)实际已经缴纳的个人所得税税额,低于依照前款规定计算出的来源于该国家(地区)所得的抵免限额的,应当在中国缴纳差额部分的税款;超过来源于该国家(地区)所得的抵免限额的,其超过部分不得在本纳税年度的应纳税额中抵免,但是可以在以后纳税年度来源于该国家(地区)所得的抵免限额的余额中补扣。补扣期限最长不得超过五年。

此外,居民个人申请抵免已在境外缴纳的个人所得税税额,应当提供境外税务机关出具的税款所属年度的有关纳税凭证。③

(一)居民个人可抵免的境外所得税税额的确定

可抵免的境外所得税税额,是指居民个人取得境外所得,依照该所得来源国(地区)税收法律应当缴纳且实际已经缴纳的所得税性质的税额。

下列情形的境外所得税额不能抵免。

(1)按照境外所得税法律属于错缴或错征的境外所得税税额。

(2)按照我国政府签订的避免双重征税协定以及内地与香港、澳门签订的避免双重征税安排(以下简称税收协定)规定不应征收的境外所得税税额。

(3)因少缴或迟缴境外所得税而追加的利息、滞纳金或罚款。

(4)境外所得税纳税人或者其利害关系人从境外征税主体得到实际返还或补偿的境外所得税税款。

(5)按照我国个人所得税法及其实施条例规定,已经免税的境外所得负担的境外所得税税款。

(二)居民个人应分项计算当期境外所得应纳税额

(1)居民个人来源于中国境外的综合所得,应当与境内综合所得合并计算应纳税额。

(2)居民个人来源于中国境外的经营所得,应当与境内经营所得合并计算应纳税额。居民个人来源于境外的经营所得,按照《个人所得税法》及其实施条例的有关规定计算的亏损,不得抵减其境内或他国(地区)的应纳税所得额,但可以用来源于同一国家(地区)以后年度的经营所得按中国税法规定弥补。

(3)居民个人来源于中国境外的利息、股息、红利所得,财产租赁所得,财产转让所得和偶然所得(以下简称其他分类所得),不与境内所得合并,应当分别单独计算应纳税额。

(三)居民个人应区分来源国计算境外所得抵免限额

居民个人在一个纳税年度内来源于中国境外的所得,依照所得来源国家(地区)税收法律规定在中国

---

① 财政部、国家税务总局,《关于境外所得有关个人所得税政策的公告》,2020年第3号。
② 《个人所得税法》,第七条。
③ 《个人所得税法实施条例》,第二十一条、第二十二条。

境外已缴纳的所得税税额允许在抵免限额内从其该纳税年度应纳税额中抵免。

居民个人来源于一国（地区）的综合所得、经营所得以及其他分类所得项目的应纳税额为其抵免限额，按照下列公式计算。

（1）来源于一国（地区）综合所得的抵免限额＝中国境内和境外综合所得依照《关于境外所得有关个人所得税政策的公告》第二条计算的综合所得应纳税额×来源于该国（地区）的综合所得收入额÷中国境内和境外综合所得收入额合计。

（2）来源于一国（地区）经营所得的抵免限额＝中国境内和境外经营所得依照《关于境外所得有关个人所得税政策的公告》第二条计算的经营所得应纳税额×来源于该国（地区）的经营所得应纳税所得额÷中国境内和境外经营所得应纳税所得额合计。

（3）来源于一国（地区）其他分类所得的抵免限额＝该国（地区）的其他分类所得依照《关于境外所得有关个人所得税政策的公告》第二条计算的应纳税额。

（4）来源于一国（地区）所得的抵免限额＝来源于该国（地区）综合所得抵免限额＋来源于该国（地区）经营所得抵免限额＋来源于该国（地区）其他分类所得抵免限额。

【例18-4-4】居民个人王某某年取得境内工资收入135 000元，单位代扣"五险一金"15 000元。王某还从境外甲国获得劳务报酬收入折合人民币50 000元、稿酬收入折合人民币20 000元和利息收入折合人民币10 000元，并分别就这三项收入在甲国缴纳税款10 000元、1000元和2000元。假设除居民个人年度费用扣除标准60 000元和某专项附加扣除12 000元外，不考虑其他费用扣除和境内预缴税款。请计算王某当年来源于甲国的所得抵免限额。

【答案】（1）王某境内、外全部综合所得收入额＝135 000＋50 000×（1-20%）＋20 000×（1-20%）×70%＝186 200（元）；

（2）王某境内、外全部综合所得应纳税额＝（186 200-60 000-12 000）×10%-2520＝8900（元）；

（3）王某来源于甲国综合所得抵免限额＝8 900×（40 000＋11 200）÷（135 000＋40 000＋11 200）＝2447.26（元）；

（4）王某来源于甲国其他分类所得抵免限额＝10 000×20%＝2000（元）；

（5）王某来源于甲国所得抵免限额＝2447.26＋2000＝4447.26（元）。

第五节　个人所得税的征收管理

一、个人所得税自行申报

自行申报纳税，是由纳税人自行在税法规定的纳税期限内，向税务机关申报取得的应税所得项目和数额，如实填写个人所得税纳税申报表，并按照税法规定计算应纳税额，据此缴纳个人所得税的一种方法。

（一）自行申报的纳税义务人

有下列情形之一的，纳税人应当依法办理纳税申报。[①]

（1）取得综合所得需要办理汇算清缴。

（2）取得应税所得没有扣缴义务人。

（3）取得应税所得，扣缴义务人未扣缴税款。

（4）取得境外所得。

（5）因移居境外注销中国户籍。

---
① 《个人所得税法》，第六条。

(6) 非居民个人在中国境内从两处以上取得工资、薪金所得。
(7) 国务院规定的其他情形。

(二) 自行申报相关规定[①]

1. 取得综合所得需要办理汇算清缴的纳税申报

取得综合所得且符合下列情形之一的纳税人，应当依法办理汇算清缴。

(1) 从两处以上取得综合所得，且综合所得年收入额减除专项扣除后的余额超过6万元。

(2) 取得劳务报酬所得、稿酬所得、特许权使用费所得中一项或者多项所得，且综合所得年收入额减除专项扣除的余额超过6万元。

(3) 纳税年度内预缴税额低于应纳税额。

(4) 纳税人申请退税。

需要办理汇算清缴的纳税人，应当在取得所得的次年3月1日至6月30日内，向任职、受雇单位所在地主管税务机关办理纳税申报，并报送《个人所得税年度自行纳税申报表》。纳税人有两处以上任职、受雇单位的，选择向其中一处任职、受雇单位所在地主管税务机关办理纳税申报；纳税人没有任职、受雇单位的，向户籍所在地或经常居住地主管税务机关办理纳税申报。

纳税人办理综合所得汇算清缴，应当准备与收入、专项扣除、专项附加扣除、依法确定的其他扣除、捐赠、享受税收优惠等相关的资料，并按规定留存备查或报送。

纳税人取得综合所得办理汇算清缴的具体办法，另行公告。

2. 取得经营所得的纳税申报

个体工商户业主、个人独资企业投资者、合伙企业个人合伙人、承包承租经营者个人以及其他从事生产、经营活动的个人取得经营所得，包括以下情形。

(1) 个体工商户从事生产、经营活动取得的所得，个人独资企业投资人、合伙企业的个人合伙人来源于境内注册的个人独资企业、合伙企业生产、经营的所得。

(2) 个人依法从事办学、医疗、咨询以及其他有偿服务活动取得的所得。

(3) 个人对企业、事业单位承包经营、承租经营以及转包、转租取得的所得。

(4) 个人从事其他生产、经营活动取得的所得。

纳税人取得经营所得，按年计算个人所得税，由纳税人在月度或季度终了后15日内，向经营管理所在地主管税务机关办理预缴纳税申报，并报送《个人所得税经营所得纳税申报表（A表）》。在取得所得的次年3月31日前，向经营管理所在地主管税务机关办理汇算清缴，并报送《个人所得税经营所得纳税申报表（B表）》；从两处以上取得经营所得的，选择向其中一处经营管理所在地主管税务机关办理年度汇总申报，并报送《个人所得税经营所得纳税申报表（C表）》。

3. 取得应税所得，扣缴义务人未扣缴税款的纳税申报

纳税人取得应税所得，扣缴义务人未扣缴税款的，应当区别以下情形办理纳税申报。

(1) 居民个人取得综合所得的，按照取得综合所得办理。

(2) 非居民个人取得工资、薪金所得，劳务报酬所得，稿酬所得，特许权使用费所得的，应当在取得所得的次年6月30日前，向扣缴义务人所在地主管税务机关办理纳税申报，并报送《个人所得税自行纳税申报表（A表）》。有两个以上扣缴义务人均未扣缴税款的，选择向其中一处扣缴义务人所在地主管税务机关办理纳税申报。

---

① 国家税务总局，《关于个人所得税自行纳税申报有关问题的公告》，2018年第62号。

非居民个人在次年6月30日前离境（临时离境除外）的，应当在离境前办理纳税申报。

（3）纳税人取得利息、股息、红利所得，财产租赁所得，财产转让所得和偶然所得的，应当在取得所得的次年6月30日前，按相关规定向主管税务机关办理纳税申报，并报送《个人所得税自行纳税申报表（A表）》。

税务机关通知限期缴纳的，纳税人应当按照期限缴纳税款。

4. 取得境外所得的纳税申报

居民个人从中国境外取得所得的，应当在取得所得的次年3月1日至6月30日内，向中国境内任职、受雇单位所在地主管税务机关办理纳税申报；在中国境内没有任职、受雇单位的，向户籍所在地或中国境内经常居住地主管税务机关办理纳税申报；户籍所在地与中国境内经常居住地不一致的，选择其中一地主管税务机关办理纳税申报；在中国境内没有户籍的，向中国境内经常居住地主管税务机关办理纳税申报。

纳税人取得境外所得办理纳税申报的具体规定，另行公告。

5. 因移居境外注销中国户籍的纳税申报

纳税人因移居境外注销中国户籍的，应当在申请注销中国户籍前，向户籍所在地主管税务机关办理纳税申报，进行税款清算。

（1）纳税人在注销户籍年度取得综合所得的，应当在注销户籍前，办理当年综合所得的汇算清缴，并报送《个人所得税年度自行纳税申报表》。尚未办理上一年度综合所得汇算清缴的，应当在办理注销户籍纳税申报时一并办理。

（2）纳税人在注销户籍年度取得经营所得的，应当在注销户籍前，办理当年经营所得的汇算清缴，并报送《个人所得税经营所得纳税申报表（B表）》。从两处以上取得经营所得的，还应当一并报送《个人所得税经营所得纳税申报表（C表）》。尚未办理上一年度经营所得汇算清缴的，应当在办理注销户籍纳税申报时一并办理。

（3）纳税人在注销户籍当年取得利息、股息、红利所得，财产租赁所得，财产转让所得和偶然所得的，应当在注销户籍前，申报当年上述所得的完税情况，并报送《个人所得税自行纳税申报表（A表）》。

（4）纳税人有未缴或者少缴税款的，应当在注销户籍前，结清欠缴或未缴的税款。纳税人存在分期缴税且未缴纳完毕的，应当在注销户籍前，结清尚未缴纳的税款。

（5）纳税人办理注销户籍纳税申报时，需要办理专项附加扣除、依法确定的其他扣除的，应当向税务机关报送《个人所得税专项附加扣除信息表》《商业健康保险税前扣除情况明细表》《个人税收递延型商业养老保险税前扣除情况明细表》等。

6. 非居民个人在中国境内从两处以上取得工资、薪金所得的纳税申报

非居民个人在中国境内从两处以上取得工资、薪金所得的，应当在取得所得的次月15日内，向其中一处任职、受雇单位所在地主管税务机关办理纳税申报，并报送《个人所得税自行纳税申报表（A表）》。

7. 纳税申报方式

纳税人可以采用远程办税端、邮寄等方式申报，也可以直接到主管税务机关申报。

8. 其他有关问题

（1）纳税人办理自行纳税申报时，应当一并报送税务机关要求报送的其他有关资料。首次申报或者个人基础信息发生变化的，还应报送《个人所得税基础信息表（B表）》。

《关于个人所得税自行纳税申报有关问题的公告》涉及的有关表证单书，由国家税务总局统一制定式样，另行公告。

（2）纳税人在办理纳税申报时需要享受税收协定待遇的，按照享受税收协定待遇有关办法办理。

二、全员全额扣缴申报纳税[①]

扣缴义务人应当按照国家规定办理全员全额扣缴申报，并向纳税人提供其个人所得和已扣缴税款等信息。所称全员全额扣缴申报，是指扣缴义务人在代扣税款的次月十五日内，向主管税务机关报送其支付所得的所有个人的有关信息、支付所得数额、扣除事项和数额、扣缴税款的具体数额和总额以及其他相关涉税信息资料。[②]

（一）扣缴义务人责任与义务

（1）支付工资、薪金所得的扣缴义务人应当于年度终了后两个月内，向纳税人提供其个人所得和已扣缴税款等信息。纳税人年度中间需要提供上述信息的，扣缴义务人应当提供。

纳税人取得除工资、薪金所得以外的其他所得，扣缴义务人应当在扣缴税款后，及时向纳税人提供其个人所得和已扣缴税款等信息。

（2）扣缴义务人应当按照纳税人提供的信息计算税款、办理扣缴申报，不得擅自更改纳税人提供的信息。

扣缴义务人发现纳税人提供的信息与实际情况不符的，可以要求纳税人修改。纳税人拒绝修改的，扣缴义务人应当报告税务机关，税务机关应当及时处理。

纳税人发现扣缴义务人提供或者扣缴申报的个人信息、支付所得、扣缴税款等信息与实际情况不符的，有权要求扣缴义务人修改。扣缴义务人拒绝修改的，纳税人应当报告税务机关，税务机关应当及时处理。

（3）扣缴义务人对纳税人提供的《个人所得税专项附加扣除信息表》，应当按照规定妥善保存备查。

（4）扣缴义务人应当依法对纳税人报送的专项附加扣除等相关涉税信息和资料保密。

（5）对扣缴义务人按照规定扣缴的税款，按年付给百分之二的手续费。不包括税务机关、司法机关等查补或者责令补扣的税款。

扣缴义务人领取的扣缴手续费可用于提升办税能力、奖励办税人员。

（6）扣缴义务人依法履行代扣代缴义务，纳税人不得拒绝。纳税人拒绝的，扣缴义务人应当及时报告税务机关。

（7）扣缴义务人有未按照规定向税务机关报送资料和信息、未按照纳税人提供信息虚报虚扣专项附加扣除、应扣未扣税款、不缴或少缴已扣税款、借用或冒用他人身份等行为的，依照《中华人民共和国税收征收管理法》等相关法律、行政法规处理。

（二）代扣代缴期限

扣缴义务人每月或者每次预扣、代扣的税款，应当在次月十五日内缴入国库，并向税务机关报送《个人所得税扣缴申报表》。

扣缴义务人首次向纳税人支付所得时，应当按照纳税人提供的纳税人识别号等基础信息，填写《个人所得税基础信息表（A表）》，并于次月扣缴申报时向税务机关报送。

扣缴义务人对纳税人向其报告的相关基础信息变化情况，应当于次月扣缴申报时向税务机关报送。

三、反避税规定[③]

1. 有下列情形之一的，税务机关有权按照合理方法进行纳税调整

（1）个人与其关联方之间的业务往来不符合独立交易原则而减少本人或者其关联方应纳税额，且无正当理由。

[①] 除特别强调，其余材料均来自：国家税务总局，《关于发布〈个人所得税扣缴申报管理办法（试行）〉的公告》，2018年第61号。
[②] 《个人所得税法》，第十条；《个人所得税法实施条例》，第二十六条。
[③] 《个人所得税法》，第八条。

(2) 居民个人控制的，或者居民个人和居民企业共同控制的设立在实际税负明显偏低的国家（地区）的企业，无合理经营需要，对应当归属于居民个人的利润不作分配或者减少分配。

(3) 个人实施其他不具有合理商业目的的安排而获取不当税收利益。

2. 补税及加征利息

税务机关依照前款规定作出纳税调整，需要补征税款的，应当补征税款，并依法加收利息。

四、自然人纳税识别号的规定[①]

(1) 自然人纳税人识别号，是自然人纳税人办理各类涉税事项的唯一代码标识。

(2) 有中国公民身份号码的，以其中国公民身份号码作为纳税人识别号；没有中国公民身份号码的，由税务机关赋予其纳税人识别号。

(3) 纳税人首次办理涉税事项时，应当向税务机关或者扣缴义务人出示有效身份证件，并报送相关基础信息。

(4) 税务机关应当在赋予自然人纳税人识别号后告知或者通过扣缴义务人告知纳税人其纳税人识别号，并为自然人纳税人查询本人纳税人识别号提供便利。

(5) 自然人纳税人办理纳税申报、税款缴纳、申请退税、开具完税凭证、纳税查询等涉税事项时应当向税务机关或扣缴义务人提供纳税人识别号。

(6) 上述所称有效身份证件，是指：①纳税人为中国公民且持有有效《中华人民共和国居民身份证》（以下简称居民身份证）的，为居民身份证；②纳税人为华侨且没有居民身份证的，为有效的《中华人民共和国护照》（以下简称中国护照）和华侨身份证明；③纳税人为港澳居民的，为有效的《港澳居民来往内地通行证》（以下简称港澳居民通行证）或《中华人民共和国港澳居民居住证》（以下简称港澳居民居住证）；④纳税人为台湾居民的，为有效的《台湾居民来往大陆通行证》（以下简称台湾居民通行证）或《中华人民共和国台湾居民居住证》（以下简称台湾居民居住证）；⑤纳税人为持有有效《中华人民共和国外国人永久居留身份证》（以下简称永久居留证）的外籍个人的，为永久居留证和外国护照；未持有永久居留证但持有有效《中华人民共和国外国人工作许可证》（以下简称工作许可证）的，为工作许可证和外国护照；其他外籍个人，为有效的外国护照。

五、个人所得税《税收完税证明》调整为《纳税记录》的规定[②]

为配合个人所得税制度改革，进一步落实国务院减证便民要求，优化纳税服务，国家税务总局决定将个人所得税《税收完税证明》（文书式）调整为《纳税记录》。

(1) 从 2019 年 1 月 1 日起，纳税人申请开具税款所属期为 2019 年 1 月 1 日（含）以后的个人所得税缴（退）税情况证明的，税务机关不再开具《税收完税证明》（文书式），调整为开具《纳税记录》；纳税人申请开具税款所属期为 2018 年 12 月 31 日（含）以前个人所得税缴（退）税情况证明的，税务机关继续开具《税收完税证明》（文书式）。

(2) 纳税人 2019 年 1 月 1 日以后取得应税所得并由扣缴义务人向税务机关办理了全员全额扣缴申报，或根据税法规定自行向税务机关办理纳税申报的，不论是否实际缴纳税款，均可以申请开具《纳税记录》。

(3) 纳税人可以通过电子税务局、手机 APP 申请开具本人的个人所得税《纳税记录》，也可到办税服务厅申请开具。

[①] 国家税务总局，《关于自然人纳税人识别号有关事项的公告》，2018 年第 59 号。
[②] 国家税务总局，《关于将个人所得税〈税收完税证明〉（文书式）调整为〈纳税记录〉有关事项的公告》，2018 年第 55 号。

（4）纳税人可以委托他人持下列证件和资料到办税服务厅代为开具个人所得税《纳税记录》：①委托人及受托人有效身份证件原件；②委托人书面授权资料。

（5）纳税人对个人所得税《纳税记录》存在异议的，可以向该项记录中列明的税务机关申请核实。

（6）税务机关提供个人所得税《纳税记录》的验证服务，支持通过电子税务局、手机 APP 等方式进行验证。具体验证方法见个人所得税《纳税记录》中的相关说明。

六、建立个人所得税纳税信用管理机制[①]

（1）全面实施个人所得税申报信用承诺制。税务部门在个人所得税自行纳税申报表、个人所得税专项附加扣除信息表等表单中设立格式规范、标准统一的信用承诺书，纳税人需对填报信息的真实性、准确性、完整性作出守信承诺。信用承诺的履行情况纳入个人信用记录，提醒和引导纳税人重视自身纳税信用，并视情况予以失信惩戒。

（2）建立健全个人所得税纳税信用记录。国家税务总局以自然人纳税人识别号为唯一标识，以个人所得税纳税申报记录、专项附加扣除信息报送记录、违反信用承诺和违法违规行为记录为重点，研究制定自然人纳税信用管理的制度办法，全面建立自然人纳税信用信息采集、记录、查询、应用、修复、安全管理和权益维护机制，依法依规采集和评价自然人纳税信用信息，形成全国自然人纳税信用信息库，并与全国信用信息共享平台建立数据共享机制。

（3）建立自然人失信行为认定机制。对于违反《中华人民共和国税收征收管理法》《中华人民共和国个人所得税法》以及其他法律法规和规范性文件，违背诚实信用原则，存在偷税、骗税、骗抵、冒用他人身份信息、恶意举报、虚假申诉等失信行为的当事人，税务部门将其列入重点关注对象，依法依规采取行政性约束和惩戒措施；对于情节严重、达到重大税收违法失信案件标准的，税务部门将其列为严重失信当事人，依法对外公示，并与全国信用信息共享平台共享。

（4）为个人所得税守信纳税人提供更多便利和机会。探索将个人所得税守信情况纳入自然人诚信积分体系管理机制。对个人所得税纳税信用记录持续优良的纳税人，相关部门应提供更多服务便利，依法实施绿色通道、容缺受理等激励措施；鼓励行政管理部门在颁发荣誉证书、嘉奖和表彰时将其作为参考因素予以考虑。

（5）对个人所得税严重失信当事人实施联合惩戒。税务部门与有关部门合作，建立个人所得税严重失信当事人联合惩戒机制，对经税务部门依法认定，在个人所得税自行申报、专项附加扣除和享受优惠等过程中存在严重违法失信行为的纳税人和扣缴义务人，向全国信用信息共享平台推送相关信息并建立信用信息数据动态更新机制，依法依规实施联合惩戒。

（6）强化信息安全和隐私保护。税务部门依法保护自然人纳税信用信息，积极引导社会各方依法依规使用自然人纳税信用信息。各地区、各部门要按最小授权原则设定自然人纳税信用信息管理人员权限。加大对信用信息系统、信用服务机构数据库的监管力度，保护纳税人合法权益和个人隐私，确保国家信息安全。

（7）建立异议解决和失信修复机制。对个人所得税纳税信用记录存在异议的，纳税人可向税务机关提出异议申请，税务机关应及时回复并反馈结果。自然人在规定期限内纠正失信行为、消除不良影响的，可以通过主动作出信用承诺、参与信用知识学习、税收公益活动或信用体系建设公益活动等方式开展信用修复，对完成信用修复的自然人，税务部门按照规定修复其纳税信用。对因政策理解偏差或办税系统操作失误导致轻微失信，且能够按照规定履行涉税义务的自然人，税务部门将简化修复程序，及时对其纳税信用进行修复。

（8）加强组织领导和统筹协调。各地区、各部门要统筹实施个人所得税纳税信用管理工作，完善配套制度建设，建立联动机制，实现跨部门信用信息共享，构建税收共治管理、信用协同监管格局。要建立工作考核推进机制，对本地区、本部门个人所得税纳税信用建设工作要定期进行督促、指导和检查。

[①] 国家发展改革委办公厅、国家税务总局办公厅，《关于加强个人所得税纳税信用建设的通知》，发改办财金规〔2019〕860 号。

(9) 加强纳税人诚信教育。各地区、各部门要充分利用报纸、广播、电视、网络等渠道，做好个人所得税改革的政策解读和舆论引导，加大依法诚信纳税的宣传力度；依托街道、社区、居委会，引导社会力量广泛参与，褒扬诚信、惩戒失信，提升全社会诚信意识，形成崇尚诚信、践行诚信的良好风尚。

【本章小结】

1. 在中国境内有住所，或者无住所而一个纳税年度内在中国境内居住累计满一百八十三天的个人，为居民个人。居民个人从中国境内和境外取得的所得，依照个人所得税法规定缴纳个人所得税。在中国境内无住所又不居住，或者无住所而一个纳税年度内在中国境内居住累计不满一百八十三天的个人，为非居民个人。非居民个人从中国境内取得的所得，依照个人所得税法规定缴纳个人所得税。

2. 个人所得税的应税项目有：①工资、薪金所得；②个体工商户的生产、经营所得；③对企事业单位的承包经营、承租经营所得；④劳务报酬所得；⑤稿酬所得；⑥特许权使用费所得；⑦利息、股息、红利所得；⑧财产租赁所得；⑨财产转让所得；⑩偶然所得；⑪经国务院财政部门确定征税的其他所得。

3. 所得税根据不同的征税项目，分别采用超额累进税率和比例税率。具体是：①综合所得，适用 3% 至 45% 的超额累进税率；②经营所得，适用 5% 到 35% 的超额累进税率；③稿酬所得，实行 20% 的比例税率，并按应纳税额减征 30%；④劳务报酬所得适用 20% 的比例税率；⑤利息、股息、红利所得，财产租赁所得，财产转让所得，偶然所得和其他所得，适用 20% 的比例税率。从 2007 年 8 月 15 日起，居民储蓄利息税率调为 5%，自 2008 年 10 月 9 日起暂免征收储蓄存款利息的个人所得税。对个人出租住房取得的所得减按 10% 的税率征收个人所得税。

4. 所得税应纳税所得额的计算，具体规定为：①居民个人的综合所得（包括工资、薪金所得，劳务报酬所得，稿酬所得和特许权使用费所得），以每一纳税年度的收入额减除费用六万元以及专项扣除、专项附加扣除和依法确定的其他扣除后的余额，为应纳税所得额。②非居民个人的工资、薪金所得，以每月收入额减除费用五千元后的余额为应纳税所得额；劳务报酬所得、稿酬所得、特许权使用费所得，以每次收入额为应纳税所得额。③经营所得，以每一纳税年度的收入总额减除成本、费用以及损失后的余额，为应纳税所得额。④财产租赁所得，每次收入不超过四千元的，减除费用八百元；四千元以上的，减除百分之二十的费用，其余额为应纳税所得额。⑤财产转让所得，以转让财产的收入额减除财产原值和合理费用后的余额，为应纳税所得额。⑥利息、股息、红利所得和偶然所得，以每次收入额为应纳税所得额。

5. 所得税应纳税额按应纳税所得额和相应的税率计算。居民个人从中国境外取得的所得，可以从其应纳税额中抵免已在境外缴纳的个人所得税税额，但抵免额不得超过该纳税人境外所得依照《个人所得税法》规定计算的应纳税额。

【概念与术语】

个人所得税（individual income tax） 居民个人（resident taxpayer） 非居民个人（non-resident taxpayer） 工资、薪金所得（income from wages and salaries） 个体工商户的生产、经营所得（income from production and business of individual entrepreneurs） 对企事业单位的承包经营、承租经营所得（income from contracting and leasing to an institution） 劳务报酬所得（income from labor remuneration） 稿酬所得（income from author's remuneration） 特许权使用费所得（income from franchise royalties） 利息、股息、红利所得（income from interest, dividends, and bonuses） 财产租赁所得（income from the lease of property） 财产转让所得（income from transfer of property） 偶然所得（accidental income）

【思考题】

1. 中国个人所得税对纳税人及其纳税义务是如何规定的？
2. 判定中国居民和非中国居民的标准是什么？
3. 哪些所得应该缴纳个人所得税？
4. 个人所得税的税率是如何规定的？
5. 个人所得税有哪些基本的减免税规定？
6. 个人所得税的应纳税所得额如何计算？
7. 纳税人一次取得属于数月的奖金或年终加薪、劳动分红如何征收个人所得税？
8. 雇主为其雇员负担个人所得税税款应如何计征？
9. 个人所得税的抵免如何计算？

【计算题】

1. 与中国未签有税收协定国家的外籍个人担任中国境内一家外商投资企业市场推广部经理助理，该企业每月支付其工资1万元，该企业境外母公司每月另支付其工资4000美元，该个人某年度在境内履行职务实际工作250天，在境外实际工作115天。请确定其纳税义务。

2. 某外籍个人自某年1月1日起担任中国境内某外商投资企业的副总经理，由该企业每月支付其工资2万元，同时，该企业外方的境外总机构每月也支付其工资4000美元，其大部分时间是在境外履行职务，该年来华工作时间累计计算为180天，请确定该外籍个人该年度在中国的纳税义务。

3. 居民王某某年12月取得工资收入6000元，取得奖金500元，取得职务津贴250元，取得其他补贴250元。计算王某该月应缴纳的个人所得税额。

4. 某企业从美国聘请一技术专家，根据协议，每月支付其工资薪金12 000元。计算该外籍专家每月应纳的个人所得税额。

5. 个体业主李某在某年，生产、经营所得收入25 000元，生产费用扣除金额合计为900元，计算其应纳个人所得税额。

6. 某歌星某年5月2日举行一场个人演唱会，一次性获得演唱收入32 000元，计算其应纳个人所得税额。

7. 甲、乙两人把共有的一项专利使用权提供给一企业，该企业付给他们两人专利权使用费共10 000元，甲乙各分得6500元和3500元。计算甲、乙两人应纳的个人所得税。

8. 赵某某年2月获得房屋出租收入2000元，试计算其当月应纳个人所得税。

9. 某人月工资、薪金收入人民币12 000元，雇主负担其工资、薪金所得30%部分的应纳税款，计算其当月应纳税款。

10. 某纳税人某年1月至12月在A国取得工薪收入60 000元（人民币，下同），特许权使用费收入7000元；同时，又在B国取得利息收入1000元。该纳税人已分别按A国和B国税法规定，缴纳了个人所得税1150元和250元。计算其抵免限额。

第十九章　土地、房产、车船税收制度

【本章提要】
1. 中国房产税、土地增值税、城镇土地使用税、耕地占用税、契税制度的主要规定。
2. 中国车船税、车辆购置税制度的主要规定。

第一节　房　产　税

中国的房产税是以房产为征税对象，按照房产的计税余值或出租房屋的租金收入，向产权所有人征收的一种财产税。中国现行房产税法的基本规范是1986年9月15日国务院颁布并于同年10月1日起施行的《中华人民共和国房产税暂行条例》。根据2008年12月31日国务院发布的第546号令，自2009年1月1日起，中国废止《城市房地产税暂行条例》，外商投资企业、外国企业和组织以及外籍个人（包括港澳台资企业和组织以及华侨、港澳台同胞，一般统称外资企业及外籍个人）也依照《中华人民共和国房产税暂行条例》缴纳房产税。[①]

一、征税对象、征税范围和纳税义务人

（一）征税对象和征税范围

顾名思义，房产税（real estate tax）的征税对象是房产。房产是以房屋形态表现的财产。房屋是指有屋面和围护结构（有墙或两边有柱），能够遮风避雨，可供人们在其中生产、工作、学习、娱乐、居住或储藏物资的场所。独立于房屋之外的建筑物，如围墙、烟囱、水塔、变电塔、油池油柜、酒窖菜窖、酒精池、糖蜜池、室外游泳池、玻璃暖房、砖瓦石灰窑以及各种油气罐等，不属于房产。[②]此外，加油站罩棚不属于房产，不征收房产税。[③]然而，具备房屋功能的地下建筑（包括与地上房屋相连的地下建筑以及完全建在地面以下的建筑、地下人防设施等）属于房产，应征收房产税。[④]

中国的房产税在城市、县城、建制镇和工矿区征收。[⑤]城市是指经国务院批准设立的市，其征税范围为市区、郊区和市辖县县城，不包括农村。县城是指未设立建制镇的县人民政府所在地。建制镇是指经省、自治区、直辖市人民政府批准设立的建制镇，其征税范围为镇人民政府所在地，不包括所辖的行政村；关于建制镇具体征税范围，由各省、自治区、直辖市地方税务局提出方案，经省、自治区、直辖市人民政府确定批准后执行，并报国家税务总局备案。工矿区是指工商业比较发达，人口比较集中，符合国务院规定的建制镇标准，但尚未设立镇建制的大中型工矿企业所在地。开征房产税的工矿区须经省、自治区、直辖市人民政府批准。[⑥]

房产税的征税范围不包括农村，这主要是为了减轻农民的负担。因为农村的房屋，除农副业生产用房外，大部分是农民居住用房。对农民房屋不纳入房产税征税范围，有利于农业发展，繁荣农村经济，有利于社会稳定。

---

① 财政部、国家税务总局，《关于对外资企业及外籍个人征收房产税有关问题的通知》，财税〔2009〕3号。
② 财政部、国家税务总局，《关于房产税和车船使用税几个业务问题的解释与规定》，财税地字〔1987〕3号。
③ 财政部、国家税务总局，《关于加油站罩棚房产税问题的通知》，财税〔2008〕123号。
④ 财政部、国家税务总局，《关于具备房屋功能的地下建筑征收房产税的通知》，财税〔2005〕181号。
⑤ 国务院，《中华人民共和国房产税暂行条例》（以下简称《房产税暂行条例》）第一条，国发〔1986〕90号。
⑥ 财政部、国家税务总局，《关于房产税若干具体问题的解释和暂行规定》，财税地字〔1986〕8号，其中"镇建制"为文件原文，此处是错别字，应为"建制镇"。

(二) 纳税义务人

房产税属于财产税，其纳税义务人通常为产权所有人，但也存在一些特殊情况。

(1) 产权属于全民所有的，由经营管理的单位缴纳。

(2) 产权出典的，由承典人缴纳。在房屋的管理和使用中，"出典"是指产权所有人为了某种需要，将自己的房屋在一定的期限内转让给他人使用，以押金形式换取一定数额的现金（或实物），并立有某种合同（契约）。在此，产权所有人（房主）称为房屋"出典人"；支付现金或实物的人称为房屋的"承典人"。

(3) 产权所有人、承典人不在房产所在地的，或者产权未确定及租典纠纷未解决的，由房产代管人或者使用人缴纳。[1]对居民住宅区内业主共有的经营性房产，由实际经营（包括自营和出租）的代管人或使用人缴纳房产税。[2]

因此，产权所有人、经营管理单位、承典人、房产代管人或者使用人，都有可能成为房产税的纳税义务人。[1]

二、计税依据、税率和应纳税额计算

(一) 计税依据

按照计税依据的不同规定，房产税有从价计征和从租计征两种不同的计征方法。应当从租计征房产税的房产，不再从价计征房产税。

1. 从价计征

对于非出租的房产，采取从价计征方法，即以房产余值作为计税依据。自2009年12月1日起，无租使用其他单位房产的应税单位和个人，依照房产余值代缴纳房产税。产权出典的房产，由承典人依照房产余值缴纳房产税。融资租赁的房产，由承租人自融资租赁合同约定开始日的次月起依照房产余值缴纳房产税；合同未约定开始日的，由承租人自合同签订的次月起依照房产余值缴纳房产税。[3]自2010年12月21日起，对出租房产，租赁双方签订的租赁合同约定有免收租金期限的，免收租金期间由产权所有人按照房产原值缴纳房产税。[4]

房产余值，即房产原值一次减除10%至30%后的余值。具体减除幅度，由省、自治区、直辖市人民政府规定。[5]

房产原值是指纳税人按照会计制度的规定，在账簿"固定资产"科目中记载的房产原价，包括房屋造价和与房屋不可分割的各种附属设备或者一般不单独计价的配套设施（如照明、煤气、暖气、卫生、各种管线等）的价格。

为了维持和增加房屋的使用功能或使房屋满足设计要求，凡以房屋为载体，不可随意移动的附属设备和配套设施，如给排水、采暖、消防、中央空调、电气及智能化楼宇设备等，无论在会计核算中是否单独记账与核算，都应计入房产原值，计征房产税。对于更换房屋附属设备和配套设施的，在将其价值计入房产原值时，可扣减原来相应设备和设施的价值；对附属设备和配套设施中易损坏、需要经常更换的零配件，更新后不再计入房产原值。[6]

---

[1] 国务院，《房产税暂行条例》，第二条。
[2] 财政部、国家税务总局，《关于房产税城镇土地使用税有关政策的通知》，财税〔2006〕186号。
[3] 财政部、国家税务总局，《关于房产税城镇土地使用税有关问题的通知》，财税〔2009〕128号。
[4] 财政部、国家税务总局，《关于安置残疾人就业单位城镇土地使用税等政策的通知》，财税〔2010〕121号。
[5] 国务院，《房产税暂行条例》，第三条。
[6] 国家税务总局，《关于进一步明确房屋附属设备和配套设施计征房产税有关问题的通知》，国税发〔2005〕173号。

为避免税收漏洞，对依照房产原值计税的房产，不论是否记载在会计账簿固定资产科目中，均应按照房屋原价计算缴纳房产税。房屋原价应根据国家有关会计制度规定进行核算。对纳税人未按国家会计制度规定核算并记载的，应按规定予以调整或重新评估。[①]

此外，无论会计上如何核算，房产原值均应包含地价，包括为取得土地使用权支付的价款、开发土地发生的成本费用等。宗地容积率低于 0.5 的，按房产建筑面积的 2 倍计算土地面积并据此确定计入房产值的地价。[②]

对应从价计征房产税的自用地下建筑，其房产原值按照下述方法确定：工业用途房产，以房屋原价的 50%～60%（具体比例由各省、自治区、直辖市和计划单列市财政和税务部门在此幅度内自行确定）作为应税房产原值；商业和其他用途房产，以房屋原价的 70%～80%（具体比例由各省、自治区、直辖市和计划单列市财政和税务部门在此幅度内自行确定）作为应税房产原值；与地上房屋相连的地下建筑（如房屋的地下室、地下停车场、商场的地下部分等），应将地下部分与地上房屋视为一个整体，按照地上房屋建筑的有关规定计算征收房产税。[③]

对居民住宅区内业主共有的经营性房产，由实际经营（包括自营和出租）的代管人或使用人缴纳房产税。其中自营的，依照房产原值减除 10%至 30%后的余值计征，没有房产原值或不能将业主共有房产与其他房产的原值准确划分开的，由房产所在地地方税务机关参照同类房产核定房产原值。[④]没有房产原值作为依据的，由房产所在地税务机关参考同类房产核定。[⑤]

2. 从租计征

对出租的房产（包括地下建筑），采取从租计征方法，即以租金收入作为计税依据。房产的租金收入，是房屋产权所有人出租房产使用权所得的报酬，包括货币收入和实物收入。营改增后，该租金收入不含增值税。[⑥]如果是以劳务或者其他形式为报酬抵付房租收入的，应根据当地同类房产的租金水平，确定一个标准租金额从租计征。

对于以房产投资，收取固定收入，不承担联营风险的情况，实际上是以联营名义取得房产的租金[⑦]，应采取从租计征方法。

（二）税率

房产税采用比例税率。与计税依据相应，房产税的税率也分为从价计征和从租计征两种形式：①按照从价计征方法，以房产余值作为计税依据计算应纳税额的，适用税率为 1.2%。②按照从租计征方法，以房产租金收入作为计税依据计算应纳税额的，适用税率为 12%。[⑧]

一般而言，房产的计税余值大体上相当于房租标准租金的十倍。这样的税率规定，有利于均衡税负。

另外，对个人出租住房，不区分用途，按 4%的税率征收房产税，免征城镇土地使用税（urban and township land-use tax）。[⑨]对企事业单位、社会团体以及其他组织向个人、专业化规模化住房租赁企业出租住房以及利用非居住存量土地和非居住存量房屋（含商业办公用房、工业厂房改造后出租用于居住的房屋）建设的保障性租赁住房（须取得保障性租赁住房项目认定书），减按 4%的税率征收房产税。

---

① 财政部、国家税务总局，《关于房产税城镇土地使用税有关问题的通知》，财税〔2008〕152 号。
② 财政部、国家税务总局，《关于安置残疾人就业单位城镇土地使用税等政策的通知》，财税〔2010〕121 号。
③ 财政部、国家税务总局，《关于具备房屋功能的地下建筑征收房产税的通知》，财税〔2005〕181 号。
④ 财政部、国家税务总局，《关于房产税城镇土地使用税有关政策的通知》，财税〔2006〕186 号。
⑤ 国务院，《房产税暂行条例》，第三条。
⑥ 财政部、国家税务总局，《关于营改增后契税房产税土地增值税个人所得税计税依据问题的通知》，财税〔2016〕43 号。
⑦ 国家税务总局，《关于安徽省若干房产税业务问题的批复》，国税函发〔1993〕368 号。
⑧ 国务院，《房产税暂行条例》，第四条。
⑨ 财政部、国家税务总局，《关于廉租住房经济适用住房和住房租赁有关税收政策的通知》，财税〔2008〕24 号。

上述所称"住房租赁企业",是指按规定向住房城乡建设部门进行开业报告或者备案的从事住房租赁经营业务的企业;"专业化规模化住房租赁企业"的标准为:企业在开业报告或者备案城市内持有或者经营租赁住房1000套(间)及以上或者建筑面积3万平方米及以上。各省、自治区、直辖市住房城乡建设部门会同同级财政、税务部门,可根据租赁市场发展情况,对本地区全部或者部分城市在50%的幅度内下调标准。①

(三)应纳税额计算公式

房产税应纳税额的计算公式为

$$应纳税额 = 计税依据 \times 适用税率$$

从价计征和从租计征两种计征方式下,其应纳税额的计算公式分别为

$$从价计征房产税的应纳税额 = 房产原值 \times [1-(10\%\sim30\%)] \times 适用税率$$

$$从租计征房产税的应纳税额 = 租金收入 \times 适用税率$$

【例19-1-1】 某工厂某年经营性房产原值共计1亿元,其中包括一幢带有地下停车场的办公楼3000万元,两幢厂房6200万元,以及现用作仓库的一处单独修建的地下人防设施800万元。当地政府确定计算房产余值的扣除比例为25%,工业用途房产,以房屋原价的50%作为应税房产原值,请计算该企业全年应纳房产税税额。

【答案】 应纳房产税税额 = [3000 + 6200 + 800×(1-50%)]×(1-25%)×1.2% = 86.4(万元)

【例19-1-2】 公民赵某一处原值100万元的房产于某年5月1日出租给李某居住,按市价每月取得租金1500元,请计算赵某当年应纳房产税税额。

【答案】 应纳房产税税额 = 1500×4%×8 = 480(元)

以人民币以外的货币为记账本位币的外资企业及外籍个人在缴纳房产税时,均应将其根据记账本位币计算的税款按照缴款上月最后一日的人民币汇率中间价折合成人民币。②

三、减免税

房产税的减免税是根据国家政策需要和纳税人的负担能力制定的。由于房产税属地方税,因此给予地方一定的减免权限,有利于地方因地制宜处理问题。目前,房产税的减免税政策主要如下。

(1)国家机关、人民团体、军队自用的房产,免征房产税。③
(2)由国家财政部门拨付事业经费的单位自用的房产,免征房产税。③
(3)宗教寺庙、公园、名胜古迹自用的房产,免征房产税。③
(4)个人所有非营业用的房产,免征房产税。③个人所有的非营业性用房,主要是指居民住房,不分面积多少,一律免征房产税。对个人拥有的营业用房或者出租的房产,不属于免税房产,应照章纳税。
(5)对国家拨付事业经费和企业办的各类学校、托儿所、幼儿园自用的房产、土地,免征房产税、城镇土地使用税。④
(6)对个人出租住房,不区分用途,按4%的税率征收房产税,免征城镇土地使用税。⑤

---

① 财政部、税务总局、住房城乡建设部,《关于完善住房租赁有关税收政策的公告》,2021年第24号。
② 财政部、国家税务总局,《关于对外资企业及外籍个人征收房产税有关问题的通知》,财税〔2009〕3号。
③ 国务院,《房产税暂行条例》,第五条。
④ 财政部、国家税务总局,《关于教育税收政策的通知》,财税〔2004〕39号。
⑤ 财政部、国家税务总局,《关于廉租住房经济适用住房和住房租赁有关税收政策的通知》,财税〔2008〕24号。

(7) 对政府部门和企事业单位、社会团体以及个人等社会力量投资兴办的福利性、非营利性的老年服务机构自用的房产、土地、车船，暂免征收房产税、城镇土地使用税、车船使用税（现为车船税）。老年服务机构，是指专门为老年人提供生活照料、文化、护理、健身等多方面服务的福利性、非营利性的机构，主要包括：老年社会福利院、敬老院（养老院）、老年服务中心、老年公寓（含老年护理院、康复中心、托老所）等。[①]

(8) 国家机关、军队、人民团体、财政补助事业单位、居民委员会、村民委员会拥有的体育场馆，用于体育活动的房产、土地，免征房产税和城镇土地使用税。

经费自理事业单位、体育社会团体、体育基金会、体育类民办非企业单位拥有并运营管理的体育场馆，同时符合下列条件的，其用于体育活动的房产、土地，免征房产税和城镇土地使用税。①向社会开放，用于满足公众体育活动需要；②体育场馆取得的收入主要用于场馆的维护、管理和事业发展；③拥有体育场馆的体育社会团体、体育基金会及体育类民办非企业单位，除当年新设立或登记的以外，前一年度登记管理机关的检查结论为"合格"。

企业拥有并运营管理的大型体育场馆，其用于体育活动的房产、土地，减半征收房产税和城镇土地使用税。[②]

(9) 对军队空余房产租赁收入暂免征收房产税。暂免征收房产税的军队空余房产，在出租时必须悬挂《军队房地产租赁许可证》，以备查验。[③]

(10) 对非营利性科研机构自用的房产、土地、车船，免征房产税、城镇土地使用税和车船使用税（现为车船税）。[④]

(11) 对非营利性医疗机构、疾病控制机构和妇幼保健机构等卫生机构自用的房产、土地、车船，免征房产税、城镇土地使用税和车船使用税（现为车船税）。

对营利性医疗机构自用的房产、土地、车船，自其取得执业登记之日起，三年内免征房产税、城镇土地使用税和车船使用税（现为车船税），三年免税期满后恢复征税。[⑤]

对国务院或省级人民政府卫生行政部门批准的，从事采集、提供临床用血，不以营利为目的的公益性血站自用的房产和土地免征房产税和城镇土地使用税。[⑥]

(12) 在基建工地为基建工地服务的各种工棚、材料棚、休息棚和办公室、食堂、茶炉房、汽车房等临时性房屋，不论是施工企业自行建造还是由基建单位出资建造交施工企业使用的，在施工期间，一律免征房产税。但是，如果在基建工程结束以后，施工企业将这种临时性房屋交还或者估价转让给基建单位的，应当从基建单位接收的次月起，依照规定征收房产税。[⑦]

(13) 房屋大修停用在半年以上的，经纳税人申请，税务机关审核，在大修期间可免征房产税。[⑦]

(14) 经有关部门鉴定，对毁损不堪居住的房屋和危险房屋，在停止使用后，可免征房产税。[⑦]

(15) 铁道部所属铁路运输企业自用的房产、土地免征房产税和城镇土地使用税。[⑧]

地方铁路运输企业自用的房产、土地应缴纳的房产税、城镇土地使用税比照铁道部所属铁路运输企业的政策执行。[⑨]

对股改铁路运输企业及合资铁路运输公司自用的房产、土地暂免征收房产税和城镇土地使用税。其中，股改铁路运输企业是指铁路运输企业经国务院批准进行股份制改革成立的企业；合资铁路运输公司是指由

---

① 财政部、国家税务总局，《关于对老年服务机构有关税收政策问题的通知》，财税〔2000〕97号。
② 财政部、国家税务总局，《关于体育场馆房产税和城镇土地使用税政策的通知》，财税〔2015〕130号。
③ 财政部、国家税务总局，《关于暂免征收军队空余房产租赁收入营业税房产税的通知》，财税〔2004〕123号。
④ 财政部、国家税务总局，《关于非营利性科研机构税收政策的通知》，财税〔2001〕5号。
⑤ 财政部、国家税务总局，《关于医疗卫生机构有关税收政策的通知》，财税〔2000〕42号。
⑥ 财政部、国家税务总局，《关于血站有关税收问题的通知》，财税字〔1999〕264号。
⑦ 财政部、国家税务总局，《关于房产税若干具体问题的解释和暂行规定》，财税地字〔1986〕8号。
⑧ 财政部、国家税务总局，《关于调整铁路系统房产税城镇土地使用税政策的通知》，财税〔2003〕149号。
⑨ 财政部、国家税务总局，《关于明确免征房产税城镇土地使用税的铁路运输企业范围及有关问题的通知》，财税〔2004〕36号。

铁道部及其所属铁路运输企业与地方政府、企业或其他投资者共同出资成立的铁路运输企业。①

对青藏铁路公司及其所属单位自用的房产、土地免征房产税、城镇土地使用税。②

（16）经国务院批准成立的中国信达资产管理公司、中国华融资产管理公司、中国长城资产管理公司和中国东方资产管理公司，及其经批准分设于各地的分支机构（除另有规定者外，不包括资产公司所属、附属企业），在收购、承接、处置不良资产时，对回收的房地产在未处置前的闲置期间，免征房产税和城镇土地使用税。③

经中国人民银行依法决定撤销的金融机构及其分设于各地的分支机构，包括被依法撤销的商业银行、信托投资公司、财务公司、金融租赁公司、城市信用社和农村信用社（除另有规定者外，不包括被撤销的金融机构所属、附属企业），在清理和处置财产时，对其清算期间自有的或从债务方接收的房地产、车辆，免征房产税、城镇土地使用税和车船使用税（现为车船税）。④

在中国东方资产管理公司接收、处置港澳国际（集团）有限公司有关资产过程中，对东方资产管理公司接收港澳国际（集团）有限公司的房地产、车辆，免征应缴纳的房产税、城镇土地使用税和车船使用税（现为车船税）；对港澳国际（集团）内地公司在清算期间自有的和从债务方接收的房地产、车辆，免征应缴纳的房产税、城市房地产税（现为房产税）、城镇土地使用税、车船使用税和车船使用牌照税（现为车船税）；对港澳国际（集团）香港公司在中国境内拥有的和从债务方接收的房地产、车辆，在清算期间免征应承担的城市房地产税（现为房产税）和车船使用牌照税（现为车船税）。⑤

（17）由财政部门拨付事业经费的文化单位转制为企业，自转制注册之日起五年内对其自用房产免征房产税。2018年12月31日之前已完成转制的企业，自2019年1月1日起对其自用房产可继续免征五年房产税。⑥

（18）对饮水工程运营管理单位自用的生产、办公用房产、土地，免征房产税、城镇土地使用税（政策期限2027年12月31日止）。上述所称"饮水工程"，是指为农村居民提供生活用水而建设的供水工程设施。所称"饮水工程运营管理单位"，是指负责饮水工程运营管理的自来水公司、供水公司、供水（总）站（厂、中心）、村集体、农民用水合作组织等单位。对于既向城镇居民供水，又向农村居民供水的饮水工程运营管理单位，依据向农村居民供水量占总供水量的比例免征房产税。无法提供具体比例或所提供数据不实的，不得享受上述税收优惠政策。⑦

（19）对农产品批发市场、农贸市场（包括自有和承租）专门用于经营农产品的房产、土地，暂免征收房产税和城镇土地使用税（政策期限2027年12月31日止）。对同时经营其他产品的农产品批发市场和农贸市场使用的房产、土地，按其他产品与农产品交易场地面积的比例确定征免房产税和城镇土地使用税。⑧

（20）对向居民供热收取采暖费的"三北"地区供热企业，为居民供热所使用的厂房及土地免征房产税、城镇土地使用税（政策期限2027年供暖期结束）。⑨

（21）对商品储备管理公司及其直属库自用的承担商品储备业务的房产、土地，免征房产税、城镇土地使用税（政策期限2027年12月31日止）。商品储备管理公司及其直属库，是指接受县级以上人民政府有关部门委托，承担粮（含大豆）、食用油、棉、糖、肉五种商品储备任务，取得财政储备经费或者补贴的商品储备企业。⑩

---

① 财政部、国家税务总局，《关于股改及合资铁路运输企业房产税城镇土地使用税有关政策的通知》，财税〔2009〕132号。
② 财政部、国家税务总局，《关于青藏铁路公司运营期间有关税收等政策问题的通知》，财税〔2007〕11号。
③ 财政部、国家税务总局，《关于中国信达等4家金融资产管理公司税收政策问题的通知》，财税〔2001〕10号。
④ 财政部、国家税务总局，《关于被撤销金融机构有关税收政策问题的通知》，财税〔2003〕141号。
⑤ 财政部、国家税务总局，《关于中国东方资产管理公司处置港澳国际（集团）有限公司有关资产税收政策问题的通知》，财税〔2003〕212号。
⑥ 财政部、国家税务总局、中宣部，《关于继续实施文化体制改革中经营性文化事业单位转制为企业若干税收政策的通知》，财税〔2019〕16号。
⑦ 财政部、国家税务总局，《关于继续实施农村饮水安全工程税收优惠政策的公告》，2023年第58号。
⑧ 财政部、国家税务总局，《关于继续实施农产品批发市场和农贸市场房产税、城镇土地使用税优惠政策的公告》，2023年第50号。
⑨ 财政部、国家税务总局，《关于延续实施供热企业有关税收政策的公告》，2023年第56号。
⑩ 财政部、国家税务总局，《关于继续实施部分国家商品储备税收优惠政策的公告》，2023年第48号。

(22) 对为高校学生提供住宿服务，按照国家规定的收费标准收取住宿费的高校学生公寓，免征房产税（政策期限 2027 年 12 月 31 日止）。[1]

(23) 对国家级、省级科技企业孵化器、大学科技园和国家备案众创空间自用以及无偿或通过出租等方式提供给在孵对象使用的房产、土地，免征房产税和城镇土地使用税（政策期限 2027 年 12 月 31 日止）。[2]

(24) 对公租房免征房产税（政策期限 2025 年 12 月 31 日止）。享受上述税收优惠政策的公租房是指纳入省、自治区、直辖市、计划单列市人民政府及新疆生产建设兵团批准的公租房发展规划和年度计划，或者市、县人民政府批准建设（筹集），并按照《关于加快发展公共租赁住房的指导意见》（建保〔2010〕87号）和市、县人民政府制定的具体管理办法进行管理的公租房。[3]

(25) 民用航空发动机（包括大型民用客机发动机和中大功率民用涡轴涡桨发动机）和民用飞机的房产税、城镇土地使用税免税政策如下：①对纳税人及其全资子公司从事大型民用客机发动机、中大功率民用涡轴涡桨发动机研制项目自用的科研、生产、办公房产及土地，免征房产税、城镇土地使用税（政策期限 2027 年 12 月 31 日止）；②对纳税人从事空载重量大于 45 吨的民用客机研制项目而形成的增值税期末留抵税额予以退还；对上述纳税人及其全资子公司自用的科研、生产、办公房产及土地，免征房产税、城镇土地使用税（政策期限 2027 年 12 月 31 日止）。[4]

(26) 为社区提供养老、托育、家政等服务的机构自有或其通过承租、无偿使用等方式取得并用于提供社区养老、托育、家政服务的房产、土地，免征房产税、城镇土地使用税（政策期限 2025 年 12 月 31 日止）。[5]

(27) 各地可根据《房产税暂行条例》《中华人民共和国城镇土地使用税暂行条例》（以下简称《城镇土地使用税暂行条例》）授权和本地实际，对银行业金融机构、金融资产管理公司持有的抵债不动产减免房产税、城镇土地使用税（政策期限 2027 年 12 月 31 日止）。其中，银行业金融机构，是指在中华人民共和国境内设立的商业银行、农村合作银行、农村信用社、村镇银行、农村资金互助社以及政策性银行；抵债不动产，是指经人民法院判决裁定或仲裁机构仲裁的抵债不动产；金融资产管理公司的抵债不动产，限于其承接银行业金融机构不良债权涉及的抵债不动产。[6]

除了上述规定以外，纳税人纳税确有困难的，可由省、自治区、直辖市人民政府确定，定期减征或者免征房产税。[7]纳税单位与免税单位共同使用的房屋，按各自使用的部分划分，分别征收或免征房产税。[8]但是，免税单位出租的房产和非本身业务用的生产、营业用房，应按规定缴纳房产税。

此外，为进一步支持小微企业发展，由省、自治区、直辖市人民政府根据本地区实际情况，以及宏观调控需要确定，对增值税小规模纳税人可以在 50%的税额幅度内减征资源税、城市维护建设税、房产税、城镇土地使用税、印花税（不含证券交易印花税）、耕地占用税和教育费附加、地方教育附加（政策期限 2024 年 12 月 31 日止）。增值税小规模纳税人已依法享受资源税、城市维护建设税、房产税、城镇土地使用税、印花税、耕地占用税、教育费附加、地方教育附加其他优惠政策的，可叠加享受上述规定的优惠政策。[9]

---

[1] 财政部、国家税务总局，《关于继续实施高校学生公寓房产税、印花税政策的公告》，2023 年第 53 号。
[2] 财政部、国家税务总局、科技部、教育部，《关于继续实施科技企业孵化器、大学科技园和众创空间有关税收政策的公告》，2023 年第 42 号。
[3] 财政部、国家税务总局，《关于继续实施公共租赁住房税收优惠政策的公告》，2023 年第 33 号。
[4] 财政部、国家税务总局，《关于民用航空发动机和民用飞机税收政策的公告》，2023 年第 27 号。
[5] 财政部、国家税务总局、国家发展改革委、民政部、商务部、国家卫生健康委，《关于养老、托育、家政等社区家庭服务业税费优惠政策的公告》，2019 年第 76 号。
[6] 财政部、国家税务总局，《关于继续实施银行业金融机构、金融资产管理公司不良债权以物抵债有关税收政策的公告》，2023 年第 35 号。
[7] 《房产税暂行条例》，第六条。
[8] 财政部、国家税务总局，《关于房产税若干具体问题的解释和暂行规定》，财税地字〔1986〕8 号。
[9] 财政部、国家税务总局，《关于实施小微企业普惠性税收减免政策的通知》，财税〔2019〕13 号；财政部、税务总局，《关于进一步实施小微企业"六税两费"减免政策的公告》，2022 年第 10 号。

四、纳税期限和纳税地点

房产税按年征收、分期缴纳。具体纳税期限由省、自治区、直辖市人民政府确定。[1]目前各地一般规定每个季度缴纳一次或者半年缴纳一次，并在规定的期限以内缴纳。

纳税人自建房屋，自建成次月起缴纳房产税；纳税人委托施工企业建设的房屋，从办理验收手续之次月起缴纳房产税；纳税人在办理验收手续前已使用或出租、出借的新建房屋，应按规定缴纳房产税。购置新建商品房，自房屋交付使用之次月起计征房产税和城镇土地使用税；购置存量房，自办理房屋权权属转移、变更登记手续，房地产权属登记机关签发房屋权属证书之次月起计征房产税和城镇土地使用税；出租、出借房产，自交付出租、出借房产之次月起计征房产税和城镇土地使用税；房地产开发企业自用、出租、出借本企业建造的商品房，自房屋使用或交付之次月起计征房产税和城镇土地使用税。纳税人因房产、土地的实物或权利状态发生变化而依法终止房产税、城镇土地使用税纳税义务的，其应纳税款的计算应截止到房产、土地的实物或权利状态发生变化的当月末。[2]

房产税由房产所在地的税务机关征收。[3]房产不在同一地方的纳税人，应当按照房产坐落的地点，分别向房产所在地的主管税务机关缴纳房产税。把纳税地点定为房产所在地，是根据税收管辖权中的属地主义原则，避免纳税人与房产所在地不在同一地点引起纠纷，有利于地方税务部门的征收管理。

第二节 土地增值税

土地增值税（land value tax）是对有偿转让国有土地使用权、地上建筑物及其他附着物，并取得增值收益的单位和个人征收的一种税。新中国成立后，中国对城市土地长期实行无偿的指令性划拨和无限期使用的管理制度。改革开放以后，原有的无偿使用国家土地的制度逐步向有偿使用的方向转化。为了合理调节土地级差收益，1993年12月13日，国务院正式颁布《中华人民共和国土地增值税暂行条例》（以下简称《土地增值税暂行条例》），并于1994年1月1日起施行。1995年1月27日，财政部颁布《中华人民共和国土地增值税暂行条例实施细则》（以下简称《土地增值税暂行条例实施细则》）。2015年2月2日，财政部、国家税务总局颁布《关于企业改制重组有关土地增值税政策的通知》。

一、纳税人和征税范围

土地增值税的纳税人为在中国境内以出售或者其他方式有偿转让国有土地使用权、地上的建筑物（包括地上、地下的各种附属设施）及其附着物（以下简称转让房地产）并取得收入的单位和个人。[4]单位包括各类企业单位、事业单位、国家机关和社会团体及其他组织。个人包括个体经营者。外商投资企业、外国企业及外国驻华机构，以及外国公民、华侨、港澳台同胞等均在纳税人范围之内。

根据《土地增值税暂行条例》及其实施细则的规定，土地增值税的征税范围包括：①转让国有土地使用权。这里的"国有土地"，是指按国家法律规定属于国家所有的土地；②地上的建筑物及其他附着物连同国有土地使用权一并转让的行为。这里的"地上建筑物"，是指建于土地上的一切建筑物，包括地上、地下的各种附属设施。这里的"附着物"，是指附着于土地上的不能移动，一经移动即遭损坏的物品。由于我国法律规定"房地一体"原则，土地使用权和建筑物所有权在进行转让、抵押等处分时一体化，因此，地上

---

① 《房产税暂行条例》，第七条。
② 财政部、国家税务总局，《关于房产税若干具体问题的解释和暂行规定》，财税地字〔1986〕8号；国家税务总局，《关于房产税城镇土地使用税有关政策规定的通知》，国税发〔2003〕89号；财政部、国家税务总局，《关于房产税城镇土地使用税有关问题的通知》，财税〔2008〕152号。
③ 《房产税暂行条例》，第九条。
④ 《土地增值税暂行条例》，第二条；《土地增值税暂行条例实施细则》，第二条、第四条。

建筑物及其他附着物一般都是连同国有土地使用权一并转让。但是，也有少许情况，地上建筑物及其他附着物的转让并不涉及土地使用权，如建在集体土地上的小产权房等，按照《土地增值税暂行条例》及其实施细则的规定，也属于土地增值税的征税范围。

转让房地产是指转让国有土地使用权、地上的建筑物及其附着物产权的行为。不包括通过继承、赠与方式无偿转让房地产的行为①，这里有三层意思，一是只对转让国有土地使用权征税，因为按现行规定，集体土地需先由国家征用后才能转让。因此，使用权是否为国家所有，是判定是否属于土地增值税征收范围的标准之一。二是不包括对国有土地使用权出让所取得的收入征税，以及不包括对未转让土地使用权、房产产权的行为征税，如房地产出租、抵押、合作建房自用等。即，土地使用权、地上建筑物及其附着物的产权是否发生转让是判定是否属于土地增值税征收范围的标准之二。但是，这里的产权转让并不局限于权属证书的变更登记，国家税务总局在《关于未办理土地使用权证转让土地有关税收问题的批复》（国税函〔2007〕645号）中规定，只要土地使用者享有占有、使用、收益或处分该土地的权利，且有合同等证据表明其实质转让、抵押或置换了土地并取得了相应的经济利益，土地使用者及其对方当事人就应当依照税法规定缴纳土地增值税。②三是只对出售的房地产征税，继承、赠与等没有取得商业收入的房地产的转让行为则不属于征税范围。这里，是否取得收入是判定是否属于土地增值税征收范围的标准之三。但赠与免税仅指：赠与直系亲属或承担直接赡养义务人，或通过中国境内非营利的社会团体、国家机关将房屋产权、土地使用权赠与教育、民政和其他社会福利、公益事业的。③

二、计税依据、税率和应税税额计算

（一）计税依据

土地增值税以纳税人转让房地产取得的增值额为计税依据。增值额为纳税人转让房地产取得的收入减除规定扣除项目金额以后的余额。

纳税人取得的收入在营改增后为不含增值税收入，包括转让房地产的全部价款和有关经济收益，形式上包括货币收入、实物收入和其他收入。④房地产开发企业将开发产品用于职工福利、奖励、对外投资、分配给股东或投资人、抵偿债务、换取其他单位和个人的非货币性资产等，发生所有权转移时应视同销售房地产，其收入按下列方法和顺序确认：①按本企业在同一地区、同一年度销售的同类房地产的平均价格确定；②由主管税务机关参照当地当年、同类房地产的市场价格或评估价值确定。

规定扣除项目因转让房地产的新旧类型而不同，具体包括如下几类。

1. 转让新建房产及建筑物的扣除项目⑤

（1）纳税人为取得土地使用权所支付的地价款和按国家统一规定交纳的有关费用。房地产开发企业为取得土地使用权所支付的契税，应视同"按国家统一规定交纳的有关费用"，计入"取得土地使用权所支付的金额"中扣除。但是，房地产开发企业逾期开发缴纳的土地闲置费不得扣除。

（2）开发土地和新建房及配套设施（以下简称房增开发）的成本，包括纳税人房地产开发项目实际发生的土地征用及拆迁补偿费、前期工程费、建筑安装工程费、基础设施费、公共配套设施费和开发间接费用。

土地征用及拆迁补偿费，包括土地征用费、耕地占用税、劳动力安置费及有关地上、地下附着物拆迁补偿的净支出、安置动迁用房支出等。其中：①房地产企业用建造的本项目房地产安置回迁户的，安

---

① 《土地增值税暂行条例实施细则》，第二条。
② 国家税务总局，《关于未办理土地使用权证转让土地有关税收问题的批复》，国税函〔2007〕645号。
③ 财政部、国家税务总局，《关于土地增值税一些具体问题规定的通知》，财税字〔1995〕48号。
④ 《土地增值税暂行条例实施细则》，第五条；国家税务总局，《关于营改增后土地增值税若干征管规定的公告》，2016年第70号。
⑤ 《土地增值税暂行条例实施细则》，第七条；国家税务总局，《关于土地增值税清算有关问题的通知》，国税函〔2010〕220号。

置用房视同销售处理，按本企业在同一地区、同一年度销售的同类房地产的平均价格或由主管税务机关参照当地当年、同类房地产的市场价格或评估价值确认收入，同时将此确认为房地产开发项目的拆迁补偿费。房地产开发企业支付给回迁户的补差价款，计入拆迁补偿费；回迁户支付给房地产开发企业的补差价款，应抵减本项目拆迁补偿费。②开发企业采取异地安置，异地安置的房屋属于自行开发建造的，房屋价值按本企业在同一地区、同一年度销售的同类房地产的平均价格或由主管税务机关参照当地当年、同类房地产的市场价格或评估价值计算，计入本项目的拆迁补偿费；异地安置的房屋属于购入的，以实际支付的购房支出计入拆迁补偿费。③货币安置拆迁的，房地产开发企业凭合法有效凭据计入拆迁补偿费。

前期工程费，包括规划、设计、项目可行性研究和水文、地质、勘察、测绘、"三通一平"等支出。

建筑安装工程费，是指以出包方式支付给承包单位的建筑安装工程费，以自营方式发生的建筑安装工程费。房地产开发企业在工程竣工验收后，根据合同约定，扣留建筑安装施工企业一定比例的工程款，作为开发项目的质量保证金，在计算土地增值税时，建筑安装施工企业就质量保证金对房地产开发企业开具发票，按发票所载金额予以扣除；未开具发票的，扣留的质保金不得计算扣除。

基础设施费，包括开发小区内道路、供水、供电、供气、排污、排洪、通讯、照明、环卫、绿化等工程发生的支出。

公共配套设施费，包括不能有偿转让的开发小区内公共配套设施发生的支出。

开发间接费用，是指直接组织、管理开发项目发生的费用，包括工资、职工福利费、折旧费、修理费、办公费、水电费、劳动保护费、周转房摊销等。

（3）开发土地和新建房及配套设施的费用，包括与房地产开发项目有关的销售费用、管理费用和财务费用。

对于财务费用中的利息支出，有两种不同的扣除方式：①凡能够按转让房地产项目计算分摊并提供金融机构证明的，允许据实扣除，但最高不能超过按商业银行同类同期贷款利率计算的金额。其他房地产开发费用，按上述（1）、（2）规定计算的金额之和的5%以内计算扣除。②凡不能按转让房地产项目计算分摊利息支出或不能提供金融机构证明的，房地产开发费用按上述（1）、（2）规定计算的金额之和的10%以内计算扣除。

全部使用自有资金，没有利息支出的，按照以上方法扣除。

房地产开发企业既向金融机构借款，又有其他借款的，其房地产开发费用计算扣除时只能选择上述扣除方法中的一种，不能同时适用两种办法。

利息的上浮幅度按国家的有关规定执行，超过上浮幅度的部分不允许扣除；超过贷款期限的利息部分和加罚的利息不允许扣除。[①]

此项费用扣除有一定的限制，具体比例由各省、自治区、直辖市人民政府规定。

（4）与转让房地产有关的税金，包括纳税人在转让房地产的时候缴纳的城市维护建设税和印花税。纳税人转让房地产时交纳的教育费附加可以视同税金扣除。

转让房地产时缴纳的印花税，因房地产开发企业已列入管理费用，不能再进行扣除，其他的土地增值税纳税义务人在计算土地增值税时允许扣除在转让时缴纳的印花税。

对于县级及县级以上人民政府要求房地产开发企业在售房时代收的各项费用，如果代收费用是计入房价中向购买方一并收取的，可作为转让房地产所取得的收入计税；如果代收费用未计入房价中，而是在房价之外单独收取的，可以不作为转让房地产的收入。

对于代收费用作为转让收入计税的，在计算扣除项目金额时，可予以扣除，但不允许作为加计20%扣除的基数；对于代收费用未作为转让房地产的收入计税的，在计算增值额时不允许扣除代收费用。

（5）从事房地产开发的纳税人可以按照上述（1）、（2）两项金额之和加计20%的扣除额。

---

① 财政部、国家税务总局，《关于土地增值税一些具体问题规定的通知》，财税字〔1995〕48号。

营改增后，扣除项目涉及的增值税进项税额，允许在销项税额中计算抵扣的，不计入扣除项目，不允许在销项税额中计算抵扣的，可以计入扣除项目。

土地增值税以纳税人房地产成本核算的最基本的核算项目或者核算对象为单位计算。纳税人成片受让土地使用权后，分期分批开发、转让房地产的，其扣除项目金额可以按照转让土地使用权的面积占总面积的比例计算分摊，或者按照建筑面积计算分摊，或者按照主管税务机关确认的其他方式计算分摊。上述所称"总面积"是指可转让土地使用权的土地总面积。在土地开发中，因道路、绿化等公共设施用地是不能转让的，按照规定，这些不能有偿转让的公共配套设施的费用是计算增值额的扣除项目。因此，在计算转让土地的增值额时，按实际转让土地的面积占可转让土地总面积来计算分摊，即可转让土地面积为开发土地总面积减除不能转让的公共设施用地面积后的剩余面积。[①]

2. 转让旧房及建筑物的扣除项目[②]

凡是已使用一定时间或达到一定磨损程度的房产均属旧房，使用时间和磨损程度标准由各省、自治区、直辖市财政厅（局）和地方税务局具体规定。转让旧房的，应按房屋及建筑物的评估价格、取得土地使用权所支付的地价款和按国家统一规定交纳的有关费用以及在转让环节缴纳的税金作为扣除项目金额计征土地增值税。[③]具体如下。

（1）经过当地主管税务机关确认的旧房和建筑物的评估价格。在转让已使用的房屋和建筑物的时候，由政府批准设立的房地产评估机构评定的重置成本乘以成新度折旧率后的价格。评估价格须经当地税务机关确认。

（2）取得土地使用权所支付的地价款和按国家统一规定交纳的有关费用。对取得土地使用权时未支付地价款或不能提供已支付的地价款凭据的，不允许扣除取得土地使用权所支付的金额。

（3）在转让环节缴纳的税金，包括纳税人在转让房地产的时候缴纳的城市维护建设税和印花税。纳税人转让房地产时交纳的教育费附加可以视同税金扣除。

对于个人购入房地产再转让的，其在购入时已缴纳的契税，在旧房及建筑物的评估价中已包括了此项因素，在计征土地增值税时，不另作为"与转让房地产有关的税金"予以扣除。

此外，纳税人转让旧房及建筑物时因计算纳税的需要而对房地产进行评估，其支付的评估费用允许在计算增值额时予以扣除。但是，对纳税人隐瞒、虚报房地产成交价格等情形而按房地产评估价格计算征收土地增值税所发生的评估费用，不允许在计算土地增值税时予以扣除。[③]

纳税人转让旧房及建筑物，凡不能取得评估价格，但能提供购房发票的，经当地税务部门确认，扣除项目的金额，可按发票所载金额并从购买年度起至转让年度止每年加计5%计算。这里的"每年"按购房发票所载日期起至售房发票开具之日止，每满12个月计一年；超过一年，未满12个月但超过6个月的，可以视同一年。对纳税人购房时缴纳的契税，凡能提供契税完税凭证的，准予作为"与转让房地产有关的税金"予以扣除，但不作为加计5%的基数。对于转让旧房及建筑物，既没有评估价格，又不能提供购房发票的，地方税务机关可以核定征收。[④]

在土地增值税计税依据的确定中，如果纳税人转让房地产的成交价格低于房地产评估价格，又无正当理由，或者隐瞒、虚报房地产成交价格，或者提供的扣除项目金额不实，主管税务机关将按照房地产评估价格（指经过当地主管税务机关确认的、由政府批准设立的房地产评估机构根据相同地段、同类房地产综合评定的价格）计算征收土地增值税。[⑤]

---

① 国家税务总局，《关于广西土地增值税计算问题请示的批复》，国税函〔1999〕112号。
② 《土地增值税暂行条例实施细则》，第七条；国家税务总局，《关于土地增值税清算有关问题的通知》，国税函〔2010〕220号。
③ 财政部、国家税务总局，《关于土地增值税一些具体问题规定的通知》，财税字〔1995〕48号。
④ 财政部、国家税务总局，《关于土地增值税若干问题的通知》，财税〔2006〕21号；国家税务总局，《关于土地增值税清算有关问题的通知》，国税函〔2010〕220号。
⑤ 《土地增值税暂行条例实施细则》，第十四条。

（二）税率

土地增值税实行四级超率累进税率。
(1) 增值额未超过扣除项目金额50%的部分，税率为30%。
(2) 增值额超过扣除项目金额50%、未超过100%的部分，税率为40%。
(3) 增值额超过扣除项目金额100%、未超过200%的部分，税率为50%。
(4) 增值额超过扣除项目金额200%的部分，税率为60%。[①]
上述所列每级"增值额未超过扣除项目金额"的比例，均包括本比例数。

（三）应纳税额计算公式

在计算土地增值税的应纳税额的时候，应当先用纳税人取得的房地产转让收入减除有关各项扣除项目金额，计算得出增值额。[②]再按照增值额超过扣除项目金额的比例，分别确定增值额中各个部分的适用税率，依此计算各部分增值额的应纳土地增值税税额。各部分增值额应纳土地增值税税额之和，即为纳税人应纳的全部土地增值税税额。

土地增值税税额以人民币为计算单位。纳税人转让房地产取得的收入为外国货币的，应当以取得收入当天或者当月1日国家公布的市场汇价折合成人民币，据以计算应纳土地增值税税额。[③]

应纳税额计算公式：

$$应纳税额 = \sum (增值额 \times 适用税率)$$

但在实际工作中，分步计算比较烦琐，一般可以采用速算扣除法计算，即计算土地增值税税额，可按增值额乘以适用的税率减去扣除项目金额乘以速算扣除系数的简便方法计算，具体公式如下。

(1) 增值额未超过扣除项目金额50%。

$$土地增值税税额 = 增值额 \times 30\%$$

(2) 增值额超过扣除项目金额50%，未超过100%。

$$土地增值税税额 = 增值额 \times 40\% - 扣除项目金额 \times 5\%$$

(3) 增值额超过扣除项目金额100%，未超过200%。

$$土地增值税税额 = 增值额 \times 50\% - 扣除项目金额 \times 15\%$$

(4) 增值额超过扣除项目金额200%。

$$土地增值税税额 = 增值额 \times 60\% - 扣除项目金额 \times 35\%$$

公式中的5%、15%、35%分别为二、三、四级的速算扣除系数。[④]

【例19-2-1】某企业出售房地产收入1000万元，可以扣除的各项成本、费用和有关税金等共400万元，请计算该企业应纳土地增值税税额。

【答案】第一，按《土地增值税暂行条例》规定的方法计算。
(1) 先计算增值额。

$$增值额 = 1000 - 400 = 600（万元）$$

(2) 再计算增值额与扣除项目金额之比。

$$增值额与扣除项目金额之比 = 600/400 = 150\%$$

由此可见，增值额超过扣除项目金额150%，分别适用30%、40%和50%三档税率。

---

① 《土地增值税暂行条例》，第七条。
② 《土地增值税暂行条例》，第四条。
③ 《土地增值税暂行条例实施细则》，第二十条。
④ 《土地增值税暂行条例实施细则》，第十条。

（3）计算土地增值税应纳税额。

$$应纳税额 = 400×50\%×30\% + 400×(100\%-50\%)×40\% + 400×(150\%-100\%)×50\% = 60 + 80 + 100 = 240（万元）$$

第二，按速算扣除法计算。

增值额超过扣除项目金额100%、未超过200%的，其适用的简便计算公式为

$$应纳税额 = 增值额×50\%-扣除项目金额×15\% = 600×50\%-400×15\% = 240（万元）$$

不难看出，两种计算方法所得出的结果是一样的。

三、减免税

下列项目经过纳税人申请，当地主管税务机关审批，可以免征土地增值税。

（1）建造普通标准住宅（指按照当地一般民用住宅标准建造的居住用住宅）出售，增值额未超过各项规定扣除项目金额20%的。[①]

目前，各地一般规定享受优惠政策的普通住宅应同时满足以下2~3个条件：①住宅小区建筑容积率在1.0以上；②单套建筑面积在120平方米以下；③实际成交价格低于同级别土地上住房平均交易价格1.2倍以下。[②]

（2）由于城市实施规划、国家建设需要依法征用、收回的房地产。[③]

（3）由于城市实施规划、国家建设需要而搬迁，由纳税人自行转让的房地产。[④]

因城市实施规划而搬迁，是指因旧城改造或因企业污染、扰民（指产生过量废气、废水、废渣和噪声，使城市居民生活受到一定危害），而由政府或政府有关主管部门根据已审批通过的城市规划确定进行搬迁的情况；因国家建设的需要而搬迁，是指因实施国务院、省级人民政府、国务院有关部委批准的建设项目而进行搬迁的情况。[⑤]

（4）个人之间互换自有居住用房地产的，经当地税务机关核实，可以免征土地增值税。[⑥]个人因工作调动或改善居住条件而转让原自用住房，经过主管税务机关批准，在原住房居住满五年或五年以上的，可以免征土地增值税；居住满三年不满五年的，可以减半征收。[⑦]自2008年11月1日起，对个人销售住房暂免征收土地增值税。[⑧]

（5）一方出地，一方出资金，双方合作建房，建成后按比例分房自用的，暂免征收土地增值税；建成后转让的，应征收土地增值税。[⑥]

（6）对经国务院批准成立的中国信达资产管理公司、中国华融资产管理公司、中国长城资产管理公司和中国东方资产管理公司，及其经批准分设于各地的分支机构，在收购、承接、处置不良资产过程中回收的房地产进行转让取得的收入，免征土地增值税。[⑨]

（7）对被撤销金融机构财产用来清偿债务时，免征被撤销金融机构转让不动产应缴纳的土地增值税。[⑩]

[①] 《土地增值税暂行条例》，第八条。
[②] 财政部、国家税务总局，《关于土地增值税普通标准住宅有关政策的通知》，财税〔2006〕141号；国务院办公厅，《转发建设部等部门关于做好稳定住房价格工作意见的通知》，国办发〔2005〕26号。
[③] 《土地增值税暂行条例》，第八条；国务院，《关于废止和修改部分行政法规的决定》，国务院令第588号。
[④] 《土地增值税暂行条例实施细则》，第十一条。
[⑤] 财政部、国家税务总局，《关于土地增值税若干问题的通知》，财税〔2006〕21号。
[⑥] 财政部、国家税务总局，《关于土地增值税一些具体问题规定的通知》，财税字〔1995〕48号。
[⑦] 《土地增值税暂行条例实施细则》，第十二条。
[⑧] 财政部、国家税务总局，《关于调整房地产交易环节税收政策的通知》，财税〔2008〕137号。
[⑨] 财政部、国家税务总局，《关于中国信达等4家金融资产管理公司税收政策问题的通知》，财税〔2001〕10号。
[⑩] 财政部、国家税务总局，《关于被撤销金融机构有关税收政策问题的通知》，财税〔2003〕141号。

（二）税率

土地增值税实行四级超率累进税率。
（1）增值额未超过扣除项目金额50%的部分，税率为30%。
（2）增值额超过扣除项目金额50%、未超过100%的部分，税率为40%。
（3）增值额超过扣除项目金额100%、未超过200%的部分，税率为50%。
（4）增值额超过扣除项目金额200%的部分，税率为60%。[①]
上述所列每级"增值额未超过扣除项目金额"的比例，均包括本比例数。

（三）应纳税额计算公式

在计算土地增值税的应纳税额的时候，应当先用纳税人取得的房地产转让收入减除有关各项扣除项目金额，计算得出增值额。[②]再按照增值额超过扣除项目金额的比例，分别确定增值额中各个部分的适用税率，依此计算各部分增值额的应纳土地增值税税额。各部分增值额应纳土地增值税税额之和，即为纳税人应纳的全部土地增值税税额。

土地增值税税额以人民币为计算单位。纳税人转让房地产取得的收入为外国货币的，应当以取得收入当天或者当月1日国家公布的市场汇价折合成人民币，据以计算应纳土地增值税税额。[③]

应纳税额计算公式：

$$应纳税额 = \sum(增值额 \times 适用税率)$$

但在实际工作中，分步计算比较烦琐，一般可以采用速算扣除法计算，即计算土地增值税税额，可按增值额乘以适用的税率减去扣除项目金额乘以速算扣除系数的简便方法计算，具体公式如下。

（1）增值额未超过扣除项目金额50%。

$$土地增值税税额 = 增值额 \times 30\%$$

（2）增值额超过扣除项目金额50%，未超过100%。

$$土地增值税税额 = 增值额 \times 40\% - 扣除项目金额 \times 5\%$$

（3）增值额超过扣除项目金额100%，未超过200%。

$$土地增值税税额 = 增值额 \times 50\% - 扣除项目金额 \times 15\%$$

（4）增值额超过扣除项目金额200%。

$$土地增值税税额 = 增值额 \times 60\% - 扣除项目金额 \times 35\%$$

公式中的5%、15%、35%分别为二、三、四级的速算扣除系数。[④]

【例19-2-1】某企业出售房地产收入1000万元，可以扣除的各项成本、费用和有关税金等共400万元，请计算该企业应纳土地增值税税额。

【答案】第一，按《土地增值税暂行条例》规定的方法计算。

（1）先计算增值额。

$$增值额 = 1000 - 400 = 600（万元）$$

（2）再计算增值额与扣除项目金额之比。

$$增值额与扣除项目金额之比 = 600/400 = 150\%$$

由此可见，增值额超过扣除项目金额150%，分别适用30%、40%和50%三档税率。

---

① 《土地增值税暂行条例》，第七条。
② 《土地增值税暂行条例》，第四条。
③ 《土地增值税暂行条例实施细则》，第二十条。
④ 《土地增值税暂行条例实施细则》，第十条。

（3）计算土地增值税应纳税额。

$$应纳税额 = 400×50\%×30\% + 400×(100\%-50\%)×40\% + 400 \\ ×(150\%-100\%)×50\% = 60 + 80 + 100 = 240（万元）$$

第二，按速算扣除法计算。

增值额超过扣除项目金额100%、未超过200%的，其适用的简便计算公式为

$$应纳税额 = 增值额×50\%-扣除项目金额×15\% = 600×50\%-400×15\% = 240（万元）$$

不难看出，两种计算方法所得出的结果是一样的。

三、减免税

下列项目经过纳税人申请，当地主管税务机关审批，可以免征土地增值税。

（1）建造普通标准住宅（指按照当地一般民用住宅标准建造的居住用住宅）出售，增值额未超过各项规定扣除项目金额20%的。[①]

目前，各地一般规定享受优惠政策的普通住宅应同时满足以下2~3个条件：①住宅小区建筑容积率在1.0以上；②单套建筑面积在120平方米以下；③实际成交价格低于同级别土地上住房平均交易价格1.2倍以下。[②]

（2）由于城市实施规划、国家建设需要依法征用、收回的房地产。[③]

（3）由于城市实施规划、国家建设需要而搬迁，由纳税人自行转让的房地产。[④]

因城市实施规划而搬迁，是指因旧城改造或因企业污染、扰民（指产生过量废气、废水、废渣和噪声，使城市居民生活受到一定危害），而由政府或政府有关主管部门根据已审批通过的城市规划确定进行搬迁的情况；因国家建设的需要而搬迁，是指因实施国务院、省级人民政府、国务院有关部委批准的建设项目而进行搬迁的情况。[⑤]

（4）个人之间互换自有居住用房地产的，经当地税务机关核实，可以免征土地增值税。[⑥]个人因工作调动或改善居住条件而转让原自用住房，经过主管税务机关批准，在原住房居住满五年或五年以上的，可以免征土地增值税；居住满三年不满五年的，可以减半征收。[⑦]自2008年11月1日起，对个人销售住房暂免征收土地增值税。[⑧]

（5）一方出地，一方出资金，双方合作建房，建成后按比例分房自用的，暂免征收土地增值税；建成后转让的，应征收土地增值税。[⑥]

（6）对经国务院批准成立的中国信达资产管理公司、中国华融资产管理公司、中国长城资产管理公司和中国东方资产管理公司，及其经批准分设于各地的分支机构，在收购、承接、处置不良资产过程中回收的房地产进行转让取得的收入，免征土地增值税。[⑨]

（7）对被撤销金融机构财产用来清偿债务时，免征被撤销金融机构转让不动产应缴纳的土地增值税[⑩]。

[①]《土地增值税暂行条例》，第八条。
[②] 财政部、国家税务总局，《关于土地增值税普通标准住宅有关政策的通知》，财税〔2006〕141号；国务院办公厅，《转发建设部等部门关于做好稳定住房价格工作意见的通知》，国办发〔2005〕26号。
[③]《土地增值税暂行条例》，第八条；国务院，《关于废止和修改部分行政法规的决定》，国务院令第588号。
[④]《土地增值税暂行条例实施细则》，第十一条。
[⑤] 财政部、国家税务总局，《关于土地增值税若干问题的通知》，财税〔2006〕21号。
[⑥] 财政部、国家税务总局，《关于土地增值税一些具体问题规定的通知》，财税字〔1995〕48号。
[⑦]《土地增值税暂行条例实施细则》，第十二条。
[⑧] 财政部、国家税务总局，《关于调整房地产交易环节税收政策的通知》，财税〔2008〕137号。
[⑨] 财政部、国家税务总局，《关于中国信达等4家金融资产管理公司税收政策问题的通知》，财税〔2001〕10号。
[⑩] 财政部、国家税务总局，《关于被撤销金融机构有关税收政策问题的通知》，财税〔2003〕141号。

（8）在中国东方资产管理公司处置港澳国际（集团）有限公司有关资产过程中，对东方资产管理公司接收港澳国际（集团）有限公司的不动产，免征东方资产管理公司销售转让该不动产应缴纳的土地增值税；对港澳国际（集团）内地公司的不动产，在清理和被处置时，免征港澳国际（集团）内地公司销售转让该不动产应缴纳的土地增值税；对港澳国际（集团）香港公司在中国境内的不动产，在清理和被处置时，免征港澳国际（集团）香港公司销售转让该不动产应缴纳的土地增值税。[①]

（9）企事业单位、社会团体以及其他组织转让旧房作为廉租住房、经济适用住房房源且增值额未超过扣除项目金额20%的，免征土地增值税。[②]

（10）对企事业单位、社会团体以及其他组织转让旧房作为公租房房源，且增值额未超过扣除项目金额20%的，免征土地增值税（政策期限2025年12月31日止）。[③]

（11）为支持企业改制重组，优化市场环境，对于企业改制重组给予以下土地增值税税收优惠（政策期限2027年12月31日止）：[④]①企业按照《中华人民共和国公司法》有关规定整体改制（指不改变原企业的投资主体，并承继原企业权利、义务的行为），包括非公司制企业改制为有限责任公司或股份有限公司，有限责任公司变更为股份有限公司，股份有限公司变更为有限责任公司，对改制前的企业将国有土地使用权、地上的建筑物及其附着物（以下称房地产）转移、变更到改制后的企业，暂不征收土地增值税。②按照法律规定或者合同约定，两个或两个以上企业合并为一个企业，且原企业投资主体存续的，对原企业将房地产转移、变更到合并后的企业，暂不征收土地增值税。③按照法律规定或者合同约定，企业分设为两个或两个以上与原企业投资主体相同的企业，对原企业将房地产转移、变更到分立后的企业，暂不征收土地增值税。④单位、个人在改制重组时以房地产作价入股进行投资，对其将房地产转移、变更到被投资的企业，暂不征收土地增值税。

上述所称不改变原企业投资主体、投资主体相同，是指企业改制重组前后出资人不发生变动，出资人的出资比例可以发生变动；投资主体存续，是指原企业出资人必须存在于改制重组后的企业，出资人的出资比例可以发生变动。

但是，上述改制重组有关土地增值税政策不适用于房地产转移任意一方为房地产开发企业的情形。

改制重组后再转让房地产并申报缴纳土地增值税时，对"取得土地使用权所支付的金额"，按照改制重组前取得该宗国有土地使用权所支付的地价款和按国家统一规定缴纳的有关费用确定；经批准以国有土地使用权作价出资入股的，为作价入股时县级及以上自然资源部门批准的评估价格。按购房发票确定扣除项目金额的，按照改制重组前购房发票所载金额并从购买年度起至本次转让年度止每年加计5%计算扣除项目金额，购买年度是指购房发票所载日期的当年。

四、纳税期限和纳税地点

纳税人应当从房地产合同签订日起7日内向房地产所在地的主管税务机关进行纳税申报，并提交房屋及建筑物产权、土地使用权证书，土地转让、房产买卖合同，房地产评估报告和其他与转让房地产有关的资料，然后按照主管税务机关核定的税额和规定的期限缴纳土地增值税。[⑤]如果纳税人没有按照规定缴纳土地增值税，土地管理部门和房产管理部门不能办理有关权属变更登记。

如果纳税人经常取得房地产转让收入而难以在每次转让以后申报缴纳土地增值税，经过主管税务机关批准，可以定期申报纳税，具体纳税期限由主管税务机关根据实际情况确定。

---

① 财政部、国家税务总局，《关于中国东方资产管理公司处置港澳国际（集团）有限公司有关资产税收政策问题的通知》，财税〔2003〕212号。
② 财政部、国家税务总局，《关于廉租住房经济适用住房和住房租赁有关税收政策的通知》，财税〔2008〕24号。
③ 财政部、国家税务总局，《关于继续实施公共租赁住房税收优惠政策的公告》，2023年第33号。
④ 财政部、税务总局，《关于继续实施企业改制重组有关土地增值税政策的公告》，2023年第51号。
⑤ 《土地增值税暂行条例实施细则》，第十五条。

五、房地产开发企业土地增值税清算[①]

房地产开发企业在项目全部竣工结算前转让房地产取得的收入,由于涉及成本确定或其他原因,而无法据以计算土地增值税的,可以按照所在省(自治区、直辖市)税务局的规定预征土地增值税,待该项目全部竣工、办理结算后再进行清算,多退少补。[②]纳税人按规定预缴土地增值税后,在主管税务机关规定的期限内清算补缴的土地增值税,不加收滞纳金。[③]

(一)清算单位

土地增值税以国家有关部门审批的房地产开发项目为单位进行清算,对于分期开发的项目,以分期项目为单位清算。

开发项目中同时包含普通住宅和非普通住宅的,应分别计算增值额。

(二)清算条件

(1)符合下列情形之一的,纳税人应在满足清算条件之日起90日内到主管税务机关办理清算手续,进行土地增值税的清算。①房地产开发项目全部竣工、完成销售的;②整体转让未竣工决算房地产开发项目的;③直接转让土地使用权的。

(2)符合下列情形之一的,主管税务机关可要求纳税人进行土地增值税清算,纳税人须在主管税务机关限定的期限内办理清算手续:①已竣工验收的房地产开发项目,已转让的房地产建筑面积占整个项目可售建筑面积的比例在85%以上,或该比例虽未超过85%,但剩余的可售建筑面积已经出租或自用的;②取得销售(预售)许可证满三年仍未销售完毕的;③纳税人申请注销税务登记但未办理土地增值税清算手续的;④省税务机关规定的其他情况。

(三)清算收入的确认

(1)房地产开发企业将开发的部分房地产转为企业自用或用于出租等商业用途时,如果产权未发生转移,不征收土地增值税,在税款清算时不列收入,同时不扣除相应的成本和费用。

(2)土地增值税清算时,已全额开具商品房销售发票的,按照发票所载金额确认收入;未开具发票或未全额开具发票的,以交易双方签订的销售合同所载的售房金额及其他收益确认收入。销售合同所载商品房面积与有关部门实际测量面积不一致,在清算前已发生补、退房款的,应在计算土地增值税时予以调整。

(四)清算扣除项目的确认

(1)房地产开发企业办理土地增值税清算时计算与清算项目有关的扣除项目金额,应根据前述土地增值税计税依据的规定执行。除另有规定外,扣除取得土地使用权所支付的金额、房地产开发成本、费用及与转让房地产有关税金,须提供合法有效凭证;不能提供合法有效凭证的,不予扣除。

(2)房地产开发企业办理土地增值税清算所附送的前期工程费、建筑安装工程费、基础设施费、开发间接费用的凭证或资料不符合清算要求或不实的,地方税务机关可参照当地建设工程造价管理部门公布的

[①] 国家税务总局,《关于房地产开发企业土地增值税清算管理有关问题的通知》,国税发〔2006〕187号;国家税务总局,《关于土地增值税清算有关问题的通知》,国税函〔2010〕220号。

[②] 《土地增值税暂行条例实施细则》,第十六条。

[③] 国家税务总局,《关于土地增值税清算有关问题的通知》,国税函〔2010〕220号。

建安造价定额资料,结合房屋结构、用途、区位等因素,核定上述四项开发成本的单位面积金额标准,并据以计算扣除。具体核定方法由省税务机关确定。

(3)房地产开发企业开发建造的与清算项目配套的居委会和派出所用房、会所、停车场(库)、物业管理场所、变电站、热力站、水厂、文体场馆、学校、幼儿园、托儿所、医院、邮电通讯等公共设施,按以下原则处理:①建成后产权属于全体业主所有的,其成本、费用可以扣除;②建成后无偿移交给政府、公用事业单位用于非营利性社会公共事业的,其成本、费用可以扣除;③建成后有偿转让的,应计算收入,并准予扣除成本、费用。

(4)房地产开发企业销售已装修的房屋,其装修费用可以计入房地产开发成本。

(5)房地产开发企业的预提费用,除另有规定外,不得扣除。

(6)土地增值税清算时,已经计入房地产开发成本的利息支出,应调整至财务费用中计算扣除。

(7)属于多个房地产项目共同的成本费用,应按清算项目可售建筑面积占多个项目可售总建筑面积的比例或其他合理的方法,计算确定清算项目的扣除金额。

(五)土地增值税清算应报送的资料

纳税人办理土地增值税清算应报送以下资料:①房地产开发企业清算土地增值税书面申请、土地增值税纳税申报表;②项目竣工决算报表、取得土地使用权所支付的地价款凭证、国有土地使用权出让合同、银行贷款利息结算通知单、项目工程合同结算单、商品房购销合同统计表等与转让房地产的收入、成本和费用有关的证明资料;③主管税务机关要求报送的其他与土地增值税清算有关的证明资料等;④纳税人委托税务中介机构审核鉴证的清算项目,还应报送中介机构出具的《土地增值税清算税款鉴证报告》。税务中介机构受托对清算项目审核鉴证时,应按税务机关规定的格式对审核鉴证情况出具鉴证报告。对符合要求的鉴证报告,税务机关可以采信。

(六)土地增值税的核定征收

房地产开发企业有下列情形之一的,税务机关可以参照与其开发规模和收入水平相近的当地企业的土地增值税税负情况,按不低于预征率的征收率核定征收土地增值税:①依照法律、行政法规的规定应当设置但未设置账簿的;②擅自销毁账簿或者拒不提供纳税资料的;③虽设置账簿,但账目混乱或者成本资料、收入凭证、费用凭证残缺不全,难以确定转让收入或扣除项目金额的;④符合土地增值税清算条件,未按照规定的期限办理清算手续,经税务机关责令限期清算,逾期仍不清算的;⑤申报的计税依据明显偏低,又无正当理由的。

(七)清算后再转让房地产的处理

在土地增值税清算时未转让的房地产,清算后销售或有偿转让的,纳税人应按规定进行土地增值税的纳税申报,扣除项目金额按清算时的单位建筑面积成本费用乘以销售或转让面积计算。

单位建筑面积成本费用=清算时的扣除项目总金额÷清算的总建筑面积

六、关于企业改制重组有关土地增值税政策[①]

关于企业在改制重组过程中涉及的土地增值税政策,规定如下。

(1)企业按照《中华人民共和国公司法》有关规定整体改制,包括非公司制企业改制为有限责任公司

---

① 财政部、国家税务总局,《关于继续实施企业改制重组有关土地增值税政策的公告》,2023年第51号。

或股份有限公司,有限责任公司变更为股份有限公司,股份有限公司变更为有限责任公司,对改制前的企业将国有土地使用权、地上的建筑物及其附着物(以下称房地产)转移、变更到改制后的企业,暂不征收土地增值税。

所称整体改制是指不改变原企业的投资主体,并承继原企业权利、义务的行为。

(2)按照法律规定或者合同约定,两个或两个以上企业合并为一个企业,且原企业投资主体存续的,对原企业将房地产转移、变更到合并后的企业,暂不征收土地增值税。

(3)按照法律规定或者合同约定,企业分设为两个或两个以上与原企业投资主体相同的企业,对原企业将房地产转移、变更到分立后的企业,暂不征收土地增值税。

(4)单位、个人在改制重组时以房地产作价入股进行投资,对其将房地产转移、变更到被投资的企业,暂不征土地增值税。

(5)上述改制重组有关土地增值税政策不适用于房地产转移任意一方为房地产开发企业的情形。

(6)改制重组后再转让房地产并申报缴纳土地增值税时,对"取得土地使用权所支付的金额",按照改制重组前取得该宗国有土地使用权所支付的地价款和按国家统一规定缴纳的有关费用确定;经批准以国有土地使用权作价出资入股的,为作价入股时县级及以上自然资源部门批准的评估价格。按购房发票确定扣除项目金额的,按照改制重组前购房发票所载金额并从购买年度起至本次转让年度止每年加计5%计算扣除项目金额,购买年度是指购房发票所载日期的当年。

(7)纳税人享受上述税收政策,应按相关规定办理。

(8)所称不改变原企业投资主体、投资主体相同,是指企业改制重组前后出资人不发生变动,出资人的出资比例可以发生变动;投资主体存续,是指原企业出资人必须存在于改制重组后的企业,出资人的出资比例可以发生变动。

(9)上述内容执行至2027年12月31日。

第三节 城镇土地使用税

城镇土地使用税是国家在城市、县城、建制镇和工矿区范围内,对使用土地的单位和个人,以其实际占用的土地面积为计税依据,按照规定的税额计算征收的一种税。由于中国城市的土地属于国家和集体所有,使用者没有土地所有权,从而有必要单设土地使用税将其从原有的城市房地产税中分离出来。因此,国务院于1988年9月27日发布了《城镇土地使用税暂行条例》,从当年11月1日起施行。根据2006年12月31日《国务院关于修改〈中华人民共和国城镇土地使用税暂行条例〉的决定》、2011年1月8日《国务院关于废止和修改部分行政法规的决定》、2013年12月7日《国务院关于修改部分行政法规的决定》和2019年3月2日《国务院关于修改部分行政法规的决定》,分别进行四次修订。

一、纳税人和征税范围

城镇土地使用税的纳税人为在中国境内的城市、县城、建制镇、工矿区范围内使用土地的单位和个人。单位包括国有企业、集体企业、私营企业、股份制企业、外商投资企业、外国企业以及其他企业和事业单位、社会团体、国家机关、军队以及其他单位。个人包括个体工商户以及其他个人。[①]

应税土地包括规定的征税范围内属于国家所有和集体所有的土地。同房产税征税范围相一致,农林牧渔业用地和农民居住用房屋及土地,不征收土地使用税。[②]城市、县城、建制镇和工矿区的解释范围和征税范围与房产税含义一致。

---

① 《城镇土地用税暂行条例》,第二条。
② 国家税务总局,《关于调整房产税和土地使用税具体征税范围解释规定的通知》,国税发〔1999〕44号。

城镇土地使用税一般由土地使用权拥有者缴纳。拥有土地使用权的纳税人不在土地所在地的，由代管人或实际使用人纳税。土地使用权没有确定或权属纠纷没有解决的，由实际使用人纳税。在城镇土地使用税征税范围内承租或实际使用应税集体所有建设用地但未办理土地使用权流转手续的，由承租或实际使用集体土地的单位和个人按规定缴纳城镇土地使用税。[①]土地使用权共有的，由共有各方按照其实际使用土地的面积分别纳税。房管部门经租的公房用地，凡土地使用权属于房管部门的，由房管部门缴纳土地使用税。[②]

二、税额标准

城镇土地使用税采用定额税率，即采用有幅度的差别税额，国家规定的每平方米应税土地的年税额标准如下。

（1）大城市 1.5 元至 30 元。
（2）中等城市 1.2 元至 24 元。
（3）小城市 0.9 元至 18 元。
（4）县城、建制镇、工矿区 0.6 元至 12 元。[③]

大、中、小城市以公安部门登记在册的非农业正式户口人数为依据，按照国务院颁布的《城市规划条例》规定的标准划分。市区及郊区非农业人口总计在 50 万以上的，为大城市；市区及郊区非农业人口总计在 20 万至 50 万的，为中等城市；市区及郊区非农业人口总计在 20 万以下的，为小城市。[②]

各省、自治区、直辖市人民政府可以在上列税额标准幅度以内，根据市政建设状况、经济繁荣程度等条件，确定所辖地区的适用税额幅度。[④]

市、县人民政府应当根据实际情况，将本地区土地划分为若干等级，在省、自治区、直辖市人民政府确定的税额幅度内，制定相应的适用税额标准，报省、自治区、直辖市人民政府批准执行。经省、自治区、直辖市人民政府批准，经济落后地区土地使用税的适用税额标准可以适当降低，但是降低额不得超过法定最低税额的 30%；经济发达地区土地使用税的税额标准可以适当提高，但须报经财政部批准。[④]

土地使用税规定幅度税额主要是考虑到中国各地区存在着悬殊的土地级差收益，同一地区内不同地段的市政建设情况和经济繁荣程度也有较大的差别。把土地使用税税额定为幅度税额，拉开档次，而且每个幅度税额的差距规定了 20 倍。这样，各地政府在划分本辖区不同地段的等级，确定适用税额时，有选择余地，便于具体划分和确定。幅度税额还可以调节不同地区、不同地段之间的级差收益，尽可能地平衡税负。

三、计税依据和应纳税额计算

城镇土地使用税以纳税人实际占用的土地面积为计税依据，按照规定的适用税额计算缴纳应纳税额。[⑤]纳税人实际占用的土地面积，是指由省、自治区、直辖市人民政府确定的单位组织测定的土地面积。尚未组织测量，但纳税人持有政府部门核发的土地使用证书的，以证书确定的土地面积为准。尚未核发土地使用证书的，应由纳税人据实申报土地面积。[②]

---

① 财政部、国家税务总局，《关于集体土地城镇土地使用税有关政策的通知》，财税〔2006〕56 号；财政部、国家税务总局，《关于承租集体土地城镇土地使用税有关政策的通知》，财税〔2017〕29 号。
② 国家税务总局，《关于土地使用税若干具体问题的解释和暂行规定》，国税地字〔1988〕15 号。
③ 《城镇土地使用税暂行条例》，第四条。
④ 《城镇土地使用税暂行条例》，第五条。
⑤ 《城镇土地使用税暂行条例》，第三条。

对在城镇土地使用税征税范围内单独建造的地下建筑用地，按规定征收城镇土地使用税。其中，已取得地下土地使用权证的，按土地使用权证确认的土地面积计算应征税款；未取得地下土地使用权证或地下土地使用权证上未标明土地面积的，按地下建筑垂直投影面积计算应征税款。对上述地下建筑用地暂按应征税款的50%征收城镇土地使用税。[1]

应纳税额计算公式为

$$应纳税额 = 纳税人实际占用的土地面积 \times 适用税额标准$$

【例19-3-1】 某盐场某年度占地30万平方米，其中办公楼占地2万平方米，盐场内部绿化占地6万平方米，盐滩占地15万平方米。盐场所在地城镇土地使用税单位税额每平方米0.7元，请计算该盐场应缴纳的城镇土地使用税。

【答案】 因为盐场的盐滩占地免征城镇土地使用税，所以该盐场的城镇土地使用税 = (30–15) × 0.7 = 10.5（万元）

此外，对纳税单位与免税单位共同使用共有使用权土地上的多层建筑，对纳税单位可按其占用的建筑面积占建筑总面积的比例计征土地使用税。[2]

四、减免税

（一）政策性减免

根据《城镇土地使用税暂行条例》，下列土地可以免征城镇土地使用税[3]。

（1）国家机关、人民团体、军队自用的土地。

（2）由国家财政部门拨付事业经费的单位自用的土地。

（3）宗教寺庙、公园、名胜古迹自用的土地（不包括其中附设的各类营业单位使用的土地）。但公园、名胜古迹内的索道公司经营用地，应按规定缴纳城镇土地使用税。[4]

（4）市政街道、广场、绿化地带等公共用地。

（5）直接用于农、林、牧、渔业的生产用地（不包括农副产品加工场地和生活、办公用地），水利设施及其护管用地。

（6）经批准开山填海整治的土地和改造的废弃土地，从使用的月份起免缴土地使用税5年至10年。[3]

（7）国家规定可以免征城镇土地使用税的能源、交通用地（主要涉及煤炭、石油、天然气、电力、铁路、民航、港口等类企业）和其他用地。[3]

此外，国家发布各项法规规定的城镇土地使用税税收优惠主要如下。

（1）免税单位无偿使用纳税单位的土地，免征土地使用税；但是，纳税单位无偿使用免税单位的土地，纳税单位应照章缴纳土地使用税。[2]

（2）对国家拨付事业经费和企业办的各类学校、托儿所、幼儿园自用的房产、土地，免征房产税、城镇土地使用税。[5]

（3）对政府部门和企事业单位、社会团体以及个人等社会力量投资兴办的福利性、非营利性的老年服务机构及其自用的房产、土地、车船，暂免征收房产税、城镇土地使用税、车船使用税（现为车船税）。老年服务机构，是指专门为老年人提供生活照料、文化、护理、健身等多方面服务的福利性、非营利性的机

---

[1] 财政部、国家税务总局，《关于房产税城镇土地使用税有关问题的通知》，财税〔2009〕128号。
[2] 国家税务总局，《关于印发〈关于土地使用税若干具体问题的补充规定〉的通知》，国税地字〔1989〕140号。
[3] 《城镇土地使用税暂行条例》，第六条。
[4] 财政部、国家税务总局，《关于房产税城镇土地使用税有关问题的通知》，财税〔2008〕152号。
[5] 财政部、国家税务总局，《关于教育税收政策的通知》，财税〔2004〕39号。

构，主要包括：老年社会福利院、敬老院（养老院）、老年服务中心、老年公寓（含老年护理院、康复中心、托老所）等。[1]

（4）国家机关、军队、人民团体、财政补助事业单位、居民委员会、村民委员会拥有的体育场馆，用于体育活动的房产、土地，免征房产税和城镇土地使用税。经费自理事业单位、体育社会团体、体育基金会、体育类民办非企业单位拥有并运营管理的体育场馆，同时符合下列条件的，其用于体育活动的房产、土地，免征房产税和城镇土地使用税：①向社会开放，用于满足公众体育活动需要；②体育场馆取得的收入主要用于场馆的维护、管理和事业发展；③拥有体育场馆的体育社会团体、体育基金会及体育类民办非企业单位，除当年新设立或登记的以外，前一年度登记管理机关的检查结论为"合格"。企业拥有并运营管理的大型体育场馆，其用于体育活动的房产、土地，减半征收房产税和城镇土地使用税。[2]

（5）对个人出租住房，不区分用途，按4%的税率征收房产税，免征城镇土地使用税。[3]

（6）对非营利性科研机构自用的房产、土地，免征房产税、城镇土地使用税。[4]

（7）对非营利性医疗机构、疾病控制机构和妇幼保健机构等卫生机构自用的房产、土地、车船，免征房产税、城镇土地使用税和车船使用税（现为车船税）。

对营利性医疗机构自用的房产、土地、车船，自其取得执业登记之日起，三年内免征房产税、城镇土地使用税和车船使用税（现为车船税），三年免税期满后恢复征税。[5]对国务院或省级人民政府卫生行政部门批准的，从事采集、提供临床用血，不以营利为目的的公益性血站自用的房产和土地免征房产税和城镇土地使用税。[6]

（8）对经济适用住房建设用地免征城镇土地使用税。开发商在商品住房项目中配套建造经济适用住房，如能提供政府部门出具的相关材料，可按经济适用住房建筑面积占总建筑面积的比例免征开发商应缴纳的城镇土地使用税。[7]

（9）对核电站的核岛、常规岛、辅助厂房和通讯设施用地（不包括地下线路用地），生活、办公用地按规定征收城镇土地使用税，其他用地免征城镇土地使用税。对核电站应税土地在基建期内减半征收城镇土地使用税。[8]

（10）对核工业总公司所属企业生产核系列产品的厂矿，除生活区、办公区用地应依照规定征收土地使用税外，其他用地暂予免征土地使用税。对除生产核系列产品厂矿以外的其他企业，如仪表企业、机械修造企业、建筑安装企业等，应依照规定征收土地使用税。[9]

（11）对军品科研生产专用的厂房、车间、仓库等建筑物用地和周围专属用地，及其相应的供水、供电、供气、供暖、供煤、供油、专用公路、专用铁路等附属设施用地，免征土地使用税；对满足军工产品性能实验所需的靶场、试验场、调试场、危险品销毁场等用地，及因安全要求所需的安全距离用地，免征土地使用税。对科研生产中军品、民品共用无法分清的厂房、车间、仓库等建筑物用地和周围专属用地，及其相应的供水、供电、供气、供暖、供煤、供油、专用公路、专用铁路等附属设施用地，按军品销售额占销售总额的比例减征土地使用税。军品销售额及土地使用税的减免，由当地税务征收机关商同级财政部门核批。[10]

---

[1] 财政部、国家税务总局，《关于对老年服务机构有关税收政策问题的通知》，财税〔2000〕97号。
[2] 财政部、国家税务总局，《关于体育场馆房产税和城镇土地使用税政策的通知》，财税〔2015〕130号。
[3] 财政部、国家税务总局，《关于廉租住房经济适用住房和住房租赁有关税收政策的通知》，财税〔2008〕24号。
[4] 财政部、国家税务总局，《关于非营利性科研机构税收政策的通知》，财税〔2001〕5号。
[5] 财政部、国家税务总局，《关于医疗卫生机构有关税收政策的通知》，财税〔2000〕42号。
[6] 财政部、国家税务总局，《关于血站有关税收问题的通知》，财税〔1999〕264号。
[7] 财政部、国家税务总局，《关于廉租住房经济适用住房和住房租赁有关税收政策的通知》，财税〔2008〕24号；财政部、国家税务总局，《关于促进公共租赁住房发展有关税收优惠政策的通知》，财税〔2014〕52号。
[8] 财政部、国家税务总局，《关于核电站用地征免城镇土地使用税的通知》，财税〔2007〕124号。
[9] 国家税务局，《关于对核工业总公司所属企业征免土地使用税问题的若干规定》，国税地字〔1989〕7号。
[10] 财政部、国家税务总局，《关于对中国航空、航天、船舶工业总公司所属军工企业免征土地使用税的若干规定的通知》，财税字〔1995〕27号。

（12）对电力行业火电厂厂区围墙外的灰场、输灰管、输油（气）管道、铁路专用线用地、水源用地以及热电厂供热管道用地，免征土地使用税；厂区围墙内的用地及厂区围墙外的其他用地（包括煤场用地），均应照章征收土地使用税。对水电站除发电厂房用地（包括坝内、坝外式厂房），进行工业、副业等生产经营活动的生产、办公生活用地之外的其他用地（包括水库库区用地），免征土地使用税；对供电部门的输电线路用地、变电站用地，免征土地使用税。[①]

（13）对水利设施及其管护用地（如水库库区、大坝、堤防、灌渠、泵站等用地），免征土地使用税；其他用地，如生产、办公、生活用地，应照章征收土地使用税。对兼有发电的水利设施用地征免土地使用税问题，比照电力行业征免土地使用税的有关规定办理。[②]

（14）关于石油天然气（含页岩气、煤层气）生产企业用地城镇土地使用税政策免税政策[③]如下。

第一，下列石油天然气生产建设用地暂免征收城镇土地使用税：①地质勘探、钻井、井下作业、油气田地面工程等施工临时用地；②企业厂区以外的铁路专用线、公路及输油（气、水）管道用地；③油气长输管线用地。

第二，在城市、县城、建制镇以外工矿区内的消防、防洪排涝、防风、防沙设施用地，暂免征收城镇土地使用税。

享受上述税收优惠的用地，如用于非税收优惠用途的，则不得享受规定的税收优惠。

（15）对中国统配煤矿总公司、东北内蒙古煤炭工业联合公司所属煤炭企业的矸石山、排土场用地，防排水沟用地，矿区办公、生活区以外的公路、铁路专用线及轻便道和输变电线路用地，火炸药库库房外安全区用地，向社会开放的公园及公共绿化带用地，暂免征收土地使用税。

煤炭企业的荒山，在未利用之前，暂缓征收土地使用税。地方煤炭企业土地使用税的征免划分问题，由各省、自治区、直辖市税务局参照上述规定具体确定。[④]

（16）对矿山的采矿场、排土场、尾矿库、炸药库的安全区、采区运矿及运岩公路、尾矿输送管道及回水系统用地，免征土地使用税。对矿山企业采掘地下矿造成的塌陷地以及荒山占地，在未利用之前，暂免征收土地使用税。对石灰厂、水泥厂、大理石厂、沙石厂等企业的采石场、排土场用地，炸药库的安全区用地以及采区运岩公路，免征土地使用税。[⑤]

（17）对盐场的盐滩、盐矿的矿井用地，暂免征收土地使用税。对盐场、盐矿的生产厂房、办公、生活区用地，应照章征收土地使用税。[⑥]

（18）对林区的有林地、运材道、防火道、防火设施用地，免征土地使用税。林业系统的森林公园、自然保护区，可比照公园免征土地使用税。[⑦]

（19）对交通部门的港口的码头（即泊位，包括岸边码头、伸入水中的浮码头、堤岸、堤坝、栈桥等）用地，免征土地使用税。港口的其他用地，应按规定征收土地使用税。[⑧]

（20）对民航机场飞行区（包括跑道、滑行道、停机坪、安全带、夜航灯光区）用地，场内外通讯导航设施用地和飞行区四周排水防洪设施用地，免征土地使用税。

机场道路，区分为场内、场外道路。场外道路用地免征土地使用税；场内道路用地依照规定征收土地

---

① 国家税务局，《关于电力行业征免土地使用税问题的规定》，国税地字〔1989〕13号；国家税务局，《对〈关于请求再次明确电力行业土地使用税征免范围问题的函〉的复函》，国税地字〔1989〕44号。

② 国家税务局，《关于水利设施用地征免土地使用税问题的规定》，国税地字〔1989〕14号。

③ 财政部、国家税务总局，《关于石油天然气生产企业城镇土地使用税政策的通知》，财税〔2015〕76号。

④ 国家税务局，《关于对煤炭企业用地征免土地使用税问题的规定》，国税地字〔1989〕89号；国家税务总局，《关于公布全文失效废止部分条款失效废止的税收规范性文件目录的公告》，2011年第2号。

⑤ 国家税务局，《关于对矿山企业征免土地使用税问题的通知》，国税地字〔1989〕122号；国家税务局，《关于对建材企业的采石场、排土场等用地征免土地使用税问题的批复》，国税发〔1990〕853号。

⑥ 国家税务局，《关于对盐场、盐矿征免城镇土地使用税问题的通知》，国税地字〔1989〕141号。

⑦ 国家税务局，《关于林业系统征免土地使用税问题的通知》，国税函发〔1991〕1404号。

⑧ 国家税务局，《关于对交通部门的港口用地征免土地使用税问题的规定》，国税地字〔1989〕123号。

使用税。机场工作区(包括办公、生产和维修用地及候机楼、停车场)用地、生活区用地、绿化用地,均须依照规定征收土地使用税。[1]

(21)铁道部所属铁路运输企业自用的房产、土地免征房产税和城镇土地使用税。[2]地方铁路运输企业自用的房产、土地应缴纳的房产税、城镇土地使用税比照铁道部所属铁路运输企业的政策执行。[3]

对股改铁路运输企业及合资铁路运输公司自用的房产、土地暂免征收房产税和城镇土地使用税。其中股改铁路运输企业是指铁路运输企业经国务院批准进行股份制改革成立的企业;合资铁路运输公司是指由铁道部及其所属铁路运输企业与地方政府、企业或其他投资者共同出资成立的铁路运输企业。[4]

对青藏铁路公司及其所属单位自用的房产、土地免征房产税、城镇土地使用税。[5]

(22)对企业的铁路专用线、公路等用地,除另有规定者外,在企业厂区(包括生产、办公及生活区)以内的,应照章征收土地使用税;在厂区以外,与社会公用地段未加隔离的,暂免征收土地使用税。对企业厂区(包括生产、办公及生活区)以内的绿化用地,应照章征收土地使用税,厂区以外的公共绿化用地和向社会开放的公园用地,暂免征收土地使用税。[6]

(23)对司法部所属的少年犯管教所的用地和由国家财政部门拨付事业经费的劳教单位自用的土地,免征土地使用税。

对劳改单位及经费实行自收自支的劳教单位的工厂、农场等,凡属于管教或生活用地,例如:办公室、警卫室、职工宿舍、犯人宿舍、储藏室、食堂、礼堂、图书室、阅览室、浴室、理发室、医务室等房屋、建筑物用地及其周围土地,均免征土地使用税。

对监狱的用地,若主要用于关押犯人,只有极少部分用于生产经营的,可从宽掌握,免征土地使用税。但对设在监狱外部的门市部、营业部等生产经营用地,应征收土地使用税;对生产设施较大的监狱,可以比照前述劳改单位及经费实行自收自支的劳教单位的工厂、农场的规定办理。具体由各省、自治区、直辖市税务局根据情况确定。[7]

(24)经国务院批准成立的中国信达资产管理公司、中国华融资产管理公司、中国长城资产管理公司和中国东方资产管理公司,及其经批准分设于各地的分支机构(不包括资产公司所属、附属企业),在收购、承接、处置不良资产时,在回收的房地产在未处置前的闲置期间,免征房产税和城镇土地使用税。[8]

经中国人民银行依法决定撤销的金融机构及其分设于各地的分支机构,包括被依法撤销的商业银行、信托投资公司、财务公司、金融租赁公司、城市信用社和农村信用社(不包括被撤销的金融机构所属、附属企业),在清理和处置财产时,对其清算期间自有的或从债务方接收的房地产、车辆,免征房产税、城镇土地使用税和车船使用税(现为车船税)。[9]

在中国东方资产管理公司处置港澳国际(集团)有限公司有关资产过程中,对东方资产管理公司接收港澳国际(集团)有限公司的房地产、车辆,免征应缴纳的房产税、城镇土地使用税和车船使用税(现为车船税);对港澳国际(集团)内地公司在清算期间自有的和从债务方接收的房地产、车辆,免征应缴纳的房产税、城镇土地使用税、车船使用税和车船使用牌照税(现为车船税)。[10]

(25)对物流企业自有(包括自用和出租)或承租的大宗商品仓储设施用地,减按所属土地等级适用税

---

[1] 国家税务局,《关于对民航机场用地征免土地使用税问题的规定》,国税地字〔1989〕32号。
[2] 财政部、国家税务总局,《关于调整铁路系统房产税城镇土地使用税政策的通知》,财税〔2003〕149号。
[3] 财政部、国家税务总局,《关于明确免征房产税城镇土地使用税的铁路运输企业范围及有关问题的通知》,财税〔2004〕36号。
[4] 财政部、国家税务总局,《关于股改及合资铁路运输企业房产税 城镇土地使用税有关政策的通知》,财税〔2009〕132号。
[5] 财政部、国家税务总局,《关于青藏铁路公司运营期间有关税收等政策问题的通知》,财税〔2007〕11号。
[6] 国家税务总局,《关于印发〈关于土地使用税若干具体问题的补充规定〉的通知》,国税地字〔1989〕140号。
[7] 国家税务局,《关于对司法部所属的劳改劳教单位征免土地使用税问题的规定》,国税地字〔1989〕119号。
[8] 财政部、国家税务总局,《关于中国信达等4家金融资产管理公司税收政策问题的通知》,财税〔2001〕10号。
[9] 财政部、国家税务总局,《关于被撤销金融机构有关税收政策问题的通知》,财税〔2003〕141号。
[10] 财政部、国家税务总局,《关于中国东方资产管理公司处置港澳国际(集团)有限公司有关资产税收政策问题的通知》,财税〔2003〕212号。

额标准的50%计征城镇土地使用税（政策期限2027年12月31日止）。物流企业，是指至少从事仓储或运输一种经营业务，为工农业生产、流通、进出口和居民生活提供仓储、配送等第三方物流服务，实行独立核算、独立承担民事责任，并在工商部门注册登记为物流、仓储或运输的专业物流企业。大宗商品仓储设施，是指同一仓储设施占地面积在6000平方米及以上，且主要储存粮食、棉花、油料、糖料、蔬菜、水果、肉类、水产品、化肥、农药、种子、饲料等农产品和农业生产资料，煤炭、焦炭、矿砂、非金属矿产品、原油、成品油、化工原料、木材、橡胶、纸浆及纸制品、钢材、水泥、有色金属、建材、塑料、纺织原料等矿产品和工业原材料的仓储设施。仓储设施用地，包括仓库库区内的各类仓房（含配送中心）、油罐（池）、货场、晒场（堆场）、罩棚等储存设施和铁路专用线、码头、道路、装卸搬运区域等物流作业配套设施的用地。[①]

（26）对饮水工程运营管理单位自用的生产、办公用房产、土地，免征房产税、城镇土地使用税（政策期限2027年12月31日止）。上述所称"饮水工程"，是指为农村居民提供生活用水而建设的供水工程设施。所称"饮水工程运营管理单位"，是指负责饮水工程运营管理的自来水公司、供水公司、供水（总）站（厂、中心）、村集体、农民用水合作组织等单位。对于既向城镇居民供水，又向农村居民供水的饮水工程运营管理单位，依据向农村居民供水量占总供水量的比例免征房产税。无法提供具体比例或所提供数据不实的，不得享受上述税收优惠政策。[②]

（27）对农产品批发市场、农贸市场（包括自有和承租）专门用于经营农产品的房产、土地，暂免征收房产税和城镇土地使用税（政策期限2027年12月31日止）。对同时经营其他产品的农产品批发市场和农贸市场使用的房产、土地，按其他产品与农产品交易场地面积的比例确定征免房产税和城镇土地使用税。[③]

（28）对向居民供热收取采暖费的"三北"地区供热企业，为居民供热所使用的厂房及土地免征房产税、城镇土地使用税（政策期限2027年供暖期结束）。[④]

（29）对商品储备管理公司及其直属库自用的承担商品储备业务的房产、土地，免征房产税、城镇土地使用税（政策期限2027年12月31日止）。商品储备管理公司及其直属库，是指接受县级以上人民政府有关部门委托，承担粮（含大豆）、食用油、棉、糖、肉五种商品储备任务，取得财政储备经费或者补贴的商品储备企业。[⑤]

（30）对国家级、省级科技企业孵化器、大学科技园和国家备案众创空间自用以及无偿或通过出租等方式提供给在孵对象使用的房产、土地，免征房产税和城镇土地使用税（政策期限2027年12月31日止）。[⑥]

（31）对纳税人及其全资子公司从事大型民用客机发动机、中大功率民用涡轴涡桨发动机研制项目自用的科研、生产、办公房产及土地，免征房产税、城镇土地使用税（政策期限2027年12月31日止）；对从事空载重量大于45吨的民用客机研制项目的纳税人及其全资子公司自用的科研、生产、办公房产及土地，免征房产税、城镇土地使用税（政策期限2027年12月31日止）。[⑦]

（32）对城市公交站场、道路客运站场、城市轨道交通系统运营用地，免征城镇土地使用税（政策期限2027年12月31日止）。城市公交站场运营用地包括城市公交首末车站、停车场、保养场、站场办公用地、生产辅助用地，道路客运站场运营用地包括站前广场、停车场、发车位、站务用地、站场办公用地、生产辅助用地。[⑧]

---

① 财政部、国家税务总局，《关于继续实施物流企业大宗商品仓储设施用地城镇土地使用税优惠政策的公告》，2023年第5号。
② 财政部、国家税务总局，《关于继续实施农村饮水安全工程税收优惠政策的公告》，2023年第58号。
③ 财政部、国家税务总局，《关于继续实施农产品批发市场和农贸市场房产税、城镇土地使用税优惠政策的公告》，2023年第50号。
④ 财政部、国家税务总局，《关于延续实施供热企业有关税收政策的公告》，2023年第56号。
⑤ 财政部、国家税务总局，《关于继续实施部分国家商品储备税收优惠政策的公告》，2023年第48号。
⑥ 财政部、国家税务总局、科技部、教育部，《关于继续实施科技企业孵化器、大学科技园和众创空间有关税收政策的公告》，2023年第42号。
⑦ 财政部、国家税务总局，《关于民用航空发动机和民用飞机税收政策的公告》，2023年第27号。
⑧ 财政部、国家税务总局，《关于继续实施对城市公交站场、道路客运站场、城市轨道交通系统减免城镇土地使用税优惠政策的公告》，2023年第52号。

（33）对公租房建设期间用地及公租房建成后占地，免征城镇土地使用税。在其他住房项目中配套建设公租房，按公租房建筑面积占总建筑面积的比例免征建设、管理公租房涉及的城镇土地使用税。（政策期限2025年12月31日止）。享受上述税收优惠政策的公租房是指纳入省、自治区、直辖市、计划单列市人民政府及新疆生产建设兵团批准的公租房发展规划和年度计划，或者市、县人民政府批准建设（筹集），并按照《关于加快发展公共租赁住房的指导意见》（建保〔2010〕87号）和市、县人民政府制定的具体管理办法进行管理的公租房。①

（34）对（全面脱贫前）易地扶贫搬迁的安置住房用地，免征城镇土地使用税（政策期限2025年12月31日止）。如在商品住房等开发项目中配套建设安置住房的，按安置住房建筑面积占总建筑面积的比例，计算应予免征的安置住房用地相关的城镇土地使用税。②

（35）为社区提供养老、托育、家政等服务的机构自有或其通过承租、无偿使用等方式取得并用于提供社区养老、托育、家政服务的房产、土地，免征房产税、城镇土地使用税（政策期限2025年12月31日止）。③

（二）由地方确定的免税④

各省、自治区、直辖市税务局可以确定下述项目的征免及减免税。

（1）个人所有的居住房屋及院落用地。
（2）房产管理部门在房租调整改革前经租的居民住房用地。
（3）免税单位职工家属的宿舍用地。
（4）集体和个人办的各类学校、医院、托儿所、幼儿园用地。④
（5）城镇内的集贸市场（农贸市场）用地。⑤
（6）各类危险品仓库、厂房所需的防火、防爆、防毒等安全防范用地。⑤
（7）盐场、盐矿除生产厂房、办公、生活区用地，以及盐场的盐滩、盐矿的矿井用地之外的其他用地。⑥
（8）对在一个纳税年度内月平均实际安置残疾人就业人数占单位在职职工总数的比例高于25%（含25%）且实际安置残疾人人数高于10人（含10人）的单位，可减征或免征该年度城镇土地使用税。具体减免税比例及管理办法由省、自治区、直辖市财税主管部门确定。⑦
（9）纳税人缴纳土地使用税确有困难需要定期减免的，由县以上税务机关批准。⑧
（10）各地可根据《房产税暂行条例》《城镇土地使用税暂行条例》授权和本地实际，对银行业金融机构、金融资产管理公司持有的抵债不动产减免房产税、城镇土地使用税（政策期限2027年12月31日止）。其中，银行业金融机构，是指在中华人民共和国境内设立的商业银行、农村合作银行、农村信用社、村镇银行、农村资金互助社以及政策性银行；抵债不动产，是指经人民法院判决裁定或仲裁机构仲裁的抵债不动产；金融资产管理公司的抵债不动产，限于其承接银行业金融机构不良债权涉及的抵债不动产。⑨

---

① 财政部、国家税务总局，《关于继续实施公共租赁住房税收优惠政策的公告》，2023年第33号。
② 财政部、国家税务总局，《关于易地扶贫搬迁税收优惠政策的通知》，财税〔2018〕135号；财政部、国家税务总局，《关于延长部分税收优惠政策执行期限的公告》，2021年第6号。
③ 财政部、国家税务总局、国家发展改革委、民政部、商务部、国家卫生健康委，《关于养老、托育、家政等社区家庭服务业税费优惠政策的公告》，2019年第76号。
④ 国家税务总局，《关于土地使用税若干具体问题的解释和暂行规定》，国税地字〔1988〕15号。
⑤ 国家税务总局，《关于印发〈关于土地使用税若干具体问题的补充规定〉的通知》，国税地字〔1989〕140号。
⑥ 国家税务总局，《关于对盐场、盐矿征免城镇土地使用税问题的通知》，国税地字〔1989〕141号。
⑦ 财政部、国家税务总局，《关于安置残疾人就业单位城镇土地使用税等政策的通知》，财税〔2010〕121号。
⑧ 《城镇土地使用税暂行条例》，第七条；中华人民共和国国务院，《关于修改部分行政法规的决定》，国务院令第645号；中华人民共和国国务院，《关于修改部分行政法规的决定》，国务院令第709号。
⑨ 财政部、国家税务总局，《关于继续实施银行业金融机构、金融资产管理公司不良债权以物抵债有关税收政策的公告》，2023年第35号。

此外，为进一步支持小微企业发展，由省、自治区、直辖市人民政府根据本地区实际情况，以及宏观调控需要确定，对增值税小规模纳税人可以在 50%的税额幅度内减征资源税、城市维护建设税、房产税、城镇土地使用税、印花税（不含证券交易印花税）、耕地占用税和教育费附加、地方教育附加（政策执行至 2024 年 12 月 31 日）。增值税小规模纳税人已依法享受资源税、城市维护建设税、房产税、城镇土地使用税、印花税、耕地占用税、教育费附加、地方教育附加其他优惠政策的，可叠加享受上述规定的优惠政策。①

五、纳税期限和纳税地点

城镇土地使用税按年计算，分期缴纳。具体纳税期限由省、自治区、直辖市人民政府确定。②目前各地一般规定为每个季度缴纳一次或半年缴纳一次，每次征期 15 天或 1 个月。

新征用的耕地，自批准征用之日起期满一年的时候开始缴纳土地使用税；新征用的非耕地，自批准征用次月起缴纳土地使用税。③通过招标、拍卖、挂牌方式取得的建设用地，不属于新征用的耕地。④以出让或转让方式有偿取得土地使用权的，应由受让方从合同约定交付土地时间的次月起缴纳城镇土地使用税；合同未约定交付土地时间的，由受让方从合同签订的次月起缴纳城镇土地使用税。⑤购置新建商品房，自房屋交付使用之次月起计征房产税和城镇土地使用税；购置存量房，自办理房屋权权属转移、变更登记手续，房地产权属登记机关签发房屋权属证书之次月起计征房产税和城镇土地使用税；出租、出借房产，自交付出租、出借房产之次月起计征房产税和城镇土地使用税。⑥纳税人因土地的实物或权利状态发生变化而依法终止城镇土地使用税纳税义务的，其应纳税款的计算应截止到土地的实物或权利状态发生变化的当月末。⑦

城镇土地使用税由土地所在地的税务机关征收。土地管理机关应当向土地所在地的税务机关提供土地使用权属资料。⑧纳税人使用的土地属于不同省（自治区、直辖市）管辖范围的，应当分别向土地所在地的主管税务机关纳税。在同一省（自治区、直辖市）管辖范围以内，当地纳税人跨地区使用的土地，由当地省级地方税务局确定纳税地点。一切纳税人，不论其经济性质和核算形式如何，也不论其土地分布如何，除另有规定外，纳税地点不得任意变动。⑨

第四节 耕地占用税

耕地占用税（cultivated land occupation tax）是国家对占用耕地建房或者从事非农业建设的单位和个人征收的一种税。1987 年 4 月 1 日国务院发布了《中华人民共和国耕地占用税暂行条例》（以下简称《耕地占用税暂行条例》），决定对占用耕地建房或者从事非农业建设的单位和个人征收耕地占用税，并于即日起施行，以加强土地管理，保护农用耕地。2007 年 12 月 1 日，国务院发布了新的《耕地占用税暂行条例》，调整了税额标准，统一了内外资企业税收负担，规范了征收管理。2018 年 12 月 29 日，中华人民共和国第十三届全国人民代表大会常务委员会第七次会议通过了《中华人民共和国耕地占用税法》，自 2019 年 9 月 1 日起施行。

---

① 财政部、国家税务总局，《关于进一步实施小微企业"六税两费"减免政策的公告》，2022 年第 10 号。
② 《城镇土地使用税暂行条例》，第八条。
③ 《城镇土地使用税暂行条例》，第九条。
④ 国家税务总局，《关于通过招拍挂方式取得土地缴纳城镇土地使用税问题的公告》，2014 年第 74 号。
⑤ 财政部、国家税务总局，《关于房产税城镇土地使用税有关政策的通知》，财税〔2006〕186 号。
⑥ 国家税务总局，《关于房产税城镇土地使用税有关政策规定的通知》，国税发〔2003〕89 号。
⑦ 财政部、国家税务总局，《关于房产税城镇土地使用税有关问题的通知》，财税〔2008〕152 号。
⑧ 《城镇土地使用税暂行条例》，第十条。
⑨ 国家税务总局，《关于印发〈关于土地使用税若干具体问题的解释和暂行规定〉的通知》，国税地字〔1988〕第 15 号。

一、纳税人和征税范围

耕地占用税的纳税人为在中国境内占用耕地建设建筑物、构筑物或者从事非农业建设的单位和个人。[①] 经批准占用耕地的，纳税人为农用地转用审批文件中标明的建设用地人；农用地转用审批文件中未标明建设用地人的，纳税人为用地申请人，其中用地申请人为各级人民政府的，由同级土地储备中心、自然资源主管部门或政府委托的其他部门、单位履行耕地占用税申报纳税义务。未经批准占用耕地的，纳税人为实际用地人。[②]

耕地占用税的征税范围包括国家所有和集体所有的耕地。上述耕地是指用于种植农作物的土地。但是，占用耕地建设农田水利设施的，不缴纳耕地占用税。[①]

占用园地、林地、草地、农田水利用地、养殖水面、渔业水域滩涂以及其他农用地建设建筑物、构筑物或者从事非农业建设的，视同占用耕地，需要缴纳耕地占用税。但是，占用上述农用地建设直接为农业生产服务的生产设施的，不缴纳耕地占用税。上述所称"直接为农业生产服务的生产设施"，是指直接为农业生产服务而建设的建筑物和构筑物，具体包括：储存农用机具和种子、苗木、木材等农业产品的仓储设施；培育、生产种子、种苗的设施；畜禽养殖设施；木材集材道、运材道；农业科研、试验、示范基地；野生动植物保护、护林、森林病虫害防治、森林防火、木材检疫的设施；专为农业生产服务的灌溉排水、供水、供电、供热、供气、通讯基础设施；农业生产者从事农业生产必需的食宿和管理设施；其他直接为农业生产服务的生产设施。[③]

二、税额标准

耕地占用税实行定额税率。由于中国地区之间生产力水平、经济发展不平衡，人口密度不同，人均占有耕地相差悬殊，决定了全国不能用一个固定税率征税，必须根据不同地区人均占有耕地数量和经济发展状况规定不同的税率，即实行地区差别税率。条例规定的税率分四个档次，具体每平方米应税土地的税额标准如下。[④]

（1）以县、自治县、不设区的市、市辖区为单位（下同），人均耕地不超过1亩的地区，每平方米为10元至50元。

（2）人均耕地超过1亩但不超过2亩的地区，每平方米为8元至40元。

（3）人均耕地超过2亩但不超过3亩的地区，每平方米为6元至30元。

（4）人均耕地超过3亩的地区，每平方米为5元至25元。

国务院财政、税务主管部门根据人均耕地面积和经济发展情况确定各省、自治区、直辖市的平均税额。

目前，各省、自治区、直辖市每平方米耕地占用税平均税额为：上海45元；北京40元；天津35元；江苏、浙江、福建、广东4省各30元；辽宁、湖北、湖南3省各25元；河北、安徽、江西、山东、河南、四川、重庆7省市各22.5元；广西、海南、贵州、云南、陕西5省区各20元；山西、吉林、黑龙江3省各17.5元；内蒙古、西藏、甘肃、青海、宁夏、新疆6省区各12.5元。

各地适用税额，由省、自治区、直辖市人民政府在上述税额幅度内，根据本地区人均耕地面积和经济发展等情况提出，报同级人民代表大会常务委员会决定，并报全国人民代表大会常务委员会和国务院备案。各省、自治区、直辖市耕地占用税适用税额的平均水平，不得低于上述标准的平均税额。[④]

在人均耕地低于0.5亩的地区，省、自治区、直辖市可以根据当地经济发展情况，适当提高耕地

---

① 《中华人民共和国耕地占用税法》（以下简称《耕地占用税法》），第二条。
② 《中华人民共和国耕地占用税法实施办法》（以下简称《耕地占用税法实施办法》），第二条。
③ 《耕地占用税法实施办法》，第二十六条。
④ 《耕地占用税法》，第四条。

占用税的适用税额，但提高的部分不得超过上述规定的当地适用税额的 50%。占用基本农田（《基本农田保护条例》划定的基本农田保护区范围内的耕地）的，应当按照确定的当地适用税额，加按 150% 征收。占用园地、林地、草地、农田水利用地、养殖水面、渔业水域滩涂以及其他农用地建设建筑物、构筑物或者从事非农业建设的，适用税额可以适当低于上述规定的当地适用税额，但降低的部分不得超过 50%。①

三、计税依据和应纳税额计算方法

耕地占用税以纳税人实际占用的属于耕地占用税征税范围的土地（以下简称"应税土地"）面积为计税依据，按应税土地当地适用税额计税，实行一次性征收。应税土地面积包括经批准占用面积和未经批准占用面积，以平方米为单位。②

应纳税额计算公式如下：

$$应纳税额 = 应税土地面积（平方米）\times 适用税额标准$$

【例 19-4-1】 某企业占用耕地 6000 平方米建设厂房，当地规定的耕地占用税适用税额标准为每平方米 30 元，请计算该企业应纳耕地占用税税额。

【答案】 应纳税额 = 6000×30 = 180 000（元）

四、减免税

下列项目可以免征或者减征耕地占用税。③

（1）军事设施、学校、幼儿园、社会福利机构、医疗机构占用耕地。

免税的军事设施，是指《中华人民共和国军事设施保护法》第二条所列建筑物、场地和设备。具体包括：指挥机关，地面和地下的指挥工程、作战工程；军用机场、港口、码头；营区、训练场、试验场；军用洞库、仓库；军用通信、侦察、导航、观测台站，测量、导航、助航标志；军用公路、铁路专用线，军用通信、输电线路，军用输油、输水管道；边防、海防管控设施；国务院和中央军事委员会规定的其他军事设施。②

免税的学校，具体范围包括县级以上人民政府教育行政部门批准成立的大学、中学、小学，学历性职业教育学校和特殊教育学校，以及经省级人民政府或其人力资源社会保障行政部门批准成立的技工院校。学校内经营性场所和教职工住房占用耕地的，按照当地适用税额缴纳耕地占用税。④

免税的幼儿园，具体范围限于县级以上人民政府教育行政部门批准成立的幼儿园内专门用于幼儿保育、教育的场所。⑤

免税的社会福利机构，具体范围限于依法登记的养老服务机构、残疾人服务机构、儿童福利机构、救助管理机构、未成年人救助保护机构内，专门为老年人、残疾人、未成年人、生活无着的流浪乞讨人员提供养护、康复、托管等服务的场所。⑥

免税的医疗机构，具体范围限于县级以上人民政府卫生健康行政部门批准设立的医疗机构内专门从事疾病诊断、治疗活动的场所及其配套设施。医疗机构内职工住房占用耕地的，按照当地适用税额缴纳耕地占用税。⑦

---

① 《耕地占用税法》，第五条、第六条、第十二条。
② 国家税务总局，《关于耕地占用税征收管理有关事项的公告》，2019 年第 30 号。
③ 《耕地占用税法》，第七条。
④ 《耕地占用税法实施办法》，第六条。
⑤ 《耕地占用税法实施办法》，第七条。
⑥ 《耕地占用税法实施办法》，第八条。
⑦ 《耕地占用税法实施办法》，第九条。

（2）铁路线路、公路线路、飞机场跑道、停机坪、港口、航道、水利工程占用耕地，减按每平方米二元的税额征收耕地占用税。

减税的铁路线路，具体范围限于铁路路基、桥梁、涵洞、隧道及其按照规定两侧留地、防火隔离带。专用铁路和铁路专用线占用耕地的，按照当地适用税额缴纳耕地占用税。[①]

减税的公路线路，是指经批准建设的国道、省道、县道、乡道和属于农村公路的村道的主体工程以及两侧边沟或者截水沟。具体包括高速公路、一级公路、二级公路、三级公路、四级公路和等外公路的主体工程及两侧边沟或者截水沟。专用公路和城区内机动车道占用耕地的，按照当地适用税额缴纳耕地占用税。[②]

减税的飞机场跑道、停机坪，具体范围限于经批准建设的民用机场专门用于民用航空器起降、滑行、停放的场所。[③]

减税的港口，具体范围限于经批准建设的港口内供船舶进出、停靠以及旅客上下、货物装卸的场所。[④]

减税的航道，具体范围限于在江、河、湖泊、港湾等水域内供船舶安全航行的通道。[⑤]

减税的水利工程，具体范围限于经县级以上人民政府水行政主管部门批准建设的防洪、排涝、灌溉、引（供）水、滩涂治理、水土保持、水资源保护等各类工程及其配套和附属工程的建筑物、构筑物占压地和经批准的管理范围用地。[⑥]

（3）农村居民在规定用地标准以内占用耕地新建自用住宅，按照当地适用税额减半征收耕地占用税；其中农村居民经批准搬迁，新建自用住宅占用耕地不超过原宅基地面积的部分，免征耕地占用税。

（4）农村烈士遗属、因公牺牲军人遗属、残疾军人以及符合农村最低生活保障条件的农村居民，在规定用地标准以内新建自用住宅，免征耕地占用税。

依照上述（1）、（2）规定免征或者减征耕地占用税后，纳税人改变原占地用途，不再属于免征或者减征耕地占用税情形的，应自改变用途之日起30日内申报补缴税款，补缴税款按改变用途的实际占用耕地面积和改变用途时当地适用税额计算。[⑦]

此外，根据国民经济和社会发展的需要，国务院可以规定免征或者减征耕地占用税的其他情形，报全国人民代表大会常务委员会备案。

五、纳税期限、纳税地点和退税

经批准占用耕地的，耕地占用税纳税义务发生时间为纳税人收到自然资源主管部门办理占用耕地手续的书面通知的当日。未经批准占用耕地的，其纳税义务发生时间为自然资源主管部门认定其实际占地的当日。[⑧]因挖损、采矿塌陷、压占、污染等损毁耕地的，纳税义务发生时间为自然资源、农业农村等相关部门认定损毁耕地的当日。[⑨]

耕地占用税由税务机关负责征收。纳税人应当在收到自然资源主管部门办理占用耕地手续的书面通知起30日内申报缴纳耕地占用税，自然资源主管部门凭耕地占用税完税凭证或者免税凭证和其他有关文件发放建设用地批准书。[⑩]

[①]《耕地占用税法实施办法》，第十条。
[②] 国家税务总局，《关于耕地占用税征收管理有关事项的公告》，2019年第30号；《耕地占用税法实施办法》，第十一条。
[③]《耕地占用税法实施办法》，第十二条。
[④]《耕地占用税法实施办法》，第十三条。
[⑤]《耕地占用税法实施办法》，第十四条。
[⑥]《耕地占用税法实施办法》，第十五条。
[⑦]《耕地占用税法实施办法》，第十七条。
[⑧] 国家税务总局，《关于耕地占用税征收管理有关事项的公告》，2019年第30号。
[⑨]《耕地占用税法实施办法》，第二十七条。
[⑩]《耕地占用税法》，第十条。

纳税人占用耕地，应当在耕地所在地申报纳税[①]。

纳税人因建设项目施工或者地质勘查临时占用耕地，应当依照规定缴纳耕地占用税。纳税人在批准临时占用耕地期满之日起一年内依法复垦，恢复种植条件的，全额退还已经缴纳的耕地占用税。[②]其中，临时占用耕地，是指经自然资源主管部门批准，在一般不超过两年内临时使用耕地并且没有修建永久性建筑物的行为。因挖损、采矿塌陷、压占、污染等损毁耕地属于税法所称的非农业建设，应依照税法规定缴纳耕地占用税；但是，如果纳税人自自然资源、农业农村等相关部门认定损毁耕地之日起三年内依法复垦或修复，恢复种植条件的，全额退还已经缴纳的耕地占用税。上述所称依法复垦，均应由自然资源主管部门会同有关行业管理部门认定并出具验收合格确认书。[③]

第五节 契 税

契税（deed tax）是国家在土地、房屋权属转移时，按照当事人双方签订的合同（契约），以及所确定价格的一定比例，向权属承受人一次性征收的一种财产税。契税在中国历史悠久。新中国成立后，1950年中央人民政府政务院颁布实施了《契税暂行条例》。1997年7月7日，国务院根据社会经济和房地产业的发展变化，对原契税政策作了较大修改，发布了新的《中华人民共和国契税暂行条例》，从同年10月1日起施行。2020年8月11日，中华人民共和国第十三届全国人民代表大会常务委员会第二十一次会议通过了《中华人民共和国契税法》（以下简称《契税法》），自2021年9月1日起施行。

一、纳税人和征税范围

契税的纳税义务人是在中国境内转移土地、房屋权属，承受的单位和个人。[④]

上述转移土地、房屋权属，包括下列行为：[⑤]①土地使用权出让；②土地使用权转让，包括出售、赠与和交换，不包括土地承包经营权和土地经营权的转移；③房屋买卖、赠与和交换。

以下列方式转移土地、房屋权属的，视同土地使用权转让、房屋买卖或者房屋赠与征收契税：[⑥]①以土地、房屋权属作价投资、入股；②以土地、房屋权属抵偿债务；③以划转方式转移土地、房屋权属；④以奖励方式承受土地、房屋权属；⑤因共有不动产份额变化发生土地、房屋权属转移；⑥因共有人增加或者减少发生土地、房屋权属转移；⑦因人民法院、仲裁委员会的生效法律文书或者监察机关出具的监察文书等因素，发生土地、房屋权属转移。

上述承受，是指以受让、购买、受赠、交换等方式取得土地、房屋权属的行为。以划拨方式取得土地使用权，经批准改为出让方式重新取得该土地使用权的，由该土地使用权人缴纳契税。承受与房屋相关的附属设施（包括停车位、机动车库、非机动车库、顶层阁楼、储藏室及其他房屋附属设施）所有权或土地使用权的行为，按照契税法律、法规的规定征收契税。

二、税率

契税实行3%至5%的幅度比例税率。契税的具体适用税率，由各省、自治区、直辖市人民政府按照本地区的实际情况，在上述规定的幅度以内确定，报同级人民代表大会常务委员会决定，并报全国人民代表大会常务委员会和国务院备案。同时，省、自治区、直辖市可以依照上述规定的程序对不同主体、不同地

---

① 《耕地占用税法实施办法》，第二十八条。
② 《耕地占用税法》，第十一条。
③ 《耕地占用税法实施办法》，第十八条、第十九条。
④ 《契税法》，第一条。
⑤ 《契税法》，第二条。
⑥ 《契税法》，第二条；财政部、国家税务总局，《关于贯彻实施契税法若干事项执行口径的公告》，2021年第23号。

区、不同类型的住房的权属转移确定差别税率。[1]

实行幅度税率是考虑到中国经济发展不平衡，各地经济发展差异较大的实际情况。目前，天津、内蒙古、上海、浙江、福建、山东、广东、广西、海南、重庆、云南、贵州、陕西、青海、宁夏、新疆、北京、山西、江苏、安徽、江西、湖北、四川、甘肃、黑龙江、吉林、西藏等 27 个省、自治区、直辖市实行 3% 的契税税率，湖南省实行 4% 的税率；河北省契税税率为 4%，其中个人购买普通住房适用税率为 3%；辽宁省契税税率为 4%，对个人购买普通住房减按 3% 的税率征收；河南省住房权属转移契税税率为 3%，其他房屋和土地权属转移契税税率为 4%。

由于契税申报以不动产单元[2]为基本单位，因此，当房屋附属设施（包括停车位、机动车库、非机动车库、顶层阁楼、储藏室及其他房屋附属设施）与房屋为同一不动产单元的，适用与房屋相同的税率；与房屋为不同不动产单元的，按当地确定的适用税率计税。[3]

三、计税依据和应纳税额计算

契税的计税依据为不动产的价格。由于土地、房屋权属转移方式不同，定价方法不同，因而具体计税依据视不同情况而决定。

（1）土地使用权出让、出售、房屋买卖［包括以作价投资（入股）、偿还债务等应交付经济利益的方式转移土地、房屋权属］，为土地、房屋权属转移合同确定的不含增值税的成交价格；实际取得增值税发票的，成交价格以发票上注明的不含税价格确定。具体包括以下内容。

第一，以划拨方式取得的土地使用权，经批准改为出让方式重新取得该土地使用权的，应由该土地使用权人以补缴的土地出让价款为计税依据缴纳契税。

第二，先以划拨方式取得土地使用权，后经批准转让房地产，划拨土地性质改为出让的，承受方应分别以补缴的土地出让价款和房地产权属转移合同确定的成交价格为计税依据缴纳契税。

第三，先以划拨方式取得土地使用权，后经批准转让房地产，划拨土地性质未发生改变的，承受方应以房地产权属转移合同确定的成交价格为计税依据缴纳契税。

第四，土地使用权及所附建筑物、构筑物等（包括在建的房屋、其他建筑物、构筑物和其他附着物）转让的，计税依据为承受方应交付的总价款。承受已装修房屋的，应将包括装修费用在内的费用计入承受方应交付的总价款。

第五，土地使用权出让的，计税依据包括土地出让金、土地补偿费、安置补助费、地上附着物和青苗补偿费、征收补偿费、城市基础设施配套费、实物配建房屋等应交付的货币以及实物、其他经济利益对应的价款。[2]其中，对承受国有土地使用权所应支付的土地出让金，要计征契税。不得因减免土地出让金，而减免契税。[4]

第六，房屋附属设施（包括停车位、机动车库、非机动车库、顶层阁楼、储藏室及其他房屋附属设施）与房屋为同一不动产单元的，计税依据为承受方应交付的总价款；房屋附属设施与房屋为不同不动产单元的，计税依据为转移合同确定的成交价格。成交价格（指土地、房屋权属转移合同确定的价格，包括承受者应当支付的货币、实物、无形资产和其他经济利益）。买卖装修的房屋，装修费用应包括在内。对通过"招、拍、挂"程序承受国有土地使用权的，应按照土地成交总价款计征契税，其中的土地前期开发成本不得扣除。[5]纳税人因改变土地用途而签订土地使用权出让合同变更协议或者重新签订土地使用权出让合同的，计

---

[1] 《契税法》，第三条。
[2] 根据《不动产登记暂行条例》及其实施细则规定，上述所称不动产单元是权属界线封闭且具有独立使用价值的空间，且不动产单元具有唯一编码。
[3] 财政部、国家税务总局，《关于贯彻实施契税法若干事项执行口径的公告》，2021 年第 23 号。
[4] 国家税务总局，《关于免征土地出让金出让国有土地使用权征收契税的批复》，国税函〔2005〕436 号。
[5] 国家税务总局，《关于明确国有土地使用权出让契税计税依据的批复》，国税函〔2009〕603 号。

税依据为因改变土地用途应补缴的土地收益金及应补缴政府的其他费用。①

（2）土地使用权互换、房屋互换，互换价格相等的，互换双方计税依据为零；互换价格不相等的，计税依据为所互换的土地使用权、房屋不含增值税价格的差额。

（3）土地使用权赠与、房屋赠与以及其他没有价格（如划转、奖励等）的转移土地、房屋权属行为，为税务机关参照土地使用权出售、房屋买卖的市场价格依法核定的不含增值税价格。

此外，为避免偷、逃税款，纳税人申报的成交价格、互换价格差额明显偏低且无正当理由的，计税依据由税务机关依照《中华人民共和国税收征收管理法》的规定核定。

应纳税额计算公式如下：

$$应纳税额 = 计税依据 \times 适用税率$$

【例 19-5-1】某公司某年发生两笔互换房产业务，并已办理了相关手续。第一笔业务换出房产价值400万元，换进房产价值900万元；第二笔业务换出房产价值500万元，换进房产价值400万元。当地规定的契税税率为3%，请计算该单位应纳契税税额。

【答案】第二笔业务价格差价为负，不征契税，仅第一笔业务交契税，所以应纳税额 = (900−400)×3% = 15（万元）

四、减免税

契税的主要减免税规定情形如下。②

（1）国家机关、事业单位、社会团体、军事单位承受土地、房屋权属用于办公、教学、医疗、科研、军事设施。

（2）非营利性的学校、医疗机构、社会福利机构承受土地、房屋权属用于办公、教学、医疗、科研、养老、救助。

享受契税免税优惠的非营利性的学校、医疗机构、社会福利机构，限于上述三类单位中依法登记为事业单位、社会团体、基金会、社会服务机构等的非营利法人和非营利组织。其中：①学校的具体范围为经县级以上人民政府或者其教育行政部门批准成立的大学、中学、小学、幼儿园，实施学历教育的职业教育学校、特殊教育学校、专门学校，以及经省级人民政府或者其人力资源社会保障行政部门批准成立的技工院校。②医疗机构的具体范围为经县级以上人民政府卫生健康行政部门批准或者备案设立的医疗机构。③社会福利机构的具体范围为依法登记的养老服务机构、残疾人服务机构、儿童福利机构、救助管理机构、未成年人救助保护机构。

用于办公、教学、医疗、科研、养老、救助，分别是指：①用于办公的，限于办公室（楼）以及其他直接用于办公的土地、房屋；②用于教学的，限于教室（教学楼）以及其他直接用于教学的土地、房屋；③用于医疗的，限于门诊部以及其他直接用于医疗的土地、房屋；④用于科研的，限于科学试验的场所以及其他直接用于科研的土地、房屋；⑤用于军事设施的，限于直接用于《中华人民共和国军事设施保护法》规定的军事设施的土地、房屋；⑥用于养老的，限于直接用于为老年人提供养护、康复、托管等服务的土地、房屋；⑦用于救助的，限于直接为残疾人、未成年人、生活无着的流浪乞讨人员提供养护、康复、托管等服务的土地、房屋。

（3）承受荒山、荒地、荒滩土地使用权用于农、林、牧、渔业生产。

（4）婚姻关系存续期间夫妻之间变更土地、房屋权属。

（5）法定继承人通过继承承受土地、房屋权属。

（6）依照法律规定应当予以免税的外国驻华使馆、领事馆和国际组织驻华代表机构承受土地、房屋权属。

---

① 国家税务总局，《关于改变国有土地使用权出让方式征收契税的批复》，国税函〔2008〕662号。
② 《契税法》，第六条；财政部、国家税务总局，《关于贯彻实施契税法若干事项执行口径的公告》，2021年第23号；财政部、国家税务总局，《关于契税法实施后有关优惠政策衔接问题的公告》，2021年第29号。

(7) 夫妻因离婚分割共同财产发生土地、房屋权属变更的，免征契税。

(8) 城镇职工按规定第一次购买公有住房的，免征契税。公有制单位为解决职工住房而采取集资建房方式建成的普通住房或由单位购买的普通商品住房，经县级以上地方人民政府房改部门批准、按照国家房改政策出售给本单位职工的，如属职工首次购买住房，比照公有住房免征契税。已购公有住房经补缴土地出让价款成为完全产权住房的，免征契税。

(9) 外国银行分行按照《中华人民共和国外资银行管理条例》等相关规定改制为外商独资银行（或其分行），改制后的外商独资银行（或其分行）承受原外国银行分行的房屋权属的，免征契税。

(10) 军队离退休干部住房由国家投资建设，军队和地方共同承担建房任务，其中军队承建部分完工后应逐步移交地方政府管理。免征军建离退休干部住房及附属用房移交地方政府管理所涉及的契税。[1]

(11) 对经国务院批准成立的中国信达资产管理公司、中国华融资产管理公司、中国长城资产管理公司和中国东方资产管理公司，及其经批准分设于各地的分支机构接受相关国有银行的不良债权，借款方以土地使用权、房屋所有权抵充贷款本息的，免征承受土地使用权、房屋所有权应缴纳的契税。[2]对上述四大金融资产管理公司按财政部核定的资本金数额，接收国有商业银行的资产，在办理过户手续时，免征契税。[3]

(12) 对经中国人民银行依法决定撤销的金融机构及其分设于各地的分支机构在清算过程中催收债权时，接收债务方土地使用权、房屋所有权所发生的权属转移免征契税。[4]

(13) 在中国东方资产管理公司处置港澳国际（集团）有限公司有关资产过程中，对东方资产管理公司接收港澳国际（集团）有限公司的房地产以抵偿债务的，免征东方资产管理公司承受房屋所有权、土地使用权应缴纳的契税；对港澳国际（集团）内地公司在清算期间催收债权以及港澳国际（集团）香港公司清算期间在中国境内催收债权时，免征接收房屋所有权、土地使用权应缴纳的契税。[5]

(14) 对国家金融监督管理总局各级派出机构承受中国人民银行各分支行无偿划转的土地、房屋用于办公设施的应免征契税。[6]

(15) 对青藏铁路公司及其所属单位承受土地、房屋权属用于办公及运输主业的，免征契税；对于因其他用途承受的土地、房屋权属，应照章征收契税。[7]

(16) 对经济适用住房经营管理单位回购经济适用住房继续作为经济适用住房房源的，免征契税。对个人购买经济适用住房，在法定税率基础上减半征收契税。[8]

(17) 对金融租赁公司开展售后回租业务，承受承租人房屋、土地权属的，照章征税。对售后回租合同期满，承租人回购原房屋、土地权属的，免征契税。[9]

(18) 单位、个人以房屋、土地以外的资产增资，相应扩大其在被投资公司的股权持有比例，无论被投资公司是否变更工商登记，其房屋、土地权属不发生转移，不征收契税。[9]

(19) 个体工商户的经营者将其个人名下的房屋、土地权属转移至个体工商户名下，或个体工商户将其名下的房屋、土地权属转回原经营者个人名下，免征契税。合伙企业的合伙人将其名下的房屋、土地权属转移至合伙企业名下，或合伙企业将其名下的房屋、土地权属转回原合伙人名下，免征契税。[9]

(20) 在棚户区改造中，对经营管理单位回购已分配的改造安置住房继续作为改造安置房源的，免征契税；对个人首次购买90平方米以下改造安置住房，按1%的税率计征契税；购买超过90平方米，但符合普

---

[1] 财政部、国家税务总局，《关于免征军建离退休干部住房移交地方政府管理所涉及税的通知》，财税字〔2000〕176号。
[2] 财政部、国家税务总局，《关于中国信达等4家金融资产管理公司税收政策问题的通知》，财税〔2001〕10号。
[3] 财政部、国家税务总局，《关于4家资产管理公司接收资本金项下的资产在办理过户时有关税收政策问题的通知》，财税〔2003〕21号。
[4] 财政部、国家税务总局，《关于被撤销金融机构有关税收政策问题的通知》，财税〔2003〕141号。
[5] 财政部、国家税务总局，《关于中国东方资产管理公司处置港澳国际（集团）有限公司有关资产税收政策问题的通知》，财税〔2003〕212号。
[6] 财政部、国家税务总局，《关于银监会各级派出机构从中国人民银行各分支行划转房屋土地有关税收问题的函》，财税〔2005〕149号。
[7] 财政部、国家税务总局，《关于青藏铁路公司运营期间有关税收等政策问题的通知》，财税〔2007〕11号。
[8] 财政部、国家税务总局，《关于廉租住房经济适用住房和住房租赁有关税收政策的通知》，财税〔2008〕24号。
[9] 财政部、国家税务总局，《关于企业以售后回租方式进行融资等有关契税政策的通知》，财税〔2012〕82号。

通住房标准的改造安置住房,按法定税率减半计征契税。[①]

(21) 对个人购买家庭唯一住房(家庭成员范围包括购房人、配偶以及未成年子女,下同),面积为90平方米及以下的,减按1%的税率征收契税;面积为90平方米以上的,减按1.5%的税率征收契税。对个人购买家庭第二套改善性住房,面积为90平方米及以下的,减按1%的税率征收契税;面积为90平方米以上的,减按2%的税率征收契税。上述所称家庭第二套改善性住房是指已拥有一套住房的家庭,购买的家庭第二套住房。[②]

(22) 支持农村集体产权制度改革的契税优惠政策包括:[③]①对进行股份合作制改革后的农村集体经济组织承受原集体经济组织的土地、房屋权属,免征契税。②对农村集体经济组织以及代行集体经济组织职能的村民委员会、村民小组进行清产核资收回集体资产而承受土地、房屋权属,免征契税。③对农村集体土地所有权、宅基地和集体建设用地使用权及地上房屋确权登记,不征收契税。

(23) (全面脱贫前)易地扶贫搬迁的契税优惠政策包括:[④]①对(全面脱贫前)易地扶贫搬迁贫困人口按规定取得的安置住房,免征契税。②对(全面脱贫前)易地扶贫搬迁项目实施主体(以下简称项目实施主体)取得用于建设安置住房的土地,免征契税、印花税。③在商品住房等开发项目中配套建设安置住房的,按安置住房建筑面积占总建筑面积的比例,计算应予免征的安置住房用地相关的契税、城镇土地使用税,以及项目实施主体、项目单位相关的印花税。④对项目实施主体购买商品住房或者回购保障性住房作为安置住房房源的,免征契税、印花税。

(24) 对饮水工程运营管理单位为建设饮水工程而承受土地使用权,免征契税(政策期限2027年12月31日止)。对于既向城镇居民供水,又向农村居民供水的饮水工程运营管理单位,依据向农村居民供水量占总供水量的比例免征契税、印花税、房产税和城镇土地使用税。无法提供具体比例或所提供数据不实的,不得享受上述税收优惠政策。[⑤]

(25) 对公租房经营管理单位购买住房作为公租房,免征契税(政策期限2025年12月31日止)。[⑥]

(26) 为社区提供养老、托育、家政等服务的机构承受房屋、土地用于提供社区养老、托育、家政服务的,免征契税(政策期限2025年12月31日止)。[⑦]

(27) 对银行业金融机构、金融资产管理公司接收抵债资产免征契税(政策期限2027年12月31日止)。其中,银行业金融机构,是指在中华人民共和国境内设立的商业银行、农村合作银行、农村信用社、村镇银行、农村资金互助社以及政策性银行;抵债不动产,是指经人民法院判决裁定或仲裁机构仲裁的抵债不动产;金融资产管理公司的抵债不动产,限于其承接银行业金融机构不良债权涉及的抵债不动产。[⑧]

(28) 企业事业单位改制重组中的契税优惠政策规定如下(政策期限2027年12月31日止)。[⑨]

第一,企业改制。企业按照《中华人民共和国公司法》有关规定整体改制,包括非公司制企业改制为有限责任公司或股份有限公司,有限责任公司变更为股份有限公司,股份有限公司变更为有限责任公司,原企业投资主体存续并在改制(变更)后的公司中所持股权(股份)比例超过75%,且改制(变更)后公司承继原企业权利、义务的,对改制(变更)后公司承受原企业土地、房屋权属,免征契税。

[①] 财政部、国家税务总局,《关于棚户区改造有关税收政策的通知》,财税〔2013〕101号。
[②] 财政部、国家税务总局、住房城乡建设部,《关于调整房地产交易环节契税、营业税优惠政策的通知》,财税〔2016〕23号。
[③] 财政部、国家税务总局,《关于支持农村集体产权制度改革有关税收政策的通知》,财税〔2017〕55号。
[④] 财政部、国家税务总局,《关于易地扶贫搬迁税收优惠政策的通知》,财税〔2018〕135号。
[⑤] 财政部、国家税务总局,《关于继续实施农村饮水安全工程税收优惠政策的公告》,2023年第58号。
[⑥] 财政部、国家税务总局,《关于继续实施公共租赁住房税收优惠政策的公告》,2023年第33号。
[⑦] 财政部、国家税务总局、国家发展改革委、民政部、商务部、国家卫生健康委,《关于养老、托育、家政等社区家庭服务业税费优惠政策的公告》,2019年第76号。
[⑧] 财政部、国家税务总局,《关于继续实施银行业金融机构、金融资产管理公司不良债权以物抵债有关税收政策的公告》,2023年第35号。
[⑨] 财政部、国家税务总局,《关于继续实施企业、事业单位改制重组有关契税政策的公告》,2023年第49号。

第二，事业单位改制。事业单位按照国家有关规定改制为企业，原投资主体存续并在改制后企业中出资（股权、股份）比例超过50%的，对改制后企业承受原事业单位土地、房屋权属，免征契税。

第三，公司合并。两个或两个以上的公司，依照法律规定、合同约定，合并为一个公司，且原投资主体存续的，对合并后公司承受原合并各方土地、房屋权属，免征契税。

第四，公司分立。公司依照法律规定、合同约定分立为两个或两个以上与原公司投资主体相同的公司，对分立后公司承受原公司土地、房屋权属，免征契税。

第五，企业破产。企业依照有关法律法规规定实施破产，债权人（包括破产企业职工）承受破产企业抵偿债务的土地、房屋权属，免征契税；对非债权人承受破产企业土地、房屋权属，凡按照《中华人民共和国劳动法》等国家有关法律法规政策妥善安置原企业全部职工规定，与原企业全部职工签订服务年限不少于三年的劳动用工合同的，对其承受所购企业土地、房屋权属，免征契税；与原企业超过30%的职工签订服务年限不少于三年的劳动用工合同的，减半征收契税。

第六，资产划转。对承受县级以上人民政府或国有资产管理部门按规定进行行政性调整、划转国有土地、房屋权属的单位，免征契税。

同一投资主体内部所属企业之间土地、房屋权属的划转，包括母公司与其全资子公司之间，同一公司所属全资子公司之间，同一自然人与其设立的个人独资企业、一人有限公司之间土地、房屋权属的划转，免征契税。

母公司以土地、房屋权属向其全资子公司增资，视同划转，免征契税。

第七，债权转股权。经国务院批准实施债权转股权的企业，对债权转股权后新设立的公司承受原企业的土地、房屋权属，免征契税。

第八，划拨用地出让或作价出资。以出让方式或国家作价出资（入股）方式承受原改制重组企业、事业单位划拨用地的，不属上述规定的免税范围，对承受方应按规定征收契税。

第九，公司股权（股份）转让。在股权（股份）转让中，单位、个人承受公司股权（股份），公司土地、房屋权属不发生转移，不征收契税。

上述所称企业公司，是指依照我国有关法律法规设立并在中国境内注册的企业、公司；所称投资主体存续，企业改制重组的，是指原改制重组企业的出资人必须存在于改制重组后的企业；事业单位改制的，是指履行国有资产出资人职责的单位必须存在于改制后的企业，出资人的出资比例可以发生变动；投资主体相同，是指公司分立前后出资人不发生变动，出资人的出资比例可以发生变动。

同时，国务院根据国民经济和社会发展的需要，对居民住房需求保障、企业改制重组、灾后重建等情形可以规定免征或者减征契税，报全国人民代表大会常务委员会备案。

纳税人改变有关土地、房屋的用途，或者有其他不再属于契税法第六条规定的免征、减征契税情形的，应当缴纳已经免征、减征的税款。[①]

此外，省、自治区、直辖市可以决定对下列情形免征或者减征契税。[②]

（1）因土地、房屋被县级以上人民政府征收、征用，重新承受土地、房屋权属。

（2）因不可抗力灭失住房，重新承受住房权属。

前述规定的免征或者减征契税的具体办法，由省、自治区、直辖市人民政府提出，报同级人民代表大会常务委员会决定，并报全国人民代表大会常务委员会和国务院备案。

五、纳税期限、纳税地点和退税

契税的纳税义务发生时间，为纳税人签订土地、房屋权属转移合同的当日，或者纳税人取得其他

[①]《契税法》，第八条。
[②]《契税法》，第七条。

具有土地、房屋权属转移合同性质凭证的当日。①因人民法院、仲裁委员会的生效法律文书或者监察机关出具的监察文书等发生土地、房屋权属转移的，纳税义务发生时间为法律文书等生效当日。②纳税人应当在依法办理土地、房屋权属登记手续前申报缴纳契税。③

因改变土地、房屋用途等情形应当缴纳已经减征、免征契税的，纳税义务发生时间为改变有关土地、房屋用途等情形的当日。因改变土地性质、容积率等土地使用条件需补缴土地出让价款，应当缴纳契税的，纳税义务发生时间为改变土地使用条件当日。发生上述情形，按规定不再需要办理土地、房屋权属登记的，纳税人应自纳税义务发生之日起90日内申报缴纳契税。①

契税由土地、房屋所在地的税务机关依照《中华人民共和国契税法》和《中华人民共和国税收征收管理法》的规定征收管理。纳税人办理纳税事宜后，税务机关应当开具契税完税凭证。纳税人办理土地、房屋权属登记，不动产登记机构应当查验契税完税、减免税凭证或者有关信息。未按照规定缴纳契税的，不动产登记机构不予办理土地、房屋权属登记。④

纳税人缴纳契税后发生下列情形，可依照有关法律法规申请退税：①①在依法办理土地、房屋权属登记前，权属转移合同、权属转移合同性质凭证不生效、无效、被撤销或者被解除的；⑤②因人民法院判决或者仲裁委员会裁决导致土地、房屋权属转移行为无效、被撤销或者被解除，且土地、房屋权属变更至原权利人的；③在出让土地使用权交付时，因容积率调整或实际交付面积小于合同约定面积需退还土地出让价款的；④在新建商品房交付时，因实际交付面积小于合同约定面积需返还房价款的。

第六节 车 船 税

车船税（vehicle and vessel tax）是对中国境内的车船，按其种类、吨位，实行定额征收的一种税。中国在20世纪50年代就已经在全国范围内征收车船使用牌照税，基本法规是1951年由政务院发布的《车船使用牌照税暂行条例》。但在20世纪70年代全面试行工商税的税制改革时将对国营、集体企业征收的车船使用牌照税并入了工商税，仅对外侨、外国企业和外商投资企业继续征收此税。1986年9月15日国务院发布了《中华人民共和国车船使用税暂行条例》，于当年10月1日起施行，除对外商投资企业等涉外单位及外籍人员继续按原车船使用牌照税的有关规定执行外，所有企业和个人均依上述条例的规定纳税。2006年底，国务院发布了《中华人民共和国车船税暂行条例》，将车船使用税和车船使用牌照税合并，条例从2007年1月1日开始施行。中华人民共和国第十一届全国人民代表大会常务委员会第十九次会议于2011年2月25日通过了《中华人民共和国车船税法》（以下简称《车船税法》），自2012年1月1日起施行。2011年11月23日国务院第182次常务会议通过相应的《中华人民共和国车船税法实施条例》（以下简称《车船税法实施条例》），自2012年1月1日起施行。

一、征税范围和纳税人、扣缴义务人、代征人

车船税法规定的征税范围是税法所附《车船税税目税额表》所列的车辆、船舶，包括依法应当在车船登记管理部门登记的机动车辆和船舶，以及依法不需要在车船登记管理部门登记的在单位内部场所行驶或者作业的机动车辆和船舶。⑥对纯电动乘用车、燃料电池乘用车、非机动车船（不包括非机动驳船）、临时入境的外国车船和香港特别行政区、澳门特别行政区、台湾地区的车船，不征收车船税。⑦境内单位和个人

---

① 《契税法》，第九条。
② 财政部、国家税务总局，《关于贯彻实施契税法若干事项执行口径的公告》，2021年第23号。
③ 《契税法》，第十条。
④ 《契税法》，第十一条、第十四条。
⑤ 《契税法》，第十二条。
⑥ 《车船税法》，第一条；《车船税法实施条例》，第二条。
⑦ 《车船税法实施条例》，第二十四条；国家税务总局，《关于印发〈中华人民共和国车船税法宣传提纲〉的通知》，国税函〔2011〕712号。

租入外国籍船舶的，不征收车船税。境内单位和个人将船舶出租到境外的，应依法征收车船税。①

征税范围内的车辆、船舶（以下简称车船）的所有人或者管理人是车船税的纳税义务人。其中，所有人是指在我国境内拥有车船的单位和个人；管理人是指对车船具有管理权或者使用权，不具有所有权的单位。上述单位，包括在中国境内成立的行政机关、企业、事业单位、社会团体以及其他组织；上述个人，包括个体工商户以及其他个人。②

为方便纳税人缴纳车船税，节约征纳双方的成本，实现车辆车船税的源头控管，税务机关对机动车车船税实行代收代缴制度，规定从事机动车第三者责任强制保险业务的保险机构为机动车车船税的扣缴义务人。除按规定不需要出具减免税证明的减税或者免税车辆外，纳税人无法提供税务机关出具的完税凭证或减免税证明的，保险机构均应在收取保险费时依法代收车船税，并出具代收税款凭证。③对已经向主管税务机关申报缴纳车船税的纳税人，保险机构在销售交强险时，不再代收代缴车船税；④已由保险机构代收代缴车船税的，纳税人不再向车辆登记地的主管税务机关申报缴纳车船税。①

没有扣缴义务人的，纳税人应当向主管税务机关自行申报缴纳车船税。⑤

已缴纳车船税的车船在同一纳税年度内办理转让过户的，不另纳税，也不退税。⑥

此外，为有利于税收管理和方便纳税，税务机关对船舶车船税实行委托代征制度，委托交通运输部门海事管理机构代为征收船舶车船税税款。⑦

二、税目和税额标准

车船税的税额标准，车船的适用税额，依照《车船税税目税额表》（表19-6-1）执行。

表 19-6-1 车船税税目税额表⑧

税目		计税单位	年基准税额	备注
乘用车［按发动机汽缸容量（排气量）分档］	1.0升（含）以下的	每辆	60元至360元	核定载客人数9人（含）以下
	1.0升以上至1.6升（含）的		300元至540元	
	1.6升以上至2.0升（含）的		360元至660元	
	2.0升以上至2.5升（含）的		660元至1200元	
	2.5升以上至3.0升（含）的		1200元至2400元	
	3.0升以上至4.0升（含）的		2400元至3600元	
	4.0升以上的		3600元至5400元	
商用车	客车	每辆	480元至1440元	核定载客人数9人以上，包括电车
	货车	整备质量每吨	16元至120元	包括半挂牵引车、三轮汽车和低速载货汽车等
挂车		整备质量每吨	按照货车税额的50%计算	
其他车辆	专用作业车	整备质量每吨	16元至120元	不包括拖拉机
	轮式专用机械车		16元至120元	

---

① 国家税务总局，《关于车船税征管若干问题的公告》，2013年第42号。
② 国家税务总局，《关于印发〈中华人民共和国车船税法宣传提纲〉的通知》，国税函〔2011〕712号。
③ 《车船税法》，第六条；国家税务总局，《关于印发〈中华人民共和国车船税法宣传提纲〉的通知》，国税函〔2011〕712号。
④ 国家税务总局、中国保险监督管理委员会，《关于机动车车船税代收代缴有关事项的公告》，2011年第75号。
⑤ 《车船税法实施条例》，第十五条。
⑥ 《车船税法实施条例》，第二十条。
⑦ 国家税务总局、交通运输部，《关于发布〈船舶车船税委托代征管理办法〉的公告》，2013年第1号。
⑧ 《车船税法》附表。

续表

税目		计税单位	年基准税额	备注
摩托车		每辆	36元至180元	
船舶	机动船舶	净吨位每吨	3元至6元	拖船、非机动驳船分别按照机动船舶税额的50%计算
	游艇	艇身长度每米	600元至2000元	

其中，乘用车，是指在设计和技术特性上主要用于载运乘客及随身行李，核定载客人数包括驾驶员在内不超过9人的汽车。

商用车，是指除乘用车外，在设计和技术特性上用于载运乘客、货物的汽车，划分为客车和货车。客货两用车依照货车的计税单位和年基准税额计征车船税。客货两用车，又称多用途货车，是指在设计和结构上主要用于载运货物，但在驾驶员座椅后带有固定或折叠式座椅，可运载三人以上乘客的货车。①

半挂牵引车，是指装备有特殊装置用于牵引半挂车的商用车。

三轮汽车，是指最高设计车速不超过每小时50公里，具有3个车轮的货车。

低速载货汽车，是指以柴油机为动力，最高设计车速不超过每小时70公里，具有4个车轮的货车。

挂车，是指就其设计和技术特性需由汽车或者拖拉机牵引，才能正常使用的一种无动力的道路车辆。②

专用作业车，是指在其设计和技术特性上用于特殊工作，并装置有专用设备或器具的车辆，如汽车起重机、消防车、混凝土泵车、清障车、高空作业车、洒水车、扫路车等。以载运人员或货物为主要目的的专用汽车，如救护车，不属于专用作业车。①

轮式专用机械车，是指有特殊结构和专门功能，装有橡胶车轮可以自行行驶，最高设计车速大于每小时20公里的轮式工程机械车。

摩托车，是指无论采用何种驱动方式，最高设计车速大于每小时50公里，或者使用内燃机，其排量大于50毫升的两轮或者三轮车辆。

船舶，是指各类机动、非机动船舶以及其他水上移动装置，但是船舶上装备的救生艇筏和长度小于5米的艇筏除外。其中，机动船舶是指用机器推进的船舶；拖船是指专门用于拖（推）动运输船舶的专业作业船舶；非机动驳船，是指在船舶登记管理部门登记为驳船的非机动船舶；游艇是指具备内置机械推进动力装置，长度在90米以下，主要用于游览观光、休闲娱乐、水上体育运动等活动，并应当具有船舶检验证书和适航证书的船舶。②

省、自治区、直辖市人民政府在车船税法规定的税额幅度内，遵循以下原则确定车辆具体适用税额，报国务院备案：③①乘用车依排气量从小到大递增税额；②客车按照核定载客人数20人以下和20人（含）以上两档划分，递增税额。

这样规定，主要是考虑到中国幅员辽阔，车辆种类繁多，很难硬性规定一个统一的税额，由省、自治区、直辖市人民政府自行规定，更有利于税法的贯彻执行。

船舶的具体适用税额由国务院在《车船税税目税额表》规定的税额幅度内确定。其中，机动船舶具体适用税额为：④①净吨位不超过200吨的，每吨3元；②净吨位超过200吨但不超过2000吨的，每吨4元；③净吨位超过2000吨但不超过10 000吨的，每吨5元；④净吨位超过10 000吨的，每吨6元。

---

① 《车船税法实施条例》，第二十六条。
② 国家税务总局，《关于车船税征管若干问题的公告》，2013年第42号。
③ 《车船税法实施条例》，第三条。
④ 《车船税法实施条例》，第四条。

拖船按照发动机功率每 1 千瓦折合净吨位 0.67 吨计算征收车船税。

游艇具体适用税额为：①①艇身长度不超过 10 米的，每米 600 元；②艇身长度超过 10 米但不超过 18 米的，每米 900 元；③艇身长度超过 18 米但不超过 30 米的，每米 1300 元；④艇身长度超过 30 米的，每米 2000 元；⑤辅助动力帆艇，每米 600 元。

上述《车船税税目税额表》以及具体适用税额所涉及的排气量、整备质量、核定载客人数、净吨位、千瓦、艇身长度，以车船登记管理部门核发的车船登记证书或者行驶证所载数据为准。依法不需要办理登记的车船和依法应当登记而未办理登记或者不能提供车船登记证书、行驶证的车船，以车船出厂合格证明或者进口凭证标注的技术参数、数据为准；不能提供车船出厂合格证明或者进口凭证的，由主管税务机关参照国家相关标准核定，没有国家相关标准的参照同类车船核定。②

三、应纳税额计算

车船税应纳税额计算公式如下。

（1）应纳税额＝应纳税车辆数量（或者整备质量）×适用税额标准

（2）应纳税额＝应纳税船舶净吨位（或者艇身长度）×适用税额标准

纳税人按照纳税地点所在的省、自治区、直辖市人民政府确定的具体适用税额缴纳车船税。③乘用车以车辆登记管理部门核发的机动车登记证书或者行驶证书所载的排气量毫升数确定税额区间。④

整备质量、净吨位、艇身长度等计税单位，有尾数的一律按照含尾数的计税单位据实计算车船税应纳税额。计算得出的应纳税额小数点后超过两位的可四舍五入保留两位小数。④

购置的新车船，购置当年的应纳税额自纳税义务发生的当月起按月计算。应纳税额为年应纳税额除以 12 再乘以应纳税月份数，⑤即

$$应纳税额 = （年应纳税额 \div 12） \times 应纳税月份数$$

【例 19-6-1】某运输公司拥有载货汽车 15 辆（每辆货车整备质量 10 吨）；乘人大客车 20 辆；小客车 10 辆。计算该公司应纳车船税（注：载货汽车每吨年税额 90 元，乘人大客车每辆年税额 1200 元，小客车每辆年税额 800 元）。

【答案】（1）载货汽车应纳税额＝90×15×10＝13 500（元）；

（2）乘人汽车应纳税额＝1200×20＝24 000（元）；

（3）小客车应纳税＝800×10＝8000（元）；

（4）全年应纳车船税额＝13 500＋24 000＋8000＝45 500（元）。

四、减免税⑥

1. 免征车船税的车船

（1）捕捞、养殖渔船，是指在渔业船舶登记管理部门登记为捕捞船或者养殖船的船舶。

（2）军队、武装警察部队专用的车船，是指按照规定在军队、武装警察部队车船登记管理部门登记，并领取军队、武警牌照的车船。

---

① 《车船税法实施条例》，第五条。
② 《车船税法实施条例》，第六条。
③ 《车船税法实施条例》，第十七条。
④ 国家税务总局，《关于车船税征管若干问题的公告》，2013 年第 42 号。
⑤ 《车船税法实施条例》，第十九条。
⑥ 《车船税法》，第三条至五条；《车船税法实施条例》，第七条至九条。

（3）警用车船，是指公安机关、国家安全机关、监狱、劳动教养管理机关和人民法院、人民检察院领取警用牌照的车辆和执行警务的专用船舶。

（4）悬挂应急救援专用号牌的国家综合性消防救援车辆和国家综合性消防救援专用船舶。

（5）依照法律规定应当予以免税的外国驻华使领馆、国际组织驻华代表机构及其有关人员的车船。

（6）对政府部门和企事业单位、社会团体以及个人等社会力量投资兴办的福利性、非营利性的老年服务机构自用的房产、土地、车船，暂免征收房产税、城镇土地使用税、车船使用税（现为车船税）。老年服务机构，是指专门为老年人提供生活照料、文化、护理、健身等多方面服务的福利性、非营利性的机构，主要包括：老年社会福利院、敬老院（养老院）、老年服务中心、老年公寓（含老年护理院、康复中心、托老所）等。[①]

（7）经中国人民银行依法决定撤销的金融机构及其分设于各地的分支机构，包括被依法撤销的商业银行、信托投资公司、财务公司、金融租赁公司、城市信用社和农村信用社（不包括被撤销的金融机构所属、附属企业），在清理和处置财产时，对其清算期间自有的或从债务方接收的房地产、车辆，免征房产税、城镇土地使用税和车船使用税（现为车船税）。[②]

在中国东方资产管理公司处置港澳国际（集团）有限公司有关资产过程中，对东方资产管理公司接收港澳国际（集团）有限公司的房地产、车辆，免征应缴纳的房产税、城镇土地使用税和车船使用税（现为车船税）；对港澳国际（集团）内地公司在清算期间自有的和从债务方接收的房地产、车辆，免征应缴纳的房产税、城镇土地使用税、车船使用税和车船使用牌照税（现为车船税）；对港澳国际（集团）香港公司在中国境内拥有的和从债务方接收的房地产、车辆，在清算期间免征应承担的城市房地产税（现为房产税）和车船使用牌照税（现为车船税）。[③]

2. 其他情况

（1）对节约能源、使用新能源的车船可以免征或者减半征收车船税。免征或者减半征收车船税的车船的范围，由国务院财政、税务主管部门商国务院有关部门制订，报国务院批准。[④]

（2）对受地震、洪涝等严重自然灾害影响纳税困难以及其他特殊原因确需减免税的车船，可以在一定期限内减征或者免征车船税。具体减免期限和数额由省、自治区、直辖市人民政府确定，报国务院备案。[④]

（3）省、自治区、直辖市人民政府根据当地实际情况，可以对公共交通车船，农村居民拥有并主要在农村地区使用的摩托车、三轮汽车和低速载货汽车定期减征或者免征车船税。[⑤]

（4）为保障公安现役部队和武警黄金、森林、水电部队改制工作顺利进行，对公安现役部队和武警黄金、森林、水电部队换发地方机动车牌证的车辆（公安消防、武警森林部队执行灭火救援任务的车辆除外），一次性免征车辆购置税，免征换发当年车船税。[⑥]

五、纳税地点、纳税期限和退税

车船税由地方税务机关负责征收。[⑦]

车船税的纳税地点为车船的登记地或者车船税扣缴义务人所在地。纳税人自行申报缴纳的，应在车船

---

① 财政部、国家税务总局，《关于对老年服务机构有关税收政策问题的通知》，财税〔2000〕97号。
② 财政部、国家税务总局，《关于被撤销金融机构有关税收政策问题的通知》，财税〔2003〕141号。
③ 财政部、国家税务总局，《关于中国东方资产管理公司处置港澳国际（集团）有限公司有关资产税收政策问题的通知》，财税〔2003〕212号。
④ 《中华人民共和国车船税法实施条例》，第十条。
⑤ 《中华人民共和国车船税法》，第五条。
⑥ 财政部、国家税务总局，《关于公安现役部队和武警黄金森林水电部队改制后车辆移交地方管理有关税收政策的通知》，财税〔2018〕163号。
⑦ 《车船税法实施条例》，第十一条。

的登记地缴纳车船税；保险机构代收代缴车船税的，应在保险机构所在地缴纳车船税。依法不需要办理登记的车船，应在车船的所有人或者管理人所在地缴纳车船税。[1]

车船税纳税义务发生时间为取得车船所有权或者管理权的当月，应当以购买车船的发票或者其他证明文件所载日期的当月为准。[2]

车船税按年申报，分月计算，一次性缴纳。纳税年度为公历1月1日至12月31日。具体申报纳税期限由省、自治区、直辖市人民政府规定。[3]由保险机构代收代缴机动车车船税的，纳税人应当在购买机动车交强险的同时缴纳车船税。[4]

已经缴纳车船税的车船，因质量原因，车船被退回生产企业或者经销商的，纳税人可以向纳税所在地的主管税务机关申请退还自退货月份起至该纳税年度终了期间的税款。退货月份以退货发票所载日期的当月为准。[5]

在一个纳税年度内，已完税的车船被盗抢、报废、灭失的，纳税人可以凭有关管理机关出具的证明和完税凭证，向纳税所在地的主管税务机关申请退还自被盗抢、报废、灭失月份起至该纳税年度终了期间的税款。已办理退税的被盗抢车船失而复得的，纳税人应当从公安机关出具相关证明的当月起计算缴纳车船税。[6]

第七节　车辆购置税

车辆购置税（vehicle purchase tax）是取代原车辆购置附加费而对购置的车辆征收的一种税收。2000年10月22日，国务院发布《中华人民共和国车辆购置税暂行条例》，从2001年1月1日起施行。2018年12月29日，中华人民共和国第十三届全国人民代表大会常务委员会第七次会议通过了《中华人民共和国车辆购置税法》，自2019年7月1日起施行。车辆购置税属于指定用途的税种，其收入重点用于交通事业建设，由中央财政根据交通运输部提出、国家发改委审批下达的公路建设投资计划，用于国道、省道干线公路建设。

一、纳税人

在中国境内购置汽车、有轨电车、汽车挂车、排气量超过150毫升的摩托车（以下统称应税车辆）的单位和个人，为车辆购置税的纳税人。[7]

购置，包括购买、进口、自产、受赠、获奖或者以其他方式取得并自用应税车辆的行为。[8]

地铁、轻轨等城市轨道交通车辆，装载机、平地机、挖掘机、推土机等轮式专用机械车，以及起重机（吊车）、叉车、电动摩托车，不属于应税车辆。[9]购置这些车辆的单位和个人，不需要缴纳车辆购置税。

已经办理免税、减税手续的车辆因转让、改变用途等原因不再属于免税、减税范围的，发生转让行为的，受让人为车辆购置税纳税人；未发生转让行为的，以车辆所有人为车辆购置税纳税人。[9]

车辆购置税实行一次性征收。购置已征车辆购置税的车辆，不再征收车辆购置税。[10]

---

[1] 《车船税法》，第七条；国家税务总局，《关于印发〈中华人民共和国车船税法宣传提纲〉的通知》，国税函〔2011〕712号。
[2] 《车船税法》，第八条；《车船税法实施条例》，第二十一条。
[3] 《车船税法》，第九条；《车船税法实施条例》，第二十三条。
[4] 国家税务总局，《关于印发〈中华人民共和国车船税法宣传提纲〉的通知》，国税函〔2011〕712号。
[5] 国家税务总局，《关于车船税征管若干问题的公告》，2013年第42号。
[6] 《车船税法实施条例》，第十九条。
[7] 《中华人民共和国车辆购置税法》（以下简称《车辆购置税法》），第一条。
[8] 《车辆购置税法》，第二条。
[9] 财政部、国家税务总局，《关于车辆购置税有关具体政策的公告》，2019年第71号。
[10] 《车辆购置税法》，第三条。

二、计税价格和应纳税额计算

车辆购置税实行从价定率的办法计算应纳税额,税率为10%。[①]

应纳税额的计算公式为

$$应纳税额 = 计税价格 \times 适用税率$$

车辆购置税的计税价格根据不同情况,按照下列规定确定。[②]

(1)纳税人购买自用应税车辆的计税价格,为纳税人实际支付给销售者的全部价款。该价款依据纳税人购买应税车辆时相关凭证载明的价格确定,不包括增值税税款。

(2)纳税人进口自用应税车辆的计税价格的计算公式为

$$计税价格 = 关税完税价格 + 关税 + 消费税$$

纳税人进口自用应税车辆,是指纳税人直接从境外进口或者委托代理进口自用的应税车辆,不包括在境内购买的进口车辆。

(3)纳税人自产自用应税车辆的计税价格,按照纳税人生产的同类应税车辆(即车辆配置序列号相同的车辆)的销售价格确定,不包括增值税税款;没有同类应税车辆销售价格的,按照组成计税价格确定。组成计税价格计算公式为

$$组成计税价格 = 成本 \times (1 + 成本利润率)$$

属于应征消费税的应税车辆,其组成计税价格中应加计消费税税额,即

$$组成计税价格 = 成本 \times (1 + 成本利润率) / (1 - 消费税税率)$$

上述公式中的成本利润率,由国家税务总局各省、自治区、直辖市和计划单列市税务局确定。

(4)纳税人以受赠、获奖或者其他方式取得自用应税车辆的计税价格,按照购置应税车辆时相关凭证载明的价格确定,不包括增值税税款。

上述所称购置应税车辆时相关凭证,是指原车辆所有人购置或者以其他方式取得应税车辆时载明价格的凭证。无法提供相关凭证的,参照同类应税车辆市场平均交易价格确定其计税价格。原车辆所有人为车辆生产或者销售企业,未开具机动车销售统一发票的,按照车辆生产或者销售同类应税车辆的销售价格确定应税车辆的计税价格。无同类应税车辆销售价格的,按照组成计税价格确定应税车辆的计税价格。[③]

(5)免税、减税车辆因转让、改变用途等原因不再属于免税、减税范围的,纳税人应当在办理车辆转移登记或者变更登记前缴纳车辆购置税。计税价格以免税、减税车辆初次办理纳税申报时确定的计税价格为基准,每满一年扣减10%。其应纳税额计算公式如下:

$$应纳税额 = 初次办理纳税申报时确定的计税价格 \times (1 - 使用年限 \times 10\%) \times 10\% - 已纳税额$$

该应纳税额不得为负数,如初次办理纳税申报时确定的计税价格×(1-使用年限×10%)×10%<已纳税额,则应纳税额为0,即不需要缴纳车船税。

使用年限的计算方法是,自纳税人初次办理纳税申报之日起,至不再属于免税、减税范围的情形发生之日止。使用年限取整计算,不满一年的不计算在内。

(6)我国驻外使领馆享受常驻人员待遇的工作人员离任回国入境携带的进口自用车辆,按照海关《专用缴款书》核定的车辆完税价格,确定车辆购置税计税依据。馆员进口自用车辆如发生过户或转籍行为,主管税务机关不再就关税差价补征车辆购置税。[④]

[①] 《车辆购置税法》,第四条。
[②] 《车辆购置税法》,第五条;财政部、国家税务总局,《关于车辆购置税有关具体政策的公告》,2019年第71号。
[③] 国家税务总局,《关于车辆购置税征收管理有关事项的公告》,2019年第26号。
[④] 国家税务总局、外交部,《关于驻外使领馆工作人员离任回国进境自用车辆缴纳车辆购置税有关问题的通知》,国税发〔2005〕180号。

（7）纳税人将已征车辆购置税的车辆退回车辆生产企业或者销售企业的，可以向主管税务机关申请退还车辆购置税。退税额以已缴税款为基准，自缴纳税款之日至申请退税之日，每满一年扣减10%。①即应退税额＝已纳税额×（1－使用年限×10%），应退税额不得为负数。

使用年限的计算方法是，自纳税人缴纳税款之日起，至申请退税之日止。

纳税人应当如实申报应税车辆的计税价格，税务机关应当按照纳税人申报的计税价格征收税款。纳税人申报的应税车辆计税价格明显偏低，又无正当理由的，由税务机关依照《中华人民共和国税收征收管理法》的规定核定其应纳税额。纳税人编造虚假计税依据的，税务机关应当依照《税收征管法》及其实施细则的相关规定处理。②

纳税人以外汇结算应税车辆价款的，按照申报纳税之日的人民币汇率中间价折合成人民币计算缴纳税款。③

【例19-7-1】某企业购买1辆价格为30万元的轿车和3辆价格为20万元的货车（上述价格均为不含增值税的价格），计算该企业应纳车辆购置税税额。

【答案】应纳税额＝（30＋20×3）×10%＝9（万元）

三、减免税④

1. 免征车辆购置税项目

（1）依照法律规定应当予以免税的外国驻华使馆、领事馆和国际组织驻华机构及其有关人员自用的车辆。

（2）中国人民解放军和中国人民武装警察部队列入装备订货计划的车辆。

（3）悬挂应急救援专用号牌的国家综合性消防救援车辆。

（4）设有固定装置的非运输专用作业车辆。设有固定装置的非运输专用作业车辆，是指采用焊接、铆接或者螺栓连接等方式固定安装专用设备或者器具，不以载运人员或者货物为主要目的，在设计和制造上用于专项作业的车辆。免征车辆购置税的设有固定装置的非运输专用作业车辆，通过发布《免征车辆购置税的设有固定装置的非运输专用作业车辆目录》（以下简称《目录》）实施管理。⑤

（5）城市公交企业购置的公共汽电车辆。所称城市公交企业，是指由县级以上（含县级）人民政府交通运输主管部门认定的，依法取得城市公交经营资格，为公众提供公交出行服务，并纳入《城市公共交通管理部门与城市公交企业名录》的企业；所称公共汽电车辆，是指按规定的线路、站点票价营运，用于公共交通服务，为运输乘客设计和制造的车辆，包括公共汽车、无轨电车和有轨电车。⑥

（6）防汛部门和森林消防部门用于指挥、检查、调度、报汛（警）、联络的由指定厂家生产的设有固定装置的指定型号的车辆。⑦

（7）回国服务的在外留学人员用现汇购买一辆个人自用国产小汽车。⑧

（8）长期来华定居专家进口一辆自用小汽车。⑧2017年4月1日以后，享受免征车辆购置税的专家应当提供国家外国专家局或者其授权单位核发的A类和B类《外国人工作许可证》。⑨

（9）对于动力装置和拖斗连接成整体，且以该整体进行车辆登记注册的各种变形拖拉机等农用车辆，

---

① 《车辆购置税法》，第十五条。
② 《车辆购置税法》，第七条；国家税务总局，《关于车辆购置税征收管理有关事项的公告》，2019年第26号。
③ 《车辆购置税法》，第八条。
④ 《车辆购置税法》，第九条。
⑤ 财政部、国家税务总局、工业和信息化部，《关于设有固定装置的非运输专用作业车辆免征车辆购置税有关政策的公告》，2020年第35号。
⑥ 财政部、国家税务总局，《关于车辆购置税有关具体政策的公告》，2019年第71号。
⑦ 财政部、国家税务总局，《关于防汛专用等车辆免征车辆购置税的通知》，财税〔2001〕39号。
⑧ 财政部、国家税务总局，《关于继续执行的车辆购置税优惠政策的公告》，2019年第75号。
⑨ 国家税务总局，《关于长期来华定居专家免征车辆购置税有关问题的公告》，2018年第2号。

按照"农用运输车"征收车购税;动力装置和拖斗不是连接成整体,且动力装置和拖斗是分别进行车辆登记注册的,只对拖斗部分按"挂车"征收车购税,动力部分不征税。①

(10) 中国妇女发展基金会"母亲健康快车"项目的流动医疗车。②

(11) 原公安现役部队和原武警黄金、森林、水电部队改制后换发地方机动车牌证的车辆(公安消防、武警森林部队执行灭火救援任务的车辆除外),一次性免征车辆购置税。③

(12) 北京2022年冬奥会和冬残奥会组织委员会新购置车辆。②

(13) 对购置日期在2024年1月1日至2025年12月31日期间的新能源汽车免征车辆购置税,其中,每辆新能源乘用车免税额不超过3万元;对购置日期在2026年1月1日至2027年12月31日期间的新能源汽车减半征收车辆购置税,其中,每辆新能源乘用车减税额不超过1.5万元。购置日期按照机动车销售统一发票或海关关税专用缴款书等有效凭证的开具日期确定。享受车辆购置税减免政策的新能源汽车,是指符合新能源汽车产品技术要求的纯电动汽车、插电式混合动力(含增程式)汽车、燃料电池汽车。新能源汽车产品技术要求由工业和信息化部会同财政部、税务总局根据新能源汽车技术进步、标准体系发展和车型变化情况制定。新能源乘用车,是指在设计、制造和技术特性上主要用于载运乘客及其随身行李和(或)临时物品,包括驾驶员座位在内最多不超过9个座位的新能源汽车。④

2. 减征车辆购置税项目

(1) 对购置日期在2022年6月1日至2022年12月31日期间内且单车价格(不含增值税)不超过30万元的2.0升及以下排量乘用车,减半征收车辆购置税。乘用车,是指在设计、制造和技术特性上主要用于载运乘客及其随身行李和(或)临时物品,包括驾驶员座位在内最多不超过9个座位的汽车。单车价格,以车辆购置税应税车辆的计税价格为准。乘用车购置日期按照机动车销售统一发票或海关关税专用缴款书等有效凭证的开具日期确定。乘用车排量、座位数,按照《中华人民共和国机动车整车出厂合格证》电子信息或者进口机动车《车辆电子信息单》电子信息所载的排量、额定载客(人)数确定。⑤

(2) 对购置挂车减半征收车辆购置税(政策期限2027年12月31日止)。购置日期按照《机动车销售统一发票》《海关关税专用缴款书》或者其他有效凭证的开具日期确定。挂车,是指由汽车牵引才能正常使用且用于载运货物的无动力车辆。⑥

此外,根据国民经济和社会发展的需要,国务院可以规定减征或者其他免征车辆购置税的情形,报全国人民代表大会常务委员会备案。

四、纳税期限和纳税地点

车辆购置税实行一车一申报制度,由税务机关负责征收。⑦纳税人购置应税车辆,应当向车辆登记地的主管税务机关申报缴纳车辆购置税;购置不需要办理车辆登记的应税车辆的,单位纳税人向其机构所在地的主管税务机关申报纳税,个人纳税人向其户籍所在地或者经常居住地的主管税务机关申报纳税。⑧

车辆购置税的纳税义务发生时间为纳税人购置应税车辆的当日,以纳税人购置应税车辆所取得的车辆相关凭证上注明的时间为准,其中:购买自用应税车辆的为购买之日,即车辆相关价格凭证的开具日期;

---

① 国家税务总局,《关于车辆购置税有关问题的通知》,国税发〔2002〕118号。
② 财政部、国家税务总局,《关于继续执行的车辆购置税优惠政策的公告》,2019年第75号。
③ 财政部、国家税务总局,《关于公安现役部队和武警黄金森林水电部队改制后车辆移交地方管理有关税收政策的通知》,财税〔2018〕163号;财政部、国家税务总局,《关于继续执行的车辆购置税优惠政策的公告》,2019年第75号。
④ 财政部、国家税务总局、工业和信息化部,《关于延续和优化新能源汽车车辆购置税减免政策的公告》,2023年第10号。
⑤ 财政部、国家税务总局,《关于减征部分乘用车车辆购置税的公告》,2022年第20号。
⑥ 财政部、国家税务总局、工业和信息化部,《关于继续对挂车减征车辆购置税的公告》,2023年第47号。
⑦ 《车辆购置税法》,第十条;国家税务总局,《关于车辆购置税征收管理有关事项的公告》,2019年第26号。
⑧ 《车辆购置税法》,第十一条;国家税务总局,《关于车辆购置税征收管理有关事项的公告》,2019年第26号。

进口自用应税车辆的为进口之日，即《海关进口增值税专用缴款书》或者其他有效凭证的开具日期；自产、受赠、获奖或者以其他方式取得并自用应税车辆的为取得之日，即合同、法律文书或者其他有效凭证的生效或者开具日期。[①] 已经办理免税、减税手续的车辆因转让、改变用途等原因不再属于免税、减税范围的，纳税义务发生时间为车辆转让或者用途改变等情形发生之日。[②]

纳税人应当自纳税义务发生之日起60日内申报缴纳车辆购置税。[③]

纳税人应当在向公安机关交通管理部门办理车辆注册登记前，缴纳车辆购置税。公安机关交通管理部门根据税务机关提供的应税车辆完税或者免税电子信息对纳税人申请登记的车辆信息进行核对，核对无误后依法办理车辆注册登记。[④]

【本章小结】

1. 房产税是以房产为征税对象，按照房产的计税余值或出租房屋的租金收入，向产权所有人征收的一种税。从价计征税率为1.2%，从租计征税率为12%。居民自住的房产免税。

2. 土地增值税是对有偿转让国有土地使用权、地上建筑物及其他附着物，并取得增值收益的单位和个人征收的一种税。土地增值税以纳税人转让房地产取得的增值额为计税依据，实行四级超率累进税率：增值额未超过扣除项目金额50%的部分，税率为30%；增值额超过扣除项目金额50%、未超过100%的部分，税率为40%；增值额超过扣除项目金额100%、未超过200%的部分，税率为50%；增值额超过扣除项目金额200%的部分，税率为60%。

3. 城镇土地使用税是国家在城市、县城、建制镇和工矿区范围内，对使用土地的单位和个人，以其实际占用的土地面积为计税依据，按照规定的税额计算征收的一种税。城镇土地使用税采用有幅度的定额差别税率。国家规定的每平方米应税土地的年税额标准为大城市1.5元至30元；中等城市1.2元至24元；小城市0.9元至18元；县城、建制镇、工矿区0.6元至12元。

4. 耕地占用税是国家对占用耕地建房或者从事非农业建设的单位和个人征收的一种税。耕地占用税以纳税人实际占用的耕地面积为计税依据，按照规定的适用税额标准计算应纳税额，实行一次性征收。

5. 契税是国家在土地、房屋权属转移时，按照当事人双方签订的合同（契约），以及所确定价格的一定比例，向权属承受人一次性征收的一种财产税。契税实行3%～5%的幅度比例税率。

6. 车船税是对中国境内的车船，按其种类、吨位，实行定额征收的一种税。车辆的计税标准为应纳税车辆的数量或者自重吨位，船舶的计税标准为应纳税船舶的净吨位。

7. 车辆购置税从2001年起开征，是对购置的车辆征收的一种税收，适用税率为10%。

【概念与术语】

房产税（real estate tax） 土地增值税（land value tax） 城镇土地使用税（urban and township land-use tax） 耕地占用税（cultivated land occupation tax） 契税（deed tax） 车船税（vehicle and vessel tax） 车辆购置税（vehicle purchase tax）

【思考题】

1. 房产税的纳税范围是什么？自用房产和出租房产各如何计税？
2. 有关土地增值税，你认为以下哪种说法正确？

---

① 《车辆购置税法》，第十二条；国家税务总局，《关于车辆购置税征收管理有关事项的公告》，2019年第26号。
② 财政部、国家税务总局，《关于车辆购置税有关具体政策的公告》，2019年第71号。
③ 《车辆购置税法》，第十二条。
④ 《车辆购置税法》，第十三条。

(1) 转让既包括有偿转让，也包括无偿转让。
(2) 扣除项目金额都是实际发生的成本、费用、税金。
(3) 计算增值率是为了确认土地增值税率。
(4) 土地增值税是价内税。

3. 土地增值税的纳税范围和税率形式是如何规定的？如何计算应交土地增值税额？
4. 城镇土地使用税的纳税范围和计税依据是什么？
5. 耕地占用税的减免税政策有哪些？
6. 如何计算车船税和车辆购置税？
7. 契税的计税依据是什么？

【计算题】

1. 某企业拥有房屋原值 900 万元，将其中一部分房产出租，原值 150 万元，年租金收入 15 万元，另有一部分房产用于幼儿园使用，原值 60 万元。当地政府规定，按原值一次减除 30%后的余值纳税。试计算该企业应纳房产税额。

2. 某房地产开发公司转让高级公寓一栋，共获得货币收入 8000 万元，获得购买方原准备盖楼的钢材 2000 吨（每吨 2500 元）。公司为取得土地使用权所支付的金额 1500 万元，开发土地、建房及配套设施等共支出 2000 万元，开发费用共计 450 万元（其中，利息支出 250 万元，未超过承认标准），转让房地产有关的税金共付 40 万元。计算该房地产开发公司应纳土地增值税额。

3. 某部队实际占用土地面积 500 000 平方米，其中 300 000 平方米办公用地，部队在面向街区一侧的土地上盖起一排店面出租，收取租金，占地 3000 平方米（当地政府核定的土地使用税单位税额为每平方米 3 元），此外，部队院内饮食服务中心和娱乐中心共占地 2000 平方米。计算该部队应纳土地使用税额。

4. 某企业占用耕地 9000 平方米建设厂房，当地政府规定的耕地占用税适用税额标准为每平方米 8 元。试计算该企业应纳耕地占用税税额。

5. 甲企业以一栋房屋换取乙公司一栋房屋，房屋契约写明：甲企业房屋价值 6000 万元，乙公司房屋价值 3000 万元。经税务机关核定，认为甲、乙双方房屋价值与契约写明价值基本相符。此项房屋交换，乙公司应是房屋产权的承受人，应为契税的纳税人，假设乙公司所在地契税税率为 5%。试计算乙公司应纳契税额。

6. 某企业有 10 辆货车、2 辆小轿车、2 辆客货两用车、1 辆从事运输的拖拉机，货车的净吨位均为 5 吨，客货两用车载货部分净吨位 2 吨，拖拉机净吨位 2 吨，当地载货汽车单位税额 20 元/吨，乘人汽车单位税额 100 元/辆。试计算该企业应纳车船税额。

7. 某货运公司购买了 2 辆价格为 10 万元的轿车和 7 辆 30 万元的货车（上述价格均为不含增值税的价格）。试计算该公司应纳车辆购置税。

第二十章　其他税收制度

【本章提要】
1. 中国的资源税、城市维护建设税、教育费附加制度的主要规定。
2. 印花税、烟叶税、环境保护税制度的主要规定。

第一节　资　源　税

资源税（resources tax）是就占用开发国有自然资源课征的一种税，从1984年10月1日起开征。1993年12月，国务院颁布《中华人民共和国资源税暂行条例》，从1994年1月1日起施行。2011年9月，国务院发布《关于修改〈中华人民共和国资源税暂行条例〉的决定》，修订的暂行条例从2011年11月1日起施行，2020年9月1日废止。2019年8月26日，第十三届全国人民代表大会常务委员会第十二次会议通过《中华人民共和国资源税法》（以下简称《资源税法》），并于2020年9月1日起正式施行。

一、征税范围

资源，一般指自然界天然存在的各种物质资源。这些资源基本上可以划分为三大类：一是取之不尽用之不竭的恒定性资源，如空气、太阳能、潮汐等，其利用一般无须进行限制，也无法实行有偿占用；二是可以持续利用，但需要合理经营管理才能得到补充、恢复、更新、繁衍的变动性资源，如土地、水流、森林、草场、滩涂等；三是一经利用、开采就无法恢复、补充的非再生性资源，如矿藏。

资源税的征收范围，应当包括一切开发和利用的资源。

资源税的征税范围分为五个大类，分别是能源矿产、金属矿产、非金属矿产、水气矿产和盐，具体包括以下内容[①]。

（1）能源矿产包括：原油，天然气、页岩气、天然气水合物，煤，煤成（层）气，铀、钍、油页岩、油砂、天然沥青、石煤，地热。

（2）金属矿产包括：黑色金属和有色金属。

（3）非金属矿产包括：矿物类、岩石类和宝玉石类矿产。

（4）水气矿产包括：二氧化碳气、硫化氢气、氦气、氡气，矿泉水。

（5）盐包括：钠盐、钾盐、镁盐、锂盐，天然卤水，海盐。

二、纳税人和扣缴义务人

在中华人民共和国领域和中华人民共和国管辖的其他海域开发应税资源的单位和个人，为资源税的纳税人，应当依照《资源税法》规定缴纳资源税[②]。

这里所说的单位，指国有企业、集体企业、私有企业、股份制企业、其他企业和行政单位、事业单位、军事单位、社会团体及其他单位；所说的个人，指个体经营者和其他个人；外商投资企业、外国企业及外籍人员也是资源税的纳税人。

由于资源税的纳税人应包括从事资源税应税产品开采和生产的所有单位和个人，因此，对外资企业、合资企业、合作企业一律依法征收资源税；对原来已征收矿区使用费但尚未征收资源税的海上、陆上油田

[①] 《资源税法》所附《资源税税目税率表》。
[②] 《资源税法》，第一条。

外资企业、合资企业、合作企业开发者，一律征收资源税；对原来缓征、减征的天然气和几个小油田的原油，全部按《资源税税目税率表》规定的税率标准征收资源税。中外合作开采陆上、海上石油资源的企业依法缴纳资源税。2011 年 11 月 1 日前已依法订立中外合作开采陆上、海上石油资源合同的，在该合同有效期内，继续依照国家有关规定缴纳矿区使用费，不缴纳资源税；合同期满后，依法缴纳资源税[①]。

纳税人开采或者生产应税产品自用的，应当依照《资源税法》规定缴纳资源税；但是，自用于连续生产应税产品的，不缴纳资源税[②]。

三、税率

资源税实行从价定率或从量定额计征，采用差别税率。中国目前把资源税当作调节资源级差的税种，因此，应税品种之间和主要品种开采者之间的税额应体现出差别，资源条件好的税额高些，条件差的税额低些。

应税品种之间和主要品种开采者之间的差别，除组织专家根据资源的蕴存状况、开采条件、资源自身的优劣、稀缺性、价值高低等多项经济、技术因素划分矿山资源等级，并根据等级确定相应差别税额外，其税额的高低，还考虑一部分金属和非金属矿产品的深加工产品实施增值税或规范增值税后转移过来的税负。部分深加工产品税负过多前移到矿产品上，考虑到矿产品的税负承受能力，将其前移的部分税负转由同类的其他矿产品承担。可通过征收矿产品资源税的形式，推动矿产品价格的提高，拿回深加工产品降低的税负，但矿产品税额的确定有一个原则，那就是矿产品的市场价格加上资源税税额，不高于进口同类产品的价格。

《资源税法》规定了资源税税目税率（表 20-1-1），应税产品的具体适用税率按财政部《资源税税目税率表》等有关规定执行[③]。

表 20-1-1 资源税税目税率表

税目		征税对象	税率
能源矿产	原油	原矿	6%
	天然气、页岩气、天然气水合物	原矿	6%
	煤	原矿或者选矿	2%～10%
	煤成（层）气	原矿	1%～2%
	铀、钍	原矿	4%
	油页岩、油砂、天然沥青、石煤	原矿或者选矿	1%～4%
	地热	原矿	1%～20%或者每立方米 1～30 元
金属矿产	黑色金属	原矿或者选矿	1%～9%
	有色金属	原矿或者选矿	2%～20%
非金属矿产	矿物类	原矿或者选矿	1%～12%
	岩石类	原矿或者选矿	1%～10%
	宝玉石类	原矿或者选矿	4%～20%
水气矿产	二氧化碳气、硫化氢气、氦气、氡气	原矿	2%～5%
	矿泉水	原矿	1%～20%或者每立方米 1～30 元
盐	钠盐、钾盐、镁盐、锂盐	选矿	3%～15%
	天然卤水	原矿	3%～15%或者每吨（或者每立方米）1～10 元
	海盐		2%～5%

---

① 《资源税法》，第十五条。
② 《资源税法》，第五条。
③ 《资源税法》所附《资源税税目税率表》。

《资源税税目税率表》中规定实行幅度税率的，其具体适用税率由省、自治区、直辖市人民政府统筹考虑该应税资源的品位、开采条件以及对生态环境的影响等情况，在《资源税税目税率表》规定的税率幅度内提出，报同级人民代表大会常务委员会决定，并报全国人民代表大会常务委员会和国务院备案。《资源税税目税率表》中规定征税对象为原矿或者选矿的，应当分别确定具体适用税率[①]。

因为资源税实行的是差别税额，资源级差大的税额高些，资源级差小的税额低些。矿山的资源级差状况在不断变化，一般规律是3～5年达到一个梯次。要科学、合理地征税，单位税率应根据资源级差状况的变化作相应调整。

四、应纳税额的计算

资源税按照《资源税税目税率表》实行从价计征或者从量计征。《资源税税目税率表》中规定可以选择实行从价计征或者从量计征的，具体计征方式由省、自治区、直辖市人民政府提出，报同级人民代表大会常务委员会决定，并报全国人民代表大会常务委员会和国务院备案。实行从价计征的，应纳税额按照应税资源产品（以下称应税产品）的销售额乘以具体适用税率计算。实行从量计征的，应纳税额按照应税产品的销售数量乘以具体适用税率计算。应税产品为矿产品的，包括原矿和选矿产品[②]。

(1) 从价计征的税额计算，计算公式为

$$应纳税额 = 销售额 \times 适用税率$$

(2) 从量计征的税额计算，计算公式为

$$应纳税额 = 销售数量 \times 适用税率$$

由上可见，资源税的计税依据是应税产品的销售额或销售数量。

(一) 关于销售额的确定

(1) 资源税应税产品（以下简称应税产品）的销售额，按照纳税人销售应税产品向购买方收取的全部价款确定，不包括增值税税款。

计入销售额中的相关运杂费用，凡取得增值税发票或者其他合法有效凭据的，准予从销售额中扣除。相关运杂费用是指应税产品从坑口或者洗选（加工）地到车站、码头或者购买方指定地点的运输费用、建设基金以及随运销产生的装卸、仓储、港杂费用。

(2) 纳税人申报的应税产品销售额明显偏低且无正当理由的，或者有自用应税产品行为而无销售额的，主管税务机关可以按下列方法和顺序确定其应税产品销售额：①按纳税人最近时期同类产品的平均销售价格确定；②按其他纳税人最近时期同类产品的平均销售价格确定；③按后续加工非应税产品销售价格，减去后续加工环节的成本利润后确定；④按应税产品组成计税价格确定，组成计税价格 = 成本 × (1 + 成本利润率) ÷ (1−资源税税率)，上述公式中的成本利润率由省、自治区、直辖市税务机关确定；⑤按其他合理方法确定[③]。

(3) 纳税人以外购原矿与自采原矿混合为原矿销售，或者以外购选矿产品与自产选矿产品混合为选矿产品销售的，在计算应税产品销售额或者销售数量时，直接扣减外购原矿或者外购选矿产品的购进金额或者购进数量。纳税人以外购原矿与自采原矿混合洗选加工为选矿产品销售的，在计算应税产品销售额或者销售数量时，按照下列方法进行扣减：

准予扣减的外购应税产品购进金额（数量）= 外购原矿购进金额（数量）×（本地区原矿适用税率÷本地区选矿产品适用税率）

[①]《资源税法》，第二条。
[②]《资源税法》，第三条。
[③] 财政部、国家税务总局，《关于资源税有关问题执行口径的公告》，2020年第34号。

不能按照上述方法计算扣减的，按照主管税务机关确定的其他合理方法进行扣减[①]。

（二）关于销售数量的确定

应税产品的销售数量，包括纳税人开采或者生产应税产品的实际销售数量和自用于应当缴纳资源税情形的应税产品数量[②]。

（三）应纳税额计算的特殊规定

（1）纳税人开采或者生产不同税目应税产品的，应当分别核算不同税目应税产品的销售额或者销售数量；未分别核算或者不能准确提供不同税目应税产品的销售额或者销售数量的，从高适用税率。

（2）纳税人开采或者生产应税产品自用的，应当依照《资源税法》规定缴纳资源税；但是，自用于连续生产应税产品的，不缴纳资源税。

（3）中外合作开采陆上、海上石油资源的企业依法缴纳资源税。2011年11月1日前已依法订立中外合作开采陆上、海上石油资源合同的，在该合同有效期内，继续依照国家有关规定缴纳矿区使用费，不缴纳资源税；合同期满后，依法缴纳资源税[③]。

（4）纳税人自用应税产品应当缴纳资源税的情形，包括纳税人以应税产品用于非货币性资产交换、捐赠、偿债、赞助、集资、投资、广告、样品、职工福利、利润分配或者连续生产非应税产品等。

（5）纳税人外购应税产品与自采应税产品混合销售或者混合加工为应税产品销售的，在计算应税产品销售额或者销售数量时，准予扣减外购应税产品的购进金额或者购进数量；当期不足扣减的，可结转下期扣减。纳税人应当准确核算外购应税产品的购进金额或者购进数量，未准确核算的，一并计算缴纳资源税。

纳税人核算并扣减当期外购应税产品购进金额、购进数量，应当依据外购应税产品的增值税发票、海关进口增值税专用缴款书或者其他合法有效凭据。

（6）纳税人开采或者生产同一税目下适用不同税率应税产品的，应当分别核算不同税率应税产品的销售额或者销售数量；未分别核算或者不能准确提供不同税率应税产品的销售额或者销售数量的，从高适用税率。

（7）纳税人以自采原矿（经过采矿过程采出后未进行选矿或者加工的矿石）直接销售，或者自用于应当缴纳资源税情形的，按照原矿计征资源税。

纳税人以自采原矿洗选加工为选矿产品（通过破碎、切割、洗选、筛分、磨矿、分级、提纯、脱水、干燥等过程形成的产品，包括富集的精矿和研磨成粉、粒级成型、切割成型的原矿加工品）销售，或者将选矿产品自用于应当缴纳资源税情形的，按照选矿产品计征资源税，在原矿移送环节不缴纳资源税。对于无法区分原生岩石矿种的粒级成型砂石颗粒，按照砂石税目征收资源税。

（8）纳税人开采或者生产同一应税产品，其中既有享受减免税政策的，又有不享受减免税政策的，按照免税、减税项目的产量占比等方法分别核算确定免税、减税项目的销售额或者销售数量。

（9）纳税人开采或者生产同一应税产品同时符合两项或者两项以上减征资源税优惠政策的，除另有规定外，只能选择其中一项执行[②]。

【例20-1-1】 某煤矿生产销售原煤，另外还以本矿生产的原煤加工成洗煤进行销售，已知某年10月共销售原煤100万吨，洗煤70万吨，自用洗煤10万吨，由于该煤矿没有正确核算原煤的移送使用量，经税务机关核定，该煤矿加工洗煤的综合回收率为80%，该矿原煤适用税额为2.5元/吨，则该煤矿本月应纳资源税税额为多少？

[①] 国家税务总局，《关于资源税征收管理若干问题的公告》，2020年第14号。
[②] 财政部、国家税务总局，《关于资源税有关问题执行口径的公告》，2020年第34号。
[③] 《资源税法》，第四条、第五条、第十五条。

【答案】（1）原煤应纳资源税税额 = 100×2.5 = 250（万元）。

（2）加工成洗煤的原煤应纳资源税税额 = (70 + 10)/80%×2.5 = 250（万元）。

（3）该煤矿本月共应缴纳资源税税额 = 250 + 250 = 500（万元）。

【例 20-1-2】 某盐场某月以自产液体盐加工成固体盐 800 吨，并销售了 500 吨，同时还直接销售自产液体盐 200 吨，该盐场固体盐适用税额为 25 元/吨，液体盐适用税额为 3 元/吨，则该盐场当月应缴纳的资源税税额为多少？

【答案】（1）固体盐应纳资源税税额 = 500×25 = 12 500（元）。

（2）液体盐应纳资源税税额 = 200×3 = 600（元）。

（3）该盐场本月共应缴纳资源税税额 = 12 500 + 600 = 13 100（元）。

资源税仅对在中国境内开采或生产应税产品的单位和个人征收，对进口的矿产品和盐不征收资源税。因此，对出口应税产品不免征或退还已纳资源税。

【例 20-1-3】 某煤炭企业将外购 100 万元原煤与自采 200 万元原煤混合洗选加工为选煤销售，选煤销售额为 450 万元。当地原煤税率为 3%，选煤税率为 2%，计算该煤炭企业准予扣减的外购应税产品购进金额。

【答案】 准予扣减的外购应税产品购进金额 = 外购原煤购进金额×(本地区原煤适用税率÷本地区选煤适用税率)=100×(3%÷2%)=150（万元）。

五、减免税

1. 免征资源税项目[①]

（1）开采原油以及在油田范围内运输原油过程中用于加热的原油、天然气。

（2）煤炭开采企业因安全生产需要抽采的煤成（层）气。

2. 减征资源税项目

（1）从低丰度油气田开采的原油、天然气，减征百分之二十资源税。

（2）高含硫天然气、三次采油和从深水油气田开采的原油、天然气，减征百分之三十资源税。

（3）稠油、高凝油减征百分之四十资源税。

（4）从衰竭期矿山开采的矿产品，减征百分之三十资源税。

（5）为促进页岩气开发利用，有效增加天然气供给，在 2027 年 12 月 31 日之前，继续对页岩气资源税（按 6%的规定税率）减征 30%[②]。

（6）对青藏铁路公司及其所属单位自采自用的砂、石等材料免征资源税；对青藏铁路公司及其所属单位自采外销及其他单位和个人开采销售给青藏铁路公司及其所属单位的砂、石等材料照章征收资源税[③]。

（7）2022 年 1 月 1 日至 2024 年 12 月 31 日，对增值税小规模纳税人可以在 50%的税额幅度内减征资源税[④]。

（8）2023 年 9 月 1 日至 2027 年 12 月 31 日，对充填开采置换出来的煤炭，资源税减征 50%[⑤]。

（9）自 2015 年 5 月 1 日起，将铁矿石资源税由减按规定税额标准的 80%征收调整为减按规定税额标准的 40%征收。

根据国民经济和社会发展需要，国务院对有利于促进资源节约集约利用、保护环境等情形可以规定免征或者减征资源税，报全国人民代表大会常务委员会备案[①]。

[①] 《资源税法》，第六条。
[②] 财政部、国家税务总局，《关于继续实施页岩气减征资源税优惠政策的公告》，2023 年第 46 号。
[③] 财政部、国家税务总局，《关于青藏铁路公司运营期间有关税收等政策问题的通知》，财税〔2007〕11 号。
[④] 财政部、国家税务总局，《关于进一步实施小微企业"六税两费"减免政策的公告》，2022 年第 10 号。
[⑤] 财政部、国家税务总局，《关于延续对充填开采置换出来的煤炭减征资源税优惠政策的公告》，2023 年第 36 号。

3. 省、自治区、直辖市可以决定免征或者减征资源税项目

（1）纳税人开采或者生产应税产品过程中，因意外事故或者自然灾害等原因遭受重大损失[①]。

（2）纳税人开采共伴生矿、低品位矿、尾矿[①]。

前款规定的免征或者减征资源税的具体办法，由省、自治区、直辖市人民政府提出，报同级人民代表大会常务委员会决定，并报全国人民代表大会常务委员会和国务院备案[①]。

（3）纳税人开采或者生产应税产品过程中，因地震灾害遭受重大损失的，由受灾地区省、自治区、直辖市人民政府决定减征或免征资源税[②]。

纳税人的免税、减税项目，应当单独核算销售额或者销售数量；未单独核算或者不能准确提供销售额或者销售数量的，不予免税或者减税[③]。

六、纳税期限和纳税地点

（一）纳税义务发生时间

纳税人销售应税产品，纳税义务发生时间为收讫销售款或者取得索取销售款凭据的当日；自用应税产品的，纳税义务发生时间为移送应税产品的当日[④]。

（二）资源税的纳税地点

纳税人应当向应税产品开采地或者生产地的税务机关申报缴纳资源税[⑤]。

资源税在应税产品的销售或自用环节计算缴纳。以自采原矿加工精矿产品的，在原矿移送使用时不缴纳资源税，在精矿销售或自用时缴纳资源税。纳税人以自采原矿加工金锭的，在金锭销售或自用时缴纳资源税。纳税人销售自采原矿或者自采原矿加工的金精矿、粗金，在原矿或者金精矿、粗金销售时缴纳资源税，在移送使用时不缴纳资源税。以应税产品投资、分配、抵债、赠与、以物易物等，视同销售，依照本通知有关规定计算缴纳资源税。纳税人应当向矿产品的开采地或盐的生产地缴纳资源税[⑥]。

（三）资源税的纳税期限

资源税按月或者按季申报缴纳；不能按固定期限计算缴纳的，可以按次申报缴纳[⑦]。

纳税人按月或者按季申报缴纳的，应当自月度或者季度终了之日起十五日内，向税务机关办理纳税申报并缴纳税款；按次申报缴纳的，应当自纳税义务发生之日起十五日内，向税务机关办理纳税申报并缴纳税款[⑦]。

七、水资源税相关规定

国务院根据国民经济和社会发展需要，依照《资源税法》的原则，对取用地表水或者地下水的单位和个人试点征收水资源税。征收水资源税的，停止征收水资源费。

---

① 《资源税法》，第七条。
② 财政部、国家税务总局，《关于认真落实抗震救灾及灾后重建税收政策问题的通知》，财税〔2008〕62号。
③ 《资源税法》，第八条。
④ 《资源税法》，第十条。
⑤ 《资源税法》，第十一条。
⑥ 财政部、国家税务总局，《关于资源税改革具体政策问题的通知》，财税〔2016〕54号。
⑦ 《资源税法》，第十二条。

水资源税根据当地水资源状况、取用水类型和经济发展等情况实行差别税率。

水资源税试点实施办法由国务院规定，报全国人民代表大会常务委员会备案。

国务院自《资源税法》施行之日起五年内，就征收水资源税试点情况向全国人民代表大会常务委员会报告，并及时提出修改法律的建议。①

第二节 城市维护建设税

城市维护建设税（urban maintenance and construction tax）是为了扩大和稳定城市维护建设资金的来源而开征的一个税种，它专用于城市的维护和建设。《中华人民共和国城市维护建设税法》（以下简称《城市维护建设税法》）自2021年9月1日起施行，1985年2月8日国务院发布的《中华人民共和国城市维护建设税暂行条例》同时废止。

一、纳税人和征税范围

在中华人民共和国境内缴纳增值税、消费税的单位和个人，为城市维护建设税的纳税人，应当依法缴纳城市维护建设税。城市维护建设税以纳税人依法实际缴纳的增值税、消费税税额为计税依据。城市维护建设税的计税依据应当按照规定扣除期末留抵退税退还的增值税税额②。

依法实际缴纳的两税税额，是指纳税人依照增值税、消费税相关法律法规和税收政策规定计算的应当缴纳的两税税额（不含因进口货物或境外单位和个人向境内销售劳务、服务、无形资产缴纳的两税税额），加上增值税免抵税额，扣除直接减免的两税税额和期末留抵退税退还的增值税税额后的金额③。

直接减免的两税税额，是指依照增值税、消费税相关法律法规和税收政策规定，直接减征或免征的两税税额，不包括实行先征后返、先征后退、即征即退办法退还的两税税额④。

城市维护建设税计税依据的具体确定办法，由国务院依据《城市维护建设税法》和有关税收法律、行政法规规定，报全国人民代表大会常务委员会备案④。

二、税率及应纳税额的计算

1. 城市维护建设税的税率

城市维护建设税按照纳税人所在地的行政区划实行差别比例税率。具体适用范围是：①纳税人所在地在市区的，税率为7%；②纳税人所在地在县城、镇的，税率为5%；③纳税人所在地不在市区、县城或镇的，税率为1%⑤；④金融、保险企业的适用税率为5%。

2. 城市维护建设税应纳税额的计算⑥

城市维护建设税应纳税额的计算公式为

$$应纳税额 = 计税依据 \times 具体适用税率$$

【例20-2-1】某企业位于城市市区，某年6月该企业共缴纳增值税40万元，消费税18万元，则该企业当年6月份应该缴纳的城市维护建设税为多少？

---

① 《资源税法》，第十四条。
② 《城市维护建设税法》，第一条、第二条。
③ 财政部、国家税务总局，《关于城市维护建设税计税依据确定办法等事项的公告》，2021年第28号。
④ 《城市维护建设税法》，第二条。
⑤ 《城市维护建设税法》，第四条。
⑥ 《城市维护建设税法》，第五条。

【答案】 应纳税额 = (40 + 18)×7% = 4.06（万元）。

三、减免税

城市维护建设税的减免税规定包括以下几点。

（1）对进口货物或者境外单位和个人向境内销售劳务、服务、无形资产缴纳的增值税、消费税税额，不征收城市维护建设税[①]。

自 2005 年 1 月 1 日起，经国家税务局正式审核批准的当期免抵的增值税税额应纳入城市维护建设税和教育费附加的计征范围，分别按规定的税（费）率征收城市维护建设税和教育费附加[②]。

（2）对上海期货交易所会员和客户通过上海期货交易所销售且发生实物交割并已出库的标准黄金，免征城市维护建设税[③]。

（3）对黄金交易所会员单位通过黄金交易所销售且发生实物交割的标准黄金，免征城市维护建设税[③]。

（4）自 2022 年 1 月 1 日至 2024 年 12 月 31 日，对增值税小规模纳税人可以在 50%的税额幅度内减征城市维护建设税[④]。

（5）自 2023 年 1 月 1 日至 2027 年 12 月 31 日，实施扶持自主就业退役士兵创业就业城市维护建设税减免[⑤]。

（6）自 2019 年 1 月 1 日至 2025 年 12 月 31 日，实施支持和促进重点群体创业就业城市维护建设税减免[⑥]。

（7）对出口产品退还产品税、增值税的，不退还已纳的城市维护建设税。对由于减免产品税、增值税而发生的退税，同时退还已纳的城市维护建设税[⑥]。对实行增值税期末留抵退税的纳税人，允许其从城市维护建设税、教育费附加和地方教育附加的计税（征）依据中扣除退还的增值税税额[⑦]。

（8）城市维护建设税是以增值税、消费税的实纳税额为计税依据并同时征收的，因此一般不给予减免税，各省、自治区、直辖市人民政府不享有城市维护建设税困难减免税的审批权。除国务院另有规定，或财政部、国家税务总局根据国务院的指示精神确定的减免税外，各级财政、税务机关也不得自行审批决定减免城市维护建设税[⑧]。

（9）自 2004 年 1 月 1 日起，为安置自谋职业的城镇退役士兵就业而新办的服务型企业（除广告业、桑拿、按摩、网吧、氧吧外）当年新安置自谋职业的城镇退役士兵达到职工总数 30%以上，并与其签订 1 年以上期限劳动合同的，经县级以上民政部门认定，税务机关审核，3 年内免征城市维护建设税。

为安置自谋职业的城镇退役士兵就业而新办的商贸企业（从事批发、批零兼营以及其他非零售业务的商贸企业除外），当年新安置自谋职业的城镇退役士兵达到职工总数 30%以上，并与其签订 1 年以上期限劳动合同的，经县级以上民政部门认定，税务机关审核，3 年内免征城市维护建设税。

对自谋职业的城镇退役士兵从事个体经营（除建筑业、娱乐业以及广告业、桑拿、按摩、网吧、氧吧外）的，自领取税务登记证之日起，3 年内免征城市维护建设税[⑨]。

（10）对商贸企业、服务型企业、劳动就业服务企业中的加工型企业和街道社区具有加工性质的小型企业实体，在新增加的岗位中，当年新招用自主就业退役士兵，与其签订 1 年以上期限劳动合同并依法缴纳社会保险费的，在 3 年内按实际招用人数予以定额依次扣减增值税、城市维护建设税、教育

---

① 《城市维护建设税法》，第三条。
② 财政部、国家税务总局，《关于生产企业出口货物实行免抵退税办法后有关城市维护建设税教育费附加政策的通知》，财税〔2005〕25 号。
③ 财政部、国家税务总局，《关于继续执行的城市维护建设税优惠政策的公告》，2021 年第 27 号。
④ 财政部、国家税务总局，《关于进一步实施小微企业"六税两费"减免政策的公告》，2022 年第 10 号。
⑤ 财政部、国家税务总局、退役军人事务部，《关于进一步扶持自主就业退役士兵创业就业有关税收政策的公告》，2023 年第 14 号。
⑥ 财政部、国家税务总局，《财政部关于城市维护建设税几个具体业务问题的补充规定》，财税字〔1985〕143 号。
⑦ 财政部、国家税务总局，《关于增值税期末留抵退税有关城市维护建设税 教育费附加和地方教育附加政策的通知》，财税〔2018〕80 号。
⑧ 财政部、国家税务总局，《关于做好取消城市维护建设税审批项目后续管理工作的通知》，财税〔2003〕230 号。
⑨ 《国务院办公厅转发民政部等部门关于扶持城镇退役士兵自谋职业优惠政策意见的通知》，国办发〔2004〕10 号。

费附加、地方教育附加和企业所得税优惠。定额标准为每人每年 4000 元，最高可上浮 50%，各省、自治区、直辖市人民政府可根据本地区实际情况在此幅度内确定具体定额标准，并报财政部和国家税务总局备案[①]。

（11）为支持国家重大水利工程建设，对国家重大水利工程建设基金免征城市维护建设税和教育费附加[②]。

（12）两税实行先征后返、先征后退、即征即退的，除另有规定外，不予退还随两税附征的城建税[③]。

（13）对实行增值税期末留抵退税的纳税人，允许其从城市维护建设税、教育费附加和地方教育附加的计税（征）依据中扣除退还的增值税税额[④]。享受增值税期末留抵退税政策的集成电路企业，其退还的增值税期末留抵税额，应在城市维护建设税、教育费附加和地方教育附加的计税（征）依据中予以扣除[⑤]。纳税人自收到留抵退税额之日起，应当在下一个纳税申报期从城建税计税依据中扣除。留抵退税额仅允许在按照增值税一般计税方法确定的城建税计税依据中扣除。当期未扣除完的余额，在以后纳税申报期按规定继续扣除[③]。对于增值税小规模纳税人更正、查补此前按照一般计税方法确定的城建税计税依据，允许扣除尚未扣除完的留抵退税额。对增值税免抵税额征收的城建税，纳税人应在税务机关核准免抵税额的下一个纳税申报期内向主管税务机关申报缴纳[③]。

根据国民经济和社会发展的需要，国务院对重大公共基础设施建设、特殊产业和群体以及重大突发事件应对等情形可以规定减征或者免征城市维护建设税，报全国人民代表大会常务委员会备案[⑥]。

四、纳税期限和纳税地点

城建税的纳税义务发生时间与两税的纳税义务发生时间一致，分别与两税同时缴纳。同时缴纳是指在缴纳两税时，应当在两税同一缴纳地点、同一缴纳期限内，一并缴纳对应的城建税。采用委托代征、代扣代缴、代收代缴、预缴、补缴等方式缴纳两税的，应当同时缴纳城建税。前款所述代扣代缴，不含因境外单位和个人向境内销售劳务、服务、无形资产代扣代缴增值税情形[③]。

第三节　教育费附加

为加快发展地方教育事业，扩大地方教育经费的资金来源，1986 年 4 月 28 日国务院发布了《征收教育费附加的暂行规定》，从 1986 年 7 月 1 日起开始施行。之后，1990 年 6 月 7 日、2005 年 8 月 20 日、2011 年 1 月 8 日国务院三次修改了这一暂行规定。教育费附加由税务机关负责征收，纳入预算管理，作为教育专项资金。

教育费附加（educational surtax）与城市维护建设税一样，都是在增值税、消费税基础上的附加税，因此，很多规定与城市维护建设税一样。

一、纳税人和征税范围

1. 教育费附加的纳税人

凡缴纳增值税、消费税的单位和个人，都是教育费附加的纳税人。

[①] 财政部、国家税务总局，《关于全面推开营业税改征增值税试点的通知》，财税〔2016〕36 号附件 3。
[②] 财政部、国家税务总局，《关于免征国家重大水利工程建设基金的城市维护建设税和教育费附加的通知》，财税〔2010〕44 号。
[③] 国家税务总局，《关于城市维护建设税征收管理有关事项的公告》，2021 年第 26 号。
[④] 财政部、国家税务总局，《关于增值税期末留抵退税有关城市维护建设税教育费附加和地方教育附加政策的通知》，财税〔2018〕80 号。
[⑤] 财政部、国家税务总局，《关于集成电路企业增值税期末留抵退税有关城市维护建设税 教育费附加和地方教育附加政策的通知》，财税〔2017〕17 号。
[⑥] 《城市维护建设税法》，第六条。

2. 教育费附加的征税对象

教育费附加以纳税人实际缴纳的增值税、消费税税额为征税对象，并与增值税和消费税同时征收，具有附加税的性质。

二、税率及应纳税额的计算

1. 教育费附加率

教育费附加率为3%，除国务院另有规定者外，任何地区、部门不得擅自提高或者降低教育费附加率。

2. 教育费附加应纳税额的计算

教育费附加应纳税额的计算公式为

$$应纳税额 = 计税依据 \times 适用税率$$

教育费附加的计税依据为纳税人实际缴纳的增值税、消费税税额。

三、减免税

教育费附加的减免税规定包括以下几项。

（1）海关对进口产品征收的产品税、增值税，不征收教育费附加[1]。

（2）对由于减免产品税、增值税而发生退税的，同时退还已征的教育费附加。但对出口产品退还产品税、增值税的，不退还已征的教育费附加[1]。生产企业出口货物实行免抵退税办法后，自2005年1月1日起，经国家税务局正式审核批准的当期免抵的增值税税额应纳入教育费附加的计征范围，分别按规定的税（费）率征收教育费附加[2]。

（3）自2004年1月1日起，为安置自谋职业的城镇退役士兵就业而新办的服务型企业（除广告业、桑拿、按摩、网吧、氧吧外）当年新安置自谋职业的城镇退役士兵达到职工总数30%以上，并与其签订1年以上期限劳动合同的，经县级以上民政部门认定，税务机关审核，3年内免征教育费附加。

为安置自谋职业的城镇退役士兵就业而新办的商贸企业（从事批发、批零兼营以及其他非零售业务的商贸企业除外），当年新安置自谋职业的城镇退役士兵达到职工总数30%以上，并与其签订1年以上期限劳动合同的，经县级以上民政部门认定，税务机关审核，3年内免征教育费附加。

对自谋职业的城镇退役士兵从事个体经营（除建筑业、娱乐业以及广告业、桑拿、按摩、网吧、氧吧外）的，自领取税务登记证之日起，3年内免征教育费附加[3]。

（4）自2009年1月1日至2025年12月31日，（全面脱贫前）建档立卡贫困人口、持《就业创业证》（注明"自主创业税收政策"或"毕业年度内自主创业税收政策"）或《就业失业登记证》（注明"自主创业税收政策"）的人员，从事个体经营的，自办理个体工商户登记当月起，在3年内按每户每年12 000元为限额依次扣减其当年实际应缴纳的增值税、城市维护建设税、教育费附加、地方教育附加和个人所得税。

企业招用（全面脱贫前）建档立卡贫困人口，以及在人力资源社会保障部门公共就业服务机构登记失业半年以上且持《就业创业证》或《就业失业登记证》（注明"企业吸纳税收政策"）的人员，与其签订1年以上期限劳动合同并依法缴纳社会保险费的，自签订劳动合同并缴纳社会保险当月起，在3年内按实际招

---

[1] 财政部，《关于征收教育费附加几个具体问题的通知》，财税〔1986〕120号。
[2] 财政部、国家税务总局，《关于生产企业出口货物实行免抵退税办法后有关城市维护建设税教育费附加政策的通知》，财税〔2005〕25号。
[3] 《国务院办公厅转发民政部等部门关于扶持城镇退役士兵自谋职业优惠政策意见的通知》，国办发〔2004〕10号。

用人数予以定额依次扣减增值税、城市维护建设税、教育费附加、地方教育附加和企业所得税优惠[1]。

（5）为支持国家重大水利工程建设，对国家重大水利工程建设基金免征教育费附加[2]。

（6）对增值税、消费税实行先征后返、先征后退、即征即退办法的，除另有规定外，对随增值税、消费税附征的教育费附加，一律不予退（返）还[3]。

第四节 印 花 税

印花税（stamp tax）是对经济活动和经济交往中书立、领受的凭证征收的一种税。由于是以在凭证上粘贴印花税票的办法征税，故称印花税。印花税起源于荷兰，中国于清朝末叶引进该税种。新中国成立后，1950年，政务院发布《印花税暂行条例》，开始在全国征收印花税。1958年全国税制改革时，印花税并入工商统一税，不再单独征收。1988年8月6日，国务院发布《中华人民共和国印花税暂行条例》，自同年10月1日起恢复征收印花税。2021年6月10日，中华人民共和国第十三届全国人民代表大会常务委员会第二十九次会议通过《中华人民共和国印花税法》（以下简称《印花税法》），自2022年7月1日起施行，1988年8月6日国务院发布的《中华人民共和国印花税暂行条例》同时废止。

一、纳税人

在中华人民共和国境内书立应税凭证、进行证券交易的单位和个人，为印花税的纳税人，应当依照《印花税法》规定缴纳印花税。在中华人民共和国境外书立在境内使用的应税凭证的单位和个人，应当依照《印花税法》规定缴纳印花税[4]。单位包括国有企业、集体企业、私营企业、外商投资企业、外国企业、股份制企业、其他企业、行政单位、事业单位、军事单位、社会团体和其他单位。个人包括个体经营者和其他个人。

二、税目和税率

印花税共有4个税目，17个子税目。

（1）书面合同：借款、融资租赁、买卖、承揽、建设工程、运输、技术、租赁、保管、仓储、财产保险合同。

（2）产权转移书据：土地使用权出让、土地使用权转让、房屋等建筑物和构筑物所有权转让、股权转让、商标专用权使用权转让、著作权使用权转让、专利权使用权转让、专有技术使用权转让书据。

（3）营业账簿[5]。

（4）证券交易，是指转让在依法设立的证券交易所、国务院批准的其他全国性证券交易场所交易的股票和以股票为基础的存托凭证。证券交易印花税对证券交易的出让方征收，不对受让方征收[6]。

印花税的税率设计，遵循税负从轻、共同负担的原则。所以，税率比较低。根据应纳税凭证性质的不同，印花税分别采用不同的比例税率和定额税率，见表20-4-1印花税税目税率表[7]。

---

[1] 财政部、国家税务总局、人力资源社会保障部、国务院扶贫办，《关于进一步支持和促进重点群体创业就业有关税收政策的通知》，财税〔2019〕22号；财政部、国家税务总局、人力资源社会保障部、国家乡村振兴局，《关于延长部分扶贫税收优惠政策执行期限的公告》，2021年第18号。

[2] 财政部、国家税务总局，《关于免征国家重大水利工程建设基金的城市维护建设税和教育费附加的通知》，财税〔2010〕44号。

[3] 财政部、国家税务总局，《关于增值税营业税消费税实行先征后返等办法有关城建税和教育费附加政策的通知》，财税〔2005〕72号。

[4] 《印花税法》，第一条。

[5] 《印花税法》，第二条。

[6] 《印花税法》，第三条。

[7] 《印花税法》，第四条。

表 20-4-1 印花税税目税率表

税目		税率	备注
合同（指书面合同）	借款合同	借款金额的 0.005%	指银行业金融机构、经国务院银行业监督管理机构批准设立的其他金融机构与借款人（不包括同业拆借）的借款合同
	融资租赁合同	租金的 0.005%	
	买卖合同	价款的 0.03%	指动产买卖合同（不包括个人书立的动产买卖合同）
	承揽合同	报酬的 0.03%	
	建设工程合同	价款的 0.03%	
	运输合同	运输费用的 0.03%	指货运合同和多式联运合同（不包括管道运输合同）
	技术合同	价款、报酬或者使用费的 0.03%	不包括专利权、专有技术使用权转让书据
	租赁合同	租金的 0.1%	
	保管合同	保管费的 0.1%	
	仓储合同	仓储费的 0.1%	
	财产保险合同	保险费的 0.1%	不包括再保险合同
产权转移书据	土地使用权出让书据	价款的 0.05%	转让包括买卖（出售）、继承、赠与、互换、分割
	土地使用权、房屋等建筑物和构筑物所有权转让书据（不包括土地承包经营权和土地经营权转移）	价款的 0.05%	
	股权转让书据（不包括应缴纳证券交易印花税的）	价款的 0.05%	
	商标专用权、著作权、专利权、专有技术使用权转让书据	价款的 0.03%	
营业账簿		实收资本（股本）、资本公积合计金额的 0.025%	
证券交易		成交金额的 0.1%	

此外，根据国务院的专门规定，股份制企业向社会公开发行的股票，因买卖、继承、赠与所书立的股权转让书据，均按照书据书立的时候证券市场当日实际成交价格计算的金额，由立据双方当事人分别按照 0.3%（2007 年 5 月 31 日开始执行，2008 年 4 月 24 日下调回 0.1%）的税率缴纳印花税。

对于企业集团内具有平等法律地位的主体之间自愿订立、明确双方购销关系、据以供货和结算、具有合同性质的凭证，应按规定征收印花税。对于企业集团内部执行计划使用的、不具有合同性质的凭证，不征收印花税[①]。

三、计税依据

（一）印花税的计税依据[②]

（1）应税合同的计税依据，为合同所列的金额，不包括列明的增值税税款。
（2）应税产权转移书据的计税依据，为产权转移书据所列的金额，不包括列明的增值税税款。
（3）应税营业账簿的计税依据，为账簿记载的实收资本（股本）、资本公积合计金额。
（4）证券交易的计税依据，为成交金额。

---

① 国家税务总局，《关于企业集团内部使用的有关凭证征收印花税问题的通知》，国税函〔2009〕9 号。
② 《印花税法》，第五条。

（二）计税依据的特殊情形

（1）应税合同、产权转移书据未列明金额的，印花税的计税依据按照实际结算的金额确定。计税依据按照前款规定仍不能确定的，按照书立合同、产权转移书据时的市场价格确定；依法应当执行政府定价或者政府指导价的，按照国家有关规定确定[1]。

（2）证券交易无转让价格的，按照办理过户登记手续时该证券前一个交易日收盘价计算确定计税依据；无收盘价的，按照证券面值计算确定计税依据[2]。

（三）计税依据的具体情形[3]

（1）同一应税合同、应税产权转移书据中涉及两方以上纳税人，且未列明纳税人各自涉及金额的，以纳税人平均分摊的应税凭证所列金额（不包括列明的增值税税款）确定计税依据。

（2）应税合同、应税产权转移书据所列的金额与实际结算金额不一致，不变更应税凭证所列金额的，以所列金额为计税依据；变更应税凭证所列金额的，以变更后的所列金额为计税依据。已缴纳印花税的应税凭证，变更后所列金额增加的，纳税人应当就增加部分的金额补缴印花税；变更后所列金额减少的，纳税人可以就减少部分的金额向税务机关申请退还或者抵缴印花税。

（3）纳税人因应税凭证列明的增值税税款计算错误导致应税凭证的计税依据减少或者增加的，纳税人应当按规定调整应税凭证列明的增值税税款，重新确定应税凭证计税依据。已缴纳印花税的应税凭证，调整后计税依据增加的，纳税人应当就增加部分的金额补缴印花税；调整后计税依据减少的，纳税人可以就减少部分的金额向税务机关申请退还或者抵缴印花税。

（4）纳税人转让股权的印花税计税依据，按照产权转移书据所列的金额（不包括列明的认缴后尚未实际出资权益部分）确定。

（5）应税凭证金额为人民币以外的货币的，应当按照凭证书立当日的人民币汇率中间价折合人民币确定计税依据。

（6）境内的货物多式联运，采用在起运地统一结算全程运费的，以全程运费作为运输合同的计税依据，由起运地运费结算双方缴纳印花税；采用分程结算运费的，以分程的运费作为计税依据，分别由办理运费结算的各方缴纳印花税。

四、应纳税额计算

应纳税额计算公式为

$$应纳税额 = 计税依据 \times 适用税率$$

【例 20-4-1】 某学校委托服装加工企业定做一批校服，合同载明原材料金额 60 万元由服装加工企业提供，学校另外支付加工费 30 万元，则服装加工企业应纳印花税额计算如下。

【答案】 这两项应税项目分别按"加工承揽合同"和"买卖合同"计税，所以应纳税额 = 60×0.03% + 30×0.03% = 0.027（万元）。

【例 20-4-2】 某企业于 1 月 1 日，新启用"实收资本"和"资本公积"账簿，期初余额分别为 210 万元和 70 万元。计算该企业"实收资本"和"资本公积"账簿应纳印花税。

---

[1] 《印花税法》，第六条。
[2] 《印花税法》，第七条。
[3] 财政部、国家税务总局，《关于印花税若干事项政策执行口径的公告》，2022 年第 22 号。

【答案】应纳税额 = (210 + 70)×0.025% = 0.07（万元）。

五、减免税

(一) 免征印花税项目①

(1) 应税凭证的副本或者抄本。

(2) 依照法律规定应当予以免税的外国驻华使馆、领事馆和国际组织驻华代表机构为获得馆舍书立的应税凭证。

(3) 中国人民解放军、中国人民武装警察部队书立的应税凭证。

(4) 农民、家庭农场、农民专业合作社、农村集体经济组织、村民委员会购买农业生产资料或者销售农产品书立的买卖合同和农业保险合同。

(5) 无息或者贴息借款合同、国际金融组织向中国提供优惠贷款书立的借款合同。

(6) 财产所有权人将财产赠与政府、学校、社会福利机构、慈善组织书立的产权转移书据。

(7) 非营利性医疗卫生机构采购药品或者卫生材料书立的买卖合同。

(8) 个人与电子商务经营者订立的电子订单。

根据国民经济和社会发展的需要，国务院对居民住房需求保障、企业改制重组、破产、支持小型微型企业发展等情形可以规定减征或者免征印花税，报全国人民代表大会常务委员会备案。

(二) 免税的具体情形②

(1) 对应税凭证适用印花税减免优惠的，书立该应税凭证的纳税人均可享受印花税减免政策，明确特定纳税人适用印花税减免优惠的除外。

(2) 享受印花税免税优惠的家庭农场，具体范围为以家庭为基本经营单元，以农场生产经营为主业，以农场经营收入为家庭主要收入来源，从事农业规模化、标准化、集约化生产经营，纳入全国家庭农场名录系统的家庭农场。

(3) 享受印花税免税优惠的学校，具体范围为经县级以上人民政府或者其教育行政部门批准成立的大学、中学、小学、幼儿园，实施学历教育的职业教育学校、特殊教育学校、专门学校，以及经省级人民政府或者其人力资源社会保障行政部门批准成立的技工院校。

(4) 享受印花税免税优惠的社会福利机构，具体范围为依法登记的养老服务机构、残疾人服务机构、儿童福利机构、救助管理机构、未成年人救助保护机构。

(5) 享受印花税免税优惠的慈善组织，具体范围为依法设立、符合《中华人民共和国慈善法》规定，以面向社会开展慈善活动为宗旨的非营利性组织。

(6) 享受印花税免税优惠的非营利性医疗卫生机构，具体范围为经县级以上人民政府卫生健康行政部门批准或者备案设立的非营利性医疗卫生机构。

(7) 享受印花税免税优惠的电子商务经营者，具体范围按《中华人民共和国电子商务法》有关规定执行。

(三) 继续执行的减免税政策③

(1) 对铁路、公路、航运、水路承运快件行李、包裹开具的托运单据，暂免贴印花④。

---

① 《印花税法》，第十二条。
② 财政部、国家税务总局，《关于印花税若干事项政策执行口径的公告》，2022 年第 22 号。
③ 财政部、国家税务总局，《关于印花税法实施后有关优惠政策衔接问题的公告》，2022 年第 23 号。
④ 国家税务局，《关于印花税若干具体问题的规定》，国税地字〔1988〕25 号。

（2）对农林作物、牧业畜类保险合同暂不贴花①。

（3）各类发行单位之间，以及发行单位与订阅单位或个人之间书立的征订凭证，暂免征印花税②。

（4）军事物资运输，凡附有军事运输命令或使用专用的军事物资运费结算凭证，免纳印花税；抢险救灾物资运输，凡附有县级以上（含县级）人民政府抢险救灾物资运输证明文件的运费结算凭证，免纳印花税③。

（5）凡在铁路内部无偿调拨的固定资产，其调拨单据不属于产权转移书据，不应贴花④。

（6）对资产公司成立时设立的资金账簿免征印花税。对资产公司收购、承接和处置不良资产，免征购销合同和产权转移书据应缴纳的印花税⑤。

（7）对中国石油天然气集团和中国石油化工集团两大集团之间、两大集团内部各子公司之间、中国石油天然气股份公司的各子公司之间、中国石油化工股份公司的各子公司之间、中国石油天然气股份公司的分公司与子公司之间、中国石油化工股份公司的分公司与子公司之间互供石油和石油制品所使用的"成品油配置计划表"（或其他名称的表、证、单、书），暂不征收印花税⑥。

（8）金融资产管理公司按财政部核定的资本金数额，接收国有商业银行的资产，在办理过户手续时，免征印花税。国有商业银行按财政部核定的数额，划转给金融资产管理公司的资产，在办理过户手续时，免征印花税⑦。

（9）对社保基金持有的证券，在社保基金证券账户之间的划拨过户，不属于印花税的征税范围，不征收印花税⑧。

（10）对被撤销金融机构接收债权、清偿债务过程中签订的产权转移书据，免征印花税⑨。

（11）企业改制过程中有关印花税免征政策如下。①关于资金账簿的印花税。实行公司制改造的企业在改制过程中成立的新企业（重新办理法人登记的），其新启用的资金账簿记载的资金或因企业建立资本纽带关系而增加的资金，凡原已贴花的部分可不再贴花，未贴花的部分和以后新增加的资金按规定贴花。以合并或分立方式成立的新企业，其新启用的资金账簿记载的资金，凡原已贴花的部分可不再贴花，未贴花的部分和以后新增加的资金按规定贴花。②关于各类应税合同的印花税。企业改制前签订但尚未履行完的各类应税合同，改制后需要变更执行主体的，对仅改变执行主体、其余条款未作变动且改制前已贴花的，不再贴花。③关于产权转移书据的印花税。企业因改制签订的产权转移书据免予贴花⑩。

（12）对东方资产管理公司在接收和处置港澳国际（集团）有限公司资产过程中签订的产权转移书据，免征东方资产管理公司应缴纳的印花税。

对港澳国际（集团）内地公司在催收债权、清偿债务过程中签订的产权转移书据，免征港澳国际（集团）内地公司应缴纳的印花税。

对港澳国际（集团）香港公司在中国境内催收债权、清偿债务过程中签订的产权转移书据，免征港澳国际（集团）香港公司应承担的印花税⑪。

---

① 国家税务局，《关于对保险公司征收印花税有关问题的通知》，国税地字〔1988〕37号。
② 国家税务局，《关于图书、报刊等征订凭证征免印花税问题的通知》，国税地字〔1989〕142号。
③ 国家税务总局，《关于货运凭证征收印花税几个具体问题的通知》，国税发〔1990〕173号。
④ 财政部、国家税务总局，《关于铁道部所属单位恢复征收印花税问题的补充通知》，财税字〔1997〕182号。
⑤ 财政部、国家税务总局，《关于中国信达等4家金融资产管理公司税收政策问题的通知》，财税〔2001〕10号。
⑥ 国家税务总局，《关于中国石油天然气集团和中国石油化工集团使用的"成品油配置计划表"有关印花税问题的通知》，国税函〔2002〕424号。
⑦ 财政部、国家税务总局，《关于4家资产管理公司接收资本金项下的资产在办理过户时有关税收政策问题的通知》，财税〔2003〕21号。
⑧ 财政部、国家税务总局，《关于全国社会保障基金有关印花税政策的通知》，财税〔2003〕134号。
⑨ 财政部、国家税务总局，《关于被撤销金融机构有关税收政策问题的通知》，财税〔2003〕141号。
⑩ 财政部、国家税务总局，《关于企业改制过程中有关印花税政策的通知》，财税〔2003〕183号。
⑪ 财政部、国家税务总局，《关于中国东方资产管理公司处置港澳国际（集团）有限公司有关资产税收政策问题的通知》，财税〔2003〕212号。

(13) 对经国务院和省级人民政府决定或批准进行的国有（含国有控股）企业改组改制而发生的上市公司国有股权无偿转让行为，暂不征收证券（股票）交易印花税[①]。

(14) 股权分置改革过程中因非流通股股东向流通股股东支付对价而发生的股权转让，暂免征收印花税[②]。

(15) 银行业开展信贷资产证券化业务试点中的有关免征政策。发起机构、受托机构在信贷资产证券化过程中，与资金保管机构（指接受受托机构委托，负责保管信托项目财产账户资金的机构）、证券登记托管机构（指中央国债登记结算有限责任公司）以及其他为证券化交易提供服务的机构签订的其他应税合同，暂免征收发起机构、受托机构应缴纳的印花税。

受托机构发售信贷资产支持证券以及投资者买卖信贷资产支持证券暂免征收印花税。

发起机构、受托机构因开展信贷资产证券化业务而专门设立的资金账簿暂免征收印花税[③]。

(16) 对保护基金公司以保护基金自有财产和接收的受偿资产与保险公司签订的财产保险合同，免征印花税[④]。

(17) 电网与用户之间签订的供用电合同不属于印花税列举征税的凭证，不征收印花税[⑤]。

(18) 对青藏铁路公司及其所属单位营业账簿免征印花税；对青藏铁路公司签订的货物运输合同免征印花税[⑥]。

(19) 外国银行分行改制为外商独资银行（或其分行）后，其在外国银行分行已经贴花的资金账簿、应税合同，在改制后的外商独资银行（或其分行）不再重新贴花[⑦]。

(20) 对廉租住房、经济适用住房经营管理单位与廉租住房、经济适用住房相关的印花税以及廉租住房承租人、经济适用住房购买人涉及的印花税予以免征。

开发商在经济适用住房、商品住房项目中配套建造廉租住房，在商品住房项目中配套建造经济适用住房，如能提供政府部门出具的相关材料，可按廉租住房、经济适用住房建筑面积占总建筑面积的比例免征开发商应缴纳的印花税。

对个人出租、承租住房签订的租赁合同，免征印花税[⑧]。

(21) 对个人销售或购买住房暂免征收印花税[⑨]。

(22) 经国务院批准，对有关国有股东按照《境内证券市场转持部分国有股充实全国社会保障基金实施办法》（财企〔2009〕94号）向全国社会保障基金理事会转持国有股，免征证券（股票）交易印花税[⑩]。

(23) 中国海油集团与中国石油天然气集团、中国石油化工集团之间，中国海油集团内部各子公司之间，中国海油集团的各分公司和子公司之间互供石油和石油制品所使用的"成品油配置计划表"（或其他名称的表、证、单、书），暂不征收印花税[⑪]。

(24) 对改造安置住房经营管理单位、开发商与改造安置住房相关的印花税以及购买安置住房的个人涉及的印花税予以免征。

在商品住房等开发项目中配套建造安置住房的，依据政府部门出具的相关材料、房屋征收（拆迁）补偿协议或棚户区改造合同（协议），按改造安置住房建筑面积占总建筑面积的比例免征印花税[⑫]。

[①] 国家税务总局，《关于办理上市公司国有股权无偿转让暂不征收证券（股票）印花税有关审批事项的通知》，国税函〔2004〕941号。
[②] 财政部、国家税务总局，《关于股权分置试点改革有关税收政策问题的通知》，财税〔2005〕103号。
[③] 财政部、国家税务总局，《关于信贷资产证券化有关税收政策问题的通知》，财税〔2006〕5号。
[④] 财政部、国家税务总局，《关于证券投资者保护基金有关印花税政策的通知》，财税〔2006〕104号。
[⑤] 财政部、国家税务总局，《关于印花税若干政策的通知》，财税〔2006〕162号。
[⑥] 财政部、国家税务总局，《关于青藏铁路公司运营期间有关税收等政策问题的通知》，财税〔2007〕11号。
[⑦] 财政部、国家税务总局，《关于外国银行分行改制为外商独资银行有关税收问题的通知》，财税〔2007〕45号。
[⑧] 财政部、国家税务总局，《关于廉租住房经济适用住房和住房租赁有关税收政策的通知》，财税〔2008〕24号。
[⑨] 财政部、国家税务总局，《关于调整房地产交易环节税收政策的通知》，财税〔2008〕137号。
[⑩] 财政部、国家税务总局，《关于境内证券市场转持部分国有股充实全国社会保障基金有关证券（股票）交易印花税政策的通知》，财税〔2009〕103号。
[⑪] 国家税务总局，《关于中国海洋石油总公司使用的"成品油配置计划表"有关印花税问题的公告》，2012年第58号。
[⑫] 财政部、国家税务总局，《关于棚户区改造有关税收政策的通知》，财税〔2013〕101号。

(25) 在融资性售后回租业务中,对承租人、出租人因出售租赁资产及购回租赁资产所签订的合同,不征收印花税[1]。

(26) 企业重组改制涉及的印花税,符合规定的,可享受相关优惠政策[2]。

(27) 对香港市场投资者通过沪股通和深股通参与股票担保卖空涉及的股票借入、归还,暂免征收证券(股票)交易印花税[3]。

(28) 对因农村集体经济组织以及代行集体经济组织职能的村民委员会、村民小组进行清产核资收回集体资产而签订的产权转移书据,免征印花税[4]。

(29) 对金融机构与小型企业、微型企业签订的借款合同免征印花税[5]。

(30) 对中国保险保障基金有限责任公司下列应税凭证,免征印花税:①新设立的营业账簿;②在对保险公司进行风险处置和破产救助过程中签订的产权转移书据;③在对保险公司进行风险处置过程中与中国人民银行签订的再贷款合同;④以保险保障基金自有财产和接收的受偿资产与保险公司签订的财产保险合同[6]。

(31) 对社保基金会、社保基金投资管理人管理的社保基金转让非上市公司股权,免征社保基金会、社保基金投资管理人应缴纳的印花税[7]。

(32) 对社保基金会及养老基金投资管理机构运用养老基金买卖证券应缴纳的印花税实行先征后返;养老基金持有的证券,在养老基金证券账户之间的划拨过户,不属于印花税的征收范围,不征收印花税。对社保基金会及养老基金投资管理机构管理的养老基金转让非上市公司股权,免征社保基金会及养老基金投资管理机构应缴纳的印花税[8]。

(33) 关于(全面脱贫前)易地扶贫搬迁安置住房税收政策[9]。

对(全面脱贫前)易地扶贫搬迁项目实施主体(以下简称项目实施主体)取得用于建设安置住房的土地,免征印花税。

对安置住房建设和分配过程中应由项目实施主体、项目单位缴纳的印花税,予以免征。

在商品住房等开发项目中配套建设安置住房的,按安置住房建筑面积占总建筑面积的比例,计算应予免征的安置住房用地相关的契税、城镇土地使用税,以及项目实施主体、项目单位相关的印花税。

对项目实施主体购买商品住房或者回购保障性住房作为安置住房房源的,免征印花税。

(34) 对与高校学生签订的高校学生公寓租赁合同,免征印花税[10]。

(35) 对经营性文化事业单位转制中资产评估增值、资产转让或划转涉及的印花税,符合现行规定的享受相应税收优惠政策[11]。

(36) 在国有股权划转和接收过程中,划转非上市公司股份的,对划出方与划入方签订的产权转移书据免征印花税;划转上市公司股份和全国中小企业股份转让系统挂牌公司股份的,免征证券交易印花税;对划入方因承接划转股权而增加的实收资本和资本公积,免征印花税[12]。

---

[1] 财政部、国家税务总局,《关于融资租赁合同有关印花税政策的通知》,财税〔2015〕144号。
[2] 财政部、国家税务总局,《关于落实降低企业杠杆率税收支持政策的通知》,财税〔2016〕125号。
[3] 财政部、国家税务总局、中国证监会,《关于深港股票市场交易互联互通机制试点有关税收政策的通知》,财税〔2016〕127号。
[4] 财政部、国家税务总局,《关于支持农村集体产权制度改革有关税收政策的通知》,财税〔2017〕55号。
[5] 财政部、国家税务总局,《关于支持小微企业融资有关税收政策的通知》,财税〔2017〕77号。
[6] 财政部、国家税务总局,《关于保险保障基金有关税收政策的通知》,财税〔2023〕44号。
[7] 财政部、国家税务总局,《关于全国社会保障基金有关投资业务税收政策的通知》,财税〔2018〕94号。
[8] 财政部、国家税务总局,《关于基本养老保险基金有关投资业务税收政策的通知》,财税〔2018〕95号。
[9] 财政部、国家税务总局,《关于易地扶贫搬迁税收优惠政策的通知》,财税〔2018〕135号。
[10] 财政部、国家税务总局,《关于高校学生公寓房产 印花税政策的通知》,财税〔2019〕14号。
[11] 财政部、国家税务总局、中央宣传部,《关于继续实施文化体制改革中经营性文化事业单位转制为企业若干税收政策的通知》,财税〔2019〕16号。
[12] 财政部、人力资源社会保障部、国资委、国家税务总局、中国证监会,《关于全面推开划转部分国有资本充实社保基金工作的通知》,财资〔2019〕49号。

（37）对公租房经营管理单位购买住房作为公租房，免征印花税；对公租房租赁双方免征签订租赁协议涉及的印花税[①]。

（38）对饮水工程运营管理单位为建设饮水工程取得土地使用权而签订的产权转移书据，以及与施工单位签订的建设工程承包合同，免征印花税[②]。

（39）对商品储备管理公司及其直属库资金账簿免征印花税，对其承担商品储备业务过程中书立的购销合同免征印花税，对合同其他各方当事人应缴纳的印花税照章征收[③]。

（40）由省、自治区、直辖市人民政府根据本地区实际情况，以及宏观调控需要确定，对增值税小规模纳税人、小型微利企业和个体工商户可以在50%的税额幅度内减征印花税（不含证券交易印花税）[④]。

六、纳税期限和纳税地点

（一）纳税义务发生时间[⑤]

印花税的纳税义务发生时间为纳税人书立应税凭证或者完成证券交易的当日。证券交易印花税扣缴义务发生时间为证券交易完成的当日。

（二）印花税的纳税地点[⑥]

纳税人为单位的，应当向其机构所在地的主管税务机关申报缴纳印花税；纳税人为个人的，应当向应税凭证书立地或者纳税人居住地的主管税务机关申报缴纳印花税。

不动产产权发生转移的，纳税人应当向不动产所在地的主管税务机关申报缴纳印花税。

（三）印花税的纳税期限[⑦]

印花税按季、按年或者按次计征。实行按季、按年计征的，纳税人应当自季度、年度终了之日起十五日内申报缴纳税款；实行按次计征的，纳税人应当自纳税义务发生之日起十五日内申报缴纳税款。

证券交易印花税按周解缴。证券交易印花税扣缴义务人应当自每周终了之日起五日内申报解缴税款以及银行结算的利息。

七、纳税方式[⑧]

印花税可以采用粘贴印花税票或者由税务机关依法开具其他完税凭证的方式缴纳。

印花税票粘贴在应税凭证上的，由纳税人在每枚税票的骑缝处盖戳注销或者画销。

第五节 烟 叶 税

烟叶税（tobacco tax）是从农业特产税中分离出来的税种，原农业特产税是对从事农业特产品生产的单位和个人，就其农业特产品收入征收的一种税。2004年6月30日，根据财政部、国家税务总局《关于取

[①] 财政部、国家税务总局，《关于公共租赁住房税收优惠政策的公告》，2019年第61号。
[②] 财政部、国家税务总局，《关于继续实行农村饮水安全工程税收优惠政策的公告》，2019年第67号。
[③] 财政部、国家税务总局，《关于部分国家储备商品有关税收政策的通知》，财税〔2009〕151号。
[④] 财政部、国家税务总局，《关于进一步实施小微企业"六税两费"减免政策的公告》，2022年第10号。
[⑤] 《印花税法》，第十五条。
[⑥] 《印花税法》，第十三条。
[⑦] 《印花税法》，第十六条。
[⑧] 《印花税法》，第十七条。

消除烟叶外的农业特产税有关问题的通知》(财税〔2004〕120 号)的规定,从 2004 年起,对烟叶仍征收农业特产税,取消其他农业特产品的农业特产税。2006 年 4 月 28 日,国务院发布新的《中华人民共和国烟叶税暂行条例》。2017 年 12 月 27 日,中华人民共和国第十二届全国人民代表大会常务委员会第三十一次会议通过《中华人民共和国烟叶税法》,自 2018 年 7 月 1 日起施行,2006 年 4 月 28 日国务院公布的《中华人民共和国烟叶税暂行条例》同时废止。

一、纳税人和征税范围

凡在中华人民共和国境内依照《中华人民共和国烟草专卖法》收购烟叶的单位,为烟叶税的纳税人,应当依照《中华人民共和国烟叶税法》的规定缴纳烟叶税。

烟叶税的征税对象为烟叶,包括晾晒烟叶、烤烟叶。

二、税率

烟叶税采用比例税率,税率为20%。

三、计税依据及应纳税额的计算

1. 计税依据

纳税人收购烟叶实际支付的价款总额,包括纳税人支付给烟叶生产销售单位和个人的烟叶收购价款和价外补贴。其中,价外补贴统一按烟叶收购价款的10%计算。

2. 应纳税额的计算

$$应纳税额 = 纳税人收购烟叶实际支付的价款总额 \times 税率$$

四、纳税期限和纳税地点

纳税人收购烟叶,应当向烟叶收购地的主管税务机关申报纳税。纳税义务发生时间为纳税人收购烟叶的当天。烟叶税按月计征,纳税人应当于纳税义务发生月终了之日起十五日内申报并缴纳税款。

第六节 环境保护税

环境保护税(environmental protection tax),是一种为了保护和改善环境,减少污染物排放,推进生态文明建设开征的税种。2016 年 12 月 25 日,由中华人民共和国第十二届全国人民代表大会常务委员会第二十五次会议通过《中华人民共和国环境保护税法》,中华人民共和国主席令第六十一号公布,自 2018 年 1 月 1 日起施行。

一、纳税人

自 2018 年 1 月 1 日起,在中华人民共和国领域和中华人民共和国管辖的其他海域,直接向环境排放应税污染物的企业事业单位和其他生产经营者为环境保护税的纳税人,应当依照《环境保护税法》缴纳环境保护税。其中,应税污染物,是指本法所附《环境保护税税目税额表》《应税污染物和当量值表》规定的大气污染物、水污染物、固体废物和噪声[1]。

有下列情形之一的,不属于直接向环境排放污染物,不缴纳相应污染物的环境保护税:①企业事业单

---

[1] 《中华人民共和国环境保护税法》(以下简称《环境保护税法》),第二条、第三条。

位和其他生产经营者向依法设立的污水集中处理、生活垃圾集中处理场所排放应税污染物的;②企业事业单位和其他生产经营者在符合国家和地方环境保护标准的设施、场所贮存或者处置固体废物的[1];③依法对畜禽养殖废弃物进行综合利用和无害化处理的,不属于直接向环境排放污染物,不缴纳环境保护税[2]。

此外,依法设立的城乡污水集中处理、生活垃圾集中处理场所超过国家和地方规定的排放标准向环境排放应税污染物的,应当缴纳环境保护税。企业事业单位和其他生产经营者贮存或者处置固体废物不符合国家和地方环境保护标准的,应当缴纳环境保护税[3]。

燃烧产生废气中的颗粒物,按照烟尘征收环境保护税。排放的扬尘、工业粉尘等颗粒物,除可以确定为烟尘、石棉尘、玻璃棉尘、炭黑尘的外,按照一般性粉尘征收环境保护税[4]。

二、税目和税率

(一) 税目

环境保护税税目包括大气污染物、水污染物、固体废物和噪声四大类[5]。

1. 大气污染物

大气污染物包括二氧化硫、氮氧化物、一氧化碳、氯气、氯化氢、氟化物、氰化氢、硫酸雾、铬酸雾、汞及其化合物、一般性粉尘、石棉尘、玻璃棉尘、碳黑尘、铅及其化合物、镉及其化合物、铍及其化合物、镍及其化合物、锡及其化合物、烟尘、苯、甲苯、二甲苯、苯并(a)芘、甲醛、乙醛、丙烯醛、甲醇、酚类、沥青烟、苯胺类、氯苯类、硝基苯、丙烯腈、氯乙烯、光气、硫化氢、氨、三甲胺、甲硫醇、甲硫醚、二甲二硫、苯乙烯、二硫化碳,共计 44 项。环境保护税的征税范围不包括温室气体二氧化碳。

2. 水污染物

水污染物分为两类:第一类水污染物包括总汞、总镉、总铬、六价铬、总砷、总铅、总镍、苯并(a)芘、总铍、总银;第二类水污染物包括悬浮物(SS)、生化需氧量(BOD_5)、化学需氧量(COD_{cr})、总有机碳(TOC)、石油类、动植物油、挥发酚、总氰化物、硫化物、氨氮、氟化物、甲醛、苯胺类、硝基苯类、阴离子表面活性剂(LAS)、总铜、总锌、总锰、彩色显影剂(CD-2)、总磷、单质磷(以 P 计)、有机磷农药(以 P 计)、乐果、甲基对硫磷、马拉硫磷、对硫磷、五氯酚及五氯酚钠(以五氯酚计)、三氯甲烷、可吸附有机卤化物(AOX)(以 Cl 计)、四氯化碳、三氯乙烯、四氯乙烯、苯、甲苯、乙苯、邻-二甲苯、对-二甲苯、间-二甲苯、氯苯、邻二氯苯、对二氯苯、对硝基氯苯、2,4-二硝基氯苯、苯酚、间-甲酚、2,4-二氯酚、2,4,6-三氯酚、邻苯二甲酸二丁酯、邻苯二甲酸二辛酯、丙烯腈、总硒。应税水污染物共计 61 项。

3. 固体废物

固体废物包括煤矸石、尾矿、危险废物、冶炼渣、粉煤灰、炉渣、其他固体废物(含半固态、液态废物)。

4. 噪声

噪声污染物目前只包括工业噪声。

---

[1] 《环境保护税法》,第四条。
[2] 《中华人民共和国环境保护税法实施条例》(以下简称《环境保护税法实施条例》),第四条。
[3] 《环境保护税法》,第五条。
[4] 财政部、国家税务总局、生态环境部,《关于明确环境保护税应税污染物适用等有关问题的通知》,财税〔2018〕117 号。
[5] 《环境保护税法》中附表一《环境保护税税目税额表》。

（二）税率

环境保护税采用定额税率，其中，应税大气污染物和水污染物的具体适用税额的确定和调整，由省、自治区、直辖市人民政府统筹考虑本地区环境承载能力、污染物排放现状和经济社会生态发展目标要求，在《环境保护税法》所附《环境保护税税目税额表》规定的税额幅度内提出，报同级人民代表大会常务委员会决定，并报全国人民代表大会常务委员会和国务院备案[①]。具体情况见表20-6-1。

表20-6-1 环境保护税税目税额表

税目		计税单位	税额	备注
大气污染物		每污染当量	1.2元至12元	
水污染物		每污染当量	1.4元至14元	
固体废物	煤矸石	每吨	5元	
	尾矿	每吨	15元	
	危险废物	每吨	1 000元	
	冶炼渣、粉煤灰、炉渣、其他固体废物（含半固态、液态废物）	每吨	25元	
噪声	工业噪声	超标1～3分贝	每月350元	1.一个单位边界上有多处噪声超标，根据最高一处超标声级计算应纳税额；当沿边界长度超过100米有两处以上噪声超标，按照两个单位计算应纳税额 2.一个单位有不同地点作业场所的，应当分别计算应纳税额，合并计征 3.昼、夜均超标的环境噪声，昼、夜分别计算应纳税额，累计计征 4.声源一个月内超标不足15天的，减半计算应纳税额 5.夜间频繁突发和夜间偶然突发厂界超标噪声，按等效声级和峰值噪声两种指标中超标分贝值高的一项计算应纳税额
		超标4～6分贝	每月700元	
		超标7～9分贝	每月1 400元	
		超标10～12分贝	每月2 800元	
		超标13～15分贝	每月5 600元	
		超标16分贝以上	每月11 200元	

三、计税依据

应税污染物的计税依据，按照下列方法确定：①应税大气污染物按照污染物排放量折合的污染当量数确定；②应税水污染物按照污染物排放量折合的污染当量数确定；③应税固体废物按照固体废物的排放量确定；④应税噪声按照超过国家规定标准的分贝数确定[②]。

1. 大气污染物、水污染物计税依据的确定

应税大气污染物、水污染物的污染当量数，以该污染物的排放量除以该污染物的污染当量值计算。每种应税大气污染物、水污染物的具体污染当量值，依照《环境保护税法》所附《应税污染物和当量值表》执行（表20-6-2至表20-6-6）[③]。计算公式为

应税大气污染物、水污染物的污染当量数 = 该污染物的排放量÷该污染物的污染当量值

表20-6-2 大气污染物污染当量值

污染物	污染当量值/千克	污染物	污染当量值/千克
二氧化硫	0.95	二甲苯	0.27
氮氧化物	0.95	苯并（a）芘	0.000 002

[①] 《环境保护税法》，第六条。
[②] 《环境保护税法》，第七条。
[③] 《环境保护税法》，第八条。

续表

污染物	污染当量值/千克	污染物	污染当量值/千克
一氧化碳	16.7	甲醛	0.09
氯气	0.34	乙醛	0.45
氯化氢	10.75	丙烯醛	0.06
氟化物	0.87	甲醇	0.67
氰化氢	0.005	酚类	0.35
硫酸雾	0.6	沥青烟	0.19
铬酸雾	0.000 7	苯胺类	0.21
汞及其化合物	0.000 1	氯苯类	0.72
一般性粉尘	4	硝基苯	0.17
石棉尘	0.53	丙烯腈	0.22
玻璃棉尘	2.13	氯乙烯	0.55
碳黑尘	0.59	光气	0.04
铅及其化合物	0.02	硫化氢	0.29
镉及其化合物	0.03	氨	9.09
铍及其化合物	0.000 4	三甲胺	0.32
镍及其化合物	0.13	甲硫醇	0.04
锡及其化合物	0.27	甲硫醚	0.28
烟尘	2.18	二甲二硫	0.28
苯	0.05	苯乙烯	25
甲苯	0.18	二硫化碳	20

表 20-6-3　第一类水污染物污染当量值

污染物	污染当量值/千克	污染物	污染当量值/千克
总汞	0.000 5	总铅	0.025
总镉	0.005	总镍	0.025
总铬	0.04	苯并（a）芘	0.000 000 3
六价铬	0.02	总铍	0.01
总砷	0.02	总银	0.02

表 20-6-4　第二类水污染物污染当量值

污染物	污染当量值/千克	污染物	污染当量值/千克
悬浮物（SS）	4	三氯甲烷	0.04
生化需氧量（BOD_5）	0.5	可吸附有机卤化物（AOX）（以Cl计）	0.25
化学需氧量（CODcr）	1	四氯化碳	0.04
总有机碳（TOC）	0.49	五氯酚及五氯酚钠（以五氯酚计）	0.25
石油类	0.1	三氯乙烯	0.04
动植物油	0.16	四氯乙烯	0.04
挥发酚	0.08	苯	0.02
总氰化物	0.05	甲苯	0.02
硫化物	0.125	乙苯	0.02
氨氮	0.8	邻-二甲苯	0.02
氟化物	0.5	对-二甲苯	0.02

续表

污染物	污染当量值/千克	污染物	污染当量值/千克
甲醛	0.125	间-二甲苯	0.02
苯胺类	0.2	氯苯	0.02
硝基苯类	0.2	邻二氯苯	0.02
阴离子表面活性剂（LAS）	0.2	对二氯苯	0.02
总铜	0.1	对硝基氯苯	0.02
总锌	0.2	2,4-二硝基氯苯	0.02
总锰	0.2	苯酚	0.02
彩色显影剂（CD-2）	0.2	间-甲酚	0.02
总磷	0.25	2,4-二氯酚	0.02
单质磷（以P计）	0.05	2,4,6-三氯酚	0.02
有机磷农药（以P计）	0.05	邻苯二甲酸二丁酯	0.02
乐果	0.05	邻苯二甲酸二辛酯	0.02
甲基对硫磷	0.05	丙烯腈	0.125
马拉硫磷	0.05	总硒	0.02
对硫磷	0.05		

注：①第一类、第二类污染物的分类依据为《污水综合排放标准》(GB 8978—1996)；②同一排放口中的化学需氧量（CODcr）、生化需氧量（BOD$_5$）和总有机碳（TOC），只征收一项

表20-6-5　pH、色度、大肠菌群数、余氯量水污染物污染当量值

污染物		污染当量值	备注
pH	1. 0~1，13~14 2. 1~2，12~13 3. 2~3，11~12 4. 3~4，10~11 5. 4~5，9~10 6. 5~6	0.06 吨污水 0.125 吨污水 0.25 吨污水 0.5 吨污水 1 吨污水 5 吨污水	pH值5~6指大于等于5，小于6；pH值9~10指大于9，小于等于10，其余类推
色度		5 吨水·倍	
大肠菌群数（超标）		3.3 吨污水	大肠菌群数和余氯量只征收一项
余氯量（用氯消毒的医院废水）		3.3 吨污水	

表20-6-6　禽畜养殖业、小型企业和第三产业水污染物污染当量值

类型		污染当量值
禽畜养殖场	牛	0.1 头
	猪	1 头
	鸡、鸭等家禽	30 羽
小型企业		1.8 吨污水
饮食娱乐服务业		0.5 吨污水
医院	消毒	0.14 床
		2.8 吨污水
	不消毒	0.07 床
		1.4 吨污水

注：①本表仅适用于计算无法进行实际监测或者物料衡算的禽畜养殖业、小型企业和第三产业等小型排污者的水污染物污染当量数；②仅对存栏规模大于50头牛、500头猪、5000羽鸡鸭等的禽畜养殖场征收；③医院病床数大于20张的按本表计算污染当量数

每一排放口或者没有排放口的应税大气污染物，按照污染当量数从大到小排序，对前三项污染物征收环境保护税。每一排放口的应税水污染物，按照《环境保护税法》所附《应税污染物和当量值表》，区分第

一类水污染物和其他类水污染物，按照污染当量数从大到小排序，对第一类水污染物按照前五项征收环境保护税，对其他类水污染物按照前三项征收环境保护税。

省、自治区、直辖市人民政府根据本地区污染物减排的特殊需要，可以增加同一排放口征收环境保护税的应税污染物项目数，报同级人民代表大会常务委员会决定，并报全国人民代表大会常务委员会和国务院备案[①]。

应税大气污染物、水污染物的计税依据，按照污染物排放量折合的污染当量数确定。纳税人有下列情形之一的，以其当期应税大气污染物、水污染物的产生量作为污染物的排放量：①未依法安装使用污染物自动监测设备或者未将污染物自动监测设备与环境保护主管部门的监控设备联网；②损毁或者擅自移动、改变污染物自动监测设备；③篡改、伪造污染物监测数据；④通过暗管、渗井、渗坑、灌注或者稀释排放以及不正常运行防治污染设施等方式违法排放应税污染物；⑤进行虚假纳税申报[②]。

2. 固体废物计税依据的确定

应税固体废物的计税依据，按照固体废物的排放量确定。固体废物的排放量为当期应税固体废物的产生量减去当期应税固体废物的贮存量、处置量、综合利用量的余额。其中，固体废物的贮存量、处置量，是指在符合国家和地方环境保护标准的设施、场所贮存或者处置的固体废物数量；固体废物的综合利用量，是指按照国务院发展改革、工业和信息化主管部门关于资源综合利用要求以及国家和地方环境保护标准进行综合利用的固体废物数量[③]。计算公式为

固体废物的排放量 = 当期固体废物的产生量 – 当期固体废物的综合利用量 – 当期固体废物的贮存量 – 当期固体废物的处置量

纳税人有下列情形之一的，以其当期应税固体废物的产生量作为固体废物的排放量：①非法倾倒应税固体废物；②进行虚假纳税申报[④]。

3. 噪声计税依据的确定

工业噪声按照超过国家规定标准的分贝数确定每月税额，超过国家规定标准的分贝数是指实际产生的工业噪声与国家规定的工业噪声排放标准限值之间的差值。

4. 应税大气污染物、水污染物、固体废物的排放量和噪声的分贝数的确定方法

应税大气污染物、水污染物、固体废物的排放量和噪声的分贝数，按照下列方法和顺序计算：①纳税人安装使用符合国家规定和监测规范的污染物自动监测设备的，按照污染物自动监测数据计算；②纳税人未安装使用污染物自动监测设备的，按照监测机构出具的符合国家有关规定和监测规范的监测数据计算；③因排放污染物种类多等原因不具备监测条件的，按照国务院环境保护主管部门规定的排污系数、物料衡算方法计算；④不能按照上述①～③规定的方法计算的，按照省、自治区、直辖市人民政府环境保护主管部门规定的抽样测算的方法核定计算[⑤]。

为进一步规范因排放污染物种类多等原因不具备监测条件的排污单位应税污染物排放量计算方法，相关规定如下：①属于排污许可管理的排污单位，适用生态环境部发布的排污许可证申请与核发技术规范中规定的排（产）污系数、物料衡算方法计算应税污染物排放量；排污许可证申请与核发技术规范未规定相关排（产）污系数的，适用生态环境部发布的排放源统计调查制度规定的排（产）污系数方法计算应税污染物排放量；②不属于排污许可管理的排污单位，适用生态环境部发布的排放源统计调查制度规定的排（产）

---

① 《环境保护税法》，第九条。
② 《环境保护税法实施条例》，第七条。
③ 《环境保护税法实施条例》，第五条。
④ 《环境保护税法实施条例》，第六条。
⑤ 《环境保护税法》，第十条。

污系数方法计算应税污染物排放量；③上述情形中仍无相关计算方法的，由各省、自治区、直辖市生态环境主管部门结合本地实际情况，科学合理制定抽样测算方法。

生态环境部将适时对排污许可证申请与核发技术规范、排放源统计调查制度规定的排（产）污系数、物料衡算方法进行制修订，排污单位自制修订后的排（产）污系数、物料衡算方法实施之日的次月起（未明确实施日期的，以发布日期为实施日期），依据新的系数和方法计算应税污染物排放量[①]。

四、应纳税额的计算

环境保护税应纳税额按照下列方法计算：①应税大气污染物的应纳税额为污染当量数乘以具体适用税额；②应税水污染物的应纳税额为污染当量数乘以具体适用税额；③应税固体废物的应纳税额为固体废物排放量乘以具体适用税额；④应税噪声的应纳税额为超过国家规定标准的分贝数对应的具体适用税额[②]。

1. 大气污染物应纳税额的计算

纳税人委托监测机构对应税大气污染物和水污染物排放量进行监测时，其当月同一个排放口排放的同一种污染物有多个监测数据的，应税大气污染物按照监测数据的平均值计算应税污染物的排放量；应税水污染物按照监测数据以流量为权的加权平均值计算应税污染物的排放量。在环境保护主管部门规定的监测时限内当月无监测数据的，可以跨月沿用最近一次的监测数据计算应税污染物排放量。纳入排污许可管理行业的纳税人，其应税污染物排放量的监测计算方法按照排污许可管理要求执行[③]。

计算公式为

$$大气污染物的应纳税额 = 污染当量数 \times 适用税额$$

【**例 20-6-1**】某企业某年向大气直接排放二氧化硫、氟化物各 100 千克，该企业只有一个排放口，且假设当地大气污染物每污染当量税额为 2 元，请计算其应纳税额。

【**答案**】首先，计算各污染物的污染当量数。

$$污染当量数 = 该污染物的排放量 \div 该污染物的污染当量值$$

$$二氧化硫污染当量数 = 100 \div 0.95 = 105.26$$

$$氟化物污染当量数 = 100 \div 0.87 = 114.94$$

其次，按污染当量数排序，确认征税对象。该企业只有一个排放口，排序选取前三项污染物征税，这里仅有两项污染物，所以均征税。

最后，计算应纳税额。

$$应纳税额 = (114.94 + 105.26) \times 2 = 440.4（元）$$

2. 水污染物应纳税额的计算

应税水污染物的污染当量数，以该污染物的排放量除以该污染物的污染当量值计算。其中，色度的污染当量数，以污水排放量乘以色度超标倍数再除以适用的污染当量值计算。畜禽养殖业水污染物的污染当量数，以该畜禽养殖场的月均存栏量除以适用的污染当量值计算。畜禽养殖场的月均存栏量按照月初存栏量和月末存栏量的平均数计算[③]。

（1）适用检测数据法的水污染物（包括第一类、第二类水污染物）的应纳税额的计算公式为

$$水污染物的应纳税额 = 污染当量数 \times 适用税额$$

【**例 20-6-2**】某企业仅有一个污水排放口直接向河流排放污水，且已安装适用符合国家规定和监测规范的污染物自动检测设备。设备数据显示，某年某月共排放污水 6 万吨（约 6 万立方米），应税污染物为六价

---

① 生态环境部、财政部、国家税务总局，《关于发布计算环境保护税应税污染物排放量的排污系数和物料衡算方法的公告》，2021 年第 16 号。
② 《环境保护税法》，第十一条。
③ 财政部、国家税务总局、生态环境部，《关于环境保护税有关问题的通知》，财税〔2018〕23 号。

铬，浓度为 0.5 毫克/升。当地水污染物税率为 2.8 元/污染当量，六价铬的污染当量值为 0.02 千克，请计算应纳税额。

【答案】首先，计算污染当量数。

$$六价铬污染当量数 = 排放总量 \times 浓度值 \div 污染当量值$$
$$= 60\,000\,000 \times 0.5 \div 1\,000\,000 \div 0.02 = 1500$$

其次，计算应纳税额。

$$应纳税额 = 1500 \times 2.8 = 4200（元）$$

（2）适用抽样测算法的水污染物，应按照表 20-6-6 计算污染当量数。具体而言：①规模化禽畜养殖业的水污染物应纳税额 = 污染当量数 × 适用税额，其中，污染当量数 = 禽畜养殖数量 ÷ 污染当量值；②小型企业和第三产业的水污染物应纳税额 = 污染当量数 × 适用税额，其中，污染当量数 = 污水排放量（吨）÷ 污染当量值（吨）；③医院排放的水污染物应纳税额 = 污染当量数 × 适用税额，其中，污染当量数 = 病床数（或污水排放量）÷ 污染当量值。

【例 20-6-3】某养殖场，某年某月养牛存栏量为 500 头，假设当地水污染物适用税额为 2.8 元，请计算应纳税额。

【答案】首先，计算污染当量数。

$$水污染物当量数 = 500 \div 0.1 = 5000$$

其次，计算应纳税额。

$$应纳税额 = 5000 \times 2.8 = 14\,000（元）$$

【例 20-6-4】某餐饮公司，通过设备监测得到某年某月排放污水 60 吨，污染当量值为 0.5 吨，假设当地水污染物适用税额为 2.8 元，请计算应纳税额。

【答案】首先，计算污染当量数。

$$水污染物当量数 = 60 \div 0.5 = 120$$

其次，计算应纳税额。

$$应纳税额 = 120 \times 2.8 = 336（元）$$

【例 20-6-5】某医院，床位 56 张，每月按时消毒，无法准确监测月污水排放量。污染当量值为 0.14 床，假设当地水污染物适用税额为 2.8 元，请计算应纳税额。

【答案】首先，计算污染当量数。

$$水污染物当量数 = 56 \div 0.14 = 400$$

其次，计算应纳税额。

$$应纳税额 = 400 \times 2.8 = 1120（元）$$

3. 固体废物应纳税额的计算

应税固体废物的排放量为当期应税固体废物的产生量减去当期应税固体废物贮存量、处置量、综合利用量的余额。纳税人应当准确计量应税固体废物的贮存量、处置量和综合利用量，未准确计量的，不得从其应税固体废物的产生量中减去。纳税人依法将应税固体废物转移至其他单位和个人进行贮存、处置或者综合利用的，固体废物的转移量相应计入其当期应税固体废物的贮存量、处置量或者综合利用量；纳税人接收的应税固体废物转移量，不计入其当期应税固体废物的产生量。纳税人对应税固体废物进行综合利用的，应当符合工业和信息化部制定的工业固体废物综合利用评价管理规范[1]。

---

[1] 财政部、国家税务总局、生态环境部，《关于环境保护税有关问题的通知》，财税〔2018〕23 号。

计算公式为

固体废物的应纳税额 =（当期固体废物的产生量−当期固体废物的综合利用量−当期固体废物的贮存量 −当期固体废物的处置量）×适用税额

【例 20-6-6】某企业某年某月生产尾矿 1000 吨，其中，综合利用量为 300 吨，符合国家和地方标准的贮存量为 300 吨，请计算应纳税额。

【答案】应纳税额 = (1000−300−300)×15 = 6000（元）。

4. 噪声应纳税额的计算

应税噪声的应纳税额为超过国家规定标准分贝数对应的具体适用税额。噪声超标分贝数不是整数值的，按四舍五入取整。一个单位的同一监测点当月有多个监测数据超标的，以最高一次超标声级计算应纳税额。声源一个月内累计昼间超标不足 15 昼或者累计夜间超标不足 15 夜的，分别减半计算应纳税额[①]。

【例 20-6-7】某工业企业只在昼间生产，边界处声环境功能区类型为 1 类，生产时产生的噪声为 60 分贝，《工业企业厂界环境噪声排放标准》规定 1 类功能区昼间噪声排放限值为 55 分贝，当月超标天数为 18 天，请计算应纳税额。

【答案】超标分贝数 = 60−55 = 5（分贝）。

根据表 20-6-1 可知，该企业当月应纳税额为 700 元。

五、税收优惠政策

（一）暂免征税项目

下列情形，暂予免征环境保护税：①农业生产（不包括规模化养殖）排放应税污染物的；②机动车、铁路机车、非道路移动机械、船舶和航空器等流动污染源排放应税污染物的；③依法设立的城乡污水集中处理、生活垃圾集中处理场所排放相应应税污染物，不超过国家和地方规定的排放标准的；④纳税人综合利用的固体废物，符合国家和地方环境保护标准的；⑤国务院批准免税的其他情形。上述第⑤条免税规定，由国务院报全国人民代表大会常务委员会备案[②]。

依法设立的生活垃圾焚烧发电厂、生活垃圾填埋场、生活垃圾堆肥厂，属于生活垃圾集中处理场所，其排放应税污染物不超过国家和地方规定的排放标准的，依法予以免征环境保护税[③]。

（二）减征税额项目

纳税人排放应税大气污染物或者水污染物的浓度值低于国家和地方规定的污染物排放标准百分之三十的，减按百分之七十五征收环境保护税。纳税人排放应税大气污染物或者水污染物的浓度值低于国家和地方规定的污染物排放标准百分之五十的，减按百分之五十征收环境保护税[④]。

其中，应税大气污染物或者水污染物的浓度值，是指纳税人安装使用的污染物自动监测设备当月自动监测的应税大气污染物浓度值的小时平均值再平均所得数值或者应税水污染物浓度值的日平均值再平均所得数值，或者监测机构当月监测的应税大气污染物、水污染物浓度值的平均值。同时，依法减征环境保护税的如下：①上述应税大气污染物浓度值的小时平均值或者应税水污染物浓度值的日平均值，以及监测机构当月每次监测的应税大气污染物、水污染物的浓度值，均不得超过国家和地方规定的污染物排放标准；②应当对每一排放口排放的不同应税污染物分别计算[⑤]。

---

① 财政部、国家税务总局、生态环境部，《关于环境保护税有关问题的通知》，财税〔2018〕23 号。
② 《环境保护税法》，第十二条。
③ 财政部、国家税务总局、生态环境部，《关于明确环境保护税应税污染物适用等有关问题的通知》，财税〔2018〕117 号。
④ 《环境保护税法》，第十三条。
⑤ 《环境保护税法实施条例》，第十条、第十一条。

纳税人任何一个排放口排放应税大气污染物、水污染物的浓度值，以及没有排放口排放应税大气污染物的浓度值，超过国家和地方规定的污染物排放标准的，依法不予减征环境保护税[1]。

六、征收管理

（一）征管方式

环境保护税采用"企业申报、税务征收、环保协同、信息共享"的征管方式。具体而言：①纳税人应当向应税污染物排放地的税务机关申报缴纳环境保护税[2]；②环境保护税由税务机关依法（《中华人民共和国税收征收管理法》和《环境保护税法》）征收管理；③环境保护主管部门依照《环境保护税法》和有关环境保护法律法规的规定负责对污染物的监测管理；县级以上地方人民政府应当建立税务机关、环境保护主管部门和其他相关单位分工协作工作机制，加强环境保护税征收管理，保障税款及时足额入库[3]；④环境保护主管部门和税务机关应当建立涉税信息共享平台和工作配合机制[4]。

环境保护主管部门应当通过涉税信息共享平台向税务机关交送在环境保护监督管理中获取的下列信息：①排污单位的名称、统一社会信用代码以及污染物排放口、排放污染物种类等基本信息；②排污单位的污染物排放数据（包括污染物排放量以及大气污染物、水污染物的浓度值等数据）；③排污单位环境违法和受行政处罚情况；④对税务机关提请复核的纳税人的纳税申报数据资料异常或者纳税人未按照规定期限办理纳税申报的复核意见；⑤与税务机关商定交送的其他信息[5]。

税务机关应当通过涉税信息共享平台向环境保护主管部门交送下列环境保护税涉税信息：①纳税人基本信息；②纳税申报信息；③税款入库、减免税额、欠缴税款以及风险疑点等信息；④纳税人涉税违法和受行政处罚情况；⑤纳税人的纳税申报数据资料异常或者纳税人未按照规定期限办理纳税申报的信息；⑥与环境保护主管部门商定交送的其他信息[6]。

（二）数据传递和比对

1. 数据传递

环境保护主管部门应当将排污单位的排污许可、污染物排放数据、环境违法和受行政处罚情况等环境保护相关信息，定期交送税务机关。

税务机关应当将纳税人的纳税申报、税款入库、减免税额、欠缴税款以及风险疑点等环境保护税涉税信息，定期交送环境保护主管部门[4]。

2. 数据对比

税务机关应当将纳税人的纳税申报数据资料与环境保护主管部门交送的相关数据资料进行比对[7]。纳税人申报的污染物排放数据与环境保护主管部门交送的相关数据不一致的，按照环境保护主管部门交送的数据确定应税污染物的计税依据[8]。

---

[1] 财政部、国家税务总局、生态环境部，《关于明确环境保护税应税污染物适用等有关问题的通知》，财税〔2018〕117号。
[2] 《环境保护税法》，第十七条。
[3] 《环境保护税法》，第十四条。
[4] 《环境保护税法》，第十五条。
[5] 《环境保护税法实施条例》，第十五条。
[6] 《环境保护税法实施条例》，第十六条。
[7] 《环境保护税法》，第二十条。
[8] 《环境保护税法实施条例》，第二十一条。

（三）复核

税务机关发现纳税人的纳税申报数据资料异常或者纳税人未按照规定期限办理纳税申报的，可以提请环境保护主管部门进行复核，环境保护主管部门应当自收到税务机关的数据资料之日起十五日内向税务机关出具复核意见。税务机关应当按照环境保护主管部门复核的数据资料调整纳税人的应纳税额[1]。

纳税申报数据资料异常，包括但不限于下列情形：①纳税人当期申报的应税污染物排放量与上一年同期相比明显偏低，且无正当理由；②纳税人单位产品污染物排放量与同类型纳税人相比明显偏低，且无正当理由[2]。

（四）纳税时间和地点

1. 纳税时间

纳税义务发生时间为纳税人排放应税污染物的当日[3]。环境保护税按月计算，按季申报缴纳。不能按固定期限计算缴纳的，可以按次申报缴纳。纳税人申报缴纳时，应当向税务机关报送所排放应税污染物的种类、数量，大气污染物、水污染物的浓度值，以及税务机关根据实际需要要求纳税人报送的其他纳税资料[4]。

纳税人按季申报缴纳的，应当自季度终了之日起十五日内，向税务机关办理纳税申报并缴纳税款。纳税人按次申报缴纳的，应当自纳税义务发生之日起十五日内，向税务机关办理纳税申报并缴纳税款。纳税人应当依法如实办理纳税申报，对申报的真实性和完整性承担责任[5]。

2. 纳税地点

纳税人应当向应税污染物排放地的税务机关申报缴纳环境保护税[6]。其中，应税污染物排放地是指：①应税大气污染物、水污染物排放口所在地；②应税固体废物产生地；③应税噪声产生地[7]。

纳税人跨区域排放应税污染物，税务机关对税收征收管辖有争议的，由争议各方按照有利于征收管理的原则协商解决；不能协商一致的，报请共同的上级税务机关决定[8]。

纳税人从事海洋工程向中华人民共和国管辖海域排放应税大气污染物、水污染物或者固体废物，申报缴纳环境保护税的具体办法，由国务院税务主管部门会同国务院海洋主管部门规定[9]。

【本章小结】

1. 中国现行资源税是为了体现国有资源的有偿使用、适当调节资源经营级差收入而征收的一个税种。
2. 资源税的纳税人是在中华人民共和国领域及管辖海域从事资源税条例规定的开采矿产品及生产盐的单位和个人。
3. 资源税以原油、天然气、煤炭、金属和非金属矿原矿以及盐作为课税对象，采用从价定率或者从量

---

[1]《环境保护税法》，第二十条。
[2]《环境保护税法实施条例》，第二十二条。
[3]《环境保护税法》，第十六条。
[4]《环境保护税法》，第十八条。
[5]《环境保护税法》，第十九条。
[6]《环境保护税法》，第十七条。
[7]《环境保护税法实施条例》，第十七条。
[8]《环境保护税法实施条例》，第十八条。
[9]《环境保护税法》，第二十二条。

定额的办法，分别以应税产品的销售额乘以纳税人具体适用的比例税率或者以应税产品的销售数量乘以纳税人具体适用的定额税率计算征收。

4. 城市维护建设税是为了扩大和稳定城市维护建设资金的来源而开征的一个税种，它专用于城市的维护和建设。

5. 城市维护建设税的纳税义务人是缴纳增值税、消费税的单位和个人，自 2010 年 12 月 1 日起，外商投资企业、外国企业及外籍个人开始征收城市维护建设税。

6. 城市维护建设税以纳税人实际缴纳的增值税、消费税税额为征税对象，并与"两税"同时征收，具有附加税的性质。按照纳税人所在地的行政区划实行差别比例税率。

7. 教育费附加与城市维护建设税一样，以纳税人实际缴纳的增值税、消费税税额为征税对象，并与"两税"同时征收，具有附加税的性质。

8. 印花税是对经济活动和经济交往中书立、领受的凭证征收的一种税。印花税以应纳税凭证所记载的金额、费用、收入额或者凭证的件数为计税依据，按照税法规定的适用税率或者税额标准计算缴纳。

9. 烟叶税的征税对象为烟叶收入，以烟叶实际收购金额作为计税依据，实行比例税率，由地方税务机关征收。纳税义务发生时间为收购烟叶的当天，纳税人应当于纳税义务发生月终了之日起十五日内申报并缴纳税款。

10. 环境保护税是一种为了保护和改善环境，减少污染物排放，推进生态文明建设开征的税种。在中华人民共和国领域和中华人民共和国管辖的其他海域，直接向环境排放应税污染物的企业事业单位和其他生产经营者为环境保护税的纳税人，依法缴纳环境保护税。环境保护税税目包括大气污染、水污染物、固体废物和噪声四大类，采用定额税率。

【概念与术语】

资源税（resources tax） 城市维护建设税（urban maintenance and construction tax） 教育费附加（educational surtax） 印花税（stamp tax） 烟叶税（tobacco tax） 环境保护税（environmental protection tax）

【思考题】

1. 资源税的应税产品销售数量如何确定？
2. 资源税的税目、税率有何特点？
3. 城市维护建设税以纳税人实际缴纳的增值税、消费税税额为征税对象，并与"两税"同时征收，这种方式有何优缺点？
4. 城市维护建设税和教育费附加的纳税人和计税依据分别是什么？
5. 印花税的纳税人是如何确定的？印花税应纳税额又如何计算？
6. 环境保护税的征税对象有哪些？计税依据如何确定？

【计算题】

1. 某油田某年 8 月生产原油 20 万吨，当月销售 19.5 万吨，不含税售价为 2400 元/吨。加热、修井用 0.5 万吨；开采天然气 100 万立方米，当月销售 90 万立方米，用于职工供暖 10 万立方米，已知开采成本为 1.1 元/立方米。按当地规定天然所的成本利润率为 8%，原油、天然气的比例税率均为 6%。试计算该油田本月应缴纳的资源税。

2. 某外贸公司（位于县城）某年 8 月出口货物退还增值税 15 万元，退还消费税 30 万元；进口半成品缴纳进口环节增值税 60 万元，内销产品缴纳增值税 200 万元；本月将一块闲置的土地使用权转让，取得收入 500 万元，购入该土地时支付土地出让金 340 万元。试计算该企业本月应纳城市维护建设税和教育费附加。

3. 某公司与电厂签订一份运输保管合同，合同载明的费用为 800 000 元（运费和保管费未分别记载），已知运输合同的印花税税率为 0.05%，仓储保管合同的印花税税率为 0.1%。试计算合同各方应缴纳的印花税税额。

4.某市甲烟草公司为增值税一般纳税人，某年 8 月向烟农收购烤烟叶支付价款 220 万元，并按规定支付了 10%的价外补贴，开具烟叶收购发票；当月将收购的一半烤烟叶生产领用加工成烟丝后销售，取得不含税销售收入 260 万元；将另一半烤烟叶直接对外销售，取得不含税销售收入 140 万元。计算甲烟草公司应纳烟叶税、消费税和增值税。

5.甲生产企业常年排放污水和废气，某年 1 月，污染物自动检测仪显示，本月甲企业排放的大气污染物折合 1000 污染当量，污水污染物折合 2000 污染当量。已知当地大气污染物适用税额为 3.2 元/污染当量，水污染物税额为 3 元/污染当量。计算甲企业应缴纳的环境保护税。

第四篇 税 收 管 理

第二十一章 税收征管制度

【本章提要】

1. 税收征收管理制度主要包括税务登记、账簿和凭证管理、发票管理、纳税申报、税款征收、税务检查和违章处理等方面内容。

2. 《中华人民共和国税收征收管理法》及《中华人民共和国税收征收管理法实施细则》对征管制度作了全面而具体的规定，征纳双方均应按照税法有关规定办理涉税事项。

3. 与税收征管制度相联系的是税收征管模式，新中国成立后长期实行专管员管户制度，20世纪80年代末开始试行征管查分离改革，1997年推行自行申报、集中征收、重点稽查模式，2003年以来推行的是以申报纳税和优化服务为基础，以计算机网络为依托，集中征收，重点稽查，强化管理的"34字"征管模式。中国税收征管模式尚在不断探索完善之中。

第一节 税收征管制度的主要内容

税收征收管理是国家及其税务机关依据税法指导纳税人正确履行纳税义务，并对征纳过程进行组织、管理、监督、检查等一系列工作的总称。1992年9月4日第七届全国人民代表大会常务委员会第二十七次会议通过了《中华人民共和国税收征收管理法》（以下简称《税收征管法》），并于1995年2月28日、2001年4月28日、2013年6月29日、2015年4月24日先后进行了一次修订、三次修正。国务院为解释和实施《税收征管法》于2002年9月7日以中华人民共和国国务院令第362号公布了《中华人民共和国税收征收管理法实施细则》（以下简称《税收征管法实施细则》），并于2012年11月9日、2013年7月18日、2016年2月6日先后进行了三次修订。《税收征管法》及《税收征管法实施细则》以及其他税收管理法规规定的税收征管制度主要内容如下。

一、税务登记制度

税务登记（tax registration）也称纳税登记，是税务机关对纳税人的基本情况及其生产、经营活动进行登记管理的一项制度。税务登记是税收征收管理的第一个环节。建立税务登记制度，便于税务机关掌握和控制税源，对纳税人履行纳税义务的情况进行监督与管理，也有利于建立税务机关和纳税人之间正常的工作联系，增强纳税人的依法纳税观念。税务机关对同一纳税人的税务登记应当采用同一代码，信息共享。税务登记分为开业税务登记，变更税务登记，注销税务登记和停业、复业登记四种。

（1）企业，企业在外地设立的分支机构和从事生产、经营的场所，个体工商户和从事生产、经营的事业单位（以下简称从事生产、经营的纳税人），向生产、经营地或者纳税义务发生地的主管税务机关申报办理税务登记。①从事生产、经营的纳税人应当自领取营业执照之日起30日内，向生产、经营地或者纳税义务发生地的主管税务机关申报办理税务登记，如实填写税务登记表，并按照税务机关的要求提供有关证件、资料[1]。②扣缴义务人应当自扣缴义务发生之日起30日内，向所在地的主管税务机关申报办理扣缴税款登记，领取扣缴税款登记证件；税务机关对已办理税务登记的扣缴义务人，可以只在其税务登记证件上登记扣缴税款事项，不再发给扣缴税款登记证件[2]。

其中，税务登记表的主要内容一般包括[3]：单位名称、法定代表人或者业主姓名及其居民身份证、护照

---

[1] 《税收征管法实施细则》，第十二条。
[2] 《税收征管法实施细则》，第十三条。
[3] 《税务登记管理办法》，第十二条。

或者其他合法证件的号码；住所、经营地点；登记类型；核算方式；生产经营方式；生产经营范围；注册资金(资本)、投资总额；生产经营期限；财务负责人、联系电话；国家税务总局确定的其他有关事项。

（2）税务机关应当于收到申报的当日办理登记并发给税务登记证件[①]。

（3）从事生产、经营的纳税人，税务登记内容发生变化的，自工商行政管理机关办理变更登记之日起30日内或者在向工商行政管理机关申请办理注销登记之前，持有关证件向税务机关申报办理变更或者注销税务登记[②]。按照规定，纳税人税务登记内容发生变化，不需要到工商行政管理机关或者其他机关办理变更登记的，应当自发生变化之日起30日内，持有关证件向原税务登记机关申报办理变更税务登记[③]。在通常情况下，纳税人需要办理税务登记变更的主要事项是：纳税人改变名称，改变所有制形式或隶属关系，改变经营地址，改变经营范围、经营方式，改变开户银行及其账号。

由于纳税人是否在银行或者其他金融机构开立账户直接关系到税务机关在纳税人不依法履行其纳税义务时能否采取税收保全措施和强制执行措施，因此，从事生产、经营的纳税人应当自开立基本存款账户或者其他存款账户之日起15日内，向主管税务机关书面报告其全部账号；发生变化的，应当自变化之日起15日内，向主管税务机关书面报告[④]。银行和其他金融机构应当在从事生产、经营的纳税人的账户中登录税务登记证件号码，并在税务登记证件中登录从事生产、经营的纳税人的账户账号。税务机关依法查询从事生产、经营的纳税人开立账户的情况时，有关银行和其他金融机构应当予以协助[⑤]。

纳税人因住所、经营地点变动，涉及改变税务登记机关的，应当在向工商行政管理机关或者其他机关申请办理变更或者注销登记前或者住所、经营地点变动前，向原税务登记机关申报办理注销税务登记，并在30日内向迁达地税务机关申报办理税务登记[⑥]。

纳税人发生解散、破产、撤销以及其他情形，依法终止纳税义务的，应当在向工商行政管理机关或者其他机关办理注销登记前，持有关证件向原税务登记机关申报办理注销税务登记；按照规定不需要在工商行政管理机关或者其他机关办理注册登记的，应当自有关机关批准或者宣告终止之日起15日内，持有关证件向原税务登记机关申报办理注销税务登记[⑥]。

纳税人被工商行政管理机关吊销营业执照或者被其他机关予以撤销登记的，应当自营业执照被吊销或者被撤销登记之日起15日内，向原税务登记机关申报办理注销税务登记[⑥]。

（4）纳税人在办理注销税务登记前，应当向税务机关结清应纳税款、滞纳金、罚款，缴销发票、税务登记证件和其他税务证件[⑦]。

（5）纳税人办理下列事项时，必须持税务登记证件：①开立银行账户；②申请减税、免税、退税；③申请办理延期申报、延期缴纳税款；④领购发票；⑤申请开具外出经营活动税收管理证明；⑥办理停业、歇业；⑦其他有关税务事项[⑧]。

（6）各级工商行政管理机关应当向同级税务局定期通报办理开业、变更、注销登记以及吊销营业执照的情况[⑨]。这一规定明确了工商行政管理机关的护税义务，有利于税务机关全面及时掌握纳税人的情况，对领取营业执照后不在规定的时间内申报办理税务登记的纳税人依法给予行政处罚等。

（7）税务机关对税务登记证件实行定期验证和换证制度。纳税人应当在规定的期限内持有关证件到主管税务机关办理验证或者换证手续[⑩]。

---

① 《税收征管法》，第十五条。
② 《税收征管法》，第十六条。
③ 《税收征管法实施细则》，第十四条。
④ 《税收征管法实施细则》，第十七条。
⑤ 《税收征管法》，第十七条。
⑥ 《税收征管法实施细则》，第十五条。
⑦ 《税收征管法实施细则》，第十六条。
⑧ 《税收征管法实施细则》，第十八条。
⑨ 《税收征管法实施细则》，第十一条。
⑩ 《税收征管法实施细则》，第十九条。

（8）纳税人应当将税务登记证件正本在其生产、经营场所或者办公场所公开悬挂，接受税务机关检查。纳税人遗失税务登记证件的，应当在15日内书面报告主管税务机关，并登报声明作废[1]。

（9）从事生产、经营的纳税人到外县（市）临时从事生产、经营活动的，应当持税务登记证副本和所在地税务机关填开的外出经营活动税收管理证明，向营业地税务机关报验登记，接受税务管理。从事生产、经营的纳税人外出经营，在同一地累计超过180天的，应当在营业地办理税务登记手续[2]。

二、账簿和凭证管理制度

账簿和凭证管理，是指税务机关按照税法和财务会计制度规定对纳税人的发票凭证、会计凭证、会计账簿、会计报表等核算资料实施监督和管理，是税收征收管理的一项基础工作。通过账簿、凭证管理，可以督促纳税人合法、真实、准确、完整地进行会计核算，便于掌握纳税人的生产经营情况，利于控管税源，防止偷税（tax evasion）。账簿和凭证管理的基本要求如下。

（1）从事生产、经营的纳税人应当自领取营业执照或者发生纳税义务之日起15日内，按照国家有关规定设置账簿（包括总账、明细账、日记账以及其他辅助性账簿。总账、日记账应当采用订本式）[3]，根据合法、有效凭证记账，进行核算[4]。扣缴义务人应当自税收法律、行政法规规定的扣缴义务发生之日起10日内，按照所代扣、代收的税种，分别设置代扣代缴、代收代缴税款账簿[5]。

（2）从事生产、经营的纳税人应当自领取税务登记证件之日起15日内，将其财务、会计制度或者财务、会计处理办法报送主管税务机关备案。纳税人使用计算机记账的，应当在使用前将会计电算化系统的会计核算软件、使用说明书及有关资料报送主管税务机关备案。纳税人建立的会计电算化系统应当符合国家有关规定，并能正确、完整核算其收入或者所得[6]。纳税人、扣缴义务人的财务、会计制度或者财务、会计处理办法与国务院或者国务院财政、税务主管部门有关税收的规定抵触的，依照国务院或者国务院财政、税务主管部门有关税收的规定计算应纳税款、代扣代缴和代收代缴税款[7]。纳税人、扣缴义务人会计制度健全，能够通过计算机正确、完整计算其收入和所得或者代扣代缴、代收代缴税款情况的，其计算机输出的完整的书面会计记录，可视同会计账簿。纳税人、扣缴义务人会计制度不健全，不能通过计算机正确、完整计算其收入和所得或者代扣代缴、代收代缴税款情况的，应当建立总账及与纳税或者代扣代缴、代收代缴税款有关的其他账簿[8]。

（3）生产、经营规模小又确无建账能力的纳税人，可以聘请经批准从事会计代理记账业务的专业机构或者财会人员代为建账和办理账务[9]。

（4）从事生产、经营的纳税人、扣缴义务人必须按照国务院财政、税务主管部门规定的保管期限保管账簿、记账凭证、完税凭证及其他有关资料。账簿、记账凭证、完税凭证及其他有关资料不得伪造、变造或者擅自损毁[10]。账簿、记账凭证、报表、完税凭证、发票、出口凭证以及其他有关涉税资料应当保存10年；但是，法律、行政法规另有规定的除外[11]。伪造，是指仿照真的账簿、记账凭证、完税凭证及其他有关资料的式样、内容制作假的账簿、记账凭证、完税凭证及其他有关资料的行为；变造，是指

---

[1]《税收征管法实施细则》，第二十条。
[2]《税收征管法实施细则》，第二十一条。
[3]《税收征管法实施细则》，第二十二条。
[4]《税收征管法》，第十九条。
[5]《税收征管法实施细则》，第二十五条。
[6]《税收征管法实施细则》，第二十四条。
[7]《税收征管法》，第二十条。
[8]《税收征管法实施细则》，第二十六条。
[9]《税收征管法实施细则》，第二十三条。
[10]《税收征管法》，第二十四条。
[11]《税收征管法实施细则》，第二十九条。

在真实的账簿、记账凭证、完税凭证及其他有关资料上通过挖补、拼接、涂改等方式对账簿、记账凭证、完税凭证及其他有关资料的内容进行更改的行为;损毁,是指以水浸、火烧等人为破坏方式使账簿、记账凭证、完税凭证及其他有关资料受损的行为(扈纪华和刘佐,2001)。

(5)国家根据税收征收管理的需要,积极推广使用税控装置。纳税人应当按照规定安装、使用税控装置,并按照税务机关的规定报送有关数据和资料,不得损毁或者擅自改动税控装置[①]。

三、发票管理制度

发票,是指在购销商品、提供或者接受服务以及从事其他经营活动中,开具、收取的收付款凭证[②]。发票是财务收支的法定凭证,是进行会计核算的原始资料和税务稽查的重要依据。加强发票管理,对于加强财务监督、保障国家税收收入、维护社会主义市场经济秩序具有重要意义。

(1)发票分为普通发票和增值税专用发票两大类。①普通发票的基本联次为三联,第一联为存根联,收款方或开票方留存备查;第二联为发票联,付款方或受票方作为付款原始凭证;第三联为记账联,收款方或开票方作为记账原始凭证。省以上税务机关可根据发票管理情况以及纳税人经营业务需要,增减除发票联以外的其他联次,并确定其用途[③]。②增值税专用发票的基本联次也为三联:发票联、抵扣联和记账联。其中,抵扣联作为购买方报送主管税务机关认证和留存备查的凭证[④]。

(2)发票的基本内容包括:发票的名称、发票代码和号码、联次及用途、客户名称、开户银行及账号、商品名称或经营项目、计量单位、数量、单价、大小写金额、开票人、开票日期、开票单位(个人)名称(章)等。省以上税务机关可根据经济活动以及发票管理需要,确定发票的具体内容[⑤]。

(3)发票管理办法由国务院规定。税务机关是发票的主管机关,负责发票印制、领购、开具、取得、保管、缴销的管理和监督。单位、个人在购销商品、提供或者接受经营服务以及从事其他经营活动中,应当按照规定开具、使用、取得发票[⑥]。

(一)发票的印制管理

发票印制是发票管理的基础环节。税务机关对发票的印制实行统一管理。其主要内容如下。

(1)发票的印制。增值税专用发票由国务院税务主管部门确定的企业印制;其他发票,按照国务院税务主管部门的规定,由省、自治区、直辖市税务机关确定的企业印制。禁止私自印制、伪造、变造发票[⑦]。

税务机关应当以招标方式确定印制发票的企业,并发给发票准印证。印制发票的企业应当具备下列条件:①取得印刷经营许可证和营业执照;②设备、技术水平能够满足印制发票的需要;③有健全的财务制度和严格的质量监督、安全管理、保密制度[⑧]。

税务机关应当对印制发票企业实施监督管理,对不符合条件的,应当取消其印制发票的资格[⑨]。此外,印制发票的企业按照税务机关的统一规定,建立发票印制管理制度和保管措施。发票监制章和发票防伪专用品的使用和管理实行专人负责制度[⑩]。印制发票的企业必须按照税务机关确定的式样和数量印制发票[⑪]。

---

① 《税收征管法》,第二十三条;《税收征管法实施细则》,第二十八条。
② 《中华人民共和国发票管理办法》(以下简称《发票管理办法》),第三条。
③ 《中华人民共和国发票管理办法实施细则》(以下简称《发票管理办法实施细则》),第三条。
④ 国家税务总局,《关于修订〈增值税专用发票使用规定〉的通知》,国税发〔2006〕156号。
⑤ 《发票管理办法实施细则》,第四条。
⑥ 《税收征管法》,第二十一条。
⑦ 《发票管理办法》,第七条。
⑧ 《发票管理办法》,第八条。
⑨ 《发票管理办法实施细则》,第六条。
⑩ 《发票管理办法》,第十一条。
⑪ 《发票管理办法》,第十二条。

（2）发票的防伪。印制发票应当使用国务院税务主管部门确定的全国统一的发票防伪专用品。禁止非法制造发票防伪专用品[①]。发票应当套印全国统一发票监制章。全国统一发票监制章的式样和发票版面印刷的要求，由国务院税务主管部门规定。发票监制章由省、自治区、直辖市税务机关制作。禁止伪造发票监制章。发票实行不定期换版制度[②]。全国范围内发票换版由国家税务总局确定；省、自治区、直辖市范围内发票换版由省税务局确定。发票换版时，应当进行公告[③]。全国统一发票监制章是税务机关管理发票的法定标志，其形状、规格、内容、印色由国家税务总局规定[④]。

（二）发票的领购管理

（1）需要领用发票的单位和个人，应当持税务登记证件、经办人身份证明、按照国务院税务主管部门规定式样制作的发票专用章的印模，向主管税务机关办理发票领用手续。领用纸质发票的，还应当提供按照国务院税务主管部门规定式样制作的发票专用章的印模。主管税务机关根据领用单位和个人的经营范围、规模和风险等级，在5个工作日内确认领用发票的种类、数量以及领用方式。单位和个人领用发票时，应当按照税务机关的规定报告发票使用情况，税务机关应当按照规定进行查验[⑤]。

其中，所称经办人身份证明是指经办人的居民身份证、护照或者其他能证明经办人身份的证件[⑥]；所称发票专用章是指用票单位和个人在其开具发票时加盖的有其名称、税务登记号、发票专用章字样的印章，发票专用章式样由国家税务总局确定[⑦]；所称领购方式是指批量供应、交旧购新或者验旧购新等方式[⑧]；所称发票领购簿的内容应当包括用票单位和个人的名称、所属行业、购票方式、核准购票种类、开票限额、发票名称、领购日期、准购数量、起止号码、违章记录、领购人签字（盖章）、核发税务机关（章）等内容[⑨]；所称发票使用情况是指发票领用存情况及相关开票数据[⑩]。

（2）需要临时使用发票的单位和个人，可以凭购销商品、提供或者接受服务以及从事其他经营活动的书面证明、经办人身份证明，直接向经营地税务机关申请代开发票。依照税收法律、行政法规规定应当缴纳税款的，税务机关应当先征收税款，再开具发票。税务机关根据发票管理的需要，可以按照国务院税务主管部门的规定委托其他单位代开发票。禁止非法代开发票[⑪]。

其中，所称书面证明是指有关业务合同、协议或者税务机关认可的其他资料[⑫]。

（3）临时到本省、自治区、直辖市以外从事经营活动的单位或者个人，应当凭所在地税务机关的证明，向经营地税务机关领用经营地的发票。临时在本省、自治区、直辖市以内跨市、县从事经营活动领用发票的办法，由省、自治区、直辖市税务机关规定[⑬]。

（三）发票开具的管理

（1）销售商品、提供服务以及从事其他经营活动的单位和个人，对外发生经营业务收取款项，收款方

---

① 《发票管理办法》，第九条。
② 《发票管理办法》，第十条。
③ 《发票管理办法实施细则》，第九条。
④ 《发票管理办法实施细则》，第八条。
⑤ 《发票管理办法》，第十五条。
⑥ 《发票管理办法实施细则》，第十二条。
⑦ 《发票管理办法实施细则》，第十三条。
⑧ 《发票管理办法实施细则》，第十五条。
⑨ 《发票管理办法实施细则》，第十六条。
⑩ 《发票管理办法实施细则》，第十七条。
⑪ 《发票管理办法》，第十六条。
⑫ 《发票管理办法实施细则》，第十九条。
⑬ 《发票管理办法》，第十七条。

应当向付款方开具发票;特殊情况下,由付款方向收款方开具发票①。所称特殊情况下,由付款方向收款方开具发票,是指下列情况:①收购单位和扣缴义务人支付个人款项时;②国家税务总局认为其他需要由付款方向收款方开具发票的。

(2) 所有单位和从事生产、经营活动的个人在购买商品、接受服务以及从事其他经营活动支付款项,应当向收款方取得发票。取得发票时,不得要求变更品名和金额②。

(3) 不符合规定的发票,不得作为财务报销凭证,任何单位和个人有权拒收③。

(4) 填开发票的单位和个人必须在发生经营业务确认营业收入时开具发票。未发生经营业务一律不准开具发票④。开具发票应当按照规定的时限、顺序、栏目,全部联次一次性如实开具,开具纸质发票应当加盖发票专用章。任何单位和个人不得有下列虚开发票行为:①为他人、为自己开具与实际经营业务情况不符的发票;②让他人为自己开具与实际经营业务情况不符的发票;③介绍他人开具与实际经营业务情况不符的发票⑤。

开具发票后,如发生销货退回需开红字发票的,必须收回原发票并注明"作废"字样或取得对方有效证明;开具发票后,如发生销售折让的,必须在收回原发票并注明"作废"字样后重新开具销售发票或取得对方有效证明后开具红字发票⑥。

(5) 安装税控装置的单位和个人,应当按照规定使用税控装置开具发票,并按期向主管税务机关报送开具发票的数据。使用非税控电子器具开具发票的,应当将非税控电子器具使用的软件程序说明资料报主管税务机关备案,并按照规定保存、报送开具发票的数据。单位和个人开发电子发票信息系统自用或者为他人提供电子发票服务的,应当遵守国务院税务主管部门的规定⑦。

(6) 任何单位和个人应当按照发票管理规定使用发票,不得有下列行为:①转借、转让、介绍他人转让发票、发票监制章和发票防伪专用品;②知道或者应当知道是私自印制、伪造、变造、非法取得或者废止的发票而受让、开具、存放、携带、邮寄、运输;③拆本使用发票;④扩大发票使用范围;⑤以其他凭证代替发票使用;⑥窃取、截留、篡改、出售、泄露发票数据。税务机关应当提供查询发票真伪的便捷渠道⑧。

(7) 除国务院税务主管部门规定的特殊情形外,一是纸质发票限于领用单位和个人在本省、自治区、直辖市内开具。省、自治区、直辖市税务机关可以规定跨市、县开具纸质发票的办法⑨。二是任何单位和个人不得跨规定的使用区域携带、邮寄、运输空白发票。禁止携带、邮寄或者运输空白发票出入境⑩。

(8) 开具发票应当使用中文。民族自治地方可以同时使用当地通用的一种民族文字⑪。

(四) 发票保管的管理

发票实行专人保管制度、专库保管制度、专账登记制度、保管交接制度和定期盘点制度。开具发票的单位和个人应当建立发票使用登记制度,配合税务机关进行身份验证,并定期向主管税务机关报告发票使用情况。开具发票的单位和个人应当在办理变更或者注销税务登记的同时,办理发票的变更、缴销手续。开具发票的单位和个人应当按照国家有关规定存放和保管发票,不得擅自损毁。已经开具的发票存根联,

---

① 《发票管理办法》,第十八条。
② 《发票管理办法》,第十九条。
③ 《发票管理办法》,第二十条。
④ 《发票管理办法实施细则》,第二十六条。
⑤ 《发票管理办法》,第二十一条。
⑥ 《发票管理办法实施细则》,第二十七条。
⑦ 《发票管理办法》,第二十二条。
⑧ 《发票管理办法》,第二十三条。
⑨ 《发票管理办法》,第二十四条。
⑩ 《发票管理办法》,第二十五条。
⑪ 《发票管理办法实施细则》,第二十九条。

应当保存 5 年①。使用发票的单位和个人应当妥善保管发票,发生发票丢失情形时,应当于发现丢失当日书面报告税务机关②。

(五)发票的检查管理

(1)税务机关在发票管理中有权进行下列检查:①检查印制、领用、开具、取得、保管和缴销发票的情况;②调出发票查验;③查阅、复制与发票有关的凭证、资料;④向当事各方询问与发票有关的问题和情况;⑤在查处发票案件时,对与案件有关的情况和资料,可以记录、录音、录像、照像和复制③。其中,印制、使用发票的单位和个人,必须接受税务机关依法检查,如实反映情况,提供有关资料,不得拒绝、隐瞒。税务人员进行检查时,应当出示税务检查证④。

(2)税务机关需要将已开具的发票调出查验时,应当向被查验的单位和个人开具发票换票证。发票换票证与所调出查验的发票有同等的效力。被调出查验发票的单位和个人不得拒绝接受。税务机关需要将空白发票调出查验时,应当开具收据;经查无问题的,应当及时返还⑤。所称发票换票证仅限于在本县(市)范围内使用。需要调出外县(市)的发票查验时,应当提请该县(市)税务机关调取发票⑥。

(3)单位和个人从中国境外取得的与纳税有关的发票或者凭证,税务机关在纳税审查时有疑义的,可以要求其提供境外公证机构或者注册会计师的确认证明,经税务机关审核认可后,方可作为记账核算的凭证⑦。

(六)罚则管理

(1)有下列情形之一的,由税务机关责令改正,可以处 1 万元以下的罚款,有违法所得的予以没收:①应当开具而未开具发票,或者未按照规定的时限、顺序、栏目,全部联次一次性开具发票,或者未加盖发票专用章的;②使用税控装置开具发票,未按期向主管税务机关报送开具发票的数据的;③使用非税控电子器具开具发票,未将非税控电子器具使用的软件程序说明资料报主管税务机关备案,或者未按照规定保存、报送开具发票的数据的;④拆本使用发票的;⑤扩大发票使用范围的;⑥以其他凭证代替发票使用的;⑦跨规定区域开具发票的;⑧未按照规定缴销发票的;⑨未按照规定存放和保管发票的⑧。

(2)跨规定的使用区域携带、邮寄、运输空白发票,以及携带、邮寄或者运输空白发票出入境的,由税务机关责令改正,可以处 1 万元以下的罚款;情节严重的,处 1 万元以上 3 万元以下的罚款;有违法所得的予以没收。丢失发票或者擅自损毁发票的,依照上述规定处罚⑨。

(3)违反规定虚开发票的,由税务机关没收违法所得;虚开金额在 1 万元以下的,可以并处 5 万元以下的罚款;虚开金额超过 1 万元的,并处 5 万元以上 50 万元以下的罚款;构成犯罪的,依法追究刑事责任。非法代开发票的,依照前款规定处罚⑩。

(4)私自印制、伪造、变造发票,非法制造发票防伪专用品,伪造发票监制章,窃取、截留、篡改、出售、泄露发票数据的,由税务机关没收违法所得,没收、销毁作案工具和非法物品,并处 1 万元以

---

① 《发票管理办法》,第二十六条至二十八条。
② 《发票管理办法实施细则》,第三十一条。
③ 《发票管理办法》,第二十九条。
④ 《发票管理办法》,第三十条。
⑤ 《发票管理办法》,第三十一条。
⑥ 《发票管理办法实施细则》,第三十二条。
⑦ 《发票管理办法》,第三十二条。
⑧ 《发票管理办法》,第三十三条。
⑨ 《发票管理办法》,第三十四条。
⑩ 《发票管理办法》,第三十五条。

上5万元以下的罚款;情节严重的,并处5万元以上50万元以下的罚款;构成犯罪的,依法追究刑事责任[1]。上述规定的处罚,《税收征管法》有规定的,依照其规定执行。

(5) 有下列情形之一的,由税务机关处1万元以上5万元以下的罚款;情节严重的,处5万元以上50万元以下的罚款;有违法所得的予以没收:①转借、转让、介绍他人转让发票、发票监制章和发票防伪专用品的;②知道或者应当知道是私自印制、伪造、变造、非法取得或者废止的发票而受让、开具、存放、携带、邮寄、运输的[2]。

(6) 对违反发票管理规定2次以上或者情节严重的单位和个人,税务机关可以向社会公告[3]。所称的公告是指,税务机关应当在办税场所或者广播、电视、报纸、期刊、网络等新闻媒体上公告纳税人发票违法的情况。公告内容包括:纳税人名称、纳税人识别号、经营地点、违反发票管理法规的具体情况[4]。

(7) 违反发票管理法规,导致其他单位或者个人未缴、少缴或者骗取税款的,由税务机关没收违法所得,可以并处未缴、少缴或者骗取的税款1倍以下的罚款[5]。

(8) 当事人对税务机关的处罚决定不服的,可以依法申请行政复议或者向人民法院提起行政诉讼[6]。

(9) 税务人员利用职权之便,故意刁难印制、使用发票的单位和个人,或者有违反发票管理法规行为的,依照国家有关规定给予处分;构成犯罪的,依法追究刑事责任[7]。

四、纳税申报制度

纳税申报(tax return)是纳税人发生纳税义务后,按照税法或税务机关规定的期限和内容向主管税务机关提交纳税书面报告的一种法律行为,是纳税人履行纳税义务的一项法定程序。纳税申报是纳税人履行纳税义务向税务机关办理纳税手续的重要证明,也是基层税务机关办理征收业务、核定应征税款、开具完税凭证的主要依据,同时也是税务机关掌握经济信息、研究税源变化、加强税源管理的重要手段。

(1) 纳税人或扣缴义务人必须依照法律、行政法规规定或者税务机关依照法律、行政法规的规定确定的申报期限、申报内容如实办理纳税申报,报送纳税申报表、财务会计报表或报送代扣代缴、代收代缴税款报告表以及税务机关根据实际需要要求纳税人或扣缴义务人报送的其他纳税资料[8]。纳税人在纳税期内没有应纳税款的,也应当按照规定办理纳税申报;纳税人享受减税、免税待遇的,在减税、免税期间应当按照规定办理纳税申报[9]。

(2) 纳税人、扣缴义务人的纳税申报或者代扣代缴、代收代缴税款报告表的主要内容包括:税种、税目,应纳税项目或者应代扣代缴、代收代缴税款项目,计税依据,扣除项目及标准,适用税率或者单位税额,应退税项目及税额、应减免税项目及税额,应纳税额或者应代扣代缴、代收代缴税额,税款所属期限、延期缴纳税款、欠税、滞纳金等[10]。纳税人还应根据不同情况相应报送下列有关证件、资料:财务会计报表及其说明材料;与纳税有关的合同、协议书及凭证;税控装置的电子报税资料;外出经营活动税收管理证明和异地完税凭证;境内或者境外公证机构出具的有关证明文件;税务机关规定应当报

---

[1] 《发票管理办法》,第三十六条。
[2] 《发票管理办法》,第三十七条。
[3] 《发票管理办法》,第三十八条。
[4] 《发票管理办法实施细则》,第三十五条。
[5] 《发票管理办法》,第三十九条。
[6] 《发票管理办法》,第四十条。
[7] 《发票管理办法》,第四十一条。
[8] 《税收征管法》,第二十五条。
[9] 《税收征管法实施细则》,第三十二条。
[10] 《税收征管法实施细则》,第三十三条。

送的其他有关证件、资料①。扣缴义务人应报送代扣代缴、代收代缴税款的合法凭证以及税务机关规定的其他有关证件、资料②。

（3）纳税人、扣缴义务人可以直接到税务机关办理纳税申报或者报送代扣代缴、代收代缴税款报告表，也可以按照规定采取邮寄、数据电文或者其他方式办理纳税申报或者报送代扣代缴、代收代缴税款报告表。数据电文方式，是指税务机关确定的电话语音、电子数据交换和网络传输等电子方式③。纳税人采取邮寄方式办理纳税申报的，应当使用统一的纳税申报专用信封，并以邮政部门收据作为申报凭据。邮寄申报（mail declairation）以寄出的邮戳日期为实际申报日期。纳税人采取电子方式办理纳税申报的，应当按照税务机关规定的期限和要求保存有关资料，并定期书面报送主管税务机关④。

（4）纳税人、扣缴义务人按照规定的期限办理纳税申报或者报送代扣代缴、代收代缴税款报告表确有困难，需要延期的，应当在规定的期限内向税务机关提出书面延期申请，经税务机关核准，在核准的期限内办理。纳税人、扣缴义务人因不可抗力，不能按期办理纳税申报或者报送代扣代缴、代收代缴税款报告表的，可以延期办理；但是，应当在不可抗力情形消除后立即向税务机关报告。税务机关应当查明事实，予以核准⑤。经核准延期办理申报、报送事项的，应当在纳税期内按照上期实际缴纳的税额或者税务机关核定的税额预缴税款，并在核准的延期内办理税款结算⑥。

（5）实行定期定额缴纳税款的纳税人，可以实行简易申报、简并征期等申报纳税方式⑦。

五、税款征收制度

税款征收是税务机关将纳税人应纳税额及时足额地缴入国库的一系列活动的总称。税款征收是税收征收管理工作的中心环节，也是全部税收征管工作的目的和归宿，在整个税收工作中占据着极其重要的地位。

（一）依法征收税款

税收的开征、停征以及减税、免税、退税、补税，依照法律的规定执行；法律授权国务院规定的，依照国务院制定的行政法规的规定执行。任何机关、单位和个人不得违反法律、行政法规的规定，擅自作出税收开征、停征以及减税、免税、退税、补税和其他同税收法律、行政法规相抵触的决定⑧。国务院税务主管部门主管全国税收征收管理工作。各地应当按照国务院规定的税收征收管理范围分别进行征收管理。地方各级人民政府应当依法加强对本行政区域内税收征收管理工作的领导或者协调，支持税务机关依法执行职务，依照法定税率计算税额，依法征收税款。各有关部门和单位应当支持、协助税务机关依法执行职务。税务机关依法执行职务，任何单位和个人不得阻挠⑨。

税务机关依照法律、行政法规的规定征收税款，不得违反法律、行政法规的规定开征、停征、多征、少征、提前征收、延缓征收或者摊派税款⑩。除税务机关、税务人员以及经税务机关依照法律、行政法规委托的单位和人员外，任何单位和个人不得进行税款征收活动⑪。

---

① 《税收征管法实施细则》，第三十四条。
② 《税收征管法实施细则》，第三十五条。
③ 《税收征管法》，第二十六条；《税收征管法实施细则》，第三十条。
④ 《税收征管法实施细则》，第三十一条。
⑤ 《税收征管法实施细则》，第三十七条。
⑥ 《税收征管法》，第二十七条。
⑦ 《税收征管法实施细则》，第三十六条。
⑧ 《税收征管法》，第三条。
⑨ 《税收征管法》，第五条。
⑩ 《税收征管法》，第二十八条。
⑪ 《税收征管法》，第二十九条。

(二) 税款征收方式

税务机关根据保证国家税款及时足额入库、方便纳税人、降低税收成本的原则，确定税款征收的方式[①]。实践中，税款征收一般采用查账征收、查定征收、查验征收、定期定额征收以及其他方式。

（1）查账征收（audit collection），是指税务机关按照纳税人提供的账表所反映的经营情况，依照适用税率计算缴纳税款的一种方式。这一征收方式普遍适用于财务核算制度健全的企业，由纳税人在规定期限内，用规定的纳税申报表向税务机关申报销售额、营业额或所得额，经税务机关审查核实后填写缴款书征缴入库。

（2）查定征收（approved collection），是指税务机关根据纳税人的作业人员、生产设备、采用原材料等因素，在正常生产经营条件下，对其产制的应税货物查实核定产量、销售额并据以征收税款的一种方式。这一征收方式主要适用于生产规模较小、账册不健全、产品零星、税源分散的小型厂矿和作坊。

（3）查验征收（inspection collection），是指税务机关通过查验纳税人应税商品的数量，然后按市场一般销售单价计算其销售收入并据以征税的一种方式。这一征收方式主要适用于城乡集贸市场的临时经营和机场、码头等场外经销商品的课税。

（4）定期定额征收（regular and quota collection），是指对一些营业额、所得额不能准确计算的小型工商户，经过自报评议，由税务机关核定一定经营时期的营业额和所得税附征率，实行多税种合并征收的一种方式。这一征收方式适用于没有记账能力、无法查实其应纳税收入或所得额的个体或小型工商业户。

（5）代扣代缴征收（withhold and remit collection），是指由税法规定负有代扣代缴义务的单位和个人从其所持有的纳税人收入中扣缴其应纳税款并向税务机关解缴的一种方式，税务机关按照规定付给扣缴义务人代扣、代收手续费。扣缴义务人依法履行代扣、代收税款义务时，纳税人不得拒绝；纳税人拒绝的，扣缴义务人应当及时报告税务机关处理。代收代缴征收（collect and remit collection），是指与纳税人有经济往来的单位和个人借助经济往来关系向纳税人收取其应纳税款并向税务机关解缴的一种方式。代扣代缴、代收代缴征收方式适用于税源零星分散、不易控管的纳税人。

（6）委托代征（entrusted collection），是指为了加强对零星分散税源的源头控管，方便纳税人缴税，国家税法规定或由税务机关委托某些单位和个人征收税款的一种方式。税务机关根据有利于税收控管和方便纳税的原则，可以按照国家有关规定委托有关单位和人员代征零星分散和异地缴纳的税收，并发给委托代征证书。受托单位和人员按照代征证书的要求，以税务机关的名义依法征收税款，纳税人不得拒绝；纳税人拒绝的，受托代征单位和人员应当及时报告税务机关[②]。

在税款征收过程中，纳税人有下列情形之一的，税务机关有权核定其应纳税额。

（1）未按照规定办理税务登记的从事生产、经营的［包括到外县（市）从事生产、经营而未向营业地税务机关报验登记的］。

（2）临时从事经营的。

（3）依照法律、行政法规的规定可以不设置账簿的。

（4）依照法律、行政法规的规定应当设置账簿但未设置的。

（5）擅自销毁账簿或者拒不提供纳税资料的。

（6）虽设置账簿，但账目混乱或者成本资料、收入凭证、费用凭证残缺不全，难以查账的。

（7）发生纳税义务，未按照规定的期限办理纳税申报，经税务机关责令限期申报，逾期仍不申报的。

（8）纳税人申报的计税依据明显偏低，又无正当理由的[③]。

纳税人具有上述情形之一的，税务机关有权采用下列任何一种方法核定其应纳税额。

（1）参照当地同类行业或者类似行业中经营规模和收入水平相近的纳税人的税负水平核定。

---

① 《税收征管法实施细则》，第三十八条。
② 《税收征管法实施细则》，第四十四条。
③ 《税收征管法》，第三十五条、第三十七条；《税收征管法实施细则》，第五十七条。

(2) 按照营业收入或者成本加合理的费用和利润的方法核定。

(3) 按照耗用的原材料、燃料、动力等推算或者测算核定。

(4) 按照其他合理方法核定。

采用所列一种方法不足以正确核定应纳税额时，可以同时采用两种以上的方法核定。纳税人对税务机关采取本条规定的方法核定的应纳税额有异议的，应当提供相关证据，经税务机关认定后，调整应纳税额[1]。

(三) 税收保全措施

税收保全措施 (tax preservative measures)，是指税务机关在规定的纳税期之前，在纳税人的行为或者某种客观原因致使以后税款的征收不能保证或难以保证的情况下而采取的限制纳税人处理或转移商品、货物或其他财产的措施。《税收征管法》规定，税务机关有根据认为从事生产、经营的纳税人有逃避纳税义务行为的，可以在规定的纳税期之前，责令限期缴纳应纳税款；在限期内发现纳税人有明显的转移、隐匿其应纳税的商品、货物以及其他财产或者应纳税的收入的迹象的，税务机关可以责成纳税人提供纳税担保。如果纳税人不能提供纳税担保 (tax guarantee)，经县以上税务局（分局）局长批准，税务机关可以采取下列税收保全措施：①书面通知纳税人开户银行或者其他金融机构冻结纳税人的金额相当于应纳税款的存款；②扣押、查封纳税人的价值相当于应纳税款的商品、货物或者其他财产[2]。这里有必要注意两点，一是个人及其所扶养家属维持生活必需的住房和用品，不在税收保全措施的范围之内[2]。二是上述纳税担保包括经税务机关认可的纳税保证人为纳税人提供的纳税保证，以及纳税人或者第三人以其未设置或未全部设置担保物权的财产提供的担保。

所称担保，包括经税务机关认可的纳税保证人为纳税人提供的纳税保证，以及纳税人或者第三人以其未设置或者未全部设置担保物权的财产提供的担保。纳税保证人，是指在中国境内具有纳税担保能力的自然人、法人或者其他经济组织。法律、行政法规规定的没有担保资格的单位和个人，不得作为纳税担保人[3]。纳税担保人同意为纳税人提供纳税担保的，应当填写纳税担保书，写明担保对象、担保范围、担保期限和担保责任以及其他有关事项。担保书须经纳税人、纳税担保人签字盖章并经税务机关同意，方为有效。纳税人或者第三人以其财产提供纳税担保的，应当填写财产清单，并写明财产价值以及其他有关事项。纳税担保财产清单须经纳税人、第三人签字盖章并经税务机关确认，方为有效[4]。

纳税人在上述规定的限期内缴纳税款的，税务机关必须立即解除税收保全措施；限期期满仍未缴纳税款的，经县以上税务局（分局）局长批准，可采取强制执行措施。税务机关可以书面通知纳税人开户银行或其他金融机构从其冻结的存款中扣缴税款，或者依法拍卖，或者变卖所扣押、查封的商品、货物或其他财产，以拍卖或者变卖所得抵缴税款。

实施税收保全措施直接影响到纳税人的利益，税务机关在行使时应当慎重，必须在有比较可靠的证据的情况下，才可以进行税收保全，同时，必须依照法定权限和法定程序进行。税务机关执行扣押、查封商品、货物或者其他财产时，应当由两名以上税务人员执行，并通知被执行人。被执行人是自然人的，应当通知被执行人本人或者其成年家属到场；被执行人是法人或者其他组织的，应当通知其法定代表人或者主要负责人到场；拒不到场的，不影响执行[5]。税务机关扣押商品、货物或者其他财产时，必须开付收据；查封商品、货物或者其他财产时，必须开付清单[6]。

税收保全措施是在纳税人偷逃税款事实尚不完全清楚的情况下采取的措施，而且具有很大的强制性，

---

[1] 《税收征管法实施细则》，第四十七条。
[2] 《税收征管法》，第三十八条。
[3] 《税收征管法实施细则》，第六十一条。
[4] 《税收征管法实施细则》，第六十二条。
[5] 《税收征管法实施细则》，第六十三条。
[6] 《税收征管法》，第四十七条。

对纳税人财产采取的税收保全措施不当很容易侵犯纳税人的合法权益。纳税人在税务机关采取税收保全措施后，按照税务机关规定的期限缴纳税款的，税务机关应当自收到税款或者银行转回的完税凭证之日起 1 日内解除税收保全[①]。出于对纳税人合法权益的保护，《税收征管法》规定，纳税人在限期内已缴纳税款，税务机关未立即解除税收保全措施，使纳税人的合法利益遭受损失的；税务机关滥用职权违法采取税收保全措施，或者采取税收保全措施不当，使纳税人、扣缴义务人或者纳税担保人的合法权益遭受损失的，应当依法承担赔偿责任[②]。赔偿主要应以支付赔偿金的形式进行，能够返还财产或者恢复原状的，予以返还财产或者恢复原状；不能恢复原状的，按照损害程度给予相应的赔偿金；应当返还的财产灭失的，也应给予相应的赔偿金。

（四）税收强制执行措施

税收强制执行措施（tax enforcement measures），是指当纳税人和其他纳税当事人在规定的期限内未履行税法规定的义务，税务机关为迫使其履行义务而采取的法定强制手段。具体来说，从事生产、经营的纳税人、扣缴义务人未按照规定的期限缴纳或者解缴税款，纳税担保人未按照规定的期限缴纳所担保的税款，由税务机关责令限期（最长期限不得超过 15 日）缴纳，逾期仍未缴纳的，经县以上税务局（分局）局长批准，税务机关可以采取下列强制执行措施：①书面通知其开户银行或者其他金融机构从其存款中扣缴税款；②扣押、查封、依法拍卖或者变卖其价值相当于应纳税款的商品、货物或者其他财产，以拍卖或者变卖所得抵缴税款。税务机关采取强制执行措施时，对纳税人、扣缴义务人、纳税担保人未缴纳的滞纳金同时强制执行。个人及其所扶养家属维持生活必需的住房和用品，不在强制执行措施的范围之内[③]。这里，其他金融机构，是指信托投资公司、信用合作社、邮政储蓄机构以及经中国人民银行、中国证券监督管理委员会等批准设立的其他金融机构[④]；存款，包括独资企业投资人、合伙企业合伙人、个体工商户的储蓄存款以及股东资金账户中的资金等[⑤]；其他财产，包括纳税人的房地产、现金、有价证券等不动产和动产[⑥]。

对未按照规定办理税务登记的从事生产、经营的纳税人以及临时从事经营的纳税人，由税务机关核定其应纳税额，责令缴纳；不缴纳的，税务机关可以扣押其价值相当于应纳税款的商品、货物。扣押后缴纳应纳税款的，税务机关必须立即解除扣押，并归还所扣押的商品、货物；扣押后仍不缴纳应纳税款的，经县以上税务局（分局）局长批准，依法拍卖或者变卖所扣押的商品、货物，以拍卖或者变卖所得抵缴税款[⑦]。其中，扣押纳税人商品、货物的，纳税人应当自扣押之日起 15 日内缴纳税款。对扣押的鲜活、易腐烂变质或者易失效的商品、货物，税务机关根据被扣押物品的保质期，可以缩短前款规定的扣押期限[⑧]。

税务机关依照《税收征管法》有关规定，扣押、查封价值相当于应纳税款的商品、货物或者其他财产时，参照同类商品的市场价、出厂价或者评估价估算。税务机关按照前款方法确定应扣押、查封的商品、货物或者其他财产的价值时，还应当包括滞纳金和拍卖、变卖所发生的费用[⑨]。对价值超过应纳税额且不可分割的商品、货物或者其他财产，税务机关在纳税人、扣缴义务人或者纳税担保人无其他可供强制执行的财产的情况下，可以整体扣押、查封、拍卖[⑩]。税务机关依法实施扣押、查封时，对有产权

[①] 《税收征管法实施细则》，第六十八条。
[②] 《税收征管法》，第三十九条、第四十三条。
[③] 《税收征管法》，第四十条；《税收征管法实施细则》，第七十三条。
[④] 《税收征管法实施细则》，第七十一条。
[⑤] 《税收征管法实施细则》，第七十二条。
[⑥] 《税收征管法实施细则》，第五十九条。
[⑦] 《税收征管法》，第三十七条。
[⑧] 《税收征管法实施细则》，第五十八条。
[⑨] 《税收征管法实施细则》，第六十四条。
[⑩] 《税收征管法实施细则》，第六十五条。

证件的动产或者不动产，税务机关可以责令当事人将产权证件交税务机关保管，同时可以向有关机关发出协助执行通知书，有关机关在扣押、查封期间不再办理该动产或者不动产的过户手续①。对查封的商品、货物或者其他财产，税务机关可以指令被执行人负责保管，保管责任由被执行人承担。继续使用被查封的财产不会减少其价值的，税务机关可以允许被执行人继续使用；因被执行人保管或者使用的过错造成的损失，由被执行人承担②。

  税务机关将扣押、查封的商品、货物或者其他财产变价抵缴税款时，应当交由依法成立的拍卖机构拍卖；无法委托拍卖或者不适于拍卖的，可以交由当地商业企业代为销售，也可以责令纳税人限期处理；无法委托商业企业销售，纳税人也无法处理的，可以由税务机关变价处理，具体办法由国家税务总局规定。国家禁止自由买卖的商品，应当交由有关单位按照国家规定的价格收购。拍卖或者变卖所得抵缴税款、滞纳金、罚款以及拍卖、变卖等费用后，剩余部分应当在3日内退还被执行人③。

  税收强制执行措施的权力，不得由法定的税务机关以外的单位和个人行使④。税收机关采取强制执行措施必须依照法定权限和法定程序，不得查封、扣押纳税人个人及其所扶养家属维持生活必需的住房和用品，个人及其所扶养家属维持生活必需的住房和用品，不在强制执行措施的范围之内⑤。这里所称个人所扶养家属，是指与纳税人共同居住生活的配偶、直系亲属以及无生活来源并由纳税人扶养的其他亲属⑥。机动车辆、金银饰品、古玩字画、豪华住宅或者一处以外的住房不属于上述所称个人及其所扶养家属维持生活必需的住房和用品；税务机关对单价 5000 元以下的其他生活用品，不采取税收保全措施和强制执行措施⑦。

（五）欠税清缴措施

  税务机关应当根据方便、快捷、安全的原则，积极推广使用支票、银行卡、电子结算方式缴纳税款⑧。纳税人、扣缴义务人按照法律、行政法规规定或者税务机关依照法律、行政法规的规定确定的期限，缴纳或者解缴税款。纳税人因有特殊困难，不能按期缴纳税款的，经省、自治区、直辖市以及计划单列市税务局批准，可以延期缴纳税款，但是最长不得超过三个月⑨。这里所称的特殊困难包括两种情形，一是因不可抗力，导致纳税人发生较大损失，正常生产经营活动受到较大影响的；二是当期货币资金在扣除应付职工工资、社会保险费后，不足以缴纳税款的⑩。

  纳税人需要延期缴纳税款的，应当在缴纳税款期限届满前提出申请，并报送下列材料：申请延期缴纳税款报告，当期货币资金余额情况及所有银行存款账户的对账单，资产负债表，应付职工工资和社会保险费等税务机关要求提供的支出预算。税务机关应当自收到申请延期缴纳税款报告之日起 20 日内作出批准或者不予批准的决定；不予批准的，从缴纳税款期限届满之日起加收滞纳金⑪。纳税人未按照规定期限缴纳税款的，扣缴义务人未按照规定期限解缴税款的，税务机关除责令限期缴纳外，从滞纳税款之日起，按日加收滞纳税款万分之五的滞纳⑫。加收滞纳金的起止时间，为法律、行政法规规定或者

---

① 《税收征管法实施细则》，第六十六条。
② 《税收征管法实施细则》，第六十七条。
③ 《税收征管法实施细则》，第六十九条。
④ 《税收征管法》，第四十一条。
⑤ 《税收征管法》，第四十条、第四十二条。
⑥ 《税收征管法实施细则》，第六十条。
⑦ 《税收征管法实施细则》，第五十九条。
⑧ 《税收征管法实施细则》，第四十条。
⑨ 《税收征管法》，第三十一条；《税收征管法实施细则》，第四十一条。
⑩ 《税收征管法实施细则》，第四十一条。
⑪ 《税收征管法实施细则》，第四十二条。
⑫ 《税收征管法》，第三十二条。

税务机关依照法律、行政法规的规定确定的税款缴纳期限届满次日起至纳税人、扣缴义务人实际缴纳或者解缴税款之日止[①]。

针对税收征管实践中清欠困难的情况，《税收征管法》制定了不少有关欠税清缴措施的条款，具体如下。

（1）欠税公告制度。县级以上各级税务机关应当将纳税人的欠税情况，在办税场所或者广播、电视、报纸、期刊、网络等新闻媒体上定期公告。[②]

（2）离境清税（departure tax clearance）制度。欠缴税款的纳税人或者他的法定代表人需要出境的，应当在出境前向税务机关结清应纳税款、滞纳金或者提供担保。未结清税款、滞纳金，又不提供担保的，税务机关可以通知出境管理机关阻止其出境[③]。

（3）税款优先制度。税务机关征收税款，税收优先于无担保债权，法律另有规定的除外；纳税人欠缴的税款发生在纳税人以其财产设定抵押、质押或者纳税人的财产被留置之前的，税收应当先于抵押权、质权、留置权执行。纳税人欠缴税款，同时又被行政机关决定处以罚款、没收违法所得的，税收优先于罚款、没收违法所得。税务机关应当对纳税人欠缴税款的情况定期予以公告[④]。纳税人有欠税情形而以其财产设定抵押、质押的，应当向抵押权人、质权人说明其欠税情况。抵押权人、质权人可以请求税务机关提供有关的欠税情况[⑤]。

（4）改制纳税人欠税清缴制度。纳税人有合并、分立情形的，应当向税务机关报告，并依法缴清税款。纳税人合并时未缴清税款的，应当由合并后的纳税人继续履行未履行的纳税义务；纳税人分立时未缴清税款的，分立后的纳税人对未履行的纳税义务应当承担连带责任[⑥]。纳税人有解散、撤销、破产情形的，在清算前应当向其主管税务机关报告；未结清税款的，由其主管税务机关参加清算[⑦]。

（5）大额欠税处分财产报告制度。欠缴税款数额较大（欠缴税款5万元以上）的纳税人在处分其不动产或者大额资产之前，应当向税务机关报告[⑧]。

（6）税务机关行使代位权（right of subrogation）、撤销权（right of revocation）制度。欠缴税款的纳税人因怠于行使到期债权，或者放弃到期债权，或者无偿转让财产，或者以明显不合理的低价转让财产而受让人知道该情形，对国家税收造成损害的，税务机关可以依照合同法第七十三条、第七十四条的规定行使代位权、撤销权。税务机关依照上述规定行使代位权、撤销权的，不免除欠缴税款的纳税人尚未履行的纳税义务和应承担的法律责任[⑨]。代位权、撤销权是合同保全制度的两种手段。代位权，是指在债务人怠于行使其债权，危及债权的实现时，债权人可以代债务人行使其权利，即代替债务人对其债务人（即第三人）提起诉讼、请求第三人给付的权利。《民法典》第五百三十五条、第五百三十六条规定：①因债务人怠于行使其债权或者与该债权有关的从权利，影响债权人的到期债权实现的，债权人可以向人民法院请求以自己的名义代位行使债务人对相对人的权利，但是该权利专属于债务人自身的除外。代位权的行使范围以债权人的到期债权为限。债权人行使代位权的必要费用，由债务人负担。相对人对债务人的抗辩，可以向债权人主张。②债权人的债权到期前，债务人的债权或者与该债权有关的从权利存在诉讼时效期间即将届满或者未及时申报破产债权等情形，影响债权人的债权实现的，债权人可以代位向债务人的相对人请求其向债务人履行、向破产管理人申报或者作出其他必要的行为。撤销权，是指在债务人作出无偿处分财产或以明显低价处分财产给第三人而有害

---

① 《税收征管法实施细则》，第七十五条。
② 《税收征管法实施细则》，第七十六条。
③ 《税收征管法》，第四十四条。
④ 《税收征管法》，第四十五条。
⑤ 《税收征管法》，第四十六条。
⑥ 《税收征管法》，第四十八条。
⑦ 《税收征管法实施细则》，第五十条。
⑧ 《税收征管法》，第四十九条；《税收征管法实施细则》，第七十七条。
⑨ 《税收征管法》，第五十条。值得说明的是，2020年第十三届全国人民代表大会第三次会议表决通过了《中华人民共和国民法典》（以下简称《民法典》），自2021年1月1日起实施。《中华人民共和国合同法》（以下简称《合同法》）同时废止。因此，原《合同法》第七十三条、第七十四条对应《民法典》第五百三十五条、第五百三十六条、第五百三十八条、第五百三十九条、第五百四十条内容。

于债权人的行为时,债权人有请求人民法院予以撤销的权利。《民法典》第五百三十八条、第五百三十九条、第五百四十条规定:①债务人以放弃其债权、放弃债权担保、无偿转让财产等方式无偿处分财产权益,或者恶意延长其到期债权的履行期限,影响债权人的债权实现的,债权人可以请求人民法院撤销债务人的行为;②债务人以明显不合理的低价转让财产、以明显不合理的高价受让他人财产或者为他人的债务提供担保,影响债权人的债权实现,债务人的相对人知道或者应当知道该情形的,债权人可以请求人民法院撤销债务人的行为;③撤销权的行使范围以债权人的债权为限。债权人行使撤销权的必要费用,由债务人负担。

(六)转让定价调整

企业或者外国企业在中国境内设立的从事生产、经营的机构、场所与其关联企业(associated enterprises)之间的业务往来,应当按照独立企业之间的业务往来收取或者支付价款、费用;不按照独立企业之间的业务往来收取或者支付价款、费用,而减少其应纳税的收入或者所得额的,税务机关有权进行合理调整[①]。这里所称关联企业,是指有下列关系之一的公司、企业和其他经济组织:①在资金、经营、购销等方面,存在直接或者间接的拥有或者控制关系;②直接或者间接地同为第三者所拥有或者控制;③在利益上具有相关联的其他关系[②]。这里所称独立企业之间的业务往来,是指没有关联关系的企业之间按照公平成交价格和营业常规所进行的业务往来[③]。

纳税人有义务就其与关联企业之间的业务往来,向当地税务机关提供有关的价格、费用标准等资料[②]。纳税人可以向主管税务机关提出与其关联企业之间业务往来的定价原则和计算方法,主管税务机关审核、批准后,与纳税人预先约定有关定价事项,监督纳税人执行[④]。

纳税人与其关联企业之间的业务往来有下列情形之一的,税务机关可以调整其应纳税额:①购销业务未按照独立企业之间的业务往来作价;②融通资金所支付或者收取的利息超过或者低于没有关联关系的企业之间所能同意的数额,或者利率超过或者低于同类业务的正常利率;③提供劳务,未按照独立企业之间业务往来收取或者支付劳务费用;④转让财产、提供财产使用权等业务往来,未按照独立企业之间业务往来作价或者收取、支付费用;⑤未按照独立企业之间业务往来作价的其他情形[⑤]。

税务机关对上述情形可以按照下列方法调整计税收入额或者所得额:①按照独立企业之间进行的相同或者类似业务活动的价格;②按照再销售给无关联关系的第三者的价格所应取得的收入和利润水平;③按照成本加合理的费用和利润;④按照其他合理的方法[⑥]。

纳税人与其关联企业未按照独立企业之间的业务往来支付价款、费用的,税务机关自该业务往来发生的纳税年度起3年内进行调整;有特殊情况的,可以自该业务往来发生的纳税年度起10年内进行调整[⑦]。

(七)税款的退还与追征

税款征收应当做到将纳税人的应纳税款及时、足额地征缴入库,纳税人要按照规定的期限缴纳税款,征纳双方必须依照税法的规定征缴,税务机关既不能多收,也不能少收,更不能不收。但是,由于税务机关征收税款、纳税人缴纳税款是一项政策性强、技术难度高的经常性工作,在征纳税款的过程中,由于对税法理解有误,或者计算错误、错用税率、财务处理失当等原因,可能出现多征多缴税款的情况,对这部分多征多缴的税款就存在退还的问题。税款征纳过程中,由于征纳双方的疏忽、计算错误等原因,也可能

---

① 《税收征管法》,第三十六条。
② 《税收征管法实施细则》,第五十一条。
③ 《税收征管法实施细则》,第五十二条。
④ 《税收征管法实施细则》,第五十三条。
⑤ 《税收征管法实施细则》,第五十四条。
⑥ 《税收征管法实施细则》,第五十五条。
⑦ 《税收征管法实施细则》,第五十六条。

造成纳税人、扣缴义务人未缴或者少缴税款的情况,这就存在依法对未征少征的税款进行补征追缴的问题。

纳税人超过应纳税额缴纳的税款,税务机关发现后应当自发现之日起 10 日内办理退还手续;纳税人自结算缴纳税款之日起三年内发现的,可以向税务机关要求退还多缴的税款并加算银行同期存款利息,税务机关应当自接到纳税人退还申请之日起 30 日内查实并办理退还手续;涉及从国库中退库的,依照法律、行政法规有关国库管理的规定退还[①]。当纳税人既有应退税款又有欠缴税款的,税务机关可以将应退税款和利息先抵扣欠缴税款;抵扣后有余额的,退还纳税人[②]。加算银行同期存款利息的多缴税款退税,不包括依法预缴税款形成的结算退税、出口退税和各种减免退税。退税利息按照税务机关办理退税手续当天中国人民银行规定的活期存款利率计算[③]。

因税务机关的责任,致使纳税人、扣缴义务人未缴或者少缴税款的,税务机关在三年内可以要求纳税人、扣缴义务人补缴税款,但是不得加收滞纳金。因纳税人、扣缴义务人计算错误等失误(指非主观故意的计算公式运用错误以及明显的笔误),未缴或者少缴税款的,税务机关在三年内可以追征税款、滞纳金;有特殊情况的,追征期可以延长到五年[④]。这里所称特殊情况,是指纳税人或者扣缴义务人因计算错误等失误,未缴或者少缴、未扣或者少扣、未收或者少收税款,累计数额在十万元以上的[⑤]。补缴和追征税款、滞纳金的期限,自纳税人、扣缴义务人应缴未缴或者少缴税款之日起计算[⑥]。对偷税、抗税、骗税的,税务机关追征其未缴或者少缴的税款、滞纳金或者所骗取的税款,不受前述规定期限的限制[⑦]。

国家税务局应当按照国家规定的税收征收管理范围和税款入库预算级次,将征收的税款缴入国库。对审计机关、财政机关依法查出的税收违法行为,税务机关应当根据有关机关的决定、意见书,依法将应收的税款、滞纳金按照税款入库预算级次缴入国库[⑧]。税务机关应当自收到审计机关、财政机关的决定、意见书之日起三十日内将执行情况书面回复审计机关、财政机关。有关机关不得将其履行职责过程中发现的税款、滞纳金自行征收入库或者以其他款项的名义自行处理、占压[⑨]。

六、税务检查制度

税务检查(tax inspection)是税务机关依据国家税收法律、行政法规的规定对纳税人是否履行纳税义务的情况所进行的审查、稽核、管理监督活动,是税收征收管理的一个重要环节。加强税务检查,对于正确贯彻执行税收政策,严肃税收法纪,堵塞税收征管漏洞,保证国家财政收入;对于促进纳税人、扣缴义务人增强纳税意识,主动、自觉、如实、及时纳税;对于发现和堵塞税务机关的执法漏洞,不断完善税收征管制度,提高税收征管水平,都有十分重要的意义。

(一)税务机关在检查中的权利和义务

税务检查权是税务机关在检查活动中依法享有的权利,是税务机关实施税务检查行为、监督纳税人履行纳税义务、查处税务违法行为的重要保证和手段。根据《税收征管法》的规定,税务机关进行税务检查的权利范围包括:①查账权,税务机关有权检查纳税人的账簿、记账凭证、报表和有关资料,检查扣缴义务人代扣代缴、代收代缴税款账簿、记账凭证和有关资料;②实地检查权,税务机关有权到纳税人的生产、经营场所和货物存放地检查纳税人应纳税的商品、货物或者其他财产,检查扣缴义务人与代扣代缴、代收

---

① 《税收征管法》,第五十一条;《税收征管法实施细则》,第七十八条。
② 《税收征管法实施细则》,第七十九条。
③ 《税收征管法实施细则》,第七十八条。
④ 《税收征管法》,第五十二条;《税收征管法实施细则》,第八十条、第八十一条。
⑤ 《税收征管法实施细则》,第八十二条。
⑥ 《税收征管法实施细则》,第八十三条。
⑦ 《税收征管法》,第五十二条。
⑧ 《税收征管法》,第五十三条。
⑨ 《税收征管法实施细则》,第八十四条。

代缴税款有关的经营情况；③责成提供资料权，税务机关有权责成纳税人、扣缴义务人提供与纳税或者代扣代缴、代收代缴税款有关的文件、证明材料和有关资料；④询问权，税务机关和税务人员在税务检查中有权询问纳税人、扣缴义务人与纳税或者代扣代缴、代收代缴税款有关的问题和情况；⑤运输环节查证权，税务机关有权到车站、码头、机场、邮政企业及其分支机构检查纳税人托运、邮寄应纳税商品、货物或者其他财产的有关单据、凭证和有关资料；⑥查询存款权，经县以上税务局（分局）局长批准，凭全国统一格式的检查存款账户许可证明，税务机关有权查询从事生产、经营的纳税人、扣缴义务人在银行或者其他金融机构的存款账户。税务机关在调查税收违法案件时，经设区的市、自治州以上税务局（分局）局长批准，可以查询案件涉嫌人员的储蓄存款。税务机关查询所获得的资料，不得用于税收以外的用途[1]。

税务机关对从事生产、经营的纳税人以前纳税期的纳税情况依法进行税务检查时，发现纳税人有逃避纳税义务行为，并有明显的转移、隐匿其应纳税的商品、货物以及其他财产或者应纳税的收入的迹象的，经县以上税务局（分局）局长批准，税务机关可以采取税收保全措施或者强制执行措施[2]。税务机关采取税收保全措施的期限一般不得超过6个月；重大案件需要延长的，应当报国家税务总局批准[3]。

纳税人、扣缴义务人必须接受税务机关依法进行的税务检查，如实反映情况，提供有关资料，不得拒绝、隐瞒。税务机关依法进行税务检查时，有权向有关单位和个人调查纳税人、扣缴义务人和其他当事人与纳税或者代扣代缴、代收代缴税款有关的情况，有关单位和个人有义务向税务机关如实提供有关资料及证明材料。税务机关调查税务违法案件时，对与案件有关的情况和资料，可以记录、录音、录像、照相和复制[4]。

税务机关应当建立科学的检查制度，统筹安排检查工作，严格控制对纳税人、扣缴义务人的检查次数；应当制定合理的税务稽查工作规程，负责选案、检查、审理、执行的人员的职责应当明确，并相互分离、相互制约，规范选案程序和检查行为[5]。税务机关派出的人员进行税务检查时，应当出示税务检查证和税务检查通知书，并有责任为被检查人保守秘密；未出示税务检查证和税务检查通知书的，被检查人有权拒绝检查[6]。税务机关对集贸市场及集中经营业户进行检查时，可以使用统一的税务检查通知书[7]。

（二）税务检查的内容和形式

税务检查的内容包括：检查纳税人履行纳税义务的情况；检查纳税人遵守财务、会计制度的情况；检查税务人员执行税收征管制度的情况。此外，在检查中，税务机关也可了解纳税人的生产经营情况，帮助纳税人改善经营管理，提高经济效益。

税务检查有多种形式，主要有日常检查、专项检查、专案检查和管理性稽核。日常检查，是由税务检查人员对纳税人不定期进行的纳税检查，一般根据计算机内储存的纳税资料信息筛选出涉税参数指标不正常的纳税企业作为被查对象。专项检查，是由税务机关对某一类纳税企业或者对某一种税务违章行为所进行的检查。专案检查，是税务机关根据群众举报线索以及领导交办、其他单位转办的涉税案件进行的检查。管理性稽核，是指税务机关根据日常税收征管信息，对停歇业、复业登记进行核查，对非正常纳税户进行巡查，对未按规定办理税务登记、纳税申报、缴纳税款的纳税人进行检查稽核。日常检查和管理性稽核由税源管理人员承担；专项检查和专案检查一般由税务稽查部门组织实施。

根据《税务稽查案件办理程序规定》，税务稽查由稽查局依法实施；稽查局办理税务稽查案件时，实行选案、检查、审理、执行分工制约原则；检查应当由两名以上具有执法资格的检查人员共同实施，并向被查对象出示税务检查证件、出示或者送达税务检查通知书，告知其权利和义务；检查应当依照法定权限和程序，采取

---

[1] 《税收征管法》，第五十四条。
[2] 《税收征管法》，第五十五条。
[3] 《税收征管法实施细则》，第八十八条。
[4] 《税收征管法》，第五十六条至五十八条。
[5] 《税收征管法实施细则》，第八十五条。
[6] 《税收征管法》，第五十九条。
[7] 《税收征管法实施细则》，第八十九条。

实地检查、调取账簿资料、询问、查询存款账户或者储蓄存款、异地协查等方法；收集证据材料时，收集的证据必须经查证属实，并与证明事项相关联，不得以严重违反法定程序收集证据材料，不得以违反法律强制性规定的手段获取且侵害他人合法权益收集证据材料，不得以利诱、欺诈、胁迫、暴力等手段收集证据材料[①]。

七、违章处理制度

依法纳税是公民应尽的义务。任何纳税人都必须依照税法规定严格履行纳税义务，否则就要受到法律的制裁。违章处理是税收强制性特征的具体体现，是对纳税人漏税、欠税、偷税、抗税以及其他违反税法的行为采取的惩罚性措施。同时，为了保护纳税人的正当权益，一方面，法律允许纳税人向上级税务机关申请复议和向人民法院提起诉讼；另一方面，《税收征管法》也对税务机关、税务人员违章行为制定了处罚规定。

（一）对不按规定办理税务登记等违章行为的处理

纳税人有下列行为之一的，由税务机关责令限期改正，可以处二千元以下的罚款；情节严重的，处二千元以上一万元以下的罚款：①未按照规定的期限申报办理税务登记、变更或者注销登记的；②未按照规定办理税务登记证件验证或者换证手续的；③未按照规定设置、保管账簿或者保管记账凭证和有关资料的；④未按照规定将财务、会计制度或者财务、会计处理办法和会计核算软件报送税务机关备查的；⑤未按照规定将其全部银行账号向税务机关报告的；⑥未按照规定安装、使用税控装置，或者损毁或者擅自改动税控装置的[②]。纳税人不办理税务登记的，由税务机关责令限期改正；逾期不改正的，经税务机关提请，由工商行政管理机关吊销其营业执照。纳税人未按照规定使用税务登记证件，或者转借、涂改、损毁、买卖、伪造税务登记证件的，处二千元以上一万元以下的罚款；情节严重的，处一万元以上五万元以下的罚款[③]。

扣缴义务人未按照规定设置、保管代扣代缴、代收代缴税款账簿或者保管代扣代缴、代收代缴税款记账凭证及有关资料的，由税务机关责令限期改正，可以处二千元以下的罚款；情节严重的，处二千元以上五千元以下的罚款[④]。

纳税人未按照规定的期限办理纳税申报和报送纳税资料的，或者扣缴义务人未按照规定的期限向税务机关报送代扣代缴、代收代缴税款报告表和有关资料的，由税务机关责令限期改正，可以处二千元以下的罚款；情节严重的，可以处二千元以上一万元以下的罚款[⑤]。

（二）对不按规定接受税务检查等违章行为的处理

纳税人、扣缴义务人逃避、拒绝或者以其他方式阻挠税务机关检查的，有下列情形之一的，由税务机关责令改正，可以处一万元以下的罚款；情节严重的，处一万元以上五万元以下的罚款：①提供虚假资料，不如实反映情况，或者拒绝提供有关资料的；②拒绝或者阻止税务机关记录、录音、录像、照相和复制与案件有关的情况和资料的；③在检查期间，纳税人、扣缴义务人转移、隐匿、销毁有关资料的；④有不依法接受税务检查的其他情形的；⑤拒绝税务机关依照《税收征管法》到车站、码头、机场、邮政企业及其分支机构检查纳税人有关情况的[⑥]。

从事生产、经营的纳税人、扣缴义务人有《税收征管法》规定的税收违法行为，拒不接受税务机关处理的，税务机关可以收缴其发票或者停止向其发售发票[⑦]。

---

① 《税务稽查案件办理程序规定》（国家税务总局令第 52 号），第四条、第五条、第十五条、第十六条、第十七条。
② 《税收征管法》，第六十条；《税收征管法实施细则》，第九十条。
③ 《税收征管法》，第六十条。
④ 《税收征管法》，第六十一条。
⑤ 《税收征管法》，第六十二条。
⑥ 《税收征管法》，第七十条；《税收征管法实施细则》，第九十五条、第九十六条。
⑦ 《税收征管法》，第七十二条。

（三）对发票及完税凭证违章的处理

税务机关对违反发票管理法规的行为进行处罚，应当将行政处罚决定书面通知当事人；对违反发票管理法规的案件，应当立案查处。对违反发票管理法规的行政处罚，由县以上税务机关决定；罚款额在2000元以下的，可由税务所决定①。

对有下列行为之一的单位和个人，由税务机关责令限制改正，没收非法所得，可以并处一万元以下的罚款。有以下所列两种或者两种以上行为的，可以分别处罚：①未按照规定印制发票或者生产发票防伪专用品的；②未按照规定领购发票的；③未按照规定开具发票的；④未按照规定取得发票的；⑤未按照规定保管发票的；⑥未按照规定接受税务机关检查的。

跨规定的使用区域携带、邮寄、运输空白发票，以及携带、邮寄或者运输空白发票出入境的，由税务机关责令改正，可以处1万元以下的罚款；情节严重的，处1万元以上3万元以下的罚款；有违法所得的予以没收。丢失发票或者擅自损毁发票的，依照前款规定处罚②。私自印制、伪造、变造发票，非法制造发票防伪专用品，伪造发票监制章，窃取、截留、篡改、出售、泄露发票数据的，由税务机关没收违法所得，没收、销毁作案工具和非法物品，并处1万元以上5万元以下的罚款；情节严重的，并处5万元以上50万元以下的罚款；构成犯罪的，依法追究刑事责任。上述规定的处罚，《税收征管法》有规定的，依照其规定执行③。对违反发票管理法规造成偷税的，按照《税收征管法》处理。对违反发票管理法规情节严重构成犯罪的，税务机关应当依法移送司法机关处理④。上述犯罪的具体量刑标准如下。

伪造或者出售伪造的增值税专用发票的，处三年以下有期徒刑、拘役或者管制，并处二万元以上二十万元以下罚金；数量较大或者有其他严重情节的，处三年以上十年以下有期徒刑，并处五万元以上五十万元以下罚金；数量巨大或者有其他特别严重情节的，处十年以上有期徒刑或者无期徒刑，并处五万元以上五十万元以下罚金或者没收财产。单位犯本条规定之罪的，对单位判处罚金，并对其直接负责的主管人员和其他直接责任人员，处三年以下有期徒刑、拘役或者管制；数量较大或者有其他严重情节的，处三年以上十年以下有期徒刑；数量巨大或者有其他特别严重情节的，处十年以上有期徒刑或者无期徒刑⑤。

伪造、擅自制造或者出售伪造、擅自制造增值税专用发票的处理。①伪造、擅自制造或者出售伪造、擅自制造的可以用于骗取出口退税、抵扣税款的其他发票的，处三年以下有期徒刑、拘役或者管制，并处二万元以上二十万元以下罚金；数量巨大的，处三年以上七年以下有期徒刑，并处五万元以上五十万元以下罚金；数量特别巨大的，处七年以上有期徒刑，并处五万元以上五十万元以下罚金或者没收财产。②伪造、擅自制造或者出售伪造、擅自制造的上述①规定以外的其他发票的，处二年以下有期徒刑、拘役或者管制，并处或者单处一万元以上五万元以下罚金；情节严重的，处二年以上七年以下有期徒刑，并处五万元以上五十万元以下罚金。③非法出售可以用于骗取出口退税、抵扣税款的其他发票的，依照①的规定处罚。非法出售③规定以外的其他发票的，依照②的规定处罚⑥。

非法出售增值税专用发票的，处三年以下有期徒刑、拘役或者管制，并处二万元以上二十万元以下罚金；数量较大的，处三年以上十年以下有期徒刑，并处五万元以上五十万元以下罚金；数量巨大的，处十年以上有期徒刑或者无期徒刑，并处五万元以上五十万元以下罚金或者没收财产⑦。

非法购买增值税专用发票或者购买伪造的增值税专用发票的，处五年以下有期徒刑或者拘役，并处或

---

① 《发票管理办法实施细则》，第三十四条。
② 《发票管理办法》，第三十四条。
③ 《发票管理办法》第三十六条。
④ 《发票管理办法实施细则》，第三十六条。
⑤ 《刑法》，第二百零六条。
⑥ 《刑法》，第二百零九条。
⑦ 《刑法》，第二百零七条。

者单处二万元以上二十万元以下罚金。非法购买增值税专用发票或者购买伪造的增值税专用发票又虚开或者出售的，分别依照《刑法》第二百零五条、第二百零六条、第二百零七条的规定定罪处罚[①]。

非法印制、转借、倒卖、变造或者伪造完税凭证的，由税务机关责令改正，处 2000 元以上 1 万元以下的罚款；情节严重的，处 1 万元以上 5 万元以下的罚款；构成犯罪的，依法追究刑事责任[②]。

（四）对纳税人偷逃税、妨碍追缴欠税、骗税、抗税行为等的处理

1. 关于偷逃税的处理

纳税人伪造、变造、隐匿、擅自销毁账簿、记账凭证，或者在账簿上多列支出或者不列、少列收入，或者经税务机关通知申报而拒不申报或者进行虚假的纳税申报，不缴或者少缴应纳税款的，是偷税。对纳税人偷税的，由税务机关追缴其不缴或者少缴的税款、滞纳金，并处不缴或者少缴的税款百分之五十以上五倍以下的罚款；构成犯罪的，依法追究刑事责任。扣缴义务人采取前款所列手段，不缴或者少缴已扣、已收税款，由税务机关追缴其不缴或者少缴的税款、滞纳金，并处不缴或者少缴的税款百分之五十以上五倍以下的罚款；构成犯罪的，依法追究刑事责任[③]。

2009 年 2 月 28 日第十一届全国人民代表大会常务委员会第七次会议通过的《中华人民共和国刑法修正案（七）》对第二百零一条进行了修改，不再采用"偷税"的概念，代之以"逃避缴纳税款"，具体规定如下，"纳税人采取欺骗、隐瞒手段进行虚假纳税申报或者不申报，逃避缴纳税款数额较大并且占应纳税额百分之十以上的，处三年以下有期徒刑或者拘役，并处罚金；数额巨大并且占应纳税额百分之三十以上的，处三年以上七年以下有期徒刑，并处罚金""扣缴义务人采取前款所列手段，不缴或者少缴已扣、已收税款，数额较大的，依照前款的规定处罚""对多次实施前两款行为，未经处理的，按照累计数额计算""有第一款行为，经税务机关依法下达追缴通知后，补缴应纳税款，缴纳滞纳金，已受行政处罚的，不予追究刑事责任；但是，五年内因逃避缴纳税款受过刑事处罚或者被税务机关给予二次以上行政处罚的除外"[④]。

对于偷税立案标准问题，根据最高人民检察院、公安部 86 种经济案件立案追诉标准，逃避缴纳税款涉嫌下列情形之一的，应予立案追诉：①纳税人采取欺骗、隐瞒手段进行虚假纳税申报或者不申报，逃避缴纳税款，数额在五万元以上并且占各税种应纳税总额百分之十以上，经税务机关依法下达追缴通知后，不补缴应纳税款、不缴纳滞纳金或者不接受行政处罚的；②纳税人五年内因逃避缴纳税款受过刑事处罚或者被税务机关给予二次以上行政处罚，又逃避缴纳税款，数额在五万元以上并且占各税种应纳税总额百分之十以上的；③扣缴义务人采取欺骗、隐瞒手段，不缴或者少缴已扣、已收税款，数额在五万元以上的。纳税人在公安机关立案后再补缴应纳税款、缴纳滞纳金或者接受行政处罚的，不影响刑事责任的追究[⑤]。

纳税人、扣缴义务人编造虚假计税依据的，由税务机关责令限期改正，并处五万元以下的罚款。纳税人不进行纳税申报，不缴或者少缴应纳税款的，由税务机关追缴其不缴或者少缴的税款、滞纳金，并处不缴或者少缴的税款百分之五十以上五倍以下的罚款[⑥]。纳税人、扣缴义务人在规定期限内不缴或者少缴应纳或者应解缴的税款，经税务机关责令限期缴纳，逾期仍未缴纳的，税务机关除按有关规定采取强制执行措施追缴其不缴或者少缴的税款外，可以处不缴或者少缴的税款百分之五十以上五倍以下的罚款[⑦]。扣缴义务人依法履行代扣、代收税款义务时，纳税人不得拒绝[⑧]。纳税人拒绝代扣、代收税款的，扣缴义务人应当向税务机关报告，由税务机关直接向纳税人追缴税款、滞纳金[⑨]。

---

① 《刑法》，第二百零八条。
② 《税收征管法实施细则》，第九十一条。
③ 《税收征管法》，第六十三条。
④ 《刑法》，第二百零一条。
⑤ 《最高人民检察院 公安部关于公安机关管辖的刑事案件立案追诉标准的规定（二）》，第五十七条。
⑥ 《税收征管法》，第六十四条。
⑦ 《税收征管法》，第六十八条。
⑧ 《税收征管法》，第三十条。
⑨ 《税收征管法实施细则》，第九十四条。

扣缴义务人应扣未扣、应收而不收税款的，由税务机关向纳税人追缴税款，对扣缴义务人处应扣未扣、应收未收税款百分之五十以上三倍以下的罚款[①]。

2. 关于妨碍追缴欠税的处理

纳税人欠缴应纳税款，采取转移或者隐匿财产的手段，妨碍税务机关追缴欠缴的税款的，由税务机关追缴欠缴的税款、滞纳金，并处欠缴税款百分之五十以上五倍以下的罚款；致使税务机关无法追缴欠缴的税款，数额在一万元以上的，依法追究刑事责任[②]。

纳税人欠缴应纳税款，采取转移或者隐匿财产的手段，致使税务机关无法追缴欠缴的税款，数额在一万元以上不满十万元的，处三年以下有期徒刑或者拘役，并处或者单处欠缴税款一倍以上五倍以下罚金；数额在十万元以上的，处三年以上七年以下有期徒刑，并处欠缴税款一倍以上五倍以下罚金[③]。

3. 关于骗税的处理

以假报其他欺骗手段，骗取国家出口退税款的，由税务机关追缴其骗取的退税款，并处骗取税款一倍以上五倍以下的罚款；数额在五万元以上的，依法追究刑事责任。对骗取国家出口退税款的，税务机关可以在规定期间内停止为其办理出口退税[④]。

以假报出口或者其他欺骗手段，骗取国家出口退税款，数额较大的，处五年以下有期徒刑或者拘役，并处骗取税款一倍以上五倍以下罚金；数额巨大或者有其他严重情节的，处五年以上十年以下有期徒刑，并处骗取税款一倍以上五倍以下罚金；数额特别巨大或者有其他特别严重情节的，处十年以上有期徒刑或者无期徒刑，并处骗取税款一倍以上五倍以下罚金或者没收财产。纳税人缴纳税款后，采取前述规定的欺骗方法，骗取所缴纳的税款的，依照《刑法》第二百零一条的规定定罪处罚；骗取税款超过所缴纳的税款部分，依照前述的规定处罚[⑤]。

虚开增值税专用发票或者虚开用于骗取出口退税、抵扣税款的其他发票的，处三年以下有期徒刑或者拘役，并处二万元以上二十万元以下罚金；虚开的税款数额较大或者有其他严重情节的，处三年以上十年以下有期徒刑，并处五万元以上五十万元以下罚金；虚开的税款数额巨大或者有其他特别严重情节的，处十年以上有期徒刑或者无期徒刑，并处五万元以上五十万元以下罚金或者没收财产。单位犯本条规定之罪的，对单位判处罚金，并对其直接负责的主管人员和其他直接责任人员，处三年以下有期徒刑或者拘役；虚开的税款数额较大或者有其他严重情节的，处三年以上十年以下有期徒刑；虚开的税款数额巨大或者有其他特别严重情节的，处十年以上有期徒刑或者无期徒刑。虚开增值税专用发票或者虚开用于骗取出口退税、抵扣税款的其他发票，是指有为他人虚开、为自己虚开、让他人为自己虚开、介绍他人虚开行为之一的[⑥]。

4. 关于抗税的处理

以暴力、威胁方法拒不缴纳税款的，是抗税（tax resistance），除由税务机关追缴其拒缴的税款、滞纳金外，依法追究刑事责任。情节轻微，未构成犯罪的，由税务机关追缴其拒缴的税款、滞纳金，并处拒缴税款一倍以上五倍以下的罚款[⑦]；构成犯罪的，处三年以下有期徒刑或者拘役，并处拒缴税款一倍以上五倍以下罚金；情节严重的，处三年以上七年以下有期徒刑，并处拒缴税款一倍以上五倍以下罚金[⑧]。

以暴力、威胁方法拒不缴纳税款，涉嫌下列情形之一的，应予立案追诉：①造成税务工作人员轻微伤

[①]《税收征管法》，第六十九条。
[②]《税收征管法》，第六十五条；《最高人民检察院 公安部关于公安机关管辖的刑事案件立案追诉标准的规定》，第五十九条。
[③]《刑法》，第二百零三条。
[④]《税收征管法》，第六十六条；《最高人民检察院 公安部关于公安机关管辖的刑事案件立案追诉标准的规定》，第六十条。
[⑤]《刑法》，第二百零四条。
[⑥]《刑法》，第二百零五条。
[⑦]《税收征管法》，第六十七条。
[⑧]《刑法》，第二百零二条。

以上的；②以给税务工作人员及其亲友的生命、健康、财产等造成损害为威胁，抗拒缴纳税款的；③聚众抗拒缴纳税款的；④以其他暴力、威胁方法拒不缴纳税款的①。

（五）对金融机构不履行护税协税义务的处理

银行和其他金融机构未依照税收征管法的规定在从事生产、经营的纳税人的账户中登录税务登记证件号码，或者未按规定在税务登记证件中登录从事生产、经营的纳税人的账户账号的，由税务机关责令其限期改正，处2000元以上2万元以下的罚款；情节严重的，处2万元以上5万元以下的罚款②。

纳税人、扣缴义务人的开户银行或者其他金融机构拒绝接受税务机关依法检查纳税人、扣缴义务人存款账户，或者拒绝执行税务机关作出的冻结存款或者扣缴税款的决定，或者在接到税务机关的书面通知后帮助纳税人、扣缴义务人转移存款，造成税款流失的，由税务机关处十万元以上五十万元以下的罚款，对直接负责的主管人员和其他直接责任人员处一千元以上一万元以下的罚款③。

为纳税人、扣缴义务人非法提供银行账户、发票、证明或者其他方便，导致未缴、少缴税款或者骗取国家出口退税款的，税务机关除没收其违法所得外，可以处未缴、少缴或者骗取的税款1倍以下的罚款④。

（六）行政处罚的权限、解库及时限

《税收征管法》所规定的行政处罚，罚款额在二千元以下的，可以由税务所决定⑤。税务机关和司法机关的涉税罚没收入，应当按照税款入库预算级次上缴国库⑥。税务机关对纳税人、扣缴义务人及其他当事人处以罚款或者没收违法所得时，应当开付罚没凭证；未开付罚没凭证的，纳税人、扣缴义务人以及其他当事人有权拒绝给付⑦。违反税收法律、行政法规应当给予行政处罚的行为，在五年内未被发现的，不再给予行政处罚⑧。

（七）对税务机关、税务人员违反规定的处理

税务机关违反规定擅自改变税收征收管理范围和税款入库预算级次的，责令限期改正，对直接负责的主管人员和其他直接责任人员依法给予降级或者撤职的行政处分⑨。违反法律、行政法规的规定提前征收、延缓征收或者摊派税款的，由其上级机关或者行政监察机关责令改正，对直接负责的主管人员和其他直接责任人员依法给予行政处分⑩。违反法律、行政法规的规定，擅自作出税收的开征、停征或者减税、免税、退税、补税以及其他同税收法律、行政法规相抵触的决定的，除依照《税收征管法》规定撤销其擅自作出的决定外，补征应征未征税款，退还不应征收而征收的税款，并由上级机关追究直接负责的主管人员和其他直接责任人员的行政责任；构成犯罪的，依法追究刑事责任⑪。

税务人员与纳税人、扣缴义务人勾结，有唆使或者协助纳税人、扣缴义务人偷税、逃避追缴欠税、骗取

---

① 《最高人民检察院 公安部关于公安机关管辖的刑事案件立案追诉标准的规定》，第五十三条。
② 《税收征管法实施细则》，第九十二条。
③ 《税收征管法》，第七十三条。
④ 《税收征管法实施细则》，第九十三条。
⑤ 《税收征管法》，第七十四条。
⑥ 《税收征管法》，第七十五条。
⑦ 《税收征管法实施细则》，第九十九条。
⑧ 《税收征管法》，第八十六条。
⑨ 《税收征管法》，第七十六条。
⑩ 《税收征管法》，第八十三条。
⑪ 《税收征管法》，第八十四条。

出口退税的行为，构成犯罪的，依法追究刑事责任；尚不构成犯罪的，依法给予行政处分[①]。税务人员利用职务上的便利，收受或者索取纳税人、扣缴义务人财物或者谋取其他不正当利益，构成犯罪的，依法追究刑事责任；尚不构成犯罪的，依法给予行政处分[②]。税务人员徇私舞弊或者玩忽职守，不征或者少征应征税款，致使国家税收遭受重大损失，构成犯罪的，依法追究刑事责任；尚不构成犯罪的，依法给予行政处分[③]。税务人员徇私舞弊，对依法应当移交司法机关追究刑事责任的不移交，情节严重的，依法追究刑事责任[④]。

未经税务机关依法委托征收税款的，责令退还收取的财物，依法给予行政处分或者行政处罚；致使他人合法权益受到损失的，依法承担赔偿责任；构成犯罪的，依法追究刑事责任[⑤]。税务机关、税务人员查封、扣押纳税人个人及其所扶养家属维持生活必需的住房和用品的，责令退还，依法给予行政处分；构成犯罪的，依法追究刑事责任[⑥]。税务人员私分扣押、查封的商品、货物或者其他财产，情节严重，构成犯罪的，依法追究刑事责任；尚不构成犯罪的，依法给予行政处分[⑦]。税务人员滥用职权，故意刁难纳税人、扣缴义务人的，调离税收工作岗位，并依法给予行政处分。税务人员违反法律、行政法规的规定，故意高估或者低估农业税计税产量，致使多征或者少征税款，侵犯农民合法权益或者损害国家利益，构成犯罪的，依法追究刑事责任；尚不构成犯罪的，依法给予行政处分。税务人员对控告、检举税收违法违纪行为的纳税人、扣缴义务人以及其他检举人进行打击报复的，依法给予行政处分；构成犯罪的，依法追究刑事责任[②]。未按照《税收征管法》规定为纳税人、扣缴义务人、检举人保密的，对直接负责的主管人员和其他直接责任人员，由所在单位或者有关单位依法给予行政处分[⑧]。

税务代理人违反税收法律、行政法规，造成纳税人未缴或者少缴税款的，除由纳税人缴纳或者补缴应纳税款、滞纳金外，对税务代理人处纳税人未缴或者少缴税款50%以上3倍以下的罚款[⑨]。

八、税务救济制度

行政复议机关受理申请人对税务机关下列具体行政行为不服提出的行政复议申请[⑩]。①征税行为；②行政许可、行政审批行为；③发票管理行为，包括发售、收缴、代开发票等；④税收保全措施、强制执行措施；⑤行政处罚行为：罚款、没收财物和违法所得、停止出口退税权；⑥不依法履行下列职责的行为：颁发税务登记，开具、出具完税凭证、外出经营活动税收管理证明，行政赔偿，行政奖励，其他不依法履行职责的行为；⑦资格认定行为；⑧不依法确认纳税担保行为；⑨政府信息公开工作中的具体行政行为；⑩纳税信用等级评定行为；⑪通知出入境管理机关阻止出境行为；⑫其他具体行政行为。

纳税人、扣缴义务人、纳税担保人同税务机关在纳税上发生争议时，必须先依照税务机关的纳税决定缴纳或者解缴税款及滞纳金或者提供相应的担保，然后可以依法申请行政复议；对行政复议决定不服的，可以依法向人民法院起诉。征税行为，包括确认纳税主体、征税对象、征税范围、减税、免税、退税、抵扣税款、适用税率、计税依据、纳税环节、纳税期限、纳税地点和税款征收方式等具体行政行为，征收税款、加收滞纳金，扣缴义务人、受税务机关委托的单位和个人作出的代扣代缴、代收代缴、代征行为等[⑪]。

当事人对税务机关的处罚决定、强制执行措施或者税收保全措施等不服的，可以依法申请行政复议，也可以依法向人民法院起诉。

---

① 《税收征管法》，第八十条。
② 《税收征管法》，第八十一条。
③ 《税收征管法》，第八十二条。
④ 《税收征管法》，第七十七条。
⑤ 《税收征管法》，第七十八条。
⑥ 《税收征管法》，第七十九条。
⑦ 《税收征管法实施细则》，第九十七条。
⑧ 《税收征管法》，第八十七条。
⑨ 《税收征管法实施细则》，第九十八条。
⑩ 《税务行政复议规则》，第十四条。

当事人对税务机关的处罚决定逾期不申请行政复议也不向人民法院起诉、又不履行的，作出处罚决定的税务机关可以采取强制执行措施，或者申请人民法院强制执行[①]。

第二节 税收征管模式改革

一、税收征管模式的演变

中国税收征管模式经历了几次重大改革，大致可以概括为五种模式，其一是专户管理模式；其二是征管查分离模式；其三是自行申报、集中征收、重点稽查模式；其四是自行申报、集中征收、重点稽查、强化管理模式；其五是税收风险管理（tax risk management）模式。

（一）专户管理模式

专户管理模式（tax special administrator model）是新中国成立以后长期实行的一种税收征管模式。这一模式的主要特征是"一人进厂、各税统管"。从征管的组织形式来看，这一模式表现为征管查不分、一人负责。税务机关和税收工作岗位是按所辖纳税人的所有制性质、行业或地段等因素来设置，税务人员的配备则是根据纳税户规模的大小和税收工作的繁简而定，税务人员对纳税户实行专人专责管理，由专管员承担税务登记、纳税鉴定、纳税申报、税款征收、纳税检查、违章处理等税收征管的全过程。对生产规模大、生产工艺流程多、税款计算复杂的重点税源，企业往往由税务机关向纳税企业派驻固定的税务人员驻厂征收，对其他企业则采取按行业或地段设岗定员进行管理，一个专管员负责多家纳税户的税款征收和管理工作，街道企业、乡镇企业、个体工商户以及农村纳税人一般实行划片管理，指派专管员按地段对纳税户进行征收、管理、检查。专户管理模式能够长期被采纳同这一模式本身具有的优点分不开。专户管理模式有利于搞好税企关系，企业的纳税申报、纳税鉴定、税款征收都有专管员直接指导，专管员可以及时将国家税收政策的变动情况通知企业，专管员长期负责特定纳税户的税务管理工作，对所管纳税户的生产经营情况也比较熟悉，加之实行各税统管，可利用流转税与所得税等税之间的内在联系进行管理监督，对单户企业的税源控管较为有效。专户管理模式下，由于税务管理人员的管理对象相对固定，管理范围稳定，税务管理任务可以落实到人，专管员的责任明确，征管中不会出现推诿现象。但是，专户管理模式也有其明显的缺陷。首先，集征管查于专管员一身，权力过分集中，容易滋生腐败违纪现象，"人情税""关系税"难以避免；其次，专管员征管水平良莠不齐，征管责任心也不一样，税收征管质量与具体管户的专管员直接相关，加之一个专管员往往管理数户甚至几十户企业，工作难免顾此失彼，难以查深查透，影响征管质量；最后，专户管理模式下上门收税方式也是对征纳双方权利义务关系的扭曲，使纳税人在征纳关系中处于被动地位，不利于促进纳税人自觉主动地履行纳税义务，不利于良好的纳税秩序的形成。为了适应经济形势和税制发展的需要，国家税务总局于1988年在"三省一市"（包括吉林省、湖北省、河北省和武汉市）开展征管查分离试点工作，并在总结经验的基础上从1991年起在全国推行征管改革。

（二）征管查分离模式

征管查分离模式（collection, management, inspection model）有"三分离"与"两分离"之别。"三分离"是指在省以下税务机关实行征管查三分离，设置若干个税款征收、纳税管理、税务稽查等不同的科室机构，分别形成征收系列、管理系列和检查系列，征收系列主要负责受理纳税申报、入库税款工作，管理系列主要负责办理税务登记、纳税辅导、税法宣传、督促申报等工作，检查系列主要负责纳税检查、违章

[①]《税收征管法》，第八十八条。

处理。"两分离"则是实行征收管理与纳税检查相分离。征管查分离模式的实质是实行分权管理,一方面税务人员的权力得到削弱,另一方面,引进权力制衡机制,形成内部制度化的制约机制,征收系列、管理系列、检查系列之间具有牵制监督作用,因而这一模式最明显的成效在于促进了税务机关的廉政建设。征管查分离模式提高了征管专业化、规范化程度。这一模式改变了专户管理模式下税务人员上门收税、催税、办税的做法,改为由纳税人主动办理纳税事宜,税务部门建立健全征管制度和工作规程,征收、管理、检查三个系列均有各自的职责范围,通过标准化作业,加强了专业管理与协作能力,有利于提高税收管理的总体水平。但是,在实践中,征管查分离模式也暴露了一些问题。不少地方在改革中存在分离绝对化的倾向,企图彻底划分征管查的工作界限,将所有的征管工作分项列举归入不同的系列,客观上存在一些交叉和共同承担的工作项目,导致各系列之间推诿,有些工作相互脱节,给偷逃税款提供了可乘之机,漏征漏管现象明显增多,征管质量有所降低。与此同时,征管查分离后,不同部门均指派人员对企业进行检查,造成多头管理局面,税务人员对企业的干预过于频繁,而且,新模式运行之初,一些地方服务质量没有及时跟上,办税窗口过少,甚至出现排长队缴税的现象,增加了纳税人的不便。征管查分离的大方向是正确的,但具体的操作细节需要改革完善。

（三）自行申报、集中征收、重点稽查模式

为了解决征管查分离模式存在的问题,建立与 1994 年税制改革后建立的新税制相适应的税收征管模式,国家税务总局确定从 1997 年开始在全国范围逐步推行新的税收征管模式,即建立"以申报纳税和优化服务为基础,以计算机网络为依托,集中征收,重点稽查"的"30 字"征管模式。应该说,这一模式本质上仍是征管查分离模式,是在原有征管查分离模式基础上的进一步规范与完善。新征管模式明确了纳税人自行申报纳税的基础地位,彻底取消了专管员管户制度,要求纳税人按照税法的规定自行或委托他人填写纳税申报表,申报缴纳税款;税务部门的服务意识明显增强,办税大厅不仅公布税收政策法规,而且提供许多方便纳税人办税的服务设施,税务部门的机关衙门作风得到明显改观;强化了现代信息技术对税收征管的保障作用,明确提出以计算机网络为依托,各级税务机关均购置了大量的计算机,通过开发计算机应用软件,计算机被运用于税务登记、发票出售、受理申报、稽查选案、检查审理等税收管理全过程;普遍设立办税大厅,规范办税流程,将税务登记、纳税申报、税款缴纳、税务咨询、发票领购等事宜集中在办税大厅受理,方便纳税人办税;建立人工和计算机相结合的稽查体系,重新组建税务稽查机构,把税务稽查作为税收工作的重中之重,配备了更多的人员,并在稽查体系内部按照选案、检查、审理、执行等职能建立分工制约机制。

（四）自行申报、集中征收、重点稽查、强化管理模式

2001 年 11 月,国家税务总局提出新一轮征管改革,构建信息化支持下的专业税收征管新格局,征管模式具有"专业化、集约化、规范化、信息化"的特征,强调要把加强税源管理摆到更加突出的位置。为了解决"疏于管理、淡化责任"的问题,2003 年国家税务总局提出"促进征管查相协调,专业化与信息化相结合,全面强化管理",在原征管模式末尾加上"强化管理",形成了"34 字"税收征管模式,即"以申报纳税和优化服务为基础,以计算机网络为依托,集中征收,重点稽查,强化管理"。

"34 字"税收征管模式提出后,税收征管实践中特别强调税源管理,注重针对征管薄弱环节,采取有效措施,堵塞征管漏洞。一是建立了税收管理员制度。澄清税收管理员不能下户的错误认识,提出正确处理管户与管事的关系。税收管理员的主要职责是按片完成纳税户的税源管理工作,包括案头管理、咨询服务以及必要的实地了解情况和检查等工作,掌握税源的状况、税源变化的趋势,分析纳税申报的真实性。税收管理员不管税款征收,不由个人决定减免税和处罚。税收管理员要充分利用各种信息资料,加强分析评估,有针对性地下户了解情况和进行必要的检查。二是进一步明确了日常检查与税务稽查的分工。进行

日常检查要有计划性，与稽查部门协调，避免重复下户。三是强化纳税评估，先是在县局税源管理科增加纳税评估职能，现行的做法则是在县局设立专门的纳税评估科。现行税收征管模式实行专业化分工，征收、管理、评估、稽查、法制五分离，稽查内部又实行选案、检查、审理、执行四分离，虽然有利于部门之间分权制衡，但由于分工过细，税务行政效率可能会受到影响。

（五）税收风险管理模式

税收风险管理（tax risk management）模式是近几年各国积极探索的新型税收征管模式，以应对当前日益复杂的经济社会发展形式，降低税收风险，防止税收流失，保障财政收入。2011年4月，国家税务总局印发的《"十二五"时期税收发展规划纲要》提出"实施税收风险管理"。随后，我国税务机关积极探索"以明晰征纳双方权利和义务为前提、以风险管理为导向、以专业化管理为基础、以重点税源管理为着力点、以信息化为支撑"的现代化税收征管体系。具体而言，2014年7月，国家税务总局决定在全国税务系统推广税收风险管理系统，全面开展税收风险管理工作，提升征管质效。2016年4月，《国家税务总局关于进一步加强税收风险管理工作的通知》（税总发〔2016〕54号），进一步明确了税务机关风险管理工作的职责和定位，通过加强税收风险管理，对纳税人实施差别化精准管理，对暂未发现风险的纳税人不打扰，对低风险纳税人予以提醒辅导，对中高风险纳税人重点监管。2019年12月，我国成立了国家税务总局税收大数据和风险管理局，主要负责指导全国税收大数据和风险管理相关工作。2021年3月，中共中央办公厅、国务院办公厅印发的《关于进一步深化税收征管改革的意见》提出"到2023年，基本建成'无风险不打扰、有违法要追究、全过程强智控'的税务执法新体系"的目标；加强重点领域风险防控和监管，根据税收风险适当提高"双随机、一公开"抽查比例。

税收风险管理作为一种现代管理理念、方式，是促进企业税收遵从、防控税收流失风险的有效举措，也是税收征管现代化的重要内容。据统计，2019年全国税务机关通过风险管理系统推送风险纳税人336.5万户次，合计入库2168.96亿元，约占当年全国税收收入的1.4%[①]。具体而言，第一，税收风险管理有利于提高税收管理的公平性。纳税人通常希望税收管理更加公平、透明、高效。其中，这里的公平不仅是税收法律和制度的公平，还包括税务机关对不同纳税人采取不同的应对措施，即对纳税人实施分级分类管理。第二，税收风险管理有利于提高税收征管效率。运用风险管理的理念和方法，依托现代信息技术，将有限的征管资源配置于税收风险或税收集中度高的纳税人，加强管理的针对性，提高工作效率。对政府来说，可以最小的税收成本实现税收收入。第三，税收风险管理有利于提高税收征管的科学性。税收风险管理需要依托于大数据，通过技术分析让数据说话，大数据与现代信息技术的结合为税收风险管理提供助力。目前，各地税务机关充分利用大数据，构建税收风险预测指标和模型，来识别纳税人的纳税风险，极大地提高了税收征管的科学性。然而，我国的税收风险管理仍处于起步阶段，存在事后管理时效性差、风险分析不完善、数据管理机制不健全、内部管理不科学等问题，影响税收风险管理工作的质效（崔宏，2022）。

二、选择税收征管模式的原则

（一）强化专业化管理原则

在中国今后相当长的历史时期内，将实行以流转税为主体的税制模式，管理的对象以企业纳税人为主特别是以大中型企业为主，这些企业规模大，职工多，生产过程复杂，大多数企业产品种类繁多，财务制度健全但比较复杂，不论是日常管理还是重点稽查，只有当税务人员非常熟悉企业状况，成为行家时，才能全面了解纳税人的深层次的情况，掌握足够的、准确的、及时的信息，使管理行动有的放矢，避免盲目性。不了解纳税人的生产经营和财务活动的全过程，就不可能查到其实质性的问题，而只能发现一些次要

[①] 资料来源：《中国税务年鉴2020》。

的、表面的违规事件。要管好这些企业，必须按照行业的特点，实行专业化管理，就是要安排相对固定的专职税务干部按行业性质，实行长期跟踪监督。把一些大中型企业的税收管好了，也就抓住了最主要的税源，抓住了税收工作的主要矛盾。无论征管模式如何改变，专业化管理都必须强化，而不能削弱。所有的人管理或稽查所有的行业，是达不到目的的。

（二）信息全面准确原则

任何有效的管理都必须建立在全面准确的信息基础之上。新的征管模式以计算机为依托，就是将计算机作为信息处理的基本手段。这种依托的可靠性取决于信息采集的全面性和准确性。如果计算机信息系统中的信息不完整、不准确，那么计算机就不能起到依托作用，就不能节约时间和减轻劳动量，反而会造成巨大的投资浪费、时间及人力浪费。因为数据不准确，要么信息系统实际上无法提供有用的管理信息，要么在以后使用数据时需要逐次进行数据准确性的甄别、选择，耗费巨大的人力、物力和时间。确保计算机信息系统中的信息全面准确，在数据采集时就确保数据准确性，是今后征管改革的基础性工作。

（三）优化服务原则

纳税人有按法律履行纳税的义务，同时也依法享有各种权利。这些权利包括纳税人对税法规章的知情权，对征税程序的了解权，对税务工作人员怠慢、越权、违规的揭发权、检举权、投诉权直至诉讼权等。只有在纳税人的权利得到充分保障和尊重的前提下，纳税人自觉履行纳税义务的积极性才会提高，普遍纳税意识才会增强。应该说权利享有越充分、履行义务的积极性也会越高。纳税人现有的各种权利，在很大程度上要通过税务机关对纳税人的优质服务来实现。在与纳税人关系上，要打破领导与被领导的旧观念，树立服务与被服务的新观念。优化对纳税人的服务是建立良好的征纳关系和税收环境的重要方面。搞好对纳税人的服务也是依法治税和实现国家税收政策目标的需要。只有让纳税人全面准确及时了解了税法规章和办税程序，纳税人依法纳税才有了基本前提。也只有让纳税人懂得国家的税收政策，纳税人才能依政策而变化生产经营活动，从而实现政策目标。因此，征管改革要致力于税收服务质量和水平的提高。纳税方式的选择要以便利纳税人为出发点，不要使纳税人感到繁难，务必减少纳税人的额外负担。

（四）精简高效原则

在机构设置和人员配备上，要按照管理学的基本要求，合理配置人力资源，分工协作、相互制约。建立岗位职责明确、相互制约的岗责体系。各个岗位的职责要明确，同一业务的不同环节，根据需要分别设置不同的岗位，以保证岗位间的相互制约。建立岗位之间的协作机制。在此基础上推行综合岗位，一人多岗。对面向纳税人的岗位，推行综合岗位，同时处理多种业务，方便纳税人。实行综合岗位后，用较少的人员就可以提供与原来相同质量的服务。

三、深化征管改革应正确处理好几个主要关系

（一）正确处理改革与稳定的关系

征收管理的目的是贯彻执行税法和规章，征管有效的主要标志是税法或规章与实际的税款征收尽量一致，税法是否得到完全准确的实行是衡量征管改革成败和效率高低的主要标志。中国征管改革的基本目标是要建立一种良性循环的税收征管运行机制，用尽量低的征收成本和纳税人奉行成本，促使纳税人提高遵从税法的程度，使税法规定与实际运行结果尽可能一致，把偷逃税情况降到最低程度。进一步深化税收征

管改革既要朝着这一基本目标积极迈进，又要考虑现在已经取得的改革成果，在巩固的基础上逐步完善，这就要求我们既坚持面向未来、积极改革的原则，又坚持立足现实、相对稳定的原则。

过去税务机关工作人员的职权缺乏有效的监督和限制，执法过程不够严谨，依情依权而不依法，难以实现税法面前人人平等，这是旧征管模式的最大弊端。建立"以申报纳税和优化服务为基础，以计算机网络为依托，集中征收，重点稽查，强化管理"的税收征管模式，以规范的税收专业化分工管事制度代替专管员管户制度，形成有效的权力制约机制，从而为依法治税和实现征管目标奠定重要基础，这是中国征管改革取得的最重要成果，有着根本性的意义。征管改革是一项复杂的系统工程，对外涉及广大纳税人，对内事关所有税务人员，一项模式一旦确定，应当在一段时间内保持相对稳定，不可朝令夕改，要避免因模式变动过于频繁而造成税务人员人心不稳、纳税企业无所适从的问题。对征管模式运行中存在的问题，不能视而不见，但要全面分析问题的表现及原因，在采取措施加以改革时，从全局出发，实事求是，立足当前，面向未来，逐步解决，而不是推倒重建。

（二）正确处理分工与协作的关系

在深化征管改革的过程中，要按照管理学的基本要求，合理配置人力资源，分工协作、相互制约。各个岗位的职责要明确，同一业务的不同环节应根据需要分别设置不同的岗位，以保证岗位间的相互制约。与此同时要建立岗位之间的协作机制，面向纳税人的岗位可推行综合岗位，一人多岗，同时处理多种业务，方便纳税人。实行综合岗位后，用较少的人员就可以提供与原来相同质量的服务。在机构设置和人员配备上，应当遵循精简高效的原则，可以将目前征收环节和管理环节不需要下户调查、只是受理服务的窗口业务归并合一，在办税服务厅设立六大类型服务与管理窗口，受理税务登记、申报征收、发票管理、违章处理、政策咨询以及其他涉税事项。每一类型的窗口不过于细分具体的办事环节，但应根据该类业务工作量大小合理设置多个服务岗位，既有建立在分工基础上的责任制，又有在遇到集中办税事项时统一指挥、协同作战的灵活性，避免出现税务人员忙闲不均和纳税人用较长时间排队办税的现象。

（三）正确处理管户与管事、管税的关系

税源监控作为全部税收管理工作的起点和基础，贯穿于税收征管工作的全过程。不能及时准确地掌握税源的规模和分布情况，不能及时掌握纳税人经营情况、经营方式、核算方式和税源变化情况，我们的征管工作就会陷于极大的盲目性。如何强化事前管理，变被动收税为主动管税，使管税人员自觉加强对纳税户纳税情况的跟踪管理，及时了解企业经营变动情况和纳税情况，在纳税出现异常情况后及时开展情况调查和催报催缴，是税务部门长期需要解决的问题。税源的控管与日常稽查既要注意信息的衔接，也要注意分散稽查权力，发挥制约机制，实现分工制衡，同时也要注意工作轮换，避免重蹈专管员固定管户的老路。

（四）正确处理计算机使用与发挥管理主体的主动性之间的关系

任何有效的管理都必须建立在全面准确的信息基础之上。现行征管模式以计算机为依托，就是将计算机作为信息处理的基本手段。这种依托的可靠性取决于信息采集的全面性和准确性，这也是今后征管改革的基础性工作。计算机的采用及其网络化对提高税收管理的速度和质量有重要作用，这毫无异议。但不少发展中国家的税收征管改革实践证明，重视计算机运用的同时，还必须重视发挥管理人员的主动性，解决信息不准确、不完整问题。要从技术上设计出能"原汁原味"地、快速准确地录入纳税人申报资料的办法，尽量不采用人工输入的方法进行数据采集。目前涉及全部纳税人的数据主要有申报信息、财务报表信息、发票购买与使用、抵扣方面的信息，要尽量减少人工采集数据的分量。就申报信息来讲，可以采用多种方式进行数据采集，对小规模纳税人的增值税申报或其他只需要申报较少数据项的税种，可

以采用电话申报的方式；对需要输入较多数据项的申报，可以采用互联网申报，也可以由税务局开发简单的输入程序，让纳税人在自己的计算机中输入相应的数据，再使用申报软盘的方式申报，或者采用机械化的数据采集方法进行数据采集，如采用光电扫描识别的方法或公布各税种的申报数据格式，要求纳税人按照统一格式申报电子数据文件。与此同时，建立必要的事后复核制度，确保数据准确性。与税款有关的业务均应进入税收会计核算体系中，税款的入库要与国库对账，要定期与纳税人进行有关应征税款、入库税款等内容的对账。

（五）正确处理纳税人主动申报与加强税收稽查的关系

纳税人自觉主动地在集中地点申报是征管改革的最大成效，这一做法应当坚持。但如果缺少通过有效的日常检查和重点稽查形成的核实机制，受经济利益驱动，纳税人自己申报的资料很难做到准确。在以纳税人自行申报纳税为基础的模式下，以查促管是保证纳税人足额申报的重要手段，税务稽查始终都是税收工作的重中之重。在征收、管理环节加强对税源的控管后，征管基础资料准确性、完整性的提高为稽查准确选案创造了条件，稽查的重点应转到日常稽查上来。为了更好地发挥税务稽查以查促管的威慑作用，应加大重点税源的稽查力度，对一般纳税企业应根据管理和征管环节有关信息资料进行选案稽查。为了提高稽查的质量，需要对税务稽查工作进行专业化分工，安排一个人或一个小组长期面对某一行业或地段的纳税企业，使税务稽查人员成为某一类纳税企业的查账行家，全面了解纳税人的深层次问题，掌握足够的、准确的、及时的信息，使税务稽查行动有的放矢，避免稽查的盲目性。

（六）正确处理纳税人权利与义务的关系

为了帮助纳税人更好地维护权利和履行义务，国家税务总局专门发文对税收征管法等法规有关纳税人的权利与义务进行了梳理，其中，纳税人权利有十四项、纳税人义务有十项[①]。

纳税人十四项权利包括：①知情权；②保密权；③税收监督权；④纳税申报方式选择权；⑤申请延期申报权；⑥申请延期缴纳税款权；⑦申请退还多缴税款权；⑧依法享受税收优惠权；⑨委托税务代理权；⑩陈述与申辩权；⑪对未出示税务检查证和税务检查通知书的拒绝检查权；⑫税收法律救济权；⑬依法要求听证的权利；⑭索取有关税收凭证的权利。

纳税人十项义务包括：①依法进行税务登记的义务；②依法设置账簿、保管账簿和有关资料以及依法开具、使用、取得和保管发票的义务；③财务会计制度和会计核算软件备案的义务；④按照规定安装、使用税控装置的义务；⑤按时、如实申报的义务；⑥按时缴纳税款的义务；⑦代扣、代收税款的义务；⑧接受依法检查的义务；⑨及时提供信息的义务；⑩报告其他涉税信息的义务。

权利和义务是相辅相成、缺一不可的。没有无义务的权利，也没有无权利的义务。纳税人具有自觉主动地遵循税法、依法纳税的义务，同时也享有法规所赋予的各项权利。依法落实纳税人的权利与义务任重而道远。

四、税收征管实践的新探索

（一）税收管理信息化

税收管理信息化（informationization of tax management）以金税工程（golden tax project）建设为标志。金税工程是国家电子政务"十二金"工程之一，从1994年上半年到2001年上半年，先后经历了一期和二期建设阶段，有效地堵塞了增值税专用发票管理中存在的漏洞。2008年9月，金税三期工程正式启动；2013年

[①] 国家税务总局，《关于纳税人权利与义务的公告》，2009年第1号。

2月起，金税三期工程先后在重庆、山东、山西、广东、河南、内蒙古6个省、自治区、直辖市级税务局先行试点；2016年在全国推广。

金税三期工程简而言之，就是"一个平台，两级处理，三个覆盖，四个系统"。"一个平台"是指包含网络硬件和基础软件的统一的技术基础平台；"两级处理"是指依托统一的技术平台，逐步实现税务系统的数据信息在总局和省局集中处理；"三个覆盖"是指应用内容逐步覆盖所有税种，覆盖税收工作的主要工作环节，覆盖各级税务机关，并与有关部门联网；"四个系统"是指包括征收管理、外部信息、决策支持和行政管理等系统。金税三期工程覆盖了所有税种、所有环节，极大地提高了税务机关的税收征管能力。

金税三期工程系统地融合了税收征管变革和技术创新，统一了全国税务征管应用系统版本，搭建了统一的纳税服务平台，实现了全国税收数据大集中，对于进一步规范全国税收执法、优化纳税服务、实现"降低税务机关征纳成本和执法风险，提高纳税人遵从度和满意度"的税收征管改革目标具有重要意义。

美国学者诺兰（Nolan）于1979年将组织信息化发展过程划分为初始、普及、控制、集成、数据管理、成熟六个阶段，又称为"诺兰模型"。对比分析发现，我国税收征管信息化正处于数据管理阶段。具体而言，随着大数据等信息技术的快速发展，税务机关意识到涉税信息作为征管工具的重要性，税收征管信息化进入大量涉税信息的获取、共享和分析的数据管理阶段。

（二）税收管理专业化

随着经济全球化和我国社会主义市场经济的发展，纳税人数量不断增多，企业的组织形式和经营方式呈现多样化，企业集团大量增加，经济主体跨国家、跨地区、跨行业相互渗透，企业核算的电子化、团队化、专业化水平不断提高，税源管理的复杂性、艰巨性、风险性不断加大，征纳双方信息不对称等矛盾日益突出，传统的由税收管理员属地管户、粗放的税源管理方式已难以适应新形势的要求，必须更新理念，探索税源专业化管理，提高征管质量和效率。为了借鉴国际税收管理先进理念和经验，探索适合我国实际的税源管理新途径，国家税务总局2010年率先在上海、江苏、安徽、河南、广东、青岛国税局和广东、山东地税局开展税源专业化管理试点工作，之后陆续在全国全面推行。

税源管理专业化的核心是实行分类分级管理。分类分级管理主要包括以下内容。①根据税源结构及其风险特点，按照纳税人规模（大企业、中小企业、个体工商户等）、行业，兼顾国际税收等特定业务，对税源进行科学分类。②根据税源科学分类和风险管理流程，将税源管理职责在不同层级、部门和岗位间进行科学分解、合理分工。③探索提升跨区域经营纳税人的管理层级。在坚持现行财税管理体制的基础上，将按照划片管户设立的税源管理机构，调整为按照规模、行业、特定业务等分类的税源管理机构，主要从事纳税评估。④科学界定税收管理员职责，改变税收管理员"分户到人，各事统管"的管理办法，设置日常管理、纳税评估等岗位，实施专业化管理。

税源分类分级管理的重点是专设大企业税收管理机构，加强大企业税收管理与服务。据统计，截至2014年OECD的34个成员中有29个成立了专门的大企业税收管理机构，全球有50多个国家和地区设立了大企业税收管理机构，主要有两种模式（中国税务学会税收学术研究委员会第三研究部，2015）。其一是全功能管理模式。大企业税收管理机构拥有对大企业税收征收管理的所有职能，包括纳税申报、税款征收、税务风险评估、执行欠税、税务检查和税务审计。美国、英国、荷兰、加拿大和澳大利亚等多数国家采用该模式。其二是有限功能管理模式。大企业税收管理机构只拥有部分征管职能，主要任务是为纳税人提供更好的服务。日本、法国和比利时等少数国家采用该模式。

为了规范大企业税收服务和管理工作，2008年国家税务总局专设大企业税收管理司，确定年纳税额500万元以上的企业为重点税源企业，将45户企业集团确定为大企业税收管理部门的定点联系企业。之后，省级税务部门也相应成立大企业税收管理机构，部分省区市将注册资本1000万元以上或年销售收入5亿元以上作为大企业核定标准，多数省区市则是以年纳税额为衡量标准。2011年7月，国家税务总局印发《大企业税收服务和管理规程（试行）》，提出大企业税收服务和管理工作，应以纳税人的需求为导向，提供针对性的纳税服务，以风险为导向，实施科学高效、统一规范的专业化管理，通过有效的遵从引导、遵从管控和遵从应对，防范和控制税务风险，提高税法遵从度，降低税收遵从成本。2012年国家税务总局大企业信息管理系统正式上线运行，开通了面向总局定点联系企业的外网服务功能，开发了业务交流、文件共享、电子数据采集、网络方式派发自查工具和任务包、涉税数据集中抽取等功能，信息化水平得到了系统性提高。

目前，各地大企业税收管理体制机制、业务体系和信息化建设情况差异较大，仍处于各自探索、分头试错阶段，尚未在全国范围内形成统一、固定的大企业税收管理模式。从税收实践来看，应当从服务与执法两方面着手构建大企业税收管理的业务体系（中国税务学会税收学术研究委员会第三研究部，2015），应当建立税企共同防范涉税风险的事前管理模式，试行事先裁定制度，企业在制定重大经营决策的过程中，考虑税收影响，并就涉税事项处理提前与税务机关达成共识，签订《税收遵从合作协议》，进一步明确税企的权利和义务边界，要求企业必须确立并有效运行税务风险内控体系，应当确立税务审计为大企业税收风险应对的主要手段，通过案头审计和现场审计两个环节，对税收风险较高的企业进行全面、系统的分析、审核和评价。

（三）税收管理科学化

近些年，国家税务总局以税收风险管理为抓手推进税收管理科学化（scientization of tax management）。税收风险管理贯穿于税收工作的全过程，是税务机关运用风险管理理论和方法，在全面分析纳税人税法遵从状况的基础上，针对纳税人不同类型、不同等级的税收风险，合理配置税收管理资源，通过风险提醒、纳税评估、税务审计、反避税调查、税务稽查等风险应对手段，防控税收风险，提高纳税人的税法遵从度，提升税务机关管理水平的税收管理活动。

税收风险管理是现代税收管理的先进理念和国际通行做法。目前具有权威性且较主流的税收风险管理流程主要有两种，分别是OECD于2004年发布的和欧盟于2006年发布的税收风险管理模型。这两种模型的基本流程和重点环节基本一致，都符合现代风险管理的一般原理，构成如下的风险管理模型：风险管理目标规划—信息搜集与管理—风险识别评定—风险等级排序—风险应对处理—风险管理绩效评价（山东省国家税务局和山东省税务学会联合课题组，2015）。

国家税务总局2014年9月印发《关于加强税收风险管理工作的意见》，借鉴国外税收风险管理经验，将税收风险管理的基本内容界定为：目标规划、信息收集、风险识别、等级排序、风险应对、过程监控和评价反馈，以及通过评价成果应用于规划目标的修订校正，从而形成良性互动、持续改进的管理闭环。具体内容如下。①制定目标规划。要结合税收形势和外部环境，确定税收风险管理工作重点、工作措施和实施步骤，形成系统性、全局性的战略规划和年度计划，统领和指导税收风险管理工作。②收集涉税信息。各级税务机关要落实信息管税的工作思路，将挖掘和利用好内外部涉税信息作为税收风险管理工作的基础。注重收集宏观经济信息、第三方涉税信息、企业财务信息、生产经营信息、纳税申报信息，整合不同应用系统信息。建立企业基础信息库，并定期予以更新。对于集团性大企业，还要注重收集集团总部信息。③开展风险识别。各级税务机关要建立覆盖税收征管全流程、各环节、各税种、各行业的风险识别指标体系、风险特征库和分析模型等风险分析工具。统筹安排风险识别工作，运用风险分析工具，对纳税人的涉税信息进行扫描、分析和识别，找出容易发生风险的领域、环节或纳税人群体，为税收风险管理提供精准指向和具体对象。④确定等级排序。要根据风险识别结果，建立风险纳税人库，按纳税人归集风险点，综合评定纳税人的风险分值，并进行等级排序，确定每个纳税人的风险等级。结合征管资源和专业人员的配置情况，按照风险等级由高到低合理确定需采取措施的应对任务数量。⑤组织风险应对。按纳税人区域、规模和特定事项等要素，合理确定风险应对层级和承办部门。风险应对过程中，可采取风险提醒、纳税评估、税务审计、反避税调查、税务稽查等差异化应对手段。风险应对任务应扎口管理并统一推送下达。⑥实施过程监控及评价反馈。要对税收风险管理全过程实施有效监控，建立健全考核评价机制，及时监控和通报各环节的运行情况，并对风险识别的科学性和针对性、风险等级排序的准确性、风险应对措施的有效性等进行效果评价。要将风险应对效果纳入绩效考核体系。加强对过程监控和评价结果的应用，优化识别指标和模型，完善管理措施，提出政策调整建议，实现持续改进。要全面归集分析税务总局定点联系企业税收风险的性质及成因，提出风险防控建议，反馈给企业集团。

从推行税收风险管理的税收实践来看，一些地方省、市、县三级税务部门都成立了税收风险管理领导小组和工作机构，税收风险管理工作已经有序开展，并取得初步成效，较好地解决了过去税收管理中存在的盲目性、随意性、低效性问题。然而，税收风险管理是新生事物，许多做法都还处于摸索阶段，推行初期也还存在一些值得研究探讨的问题，推行税收风险管理需要着力解决以下六个方面的问题。

其一，关于税收风险扎口管理问题。税收风险扎口管理引发出三个问题。一是风险协调配合问题。推行税收风险扎口管理后，日常风控工作主要是风控分局承担。由于风控分局与核查分局、稽查分局属于平行部门，工作中风控分局与核查分局、稽查分局协调难度较大，存在不同程度的应对推诿现象。二是防止淡化税源日常管理工作问题。税收风险管理与税源日常管理本来并不矛盾，然而，推行税收风险管理后，税源管理分局改为核查分局承担中等风险应对任务，核查分局可能忙于应对风险推送任务而无暇进行常规日常税源管理。三是风险管理的针对性有待加强问题。风险管理本应在识别风险的基础上进行有效应对，而目前税收风险扎口管理提出将税种管理、日常检查、专项检查纳入税收风险推送范围，缺乏风险识别环节，有风险管理之名而无风险管理之实，应避免"风险管理是个筐，什么都往里面装"。

其二，关于税收风险识别与推送分工问题。税收风险管理的一个核心环节是准确分析、识别税收风险，为基层税源管理部门进行有效管理和税务稽查部门进行精准稽查创造条件。按照总局的要求，省级局统一实施税收风险等级排序，统一下达税收风险应对任务，市县税务机关重点做好税收风险应对工作，必要时也可组织开展风险识别工作。之所以将税收风险识别职责主要界定为省级局工作职责，是因为税收风险识别技术含量高，应建立在税收信息数据共享、主要运用相关软件进行税收风险分析的基础上。省级局可以分析比对的税源数据比较全面，每个行业都有一定数量的企业可以进行税负比较，以省级局为主进行风险识别可以较好地比对相同行业不同企业的税负异常问题。因此，基层税务部门在税收风险管理中主要应承担风险管理中涉税信息数据的采集与录入，税收风险识别应主要以省、市级税务局运用统一的税收风险评估分析软件为主进行风险识别。从目前税收风险识别实践看，县局风控分局承担了主要的风险识别任务，在目前各地欠缺税收风险分析模型和软件的情况下，县局风险识别主要依靠人工比对分析，风险识别命中率不高，所推送风险任务的应对效果欠佳。即使开发了税收风险识别软件，由于一个县内同一行业企业户数有限，难以比较确认某户企业税负是否合理，影响风险识别效果。

其三，关于税收风险识别的技术手段问题。税收风险管理应当依托科技管税。从目前现状来看，推行税收风险管理后，各地虽然开发了一些税收风险模型、指标、管理软件，但各地发展不平衡、不统一。当前从事风险分析的人员主要通过人机结合，依靠经验判断来分析风险，分析风险的手段落后，分析风险的能力和水平有待提高。目前县级税务部门税收风险管理主要是县局运用税收征管数据与第三方涉税信息进行人工比对发现异常问题，在欠缺可供借鉴的风险分析模型与案例的情况下，分析的效率与准确性大打折扣。基层税务人员反映，税收风险管理虽然查补了一些税款，但核查应对人员对于查补税款缺乏"精准打击"的风控成就感，所发现的问题主要是目前纳税人带有普遍性的浅层次偷逃税问题，而通过风险控制识别并转化为税务稽查线索的却是寥寥无几。

其四，关于税收风险管理基础数据问题。风险识别的基础在于数据准备、数据采集，税收风险管理很大程度上是信息管税，运用第三方涉税信息与风险管理基础数据进行比对进而发现可能的税收遵从风险。近些年来各地开始尝试建立护税协税机制，促成政府牵头进行社会综合治税（social comprehensive tax management），构建第三方涉税信息交流平台，但从目前情况来看，还有一些问题亟待解决。一是征管基础信息数据采集问题。从实践来看，纳税服务部门采集的基础税源数据存在不规范、不全面的问题，财务报表不规范、不报报表或报表数据不真实问题较为突出,风险分析难度大。税源管理部门在采集所需数据时,面临是否需要进行实地走访的困扰,因为实地走访工作通常由归口管理部门负责,这导致工作上的矛盾。二是第三方涉税信息交流平台建设发展不平衡的问题。各地第三方涉税信息交流平台建设目前主要是以县为主建设,各地参与部门多少不一,获取的涉税信息指标不够统一,数据质量也参差不齐,存在第三方信息获取难、数据口径不一、跨县数据难以交流等问题,影响了涉税第三方信息数据的使用效果。三是部门配合问题。外部信息提交由于欠缺奖惩机制,支持配合的积极性不高,有的单位不报、漏报、少报、迟报的现象较为普遍,县政府对不报信息虽有停拨有关经费等措施,但收效甚微。四是涉税海量信息分析利用难。目前多数基层县局没有税收风险识别软件,只是人工对采集的数据进行简单的分析、比对,欠缺智能化分析,比对工作量太大,数据利用率不高。

其五,关于税收风险等级排序问题。排序推送是风险监控部门对风险识别环节识别出的风险进行量化,划分出不同的风险级别,分类推送到相关部门应对。推行税收风险管理后,各地试图以纳税人税法遵从度、税收风险性质和税收风险可能造成的后果为指标创建了税收风险等级排序方法,据以确定高中低税收风险等级,但由于目前没有明确的分级标准,分级不明确,实践中基层部门反映风险等级主观性强,难以找到科学准确的高中低风险等级划分标准,风险点的界定较为模糊,一般管理上的大部分问题列入中等风险,中等风险应对任务重。核查分局发现一些应由稽查部门处理的案件,但实践中很少移送。其实,税收风险等级排序是否需要过分精准量化也有待商榷。排序的目的是准确推送,而推送的应对部门只有三个,高风险推送给稽查分局、中风险移送给核查分局、低风险推送给办税服务大厅。按照税收风险等级划分标准规定,涉嫌偷逃骗税(tax fraud)的、预估不缴或少缴税款数额较大且其占应缴税款比例较大存在偷逃税可能的为高等风险;低等风险主要是指未按规定办理开业登记和变更登记、迟报迟缴、未按规定申报有关资料的情形;其他均为中等风险。低风险问题大多是显而易见的漏征漏管问题、迟报迟缴问题、发票违章问题、申报资料欠规范问题等常规税源管理问题,真正需要分级应对的是稽查选案和纳税评估选案,没有必要通过人为设定复杂的风险等级排序指标来进行排序,相反可以将涉及较大金额的偷逃税情况直接归类为高等级税收风险,并安排稽查分局稽查,其他情形则先由核查分局进行初步纳税评估,有复杂偷逃税情形则再移交稽查分局稽查。

其六,关于风险应对问题。目前风险应对较为突出的问题主要如下。一是核查分局风险应对任务过重。目前税收风险识别能力有限,难以发现明显偷逃税的直接线索,因此推送至税务稽查的案源相对较少,大量税收风险推送任务是税负异常需要约谈的中等税收风险,核查分局的风险应对任务特别重,这一方面导致日常税源管理工作无暇顾及,另一方面应对风险任务时也存在重数量、轻质量的问题。二是核查与稽查的分工协作需要进一步加强。核查应对中等风险除了查清一些简单的税收风险外,还担负着发现偷逃税线索的重要职责,某种程度上核查环节的主要工作是通过纳税评估移送稽查的案源。然而,实践中不论是原来的税源管理分局还是现在的核查分局,很多偷逃税问题并未深究,而是以纳税评估补税了结,将纳税评估作为查补税款的重要环节,纳税评估后基本上都不移交税务稽查进一步查处,削弱了税务稽查对偷逃税打击的威慑力。三是风险应对监督考核难。税收风险应对的日常审核及抽样复审,其实是引入监督机制,由风控部门对核查人员应对是否及时、应对方式是否恰当、税收风险事项是否消除、消除理由是否充分进行日常审核。但是,风险管理推行初期,风控部门主要用于风险的识别推送和风险管理的建章立制,尚未安排足够的力量进行风险应对结果的审核,实践中审核可能流于形式。

(四)税收管理社会化

税收管理社会化(socialization of tax administration)是指国家运用法律、行政和市场手段,调动相关社会力量参与到税收征管工作当中,为税务部门的征管工作提供强大的社会支持(青岛市税务学会课题组,2015)。税收管理社会化的重要载体是以"政府领导、税务主管、部门配合、司法保障、社会参与"为主要内容的综合治税。

近些年来，在税务部门的积极推动下，部分地区纷纷出台税收保障条例或办法，为构建社会化管理体系，促进税收征管工作开展提供了制度保障。2010 年，山东省积极推进税收保障工作，通过了《山东省地方税收保障条例》，规定了县级以上政府及其有关部门的税收协助义务，要求各级政府将地方税收保障工作纳入工作考核范围，对负有地方税收保障责任和义务的相关部门、单位和个人参与税收协助的情况和成效进行考评和奖惩；2010 年，广东省出台《广东省涉税信息交换与共享规定（试行）》（粤府办〔2010〕69 号）；2011 年，河北省出台《关于建立综合治税大格局的实施意见》（冀政〔2011〕70 号），明确了各级职能部门的行政协助、信息提供和委托代征义务及以"政府领导、财政牵头、信息支撑、齐抓共管"为主要特征的综合治税体系；2013 年，新疆维吾尔自治区、浙江省出台《关于实行社会综合治税加强税源控管工作的意见》（新政发〔2013〕80 号）、《关于加强税收征管保障工作的意见》（浙政办发〔2013〕145 号）。2008~2013 年，宁夏回族自治区、江苏省、湖北省、湖南省、重庆市、福建省、深圳市、广西壮族自治区出台了类似的税收保障文件。

目前我国税收社会化管理仍处于初级阶段，尽管《税收征管法》对部门加强协作配合、实现信息共享作出了原则规定，但没有明确具体的法律责任，约束力不强。在实践中，社会化管税涉及的部门协作主要还是依靠部门协商和政府行政手段解决，存在一定的不稳定性，最为突出的信息瓶颈也无法从根本上解决，税收管理社会化任重道远。

五、新时代税收征管改革的新思维新举措

在总结上述实践经验的基础上并面对新时代税收征管面临的新问题，中共中央办公厅、国务院办公厅印发了《关于进一步深化税收征管改革的意见》（以下简称《意见》）。《意见》立足于解决当前税收征管中存在的突出问题和深层次矛盾，围绕把握新发展阶段、贯彻新发展理念、构建新发展格局，对进一步深化税收征管改革作出全面部署。

《意见》提出了进一步深化税收征管改革的 6 个方面 24 类重点任务，涉及税收工作的各个方面。主要内容如下。

（一）数据赋能更有效

运用现代信息技术建设智慧税务，实现从信息化到数字化再到智慧化是税收征管的发展趋势。要深刻领会《意见》聚焦发挥数据生产要素的创新引擎作用，把"以数治税"理念贯穿税收征管全过程的部署安排，稳步实施发票电子化改革，深化税收大数据共享应用，着力建设具有高集成功能、高安全性能、高应用效能的智慧税务，全面推进税收征管数字化升级和智能化改造。

（二）税务执法更精确

坚持严格规范公正文明执法，是推进全面依法治国的基本要求，是维护社会公平正义的重要举措。要深刻理解《意见》健全执法制度机制、把握税务执法时度效的核心要义，运用法治思维，创新行政执法方式，严格规范税务执法行为，强化税务执法内部控制和监督，坚决防止粗放式、选择性、"一刀切"执法，推动从经验式执法向科学精确执法转变。

（三）税费服务更精细

不断满足纳税人、缴费人的服务需求，是税务部门践行以人民为中心的发展思想的直接体现，是构建一流税收营商环境的具体行动。要深刻认识《意见》大力推行优质高效智能税费服务的重要意义，切实做到税费优惠政策直达快享，有效减轻办税缴费负担，全面改进办税缴费方式，实现从无差别服务向精细化、智能化、个性化服务转变，持续提升纳税人、缴费人获得感。

（四）税务监管更精准

实施科学精准的税务监管、维护经济税收秩序，是税务部门的重要职责。要深刻把握《意见》对管出公平、管出质量的部署要求，建立健全以"信用＋风险"为基础的新型监管机制，推动从"以票管税"向"以数治税"分类精准监管转变，既以最严格的标准防范逃避税，又避免影响企业正常生产经营，实现对市场主体干扰最小化、监管效能最大化。

（五）税收共治更精诚

税收工作深度融入国家治理，与政治、经济、社会、文化和民生等各领域息息相关，深化税收征管改革需要各方面的支持、配合和保障。要深刻认识《意见》进一步拓展税收共治格局的重要作用，聚焦重点领域和薄弱环节，突出制度化、机制化、信息化，进一步做实做精部门协作、社会协同、税收司法保障和国际税收合作，凝聚更大合力为税收工作提供强大支撑。

（六）组织保障更有力

加强组织体系建设，是税收治理体系和治理能力现代化的重要组成部分。要深刻理解《意见》进一步激发税务干部活力动力的精神实质，着眼新使命新职责，优化征管职责和力量，加强征管能力建设，改进提升绩效考评，提高干部队伍法治素养和依法履职能力，为进一步深化税收征管改革提供强有力的组织保障[①]。

【本章小结】

1. 税收征收管理是国家及其税务机关依据税法指导纳税人正确履行纳税义务，并对征纳过程进行组织、管理、监督、检查等一系列工作的总称。

2. 纳税人应及时申报办理税务开业登记、变更登记和注销登记，按规定设置账簿，根据合法、有效凭证记账，进行核算，如实办理纳税申报，及时足额缴纳税款。

3. 税务机关依照法律、行政法规的规定征收税款，不得违反法律、行政法规的规定开征、停征、多征、少征、提前征收、延缓征收或者摊派税款。

4. 为了保障国家税收收入，税务机关可依法对有逃避纳税义务行为的纳税人采取税收保全措施和强制执行措施，采取离境清税等措施清缴欠税，对关联企业转让定价行为进行合理调整，依据国家税收法律、行政法规进行纳税检查，对纳税人偷税、骗税、抗税、逃避清偿欠税以及其他违章行为由税务机关给予行政处罚，构成犯罪的，追究刑事责任。

5. 新中国成立后采取的税收征管模式主要有以下几种，即专户管理模式，征管查分离模式，自行申报、集中征收、重点稽查模式，"34字"征管模式，等等。

6. 专户管理模式，是税务人员对纳税户实行专人专责管理，由专管员承担税收征管全过程的一种税收征管模式。这一模式的优点是，专管员的责任明确，专管员对所管纳税户的生产经营情况也比较熟悉，对单户企业的税源控管较为有效。但是，专户管理模式集征管查于专管员一身，权力过分集中，"人情税""关系税"难以避免，而且税收征管质量与专管员个人的业务素质、工作责任心直接相关，

[①] 国家税务总局，《关于深入学习贯彻落实〈关于进一步深化税收征管改革的意见〉的通知》，税总发〔2021〕21号。

加之一个专管员往往管理数户甚至几十户企业，工作难免顾此失彼，难以查深查透。

7. 征管查分离模式改变了税务人员上门收税、催税、办税的做法，其实质是实行分权管理，在税务机关分别形成征收系列、管理系列和检查系列，提高了征管专业化、规范化程度，但是，试行过程中，各系列之间有些工作相互脱节，漏征漏管现象增多。

8. 从1997年开始在全国范围逐步推行"以申报纳税和优化服务为基础，以计算机网络为依托，集中征收，重点稽查"的征管模式。这一模式是在原有征管查分离模式基础上的进一步规范与完善，明确了纳税人自行申报纳税的基础地位，强化了现代信息技术对税收征管的保障作用，普遍设立办税大厅，规范办税流程，把税务稽查作为税收工作的重中之重。

9. 2003年国家税务总局提出在原征管模式末尾加上"强化管理"，形成了现行"34字"税收征管模式："以申报纳税和优化服务为基础，以计算机网络为依托，集中征收，重点稽查，强化管理"。"34字"征管模式提出后，税收征管实践中特别强调税源管理，注重针对征管薄弱环节，采取有效措施，堵塞征管漏洞。与此同时，建立了税收管理员制度，进一步明确了日常检查与税务稽查的分工，强化了纳税评估工作。

10. 税收征管改革尚在探索完善之中。选择税收征管模式应当遵循四大原则：强化专业化管理原则、信息全面准确原则、优化服务原则、精简高效原则。深化税收征管改革应当正确处理好六方面的关系，即改革与稳定的关系，分工与协作的关系，管户与管事、管税的关系，计算机使用与发挥管理主体的主动性之间的关系，纳税人主动申报与加强税收稽查的关系，纳税人权利与义务的关系。近些年，税收征管实践在税收管理信息化、专业化、科学化、社会化方面又有不少新的探索、新的进展。

【概念与术语】

税务登记（tax registration） 纳税申报（tax return） 邮寄申报（mail declairation） 查账征收（audit collection） 查定征收（approved collection） 查验征收（inspection collection） 定期定额征收（regular and quota collection） 代扣代缴征收（withhold and remit collection） 代收代缴征收（collect and remit collection） 委托代征（entrusted collection） 税收保全措施（tax preservative measures） 纳税担保（tax guarantee） 税收强制执行措施（tax enforcement measures） 离境清税（departure tax clearance） 代位权（right of subrogation） 撤销权（right of revocation） 转让定价调整（adjustment of transfer pricing） 关联企业（associated enterprises） 税务检查（tax inspection） 偷税（tax evasion） 骗税（tax fraud） 抗税（tax resistance） 专户管理模式（tax special administrator model） 征管查分离模式（collection, management, inspection model）税收管理信息化（informationization of tax management） 金税工程（golden tax project） 税收管理专业化（specialization of tax management） 税收管理科学化（scientization of tax management） 税收风险管理（tax risk management） 税收管理社会化（socialization of tax administration） 社会综合治税（social comprehensive tax management）

【思考题】

1. 纳税人办理税务登记时应填写的税务登记表包括哪些主要内容？
2. 纳税人、扣缴义务人办理纳税申报分别应报送哪些材料？
3. 谈谈你对税收优先于无担保债权清偿原则的理解与认识？
4. 什么情况下纳税人可以提出税务行政复议申请？有哪些必经程序？
5. 税务机关对关联企业之间不合理的经济往来有哪些价格调整方法？
6. 在什么情况下才可采取税收保全措施、强制执行措施？
7. 纳税人违反《税收征管法》应承担什么样的法律责任？

8. 中国先后采取过哪些税收征管模式？这些税收征管模式分别有哪些优点与缺陷？

【计算题】

1. 某纳税人以1个月为一期缴纳增值税，某年6月销售货物销项税金减进项税金后实现增值税10 000元，该纳税人于8月10日才申报缴税。请计算应对该纳税人加收多少滞纳金。

2. 某纳税人欠缴资源税15 000元达100天，到税务局补缴税款和缴纳滞纳金后，税务机关还可以对其处以最低多少和最高多少的罚款？

参 考 文 献

奥尔巴克 AJ, 费尔德斯坦 M. 2005. 公共经济学手册: 第1卷. 匡小平, 黄毅, 译. 北京: 经济科学出版社: 54-55.
奥斯特洛姆 V, 比什 RL, 奥斯特罗姆 E. 2004. 美国地方政府. 井敏, 陈幽泓, 译. 北京: 北京大学出版社: 6.
班固, 赵一生. 2000. 汉书. 杭州: 浙江古籍出版社: 30, 429-433.
坂入长太郎. 1987. 欧美财政思想史. 张淳, 译. 北京: 中国财经出版社: 306-307.
鲍德威 RW, 威迪逊 DE. 2000. 公共部门经济学. 2版. 邓力平, 译. 北京: 中国人民大学出版社: 264-266.
毕见行. 2001. 扩大增值税征收范围要解决的几个问题. 税务, (10): 10-11.
波斯坦 MM. 2002. 剑桥欧洲经济史: 第1卷. 郎丽华, 黄云涛, 常茂华, 等译. 北京: 经济科学出版社: 98.
波斯坦 MM. 2004. 剑桥欧洲经济史: 第2卷. 王春法, 译. 北京: 经济科学出版社: 139-140.
波斯坦 MM, 里奇 EE, 米勒 E. 2002. 剑桥欧洲经济史: 第3卷. 周荣国, 张金秀, 译. 北京: 经济科学出版社: 256-258, 269-270.
曹锦清. 2000. 黄河边的中国: 一个学者对乡村社会的观察与思考. 上海: 上海文艺出版社: 76-77.
陈安. 1988. 国际税法. 厦门: 鹭江出版社.
陈锡文. 2004. 资源配置与中国农村发展. 中国农村经济, (1): 4-9.
陈小安. 2011. 房产税的功能、作用与制度设计框架. 税务研究, (4): 30-35.
陈宇, 郭海英. 2021. 利益限制条款及其在我国税收协定中的应用. 国际税收, (7): 41-47.
陈裕海. 1999. 开征燃油税的正负面效应分析及几点建议. 财金贸易, (7): 49-50.
程振彪. 2002. WTO与中国汽车工业发展对策研究. 北京: 机械工业出版社: 340.
崔宏. 2022. 关于税收大数据赋能风险管理的思考. 税务研究, (7): 131-136.
达维德 R. 1984. 当代主要法律体系. 漆竹生, 译. 上海: 上海译文出版社: 31.
杜莉, 郭玮琳. 2019. 如何征收房产税更有利于调节收入分配: 基于城镇住户调查数据的模拟分析. 河北大学学报(哲学社会科学版), 4(5): 82-89.
多恩伯格 RL. 1999. 国际税法概要. 马康明, 李金早, 等译. 北京: 中国社会科学出版社: 106-107.
范文澜. 1996. 中国通史: 第2册. 北京: 人民出版社: 17.
冯立增. 2014. BEPS行动计划6、成果4 防止税收协定优惠的不当授予. 国际税收, (10): 24-26.
福山 F. 2001. 信任. 彭志华, 译. 海口: 海南出版社: 21-57.
傅筑夫. 1980. 中国经济史论丛: 上. 上海: 生活·读书·新知三联书店: 2.
高尔森. 1992. 国际税法. 2版. 北京: 法律出版社.
谷成, 潘小雨. 2020. 减税与财政收入结构: 基于非税收入变动趋势的考察. 财政研究, (6): 19-34.
郭宏宝. 2011. 房产税改革目标三种主流观点的评述: 以沪渝试点为例. 经济理论与经济管理, (8): 53-61.
国家税务总局. 1999. 中华人民共和国对外避免双重征税协定: 第1辑. 北京: 中国税务出版社.
国家税务总局. 1999. 中华人民共和国对外避免双重征税协定: 第2辑. 北京: 中国税务出版社.
国家税务总局. 1999. 中华人民共和国对外避免双重征税协定: 第3辑. 北京: 中国税务出版社.
国家税务总局. 1999. 中华人民共和国对外避免双重征税协定: 第4辑. 北京: 中国税务出版社.
国家税务总局办公厅. 2014. 通报前三季度税收数据 税收助力"小微"发展成亮点. (2014-10-30)[2023-10-03]. https://www.chinatax.gov.cn/chinatax/n810219/n810724/c1260589/content.html.
国家统计局住户调查司. 2022. 中国居民收支与生活状况报告2022. 北京: 中国统计出版社.
海曼 DN. 2001. 公共财政: 现代理论在政策中的应用. 章彤, 译. 北京: 中国财政经济出版社: 539-563.
何必如. 1998. 财税史演义. 四川财政, (8): 43.
何辉, 樊丽卓. 2016. 房产税的收入再分配效应研究. 税务研究, (12): 48-52.
侯梦蟾, 何乘材. 1994. 避税与反避税. 北京: 现代出版社: 351, 453-454.
胡寄窗, 谈敏. 1989. 中国财政思想史. 北京: 中国财政经济出版社: 524.
胡善恒. 1934. 赋税论. 上海: 商务印书馆: 256.
扈纪华, 刘佐. 2001. 税收征管法与纳税实务. 北京: 中国商业出版社: 83.
黄仁宇. 2001. 十六世纪明代中国之财政与税收. 阿风, 许文继, 倪玉平, 译. 上海: 生活·读书·新知三联书店: 235.
黄沂木, 吴宣陶. 1990. 统计原理与经济统计学. 厦门: 厦门大学出版社: 218-219, 498.

霍布斯 T. 1986. 利维坦. 黎思复, 黎廷弼, 译. 北京: 商务印书馆: 22.
霍尔 R E, 拉布什卡 A. 2003. 单一税. 2版. 史耀斌, 等译. 北京: 中国财政经济出版社: 37-60, 80-81, 174-176.
吉本 E. 1997. 罗马帝国衰亡史: 下册. 黄雨石, 译. 北京: 商务印书馆: 100.
贾康, 马晓玲. 1999. 公路养路费改燃油税 "卡" 在哪里. 瞭望新闻周刊, (37): 43-44.
翦伯赞. 1995. 中国史纲要. 北京: 人民出版社: 261, 350.
金鑫. 1991. 中国税务百科全书. 北京: 经济管理出版社: 495.
金耀基. 1993. 中国社会与文化. 香港: 牛津大学出版社: 17-40, 71-72.
经济合作与发展组织. 2000. OECD 税收协定范本注释. 国家税务总局国际税务司, 译. 北京: 中国税务出版社: 12-13.
经济合作与发展组织. 2016. OECD/G20 税基侵蚀和利润转移（BEPS）项目 2015 年成果最终报告. 国家税务总局国际税务司, 译. 北京: 中国税务出版社.
荆万军, 周华伟. 2007. 流转税理论与实践. 北京: 经济科学出版社: 188.
科彻拉科塔 N R. 2013. 新动态财政学. 金戈, 译. 上海: 格致出版社: 112.
科斯 R H. 2003. 社会成本问题//盛洪. 现代制度经济学: 上卷. 北京: 北京大学出版社: 4-37.
雷霆. 2018. 国际税收实务与协定适用指南: 原理、实务与疑难问题: 全三册. 北京: 法律出版社: 124, 146.
李金艳, 陈新. 2022. 关于双支柱方案的全球税收共识: 真相探究和法律现实. 国际税收, (3): 12-23.
李林根. 2001. 扩大增值税征收范围应注意的若干问题. 税务研究, (11): 72-74.
里奇 E E, 威尔逊 C H. 2003. 剑桥欧洲经济史: 第4卷. 张锦东, 钟和, 晏波, 译. 北京: 经济科学出版社: 205.
林钟雄. 1987. 欧洲经济发展史. 台北: 台湾三民书局: 156.
刘家海. 2000. 征收燃油税对石化生产企业的影响与对策. 石油化工技术经济, (6): 1-4.
刘宇飞. 2003. 当代西方财政学. 北京: 北京大学出版社: 149, 316, 396, 400-427, 439-441.
罗森 H S. 2000. 财政学. 4版. 平新乔, 等译. 北京: 中国人民大学出版社: 599-605.
罗森 H S. 2003. 财政学. 6版. 赵志耘, 译. 北京: 中国人民大学出版社: 258.
罗森 H S. 2006. 财政学. 7版. 郭庆旺, 赵志耘, 译. 北京: 中国人民大学出版社: 123, 286-288.
罗森 H S, 盖亚 T. 2009. 财政学. 8版. 郭庆旺, 赵志耘, 译. 北京: 中国人民大学出版社: 403-404, 413.
罗森 H S, 盖亚 T. 2015. 财政学. 10版. 郭庆旺, 译. 北京: 中国人民大学出版社: 341, 349, 354, 404-407.
罗斯托夫采夫 M. 1985. 罗马帝国社会经济史. 马雍, 厉以宁, 译. 北京: 商务印书馆: 18-19.
马端临. 1986. 文献通考. 北京: 中华书局: 考45-考52、考225、考241.
马海涛, 和立道. 2011. 税收政策、居民消费潜力与扩大内需. 财政监督, (7): 17-22.
马洪, 孙尚清. 1988. 经济社会管理知识全书: 第1卷. 北京: 经济管理出版社: 693.
马克思 K L, 恩格斯 F. 1956. 马克思恩格斯全集: 第1卷. 中共中央马克思恩格斯列宁斯大林著作编译局, 译. 北京: 人民出版社: 71.
马克思 K L, 恩格斯 F. 1961. 马克思恩格斯全集: 第8卷. 中共中央马克思恩格斯列宁斯大林著作编译局, 译. 北京: 人民出版社: 543.
马克思 K L, 恩格斯 F. 1962. 马克思恩格斯全集: 第12卷. 中共中央马克思恩格斯列宁斯大林著作编译局, 译. 北京: 人民出版社: 549, 737.
马克思 K L, 恩格斯 F. 1964. 马克思恩格斯全集: 第18卷. 中共中央马克思恩格斯列宁斯大林著作编译局, 译. 北京: 人民出版社: 248, 309.
马克思 K L, 恩格斯 F. 1965. 马克思恩格斯全集: 第22卷. 中共中央马克思恩格斯列宁斯大林著作编译局, 译. 北京: 人民出版社: 90.
马克思 K L, 恩格斯 F. 1971. 马克思恩格斯全集: 第20卷. 中共中央马克思恩格斯列宁斯大林著作编译局, 译. 北京: 人民出版社: 210.
马克思 K L, 恩格斯 F. 1972. 马克思恩格斯全集: 第23卷. 中共中央马克思恩格斯列宁斯大林著作编译局, 译. 北京: 人民出版社: 194, 677.
马克思 K L, 恩格斯 F. 1980. 马克思恩格斯全集: 第46卷（下册）. 北京: 人民出版社: 26-27, 311.
马赛厄斯 P, 波拉德 S. 2004. 剑桥欧洲经济史: 第8卷. 王宏伟, 钟和, 等译. 北京: 经济科学出版社: 291-295, 310-311, 335-367, 440.
迈尔斯 G D. 2001. 公共经济学. 匡小平, 译. 北京: 中国人民出版社: 106-109.
孟德斯鸠. 1962. 论法的精神: 上册. 张雁深, 译. 北京: 商务印书馆: 213.
米尔利斯 J A. 1998. 最优所得税理论探讨//张维迎. 詹姆斯·莫里斯论文精选: 非对称信息下的激励理论. 北京: 商务印书馆.

穆勒 J S. 1991. 政治经济学原理: 下卷. 胡企林, 朱泱, 译. 北京: 商务印书馆: 376.
聂鸿杰. 1997. 国外对自然人国际避税的制约措施. 涉外税务, (10): 23-25.
农村税费改革研究课题组. 2003. 取消农业税 改征增值税: 关于进一步深化农村税费改革的思考. 宏观经济研究, (7): 3-10.
潘越. 2022. 美国销售税的框架、要素与问题: 兼论海南自由贸易港销售税设计. 国际经济法学刊, (2): 123-139.
裴桂芬. 1994. 日本政府如何防止涉外企业的国际避税. 日本学刊, (4): 90-103.
蒲坚. 1987. 中国法制史. 北京: 光明日报出版社: 155.
漆亮亮. 2003a. 财产课税税制要素的国际比较. 涉外税务, (9): 36-40.
漆亮亮. 2003b. 财产税体系研究: 兼论中国财产税体系的优化设计. 厦门: 厦门大学.
奇波拉 C M. 1988. 欧洲经济史: 第1卷. 徐璇, 译. 北京: 商务印书馆: 273-275.
钱穆. 1962. 民族与文化. 香港: 新亚书院: 6.
秦晖. 2002. 并税式改革与"黄宗羲定律". 农村合作经济经营管理, (3): 6-7.
青岛市税务学会课题组. 2015. 我国税收社会化管理研究//中国税务学会. 2014年全国税收理论研讨文集. 北京: 中国税务出版社: 420.
萨拉尼 B. 2005. 税收经济学. 陈新平, 王瑞泽, 陈宝明, 等译. 北京: 中国人民大学出版社: 39.
萨伊. 1963. 政治经济学概论. 陈福生, 陈振骅, 译. 北京: 商务印书馆: 55.
塞利格曼 E R A. 1933. 所得税论. 杜俊东, 译. 上海: 商务印书馆: 3-15.
山东省国家税务局, 山东省税务学会联合课题组. 2015. 税收风险管理理论研究与实践探索//中国税务学会. 2014年全国税收理论研讨文集. 北京: 中国税务出版社: 413.
斯达克 R, 芬克 R. 2004. 信仰的法则: 解释宗教之人的方面. 杨凤岗, 译. 北京: 中国人民大学出版社: 97.
斯蒂格利茨 J E. 2013. 公共部门经济学. 3版. 郭庆旺, 杨志勇, 译. 北京: 中国人民大学出版社.
斯密 A. 1974. 国民财富的性质和原因的研究: 下卷. 郭大力, 王亚南, 译. 北京: 商务印书馆: 384-386, 444, 468.
斯特恩 N. 1992. 最优商品税和所得税理论入门//纽伯里 D, 斯特恩 N. 发展中国家的税收理论. 徐雅萍, 许善达, 吴子平, 等译. 北京: 中国财政经济出版社: 54-56.
孙红梅, 燕晓春. 2019-04-09. 全球减税降费面面观. 中国税务报, (5).
谭泽湘. 2018. 新形势下治理出口骗税的实践与思考. 税务研究, (9): 112-115.
佟哲晖. 1992. 经济统计学概论. 大连: 东北财经大学出版社: 365.
图若尼 V. 2004. 税法的起草与设计: 全二册. 国际货币基金组织, 国家税务总局政策法规司, 译. 北京: 中国税务出版社: 277, 951.
万尼斯基 J. 1984. 赋税、收益和"拉弗曲线"//外国经济学说研究会. 1984. 现代国外经济学论文选: 第5辑. 北京: 商务印书馆: 28.
汪昊. 2007. 我国税收超额负担变化、原因与对策: 基于税收平滑模型的分析. 财贸经济, (5): 61-67.
汪星明, 蒙莉, 苏畅. 2022. RCEP框架下企业所得税税制比较与协调. 国际税收, (6): 63-70.
王和. 1998. 利用再保险进行避税的成因和认定. 福建税务, (4): 8-10.
王蕾. 2005. 从房地价关系探讨房价上涨问题. 国土资源, (8): 59-62.
王立利. 2020. 浅谈美国税收协定中的饶让抵免政策. 国际税收, (8): 64-67.
王淼, 那力. 2013. 新西兰CFC法对积极所得与消极所得的征税处理. 亚太经济, (3): 65-70.
王钦若, 杨亿, 孙奭, 等. 1960. 册府元龟. 北京: 中华书局: 6111-6120.
王庆云. 1985. 石渠余记. 北京: 北京古籍出版社: 1-3, 12-19.
王小平, 姚稼强. 2002. 完善增值税小规模纳税人的征税规定和管理办法. 税务研究, (10): 66-68.
王益, 白钦先. 2000. 当代金融词典. 北京: 中国经济出版社: 317.
韦伯 M. 1987. 新教伦理与资本主义精神. 于晓, 陈维钢, 等译. 上海: 生活·读书·新知三联书店: 37-38.
韦志超, 易纲. 2006. 物业税改革与地方公共财政. 经济研究, (3): 15-24.
沃利斯 J J. 2005. 美国财产税历史//奥茨 W E. 财产税与地方政府财政. 丁成日, 译. 北京: 中国税务出版社: 113-129.
吴斐丹, 张草纫. 1979. 魁奈经济著作选集. 北京: 商务印书馆: 333.
吴兢. 2003. 贞观政要. 北京: 中国文史出版社: 73.
习近平. 2022. 高举中国特色社会主义伟大旗帜 为全面建设社会主义现代化国家而团结奋斗: 在中国共产党第二十次全国代表大会上的报告. 北京: 人民出版社.
谢玲丽. 1998. 美国社区中的非政府组织. 探索与争鸣, (6): 38-39.
熊昕, 郑金涛. 2019. 实际管理机构所在地判断标准研究: 以澳大利亚Gould案为切入点. 国际税收, (9): 54-61.

亚里士多德. 1981. 政治学. 吴寿彭, 译. 北京：商务印书馆：163-172.
杨斌. 1993. 比较税收制度：兼论我国现行税制的完善. 福州：福建人民出版社：169-179, 200-201, 212-216.
杨斌. 1995. 增值税制度设计及运行中若干重大问题的研究. 财贸经济, (12)：39-44.
杨斌. 1998. 宏观税收负担总水平的现状分析及策略选择. 经济研究, (8) 47-54.
杨斌. 1999a. 论提高财政收入占 GDP 比重的策略. 税务研究, (1)：8-14.
杨斌. 1999b. 治税的效率和公平：宏观税收管理理论与方法的研究. 北京：经济科学出版社：42-70, 499, 501-503.
杨斌. 2001a. 西方模式增值税的不可行性和中国式增值税的制度设计. 管理世界, (3)：110-120.
杨斌. 2001b. 现行增值税的制度障碍、管理无效性和中国式增值税的制度设计. 财政研究, (2)：52-57.
杨斌. 2002a. 加入 WTO 后汽车业关税政策变化效应分析. 税务研究, (12)：42-48.
杨斌. 2002b. 西方模式个人所得税的不可行性和中国式个人所得税的制度设计. 管理世界, (7)：11-23.
杨斌. 2002c. 国际税收制度规则和管理方法的比较研究. 北京：中国税务出版社：289-309.
杨斌. 2003a. 燃油税改革新思路：汽车使用环节和保有环节税收分立. 涉外税务, (3)：6-7.
杨斌. 2003b. 跨国公司转让定价避税效应和政府防避税对策研究. 财贸经济, (7)：16-21.
杨斌. 2003c. 中西文化差异与税制改革：以增值税和个人所得税为例. 税务研究, (5)：14-22.
杨斌. 2004. 将农民缴纳的"钱"还给农民：建立逐步解决"三农"问题的财政机制. 涉外税务, (3)：1, 5-9.
杨斌. 2005. 对西方最优税收理论之实践价值的质疑. 管理世界, (8)：23-32.
杨斌. 2006a. 论确定个人所得税工薪所得综合费用扣除标准的原则和方法. 涉外税务, (1)：9-15.
杨斌. 2006b. 关于我国地方税体系存在依据的论辩. 税务研究, (5)：32-38.
杨斌. 2007a. 中国农民广义税收负担走向. 税务研究, (10)：15-21.
杨斌. 2007b. 中国税改论辩. 北京：中国财政经济出版社：1-20, 138-155, 188-197.
杨斌. 2007c. 关于房地产税费改革方向和地方财政收入模式的论辩. 税务研究, (3)：43-48.
杨斌. 2009. 论实现低通胀、促就业、保增长目标的最优财税政策. 税务研究, (6)：3-11.
杨斌. 2010. 论税收治理的现代性. 税务研究, (5)：3-8.
杨斌. 2013. 我国收入分配状况的纠正：公共服务均等化还是税收调节：兼论改变经济全球化中生产要素流动的非对称性对纠正收入分配的作用. 税务研究, (1)：3-9.
杨斌. 2014. 论中国政府特性和非对称型分税制加分益制财政体制. 税务研究, (1)：5-12.
杨斌. 2016. 综合分类个人所得税税率制度设计. 税务研究, (2)：30-37.
杨斌. 2017. 论中国式个人所得税征管模式. 税务研究, (2)：30-38.
杨斌. 2020. 思维方式与理财治税. 税务研究, (1)：5-13.
杨斌. 2021. 论新时代我国财政收入体系的改革与完善. 税务研究, (4)：121-127.
杨斌, 陈龙福. 2006. 初级农产品增值税问题调研报告. 税务研究, (12)：52-55.
杨斌, 胡文骏. 2017. 逆向财政机制与城乡收入差距. 厦门大学学报（哲学社会科学版）, (3)：46-56.
杨斌, 胡文骏, 林信达. 2015a. 账簿法增值税：金融业"营改增"的可行选择. 厦门大学学报（哲学社会科学版）, (5)：10-18.
杨斌, 黎涵. 2022. 共享发展：最优税收和国有资产收益全民分享. 税务研究, (7)：5-15.
杨斌, 黎涵. 2024. 国有资产收益全民分享与共同养老金制度设计. 厦门大学学报（哲学社会科学版）, (2)：122-130.
杨斌, 林信达, 胡文骏. 2015b. 中国金融业"营改增"路径的现实选择. 财贸经济, (6)：5-17.
杨斌, 石建兴. 2004. 中国式个人所得税的制度设计. 财政研究, (7)：58-61.
杨斌, 宋春平. 2011. 两个协定范本关于所得征税权分配规则的比较. 涉外税务, (8)：48-52.
杨宜勇, 池振合. 2015. 充分发挥税收对居民消费的促进作用. 税务研究, (3)：7-10.
尹淑平, 尹超. 2018. "一带一路"背景下对我国税收饶让制度的审视. 税务研究, (11)：86-89.
尹田. 2009. 法国物权法. 北京：法律出版社：69-70.
余增长. 1998. 道路和车辆收费改征燃油税并非最佳选择. 福建税务, (9)：25.
岳树民, 张耀贵. 2003. 改进增值税小规模纳税人管理制度的探讨. 当代经济研究, (5)：45-48.
张传官. 2017. 急就篇校理. 北京：中华书局：343.
张春安. 1996. 管理中国人. 北京：中国经济出版社：85-86.
张淳. 2018. "寻找"信托财产所有权主体：关于对学者的解读的审视和对信托法的回避态度的检讨. 南京大学法律评论, (2)：243-275.
张淳. 2023. 对《海牙信托公约》中信托定义的信托法理论审视. 河北法学, 41（4）：38-64.
张宏儒, 沈志华. 2001. 文白对照全译《资治通鉴》精华本. 北京：金城出版社：3047.

张俊浩. 2000. 民法学原理. 北京：中国政法大学出版社：165.

张伦俊. 2006. 税收与经济增长关系的数量分析. 北京：中国经济出版社.

张顺明，王彦一，王晖. 2018. 房产税政策模拟分析：基于CGE视角. 管理科学学报，21（8）：1-20.

赵尔巽，等. 1976. 清史稿：第13册. 北京：中华书局：3487.

中共中央. 2024. 中共中央关于进一步全面深化改革　推进中国式现代化的决定.（2024-07-21）[2024-08-12]. http://www.news.cn/politics/20240721/cec09ea2bde840dfb99331c48ab5523a/c.html.

中共中央马克思恩格斯列宁斯大林著作编译局. 1972. 马克思恩格斯选集：第2卷. 北京：人民出版社：538-539.

中共中央马克思恩格斯列宁斯大林著作编译局. 1972. 马克思恩格斯选集：第3卷. 北京：人民出版社：233.

中国税务学会税收学术研究委员会第三研究部. 2015. 大企业税收执法、服务与风险防控研究报告//中国税务学会. 2014年全国税收理论研讨文集. 北京：中国税务出版社：533，538-540.

中国注册会计师协会. 2022. 2022年注册会计师全国统一考试辅导教材：税法. 北京：中国财政经济出版社：277-278.

中华人民共和国财政部《中国农民负担史》编辑委员会. 1991. 中国农民负担史：第1卷. 北京：中国财政经济出版社：58-59，293，307-308，390，654-656，755-756.

中华人民共和国财政部《中国农民负担史》编辑委员会. 1994. 中国农民负担史：第4卷. 北京：中国财政经济出版社：104，119，312，405.

中里实，弘中聪浩，渊圭吾，等. 2014. 日本税法概论. 西村朝日律师事务所西村高等法务研究所，译. 北京：法律出版社：124-125.

中央财政金融学院财政教研室. 1980. 中国财政简史. 北京：中国财政经济出版社：77，132-133，141.

周树立. 1999. 中国信托业的选择. 北京：中国金融出版社：21-22.

朱青. 2021. 国际税收. 10版. 北京：中国人民大学出版社：112-113.

朱青，白雪苑. 2023. OECD"双支柱"国际税改方案的最新进展. 国际税收，(1)：26-30.

朱斯煌. 1941. 信托总论. 上海：中华书局：58.

Ahlerup P, Baskaran T, Bigsten A. 2015. Tax innovations and public revenues in sub-saharan Africa. The Journal of Development Studies, 51 (6): 689-706.

Alavuotunki K, Haapanen M, Pirttilä J. 2019. The effects of the value-added tax on revenue and inequality. The Journal of Development Studies, 55 (4): 490-508.

Alm J. 1996. What is an "optimal" tax system? National Tax Journal, 49 (1): 117-133.

Anderson S P, de Palma A, Kreider B. 2001. Tax incidence in differentiated product oligopoly. Journal of Public Economics, 81 (2): 173-192.

Arnold B J. 1986. The Taxation of Controlled Foreign Corporation: An International Comparative. Toronto: Canadian Tax Foundation.

Arvaniti M, Sjögren T. 2023. Temptation in consumption and optimal taxation. Journal of Economic Behavior & Organization, 205: 687-707.

Atkinson A B, Stiglitz J E. 1976. The design of tax structure: direct versus indirect taxation. Journal of Public Economics, 6 (1/2): 55-75.

Auerbach A J, Gordon R H. 2002. Taxation of financial services under a VAT. American Economic Review, 92 (2): 411-416.

Ault H J. 1997. Comparative Income Taxation: A Structural Analysis. Boston: Kluwer Law International: 478-479.

Baumol W J, Bradford D F. 1970. Optimal departures from marginal cost pricing. American Economic Review, 60 (3): 265-283.

Becker H, Wurm F J. 1988. Treaty Shopping: An Emerging Tax Issue and Its Present Status in Various Counties. Boston: Kluwer Law and Taxation Publishers: 1.

Bird R, Gendron P P. 2007. The VAT in Developing and Transitional Countries. Cambridge: Cambridge University Press: 48-80, 213.

Boadway R W, Keen M. 2003. Theoretical perspectives on the taxation of capital income and financial services//Honohan P. Taxation of Financial Intermediation: Theory and Practice for Emerging Economies. Washington: The World Bank: 31-80.

Chia N C, Whalley J. 1999. The tax treatment of financial intermediation. Journal of Money, Credit and Banking, 31 (4): 704-719.

Chisari O O, Estache A, Lambardi G D, et al. 2013. The trade balance effects of infrastructure services regulation. International Economics and Economic Policy, 10: 183-200.

Cnossen S. 1983. Comparative Tax Studies: Essays in Honor of Richard Goode. New York: North-Holland Publishing Company: 219-220, 227-236, 246.

Cnossen S. 2018. VAT and agriculture: lessons from Europe. International Tax and Public Finance, 25: 519-551.

Coopers & Lybrand. 1993. Nineteen Ninety-Three International Tax Summaries: A Guide for Planning and Decisions. New York: John Wiley & Sons: A-17、C-73、K-2.

Corlett W J, Hague D C. 1953. Complementarity and the excess burden of taxation. The Review of Economic Studies, 21 (1): 21-30.

Dávila E. 2023. Optimal financial transaction taxes. The Journal of Finance, 78 (1): 5-61.

de la Feria R, Walpole M. 2009. Options for taxing financial supplies in value added tax: EU VAT and Australian GST models compared. International and Comparative Law Quarterly, 58 (4): 897-932.

Deaton A, Stern N. 1986. Optimally uniform commodity taxes, taste differences and lump-sum grants. Economics Letters, 20 (3): 263-266.

Dharmapala D, Slemrod J, Wilson J D. 2011. Tax policy and the missing middle: optimal tax remittance with firm-level administrative costs. Journal of Public Economics, 95 (9/10): 1036-1047.

Diamond P A, Mirrlees J A. 1971a. Optimal taxation and public production Ⅰ: production efficiency. American Economic Review, 61: 8-27.

Diamond P A, Mirrlees J A. 1971b. Optimal taxation and public production Ⅱ: tax rules. American Economic Review, 61: 261-278.

Easson A. 2000. Taxation of partnership in Canada. Bulletin for International Fiscal Documentation, 54 (4): 157-172.

Ebrahimi A, Heady C. 1988. Tax design and household composition. The Economic Journal, 98 (390): 83-96.

Edgar T. 2001. Exempt treatment of financial intermediation services under a value-added tax: an assessment of alternatives. Canadian Tax Journal, 49 (5): 1132-1219.

Edgeworth F Y. 1897. The pure theory of taxation. The Economic Journal, 7: 226-238.

Ellen I G, Horn K M, O'Regan K M. 2016. Poverty concentration and the low income housing tax credit: effects of siting and tenant composition. Journal of Housing Economics, 34: 49-59.

Feldstein M S. 1972. Distributional equity and the optimal structure of public prices. American Economic Review, 62 (1): 32-36.

Feldstein M S. 1976. On the theory of tax reform. Journal of Public Economics, 6 (1/2): 77-104.

Freedman M, McGavock T. 2015. Low-income housing development, poverty concentration, and neighborhood inequality. Journal of Policy Analysis and Management, 34 (4): 805-834.

Gahvari F, Micheletto L. 2020. Wage endogeneity, tax evasion, and optimal nonlinear income taxation. Journal of Public Economic Theory, 22 (3): 501-531.

Gillis M, Mclure C E, Jr. 1979. Excess profits taxation: post-mortem on the Mexican experience. National Tax Journal, 32 (4): 501-511.

Golosov M, Kocherlakota N, Tsyvinski A. 2003. Optimal indirect and capital taxation. The Review of Economic Studies, 70 (3): 569-587.

Graham J. 1994. The International Handbook of Corporate and Personal Taxes. London: Chapman & Hall: 65-70, 149-156, 195-199, 669-673.

Gruber J, Saez E. 2002. The elasticity of taxable income: evidence and implications. Journal of Public Economics, 84 (1): 1-32.

Grubert H, Mackie J. 2000. Must financial services be taxed under a consumption tax?. National Tax Journal, 53 (1): 23-40.

Hall R E, Rabushka A. 1995. The Flat Tax. Stanford: Hoover Institution Press.

Hamada K, Ohkawa T, Okamura M. 2022. Optimal taxation in a free-entry Cournot oligopoly: the average cost function approach. Canadian Journal of Economics/Revue canadienne d'éConomique, 55 (2): 1166-1192.

Hamilton B W. 1975. Zoning and property taxation in a system of local governments. Urban Studies, 12 (2): 205-211.

Hamilton R L, Deutsch R L, Raneri J C. 1998. Guidebook to Australian International Taxation. 5th ed. New South Wales: Prospect Media: 5-16.

Harberger A C. 1962. The incidence of the corporation income tax. Journal of Political Economy, 70 (3): 215-240.

Harris G S. 1990. New Zealand's International Taxation. New York: Oxford University Press: 17.

Heathcote J, Storesletten K, Violante G L. 2017. Optimal tax progressivity: an analytical framework. The Quarterly Journal of Economics, 132 (4): 1693-1754.

Huizinga H. 2002. A European VAT on financial services?. Economic Policy, 17 (35): 497-534.

International Fiscal Association. 1987. Tax Problems of the Liquidation of Corporations. The Hague: Kluwer Law International: 55-56.

International Fiscal Association. 1996. International Aspects of Thin Capitalization. The Hague: Kluwer Law International: 92, 106,

110, 112, 117, 121-122, 533, 784-785.

International Fiscal Association. 2001. Limits on the Use of Low-Tax Regimes by Multinational Business: Current Measures and Emerging Trends. The Hague: Kluwer Law International: 44-48, 52, 54-58, 466, 553, 722-724, 777-778.

Isenbergh J. 1990. International Taxation: U.S. Taxation of Foreign Taxpayers and Foreign Income. Boston: Little Brown & Company: 32-36.

Jacquet L, Lehmann E. 2023. Optimal tax problems with multidimensional heterogeneity: a mechanism design approach. Social Choice and Welfare, 60 (1/2): 135-164.

Jones B A. 2010. Essays in housing, education and taxation. Los Angeles: University of California, Santa Barbara.

Kopczuk W, Slemrod J. 2006. Putting firms into optimal tax theory. American Economic Review, 96 (2): 130-134.

Lehmann E, Simula L, Trannoy A. 2014. Tax me if you can! Optimal nonlinear income tax between competing governments. The Quarterly Journal of Economics, 129 (4): 1995-2030.

Lindholm R W. 1980. The Economics of Vat: Preserving Efficiency, Capitalism, and Social Progress. Lexington: Lexington Books: 25.

Lindholm R W. 1984. A New Federal Tax System. New York: Praeger Publishers: 117.

Mazzola U. 1958. The formation of the prices of public goods//Musgrave R A, Peacock A T. Classics in the Theory of Public Finance. London: Palgrave Macmillan: 37-47.

McDaniel P R, Ault H J. 1989. Introduction to United States International Taxation. Boston: Kluwer Law and Taxation: 109-112.

McMilan M L. 2008. A local perspective on fiscal federalism: practices, experiences and lessons from developed countries//Shah A. Macro Federalism and Local Finance. Washington: The World Bank Publications: 245-289.

Merrill P. 2011. VAT treatment of the financial sector. Tax Analysts, 163-185.

Merrill P, Adrion H. 1995. Treatment of financial services under consumption-based tax systems. Tax Notes, 68 (6): 1496-1500.

Michael H. 1987. Tax Reform 1987: The White Paper. Ottawa: Department of Finance Canada.

Mieszkowski P M. 1972. The property tax: an excise tax or a profits tax?. Journal of Public Economics, 1 (1): 73-96.

Mirrlees J A. 1976. Optimal tax theory: a synthesis. Journal of Public Economics, 6 (4): 327-358.

Musgrave R A, Peacock A T. 1958. Classics in the Theory of Public Finance. Berlin: Springer: 72-117.

North D C, Thomas R P. 1973. The Rise of the Western World. Cambridge: Cambridge University Press: 99.

OECD. 1963. Draft Double Taxation Convention on Income and Capital 1963. Paris: OECD Publishing.

OECD. 1977. Model Double Taxation Convention on Income and Capital 1977. Paris: OECD Publishing.

OECD. 1992. Model Tax Convention on Income and on Capital: Condensed Version September 1992. Paris: OECD Publishing.

OECD. 1996. Controlled Foreign Company Legislation. Paris: Organisation for Economic Co-operation and Development.

OECD. 1998. Harmful Tax Competition: An Emerging Global Issue. Paris: OECD Publishing: 19-23, 26-35.

OECD. 1999. The Application of the OECD Model Tax Convention to Partnerships. Paris: OECD Publishing: 71-163.

OECD. 2017. Model Tax Convention on Income and on Capital: Condensed Version 2017. Paris: OECD Publishing.

OECD. 2019. Model Tax Convention on Income and on Capital 2017 (Full Version). Paris: OECD Publishing: 3-4.

OECD. 2022. OECD Transfer Pricing Guidelines for Multinational Enterprises and Tax Administrations 2022. Paris: OECD Publishing.

Ogley A. 1995. The Principles of International Tax: A Multinational Perspective. London: Interfisc Publishing: 117.

Perret S. 2021. Why were most wealth taxes abandoned and is this time different?. Fiscal Studies, 42 (3/4): 539-563.

Piketty T, Saez E. 2013. Optimal labor income taxation//Auerbach A J, Chetty R, Feldstein M, et al. Handbook of Public Economics. New York: North Holland: 391-474.

Piketty T, Saez E, Stantcheva S. 2014. Optimal taxation of top labor incomes: a tale of three elasticities. American Economic Journal: Economic Policy, 6 (1): 230-271.

Poddar S. 2003. Consumption taxes: the role of the value-added tax//Honohan P. Taxation of Financial Intermediation: Theory and Practice for Emerging Economies. Washington DC: The World Bank: 345-381.

Ramsey F P. 1927. A contribution to the theory of taxation. The Economic Journal, 37: 47-61.

Rousslang D J. 2002. Should financial services be taxed under a consumption tax? Probably. National Tax Journal, 55 (2): 281-291.

Saez E, Stantcheva S. 2016. Generalized social marginal welfare weights for optimal tax theory. American Economic Review, 106 (1): 24-45.

Sandler D. 1998. Tax Treaties and Controlled Foreign Company Legislation. Boston: Kluwer Law International: 23, 234.

Sepulveda C F. 2023. Do countries really deviate from the optimal tax system? Public Finance Review, 51 (1): 76-131.

Sørensen P B. 2007. The theory of optimal taxation: what is the policy relevance?. International Tax and Public Finance, 14 (4): 383-406.

Stern N. 1976. On the specification of models of optimum income taxation. Journal of Public Economics, 6 (1/2): 123-162.

Stern N. 1982. Optimum taxation with errors in administration. Journal of Public Economics, 17 (2): 181-211.

Stern N. 1987. The theory of optimal commodity and income taxation: an introduction//Newbery D, Stern N. The Theory of Taxation for Developing Countries. New York: Oxford University Press: 22-59.

Stiglitz J E. 1978. Notes on estate taxes, redistribution, and the concept of balanced growth path incidence. Journal of Political Economy, 86 (2): S137-S150.

Stiglitz J E. 1982. Self-selection and Pareto efficient taxation. Journal of Public Economics, 17 (2): 213-240.

Studenski P. 1940. Toward a theory of business taxation. Journal of Political Economy, 48 (5): 621-654.

Surrey S S. 1958. The Pakistan tax treaty and "tax sparing". National Tax Journal, 11 (2): 156-167.

Thuronyi V, Brooks K, Koloza B. 2016. Comparative Tax Law. 2nd ed. Boston: Kluwer Law International: 39-40.

Tiebout C M. 1956. A pure theory of local expenditures. Journal of Political Economy, 64 (5): 416-424.

Tollison R D. 1987. Is the theory of rent-seeking here to stay//Rowley C K. Democracy and Public Choice: Essays in Honor of Gordon Tullock. Oxford: Blackwell Publishing: 143-157.

UNCTAD. 2021. World Investment Report 2021: Investment in Sustainable Recovery. New York: United Nations Publications: 173.

United Nations, Department of Economic & Social Affairs. 2021. UN Practical Manual on Transfer Pricing for Developing Countries 2021. New York: United Nations.

United Nations, Department of Economic & Social Affairs. 2021. United Nations Model Double Taxation Convention Between Developed and Developing Countries 2021. New York: United Nations.

United States Office of Tax Policy. 2000. The Deferral of Income Earned Through US Controlled Foreign Corporations: A Policy Study. Washington: Department of the Treasury.

Vogel K. 1997. Klaus Vogel on double taxation conventions: a commentary to the OECD-, UN-, and US model conventions for the avoidance of double taxation on income and capital, with particular reference to German treaty practice. London: Kluwer Law International: 421-422.

Webber C, Wildavsky A B. 1986. A History of Taxation and Expenditure in the Western World. New York: Simon and Schuster: 94-119.

Weeghel S V. 1998. The Improper Use of Tax Treaties: With Particular Reference to the Netherlands and the United States. Boston: Kluwer Law International: 95-97, 119.

Weinzierl M. 2014. The promise of positive optimal taxation: normative diversity and a role for equal sacrifice. Journal of Public Economics, 118: 128-142.

Yesin P A. 2004. Tax collection costs, tax evasion and optimal interest rates. Working Paper.

Zodrow G R. 1992. Grandfather rules and the theory of optimal tax reform. Journal of Public Economics, 49 (2): 163-190.